MS Office für Windows 95
DAS KOMPENDIUM

Oliver Bouchard
Klaus Peter Huttel
Thomas Irlbeck

MS Office für Windows 95

DAS KOMPENDIUM
Einführung
Arbeitsbuch
Nachschlagewerk

Markt&Technik
Buch- und Software-Verlag GmbH

Die Deutsche Bibliothek – CIP-Einheitsaufnahme

MS Office für Windows 95 – das Kompendium : Einführung, Arbeitsbuch,
Nachschlagewerk / Oliver Bouchard ; Klaus Peter Huttel ; Thomas Irlbeck. –
Limitierte Sonderausg. – Haar bei München :
Markt und Technik, Buch- und Software-Verl.
  ISBN 3-8272-5359-4

Buch. – 1997
  kart.

CD-ROM. – 1997

Die Informationen in diesem Produkt werden ohne Rücksicht auf einen
eventuellen Patentschutz veröffentlicht.
Warennamen werden ohne Gewährleistung der freien Verwendbarkeit benutzt.
Bei der Zusammenstellung von Texten und Abbildungen wurde mit größter
Sorgfalt vorgegangen.
Trotzdem können Fehler nicht vollständig ausgeschlossen werden.
Verlag, Herausgeber und Autoren können für fehlerhafte Angaben
und deren Folgen weder eine juristische Verantwortung noch
irgendeine Haftung übernehmen.
Für Verbesserungsvorschläge und Hinweise auf Fehler sind Verlag und
Herausgeber dankbar.

Alle Rechte vorbehalten, auch die der fotomechanischen Wiedergabe und der
Speicherung in elektronischen Medien.
Die gewerbliche Nutzung der in diesem Produkt gezeigten Modelle und Arbeiten
ist nicht zulässig.

Fast alle Hardware- und Softwarebezeichnungen, die in diesem Buch erwähnt
werden, sind gleichzeitig auch eingetragene Warenzeichen oder sollten als solche
betrachtet werden.

10   9   8   7   6   5   4   3   2   1

02   01   00   99   98

ISBN 3-8272-5359-4

© 1998 by Markt&Technik Buch- und Software-Verlag GmbH,
Hans-Pinsel-Straße 9b, D-85540 Haar bei München/Germany
Alle Rechte vorbehalten
Einbandgestaltung: Grafikdesign Heinz H. Rauner, München
Hintergrundfoto auf Titel: TCL / BAVARIA
Lektorat: Rainer Fuchs, rfuchs@mut.de
Herstellung: Claudia Bäurle
Satz: Andreas Patschorke
Druck: Schoder Druck, Gersthofen
Dieses Produkt wurde mit Desktop-Publishing-Programmen erstellt
und auf chlorfrei gebleichtem Papier gedruckt
Printed in Germany

Übersicht

	Vorwort	17
I	**Arbeiten mit Office 95 Professional**	**19**
1	Einführung	19
2	Ein Streifzug durch Office 95	26
3	Bedienung der Office-Anwendungen	41
4	Zusatzanwendungen	67
II	**Word**	**81**
1	Einführung	81
2	Eingabe- und Bearbeitungshilfen	101
3	Formatieren	120
4	Tabellen	170
5	Layoutfunktionen	185
6	Korrekturfunktionen	220
7	Objekte	237
8	Serienbriefe	247
9	Gliederung, Inhalts- und Stichwortverzeichnis	260
10	Formatvorlagen und Dokumentvorlagen	271
11	Felder	287
12	Formelsatz	310
13	Zentraldokumente	328
14	Symbolleisten anpassen	334
III	**Excel**	**339**
1	Einführung	339
2	Grundlagen der Arbeit mit Excel 7.0	342
3	Mit Tabellen arbeiten	361
4	Rechnen	391
5	Die Datenverwaltung	420
6	Tabellen formatieren	444
7	Objekte	472
8	Befehlseingaben automatisieren	500
9	Datenschutz	514
10	Daten ausgeben	522

Übersicht

IV	**Access**	537
1	Einführung in Datenbanken	538
2	Assistenten in Access	545
3	Einfache Datenverwaltung	566
4	Relationale Datenbanken	613
5	Abfragen	628
6	Formulare	668
7	Berichte und Auswertungen	725
8	Module und Makros	735
9	Visual Basic in Access	760
10	Access professionell	779

V	**PowerPoint**	809
1	Einleitung	809
2	Präsentationsfolien erstellen	810
3	Bilder mit Text erklären	839
4	Diagramme	858
5	Das Layout in Präsentationen	881
6	Mit Präsentationen arbeiten	899

Anhänge ... 911

A	**Schedule+**	913
1	Anmelden bei Schedule+	914
2	Termine	918
3	Aufgabenliste	922
4	Ereignisse	931
5	Weitere Funktionen nutzen	932

B	**Visual Basic for Applications**	937
1	Aufbau von Visual Basic	937
2	Kontrollstrukturen	940

C	**Die CD-ROM**	943

Sachverzeichnis ... 945

Inhalt

Vorwort		17
☆	Office 95	17
I	**Arbeiten mit Office 95 Professional**	19
1	**Einführung**	19
1.1	Lösungen mit Office 95	19
1.2	Die Anwendungen	20
2	**Ein Streifzug durch Office 95**	26
2.1	Texte in Word	26
2.2	Tabellen und Diagramme in Excel	29
2.3	Präsentation in PowerPoint	35
2.4	Datenbankanwendung in Access	39
3	**Bedienung der Office-Anwendungen**	41
3.1	Die Hilfefunktion	41
3.2	Starten der Anwendungen	45
3.3	Öffnen und Speichern von Dokumenten	51
3.4	Fenster	56
3.5	Symbolleisten	62
3.6	Datenaustausch über die Zwischenablage	66
4	**Zusatzanwendungen**	67
4.1	Sammelmappen	67
4.2	Arbeiten mit der Office-Shortcutleiste	75
II	**Word**	81
1	**Einführung**	81
1.1	Der Word-Bildschirm	81
1.2	Umgang mit Dateien und Fenstern	84
1.3	Anzeigemodi	86
1.4	Texte eingeben und korrigieren	89
1.5	Blättern im Text	92
1.6	Markieren	94

1.7	Texte löschen, kopieren und verschieben	96
1.8	Textbereiche schnell ansteuern	97
1.9	Drucken	99
2	**Eingabe- und Bearbeitungshilfen**	**101**
2.1	Befehle wiederholen und zurücknehmen	101
2.2	Suchen und Ersetzen	103
2.3	Textbausteine (AutoText)	113
2.4	Weitere Hilfen	117
3	**Formatieren**	**120**
3.1	Einführung	120
3.2	Zeichenformatierung	122
3.3	Absatzformatierung	132
3.4	Aufzählungen und Numerierungen (Listen)	145
3.5	Seiteneinstellungen	157
3.6	Mit Abschnitten arbeiten	159
3.7	Kopf- und Fußzeilen	161
3.8	Fußnoten und Endnoten	166
4	**Tabellen**	**170**
4.1	Einführung	171
4.2	Tabelle erzeugen	171
4.3	Grundfunktionen	172
4.4	Struktur der Tabelle ändern	174
4.5	Tabelle formatieren	176
4.6	Nützliche Funktionen und weiterführende Hinweise	181
☆	Office 95	182
4.7	Tabstopps	182
5	**Layoutfunktionen**	**185**
5.1	Grafiken	186
☆	Office 95	194
☆	Office 95	195
5.2	Mehrspaltige Layouts	195
5.3	Positionsrahmen	199
5.4	Initialen	207
5.5	Ausgefallene Layouts mit WordArt	209
☆	Office 95	209
6	**Korrekturfunktionen**	**220**
6.1	AutoKorrektur	220
6.2	Rechtschreibprüfung	224
☆	Office 95	226
6.3	Silbentrennung	230
6.4	Thesaurus (Synonymwörterbuch)	234
6.5	Mit verschiedenen Sprachen arbeiten	235
6.6	Grammatik überprüfen	237

Inhalt

7	**Objekte**	237
☆	Office 95	238
7.1	Mit Objekten arbeiten	238
7.2	Beispiele für den Einsatz von Objekten	246
☆	Office 95	246

8	**Serienbriefe**	247
8.1	Serienbrief anfertigen	248
8.2	Umgang mit Hauptdokumenten und Datenquellen	256
8.3	Datensätze filtern	256
8.4	Weiterführende Hinweise	259
☆	Office 95	259

9	**Gliederung, Inhalts- und Stichwortverzeichnis**	260
9.1	Gliederung	260
9.2	Inhaltsverzeichnis	263
9.3	Stichwortverzeichnis (Index)	265

10	**Formatvorlagen und Dokumentvorlagen**	271
10.1	Wissenswertes über Formatvorlagen	272
10.2	Das Menü »Format/Formatvorlage«	274
10.3	Die Formatvorlagen-Liste	279
10.4	Übersicht der automatischen Formatvorlagen	281
10.5	Wissenswertes über Dokumentvorlagen	281
10.6	Mit Dokumentvorlagen arbeiten	282

11	**Felder**	287
11.1	Mit Feldern arbeiten	288
11.2	Beschreibung ausgewählter Felder	296
☆	Office 95	302
11.3	Kurzübersicht aller Felder	307

12	**Formelsatz**	310
☆	Office 95	310
12.1	Einführung	311
12.2	Übersicht der verfügbaren Symbole	315
12.3	Übersicht der verfügbaren Formelelemente	319
12.4	Formel formatieren	325

13	**Zentraldokumente**	328
13.1	Dokument in ein Zentraldokument umwandeln	329
13.2	Einsatz von Zentraldokumenten in der Praxis	331
13.3	Weiterführende Hinweise	332

14	**Symbolleisten anpassen**	334
14.1	Symbolleisten positionieren und anordnen	334
14.2	Symbole aufnehmen und entfernen	336
14.3	Umgang mit Symbolleisten	337
14.4	Weitere Anpassungsmöglichkeiten	338

III Excel — 339

1 Einführung — 339
☆ Office 95 — 339
1.1 Die Anwendungsgebiete von Excel 7.0 — 340
1.2 Die Eigenschaften von Excel 7.0 — 341

2 Grundlagen der Arbeit mit Excel 7.0 — 342
2.1 Das Starten — 342
☆ Office 95 — 343
2.2 Der Excel-Bildschirm — 343
☆ Office 95 — 345
☆ Office 95 — 349
2.3 Der Umgang mit den Menüs — 350
2.4 Die Benutzung der Symbole — 351
2.5 Der Einsatz der Tastatur — 356
2.6 Der Einsatz der Hilfefunktion — 359
2.7 Das Speichern — 359

3 Mit Tabellen arbeiten — 361
3.1 Bereiche angeben — 361
3.2 Eingaben in einer Tabelle — 364
3.3 Zellinhalte automatisch erzeugen — 369
3.4 Eingaben suchen und ersetzen — 373
☆ Office 95 — 374
3.5 Inhalte mit »Gehe zu« suchen — 375
3.6 Kopieren — 375
3.7 Daten verschieben — 381
3.8 Spalten, Zeilen und Arbeitsblätter einfügen — 383
3.9 Daten löschen — 385
3.10 Namen für Bezüge — 388

4 Rechnen — 391
4.1 Formeln eingeben — 391
4.2 Datum & Zeit — 397
4.3 Matrizen — 400
4.4 Konsolidieren — 403
4.5 Szenarien — 407
4.6 Pivot-Tabellen — 414

5 Die Datenverwaltung — 420
5.1 Listenverwaltung — 421
☆ Office 95 — 421
5.2 Datenabfrage — 436
☆ Office 95 — 443

6 Tabellen formatieren — 444
6.1 Numerische Formate — 444
6.2 Formate für Datum- und Zeit — 447

6.3	Schriftarten	448
6.4	Spaltenbreite einstellen	449
6.5	Zellen mit Daten ausblenden	451
6.6	Rahmen einfügen	452
6.7	Muster	453
6.8	Farben wählen	454
6.9	Ausrichten	454
6.10	Format durch Schaltfläche übertragen	455
6.11	AutoFormat anwenden	456
6.12	Mustervorlagen	457
6.13	Formatvorlagen	464
6.14	Seite formatieren	468
6.15	Gitternetzlinien	469
7	**Objekte**	**472**
7.1	Bilder zeichnen	472
7.2	Grafiken anordnen	473
7.3	Objekt erklären und gestalten	477
7.4	Grafiken verknüpfen	479
☆	Office 95	479
7.5	Grafik importieren	480
☆	Office 95	480
7.6	Daten in Diagramme umsetzen	481
7.7	Landkarten	496
8	**Befehlseingaben automatisieren**	**500**
8.1	Makro planen	500
8.2	Makro aufzeichnen	501
8.3	Makro dokumentieren	505
8.4	Makro speichern	506
8.5	Makros ausführen	507
8.6	Dialogfelder mit Steuerelementen anlegen	512
9	**Datenschutz**	**514**
9.1	Schützen eines Blatts	514
9.2	Arbeitsmappen schützen	517
9.3	Verknüpfungen sperren	521
☆	Office 95	521
☆	Office 95	521
10	**Daten ausgeben**	**522**
10.1	Ansichten und Berichte	522
☆	Office 95	527
10.2	Druck vorbereiten	528
10.3	Aus Arbeitsblatt drucken	533

Inhalt

IV Access ... 537

1 Einführung in Datenbanken ... 538
- 1.1 Was ist eine Datenbank? ... 538
- 1.2 Tabellen ... 540
- ☆ Office 95 ... 541
- 1.3 Datenbank-Anwendungen ... 541
- 1.4 Beziehungen ... 542

2 Assistenten in Access ... 545
- 2.1 Der Datenbank-Assisstent ... 545
- 2.2 Der Tabellen-Assistent ... 548
- 2.3 Der Abfrage-Assistent ... 550
- 2.4 Formular-Assistent ... 553
- ☆ Office 95 ... 558
- 2.5 Der Berichts-Assistent ... 560
- 2.6 Weitere Access-Assistenten ... 566

3 Einfache Datenverwaltung ... 566
- 3.1 Die Access-Datenbank ... 566
- 3.2 Die Tabelle ... 570
- 3.3 Die Abfrage ... 585
- 3.4 Das Formular ... 593
- 3.5 Der Bericht ... 602
- 3.6 Die Anwendung ... 608

4 Relationale Datenbanken ... 613
- 4.1 Entwicklung der Datenbankstruktur ... 613
- 4.2 Datenbankstrukturen in Access ... 620

5 Abfragen ... 628
- 5.1 Grundlagen ... 628
- 5.2 Filter ... 634
- 5.3 Erstellen von Auswahlabfragen ... 636
- 5.4 Aktionsabfragen ... 658
- 5.5 Weitere Abfragen ... 662

6 Formulare ... 668
- 6.1 Aufbau von Formularen ... 668
- 6.2 Entwurf von Formularen ... 676
- 6.3 Steuerelemente ... 695
- 6.4 Formular- und Bereichseigenschaften ... 720

7 Berichte und Auswertungen ... 725
- 7.1 Berichte ... 725
- 7.2 Auswertungen mit anderen Office-Anwendungen ... 731

8	**Module und Makros**	735
8.1	Erstellen und Testen von Modulen	735
8.2	Programmieren mit Makros	750
8.3	Menüs	754

9	**Visual Basic in Access**	760
9.1	Konzepte	760
9.2	Formulare und Ereignisse	763
9.3	Datenbankzugriff mit DAO	774

10	**Access professionell**	779
10.1	Mehrbenutzerumgebungen	779
10.2	Zugriffsrechte	783
10.3	Tabellen aus verschiedenen Datenbanken	790
10.4	Weitere Funktionen und Zusatzanwendungen	801
10.5	Replikation	803

V	**PowerPoint**	809

1	**Einleitung**	809

2	**Präsentationsfolien erstellen**	810
2.1	Mit Objekten umgehen	811
2.2	Grafische Objekte zeichnen	816
2.3	Objekte als ClipArt importieren	823
2.4	Mit Objekten arbeiten	824
2.5	Grafikobjekte einfügen	834
☆	Office 95	834
☆	Office 95	837

3	**Bilder mit Text erklären**	839
3.1	Objekte direkt beschriften	839
3.2	Beschriftungen mit dem Hilfsmittel	840
3.3	Texte als Titel	841
3.4	Text in geschlossenen Formen	844
3.5	Texte handhaben	844
3.6	Textobjekte bearbeiten	847
3.7	Aufzählungen	848
3.8	Schrift gestalten	849
3.9	Texte auf Seiten ausrichten	851
3.10	Mit Tabellen arbeiten	852
☆	Office 95	852
3.11	Text suchen und ersetzen	854
3.12	Rechtschreibung in PowerPoint	855
3.13	Mit Gliederungstexten umgehen	857

4	**Diagramme**	858
☆	Office 95	859
4.1	Hilfsmittel von Graph	859

4.2	Formatierungen im Datenblatt	864
4.3	Spaltenbreite verändern	867
4.4	Datenreihen im Datenblatt festlegen	868
4.5	Daten importieren	868
4.6	Diagrammart auswählen	870
4.7	Diagramme markieren	873
4.8	Diagramme kopieren	874
4.9	Diagramm formatieren	874
5	**Das Layout in Präsentationen**	**881**
5.1	AutoLayouts	882
5.2	Farben und Muster	883
5.3	Mit Farbskalen formatieren	888
5.4	Standardeinstellungen	891
5.5	Den Hintergrund von Folien gestalten	894
5.6	Präsentationslayouts nutzen	896
☆	Office 95	897
5.7	Präsentationen mit Folienvorlagen formatieren	897
6	**Mit Präsentationen arbeiten**	**899**
6.1	Präsentation öffnen	899
☆	Office 95	901
6.2	Kopie einer Präsentation öffnen	901
6.3	Standardformat für Präsentationen	902
6.4	Vorhandenes Format in eine neue Präsentation übernehmen	903
6.5	Maßstab ändern	904
6.6	Markierung und Folien	905
6.7	Folienreihenfolge ändern	906
6.8	Folien zwischen Präsentationen wechseln	907
6.9	Folien löschen	908
6.10	Notizzettel anfertigen	908
6.11	Format für Notizzettel	909
6.12	Notizen zu einem Buch zusammenfassen	909
6.13	Handzettel erstellen	910
6.14	Präsentationen speichern und beenden	910

Anhänge 911

A	**Schedule+**	**913**
1	**Anmelden bei Schedule+**	**914**
1.1	Schedule+-Fenster nutzen	915
1.2	Datum ändern	916
1.3	Kennwort ändern	917
2	**Termine**	**918**
2.1	Termin festlegen	919
2.2	Periodische Termine	919

2.3	Terminmahner konfigurieren	920
2.4	Termin ändern oder löschen	921
2.5	Termin mit Notiz ergänzen	922
3	**Aufgabenliste**	**922**
3.1	Aufgabe hinzufügen	923
3.2	Periodische Aufgabe definieren	924
3.3	Mahner für Aufgaben einsetzen	924
3.4	Aufgaben kopieren oder verschieben	925
3.5	Projekt hinzufügen und bearbeiten	926
3.6	Aufgabe oder Projekt ändern und löschen	926
3.7	Anzeige der Aufgabenliste	927
3.8	Aufgabenstatus	928
3.9	Aufgaben filtern	928
3.10	Aufgaben gruppieren	929
3.11	Aufgaben sortieren	929
3.12	Besprechungen	929
4	**Ereignisse**	**931**
4.1	Ereignisse im Terminkalender anzeigen	931
4.2	Ereignisse bearbeiten und löschen	932
5	**Weitere Funktionen nutzen**	**932**
5.1	Text im Zeitplan suchen	932
5.2	Zugriffsrechte verwalten	933
5.3	Anderen Zeitplan öffnen	934
5.4	Zeitzonen bearbeiten	934
5.5	Seitenansicht und Druck	934
5.6	Export und Import	935
5.7	Daten archivieren	935
B	**Visual Basic for Applications**	**937**
1	**Aufbau von Visual Basic**	**937**
1.1	Anweisungen	937
1.2	Prozeduren	939
2	**Kontrollstrukturen**	**940**
2.1	Bedingungen	940
2.2	Schleifen	941
C	**Die CD-ROM**	**943**
Sachverzeichnis		**945**

Vorwort

Word, Excel, Access, Powerpoint, Schedule+ – fünf Programme, ein Paket: *Microsoft Office für Windows 95*. Jeder kennt es, vorstellen muß man es also nicht. Hier im Vorwort sollten wir vielmehr in aller Kürze und Prägnanz mitteilen, für wen dieses Buch gedacht ist, was Sie sich davon erwarten können, wie es aufgebaut ist und warum so und nicht anders. Nun denn:

Wer sich vom Buch eine umfassende Anleitung zu den Einzelprogrammen in einem Band erwartet, wird sicherlich nicht enttäuscht. Jedoch viel mehr noch steckt darin: Wie arbeiten die Programme zusammen, wie schöpft man das ganze Potential aus (das ja schließlich auch den Hersteller dazu veranlaßt hat, diese Programme zu einem Paket zu schnüren), wie nutzt man die Funktionen und Möglichkeiten, die über den Einsatz des einzelnen Programms hinausgehen und die raffiniertesten Interaktionen zwischen den Programmen erlauben – darum geht es in diesem Werk ebenso wie um eine vollständige Abhandlung der Arbeitsschritte, die zu einem erfolgreichen Arbeiten mit den einzelnen Programmen nötig sind.

Kapitel I stellt das Paket als Ganzes vor und fächert die Möglichkeiten und Grenzen der Einzelprogramme auf, um an diesen Grenzen die Stärke der Einheit *Office* aufzuzeigen. Zudem werden hier grundsätzliche Bedienungsschritte von Office-Programmen erklärt.

Kapitel II bis VI widmen sich den Einzelprogrammen, verweisen dann aber an geeigneten Stellen auch auf den Gesamtzusammenhang. Diese Passagen sind im Text mit dem Office-Symbol gekennzeichnet, das Sie nebenan sehen. Im Inhaltsverzeichnis sind diese Abschnitte ebenfalls leicht aufzufinden und so gekennzeichnet:

Office 95

☆   Office 95..

Je nach Kenntnisstand, Anleitungsbedarf, Wissenshunger können Sie sich also beizeiten Ihrem Thema von der einen oder der anderen Seite nähern. Wir denken, damit eine Lösung gefunden zu haben, die der Mehrzahl der Anwender entgegenkommt, ohne damit einen Rundumschlag zu tun, der alle trifft, aber niemandem nützt.

Dem Buch beigelegt finden Sie eine CD-ROM. Wir haben darauf alles zusammengestellt, was Office 95 ergänzt, interessanter macht, Arbeit erleichtert ... Zudem enthält es die Arbeitsbeispiele im Buch (sofern sie nicht ohnehin in *Office 95* enthalten sind) sowie allerlei Material für den einen oder anderen Spezialbedarf.

Ungeduldige Leser mögen nun die Lektüre des Vorworts beenden, den sogenannten geneigten (zu denen wohl in erster Linie die nachfolgend genannten gehören) sei an dieser Stelle mitgeteilt:

Daß ein solches Buch entstehen kann, ist stets mehr Personen zu verdanken, als man aufzählen kann. Wer sich übergangen fühlt (Bill Gates?),

sollte uns also verzeihen können. Die unmittelbar Beteiligten wollen wir nennen und uns bei ihnen herzlich bedanken:
- *Oliver Bouchard* (Autor) hat sich um Access und mit großer Übersicht um den übergreifenden Zusammenhang in Kapitel I gekümmert. Schade, daß er nicht mehr über *Visual Basic for Applications* (VBA) schreiben durfte.
- *Elke Nominikat* stand ihm dabei zur Seite und hat dem Herausgeber unschätzbare Dienste erwiesen.
- *Klaus Peter Huttel* (Autor) beschrieb Excel, Powerpoint und Schedule+ mit bewährter Zuverlässigkeit. Er hat uns noch nie im Stich gelassen.
- *Thomas Irlbeck* (Autor) zeichnet für Word und wertvolle Gedanken zum ganzen Projekt. Seine Übersicht und Freundschaft ist unschätzbar.
- *Franz Mayer* (OPS) war immer da. Lektorat, Satz, Endredaktion – alles stets professionell und prompt.
- *Carmen Meissner* und *Sandra Willige* (OPS) sorgten souverän für alles, wofür wir keinen Nerv mehr hatten.

Andreas Patschorke, Christian Q. Spitzner (OPS)

Arbeiten mit Office 95 Professional

1 Einführung

Mit *Microsoft Office für Windows 95* haben Sie sich für das am meisten eingesetzte Anwendungspaket für Büroanwendungen entschieden. Damit stehen Ihnen eine Reihe von leistungsfähigen Einzelanwendungen zu Verfügung, die Sie bei der täglichen Arbeit im Büro unterstützen.

1.1 Lösungen mit Office 95

Office 95 ist eine Station auf dem Weg ausgehend von der Zusammenfassung mehrerer Anwendungen zu einem Paket hin zur integrierten Komplettlösung für das Büro. In Office 95 werden zwar immer noch die Einzelanwendungen betont, stehen aber zusätzlich eine ganze Reihe von Funktionen zur Verfügung, mit denen Sie Daten zwischen den Anwendungen austauschen können.

Vor der Arbeit mit Office steht immer noch die Wahl der Anwendung. Zur Erledigung ein und derselben Aufgabe stehen Ihnen hierbei mehrere Möglichkeiten zur Verfügung, die alle spezifische Vor- und Nachteile aufweisen.

Wahl der Anwendung

So lassen sich Tabellen gleichermaßen in Word, Excel und PowerPoint erstellen. Je nachdem, ob Sie den Fokus auf Layout, auf mathematische Berechnungen in der Tabelle oder auf die grafische Gestaltung legen, müssen Sie sich für eine der drei Anwendungen entscheiden.

Genauso umfaßt Office zwei verschiedene Programmodule, um Geschäftsgrafiken zu erstellen, und drei Möglichkeiten, vektororientierte Grafiken in ein Dokument einzubinden. Haben Sie sich erstmal für eine Office-Anwendung entschieden, dann ist der Wechsel zu einer anderen Anwendung meist mit einem gewissen Aufwand verbunden.

Bei den meisten Aufgaben, die Sie mit Office lösen wollen, steht das Ziel fest. Wenn Sie beispielsweise einen gedruckten Prospekt für ein Produkt erstellen wollen, benötigen Sie die Layoutfähigkeiten einer Textverarbeitung wie Word. Wollen Sie das Produkt in einer Präsentation vorstellen, so werden Sie nicht auf die grafischen Fähigkeiten von PowerPoint verzichten wollen. Leider geht die Integration von Office (noch) nicht so weit, daß Sie die gedruckte Version und die Präsentation auf der Basis ein und desselben Dokuments erstellen können.

Die Office-Anwendungen machen intensiven Gebrauch von OLE 2.0, wodurch Sie in die Lage versetzt sind, in einem Dokument verschiedene Anwendungen zu verwenden.

Mischen von Anwendungen in einem Dokument

So stellt es kein Problem dar, ein Diagramm aus Excel in einen Word-Text einzubinden. Das Diagramm läßt sich dann direkt im Word-Dokument mit allen Funktionen von Excel bearbeiten. Verändern Sie die dem Diagramm

I Arbeiten mit Office 95 Professional

zugrundeliegenden Daten in Excel, so wird das Diagramm angepaßt. Die Daten in Excel lassen sich wiederum in einer Access-Anwendung komfortabel verwalten.

Für das gleichzeitige Arbeiten mit mehreren Anwendungen benötigen Sie allerdings einen sehr leistungsfähigen Rechner. Das führt dazu, daß viele Anwender z.B. lieber eine Word-Tabelle erstellen und Berechnungen mit dem Taschenrechner ausführen, anstatt eine Excel-Tabelle mit den entsprechenden Formeln einzubinden.

Integrierte Lösungen mit Office

Microsoft Office wird zunehmend auch als Entwicklungsumgebung für integrierte Lösungen im Büro verwendet. Word, Excel und Access besitzen komplette Programmiersprachen mit denen sich zahlreiche Tätigkeiten automatisieren lassen. Die Anwendungen sind dabei auch in der Lage, sich gegenseitig zu steuern. Somit steht einem aus Datenbankinformationen automatisch erstellten Brief oder Kalkulationsschema nichts mehr im Weg.

Die Bemühungen von Microsoft, die Bedienung von Office so einfach wie möglich zu gestalten, schließen die Programmierung der Office-Anwendungen nur in geringem Maße ein. Für die Entwicklung integrierter Office-Lösungen sind genauso viele Programmierkenntnisse notwendig wie in klassischen Entwicklungsumgebungen.

1.2 Die Anwendungen

Der folgende Abschnitt liefert Ihnen einen Überblick über die im Office-Paket enthaltenen Anwendungen.

1.2.1 Word

Word ist eine Anwendung zur Textverarbeitung und erlaubt die Eingabe, das Layouten und Ausdrucken von Texten. Dadurch wird eine (Speicher-)Schreibmaschine vollständig durch einen PC ersetzt, auf dem Word läuft und an den ein Drucker angeschlossen ist.

Bild I.1: Word

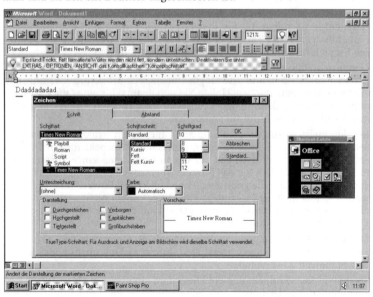

1 Einführung

Was kann Word?

Word erlaubt, Text einzugeben und am Bildschirm vor dem Ausdruck zu korrigieren. Somit kommen Sie schneller zu einem fehlerfreien Dokument und sparen viel Papier. Word unterstützt Sie zudem auf Wunsch bereits bei der Eingabe mit einer Rechtschreibkontrolle, so daß Schreibfehler weitgehend der Vergangenheit angehören sollten.

Die besondere Stärke moderner Textverarbeitungen wie Word liegt aber im Layouten von Text. Mit Word erstellen Sie professionelle Layouts, die noch vor wenigen Jahren nur mit teuren Satzmaschinen möglich waren. Verschiedene Schriftarten und -größen, Spaltensatz, Rahmen und Grafiken stellen kein Problem für Word dar.

Für umfangreiche Texte, wie z.B. wissenschaftliche Arbeiten, stehen Funktionen zur Erstellung von Inhalts-, Sachwort- und Abbildungsverzeichnissen sowie eine Fußnotenverwaltung zur Verfügung. Abgerundet wird der Leistungsumfang von Word durch Zusatzanwendungen, mit denen Formeln und Diagramme in den Text integriert werden können.

Die Grenzen von Word

Trotz zahlreicher Erweiterungen ist Word eine Textverarbeitung und keine DTP-Software. Wenn Sie hohe Anforderung an die Qualität des Satzes haben, sollten Sie auf eine spezielle DTP-Anwendung zurückgreifen. Auch sollten Sie bei sehr komplexen Layouts, z.B. für eine Zeitschrift, von Word nicht zu viel erwarten. Zwar sind die meisten dazu nötigen Funktionen in Word integriert, sie sind aber teilweise äußerst schwer zu verstehen und zu bedienen.

Auch Massentexte über mehrere hundert Seiten sind nicht die Stärke von Word. Für große Texte nimmt das Formatieren und Speichern sehr viel Zeit in Anspruch. Als Ausweg bieten sich Zentraldokumente (siehe Abschnitt II.13) an.

Wann sollte Word verwendet werden?

Word ist immer dann die erste Wahl, wenn Daten ausgedruckt werden sollen. Obwohl Excel, Access und PowerPoint Layout- und Druckfunktionen bieten, ist nur Word darauf ausgerichtet, frei formatierten Text seitenorientiert auszudrucken.

Wenn Sie Funktionen aus Excel oder PowerPoint benötigen, haben Sie die Möglichkeit, Dokumente dieser Anwendungen als OLE-Objekte in ein Word-Dokument einzubinden (siehe Abschnitt II.7.2). Daten aus Access-Datenbanken lassen sich über die Serienbrieffunktion (siehe Abschnitt II.8) in Word ausgeben. Allerdings ist hier in vielen Fällen der Access-Berichtsgenerator (siehe Abschnitt IV.7) die bessere Wahl.

1.2.2 Excel

Excel ist eine Anwendung zur Tabellenkalkulation. Die Tabellenkalkulation ist neben der Textverarbeitung die Anwendung, die dem PC zu seinem Siegeszug verholfen hat.

Was kann Excel?

Excel stellt Ihnen eine sogenannte Arbeitsmappe zur Verfügung, die aus mehreren Tabellen besteht. In die Tabellenfelder lassen sich beliebige Zahlen, Texte und Formeln eintragen. Durch Formeln lassen sich Berechnungen mit den in die Tabelle eingetragenen Daten durchführen.

Excel bietet eine umfangreiche Sammlung von Funktionen an, die Sie in den Formeln verwenden können. Durch vordefinierte mathematische und finanzmathematische Funktionen lassen sich auch komplexe Kalkulationen relativ einfach programmieren. Ein Gleichungslöser (»Solver«, siehe Abschnitt III.4.5.9) und ein Szenario-Manager (siehe Abschnitt III.4.5) unterstützen Sie bei komplexen Analysen.

I   Arbeiten mit Office 95 Professional

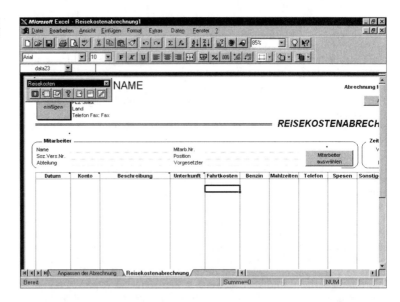

Bild I.2: Excel

Grenzen von Excel	Ein Diagrammgenerator (siehe Abschnitt III.7.6) erstellt aus den Zahlen in einer Tabelle mit wenigen Mausklicks ein Diagramm, mit dem sich ein Sachverhalt visualisieren läßt. Die Tabellen lassen sich in Excel mit unterschiedlichen Schriftarten und -größen formatieren (siehe Abschnitt III.6.3), so daß sich Tabellen direkt ausdrucken und weitergeben lassen. Ein weiterer Funktionsbereich von Excel betrachtet die Tabelle als Datenbank (siehe Abschnitt III.5.1). Die Datenverwaltung wird durch Sortier- und Abfragefunktionen unterstützt. Das Arbeitsblatt von Excel hat eine festgelegte Maximalgröße, die für Kalkulationen allerdings in den allermeisten Fällen ausreichend ist. Für Datenbank-Anwendungen stellt jedoch die maximale Anzahl an Zeilen ein Problem dar.
Wann sollte Excel verwendet werden?	Excel ist die am vielseitigsten verwendbare Anwendung im Office-Paket. Die meisten Anwender nutzen nur einen winzigen Bruchteil der Funktionalität und verwenden Excel als tabellenorientierte Textverarbeitung. Darüber hinaus ist Excel bei der Erstellung von kaufmännischen oder wissenschaftlichen Analysen sehr hilfreich. Durch die Unterstützung von Visual Basic sind sogar komplette Anwendungen in Excel möglich. Die Ergebnisse einer Excel-Analyse können Sie entweder direkt in Excel formatieren oder in ein Word-Dokument einbinden (siehe Abschnitt II.7.2.1). Wenn Sie Office Professional erworben haben, sollten Sie Datenbanken nicht in Excel, sondern in Access verwalten (Kapitel IV), da Sie dort wesentlich tiefergreifende Möglichkeiten haben.

1.2.3 PowerPoint

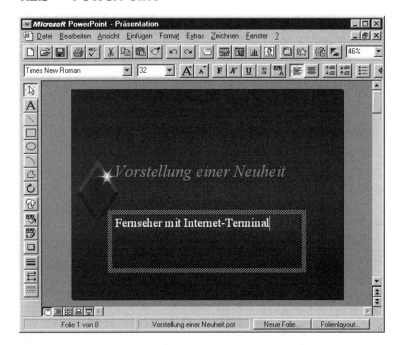

Bild I.3:
PowerPoint

PowerPoint dient der Erstellung von Präsentationen, die idealerweise entweder am Bildschirm oder über einen Projektor vorgeführt werden. Zudem wird die Ausgabe der Präsentation auf den Drucker oder auf einen Diabelichter unterstützt.

Mit PowerPoint erstellen Sie die einzelnen Blätter einer Präsentation, indem Sie Text und grafische Elemente darauf plazieren. PowerPoint unterstützt dabei einige Animationseffekte, mit denen Sie die Aufmerksamkeit Ihres Publikums wecken können. Ein Assistent erstellt auf Wunsch das Gerüst einer Präsentation, die Sie dann noch mit den Inhalten füllen müssen (siehe Abschnitt V.2.2).

Was kann PowerPoint?

Für die Präsentation am Bildschirm oder über einen Projektor, lassen sich effektvolle Übergänge zwischen den einzelnen Blättern festlegen. Die Präsentation selber kann mit einer eigenen Projektor-Anwendung durchgeführt werden. Dadurch benötigen Sie keine PowerPoint-Installation auf dem Rechner, auf dem die Präsentation abläuft.

PowerPoint eignet sich, um Präsentationen zu erstellen. Wenn Sie keine zu großen Ansprüche haben, werden Sie mit PowerPoint schnell zum Ziel kommen. Um komplexe Grafiken zu erstellen, sollten Sie auf eine andere Anwendung, wie z.B. CorelDraw oder den Micrografx Designer, zurückgreifen.

Wann sollte PowerPoint verwendet werden?

1.2.4 Access

Bild I.4: Access

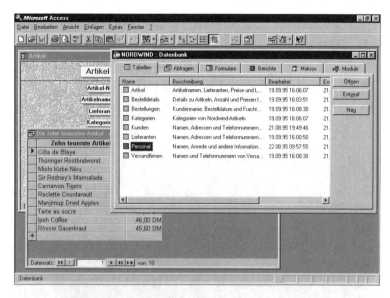

Access ist ein relationales Datenbanksystem und eine Entwicklungsumgebung für Datenbankanwendungen.

Was kann Access? Access bietet alle notwendigen Funktionen, um große Datenbestände zu verarbeiten. Sie können Daten erfassen, suchen und anschließend auswerten. Zusätzlich bietet Access einen Formulargenerator (siehe Abschnitt IV.6), mit dem Sie Daten am Bildschirm präsentieren und eine Benutzerschnittstelle aufbauen können. Ein Berichtsgenerator (siehe Abschnitt IV.7) erlaubt das Ausdrucken von Datenbank-Informationen in verschiedensten Layouts. Abgerundet wird der Funktionsumfang von Access durch eine Visual-Basic-Entwicklungsumgebung, mit der sich komplexe Anwendungen erstellen lassen.

In allen Funktionsbereichen von Access stehen Ihnen dabei Assistenten zu Verfügung, die Sie bei der Erstellung der einzelnen Objekte unterstützen. Zahlreiche Datenbank-Assistenten erlauben es, mit wenigen Angaben komplette Datenbank-Anwendungen zu erstellen.

Eine große Stärke von Access ist die Verarbeitung von Datenbeständen verschiedenster Datenbanksysteme. So gestaltet sich die Entwicklung einer Access-Anwendung, die auf die Datenbank einer dBase-Anwendung zurückgreift, völlig problemlos. Noch weitergehend sind die Möglichkeiten, die in der ODBC-Schnittstelle liegen. Access kann dadurch als Entwicklungsumgebung für Datenbankserver verwendet werden, um echte Client-/Server-Anwendungen zu programmieren.

Grenzen von Access Bezüglich der Datenmenge sind Access nach oben hin praktisch keine Grenzen gesetzt. Dennoch sollten Sie die Anschaffung eines Datenbankservers in Betracht ziehen, wenn Sie sehr große, kritische Daten verwalten wollen.

Wann sollte Access verwendet werden? Im Gegensatz zu den anderen Office-Anwendungen erlaubt Access keinen ganz spontanen Einstieg. Datenbank-Anwendungen erfordern trotz der verschiedenen Assistenten immer eine gewisse Planung. Dennoch lohnt es

1 Einführung

sich fast immer, einen Datenbestand mit Access aufzubauen, auf den Sie dann verschiedenste Auswertungen aufsetzen können.

Das Ziel bei der Verwendung von Access ist meistens die Entwicklung einer Datenbank-Anwendung. Das Grundgerüst einer solchen Anwendung entsteht dabei bei der intensiveren Beschäftigung mit Access fast automatisch.

1.2.5 Schedule+

Schedule+ ist eine teamorientierte Termin- und Aufgabenverwaltung.

Schedule+ verwaltet ihre Termine, Aufgaben und Adressen. Dabei werden Ihnen zahlreiche konfigurierbare Terminplanansichten angeboten, damit Sie die Übersicht über Ihre Zeitplanung behalten.

Was kann Schedule+?

Wenn Sie auf Ihrem Rechner Microsoft Mail installiert haben, so können Sie Ihre Termine im Team planen. So ist es möglich, einem Kollegen einen Termin in seinen eigenen Kalender zu schreiben oder einen Termin im Team zu planen. Durch einen Assistenten wird Ihnen das Finden eines geeigneten Termins erleichtert.

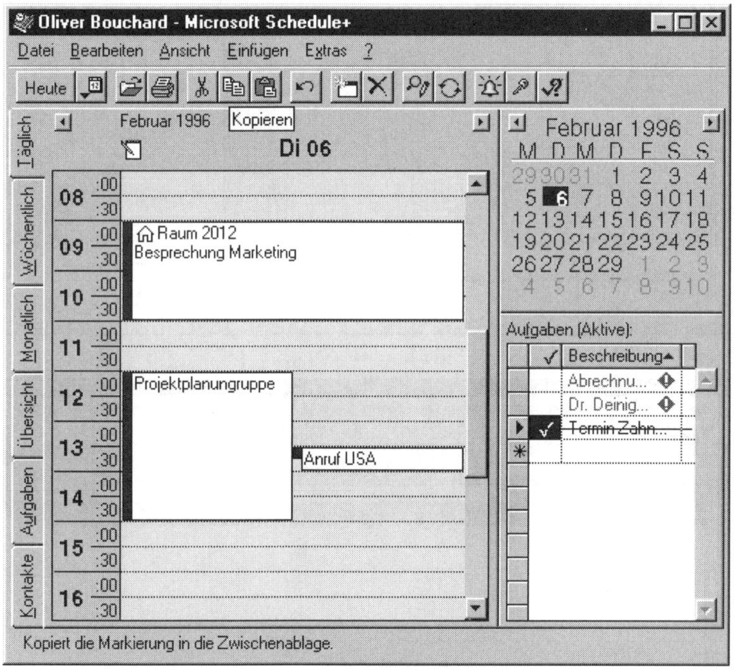

Bild I.5: Schedule+

Wie alle PC-basierten Terminkalender können Sie auch Schedule+ nicht in die Jackentasche stecken. Wenn Sie oft unterwegs sind, bringt Schedule+ für Sie keine Vorteile.

Grenzen von Schedule+

Die Teamfunktionen sind nur dann nützlich, wenn alle beteiligten Mitarbeiter ihre Zeit mit Schedule+ planen. Die Erfahrung zeigt, daß eine solche Disziplin in der Praxis schwer zu erreichen ist.

I   Arbeiten mit Office 95 Professional

2   Ein Streifzug durch Office 95

Der folgende Abschnitt führt Sie kurz in die vier großen Office-Anwendungen Excel, Word, PowerPoint und Access ein. Sie sehen dabei anhand einfacher Beispiele die Grundfunktionalität der Anwendungen.

2.1   Texte in Word

Für Word gibt es zahlreiche Vorlagen für oft benötigte Dokumente. In diesem Beispiel erstellen Sie ein Memo, um Ihre Kollegen über die Erhöhung der Telefongebühren zu informieren. Gehen Sie dazu folgendermaßen vor:

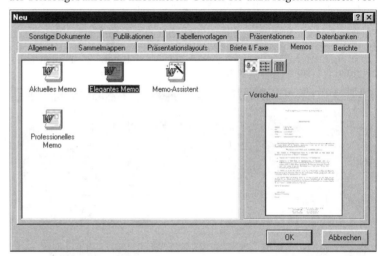

Bild I.6:
Erstellen eines neuen Word-Dokuments

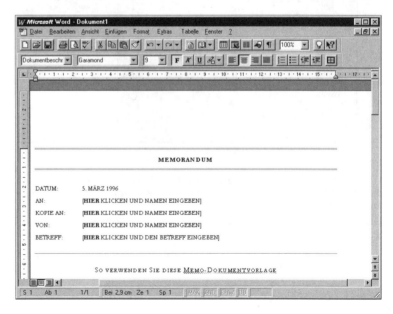

Bild I.7:
Eine Vorlage in Word

2 Ein Streifzug durch Office 95

1. Wählen Sie MICROSOFT OFFICE DATEI NEU aus dem Startmenü. Das allgemeine Neu-Dialogfeld wird angezeigt.
2. Doppelklicken Sie auf das Symbol ELEGANTES MEMO auf der Registerkarte MEMOS. Daraufhin wird Word geöffnet und die Vorlage geladen.
3. Die Vorlage für ein Memo enthält eine Reihe vordefinierter Felder, in die Sie die Absender und Adressen eingeben können. Klicken Sie auf den Text neben dem Wort »An« und geben »Alle Abteilungen« ein.

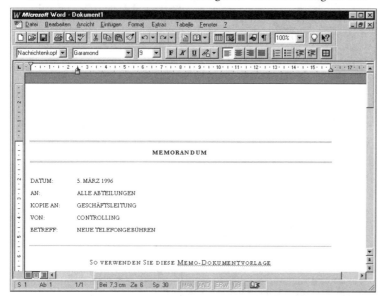

Bild I.8:
Eingabe der Adresse

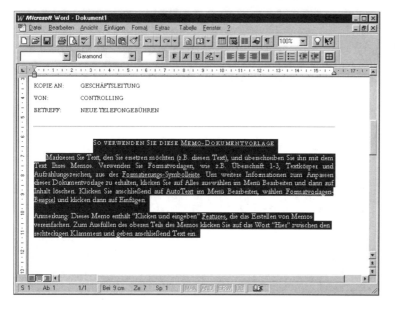

Bild I.9:
Markierter Text

I Arbeiten mit Office 95 Professional

4. Geben Sie die weiteren Zeilen (Bild I.8) ein. Blättern Sie mit der Bildlaufleiste (siehe Abschnitt I.3.4), bis Sie den Text des Memos sehen.
5. Die Vorlage enthält einen Beispieltext, den Sie überschreiben sollen. Markieren Sie den Text wie in Bild I.9, indem Sie mit dem Mauszeiger am linken Rand des Textblocks von oben nach unten ziehen.

Bild I.10:
Der Text des Memos

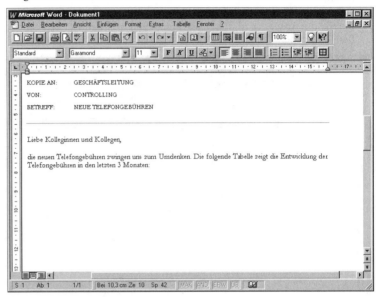

6. Geben Sie den Text des Memos wie in Bild I.10 ein. Der Text der Vorlage wird dabei überschrieben, weil er markiert war. Fügen Sie nach dem Text zwei Leerzeilen ein, indem Sie ⏎ drücken.

Bild I.11:
Eine Excel-Tabelle in Word

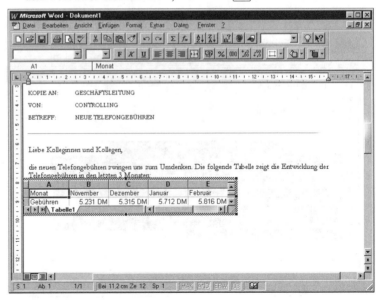

7. Klicken Sie auf die Schaltfläche MICROSOFT EXCEL TABELLE EINFÜGEN in der Symbolleiste. Markieren Sie mit der Maus wie in Bild I.11 Felder.
8. Mit der Excel-Tabelle wird die komplette Funktionalität von Excel mit allen Menüs und Symbolleisten in Word eingeblendet. Geben Sie die Daten wie in Bild I.12 ein, indem Sie mit der Maus in das Tabellenfeld klicken und den Text über die Tastatur eingeben.

Bild I.12:
Die fertige Tabelle

9. Klicken Sie auf eine beliebige Stelle außerhalb der Tabelle, um den Bearbeitungsmodus zu beenden.

Sie können nun das Memo vollenden, indem Sie weiteren Text anfügen.

2.2 Tabellen und Diagramme in Excel

2.2.1 Erstellen des Arbeitsblatts

Im folgenden Beispiel erstellen Sie eine einfache Tabelle, in der Sie die Umsätze in verschiedenen Produktgruppen innerhalb eines gewissen Zeitraums eintragen. Gehen Sie dazu folgendermaßen vor:
1. Wählen Sie MICROSOFT OFFICE DATEI NEU aus dem Startmenü. Das allgemeine Neu-Dialogfeld wird angezeigt.
2. Doppelklicken Sie auf das Symbol LEERE ARBEITSMAPPE. auf der Registerkarte ALLGEMEIN. Dadurch erstellen Sie eine neue, leere Excel-Arbeitsmappe.

I Arbeiten mit Office 95 Professional

Bild I.13:
Anlegen einer neuen
Excel-Tabelle

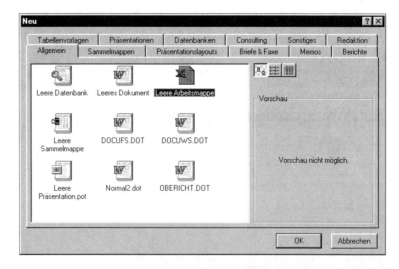

Bild I.14:
Eine leere Excel-
Arbeitsmappe

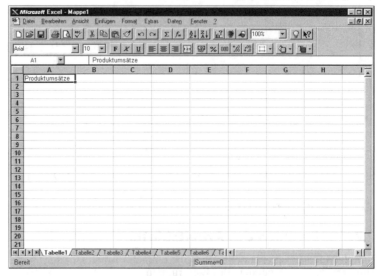

3. Geben Sie den Text »Produktumsätze« über die Tastatur ein. Sie können Ihre Eingaben sowohl in der Eingabezeile über der Tabelle als auch im oberen, linken Tabellenzelle beobachten. Wenn Sie sich verschreiben, können Sie den einen Buchstaben durch ← löschen.

4. Klicken Sie auf die Schaltfläche FETT in der Symbolleiste, um den Text hervorzuheben. Wählen Sie in der Liste SCHRIFTGRAD den Wert 16.

2 Ein Streifzug durch Office 95

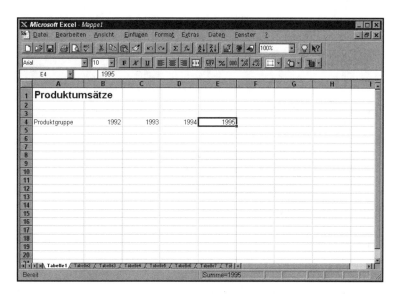

Bild I.15:
Die Tabelle

5. Setzen Sie die Zellenmarkierung in die Tabellenzelle in der 4. Zeile und in der ersten Spalte (A4). Sie können die Markierung mit den Pfeiltasten bewegen. Alternativ klicken Sie direkt auf die Tabellenzelle. Geben Sie »Produktgruppe« ein. Geben Sie jetzt nacheinander die Jahreszahlen wie in Bild I.15 ein.

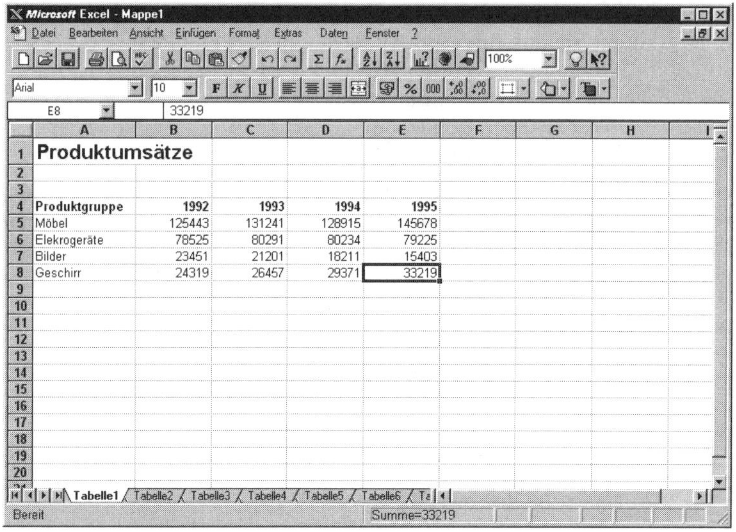

Bild I.16:
Eine Datentabelle in Excel

6. Wenn der Text »Produktgruppe« in der Zelle A4 nicht in die Spalte paßt, doppelklicken Sie auf die Trennlinie zwischen den Spalten A und B. Excel paßt dann die Spaltenbreite so an, daß der Text komplett zu sehen ist. Markieren Sie die Zellen A4, B4, C4, D4 und E4, indem Sie mit der Maus über die Zellen ziehen. Klicken Sie dann auf die Schaltfläche FETT in der Symbolleiste.

31

7. Geben Sie die Umsatzzahlen in die Zellen unter der Überschriftenzeile wie in Bild I.16 ein.

Bild I.17: Summen in der Tabelle

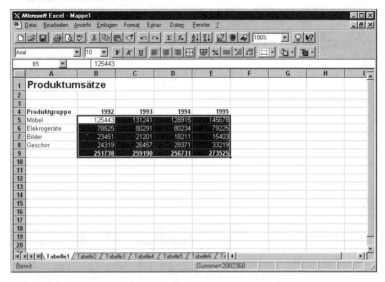

8. Für die Berechnung der Gesamtumsätze müssen die Zahlenwerte jeder Spalte addiert werden. Markieren Sie dazu alle Zahlen außer den Jahreszahlen, und klicken Sie auf die Schaltfläche SUMME in der Symbolleiste.

9. Markieren Sie anschließend die Zeile mit den Summen und klicken auf die Schaltfläche FETT in der Symbolleiste.

Die Tabelle mit den Produktumsätzen ist damit erstellt.

2.2.2 Grafiken in Excel

Mit dem Diagramm-Assistenten können Sie mit wenigen Mausklicks aus der in Abschnitt I.2.2.1 eingegebenen Tabelle eine Grafik erstellen. Gehen Sie dazu folgendermaßen vor:

1. Markieren Sie die Zellen wie in I.18 von A4 bis E8. Die Summenzeile darf dabei nicht markiert werden.

2. Klicken Sie auf die Schaltfläche DIAGRAMM-ASSISTENT in der Symbolleiste. Der Mauszeiger wechselt zu einem Fadenkreuz, mit dem Sie ein Rechteck ungefähr auf den Zellen A11 bis E19 aufziehen.

2 Ein Streifzug durch Office 95

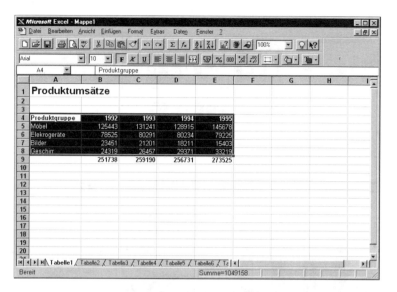

Bild I.18:
Markieren der Daten
für das Diagramm

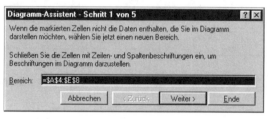

Bild I.19:
Der Diagramm-
Assistent

3. Auf der ersten Seite des Diagramm-Assistenten wird der Tabellenbereich gezeigt, aus dem die Daten für das Diagramm entnommen werden. Klicken Sie auf WEITER.

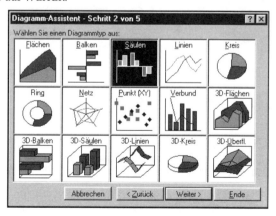

Bild I.20:
Auswahl des
Diagrammtyps

4. Auf der zweiten Seite wählen Sie den Typen des Diagramms aus. Da das Säulendiagramm bereits markiert ist, können Sie einfach auf WEITER klicken.

33

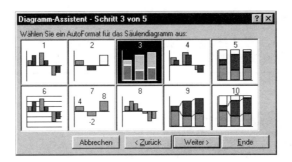

Bild I.21:
Darstellungsart des Diagramms

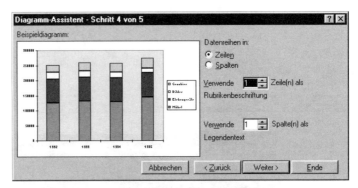

Bild I.22:
Zuordnung der Daten

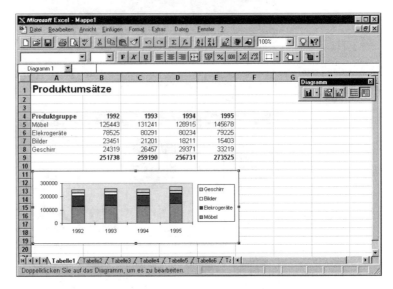

Bild I.23:
Die fertige Tabelle mit Diagramm

5. Auf der dritten Seite wählen Sie die Darstellungsart des Diagramms aus. Klicken Sie auf die Darstellungsart 3, um gestapelte Säulendiagramme auszuwählen.

6. Auf der vierten Seite geben Sie an, wie die Daten in der Tabelle in das Diagramm einfließen sollen. Markieren Sie DATENREIHEN IN ZEILEN, um die Werte eines Jahres als Säule und die Produktgruppen als

2 Ein Streifzug durch Office 95

Säulenabschnitt darzustellen. Wählen Sie 1 Zeile als Rubrikenbeschriftung, um die Jahreszahlen unter die horizontale Achse zu schreiben. Klicken Sie anschließend auf die Schaltfläche WEITER.

7. Auf der letzten Seite können Sie noch zusätzliche Beschriftungen angeben. Klicken Sie auf ENDE.

2.3 Präsentation in PowerPoint

PowerPoint wird mit zahlreichen Vorlagen installiert, die Ihnen ein Grundgerüst für eine Präsentation bieten. Im Beispiel erstellen Sie eine Präsentation zur Vorstellung eines neuen Produkts:

1. Wählen Sie MICROSOFT OFFICE DATEI NEU aus dem Startmenü. Das allgemeine Neu-Dialogfeld wird angezeigt.

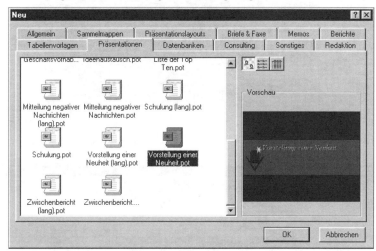

Bild I.24:
Erstellen einer neuen PowerPoint-Präsentation

2. Doppelklicken Sie auf das Symbol VORSTELLUNG EINER NEUHEIT, um PowerPoint mit einer Vorlage zu öffnen.
3. Die Präsentation besteht aus acht Folien, auf denen verschiedene Objekte plaziert sind. Klicken Sie auf den Text »Untertitel durch Klicken hinzufügen«, um einen neuen Text anzugeben. Geben Sie über die Tastatur »Fernseher mit Internet-Terminal« ein.
4. Blättern Sie mit der Bildlaufleiste (siehe Abschnitt I.3.4) auf Seite 6. Dort soll eine tabellarische Aufstellung der Stärken des neuen Produkts eingetragen werden.
5. Doppelklicken Sie auf das Tabellensymbol, und bestätigen Sie das Dialogfeld durch einen Klick auf OK. Sie erstellen dadurch eine Tabelle mit zwei Spalten und zwei Zeilen auf der Folie.

35

Bild I.25:
Ändern der Texte

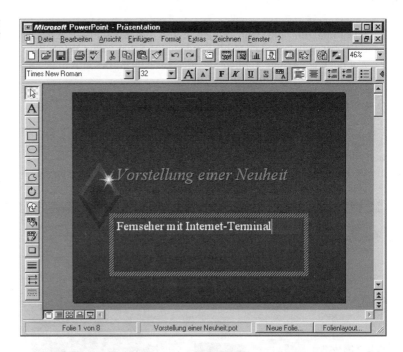

Bild I.26:
Objekte in PowerPoint

6. Für Tabellen in PowerPoint wird standardmäßig die Tabellenfunktion von Word (siehe Abschnitt II.4) verwendet. Wählen Sie AUTOFOR-

2 Ein Streifzug durch Office 95

MAT aus dem Menü TABELLE, um der Tabelle Linien hinzuzufügen. Wählen Sie in der Liste FORMATE das Format »Gitternetz 2«.

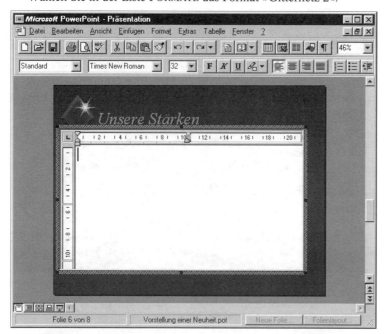

Bild I.27:
Word-Tabellen in
PowerPoint

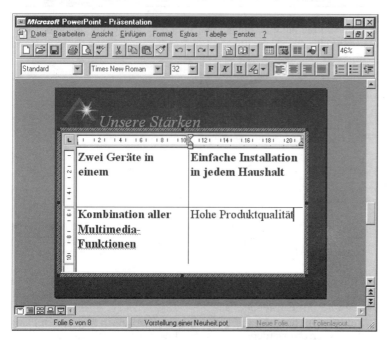

Bild I.28:
Tabelleneingabe in
Word

I Arbeiten mit Office 95 Professional

7. Geben Sie in die Tabellenfelder den Text wie in Bild I.28 ein. Beachten Sie, daß Ihnen die neue Korrekturfunktion von Word zur Verfügung steht.

Bild I.29:
Die fertige Folie

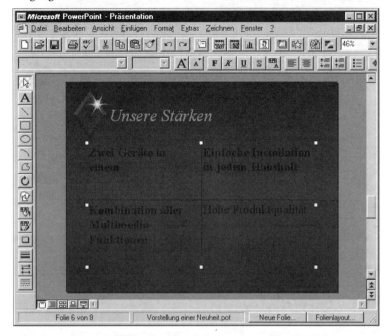

Bild I.30:
Starten der Bildschirmpräsentation

8. Klicken Sie auf eine Stelle außerhalb der Tabelle, um den Word-Editiermodus zu verlassen.

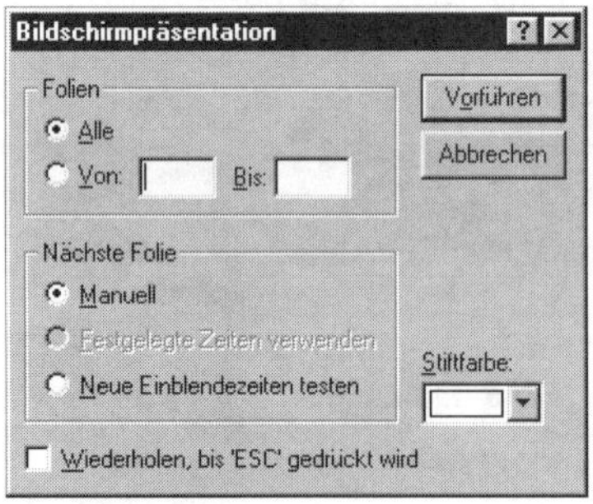

9. Wählen Sie BILDSCHIRMPRÄSENTATION aus dem Menü ANSICHT. Klicken Sie im Dialogfeld aus Bild I.30. auf die Schaltfläche VORFÜHREN. PowerPoint zeigt jetzt die Präsentation auf den gesamten Bildschirm.

10. Klicken Sie mit der linken Maustaste, um zur jeweils nächsten Folie zu wechseln. Am Ende der Präsentation wird wieder das normale PowerPoint-Fenster gezeigt.

Für die Fertigstellung der Präsentation müssen jetzt noch die anderen Platzhaltertexte ersetzt werden. Auf Seite 5 befindet sich ein Diagrammobjekt, in das Sie durch Doppelklicken ein Diagramm einfügen können.

2.4 Datenbankanwendung in Access

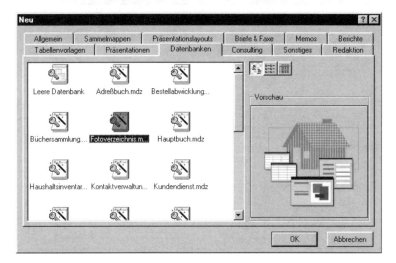

Bild I.31:
Starten eines
Datenbank-
Assistenten

Access besitzt mehrere Datenbank-Assistenten, mit denen Sie einfache Anwendungen erstellen können. In diesem Beispiel legen Sie eine Anwendung zur Fotoverwaltung an. Gehen Sie folgendermaßen vor:

Bild I.32:
Der Datenbank-
Assistent

1. Wählen Sie MICROSOFT OFFICE DATEI NEU aus dem Startmenü. Das allgemeine Neu-Dialogfeld wird angezeigt.

*Bild I.33:
Wahl des
Formularlayouts*

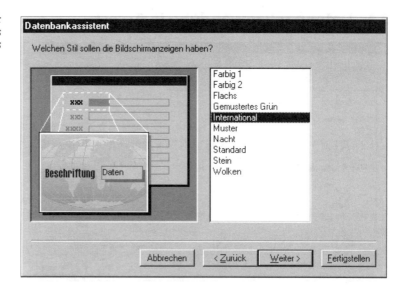

2. Doppelklicken Sie auf das Symbol FOTOVERZEICHNIS auf der Registerkarte DATENBANKEN. Daraufhin wird der Datenbank-Assistent von Access gestartet.
3. Geben Sie der neuen Datenbank im Dateiauswahl-Dialogfeld den Namen »Fotoverzeichnis« (siehe Abschnitt IV.6.3.8).

*Bild I.34:
Das Hauptmenü der
Fotoverwaltung*

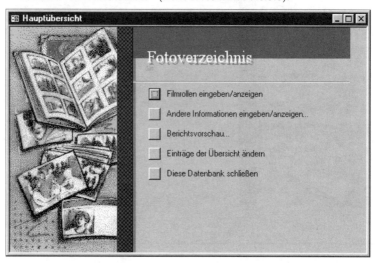

4. Auf der ersten Seite erhalten Sie eine kurze Übersicht der gespeicherten Informationen. Klicken Sie auf die Schaltfläche WEITER.
5. Auf der zweiten Seite können Sie die Informationen festlegen, die in der Datenbank gespeichert werden. Markieren Sie das Kontrollkästchen BEISPIELDATEN EINFÜGEN. Klicken Sie auf die Schaltfläche WEITER.

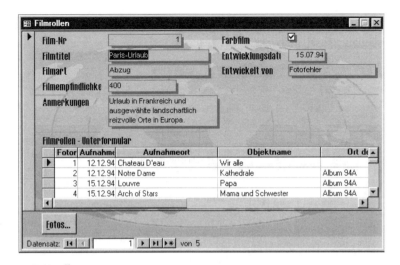

Bild I.35:
Das Eingabe-
formular für Filme
und Fotos

6. Auf der dritten Seite legen Sie das Layout der Formulare fest. Wählen Sie in der Liste »International«. Klicken Sie auf FERTIGSTELLEN, um die Anwendung zu erstellen. Access benötigt einige Zeit, um die Anwendung zu erstellen. Anschließend zeigt Access das Hauptmenü der Anwendung.

7. Das Hauptmenü gibt Ihnen Zugang zu den Funktionen der Fotoverwaltung. Klicken Sie auf die Schaltfläche FILMROLLEN EINGEBEN / ANZEIGEN. Dadurch öffnen Sie das Eingabeformular für Filme und Fotos.

Experimentieren Sie mit der gerade erstellten Anwendung, um die verschiedenen Funktionen von Access kennenzulernen.

3 Bedienung der Office-Anwendungen

3.1 Die Hilfefunktion

Wie in allen modernen Anwendungen stellt auch in Office 95 die Hilfefunktion eine komplette Dokumentation dar, die alle zur Bedienung der einzelnen Office-Anwendungen verfügbaren Informationen enthält.

Leider hat die Umstellung auf das neue Hilfesystem von Windows 95 fast mehr Nach- als Vorteile gebracht. So wird durch Drücken von F1 keine situationsbezogene Hilfe mehr gezeigt, sondern lediglich der Hilfe-Assistent gestartet. Auch fehlen in den verschiedenen Hilfefenstertypen oft Weiterverweise, so daß Ihnen nur die Suche über den Index oder die neue Wortsuchfunktion bleibt, um an die gewünschte Information zu gelangen.

I Arbeiten mit Office 95 Professional

Bild I.36:
Die Hilfefunktion

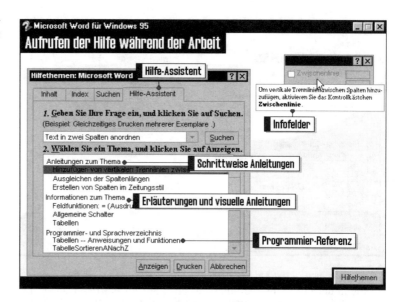

3.1.1 Situationsbezogene Hilfe durch Infofelder

Die Office-Anwendungen stellen Ihnen in jeder Situation erklärende Texte zu Verfügung, die in einem Infofeld direkt neben dem Element angezeigt werden, auf das sie sich beziehen. Die situationsbezogene Hilfe läßt sich je nach Element folgendermaßen aktivieren:

- Wenn Sie den Mauszeiger auf eine Symbolschaltfläche ziehen und dort kurze Zeit verweilen lassen, wird der Name der Schaltfläche angezeigt.
- Wenn Sie auf die Schaltfläche *Hilfe* klicken, wird neben dem Mauszeiger ein Fragezeichen angezeigt. Wenn Sie mit diesem Hilfe-Mauszeiger auf ein Element klicken, dann erscheint daneben ein Infofeld mit Informationen zu dem angeklickten Element.

- Wenn Sie in einem Dialogfeld auf die Fragezeichen-Schaltfläche in der Titelleiste klicken, erhalten Sie ebenfalls den Hilfe-Mauszeiger.
- In vielen Fällen kann ein Infofeld auch durch Klicken mit der rechten Maustaste angezeigt werden.

3.1.2 Das Hilfesystem der Office-Anwendungen

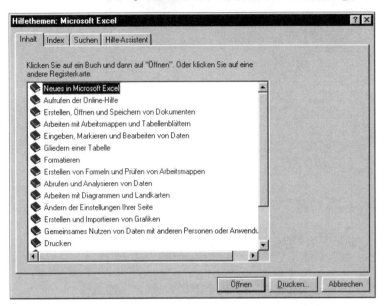

Bild I.37:
Der Inhalt des
Hilfesystems

Sie zeigen das Hilfesystem für die gerade aktive Office-Anwendung mit einer der folgenden Methoden an:

- Wählen Sie HILFETHEMEN aus dem Menü ?.
- Drücken Sie auf [F1].
- Klicken Sie auf die Schaltfläche Hilfe-Assistent in der Office-Shortcut-leiste (siehe Abschnitt I.3.1.2).

Anzeigen von Hilfetexten

Das Hilfesystem unterstützt folgende vier Möglichkeiten, um die gewünschte Information zu finden.

Funktionen des Hilfesystems

- Auf der Registerkarte *Inhalt* sind die Hilfeinformationen wie in einer gedruckten Dokumentation nach Kapiteln gegliedert. Einträge mit einem Buchsymbol stellen Überschriften dar. Wenn Sie auf das Buchsymbol doppelklicken, werden die einer Überschrift untergeordneten Überschriften und Hilfetexte angezeigt. Einträge mit einem Seitensymbol vor der Überschrift führen nach einem Doppelklick zu dem entsprechenden Hilfetext.
- Auf der Registerkarte *Index* lassen sich die Hilfeinformationen über ein Stichwort finden. Geben Sie dazu in das obere Feld ein Stichwort ein und wählen Sie dann in der Liste durch Doppelklick das gewünschte Thema.

Bild I.38:
Der Hilfeindex

Bild I.39:
Wortsuche in der
Hilfe

- Auf der Registerkarte *Suchen* können Sie nach dem Auftreten eines bestimmten Wortes in den Hilfetexten suchen. Geben Sie ein paar Anfangsbuchstaben im oberen Eingabefeld ein, und klicken Sie auf das gewünschte Wort in der mittleren Liste. In der unteren Liste läßt sich schließlich das gewünschte Hilfethema durch Doppelklick anzeigen. Beim ersten Aufruf der Suchfunktion wird zunächst eine Datenbank mit den Suchwörtern erstellt.

3 Bedienung der Office-Anwendungen

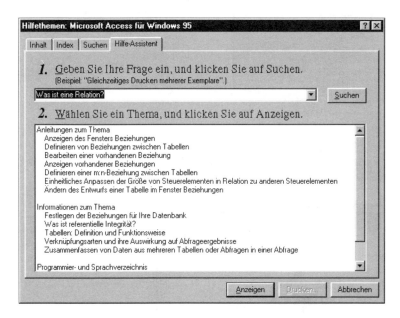

Bild I.40:
Der Hilfe-Assistent

- Auf der Registerkarte *Hilfe-Assistent* läßt sich ein Hilfethema durch Eingabe einer Frage finden. Dazu geben Sie die Frage oder ein Stichwort im oberen Eingabefeld ein und öffnen dann das gewünschte Hilfethema durch Doppelklicken in der unteren Liste.

3.2 Starten der Anwendungen

Windows 95 leitet den Übergang von der anwendungsorientierten zur datenzentrierten Bedienung ein. Aus diesem Grund bietet auch Office 95 mehrere Wege, um die Anwendungen zu starten bzw. die mit den Office-Anwendungen erstellten Dokumente zu öffnen.

3.2.1 Erstellung neuer Dokumente

Um ein neues Dokument in einer Office-Anwendung zu erstellen, ist es nicht unbedingt notwendig, die Anwendung zu starten.

Die schnellste Methode besteht darin, das neue Dokument direkt in dem Ordner zu erstellen, in dem es gespeichert werden soll. Gehen Sie dazu folgendermaßen vor:

Erstellen eines Dokuments über das Ordner-Kontextmenü

1. Öffnen Sie das Kontextmenü des Ordners, indem Sie mit der rechten Maustaste auf eine freie Fläche im Ordnerfenster klicken. Sie können auch mit der rechten Maustaste auf eine freie Fläche auf der Arbeitsoberfläche klicken, um das Objekt dort zu erstellen und anschließend in den gewünschten Ordner zu verschieben.
2. Klicken Sie auf den Menüpunkt NEU, um das Untermenü mit den neu zu erstellenden Dokumenten zu öffnen. Hier befinden sich Menüpunkte für das Erstellen eines Microsoft Word-Dokuments, einer Microsoft PowerPoint-Präsentation und einer Microsoft Excel-Tabelle.

I   Arbeiten mit Office 95 Professional

Bild I.41:
Das Neu-Untermenü des Ordner-Kontextmenüs

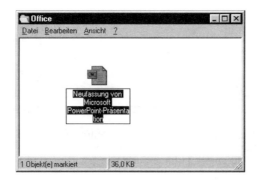

Bild I.42:
Das neue Dokument

3. Wählen Sie den gewünschten Dokumententyp. Windows 95 erstellt in dem Ordner ein neues Dokument und erlaubt Ihnen, den Namen des Dokuments zu ändern.

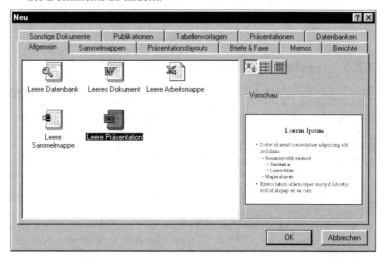

Bild I.43:
Das gemeinsame Neu-Dialogefeld

Ein so erstelltes Dokument beruht immer auf der Standardvorlage für die jeweilige Anwendung. Es besteht keine direkte Möglichkeit, Dokumente auf Basis anderer Vorlagen auf diese Weise zu erstellen.

Alle Office-Anwendungen verfügen über ein gemeinsames Neu-Dialogefeld, über das Sie neue Dokumente auf der Grundlage beliebiger Formulare erstellen können.

Erstellen eines Dokuments über das Neu-Dialogfeld

Sie öffnen das gemeinsame Neu-Dialogfeld mit einer der folgenden Methoden:

- Wählen Sie MICROSOFT OFFICE DATEI NEU aus dem Startmenü.
- Klicken Sie auf die Schaltfläche EIN NEUES DOKUMENT BEGINNEN auf der Office Shortcut-Leiste.

- Klicken Sie mit der rechten Maustaste auf eine freie Fläche eines beliebigen Ordners oder der Arbeitsoberfläche und wählen Sie WEITERE OFFICE-DOKUMENTE aus dem NEU-Untermenü.

Das Neu-Dialogfeld besteht aus verschiedenen Registerkarten, auf denen Vorlagen für Dokumente der einzelnen Office-Anwendungen gezeigt werden. Das Neu-Dialogfeld bietet folgende Funktionen:

- Um eine Office-Anwendung mit einer Vorlage zu starten, doppelklikken Sie auf die Vorlage. Alternativ markieren Sie die Vorlage und klikken Sie auf die Schaltfläche OK.
- Auf der Registerkarte ALLGEMEIN befinden sich die Standardvorlagen der einzelnen Office-Anwendungen. Haben Sie einen Pfad für Arbeitsgruppen-Vorlagen angegeben (siehe Abschnitt I.4.1.3), so werden diese auch auf der Registerkarte ALLGEMEIN gezeigt.
- Die anderen Registerkarten entsprechen den Ordnern, die im Ordner *VORLAGEN* des Office-Installationsverzeichnisses (meist *C:\MSOFFICE*) enthalten sind. Erstellen Sie in diesem Verzeichnis neue Ordner, so werden diese ebenfalls als Registerkarten dargestellt.
- Wenn Sie eine Vorlage markieren, wird in vielen Fällen eine Vorschau im entsprechenden Feld angezeigt.
- Mit den drei Schaltflächen in der oberen, rechten Ecke schalten Sie die Ansicht der Vorlagen wie in einem Windows-95-Ordner um.

Wenn Sie auf diese Art ein neues Dokument auf Basis einer Vorlage erstellen, so wird das Dokument noch nicht erstellt. Sie müssen es explizit in der Anwendung in einem Ordner unter einem Dateinamen speichern.

Um ein neues Dokument einer Office-Anwendung zu erstellen, öffnen Sie das Kontextmenü eines bereits mit dieser Anwendung erstellten Dokuments, indem Sie auf dessen Symbol mit der rechten Maustaste klicken. Wählen Sie anschließend NEU aus dem Kontextmenü. Windows 95 öffnet daraufhin die Anwendung mit einem auf der Standardvorlage basierenden Dokument.

Erstellen eines neuen Office-Dokuments über das Kontextmenü eines bestehenden Dokuments

*Bild I.44:
Das Kontextmenü einer Office-Anwendung*

I Arbeiten mit Office 95 Professional

3.2.2   Arbeiten mit Office-Dokumenten

Wenn Sie ein Office-Dokument speichern, dann erscheint dies in einem Ordner als Windows-95-Objekt. Die Objekte werden dabei durch folgende Symbole dargestellt:

Symbol	Objekttyp	Symbol	Objekttyp
	PowerPoint-Präsentation		Access-Datenbank
	Word-Dokument		Office-Sammelmappe
	Excel-Tabelle		

Öffnen von Dokumenten

Um ein Dokument zu öffnen und zu bearbeiten, doppelklicken Sie auf das Symbol. Alternativ klicken Sie mit der rechten Maustaste auf das Symbol, um das Kontextmenü zu öffnen und wählen anschließend den Menüpunkt ÖFFNEN.

Wenn Sie ein Dokument öffnen, wird die Anwendung gestartet, mit der Sie das Dokument erstellt haben und das Dokument in die Anwendung geladen. Wenn die Anwendung bereits geladen ist, so wird das neue Dokument als weiteres Dokumentfenster in die bereits geöffnete Anwendung geladen. Eine Ausnahme bilden dabei Access und die Office-Sammelmappe (siehe Abschnitt I.4.4), die beide nicht in der Lage sind, mehrere Dokumentfenster zu zeigen. Stattdessen wird eine zweite Version der Anwendung gestartet, wofür allerdings mehr Speicherplatz benötigt wird.

Drucken von Dokumenten

Word-Texte, Excel-Tabellen und PowerPoint-Präsentationen lassen sich direkt aus Windows 95 heraus drucken. Öffnen Sie dazu das Kontextmenü des Dokuments durch Klicken mit der rechten Maustaste und wählen Sie DRUCKEN. Anschließend wird die entsprechende Anwendung geöffnet, der Druckvorgang gestartet und die Anwendung anschließend wieder geschlossen. Ist eine Version der Anwendung bereits geöffnet, so wird diese zum Drucken verwendet.

Vorführen von PowerPoint-Präsentationen

Die Vorführung von PowerPoint-Präsentationen kann ebenfalls direkt aus Windows 95 direkt gestartet werden. Öffnen Sie dazu das Kontextmenü des Dokuments durch Klicken mit der rechten Maustaste und wählen Sie VORFÜHREN.

Eigenschaften von Office-Dokumenten

Office-Dokumente besitzen ein spezielles Eigenschaftenfenster, das eine Reihe von zusätzlichen Informationen zeigt, mit denen Sie das Dokument leichter identifizieren können.

Um das Eigenschaftenfenster anzuzeigen, klicken Sie mit der rechten Maustaste auf das Symbol des Dokuments und wählen EIGENSCHAFTEN aus dem Kontextmenü. Das Eigenschaftenfenster besitzt folgende Registerkarten:

- ALLGEMEIN ist die standardmäßige Informationsseite bei Windows-95-Dateiobjekten.

Bild I.45:
Die Datei-Informationen eines Office-Dokuments

- DATEI-INFO zeigt zusätzliche Informationen wie Verfasser und Thema des Dokuments. Sie geben diese Informationen meist beim ersten Speichern eines Office-Dokuments an.
- STATISTIK zeigt statistische Informationen über das Dokument.

Das Eigenschaftenfenster eines Dokuments läßt sich auch innerhalb der Office-Anwendungen öffnen (siehe Abschnitt I.3.3.3).

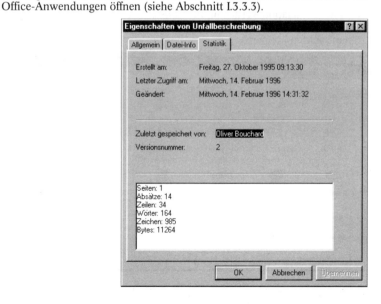

Bild I.46:
Statistische Informationen über ein Office-Dokument

I Arbeiten mit Office 95 Professional

3.2.3 Direktes Starten der Anwendungen

Office 95 unterstützt weiterhin die traditionelle Art der Bedienung, bei der Sie die Anwendung mit einem Dokument öffnen und dieses darin anschließend bearbeiten.

Bild I.47:
Die Office-
Menüpunkte im
Startmenü

Starten der
Anwendungen über
das Startmenü

Nach der Installation werden im PROGRAMME-Untermenü des Startmenüs automatisch Menüpunkte angelegt, mit der Sie die einzelnen Office-Programme starten können.

Bild I.48:
Verknüpfungen im
Office-Installations-
ordner

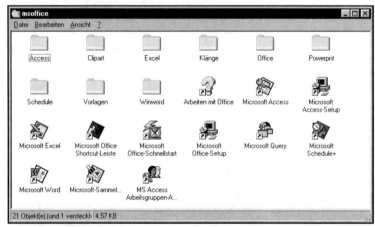

Zusätzlich legt das Installationsprogramm Verknüpfungen für alle Office-Anwendungen und -Hilfsprogramme im Office-Installationsordner an.

3.3 Öffnen und Speichern von Dokumenten

Alle Office-Anwendungen besitzen ein neuartiges Dialogfeld zum Öffnen und Speichern von Dokumenten, in das ausgefeilte Funktionen zum Suchen und Identifizieren von Dokumenten eingebaut sind.

3.3.1 Öffnen eines Dokuments mit dem Öffnen-Dialogfeld

Die einfachste Methode, ein Office-Dokument zu öffnen, ist das Öffnen des Dokumentobjekts in seinem Windows-95-Ordner (siehe Abschnitt I.3.3.1). Alternativ verwenden Sie das gemeinsame Öffnen-Dialogfeld der Office-Anwendungen oder das spezifische Öffnen-Dialogfeld einer Anwendung. Sie zeigen das Dialogfeld mit folgenden Methoden an:

- Wählen Sie MICROSOFT OFFICE DATEI ÖFFNEN aus dem Startmenü.
- Klicken Sie auf die Schaltfläche EIN DOKUMENT ÖFFNEN in der Office-Shortcutleiste.
- Wählen Sie ÖFFNEN im Datei-Menü einer Office-Anwendung. In diesem Fall öffnen Sie das spezifische Öffnen-Dialogfeld, mit dem Sie nur Dokumente der entsprechenden Anwendung öffnen können.

Anzeigen des Öffnen-Dialogfelds

Bild I.49:
Das gemeinsame Öffnen-Dialogfeld

Bild I.50:
Der Windows-95-Objektbaum im Öffnen-Dialogfeld

Das Öffnen-Dialogfeld dient der Angabe eines Dokuments bzw. des Ordners, in dem sich das Dokument befindet. Wenn das gewünschte Doku-

I Arbeiten mit Office 95 Professional

Benutzung des Office-Dialogfelds

ment bereits in der Liste angezeigt wird, doppelklicken Sie darauf, oder markieren Sie es und klicken auf die Schaltfläche ÖFFNEN.

Wenn sich das Dokument in einem anderen Ordner befindet, wechseln Sie den angezeigten Ordner mit folgenden Funktionen:

- In der Liste unter SUCHEN IN zeigen Sie direkt einen Ordner im Windows-95-Objektbaum an.
- Durch Doppelklicken eines Ordners im Anzeigefeld wechseln Sie zu diesem Ordner.

- Um den Inhalt des übergeordneten Ordners anzuzeigen, klicken Sie auf die Schaltfläche ÜBERGEORDNETER ORDNER.

Favoriten

Office verwaltet einen speziellen Ordner, in dem Verknüpfungen mit Dokumenten oder anderen Ordnern, sogenannten Favoriten, angelegt werden. Sie zeigen diesen Ordner durch Klicken auf die Schaltfläche FAVORITEN an.

Wenn Sie die Dokumente oder einen Ordner häufiger benötigen, dann können Sie diese zu den Favoriten hinzufügen. Klicken Sie dazu auf die Schaltfläche ZU FAVORITEN HINZUFÜGEN, und wählen Sie aus dem daraufhin angezeigten Menü, ob Sie das gerade markierte Dokument oder den gerade angezeigten Ordner in die Favoritenliste aufnehmen wollen.

Bild I.51:
Veränderte
Darstellung im
Öffnen-Dialogfeld

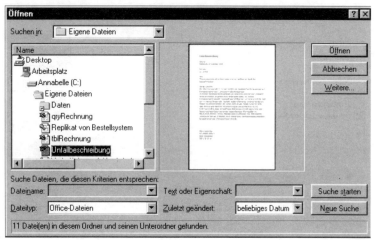

Ändern der Anzeige

Die Darstellung der Dokumentliste läßt sich mit folgenden Funktionen ändern:

- Um die Dokumente in einer Liste darzustellen, klicken Sie auf die Schaltfläche LISTE.

- Um die Dokumente mit Dateigröße, Dateityp und Änderungsdatum anzuzeigen, klicken Sie auf die Schaltfläche DETAILS.

- Um die Dokumente mit einer Zusammenfassung der Datei-Informationen und der Statistik anzuzeigen, klicken Sie auf die Schaltfläche EIGENSCHAFTEN.

- Um die Dokumente mit einer Vorschau auf das Dokument anzuzeigen, klicken Sie auf die Schaltfläche VORSCHAU.

- Um die Dokumente in allen dem aktuellen Ordner untergeordneten Ordnern anzuzeigen, klicken Sie auf die Schaltfläche BEFEHLE UND EINSTELLUNGEN und wählen die Einstellung UNTERORDNER DURCHSUCHEN aus dem daraufhin erscheinenden Menü. Mit DATEIEN NACH ORDNER GRUPPIEREN in demselben Menü schalten Sie die hierarchische Anzeige der Ordner ein und aus.

Bild I.52: Sortieren der Dokumente

- Um die Dokumente in der Liste zu sortieren, klicken Sie auf die Schaltfläche BEFEHLE UND EINSTELLUNGEN und wählen SORTIEREN aus dem daraufhin erscheinenden Menü. Das Dialogfenster aus Bild I.52 erlaubt anschließend die Angabe eines Sortierkriteriums und einer Sortierordnung.

Alle Dokumente und Ordner, die im Öffnen-Dialogfeld angezeigt werden, besitzen ein Kontextmenü, das Sie durch Klicken mit der rechten Maustaste auf den Dokumentnamen öffnen. Das Kontextmenü der Dokumente ist dabei dasselbe, das Sie auch erhalten, wenn Sie mit der rechten Maustaste auf das Symbol des Dokuments in einem Windows-95-Ordner klicken.

Manipulieren von Objekten im Öffnen-Dialogfeld

Das Ziehen und Ablegen von Dokumenten und Ordnern im Öffnen-Dialogfeld funktioniert dabei leider nicht.

3.3.2 Dokumente suchen mit dem Öffnen-Dialogfeld

In das Öffnen-Dialogfeld ist eine Suchfunktion integriert, mit der Sie Dokumente auf den Festplatten nach bestimmten Kriterien suchen können. Durch eine spezielle Office-Indexerstellung wird der Suchvorgang dabei wesentlich beschleunigt.

In den meisten Fällen wollen Sie mehrere Ordner durchsuchen. Dazu zeigen Sie den Ordner an, dessen Unterordner Sie durchsuchen wollen. Dies kann beispielsweise der Ordner EIGENE DATEIEN oder die Festplatte C: sein. Klicken Sie anschließend auf die Schaltfläche BEFEHLE UND EINSTELLUNGEN und wählen UNTERORDNER DURCHSUCHEN.

Suchen mit einfachen Kriterien

Bevor Sie die Suche beginnen, geben Sie eines oder mehrere der folgenden Kriterien ein:

- Unter DATEINAME geben Sie den Dateinamen des zu suchenden Objekts an. Dabei werden alle Dokumente gefunden, die in ihrem Dateinamen die angegebene Zeichenfolge aufweisen. Um die Suche einzuschränken verwenden Sie den Stern (*) als Platzhalter für kein, ein oder mehrere Zeichen und das Fragezeichen als Platzhalter für genau ein Zeichen. Die folgende Tabelle zeigt Beispiele für solche Suchmuster.

I Arbeiten mit Office 95 Professional

Suchmuster	Bedeutung
Brief	Findet alle Dateinamen, die die Zeichenfolge »Brief« enthalten.
Brief an *	Findet alle Dateinamen, die mit »Brief an« beginnen.
Abrechnung 199?	Findet alle Dateinamen, die mit »Abrechnung 199« beginnen und dann genau ein weiteres Zeichen besitzen.

Bild I.53: Suchen in Unterverzeichnissen

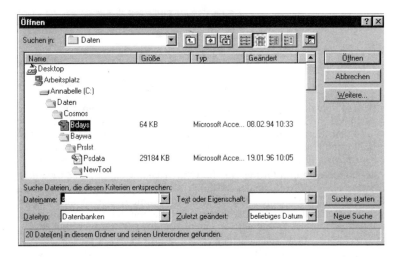

- Unter DATEITYP läßt sich die Suche auf einen bestimmten Typen von Office-Dokumenten einschränken.
- Mit TEXT ODER EIGENSCHAFT geben Sie eine Zeichenfolge an, die im Dokument selbst oder in den Eigenschaften des Dokuments enthalten ist.
- Mit ZULETZT GEÄNDERT läßt sich die Suche auf Dokumente einschränken, die seit einem bestimmten Datum verändert wurden.

Mit der Schaltfläche SUCHE STARTEN beginnen Sie die Suche, mit ANHALTEN beenden Sie den Suchlauf. Die Schaltfläche NEUE SUCHE setzt alle Suchkriterien zurück und zeigt alle Dateien in der Dateiliste an.

Suchen nach komplexen Kriterien

Wenn Sie das aufzufindende Dokument genauer angeben wollen, klicken Sie auf die Schaltfläche WEITERE, um das Dialogfeld WEITERE SUCHE zu öffnen.

Im Dialogfeld WEITERE SUCHE lassen sich beliebig komplexe Suchkriterien zusammenstellen. Wenn Sie das Dialogfeld öffnen, so sind automatisch die Kriterien in der Liste eingetragen, die im Öffnen-Dialogfeld angegeben wurden. Klicken Sie auf die Schaltfläche NEUE SUCHE, um die angezeigten Kriterien zu entfernen. Um ein einzelnes Kriterium zu entfernen, klicken Sie auf die Zeile mit dem Kriterium, um es zu markieren, und klicken anschließend auf die Schaltfläche LÖSCHEN.

3 Bedienung der Office-Anwendungen

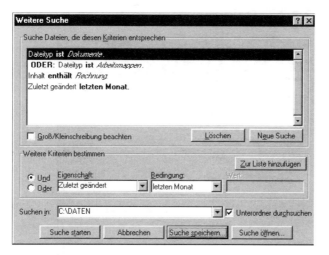

Bild I.54:
Komplexe
Suchkriterien

Um ein neues Kriterium hinzuzufügen, gehen Sie folgendermaßen vor:

Hinzufügen neuer Kriterien

1. Markieren Sie das Optionsfeld UND, wenn das neue Kriterium auf jeden Fall erfüllt sein muß. Markieren Sie das Optionsfeld Oder, wenn das neue Kriterium oder das zuvor eingegebene Kriterium erfüllt sein müssen.
2. Wählen Sie unter EIGENSCHAFT die Dokumenteigenschaft, die Sie für das Kriterium untersuchen wollen.
3. Geben Sie unter BEDINGUNG den Vergleichsoperator an. Die unterschiedlichen Dokumenteigenschaften besitzen verschiedene Vergleichsoperatoren.
4. Geben Sie anschließend unter WERT den Wert an, mit dem Sie die Eigenschaft vergleichen wollen.
5. Klicken Sie auf die Schaltfläche ZUR LISTE HINZUFÜGEN, um das Kriterium in die Liste aufzunehmen.

Das Dialogfeld erlaubt weiterhin folgende Einstellungen:

- GROß/KLEINSCHREIBUNG BEACHTEN bestimmt, ob bei Textvergleichen die Groß-/Kleinschreibung berücksichtigt wird.
- SUCHEN IN bestimmt den Ordner, in dem die Suche durchgeführt werden soll. Markieren Sie UNTERORDNER DURCHSUCHEN, wenn Sie alle dem angegebenen Ordner untergeordneten Ordner durchsuchen wollen.
- SUCHE SPEICHERN speichert die aktuellen Einstellungen des Dialogfelds unter einem Namen.
- SUCHE ÖFFNEN lädt gespeicherte Sucheinstellungen.
- Mit SUCHE STARTEN beginnen Sie mit dem Suchlauf. Das Dialogfeld WEITERE SUCHE wird dabei geschlossen. Mit ABBRECHEN schließen Sie das Dialogfeld, ohne eine Suche veranlaßt zu haben.

3.3.3 Dokumenteigenschaften

Bild I.55:
Die Dokument-
eigenschaften

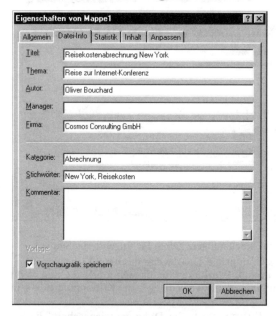

Alle Office-Dokumente besitzen Dokumenteigenschaften, die Sie mit der Auswahl von EIGENSCHAFTEN aus dem Menü DATEI anzeigen und bearbeiten können. In Access öffnen Sie das Eigenschaftenfenster durch die Auswahl DATENBANKEIGENSCHAFTEN im Kontextmenü des Datenbankfensters (siehe Abschnitt I.3.3.3), das Sie durch Klicken mit der rechten Maustaste auf den Randbereich öffnen.

Die Dokumenteigenschaften sind in folgende Registerkarten aufgeteilt:

- ALLGEMEIN zeigt Informationen wie Größe und Änderungsdatum über die Dokumentdatei.
- DATEI-INFO erlaubt die Angabe zusätzlicher Informationen, nach denen Sie auch suchen können (siehe Abschnitt I.3.2).
- STATISTIK zeigt statistische Daten über die im Dokument enthaltenen Informationen.
- INHALT gibt eine Übersicht über den Inhalt des Dokuments.
- Auf der Registerkarte ANPASSEN lassen sich zusätzliche Eigenschaften für ein Dokument definieren.

3.4 Fenster

Die Dokumente, mit denen Sie in den Office-Anwendungen arbeiten, werden in Fenstern dargestellt.

3.4.1 Dokumente in Fenstern

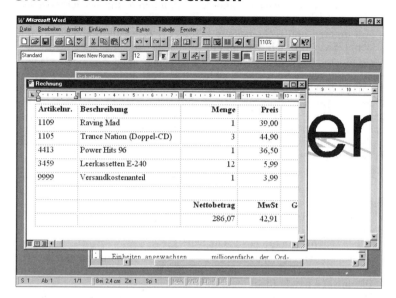

Bild I.56:
Dokumente in Fenstern

Die vier großen Office-Anwendungen arbeiten alle mit dem sogenannten *Multiple Document Interface* (MDI). Dadurch sind die Anwendungen in der Lage, mehrere Dokumente gleichzeitig in Dokumentfenstern darzustellen. Die Dokumentfenster sind im Anwendungsfenster »gefangen« und lassen sich nicht aus diesem herausschieben.

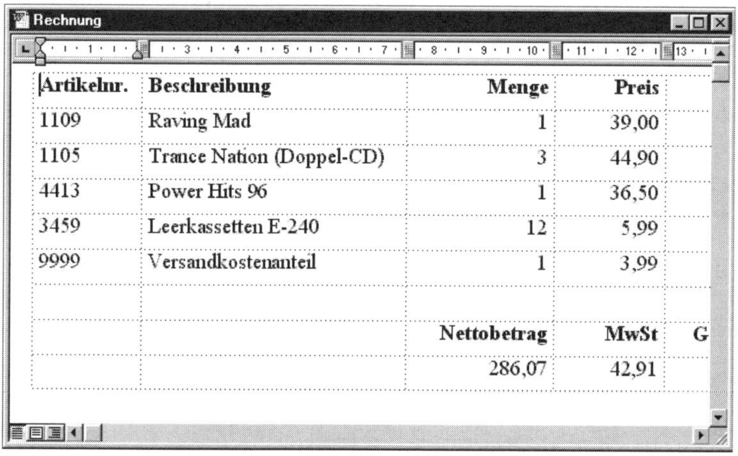

MDI

Bild I.57:
Ein Dokumentfenster

Dokumentfenster besitzen die folgenden Steuerelemente:
- In der Titelleiste am oberen Fensterrand wird der Titel des im Fenster dargestellten Dokuments gezeigt.
- Am linken Ende der Titelleiste befindet sich das Fenstersymbol.

Aufbau eines Dokumentfensters

I   Arbeiten mit Office 95 Professional

- Am rechten Rand der Titelleiste finden Sie drei Schaltflächen, mit denen Sie das Fenster maximieren, minimieren und wiederherstellen können (siehe unten).
- Am unteren und rechten Rand befindet sich je eine Bildlaufleiste mit denen Sie den Inhalt des Dokumentfensters verschieben können.

Bildlauf Meistens sind Dokumentfenster nicht groß genug, um das komplette Dokument darzustellen. So wird ein mehrseitiger Text nicht der Länge nach in ein Word-Dokumentfenster passen.

Durch die Bildlaufleisten am rechten und unteren Rand eines Dokumentfensters sind Sie in der Lage das Dokument in seinem Fenster zu verschieben. Verwenden Sie die Bildlaufleiste am unteren Fensterrand um das Dokument horizontal zu verschieben. Mit der Bildlaufleiste am rechten Fensterrand verschieben Sie das Dokument entsprechend vertikal.

Bild I.58:
Eine Bildlaufleiste

Bildlaufleisten haben die folgenden Funktionen:

- An den Rändern einer Bildlaufleiste befinden sich Schaltflächen mit Pfeilen, mit denen Sie das Dokument zeilen- bzw. spaltenweise in die entsprechende Richtung verschieben.
- Zwischen den Pfeilen befindet sich das sogenannte Bildlaufeld. Sie verschieben das Dokument, indem Sie das Bildlauffeld mit der Maus in die entsprechende Richtung ziehen.
- Wenn Sie auf die Fläche zwischen dem Bildlauffeld und den Pfeilen klicken, verschieben Sie das Dokument seitenweise in die entsprechende Richtung.

Bild I.59:
Ein maximiertes
Fenster

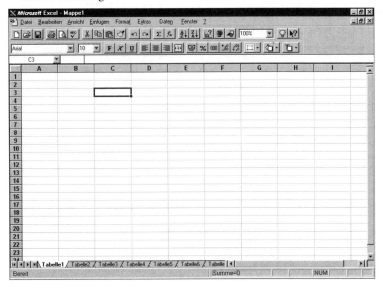

Maximieren eines Wenn Sie nur mit einem Dokument arbeiten, so können Sie dessen Doku-
Fensters mentfenster maximieren. Ein maximiertes Dokumentfenster nimmt den gesamten Raum des Anwendungsfensters ein und besitzt keine eigene Titelleiste und keinen eigenen Rahmen (siehe Bild I.59).

Sie maximieren ein Fenster, indem Sie auf die Maximierungsschaltfläche in der rechten, oberen Ecke klicken oder die Tastenkombination [Strg]+[F10] drücken. Alternativ doppelkicken Sie auf die Titelleiste des Dokumentfensters.

Sie zeigen ein maximiertes Dokumentfenster wieder als normales Fenster an, indem Sie auf die WIEDERHERSTELLEN-Schaltfläche in der rechten oberen Ecke des Fensters klicken oder [Strg]+[F5] drücken.

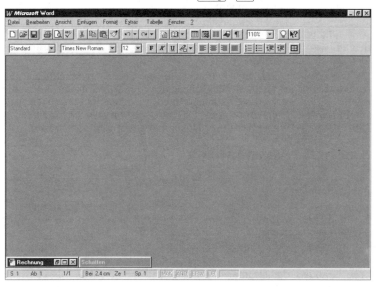

Bild I.60: Minimierte Dokumentfenster

Wenn Sie ein Dokumentfenster vorübergehend nicht mehr benötigen, dann können Sie es minimieren. Ein minimiertes Fenster wird im Anwendungsfenster am unteren Rand als Rechteck dargestellt.

Minimieren eines Fensters

Sie minimieren ein Fenster, indem Sie auf die Minimierungsschaltfläche in der rechten oberen Ecke klicken.

Sie vergrößern das Dokumentfenster auf die ursprüngliche Größe, indem Sie einmal auf die minimierte Darstellung klicken und WIEDERHERSTELLEN aus dem daraufhin erscheinenden Menü wählen. Alternativ drücken Sie die Tastenkombination [Strg]+[F5] oder doppelklicken auf die minimierte Darstellung.

Wenn Sie mehrere nicht maximierte Dokumentfenster geöffnet haben, so ist immer eines davon aktiv. Das aktive Dokumentfenster ist durch eine spezielle Titelleistenfarbe gekennzeichnet und wird von keinem anderen Fenster verdeckt. Sie aktivieren ein Dokumentfenster, indem Sie darauf klikken. Alternativ drücken Sie [Strg]+[F6] um alle Dokumentfenster nacheinander zu aktivieren.

Aktives Fenster

Da Dokumentfenster verschiedenartige Informationen darstellen, ändern sich unter Umständen das Menü und die Symbolleisten im Anwendungsfenster bei der Aktivierung eines Dokumentfensters. Insbesondere Excel und Access machen davon intensiven Gebrauch.

Dokumentfenster, die nicht maximiert sind, lassen sich innerhalb des Anwendungsfensters beliebig bewegen. Ziehen Sie dazu die Titelleiste des Dokumentfensters an die gewünschte Position. Wenn Sie [Strg]+[F7] drücken, können Sie das Fenster mit den Pfeiltasten verschieben.

Verschieben von Fenstern

I Arbeiten mit Office 95 Professional

Vergrößern und Verkleinern von Fenstern

Wenn Sie ein Dokumentfenster aus dem Anwendungsfenster herausziehen, so wird es abgeschnitten. Access fügt dem Anwendungsfenster in diesem Fall Bildlaufleisten hinzu.

Sie können die Größe eines Dokumentfensters beliebig ändern. Bewegen Sie dazu den Mauszeiger auf den Fensterrand, bis er als Doppelpfeil dargestellt wird. Ziehen Sie anschließend den Fensterrand an die gewünschte Position. Wenn Sie [Strg]+[F8] drücken, können Sie die Größe des Fensters mit den Pfeiltasten ändern.

Schließen von Fenstern

Wenn Sie ein Dokumentfenster schließen, verschwindet es aus dem Anwendungsfenster. Ist das Dokument im Dokumentfenster verändert worden, so wird eine Meldung angezeigt, über die Sie die Speicherung des Dokuments veranlassen können.

Sie schließen ein Fenster, indem Sie auf die Schließen-Schaltfläche am rechten Rand der Titelleiste klicken oder [Strg]+[W] drücken. Alternativ doppelklicken Sie auf das Dokumentsymbol am linken Rand der Titelleiste. Zusätzlich haben die Anwendungen eine Menüauswahl SCHLIEßEN im DATEI-Menü, worüber das aktive Dokumentfenster geschlossen wird.

3.4.2 Das Fenstermenü

Alle Office-Anwendungen haben ein Menü FENSTER, das folgende Menüpunkte enthält:

- Im Fenster-Menü sind immer alle geöffneten Dokumentfenster aufgelistet, die sich so direkt aktivieren lassen. Sind zu viele Dokumentfenster geöffnet, so erscheint die Menüauswahl WEITERE FENSTER, mit der ein Dialogfeld angezeigt wird, das alle Dokumentfenster auflistet.
- Mit der Menüauswahl NEBENEINANDER werden die Dokumentfenster so verändert, daß sie alle vollständig sichtbar sind (siehe Bild I.62).
- Mit der Menüauswahl ÜBERLAPPEND werden die Dokumentfenster wie in Bild I.63 dargestellt.
- SYMBOLE ANORDNEN sorgt dafür, daß alle minimierten Fenster am unteren Rand des Anwendungsfensters angeordnet werden.
- Mit AUSBLENDEN wird das aktive Dokumentfenster unsichtbar. Es wird dabei jedoch nicht geschlossen. Mit EINBLENDEN zeigen Sie ein Dialogfeld an, in dem alle ausgeblendeten Dokumentfenster aufgelistet sind. Doppelklicken Sie auf ein Dokumentfenster, um es wieder einzublenden.

Bild I.61:
Auswahl eines
Dokumentfensters

3 Bedienung der Office-Anwendungen

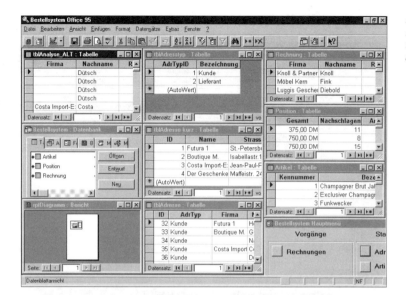

Bild I.62:
Fenster nebeneinander anordnen

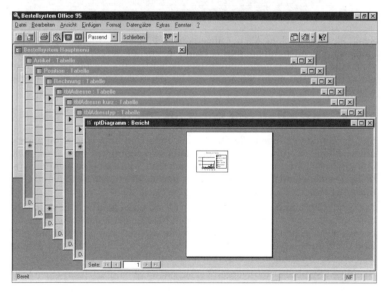

Bild I.63:
Überlappende Darstellung

3.5 Symbolleisten

Bild I.64:
Symbolleisten
(z.B. in Excel)

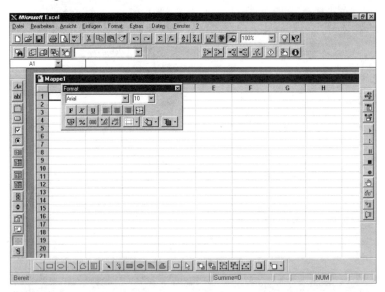

Symbolleisten sind in allen Office-Anwendungen zu finden und bieten einen schnellen Zugriff auf die am häufigsten benötigten Funktionen. Dabei stellt eine Anwendung oft mehrere Symbolleisten zur Verfügung, die automatisch in bestimmten Situationen oder per Menüauswahl eingeblendet werden.

3.5.1 Arbeiten mit Symbolleisten

Standardmäßig verfügen alle Office-Anwendungen über eine Symbolleiste unterhalb des Menüs, in der die am häufigsten benötigten Funktionen wie Öffnen, Speichern und Drucken zu finden sind. Meist ist eine weitere Symbolleiste eingeblendet, die Optionen zur Formatierung von Texten und Grafikelementen zur Verfügung stellt.

Elemente auf der Symbolleiste

Auf Symbolleisten befinden sich in der Mehrheit Schaltflächen, durch die eine Aktion ausgelöst wird. Wenn Sie den Mauszeiger auf eine Schaltfläche bewegen, so sehen Sie in der Statuszeile am unteren Fensterrand eine Erklärung zur Funktion der Schaltfläche. Zusätzlich erscheint nach kurzer Zeit ein Beschriftungstext, durch den die Schaltfläche benannt wird.

In einigen Symbolleisten werden verschiedene Schaltflächen in einer Liste zuammengefaßt. Klicken Sie auf den Pfeil rechts neben der Schaltfläche, um die Liste mit allen Schaltflächen zu sehen. Nachdem Sie eine dieser Schaltflächen ausgewählt haben, erscheint diese direkt in der Symbolleiste. Insbesondere in Access wird davon häufig Gebrauch gemacht.

Abgesehen von Schaltflächen befinden sich oft Kombinationsfelder in Symbolleisten, aus denen Sie z. B. eine Formatvorlage oder eine Schriftart auswählen können.

Automatisches Wechseln der Symbolleiste

Oft werden in verschiedenen Modi der Anwendung unterschiedliche Symbolleisten eingeblendet. So zeigt Access beispielsweise verschiedene Symbolleisten für den Formular- und den Modulentwurf.

Symbolleisten können am Rand des Fensters oder in einem frei verschiebbaren Fenster plaziert werden (siehe Bild I.65). Um die Position einer Symbolleiste zu verändern, ziehen Sie sie einfach mit der linken Maustaste an die gewünschte Stelle.

Ändern der Position von Symbolleisten

Eine Symbolleiste, die Sie im Inneren des Fensters plazieren, wird in einem eigenen Fenster dargestellt. Wenn Sie dieses Fenster schließen, so wird die Symbolleiste ausgeblendet.

*Bild I.65:
Einblenden von
Symbolleisten*

Wenn Sie die Symbolleiste an den Rand des Fensters ziehen, so werden die darauf enthaltenen Elemente in einer Zeile bzw. Spalte an diesem Rand angeordnet.

*Bild I.66:
Das Kontextmenü
einer Symbolleiste*

Wenn Sie eine Symbolleiste immer auf dem Bildschirm anzeigen wollen, können Sie diese explizit einblenden. Wählen sie dazu ANPASSEN aus dem Ansicht-Menü. In Access finden Sie die Menü-Auswahl ANPASSEN im DATEI-Menü, wenn kein ANSICHT-Menü verfügbar ist.

Einblenden von Symbolleisten

Markieren Sie die Kontrollkästchen vor den einzublendenden Symbolleisten in der Liste SYMBOLLEISTEN.

Wenn Sie mit der rechten Maustaste auf eine Symbolleiste klicken, erhalten Sie ein Kontextmenü, in dem Sie die wichtigsten Symbolleisten ein- und ausblenden können.

Im Symbolleisten-Dialogfeld finden Sie die folgenden Kontrollkästchen, mit denen Sie das Erscheinungsbild der Symbolleisten ändern können:

Anzeige-Optionen

- FARBIGE SCHALTFLÄCHEN schaltet die farbige Darstellung der Symbolleisten-Schaltflächen ein und aus.
- GRÖSSE SCHALTFLÄCHEN vergrößert die Schaltflächen in den Symbolleisten, so daß sie besser erkennbar sind.
- QUICKINFOS ANZEIGEN bestimmt, ob dar Informationstext angezeigt werden soll, wenn der Mauszeiger über der Schaltfläche verweilt.

I Arbeiten mit Office 95 Professional

- MIT SHORTCUTS (nur Word) bestimmt, daß neben dem QuickInfo-Text zusätzlich die entsprechende Tastenkombination angezeigt wird.

3.5.2 Anpassen und Erstellen von Symbolleisten

Alle Symbolleisten lassen sich um zusätzliche Elemente erweitern. Genauso können Sie nicht benötigte Elemente von einer Symbolleiste entfernen. Sie verändern dadurch aber das gewohnte Erscheinungsbild der Office-Anwendung, so daß ein anderer Anwender unter Umständen Probleme hat, sich zurechtzufinden. Besser ist es, neue Symbolleisten mit den von Ihnen benötigten Funktionen zu erstellen.

Speichern von Symbolleisten

Obwohl sich Symbolleisten in allen Office-Anwendungen gleichen, stellen sie kein anwendungsübergreifendes Konzept dar. Vielmehr ist jede Office-Anwendung dafür verantwortlich, wo angepaßte Symbolleisten gespeichert werden.

Anwendung	Art der Speicherung
Word	Word speichert Symbolleisten in Dokumentvorlagen (siehe Abschnitt II.10.6). Symbolleisten, die in der globalen Dokumentvorlage (NORMAL.DOT) speichert werden, stehen in allen Dokumenten zur Verfügung.
Excel	Excel speichert angepaßte Symbolleisten entweder global, so daß sie bei allen Arbeitsblättern zur Verfügung stehen, oder für eine Arbeitsmappe (siehe Abschnitt III.2.2.2).
Access	Access speichert die angepaßten Symbolleisten in der gerade aktiven Datenbank. Für Symbolleisten, die allen Datenbanken zur Verfügung stehen sollen, bietet Access die zwei eingebauten, leeren Symbolleisten »Werkzeuge 1« und »Werkzeuge 2«.
PowerPoint	PowerPoint speichert angepaßte Symbolleisten global, so daß sie bei allen Präsentationen zur Verfügung stehen.
Schedule+	Schedule+ verfügt über keine anpaßbaren Symbolleisten.

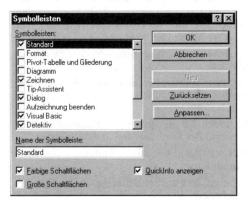

*Bild I.67:
Das Symbolleisten-Dialogfeld in Excel*

Erstellen einer neuen Symbolleiste

Um eine neue Symbolleiste zu erstellen, müssen Sie zunächst das Symbolleisten-Dialogfeld öffnen, indem Sie SYMBOLLEISTEN aus dem Menü ANSICHT wählen.

Im Symbolleisten-Dialogfeld von Word, Access und PowerPoint klicken Sie auf die Schaltfläche NEU und geben anschließend den Namen der neuen Symbolleiste an. In Word spezifizieren Sie zusätzlich, ob die neue Symbolleiste für alle Dokumente oder nur für die Dokumente, die auf der aktuellen Dokumentvorlage basieren, zur Verfügung stehen sollen. In Excel geben Sie unter NAME DER SYMBOLLEISTE den Namen der neuen Symbolleiste an und klicken dann auf die Schaltfläche NEU. Anschließend steht eine neue, leere Symbolleiste zur Verfügung.

Anpassen von Symbolleisten

Sie passen eine Symbolleiste an, indem Sie auf die Schaltfläche ANPASSEN anklicken. Die anzupassende Symbolleiste muß dabei auf dem Bildschirm eingeblendet sein.

Bild I.68: Anpassen von Symbolleisten in Access

Im Anpassen-Dialogfeld sind alle verfügbaren Symbolleisten-Schaltflächen und Menübefehle aufgeführt. Zusätzlich stehen in den einzelnen Anwendungen verschiedene Funktionen wie z.B. Makros zur Verfügung, die durch eine Symbolleisten-Schaltfläche ausgelöst werden können.

Um eine spezielle Funktion zu finden, wählen Sie unter KATEGORIE den Kontext aus, in dem diese zu finden ist. Im Feld rechts neben der Liste werden die in diesem Kontext verfügbaren Schaltflächen, Befehle oder Objekte angezeigt. Wenn Sie den Mauszeiger über eine Schaltfläche bewegen, wird im Feld BESCHREIBUNG ein erklärender Text gezeigt.

Um eine neue Schaltfläche in eine Symbolleiste einzufügen, ziehen Sie das gewünschte Element aus dem Anpassen-Dialogfeld in diese Symbolleiste. Die neue Schaltfläche wird dabei genau an der Stelle eingefügt, an der Sie sie plazieren.

Wenn Sie mit der rechten Maustaste auf eine Schaltfläche klicken, erhalten Sie ein Kontextmenü, in dem sich Menüauswahlen zum Ändern des Schaltflächensymbols befinden. Die Office-Anwendungen verfügen alle über eine Galerie mit vordefinierten Schaltflächen (siehe Bild I.69) sowie einem Editor, mit dem Sie eigene Symbole erstellen können.

I Arbeiten mit Office 95 Professional

*Bild I.69:
Ändern des
Schaltflächensymbols*

Zurücksetzen von Symbolleisten

Wenn Sie eine Symbolleiste wieder in den ursprünglichen Zustand versetzen wollen, markieren Sie diese in der Liste im Symbolleisten-Dialogfeld und klicken auf die Schaltfläche ZURÜCKSETZEN (Excel und PowerPoint) oder Wiederherstellen (Access). In Word klicken Sie auf die Schaltfläche VORGABE und wählen anschließend in einem Dialogfeld, ob Sie die Symbolleisten für alle Dokumente oder nur für die Dokumente, die auf der aktuellen Dokumentvorlage basieren, zurücksetzen wollen.

Löschen von Symbolleisten

Sie löschen eine von Ihnen erstellte Symbolleiste, indem Sie diese im Symbolleisten-Dialogfeld markieren und auf die Schaltfläche LÖSCHEN klicken. Eingebaute Symbolleisten lassen sich nicht löschen.

3.6 Datenaustausch über die Zwischenablage

*Bild I.70:
Datenaustausch
zwischen Access und
Excel*

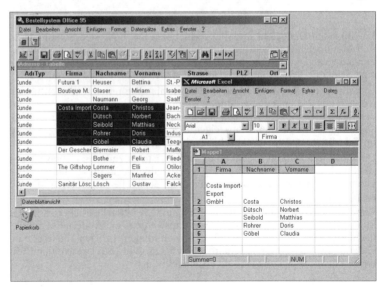

Die Office-Anwendungen unterstützen den Datenaustausch über die Windows-Zwischenablage auf vielfältige Art und Weise. Im Allgemeinen gehen Sie dazu folgendermaßen vor:

1. Markieren Sie die auszutauschenden Daten. In den einzelnen Office-Anwendungen werden dabei unterschiedliche Verfahren zur Markierung verwendet.
2. Wählen Sie KOPIEREN aus dem Menü BEARBEITEN, um die Daten in die Zwischenablage zu kopieren. Wählen Sie die Menüauswahl AUSSCHNEIDEN, wenn die Daten an der ursprünglichen Stelle gelöscht werden sollen. In vielen Fällen befinden sich diese Menüauswahlen auch in einem Kontextmenü, das Sie durch Klicken mit der rechten Maustaste auf die Markierung öffnen.
3. Klicken Sie in der Zielanwendung auf die Stelle, an der Sie die Daten einfügen wollen.
4. Wählen Sie EINFÜGEN aus dem Menü BEARBEITEN.

Beim Datenaustausch innerhalb der Office-Anwendungen werden die Daten in der Zielanwendung meist ähnlich dargestellt wie in der Ausgangsanwendung.

4 Zusatzanwendungen

4.1 Sammelmappen

Bild I.71:
Eine Office-Sammelmappe

Sammelmappen sind ein neues Konzept von Office 95, das die Zusammenfassung mehrerer Office-Dokumente in einer einzigen Datei erlaubt. Dadurch wird die Weitergabe von zusammengehörenden Office-Dokumenten erleichtert.

4.1.1 Erstellen von Sammelmappen

Erstellen leerer Sammelmappen

Sie erstellen Sammelmappen wie andere Office-Dokumente durch die in Abschnitt I.4.1 angegebenen Methoden. Am schnellsten erstellen Sie eine leere Sammelmappe, indem Sie mit der rechten Maustaste auf eine leere Fläche in einem Ordner oder der Arbeitsoberfläche klicken. Im daraufhin erscheinenden Kontextmenü wählen Sie MICROSOFT OFFICE-SAMMEL-MAPPE aus dem NEU-Untermenü.

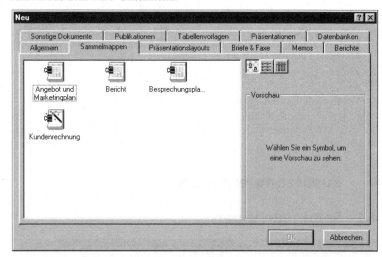

Bild I.72: Sammelmappen aus Vorlagen

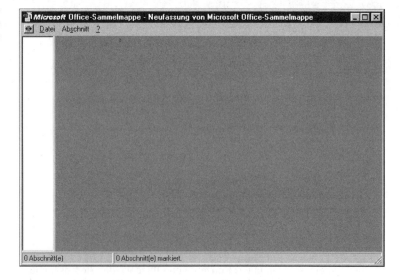

Bild I.73: Eine leere Sammelmappe

Sammelmappen aus Vorlagen

Wie bei allen Office-Dokumenten lassen sich auch Sammelmappen auf der Basis einer Vorlage erstellen, die Sie auf der Registerkarte SAMMELMAP-PEN des NEU-Dialogfelds finden. Diese Vorlagen erhalten jeweils eine Reihe von Word-, Excel und PowerPoint-Dokumenten zu einem bestimmten Thema, die Sie als Anregung für die eigene Arbeit verwenden können.

Der Assistent KUNDENRECHNUNG erstellt Word- und Excel-Dokumente für eine einzelne Kundenrechnung.

Eine leere Sammelmappe stellt sich wie in Bild I.73 dar. Sie fügen eine neues, leeres Dokument in die Sammelmappe ein, indem Sie HINZUFÜGEN aus dem ABSCHNITT-Menü wählen.

Einfügen neuer Dokumente in Sammelmappen

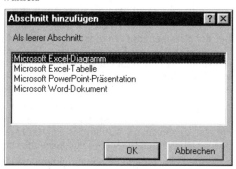

Bild I.74:
Hinzufügen eines neuen Dokuments

Im Dialogfeld aus Bild I.74 wählen Sie anschließend den Typ des neuen Dokuments und klicken auf OK.

Die Sammelmappe zeigt dabei im linken Bereich Symbole und Namen der eingefügten Dokumente und im rechten Bereich den Inhalt des markierten Dokuments. Im rechten Bereich befindet sich die entsprechende Anwendung mit ihrem Menü und ihren Symbolleisten, so daß das Dokument wie gewohnt bearbeitet werden kann.

Sie benennen Dokumente in einer Sammelmappe um, indem Sie in der linken Spalte auf den Dokumentnamen klicken und anschließend einen neuen Namen angeben. Alternativ markieren Sie ein Dokumentsymbol und wählen UMBENENNEN aus dem ABSCHNITT-Menü oder aus dem Kontextmenü des Dokuments, das Sie durch Klicken mit der rechten Maustaste auf das Dokumentsymbol anzeigen.

Umbenennen von Dokumenten

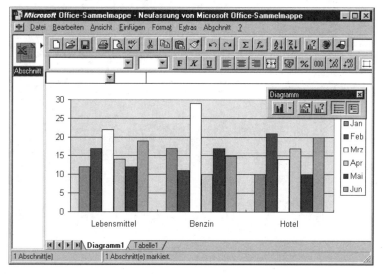

Bild I.75:
Die Sammelmappe mit einem Dokument

I Arbeiten mit Office 95 Professional

Hinzufügen von vorhandenen Dokumenten

Sie fügen vorhandene Dokumente ein, indem Sie das entsprechende Dokumentobjekt aus einem Windows-95-Ordner in die linke Spalte der Sammelmappe ziehen. Das Dokument wird dabei in die Sammelmappe kopiert.

Alternativ wählen Sie AUS DATEI HINZUFÜGEN aus dem ABSCHNITT-Menü. Die Sammelmappe zeigt dann ein Dateiauswahl-Dialogfeld (siehe Abschnitt I.4.1.2), in dem Sie das neu hinzuzufügende Dokument auswählen können.

Speichern von Sammelmappen

Bei der Sammelmappe handelt es sich um eine einzelne Datei, in der die Dokumente über OLE eingefügt sind. Die einzelnen Dokumente sind also erst dann auf einem Datenträger gespeichert, wenn Sie die Sammelmappe speichern. Schließen Sie die Sammelmappe, ohne sie zu speichern, sind alle Änderungen an allen Dokumenten in der Sammelmappe verloren.

Sie speichern eine Sammelmappe, indem Sie SAMMELMAPPE SPEICHERN aus dem DATEI-Menü wählen. Um die Sammelmappe unter einem neuen Namen zu speichern, wählen Sie SAMMELMAPPE SPEICHERN UNTER, um den neuen Namen in einem Dateiauswahl-Dialogfeld einzugeben

Erstellen und Öffnen von Sammelmappen aus einer Sammelmappe

Sie öffnen eine bestehende Sammelmappe, indem Sie SAMMELMAPPE ÖFFNEN im DATEI-Menü auswählen. Anschließend wird das Öffnen-Dialogfeld (siehe Abschnitt I.4.1.2) angezeigt, in dem Sie eine Sammelmappe auswählen können. Die neue Sammelmappe wird in einem eigenen Anwendungsfenster angezeigt.

Mit SAMMELMAPPE ERSTELLEN aus dem Datei-Menü zeigen Sie das Neu-Dialogfeld für Sammelmappen an, in dem Sie eine neue Sammelmappe in einem eigenen Anwendungsfenster anzeigen können.

4.1.2 Arbeiten in der Sammelmappe

Innerhalb der Sammelmappe arbeiten Sie mit den einzelnen Dokumenten genauso, als ob Sie in die entsprechenden Anwendungen geladen wären.

Bild I.76: Ein Dokument befindet sich in der Programm-ansicht

4 Zusatzanwendungen

Wenn Ihnen die linke Spalten mit den einzelnen Dokumenten zu viel Platz nimmt, blenden Sie sie aus, indem Sie auf die Schaltfläche LINKS neben dem DATEI-Menü klicken. Ein weiterer Klick auf diese Schaltfläche blendet die linke Spalte wieder ein.

Verändern der Dokumentanzeige

Ein Dokument läßt sich auch in einem eigenen Anwendungsfenster darstellen, indem Sie PROGRAMMANSICHT aus dem ABSCHNITT-Menü wählen.

Auf Dokumente in der Programmansicht weist die Sammelmappe mit der Meldung aus Bild I.76 hin. Wenn Sie das Anwendungsfenster schließen, wird das Dokument wieder in der Sammelmappe gezeigt.

Innerhalb von Sammelmappen verfügen Sie über die folgenden Möglichkeiten, Dokumente zu manipulieren:

Manipulieren von Dokumenten

- Sie markieren Dokumente, indem Sie sie anklicken. Wenn Sie `Strg` beim Anklicken gedrückt halten, wird die bisherige Markierung nicht entfernt, so daß Sie mehrere Dokumente gleichzeitig markieren können. Sie markieren alle Dokumente, indem Sie ALLES MARKIEREN aus dem ABSCHNITT-Menü wählen. Sie heben die Markierung mehrerer Dokumente auf, indem Sie AUSWAHL AUFHEBEN aus dem ABSCHNITT-Menü wählen.
- Sie löschen ein Dokument aus der Sammelmappe, indem Sie es markieren und anschließend ABSCHNITT LÖSCHEN aus dem ABSCHNITT-Menü wählen. Alternativ wählen Sie ABSCHNITT LÖSCHEN aus dem Kontextmenü des Dokuments, das Sie durch Klicken auf das Objekt mit der rechten Maustaste anzeigen. Um mehrere Dokumente zu löschen, markieren Sie diese vor der Menüauswahl. Beachten Sie, daß in der Sammelmappe gelöschte Dokumente nicht in den Windows-95-Papierkorb gelangen, sondern endgültig gelöscht sind, sobald Sie die Sammelmappe gespeichert haben.
- Um ein Dokument aus der Sammelmappe in eine eigene Dokumentdatei zu kopieren, ziehen Sie das Dokumentsymbol mit der Maus aus der linken Spalte in einen Ordner oder auf die Arbeitsoberfläche. Alternativ wählen Sie ALS DATEI SPEICHERN aus dem ABSCHNITT-Menü um ein Dateiauswahl-Dialogfeld zu öffnen, in dem Sie den Ordner und den Dateinamen des Dokuments angeben.

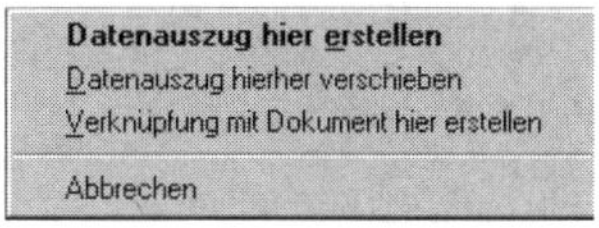

Bild I.77: Verschieben eines Dokuments aus der Sammelmappe

- Um ein Dokument aus der Sammelmappe in einen anderen Ordner zu verschieben, ziehen Sie das Dokumentsymbol mit der rechten Maustaste aus der Sammelmappe in einen Ordner oder auf die Arbeitoberfläche. Wählen Sie anschließend DATENAUSZUG HIERHER VERSCHIEBEN aus dem Menü (siehe Bild I.77).
- Die Sammelmappe unterstützt spezielle Verknüpfungen, die Sie in einem beliebigen Ordner ablegen können. Das Öffnen dieser Verknüpfung öffnet die Sammelmappe mit dem entsprechenden Dokument. Um eine solche Verknüpfung zu erstellen, ziehen Sie das gewünschte Dokument mit der rechten Maustaste in einen Ordner oder auf die Arbeitsoberfläche und wählen VERKNÜPFUNG MIT DOKUMENT HIER ERSTELLEN.

Bild I.78:
Duplizieren von
Dokumenten

- Sie duplizieren das markierte Dokument innerhalb der Sammelmappe, indem Sie DUPLIZIEREN aus dem Kontextmenü des Dokumentsymbols oder aus dem ABSCHNITT-Menü wählen. Wählen Sie anschließend im Dialogfeld aus Bild I.78 hinter welchem Dokument das duplizierte Dokument angezeigt werden soll.

Wenn Sie ein Dokument aus der linken Spalte mit der Maus ziehen wollen, so sollten Sie mit gedrückter linker Maustaste so lange auf dem Dokumentsymbol verweilen, bis der Mauszeiger seine Form ändert und das entsprechende Dokument auf der rechten Seite dargestellt wird.

Drucken von Dokumenten

Mit der Auswahl von SAMMELMAPPE DRUCKEN im DATEI-Menü öffnen Sie das Druck-Dialogfeld, über das Sie ein oder mehrere Dokumente drucken können.

Bild I.79:
Drucken von
Dokumenten in der
Sammelmappe

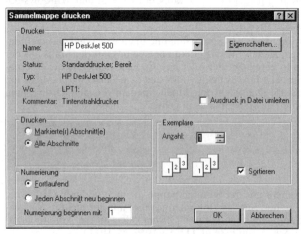

Das Drucken-Dialogfeld erlaubt die folgenden Einstellungen:
- Im Feld DRUCKER wählen Sie den für den Ausdruck verwendeten Drucker.
- Im Feld DRUCKEN bestimmen Sie, ob Sie alle Abschnitte oder nur den oder die markierten Abschnitte drucken wollen.
- Im Feld NUMERIERUNG legen Sie fest, ob die Seitennumerierung für jeden Abschnitt neu gezählt werden soll, oder ob Sie eine über alle Abschnitte fortlaufende Seitennumerierung wünschen.

Wenn Sie nur den aktuellen Abschnitt drucken wollen, wählen Sie DRUK-
KEN aus dem ABSCHNITT-Menü. Um die Seiteneinrichtung des markierten
Abschnitts vorzunehmen, wählen Sie SEITE EINRICHTEN aus dem
ABSCHNITT-Menü (statt aus dem DATEI-Menü).

Innerhalb der Sammelmappe kann ein Dokument nicht in der Seitenansicht dargestellt werden. Sie können das Dokument allerdings in der Programmansicht öffnen (siehe oben) und dann wie gewohnt mit der Seitenansicht arbeiten.

Seitenansicht in Sammelmappen

Sie sortieren die Dokumente in der linken Spalte um, indem Sie das Dokumentsymbol an die gewünschte Stelle ziehen. Dabei wird durch einen kleinen Pfeil jeweils die Position markiert, an der das Dokument eingefügt
wird.

Umsortieren der Dokumente

Wenn Sie die Dokumente durch Ziehen verschieben, aktivieren Sie nach
dem Klicken auf ein Dokument jedesmal die Anzeige des Dokumentinhalts,
was eine gewisse Zeit in Anspruch nehmen kann. Aus diesem Grund können Sie die Reihenfolge der Dokumente auch in einem Dialogfeld ändern.

*Bild I.80:
Umsortieren der
Dokumente*

Wählen Sie dazu ANORDNEN aus dem ABSCHNITT-Menü. Mit den Schaltflächen NACH-OBEN bzw. NACH-UNTEN verschieben Sie das in der Liste
markierte Dokument um eine Position nach oben bzw. nach unten.

4.1.3 Gemeinsames Arbeiten mit Sammelmappen

Leider ist es nicht möglich, daß in einem Netzwerk mehrere Anwender
gleichzeitig auf eine Sammelmappe zugreifen. Öffnen Sie eine Sammelmappe, die bereits von einem anderen Anwender geladen ist, dürfen Sie
keine Veränderungen an den Dokumenten vornehmen.

Wenn mehrere Anwender gleichzeitig mit einer Office-Sammelmappe
arbeiten sollen, müssen Sie lokale Kopien der Sammelmappe anlegen.
Dabei sollte der Aktenkoffer von Windows 95 verwendet werden, da dieser
in der Lage ist, die verschiedenen Versionen der Sammelmappen miteinander abzugleichen.

Verwendung des Windows-95-Aktenkoffers

Wenn Sie Exchange installiert haben können Sie eine Sammelmappe über
E-Mail an verschiedene Anwender verteilen. Zu diesem Zweck erstellen Sie
einen Verteiler für die Sammelmappe, indem Sie VERTEILER ERSTELLEN
aus dem DATEI-Menü wählen. Ist bereits ein Verteiler erstellt, wählen Sie
VERTEILER BEARBEITEN aus dem DATEI-Menü.

Erstellen von Verteilern

*Bild I.81:
Erstellen eines
Verteilers*

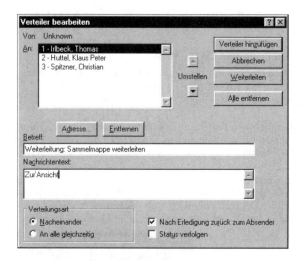

Das Dialogfeld erlaubt folgende Einstellungen:
- Die Liste AN zeigt die Namen der Anwender, die sich im Verteiler befinden. Sie fügen einen neuen Namen hinzu, indem Sie auf die Schaltfläche ADRESSE klicken, um das Exchange-Adreßbuch zu öffnen. Sie entfernen einen Namen aus dem Verteiler, indem Sie diesen markieren und auf die Schaltfläche ENTFERNEN klicken.
- Unter BETREFF geben Sie die Betreff-Zeile der E-Mail-Nachricht ein.
- Unter NACHRICHTENTEXT geben Sie eine Nachricht an, die die eigentliche E-Mail bildet.
- Im Feld VERTEILUNGSART geben Sie an, ob die Sammelmappe an alle Adressen im Verteiler gleichzeitig oder nacheinander geschickt werden soll. Wenn Sie die Sammelmappe nacheinander an die Anwender verschicken wollen, so spielt die Reihenfolge der Namen in der Verteilerliste eine Rolle. In diesem Fall läßt sich ein Listeneintrag durch die beiden Schaltflächen mit den Pfeilen in seiner Position verschieben.
- Mit NACH ERLEDIGUNG ZURÜCK ZUM ABSENDER legen Sie fest, daß die Sammelmappe jeweils wieder zum Absender zurückgeschickt wird. Wenn Sie das Kontrollkästchen STATUS VERFOLGEN markieren, erhalten Sie zusätzliche Informationen, über den Verteilungsvorgang.
- Mit der Schaltfläche VERTEILER ERSTELLEN fügen Sie den Verteiler der Sammelmappe hinzu.
- Die Schaltfläche ALLE ENTFERNEN löscht den Verteiler.
- Sie senden die Sammelmappe an den nächsten Empfänger, indem Sie auf die Schaltfläche WEITERLEITEN klicken.

4 Zusatzanwendungen

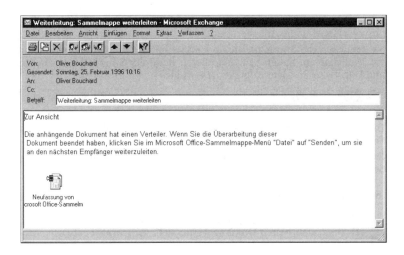

Bild I.82:
Empfang einer
Sammelmappe mit
Verteiler

Wenn Sie eine Sammelmappe mit Verteiler empfangen, so erhalten Sie eine Nachricht wie in Bild I.83.

Empfang einer Sammelmappe

Bild I.83:
Weiterleiten einer
Sammelmappe

Um die Sammelmappe an den nächsten Empfänger zu senden, wählen Sie SAMMELMAPPE SENDEN aus dem DATEI-Menü. In dem Dialogfeld aus Bild I.83 wählen Sie, ob Sie die Sammelmappe an den nächsten Empfänger weiterleiten wollen, oder ob Sie die Sammelmappe ohne Verwendung des Verteilers an einen Empfänger zu senden.

4.2 Arbeiten mit der Office-Shortcutleiste

Die Office-Shortcutleiste stellt eine Leiste von Schalflächen dar, über die Sie direkten Zugriff auf die verschiedenen Office-95-Komponenten haben. Sie können die Shortcutleiste dabei an verschiedenen Stellen auf dem Bildschirm plazieren.

Unter Windows 95 stellt sich allerdings die Frage, für was man die Office-Shortcutleiste benötigt, da bereits das Startmenü Zugang zu allen Anwendungen von Office bietet. Wenn Sie nicht an die Office-Shortcutleiste der Vorversionen gewohnt sind, können Sie darauf eigentlich ohne Verlust an Arbeitskomfort verzichten.

4.2.1 Verwendung der Office-Shortcutleiste

Die Office-Shortcutleiste ist ein eigenes Programm, das nach der Installation in die Autostartgruppe des Startmenüs eingetragen wird, so daß sie automatisch nach dem Start geladen und angezeigt wird.

Aktivieren und Deaktivieren der Shortcutleiste

Um die Shortcutleiste zu deaktivieren, löschen Sie die Verknüpfung MICROSOFT OFFICE SHORTCUT-LEISTE aus der Autostartgruppe. Um die Shortcutleiste wieder automatisch zu laden, kopieren Sie die Verknüp-

I Arbeiten mit Office 95 Professional

fung MICROSOFT OFFICE SHORTCUT-LEISTE aus dem Office-Installationsverzeichnis in die Autostartgruppe.

Schließen der Shortcut-Leiste
Sie schließen die Shortcutleiste, indem Sie mit der rechten Maustaste auf die Titelleiste am linken bzw. am oberen Rand der Shortcutleiste klicken und BEENDEN aus dem Kontextmenü wählen.

Bild I.84: Die Shortcutleiste

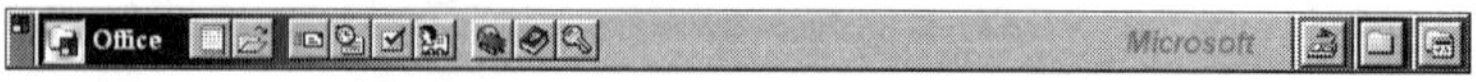

Aufbau der Shortcutleiste
Die Shortcutleiste besteht aus mehreren Sätzen von Schaltflächen, über die Sie unterschiedliche Funktionen von Windows 95 starten können.

Standardmäßig ist nur die Office-Shortcutleiste verfügbar, die folgende Schaltflächen enthält:

Schaltfläche	Funktion
	Zeigt das gemeinsame Dialogfeld zum Anlegen eines neuen Dokuments an (siehe Abschnitt I.3.2.1).
	Zeigt das gemeinsame Dialogfeld zum Öffnen eines Dokuments an (siehe Abschnitt I.3.3).
	Ermöglicht das Abschicken einer E-Mail mit Exchange.
	Ermöglicht das Anlegen eines neuen Termins in Schedule+ (siehe Abschnitt VI.2.1).
	Ermöglicht das Anlegen einer neuen Aufgabe in Schedule+ (siehe Abschnitt VI.3.1).
	Ermöglicht das Anlegen eines neuen Kontakts in das Adreßbuch von Schedule+.
	Zeigt die Hilfeinformation zum Anwenden von Office an.
	Zeigt den Hilfeassistenten von Office an (siehe Abschnitt I.3.1).
	Startet Access (siehe Kapitel IV).

Arbeiten mit mehreren Shortcutleisten
Bevor Sie einer anderen Leiste mit Schaltflächen wechseln, müssen Sie diese zunächst aktivieren.

Bild I.85:
Aktivierung mehrere Shortcutleisten

Klicken Sie dazu mit der rechten Maustaste auf die Shortcutleiste und wählen im oberen Bereich die zu aktivierende Leiste. Aktivierte Leisten sind dabei mit einem Häkchen markiert. Die einzelnen Leisten bieten Ihnen Zugriff auf folgende Funktionen:

Leiste	Funktion
Office	Zugriff auf die Office-Funktionen (siehe oben).
Desktop	Alle Objekte, die sich auf der Arbeitsoberfläche befinden (Arbeitsplatz, Netzwerkumgebung usw.)
Favoriten	Alle Ordner, die Sie als Favoriten festgelegt haben (siehe Abschnitt I.3.3.1).
MSN	Zugang zum Microsoft Network.
Programme	Alle Verknüpfungen und Programmgruppen, die sich im Programmeuntermenü des Startmenüs befinden.
Zubehör	Alle Verknüpfungen und Programmgruppen, die sich im Zubehör-Untermenü des Programme-Untermenü des Startmenüs befinden.

Sie wechseln zwischen den Leisten, indem Sie auf die entsprechenden Schaltflächen am linken und rechten Rand der Shortcutleiste klicken.

Wechseln zwischen den Leisten

Sie wechseln dabei zur Office-Leiste, indem Sie auf die Schaltfläche OFFICE am linken Rand der Shortcutleiste klicken.

4.2.2 Anpassen der Office-Shortcutleiste

Sie ändern die Postion der Shortcutleiste auf dem Bildschirm, indem Sie sie mit der linken Maustaste an den gewünschten Platz ziehen. Um die Shortcutleiste am Rand der Arbeitsoberfläche anzuordnen, ziehen Sie sie an den gewünschten Rand.

Ändern der Position der Shortcutleiste

Wenn Sie wollen, daß Sie Shortcutleiste nur dann sichtbar ist, wenn Sie den Mauszeiger an den entsprechenden Rand bewegen, klicken Sie mit der rechten Maustaste auf die Shortcutleiste und wählen AUTOMATISCH IM HINTERGRUND aus dem Kontextmenü.

Um eine neue Schaltfläche auf die Shortcutleiste zu setzen, ziehen Sie einfach mit der Maus ein beliebiges Objekt aus einem Ordner auf die Shortcutleiste. Dabei darf die Einstellung AUTOMATISCH IM HINTERGRUND nicht aktiviert sein, da die Shortcutleiste sonst beim Ziehvorgang verschwindet.

Hinzufügen von Schaltflächen

Wenn Sie mit der rechten Maustaste auf die Shortcutleiste klicken und ANPASSEN aus dem Menü wählen, wird das Anpassen-Dialogfeld angezeigt.

Anpassen der Shortcutleiste über Dialogfeld

I Arbeiten mit Office 95 Professional

*Bild I.86:
Ansicht-Optionen
für die Shortcutleiste*

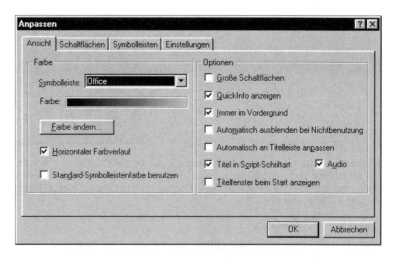

Die Registerkarte ANSICHT des Anpassen-Dialogfelds erlaubt folgende Einstellungen:

- Unter FARBE stellen Sie die Hintergrundfarbe für jede Leiste ein. Wählen Sie dazu die entsprechende Leiste im Kombinationsfeld SYMBOLLEISTE und klicken auf die Schaltfläche FARBE ÄNDERN, um im Farbauswahl-Dialogfeld eine Hintergrundfarbe zu wählen. Mit HORIZONTALER FARBVERLAUF schalten Sie den Farbverlauf ein und aus. Mit STANDARD-SYMBOLLEISTEFARBE BENUTZEN verwendet die Shortcutleiste eine Einheitsfarbe für alle Leisten.
- GROßE SCHALTFLÄCHEN zeigt große, besser erkennbare Schaltflächen in der Shortcutleiste.
- QUICKINFO ANZEIGEN veranlaßt, daß eine erklärende Bezeichnung eingeblendet wird, wenn Sie mit dem Mauszeiger länger über einer Schaltfläche verweilen.
- IMMER IM VORDERGRUND legt fest, daß sie Shortcutleiste immer über allen anderen Fenstern liegt.
- AUTOMATISCH AUSBLENDEN BEI NICHTBENUTZUNG veranlaßt wie die Einstellung AUTOMATISCH IM HINTERGRUND, daß die Shortcutleiste nur angezeigt wird, wenn Sie den Mauszeiger an den entsprechenden Rand bewegen.
- AUTOMATISCH AN TITELLEISTE ANPASSEN sorgt dafür, daß die Shortcutleiste immer genau in die Titelleiste eines Anwendungsfensters paßt.
- TITEL IN SCRIPT-SCHRIFTART schaltet die Animation beim Wechseln der Leiste ein- und aus. Mit AUDIO können Sie auch den Toneffekt beim Wechseln deaktivieren.
- TITELFENSTER BEIM START ANZEIGEN legt fest, ob das Office-Logo beim Start der Symbolleiste eingeblendet werden soll.

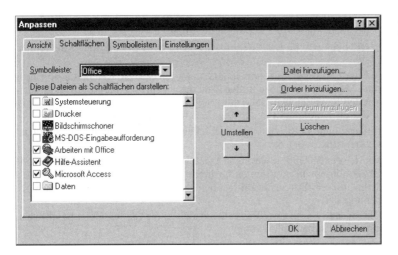

Bild I.87:
Anpassen der
Schaltflächen

Um auf einer Leiste Schaltflächen hinzufügen oder zu entfernen, wechseln Sie auf die Registerkarte SCHALTFLÄCHEN im Anpassen-Dialogfeld. Sie finden dort folgende Einstellungen:

- Unter SYMBOLLEISTE wählen Sie die Leiste, die Sie verändern wollen.
- In der Liste finden Sie alle Schaltflächen, die in der Leiste vorhanden sind. Wenn Sie die Markierung im Kontrollkästchen vor dem Schaltflächensymbol entfernen, wird die Schaltfläche nicht in der Leiste dargestellt.

Anpassen der
Schaltflächen auf
den Symbolleisten

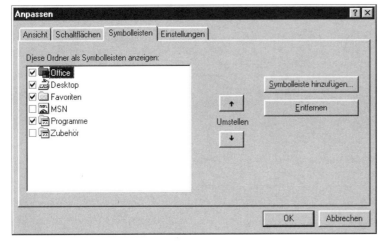

Bild I.88:
Aktivieren von
Symbolleisten

- Mit den Schaltflächen bei UMSTELLEN, verändern Sie die Position einer Schaltfläche in der Leiste.
- Mit der Schaltfläche DATEI HINZUFÜGEN fügen Sie der Leiste eine Schaltfläche hinzu, mit der Sie ein Dokument öffnen oder eine Anwendung starten können. Mit der Schaltfläche ORDNER HINZUFÜGEN erstellen Sie eine Schaltfläche, die einen Ordner auf der Arbeitsoberfläche öffnet.

- ZWISCHENRAUM HINZUFÜGEN für einen Zwischenraum vor der in der Liste markierten Schaltfläche hinzu.
- Die Schaltfläche LÖSCHEN löscht die in der Liste markierte Symbolleiste.

Aktivieren von Symbolleisten

Auf der Registerkarte SYMBOLLEISTEN legen Sie fest, welche Leisten aktiv sind. Markieren Sie dazu in der Liste das entsprechende Kontrollkästchen. Mit den Schaltflächen UMSTELLEN verändern Sie die Position einer Leiste in der Liste und damit in der Anzeigereihenfolge in der Shortcutleiste.

Erstellen von Symbolleisten

Um eine neue Leiste zu erstellen, klicken Sie auf die Schaltfläche SYMBOL-LEISTE HINZUFÜGEN.

Mit der ersten Option wird eine Leiste erstellt, die Verknüpfungen für alle Objekte in einem bestimmten Ordner enthält. Klicken Sie auf DURCHSU-CHEN, um ein Dateiauswahl-Dialogfeld zu öffnen, in dem Sie diesen Ordner angeben.

Die zweite Option erstellt eine leere Leiste, die Sie wie oben beschrieben mit Schaltflächen füllen können.

Word

1 Einführung

In diesem Kapitel werden die Grundfunktionen von Word beschrieben. Zunächst erfahren Sie Wissenswertes zu den einzelnen Komponenten des Word-Bildschirms (Abschnitt II.1.1). Dem schließen sich Informationen zum Arbeiten mit Dateien und Fenstern an (Abschnitt II.1.2). Die einzelnen Anzeigemodi sind das Thema des Abschnitts II.1.3. Die darauffolgenden Abschnitte (II.1.4 bis II.1.8) beschäftigen sich mit den grundsätzlichen Bearbeitungsfunktionen, z.B. dem Eingeben, Löschen und Kopieren von Texten sowie dem schnellen Ansteuern bestimmter Bereiche im Dokument. Der letzte Abschnitt (II.1.9) widmet sich dem Drucken von Dokumenten.

Word erlaubt es, die Symbolleisten frei zu konfigurieren. Das bedeutet mehr oder weniger, daß bei jedem Anwender verschiedene Symbole verfügbar sind. Daher werden Sie im Word-Kapitel vermutlich gelegentlich Hinweise finden, wie sich bestimmte Funktionen mit Hilfe von Symbolen abrufen lassen, die entsprechenden Symbole jedoch nicht auf Ihrem Bildschirm finden. Wie Sie Symbole nachträglich einblenden, erfahren Sie im Kapitel II.14. Es bietet sich jedoch an, nur die Symbole einzublenden, die wirklich häufig benötigt werden, um den Bildschirm nicht unnötig zu überladen.

Wichtiger Hinweis zu den Symbolen

1.1 Der Word-Bildschirm

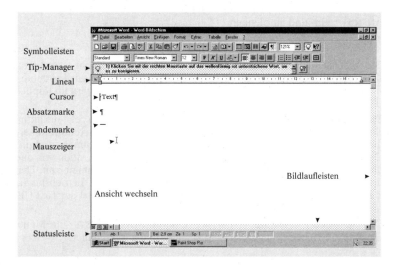

Bild II.1:
Der Word-Bildschirm im Schema

II Word

Der Word-Bildschirm setzt sich im wesentlichen aus den Komponenten zusammen, die im Bild II.1 zu sehen sind. Da sich einzelne Bestandteile fast beliebig ein- und ausblenden lassen, sieht Ihr Bildschirminhalt möglicherweise etwas anders aus.

Symbolleisten Standardmäßig werden zwei Symbolleisten angezeigt: Die Standard-Symbolleiste (oben) enthält Grundfunktionen, z.B. zum Öffnen und Speichern von Dateien sowie zum Bearbeiten des Dokuments. Die Format-Symbolleiste dient zum Formatieren des Textes. Beispielsweise läßt sich die Schriftart aus dem zweiten Listenfeld von links abrufen.

Der Tip-Assistent Der Tip-Assistent untersucht die von Ihnen durchgeführten Aktionen und gibt gegebenenfalls Ratschläge, wie bestimmte Aktionen effektiver durchgeführt werden können. Auf Wunsch nimmt er die vorgeschlagenen Änderungen gleich vor. Außerdem zeigt der Tip-Assistent Hinweise an, falls Word selbsttätig eine Formatierung angebracht hat.

Der Tip-Assistent ist vor allem für den Einsteiger konzipiert. Erfahrene Anwender sollten den Tip-Assistenten ausblenden, um mehr Platz auf dem Bildschirm für die Darstellung des Dokuments zu gewinnen. Zum Ausblenden des Tip-Assistenten klicken Sie auf das nebenstehende Symbol. Ein weiterer Klick aktiviert den Tip-Assistenten wieder. Damit der Tip-Assistent verwendet werden kann, muß außerdem die Option TIP-ASSISTENT AKTIV im Menü EXTRAS/OPTIONEN, Register ALLGEMEIN, eingeschaltet sein.

Lineal Das Lineal erleichtert das Abschätzen von horizontalen Positionen (in der Layoutansicht auch von vertikalen; mehr zur Layoutansicht später). Außerdem können mit Hilfe des Lineals unter anderem die Seitenränder sowie Absatzeinzüge verändert werden. Das Lineal wird über den Menüpunkt ANSICHT/LINEAL oder durch einen Klick auf das nebenstehende Symbol ein- und ausgeblendet. Das Lineal enthält gewöhnlich eine Zentimeterskala. Wird die standardmäßige Maßeinheit geändert (Option MASSEINHEIT im Menü EXTRAS/OPTIONEN, Register ALLGEMEIN), z.B. von cm auf Zoll, ändert sich auch die Skala des Lineals.

Die Bildlaufleisten zeigen die vertikale bzw. horizontale Position im Verhältnis zum gesamten Dokument an. Außerdem ermöglichen sie es, mit Hilfe der Maus im Dokument zu blättern. Die Bildlaufleisten lassen sich über die Optionen HORIZONTALE BILDLAUFLEISTE und VERTIKALE BILDLAUFLEISTE (jeweils im Menü EXTRAS/OPTIONEN, Register ANSICHT) ein- und ausblenden.

Wechsel der Ansicht

Die nebenstehenden Symbole schalten in die Normalansicht, Layoutansicht und Gliederungsansicht. Mehr zur Normalansicht und zur Layoutansicht finden Sie im Abschnitt II.1.3. Die Gliederungsansicht wird im Kapitel II.9.1 besprochen.

Statusleiste Die Statusleiste besteht aus drei Bereichen. Der erste Bereich zeigt die aktuelle Seitennummer im aktuellen Abschnitt, die aktuelle Abschnittsnummer, die aktuelle Seitennummer bezogen auf das komplette Dokument und die Gesamtseitenanzahl. Der zweite Bereich gibt die vertikale Position von der oberen Papierkante, die Zeilennummer und die Spaltennummer an. Der dritte Bereich gibt Hinweise zu speziellen, derzeit aktiven Betriebsmodi. Z.B. wird bei aktivem Überschreibmodus (dazu später mehr) der Text ÜB nicht mehr grau, sondern schwarz dargestellt.

Die Statusleiste wird mit Hilfe der Option STATUSLEISTE im Menü EXTRAS/OPTIONEN, Register ANSICHT, ein- und ausgeschaltet.

1 Einführung

Der Cursor – auch als *Einfügemarke* bezeichnet – gibt die aktuelle Position im Dokument an. Ein Druck auf eine Taste wirkt sich an der Stelle im Dokument aus, an der sich der Cursor befindet.

Cursor

Wird der Mauszeiger über den Text bewegt, nimmt er eine Form an, die an ein großes »I« erinnert. Diese Mauszeigerform signalisiert, daß durch einen Klick an eine Stelle im Dokument der Cursor dorthin gesetzt wird und daraufhin Textzeichen eingegeben und gelöscht werden können.

Mauszeiger

Das Ende des Dokuments wird durch die Endemarke gekennzeichnet. Werden am Dokumentende weitere Zeichen eingegeben, wird die Endemarke entsprechend weiter nach unten und beim Löschen von Texten entsprechend nach oben verschoben. Die Endemarke ist nur in der Normalansicht sichtbar.

Endemarke

Die Absatzmarke ist eines der sogenannten nichtdruckbaren Zeichen. Wie der Name andeutet, werden die Zeichen nicht ausgedruckt. Die einzelnen Zeichen haben eine sehr unterschiedliche Funktion. Die Absatzmarke gibt z.B. an, daß an der entsprechenden Position der Absatz endet. Ob nichtdruckbare Zeichen auf dem Bildschirm angezeigt werden, läßt sich frei entscheiden. Es wird jedoch empfohlen, die Zeichen einzublenden, da auf diese Weise die Bearbeitung von Dokumenten wesentlich erleichtert wird. Um z.B. zwei Absätze zu einem zu verbinden, muß die Absatzmarke des ersten Absatzes gelöscht werden. Wenn diese jedoch nicht sichtbar ist, ist es schwierig zu erkennen, an welcher Stelle sich das Absatzende tatsächlich befindet.

Absatzmarken und weitere nichtdruckbare Zeichen

Sie können alle nichtdruckbaren Zeichen ein- und ausblenden, indem Sie auf das nebenstehende Symbol klicken oder die Option NICHTDRUCKBARE ZEICHEN/ALLE im Menü EXTRAS/OPTIONEN, Register ANSICHT, ein- bzw. ausschalten. Außerdem lassen sich auf demselben Register bestimmte Zeichen ein- und ausblenden. Es läßt sich z.B. erreichen, daß Absatzmarken angezeigt werden, Leerzeichen dagegen nicht.

Ein Einschalten sämtlicher zu den nichtdruckbaren Zeichen gehörigen Optionen hat dasselbe Resultat wie das Einschalten der Option ALLE.

Praxistip: Falls das Ausblenden der nichtdruckbaren Zeichen durch einen Klick auf das nebenstehende Symbol keine Wirkung zeigt, liegt dies daran, daß zuvor sowohl die Option ALLE als auch die übrigen Optionen hinsichtlich der nichtdruckbaren Zeichen aktiviert waren. Beim Klick wird zwar die Option ALLE ausgeschaltet. Da jedoch die anderen Optionen noch aktiv sind, werden weiterhin nichtdruckbare Zeichen angezeigt. Schalten Sie dann die entsprechenden Optionen aus.

Nichtdruckbare Zeichen weiterhin sichtbar?

Der Seitenumbruch wird von Word automatisch durchgeführt. Bei der Eingabe eines neuen Dokuments und bei der Überarbeitung eines Dokuments wird der Text laufend neu umgebrochen. Eine Stelle, an der eine Seite endet und eine neue beginnt, also der Seitenumbruch, wird durch eine gepunktete, lange Linie dargestellt. Diese Linie können Sie weder mit dem Cursor ansteuern noch löschen. Falls in der Normalansicht kein automatischer Seitenumbruch erfolgt, ist die Option SEITENUMBRUCH IM HINTERGRUND (Menü EXTRAS/OPTIONEN, Register ALLGEMEIN) deaktiviert. In der Layoutansicht findet dagegen immer ein automatischer Seitenumbruch statt.

Automatisch eingefügter Seitenwechsel

1.2 Umgang mit Dateien und Fenstern

Der wesentliche Umgang mit Dateien und Fenstern wird im Kapitel II.I.3.4 ausführlich beschrieben. Dort erfahren Sie unter anderem, wie Sie Dateien

II Word

für eine der Office-Anwendungen anlegen, öffnen und speichern und wie Sie mit Fenstern arbeiten.

In diesem Abschnitt finden Sie daher vor allem einige ergänzende Informationen, die für Word relevant sind.

Dokumente anlegen Beim Anlegen eines Dokuments über den Menüpunkt DATEI/NEU oder MICROSOFT OFFICE DATEI NEU (Windows-Startmenü) werden mehrere Register mit Symbolen angeboten (Bild II.2). Diese Symbole repräsentieren Dokumentvorlagen und Assistenten. Eine Dokumentvorlage ist eine Art Schablone, die die Gestaltung eines Dokuments bestimmt. Mehr über Dokumentvorlagen erfahren Sie im Kapitel II.10.

Die Assistenten dagegen sind interaktive Programme – treten also direkt mit dem Anwender in Kontakt – und helfen bei der Anfertigung typischer Schriftstücke. Das Symbol LEBENSLAUF-ASSISTENT im Register SONSTIGE DOKUMENTE erstellt beispielsweise einen Lebenslauf, wobei Ihnen zunächst einige Fragen hinsichtlich der Gestaltungsmerkmale und aufzunehmenden Bestandteile gestellt werden. Nachdem Sie diese beantwortet haben, generiert Word ein Lebenslauf-Formular, das Sie dann nur noch ausfüllen müssen.

Die Dialogbox NEU bietet Dokumentvorlagen und Assistenten zur Auswahl an

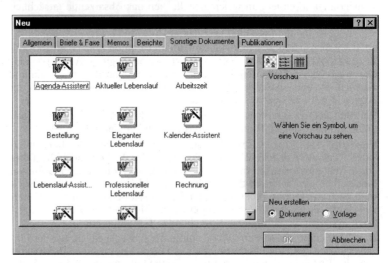

Das Symbol LEERES DOKUMENT auf dem Register ALLGEMEIN ist das Symbol, das in der Praxis am häufigsten benötigt wird. Es legt ein Dokument an, das mit der standardmäßigen, übergreifenden Dokumentvorlage NORMAL.DOT verknüpft ist.

Zum Anlegen eines Dokuments klicken Sie doppelt auf das gewünschte Symbol.

 Um ein Dokument anzulegen, das mit der Dokumentvorlage NORMAL.DOT verknüpft ist, kann auch [Strg]+[N] gedrückt oder auf das nebenstehende Symbol geklickt werden.

1 Einführung

Alle Dateien speichern

Befinden sich mehrere Dokumente in Bearbeitung, ist es mühsam, diese separat zu speichern. Mehr Komfort erlaubt der Menüpunkt DATEI/ALLES SPEICHERN. Dabei werden alle in Bearbeitung befindlichen Dateien (Dokumente und Dokumentvorlagen) gespeichert.

Dateien automatisch speichern

Die automatische Speicherung bietet einen vergleichsweise sicheren Schutz vor einem Datenverlust. Dabei speichert Word in bestimmten Intervallen zwischen. Kommt es zu einer Fehlfunktion, so daß Word neu gestartet werden muß, werden die Dateien wiederhergestellt.

Um die automatische Speicherung einzuschalten, rufen Sie den Menüpunkt EXTRAS/OPTIONEN auf, und wechseln Sie auf das Register SPEICHERN. Anschließend schalten Sie die Option AUTOMATISCHES SPEICHERN ALLE ... MINUTEN ein, und geben Sie das gewünschte Intervall in das daneben befindlichen Eingabefeld ein. Dabei sind Eingaben von 1 bis 120 Minuten erlaubt. Je kleiner das Intervall, desto geringer sind die Verluste im Falle einer Fehlfunktion. Empfehlenswert sind in der Praxis Werte zwischen 1 und 10 Minuten. Stellen Sie z.B. ein Speicherintervall von 1 Minute ein, gehen höchstens die Änderungen verloren, die in der letzten Minute vor dem Auftreten der Fehlfunktion durchgeführt wurden.

Die automatische Speicherung ist übrigens kein vollständiger Ersatz für das manuelle Speichern. Gespeichert werden nämlich keine gewöhnlichen Dateien: Um den Speichervorgang kurz zu halten, werden statt dessen spezielle Dateien verwendet, in denen nur die Änderungen aufgenommen werden. Diese Dateien werden von Word automatisch verwaltet und sind für den Anwender nicht zugänglich. Es ist daher erforderlich, die Dokumente zumindest einmal zu speichern, und zwar vor dem Schließen. Zusätzlich empfiehlt es sich, ein neues Dokument unmittelbar nach dem Anlegen zu speichern, um diesem einen Namen zuzuweisen.

Dokument in bestehendes Dokument einfügen

Um in das aktuelle Dokument ein bereits bestehendes Dokument einzufügen, bewegen Sie den Cursor zunächst an die gewünschte Stelle im Dokument. Daraufhin rufen Sie den Menüpunkt EINFÜGEN/DATEI auf, wählen Sie die gewünschte Datei aus, und bestätigen Sie mit Klick auf OK.

Dateiablage

Die Ordner, in denen Word standardmäßig nach bestimmten Dateien sucht, wenn kein anderer Ordner angegeben wird, lassen sich über das Register DATEIABLAGE im Menü EXTRAS/OPTIONEN festlegen. Um den Ordner zu ändern, klicken Sie auf die gewünschte Dateiart, danach auf ÄNDERN, und wählen Sie den Ordner. Wichtig sind vor allem die Standardordner für Dokumente (Option DOKUMENTE, vorgegeben »C:\Eigene Dateien«) und Dokumentvorlagen (Option BENUTZER-VORLAGEN, vorgegeben »C:\MSOffice\Vorlagen«).

Fenster teilen

Durch das Teilen eines Fensters lassen sich zwei Bereiche ein und desselben Dokuments gleichzeitig darstellen. Das Teilen bietet sich z.B. an, wenn eine Stelle im Dokument überarbeitet werden soll und Sie dazu Angaben benötigen, die sich an einer anderen Stelle im selben Dokument befinden. Sie haben dann diese Stelle immer im Blick und müssen nicht laufend im Dokument blättern.

Zum Teilen ziehen Sie das schmale Rechteck, das sich in der vertikalen Bildlaufleiste ganz oben befindet (über dem Pfeil), an die gewünschte Position. Alternativ wählen Sie den Menüpunkt FENSTER/TEILEN an, bewegen Sie die Teillinie mit der Maus oder den Cursortasten an die gewünschte Position, und bestätigen Sie abschließend mit einem Druck auf die Maustaste oder einem Druck auf ⏎.

Zwischen den beiden Fensterbereichen wechseln Sie, indem Sie entweder in den entsprechenden Bereich klicken oder F6 betätigen.

Zum Aufheben der Teilung ziehen Sie die Teillinie bis an den oberen Fensterrand, oder wählen Sie den Menüpunkt FENSTER/TEILUNG AUFHEBEN an.

1.3 Anzeigemodi

Word unterscheidet im wesentlichen drei Anzeigemodi: die Normalansicht, die Layoutansicht und die Seitenansicht. Welche Anzeigemodi sich für welche Zwecke eignen und wie Sie in den einzelnen Modi arbeiten, erfahren Sie in diesem Abschnitt.

1.3.1 Normalansicht

In der Normalansicht wird der Text nur annähernd so dargestellt, wie er gedruckt wird. Zwar werden z.B. verschiedene Schriftarten, Schriftattribute (wie Fettschrift), Absatzeinzüge und eine Vielzahl weiterer Gestaltungsmerkmale angezeigt. Eine Reihe von Formatierungen sind jedoch nicht sichtbar. Vor allem werden nebeneinander befindliche Texte (z.B. bei einem mehrspaltigen Layout) nicht nebeneinander, sondern untereinander angezeigt. Kopf- und Fußzeilen sind ebenfalls nicht sichtbar. Der Vorteil der Normalansicht ist die hohe Arbeitsgeschwindigkeit. Die Normalansicht eignet sich vor allem zur Eingabe des Textes.

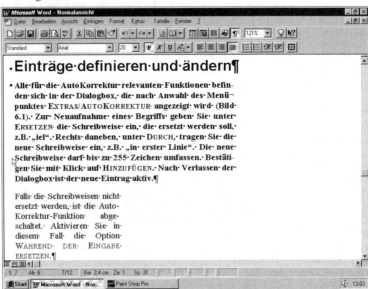

Bild II.2: Die Normalansicht

Zum Aktivieren der Normalansicht wählen Sie den Menüpunkt ANSICHT/ NORMAL an oder klicken auf das nebenstehende Symbol (links unten im Fensterrahmen).

1.3.2 Layoutansicht

In der Layoutansicht wird der Text weitgehend so angezeigt, wie er ausgedruckt wird. Bei der Verwendung mehrerer Textspalten wird der Text z.B. nebeneinander dargestellt. Im Unterschied zum Ausdruck werden die nichtdruckbaren Zeichen, z.B. Absatzmarken (¶), auf Wunsch weiterhin angezeigt. Der Nachteil der Layoutansicht ist, daß die Arbeitsgeschwindigkeit geringer als in der Normalansicht ausfällt. Die Layoutansicht eignet sich vor allem, um komplexe Formatierungen anzubringen und diese zu kontrollieren.

Zum Aktivieren der Layoutansicht wählen Sie den Menüpunkt ANSICHT/ LAYOUT an oder klicken auf das nebenstehende Symbol (links unten im Fensterrahmen).

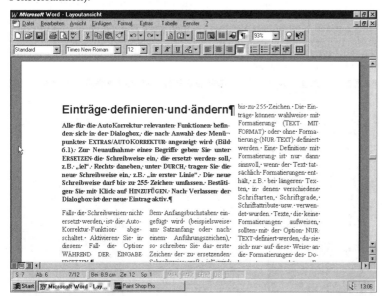

Bild II.3: Die Layoutansicht

1.3.3 Zoomen

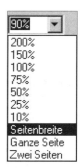

Um in der Normal- und Layoutansicht festzulegen, wie groß der Text angezeigt wird, klicken Sie in das Zoom-Eingabefeld (standardmäßig in der oberen Symbolleiste rechts), und geben Sie einen Prozentwert im Bereich von 10 bis 200 ein. Außerdem können Sie einen der vorgegebenen Werte auswählen, indem Sie die Liste durch einen Klick auf den Pfeil herunterklappen. Neben Prozentwerten wird auch der Eintrag SEITENBREITE angeboten. Dieser ist besonders praktisch, da er die Größe so verändert, daß eine Druckzeile exakt vom linken bis zum rechten Fensterrand reicht. Auf diese Weise nutzen Sie die Fenster- bzw. Bildschirmbreite optimal aus. Gleichzeitig wird verhindert – wie es bei einem zu hohen Prozentwert auftritt –, daß der Bildschirminhalt während der Eingabe und Überarbeitung von Texten laufend in der Horizontalen hin und herbewegt wird.

In der Layoutansicht gibt es zwei weitere Einträge: GANZE SEITE stellt exakt eine Druckseite dar, ZWEI SEITEN entsprechend zwei Druckseiten.

Neben der Liste kann der Vergrößerungsfaktor auch über das Menü BEARBEITEN/ZOOM eingestellt werden.

1.3.4 Seitenansicht

Die Seitenansicht zeigt den Text so an, wie er auch gedruckt wird. Sie können dabei eine Druckseite (oder einen Ausschnitt davon) darstellen, aber auch mehrere Druckseiten. Werden mehrere Seiten angezeigt, ist der Text

II Word

meist nicht mehr lesbar. Allerdings kann man sich auf diese Weise einen groben Überblick über das Dokument verschaffen und z.B. herausfinden, ob die einzelnen Seiten gleichmäßig gefüllt sind. Obwohl die Seitenansicht eigentlich dafür konzipiert ist, die Formatierung des Dokuments vor dem Druck zu kontrollieren, lassen sich auch in diesem Modus Texte eingeben, löschen und formatieren. Allerdings wird das Überarbeiten erschwert, da keine nichtdruckbaren Zeichen sichtbar sind. Einige wenige Funktionen sind in der Seitenansicht gesperrt. Außerdem sind die meisten Symbole standardmäßig ausgeblendet. Das bedeutet allerdings nicht, daß die entsprechenden Funktionen nicht vorhanden sind. Die Symbole sind nur ausgeblendet, weil die entsprechenden Funktionen erfahrungsgemäß nur selten eingesetzt werden. Die meisten Funktionen sind weiterhin über Menüs und Shortcuts erreichbar.

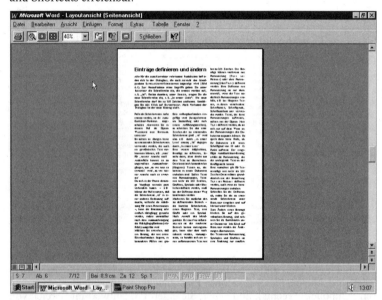

Bild II.4:
Die Seitenansicht

Seitenansicht aufrufen

Die Seitenansicht wird durch Anwahl des Menüpunktes DATEI/SEITEN-ANSICHT, einem Druck auf [Strg]+[F2] oder einem Klick auf das nebenstehende Symbol (in der oberen Symbolleiste) aktiviert.

Lupenmodus

Standardmäßig ist in der Seitenansicht ein spezieller Lupenmodus aktiviert. Der Mauszeiger wird dabei in Form einer Lupe angezeigt. Durch einen Klick an eine bestimmte Stelle im Dokument wird diese vergrößert angezeigt. Ein weiterer Klick schaltet wieder zur ursprünglichen Darstellung zurück. Im Lupenmodus können Sie zwar Texte eingeben und löschen. Es wird allerdings kein Cursor angezeigt, so daß sich nicht abschätzen läßt, auf welche Stelle im Dokument sich die Eingaben beziehen. Um den Cursor sichtbar zu machen, klicken Sie auf das nebenstehende Symbol. Der Lupenmodus ist jetzt deaktiviert. Ein weiterer Klick schaltet den Lupenmodus wieder ein.

1 Einführung

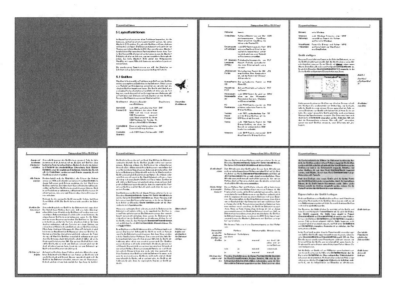

Bild II.5:
Darstellung mehrerer
Druckseiten in der
Seitenansicht

Zur Festlegung der Darstellungsgröße steht auch in der Seitenansicht die Zoom-Liste zur Verfügung. Auch der Menüpunkt ANSICHT/ZOOM wird angeboten. Außerdem sind zwei Symbole verfügbar:

Zoomen

Ein Klick auf dieses Symbol ändert die Darstellungsgröße so, daß exakt eine Druckseite angezeigt wird (entspricht dem Eintrag GANZE SEITE aus der Zoom-Liste).

Dieses Symbol (links oben in der Randabbildung) ermöglicht es, eine bestimmte Anzahl von Druckseiten anzuzeigen. Klicken Sie hierfür auf das Symbol, und halten Sie die Maustaste gedrückt. Daraufhin werden mehrere stilisierte Seiten angezeigt, die Sie durch Bewegen des Mauszeigers beliebig aufziehen können. Die horizontale und vertikale Seitenanzahl wird laufend angezeigt. Ist die gewünschte Seitenanzahl eingestellt, lassen Sie die Maustaste los. Wollen Sie die Anzeige doch nicht ändern, bewegen Sie den Mauszeiger aus der stilisierten Ansicht heraus, und lassen Sie die Maustaste los.

Um die Seitenansicht zu verlassen, drücken Sie [Esc], oder klicken Sie auf die Schaltfläche SCHLIEßEN in der Symbolleiste. Sie befinden sich danach wieder in der Normalansicht oder Layoutansicht, je nachdem, welcher Modus vor dem Aufruf der Seitenansicht aktiv war.

Seitenansicht verlassen

1.4 Texte eingeben und korrigieren

Nachdem ein Dokument angelegt wurde, können Sie mit der Texteingabe beginnen. Geben Sie dabei den Text fortlaufend ein. Schreiben Sie also über das Zeilenende hinaus. Paßt dabei ein Wort nicht mehr in die Zeile, wird dieses automatisch in die nächste Zeile verschoben. Sie sollten also am Zeilenende nicht ↵ betätigen. Nur zum Abschließen eines Absatzes drücken Sie ↵.

Dies hat folgenden Grund: Word kann nach Korrekturen am Text – z.B. dem Löschen einzelner Zeichen oder Wörter bzw. der Eingabe zusätzlicher Textzeichen – den Text nur dann neu umbrechen, falls es sich um einen Absatz handelt. Schließen Sie dagegen jede Zeile durch Druck auf ↵ ab, wird jede Zeile als separater Absatz behandelt. Nachträgliche Änderungen

Die Rolle der ↵-Taste

II Word

am Text sind dann kaum noch möglich, zumindest hat dann jede Zeile eine unterschiedliche Länge.

Außerdem ist es wichtig, daß Sie die ⏎-Taste genau einmal betätigen. Möchten Sie unterhalb eines Absatzes einen Abstand erzeugen, sollten Sie nicht mehrmals die ⏎-Taste drücken. Denn durch jedes Drücken von ⏎ wird ein neuer Absatz erzeugt. Die auf diese Weise entstandenen leeren Absätze werden beim automatischen Seitenumbruch berücksichtigt. Word behandelt die leeren Absätze dabei wie Leerzeilen und verschiebt sie gegebenenfalls auf eine neue Seite, falls auf der aktuellen Seite kein Platz mehr ist. Dies kann dazu führen, daß eine neue Seite mit mehreren Leerabsätzen beginnt und der Text erst einige Zeilen weiter unten anfängt.

Bild II.6: Fehlerhafter Seitenumbruch. Die Seite beginnt mit einigen unerwarteten Leerzeilen

Anstelle des mehrfachen Drucks auf ⏎ verwenden Sie die entsprechenden Funktionen zum Erzeugen von Absatzanfangs- und Endeabständen. Diese finden sich im Menü FORMAT/ABSATZ. Mehr hierzu erfahren Sie im Kapitel II.3.3.

Vorzeitiges Zeilenende mit Shift+⏎

Mit Druck auf Shift+⏎ läßt sich eine Zeile vorzeitig beenden. Der nachfolgende Text wird in die nächste Zeile gesetzt. Der Zeilenwechsel wird durch eine Zeilenmarke (↵) gekennzeichnet. Der Zeilenwechsel wird nur selten benötigt, z.B. zum Schreiben einer Adresse. Der Unterschied zur Taste ⏎ besteht darin, daß kein neuer Absatz erzeugt wird. Der Text läßt sich – da es sich weiterhin um einen Absatz handelt – einfacher formatieren und verschieben.

Leerzeichen und geschützte Leerzeichen

Neben dem gewöhnlichen Leerzeichen, das mit Druck auf Leer eingefügt wird, wird auch ein sogenanntes geschütztes Leerzeichen angeboten. An der Position eines geschützten Leerzeichens wird grundsätzlich kein Zeilenumbruch durchgeführt. Auf diese Weise lassen sich zusammengehörige Textbestandteile zusammenhalten. Sie können z.B. von vornherein verhindern, daß beim Text »Hauptstr. 1« die Straße am Zeilenende und die Hausnummer am Anfang der nächsten Zeile steht, indem Sie die Straße und Hausnummer mit einem geschützten Leerzeichen trennen. Das geschützte Leerzeichen erzeugen Sie mit Druck auf Strg+Shift+Leer. Das Zeichen wird im Text durch das Symbol »°« dargestellt.

Um Texte in der Horizontalen zu verschieben, sollten weder Leerzeichen noch geschützte Leerzeichen verwendet werden, da das Ergebnis meist wenig überzeugend ausfällt und nachträgliche Änderungen am Text erschwert werden. Verwenden Sie statt dessen Tabulatoren:

Tabulator

Ein Tabulator ist ein Trennzeichen, das zur horizontalen Positionierung von Texten dient. Einen Tabulator fügen Sie durch Druck auf ⭾ ein. Der Tabulator wird durch einen Pfeil nach rechts dargestellt. Analog zu den Tasten ⏎ und Leer gilt: Die Taste ⭾ sollte nicht mehrmals hintereinander betätigt werden, da dann nachträgliche Änderungen am Text kaum noch möglich sind. Um größere Abstände zu erzeugen, richten Sie statt dessen die Tabulatoren mit Hilfe des Menüs FORMAT/TABULATOR aus. Die entsprechende Vorgehensweise ist im Kapitel II.4.7 beschrieben.

Zur Anfertigung größerer, komplexer Tabellen eignen sich Tabulatoren nicht. Greifen Sie für solche Fälle auf die Tabellenfunktion zurück (Kapitel II.4.1 bis II.4.6).

Ein vorzeitiges Seitenende läßt sich mit Druck auf [Strg]+[↵] herbeiführen. Dabei wird ein manueller Seitenwechsel eingefügt, der durch eine horizontale Linie mit dem Vermerk »Seitenwechsel« gekennzeichnet wird.

Manueller Seitenwechsel

·········· Seitenwechsel ··········

Mit dem manuellen Seitenwechsel sollte sehr sparsam umgegangen werden. Eine Verwendung ist nur ratsam, wenn an der Stelle auf jeden Fall eine neue Seite beginnt (z.B. bei einem neuen Kapitel). Er sollte keinesfalls eingefügt werden, um fehlerhafte oder unästhetische Seitenumbrüche zu korrigieren. Werden nämlich später noch Texte eingefügt oder gelöscht, wird weiterhin an der entsprechenden Stelle umgebrochen, auch wenn dort kein Umbruch mehr sinnvoll ist. Die Folge ist, daß dann einzelne Seiten nur noch zum Teil gefüllt sind. Zur Korrektur von Seitenumbrüchen gibt es weitaus raffiniertere Funktionen. Mehr hierzu erfahren Sie im Abschnitt II.3.3.5.

Im Text können Sie nach Belieben zusätzliche Zeichen und Wörter einfügen. Bewegen Sie hierfür den Cursor mit Hilfe der Tasten [←], [→], [↑] und [↓] an die gewünschte Position, und geben Sie die Zeichen ein. Der Text wird gegebenenfalls automatisch neu umbrochen.

Korrekturen am Text

Zu viel eingegebene Zeichen lassen sich mit den Tasten [Entf] und [←] löschen. Dabei löscht [Entf] das Zeichen, das sich rechts vom Cursor befindet, und [←] das Zeichen, das links vom Cursor steht.

Einzelne Wortteile oder Wörter können mit [Strg]+[Entf] und [Strg]+[←] gelöscht werden: [Strg]+[Entf] löscht von der aktuellen Cursorposition bis zum Wortende. Analog dazu löscht [Strg]+[←] von der aktuellen Cursorposition bis zum Wortanfang. Befindet sich der Cursor zwischen zwei Wörtern, wird das links bzw. rechts befindliche Wort gelöscht.

Wie sich größere Textbestandteile löschen lassen, erfahren Sie im Abschnitt II.1.7.

Möchten Sie einen Absatz in zwei Absätze aufteilen, drücken Sie an der gewünschten Position [↵]. Um zwei Absätze zu einem Absatz zu verbinden, löschen Sie die Absatzmarke (¶) des ersten Absatzes. Bewegen Sie den Cursor unmittelbar vor die Absatzmarke, und drücken Sie [Entf].

Absätze aufteilen und verbinden

Beim Eingeben und Überarbeiten von Texten werden zwei Modi angeboten: Beim Einfügemodus, der gewöhnlichen Betriebsart, werden bei der Eingabe von Textzeichen etwaige rechts von dem Cursor befindliche Zeichen mit nach rechts verschoben. Auf diese Weise lassen sich zusätzliche Zeichen einfügen, ohne daß dafür zunächst Platz geschaffen werden muß. Beim Überschreibemodus werden dagegen rechts befindliche Zeichen überschrieben.

Überschreibe- und Einfügemodus

Im allgemeinen sollte mit dem Einfügemodus gearbeitet werden. Lediglich in Texten mit einem festen Format, z.B. Zahlenkolonnen, ist der Einsatz des Überschreibmodus empfehlenswert.

Um den Überschreibmodus einzuschalten, drücken Sie [Einfg], oder klikken Sie doppelt auf den Text ÜB in der Statusleiste. Als Bestätigung, daß der Modus aktiv ist, wird der Text ÜB nicht mehr grau, sondern schwarz dargestellt. Ein weiterer Druck auf [Einfg] oder Doppelklick auf den Text ÜB schaltet wieder zurück in den Einfügemodus.

Standardmäßig wandelt Word gewöhnliche Anführungszeichen (") – diese erzeugen Sie mit [Shift]+[2] – in typographische Anführungszeichen um. Dabei wird am Wortanfang ein öffnendes, tiefgestelltes Anführungszeichen

Anführungszeichen „ "

(„) und am Wortende ein schließendes, hochgestelltes Anführungszeichen (") erzeugt. Diese automatische Umwandlung ist praktisch. Schließlich sind die typographischen Anführungszeichen nicht auf der Tastatur aufgedruckt. Sie ersparen sich damit das umständliche Einfügen aus dem Menü EINFÜGEN/SONDERZEICHEN (Kapitel II.2.4). Die automatische Umwandlung kann aber auch abgeschaltet werden. Rufen Sie zu diesem Zweck den Menüpunkt EXTRAS/OPTIONEN auf, wechseln Sie auf das Register AUTOFORMAT, klicken Sie auf die Option AUTOFORMAT WÄHREND DER EINGABE (rechts oben), und deaktivieren Sie die Option "GERADE" ANFÜHRUNGSZEICHEN DURCH „TYPOGRAPHISCHE" (die drittunterste Option).

1.5 Blättern im Text

Um bestimmte Textstellen zu erreichen, können Sie zunächst die vier Cursortasten ([←], [→], [↑] und [↓]) verwenden. Mit diesen bewegen Sie sich zeichenweise und zeilenweise durch das Dokument. Die Tasten eignen sich jedoch nicht, um größere Entfernungen im Dokument zurückzulegen, da die Tasten dann sehr lange gedrückt gehalten werden müssen. Daher werden eine Reihe weiterer Tasten angeboten:

Taste	Wirkung
[Strg]+[←]	bewegt den Cursor ein Wort zurück.
[Strg]+[→]	bewegt den Cursor ein Wort weiter.
[Strg]+[↑]	bewegt den Cursor einen Absatz zurück.
[Strg]+[↓]	bewegt den Cursor einen Absatz weiter.
[Pos1]	setzt den Cursor an den Zeilenanfang.
[Ende]	setzt den Cursor an das Zeilenende.
[Bild↑]	blättert eine Bildschirmseite zurück.
[Bild↓]	blättert eine Bildschirmseite weiter.
[Strg]+[Bild↑]	bewegt den Cursor an den Anfang der ersten im Fenster sichtbaren Zeile.
[Strg]+[Bild↓]	bewegt den Cursor an das Ende der letzten im Fenster sichtbaren Zeile.
[Strg]+[Alt]+[Bild↑]	bewegt den Cursor an den Anfang der vorigen Druckseite.
[Strg]+[Alt]+[Bild↓]	bewegt den Cursor an den Anfang der nächsten Druckseite.
[Strg]+[Pos1]	bewegt den Cursor an den Anfang des Dokuments.
[Strg]+[Ende]	bewegt den Cursor an das Ende des Dokuments.

Blättern mit der Maus Mit der Maus lassen sich ebenfalls bestimmte Textbereiche sehr schnell ansteuern. Ist dabei die entsprechende Textstelle im Dokumentfenster sichtbar, so klicken Sie an die gewünschte Stelle.

Befindet sich dagegen die anzusteuernde Position außerhalb des sichtbaren Bereichs, verwenden Sie die horizontale und vertikale Bildlaufleiste am rechten und unteren Fensterrand (Bild II.8). Sind die Bildlaufleisten nicht sichtbar oder ist nur eine der beiden Leisten zu sehen, schalten Sie die entsprechenden Optionen im Menü EXTRAS/OPTIONEN, Register ANSICHT, ein. Die Optionen sind mit VERTIKALE BILDLAUFLEISTE und HORIZONTALE BILDLAUFLEISTE benannt.

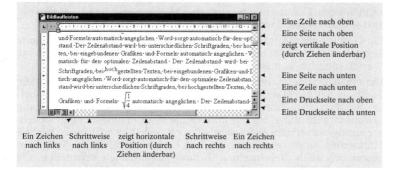

Bild II.7:
Die Bildlaufleisten im Schema

Das Rechteck in der rechten Bildlaufleiste zeigt die vertikale Position im Verhältnis zum gesamten Dokument an. Analog dazu gibt das Rechteck in der unteren Bildlaufleiste die horizontale Position an. In der Normalansicht werden keine Rechtecke angezeigt, sondern Quadrate, die allerdings die gleiche Funktion übernehmen. Durch Klick auf einen der 4 Pfeile blättern Sie zeichenweise bzw. zeilenweise durch das Dokument. Ein Klick in die grauen Bereiche zwischen einem der Pfeile und einem der Rechtecke blättert in größeren Schritten. Es spielt dabei keine Rolle, an welche Position Sie genau klicken: Unabhängig davon, ob Sie z.B. näher am Pfeil oder näher am Rechteck klicken, es wird immer in einheitlichen Schritten geblättert.

Allerdings ist es auf andere Weise möglich, in größeren Schritten zu blättern. Dazu ziehen Sie das entsprechende Rechteck an die gewünschte Position. Ziehen Sie z.B. das in der vertikalen Bildlaufleiste befindliche Rechteck ganz nach unten, um an das Ende des Dokuments zu blättern. Sie können z.B. auch in die Mitte des Dokuments blättern, indem Sie das rechte Rechteck etwa in die Mitte der Bildlaufleiste ziehen. Welche Seite beim vertikalen Blättern angesteuert wird, wird durch eine eingerahmte Seitennummer angezeigt, die beim Ziehen des Rechtecks laufend aktualisiert wird.

Durch einen Klick auf einen der beiden Doppelpfeile (in der vertikalen Bildlaufleiste ganz unten) läßt sich um eine Druckseite nach oben oder unten blättern. Die Doppelpfeile stehen nur in der Layoutansicht zur Verfügung.

Eine mit Hilfe der slaufleisten neu angewählte Position muß durch einen Klick an eine beliebige Position im Dokument bestätigt werden. Andernfalls wird beim nächsten Tastendruck wieder die ursprüngliche Position im Dokument angesteuert.

Hinweis

Durch einen Druck auf ⎣Shift⎦+⎣F5⎦ läßt sich die jeweils letzte Textstelle ansteuern. Dies funktioniert im übrigen auch nach dem Öffnen eines Dokuments. Wird unmittelbar nach diesem Vorgang ⎣Shift⎦+⎣F5⎦ gedrückt, wird der Cursor an die Stelle gesetzt, an der er sich befand, als das Dokument geschlossen bzw. Word beendet wurde.

Letzte Textstelle ansteuern

1.6 Markieren

Markierter Text wird durch eine Negativdarstellung hervorgehoben.¶

Eine Markierung ist eine spezielle Kennzeichnung im Text, die bei einem bestimmten Zeichen beginnt und bei einem anderen Zeichen endet. Es kann in jedem Dokument nur genau eine Markierung aktiv sein. Markierter Text wird in Negativschrift dargestellt.

Ein Großteil aller Word-Operationen wirkt sich auf die derzeit markierte Textstelle aus. Möchten Sie z.B. einen Text löschen, so muß der gewünschte Bereich zunächst markiert werden.

Mit der `Shift`-Taste markieren

Um einen Text zu markieren, bewegen Sie den Cursor zunächst an die Stelle, an der die Markierung beginnen oder enden soll. Daraufhin halten Sie die `Shift`-Taste gedrückt, und bewegen Sie den Cursor in die gewünschte Richtung. Hierfür können die vier Cursortasten und weitere Steuerungstasten verwendet werden – z.B. `Bild↑` und `Bild↓`, um die Markierung seitenweise zu vergrößern bzw. zu verkleinern. Außerdem lassen sich auch die einzelnen Tastenkombinationen verwenden, die zum schnellen Blättern im Text dienen. Z.B. kann die Markierung durch mehrfachen Druck auf `Strg`+`→` wortweise vergrößert werden. Achten Sie darauf, daß weiterhin die `Shift`-Taste gedrückt bleibt. Die `Shift`-Taste darf zwar kurzzeitig losgelassen werden, muß aber wieder gedrückt werden, wenn die Markierung nachträglich vergrößert oder verkleinert werden soll.

Um eine Markierung zu entfernen, drücken Sie eine beliebige Cursortaste oder Steuertaste. Die `Shift`-Taste darf dabei nicht mehr gedrückt sein.

Mit der Maus markieren

Um einen Text mit der Maus zu markieren, klicken Sie zunächst an die Stelle, an der die Markierung beginnen oder enden soll, und halten Sie die Maustaste gedrückt. Daraufhin bewegen Sie den Mauszeiger, um die Markierung aufzuziehen.

Die Markierung wird dabei automatisch so vergrößert, daß jeweils ganze Wörter markiert werden. Dies ermöglicht es auf einfache Weise, mehrere Wörter, Nebensätze und ganze Sätze zu markieren. Sie müssen dabei nicht genau darauf achten, daß Sie wirklich an den Anfang oder das Ende eines Wortes klicken. Auf Wunsch kann diese wortweise Markierung aber auch abgeschaltet werden. Deaktivieren Sie hierfür die Option WÖRTER AUTOMATISCH MARKIEREN im Menü EXTRAS/OPTIONEN, Register ANSICHT.

Zum Markieren bestimmter Textkomponenten gibt es eine Reihe von Erleichterungen:

Wort markieren

Zum Markieren eines Wortes klicken Sie doppelt auf das gewünschte Wort.

Satz markieren

Klicken Sie zu diesem Zweck bei gedrückt gehaltener `Strg`-Taste in den gewünschten Satz.

Zeile markieren

Bewegen Sie den Mauszeiger vor das erste Zeichen der gewünschten Zeile. Der Mauszeiger verwandelt sich dabei von einem I-Symbol in einen nach rechts oben zeigenden Pfeil. Abschließend drücken Sie die Maustaste.

Absatz markieren

Klicken Sie dreifach in den gewünschten Absatz. Alternativ bewegen Sie den Mauszeiger vor das erste Zeichen einer beliebigen Zeile des entsprechenden Absatzes, so daß der Mauszeiger nach rechts oben zeigt. Abschließend klicken Sie die Stelle doppelt an.

Gesamtes Dokument markieren

Bewegen Sie den Mauszeiger vor das erste Zeichen einer beliebigen Zeile, so daß der Mauszeiger nach rechts oben zeigt. Abschließend klicken Sie die Stelle dreifach an. Alternativ läßt sich das komplette Dokument markieren, indem der Menüpunkt BEARBEITEN/ALLES MARKIEREN angewählt oder `Strg`+`A` gedrückt wird.

1 Einführung

Erweiterungsmodus

Der Erweiterungsmodus funktioniert ähnlich wie das Markieren mit der [Shift]-Taste, ist jedoch etwas komfortabler handzuhaben, da man keine Taste dauerhaft gedrückt halten muß. Außerdem lassen sich bestimmte Textkomponenten, z.B. Absätze, besonders einfach markieren.

Bewegen Sie den Cursor zunächst an die Stelle im Dokument, an der die Markierung beginnen oder enden soll. Um den Erweiterungsmodus einzuschalten, drücken Sie die Taste [F8], oder klicken Sie doppelt auf den Text ERW in der Statusleiste. Als Bestätigung, daß der Erweiterungsmodus aktiv ist, wird der Text ERW in der Statusleiste nicht mehr grau, sondern schwarz dargestellt.

Die Erweiterung läßt sich jetzt beliebig mit den Cursortasten und anderen Steuertasten wie [Bild↑] und [Bild↓] vergrößern sowie verkleinern. Auch die bekannten Tastenkombinationen zum Markieren bestimmter Textelemente, z.B. [Strg]+[→] und [Strg]+[←] zum wortweisen Markieren, lassen sich verwenden. Sobald Sie mit dem Markieren fertig sind, schalten Sie den Erweiterungsmodus mit Druck auf [Esc] oder einem Doppelklick auf den Text ERW in der Statusleiste wieder ab.

Im Erweiterungsmodus gibt es eine Reihe komfortabler Zusatzfunktionen:

- Durch Druck auf eine bestimmte Buchstaben- oder Zifferntaste wird die Markierung bis zum entsprechenden Zeichen vergrößert. Drücken Sie z.B. auf [B], um die Markierung bis zum nächsten »b« zu vergrößern.
- Mit Hilfe der Suchfunktion (Kapitel II.2.2) kann die Markierung bis zu einem bestimmten Wort oder Textbestandteil erweitert werden.
- Durch mehrfachen Druck auf [F8] lasen sich bestimmte Textbestandteile markieren:

Anzahl	Wirkung
1 mal	schaltet den Erweiterungsmodus ein.
2 mal	markiert das aktuelle Wort.
3 mal	markiert den aktuellen Satz.
4 mal	markiert den aktuellen Absatz.
5 mal	markiert den aktuellen Abschnitt.
6 mal	markiert das gesamte Dokument.

Haben Sie [F8] versehentlich zu oft gedrückt, so läßt sich die Markierung durch mehrfachen Druck auf [Shift]+[F8] wieder schrittweise zurücknehmen.

Spaltenmarkierungsmodus

Die bisherigen Markierungsvarianten betrafen immer Zeilen: Das bedeutet, die Markierung beginnt bei einem bestimmten Zeichen innerhalb einer Zeile und endet bei einem bestimmten Zeichen innerhalb einer anderen Zeile. Alle dazwischen befindlichen Zeilen werden komplett mit markiert.

Mit Hilfe des Spaltenmarkierungsmodus läßt sich aber auch spaltenweise markieren. Der Spaltenmarkierungsmodus wird in der Praxis nur relativ selten benötigt. Er kann z.B. eingesetzt werden, um in Zahlenkolonnen einzelne untereinander befindliche Ziffern zu markieren, um diese anschließend zu löschen.

Bewegen Sie den Cursor zunächst an die Position, die eine der Ecken der Spaltenmarkierung bilden soll. Anschließend schalten Sie den Spaltenmarkierungsmodus ein, indem Sie [Strg]+[Shift]+[F8] drücken. Als Bestätigung,

1661,00¶
3788,99¶
5223,12¶
65544,59¶
2412,11¶

II Word

daß der Spaltenmarkierungsmodus aktiv ist, wird der Text SP in der Statusleiste angezeigt.

Daraufhin läßt sich die Markierung mit Hilfe der Cursortasten und anderer Steuertasten vergrößern und verkleinern. Wenn Sie fertig markiert haben, führen Sie unmittelbar die gewünschte Operation durch. Sie dürfen also nicht wie beim Markieren mit [F8] zunächst [Esc] drücken, da sonst die Markierung entfernt wird.

Um spaltenweise mit der Maus zu markieren, klicken Sie bei gedrückter [Alt]-Taste an eine Zeichenposition, und ziehen Sie die Markierung auf die gewünschte Größe.

Hinweis In Tabellen, die mit der Tabellenfunktion hergestellt wurden (Kapitel II.4), kann der Spaltenmarkierungsmodus nicht eingesetzt werden. Verwenden Sie statt dessen den gewöhnlichen Markierungsmodus, um einzelne Spalten zu markieren.

1.7 Texte löschen, kopieren und verschieben

Markieren Sie zunächst den Text, den Sie löschen, kopieren oder verschieben möchten, wie es im vorigen Abschnitt beschrieben wurde.

Text löschen Zum Löschen des markierten Textbereichs betätigen Sie die Taste [Entf]. Falls Sie einen Text versehentlich gelöscht haben, nehmen Sie die Aktion durch Druck auf [Strg]+[Z] wieder zurück.

Text kopieren Kopieren Sie hierfür den markierten Text zunächst in die Zwischenablage. Dazu drücken Sie [Strg]+[Einfg] oder [Strg]+[C]. Alternativ kann auch auf das nebenstehende Symbol geklickt werden.

Daraufhin bewegen Sie den Cursor an die Stelle im selben oder einem anderen Dokument, an der Sie die Kopie einfügen möchten. Abschließend fügen Sie den Inhalt der Zwischenablage durch einen Druck auf [Shift]+[Einfg] oder [Strg]+[V] ein. Wahlweise kann auch auf das nebenstehende Symbol geklickt werden. Der Inhalt der Zwischenablage bleibt bei diesem Vorgang erhalten, so daß sich nach Belieben an anderen Textstellen weitere Kopien einfügen lassen.

Text verschieben Löschen Sie zunächst den markierten Text in die Zwischenablage. Dieser Vorgang wird auch als *Ausschneiden* bezeichnet. Drücken Sie hierfür [Shift]+[Entf] oder [Strg]+[X]. Alternativ klicken Sie auf das nebenstehende Symbol. Im Anschluß daran bewegen Sie den Cursor an die Stelle im selben oder einem anderen Dokument, an der Sie den Text einfügen möchten.

Abschließend fügen Sie den Inhalt der Zwischenablage durch einen Druck auf [Shift]+[Einfg] oder [Strg]+[V] ein. Wahlweise kann auch auf das nebenstehende Symbol geklickt werden. Der Inhalt der Zwischenablage bleibt bei diesem Vorgang erhalten, so daß sich nach Belieben an anderen Textstellen weitere Kopien einfügen lassen.

Kopieren und Verschieben mit Hilfe von »Drag and Drop« Ein markierter Text läßt sich mit der Maus besonders einfach verschieben, indem dieser an die gewünschte Stelle gezogen wird. Diese Technik wird als *Drag and Drop* (zu deutsch: Ziehen und Ablegen) bezeichnet.

Gehen Sie zum Ziehen und Ablegen folgendermaßen vor: Klicken Sie auf die Markierung, halten Sie die Maustaste gedrückt, und bewegen Sie den Mauszeiger. Der Mauszeiger wird dabei durch einen Pfeil mit einem Rechteck dargestellt. An der gewünschten, neuen Position lassen Sie die Maustaste los. Falls sich die Stelle außerhalb des sichtbaren Bereichs im Dokument befindet, bewegen Sie den Mauszeiger in einem kurzen Abstand vor die obere oder untere Fensterbegrenzung. Der Text wird dann seitenweise nach oben bzw. unten geblättert. Ein Verschieben in ein anderes Dokument ist beim Ziehen und Ablegen nicht vorgesehen.

Soll der Text nicht verschoben, sondern kopiert werden, halten Sie zusätzlich die [Strg]-Taste gedrückt. Der Mauszeiger wird dabei zusätzlich durch ein Quadrat mit einem Pluszeichen dargestellt.

Hinweis

Beim Kopieren und Verschieben mittels Drag and Drop wird der Inhalt der Zwischenablage nicht verändert.

Standardmäßig ist Word so konfiguriert, daß ein markierter Text gelöscht wird, wenn eine Buchstaben-, Ziffern- oder Satzzeichentaste gedrückt wird. In der Praxis hat sich jedoch gezeigt, daß die Verwendung dieses Modus nicht unbedingt vorteilhaft ist. Denn die Gefahr, daß ein Text versehentlich gelöscht wird, erhöht sich. Daher empfiehlt es sich, den Modus abzuschalten. Deaktivieren Sie hierfür die Option EINGABE ERSETZT MARKIERUNG im Menü EXTRAS/OPTIONEN, Register BEARBEITEN.

Markierten Text bei Eingabe löschen

Beim Kopieren und Verschieben von Texten mit einem Textverarbeitungsprogramm stellt sich gewöhnlich das Problem, daß nach diesem Vorgang häufig Leerzeichen fehlen oder sich mehrere Leerzeichen nebeneinander befinden. Angenommen, Sie verschieben ein Wort und markieren dabei das Wort versehentlich ohne das abschließende Leerzeichen. Wird das Wort verschoben, würde dies dazu führen, daß an der ehemaligen Position zwei Leerzeichen zurückbleiben und daß das eingefügte Wort ohne Zwischenraum zum darauffolgenden Wort an der neuen Textstelle eingefügt wird. Sie müßten dann nachträglich ein Leerzeichen einfügen und das überzählige Leerzeichen löschen.

Leerzeichenausgleich

Word korrigiert derartige Fälle automatisch. Dies bedeutet eine erhebliche Arbeitserleichterung. Auf Wunsch kann der Leerzeichenausgleich aber auch abgeschaltet werden. Deaktivieren Sie hierfür die Option EINFÜGEN UND AUSSCHNEIDEN MIT LEERZEICHENAUSGLEICH im Menü EXTRAS/OPTIONEN, Register BEARBEITEN.

1.8 Textbereiche schnell ansteuern

Zum Ansteuern von Textbereichen, z.B. einer bestimmten Seite, dient die Dialogbox GEHE ZU (Bild II.9). Um diese aufzurufen, wählen Sie den Menüpunkt BEARBEITEN/GEHE ZU an, oder drücken Sie [F5]. Außerdem läßt sich die Dialogbox aufrufen, indem der linke Bereich der Statusleiste doppelt angeklickt wird. Klicken Sie in den Bereich zwischen dem Anfang der Statusleiste und dem Text MAK (in der Abbildung dunkelgrau hervorgehoben).

Bild II.8:
Ansteuern von
Bereichen über die
Dialogbox GEHE ZU

1.8.1 Seite ansteuern

Rufen Sie zunächst die Dialogbox GEHE ZU auf, klicken Sie auf SEITE, geben Sie die gewünschte Seitennummer ein, und bestätigen Sie mit Klick auf GEHE ZU oder einem Druck auf ⏎.

Ist ein Dokument in mehrere Abschnitte eingeteilt (vergleiche Kapitel II.3.6) und gibt es dabei mehrere Abschnitte, in denen die gleiche Seitennummer vorkommt (was z.B. der Fall ist, wenn die Seitennumerierung bei jedem neuen Abschnitt wieder mit 1 beginnt), ist die Eingabe einer Seitennummer nicht eindeutig. Sie müssen dann die Abschnittnummer mit angeben. Die Abschnittnummer wird dabei durch ein vorangestelltes »A« und die Seitennummer durch ein vorangestelltes »S« gekennzeichnet. A5S2 setzt damit den Cursor auf die zweite Seite im fünften Abschnitt.

Seitenweise blättern Ist das Eingabefeld für die Seitenzahl leer, läßt sich mit Klick auf die Schaltfläche WEITER seitenweise nach unten und mit Klick auf die Schaltfläche ZURÜCK seitenweise nach oben blättern.

Sie können den Cursor auch eine bestimmte Anzahl von Seiten nach unten oder oben setzen. Schreiben Sie hierfür zunächst ein Pluszeichen (zum Blättern nach unten) oder ein Minuszeichen (zum Blättern nach oben), geben Sie dahinter die gewünschte Seitenzahl ein, und bestätigen Sie mit Klick auf OK. Die Eingabe von +3 führt z.B. dazu, daß um drei Seiten nach unten geblättert wird. Analog dazu wird mit der Eingabe -5 um fünf Seiten zurückgeblättert.

1.8.2 Textmarken

Textmarken sind Positionen im Text, die mit einem Namen versehen sind. Diese Textstellen lassen sich besonders schnell und komfortabel ansteuern. Es lohnt sich daher, häufig angesteuerte Textstellen mit Textmarken zu benennen. Das Ansteuern dauert selbst in sehr langen Dokumenten meist nur Sekundenbruchteile. Das Ansteuern geht damit deutlich schneller als mit Hilfe der Suchfunktion (Kapitel II.2.2).

Textmarke einfügen Zum Einfügen einer Textmarke bewegen Sie den Cursor zunächst an die gewünschte Stelle im Dokument. Soll ein Textbereich mit einer Textmarke versehen werden, markieren Sie den gewünschten Bereich. Daraufhin rufen Sie den Menüpunkt BEARBEITEN/TEXTMARKE auf, oder drücken Sie [Strg]+[Shift]+[F5]. Daraufhin wird eine Liste mit etwaigen bereits vorhandenen Textmarken angezeigt. Diese Liste kann entweder alphabetisch (Option NAME) oder gemäß der Reihenfolge im Dokument (Option POSITION IM TEXT) dargestellt werden.

Geben Sie den gewünschten Namen ein. Der Name kann aus bis zu 40 Zeichen bestehen und darf nur Buchstaben und Ziffern enthalten. Das erste Zeichen muß ein Buchstabe sein. Leerzeichen und die meisten anderen Sonderzeichen sind im Namen nicht erlaubt. Als Ersatz für das Leerzeichen können Sie den Unterstrich (_) verwenden. Diesen erzeugen Sie mit Druck auf [Shift]+[-].

Abschließend bestätigen Sie die Eingabe mit Klick auf HINZUFÜGEN.

Textmarke ansteuern Rufen Sie hierfür das Menü BEARBEITEN/GEHE ZU auf, und klicken Sie auf TEXTMARKE. Im Anschluß daran geben Sie den gewünschten Namen im Feld TEXTMARKENNAMEN EINGEBEN ein. Der Name kann auch bequem aus der Liste verfügbarer Textmarken gewählt werden. Die Liste klappen Sie herunter, indem Sie auf den nach unten zeigenden Pfeil klicken.

1 Einführung

Abschließend klicken Sie auf GEHE ZU, oder drücken Sie ⏎. Daraufhin wird der Cursor an die entsprechende Position im Dokument gesetzt. Falls ein Bereich mit einer Textmarke versehen wurde, wird dieser markiert.

Textmarke löschen

Wählen Sie zu diesem Zweck zunächst den Menüpunkt BEARBEITEN/TEXTMARKE an. Daraufhin klicken Sie auf die gewünschte Textmarke, oder geben Sie den Namen ein. Abschließend klicken Sie auf LÖSCHEN.

Textmarken sind gewöhnlich unsichtbar. Auf Wunsch lassen sie sich aber auch im Text anzeigen. Aktivieren Sie hierfür die Option ANZEIGEN/TEXTMARKEN im Menü EXTRAS/OPTIONEN, Register ANSICHT. Textmarken werden daraufhin durch eckige Klammern dargestellt. Bei Textmarken, die keinen Bereich bilden, sondern eine Zeichenposition, werden die beiden Klammern genau übereinander angezeigt, so daß sich ein Zeichen ergibt, das wie ein großes »I« aussieht.

Textmarken sichtbar machen

In·diesem· Text·[befinden]· sich·zwei· Tex[tmarken.¶

Wird ein Textbereich gelöscht, der eine Textmarke enthält, wird diese ebenfalls gelöscht. Beim Verschieben eines Textbereichs werden etwaige enthaltene Textmarken mit verschoben. Werden Textteile kopiert, enthält die Kopie grundsätzlich keine Textmarken.

Textteile verschieben, kopieren und löschen

Textmarken dienen nicht nur dazu, Textstellen schnell anzusteuern. Weitere Anwendungsgebiete sind unter anderem das Erzeugen von Querverweisen und das Kennzeichnen von Bereichen, um diese in eine Rechenoperation einzubeziehen. Mehr hierzu erfahren Sie im Kapitel II.11.2.

Weitere Verwendungszwecke für Textmarken

1.8.3 Weitere Elemente ansteuern

Neben Seiten und Textmarken lassen sich mit Hilfe des Menüs BEARBEITEN/GEHE ZU noch eine Reihe weiterer Elemente ansteuern, z.B. Fußnoten, Endnoten und Felder. Wählen Sie hierfür das gewünschte Element im linken Bereich der Dialogbox.

1.9 Drucken

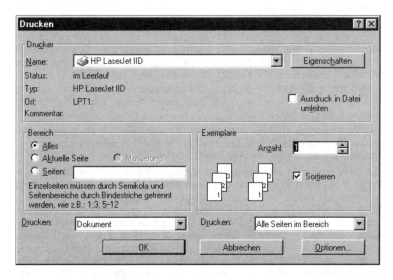

Bild II.9: Die Dialogbox DRUCKEN

Zum Ausdrucken des Dokuments rufen Sie zunächst den Menüpunkt DATEI/DRUCKEN auf, oder drücken Sie [Strg]+[P]. Daraufhin wird die Dialogbox DRUCKEN (Bild II.10) angezeigt. Die einzelnen Optionen sind standardmäßig so eingestellt, daß ein Exemplar des gesamten Dokuments gedruckt wird. Dies ist die Einstellung, die in der Praxis am häufigsten benötigt wird. Möchten Sie mit dieser Einstellung drucken, bestätigen Sie mit Klick auf OK.

Alternativ zum Menüpunkt DATEI/DRUCKEN läßt sich ein Exemplar des gesamtes Dokuments durch einen Klick auf das nebenstehende Symbol drucken.

Bestimmte Seiten drucken

Sollen nur bestimmte Seiten gedruckt werden, schalten Sie die Option SEITEN ein, und tragen Sie die gewünschten Seitennummern im daneben befindlichen Eingabefeld ein. Trennen Sie dabei die Seiten durch Semikolons. Seitenbereiche werden durch einen Bindestrich angegeben. Dazu ein Beispiel: 1;5;7-10;18 druckt die Seiten 1, 5, 7 bis 10 und 18.

Praxistip: Um von einer bestimmten Seite bis zum Ende des Dokuments zu drucken, ist es nicht erforderlich, zunächst zu ermitteln, wie viele Seiten das Dokument besitzt. Statt dessen schreiben Sie die Seite, aber der gedruckt werden soll, und setzen einen Bindestrich dahinter. Die Eingabe »50-« druckt damit von der Seite 50 bis zum Dokumentende.

Aktuelle Seite drucken

Möchten Sie nur die Seite drucken, auf der sich der Cursor befindet, aktivieren Sie die Option AKTUELLE SEITE.

Bereich eines Dokuments drucken

Markieren Sie zunächst den gewünschten Bereich, rufen Sie die Dialogbox DRUCKEN auf, und schalten Sie die Option MARKIERUNG ein.

Exemplare

Beabsichtigen Sie, mehr als 1 Exemplar zu drucken, geben Sie die gewünschte Anzahl im Eingabefeld ANZAHL ein. Standardmäßig werden die Dokumente hintereinander gedruckt, also zunächst alle Seiten des ersten Exemplars, dann alle Seiten des zweiten Exemplars usw. Es wird also nach dem Schema 1, 2, 3..., 1, 2, 3..., 1, 2, 3... gedruckt.

Auf Wunsch läßt sich aber auch erreichen, daß zunächst alle Exemplare der ersten Seite, dann alle Exemplare der zweiten Seite usw. gedruckt werden. Deaktivieren Sie hierfür die Option SORTIEREN. Das Druckschema sieht jetzt folgendermaßen aus: 1, 1, 1..., 2, 2, 2..., 3, 3, 3...

Beidseitiger Druck

Nur ein kleiner Teil der Druckermodelle ist in der Lage, das Papier in einem Durchgang beidseitig zu bedrucken. Allerdings ist es bei jedem Drucker möglich, das Papier beidseitig zu bedrucken, indem zwei Druckvorgänge durchgeführt werden. Dazu drucken Sie zunächst alle ungeraden Seiten. Wählen Sie hierfür unter DRUCKEN (rechts unten in der Dialogbox) den Listeneintrag UNGERADE SEITEN. Danach drehen Sie das Papier um und drucken alle geraden Seiten. Selektieren Sie zu diesem Zweck den Listeneintrag GERADE SEITEN.

Bei Endlospapier funktioniert dies problemlos. Sie brauchen nach dem Druck der ungeraden Seiten nur den Papierstapel zu entnehmen, umzudrehen und erneut in den Drucker einzuspannen.

Bei Druckern mit Einzelpapierverarbeitung – davon sind vor allem Laserdrucker betroffen – stellt sich allerdings das Problem, daß die Seiten meist ablagerichtig ausgeworfen werden, das heißt, die erste Seite befindet sich nach dem Druck ganz oben, die letzte unten. Sie müßten dann gewöhnlich jede Seite einzeln umdrehen, was bei längeren Dokumenten einen erheblichen Zeitaufwand darstellt. Allerdings ist es möglich, den zweiten Druckvorgang in rückwärtiger Reihenfolge durchzuführen, das heißt die letzte Seite zuerst und die erste Seite zuletzt. Klicken Sie hierfür auf die Schaltfläche OPTIONEN, und schalten Sie die Option UMGEKEHRTE DRUCKREI-

HENFOLGE ein. Es ist dann lediglich erforderlich, den Papierstapel nach dem ersten Druckvorgang umzudrehen und erneut in die Papierkassette einzulegen.

Einige Drucker lassen sich im übrigen so konfigurieren, daß das Papier ablageverkehrt ausgeworfen wird. Befindet sich der Drucker im ablageverkehrten Modus, dürfen Sie die Option UMGEKEHRTE DRUCKREIHENFOLGE nicht verwenden. Führen Sie in diesem Fall den ersten Druckvorgang durch, drehen Sie den Papierstapel um, legen Sie diesen wieder in die Papierkassette, und starten Sie den zweiten Druckvorgang. Da sich zweimal »ablageverkehrt« aufhebt, wird beim zweiten Druckvorgang das Papier wieder ablagerichtig ausgeworfen.

Die Ausdruckgeschwindigkeit läßt sich erheblich steigern, indem auf die Schaltfläche OPTIONEN geklickt und die Option KONZEPTAUSDRUCK aktiviert wird. Allerdings müssen beim Konzeptdruck erhebliche Qualitätseinbußen in Kauf genommen werden.

Konzeptdruck

2 Eingabe- und Bearbeitungshilfen

Word stellt eine Vielzahl von Funktionen zur Verfügung, mit denen sich die Eingabe und Bearbeitung von Texten beschleunigen und komfortabler gestalten läßt: Mit der Wiederholenfunktion können Befehle sehr einfach wiederholt ausgeführt werden. Die Rückgängigfunktion nimmt Aktionen zurück und erweist sich als unverzichtbare Hilfe, falls einmal eine Änderung im Dokument nicht zusagt. Beim Auffinden von Textpassagen leistet die Suchfunktion wertvolle Dienste, zumal auch nach Formatierungen gesucht werden kann. Ebenfalls hilfreich ist die Suchen-und-Ersetzen-Funktion, mit der sich z.B. ein durchgehend falsch geschriebenes Wort gegen die richtige Schreibweise austauschen läßt. Das Einfügen langer Wörter oder größerer Textpassagen läßt sich über die AutoText-Funktion automatisieren. Weitere Hilfen, die im letzten Abschnitt dieses Kapitels besprochen werden, haben ebenfalls einen hohen Praxisnutzen. Z.B. wird eine Funktion angeboten, mit der die Groß- und Kleinschreibung geändert werden kann, ohne daß der Text neu eingegeben werden muß.

2.1 Befehle wiederholen und zurücknehmen

2.1.1 Befehle wiederholen

Bei der Arbeit mit Word müssen häufig gewisse Arbeitsschritte wiederholt ausgeführt werden. Falls die Arbeitsschritte umfangreich sind, lohnt es sich, mit der Wiederholenfunktion zu arbeiten.

Um die letzte Aktion zu wiederholen, rufen Sie den Menüpunkt BEARBEITEN/WIEDERHOLEN auf. Alternativ klicken Sie auf nebenstehendes Symbol oder drücken [F4].

Durch mehrfachen Aufruf der Wiederholenfunktion kann die Aktion beliebig oft wiederholt werden.

Beachten Sie, daß nur in sich geschlossene Aktionen wiederholt werden. Haben Sie z.B. eine Dialogbox aufgerufen, dort eine Reihe von Änderungen durchgeführt und die Dialogbox wieder geschlossen, wird diese beim Wiederholen erneut aufgerufen, es werden die gleichen Änderungen vorgenommen, und die Dialogbox wird wieder verlassen. Das Wiederholen läuft dabei unsichtbar ab; die Dialogbox ist also nicht zu sehen, nur das Ergebnis.

II Word

Beispiel: Formatieren wiederholen

Die Wiederholenfunktion erweist sich vor allem dann als praktisch, wenn eine Aktion wiederholt wird, die aus vielen Einzelschritten besteht, was vor allem beim Formatieren der Fall ist.

Markieren Sie einen Textbereich, rufen Sie das Menü FORMAT/ZEICHEN auf, und führen Sie dort eine Reihe von Änderungen durch. Markieren Sie einen anderen Textbereich, und drücken Sie [F4]. Der Textbereich wird mit denselben Formatierungsmerkmalen versehen.

Texteingabe wiederholen

Die Eingabe eines Textes läßt sich ebenfalls wiederholen. Angenommen, Sie haben einige Zeichen oder auch einen längeren Text eingegeben und möchten diesen an einigen anderen Textstellen ebenfalls einfügen. Der gängige Weg würde darin bestehen, den Text zu markieren, in die Zwischenablage zu kopieren und daraus an den entsprechenden Stellen wieder einzufügen. Mit der Wiederholenfunktion ist eine komfortablere Vorgehensweise möglich. Bewegen Sie hierfür den Cursor an die Stelle, an der der Text eingefügt werden soll, und drücken Sie [F4]. Der Vorgang kann beliebig wiederholt werden.

Zwischenzeitlich durchgeführte Aktionen

Eine bestimmte Aktion läßt sich nur dann wiederholen, wenn zwischenzeitlich keine weitere Aktion durchgeführt wurde. Haben Sie zB. in einer Dialogbox diverse Eingaben vorgenommen und danach einige Zeichen in das Dokument eingegeben, läßt sich die vorige Aktion nicht mehr wiederholen.

2.1.2 Aktionen zurücknehmen

Bis zu 100 Aktionen können zurückgenommen werden

Falls einmal eine Aktion durchgeführt wurde, deren Ergebnis nicht wie erwartet ausfällt, ist dies nicht weiter problematisch, da sich Aktionen nach Belieben zurücknehmen lassen. Word kann dabei nicht nur die letzte Aktion rückgängig machen, sondern bis zu 100 zurückliegende Aktionen. Einschränkungen gibt es dabei kaum. Selbst wenn Sie versehentlich mehrere hundert Seiten Text gelöscht haben, umfangreiche Suchen-und-Ersetzen-Vorgänge durchgeführt haben oder zahlreiche Textstellen formatiert haben, kann Word die letzten Aktionen zuverlässig zurücknehmen. Auch wenn die veränderte Form eines Dokuments bereits gespeichert wurde, ist die Rücknahme von Aktionen problemlos möglich. Lediglich wenn das Dokument bereits geschlossen wurde, können Änderungen nicht mehr zurückgenommen werden.

Aktion zurücknehmen

Um die letzte Aktion zurückzunehmen, wählen Sie den Menüpunkt BEARBEITEN/RÜCKGÄNGIG an. Alternativ klicken Sie auf das nebenstehende Symbol. Eine weitere Variante besteht im Drücken von [Strg]+[Z] oder [Alt]+[←]. Führen Sie die Rückgängigfunktion mehrfach aus, um weiter zurückliegende Aktionen zurückzunehmen.

Zustand wiederherstellen

Die Wiederherstellenfunktion ist das Gegenstück zur Rückgängigfunktion. Sie hebt eine zurückgenommene Aktion wieder auf. Auch diese Funktion kann wiederholt ausgeführt werden. Wurden z.B. die letzten drei letzten Aktionen zurückgenommen, hebt ein dreifaches Wiederherstellen die zurückgenommenen Aktionen wieder auf. Das Dokument befindet sich dann in dem Zustand vor dem ersten Aufruf der Rückgängigfunktion. Der Zusammenhang ist aus Bild II.11 ersichtlich.

Bild II.10: Prinzip der Rückgängig- und Wiederherstellenfunktion

2 Eingabe- und Bearbeitungshilfen

Zum Wiederherstellen der letzten Aktion rufen Sie den Menüpunkt BEARBEITEN/WIEDERHERSTELLEN auf. Eine weitere Variante besteht im Drücken von [Strg]+[Y] oder [Alt]+[Shift]+[←].

Welche Anwendungsmöglichkeiten sich aus der Rückgängig- und Wiederherstellenfunktion ergeben, verdeutlicht folgender Fall: Angenommen, Sie haben ein Dokument überarbeitet und dabei an einer Vielzahl von Stellen Texte eingegeben, geändert und verschoben. Später sind Sie der Auffassung, daß die ursprüngliche Version des Textes doch die gelungenere war. In diesem Fall drücken Sie so oft [Strg]+[Z], bis der Text wieder in der ursprünglichen Form angezeigt wird. Vielleicht ändern Sie jedoch nachträglich Ihre Meinung und finden jetzt wiederum die überarbeitete Version besser. Diese läßt sich durch mehrfachen Druck auf [Strg]+[Y] wiederherstellen.

Beispiel: Einsatz der Rückgängigfunktion bei der Überarbeitung von Dokumenten

Möchten Sie erfahren, welche Auswirkung es gibt, wenn Aktionen zurückgenommen oder Zustände wiederhergestellt werden, erweisen sich die beiden Listen am Rückgängig- und Wiederherstellen-Symbol als hilfreich.

Informationen zu den Aktionen anzeigen

Durch Herunterklappen der Liste können Sie sich genau über die einzelnen Bearbeitungsschritte informieren. Es wird z.B. angezeigt, ob ein bestimmter Bearbeitungsschritt die Formatierung ändert oder einen Text einfügt. Zum Herunterklappen der Liste klicken Sie auf den Pfeil (rechts oben in der Randabbildung).

Außerdem können Sie mit Hilfe der Listen mehrere Bearbeitungsschritte auf einmal ausführen, z.B. die letzten 10 oder die nächsten 8. Sie ersparen sich damit das mehrfache Drücken von [Strg]+[Z] bzw. [Strg]+[Y]. Ziehen Sie hierfür die Markierung mit der Maus auf den gewünschten Eintrag, und lassen Sie die Maustaste los.

Mehrere Bearbeitungsschritte auf einmal ausführen

Die Reihenfolge der Liste kann im übrigen nicht geändert werden. Ebensowenig ist es vorgesehen, gezielt bestimmte Bearbeitungsschritte durchzuführen.

Auch neben den Menüpunkten BEARBEITEN/RÜCKGÄNGIG sowie BEARBEITEN/WIEDERHERSTELLEN werden Informationen hinsichtlich der Aktionen angezeigt, allerdings lediglich zur vorigen und nächsten Aktion.

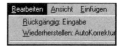

2.2 Suchen und Ersetzen

Mit der Suchfunktion lassen sich Stellen im Dokument schnell ansteuern, was vor allem dann eine große Erleichterung darstellt, wenn nicht mehr genau bekannt ist, wo sich die entsprechenden Stellen befinden. Neben gewöhnlichen Texten können auch Formatierungen, Grafiken und eine Vielzahl weiterer Textkomponenten gesucht werden. Außerdem ist ein sogenannter Mustervergleich möglich, über den sich unter anderem auch ähnlich geschriebene Wörter auffinden lassen.

Die Suchen-und-Ersetzen-Funktion erlaubt es, Texte und weitere Textbestandteile gegen andere auszutauschen. Auf diese Weise läßt sich z.B. ein durchgehend falsch geschriebenes Wort sehr einfach gegen die korrekte Schreibweise austauschen.

103

2.2.1 Suchen

Die Suchfunktion wird über den Menüpunkt BEARBEITEN/SUCHEN aufgerufen (Bild II.12). Alternativ klicken Sie auf das nebenstehende Symbol oder drücken [Strg]+[F].
Soll nur ein bestimmter Bereich des Dokuments durchsucht werden, markieren Sie diesen Bereich vor Aufruf der Suchfunktion.

Bild II.11: Das Menü BEARBEITEN/ SUCHEN

Tragen Sie den gewünschten Suchbegriff im Feld SUCHEN NACH ein. Der Suchbegriff darf aus bis zu 255 Zeichen bestehen. Der Suchvorgang wird durch Klick auf die Schaltfläche WEITERSUCHEN oder einem Druck auf [↵] ausgelöst.

Praxistip: Falls nach einem langen Begriff oder einem längeren Text gesucht werden soll und dieser bereits an der aktuellen Cursorposition enthalten ist, läßt sich Zeit sparen, indem dieser nicht eingegeben, sondern aus dem Text in die Dialogbox kopiert wird. Gehen Sie dabei folgendermaßen vor:

Nach im Dokument enthaltenen Texten suchen

1. Markieren Sie den Text.
2. Kopieren Sie den Text in die Zwischenablage (z.B. mit [Strg]+[Einfg]).
3. Rufen Sie die Suchenfunktion auf (z.B. mit [Strg]+[F]).
4. Fügen Sie den Inhalt der Zwischenablage ein (z.B. mit [Shift]+[Einfg]).

Mehr zum Kopieren von Texten erfahren Sie im Abschnitt II.1.7.
Sobald die Textstelle aufgefunden ist, wird der Text im Dokument markiert. Die Dialogbox bleibt allerdings eingeblendet. Haben Sie die richtige Stelle gefunden, schließen Sie die Dialogbox mit einem Druck auf [Esc]. Wurde dagegen nicht die richtige Stelle erreicht, wiederholen Sie den Suchvorgang mit Klick auf WEITERSUCHEN oder durch Druck auf [↵].

Suche abbrechen

Der Suchvorgang kann jederzeit mit [Esc] abgebrochen werden. Gerade in langen Texten stellt dies eine große Erleichterung dar, da dann der Suchvorgang viel Zeit in Anspruch nehmen kann.

Suche wiederholen

Der Suchvorgang läßt sich beliebig durch Druck auf [Shift]+[F4] wiederholen. Dazu muß die Suchen-Dialogbox allerdings geschlossen sein. Falls in der aktuellen Sitzung noch keine Suche durchgeführt wurde, wird mit Druck auf [Shift]+[F4] das Menü BEARBEITEN/SUCHEN aufgerufen.

Einen der letzten Suchvorgänge wiederholen

Word speichert die letzten vier Suchbegriffe, so daß sich ein Suchvorgang auch dann wiederholen läßt, wenn bereits nach einem anderen Begriff gesucht wurde. Klappen Sie hierfür im Suchen-Menü die Liste des Feldes SUCHEN NACH nach unten, indem Sie auf den Pfeil klicken oder [Shift]+[↓] drücken. Daraufhin klicken Sie auf einen der angebotenen Suchbegriffe, um den Begriff in das Feld zu kopieren.

2 Eingabe- und Bearbeitungshilfen

Praxistip: Wurde eine Textstelle aufgefunden und soll der Cursor wieder an die ursprüngliche Stelle gesetzt werden, betätigen Sie `Shift`+`F5`. Dies funktioniert allerdings nur, wenn der Cursor nicht zwischenzeitlich bewegt wurde.

Die ursprüngliche Textstelle ansteuern

Die Richtung, in der gesucht wird, wird über das Listenfeld SUCHRICHTUNG festgelegt. In der Praxis wird man meistens nach unten suchen. Falls allerdings bekannt ist, daß sich der Begriff überhalb des Cursors befindet, läßt sich vor allem in längeren Dokumenten Zeit sparen, wenn die Suchrichtung entsprechend gewechselt wird. Zur Auswahl werden angeboten:

Suchrichtung

- ABWÄRTS: sucht den Text von der aktuellen Cursorposition bis zum Dokumentende ab. Wurde die Suche nicht am Dokumentanfang begonnen, werden Sie bei Erreichen des Dokumentendes gefragt, ob der verbleibende Teil des Dokuments ebenfalls durchsucht werden soll.
- GESAMT: wie ABWÄRTS, durchsucht allerdings automatisch das gesamte Dokument (es wird also keine Abfrage bei Erreichen des Dokumentendes gestellt).
- AUFWÄRTS: sucht den Text von der aktuellen Cursorposition bis zum Dokumentanfang ab. Wurde die Suche nicht am Dokumentende begonnen, werden Sie bei Erreichen des Dokumentanfangs gefragt, ob der verbleibende Teil des Dokuments ebenfalls durchsucht werden soll.

Bei aktivierter Option GROß-/KLEINSCHREIBUNG BEACHTEN werden nur die Begriffe gefunden, die hinsichtlich der Groß- und Kleinschreibung exakt dem Suchbegriff entsprechen. Wird z.B. nach PC gesucht, wird der Begriff »Anzeigelämp**c**hen« nicht mehr gefunden.

Groß-/ Kleinschreibung beachten

Das Einschalten der Option NUR GANZES WORT SUCHEN führt dazu, daß nur Begriffe berücksichtigt werden, die als separate Wörter im Dokument enthalten sind. Lautet der Suchbegriff z.B. »dar«, werden die Ausdrücke »**dar**in« und »Stan**dar**d« nicht mehr gefunden.

Komplette Wörter suchen

Ein im Suchbegriff enthaltenes Jokerzeichen ^? signalisiert, daß das Zeichen an der entsprechenden Position wahlfrei ist; es werden also beliebige Zeichen berücksichtigt. Der Suchvorgang kann hierdurch flexibler gestaltet werden. Ein Anwendungsgebiet besteht in der Suche nach Begriffen, die ähnlich geschrieben werden. Mit Hilfe des Suchbegriffs »Video^?assette« werden z.B. beide gängigen Schreibweisen – »Videokassette« und »Videocassette« – gefunden. Mehrere Kürzel können auch hintereinander geschrieben werden: »M^?^?er« findet z.B. Namen wie »Meier«, »Meyer« und »Maier«. Noch weitaus flexiblere Suchvarianten sind über den Mustervergleich (siehe Abschnitt II.2.2.4) möglich.

Jokerzeichen ^?

2.2.2 Suchen und Ersetzen

Zum Aufruf der Suchen-und-Ersetzen-Funktion wählen Sie den Menüpunkt BEARBEITEN/ERSETZEN an, oder drücken Sie `Strg`+`H`.

Falls nur in einem Teilbereich des Dokuments ersetzt werden soll, markieren Sie den gewünschten Bereich vor Aufruf der Suchen-und-Ersetzen-Funktion.

Bild II.12:
Das Menü
BEARBEITEN/
ERSETZEN

Geben Sie den gewünschten Suchbegriff im Feld SUCHEN NACH ein. Den Ersatzbegriff, also den Begriff, gegen den der Suchbegriff ausgetauscht werden soll, tragen Sie im darunterliegenden Feld ERSETZEN DURCH ein.

Hinweis Wird kein Ersatzbegriff eingegeben, werden alle gefundenen Begriffe aus dem Text gelöscht.

Ersetzen mit Abfrage Beim Ersetzen mit Abfrage muß jeder Austauschvorgang bestätigt werden. Auf diese Weise stellen Sie sicher, daß wirklich nur die Begriffe ersetzt werden, deren Austausch erwünscht ist.

Starten Sie den Ersetzenvorgang mit Klick auf die Schaltfläche ERSETZEN. Sobald eine Stelle im Dokument gefunden wurde, die den Suchkriterien entspricht, wird der Vorgang angehalten, und es werden folgende Varianten angeboten:

- Ein Klick auf ERSETZEN tauscht den Begriff aus. Daraufhin wird die Suche fortgesetzt.
- Mit einem Klick auf WEITERSUCHEN wird der Begriff nicht ausgetauscht und die Suche fortgesetzt.
- Durch einen Klick auf SCHLIEßEN oder einen Druck auf `Esc` wird der Begriff ebenfalls nicht ersetzt, und der Ersetzenvorgang wird beendet.

Alle ersetzen Möchten Sie alle gefundenen Begriffe ohne Nachfrage ersetzen, klicken Sie auf ALLE ERSETZEN. Bedenken Sie jedoch, daß meist mehr Begriffe gefunden werden, als sich abschätzen läßt. Es werden daher in der Praxis häufig auch Begriffe ausgetauscht, die gar nicht ersetzt werden sollen. Im schlimmsten Fall können durch einen unachtsam durchgeführten Suchen-und-Ersetzen-Vorgang sogar Teile eines Dokuments verstümmelt werden. Ersetzen Sie daher nur dann ohne Nachfrage, wenn Sie sich absolut sicher sind, daß die Eingaben auch stimmig sind, und kontrollieren Sie hinterher das Ergebnis.

Praxistip: Falls dennoch einmal zuviel ersetzt wurde, läßt sich der Vorgang in den meisten Fällen zurücknehmen und damit das Dokument restaurieren. Lösen Sie zu diesem Zweck die Rückgängigfunktion aus (z.B. mit Druck auf `Alt`+`←`). Rufen Sie die Rückgängigfunktion gegebenenfalls mehrmals auf, falls der Vorgang bereits eine Weile zurückliegt und Sie inzwischen noch weitere Aktionen am Dokument durchgeführt haben.

Optionen Wie auch beim Suchen stehen die Optionen SUCHRICHTUNG, GROß/KLEINSCHREIBUNG BEACHTEN und NUR GANZES WORT SUCHEN zur Verfügung.

Analog zur Suchfunktion werden die letzten vier Such- und Ersatzbegriffe in der zum Eingabefeld zugehörigen Liste gespeichert. Auf diese Weise läßt sich einer der letzten Suchen-und-Ersetzen-Vorgänge sehr einfach wiederholen, ohne daß die Begriffe neu eingegeben werden müssen.

Suchen und Ersetzen wiederholen

Das Jokerzeichen ^? darf nur als Suchbegriff, nicht jedoch als Ersatzbegriff verwendet werden.

Jokerzeichen

2.2.3 Sonderzeichen suchen und ersetzen

Zum Suchen nach Sonderzeichen, z.B. Absatzmarken (¶), und speziellen Textelementen (beispielsweise Feldern) bietet Word eine Vielzahl an Kürzeln an. Auf den ersten Blick mag es keinen großen Sinn machen, z.B. nach einer Absatzmarke oder einem Tabulator zu suchen. Allerdings gibt es dafür in der Praxis vielfältige Anwendungsmöglichkeiten. Angenommen, Sie möchten nach der Bildunterschrift suchen, die mit »Bild 10« eingeleitet ist. Da es jedoch auch Verweise auf die Abbildung gibt, in denen ebenfalls der Text »Bild 10« enthalten ist, würde der Suchvorgang mit dem Suchbegriff »Bild 10« möglicherweise nicht sofort zur richtigen Stelle führen. Der Suchvorgang müßte dann wahrscheinlich mehrere Male wiederholt werden, bis die richtige Stelle gefunden ist. Wenn allerdings berücksichtigt wird, daß eine Bildunterschrift einen separaten Absatz darstellt und demzufolge nach einer Absatzmarke folgt, läßt sich unter Berücksichtigung dieses Faktums die Auffindwahrscheinlichkeit beträchtlich erhöhen. Das Kürzel für eine Absatzmarke lautet »^a«. Folglich verwenden Sie den Suchbegriff »^aBild 10«.

Da man sich kaum alle Kürzel einprägen kann, lassen sich die Kürzel auch durch Klick auf die Schaltfläche SONSTIGES und einem Klick auf die entsprechende Umschreibung des Kürzels einfügen. Die folgende Übersicht zeigt die einzelnen Kürzel:

Kürzel	steht für	Shortcut zum Einfügen im Dokument	kann verwendet werden für
^a	Absatzmarke (¶)	⏎	Suchen/Ersetzen
^b	Abschnittwechsel	–	Suchen/Ersetzen
^5	Anmerkungszeichen	–	Suchen/Ersetzen
^_	geschützter Bindestrich (-)	Strg + Shift + -	Suchen/Ersetzen
^$	beliebiger Buchstabe	–	Suchen
^^	Caret-Zeichen (^)	–	Suchen/Ersetzen
^e	Endnotenzeichen	–	Suchen
^d	beliebiges Feld	–	Suchen
^f	Fußnotenzeichen	–	Suchen
^#	Gedankenstrich (–)	Strg + Num -	Suchen/Ersetzen

Kürzel zum Suchen und Ersetzen von Sonderzeichen und speziellen Textelementen

Kürzel	steht für	Shortcut zum Einfügen im Dokument	kann verwendet werden für
^+	langer Gedankenstrich (–)	[Strg]+[Alt]+[Num -]	Suchen/Ersetzen
^r	beliebige Grafik	–	Suchen
^l	beliebige Kombinationen von Leerzeichen, geschützten Leerzeichen, Tabstopps und Absatzmarken	–	Suchen
^g	geschütztes Leerzeichen (°)	[Strg]+[Shift]+[Leer]	Suchen/Ersetzen
^m	manueller Seitenwechsel	[Strg]+[↵]	Suchen/Ersetzen
^n	Spaltenwechsel	[Strg]+[Shift]+[↵]	Suchen/Ersetzen
^t	Tabstoppzeichen (→)	[⇥]	Suchen/Ersetzen
^-	bedingter Trennstrich (¬)	[Strg]+[-]	Suchen/Ersetzen
^?	beliebiges Zeichen	–	Suchen
^0xxx	Zeichen mit dem ANSI-Code xxx. ^0163 findet z.B. das Pfund-Zeichen (£).	–	Suchen/Ersetzen
^z	manueller Zeilenwechsel (↵)	[Shift]+[↵]	Suchen/Ersetzen
^#	beliebige Ziffer	–	Suchen
^c	den Inhalt der Zwischenablage	–	Ersetzen
^&	den Inhalt des Feldes SUCHEN NACH	–	Ersetzen

2.2.4 Mustervergleich

Der Mustervergleich erlaubt eine hohe Flexibilität beim Suchen

Dem gewöhnlichen Suchen sind enge Grenzen gesetzt. Möchten Sie z.B. nach dem Namen »Alexandra« suchen und dabei auch die Schreibweise »Aleksandra« berücksichtigen, können Sie sich nicht mit dem Jokerzeichen ^? behelfen, da dieses nur für genau ein Zeichen steht. Weder die Eingabe »Ale^?andra« noch die Eingabe »Ale^?^?andra« führt zum Ziel; es würde jeweils nur eine der Schreibweisen gefunden werden, da beide Namen unterschiedlich lang sind. Mit Hilfe des Mustervergleichs lassen sich jedoch derartige Aufgaben sehr einfach lösen.

2 Eingabe- und Bearbeitungshilfen

Um mit dem Musterverlgeich zu arbeiten, schalten Sie die Option MIT MUSTERVERGLEICH im Menü BEARBEITEN/SUCHEN bzw. BEARBEITEN/ERSETZEN ein.

Mustervergleich aktivieren

Daraufhin verschwinden die Optionen NUR GANZES WORT SUCHEN und GROSS-/KLEINSCHREIBUNG BEACHTEN. Die letzte Option ist nicht mehr vorhanden, da beim Mustervergleich grundsätzlich die Groß- und Kleinschreibung berücksichtigt wird. Die Ursache, daß die Option NUR GANZES WORT SUCHEN nicht mehr angeboten wird, liegt darin, daß es spezielle Kürzel für den Wortanfang und das Wortende gibt, so daß die Option nicht mehr benötigt wird.

Die einzelnen Kürzel dienen zur Formulierung der Suchbedingungen. Die Kürzel können über die Tastatur eingegeben oder aus der Liste ausgewählt werden, die durch Klick auf SONSTIGES angezeigt wird.

Kürzel

Eines der wichtigsten Kürzel ist das Jokerzeichen *. Dieses erlaubt, eine beliebig lange Zeichenfolge variabel zu gestalten. Das Suchen nach den beiden Schreibweisen »Alexandra« und »Aleksandra« läßt sich damit leicht bewerkstelligen. Der entsprechende Suchausdruck lautet »Ale*andra«. Es werden also alle Begriffe gefunden, die mit »Ale« beginnen und mit »andra« enden.

Jokerzeichen *

Ein weiteres fundamentales Jokerzeichen ist ?. Es entspricht dem Jokerzeichen ^? beim gewöhnlichen Suchen, steht also für genau ein variables Zeichen. Achten Sie darauf, daß Sie beim Mustervergleich nur das Fragezeichen (?) verwenden, also ohne das einleitende Caret-Zeichen (^) wie beim gewöhnlichen Suchen.

Jokerzeichen ?

In der folgenden Übersicht sind die einzelnen Kürzeln nebst Anwendungsbeispielen aufgelistet. Die Kürzel dürfen nur als Suchbegriff verwendet werden, nicht als Ersatzbegriff.

Kürzel	steht für	Beispiel	Auswirkung
?	ein beliebiges Einzelzeichen	w?rden	findet »werden«, »wurden« und »würden«.
*	Zeichenfolge	Ale*andra	findet »Alexandra« und »Aleksandra«.
[...]	eines der angegebenen Einzelzeichen	[SW]onne	findet »Sonne« und »Wonne«, nicht aber »Tonne«.
[...-...]	beliebige Einzelzeichen im angegebenen Bereich	[m-r]ein	findet »mein«, »nein« und »rein«, nicht aber »dein« oder »sein«.
[!...]	beliebige Einzelzeichen außer dem angegebenen	feste[!m]	findet »festes« und »fester«, nicht aber »festem«.
[!...-...]	beliebige Einzelzeichen außer dem angegebenen Bereich	[!S-Z]aum	findet »Baum« und »Gaumen«, nicht aber »Saum« oder »Zaum«.
{n}	genau *n*-faches Vorkommen des vorigen Zeichens oder Ausdrucks	Kam{2}	findet »Kamm« und »Kammer«, nicht aber »Kamera« oder »Kamin«.

Kürzel	steht für	Beispiel	Auswirkung
{n;}	mindestens n-faches Vorkommen des vorigen Zeichens oder Ausdrucks	0{10;}	findet Zahlenwerte, die mindestens 10 Nullen hintereinander enthalten.
{n;m}	n- bis m-faches Vorkommen des vorigen Zeichens oder Ausdrucks	0{2;5}	findet Zahlenwerte, in denen die Ziffer 0 zwei bis fünfmal hintereinander enthalten ist, z.B. 1001 oder 200005.
@	ein- oder mehrfaches Vorkommen des vorigen Zeichens oder Ausdrucks	Ras@en	findet »Rasen« und »Rassen«.
<[...]	den angegebenen Wortanfang	<[herr]	findet »herrlich«, »herrschsüchtig«, nicht aber »Gutsherr«.
[...]>	das angegebene Wortende	[blatt]>	findet »Deckblatt«, nicht aber »Einzelblatteinzug«.

Suchen nach Klammern und Ausrufezeichen

Da Klammern und einige weitere Zeichen, z.B. das Ausrufezeichen, Bestandteil von Ausdrücken sind, läßt sich nur über einen kleinen Umweg nach diesen Zeichen suchen. Dazu setzen Sie vor die entsprechenden Zeichen einen umgekehrten Schrägstrich (\). Dadurch wird verhindert, daß die Zeichen als Bestandteil eines Ausdrucks fehlinterpretiert werden. »\!« sucht also nach einem Ausrufezeichen. Den umgekehrten Schrägstrich erzeugen Sie durch Druck auf [Alt Gr]+[ß].

Suchen nach ganzen Wörtern

Da die Option NUR GANZES WORT SUCHEN bei einem Mustervergleich nicht zur Verfügung steht, müssen Sie sich mit den Kürzeln < und > behelfen. Um z.B. nach dem Wort »dar« zu suchen, verwenden Sie den Suchbegriff <dar>.

Weitere Suchkürzel

Die vom gewöhnlichen Suchen bekannten Kürzel wie ^t für einen Tabulator sind nur teilweise erlaubt. Z.B. kann nach einem Tabulator gesucht werden, nicht jedoch nach einer Absatzmarke. Welche Kürzel erlaubt sind, ist aus der Liste ersichtlich, die nach dem Klick auf SONSTIGES angezeigt wird.

2.2.5 Formatierungen suchen und ersetzen

Gelegentlich läßt sich das Auffinden einer Textstelle erleichtern, indem nicht nach einem Text, sondern nach einer Formatierung gesucht wird. Dabei können fast beliebige Formatierungen berücksichtigt werden. Ebenso lassen sich bestimmte Formatierungen gegen andere ersetzen. Haben Sie z.B. Textpassagen in Ihrem Text unterstrichen und möchten diese nachträglich fett formatieren, läßt sich die Formatierung sehr einfach austauschen. Texte und Formatierungen können kombiniert werden. Es ist z.B. möglich, nur diejenigen Begriffe aufzufinden, die »Word« lauten und gleichzeitig fett geschrieben sind.

Die gewünschten Formatierungsmerkmale stellen Sie im Menü BEARBEITEN/SUCHEN bzw. BEARBEITEN/ERSETZEN mit Hilfe der Schaltfläche

FORMAT ein. Im Menü BEARBEITEN/ERSETZEN müssen Sie den Cursor zunächst in die entsprechende Eingabezeile (SUCHEN NACH oder ERSETZEN DURCH) setzen, je nachdem, ob Sie die Formatierungsmerkmale für den Such- oder Ersatzbegriff festlegen möchten.

Die Einstellung der Formatierungsmerkmale erfolgt prinzipiell so, wie auch der Text formatiert wird. Zur Festlegung der Zeichenformatierung wird z.B. die Dialogbox angeboten, die auch beim Aufruf des Menüpunktes FORMAT/ZEICHEN erscheint. Nähere Hinweise finden Sie in den einzelnen Abschnitten, in denen das Formatieren näher beschrieben wird. Folgende Optionen werden zum Einstellen von Formatierungsmerkmalen angeboten:

Formatierungsmerkmale einstellen

- ZEICHEN: erlaubt die Suche nach Zeichenformatierungen wie der Schriftart (siehe Abschnitt II.3.2).
- ABSATZ: ermöglicht die Suche nach Absatzformatierungen wie den Zeilenabstand (siehe Abschnitt II.3.3).
- TABULATOREN: erlaubt die Suche nach Tabulatorformatierungen (siehe Abschnitt II.4.7).
- SPRACHE: erlaubt die Suche nach Textstellen, denen eine bestimmte Sprache zugewiesen wurde (siehe Abschnitt II.6.5).
- POSITIONSRAHMEN: sucht nach bestimmten Formatierungen, die für Positionsrahmen vergeben wurden (siehe Abschnitt II.5.3).
- FORMATVORLAGE: sucht nach Formatvorlagen (siehe Kapitel II.10).
- HERVORGEHOBEN: sucht nach Textstellen, die mit dem elektronischen Textmarker hervorgehoben wurden (siehe Abschnitt II.2.4.1).

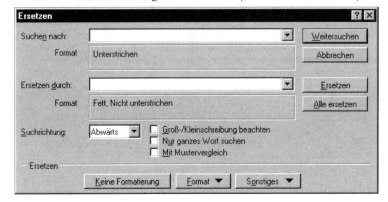

*Bild II.13:
Unterstrichene Schrift wird gegen Fettschrift ersetzt*

Die einzelnen Formatierungsarten können beliebig kombiniert werden, so daß sich z.B. nach Textstellen suchen läßt, die bestimmte Zeichen- und Absatzformatierungen erfüllen.

Die eingestellten Formatierungsmerkmale werden unterhalb des Such- und Ersatzbegriffs angezeigt (siehe Bild II.14).

Sollen zusätzlich Texte gesucht oder ersetzt werden, geben Sie den gewünschten Text in die Eingabefelder für den Such- bzw. Ersatzbegriff ein.

Angenommen, Sie möchten in Ihrem Dokument alle unterstrichenen Passagen gegen fettgeschriebene austauschen. Gehen Sie dazu so vor:

Beispiel: Formatierungen ersetzen

1. Rufen Sie den Menüpunkt BEARBEITEN/ERSETZEN auf. Löschen Sie gegebenenfalls bereits eingetragene Such- und Ersatzbegriffe.
2. Setzen Sie den Cursor in das Feld für den Suchbegriff, klicken Sie auf

die Schaltfläche FORMAT, auf ZEICHEN, und wählen Sie den Eintrag EINFACH unter UNTERSTREICHUNG. Klicken Sie anschließend auf OK.

3. Setzen Sie den Cursor in das Feld für den Ersatzbegriff, und stellen Sie wie beim vorigen Schritt die entsprechenden Formatierungsmerkmale ein.

Hier wartet allerdings eine Falle. Wählen Sie als Ersatzkriterium Fettschrift, würden zwar alle gefundenen Textpassagen fett formatiert. Allerdings würden sie weiterhin unterstrichen bleiben. Dies hat folgenden Grund: Word behält alle Formatierungen bei, falls keine konkrete Anweisung hierzu existiert. In diesem Fall muß das Kriterium lauten: »Unterstrichen« soll gegen »Fett, nicht unterstrichen« ersetzt werden. Die Optionen sind also folgendermaßen einzustellen: FETT im Listenfeld SCHRIFTSCHNITT und (OHNE) unter UNTERSTREICHUNG.

Die Dialogbox ERSETZEN sollte jetzt wie im Bild II.14 dargestellt aussehen.

4. Führen Sie den Ersetzenvorgang mit Klick auf ALLE ERSETZEN aus.

Beispiel: Ersetzen von Texten und Formatierungen kombinieren

Soll die unterstrichene Schrift nur in bestimmten Wörtern geändert werden, definieren Sie zusätzlich entsprechende Such- und Ersatzbegriffe. Geben Sie z.B. als Such- und Ersatzbegriff »Müller« ein, werden alle unterstrichenen Namen »Müller« gegen fettgeschriebene ersetzt. Andere unterstrichene Textpassagen bleiben unverändert.

Praxistip: Einige der Shortcuts, die zum Formatieren von Dokumenten dienen, stehen auch in den Dialogboxen zum Suchen und zum Ersetzen zur Verfügung. Damit läßt sich viel Zeit sparen, da der aufwendige Umweg über die Menüs entfallen kann.

[Strg]+[Shift]+[F] wählt z.B. »Fett« aus, ein weiterer Druck auf [Strg]+[Shift]+[F] »keine Fettschrift«, und ein dritter Druck auf [Strg]+[Shift]+[F] entfernt die Angabe hinsichtlich der Fettschrift. Die einzelnen Shortcuts sind aus den folgenden Tabellen ersichtlich.

Shortcuts zum Suchen und Ersetzen von Zeichenformatierungen

Shortcut	Bedeutung
[Strg]+[Shift]+[A]	Schriftart (mehrfach drücken)
[Strg]+[Shift]+[D]	doppelt unterstrichen
[Strg]+[Shift]+[F]	fett
[Strg]+[Shift]+[G]	Großbuchstaben
[Strg]+[Shift]+[H]	verborgen
[Strg]+[Shift]+[K]	kursiv
[Strg]+[N]	mit der Überarbeitenfunktion hinzugefügter Text (nur Suchbegriff)
[Strg]+[Shift]+[P]	Schriftgrad (mehrfach drücken)
[Strg]+[Shift]+[Q]	Kapitälchen
[Strg]+[Shift]+[U]	unterstrichen
[Strg]+[Shift]+[W]	Wort unterstrichen
[Strg]+[#]	tiefgestellt
[Strg]+[+]	hochgestellt

2 Eingabe- und Bearbeitungshilfen

Shortcut	Bedeutung
Strg + B	Blocksatz
Strg + E	zentriert
Strg + L	linksbündig
Strg + R	rechtsbündig
Strg + 1	einfacher Zeilenabstand
Strg + 2	doppelter Zeilenabstand
Strg + 5	1½facher Zeilenabstand

Shortcuts zum Suchen und Ersetzen von Absatzformatierungen

Sollen wieder gewöhnliche Texte gesucht werden oder aber Texte mit völlig anderen Formatierungen, ist es mühsam, die einzelnen Formatierungskriterien Schritt für Schritt zurückzusetzen. Einfacher geht es mit einem Klick auf die Schaltfläche KEINE FORMATIERUNG oder einem Druck auf Strg + Leer. Möchten Sie einen Suchen-und-Ersetzen-Vorgang ausführen, achten Sie darauf, daß sich der Cursor im richtigen Eingabefeld (SUCHEN NACH oder aber ERSETZEN DURCH) befindet, je nachdem, ob Sie die Formatierungen des Such- oder Ersatzbegriffes zurücksetzen wollen.

Formatierungen zurücksetzen

2.3 Textbausteine (AutoText)

Textbausteine erleichtern die mehrfache Verwendung von Wörtern, ganzen Sätzen oder auch längeren Texten. Die Texte dürfen beliebige Elemente enthalten, z.B. Grafiken und Formeln. Mit Hilfe von Textbausteinen läßt sich viel Zeit sparen, da die einzelnen Texte nicht mehr über die Tastatur eingegeben oder umständlich aus anderen Dokumenten kopiert werden müssen. Die Textbausteinfunktion wird innerhalb von Word als *AutoText* bezeichnet.

2.3.1 AutoText-Eintrag definieren

Geben Sie zunächst den gewünschten Text ein, oder öffnen Sie ein Dokument, in dem der zu definierende Text enthalten ist. Markieren Sie den Text. Anschließend rufen Sie den Menüpunkt BEARBEITEN/AUTOTEXT auf oder klicken auf nebenstehendes Symbol. Daraufhin wird die Dialogbox AUTOTEXT angezeigt (Bild II.15). Diese enthält eine Liste etwaiger bereits definierter Einträge.

*Bild II.14:
Das Menü
BEARBEITEN/
AUTOTEXT*

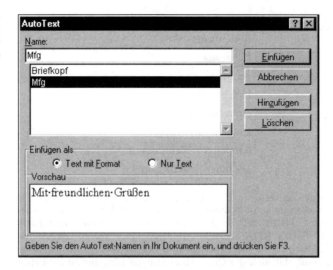

Im Vorschaufenster (unten) wird der derzeit markierte Text angezeigt, so daß Sie eine Bestätigung erhalten, daß der richtige Text definiert wird.

Name festlegen Geben Sie einen Namen für den Auto-Text-Eintrag ein. Der Name darf aus bis zu 32 Zeichen bestehen. Leerzeichen und Satzzeichen sind ohne Einschränkung erlaubt. Verwenden Sie nach Möglichkeit einen prägnanten, einprägsamen Namen.

Als Name vorgeschlagen werden die ersten zwei Wörter des Textes. Bei Texten mit weniger als zwei Wörtern wird der Text selbst vorgeschlagen. Es wäre natürlich in diesem Fall sinnlos, den vorgeschlagenen Namen zu übernehmen, da sich dadurch beim Einfügen keinerlei Zeitersparnis ergeben würde. Der Vorschlag soll mehr eine Hilfe sein, den Namen abzukürzen. Sie können z.B. die ersten fünf oder sechs Zeichen stehen lassen und den Rest des Vorschlags löschen. Zum Abschließen der Definition klicken Sie auf HINZUFÜGEN.

2.3.2 AutoText-Eintrag einfügen

Zum Einfügen eines AutoText-Eintrags schreiben Sie den Namen, unter dem Sie den Eintrag definiert haben, direkt in Ihr Dokument. Die Groß- und Kleinschreibung wird ignoriert. Sie können also der Einfachheit halber den Namen in Kleinbuchstaben eingeben. Abschließend drücken Sie F3 oder klicken auf nebenstehendes Symbol. Achten Sie darauf, daß der Name als eigenständiges Wort im Text steht, da er sonst nicht erkannt wird. Setzen Sie gegebenenfalls ein Leerzeichen oder ein Satzzeichen vor den Namen.

AutoText-Name abkürzen

Praxistip: Es genügt meist, nur die ersten Zeichen des AutoText-Namens einzugeben. Lautet der Eintrag z.B. »Briefkopf«, reicht bereits die Eingabe von »Brie« oder »Brief« aus. Allerdings müssen mindestens so viele Zeichen eingegeben werden, daß der Name eindeutig ist. Wird z.B. »Brie« geschrieben, darf nur genau ein Eintrag existieren, der mit dieser Zeichenfolge beginnt. Andernfalls wird die Meldung »Der angegebene Text ist kein eindeutiger AutoText-Name. Bitte geben Sie weitere Zeichen ein.« in der Statuszeile angezeigt.

Falls der Name des AutoText-Eintrags nicht mehr bekannt ist, läßt sich der AutoText-Eintrag auch über das Menü BEARBEITEN/AUTOTEXT einfügen.

Klicken Sie hierfür auf den gewünschten Eintrag und abschließend auf EINFÜGEN. Das Vorschaufenster hilft beim Auffinden des richtigen Eintrags.

Der Text kann auch wahlweise ohne Formatierungen – also als reiner Text – eingefügt werden. Aktivieren Sie hierfür die Option NUR TEXT. Beim Einfügen von AutoText-Einträgen mit F3 oder einem Klick auf das AutoText-Symbol werden Texte dagegen grundsätzlich mit Formatierungen eingefügt.

2.3.3 AutoText-Einträge ändern, löschen und umbenennen

Zum Ändern eines AutoText-Eintrags fügen Sie den ursprünglichen Eintrag in Ihr Dokument ein, überarbeiten ihn und definieren den Eintrag unter demselben Namen neu.

AutoText-Eintrag ändern

Zum Löschen eines AutoText-Eintrags rufen Sie den Menüpunkt BEARBEITEN/AUTOTEXT auf, und klicken Sie auf den gewünschten Eintrag. Abschließend klicken Sie auf LÖSCHEN.

AutoText-Eintrag löschen

Zum Umbenennen von AutoText-Einträgen gibt es in der Dialogbox AUTOTEXT keine Funktion. Ein Variante besteht darin, den Eintrag unter einem neuen Namen zu definieren und abschließend den alten Namen zu löschen. Es gibt aber auch eine elegantere Lösung:

AutoText-Eintrag umbenennen

1. Rufen Sie den Menüpunkt FORMAT/FORMATVORLAGE auf.
2. Klicken Sie auf die Schaltfläche ORGANISIEREN.
3. Wählen Sie das Register AUTOTEXT an.
4. Klicken Sie in der linken Liste auf den umzubenennenden Auto-Text-Eintrag. Eine Bestätigung, daß Sie den richtigen Eintrag ausgewählt haben, gibt das Vorschaufenster in der Dialogbox unten.
5. Klicken Sie auf die Schaltfläche UMBENENNEN.
6. Geben Sie den neuen Namen ein, und klicken Sie auf OK.
7. Verlassen Sie die Dialogbox mit Klick auf SCHLIEßEN.

2.3.4 Weiterführende Hinweise und Tips

Die AutoText-Einträge werden standardmäßig in der übergreifenden Dokumentvorlage NORMAL.DOT gespeichert und stehen daher in allen Dokumenten zur Verfügung. In Einzelfällen, z.B. bei speziellen oder themenbezogenen Einträgen, macht es Sinn, diese in einer anderen Dokumentvorlage zu speichern. Ein auf diese Weise definierter AutoText-Eintrag ist dann nur in Dokumenten verfügbar, die mit der angegebenen Dokumentvorlage verknüpft sind.

Speicherung der AutoText-Einträge

Um einen Eintrag in einer anderen Dokumentvorlage als NORMAL.DOT zu speichern, wählen Sie in der Dialogbox AUTOTEXT vor dem Hinzufügen des Eintrags die gewünschte Dokumentvorlage aus. Dazu dient das Listenfeld AUTOTEXT-EINTRAG VERFÜGBAR MACHEN FÜR. Dieses Listenfeld wird nur dann angezeigt, wenn derzeit ein Text markiert ist und sich der Cursor im Feld NAME (oben) befindet. Beenden Sie die Definition mit Klick auf HINZUFÜGEN. Mehr über Dokumentvorlagen erfahren Sie im Kapitel II.10.

Um eine alphabetische Liste alle AutoText-Einträge auszudrucken, rufen Sie den Menüpunkt DATEI/DRUCKEN auf, und wählen Sie im linken unteren Teil der Dialogbox im Listenfeld DRUCKEN den Eintrag AUTOTEXT-EINTRÄGE. Starten Sie den Druck mit OK.

AutoText-Einträge drucken

AutoKorrektur als Alternative zu AutoText

Praxistip: Die AutoText-Funktion ist zwar sehr praktisch, besitzt aber einen wesentlichen Nachteil. Zum Einfügen eines Eintrags muß `F3` gedrückt und damit das Buchstaben-Tastenfeld verlassen werden, wodurch die Schreibgeschwindigkeit stark reduziert wird. Um dies zu verhindern, lohnt es sich, als Alternative die AutoKorrektur-Funktion auszuprobieren. Diese ist eigentlich für einen anderen Zweck konzipiert worden, läßt sich jedoch hervorragend als Ergänzung zur AutoText-Funktion verwenden. Die AutoKorrektur-Funktion besitzt noch eine Reihe weiterer Vorteile. Z.B. läßt sich erreichen, daß Formulierungen wie »aus diesem Grund« am Satzanfang automatisch groß geschrieben werden. Mehr über die AutoKorrektur erfahren Sie im Abschnitt II.6.1.

2.3.5 Sammlungen

In der Praxis tritt häufig der Fall ein, daß in einem Dokument eine Reihe von Bestandteilen umsortiert oder in ein anderes Dokument übernommen werden sollen. Dazu müssen gewöhnlich nacheinander die entsprechenden Stellen markiert, in die Zwischenablage kopiert und aus dieser an der gewünschten Stelle wieder eingefügt werden. Dieser Prozeß ist relativ aufwendig, da der Cursor sehr oft zwischen verschiedenen Stellen hin und her bewegt werden und gegebenenfalls auch das Dokument mehrmals gewechselt werden muß.

Word bietet eine Funktion an, mit der sich Texte »einsammeln« lassen.

Es ließe sich viel Zeit sparen, wenn es möglich wäre, mehrere Textstellen gleichzeitig zu markieren. Dies ist bekanntlich nicht vorgesehen, aber es existiert eine Funktion, die vergleichbares leistet. Dabei lassen sich mehrere Textbestandteile nacheinander »einsammeln« und abschließend an einer beliebigen Textstelle im gleichen oder einem anderen Dokument wieder einfügen. Die eingesammelten Texte werden als AutoText-Eintrag mit dem Namen »Sammlung« gespeichert.

Zum Einsammeln der Texte und zum abschließenden Einfügen gehen Sie folgendermaßen vor:

1. Falls Sie die Texte nicht innerhalb des aktuellen Dokuments umsortieren, sondern vom aktuellen in ein anderes Dokument übernehmen möchten, speichern Sie zunächst das aktuelle Dokument.
2. Markieren Sie die erste Stelle, und drücken Sie `Strg`+`F3`. Der markierte Text wird gelöscht.
3. Markieren Sie die nächste Stelle, und drücken Sie abermals `Strg`+`F3`. Der Text wird wiederum gelöscht. Wiederholen Sie diesen Schritt so oft, bis alle Texte eingesammelt wurden.
4. Wechseln Sie in das andere Dokument, falls die Texte in ein anderes Dokument eingefügt werden sollen.
5. Bewegen Sie den Cursor an die einzufügende Stelle, und drücken Sie `Strg`+`Shift`+`F3`. Die Texte werden in der Reihenfolge eingefügt, in der sie eingesammelt wurden.

Warnung

Falls Sie die eingesammelten Texte in ein anderes Dokument übernommen haben, dürfen Sie das ursprüngliche Dokument nicht speichern, da aus diesem die Texte gelöscht wurden. Schließen Sie daher das ursprüngliche Dokument, und verneinen Sie die Frage, ob die Änderungen gespeichert werden sollen.

Eingesammelte Texte erhalten

Beim Einfügen mittels `Strg`+`Shift`+`F3` wird der Inhalt des AutoText-Eintrags »Sammlung« gelöscht. Soll dieser jedoch erhalten bleiben, verwenden Sie nicht `Strg`+`Shift`+`F3`, sondern schreiben »Sammlung« in den Text und drücken `F3`.

2.4 Weitere Hilfen

2.4.1 Textstellen mit dem Textmarker hervorheben

Mit Hilfe der Hervorheben-Funktion lassen sich Textpassagen farblich hervorheben, ähnlich wie mit einem »echten« Textmarker. Zum Hervorheben stehen vier Farben zur Verfügung. Farblich hervorgehobene Texte sind auch auf dem Ausdruck sichtbar. Bei Verwendung eines Schwarzweißdruckers werden die Passagen durch Graustufen hervorgehoben.

Um eine Textpassage hervorzuheben, markieren Sie diese zunächst. Daraufhin klicken Sie auf das Textmarker-Symbol.

Markieren Sie zunächst die Textpassage, die in einer anderen Farbe hervorgehoben werden soll. Klicken Sie anschließend auf den Pfeil neben dem Symbol, und klicken Sie auf die gewünschte Farbe.

Farbe wechseln

Neben den einzelnen Farben steht auch der Eintrag »Ohne« zur Verfügung. Dieser entfernt die Hervorhebung des derzeit markierten Textes. Um alle Hervorhebungen zu löschen, markieren Sie das komplette Dokument vor Anwahl des Eintrags, z.B. mit [Strg]+[A].

Eine andere Variante beim Entfernen von Hervorhebungen besteht darin, eine hervorgehobene Passage mit der gleichen Farbe ein weiteres Mal hervorzuheben.

Um mehrere Stellen in einem Durchgang hervorzuheben, achten Sie zunächst darauf, daß kein Text markiert ist. Anschließend klicken Sie auf das Hervorheben-Symbol, oder wählen Sie eine Farbe. Der Mauszeiger verwandelt sich daraufhin in ein Textmarker-Symbol. Durch Ziehen mit der Maus lassen sich beliebig viele Textstellen nacheinander hervorheben. Ein weiterer Klick auf das Hervorheben-Symbol oder ein Druck auf [Esc] schaltet den Modus wieder ab.

Mehrere Stellen in einem Durchgang hervorheben

Sollen die Textpassagen kurzzeitig nicht mehr hervorgehoben werden, schalten Sie die Option HERVORHEBUNG im Menü EXTRAS/OPTIONEN, Register ANSICHT, aus. Die Hervorhebungen werden dann nicht mehr angezeigt und nicht mehr ausgedruckt. Ein Aktivieren der Option blendet die Hervorhebungen wieder ein.

Hervorhebungen verbergen

Zum Suchen nach hervorgehobenen Textpassagen steht in den Menüs BEARBEITEN/SUCHEN und BEARBEITEN/ERSETZEN (vergleiche Abschnitt II.2.2) nach Klick auf die Schaltfläche FORMAT der Menüpunkt HERVORGEHOBEN zur Verfügung. Auf diese Weise werden alle hervorgehobenen Passagen gefunden. Nach bestimmten Farben kann nicht gesucht werden.

Hervorgehobene Textpassagen suchen

2.4.2 Groß- und Kleinschreibung ändern

Die Groß- und Kleinschreibung läßt sich leicht ändern, ohne daß der Text noch einmal eingegeben werden muß. Positionieren Sie hierfür den Cursor auf das Wort, dessen Schreibweise geändert werden soll, und drücken Sie so oft [Shift]+[F3], bis das Wort die gewünschte Schreibweise aufweist. Die Schreibweise wird nach folgendem Schema gewechselt:

test → Test → TEST → test...

Soll nur die Schreibweise einiger Zeichen eines Wortes oder aber die Schreibweise mehrerer Wörter geändert werden, so markieren Sie den gewünschten Text vor dem Druck auf [Shift]+[F3].

II Word

Die Groß- und Kleinschreibung kann auch mit Hilfe des Menüpunktes FORMAT/GROß-/KLEINSCHREIBUNG geändert werden. Dort stehen noch zwei zusätzliche Varianten zur Verfügung:

- ERSTEN BUCHSTABEN IM SATZ GROß SCHREIBEN: ändert den ersten Buchstaben des aktuellen Satzes (bzw. aller markierten Sätze) in einen Großbuchstaben.
- GROSS-/KLEINSCHREIBUNG UMKEHREN: tauscht alle Kleinbuchstaben des Wortes bzw. der Markierung gegen Großbuchstaben aus und umgekehrt.

Hinweis Bei Verwendung von [Shift]+[F3] und des Menüpunktes FORMAT/GROß-/KLEINSCHREIBUNG werden die Zeichen tatsächlich ausgetauscht, so als hätten Sie diese über die Tastatur eingegeben. Im Gegensatz dazu bleibt der Text bei Verwendung der Option GROßBUCHSTABEN im Menü FORMAT/ZEICHEN in seiner ursprünglichen Form erhalten und wird nur in veränderter Groß- und Kleinschreibung angezeigt und ausgedruckt (vergleiche Abschnitt II.3.2.3 unter »GROßBUCHSTABEN«).

2.4.3 Sonderzeichen einfügen

Bild II.15:
Das Menü
EINFÜGEN/
SONDERZEICHEN

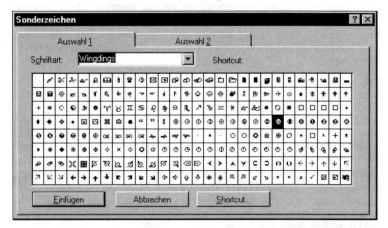

Zum Einfügen von Sonderzeichen und speziellen wordspezifischen Zeichen dient der Menüpunkt EINFÜGEN/SONDERZEICHEN. Das Menü besteht aus zwei Registern: Das Register AUSWAHL 1 enthält den kompletten Zeichensatz einer bestimmten Schrift (vergleiche Bild II.16). Das Register AUSWAHL 2 dagegen bietet wordspezifische Zeichen wie z.B. geschützte Leerzeichen an, sowie eine Reihe von Sonderzeichen, die auch auf dem Register AUSWAHL 1 zu finden sind.

Register »Auswahl 1« Zum Einfügen eines Zeichens aus diesem Register klicken Sie zunächst auf das gewünschte Zeichen. Das Zeichen wird daraufhin vergrößert angezeigt, so daß Sie eine Bestätigung darüber erhalten, daß das richtige Zeichnen ausgewählt wurde. Durch Klick auf die Schaltfläche EINFÜGEN wird das Zeichen in das Dokument eingefügt. Die Dialogbox bleibt eingeblendet, so daß Sie weitere Zeichen einfügen können. Sollen keine weiteren Zeichen mehr eingefügt werden, verlassen Sie die Dialogbox mit [Esc] oder Klick auf SCHLIEßEN.

Zum Einfügen eines Zeichens können Sie das Zeichen alternativ auch doppelt anklicken.

2 Eingabe- und Bearbeitungshilfen

Standardmäßig werden die Zeichen der an der aktuellen Cursorposition im Dokument verwendeten Schrift angeboten. Zu diesem Zweck ist unter der Option SCHRIFTART der Eintrag (NORMALER TEXT) voreingestellt. Typische Schriften für den Fließtext weisen jedoch meist nur wenige Sonderzeichen auf. Weitere Sonderzeichen sind in speziellen Symbolschriften enthalten. Zum Wechseln der Schriftart klappen Sie die Schriftartliste durch einen Klick auf den Pfeil nach unten, und wählen Sie die gewünschte Schriftart. Es stehen alle unter Windows installierten Symbolschriften zur Verfügung.

Symbolschriftart auswählen

Zum Einfügen von Zeichen aus diesem Register klicken Sie auf das gewünschte Zeichen, und klicken Sie auf EINFÜGEN. Alternativ klicken Sie doppelt auf das Zeichen.

Register »Auswahl 2«

Eine Reihe von Zeichen aus den beiden Registern können auch mit Hilfe von Shortcuts eingefügt werden. Um den Shortcut zu erfahren, klicken Sie auf das gewünschte Zeichen. Der Shortcut wird dann in der Dialogbox rechts oben angezeigt. Z.B. wird das Copyright-Zeichen (©) durch [Strg]+[Alt]+[C] erzeugt. Nicht alle Zeichen sind mit einem »echten« Shortcut versehen: Viele Zeichen lassen sich standardmäßig nur durch Festhalten der [Alt]-Taste und der Eingabe eines Zahlencodes auf dem Nummernblock erzeugen, so wie es in beliebigen Windows-Programmen möglich ist. Beim Zahlencode handelt es sich um den ANSI-Code des Zeichens. Z.B. wird das Promille-Zeichen (‰) durch Druck auf [Alt]+[0]+[1]+[3]+[7] erzeugt. Über den Nummernblock können nur Zeichen aus der an der Cursorposition verwendeten Schrift erzeugt werden, nicht aber aus Symbolschriften.

Shortcuts

Achten Sie beim Einfügen über den Nummernblock darauf, daß dieser aktiv ist. Drücken Sie gegebenenfalls die Taste [Num], um den Nummernblock einzuschalten.

Bei häufig benötigten Sonderzeichen, die nicht über einen Shortcut verfügen, bietet es sich an, diesen nachträglich zu definieren. Hierfür dient die Schaltfläche SHORTCUT. Um z.B. dem Promille-Zeichen einen Shortcut zuzuordnen, gehen Sie folgendermaßen vor:

Neue Shortcuts definieren

1. Rufen Sie zunächst den Menüpunkt EINFÜGEN/SONDERZEICHEN auf, klicken Sie auf das Promille-Zeichen, und klicken Sie auf die Schaltfläche SHORTCUT.

2. Drücken Sie die gewünschte Tastenkombination. Bedenken Sie, daß die meisten der möglichen Tastenkombination bereits vergeben sind. Beim Druck auf eine bereits belegte Tastenkombination weist Sie Word darauf hin, mit welcher Funktion die Tastenkombination versehen ist. Sie können zwar die alte Tastenkombination überschreiben, müssen allerdings in Kauf nehmen, daß die alte Funktion dann nur noch über Menüs oder Symbole aufgerufen werden kann. Im allgemeinen empfiehlt es sich daher, nur freie Tastenkombinationen zu verwenden. Standardmäßig nicht belegt ist z.B. die Tastenkombination [Strg]+[Alt]+[P].

3. Bestätigen Sie den Shortcut mit Klick auf ZUORDNEN, und verlassen Sie die Dialogbox mit Klick auf SCHLIEßEN.

Werden Sonderzeichen über das Menü EINFÜGEN/SONDERZEICHEN oder mit Hilfe eines Shortcuts eingefügt, schützt Word die Sonderzeichen. Dies hat folgenden Grund: Gesetzt den Fall, Sie verwenden einige Symbole aus der Symbolschrift Wingdings. Ihr Fließtext ist dagegen in der Schriftart Times New Roman gehalten. Entscheiden Sie sich dafür, eine andere Schriftart – z.B. Arial – für den Fließtext zu verwenden und markieren den Text, um diesem die neue Schriftart zuzuweisen, ergibt sich folgende Pro-

Geschützte Sonderzeichen

blematik: Da auch die Sonderzeichen mit markiert sind, würde auch diesen die Schriftart Arial zugewiesen. Sie müßten dann anschließend die einzelnen Sonderzeichen mühsam neu formatieren. Um dies zu verhindern, läßt Word keine Änderungen der Schriftart bei Sonderzeichen zu. Andere Gestaltungsmerkmale – wie der Schriftgrad – können dagegen beliebig geändert werden. Soll doch einmal die Schriftart eines Sonderzeichens geändert werden, so löschen Sie dieses, und fügen Sie es in der gewünschten Schriftart neu ein. Zum Löschen eines geschützten Sonderzeichens markieren Sie dieses, und drücken Sie `Entf`. Es genügt also nicht wie bei anderen Zeichen, den Cursor auf das Zeichen zu bewegen und `Entf` zu drücken.

Nicht geschützt werden im übrigen Sonderzeichen, die mit der Einstellung (NORMALER TEXT) eingefügt wurden. Sonderzeichen, die direkt formatiert wurden (z.B. über das Menü FORMAT/ZEICHEN) werden ebenfalls nicht geschützt.

3 Formatieren

Das Formatieren dient dazu, das Erscheinungsbild des Dokuments festzulegen. Wort unterscheidet dabei zwischen drei verschiedenen Formatierungsarten:

- Zeichenformatierung: Dazu gehören z.B. die Schriftart, der Schriftgrad sowie Schriftattribute wie Fettschrift.
- Absatzformatierungen: Diese umschließen unter anderem den Zeilenabstand, die vertikalen Abstände vor und nach dem Absatz und die Einzüge.
- Seitenspezifische Formatierungen: Diese beeinflussen z.B. die Größe des Seitenrands, die Papiergröße und die Anzahl der Textspalten.

In diesem Kapitel werden alle Grundformatierungen beschrieben. Speziellere Formatierungsvarianten, die vor allem für komplexe Layouts, z.B. für Zeitungen, benötigt werden, sind im Kapitel II.5 besprochen. Im Kapitel II.5 erfahren Sie unter anderem, wie mehrspaltige Layouts erzeugt werden, wie Grafiken eingefügt und formatiert werden sowie wie Texte und Grafiken mit Hilfe von Positionsrahmen frei auf der Seite angeordnet werden können.

Ein weiteres Kapitel, das sich dem Thema Formatierung widmet, ist das Kapitel II.10. Dort wird beschrieben, wie sich das Formatieren mit Hilfe von Formatvorlagen und Dokumentvorlagen effizienter gestalten läßt.

3.1 Einführung

Das Formatieren kann auf folgende Arten erfolgen:
- Über die Symbolleiste
- Über die Menüpunkte des Menüs FORMAT UND DATEI
- Mit Hilfe von Shortcuts

Dazu ein Beispiel: Um einen Text fett zu formatieren, bestehen drei Möglichkeiten:

- Klicken Sie auf das Fett-Symbol in der Symbolleiste.
- Rufen Sie den Menüpunkt FORMAT/ZEICHEN auf, und wählen Sie den Eintrag FETT im Listenfeld SCHRIFTSCHNITT.
- Drücken Sie den Shortcut `Strg`+`Shift`+`F`.

3 Formatieren

Eine Reihe von – meist spezielleren – Formatierungsvarianten sind nur über Menüpunkte oder nur über Shortcuts verfügbar.

Markieren

Um festzulegen, welche Textbestandteile von der neuen Formatierung betroffen sind, ist es notwendig, den gewünschten Textbestandteil vor der Durchführung der Formatierung zu markieren. Möchten Sie z.B. ein Wort fett schreiben, markieren Sie das Wort, bevor Sie als Formatierung Fettschrift auswählen.

Das Markieren von Texten ist ausführlich im Kapitel II.1.6 besprochen.

Praxistip: Möchten Sie mehrere Absätze markieren, genügt es, wenn im ersten und letzten Absatz bereits ein Zeichen des Absatzes markiert ist. Sie müssen also nicht penibel darauf achten, daß alle Zeichen aller einzubeziehenden Absätze markiert sind.

Besteht keine Markierung, wirkt sich die neue Formatierung nur auf die Position aus, an der sich der Cursor befindet. Stellen Sie z.B. eine neue Schriftart ein, gilt diese Schriftart für den Text, der an der Cursorposition eingegeben wird. Der bestehende Text bleibt unverändert.

Anzeige der Formatierungen

Welche Formatierungen der derzeit markierte Text enthält, wird in der Symbolleiste und in den einzelnen Dialogboxen, die über das Menü FORMAT und DATEI aufrufbar sind, angezeigt. Besitzt der Text z.B. Fettschrift, ist das Fett-Symbol in der Symbolleiste gedrückt, und im Menü FORMAT/ZEICHEN ist der Eintrag FETT ausgewählt.

Enthält der markierte Text jedoch verschiedene Formatierungen, können die Formatierungen nicht mehr vollständig angezeigt werden, da keine eindeutige Zuordnung möglich ist. Als Hinweis darauf bleiben dann die entsprechenden Eingabefelder leer. Optionsfelder sind angekreuzt, jedoch grau unterlegt.

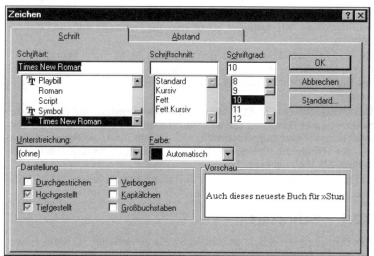

Bild II.16: Leere Eingabefelder und grau unterlegte Optionsfelder signalisieren, daß der markierte Text unterschiedliche Formatierungen enthält

Dazu ein Beispiel: Der Text, der dem in Bild II.17 dargestellten Menü FORMAT/ZEICHEN zugrundeliegt, enthält nur an einigen Stellen Fettschrift. Daher bleibt das Eingabefeld SCHRIFTSCHNITT leer. Einige Zeichen des Textes sind hoch- oder tiefgestellt. Die Optionsfelder HOCHGESTELLT und TIEFGESTELLT sind daher grau unterlegt.

Auch wenn einige Eingabefelder leer bleiben und Optionsfelder grau unterlegt sind, können nach Belieben Formatierungen hinzugefügt und geändert werden. Alle hinzugefügten Formatierungen gelten für die komplette Markierung. Sollen die abweichenden Formatierungen erhalten werden, dürfen die leeren Eingabefelder und die grau unterlegten Optionsfelder nicht verändert werden.

3.2 Zeichenformatierung

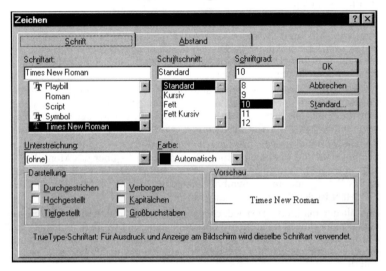

Bild II.17:
Das Menü FORMAT/
ZEICHEN, Register
SCHRIFT

Zur Zeichenformatierung gehören im wesentlichen die Schriftart, die Schriftattribute (z.B. **fett**), der Schriftgrad, die Laufweite und die Zeichenposition.

Die Zeichenformatierung läßt sich über den Menüpunkt FORMAT/ZEICHEN, über die Symbolleiste und mit Hilfe von Shortcuts vornehmen. Um das Menü FORMAT/ZEICHEN aufzurufen, kann auch Strg+D gedrückt werden.

Das Menü FORMAT/ZEICHEN besteht aus zwei Registern. Auf dem Register SCHRIFT (Bild II.18) sind die wesentlichen, für die Praxis relevanten Formatierungsvarianten untergebracht, z.B. die Schriftart, die Schriftattribute und der Schriftgrad. Im Register ABSTAND sind dagegen speziellere Einstellungen, z.B. die Laufweite, zu finden.

Auf beiden Registern wird in einem Vorschaufenster angezeigt, wie sich die geänderten Einstellungen auswirken.

3.2.1 Schriftart

Zur Festlegung der Schriftart wählen Sie die gewünschte Schriftart entweder aus der Symbolleiste (gewöhnlich das zweite Listenfeld von links; vergleiche Bild II.19) oder aus dem Listenfeld SCHRIFTART des Menüs FORMAT/ZEICHEN.

Das Listenfeld der Symbolleiste besteht aus zwei Bereichen: Oben sind die Schriftarten zu finden, die Sie zuletzt benutzt haben. Dies erleichtert die Auswahl der Schriftart, da Schriften meist mehrmals kurz hintereinander benötigt werden. Unterhalb der horizontalen Trennlinie sind alle Schriften alphabetisch sortiert aufgelistet. Im Menü FORMAT/ZEICHEN findet sich dagegen nur eine alphabetisch sortierte Schriftenliste.

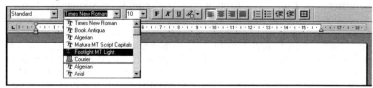

*Bild II.18:
Auswahl der Schriftart mit Hilfe der Symbolleiste*

Das Schriftartenfeld der Symbolleiste kann auch mit der Tastatur angesteuert werden. Drücken Sie hierfür [Strg]+[Shift]+[A].
Die nachfolgende Übersicht zeigt eine Reihe verschiedener Schriftarten:

Amerigo

Arial

Courier New

αβχδεφγηιφκλμΑΒΧΔΕΦΓ∀♣∃≅ (Symbol)

Times New Roman

✋☺☹❤✲♊✈☼♦✳✡✿☪ (Wingdings)

Im folgenden erfahren Sie Wissenswertes zum Thema Schriftarten.

*Bild II.19:
Proportionale und nichtproportionale Schrift*

Man unterscheidet *proportionale* und *nichtproportionale* Schriftarten. Letztere werden auch als *dicktengleiche Schriftarten* bezeichnet. Bei Proportionalschriften ist der Abstand zwischen den einzelnen Zeichen einheitlich. Den Raum, den ein Zeichen einnimmt, wird also proportional zu seiner Breite berechnet. Im Gegensatz dazu wird jedem Zeichen einer nichtproportionale Schriftart der gleiche Raum zugewiesen. Da die einzelnen Zeichen unterschiedlich breit sind (ein »i« ist z.B. wesentlich schmaler als ein »m«), entstehen unterschiedliche Abstände zwischen den einzelnen Zeichen.

Aufgrund der unterschiedlichen Abstände sind nichtproportionale Schriften nur schlecht lesbar und werden daher nur selten verwendet: Bücher, Zeitschriften und Zeitungen sind fast ausschließlich in Proportionalschrift gesetzt. Allerdings gibt es auch Anwendungsgebiete für nichtproportionale Schriften. Dabei ist vor allem die Programmierung zu nennen: Programme werden in der Regel in nichtproportionalen Schriften eingegeben und ausgedruckt. Der Grund dafür ist, daß durch den einheitlichen Platz, der den einzelnen Zeichen zugewiesen wird, zusammengehörige Programmelemente besser untereinander stehen.

Proportionale und nichtproportionale Schriftarten

II Word

Serifenbetonte und serifenlose Schriftarten

Folglich befinden sich auch einige nichtproportionale Schriften im Lieferumfang von Windows. Die wichtigste ist Courier New. Die meisten anderen Schriften, z.B. Times New Roman und Arial, sind Proportionalschriften.

Serifen sind Abschlußstriche, Bögen oder Verdickungen bei einem Druckzeichen. Schriftarten, die Serifen besitzen, nennt man *serifenbetonte* Schriftarten. Eine typische serifenbetonte Schrift ist Times New Roman. Ein Beispiel für eine serifenlose Schriftart ist Arial (die in Windows enthaltene Variante der bekannten Schriftart Helvetica). Serifenbetonte Schriftarten gelten als besser lesbar und werden im allgemeinen für den Fließtext eingesetzt. Bei Überschriften werden dagegen meist serifenlose Schriftarten verwendet.

Bild II.20: Zeichen mit und ohne Serifen

Schrifttechnologien

In Windows wird zwischen verschiedenen Technologien für Schriften unterschieden. Welcher Schrifttechnologie die jeweilige Schriftart unterliegt, ist aus dem Symbol ersichtlich, das dem Schriftnamen im Menü FORMAT/ZEICHEN und in der Symbolleiste vorangestellt ist. Die einzelnen Technologien sind aus der folgenden Tabelle ersichtlich:

Symbol/ Technologie	Beschreibung
![TT] TrueType	Die standardmäßige Technologie von Windows. TrueType-Schriften sind sehr flexibel: Sie können frei skaliert (der Schriftgrad kann also frei gewählt werden) und in Verbindung mit fast allen Druckermodellen eingesetzt werden. Zudem wird eine hohe Übereinstimmung zwischen der Bildschirmdarstellung und dem Ausdruck erzielt. TrueType-Schriften sind weitverbreitet. Beispiele für TrueType-Schriften sind Times New Roman, Arial und Wingdings.
Druckerspezifische Schrift	Diese Schriften sind fest im Drucker eingebaut. Welche Schriften vorhanden sind, hängt daher vom installierten Drucker ab. Häufig sind Druckerschriften nur in einem oder wenigen Schriftgraden verfügbar. Des weiteren kann es Abweichungen zwischen Bildschirmdarstellung und Ausdruck geben.
(ohne Symbol) Plotterschrift	Hierbei handelt es sich um sehr einfache Schriften. Sie sind zwar frei skalierbar, wirken jedoch nicht besonders ästhetisch. Bei den standardmäßig in Windows enthaltenen Plotterschriften handelt es sich um Modern, Roman und Script.

3 Formatieren

Symbolschriften setzen sich aus Grafik- und Sonderzeichen zusammen. Im Lieferumfang von Windows befinden sich z.B. die Symbolschriftarten »Wingdings« (enthält unter anderem typographische Zeichen) und »Symbol« (enthält vor allem griechische Buchstaben sowie mathematischen Zeichen).

Symbolschriften

Praxistip: Ein Text kann sehr einfach in der Schriftart »Symbol« formatiert werden, indem [Strg]+[Shift]+[B] gedrückt wird.

Dabei handelt es sich um Schriftarten, die der Handschrift nachempfunden sind. Beispiele für Script-Schriften sind »Brush Script MT«, »Matura MT Script Capitals« und »Script«.

Script-Schriftarten

Dies sind Schriften mit verzierten Buchstaben, z.B. mit Verschnörkelungen, Schatten und 3-D-Effekten. Ein Beispiel für eine Zierschrift ist Algerian.

Zierschriften

Enthält ein Dokument eine Schriftart, die auf dem Computersystem nicht verfügbar ist, wird der Text in der Schriftart angezeigt, die der entsprechenden Schrift am nächsten kommt. Analog dazu ist es auch möglich, einen Text mit einer derzeit nicht vorhandenen Schriftart zu formatieren. Allerdings kann die Schriftart nicht aus der Schriftartliste ausgewählt werden, sondern muß direkt eingegeben werden.

Nicht vorhandene Schriftarten

Angenommen, Sie möchten die Symbolschriftart »ZapfDingbats« verwenden, die jedoch derzeit nicht auf Ihrem Computersystem verfügbar ist. Gehen Sie dabei folgendermaßen vor:

Beispiel: Verwendung einer derzeit nicht installierten Schriftart

1. Markieren Sie den gewünschten Text.
2. Geben Sie den Text »ZapfDingbats« über die Symbolleiste oder das Menü FORMAT/ZEICHEN im Schriftarten-Feld ein.

Da die Schriftart ZapfDingbats nicht vorhanden ist, verwendet Word die Symbolschriftart Wingdings. Bemerkenswert dabei ist, daß die meisten Symbole tatsächlich korrekt angezeigt werden, obwohl die Reihenfolge der Symbole in den Schriftarten ZapfDingbats und Wingdings völlig unterschiedlich ist (auf der Position des »t« befindet sich z.B. in der Schrift Wingdings eine Raute, in der Schriftart ZapfDingbats dagegen ein Dreieck). Word paßt also nicht nur die Schriftart an, um eine möglichst hohe Übereinstimmung zu erreichen, sondern auch die Reihenfolge der Zeichen.

3.2.2 Schriftgrad

Um den gewünschten Schriftgrad, also die Größe der Schrift, anzugeben, wählen Sie den gewünschten Wert entweder aus dem Schriftgradfeld der Symbolleiste (standardmäßig das dritte Feld von links) oder aus dem Listenfeld SCHRIFTGRAD des Menüs FORMAT/ZEICHEN. Der Wert kann jeweils aus der Liste ausgewählt aber auch direkt eingegeben werden.

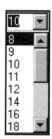

Das Schriftgradfeld der Symbolleiste läßt sich auch mit der Tastatur ansteuern. Drücken Sie hierfür [Strg]+[Shift]+[P].

Die Angabe des Schriftgrads erfolgt in der Einheit Punkt. Fließtexte werden gewöhnlich mit 9 bis 12 Punkt gesetzt. Einem Punkt entsprechen 0,35277 mm. Wie groß der Text wirklich erscheint, hängt jedoch nicht nur vom Schriftgrad ab, sondern auch von der Schriftart, da die einzelnen Schriftarten in der Größe etwas unterschiedlich ausfallen. Ein Text in Times New Roman wirkt bei gleichem Schriftgrad z.B. etwas kleiner als ein Text in Arial, wie das folgende Beispiel verdeutlicht:

Gleicher Schriftgrad, aber unterschiedliche Schriftart

20 Punkt Times

20 Punkt Arial

Nicht alle Schriftarten sind frei skalierbar (vergleiche weiter oben unter »Schrifttechnologien«). Doch auch bei frei skalierbaren Schriften ist zu beachten, daß die Größe nicht wirklich stufenlos eingegeben werden kann: Es sind nur Schritte im Abstand von 0,5 Punkt möglich, also z.B. 8, 8,5 und 9.

Bei Schriften, die nicht frei skalierbar sind (bestimmte Druckerschriften), wird bei der Eingabe eines Schriftgrades, der nicht vorhanden ist, dieser auf den vorrätigen Wert herauf- oder heruntergesetzt, der Ihrer Eingabe am nächsten kommt. Die ursprüngliche Schriftgradangabe bleibt jedoch im Schriftgradfeld stehen.

Durch Druck auf [Strg]+[<] läßt sich der Schriftgrad sehr einfach um 1 Punkt reduzieren, analog dazu mit [Strg]+[Shift]+[<] um 1 Punkt erhöhen. Eine ähnliche Auswirkung besitzen die Shortcuts [Strg]+[8] (zum Verkleinern des Schriftgrades) und [Strg]+[9] (zum Vergrößern). Hierbei wird der Schriftgrad auf den nächsten verfügbaren Wert gesetzt (nur relevant, wenn Schriften verwendet werden, die nicht frei skalierbar sind.)

3.2.3 Schriftattribute

Die Schriftattribute umfassen eine Veränderung der Schrift, bei der die Grundrisse der Schrift erhalten bleiben. Zu den Schriftattributen gehören unter anderem eine dickere Darstellung (**Fettschrift**), geneigte Schrift (*Kursiv*) und ^{hoch}gestellte Schrift. Die Schriftattribute lassen sich fast beliebig kombinieren, z.B. in der Form *fett und kursiv* oder **fett und unterstrichen**.

Schriftattribute ändern

Die Auswahl der Schriftattribute erfolgt entweder im Menü FORMAT/ZEICHEN, mit Hilfe von Shortcuts oder über die Symbolleiste. Die Symbole wirken dabei wie Schalter, lassen sich also ein- und ausschalten. Ein Klick auf das Symbol für Fettschrift formatiert z.B. den Text fett, ein weiterer Klick schaltet die Fettschrift wieder aus.

Im Menü FORMAT/ZEICHEN sind die verschiedenen Schriftattribute gruppiert: Fett- und Kursivschrift finden sich im Listenfeld SCHRIFTSCHNITT, die einzelnen Unterstreichungsvarianten im Listenfeld UNTERSTREICHUNG und die übrigen Varianten im linken unteren Bereich, unter DARSTELLUNG.

Die folgende Übersicht zeigt, wie sich die einzelnen Schriftattribute auswirken und wie diese über die Symbolleiste und mit Hilfe von Shortcuts ausgewählt werden können.

Übersicht der Schriftattribute

Symbol	Schriftattribut	Shortcut
F	Fettschrift	[Strg]+[Shift]+[F]
K	Kursivschrift	[Strg]+[Shift]+[K]

3 Formatieren

Symbol	Schriftattribut	Shortcut
U	einfach unterstrichen	Strg + Shift + U
W	nur Wörter unterstrichen	Strg + Shift + W
D	doppelt unterstrichen	Strg + Shift + D
–	punktiert unterstrichen	–
ABC	durchgestrichen	–
x²	ʰᵒᶜʰgestellt	Strg + +
x₂	ₜᵢₑfgestellt	Strg + #
ABC	KAPITÄLCHEN	Strg + Shift + Q
ãA	GROßBUCHSTABEN	Strg + Shift + G
–	verborgen	Strg + Shift + H

Im folgenden finden Sie einige Hinweise zu speziellen Schriftattributen:

Kapitälchen sind eine besondere Form der Versalschrift, bei der der Text in Großbuchstaben erscheint, aber dennoch zwischen Groß- und Kleinbuchstaben unterschieden wird. Die ursprünglichen Großbuchstaben bleiben dabei unverändert. Die ehemaligen Kleinbuchstaben werden dagegen in Großbuchstaben mit einem etwas kleineren Schriftgrad umgewandelt. Kapitälchen werden z.B. in vielen Büchern – so auch in diesem – für die Darstellung von Menünamen verwendet.   KAPITÄLCHEN

Bei diesem Schriftattribut wird der Text versal gedruckt. Das ß wird entgegen den üblichen Gepflogenheiten nicht gegen ein Doppel-S ersetzt. Eine andere Variante zum Erzeugen von Großbuchstaben, bei der auch dieser Fall korrekt berücksichtigt wird, ist im Abschnitt II.2.4.2 erklärt.   **GROßBUCHSTABEN**

Ein Text, der auf diese Weise formatiert ist, wird standardmäßig nicht ausgedruckt. Damit kann z.B. erreicht werden, daß Kommentare nicht mitgedruckt werden. Verborgener Text wird punktiert unterstrichen dargestellt. Achten Sie darauf, daß die Option VERBORGENER TEXT (oder die Option ALLE) im Menü EXTRAS/OPTIONEN/ANSICHT aktiviert ist, sonst werden verborgene Texte nicht auf dem Bildschirm angezeigt. Sie können dann zwar einen Text verborgen formatieren; dieser verschwindet jedoch nach der Aktion, so als wäre er gelöscht worden. Auf Wunsch kann verborgener Text auch mitgedruckt werden. Schalten Sie hierfür die Option VERBORGENER TEXT im Menü EXTRAS/OPTIONEN, Register DRUCKEN, ein. Ein   **Verborgener Text**

Anwendungsgebiet dieser Option liegt z.B. darin, ein Dokument anzufertigen, das in zwei Varianten, einer Kurzform und einer längeren Form mit zusätzlichen Kommentaren, ausgedruckt werden kann. Die umständliche Verwendung zweier Dokumente kann auf diese Weise entfallen.

3.2.4 Schriftfarbe

Über das Listenfeld FARBE läßt sich die Schriftfarbe einstellen. Man sollte annehmen, daß diese nur in Verbindung mit einem Farbdrucker von Bedeutung ist. Doch auch beim Einsatz eines Schwarzweißdruckers stehen drei relevante Farbeinträge zur Verfügung: SCHWARZ, WEIß und AUTOMATISCH. Mit Hilfe weißer Schrift läßt sich negativ dargestellter Text erzeugen, also weißer Text auf dunklem Hintergrund. Dazu hinterlegen Sie Ihren Text mit einem schwarzen Hintergrund oder einer Grauschattierung. Gehen Sie dabei folgendermaßen vor:

Erzeugung von Negativschrift

1. Markieren Sie die Absätze, die in Negativschrift dargestellt werden sollen.
2. Rufen Sie den Menüpunkt FORMAT/RAHMEN auf, und wählen Sie das Register SCHATTIERUNG an.
3. Wählen Sie den Eintrag EINFARBIG (für schwarz unterlegten Text) oder einen der darunter befindlichen Einträge mit grauen Mustern.
4. Rufen Sie den Menüpunkt FORMAT/ZEICHEN auf, und stellen Sie weiße Schriftfarbe ein.

Automatische Schriftfarbe

Über den Farbeintrag AUTOMATISCH wird gewöhnlich mit der Schriftfarbe gedruckt, die in der Windows-Systemsteuerung (Objekt ANZEIGE, Register DARSTELLUNG, Option FARBE (ganz rechts unten)) ausgewählt ist. Meist ist dort Schwarz eingestellt. Allerdings bedeutet dies nicht, daß dann grundsätzlich schwarz gedruckt wird. Der Eintrag AUTOMATISCH besitzt nämlich die Eigenschaft, sich selbsttätig einem etwaigen schwarz oder dunkelgrau unterlegten Text anzupassen. Da in diesem Fall schwarz dargestellte Textzeichen nicht mehr lesbar wären, wird der Text automatisch in weißer Farbe gedruckt.

3.2.5 Laufweite

Schmalschrift und gesperrter Text

Mit Hilfe der Laufweite läßt sich der Zeichenabstand verringern oder vergrößern. Bei verringertem Zeichenabstand spricht man von *schmaler Schrift*, bei vergrößertem Zeichenabstand von *gesperrtem Text*. Die Laufweite wird in der Praxis nicht eingesetzt, um größere Textmengen in Schmalschrift oder gesperrter Schrift auszudrucken. Schmal- und gesperrte Schrift wirken nämlich wenig ästhetisch. Das Einsatzgebiet liegt vielmehr darin, nur einzelne Zeilen oder gegebenenfalls auch Bereiche einer Zeile schmal oder gesperrt zu setzen, und zwar dann, wenn große Lücken zwischen den Wörtern entstanden sind, was primär bei Verwendung von schmalen Textspalten, z.B. bei Zeitungslayouts, auftritt. Um die Lücken zu beseitigen, bietet es sich an, den Zeichenabstand ein klein wenig zu verringern, so daß noch eine zusätzliche Silbe oder ein zusätzliches Wort in die Zeile paßt. Falls dies nicht möglich ist, sollte der Text etwas gesperrt werden. Die Abstände zwischen den Wörtern werden in beiden Fällen auf ein akzeptables Maß reduziert.

3 Formatieren

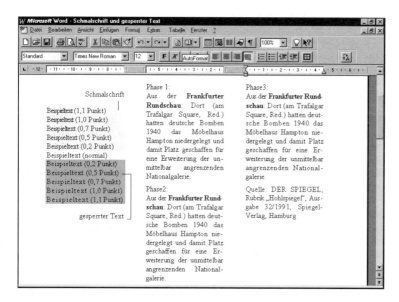

Bild II.21:
Beispiele für
Schmalschrift und
gesperrten Text

Zur Variierung der Laufweite markieren Sie zunächst den gewünschten Text. Daraufhin rufen Sie das Menü FORMAT/ZEICHEN auf, wechseln Sie auf das Register ABSTAND, und wählen Sie einen der Einträge SCHMAL oder GESPERRT im Listenfeld LAUFWEITE. Im danebenliegenden Feld UM geben Sie das Maß ein, um das die Zeichen zusammen- oder auseinandergeschoben werden sollen. In der Praxis werden meist Werte zwischen 0,2 und 1 Punkt verwendet (vergleiche Bild II.22). Um den Zeichenabstand wieder auf den Normalwert zu setzen, wählen Sie den Eintrag STANDARD.

Laufweite variieren

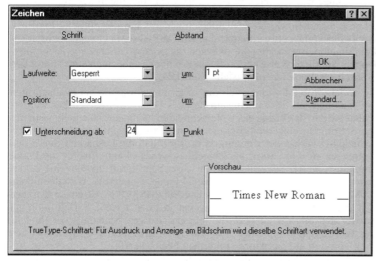

Bild II.22:
Das Register
ABSTAND im Menü
FORMAT/ZEICHEN

In der Abbildung II.22 ist ein Beispieltext zu sehen, dessen Erscheinungsbild durch Variierung des Zeichenabstandes verbessert wurde. Der Text ist dabei in drei Phasen abgebildet. Phase 1 zeigt den ursprünglichen Text, der

**Beispiel zur
Veränderung der
Laufweite**

129

einige große Lücken enthält. Um die Lücken in der ersten Zeile zu verringern, wurde der Zeichenabstand etwas verringert, so daß noch die Silbe »Rund« Platz hat. Der Text sieht jetzt deutlich ästhetischer aus (Phase 2.). Die verbleibenden Lücken (besonders störend in der vorletzten Zeile), werden durch Sperren beseitigt (Phase 3).

3.2.6 Position

$f(x)=x^2$

Das Listenfeld POSITION erlaubt das Hoch- und Tiefstellen von Zeichen. In der Praxis wird man zu diesem Zweck in der Regel die Optionen HOCHGESTELLT und TIEFGESTELLT verwenden (Register SCHRIFT), da diese vollautomatisch arbeiten. Word entscheidet dann selbsttätig, um welches Maß die Zeichen hoch- bzw. tiefgestellt werden. Außerdem wird der Text automatisch in einem kleineren Schriftgrad dargestellt.

In bestimmten Fällen ist es jedoch erwünscht, das Maß selbst zu bestimmen. Hierfür wählen Sie im Listenfeld POSITION den entsprechenden Eintrag (HÖHERSTELLEN oder TIEFERSTELLEN), und geben Sie das Maß ein, um das die Zeichenposition verändert werden soll. Das Maß bezieht sich auf die Grundlinie der Zeile.

Auf diese Weise hoch- oder tiefgestellte Zeichen behalten im übrigen ihren ursprünglichen Schriftgrad bei. Sie müssen daher den Schriftgrad noch manuell anpassen, falls Sie wünschen, daß hoch- und tiefgestellte Zeichen in einer anderen Größe als der übrige Text dargestellt werden.

Durch Auswahl des Eintrags STANDARD läßt sich die Hoch- bzw. Tiefstellung wieder zurücknehmen.

3.2.7 Unterschneidung

Das Unterschneiden (auch als *Kerning* bezeichnet) ist ein Vorgang, bei dem der Zeichenabstand bei bestimmten Buchstabenkombinationen verringert wird. Einige Buchstaben besitzen einige Elemente, die in der Breite besonders ausladend sind (z.B. der T-Strich), was dazu führt, daß einige Abstände zu groß ausfallen. Durch das Unterschneiden kann der optische Eindruck des Textes verbessert werden. Dabei wird der Abstand einiger Buchstabenkombinationen so verringert, daß sich die Buchstabenbereiche leicht überlappen. Auf diese Weise kann z.B. ein Kleinbuchstabe noch etwas unter den T-Strich geschoben werden (siehe Bild II.24).

Besonders störend wirken sich die zu großen Abstände bei Überschriften aus, da aufgrund des hohen Schriftgrades Details besser sichtbar werden. Daher wird in der Praxis das Unterschneiden häufig nur ab einem bestimmten Schriftgrad eingesetzt. Bei niedrigen Schriftgraden sollte keine Unterschneidung verwendet werden, da im Einzelfall die Lesbarkeit durch den geringeren Abstand sogar verschlechtert werden kann. Ein für die Praxis empfehlenswerter Schwellenwert (also der Schriftgrad, ab dem eine Unterschneidung stattfindet) liegt etwa bei 24 Punkt. Um den Wert zu definieren, schalten Sie zunächst die Option UNTERSCHNEIDEN AB ein und tragen den Wert (also z.B. 24) in das Eingabefeld PUNKT ein. Die Definition gilt nur für den markierten Text. Sie müssen also gegebenenfalls vor Eingabe des Wertes den kompletten Text markieren (z.B. mit Strg+A), falls sich die Definition auf das ganze Dokument beziehen soll.

Hinweis Das Unterschneiden funktioniert nur bei TrueType-Schriften. Bei Schriften, die mit einer anderen Schrifttechnologie arbeiten, ist kein Unterschneiden möglich.

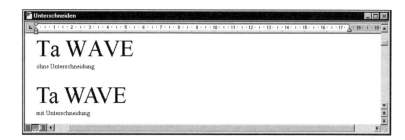

Bild II.23:
Texte mit und ohne Unterschneidung

3.2.8 Zeichenformatierung kopieren

In der Praxis kommt es häufig vor, daß bestimmte Zeichenformatierungen in einem Dokument an verschiedenen Stellen benötigt werden. Es ist jedoch mühsam, immer wieder dieselben Formatierungsmerkmale einzustellen. Word erlaubt es daher, die Zeichenformatierung von einer Textstelle an eine andere zu kopieren. Gehen Sie dabei folgendermaßen vor:

1. Setzen Sie den Cursor vor das Zeichen (oder markieren Sie das Zeichen), dessen Zeichenformatierung Sie kopieren möchten.
2. Klicken Sie auf nebenstehendes Pinsel-Symbol. Der Mauszeiger verwandelt sich in einen Pinsel.
3. Markieren Sie den zu formatierenden Textabschnitt mit der Maus. Nach Loslassen der Maustaste wird dem markierten Textabschnitt die entsprechende Formatierung zugewiesen. Falls Sie doch nicht kopieren möchten, klicken Sie statt dessen erneut auf das Pinsel-Symbol oder drücken [Esc].

Praxistip: Sollen mehrere Textabschnitte dieselbe Formatierung erhalten, klicken Sie nicht einfach auf das Pinsel-Symbol, sondern doppelt. Der Mauszeiger behält dabei nach dem Kopieren die Pinselform bei, so daß Sie beliebig vielen Textabschnitten die Formatierung zuweisen können. Haben Sie alle Textabschnitte formatiert, klicken Sie auf das Pinsel-Symbol oder drücken [Esc].

3.2.9 Zeichenformatierung entfernen

Sollen alle Schriftmerkmale (z.B. Schriftart, Schriftgrad, Schriftattribute wie Fett- oder Kursivschrift usw.) eines Textabschnitts zurückgesetzt werden, ist es mühsam, dafür das Menü FORMAT/ZEICHEN oder die Symbolleiste zu verwenden, da meist eine ganze Reihe von Einstellungen verändert werden müssen. Mit Hilfe der Tastenkombination [Strg]+[Leer] geht es jedoch einfacher. Dabei wird die Zeichenformatierung auf die Standardwerte (vergleiche folgenden Text) zurückgesetzt.

3.2.10 Standardmäßige Zeichenformatierung

Beim Anlegen eins Dokuments werden bestimmte Standardwerte für die Zeichenformatierung vorgegeben. Diese Standardwerte beziehen sich auch auf das Zurücksetzen der Formatierung mittels [Strg]+[Leer]. Es bietet sich an, die standardmäßige Zeichenformatierung so einzustellen, wie sie in der Praxis am häufigsten benötigt wird. Schreiben Sie Ihre Texte z.B. meist in Times New Roman, 12 Punkt, so sollten diese Formatierungen zur Standardformatierung gemacht werden. Gehen Sie dabei folgendermaßen vor:

1. Rufen Sie den Menüpunkt FORMAT/ZEICHEN auf.

2. Stellen Sie die gewünschten Formatierungen ein.
3. Klicken Sie auf die Schaltfläche STANDARD. Bestätigen Sie den Hinweis mit Klick auf JA.

Nach dem Anlegen eines Dokuments werden jetzt die neuen Standardeinstellungen vorgegeben.

Die Standardformatierungen werden in der übergreifenden Dokumentvorlage NORMAL.DOT gespeichert. Mehr über Dokumentvorlagen erfahren Sie im Kapitel II.10.

3.3 Absatzformatierung

Die Absatzformatierung umschließt unter anderem die Ausrichtung (z.B. linksbündig), den Zeilenabstand, den Absatzanfangs- und -endeabstand sowie den Einzug vom Seitenrand. Zur Formatierung von Absätzen stehen drei Varianten zur Verfügung: der Menüpunkt FORMAT/ABSATZ, die Symbolleiste sowie Shortcuts.

Bild II.24: Das Menü FORMAT/ABSATZ, *Register* EINZÜGE UND ABSTÄNDE

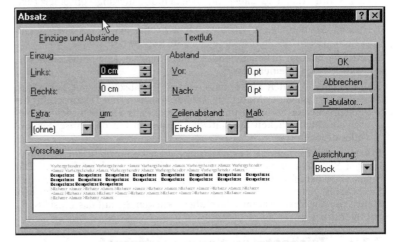

Das Menü FORMAT/ABSATZ setzt sich aus zwei Registern zusammen: Im Register EINZÜGE UND ABSTÄNDE (Bild II.25) sind die wesentlichen Formatierungsvarianten zu finden, z.B. die Ausrichtung und der Zeilenabstand. Das Register TEXTFLUß enthält dagegen vor allem Einstellungen, mit denen der Zeilenumbruch gesteuert wird. Unästhetisch wirkende Umbrüche lassen sich auf diese Weise von vornherein verhindern.

3.3.1 Ausrichtung

Die Ausrichtung gibt vor, auf welche Weise die einzelnen Zeilen zwischen den beiden Druckrändern positioniert werden. Man unterscheidet vier Ausrichtungsformen: linksbündig, rechtsbündig, zentriert und Blocksatz (vergleiche Bild II.26).

Linksbündig Die einfachste Form ist die linksbündige Ausrichtung. Dabei werden die Zeilen so untereinandergesetzt, daß die jeweils ersten Zeichen der einzelnen Zeilen untereinander stehen, also bündig abschließen. Da die einzelnen Zeilen nicht genau gleich lang sind (die Zeilenlänge ist abhängig davon, wie viele Wörter in die Zeile passen), läuft der rechte Rand nicht bündig, sondern gezackt oder »flattrig«. Man spricht daher auch von einem *Flatterrand*.

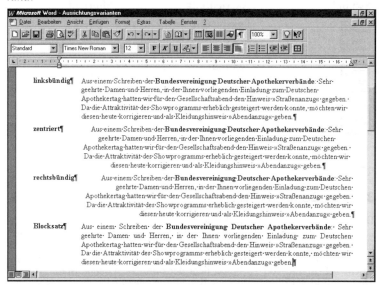

Bild II.25:
Die verschiedenen Ausrichtungsformen

Ein ästhetischeres Erscheinungsbild ergibt sich, wenn man den Abstand zwischen den einzelnen Wörtern derart erhöht, so daß die Zeile bis zum rechten Rand gestreckt wird. Sowohl der linke als auch der rechte Rand verlaufen dann bündig. Diese Ausrichtungsform wird als *Blocksatz* bezeichnet. Die meisten Publikationen sind im Blocksatz gesetzt, so auch der Fließtext dieses Buches. Der Blocksatz hat jedoch einen Nachteil: Es entstehen zum Teil große Lücken zwischen den Wörtern, vor allem bei schmalen Textspalten. Derartige Lücken lassen sich reduzieren, indem eine Silbentrennung durchgeführt wird (siehe Kapitel II.6.3). Von Fall zu Fall sind auch weitere Feinkorrekturen (z.B. Sperren) erforderlich (vergleiche Abschnitt II.3.2.5).

Blocksatz

Bei dieser Ausrichtung werden die Zeilen bis an den rechten Rand geschoben. Der rechte Rand schließt folglich bündig ab; der linke Rand verläuft dagegen »flattrig«.

Rechtsbündig

Bei zentriertem Text werden die Zeilen genau in die Mitte zwischen den beiden Druckrändern gesetzt.

Zentriert

Rechtsbündige und zentrierte Ausrichtung werden in der Regel nur für kurze Texte eingesetzt, z.B. für Bildunterschriften und Marginalien (also Texten auf dem Seitenrand), nicht jedoch für den Fließtext. Z.B. sind in diesem Buch die Marginalien auf geraden Seiten rechtsbündig ausgerichtet.

Zur Wahl der Ausrichtung markieren Sie zunächst die gewünschten Absätze. Wurde kein Absatz markiert, wird die Ausrichtung des Absatzes geändert, in dem sich der Cursor befindet. Daraufhin wählen Sie die gewünschte Ausrichtung im Menü FORMAT/ABSATZ unter dem Listenfeld AUSRICHTUNG. Alternativ kann die Ausrichtung auch mit Hilfe der Symbolleiste oder über Shortcuts geändert werden:

Ausrichtung ändern

Übersicht der Ausrichtungen

Symbol	Ausrichtung	Shortcut
	linksbündig	Strg + L
	zentriert	Strg + E
	rechtsbündig	Strg + R
	Blocksatz	Strg + B

3.3.2 Zeilenabstand

Der Zeilenabstand – in der Druckersprache als *Durchschuß* bezeichnet – ist der vertikale Abstand zwischen den Grundlinien zweier Zeilen (vergleiche Bild II.27). Eine optimale Lesbarkeit wird bei einem Zeilenabstand erreicht, der etwa 120 Prozent des Schriftgrades beträgt. Bei einem Text mit einem Schriftgrad von 10 Punkt liegt der optimale Zeilenabstand also bei 10x1,2 Punkt = 12 Punkt. Um die Berechnung des Zeilenabstandes müssen Sie sich jedoch in aller Regel nicht kümmern, da Word selbsttätig den geeigneten Zeilenabstand einstellt. Sie müssen nur die für den Anwendungszweck geeignete Methode wählen, nach der die Berechnung erfolgt.

Bild II.26: Zeilenabstand

Sehr geehrte — Grundlinie
unser letzter. — Zeilenabstand

Gewöhnlich wird der Text mit einem einzeiligen Abstand gesetzt. In bestimmten Texten – z.B. in Briefen – wird dagegen häufig ein 1½zeiliger Abstand verwendet.

Zeilenabstand einstellen

Markieren Sie zunächst die Absätze, in denen der Zeilenabstand geändert werden soll. Sind keine Absätze markiert, wird der Zeilenabstand des aktuellen Absatzes eingestellt. Daraufhin rufen Sie den Menüpunkt FORMAT/ ABSATZ auf und wählen den gewünschten Abstand unter ZEILENABSTAND. Dabei stehen eine Reihe von Listeneinträgen zur Verfügung, die im folgenden beschrieben werden.

Einfacher Zeilenabstand

In den allermeisten Fällen erhalten Sie den optimalen Zeilenabstand, wenn Sie den Listeneintrag EINFACH verwenden. Alternativ klicken Sie auf nebenstehendes Symbol oder drücken Strg + 1 . Abhängig vom Schriftgrad wird der Abstand so berechnet, daß sich eine optimale Lesbarkeit ergibt. Befinden sich im Absatz verschiedene Schriftgrade (oder andere Elemente, die die Zeilenhöhe vergrößern, z.B. hochgestellte Zeichen, Formeln oder Grafiken), wird der Abstand in den betreffenden Zeilen entsprechend vergrößert (vergleiche Bild 11.28).

Wählen Sie den Listeneintrag 1,5 ZEILEN, um einen 1½zeiligen Abstand einzustellen. Der Zeilenabstand ist dann um 50 Prozent größer als beim einfachen Abstand. Sind im Absatz verschiedene Schriftgrade enthalten, wird der Zeilenabstand entsprechend angepaßt. Alternativ zum Listeneintrag klicken Sie auf nebenstehendes Symbol oder drücken [Strg]+[5].

1½zeiliger Abstand

Der Listeneintrag DOPPELT erzeugt einen zweizeiligen Abstand. Der Zeilenabstand fällt also doppelt so groß aus wie beim einfachen Abstand. Auch beim doppelten Zeilenabstand erfolgt eine automatische Anpassung, falls im Absatz verschiedene Schriftgrade verwendet wurden. Alternativ zum Listeneintrag klicken Sie auf nebenstehendes Symbol oder drücken [Strg]+[2].

Doppelter Abstand

Der Listeneintrag MEHRFACH erlaubt die freie Eingabe der Zeilenanzahl. Sie können z.B. einen 0,9-, 1,2- oder 2,5zeiligen Abstand einstellen. Tragen Sie den gewünschten Abstand im daneben befindlichen Feld MAß ein. Falls Sie keine Maßeinheit verwenden, wird die Angabe in Zeilen angenommen. Bei einer Eingabe von 0,9 beträgt der Zeilenabstand damit 90 Prozent des durch den Listeneintrag EINFACH erzeugten Abstandes. Sie können auch andere Maßeinheiten verwenden, indem Sie das entsprechende Kürzel (z.B. cm oder pt (für Punkt)) nachstellen. Die Eingabe wird dann automatisch in Zeilen umgerechnet. Wie auch bei den obigen Listeneinträgen erfolgt eine automatische Anpassung bei unterschiedlichen Schriftgraden.

Mehrfacher Abstand

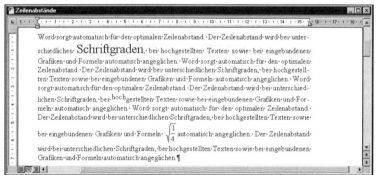

Bild II.27: Automatischer Zeilenabstand mit Hilfe der Einstellung »Einfach«

Die Verwendung des Listeneintrags MINDESTENS hat ein sehr ähnliches Resultat zur Folge wie der einzeilige Abstand. Das bedeutet, daß der Text mit einem einzeiligen Abstand gesetzt wird und daß der Zeilenabstand bei unterschiedlichen Schriftgraden entsprechend angepaßt wird. Im Gegensatz zum Listeneintrag EINFACH läßt sich jedoch ein Maß eingeben, das nicht unterschritten werden darf. Ohne Maßeinheit wird die Einheit Punkt (pt) angenommen. Durch Nachstellen eines Kürzels (z.B. cm) lassen sich auch andere Maßeinheiten verwenden. Das Maß wird dann in Punkt umgerechnet.

Mindestabstand

Mit Hilfe des Listeneintrages GENAU läßt sich ein fester Abstand definieren, der für alle Zeilen des Absatzes gilt, ohne Berücksichtigung etwaiger unterschiedlicher Schriftgrade. Die Maßeinheit wird standardmäßig in Punkt angenommen. Durch Nachstellen von Kürzeln (z.B. cm) lassen sich jedoch auch andere Maßeinheiten verwenden.

Genauer (fester) Abstand

Nachfolgend finden Sie ein Übersicht, in der die einzelnen Varianten für den Zeilenabstand zusammengefaßt sind.

II Word

Zusammenfassung: Varianten beim Zeilenabstand

Symbol	Listen-eintrag	Shortcut	Erklärung
 ≡	EINFACH	Strg + 1	Einzeiliger Abstand, automatische Anpassung bei verschiedenen Schriftgraden.
 ≡	1,5 ZEILEN	Strg + 5	1½zeiliger Abstand, automatische Anpassung bei verschiedenen Schriftgraden.
 ≡	DOPPELT	Strg + 2	Zweizeiliger Abstand, automatische Anpassung bei verschiedenen Schriftgraden.
–	MEHRFACH	–	Abstand gemäß des eingegebenen Zeilenmaßes, automatische Anpassung bei verschiedenen Schriftgraden.
–	MINDESTENS	–	Gibt ein Mindestmaß vor, das nicht unterschritten werden darf, ansonsten wie EINFACH.
–	GENAU	–	Fester Zeilenabstand gemäß des eingegebenen Maßes. Keine Anpassung bei unterschiedlichen Schriftgraden.

3.3.3 Absatzanfangs- und -endeabstände

Der geeignete Abstand zwischen den Absätzen hängt von der Art des Dokuments ab. Während in Briefen meist ein großzügiger Abstand (vornehmlich einzeilig) verwendet wird, ist in Büchern ein geringerer Abstand üblich (z.B. halbzeilig). In Zeitschriften wird häufig kein Abstand zwischen den Absätzen freigelassen.

Bild II.28: Anfangs- und Endeabstand bei Absätzen

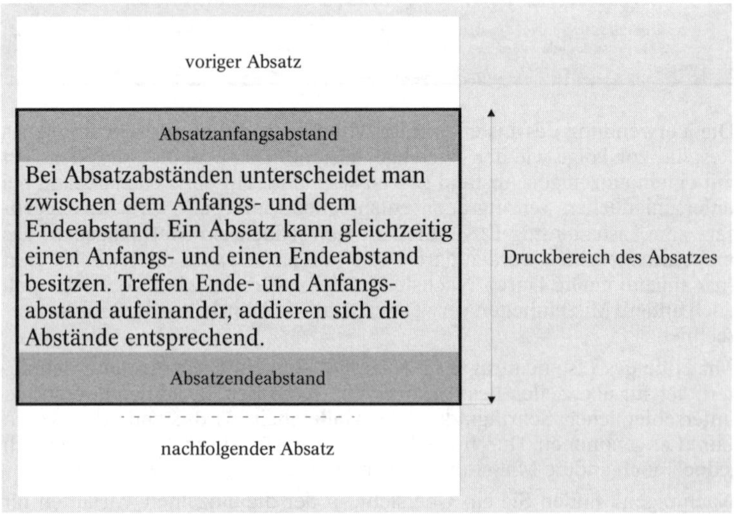

```
                    voriger Absatz

              ┌─────────────────────────┐
              │   Absatzanfangsabstand  │  ▲
              ├─────────────────────────┤  │
              │ Bei Absatzabständen unterscheidet man │
              │ zwischen dem Anfangs- und dem         │
              │ Endeabstand. Ein Absatz kann gleichzeitig │  Druckbereich des Absatzes
              │ einen Anfangs- und einen Endeabstand  │
              │ besitzen. Treffen Ende- und Anfangs-  │
              │ abstand aufeinander, addieren sich die │
              │ Abstände entsprechend.                │
              ├─────────────────────────┤  │
              │    Absatzendeabstand    │  ▼
              └─────────────────────────┘

                  nachfolgender Absatz
```

3 Formatieren

Word unterscheidet zwischen dem Anfangs- und Endeabstand. Der Anfangsabstand definiert den Raum überhalb des Absatzes, der unbedruckt bleibt, der Endeabstand den unbedruckten Bereich unterhalb des Absatzes. Ein Absatz kann gleichzeitig einen Anfangs- und Endeabstand besitzen. Stehen zwei Absätze untereinander, von denen der erste einen Endeabstand besitzt, der nachfolgende einen Anfangsabstand, addieren sich die Abstände entsprechend.

Anfangs- oder Endeabstand?

Praxistip: In der Praxis ist es empfehlenswert, primär mit Endeabständen zu arbeiten. Bei bestimmten Komponenten – z.B. Überschriften – ist es sinnvoll, zusätzlich einen Anfangsabstand zu definieren, falls der Abstand zu gering ausfällt.

Markieren Sie zunächst die gewünschten Absätze. Ohne Markierung wird der Abstand des aktuellen Absatzes beeinflußt. Wählen Sie den Menüpunkt FORMAT/ABSATZ an, und geben Sie die gewünschten Abstände unter ABSTAND/VOR (für den Anfangsabstand) und ABSTAND/NACH (für den Endeabstand) ein. Ohne Maßeinheit wird Ihre Eingabe in Punkt angenommen. Möchten Sie eine andere Maßeinheit verwenden, so stellen Sie das entsprechende Kürzel (z.B. cm oder ze (für Zeilen)) nach.

Abstand ändern

Um einen halbzeiligen Abstand einzustellen, geben Sie den halben Wert des Schriftgrades ein, also 6, falls Ihr Schriftgrad 12 Punkt beträgt. Analog dazu erzeugt ein Wert, der dem Schriftgrad entspricht (im Beispiel 12) einen einzeiligen Abstand.

Halb- und einzeiliger Abstand

Der Absatzanfangsabstand kann auch über einen Shortcut festgelegt werden: Ein Druck auf `Strg`+`0` (Null) erzeugt einen Anfangsabstand von 12 Punkt. Ein erneuter Druck setzt den Anfangsabstand auf 0 Punkt zurück.

Praxistip: Erzeugen Sie niemals einen Absatzabstand, indem Sie vor oder nach dem Absatz die ⏎-Taste ein oder mehrere Mal drücken. Ansonsten kann es zu Problemen beim Seitenumbruch kommen, vor allem, wenn nachträgliche Änderungen am Text durchgeführt werden. Verwenden Sie daher ausschließlich die Absatzabstände aus dem Menü FORMAT/ABSATZ.

3.3.4 Absatzeinzüge

Mit Hilfe von Einzügen läßt sich die Breite einzelner Absätze verändern. Die erste Zeile eines Absatzes kann gesondert behandelt werden. Auf diese Weise ist es möglich, die erste Zeile einzurücken oder einen hängenden Einzug zu erzeugen (z.B. für Aufzählungen). Die einzelnen Einzugsvarianten sind aus Bild II.30 ersichtlich.

Markieren Sie zunächst die Absätze, deren Einzüge Sie ändern möchten. Besteht keine Markierung, wirkt sich die Formatierung auf den aktuellen Absatz aus. Daraufhin wählen Sie den Menüpunkt FORMAT/ABSATZ an. Die entsprechenden Optionen sind im linken Teil der Dialogbox zu finden: LINKS und RECHTS beeinflussen den linken und rechten Einzug. Der Erstzeileneinzug wird über das Listenfeld EXTRA geregelt.

Einzug ändern

Um den linken oder rechten Einzug zu ändern, geben Sie das gewünschte Maß unter LINKS bzw. RECHTS ein. Das Maß bezieht sich auf den Abstand vom linken bzw. rechten Seitenrand. Ohne Maßeinheit wird die Standardmaßeinheit von Word (in der Regel cm) angenommen.

Linker und rechter Einzug

Zum Einrücken der ersten Zeile wählen Sie den Eintrag ERSTE ZEILE im Listenfeld EXTRA. Tragen Sie das gewünschte Maß im danebenliegenden Feld UM ein.

Erste Zeile einrücken

Bild II.29:
Varianten für Einzüge

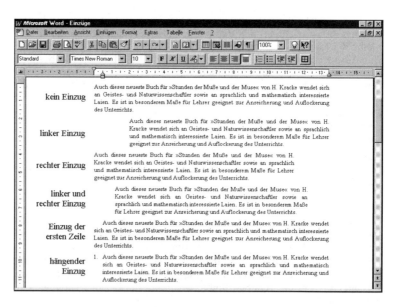

Hängender Einzug

Mit Hilfe des Eintrags HÄNGEND im Listenfeld EXTRA läßt sich ein hängender Einzug erzeugen. Tragen Sie das gewünschte Maß im daneben liegenden Feld UM ein. Ein hängender Einzug wird vor allem für Numerierungen und Aufzählungen benötigt. Derartige Texte lassen sich zwar manuell erzeugen, also indem diese eingegeben, gegebenenfalls numeriert und mit der Option HÄNGEND aus diesem Menü formatiert werden. In der Regel wird man jedoch auf die speziellen Numerierungs- und Aufzählungsfunktionen zurückgreifen (siehe Abschnitt II.3.4). Die Option HÄNGEND aus diesem Menü wird dann nicht benötigt.

Erste Zeile wieder normal behandeln

Der Eintrag (OHNE) im Listenfeld EXTRA hebt den Erstzeileneinzug wieder auf. Die erste Zeile wird daraufhin wieder wie die übrigen Zeilen des Absatzes behandelt.

Praxistip: Als Maß für einen Einzug können auch negative Werte eingegeben werden. Der Absatz wird dann entsprechend verbreitert. Dadurch ist es möglich, den Seitenrand mit zu bedrucken.

Einzüge mit der Maus verändern

Die einzelnen Einzüge werden durch Schieberegler im Zeilenlineal angezeigt (Bild II.31). Durch Ziehen der Regler mit der Maus lassen sich die Einzüge sehr einfach verändern. Achten Sie darauf, daß Sie genau an die richtige Stelle klicken, da die Bereiche teilweise sehr eng beieinander liegen.

Bild II.30:
Symbole für Einzüge

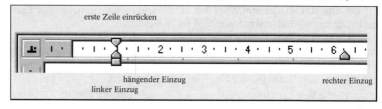

Das Ändern von Einzügen kann auch über die Symbolleiste und Shortcuts erfolgen:

Einzüge über Symbole ändern

Symbol	Shortcut	Erklärung
	Strg+M	vergrößert den linken Einzug auf die Position des nächsten Tabstopps.
	Strg+Shift+M	verkleinert den linken Einzug auf die Position des vorherigen Tabstopps.
–	Strg+T	erzeugt einen hängenden Einzug an der Position des nächsten Tabstopps.
–	Strg+Shift+T	verkleinert einen hängenden Einzug auf die Position des vorherigen Tabstopps. Falls sich der Einzug am ersten Tabstopp befindet, wird der Einzug entfernt.

Mehr über Tabstopps erfahren Sie im Abschnitt II.4.7.

3.3.5 Umbrüche beeinflussen

Unästhetische Zeilen- und Seitenumbrüche stellen in der Praxis ein großes Problem dar. Zwar ist es ohne weiteres möglich, bei der Eingabe des Textes darauf zu achten, daß sich ein optimales Erscheinungsbild ergibt. Werden jedoch nach der Eingabe noch Textbestandteile hinzugefügt oder gelöscht, kann sich der Umbruch über viele Seiten verschieben. Die Folge sind meist unschöne Umbrüche. Man unterscheidet folgende Fehler beim Umbruch:
- Hurenkinder (vergleiche Bild II.32) sind einzelne Zeilen am Seiten- oder Spaltenanfang.

Bild II.31:
Ein typischer Fehler
beim Zeilenumbruch

- Schusterjungen sind einzelne Zeilen am Seiten- oder Spaltenende.
- »Auseinanderreißen« zusammengehöriger Elemente. Das bedeutet, daß z.B. die Überschrift am Seiten- oder Spaltenende gedruckt wird, der Fließtext aber erst auf der nächsten Seite bzw. Spalte beginnt. Ein

II Word

anderes Beispiel ist, daß eine Abbildung oder Tabelle am Seiten- bzw. Spaltenende positioniert wird, die dazugehörige Bild- bzw. Tabellenunterschrift dagegen erst auf der nächsten Seite bzw. Spalte.

Bild II.32:
Menü FORMAT/
ABSATZ, *Register*
TEXTFLUSS

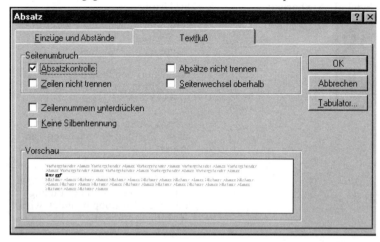

Mit Hilfe der entsprechenden Optionen im Menü FORMAT/ABSATZ, Register TEXTFLUSS (Bild II.33), lassen sich fehlerhafte und unschöne Umbrüche von vornherein vermeiden. Nachträgliche Änderungen am Text stellen dann kein Problem dar, da die Umbrüche automatisch angepaßt werden. Lediglich in Einzelfällen ist eine manuelle Korrektur notwendig. Die Optionen wirken sich auf alle markierten Absätze aus bzw. auf den aktuellen Absatz, wenn keine Markierung besteht. Folgende Optionen stehen zur Verfügung:

Hurenkinder und Schusterjungen vermeiden

ABSATZKONTROLLE: Bei eingeschalteter Option werden Hurenkinder und Schusterjungen automatisch vermieden. Der Text wird dabei so umbrochen, daß vor oder nach einem Umbruch mindestens zwei Zeilen stehen bleiben. Die Option sollte im allgemeinen bei allen Absätzen des Dokuments eingeschaltet werden. Es gibt nur sehr wenige Spezialfälle, bei denen das Deaktivieren sinnvoll ist.

Umbruch in einem Absatz verhindern

ZEILEN NICHT TRENNEN: In Absätzen, bei denen diese Option eingeschaltet ist, wird grundsätzlich kein Spalten- oder Seitenumbruch durchgeführt. Falls der Textbestandteil keinen Platz mehr am Spalten- oder Seitenende hat, wird er komplett in die nächste Spalte bzw. auf die nächste Seite gesetzt.

Praxistip: Das Ablesen von Werten aus Tabellen oder tabellenartigen Texten wird erleichtert, wenn die Tabelle nicht auf zwei Seiten aufgeteilt wird. Bei derartigen Textbestandteilen ist die Verwendung der Option ZEILEN NICHT TRENNEN daher besonders sinnvoll. Bei größeren Tabellen ergibt sich jedoch der Nachteil, daß dann unter Umständen ein großer Bereich am Seitenende oder Spaltenende unbedruckt bleibt.

Mit nachfolgendem Absatz verknüpfen

ABSÄTZE NICHT TRENNEN: Bei Absätzen, die mit dieser Option versehen sind, wird erreicht, daß der nachfolgende Absatz auf dieselbe Seite bzw. in derselben Spalte gedruckt wird. Passen beide Absätze nicht mehr auf die Seite bzw. in die Spalte, werden sie gemeinsam auf die nächste Seite bzw. in die nächste Spalte verschoben. Die Option sollte vor allem in Überschriften, Tabellen und Bildern eingeschaltet werden. Sie erreichen dann, daß Überschriften nicht »verloren« am Seiten- bzw. Spaltenende stehen und daß Bilder bzw. Tabellen und die dazugehörigen Unterschriften nicht auf zwei Spalten oder Seiten verteilt werden.

SEITENWECHSEL OBERHALB: Mit Hilfe dieser Option läßt sich erreichen, daß vor den jeweiligen Absätzen ein Seitenumbruch durchgeführt wird. Die Option sollte nur dann eingesetzt werden, wenn auf jeden Fall ein Seitenumbruch erwünscht ist, z.B. bei Kapitelüberschriften (vorausgesetzt mit einem neuen Kapitel beginnt grundsätzlich eine neue Seite). Zur Korrektur einzelner fehlerhafter Seitenumbrüche ist die Option dagegen weniger geeignet; hier leistet die Option ABSÄTZE NICHT TRENNEN (siehe voriger Absatz) bessere Dienste.

Seitenumbruch vor dem Absatz

Absätze, in denen eine der Optionen ZEILEN NICHT TRENNEN, ABSÄTZE NICHT TRENNEN oder SEITENWECHSEL OBERHALB eingeschaltet ist, werden in allen Bearbeitungsmodi mit Ausnahme der Seitenansicht durch ein gefülltes Quadrat vor der ersten Zeile des Absatzes gekennzeichnet. Die Anzeige erfolgt allerdings nur, wenn die Option ABSATZMARKEN (oder ALLE) im Menü EXTRAS/OPTIONEN, Register ANSICHT, eingeschaltet ist.

Hinweis

3.3.6 Rahmen und Schattierungen

Mit Hilfe des Menüpunktes FORMAT/RAHMEN UND SCHATTIERUNG lassen sich Absätze umranden sowie vertikale und horizontale Linien einfügen. Außerdem können Absätze mit einer Schattierung unterlegt werden. Alle eingefügten Elemente sind dynamisch, passen sich also automatisch an, wenn Texte nachträglich eingegeben oder gelöscht werden. Die Funktionen beziehen sich stets auf komplette Absätze. Es ist also z.B. nicht möglich, nur bestimmte Zeilen des Absatzes mit einer Grauschattierungen zu unterlegen.

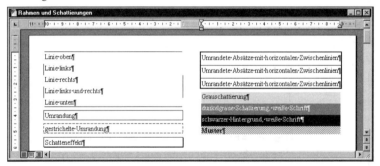

Bild II.33: Beispiele für Rahmen, Linien und Schattierungen

Markieren Sie zunächst die gewünschten Absätze, und rufen Sie daraufhin den Menüpunkt FORMAT/RAHMEN UND SCHATTIERUNG auf. Besteht keine Markierung, wirkt sich die Definition auf den aktuellen Absatz aus. Das Menü setzt sich aus zwei Registern zusammen: Über das Register RAHMEN (siehe Bild II.35) lassen sich Umrandungen erzeugen sowie Linien einfügen. Das Register SCHATTIERUNG dient dagegen dazu, Absätze mit Grau- oder Farbschattierungen zu unterlegen.

Zunächst zum Register RAHMEN: Hier kann sowohl eine der Standardvorgaben für Umrandungen gewählt als auch ein individuelles Format erzeugt werden. Als Standardvorgaben stehen zur Auswahl:

Rahmen und Linien erzeugen

KASTEN: erzeugt eine Umrandung mit einheitlicher Strichstärke. Die Strichstärke und -art wählen Sie aus der Liste LINIENART.

Standardvorgaben

Bild II.34:
Menü FORMAT/
RAHMEN UND
SCHATTIERUNG,
Register RAHMEN

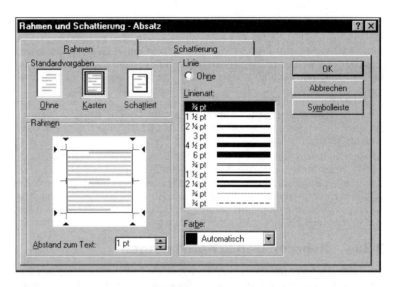

SCHATTIERT: erzeugt eine Umrandung mit einem Schatteneffekt. Auch hier kann die Linienstärke frei gewählt werden.

OHNE: entfernt alle Linien und Rahmen.

Bild II.35:
Standardmäßig verlaufen Absätze, die eine Umrandung oder Linien besitzen, zu breit

Individuelles Format

Im linken unteren Bereich der Dialogbox werden zwei stilisierte Absätze angezeigt. Durch einen Klick auf eine Position lassen sich nach Belieben einzelne Linien einfügen. Dabei können vertikale Linien links und rechts neben dem Absatz sowie horizontale Linien über- und unterhalb des Absatzes erzeugt werden. Außerdem kann eine horizontale Linie zwischen die beiden Absätze eingefügt werden . Dadurch erreichen Sie, daß alle derzeit markierten Absätze durch horizontale Linien getrennt werden. Verschiedene Linienstärken und -arten lassen sich beliebig mischen. Die Option OHNE bei den Linienarten hat im übrigen den gleichen Effekt wie ein erneuter Klick auf eine Linie: Die Linie wird entfernt.

3 Formatieren

Der Abstand der Linien zum Text läßt sich unter der Option ABSTAND ZUM TEXT variieren. Das Maß legt sowohl den horizontalen als auch den vertikalen Abstand fest. Ohne nachgestellte Maßeinheit wird die Einheit Punkt angenommen.

Abstand zum Text

Die Linienfarbe wird über das Listenfeld FARBE eingestellt. Die Definition gilt für alle Linien. Ein Mischen verschiedener Farben ist also nicht vorgesehen. Die Farbeinträge sind in erster Linie bei Verwendung eines Farbdruckers relevant. Doch auch beim Einsatz eines Schwarzweißdruckers stehen drei relevante Farbeinträge zur Verfügung: SCHWARZ, WEIß und AUTOMATISCH. Beim Eintrag AUTOMATISCH wird mit der Schriftfarbe gedruckt, die in der Windows-Systemsteuerung (Objekt ANZEIGE, Register DARSTELLUNG, Option FARBE (ganz rechts unten)) ausgewählt ist (meist Schwarz). Die Auswahl weißer Farbe ist nur dann sinnvoll, wenn der Text mit einer grauen oder schwarzen Schattierung unterlegt ist, sonst bleiben die Linien unsichtbar.

Linienfarbe

Praxistip: Linien und Rahmen reichen standardmäßig auf den Seitenrand hinaus (Bild II.37). Der Grund dafür ist, daß das Kriterium zum bündigen Untereinandersetzen von Absätzen der Text des Absatzes ist. Etwaige vorhandene Rahmen und Linien werden also nicht berücksichtigt. Als Abhilfe definieren Sie einen Absatzeinzug, der genauso groß ist wie der Abstand zwischen den Linien bzw. Rahmen zum Text. Gehen Sie dabei folgendermaßen vor:

1. Markieren Sie die Absätze, in die Linien oder Rahmen eingefügt wurden.
2. Ermitteln Sie den Abstand zum Text aus dem Menü FORMAT/RAHMEN UND SCHATTIERUNG (Option ABSTAND ZUM TEXT).
3. Rufen Sie den Menüpunkt FORMAT/ABSATZ auf, und tragen Sie das ermittelte Maß unter LINKS und RECHTS ein.

Bild II.36: Menü FORMAT/ RAHMEN UND SCHATTIERUNG, *Register* SCHATTIERUNG

Um eine Schattierung zu erzeugen, wählen Sie das Register SCHATTIERUNG (Bild II.35) im Menü FORMAT/RAHMEN UND SCHATTIERUNG an. Klicken Sie auf BENUTZERDEFINIERT, und wählen Sie die gewünschte Schattierung aus den Listen SCHATTIERUNG, VORDERGRUND und HINTERGRUND. Bei Verwendung eines Schwarzweißdruckers sind im wesent-

Schattierung erzeugen

lichen nur die Einträge unter SCHATTIERUNG von Bedeutung. Dort stehen eine ganze Reihe an Schwärzungsgraden und Mustern zur Verfügung. Der Eintrag EINFARBIG unterlegt den Text mit schwarzer Farbe. In diesem Fall muß der Text weiß dargestellt werden, damit er lesbar bleibt. Achten Sie daher darauf, daß als Schriftfarbe im Menü FORMAT/ZEICHEN entweder AUTOMATISCH oder WEIß eingestellt ist. Auch bei einer dunkelgrauen Schattierung empfiehlt es sich, eine weiße Schriftfarbe zu verwenden, um die Lesbarkeit zu gewährleisten.

Farbige Schattierungen
Steht ein Farbdrucker zur Verfügung, sind wesentlich weitreichendere Varianten möglich. Zunächst können Sie die Farbe der Schattierung unter VORDERGRUND bestimmen. Falls Sie keine Schattierung gewählt haben, sondern eines der Muster, wird dabei die Farbe des Musters beeinflußt (also z.B. die Farbe der Punkte oder Striche, die das Muster bilden). Der Hintergrund des Musters kann davon unabhängig unter HINTERGRUND gewählt werden. Sowohl bei der Vorder- als auch bei der Hintergrundfarbe stehen Einträge mit der Bezeichnung AUTOMATISCH zur Verfügung. Diese richten sich nach den Farbeinstellungen der Windows-Systemsteuerung für den Fensterhintergrund und die Schriftfarbe (Objekt ANZEIGE, Register DARSTELLUNG). Der Eintrag TRANSPARENT in der Liste SCHATTIERUNG führt dazu, daß kein Vordergrund verwendet wird und nur die Hintergrundfarbe zu sehen ist.

Schattierung entfernen
Um eine Schattierung zu entfernen, schalten Sie die Option OHNE ein.

Mit der Symbolleiste arbeiten
Die wichtigsten Funktionen für Rahmen, Linien und Schattierungen stehen auch in der Symbolleiste zur Verfügung. Achten Sie darauf, daß die entsprechenden Symbole eingeblendet sind (das Einblenden der Symbole kann z.B. durch Klick auf die Schaltfläche SYMBOLLEISTE im Menü FORMAT/ RAHMEN UND SCHATTIERUNG erfolgen). Die Symbole wirken wie Schalter: Ein Klick fügt die Linien ein, ein weiterer Klick entfernt diese wieder. Neben den Symbolen stehen auch zwei Listenfelder zur Verfügung:

Symbole zum Einfügen von Linien

Symbol/Listenfeld	Erklärung
	Linie oben
	Linie unten
	Linie links
	Linie rechts
	horizontale Zwischenlinie (in Tabellen auch vertikale Zwischenlinie).
	Umrandung

3 Formatieren

Symbol/Listenfeld	Erklärung
▨	entfernt alle Linien.
¾ pt	wählt die Strichstärke.
☐ Transparent	wählt die Schattierungsform.

Praxistip: Wurden mehrere Absätze markiert und daraufhin Linien, Rahmen oder Schattierungen erzeugt, verhält sich Word etwas entgegen der üblichen Gepflogenheiten, falls in einem dieser Absätze die Definition geändert werden soll. Angenommen, Sie haben drei untereinander befindliche Absätze mit einer Grauschattierung unterlegt, möchten jedoch im nachhinein, daß der zweite Absatz keine Schattierung bekommen soll. Wenn Sie jedoch den Cursor in den zweiten Absatz setzen und versuchen, die Schattierung zu entfernen, wird auch die Schattierung des ersten und dritten Absatzes gelöscht. Die Abhilfe ist einfach: Sie müssen lediglich ein beliebiges Zeichen des gewünschten Absatzes markieren. Dann bezieht sich die Änderung nur auf den aktuellen Absatz. Die Abweichung ist kein Fehler, sondern dient eigentlich der Erleichterung: Möchten Sie die Definition zusammengehöriger Absätze ändern (z.B. eine Schattierung in eine Umrandung umwandeln), müßten Sie gewöhnlich zunächst alle Absätze markieren. Es genügt aber, den Cursor an eine beliebige Stelle der Absätze zu positionieren und dann die Definition entsprechend zu ändern.

Änderungen betreffen nicht nur den aktuellen Absatz, sondern auch weitere?

3.3.7 Absatzformatierungen zurücksetzen

Um alle Absatzformatierungen (Zeilenabstand, Einzüge, Rahmen, Schattierung usw.) auf die Standardwerte zu setzen, drücken Sie [Strg]+[Q].

3.4 Aufzählungen und Numerierungen (Listen)

Word bietet vielfältige Möglichkeiten, Texte und Überschriften zu numerieren sowie mit Aufzählungszeichen zu versehen. Die Ziffern und Aufzählungssymbole werden dabei weitgehend automatisch angebracht. Falls Sie nachträglich Absätze einfügen, verschieben oder löschen, paßt Word die Numerierung selbsttätig an. Numerierte Texte sowie Texte mit Aufzählungssymbolen werden in Word als *Listen* bezeichnet.

3.4.1 Numerierungen

Waren Sie es bisher gewohnt, Texte manuell zu numerieren, indem Sie die einzelnen Ziffern über die Tastatur eingegeben haben und die Numerierung gegebenenfalls angepaßt haben, falls Texte nachträglich gelöscht oder neu eingegeben wurden, sollten Sie umdenken und die komfortablen Funktionen von Word verwenden. Geben Sie dabei nur den Text ein, keine Ziffern, z.B. in der folgenden Form:

```
Bericht der Verwaltung
Genehmigung des Wirtschaftplans
Beschluß über den Einbau einer Funksteuerung für das
```

II Word

```
Tiefgaragentor
Beschluß über die zukünftige Behandlung von nichtgenehmigten,
baulichen Änderungen an der Fassade
```

Bild II.37:
Das Menü FORMAT/
NUMERIERUNG UND
AUFZÄHLUNGEN,
Register
NUMERIERUNG

Text numerieren — Markieren Sie zunächst die Absätze, die numeriert werden sollen. Daraufhin wählen Sie den Menüpunkt FORMAT/NUMERIERUNG UND AUFZÄHLUNGEN an. Wechseln Sie auf das Register NUMERIERUNG. Dort werden sechs verschiedene Numerierungsvarianten angeboten (siehe Bild II.38):

Klicken Sie auf die gewünschte Numerierungsvariante. Falls der numerierte Text mit einem hängenden Einzug versehen werden soll, kontrollieren Sie, ob die Option HÄNGENDER EINZUG eingeschaltet ist. Die Nummer wird dann vor den Absatz gestellt (wie im folgenden Beispiel zu sehen). Nach einer Bestätigung mit Klick auf OK werden die Ziffern angebracht. Der obige Text sieht jetzt z.B. folgendermaßen aus:

```
1. Bericht der Verwaltung
2. Genehmigung des Wirtschaftsplans
3. Beschluß über den Einbau einer Funk-
   steuerung für das Tiefgaragentor
4. Beschluß über die zukünftige Behandlung
   von nichtgenehmigten, baulichen Ände-
   rungen an der Fassade
```

Besonderheiten — Die eingefügten Ziffern weisen eine Besonderheit auf: Es handelt sich nicht um gewöhnliche Textzeichen, die Sie mit dem Cursor erreichen und auf diese Weise z.B. löschen oder markieren können. Die Ziffern werden vielmehr von Word verwaltet, was mit dem Vorteil verbunden ist, daß Sie diese nicht versehentlich löschen können.

Numerierung anpassen — Um das Anpassen der Numerierung müssen Sie sich nicht kümmern. Falls Sie numerierte Absätze löschen, verschieben oder neue Absätze eingeben, wird die Numerierung vollautomatisch korrigiert.

Numerierung entfernen — Markieren Sie zu diesem Zweck alle Absätze, bei denen die Numerierung entfernt werden soll, rufen Sie den Menüpunkt FORMAT/NUMERIERUNG UND AUFZÄHLUNGEN auf, und klicken Sie auf die Schaltfläche ENTFERNEN.

3 Formatieren

Soll die Numerierung dezimal mit abschließendem Punkt erfolgen, kann die Numerierung anstelle über den Menüpunkt FORMAT/NUMERIERUNG UND AUFZÄHLUNGEN auch mit einem Klick auf dieses Symbol erfolgen. Ein nochmaliger Klick entfernt die Numerierung wieder. Dabei werden beliebige Numerierungen entfernt, auch nichtdezimale.

Angenommen, Sie möchten einen oder mehrere Absätze in einer Liste nicht numerieren. Im folgenden Beispiel soll der Absatz, der mit »Kosten« beginnt, nicht numeriert werden, da er inhaltlich zum 3. Punkt gehört.

Unterbrochene Numerierung

```
1. Bericht der Verwaltung
2. Genehmigung des Wirtschaftsplans
3. Beschluß über den Einbau einer Funk-
   steuerung
   für das Tiefgaragentor
4. Kosten: 999,- DM
5. Beschluß über die zukünftige Behandlung
   von nichtgenehmigten, baulichen Ände-
   rungen an der Fassade
```

Bewegen Sie zu diesem Zweck den Cursor auf den entsprechenden Absatz (oder markieren Sie mehrere Absätze), und rufen Sie das Kontextmenü des Absatzes durch Druck auf die rechte Maustaste auf. Hier stehen zwei relevante Menüpunkte zur Verfügung:

- NUMERIERUNG ÜBERSPRINGEN: entfernt die Numerierung des Absatzes bzw. der Absätze und numeriert die darunter befindlichen Absätze weiter. Für das obige Beispiel benötigen Sie diesen Menüpunkt. Der Text besitzt jetzt folgendes Aussehen:

```
1. Bericht der Verwaltung
2. Genehmigung des Wirtschaftsplans
3. Beschluß über den Einbau einer Funk-
   steuerung für das Tiefgaragentor
   Kosten: 999,- DM
4. Beschluß über die zukünftige Behandlung
   von nichtgenehmigten, baulichen Ände-
   rungen an der Fassade
```

- NUMERIERUNG BEENDEN: entfernt die Numerierung des Absatzes bzw. der Absätze und startet die Numerierung der darunter befindlichen Absätze wieder von vorne (z.B. bei dezimaler Numerierung mit »1.«).

In vielen Fällen reicht eine der Standardvarianten für Numerierungen nicht aus. Möglicherweise möchten Sie ein von den Standardformaten divergierendes Ziffernformat verwenden, z.B. dezimale Numerierung ohne abschließenden Punkt, die Ziffern in eckige anstelle in runde Klammern stellen, die Numerierung mit einer anderen Ziffer als mit »1« starten oder einen größeren bzw. kleineren Abstand zwischen der Ziffer und dem Absatz verwenden. Diese und noch weitere Varianten können auf einfache Weise individuell eingestellt werden. Dabei läßt sich sowohl die Numerierung bereits bei der Anbringung entsprechend beeinflussen als auch nachträglich ändern.

Varianten für Numerierungen

II Word

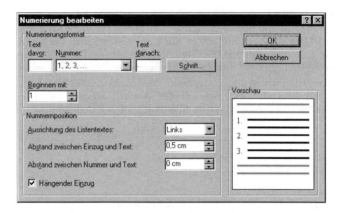

Bild II.38:
Die Dialogbox zur Variierung der Numerierung

Markieren Sie die gewünschten Absätze, rufen Sie den Menüpunkt FORMAT/NUMERIERUNG UND AUFZÄHLUNGEN auf, klicken Sie auf eines der Standardformate, das Ihren Wünschen am nächsten kommt, und klicken Sie auf BEARBEITEN. Daraufhin werden eine Reihe von Einstellungsvarianten angeboten (Bild II.39), die im folgenden näher erklärt werden.

Wahl des Kürzels TEXT VOR: das Kürzel, das vor die Ziffer geschrieben wird.

TEXT DANACH: das Kürzel, das hinter die Ziffer geschrieben wird.

Möchten Sie z.B. die Ziffer in eckige Klammern setzen, geben Sie unter TEXT VOR das Zeichen »[« und unter TEXT DANACH das Zeichen »]« ein. Längere Texte sind ebenfalls möglich, so daß z.B. in der Form »1. Schritt, 2. Schritt« usw. numeriert werden kann.

Numerierungsformat NUMMER: das Format für die Numerierung. Die folgende Übersicht zeigt die einzelnen verfügbaren Formate:

Format	Schema
1, 2, 3,...	1, 2, 3, 4, 5...
I, II, III,...	I, II, III, IV, V...
I, II, III,...	i, ii, iii, iv, v...
A, B, C,...	A, B, C, ..., X, Y, Z, AA, BB, CC, ..., XX, YY, ZZ, AAA...
A, B, C,...	a, b, c, ..., x, y, z, aa, bb, cc, ..., xx, yy, zz, aaa...
EINS, ZWEI,...	Eins, Zwei, Drei, ..., Neun, Zehn, Elf, Zwölf, Dreizehn...
ERSTE, ZWEITE,...	Erste, Zweite, Dritte, ..., Neunte, Zehnte, Elfte, Zwölfte, Dreizehnte...
KAPITÄLCHEN	keine Nummer

Zeichenformatierung Die Schriftart, der Schriftgrad und die Schriftattribute des Listentextes (also der Ziffer und der dazugehörigen Kürzel) wird mit Hilfe der Schaltfläche SCHRIFT festgelegt. Das Einstellen ist nur erforderlich, wenn der Listentext eine vom Fließtext abweichende Formatierung erhalten soll. Nach einem Klick auf diese Schaltfläche wird ein Menü angezeigt, das weitgehend dem Menü FORMAT/ZEICHEN, Register SCHRIFT, entspricht (siehe Abschnitt

II.3.2). Allerdings sind einige Schriftattribute gesperrt, da sie für die Numerierung nicht relevant sind.

Die Nummer, mit der die Numerierung starten soll, wird über das Feld BEGINNEN MIT definiert. Wählen Sie die Startnummer durch Klick auf die Pfeilsymbole, oder geben Sie die Startnummer direkt ein.

Startnummer ändern

Die Startnummer kann nur geändert werden, wenn der erste Absatz markiert ist oder sich der Cursor im dem ersten Absatz befindet. Falls dagegen inmitten einer Numerierung mit einer neuen Nummer gestartet werden soll, müssen Sie so vorgehen, wie es weiter oben unter »Unterbrochene Numerierung« beschrieben ist.

Hinweis

Die Option AUSRICHTUNG DES LISTENTEXTES legt fest, auf welche Weise die Ziffer und die dazugehörigen Kürzel zwischen dem Seitenrand und dem Beginn des Fließtextes ausgerichtet werden. Zur Auswahl stehen LINKS, ZENTRIERT und RECHTS.

Ausrichtung

Das Eingabefeld ABSTAND ZWISCHEN EINZUG UND TEXT bestimmt den Abstand zwischen dem linken Seitenrand und dem Fließtext. Bei einem Listentext, der aus mehreren Zeichen besteht (z.B. bei römischer Numerierung), bzw. bei Verwendung eines hohen Schriftgrades muß der vorgegebene Abstand möglicherweise vergrößert werden.

Abstände

Über das Eingabefeld ABSTAND ZWISCHEN NUMMER UND TEXT wird der horizontale Abstand zwischen dem Listentext und der ersten Zeile des Fließtextes definiert. Die erste Zeile wird also eingerückt. Eine Eingabe ist nur dann notwendig, wenn der hängende Einzug zu schmal ist oder kein hängender Einzug verwendet wird (andernfalls sollte hier »0 cm« eingetragen sein). In beiden Fällen würde sich dann zwischen dem Listentext und der ersten Zeile kein Zwischenraum befinden.

HÄNGENDER EINZUG: Auch über dieses Menü kann der hängende Einzug ein- und ausgeschaltet werden.

Bei weiteren Änderungen am Numerierungsformat klicken Sie nach der Anwahl des Menüpunktes FORMAT/NUMERIERUNG UND AUFZÄHLUNGEN nicht zunächst auf eines der Standardformate und dann auf BEARBEITEN, sondern gleich auf BEARBEITEN.

Nachträgliche Änderungen

Änderungen an den Standardformaten werden nur in den betreffenden Dokumenten dauerhaft gespeichert, also in den Dokumenten, in denen das Numerierungsformat geändert wurden. Zwar stehen die veränderten Standardformate auch dann zur Verfügung, wenn weitere Dokumente angelegt wurden. Dies gilt jedoch nur für die aktuelle Arbeitssitzung. Bei einem erneuten Aufruf von Word werden die Einstellungen wieder auf die ursprünglichen Werte zurückgesetzt. Allerdings lassen sich beliebige Formate für Numerierungen und Aufzählungen mit Hilfe von Formatvorlagen dauerhaft speichern. Mehr über Formatvorlagen erfahren Sie im Kapitel II.10.

Hinweis

3.4.2 Numerierungsfunktion versus manuelles Numerieren

Versuchen Sie, einen Text manuell zu numerieren, wird die manuell eingegebene Ziffer nach dem Druck auf ⏎ durch eine von Word verwaltete ersetzt. Werden jetzt weitere Absätze eingegeben, wird diesen automatisch die entsprechende Ziffer zugewiesen (da mit ⏎ die Absatzformatierung in den nächsten Absatz kopiert wird). Sie brauchen also keine weiteren Ziffern mehr eingeben, nur noch den dazugehörigen Fließtext. Durch zweimaligen Druck auf ⏎ wird die Numerierungsfunktion wieder abgeschaltet.

Während der Eingabe numerieren

II Word

Erkannt werden im wesentlichen alle Numerierungsformate, wie sie auch in der Numerierungsfunktion verfügbar sind, also z.B. Eingaben wie 1. oder a). Die Ziffern müssen mit einem Leerzeichen oder einem Tabulator vom nachfolgenden Fließtext getrennt werden.

Die automatische Umwandlung wurde vor allem aus folgenden Gründen implementiert: Zum einen hat sich gezeigt, daß in früheren Word-Versionen nur wenige Anwender von der Numerierungsfunktion Gebrauch gemacht haben, was weniger am mangelnden Interesse, sondern mehr an der Tatsache lag, daß vielen Anwendern die Funktion gar nicht bekannt war. Durch die neu geschaffene, automatische Umwandlung soll die Numerierungsfunktion dem Anwender schmackhaft gemacht werden. Zum anderen läßt sich mit der neuen Funktion Zeit sparen, da sich die Numerierungsfunktion während der Texteingabe aktivieren läßt, ohne daß erst der entsprechende Menüpunkt aufgerufen werden muß.

Trotzdem steht es jedem frei, ob er die Numerierungsfunktion verwenden oder lieber manuell numerieren will, da sich die automatische Umwandlung jederzeit abschalten läßt: Deaktivieren Sie hierfür die Option AUTOMATISCHE NUMERIERUNG im Menü EXTRAS/OPTIONEN, Register AUTOFORMAT.

Manuell numerierter Text

Wird die Numerierungsfunktion auf einen Text angewendet, der manuell numeriert wurde (z.B. mit einem Editor oder einem anderen Textverarbeitungsprogramm), werden die Ziffern gelöscht und durch von Word verwaltete ersetzt. Umgekehrt verhält es sich, wenn ein mit der Numerierungsfunktion bearbeiteter Text an ein anderes Programm übertragen wird (z.B. über die Zwischenablage oder durch Speichern als reine Textdatei): Die von Word verwalteten Ziffern werden durch wirkliche Zeichen ersetzt.

3.4.3 Gegliederte Listen numerieren

Mehrere Prioritäten bei der Numerierung

In der Praxis kommt es häufig vor, daß Listen erzeugt werden, die mehrere Prioritäten aufweisen. Das bedeutet, daß bestimmten Gliederungspunkten weitere Gliederungspunkte untergeordnet sind, denen gegebenenfalls wiederum Gliederungspunkte untergeordnet sind usw. Angenommen, es soll folgende Liste numeriert werden. Wie deutlich zu erkennen, besitzt diese drei Prioritäten; dem Punkt »Nudelgerichte« sind z.B. die Einträge »Lasagne« und »Spaghetti Bolognese« zugeordnet; der Eintrag »Lasagne« ist wiederum untergliedert in »mit Fleischsauce« und »vegetarisch«.

```
Produktübersicht "Pizza-Service"

Pizzen
Pizza Margherita
Pizza Funghi
Pizza Mare
Nudelgerichte
Lasagne
mit Fleischsauce
vegetarisch
Spaghetti Bolognese
Deserts
Tiramisu
gemischtes Eis
```

Markieren Sie zunächst die Liste, und rufen Sie den Menüpunkt FORMAT/NUMERIERUNG UND AUFZÄHLUNGEN auf. Wählen Sie daraufhin nicht wie gewohnt das Register NUMERIERUNG an, sondern das Register GLIE-

DERUNG. Das Register ist ähnlich aufgebaut wie das Register NUMERIE-
RUNG und bietet ebenfalls sechs Standardformate (Bild II.40).

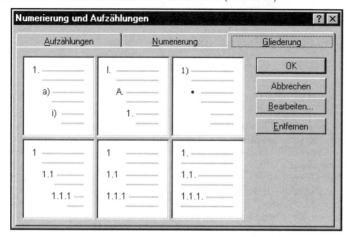

*Bild II.39:
Das Menü* FORMAT/
NUMERIERUNG UND
AUFZÄHLUNGEN,
Register
GLIEDERUNG

Wählen Sie das gewünschte Format. Wenn Sie sich für das erste Format entscheiden (gemischt dezimal, Kleinbuchstaben und römische Ziffern (klein)), sieht die Liste folgendermaßen aus:

```
Produktübersicht "Pizza-Service"

  1. Pizzen
  2. Pizza Margherita
  3. Pizza Funghi
  4. Pizza Mare
  5. Nudelgerichte
  6. Lasagne
  7. mit Fleischsauce
  8. vegetarisch
  9. Spaghetti Bolognese
 10. Deserts
 11. Tiramisu
 12. gemischtes Eis
```

Die Liste ist jetzt zwar numeriert, die einzelnen Absätze besitzen jedoch weiterhin die gleiche Priorität. Sie müssen daher noch die entsprechenden Prioritäten festlegen. Dazu dient das nebenstehende Symbol. Ein Klick auf dieses Symbol reduziert die Priorität des aktuellen Absatzes (bzw. den markierten Absätzen) um eine Stufe. Jeder weitere Klick reduziert die Priorität weiter. Um die dritte Priorität einzustellen (im Beispiel erforderlich für die Einträge »mit Fleischsauce« und »vegetarisch«) müssen Sie also zweimal klicken. Alternativ zu dem Symbol können Sie auch [Alt]+[Shift]+[→] drücken.

Diese Schaltfläche (alternativ ein Druck auf [Alt]+[Shift]+[←]) bewirkt das Gegenteil: Die Priorität wird mit jedem Klick bzw. Tastendruck schrittweise erhöht, bis wieder die höchste Priorität erreicht ist. Nach Zuweisung der Prioritäten sollte die Liste folgendermaßen aussehen:

```
Produktübersicht "Pizza-Service"

  1. Pizzen
```

```
                    a)  Pizza Margherita
                    b)  Pizza Funghi
                    c)  Pizza Mare
                 2. Nudelgerichte
                    a)  Lasagne
                        i)  mit Fleischsauce
                        ii) vegetarisch
                    b)  Spaghetti Bolognese
                 3. Deserts
                    a)  Tiramisu
                    b)  gemischtes Eis
```

Varianten bei der Numerierung Selbstverständlich können auch bei gegliederten Listen noch Feinkorrekturen vorgenommen werden. Z.B. kann das Ziffernformat individuell angepaßt und Einfluß auf die Einrückung genommen werden. Dies funktioniert sehr ähnlich wie bei Listen, die nur eine Priorität aufweisen: Auf dem Register GLIEDERUNG findet sich wie auch auf dem Register NUMERIERUNG eine Schaltfläche mit der Bezeichnung BEARBEITEN. Die nach dem Anklikken der Schaltfläche zur Auswahl angebotenen Optionen entsprechen denen für Listen mit einer Priorität mit den nachfolgend beschriebenen Unterschieden:

Format Das Format kann für jede Priorität separat festgelegt werden. Wählen Sie hierfür die zu ändernde Priorität mit der Bildlaufleiste unter EBENE (rechts in der Dialogbox) oder durch Klick in den gewünschten Bereich des Vorschaufensters (rechts unten in der Dialogbox). Es gibt insgesamt 9 Prioritäten.

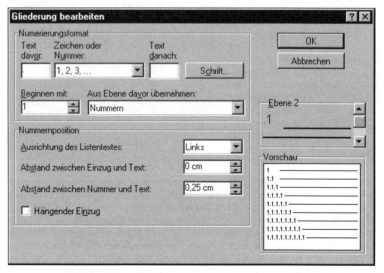

Bild II.40: Variierung der Numerierung von gegliederten Listen

Elemente aus höherer Priorität übernehmen Auf Wunsch können bestimmte Elemente aus der jeweils höheren Priorität in die aktuelle Priorität übernommen werden. Dazu dient die Option AUS EBENE DAVOR ÜBERNEHMEN, die in den Ebenen 2 bis 9 zur Verfügung steht. Zur Auswahl stehen:

- NICHTS: keine Übernahme
- NUMMERN: Die Ziffer wird übernommen, so daß sich z.B. eine Numerierungen wie 1, 1.1, 1.1.1 erzeugen läßt.

- NUMMERN UND POSITION: wie NUMMERN, setzt jedoch die einzelnen Ziffern an dieselbe horizontale Position wie bei der übergeordneten Priorität. Auf diese Weise werden die einzelnen Ziffern bündig untereinander gesetzt.

Die Auswirkungen der einzelnen Optionen sind aus Bild II.42 ersichtlich.

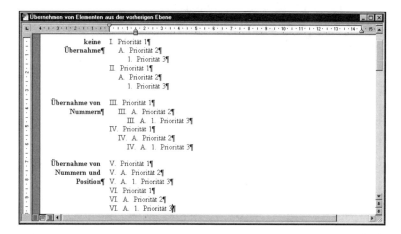

Bild II.41:
Die Option AUS EBENE DAVOR ÜBERNEHMEN

Beim Ziffernformat stehen neben den bekannten Formaten (dezimale Ziffern, römische Ziffern, Buchstaben usw.) zusätzlich diverse Aufzählungszeichen zur Verfügung, z.B. Kreise und Pfeile. Die Aufzählungszeichen eignen sich vor allem für niedrigere Prioritäten, bei denen eine Numerierung zu unübersichtlich erscheint. Neben den standardmäßig angebotenen Symbolen kann durch Klick auf den Eintrag ANDERES ZEICHEN ein beliebiges Zeichen aus den vorhandenen Symbolschriften ausgewählt werden.

Ziffernformat

3.4.4 Überschriften numerieren

Beim Numerieren von Überschriften ist der Menüpunkt FORMAT/NUMERIERUNG UND AUFZÄHLUNGEN ungeeignet, da er für Absätze konzipiert ist, die unmittelbar untereinander stehen. Zur Numerierung von Überschriften dient dagegen der Menüpunkt FORMAT/ÜBERSCHRIFTEN NUMERIEREN.

Voraussetzung für die Numerierung ist, daß den einzelnen Überschriften die entsprechenden Formatvorlagen für Überschriften (ÜBERSCHRIFT 1-ÜBERSCHRIFT 9) zugewiesen wurden. Den Überschriften mit der höchsten Priorität (Kapitelüberschriften) muß dabei die Formatvorlage ÜBERSCHRIFT 1 zugeordnet werden, den untergeordneten Überschriften (Abschnittüberschriften) die Formatvorlage ÜBERSCHRIFT 2 usw.

Voraussetzungen

Die entsprechende Formatvorlage für Überschriften kann unter anderem über das Formatvorlagen-Listenfeld (in der Regel das erste Listenfeld in der Symbolleiste) ausgewählt werden. Mehr über Formatvorlagen erfahren Sie im Kapitel II.10.

II Word

Numerierung initiieren

Um eine Numerierung anzubringen, rufen Sie den Menüpunkt FORMAT/ ÜBERSCHRIFTEN NUMERIEREN auf und wählen eines der gewünschten Standardformate (Bild II.43). Sie müssen im übrigen vor Aufruf des Menüs keinen Text markieren; bei der Numerierung wird automatisch das komplette Dokument berücksichtigt. Nachdem die Numerierung angebracht wurde, können Sie nach Belieben Überschriften hinzufügen oder löschen. Die Numerierung wird unmittelbar angepaßt.

Bild II.42: Das Menü FORMAT/ ÜBERSCHRIFTEN NUMERIEREN

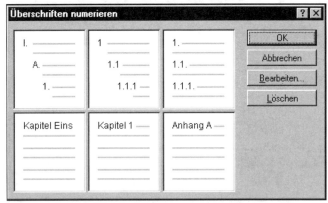

Numerierung entfernen

Möchten Sie eine automatische Numerierung wieder entfernen, klicken Sie im Menü FORMAT/ÜBERSCHRIFTEN NUMERIEREN auf die Schaltfläche LÖSCHEN.

Varianten bei der Numerierung

Mit Hilfe der Schaltfläche BEARBEITEN im Menü FORMAT/ÜBERSCHRIFTEN NUMERIEREN läßt sich die Numerierung an die individuellen Bedürfnisse anpassen. Das Menü zur Anpassung (Bild II.44) ist mit dem entsprechenden Menü für gegliederte Listen fast identisch, wie es im vorigen Abschnitt »Gegliederte Listen numerieren« besprochen wurde. Sie finden daher nur eine Beschreibung der Unterschiede sowie einige ergänzende Hinweise.

Bild II.43: Variierung der Überschriftennumerierung

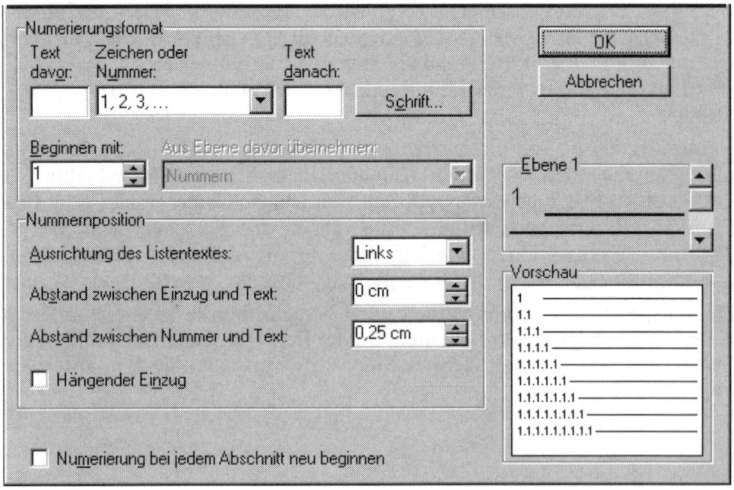

Sollen nicht alle Überschriften eine Numerierung erhalten, sondern z.B. nur Überschriften mit der 1. und 2. Priorität, so wählen Sie für die niedrigeren Prioritäten (in diesem Fall für die Ebenen 3 bis 9) als Numerierungsformat (Listenfeld ZEICHEN ODER NUMMER) den Eintrag (OHNE) oder – falls Sie die Überschrift anstelle einer Nummer mit einem Symbol einleiten möchten – eines der Aufzählungszeichen.

Ausklammern von Überschriftenprioritäten

Durch Aktivieren der Option NUMERIERUNG BEI JEDEM ABSCHNITT NEU BEGINNEN erreichen Sie, daß nach einem Abschnittwechsel die Zählung wieder mit dem unter der Option BEGINNEN MIT (Vorgabe: 1) definierten Startwert beginnt. Einen Abschnittwechsel fügen Sie mit dem Menüpunkt EINFÜGEN/MANUELLER WECHSEL ein (vergleiche Kapitel II.3.6). Die Option NUMERIERUNG BEI JEDEM ABSCHNITT NEU BEGINNEN wird z.B. benötigt, wenn mehrere Texte in einer Datei enthalten sind, deren Überschriftennumerierung dann logischerweise unabhängig voneinander erfolgen soll.

Zählung nach Abschnittwechsel neu starten

Praxistip: Falls die Überschriften mit einem festen Text beginnen sollen (z.B. Kapitelüberschriften mit »Kapitel« und Abschnittüberschriften mit »Abschnitt«), erweist sich die Option TEXT DAVOR als sehr vorteilhaft, da Sie hierdurch verhindern können, daß der Text für jede Überschrift separat eingegeben werden muß. Bezogen auf das Beispiel definieren Sie für die Ebene 1 den Text »Kapitel [Leer]« und für die Ebene 2 den Text »Abschnitt [Leer]«. Das abschließende Leerzeichen ist erforderlich, da sonst kein Abstand zwischen dem festen Text und der Ziffer eingefügt wird.

Änderungen betreffen nicht nur den aktuellen Absatz, sondern auch weitere?

3.4.5 Aufzählungen

Bild II.44: Die Standardformate für Aufzählungen

Aufzählungen werden sehr ähnlich erzeugt wie Numerierungen. Um Wiederholungen zu vermeiden, werden in diesem Abschnitt nur die Unterschiede zur Numerierungsfunktion beschrieben. Sie sollten daher gegebenenfalls zunächst die vorigen Abschnitte zur Numerierungsfunktion durcharbeiten.

*Bild II.45:
Varianten für
Aufzählungen*

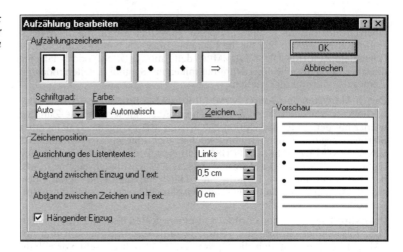

Die einzelnen Funktionen für Aufzählungen finden sich im Menü FORMAT/NUMERIERUNG UND AUFZÄHLUNGEN. Wählen Sie zunächst das Register AUFZÄHLUNGEN an. Daraufhin werden sechs Standardformate angeboten (Bild II.45), die sich wie auch die Varianten für Numerierungen durch Klick auf die Schaltfläche BEARBEITEN beliebig anpassen lassen (Bild II.46).

Im Vergleich zur entsprechenden Dialogbox für Numerierungen bestehen folgende Unterschiede:

- Anstelle des Ziffernformates läßt sich im oberen Bereich der Dialogbox das Aufzählungszeichen auswählen. Falls keines der Zeichen zusagt, wählen Sie ein beliebiges anderes Zeichen durch Klick auf die Schaltfläche ZEICHEN.
- Unter SCHRIFTGRAD stellen Sie die gewünschte Größe des Aufzählungszeichens ein. In der Regel empfiehlt es sich, das Zeichen im selben Schriftgrad wie der dazugehörige Fließtext darzustellen. In diesem Fall belassen Sie die Voreinstellung AUTO.
- Die Option FARBE erlaubt es, das Aufzählungszeichen in einer anderen Farbe als den dazugehörigen Fließtext darzustellen.

Alternativ zum Menüpunkt FORMAT/NUMERIERUNG UND AUFZÄHLUNGEN können Aufzählungen durch Klick auf dieses Symbol erzeugt werden. Alle markierten Absätze (bzw. der aktuelle Absatz) werden in Aufzählungen umgewandelt. Als Aufzählungszeichen wird ein gefüllter Kreis eingefügt. Ein weiterer Klick wandelt eine Aufzählung wieder in einen gewöhnlichen Text um.

Bei allen weiteren Aktionen, z.B. beim Entfernen von Aufzählungen, gehen Sie so vor wie bei numerierten Texten.

Analog zur Numerierungsfunktion werden manuell eingegebene Aufzählungszeichen in von Word verwaltete Zeichen umgewandelt. Auch hier ist Voraussetzung, daß die Zeichen mit einem Leerzeichen oder einen Tabulator vom Fließtext getrennt werden. Auf den ersten Blick scheinen von Word verwaltete Zeichen keine Vorteile gegenüber manuell eingegebenen zu haben, da keine Numerierung erzeugt bzw. angepaßt werden muß. Der Zweck liegt jedoch vielmehr darin, das Erscheinungsbild des Textes zu verbessern. Viele Anwender behelfen sich nämlich mit einfachen, auf der Tastatur aufgedruckten Zeichen (vor allem Bindestrichen und Sternen), um Aufzählungen zu erzeugen. Word ersetzt diese Zeichen gegen die wesentlich ästhetischeren Zeichen aus der Symbolschrift »Symbol«. Die am Rand abgebildete Übersicht zeigt, auf welche Weise die Zeichen umgewandelt werden.

Aufzählungen bei der Eingabe erzeugen

Die automatische Umwandlung kann auf Wunsch abgeschaltet werden. Deaktivieren Sie hierfür die Option AUTOMATISCHE AUFZÄHLUNG im Menü EXTRAS/OPTIONEN, Register AUTOFORMAT.

3.5 Seiteneinstellungen

Zu den Seiteneinstellungen gehören vor allem die Seitenränder und die Papiergröße. Die einzelnen Einstellungen finden sich im Menü DATEI/ SEITE EINRICHTEN.

Falls im Layoutmodus gearbeitet wird, läßt sich das Menü DATEI/SEITE EINRICHTEN auch durch einen Doppelklick auf eine der Papierecken aufrufen.

Die Seiteneinstellungen gelten standardmäßig für das komplette Dokument. Durch Aufteilen des Dokuments in mehrere Abschnitte lassen sich jedoch auch verschiedene Seiteneinstellungen innerhalb eines Dokuments verwenden. Mehr hierzu erfahren Sie im nächsten Kapitel (II.3.6).

Hinweis

3.5.1 Seitenränder einstellen

Die Einstellungen für die Seitenränder finden sich auf dem Register SEITENRÄNDER. Zur Auswahl stehen folgende Optionen:

OBEN, UNTEN, LINKS, RECHTS: das Maß für die Größe der Seitenränder, jeweils gemessen von der Papierkante (siehe Bild II.47). Geben Sie die gewünschten Maße ein. Sie können beliebige Maßeinheiten verwenden, z.B. cm oder Punkt. Wird keine Maßeinheit angegeben, werden cm angenommen.

Bild II.46: Die verschiedenen Einstellungen für Seitenränder im Überblick

Die meisten Drucker können nicht ganz bis an die Papierkante drucken. Typischerweise gibt es einen unbedruckbaren Bereich von 0,4 bis 0,8 cm.

Hinweis

Falls Sie einen oder mehrere zu kleine Werte eingeben, wird eine Meldung angezeigt. Word bietet dabei an, die Werte derart zu korrigieren, daß der Seitenrand mindestes so groß eingestellt ist wie der unbedruckbare Bereich. Im allgemeinen bietet es sich an, diesen Vorschlag durch Klick auf KORRIGIEREN anzunehmen. Klicken Sie dagegen auf IGNORIEREN, werden die Werte unverändert übernommen. Mit hoher Wahrscheinlichkeit werden im Ausdruck aber dann einzelne Zeilen und Spalten des Dokuments verschluckt.

Symmetrisches Layout Durch Aktivierung der Option GEGENÜBERLIEGENDE SEITEN wird ein symmetrisches Layout generiert, das typischerweise für Bücher verwendet wird. Dabei wird der linke und rechte Seitenrand auf geraden Seiten vertauscht (vergleiche Bild II.47). Zur Verdeutlichung wird dann auch nicht mehr von einem linken und rechten Seitenrand gesprochen, sondern von einem inneren und äußeren. Sobald die Option eingeschaltet ist, wird die Option LINKS in INNEN und die Option RECHTS in AUßEN umbenannt.

Bundsteg Der Bundsteg ist ein zusätzlicher Rand, der als Klebe-, Heft- oder Binderand dient (vergleiche Bild II.47). Eine Eingabe eines Maßes im Feld BUNDSTEG ist nur notwendig, wenn Sie das Papier doppelseitig bedrucken. Andernfalls können Sie auch durch Einstellen eines entsprechend großen Seitenrandes einen Klebe-, Heft- oder Binderand erzeugen. Um einen Bundsteg zu entfernen, geben Sie 0 cm ein.

3.5.2 Papierformat

Papiergröße Die Größe des Papiers stellen Sie auf dem Register PAPIERFORMAT ein. Im Listenfeld PAPIERFORMAT finden sich eine Reihe von gebräuchlichen Papierformaten, z.B. DIN A4. Es läßt sich aber auch ein benutzerdefiniertes Maß erzeugen, indem die Breite und Höhe direkt in den Feldern BREITE und HÖHE eingegeben wird. Ohne nachgestellte Maßeinheit wird die Angabe in cm angenommen.

Ausrichtung Der Druck kann sowohl im Hochformat als auch im Querformat erfolgen. Schalten Sie hierfür die gewünschte Einstellung unter AUSRICHTUNG ein. Der Druck im Querformat kann in Verbindung mit beliebigen Druckern erfolgen. Die Seiten werden dann um 90 Grad gedreht ausgedruckt. Wird ein spezieller Breitdrucker verwendet und in diesem das Papier im Querformat eingespannt, muß die Einstellung HOCHFORMAT verwendet werden.

3.5.3 Papierzufuhr

Schacht festlegen, über den das Papier eingezogen wird Bei Druckern, die über mehrere Schächte verfügen, ist das Register PAPIERZUFUHR von Interesse. Über dieses legen Sie fest, von welchem Schacht das Papier beim Druck eingezogen wird. Für die erste Seite des Dokuments kann ein anderer Schacht gewählt werden als für die übrigen. Damit hat es folgende Bewandtnis: Beim Ausdruck von mehrseitigen Briefen wird die erste Seite typischerweise auf einem speziellen Briefpapier gedruckt. Die übrigen Seiten werden auf einem leeren Papier oder einem speziellen Briefpapier für Fortsetzungsseiten gedruckt. Sind zwei oder mehr Schächte vorhanden, bietet es sich an, in einem Schacht einen Papiervorrat für die erste Seite und in einem anderen Schacht einen Papiervorrat für Fortsetzungsseiten anzulegen. Durch entsprechende Einstellung wird dann das Papier vollautomatisch aus den entsprechenden Schächten eingezogen, und Sie ersparen sich den manuellen Papierwechsel.

3.5.4 Seitenlayout

Auf dem Register SEITENLAYOUT sind eine Reihe von Einstellungen enthalten, wobei für die seitenspezifische Formatierung im wesentlichen nur die Option VERTIKALE AUSRICHTUNG von Interesse ist.

Die Option VERTIKALE AUSRICHTUNG legt fest, wie der Text auf der Vertikalen ausgerichtet wird. Bekanntlich sind die meisten Seiten nicht vollständig gefüllt. Gerade wenn auf der Seite Tabellen oder Abbildungen enthalten sind, bleibt unter Umständen ein größerer Bereich unbedruckt. Zur Auswahl stehen folgende Optionen:

Text vertikal ausrichten

OBEN: Der Text beginnt direkt unter dem oberen Seitenrand. Etwaige freie Bereiche ergeben sich am unteren Seitenende. Diese Einstellung wird in den allermeisten Fällen verwendet.

ZENTRIERT: Der Text wird in der Vertikalen zentriert. Der Abstand vom oberen Seitenrand bis zur ersten Textzeile und der Abstand vom unteren Seitenrand bis zur letzten Textzeile sind identisch. Diese Einstellung ist in der Praxis unüblich.

BLOCKSATZ: Die vertikalen Abstände zwischen den Absätzen werden derart vergrößert, so daß der Text bis zum unteren Seitenrand reicht. Damit ergibt sich ein gleichmäßiges Layout. In der Praxis wird diese Variante gelegentlich verwendet. Der Nachteil liegt jedoch darin, daß mäßig gefüllte Seiten zu großen Lücken zwischen den Absätzen führen.

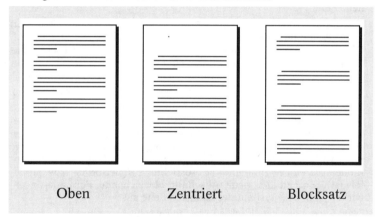

Bild II.47: Vertikale Ausrichtung

Oben   Zentriert   Blocksatz

3.5.5 Standardeinstellungen

Die Seiteneinstellungen, die Sie am häufigsten benötigen, sollten zur Standardeinstellung gemacht werden. Die entsprechenden Seiteneinstellungen stehen dann in neuen Dokumenten automatisch zur Verfügung. Zum Definieren der Standardeinstellungen klicken Sie auf dem entsprechenden Register auf die Schaltfläche STANDARD.

3.6 Mit Abschnitten arbeiten

Durch Aufteilung eines Dokuments in mehrere Abschnitte lassen sich in einem Dokument verschiedene seitenspezifische Formatierungen verwenden. Zu den seitenspezifischen Formatierungen gehören vor allem die Seitenränder, die vertikale Ausrichtung (siehe jeweils voriger Abschnitt), die

Anzahl der Textspalten (Kapitel II.5.2), Kopf- und Fußzeilen (Kapitel II.3.7) und Fußnoten (Kapitel II.3.8).

In Büchern wird z.B. typischerweise in jedem Kapitel ein anderer Kapitelname gedruckt. Es sind daher verschiedene Kopf- und Fußzeilen notwendig. Ein weiteres Anwendungsgebiet für Abschnitte ist die Variierung der Spaltenanzahl. In Büchern werden bestimmte Bestandteile – z.B. der Index – nicht einspaltig wie der übrige Text, sondern zwei- oder dreispaltig gedruckt.

Üblicherweise werden die einzelnen Kapiteln eines Dokuments durch Abschnittwechsel voneinander getrennt, schon einmal deshalb, um unterschiedliche Kopf- und Fußzeilen in den einzelnen Kapiteln zuzulassen. Da ein Abschnittwechsel auf Wunsch zusätzlich einen Seitenumbruch initiiert, erreicht man gleichzeitig, daß ein Kapitel grundsätzlich auf einer neuen Seite beginnt. In besonderen Fällen sind weitere Abschnittwechsel erforderlich, beispielsweise, wenn bestimmte Seiten oder Bereiche innerhalb eines Kapitels mit einer abweichenden Spaltenzahl gedruckt werden sollen. Bei sehr komplexen Layouts, z.B. Zeitungen, in denen die einzelnen Artikel mit abweichender Spaltenanzahl gedruckt werden, werden sogar auf einer Seite mehrere Abschnittwechsel benötigt.

Abschnittwechsel einfügen

Zum Einfügen von Abschnittwechseln dient der Menüpunkt EINFÜGEN/ WECHSEL. Es werden vier Formen von Abschnittwechseln angeboten:

- NÄCHSTE SEITE: An der Position des Abschnittwechsel beginnt eine neue Seite.

- UNGERADE SEITE: Der neue Abschnitt beginnt auf einer ungeraden Seite. Ist die nächste Seite eine gerade Seite, bleibt diese unbedruckt. Die Option UNGERADE SEITE ist für den Satz von Büchern sehr praktisch. Dort ist meist erwünscht, daß ein neues Kapitel generell auf einer ungeraden (rechten) Seite beginnt.

- GERADE SEITE: Der neue Abschnitt beginnt auf einer geraden Seite. Ist die nächste Seite eine ungerade Seite, bleibt diese unbedruckt.

- FORTLAUFEND: Der Text wird nahtlos fortgesetzt. Die Einstellung wird z.B. benötigt, wenn innerhalb einer Seite die Anzahl der Spalten gewechselt wird. Bestimmte Formatierungen können auf einer Seite nicht variiert werden. Dabei handelt es sich vor allem um die Seitenränder, die Papiergröße und die Ausrichtung (Querformat bzw. Hochformat). Enthält der neue Abschnitt abweichende Formatierungen, wirken sich diese erst auf der nächsten Seite aus.

Klicken Sie auf den gewünschten Abschnittwechsel, und bestätigen Sie mit OK.

Der Abschnittwechsel wird im Text durch eine doppelte, gepunktete Linie dargestellt, die mit dem Hinweis »Abschnittsende« gekennzeichnet ist (Bild II.49). Im Layoutmodus sind Abschnittwechsel unsichtbar.

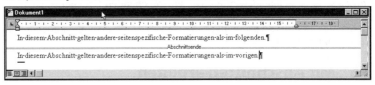

Bild II.48: Darstellung von Abschnittwechseln in der Normalansicht

Um in einem Abschnitt abweichende seitenspezifische Formatierungen zu verwenden, bewegen Sie zunächst den Cursor auf ein beliebiges Zeichen des gewünschten Abschnitts. Sollen die Formatierungen mehrerer

Abschnitte geändert werden, markieren Sie die gewünschten Abschnitte. Daraufhin nehmen Sie die gewünschten Formatierungen vor.

Bei Formatierungen, die im Menü DATEI/SEITE EINRICHTEN oder FORMAT/SPALTEN (zur Variierung der Spaltenanzahl) vorgenommen werden, läßt sich im Listenfeld ANWENDEN AUF festlegen, welche Abschnitte von den neuen Formatierungen betroffen sein sollen. Zur Auswahl stehen:

- AKTUELLEN ABSCHNITT: Die Formatierungen gelten nur für den aktuellen Abschnitt.
- MARKIERTE ABSCHNITTE: Die Formatierungen wirken sich auf alle markierten Abschnitte aus.
- DOKUMENT AB HIER: Die Einstellungen gelten für den aktuellen Abschnitt und alle nachfolgenden Abschnitte bis zum Dokumentende.
- GESAMTES DOKUMENT: Von den Formatierungen sind alle Abschnitte des kompletten Dokuments betroffen.

Soll die Eigenschaft eines Abschnittwechsels geändert werden (z.B. von »fortlaufend« auf »nächste Seite«), gehen Sie folgendermaßen vor: **Abschnittwechsel ändern**

1. Positionieren Sie den Cursor auf ein beliebiges Zeichen im entsprechenden Abschnitt. Falls Sie die Eigenschaft mehrerer Abschnittwechsel ändern möchten, markieren Sie die gewünschten Abschnitte.
2. Rufen Sie den Menüpunkt DATEI/SEITE EINRICHTEN auf, wählen Sie das Register SEITENLAYOUT an, und wählen Sie die gewünschte Eigenschaft im Listenfeld ABSCHNITTSBEGINN.

Neben den bekannten Eigenschaften NÄCHSTE SEITE, UNGERADE SEITE, GERADE SEITE und FORTLAUFEND gibt es eine weitere: NEUE SPALTE. Ein mit diese Eigenschaft versehener Abschnittwechsel initiiert einen Spaltenumbruch (nur für mehrspaltige Texte relevant).

Das Register SEITENLAYOUT kann auch durch einen Doppelklick auf einen Abschnittwechsel aufgerufen werden.

Die abschnittspezifischen Formatierungen werden direkt im Abschnittwechsel gespeichert, der den Abschnitt abschließt. Das bedeutet, daß durch das Löschen des Abschnittwechsels durch Druck auf `Entf` die abschnittspezifischen Formatierungen verlorengehen, genauer nimmt der Text dann die Formatierungen des nächsten Abschnitts an. **Abschnittwechsel kopieren, löschen und verschieben**

Abschnittwechsel lassen sich aber auch kopieren und verschieben. Dabei gehen Sie vor wie bei einem gewöhnlichen Textzeichen. Das Kopieren eines Abschnittwechsels ist besonders sinnvoll, falls in einem Abschnitt besonders umfangreiche Formatierungen vorgenommen wurden und diese auch an einer anderen Stelle im selben oder in einem anderen Dokument benötigt werden. Sie ersparen sich dann das Einstellen der einzelnen Formatierungen.

3.7 Kopf- und Fußzeilen

Kopfzeilen sind Texte, die im gesamten Dokument oder in einem bestimmten Bereich des Dokuments am oberen Seitenrand gedruckt werden. Das Gegenstück sind Fußzeilen, die auf dem unteren Seitenrand gedruckt werden. Typische Anwendungsgebiete für Kopf- und Fußzeilen sind das Drukken von Seitennummern und Kapitelnamen. Kopf- und Fußzeilen dürfen neben gewöhnlichen Texten beliebige andere Elemente enthalten, wie sie auch im gewöhnlichen Dokument erlaubt sind, z.B. Grafiken, Felder und Objekte. Hinsichtlich der Formatierung gibt es ebenfalls keine Einschrän-

II Word

Kopf- und Fußzeilen anbringen

kungen, so daß sich Kopf- und Fußzeilen z.B. mit Rahmen, Linien und Schattierungen versehen lassen.

Zum Anbringen einer Kopf- oder Fußzeile wählen Sie den Menüpunkt ANSICHT/KOPF- UND FUßZEILE an. Falls Sie sich in der Normalansicht befinden, wird in den Layoutmodus geschaltet. Der Cursor wird in den Bereich für die Kopfzeile gesetzt.

Der Bereich ist mit einer gestrichelten Umrandung gekennzeichnet. Außerdem wird eine spezielle Symbolleiste eingeblendet, die eine Reihe von Funktionen zur Verfügung stellt, die für Kopf- und Fußzeilen wichtig sind (vergleiche Bild II.50). Der gewöhnliche Text ist weiter sichtbar, wird allerdings zur besseren Unterscheidung grau dargestellt.

Bild II.49: Symbolleiste für Kopf- und Fußzeilen

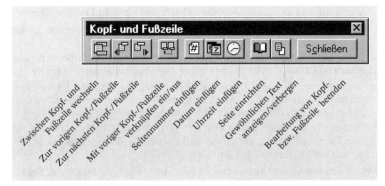

Geben Sie den gewünschten Text für die Kopfzeile ein. Der Text darf aus mehreren Absätzen bestehen. Der Bereich für die Kopfzeile wird entsprechend vergrößert, wenn der Platz nicht ausreicht. Verwenden Sie beliebige Elemente in der Kopfzeile.

Zwischen Kopf- und Fußzeile umschalten

Um in den Bereich für die Fußzeile umzuschalten, klicken Sie auf das nebenstehende Symbol. Die Eingabe der Fußzeile erfolgt wie bei der Kopfzeile. Ein weiterer Klick auf das Symbol wechselt wieder zur Kopfzeile.

Nach beendeter Eingabe klicken Sie auf die Schaltfläche SCHLIEßEN. Sie befinden sich wieder im gewöhnlichen Dokument. In der Layoutansicht sind Kopf- und Fußzeilen weiter sichtbar, werden allerdings in grauer Farbe angezeigt, um sie vom gewöhnlichen Text zu unterscheiden. In der Normalansicht sind Kopf- und Fußzeilen unsichtbar.

Kopf- und Fußzeile bearbeiten

Zur Bearbeitung von Kopf- und Fußzeilen rufen Sie den Menüpunkt ANSICHT/KOPF- UND FUßZEILE auf. Falls Sie sich im Layoutmodus befinden, können Sie auch alternativ doppelt auf die Kopf- oder Fußzeile klicken.

3.7.1 Optionen für Kopf- und Fußzeilen

Auf der ersten Seite Kopf- und Fußzeilen unterdrücken

Häufig werden auf der ersten Seite eines Dokuments – typischerweise eines Briefes – keine Kopf- und Fußzeilen gedruckt. In Büchern wird häufig auf der ersten Seite eines neuen Kapitels auf Kopf- und Fußzeilen verzichtet. Zum Unterdrücken der Kopf- und Fußzeile auf der ersten Seite klicken Sie zunächst auf das nebenstehende Symbol, oder rufen Sie den Menüpunkt DATEI/SEITE EINRICHTEN, Register SEITENLAYOUT, auf. Anschließend aktivieren Sie die Option ERSTE SEITE ANDERS.

Daraufhin werden auf der ersten Seite leere Bereiche für Kopf- und Fußzeilen eingefügt, die nur für diese Seite gültig sind. Um die Kopf- und Fußzeile auf der ersten Seite zu unterdrücken, lassen Sie die Eingabebereiche leer.

Sollen dagegen auf der ersten Seite Kopf- und Fußzeilen gedruckt werden, die einen anderen Inhalt wie die Kopf- und Fußzeilen der übrigen Seiten aufweisen, füllen Sie die Eingabebereiche entsprechend aus.

Auf der ersten Seite andere Kopf- und Fußzeile verwenden

In Büchern ist es üblich, für gerade und ungerade Seiten unterschiedliche Kopf- bzw. Fußzeilen zu verwenden. Z.B. könnte auf geraden (also linken) Seiten der Titel des Buches und auf ungeraden (also rechten) Seiten der Kapitelname gedruckt werden. Um unterschiedliche Kopf- bzw. Fußzeilen auf geraden und ungeraden Seiten zuzulassen, schalten Sie die Option GERADE/UNGERADE ANDERS im Menü DATEI/SEITE EINRICHTEN, Register SEITENLAYOUT, ein.

Unterschiedliche Kopf- und Fußzeilen auf geraden und ungeraden Seiten

Etwaige bereits vorhandene Kopf- und Fußzeilen werden in Kopf- und Fußzeilen für ungerade Seiten umgewandelt. Für ungerade und gerade Seiten werden separate Eingabebereiche zur Verfügung gestellt, die entsprechend gekennzeichnet sind.

Zwischen den einzelnen Definitionen für die Kopf- und Fußzeilen, also den Definitionen für die erste Seite, für gerade und für ungerade Seiten, wechseln Sie mit Hilfe folgender Symbole:

wählt die nächste Kopf- bzw. Fußzeilendefinition an.

wählt die vorige Kopf- bzw. Fußzeilendefinition an.

Zwischen den verschiedenen Bereichen für Kopf- und Fußzeilen läßt sich auch durch mehrfachen Druck auf ↓ und ↑ wechseln.

Die vertikale Druckposition von Kopf- und Fußzeilen wird im Menü DATEI/SEITE EINRICHTEN, Register SEITENRÄNDER, eingestellt: Das unter KOPFZEILE eingetragene Maß bestimmt den Abstand der Kopfzeile von der oberen Papierkante. Analog dazu legt das unter FUßZEILE eingetragene Maß den Abstand der Fußzeile von der unteren Papierkante fest.

Druckposition für Kopf- und Fußzeilen

In der Horizontalen steht für Kopf- und Fußzeilen standardmäßig der Bereich zwischen den beiden Seitenrändern zur Verfügung (Menü DATEI/SEITE EINRICHTEN, Register SEITENRÄNDER, Optionen LINKS und RECHTS bzw. INNEN und AUßEN). Durch Verwendung von Einzügen (Menü FORMAT/ABSATZ) läßt sich der Druckbereich von Kopf- und Fußzeilen verkleinern. Durch Eingabe eines negativen Maßes kann der Druckbereich für Kopf- und Fußzeilen auf den Seitenrand ausgedehnt werden. Angenommen, Ihr Dokument besitzt einen linken und rechten Seitenrand von 2 cm. Durch Definition eines linken und rechten Einzugs von jeweils -2 cm steht dann der komplette Bereich zwischen linker und rechter Papierkante für Kopf- und Fußzeilen zur Verfügung. Mehr über Einzüge erfahren Sie im Abschnitt II.3.3.4.

3.7.2 Verschiedene Kopf- und Fußzeilen in einem Dokument

In umfangreichen Dokumenten reicht es meist nicht aus, nur eine Kopf- bzw. Fußzeile zu verwenden. In Büchern ist es z.B. notwendig, bei einem neuen Kapitel eine neue Kopf- bzw. Fußzeile zu definieren, in der der neue Kapitelname berücksichtigt wird.

Es ist allerdings kein Problem, verschiedene Kopf- und Fußzeilen zu erzeugen, da Word zwischen zwei Abschnittwechseln separate Definitionen für Kopf- und Fußzeilen zuläßt. Abschnittwechsel fügen Sie mit Hilfe des Menüpunktes EINFÜGEN/MANUELLER WECHSEL ein. Mehr über Abschnittwechsel erfahren Sie im Kapitel II.3.6.

Bild II.50: Verknüpfte Kopfzeile

Verschiedene Kopf- und Fußzeilendefinitionen werden standardmäßig verkettet: Erzeugen Sie einen neuen Abschnitt, enthält dieser dieselbe Kopf- und Fußzeile wie der vorige. Als Hinweis wird über der Kopf- und Fußzeile die aktuelle Abschnittnummer sowie der Text »Wie vorige« angezeigt (siehe Bild II.51). Ändern Sie den Inhalt der Kopf- und Fußzeile eines Abschnitts, werden auch die damit verknüpften Kopf- und Fußzeilen geändert. In vielen Fällen ist dies durchaus erwünscht, da ein Abschnittwechsel nicht unbedingt ein neuen inhaltlichen Abschnittwechsel einleitet. Möchten Sie z.B. innerhalb eines Kapitels das Layout variieren, z.B. die Anzahl der Spalten wechseln, müssen Sie dafür einen Abschnittwechsel einfügen. Würden dann die Kopf- und Fußzeilen nicht aus dem vorigen Abschnitt übernommen, müßten diese jeweils umständlich neu eingegeben werden.

Soll dagegen ein anderer Text als in der vorigen Kopf- bzw. Fußzeile verwendet werden, muß die Verknüpfung gelöst werden. Klicken Sie hierfür auf das nebenstehende Symbol. Der Hinweis »Wie vorherige« wird ausgeblendet, und Sie können einen Kopf- bzw. Fußzeilentext eingeben, der für den aktuellen Abschnitt gilt.

Zwischen den einzelnen Definitionen für Kopf- und Fußzeilen wechseln Sie wie gewohnt mit Hilfe der beiden nebenstehenden Symbole.

Soll eine Verknüpfung nachträglich wiederhergestellt werden, klicken Sie ein weiteres Mal auf das nebenstehende Symbol. Da der Text der aktuellen Kopf- bzw. Fußzeile gelöscht wird, stellt Word eine Sicherheitsabfrage und weist Sie auf diesen Sachverhalt hin.

3.7.3 Beispiele für die Praxis

Einfache Seitennumerierung

Eines der wichtigsten Anwendungsgebiete für Kopf- und Fußzeilen ist die Numerierung von Seiten (auch als *Paginierung* bezeichnet). Wie eine einfache Seitennumerierung erzeugt wird, wird in diesem Beispiel beschrieben. Die Seitennummer wird dabei in Gedankenstriche gesetzt und zentriert, also in der Form:

– 1 –

Gehen Sie hierfür folgendermaßen vor:

1. Wählen Sie den Menüpunkt ANSICHT/KOPF- UND FUSSZEILE an.

3 Formatieren

2. Wechseln Sie durch Klick auf dieses Symbol in den Bereich für Fußzeilen, falls die Seitennummer nicht am oberen, sondern am unteren Seitenrand gedruckt werden soll.
3. Fügen Sie das Feld »Seite« durch Klick auf nebenstehendes Symbol ein.
4. Zentrieren Sie die Seitennummer, z.B. durch Druck auf [Strg]+[E].
5. Setzen Sie jeweils vor und hinter die Seitennummer einen Gedankenstrich. Den Gedankenstrich erzeugen Sie mit Druck auf [Strg]+[Num -]. Trennen Sie Seitennummer und Gedankenstrich jeweils durch ein Leerzeichen.
6. Soll die Seitennummer auf der ersten Seite nicht gedruckt werden, aktivieren Sie die Option ERSTE SEITE ANDERS im Menü DATEI/SEITE EINRICHTEN, Register SEITENLAYOUT.

Hinweis

Eine Seitennumerierung kann auch mit Hilfe des Menüpunktes EINFÜGEN/SEITENZAHLEN erzeugt werden. Word erstellt dann selbständig eine Kopf- bzw. Fußzeile, fügt das Feld »Seite« ein und formatiert die Kopf- bzw. Fußzeile entsprechend.

Anspruchsvolle Kopfzeile für ein Buch

Im folgenden Beispiel wird eine Kopfzeile für ein Buchkapitel erzeugt (vergleiche Bild II.52). Dabei wird der Titel des Buches auf geraden Seiten und der Kapitelname auf ungeraden Seiten gedruckt. Die Seitennummer wird außen angebracht, also auf geraden Seiten links und auf ungeraden rechts. Außerdem wird die Kopfzeile mit einer Grauschattierung unterlegt.

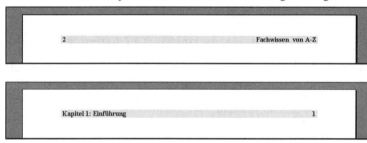

Bild II.51: Kopfzeile für ein Buch. Der Buchtitel steht auf linken, der Kapitelname auf rechten Seiten

Die Aufgabenstellung enthält eine Schwierigkeit: Beide Elemente in der Kopfzeile, also die Seitennummer und der Buchtitel bzw. Kapitelname, sollen ganz außen stehen. Der Text in der Kopfzeile muß daher gleichzeitig links- und rechtsbündig ausgerichtet werden. Dies läßt Word jedoch in einem Absatz nicht zu. Zur Lösung des Problems gibt es mehrere Varianten. Die praktikabelste ist wohl, in die Kopfzeile eine einzeilige Tabelle einzufügen. Die beiden Zellen der Tabelle können dann separat links- und rechtsbündig ausgerichtet werden.

Achten Sie darauf, daß Ihr Text bereits mindestens 2 Seiten enthält, bevor Sie die folgenden Schritte nachvollziehen:

1. Bewegen Sie den Cursor an den Dokumentanfang, und wählen Sie den Menüpunkt ANSICHT/KOPF- UND FUßZEILE an.
2. Schalten Sie die Option GERADE/UNGERADE ANDERS im Menü DATEI/SEITE EINRICHTEN, Register SEITENLAYOUT, ein. Sie befinden sich jetzt im Eingabebereich für die Kopfzeile, die auf ungeraden Seiten gedruckt wird.
3. Rufen Sie den Menüpunkt TABELLE/TABELLE EINFÜGEN auf, geben Sie als Spaltenanzahl 2 und als Zeilenzahl 1 ein. Bestätigen Sie mit Klick auf OK.

4. Geben Sie in der linken Zelle den Kapitelnamen ein, und richten Sie diesen mit [Strg]+[L] linksbündig aus. Bewegen Sie den Cursor mit [↹] in die rechte Zelle, und fügen Sie das Feld »Seite« durch Klick auf das nebenstehende Symbol ein. Richten Sie die Seitennummer mit Druck auf [Strg]+[R] rechtsbündig aus. Die Kopfzeile sollte jetzt wie in Bild II.53 dargestellt aussehen.

Bild II.52: Kopfzeile mit einzeiliger Tabelle

5. Rufen Sie den Menüpunkt FORMAT/RAHMEN UND SCHATTIERUNG auf, wählen Sie das Register SCHATTIERUNG an, wählen Sie den Eintrag 20%, und bestätigen Sie mit Klick auf OK.

6. Klicken Sie auf das nebenstehende Symbol, um den Kopfzeilen-Eingabebereich für gerade Seiten anzusteuern.
7. Wiederholen Sie den 3. Schritt.
8. Fügen Sie in der linken Zelle das Feld »Seite« durch Klick auf das nebenstehende Symbol ein. Richten Sie die Seitennummer mit Druck auf [Strg]+[L] linksbündig aus. Bewegen Sie den Cursor mit [↹] in die rechte Zelle. Geben Sie den Buchtitel ein, und richten Sie diesen mit [Strg]+[R] rechtsbündig aus.
9. Wiederholen Sie den 5. Schritt.

3.7.4 Weiterführende Hinweise und Tips

Kopf- und Fußzeilen entfernen

Um Kopf- und Fußzeilen zu entfernen, löschen Sie den Text in den einzelnen Eingabebereichen für Kopf- und Fußzeilen. Weitere Maßnahmen sind nicht notwendig.

Verwendung von Feldern

Neben dem in diesem Abschnitt besprochenen Feld »Seite« existieren eine Reihe weiterer Felder, die sich für Kopf- und Fußzeilen eignen. Außerdem gibt es eine Reihe von Schaltern, mit denen die Wirkungsweise eines Feldes verändert werden kann. Z.B. läßt sich auf diese Weise das Zahlenformat für Seitennummern festlegen. Mehr über Felder erfahren Sie im Kapitel II.11.

3.8 Fußnoten und Endnoten

Fußnoten werden vor allem in wissenschaftlichen Texten verwendet, um zusätzliche Informationen, z.B. Quellenangaben und weiterführende Erklärungen, anzubringen. Dabei verweist eine meist hochgestellte Ziffer auf die zusätzlichen Informationen, die im unteren Bereich der Seite gedruckt und typischerweise durch eine horizontale Linie vom übrigen Text getrennt werden. Die hochgestellte Ziffer bezeichnet man als *Fußnotenzeichen*, den Text mit den zusätzlichen Informationen als *Fußnotentext*. Wahlweise können die Fußnotentexte auch gesammelt am Ende des Abschnitts oder Dokuments gedruckt werden. Man spricht dann von *Endnoten*.

Word verwaltet Fuß- und Endnoten automatisch: Die Numerierung wird unmittelbar angepaßt, wenn Fuß- oder Endnoten nachträglich eingefügt oder gelöscht werden. Die Trennlinie zwischen gewöhnlichem Text und dem Fußnotentext bzw. Endnotentext wird automatisch erzeugt.

3 Formatieren

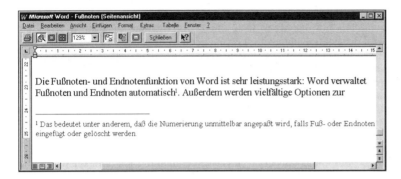

Bild II.53:
Fußnoten in der
Seitenansicht

3.8.1 Fußnote einfügen

Bewegen Sie den Cursor an die Stelle im Dokument, an der Sie eine Fußnote einfügen möchten, und rufen Sie den Menüpunkt EINFÜGEN/FUßNOTE auf. Es wird eine Dialogbox angezeigt, in der einige Optionen für Fuß- und Endnoten zur Auswahl stehen. Achten Sie darauf, daß die Option FUßNOTE sowie die Option NUMERIERUNG/AUTOMATISCH aktiviert sind. Durch Klick auf OK wird die Fußnote eingefügt. Um die Verwaltung der Fußnoten zu erleichtern, teilt Word den Bildschirm. Im oberen Ausschnitt wird der gewöhnliche Text angezeigt, und im unteren Teil werden die dazugehörigen Fußnotentexte dargestellt. Geben Sie jetzt den gewünschten Fußnotentext ein. Der Text darf aus mehreren Absätzen bestehen. Nachdem die Eingabe beendet ist, drücken Sie [F6], um den Cursor wieder auf das Fußnotenzeichen zu setzen. Weitere Fußnoten fügen Sie auf dieselbe Weise ein. Die Numerierung wird unmittelbar angepaßt.

Alternativ zum Menüpunkt EINFÜGEN/FUßNOTE läßt sich ein Fußnotenzeichen auch durch einen Klick auf nebenstehendes Symbol oder einen Druck auf [Strg]+[Alt]+[F] einfügen.

3.8.2 Fußnoten bearbeiten

Fußnotenzeichen lassen sich wie ein gewöhnlicher Text kopieren, löschen und verschieben. Die Numerierung wird automatisch angepaßt. Bedenken Sie, daß durch das Löschen eines Fußnotenzeichens auch der dazugehörige Fußnotentext gelöscht wird.

Fußnotenzeichen kopieren, löschen und verschieben

Mit Hilfe des Menüpunktes BEARBEITEN/GEHE ZU (auch durch Druck auf [F5] aufrufbar) lassen sich Fußnotenzeichen komfortabel ansteuern. Wählen Sie im linken Bereich der Dialogbox den Eintrag FUßNOTE. Durch Klick auf WEITER wird das nächste Fußnotenzeichen angesteuert, durch Klick auf ZURÜCK das vorige. Außerdem läßt sich der Cursor sehr einfach auf eine bestimmte Fußnote setzen, indem Sie die entsprechende Nummer eingeben und auf die Schaltfläche GEHE ZU klicken.

Fußnotenzeichen ansteuern

Um den zum Fußnotenzeichen gehörigen Fußnotentext anzusteuern, klicken Sie doppelt auf das Fußnotenzeichen. Durch Druck auf [F6] gelangen Sie zurück zum Fußnotenzeichen.

Fußnotentext ansteuern

Sollen für einen längeren Zeitraum keine Fußnoten bearbeitet werden, bietet es sich an, den Fußnotenausschnitt zu schließen oder zu verkleinern, um mehr Platz für die Anzeige des gewöhnlichen Textes zu gewinnen.

Fußnotenausschnitt schließen und öffnen

Zum Verkleinern des Fußnotenausschnitts ziehen Sie die obere Begrenzungslinie mit der Maus nach unten. Durch einen Klick auf SCHLIEßEN wird der Fußnotenausschnitt geschlossen.

Beim Einfügen eines Fußnotenzeichens wird der Fußnotenausschnitt wieder automatisch geöffnet. Außerdem wird der Fußnotenausschnitt geöffnet, wenn Sie doppelt auf ein Fußnotenzeichen klicken, um den dazugehörigen Fußnotentext zu bearbeiten. Ferner kann der Fußnotenausschnitt durch Anwahl des Menüpunktes ANSICHT/FUßNOTEN geöffnet werden. Eine weitere Variante besteht darin, das Teilen-Symbol (ganz oben in der vertikalen Bildlaufleiste, über dem Pfeil) bei gedrückter [Shift]-Taste mit der Maus nach unten zu ziehen.

Im Layoutmodus arbeiten
Im Layoutmodus (ANSICHT/LAYOUT) entfällt der Fußnotenausschnitt, da ohnehin komplette Druckseiten und damit auch die Fußnotentexte angezeigt werden. Das Ansteuern des Fußnotentextes erfolgt wie gewohnt durch doppelten Klick auf das Fußnotenzeichen. Der Rücksprung vom Fußnotentext zum Fußnotenzeichen mit [F6] ist nicht möglich. Zum Rücksprung klicken Sie statt dessen doppelt auf die einleitende Ziffer im Fußnotentext.

3.8.3 Fußnoten formatieren

Fußnoten und Fußnotentexte lassen sich zwar wie ein gewöhnlicher Text formatieren. Sie können z.B. den Schriftgrad eines Fußnotenzeichens ändern, indem Sie das Fußnotenzeichen markieren und in der Symbolleiste einen anderen Wert für den Schriftgrad eingeben. Allerdings wirken sich derart direkte Formatierungen nur auf das aktuelle Fußnotenzeichen aus. Dasselbe gilt, wenn Sie die Formatierung eines Fußnotentextes ändern. In der Praxis ist es aber gewünscht, sämtliche Fußnotenzeichen und Fußnotentexte einheitlich zu formatieren. Dies ist auf folgende Weise möglich:

Fußnotenzeichen formatieren
Das Ändern der Zeichenformatierung aller Fußnotenzeichen des Dokuments gehen Sie folgendermaßen vor:

1. Rufen Sie den Menüpunkt FORMAT/FORMATVORLAGE auf.
2. Klicken Sie im linken Bereich der Dialogbox auf den Eintrag FUßNOTENZEICHEN, und klicken Sie auf BEARBEITEN.
3. Klicken Sie auf FORMAT und auf ZEICHEN. Daraufhin wird das Menü FORMAT/ZEICHEN angezeigt, in dem Sie wie gewohnt die einzelnen Zeichenformatierungen einstellen. Mehr über das Menü FORMAT/ZEICHEN erfahren Sie im Abschnitt II.3.2.
4. Wenn Sie alles eingestellt haben, bestätigen Sie mit Klick auf OK, einem weiteren Klick auf OK und einem abschließenden Klick auf SCHLIEßEN. Daraufhin weisen alle Fußnotenzeichen die neue Formatierung auf.

Fußnotentexte formatieren
Zum Ändern der Formatierung der Fußnotentexte funktioniert sehr ähnlich. Im Unterschied zur Festlegung der Formatierung von Fußnotenzeichen klicken Sie allerdings im Menü FORMAT/FORMATVORLAGE auf den Eintrag FUßNOTENTEXT. Ein weiterer Unterschied besteht darin, daß neben den Zeichenformatierungen auch die absatzspezifischen Formatierungen zur Verfügung stehen, so daß Sie z.B. den Zeilenabstand des Fußnotentextes ändern können. Mehr über das Formatieren von Absätzen erfahren Sie im Abschnitt II.3.3.

3.8.4 Numerierung und Position von Fußnoten

Um die Numerierung von Fußnote zu beeinflussen, rufen Sie den Menüpunkt EINFÜGEN/FUßNOTE auf, klicken Sie auf die Schaltfläche OPTIONEN, und wählen Sie das Register ALLE FUßNOTEN an.

Als Zahlenformat stehen im Listenfeld NUMERIERUNGSFORMAT diverse Einträge zur Verfügung. Meist werden für die Numerierung arabische Ziffern verwendet (Eintrag 1, 2, 3...). Es stehen aber noch weitere Zahlenformate, z.B. Buchstaben und römische Ziffern, zur Verfügung.

Zahlenformat

Die Nummer für die erste Fußnote stellen Sie unter BEGINNEN MIT ein. In aller Regel wird die Numerierung mit 1 gestartet. Ein anderer Wert wird im wesentlichen nur dann benötigt, wenn der Text in mehrere Dateien aufgeteilt wurde. Wenn mit Zentraldokumenten (siehe Kapitel II.13) gearbeitet wird, ist keine Änderung der Startnummer notwendig.

Startnummer

Fußnoten werden in der Praxis meist durchgehend numeriert (Einstellung FORTLAUFEND unter NUMERIERUNG). Auf Wunsch kann die Numerierung auch mit jedem Abschnitt oder mit jeder Seite wieder von vorne – also mit 1 bzw. der vergebenen Startnummer – beginnen (Einstellungen BEI JEDEM ABSCHNITT NEU BEGINNEN und BEI JEDER SEITE NEU BEGINNEN).

Fortlaufende oder unterbrochene Numerierung

Gewöhnlich werden Fußnotentexte am unteren Seitenrand gedruckt, unabhängig davon, ob die Seite vollständig gefüllt ist. Es ist aber auch möglich, die Fußnotentexte unmittelbar unter der letzten Textzeile einer Seite zu drucken. Rufen Sie hierfür den Menüpunkt EINFÜGEN/FUßNOTE auf, klicken Sie auf OPTIONEN, wählen Sie das Register ALLE FUßNOTEN an, und ändern Sie den Eintrag im Listenfeld von SEITENENDE nach TEXTENDE.

Position von Fußnotentexten

3.8.5 Endnoten

Die Verwendung von Endnoten funktioniert sehr ähnlich wie die von Fußnoten. In diesem Abschnitt wird daher nur auf die Unterschiede eingegangen.

Sollen die Endnoten am Textende gedruckt werden, rufen Sie den Menüpunkt EINFÜGEN/FUßNOTE auf, klicken Sie auf OPTIONEN, wählen Sie das Register ALLE ENDNOTEN an, und selektieren Sie den Eintrag ENDE DES DOKUMENTS im Listenfeld POSITION.

Position von Endnoten

Wünschen Sie dagegen, daß die Endnoten am Abschnittende gedruckt werden, wählen Sie statt dessen den Eintrag ABSCHNITTSENDE. Vergessen Sie nicht, zwischen den einzelnen Abschnitten Ihres Dokuments Abschnittswechsel einzufügen. Zum Einfügen von Abschnittwechseln dient der Menüpunkt EINFÜGEN/MANUELLER WECHSEL. Mehr über Abschnittswechsel erfahren Sie im Kapitel II.3.6.

Zum Einfügen einer Endnote wählen Sie den Menüpunkt EINFÜGEN/FUßNOTE an, aktivieren Sie die Option ENDNOTE, und bestätigen Sie mit Klick auf OK. Alternativ kann eine Endnote auch mit Druck auf `Strg`+`Alt`+`E` eingefügt werden.

Endnoten einfügen

Die Bearbeitung von Endnoten funktioniert analog zu den Fußnoten. Der einzige Unterschied liegt darin, daß Sie zum Ansteuern einer Endnote im Menü GEHE ZU nicht den Eintrag FUßNOTE, sondern den Eintrag ENDNOTE anwählen.

Endnoten bearbeiten

Endnoten formatieren Gehen Sie so vor wie bei Fußnoten, verwenden Sie jedoch im Menü FORMAT/FORMATVORLAGE den Eintrag ENDNOTENZEICHEN bzw. ENDNOTENTEXT.

Endnoten numerieren Zur Beeinflussung der Numerierung rufen Sie den Menüpunkt EINFÜGEN/FUßNOTE auf, klicken Sie auf OPTIONEN, und wählen Sie das Register ALLE ENDNOTEN an. Unter der Option NUMERIERUNGSFORMAT stehen dieselben Zahlformate wie für Fußnoten zur Verfügung. Allerdings sind als Zahlenformat die in der Praxis völlig unüblichen römischen Kleinbuchstaben voreingestellt. Ändern Sie das Zahlenformat gegebenenfalls in arabische Zahlen (Eintrag 1, 2, 3...). Die Numerierung kann entweder durchgehend erfolgen (Option FORTLAUFEND) oder mit jedem Abschnitt neu starten (Option BEI JEDEM ABSCHNITT NEU BEGINNEN).

3.8.6 Weiterführende Hinweise und Tips

Endnoten in einem Abschnitt unterdrücken Werden Endnoten am Abschnittende gedruckt, kann sich folgende Problematik ergeben: Nicht immer leitet ein Abschnittwechsel einen inhaltlich neuen Abschnitt, z.B. ein neues Kapitel, ein. Abschnittwechsel werden z.B. auch dann eingefügt, wenn ab einer bestimmten Stelle im Dokument neue seitenspezifische Einstellungen gelten sollen, z.B. eine andere Anzahl von Textspalten. Die Folge wäre, daß die Endnoten dann nicht am Ende eines Kapitels, sondern mitten in einem Kapitel gedruckt werden. Um dies zu verhindern, schalten Sie die Option ENDNOTEN UNTERDRÜCKEN (Menü DATEI/SEITE EINRICHTEN, Register SEITENLAYOUT) in allen Abschnitten, in denen keine Endnoten gedruckt werden sollen, ein. Die Endnoten werden dann gesammelt und am Ende des nächsten Abschnitts gedruckt.

Zusammenspiel zwischen Fuß- und Endnoten Die gemeinsame Verwendung von Fußnoten und Endnoten in einem Dokument ist erlaubt. Fußnoten und Endnoten werden dabei unabhängig voneinander numeriert. In der Praxis wird man sich jedoch entweder für Fußnoten oder Endnoten entscheiden. Ändern Sie später Ihre Meinung und möchten z.B. lieber Endnoten anstelle von Fußnoten verwenden, ist dies nicht weiter problematisch, da sich Fußnoten jederzeit in Endnoten und umgekehrt umwandeln lassen. Dazu steht in den Registern ALLE FUßNOTEN und ALLE ENDNOTEN (MENÜ EINFÜGEN/FUßNOTE/OPTIONEN) die Schaltfläche UMWANDELN zur Verfügung.

4 Tabellen

Mit Hilfe der Tabellenfunktion lassen sich auf einfache Weise die verschiedensten Arten von Tabellen erzeugen. Zahlreiche eingebaute Hilfen erleichtern das Anfertigen und Bearbeiten von Tabellen: Die AutoFormat-Funktion stellt eine Vielzahl fertiger Tabellenlayouts zur Verfügung, so daß die manuelle Formatierung in vielen Fällen entfällt oder sich auf kleinere Nachbearbeitungen beschränkt. Die Tabellenüberschrift kann auf Wunsch auf Folgeseiten wiederholt werden. Ein weiteres Leistungsmerkmal ist, daß Überschriften auch über mehrere Tabellenspalten reichen können. Die Funktion »optimale Breite« ist ebenfalls sehr praktisch. Diese stellt die Breite der Tabellenspalten anhand des Textumfangs der einzelnen Spalten ein. In der Regel ergibt sich dadurch ein optimales Erscheinungsbild der Tabelle. Das manuelle, aufwendige Einstellen der Breite kann dann entfallen.

4 Tabellen

4.1 Einführung

Eine Tabelle besteht aus einer bestimmten Anzahl von Zeilen und Spalten. Die Eingabebereiche, die sich an den Schnittpunkten der Zeilen und Spalten ergeben, werden als *Zellen* bezeichnet. In die Zellen lassen sich beliebig lange Texte eingeben. Eine Zelle darf aus mehreren Absätzen bestehen, die unterschiedlich formatiert werden können. Das Einfügen von Grafiken und Objekten in Zellen ist ebenfalls erlaubt. Die einzelnen Elemente einer Tabelle sind im Bild II.55 dargestellt.

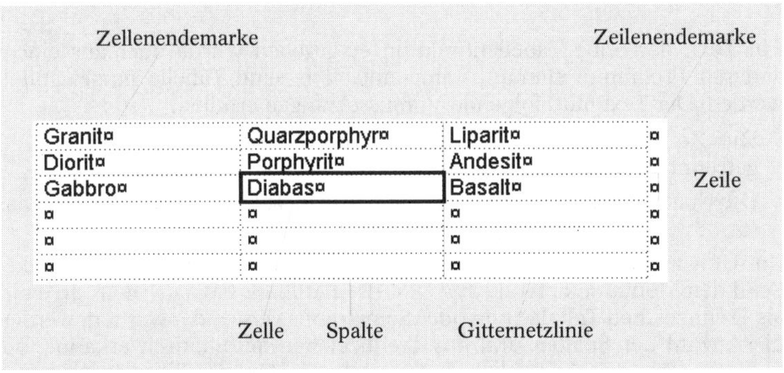

Bild II.54: Eine Tabelle im Schema

Die gepunktet dargestellten Linien werden als *Gitternetzlinien* bezeichnet. Diese umranden die einzelnen Zellen, so daß die Zellenbegrenzungen besser sichtbar werden. Das Bearbeiten der Tabelle wird auf diese Weise erleichtert. Die Gitternetzlinien werden grundsätzlich nicht mitgedruckt. Die Anzeige der Gitternetzlinien kann auch ausgeschaltet werden, indem der Menüpunkt TABELLE/GITTERNETZLINIEN deaktiviert oder auf das nebenstehende Symbol geklickt wird. Mit derselben Aktion werden die Gitternetzlinien wieder eingeblendet.

Gitternetzlinien

Praxistip: Die Zellenendemarken und Zeilenendemarken sind nur sichtbar, wenn eine der Optionen NICHTDRUCKBARE ZEICHEN/ALLE oder NICHTDRUCKBARE ZEICHEN/ABSATZMARKEN – jeweils im Menü EXTRAS/OPTIONEN, Register ANSICHT, – eingeschaltet ist. Die Bearbeitung von Tabellen gestaltet sich einfacher, wenn diese Zeichen sichtbar sind.

4.2 Tabelle erzeugen

Bewegen Sie den Cursor zunächst an die Stelle im Dokument, an der die Tabelle eingefügt werden soll. Daraufhin rufen Sie den Menüpunkt TABELLE/TABELLE EINFÜGEN an. Es wird eine Dialogbox angezeigt, in der Sie die gewünschte Spalten- und Zeilenanzahl sowie die Spaltenbreite eingeben. Die Spaltenanzahl steht meist im voraus fest, nicht aber die Zeilenanzahl. Da sich alle Angaben jederzeit nachträglich ändern lassen, genügt es, für die Zeilenanzahl einen Schätzwert anzugeben. Als Spaltenbreite ist der Eintrag AUTOMATISCH vorgegeben. Das bedeutet, daß die Spaltenbreite so errechnet wird, daß die Tabelle exakt vom linken bis zum rechten Seitenrand reicht. Alle Spalten weisen vorerst die gleiche Spaltenbreite auf. Sie können unter SPALTENBREITE auch einen Wert eingeben, zB. 5 für 5 cm. Ein auf diese Weise eingegebener Wert gilt ebenfalls zunächst für alle Spalten. Um die Tabelle einzufügen, klicken Sie auf OK.

Leere Tabelle einfügen

II Word

Leere Tabelle mit der Maus erzeugen

Zum Einfügen einer leeren Tabelle mit der Maus klicken Sie auf das Tabellen-Symbol (links oben in der Randabbildung), und halten Sie die Maustaste fest. Daraufhin wird eine stilisierte Tabelle angezeigt, die Sie durch Bewegen des Mauszeigers beliebig aufziehen können. Die Spalten- und Zeilenanzahl wird laufend angezeigt. Ist die gewünschte Spalten- und Zeilenanzahl eingestellt, lassen Sie die Maustaste los. Wollen Sie doch keine Tabelle einfügen, bewegen Sie den Mauszeiger aus der stilisierten Tabelle heraus, und lassen Sie die Maustaste los.

Tabelle aus bestehendem Text erzeugen

Ein Text, der ohne Tabellenfunktion eingegeben wurde oder aus einem anderen Programm stammt, kann einfach in eine Tabelle umgewandelt werden. Der Text muß folgende Voraussetzungen erfüllen:

- Die Zeilen müssen mit Absatzmarken (¶) oder Zeilenmarken (·) getrennt sein.
- Die Spalten müssen mit einem eindeutigen Trennzeichen (z.B. Tabulator oder Semikolon (;)) getrennt sein.

Zur Umwandlung markieren Sie zunächst den Text, und rufen Sie anschließend den Menüpunkt TABELLE/TEXT IN TABELLE UMWANDELN an. Falls als Trennzeichen Tabulatoren oder Semikolons verwendet wurden, werden die Anzahl der Spalten und das Trennzeichen automatisch erkannt. Bei anderen Trennzeichen klicken Sie auf die Option TRENNZEICHEN/ANDERE, und geben Sie das Trennzeichen ein. Stellen Sie außerdem die Anzahl der Spalten im Eingabefeld SPALTENANZAHL ein. Nach einem Klick auf OK wird die Umwandlung durchgeführt.

4.3 Grundfunktionen

4.3.1 In der Tabelle editieren

Gegenüber einem gewöhnlichen Text gibt es beim Eingeben von Texten und beim Bewegen des Cursors einige Unterschiede zu beachten.

Mehrere Absätze erzeugen

Jede Zelle erlaubt es, mehrere Absätze aufzunehmen. Sie können also mit Druck auf ⏎ einen neuen Absatz erzeugen und den einzelnen Absätzen unterschiedliche Formatierungen (z.B. Ausrichtungen wie linksbündig und Absatzabstände) zuweisen.

Taste	Funktion
⇥	setzt den Cursor in die nächste Zelle und markiert sie.
Shift + ⇥	setzt den Cursor in die vorige Zelle und markiert sie.
Alt + Pos1	setzt den Cursor in die erste Zelle der aktuellen Tabellenzeile.
Alt + Ende	setzt den Cursor in die letzte Zelle der aktuellen Tabellenzeile.
Alt + Bild↑	setzt den Cursor in die erste Zelle der ersten Tabellenzeile.
Alt + Bild↓	setzt den Cursor in die erste Zelle der letzten Tabellenzeile.

Cursor bewegen

Das Bewegen innerhalb der Tabelle kann wie gewohnt mit den vier Cursortasten erfolgen. Wenn die einzelnen Zellen allerdings viele Zeichen erhalten, muß die entsprechende Cursortaste teilweise sehr lange gedrückt werden, bis eine bestimmte Zelle erreicht ist. Schneller geht es mit den Tasten aus obiger Tabelle.

4.3.2 Markieren

Das Markieren in der Tabelle funktioniert ähnlich wie im gewöhnlichen Text. Die Markierung kann z.B. durch Bewegen des Cursors bei gedrückt gehaltener `Shift`-Taste oder durch Ziehen mit der Maus vergrößert und verkleinert werden.

Die Taste `F8` besitzt innerhalb von Tabellen eine leicht geänderte Bedeutung:

Markieren mit `F8`

Anzahl	Wirkung
1 mal	schaltet den Erweiterungsmodus ein.
2 mal	markiert das aktuelle Wort.
3 mal	markiert den aktuellen Satz.
4 mal	markiert den aktuellen Absatz.
5 mal	markiert die aktuelle Zeile.
6 mal	markiert den aktuellen Abschnitt.
7 mal	markiert das gesamte Dokument

Zum Markieren einer Zelle bewegen Sie den Mauszeiger zunächst unmittelbar rechts neben eine senkrechte Gitternetzlinie. Der Mauszeiger zeigt jetzt nach rechts oben. Abschließend drücken Sie die linke Maustaste.

Zelle markieren

Eine komplette Spalte kann sehr einfach mit der Maus markiert werden, indem der Mauszeiger zunächst an die obere Begrenzung der Tabelle bewegt wird. Der Mauszeiger nimmt die Form eines dicken Pfeils an. Durch einen Klick wird die aktuelle Spalte markiert. Durch Ziehen lassen sich auch benachbarte Spalten mit markieren.

Spalte markieren

Eine weitere Variante zum Markieren einer Spalte besteht darin, die gewünschte Spalte bei gedrückter `Alt`-Taste anzuklicken. Die genaue Position spielt keine Rolle, der Mauszeiger muß sich lediglich innerhalb der entsprechenden Spalte befinden.

Außerdem kann die aktuelle Spalte durch Anwahl des Menüpunktes TABELLE/SPALTE MARKIEREN markiert werden.

Bewegen Sie hierfür den Mauszeiger in einem deutlichen Abstand vor die erste senkrechte Gitternetzlinie. Der Mauszeiger zeigt dann nach rechts oben. Abschließend drücken Sie die linke Maustaste. Durch Ziehen läßt sich die Markierung auf mehrere Zeilen ausdehnen.

Zeile markieren

Außerdem kann eine Zeile markiert werden, indem der Mauszeiger unmittelbar rechts neben eine beliebige senkrechte Gitternetzlinie bewegt wird und diese Position doppelt angeklickt wird.

Eine weitere Variante besteht darin, den Cursor in die gewünschte Zeile zu setzen und den Menüpunkt TABELLE/ZEILE MARKIEREN aufzurufen.

Ein Druck auf `Alt`+`Num 5` oder die Anwahl des Menüpunktes TABELLE/ TABELLE MARKIEREN markiert die gesamte Tabelle.

Komplette Tabelle markieren

4.3.3 Kopieren, Löschen und Verschieben in Tabellen

Zum Kopieren, Löschen und Verschieben gehen Sie im wesentlichen so vor wie auch bei gewöhnlichen Texten (vergleiche Kapitel II.1.7). Es gibt allerdings einige Besonderheiten zu beachten:

Haben Sie Bereiche innerhalb einer Zelle oder ganze Zellen markiert, wird nur der Inhalt der Zellen kopiert, nicht jedoch die Zellen selbst. Es werden also keine neuen Zellen erzeugt.

Anders verhält es sich, wenn komplette Zeilen und Spalten markiert wurden. Beim Einfügen aus der Zwischenablage werden dann zusätzliche Zeilen oder Spalten erzeugt. Beim Markieren von Zeilen muß unbedingt darauf geachtet werden, daß auch die abschließende Zeilenendemarke mit markiert wird, sonst wird nur der Inhalt der Zeile eingefügt, aber keine neue Zeile erzeugt.

Beispiel: Zeilen kopieren

Dazu ein Beispiel: Angenommen, Sie haben eine Tabelle erzeugt, die zu wenig Zeilen aufweist. Davon ausgehend, daß am Ende noch einige Zeilen leer sind, lassen sich weitere Leerzeilen erzeugen, indem die Leerzeilen entsprechend kopiert werden. Gehen Sie hierfür folgendermaßen vor:

1. Markieren Sie einige Leerzeilen.
2. Kopieren Sie die Markierung in die Zwischenablage (z.B. mit `Strg`+`Einfg`).
3. Bewegen Sie den Cursor an die Stelle, an der die Leerzeilen eingefügt werden sollen.
4. Fügen Sie den Inhalt der Zwischenablage ein (z.B. mit `Shift`+`Einfg`). Wiederholen Sie diesen Schritt, um weitere Leerzeilen einzufügen.

Löschen

Beim Löschen mittels `Entf` oder `Shift`+`Entf` wird nur der Text gelöscht. Die Zeilen und Spalten bleiben erhalten.

4.4 Struktur der Tabelle ändern

4.4.1 Zeilen und Spalten einfügen bzw. löschen

Zeilen einfügen

Bewegen Sie den Cursor an die Stelle, an der Sie eine zusätzliche Zeile einfügen möchten, und wählen Sie den Menüpunkt TABELLE/ZEILE EINFÜGEN an oder klicken auf das nebenstehende Symbol. Die Zeile wird oberhalb der Cursorposition eingefügt. Zum Einfügen mehrerer Zeilen in einem Arbeitsschritt bewegen Sie den Cursor an die gewünschte Einfügestelle, und markieren Sie so viele Zeilen, wie eingefügt werden sollen. Achten Sie darauf, daß wirklich ganze Zeilen markiert sind – die Markierung muß die Zeilenendemarke (ganz rechts) mit erfassen. Daraufhin rufen Sie das Menü TABELLE/ZEILE EINFÜGEN auf oder klicken auf das nebenstehende Symbol.

Praxistip: Am Ende der Tabelle läßt sich sehr einfach eine Leerzeile erzeugen, indem der Cursor in die Zelle ganz rechts unten gesetzt und `⇥` gedrückt wird.

Bei allen Einfügevorgängen werden die Eigenschaften der aktuellen Zeile bzw. der markierten Zeilen mit übernommen. Wurden z.B. Zeilen markiert, die eine Schattierung besitzen, weisen auch die neuen Zeilen diese Schattierung auf.

Markieren Sie zunächst die Spalte, vor der Sie eine neue Spalte einfügen möchten. Zum Markieren der Spalte wählen Sie z.B. den Menüpunkt TABELLE/SPALTE MARKIEREN an. Soll ganz rechts eine Spalte eingefügt werden, bewegen Sie den Cursor auf eines der Zeilenendezeichen, bevor Sie den Menüpunkt anwählen. Sollen mehrere Spalten eingefügt werden, markieren Sie mehrere Spalten. Daraufhin wählen Sie den Menüpunkt TABELLE/SPALTEN EINFÜGEN an, oder klicken Sie auf das nebenstehende Symbol.

Spalten einfügen

Bei allen Einfügevorgängen werden die Eigenschaften der markierten Spalte bzw. Spalten mit übernommen. Wurden z.B. 3 Spalten markiert, die eine Breite von 1 cm, 2 cm und 3 cm aufweisen, erhalten die drei neuen Spalten dieselben Maße.

Nach dem Einfügen zusätzlicher Spalten verläuft die Tabelle häufig zu breit und reicht über die rechte Papierkante heraus. Sie können zwar weiterhin alle Zellen bearbeiten. Beim Druck wird jedoch der überstehende Teil abgeschnitten. Es müssen daher einzelne Spalten in der Breite reduziert werden. Vergleiche hierzu weiter unten unter »Spaltenbreite ändern«.

Hinweis

Um eine oder mehrere Zeilen mitsamt des Inhalts zu löschen, markieren Sie die gewünschten Zeilen. Achten Sie darauf, daß wirklich ganze Zeilen markiert sind – die Markierung muß das Zeilenendezeichen mit erfassen. Daraufhin wählen Sie den Menüpunkt TABELLE/ZEILEN LÖSCHEN an. Soll nur der Inhalt der Zeilen, nicht jedoch die Zeilen selbst gelöscht werden, drücken Sie statt dessen auf [Entf].

Zeilen löschen

Markieren Sie zu diesem Zweck zunächst die komplette Tabelle (z.B. mit [Alt]+[Num 5]), und wählen Sie den Menüpunkt TABELLE/ZEILEN LÖSCHEN an. Wird dagegen [Entf] gedrückt, wird nur der Inhalt der Tabelle gelöscht, nicht jedoch die Tabelle selbst.

Komplette Tabelle löschen

Um eine oder mehrere Spalten mitsamt des Inhalts zu löschen, markieren Sie die gewünschten Spalten. Achten Sie darauf, daß wirklich ganze Spalten markiert sind. Daraufhin rufen Sie das Menü TABELLE/SPALTEN LÖSCHEN auf. Soll nur der Inhalt der Spalten, nicht jedoch die Spalten selbst gelöscht werden, drücken Sie statt dessen auf [Entf].

Spalten löschen

4.4.2 Tabellen mit unregelmäßiger Struktur

Gewöhnliche Tabellen enthalten in jeder Zeile dieselbe Anzahl an Zellen. In bestimmten Fällen ist es jedoch erforderlich, in einzelnen Zeilen von dieser Systematik abzuweichen, z.B. wenn eine Überschrift erzeugt werden soll, die über 2 Spalten reicht (siehe Bild II.56).

Zu diesem Zweck müssen einzelne Zellen zu einer Zelle verbunden werden. Markieren Sie hierfür die zu verbindenden Zellen, und rufen Sie den Menüpunkt TABELLE/ZELLEN VERBINDEN an. Der Inhalt der Zellen bleibt erhalten.

Zellen verbinden

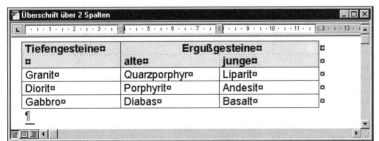

*Bild II.55:
Diese Tabelle enthält eine Überschrift, die über zwei Spalten reicht*

II Word

Zellen teilen — Analog dazu lassen sich Zellen auch aufteilen. Markieren Sie hierfür die aufzuteilende Zelle (oder die aufzuteilenden Zellen), und wählen Sie den Menüpunkt TABELLE/ZELLEN TEILEN an. Daraufhin fragt Word, wie viele Spalten erzeugt werden sollen. Die Vorgabe lautet 2.

Neben dem Teilen und Verbinden von Zellen können auch einzelne Zellen gelöscht und eingefügt werden. Das Resultat ist dasselbe mit dem Unterschied, daß beim Einfügen grundsätzlich leere Zellen erzeugt werden und daß beim Löschen der Inhalt der Zellen verlorengeht. Außerdem ändert sich die Breite der Zeilen und muß gegebenenfalls angepaßt werden, wenn alle Zeilen dieselbe Länge aufweisen sollen.

Zellen einfügen — Markieren Sie die Zelle, vor der Sie eine neue Zelle einfügen möchten. Sollen mehrere Zellen eingefügt werden, markieren Sie die entsprechende Anzahl von Zellen. Daraufhin rufen Sie den Menüpunkt TABELLE/ZELLEN EINFÜGEN auf, klicken Sie auf die Option ZELLEN NACH RECHTS VERSCHIEBEN, und bestätigen Sie mit Klick auf OK.

Zellen löschen — Zum Löschen einer Zelle bewegen Sie den Cursor zunächst in die gewünschte Zelle. Sollen mehrere Zellen gelöscht werden, markieren Sie die entsprechenden Zellen. Daraufhin rufen Sie den Menüpunkt TABELLE/ZELLEN LÖSCHEN auf, klicken Sie auf die Option ZELLEN NACH LINKS VERSCHIEBEN, und bestätigen Sie mit Klick auf OK.

4.5 Tabelle formatieren

4.5.1 Spaltenbreite ändern

Zum Ändern der Spaltenbreite bewegen Sie den Cursor zunächst in die gewünschte Spalte. Rufen Sie daraufhin den Menüpunkt TABELLE/ZELLENHÖHE UND -BREITE auf, und wechseln Sie auf das Register SPALTE. Die Breite wird im Eingabefeld BREITE DER SPALTE X angezeigt, wobei x für die Nummer der aktuellen Spalte steht. Geben Sie die gewünschte neue Breite direkt ein, oder ändern Sie die Breite durch Klicken auf die Pfeilsymbole. Weitere Spalten lassen sich in der Breite ändern, ohne das Menü zu verlassen. Blättern Sie hierfür durch Klick auf eine der Schaltflächen VORHERIGE SPALTE oder NÄCHSTE SPALTE zur gewünschten Spalte, und stellen Sie die gewünschte Breite ein.

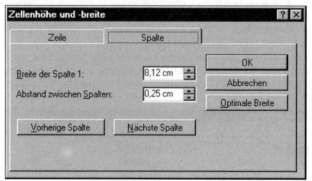

Bild II.56:
Menü TABELLE/ ZELLENHÖHE UND - BREITE, *Register* SPALTE

Sollen mehrere nebeneinander liegende Spalten in der Breite geändert werden und alle Spalten die gleiche Breite erhalten, markieren Sie die entsprechenden Spalten vor Aufruf des Menüpunktes TABELLE/ZELLENHÖHE UND -BREITE.

4 Tabellen

Möchten Sie nicht komplette Tabellenspalten, sondern nur einzelne Zellen in der Breite ändern, markieren Sie die entsprechenden Zellen vor der Anwahl des Menüpunktes TABELLE/ZELLENHÖHE UND -BREITE.

Die Breite von Tabellenspalten kann mit der Maus geändert werden, indem der Mauszeiger auf eine senkrechte Gitternetzlinie bewegt wird (der Mauszeiger ändert daraufhin das Aussehen) und diese an die gewünschte Position gezogen wird. Falls die Gitternetzlinien ausgeblendet sind, ist die richtige Stelle etwas schwer zu finden; bewegen Sie einfach den Mauszeiger so lange hin und her, bis sich das Aussehen entsprechend ändert.

Breite mit der Maus ändern

Alternativ läßt sich die Spaltenbreite auch über das Zeilenlineal ändern. Ziehen Sie hierfür die entsprechende Spaltenbegrenzungen (siehe Bild II.58) an die gewünschte Position.

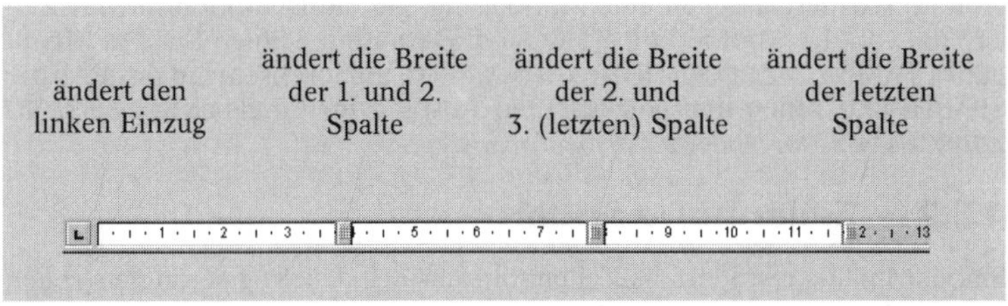

Bild II.57: Ändern der Spaltenbreite im Zeilenlineal

Beim Ändern der Spaltenbreite mit der Maus bleibt die Breite der Tabelle konstant, da beim Verkleinern einer Spalte die benachbarten Spalten entsprechend vergrößert werden.

Eine Ausnahme stellt lediglich die Spaltenbegrenzung dar, die die letzte Spalte abschließt (ganz rechts). Durch Verschieben dieser Begrenzung wird die letzte Spalte verkleinert oder vergrößert, wodurch sich auch die Gesamtbreite der Tabelle ändert.

Eine Sonderrolle spielt die Begrenzung, die den Anfang der ersten Spalte kennzeichnet. Durch Verschieben der Begrenzung wird nicht die Spaltenbreite geändert, sondern die Tabelle vom linken Seitenrand eingezogen (siehe weiter unten unter »Tabelle vom linken Seitenrand einziehen«).

Die Tabelle sollte nicht breiter sein als der Platz zwischen den Seitenrändern. Diesen errechnen Sie aus der Papierbreite abzüglich dem linken und rechten Seitenrandes. Die Angaben finden sich auf den Re-gistern SEITENRÄNDER und PAPIERFORMAT, jeweils im Menü DATEI/SEITE EINRICHTEN. Beträgt die Papierbreite z.B. 21 cm und umfassen die Ränder jeweils 2 cm, ergibt sich ein bedruckbarer Bereich von 21-2-2 cm = 17 cm. Die Summe aus den einzelnen Spalten sollte das Maß nicht überschreiten, sonst wird ein Teil der Tabelle auf dem Seitenrand gedruckt oder sogar abgeschnitten.

Breite der Tabelle

Um die Gesamtbreite der Spalten zu ermitteln, zählen Sie entweder die einzelnen Spaltenmaße aus dem Menü TABELLE/ZELLENHÖHE UND -BREITE zusammen oder lesen im Zeilenlineal den cm-Wert ab. Über das Zeilenlineal erhalten Sie nur eine ungefähre Angabe, die jedoch in der Praxis meist ausreicht. Falls die Tabelle zu breit ist, reduzieren Sie einzelne Spaltenbreiten entsprechend.

Da das manuelle Einstellen der einzelnen Spaltenbreiten mühsam ist, wird eine Alternative angeboten. Dabei untersucht Word die Tabelle und berechnet die Spaltenbreiten so, daß die Spalten optimal ausgereizt werden. Spalten mit wenig Textinhalt verlaufen dabei entsprechend schmaler als Spalten mit größerem Inhalt. Auf jeden Fall wird die Breite so eingestellt, daß die

Optimale Breite einstellen

Tabelle nicht über den rechten Seitenrand ragt. Tabellen mit wenig Inhalt verlaufen entsprechend schmaler.

Um die optimale Breite von Word einstellen zu lassen, markieren Sie zunächst die komplette Tabelle, z.B. mit [Alt]+[Num 5]. Sie können auch einen Teilbereich der Tabelle markieren, dann wirkt sich die optimale Anpassung aber nur auf den markierten Bereich aus. Im Anschluß daran wählen Sie den Menüpunkt TABELLE/ZELLENHÖHE UND -BREITE an, wechseln auf das Register SPALTE, und klicken Sie auf die Schaltfläche OPTIMALE BREITE. Nach größeren Änderungen in der Tabelle sollte diese Aktion wiederholt werden.

Abstand zwischen den Spalten

Um den horizontalen Abstand zwischen den Spalten für die komplette Tabelle einzustellen, achten Sie zunächst darauf, daß keine Markierung besteht. Existiert dagegen eine Markierung, gilt die Definition nur für Zeilen, die von der Markierung erfaßt sind. Daraufhin wählen Sie den Menüpunkt TABELLE/ZELLENHÖHE UND -BREITE an, wechseln auf das Register SPALTE und geben den gewünschten Abstand im Eingabefeld ABSTAND ZWISCHEN SPALTEN ein.

4.5.2 Zeilenhöhe ändern

Standardmäßig resultiert die Zeilenhöhe aus dem Umfang der in den Zellen befindlichen Texte, Grafiken und Objekte. In den meisten Fällen ergibt sich auf diese Weise ein optimales Erscheinungsbild. Falls gewünscht kann aber auch eine feste Höhe definiert werden. Dies ist z.B. dann erforderlich, wenn Tabellen erzeugt werden sollen, die absolut regelmäßig verlaufen. Die Gefahr ist aber, daß Texte abgeschnitten werden, falls diese zu umfangreich für die eingestellte Zeilenhöhe sind.

Um eine feste Zeilenhöhe für die komplette Tabelle zu definieren, achten Sie darauf, daß in der Tabelle keine Markierung besteht. Sollen dagegen nur einzelne Zeilen eine feste Höhe aufweisen, markieren Sie die gewünschten Zeilen. Daraufhin rufen Sie den Menüpunkt TABELLE/ZELLENHÖHE UND -BREITE auf, wechseln Sie auf das Register ZEILE, wählen Sie unter HÖHE DER ZEILE... den Eintrag GENAU, und geben Sie das gewünschte Maß im daneben befindlichen Feld ein. Soll die Zeilenhöhe wieder automatisch eingestellt werden, wählen Sie den Eintrag AUTOMATISCH. Eine ähnliche Auswirkung besitzt der Eintrag MINDESTENS. Auch hier wird die Zeilenhöhe anhand des Zellenumfangs automatisch festgelegt, im Gegensatz zu AUTOMATISCH darf dabei allerdings die angegebene Mindesthöhe nicht unterschritten werden.

Die Höhe weiterer Zeilen läßt sich einfach ändern, ohne das Menü zu verlassen. Wechseln Sie hierfür durch Klick auf eine der Schaltflächen VORHERIGE ZEILE oder NÄCHSTE ZEILE in die gewünschte Zeile.

4.5.3 Einzüge und Ausrichtung

Tabelle vom linken Seitenrand einziehen

Auf Wunsch kann eine Tabelle nicht unmittelbar am linken Seitenrand, sondern entsprechend weiter rechts beginnen. Um einen Einzug für die komplette Tabelle zu definieren, achten Sie darauf, daß keine Markierung besteht. Soll dagegen nur der Einzug einzelner Zeilen geändert werden, markieren Sie die gewünschten Zeilen. Rufen Sie anschließend den Menüpunkt TABELLE/ZELLENHÖHE UND -BREITE auf, wechseln Sie auf das Register ZEILE, und geben Sie den Einzug im Eingabefeld EINZUG VON LINKS ein.

Der Einzug vom linken Seitenrand kann auch mit der Maus geändert werden, indem der Mauszeiger auf die erste senkrechte Gitternetzlinie bewegt wird (der Mauszeiger ändert daraufhin das Aussehen) und diese an die gewünschte Position gezogen wird. Falls die Gitternetzlinien ausgeblendet sind, ist die richtige Stelle etwas schwer zu finden; bewegen Sie einfach den Mauszeiger so lange hin und her, bis sich das Aussehen entsprechend ändert.

Alternativ läßt sich der Einzug auch über das Zeilenlineal ändern. Ziehen Sie hierfür den Bereich, der sich unmittelbar vor dem eigentlichen Lineal befindet (der Mauszeiger verwandelt sich in einen Doppelpfeil), an die gewünschte Position.

Eine Tabelle kann ähnlich wie ein Absatz linksbündig, rechtsbündig und zentriert ausgerichtet werden. Um die Ausrichtung der kompletten Tabelle zu definieren, achten Sie darauf, daß keine Markierung besteht. Soll dagegen die Ausrichtung einzelner Zeilen geändert werden, markieren Sie die gewünschten Zeilen. Rufen Sie anschließend den Menüpunkt TABELLE/ ZELLENHÖHE UND -BREITE auf, wechseln Sie auf das Register ZEILE, und klicken Sie auf eine der Optionen LINKS, ZENTRIERT oder RECHTS.

Ausrichtung der Tabelle

Ändert sich an der Tabelle augenscheinlich nichts, liegt dies daran, daß die Tabelle exakt vom linken bis zum rechten Seitenrand reicht und dann logischerweise alle Ausrichtungsformen zum gleichen Ergebnis führen.

4.5.4 AutoFormat

Für Tabellen stehen eine Reihe vordefinierter Formate zur Verfügung, die zum Teil optisch recht aufwendig gestaltet sind. Um eines der Formate auszuwählen, rufen Sie zunächst den Menüpunkt TABELLE/TABELLE AUTO-FORMAT auf.

Außerdem kann die AutoFormat-Funktion bereits beim Einfügen einer leeren Tabelle mittels TABELLE/TABELLE EINFÜGEN durch Klick auf die Schaltfläche AUTOFORMAT aufgerufen werden.

Hinweis

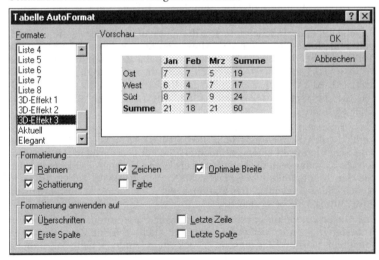

Bild II.58: Das Menü TABELLE/ TABELLE AUTOFORMAT

Wählen Sie eines der gewünschten Formate in der Dialogbox links oben. Im unteren Teil der Dialogbox können Feinabstimmungen vorgenommen werden. Dazu stehen folgende Optionen zur Auswahl:

RAHMEN: blendet die vorgegebenen Rahmen und Linien ein bzw. aus.

SCHATTIERUNG: blendet die vorgegebenen Schattierungen ein bzw. aus.

ZEICHEN: Bei eingeschalteter Option werden die Zeichen in der ersten Zeile und in der ersten Spalte betont (je nach Format durch Fettschrift oder andere Schriftattribute).

FARBE: Bei eingeschalteter Option werden die einzelnen Bereiche farbig dargestellt, bei deaktivierter Option in Graustufen.

OPTIMALE BREITE: stellt die Breite der einzelnen Spalten anhand des Textumfangs ein (siehe im Abschnitt II.4.5.1 unter »Optimale Breite einstellen«). Fügen Sie eine neue Tabelle ein, ist die Option wirkungslos, da die Tabelle noch keinen Inhalt besitzt.

ÜBERSCHRIFTEN: betont die erste Zeile.

ERSTE SPALTE: betont die erste Spalte.

LETZTE ZEILE: betont die letzte Zeile.

LETZTE SPALTE: betont die letzte Spalte.

Haben Sie alles eingestellt, bestätigen Sie mit Klick auf OK. Daraufhin werden die Formatierungen angebracht.

4.5.5 Weitere Formatierungen

Seitenumbruch in einer Zeile verhindern

Findet innerhalb einer Tabellenzeile ein Seitenumbruch statt, wird das Ablesen von Werten erschwert. Auf Wunsch läßt sich erreichen, daß innerhalb bestimmter Zeilen oder in der gesamten Tabelle nicht inmitten einer Zeile umgebrochen wird. Markieren Sie hierfür die gewünschten Zeilen, in denen kein Umbruch durchgeführt werden soll. Soll in der kompletten Tabelle nicht innerhalb einer Zeile umgebrochen werden, markieren Sie die komplette Tabelle. Rufen Sie dann den Menüpunkt TABELLE/ZELLENHÖHE UND -BREITE auf, wechseln Sie auf das Register ZEILE, und schalten Sie die Option SEITENWECHSEL IN DER ZEILE ZULASSEN ab. Im betreffenden Bereich finden jetzt Seitenwechsel nur noch zwischen Zeilen statt.

Seitenumbruch in der Tabelle verhindern und Tabelle mit nachfolgender Tabellenunterschrift zusammenhalten

Praxistip: Soll innerhalb der kompletten Tabelle kein Seitenumbruch durchgeführt werden und gleichzeitig erreicht werden, daß eine der Tabelle folgende Tabellenunterschrift nicht von der Tabelle getrennt wird, gehen Sie folgendermaßen vor: Markieren Sie zunächst alle Spalten der Tabelle. Dabei darf diesmal ausnahmsweise das Zeilenendezeichen (ganz rechts) *nicht* mit markiert werden. Danach rufen Sie den Menüpunkt FORMAT/ABSATZ auf, wählen Sie das Register TEXTFLUSS an, und schalten Sie die Optionen ZEILEN NICHT TRENNEN und ABSÄTZE NICHT TRENNEN ein.

Rahmen, Linien und Schattierungen

Zum Erzeugen von Linien, Rahmen und Schattierungen markieren Sie zunächst den Bereich innerhalb der Tabelle, in dem Sie Linien, Rahmen und Schattierungen erzeugen möchten. Sie können einzelne Zellen, Spalten, Zeilen oder auch die komplette Tabelle markieren. Anschließend rufen Sie den Menüpunkt FORMAT/RAHMEN UND SCHATTIERUNG auf, und stellen Sie die gewünschten Optionen ein. Das Menü ist ausführlich im Abschnitt II.3.3.6 beschrieben.

Im Unterschied zu gewöhnlichen Absätzen können innerhalb von Tabellen nicht nur horizontale, sondern auch vertikale Zwischenlinien eingefügt werden. Zu diesem Zweck steht einerseits die zusätzliche Option GITTERNETZ zur Verfügung, die den derzeit markierten Bereich umrahmt und zwischen den Zellen horizontale und vertikale Linien einfügt. Andererseits können im stilisierten Text (unten links in der Dialogbox) durch Klick mit der Maus im Gegensatz zu gewöhnlichen Absätzen auch vertikale Linien eingefügt werden.

Um einen bestimmten Raum vor der Tabelle frei zu lassen, versehen Sie den Absatz, der sich unmittelbar überhalb der Tabelle befindet, mit einem Absatzendeabstand. Analog dazu bringen Sie am Absatz, der unmittelbar unterhalb der Tabelle steht, einen Absatzanfangsabstand an (Optionen ABSTAND/VOR und ABSTAND/NACH im Menü FORMAT/ABSATZ, Register EINZÜGE UND ABSTÄNDE). Mehr hierzu finden Sie im Kapitel II.3.3.3.

Anfangs- und Endeabstand der Tabelle

4.6 Nützliche Funktionen und weiterführende Hinweise

Bei längeren Tabellen, die über mehrere Seiten reichen, ist es meist erwünscht, daß die Tabellenüberschrift auf Folgeseiten wiederholt wird. Dies erleichtert das Ablesen der Werte; der Benutzer braucht dann nicht zurückzublättern, um zu erfahren, welche Spalte welche Bedeutung hat.

Überschrift wiederholen

Um die Überschrift auf Folgeseiten zu wiederholen, bewegen Sie den Cursor zunächst in die erste Zeile der Tabelle. Besteht die Überschrift aus mehreren Zeilen, markieren Sie die gewünschten Zeilen. Im Anschluß daran schalten Sie den Menüpunkt TABELLE/ÜBERSCHRIFT ein.

Gelegentlich ist es erforderlich, eine Tabelle in zwei Tabellen aufzuteilen, z.B. wenn die Tabelle durch einen größeren Text oder eine breite Grafik unterbrochen werden soll. Bewegen Sie hierfür den Cursor an die aufzuteilende Stelle, und wählen Sie den Menüpunkt TABELLE/TABELLE TEILEN an.

Tabelle teilen und verbinden

Analog dazu können zwei Tabellen zu einer verbunden werden. Löschen Sie hierfür den gesamten Text, der sich zwischen den beiden Tabellen befindet, oder verschieben Sie ihn. Die Tabellen werden daraufhin automatisch zu einer verbunden.

Zur Umwandlung einer Tabelle in einen gewöhnlichen Text markieren Sie zunächst die komplette Tabelle, z.B. mit Druck auf ⌨Alt+⌨Num 5. Sollen nur einzelne Zeilen der Tabelle umgewandelt werden, markieren Sie die gewünschten Zeilen. Anschließend rufen Sie den Menüpunkt TABELLE/TABELLE IN TEXT UMWANDELN auf, geben Sie das Trennzeichen ein, mit dem die Tabellenspalten getrennt werden sollen, und bestätigen Sie mit Klick auf OK.

Tabelle in einen gewöhnlichen Text umwandeln

Die Sortierfunktion erlaubt es, Tabellen zu sortieren. Es spielt dabei keine Rolle, ob die Tabelle mit der Tabellenfunktion oder mit Hilfe von Tabstopps (Abschnitt II.4.7) angefertigt wurde.

Sortieren von Tabellen

Zum Sortieren können bis zu drei Schlüssel (Prioritäten) vergeben werden. Dadurch kann z.B. erreicht werden, daß eine Adreßtabelle nach dem Nachnamen sortiert wird (1. Schlüssel). Einträge mit gleichem Nachnamen werden nach Vornamen sortiert (2. Schlüssel). Ist auch der Vorname identisch, wird nach dem Ort sortiert (3. Schlüssel).

Die Sortierfunktion wird über den Menüpunkt TABELLE/SORTIEREN aufgerufen. Soll die gesamte Tabelle sortiert werden, darf keine Markierung bestehen. Existiert dagegen eine Markierung, werden nur die von der Markierung erfaßten Zeilen sortiert.

Stellen Sie die gewünschten Sortierkriterien ein. Für jeden Schlüssel kann zwischen einer auf- und absteigenden Sortierung gewählt werden. Handelt es sich beim jeweiligen Schlüssel um alphanumerische Daten, wählen Sie unter TYP den Eintrag TEXT. Bei numerischen Daten selektieren Sie dagegen den Listeneintrag ZAHL und bei Datumswerten den Eintrag DATUM.

In der Dialogbox ganz unten geben Sie an, ob die Tabelle eine Überschrift enthält. Diese Einstellung ist wichtig, damit eine etwaige Überschrift nicht in die Sortierung mit einbezogen wird.

II Word

Abschließend starten Sie den Sortiervorgang mit Klick auf OK.

Praxistip: Obwohl sich die Sortierfunktion im Menü TABELLE befindet, kann auch ein gewöhnlicher Text sortiert werden. Dann steht allerdings nur ein Sortierschlüssel zur Verfügung.

Rechnen in Tabellen

Wie sich in Tabellen Berechnungen durchführen lassen, ist ausführlich im Kapitel II.11 (»Felder«) beschrieben.

Ausrichtung von Dezimalwerten

Zum Ausrichten von Werten, die Nachkommastellen aufweisen, gibt es im wesentlichen zwei Möglichkeiten:

- Falls es sich um Geldbeträge (oder um andere Dezimalwerte mit konstanter Zahl an Nachkommastellen) handelt, reicht es in der Praxis meist aus, die Werte rechtsbündig auszurichten. Der Nachteil liegt allerdings darin, daß die Dezimalkommas dann bei diversen Schriftarten nicht hundertprozentig exakt untereinander stehen.
- Ein besseres Ergebnis läßt sich mit Hilfe von Tabstopps erzielen. Vergleichen Sie hierzu den Abschnitt II.4.7.2.

Das Einbinden von Tabellen, die mit Excel angefertigt wurden, ist im Kapitel II.7.1 erklärt.

Office 95

4.7 Tabstopps

In früheren Versionen von Word dienten Tabstopps dazu, Werte horizontal anzuordnen, um auf diese Weise Tabellen anzufertigen. Da Word inzwischen über eine spezielle Tabellenfunktion verfügt (Abschnitt II.4.1 bis II.4.6), werden Tabstopps in der Praxis nur noch selten eingesetzt. Wenngleich die Tabellenfunktion ungleich leistungsfähiger ist, bieten aber auch Tabstopps einige Vorteile. Z.B. lassen sich dezimale Werte so anordnen, daß die Dezimalkommas genau untereinander stehen. Außerdem können Füllzeichen erzeugt werden, wodurch das Ablesen von Werten vereinfacht wird. Folgende Einsatzgebiete gibt es für Tabstopps:

- Einfache, kleine Tabellen und tabellenartige Texte – vornehmlich solche, die Zahlenwerte mit Nachkommastellen enthalten oder in denen Füllzeichen verwendet werden sollen – können direkt mit den Tabstopp-Funktionen angefertigt werden.
- Große, komplexe Tabellen sollten weiterhin unbedingt mit der Tabellenfunktion erstellt werden, da diese ungleich leistungsstärker ist. Ein fundamentaler Unterschied liegt darin, daß nur die Tabellenfunktion es erlaubt, Texte zu erzeugen, die über mehrere Zeilen verlaufen und bei Änderungen automatisch umbrochen werden. Falls Dezimalwerte mit Nachkommastellen in der Tabelle ausgerichtet (und gegebenenfalls Füllzeichen eingefügt) werden sollen, bietet es sich an, beide Funktionen miteinander zu kombinieren. Dabei fügen Sie in die entsprechenden Zellen der Tabelle zusätzlich Tabstopps ein (ein Anwendungsbeispiel hierfür findet sich im Abschnitt II.7.4.2).

4.7.1 Einfache Tabellen anfertigen

Vorbereitungen

Trennen Sie die einzelnen auszurichtenden Bestandteile der Tabelle durch Tabulatoren (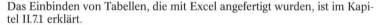). Verwenden Sie nur genau einen Tabulator zwischen den Werten, niemals mehrere. Lassen Sie sich nicht davon irritieren, daß die Werte bei der Eingabe noch nicht bündig untereinander stehen. Tabulatoren werden im Text durch das Symbol → dargestellt. Falls keine Tabulatoren sichtbar sind, schalten Sie die Option NICHTDRUCKBARE ZEICHEN/TABSTOPS (Menü EXTRAS/OPTIONEN, Register ANSICHT) ein.

4 Tabellen

Die einzelnen Zeilen der Tabelle können Sie sowohl mit Druck auf ⏎ (neuer Absatz) als auch mit [Shift]+⏎ (neue Zeile im Absatz) trennen.

Bild II.59:
Eingabe einer Tabelle

```
Name→geboren   →   gestorben¶
Abbe,·Ernst → 23.1.1840  →  14.1.1905¶
Ampère,·André·Marie•22.1.1775  →  10.6.1836¶
Avogadro,·Amadeo → 9.8.1776  →  9.7.1856¶
```

Tabstopps setzen

Markieren Sie den Bereich, in dem Tabstopps hinzugefügt werden sollen. Ohne Markierung wirkt sich das Hinzufügen auf den aktuellen Absatz aus. Anschließend rufen Sie den Menüpunkt FORMAT/TABULATOR auf (Bild II.61), und geben Sie das gewünschte Maß vom linken Seitenrand ein. Ohne nachgestellte Maßeinheit werden cm angenommen.

Bild II.60:
Das Menü FORMAT/
TABULATOR

Ausrichtung

Die gewünschte Ausrichtung des Tabstopps wählen Sie im Feld AUSRICHTUNG. Die folgende Übersicht zeigt die einzelnen Ausrichtungsvarianten:

Option	Symbol im Zeilenlineal	Wirkung	Beispiel
LINKS	⌐	linksbündig	39314 22 992
ZENTRIERT	⊥	zentriert	39314 22 992
RECHTS	⌐	rechtsbündig	39314 22 992
DEZIMAL	⊥·	richtet die Werte so aus, daß die Dezimalkommas untereinander stehen.	1,25 117,500 4,19191

Eine weitere Option unter AUSRICHTUNG ist VERTIKALE LINIE. Dabei handelt es sich nicht direkt um eine Ausrichtungsvariante, da die horizontale Position des Textes nicht verändert wird. Statt dessen wird an der angegebenen Position eine vertikale Linie eingefügt.

Füllzeichen	Mit Hilfe von Füllzeichen lassen sich die Leerräume in den Zeilen durch eine horizontale Linie auffüllen (siehe Bild II.62). Auf diese Weise wird das Ablesen der Werte erleichtert. Folgende Arten von Füllzeichen sind verfügbar:	

.... (Punkte)	------ (Bindestriche)	___ (Unterstriche)

Sollen keine Füllzeichen verwendet werden, achten Sie darauf, daß die Option OHNE aktiv ist.

Um die neue Tabstopp-Position zu bestätigen, klicken Sie auf SETZEN. Fügen Sie weitere Tabstopps nach demselben Prinzip ein. Nachdem alle Tabstopps gesetzt sind, verlassen Sie die Dialogbox durch Klick auf OK.

Zeilenlineal — Die aktiven Tabstopps sind aus dem Zeilenlineal (siehe Bild II.62) ersichtlich und können dort auch gesetzt, gelöscht und verschoben werden. Falls das Lineal nicht sichtbar ist, schalten Sie es durch Anwahl des Menüpunktes ANSICHT/LINEAL ein.

Bild II.61: Anzeige von Tabstopps im Zeilenlineal

Tabstopps über das Zeilenlineal setzen

Markieren Sie zunächst den Text, in dem Sie Tabstopps setzen möchten. Daraufhin wählen Sie die gewünschte Ausrichtung des Tabstopps, indem Sie so lange auf den Bereich im Zeilenlineal ganz links klicken, bis die gewünschte Ausrichtungsvariante angezeigt wird. Daraufhin klicken Sie auf die Positionen im Zeilenlineal, an denen Tabstopps eingefügt werden sollen. Falls verschiedene Ausrichtungen verwendet werden sollen, wählen Sie vor dem Einfügen des jeweiligen Tabstopps zunächst die gewünschte Ausrichtung. Füllzeichen können über das Zeilenlineal nicht erzeugt werden.

Tabstopps verschieben — Tabstopps lassen sich sehr einfach über das Zeilenlineal verschieben, indem der Tabstopp mit der Maus an die gewünschte Position gezogen wird. Über das Menü FORMAT/TABULATOR können Tabstopps nur dadurch verschoben werden, indem sie gelöscht und an der gewünschten Position neu eingefügt werden.

Ausrichtung und Füllzeichen ändern — Die Ausrichtung und das Füllzeichen ändern Sie, indem Sie an der gleichen Position wie der alte Tabstopp einen weiteren Tabstopp mit den gewünschten neuen Eigenschaften setzen.

Tabstopps löschen — Markieren Sie zunächst den Text, in dem Sie einen oder mehrere Tabstopps löschen möchten. Daraufhin rufen Sie den Menüpunkt FORMAT/TABULATOR auf. Klicken Sie auf die gewünschte Tabstopp-Position, und klicken Sie auf LÖSCHEN. Um alle Tabstopps zu löschen, die in der Markierung enthalten sind, klicken Sie auf die Schaltfläche ALLE LÖSCHEN.

Zum Löschen eines Tabstopps über das Zeilenlineal klicken Sie auf den gewünschten Tabstopp, und ziehen Sie ihn an eine beliebige Position außerhalb des Zeilenlineals.

Standardtabstopps — In Absätzen, in denen zwar Tabulatoren enthalten sind, jedoch keine Tabstopps, werden die Tabulatoren durch einen standardmäßigen Abstand voneinander getrennt. Dieser Wert wird über die Option STANDARD-TABSTOPS (Menüpunkt FORMAT/TABULATOR) definiert. Die Einstellung gilt für das komplette Dokument.

4.7.2 Tabstopps und Tabellenfunktion kombinieren

Sollen in einer Tabelle, die mit der Tabellenfunktion angefertigt wurde, Zahlenwerte, die Nachkommastellen enthalten, bündig ausgerichtet werden, fügen Sie in die entsprechenden Zellen Tabulatoren vor die Zahlenwerte ein, und richten Sie die Zahlenwerte mit Hilfe von dezimalen Tabstopps aus.

Da in Tabellen die Taste [⇥] zum Springen zwischen den Zellen reserviert ist, muß zum Einfügen eines Tabulators [Strg]+[⇥] gedrückt werden.

Tabulator einfügen
Hinweis

Das Maß für den Tabstopp bezieht sich nicht auf den Seitenrand, sondern den Beginn der Zelle. Soll z.B. das Dezimalkomma 2 cm rechts neben dem Zellenbeginn positioniert werden, geben Sie 2 cm ein.

Bild II.62: Tabellenfunktion und Tabstopps kombinieren

Bild II.63 zeigt eine Tabelle, in der Werte, die Nachkommastellen aufweisen, ausgerichtet wurden. Gehen Sie dazu folgendermaßen vor:

1. Fügen Sie vor jedem auszurichtenden Wert einen Tabulator ([Strg]+[⇥]) ein.
2. Markieren Sie die komplette Spalte (z.B. durch Anwahl des Menüpunktes TABELLE/SPALTE MARKIEREN).
3. Rufen Sie den Menüpunkt FORMAT/TABULATOR auf.
4. Setzen Sie an der Position 0 cm einen Tabstopp mit linksbündiger Ausrichtung. (Dieser Schritt ist unbedingt erforderlich, sonst werden die Werte nicht ausgerichtet.)
5. Setzen Sie an der gewünschten Position (im Beispiel wurde 1 cm verwendet) einen dezimalen Tabstopp.

5 Layoutfunktionen

In diesem Kapitel werden vor allem Funktionen besprochen, die für komplexe, grafisch orientierte Layouts benötigt werden. Im ersten Abschnitt (II.5.1) erfahren Sie, wie sich Grafiken einfügen, skalieren und zuschneiden lassen. Das Erzeugen mehrspaltiger Layouts ist das Thema des nächsten Abschnitts (II.5.2). Der darauffolgende Abschnitt befaßt sich mit Positionsrahmen. Positionsrahmen dienen dazu, Texte, Grafiken und Objekte frei auf der Seite zu plazieren. Im Abschnitt 5.4 dreht sich alles um Initialen, also um vergrößerte Anfangsbuchstaben. Der letzte Abschnitt (II.5.5) erklärt das Hilfsprogramm WordArt, mit dessen Hilfe sich besonders ausgefallene Layouts erzeugen lassen.

Die grundlegenden Formatierungen wie z.B. das Einstellen der Schriftart und des Zeilenabstandes werden im Kapitel II.3 erklärt.

5.1 Grafiken

Word besitzt leistungsfähige Funktionen zum Einfügen von Grafiken und zu deren optimalen Einbindung in das Dokument. Dabei werden eine Vielzahl von Dateiformaten unterstützt, so daß sich fast alle gängigen Grafiken importieren lassen. Die Grafik wird ähnlich wie ein (großes) Textzeichen behandelt und läßt sich daher wie ein Text kopieren, verschieben und auf der Seite positionieren. Außerdem gibt es Funktionen zum Skalieren und zum Zuschneiden von Grafiken. Folgende Grafikformate werden von Word unterstützt:

Unterstützte Grafikformate

Grafikformat	alternative Bezeichnung/Erklärung	Erweiterung
AUTOCAD FORMAT 2-D	auch: DXF; weitverbreitetes Vektorgrafikformat, das neben AutoCAD auch von vielen anderen CAD-Programmen verwendet wird. Word unterstützt die AutoCAD-Versionen bis Version 12, inklusive AutoCAD für Windows.	DXF
COMPUSERVE GIF	Eines der weitestverbreiteten Formate für Bitmap-Grafiken.	GIF
COMPUTER GRAPHICS METAFILE	auch: CGM-Format; Vektorgrafikformat.	CGM
CORELDRAW	Vektorgrafikformat aus dem Illustrationsprogramm CorelDraw. Word unterstützt CorelDraw bis inklusive der Version 5.0.	CDR
ENCAPSULATED POSTSCRIPT	auch: EPS-Format; spezielle Variante einer PostScript-Datei, in der zusätzliche Informationen enthalten sind; wird von einer Vielzahl an Programmen unterstützt.	EPS
HP GRAPHICS LANGUAGE (HPGL)	Plotterbeschreibungssprache von Hewlett Packard; weitverbreitet, aber zum Datenaustausch wenig geeignet.	PLT
JPEG IMPORT-FILTER	Weitverbreitetes Format für Bitmap-Grafiken. Eine Besonderheit ist, daß das Format mit Datenreduktion arbeitet.	JPG
KODAK PHOTO CD	Das weitverbreitete Format der Photo-CD.	PCD
MACINTOSH PICT	Auf dem Macintosh weitverbreitetes Format.	PCT
MICROGRAFX DESIGNER/ DRAW	auch: DRW-Format. Es wird vor allem von den Micrografx-Programmen Designer, Charisma und Draw unterstützt.	DRW
PC PAINTBRUSH	auch: PCX-Format; eines der am stärksten verbreiteten Formate für Bitmap-Grafiken.	PCX

Grafikformat	alternative Bezeichnung/Erklärung	Erweiterung
TAGGED IMAGE FORMAT	auch: TIFF; weitverbreitetes Format für Bitmap-Grafiken; gilt im DTP-Bereich als Standard.	TIF
TARGA	auch: TGA-Format; Format für Bitmap-Grafiken; vor allem im Bereich der professionellen Bildbearbeitung verbreitet.	TGA
WINDOWS BITMAPS	auch: BMP-Format; standardmäßiges Format für Bitmap-Grafiken unter Windows.	BMP
WINDOWS METAFILES	auch: Windows Metadatei; standardmäßiges Format für Vektorgrafiken unter Windows.	WMF
WORDPERFECT-GRAFIKEN	Format für Bitmap- und Vektorgrafiken; stammt aus WordPerfect oder DrawPerfect.	WPG

5.1.1 Grafik einfügen

Bewegen Sie zunächst den Cursor an die Stelle im Dokument, an der die Grafik eingefügt werden soll. Soll die Grafik einen eigenen Absatz darstellen, erzeugen Sie mit Druck auf ⏎ einen neuen Absatz. Daraufhin wählen Sie den Menüpunkt EINFÜGEN/GRAFIK an. Es wird die Dialogbox GRAFIK EINFÜGEN (Bild II.64) angezeigt, in der Sie die Grafik und bestimmte Eigenschaften auswählen:

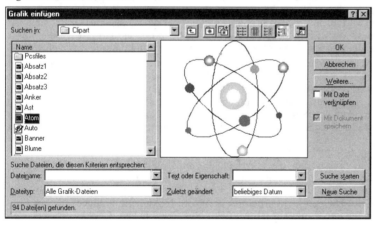

Bild II.63:
Das Dialogfenster
EINFÜGEN/GRAFIK

Links werden die einzelnen Grafiken des aktuellen Ordners aufgelistet. Wechseln Sie gegebenenfalls den Ordner bzw. das Laufwerk, falls die Grafik in einem anderen Ordner gespeichert ist. Falls der genaue Dateiname der Grafik nicht bekannt ist, blättern Sie in der Liste. Die derzeit angewählte Grafik wird dabei nach einer kurzen Wartezeit im Vorschaufenster angezeigt. Der Dateiname kann auch direkt im Feld DATEINAME eingegeben werden. Außerdem läßt sich dort ein Namensschema eintragen. Wird z.B. »bu*« eingegeben, werden nur noch Grafiken angezeigt, deren Dateiname mit »bu« beginnt.

Grafikdatei auswählen

II Word

Anzeige auf bestimmten Dateityp beschränken

Standardmäßig werden alle Grafikdateien angezeigt. Falls die Liste zu umfangreich ist, bietet es sich an, die Liste auf Grafiken eines bestimmten Formates zu beschränken. Ändern Sie hierfür im Listenfeld DATEITYP den standardmäßigen Listeneintrag ALLE GRAFIK-DATEIEN in eines der angebotenen Dateiformate. Entscheiden Sie sich z.B. für CORELDRAW, werden nur noch Dateien angezeigt, die mit CorelDraw angefertigt wurden.

Alle Dateien anzeigen

Daneben besteht auch die Möglichkeit, alle Dateien des Ordners anzuzeigen. Wählen Sie hierfür den Listeneintrag ALLE DATEIEN. In diesem Fall werden auch Dateien angeboten, die laut Word keine Grafiken darstellen. Zunächst scheint dies nicht sehr sinnvoll zu sein, da über das Menü nur Grafikdateien eingefügt werden können. Doch in der Praxis kann es vorkommen, daß bestimmte Grafikdateien nicht erkannt werden, da sie eine vom Standard abweichende Dateierweiterung aufweisen.

Nachdem Sie die gewünschte Grafik ausgewählt haben, bestätigen Sie mit Klick auf OK. Die Grafik befindet sich daraufhin im Dokument.

Grafik im Dokument speichern

Standardmäßig wird eine Grafik in der Dokumentdatei gespeichert. Der Vorteil dieser Methode liegt darin, daß eine hohe Arbeitsgeschwindigkeit erreicht wird, da die Grafiken nicht nachgeladen werden müssen. Außerdem müssen Sie sich nicht darum kümmern, die entsprechenden Grafikdateien mitzukopieren, wenn Sie Ihr Dokument an andere Anwender weitergeben. Da Grafiken viel Speicherplatz benötigen, wächst die Textdatei allerdings stark an. Es kann durchaus vorkommen, daß eine Textdatei mit einem Umfang von einigen hundert Kbyte nach dem Einfügen einiger Grafiken mehrere Mbyte Festplattenkapazität beansprucht. Wieviel Platz benötigt wird, hängt von der Anzahl und der Auflösung der einzelnen Grafiken ab. Ungünstig auf das Speicherverhalten wirkt sich außerdem die Tatsache aus, daß Word die Grafiken grundsätzlich unkomprimiert speichert. Der Dateizuwachs ist daher häufig erheblich höher, als es die Originalgrafikdatei erwarten läßt. Ein weiterer Nachteil liegt darin, daß die Grafik, falls sie nach dem Einfügen geändert wird, nur dadurch aktualisiert werden kann, indem sie aus dem Dokument gelöscht und daraufhin erneut eingefügt wird.

Mit Datei verknüpfen

Aufgrund der Nachteile dieser Methode wird eine Alternative angeboten. Dabei merkt sich Word nur den Namen der Grafikdatei und den Ort (Laufwerk und Ordner). Anders ausgedrückt wird nicht die Grafik in das Dokument eingefügt, sondern nur ein Querverweis. Dadurch wird so gut wie kein zusätzlicher Speicherplatz benötigt. Die Nachteile liegen aber auf der Hand: Das Blättern im Dokument verzögert sich stark, da die Grafiken jeweils nachgeladen werden müssen. Außerdem müssen die Grafikdateien im entsprechenden Ordner bleiben – dürfen also nicht gelöscht werden – und müssen bei einer Weitergabe mitkopiert werden. Außerdem gilt zu beachten, daß bei einer Änderung der Originalgrafik auch die in Word eingefügte Grafik verändert wird. Dies ist meist von Vorteil – Sie müssen geänderte Dateien nicht erneut in Ihr Word-Dokument einfügen –, kann allerdings auch unerwünschte Effekte zur Folge haben. Denkbar ist z.B., daß eine Grafik erweitert wird und daß zu einem späteren Zeitpunkt ein Dokument gedruckt wird, bei dem die ursprüngliche Variante der Grafik relevant ist. Geruckt wird jedoch dann die neue, erweiterte Version.

Zum Einfügen einer Grafik nach diesem Prinzip schalten Sie in der Dialogbox GRAFIK EINFÜGEN die Option MIT DATEI VERKNÜPFEN ein und die Option IM DOKUMENT SPEICHERN aus. Dieser Vorgang muß bei jeder weiteren Grafik wiederholt werden, da die beiden Optionen beim Aufruf der Dialogbox GRAFIK EINFÜGEN wieder auf die Standardwerte zurückgesetzt werden.

5 Layoutfunktionen

Wurde eine verknüpfte Datei geändert, so sind die Änderungen im Dokument nicht sofort sichtbar, da die ursprünglichen Grafiken in einem Puffer gehalten werden. Die Dokumente werden aber dennoch korrekt ausgedruckt; spätestens dann werden die Änderungen berücksichtigt. Um die Grafik sofort zu aktualisieren, klicken Sie auf die Grafik, rufen Sie den Menüpunkt BEARBEITEN/VERKNÜPFUNGEN auf, und klicken Sie auf JETZT AKTUALISIEREN. Alternativ können Sie auch F9 drücken.

Sofort aktualisieren

Beim Einfügen einer Grafik können auch beide Methoden kombiniert werden. Das bedeutet, daß sowohl die Grafik als auch ein Verweis darauf in das Dokument eingefügt werden. Auf diese Weise ergeben sich die Vorzüge beider Methoden: Zum einen wird eine hohe Arbeitsgeschwindigkeit erreicht. Zum anderen läßt sich die Grafik aktualisieren, ohne daß sie neu eingefügt werden muß. Die Grafiken werden allerdings nicht mehr automatisch aktualisiert, sondern nur auf Wunsch. Hier zeigt sich ein weiterer fundamentaler Unterschied zur vorigen Methode. Damit werden sowohl Vorteile als auch Nachteile erkauft: Einerseits kann man auch, falls dies gewünscht ist, ältere Versionen einer Grafik weiterhin im Dokument belassen, auch wenn die zugrundeliegende Grafikdatei nicht mehr existiert. Andererseits besteht die Gefahr, daß es versäumt wird, die Grafik zu aktualisieren. Es wird dann die ursprüngliche Version der Grafik gedruckt.

Mit Datei verknüpfen und gleichzeitig in das Dokument einfügen

Um eine Grafik nach dieser Methode einzufügen, schalten Sie in der Dialogbox GRAFIK EINFÜGEN die Option MIT DATEI VERKNÜPFEN ein. Die Option IM DOKUMENT SPEICHERN muß aktiviert bleiben.

Zum Aktualisieren einer Grafik gehen Sie wie beim Aktualisieren nach der vorher besprochenen Methode vor (also: Klick auf die Grafik, Aufruf des Menüs BEARBEITEN/VERKNÜPFUNGEN und Klick auf JETZT AKTUALISIEREN). Um es noch einmal zu verdeutlichen: Diese Aktualisierung muß manuell durchgeführt werden; bei der vorigen Methode dient der Vorgang lediglich dazu, die ohnehin automatisch durchgeführte Aktualisierung vorzuziehen.

Grafik aktualisieren

Methode		Dokument-größe	Aktualisierung
Im Dokument speichern	Verknüpfung		
ja	nein	maximal	nur durch Löschen und erneutes Einfügen
nein	ja	minimal	automatisch
ja	ja	maximal	manuell

Unterschiede der drei Methoden zum Einfügen von Grafiken

Da jede Methode Vor- und Nachteile hat, gibt es keine ideale Methode. Die geeignete Methode hängt von vielen Faktoren ab. Als Faustregel gilt jedoch, daß die Datei verknüpft werden sollte, falls in der nächsten Zeit noch Änderungen an den Grafiken wahrscheinlich sind. Sie ersparen sich dann das erneute Einfügen nach jeder Änderung. Ob es sinnvoll ist, die Grafik im Dokument zu speichern, hängt von der Geschwindigkeit des Computers und vom verfügbaren Festplattenspeicher ab. Bei Verwendung eines schnellen Computers kann man durchaus darauf verzichten, die Grafik im Dokument zu speichern. Wenn der Festplattenspeicherplatz knapp ist, ist es ebenso wenig empfehlenswert, die Grafik im Dokument einzufügen. Soll das Dokument weitergegeben werden, ist es am einfachsten, die Grafiken

Welche Methode ist empfehlenswert?

im Dokument zu speichern, da dann nur die DOC-Datei kopiert werden muß (vergleiche Abschnitt II.5.1.6).

Die obenstehende Tabelle zeigt eine Zusammenfassung der drei Methoden.

Arbeitsgeschwindigkeit erhöhen

Praxistip: Durch Aktivieren der Option PLATZHALTER FÜR GRAFIKEN im Menü EXTRAS/OPTIONEN, Register ANSICHT, läßt sich die Arbeitsgeschwindigkeit deutlich erhöhen, insbesondere, wenn die Grafiken nicht im Dokument gespeichert werden. Dabei wird vor allem die Geschwindigkeit beim Blättern im Dokument beschleunigt. Anstelle der Grafiken werden nur leere Rahmen angezeigt. Die Grafiken werden natürlich weiterhin mitgedruckt. Auf dem Bildschirm werden Grafiken nur noch in der Seitenansicht angezeigt. Betroffen sind neben Grafiken, die mit dem Menü EINFÜGEN/GRAFIK importiert wurden, auch Objekte, die mit dem Menü EINFÜGEN/OBJEKT eingefügt wurden, z.B. Formeln.

Nach dem Einfügen einer neuen Grafik wird die Option PLATZHALTER FÜR GRAFIKEN wieder ausgeschaltet, damit Sie kontrollieren können, ob die Grafik korrekt übernommen wurde. Sollen wieder Rahmen anstelle der Grafiken dargestellt werden, müssen Sie die Option PLATZHALTER FÜR GRAFIKEN erneut aktivieren.

5.1.2 Eigenschaften der Grafik festlegen

Nach dem Einfügen einer Grafik sind in der Regel noch Korrekturen notwendig. Meist erscheint die Grafik zu klein oder zu groß, so daß eine Größenanpassung erforderlich ist. Gelegentlich müssen Grafiken auch noch zugeschnitten werden.

Größe festlegen

Zur Änderung der Größe klicken Sie zunächst auf die Grafik, und rufen Sie den Menüpunkt FORMAT/GRAFIK auf. Es wird die Dialogbox GRAFIK angezeigt. Die Größe kann sowohl in Prozent (SKALIEREN/BREITE und SKALIEREN/HÖHE) als auch in einer Maßeinheit wie cm (Optionen GRÖSSE/BREITE und GRÖSSE/HÖHE) eingegeben werden. Falls es darauf ankommt, daß die Größe besonders exakt eingestellt wird, ist es empfehlenswert, das Maß unter GRÖSSE/BREITE und GRÖSSE/HÖHE einzugeben. Ansonsten ist es einfacher, den Prozentwert zu verändern.

Zwei gleiche Prozentwerte erhalten das Seitenverhältnis

In der Regel muß zweimal dieselbe Prozentanzahl eingegeben werden. Soll die Grafik z.B. doppelt so groß angezeigt werden, geben Sie unter SKALIEREN/BREITE und SKALIEREN/HÖHE jeweils 200 ein. Eine Eingabe zweier verschiedener Prozentwerte verändert dagegen das Seitenverhältnis der Grafik, was nur sinnvoll ist, wenn bereits die Originalgrafik gestaucht oder gestreckt ist; diesen Fehler können Sie dann kompensieren.

Größe besonders exakt festlegen

Soll die Größe der Grafik auf den Millimeter genau bestimmt werden, tragen Sie entweder die Höhe unter GRÖSSE/BREITE oder aber die Breite unter GRÖSSE/HÖHE ein. Ohne nachgestelltes Maßeinheitskürzel werden cm angenommen. Nachdem eines der beiden Maße eingegeben wurde, drücken Sie ↹ (oder klicken in ein beliebiges anderes Feld), um die Informationen der Dialogbox zu aktualisieren. Word errechnet dann die aus dem eingegebenen Maß resultierende Prozentangabe. Diese Prozentangabe tragen Sie daraufhin im jeweils anderen Prozentfeld ein. Haben Sie z.B. eine Breite von 7,1 cm eingegeben und wurden daraus 234,2% berechnet, tragen Sie diesen Wert unter SKALIEREN/HÖHE ein. Würden Sie dagegen beide Maße in cm eingeben, würde die Grafik mit an Sicherheit grenzender Wahrscheinlichkeit gestaucht oder gestreckt, was – wie bereits erwähnt – nur in den seltensten Fällen erwünscht ist.

5 Layoutfunktionen

Die Größe der Grafik läßt sich auch mit der Maus ändern. Klicken Sie hierfür zunächst auf die Grafik, um diese zu markieren. Daraufhin klicken Sie auf eines der acht kleinen Quadrate (diese werden als *Anfasser* bezeichnet), die an den Umrissen der Grafik angezeigt werden, und ziehen Sie das Quadrat an die gewünschte Position. Soll das Seitenverhältnis der Grafik erhalten bleiben, muß eines der Eckquadrate verwendet werden. Die übrigen vier Quadrate ändern entweder nur die Höhe oder Breite, wodurch die Grafik gestaucht oder gestreckt wird. Bei der Änderung der Größe wird der aktuelle Prozentwert in der Statuszeile angezeigt.

Größe mit der Maus ändern

Beim Zuschneiden werden einzelne Ränder der Grafik abgeschnitten. Das Zuschneiden ist vor allem bei eingescannten Grafiken notwendig, die über unregelmäßige Ränder oder überstehende Bereiche verfügen. Zum Zuschneiden der Grafik dient wie auch beim Festlegen der Größe das Menü FORMAT/GRAFIK. Geben Sie die gewünschten Abstände unter LINKS, RECHTS, OBEN und UNTEN ein. Ohne nachgestelltes Maßeinheitenkürzel werden cm angenommen. Tragen Sie z.B. 4 Mal das Maß 1 cm ein, so wird von allen vier Seiten jeweils 1 cm abgeschnitten. Die ursprüngliche Grafik wird beim Zuschneiden übrigens nicht verändert; es wird nur beeinflußt, welcher Ausschnitt der Grafik angezeigt und gedruckt wird. Das Zuschneiden läßt sich daher jederzeit rückgängig machen, indem alle Werte auf 0 gesetzt werden.

Grafik zuschneiden

Praxistip: Durch Eingabe von negativen Werten (z.B. -1 cm) wird an die Grafik ein zusätzlicher (weißer) Rand hinzugefügt. Auf diese Weise läßt sich z.B. das Erscheinungsbild einer Grafik verbessern, die unterschiedlich breite Ränder aufweist. Vergrößern Sie hierfür die zu schmalen Ränder entsprechend.

Klicken Sie hierfür auf die Grafik, halten Sie die [Shift]-Taste fest, und ziehen Sie eines der acht an den Umrißlinien dargestellten Quadrate an die gewünschte Position. Bei Verwendung eines der Eckquadrate wird die Grafik gleichzeitig horizontal und vertikal zugeschnitten. Um an die Grafik einen zusätzlichen (weißen) Rand hinzufügen, bewegen Sie die Begrenzungslinien nicht in Richtung der Grafikmitte, sondern aus der Grafik heraus.

Grafik mit der Maus zuschneiden

Praxistip: Das Zuschneiden mit der Maus ist im allgemeinen komfortabler als die Eingabe über das Menü FORMAT/GRAFIK, da man die Begrenzungslinien so lange bewegen kann, bis die Grafik optimal zugeschnitten ist. Im Menü FORMAT/GRAFIK muß man dagegen meist mehrere Werte nacheinander ausprobieren und das Menü entsprechend oft aufrufen, bis die optimale Einstellung gefunden ist.

Um eine Grafik wieder so darzustellen, wie sie unmittelbar nach dem Einfügen angezeigt wurde, markieren Sie die Grafik, rufen den Menüpunkt FORMAT/GRAFIK auf und klicken auf die Schaltfläche VORGABE. Eine andere Möglichkeit besteht darin, die [Strg]-Taste festzuhalten und doppelt auf die Grafik zu klicken. In beiden Fällen wird das Zuschneiden zurückgenommen und die Größe auf 100% zurückgesetzt.

Eigenschaften der Grafik zurücksetzen

Falls eine Grafsik als separater Absatz eingefügt wird, lassen sich alle für Absätze vorhandenen Formatierungsvarianten auch auf Grafiken anwenden. Um z.B. den Abstand oberhalb und unterhalb der Grafik festzulegen, geben Sie die entsprechenden Angaben im Menü FORMAT/ABSATZ unter ABSTAND/VOR und ABSTAND/NACH ein. Auf ähnliche Weise läßt sich die Grafik nach links, in die Mitte oder nach rechts verschieben: Wählen Sie die gewünschte Ausrichtung unter der Option AUSRICHTUNG (oder

Grafik positionieren, Abstände

191

klicken Sie auf eines der Symbole in der Symbolleiste). Bei Veränderungen der Absatzformatierung muß die Grafik nicht markiert sein. Es genügt, wenn sich der Cursor im betreffenden Absatz befindet. Die einzelnen Formatierungsvarianten werden hier nicht näher erklärt, da sie im Abschnitt zur Absatzformatierung (II.3.3) ausführlich besprochen werden.

Wichtig! Zeilenabstand einstellen
Auf eine Formatierung soll hier allerdings hingewiesen werden, da sie in der Praxis immer wieder zu Problemen führt: den Zeilenabstand. Dieser scheint zunächst nicht relevant, da ein Absatz, der nur aus einer Grafik besteht, keine Zeilen an sich aufweist. Doch auch derartige Grafikabsätze besitzen eine – wenn auch leere – Zeile, so daß sich der Zeilenabstand auch auf Grafiken auswirkt. Wird dabei ein fester Zeilenabstand verwendet (z.B. 12 Punkt), steht für den Absatz nur dieser definierte Abstand zur Verfügung, wobei es sich meist lediglich um die Höhe einer gewöhnlichen Textzeile handelt. Die Folge ist, daß nur ein schmaler Streifen der Grafik sichtbar ist (Bild II.65). Auch bei Grafiken, die in den Fließtext eingefügt wurden, kann es zu abgeschnittenen Grafiken kommen. Auch hier liegt die Ursache im Zeilenabstand.

Zur Behebung des Problems wählen Sie unter der Option ZEILENABSTAND (Menü FORMAT/ABSATZ) den Listeneintrag EINFACH. Alternativ können Sie auch [Strg]+[1] drücken oder auf das nebenstehende Symbol klicken. Mehr über den Zeilenabstand erfahren Sie im Abschnitt II.3.3.2.

Bild II.64: Wird nur ein Streifen der Grafik dargestellt, liegt dies am Zeilenabstand

Umrahmung, Linien
Um eine Umrahmung oder Linien einzufügen, markieren Sie zunächst die Grafik, und rufen Sie den Menüpunkt FORMAT/RAHMEN UND SCHATTIERUNG auf. Die Bedienung erfolgt wie im Abschnitt II.3.3.6 beschrieben.

Schattierung
Eine Grafik kann nicht direkt schattiert werden. Nur der Absatz, in den die Grafik eingefügt wurde, kann mit einer Schattierung versehen werden. Falls der Absatz nur aus einer Grafik besteht, hat dies allerdings den gleichen Effekt. Achten Sie darauf, daß sich der Cursor vor dem Aufruf des Menüpunktes FORMAT/RAHMEN UND SCHATTIERUNG vor der Absatzmarke (¶) befindet, die die Grafik abschließt. (Alternativ können Sie die Grafik auch markieren, dann darf aber die Grafik nicht alleine markiert sein, sondern nur zusammen mit der abschließenden Absatzmarke. Andernfalls steht das Register mit den Schattierungsvarianten nicht zur Verfügung.) Mehr über Schattierungen erfahren Sie im Abschnitt II.3.3.6.

Positionsrahmen einsetzen
Soll die Grafik vom Text umflossen werden oder z.B. auf dem Seitenrand positioniert werden, ist das Einfügen eines Positionsrahmens notwendig. Der Umgang mit Positionsrahmen ist im Abschnitt II.5.3 beschrieben.

5.1.3 Grafiken kopieren, verschieben und löschen

Das Kopieren, Verschieben und Löschen funktioniert wie bei gewöhnlichen Texten. Daher wird an dieser Stelle nur kurz darauf eingegangen:

5 Layoutfunktionen

Markieren Sie die zu kopierende Grafik durch einem Klick auf die Grafik, kopieren Sie diese in die Zwischenablage (z.B. mit [Strg]+[Einfg]), und fügen Sie die Grafik an der gewünschten Stelle im aktuellen oder einem anderen Dokument ein (z.B. mit [Shift]+[Einfg]).

Grafik kopieren

Markieren Sie zunächst die Grafik, löschen Sie sie in die Zwischenablage (z.B. mit [Shift]+[Entf]), und fügen Sie die Grafik an der gewünschten Stelle im aktuellen oder einem anderen Dokument ein (z.B. mit [Shift]+[Einfg]).

Grafik verschieben

Markieren Sie zunächst die Grafik, und löschen Sie sie (z.B. mit Druck auf [Entf]).

Grafik löschen

Mehr zum Kopieren, Verschieben und Löschen erfahren Sie im Abschnitt II.1.7.

5.1.4 Verknüpfungen einsehen und bearbeiten

Eine Liste aller Grafiken läßt sich mit dem Menüpunkt BEARBEITEN/VERKNÜPFUNGEN anzeigen (Bild II.66). Dabei werden nur Grafiken angezeigt, die mit einer externen Grafikdatei verknüpft sind, also solche, die bei eingeschalteter Option MIT DATEI VERKNÜPFEN eingefügt wurden. Die Grafiken werden in der Reihenfolge angezeigt, in der sie sich im Dokument befinden. Falls eine Grafik vor dem Aufruf des Menüs markiert wurde, befindet sich der Cursor auf dem Listeneintrag, der zu dieser Grafik gehört, ansonsten auf der ersten Grafik.

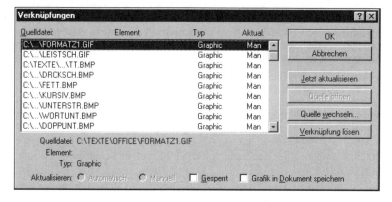

Bild II.65:
Das Dialogfenster
BEARBEITEN/
VERKNÜPFUNGEN

Die Eigenschaften einzelner Grafiken können beliebig geändert werden. Klicken Sie hierfür auf die gewünschte Grafik. Sollen die Eigenschaften mehrerer Grafiken in einem Schritt geändert werden, markieren Sie die gewünschten Grafiken. Die einzelnen Änderungsvarianten werden im folgenden besprochen:

Durch einen Klick auf die Schaltfläche QUELLE WECHSELN läßt sich eine Grafik gegen eine andere austauschen. Nach Anwahl der Schaltfläche wird eine Dialogbox angezeigt, in der sich die neue Grafikdatei wählen läßt. Falls mehrere Grafiken markiert sind, werden Sie aufgefordert, die einzelnen neuen Namen nacheinander einzugeben.

Andere Grafikdatei

Mit Hilfe der Schaltfläche JETZT AKTUALISIEREN wird eine Aktualisierung durchgeführt bzw. die später automatisch durchgeführte Aktualisierung vorgezogen (siehe auch weiter oben im Abschnitt II.5.1).

Grafik aktualisieren

Nach Klick auf die Schaltfläche VERKNÜPFUNG LÖSEN werden die Informationen hinsichtlich des Dateinamens und der Ortes der Datei (Ordner und Laufwerk) gelöscht. Die Grafik bleibt im Dokument erhalten. Eine

Verknüpfungsinformation löschen

II Word

Aktualisierung verhindern

Aktualisierung ist nur noch möglich, indem die Grafik gelöscht und neu eingefügt wird.

Bei eingeschalteter Option GESPERRT wird die jeweilige Grafik nicht mehr automatisch aktualisiert. Auch eine manuelle Aktualisierung ist nicht mehr möglich. Die Option gilt nur für Grafiken, die verknüpft und gleichzeitig im Dokument gespeichert sind.

Im Dokument speichern

Durch Einschalten der Option GRAFIK IM DOKUMENT SPEICHERN läßt sich im nachhinein erreichen, daß eine Grafik nicht nur verknüpft wird, sondern zusätzlich im Dokument gespeichert wird. Analog dazu wird die Grafik durch Deaktivieren der Option aus dem Dokument gelöscht; es bleibt nur die Verknüpfung erhalten. Die Option wird z.B. benötigt, wenn Sie eine Grafik versehentlich nicht nur verknüpft, sondern auch im Dokument gespeichert haben. In diesem Fall schalten Sie die Option ab.

5.1.5 Grafiken bearbeiten

Um eine Grafik zu bearbeiten, muß in der Regel das ursprüngliche Programm oder ein anderes geeignetes Grafikprogramm aufgerufen und dort die Datei geöffnet werden. Nachdem die Grafikdatei geändert und geschlossen wurde, muß sie im Dokument gegebenenfalls noch aktualisiert werden, falls Sie keine automatische Aktualisierung einsetzen (vergleiche Abschnitt II.5.1 weiter oben).

Office 95

Wahlweise kann zum Ändern auch das Office-Zeichenmodul verwendet werden. Mit diesem lassen sich allerdings nur Vektorgrafiken im Windows-Metafile-Format (WMF) ändern. Bitmap-Grafiken können dagegen nicht geändert werden; es ist jedoch möglich, derartigen Grafiken weitere Zeichnungselemente hinzuzufügen.

Warnung

Vektorgrafiken in einem anderen Format als Windows Metafile, z.B. Corel-Draw, lassen sich mit dem Zeichenmodul zwar bearbeiten, können dabei aber zerstört werden. Verwenden Sie zur Bearbeitung daher nur das entsprechende Grafikprogramm, also in diesem Fall CorelDraw.

Grafik bearbeiten

Zum Bearbeiten einer Grafik klicken Sie doppelt auf die Grafik. Daraufhin werden am Bildschirm die einzelnen Zeichenwerkzeuge eingeblendet. Nach Beendigung der Bearbeitung klicken Sie auf die Schaltfläche GRAFIK SCHLIEẞEN.

Die ursprüngliche Grafikdatei wird im übrigen bei Verwendung des Zeichenmoduls nicht verändert.

5.1.6 Dokumente mit Grafiken weitergeben

Möchten Sie ein Dokument, das Grafiken enthält, an andere Anwender weitergeben, so hängt die korrekte Vorgehensweise von der Art und Weise ab, mit der die Grafiken eingefügt werden: Sind die Grafiken im Dokument gespeichert, müssen Sie nur das Dokument, also die DOC-Datei, weitergeben.

Die Weitergabe der Dokumentdatei genügt nicht in allen Fällen

Sind die Grafiken dagegen mit externen Grafikdateien verknüpft, müssen die entsprechenden Grafikdateien mitkopiert werden. Eine Liste der Dateien können Sie mit dem Menü BEARBEITEN/VERKNÜPFUNGEN einsehen. Beim Weitergeben stellt sich das Problem, daß auf anderen Computern meist eine andere Ordnerstruktur existiert, so daß es nicht so ohne weiteres möglich ist, die Grafiken im selben Ordner zu speichern. Zwar können die Dateien auch in einem anderen Ordner gespeichert werden. Jedoch muß Word diese Ordneränderung mitgeteilt werden, sonst können die Grafiken nicht gefunden werden. Anstelle der Grafiken wird dann an der ent-

sprechenden Stelle der Text »Fehler! Kein gültiger Dateiname« angezeigt.
Zur Änderung des Ordners gehen Sie folgendermaßen vor:
1. Schalten Sie die Anzeige der Feldfunktionen ein (z.B. durch Druck auf
   Alt + F9 oder einen Klick auf das nebenstehende Symbol). Darauf
   werden die zu den Grafiken gehörigen Felder angezeigt. Die Felder
   enthalten unter anderem die Ordner- und Dateinamen der Grafiken.
   Ein derartiges Feld sieht z.B. folgendermaßen aus:

   ```
   { EINFÜGENGRAFIK C:\\MSOffice\\Private Daten\\AUFZAHL1.GIF
   \* FORMATVERBINDEN \d }
   ```

2. Markieren Sie das komplette Dokument (z.B. mit Strg + A).
3. Rufen Sie den Menüpunkt BEARBEITEN/ERSETZEN auf.
4. Geben Sie als Suchbegriff »EINFÜGENGRAFIK *Ordner*« ein, wobei
   Sie für *Ordner* das entsprechende Laufwerk und den Ordner einsetzen,
   in dem die Dateien ursprünglich gespeichert waren (ersichtlich aus
   dem Inhalt der Felder). Verwenden Sie unbedingt entgegen der üblichen Konventionen nicht einen, sondern zwei umgekehrte Schrägstriche zur Trennung der Ordnerbestandteile. Waren die Dateien z.B. im
   Ordner »C:\MSOffice\Private Daten« gespeichert, lautet der korrekte
   Suchbegriff »EINFÜGENGRAFIK C:\\MSOffice\\Private Daten«.
5. Geben Sie auf dieselbe Weise den neuen Ordnernamen als Ersatzbegriff ein. Sind die Grafikdateien jetzt z.B. im Ordner »C:\Florian Fröhlich\Handbücher« gespeichert, lautet der Ersatzbegriff
   »EINFÜGENGRAFIK C:\\Florian Fröhlich\\Handbücher«.
6. Führen Sie den Suchen-und-Ersetzen-Vorgang mit Klick auf ALLE ERSETZEN durch.
7. Aktualisieren Sie die Felder mit Druck auf F9 (achten Sie darauf, daß
   das komplette Dokument weiterhin markiert ist).
8. Schalten Sie die Anzeige der Feldfunktionen aus (z.B. durch Druck auf
   Alt + F9). Die Grafiken werden jetzt wieder korrekt angezeigt.

5.1.7 Grafik als Objekt einfügen

Neben dem Einfügen von Grafiken mit Hilfe des Menüpunktes EINFÜGEN/GRAFIK existiert noch eine weitaus leistungsfähigere Variante: die
Datenaustauschtechnologie OLE. Grafiken werden dabei als Objekte eingefügt. In vielen Fällen ist es sinnvoller, auf diese Weise Grafiken einzufügen, vor allem, wenn diese aus Excel oder PowerPoint stammen. Mehr über
Objekte erfahren Sie im Kapitel II.7.

Office 95

5.2 Mehrspaltige Layouts

Mehrspaltige Layouts werden vor allem beim Satz von Zeitungen und Zeitschriften benötigt. Aber auch in anderen Texten werden bestimmte Elemente häufig mehrspaltig gesetzt, z.B. der Index in einem Buch.

Die Anzahl der Spalten kann in einem Dokument beliebig variieren. Auch
innerhalb einer Seite ist eine Änderung der Spaltenanzahl möglich. Um
eine neue Spaltenanzahl zuzulassen, fügen Sie an den Stellen, an denen
sich die Spaltenanzahl ändern soll, Abschnittwechsel ein. Die Art des
Abschnittwechsels legt dabei fest, ob der Text auf derselben Seite weiterläuft
(fortlaufender Abschnittwechsel) oder aber auf der nächsten Seite fortgesetzt wird. Zum Einfügen von Abschnittwechseln dient der Menüpunkt
EINFÜGEN/MANUELLER WECHSEL. Enthält Ihr Dokument keine

II Word

Abschnittwechsel, gilt die Spaltendefinition für den kompletten Text. Das Arbeiten mit Abschnittwechseln ist ausführlich im Kapitel II.3.6 beschrieben.

5.2.1 Spaltenanzahl definieren

Um die Spaltenanzahl festzulegen, bewegen Sie den Cursor zunächst in den Abschnitt, dessen Spaltenanzahl geändert werden soll. Um mehrere Abschnitte mit einzubeziehen, markieren Sie die gewünschten Abschnitte. Daraufhin rufen Sie den Menüpunkt FORMAT/SPALTEN auf (Bild II.67):

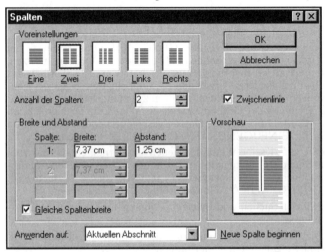

Bild II.66: Das Menü FORMAT/ SPALTEN

Anzahl der Spalten — Geben Sie die gewünschte Spaltenanzahl im Eingabefeld ANZAHL DER SPALTEN ein, oder klicken Sie auf eine der Vorgaben für ein ein-, zwei- oder dreispaltiges Layout.

Abstand der Spalten — Der horizontale Raum, der zwischen den Spalten freigelassen wird, wird im Eingabefeld ABSTAND festgelegt. Beim Einstellen des Maßes sollten Sie folgendes beachten:

- Der Abstand darf nicht zu gering ausfallen, das sonst die Lesbarkeit des Textes beeinträchtigt wird. Üblich ist in der Praxis ein Wert von 12 Punkt (0,42 cm).
- Bei einem linksbündig gesetzten Text wirkt ein Abstand breiter als bei einem im Blocksatz formatierten Text.
- Wird eine vertikale Zwischenlinie verwendet (vergleiche nachfolgenden Absatz), sollte der Abstand deutlich größer bemessen werden.

Vertikale Zwischenlinien — Durch Aktivieren der Option ZWISCHENLINIE werden vertikale Linien zwischen den Spalten eingefügt. Diese verlaufen exakt in der Mitte des Zwischenraums.

Verschiedene Spaltenbreiten — Standardmäßig wird allen Spalten die gleiche Breite zugewiesen. Die Spaltenbreite sowie der Abstand von Spalten zu Spalte kann aber auch für jede Spalte separat festgelegt werden. Deaktivieren Sie zu diesem Zweck die Option GLEICHE SPALTENBREITE. Daraufhin finden sich für jede Spalte gesonderte Felder für die Breite und den Abstand. Da nur 3 Eingabefelder reserviert sind, müssen Sie bei Layouts mit mehr als 3 Spalten mit Hilfe der Bildlaufleiste zunächst auf den Eintrag für die entsprechende Spaltennummer blättern.

Wirkungsbereich festlegen

Unter Zuhilfenahme des Listenfelds ANWENDEN AUF bestimmen Sie, ob die Definition für den aktuellen Abschnitt (Listeneintrag AKTUELLEN ABSCHNITT), für alle Abschnitte ab dem aktuellen (DOKUMENT AB HIER), für die derzeit markierten Abschnitte (MARKIERTE ABSCHNITTE) oder aber für das komplette Dokument (GESAMTES DOKUMENT) gelten soll.

Vorgabe »Links« und »Rechts«

Neben Vorgaben für das ein-, zwei- und dreispaltige Layout werden zwei weitere Layouts angeboten: LINKS und RECHTS. Beide Layouts weisen zwei Spalten auf, die allerdings unterschiedlich breit sind: Bei LINKS verläuft die linke Spalte deutlich breiter als die zweite. Bei RECHTS verhält es sich umgekehrt.

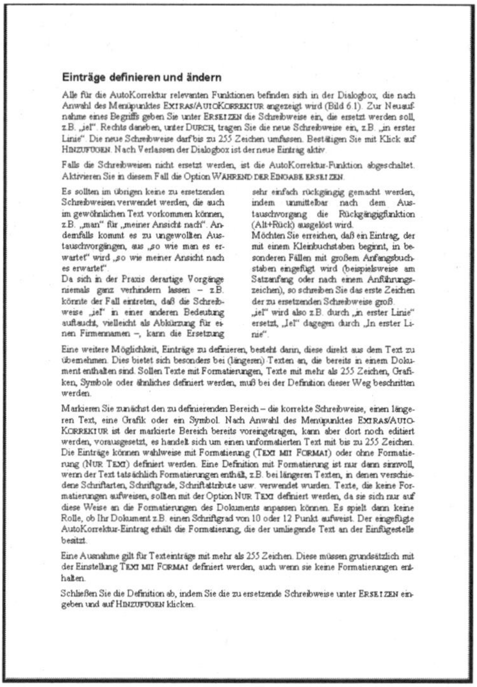

Haben Sie alles eingestellt, klicken Sie auf OK. Das gewählte Layout ist nun aktiv. In der Normalansicht werden Spalten nicht nebeneinander angezeigt. Wechseln Sie daher gegebenenfalls in den Layoutmodus (ANSICHT/LAYOUT), um die Textspalten so anzuzeigen, wie sie auch ausgedruckt werden.

Spaltenanzahl mit der Maus festlegen

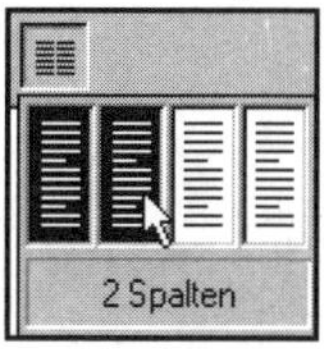

Die Spaltenanzahl kann auch mit der Maus geändert werden. Klicken Sie hierfür auf das nebenstehende Symbol, und halten Sie die Maustaste fest. Daraufhin wird ein stilisierter, mehrspaltiger Text angezeigt. Bewegen Sie den Mauszeiger bei weiterhin gedrückter Maustaste nach links oder rechts, um die Spaltenanzahl zu verändern. Haben Sie die gewünschte Spaltenanzahl eingestellt, lassen Sie die Maustaste los. Soll die Spaltenanzahl doch nicht geändert werden, bewegen Sie statt dessen den Mauszeiger aus dem stilisierten Text heraus, und lassen Sie die Maustaste los.

Einträge definieren und ändern

Alle für die AutoKorrektur relevanten Funktionen befinden sich in der Dialogbox, die nach Anwahl des Menüpunktes EXTRAS/AUTOKORREKTUR angezeigt wird (Bild 6.1). Zur Neuaufnahme eines Begriffs geben Sie unter ERSETZEN die Schreibweise ein, die ersetzt werden soll, z.B. „iel". Rechts daneben, unter DURCH, tragen Sie die neue Schreibweise ein, z.B. „in erster Linie". Die neue Schreibweise darf bis zu 255 Zeichen umfassen. Bestätigen Sie mit Klick auf HINZUFÜGEN. Nach Verlassen der Dialogbox ist der neue Eintrag aktiv.

Falls die Schreibweisen nicht ersetzt werden, ist die AutoKorrektur-Funktion abgeschaltet. Aktivieren Sie in diesem Fall die Option WÄHREND DER EINGABE ERSETZEN.

Es sollten im übrigen keine zu ersetzenden Schreibweisen verwendet werden, die auch im gewöhnlichen Text vorkommen können, z.B. „man" für „meiner Ansicht nach". Andernfalls kommt es zu ungewollten Austauschvorgängen, aus „so wie man es erwartet" wird „so wie meiner Ansicht nach es erwartet".
Da sich in der Praxis derartige Vorgänge niemals ganz verhindern lassen – z.B. könnte der Fall eintreten, daß die Schreibweise „iel" in einer anderen Bedeutung auftaucht, vielleicht als Abkürzung für einen Firmennamen –, kann die Ersetzung sehr einfach rückgängig gemacht werden, indem unmittelbar nach dem Austauschvorgang die Rückgängigfunktion (Alt+Rück) ausgelöst wird.
Möchten Sie erreichen, daß ein Eintrag, der mit einem Kleinbuchstaben beginnt, in besonderen Fällen mit großem Anfangsbuchstaben eingefügt wird (beispielsweise am Satzanfang oder nach einem Anführungszeichen), so schreiben Sie das erste Zeichen der zu ersetzenden Schreibweise groß.
„iel" wird also z.B. durch „in erster Linie" ersetzt, „Iel" dagegen durch „In erster Linie".

Eine weitere Möglichkeit, Einträge zu definieren, besteht darin, diese direkt aus dem Text zu übernehmen. Dies bietet sich besonders bei (längeren) Texten an, die bereits in einem Dokument enthalten sind. Sollen Texte mit Formatierungen, Texte mit mehr als 255 Zeichen, Grafiken, Symbole oder ähnliches definiert werden, muß bei der Definition dieser Weg beschritten werden.

Markieren Sie zunächst den zu definierenden Bereich – die korrekte Schreibweise, einen längeren Text, eine Grafik oder ein Symbol. Nach Anwahl des Menüpunktes EXTRAS/AUTOKORREKTUR ist der markierte Bereich bereits voreingetragen, kann aber dort noch editiert werden, vorausgesetzt, es handelt sich um einen unformatierten Text mit bis zu 255 Zeichen. Die Einträge können wahlweise mit Formatierung (TEXT MIT FORMAT) oder ohne Formatierung (NUR TEXT) definiert werden. Eine Definition mit Formatierung ist nur dann sinnvoll, wenn der Text tatsächlich Formatierungen enthält, z.B. bei längeren Texten, in denen verschiedene Schriftarten, Schriftgrade, Schriftattribute usw. verwendet wurden. Texte, die keine Formatierungen aufweisen, sollten mit der Option NUR TEXT definiert werden, da sie sich nur auf diese Weise an die Formatierungen des Dokuments anpassen können. Es spielt dann keine Rolle, ob Ihr Dokument z.B. einen Schriftgrad von 10 oder 12 Punkt aufweist. Der eingefügte AutoKorrektur-Eintrag erhält die Formatierung, die der umliegende Text an der Einfügestelle besitzt.

Eine Ausnahme gilt für Texteinträge mit mehr als 255 Zeichen. Diese müssen grundsätzlich mit der Einstellung TEXT MIT FORMAT definiert werden, auch wenn sie keine Formatierungen enthalten.

Schließen Sie die Definition ab, indem Sie die zu ersetzende Schreibweise unter ERSETZEN eingeben und auf HINZUFÜGEN klicken.

Bild II.67: Wechsel der Spaltenanzahl auf einer Seite

II Word

Spaltenbreite und Abstände mit der Maus ändern

Der Abstand zwischen den Spalten wird im Zeilenlineal durch ein graues Rechteck dargestellt. Durch Ziehen der beiden vertikalen Linien, die das Rechteck begrenzen, lassen sich die Spaltenbreite und der Abstand zwischen den Spalten ändern.

Das Rechteck bietet im übrigen eine weitere Funktion: Durch einen Doppelklick auf das Rechteck kann das Menü FORMAT/SPALTEN aufgerufen werden.

Beispiel: Variierende Spaltenanzahl auf einer Seite

Im folgenden Beispiel soll ein Text in einem bestimmten Bereich zweispaltig verlaufen. Der übrige Text soll einspaltig gesetzt werden (vergleiche Bild II.68). Gehen Sie dabei folgendermaßen vor:

1. Fügen Sie an der Stelle, ab der der Text zweispaltig verlaufen soll, einen fortlaufenden Abschnittwechsel (EINFÜGEN/MANUELLER WECHSEL, Option FORTLAUFEND) ein.
2. Wiederholen Sie den Vorgang an der Position, ab der der Text wieder einspaltig verlaufen soll.
3. Bewegen Sie den Cursor zwischen die beiden Abschnittwechsel (oder auf den zweiten Abschnittwechsel), rufen Sie den Menüpunkt FORMAT/SPALTEN auf, klicken Sie auf die Voreinstellung ZWEI, und bestätigen Sie mit einem Klick auf OK.

5.2.2 Mit mehreren Spalten arbeiten

Spaltenumbruch korrigieren

Unästhetische Spaltenumbrüche lassen sich am effektivsten mit Hilfe der Optionen im Menü FORMAT/ABSATZ, Register TEXTFLUß, korrigieren (siehe Kapitel II.3.3.5). Eine weitere – in der Praxis aber meist wenig geeignete – Möglichkeit besteht darin, die Position, an der der Text in die nächste Spalte umbrochen werden soll, durch einen manuellen Spaltenwechsel festzulegen. Bewegen Sie hierfür den Cursor an die gewünschte Stelle, rufen Sie den Menüpunkt EINFÜGEN/MANUELLER WECHSEL auf, und aktivieren Sie die Option SPALTENWECHSEL. Alternativ drücken Sie [Strg]+[Shift]+[↵]. Bedenken Sie aber, daß dann an dieser Stelle immer ein Spaltenumbruch durchgeführt wird, auch wenn nachträglich noch Textbestandteile eingegeben oder gelöscht wurden und an der ursprünglichen Stelle unter Umständen kein Spaltenumbruch mehr sinnvoll ist. Gehen Sie daher sparsam mit dem manuellen Spaltenwechsel um.

Bild II.68: Spaltendruck vor einem Seitenumbruch und am Dokumentende

Fügen Sie hier einen fortlaufenden Abschnittwechsel ein, damit mehrere Spalten nebeneinander gedruckt werden und unten bündig abschließen.

An dieser Position befindet sich ein fortlaufender Abschnittwechsel. Die Spalten schließen daher unten bündig ab.

Bündiges Abschließen von Spalten

Auf Seiten, die mit einem manuellen Seitenumbruch (manueller Seitenwechsel oder ein Abschnittwechsel, der eine neue Seite initiiert) enden, schließen die Spalten standardmäßig unten nicht bündig ab. Dasselbe gilt für die letzte Seite eines Dokuments. Falls die entsprechende Seite wenig Text enthält, ist unter Umständen nur eine Spalte zu sehen (siehe Bild II.69 links). Häufig ist es aber erwünscht, daß die Spalten bündig abschließen. Fügen Sie zu diesem Zweck vor dem Seitenumbruch bzw. am Textende

5 Layoutfunktionen

einen fortlaufenden Abschnittwechsel ein (EINFÜGEN/ MANUELLER WECHSEL, Option FORTLAUFEND).

Praxistip: Bei schmalen Textspalten ergeben sich meist unschöne Lücken im Text. Um diese zu reduzieren, sollte eine Silbentrennung durchgeführt werden (siehe Kapitel II.6.3). Sind dann in bestimmten Zeilen immer noch zu große Lücken vorhanden, lassen sich die Lücken durch Verringern oder Erhöhen des Zeichenabstandes auf ein akzeptables Maß reduzieren (siehe Kapitel II.3.2.5).

Lücken im Text

5.3 Positionsrahmen

Mit Hilfe von Positionsrahmen lassen sich Texte, Grafiken und Objekte frei auf der Seite plazieren. Einen Positionsrahmen kann man sich als Behälter vorstellen, der die Ausmaße und die Position des darin befindlichen Inhalts definiert.

Positionsrahmen werden vor allem für komplexe Layouts benötigt. Es lassen sich z.B. Grafiken erzeugen, die in einem dreispaltigen Layout über zwei Spalten reichen. Auf Wunsch wird der Inhalt des Positionsrahmens vom umliegenden Text umflossen. Bei der Positionierung stehen auch die Seitenränder zur Verfügung, so daß sich z.B. Bildunterschriften auf den Seitenrand setzen lassen (Marginalsatz).

5.3.1 Positionsrahmen erzeugen

Um einen bestehenden Text mit einem Positionsrahmen zu umgeben, markieren Sie zunächst den gewünschten Text. Sie können einzelne Zeichen eines Absatzes markieren, einen ganzen Absatz oder mehrere Absätze. Da Word Grafiken sowie Objekte (z.B. Formeln) wie gewöhnliche Textzeichen behandelt, gibt es beim Markieren von Grafiken und Objekten nichts besonderes zu beachten. Falls eine Grafik oder ein Objekt einen eigenen Absatz darstellt – was häufig der Fall ist –, sollten Sie nur die Grafik oder das Objekt markieren. Die abschließende Absatzmarke (¶) bleibt dann stehen und kann später mit `Entf` gelöscht werden. (Schalten Sie gegebenenfalls die Option NICHTDRUCKBARE ZEICHEN/ALLE (Menü EXTRAS/ OPTIONEN, Register ANSICHT) ein, falls keine Absatzmarken sichtbar sind.)

Bestehende Textbestandteile in Positionsrahmen setzen

Daraufhin wählen Sie den Menüpunkt EINFÜGEN/POSITIONSRAHMEN an, oder klicken Sie auf das nebenstehende Symbol.

Falls Sie sich nicht im Layoutmodus befinden, bietet Word an, in diesen Modus umzuschalten. Es empfiehlt sich, diesem Vorgang zuzustimmen, da im Layoutmodus verschobene Texte, Grafiken und Objekte an der Position auf der Seite angezeigt werden, an der sie auch ausgedruckt werden. In der Normalansicht werden dagegen alle Textbestandteile ungeachtet ihrer tatsächlichen Position untereinander angezeigt. Es läßt sich dann kaum abschätzen, wie das Layout wirklich aussieht.

Hinweis

Ein Positionsrahmen wird durch eine diagonal schraffierte Umrandung gekennzeichnet. Der Positionsrahmen ist allerdings nur dann sichtbar, wenn sich der Cursor darin befindet. In der Normalansicht sind Positionsrahmen generell unsichtbar.

199

Grafiken und Objekte in Positionsrahmen setzen	Eine Grafik oder ein Objekt kann alternativ zum Menüpunkt EINFÜGEN/POSITIONSRAHMEN auch in einen Positionsrahmen gesetzt werden, indem die Grafik bzw. das Objekt mit der rechten Maustaste angeklickt und aus dem angezeigten Kontextmenü der Menüpunkt POSITIONSRAHMEN EINFÜGEN angewählt wird.
Leeren Positionsrahmen erzeugen	Soll ein leerer Positionsrahmen erzeugt werden, so achten Sie darauf, daß vor dem Einfügen des Positionsrahmens keine Markierung besteht. Nach der Anwahl des Menüpunktes EINFÜGEN/POSITIONSRAHMEN oder einem Klick auf das obenstehende Symbol verwandelt sich der Mauszeiger in ein Kreuz.

Bewegen Sie den Mauszeiger an die Position im Dokument, an der sich die linke obere Ecke (oder die rechte untere) des Positionsrahmens befinden soll. Daraufhin klicken Sie die Stelle an, und ziehen Sie den Positionsrahmen auf die gewünschte Größe.

Hinweis	Beim Einfügen eines leeren Positionsrahmens muß unbedingt im Layoutmodus gearbeitet werden. Im Normalmodus kann kein leerer Positionsrahmen eingefügt werden.
Formatieren	In einem Positionsrahmen enthaltene Texte lassen sich wie gewohnt formatieren. Sie können z.B. den Schriftgrad ändern, Absatzendeabstände definieren und Linien sowie Rahmen einfügen. Mehr zur Formatierung erfahren Sie im Kapitel II.3.

5.3.2 Eigenschaften festlegen

Die Position, die Größe sowie weitere Eigenschaften des Positionsrahmens werden über das Menü FORMAT/POSITIONSRAHMEN (Bild II.70) eingestellt. Setzen Sie den Cursor zunächst in den gewünschten Positionsrahmen, und rufen Sie den Menüpunkt auf.

Das Menü kann auch aufgerufen werden, indem mit der rechten Maustaste auf die Umrandung des Positionsrahmens (diagonale Schraffierung) geklickt wird und aus dem dann angezeigten Kontextmenü der Menüpunkt POSITIONSRAHMEN FORMATIEREN ausgewählt wird. Eine weitere Variante besteht in einem Doppelklick auf die Umrandung des Positionsrahmens. Letztere Methode funktioniert allerdings nicht, wenn der Positionsrahmen nur eine Grafik oder nur ein Objekt enthält und keine weiteren Bestandteile.

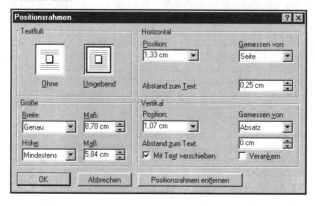

Bild II.69: Das Menü FORMAT/POSITIONSRAHMEN

Größe festlegen	Die Größe des Positionsrahmens wird im linken unteren Bereich der Dialogbox festgelegt, unter BREITE und HÖHE. Die Größe kann sowohl als

fester Abstand (z.B. 5 cm) eingestellt werden (Listeneintrag GENAU) als auch von Word selbständig berechnet werden (Listeneintrag AUTOMATISCH). Bei der automatischen Größenanpassung verläuft der Positionsrahmen so hoch bzw. breit, wie es sich aus dem Umfang des Textes oder der Größe der Grafik ergibt. Der Positionsrahmen schließt also an der Textbegrenzung oder an den Umrissen der Grafik ab. Wird der Text nachträglich gekürzt oder erweitert bzw. die Grafik in der Größe geändert, wird der Positionsrahmen selbsttätig angepaßt.

Bei Texten bietet es sich in der Praxis an, beide Varianten zu kombinieren, also die Breite fest einzustellen und die Höhe anhand des Textumfangs automatisch bestimmen zu lassen (oder umgekehrt). Möchten Sie z.B. erreichen, daß der Text mit einer Breite von 3 cm verläuft, wählen Sie im Listenfeld BREITE den Eintrag GENAU, geben Sie im daneben liegenden Feld 3 cm ein, und stellen Sie unter HÖHE AUTOMATISCH ein.

Bei Grafiken empfiehlt es sich, sowohl die Höhe als auch die Breite von Word automatisch bestimmen zu lassen. Wählen Sie also jeweils unter HÖHE und unter BREITE den Eintrag AUTOMATISCH.

Die Höhe und Breite können auch gleichzeitig direkt bestimmt werden, indem bei beiden Optionen der Listeneintrag GENAU gewählt wird und das Maß entsprechend eingegeben wird. Die direkte Angabe beider Maße beherbergt allerdings eine Gefahr: Wird ein zu kleines Maß eingegeben, führt dies dazu, daß Teile der Grafik oder des Textes abgeschnitten werden. Bei einem zu großen Maß ergeben sich unter Umständen zu große Abstände zum gewöhnlichen Text. In einigen Fällen bietet es sich dennoch an, die Breite und die Höhe von Texten und Grafiken direkt zu definieren. Ein Anwendungsbeispiel liegt darin, einen Textkasten auf jeder Seite in der gleichen Größe zu erzeugen, um ein einheitliches Layout zu erreichen.

Bei der Höhe gibt es neben GENAU und AUTOMATISCH einen weiteren Listeneintrag: MINDESTENS. Diese Einstellung verhält sich wie AUTOMATISCH, bewirkt im Gegensatz dazu jedoch, daß das angegebene Mindestmaß nicht unterschritten wird.

Soll der Positionsrahmen vom umliegenden Text umflossen werden, aktivieren Sie die Option UMGEBEND. Der Text fließt dann zeilenweise von links nach rechts und wird jeweils durch den Inhalt des Positionsrahmens unterbrochen.

Möchten Sie dagegen erreichen, daß der Bereich links und rechts neben dem Positionsrahmen frei bleibt, schalten Sie die Option OHNE ein. Der Text fließt dann unter dem Positionsrahmen weiter.

Positionsrahmen vom Text umfließen lassen

Abstand zum Text

Um festzulegen, wieviel Platz in der Horizontalen und in der Vertikalen zwischen dem Positionsrahmen und dem übrigen Text frei bleibt, dienen die Optionen HORIZONTAL/ABSTAND ZUM TEXT und VERTIKAL/ABSTAND ZUM TEXT. Geben Sie die gewünschten Abstände ein.

Horizontale Position festlegen

Die horizontale Position des Positionsrahmens wird im Listenfeld HORIZONTAL/POSITION festgelegt. Geben Sie dort den gewünschten Abstand direkt ein (z.B. 3 cm), oder wählen Sie eine der Vorgaben aus der Liste:

- LINKS: Der Positionsrahmen wird ganz nach links geschoben.
- RECHTS: Der Positionsrahmen wird ganz nach rechts geschoben.
- ZENTRIERT: Der Positionsrahmen wird in der Horizontalen zentriert.

- INNEN: Der Positionsrahmen wird bei geraden Seiten nach rechts und bei ungeraden Seiten nach links geschoben, also beim aufgeschlagenen Buch nach innen.
- AUSSEN: Dieser Eintrag verhält sich genau umgekehrt wie INNEN.

Auf welche Komponente sich der Abstand bezieht, legen Sie unter GEMESSEN VON fest:

- SEITENRAND: Das Maß bezieht sich auf den Seitenrand. Beträgt der linke Seitenrand z.B. 2 cm und geben Sie 1 cm ein, beginnt der Positionsrahmen 3 cm neben der linken Papierkante.
- SEITE: Das Maß bezieht sich auf die Papierkante. Auf diese Weise ist es möglich, den linken und rechten Seitenrand mit zu bedrucken. Beträgt der linke Seitenrand z.B. 4 cm und geben Sie 1 cm ein, so beginnt der Positionsrahmen 3 cm vor dem gewöhnlichen Text.
- SPALTE: Das Maß bezieht sich auf die aktuelle Textspalte.

Bild II.70: Positionsrahmen plazieren

Vertikale Position festlegen

Das Festlegen der vertikalen Position geschieht ähnlich wie bei der horizontalen. Zum Definieren dient das Listenfeld VERTIKAL/POSITION. Geben Sie dort den gewünschten Abstand ein (z.B. 3 cm), oder wählen Sie eine der Vorgaben aus der Liste:

- OBEN: Der Positionsrahmen wird ganz nach oben geschoben.
- UNTEN: Der Positionsrahmen wird ganz nach unten geschoben.
- ZENTRIERT: Der Positionsrahmen wird in der Vertikalen zentriert.

Auf welche Komponente sich der Abstand bezieht, legen Sie unter GEMESSEN VON fest:

- SEITENRAND: Das Maß bezieht sich auf den Seitenrand. Beträgt der obere Seitenrand z.B. 2 cm und geben Sie 5 cm ein, beginnt der Positionsrahmen 7 cm unterhalb der Papierkante.
- SEITE: Das Maß bezieht sich auf die Papierkante. Auf diese Weise ist es möglich, den oberen und unteren Seitenrand mit zu bedrucken. Beträgt der obere Seitenrand z.B. 3 cm und geben Sie 1 cm ein, so beginnt der Positionsrahmen 2 cm oberhalb des gewöhnlichen Textes.
- ABSATZ: Die vertikale Position bezieht sich auf den sogenannten *Anker-Absatz*. Dabei handelt es sich um den Absatz, in dem der Positionsrahmen erzeugt wurde. Falls der Absatz nicht mehr existiert, da der komplette Absatz (oder mehrere komplette Absätze) in den Positionsrahmen gesetzt wurde, wird der nachfolgende Absatz zum Anker-Absatz. Die Eingabe des Abstandes kann sowohl in positiver als auch in negativer Form erfolgen. Ein positives Maß gibt an, daß der Positionsrahmen unterhalb des Anker-Absatzes gedruckt wird. Analog dazu wird der Positionsrahmen überhalb des Anker-Absatzes gedruckt, wenn ein negatives Maß definiert wird.

Der Zweck der Option ABSATZ liegt darin, zu erreichen, daß inhaltlich zusammengehörige Bestandteile (z.B. ein Text und eine Grafik, die den im Text beschriebenen Sachverhalt veranschaulicht) nicht zu weit auseinander geschoben werden, wenn am Text noch nachträglich etwas geändert wird. Die gleiche Auswirkung wie die Auswahl des Listeneintrags ABSATZ hat das Einschalten der Option MIT TEXT VERSCHIEBEN.

Inhaltliche Zusammengehörigkeit sicherstellen

Um zu ermitteln, mit welchem Anker-Absatz ein bestimmter Positionsrahmen verknüpft ist, setzen Sie den Cursor in den jeweiligen Positionsrahmen. Daraufhin wird links neben dem Anker-Absatz ein Anker-Symbol angezeigt. Das Symbol ist nur sichtbar, wenn die Option NICHTDRUCKBARE ZEICHEN/ALLE im Menü EXTRAS/OPTIONEN, Register ANSICHT, eingeschaltet ist. Durch Ziehen des Anker-Symbols an die gewünschte Position läßt sich der Positionsrahmen mit einem anderen Absatz verknüpfen.

Anker-Absatz ermitteln und ändern

Meist ist es erwünscht, daß der Positionsrahmen auf der Seite gedruckt wird, zu der er auch inhaltlich gehört. Angenommen, Sie beschreiben einen Sachverhalt auf einer bestimmten Seite, der mit einer Grafik veranschaulicht wird. Später fügen Sie am Anfang des Dokuments noch Texte ein, so daß die inhaltlich zur Grafik gehörige Textstelle einige Seiten nach hinten verschoben wurde. Der Positionsrahmen mit der Grafik wird dabei mit verschoben, falls die Option VERANKERN im Menü FORMAT/POSITIONSRAHMEN deaktiviert ist. Soll der Positionsrahmen dagegen generell auf der Seite bleiben, auf der er erzeugt wurde, schalten Sie die Option VERANKERN ein.

Seite beeinflussen, auf der der Positionsrahmen gedruckt wird

Der Positionsrahmen kann auch ohne das Menü FORMAT/POSITIONSRAHMEN direkt mit der Maus verschoben werden. Gehen Sie dazu folgendermaßen vor:

Positionsrahmen mit der Maus verschieben

Klicken Sie zunächst in den Positionsrahmen. Daraufhin bewegen Sie den Mauszeiger auf die Umrandung des Positionsrahmens, also auf den diagonal schraffierten Bereich. Die genaue Position spielt dabei keine Rolle. Der Mauszeiger verändert sein Aussehen und weist neben einem Pfeil zusätzlich ein Positionskreuz auf. Ziehen Sie abschließend den Positionsrahmen an die gewünschte Position.

Enthält ein Positionsrahmen nur eine Grafik (oder ein Objekt) und keine weiteren Bestandteile (auch keine Absatzmarken), kann der Positionsrahmen noch einfacher verschoben werde, indem die Grafik oder das Objekt mit der Maus an die neue Position gezogen wird.

Hinweis

Größe mit der Maus festlegen	Klicken Sie zunächst in den Positionsrahmen. Daraufhin klicken Sie auf die diagonal schraffierte Umrandung. Auf dem Positionsrahmen werden jetzt acht Quadrate dargestellt. Diese werden als *Anfasser* bezeichnet. Ziehen Sie eines der vier Eckquadrate an die neue Position, um die vertikale und horizontale Größe gleichzeitig zu verändern. Die übrigen vier Quadrate dienen dazu, entweder nur die Höhe oder Breite zu ändern.
Hinweis	Enthält ein Programm nur eine Grafik (oder ein Objekt) und keine weiteren Bestandteile (auch keine Absatzmarken), kann die Größe des Positionsrahmens nicht mit der Maus geändert werden. Es kann aber die Größe der darin enthaltenen Grafik geändert werden. Hierfür klicken Sie diese an, und ändern Sie die Höhe und die Breite durch Ziehen der Anfasser. Der Positionsrahmen wird nur dann in der Größe angepaßt, wenn die automatische Anpassung aktiv ist (im Menü FORMAT/POSITIONSRAHMEN muß sowohl unter HÖHE als auch unter BREITE der Listeneintrag AUTOMATISCH eingestellt sein). Andernfalls kann es dazu kommen, daß ein Teil der Grafik abgeschnitten wird.

5.3.3 Positionsrahmen entfernen

Zum Entfernen des Positionsrahmens rufen Sie den Menüpunkt FORMAT/POSITIONSRAHMEN auf, und klicken Sie auf die Schaltfläche POSITIONSRAHMEN ENTFERNEN. Der Inhalt des Positionsrahmens wird in einen gewöhnlichen Text umgewandelt und zurück an die ursprüngliche Position im Dokument verschoben.

Soll nicht nur der Positionsrahmen, sondern auch der darin enthaltene Inhalt gelöscht werden, klicken Sie zunächst in den Positionsrahmen, dann auf die diagonal schraffierte Umrandung, und drücken Sie `Entf`.

5.3.4 Beispiele für die Praxis

Im folgenden finden Sie eine Reihe von Beispielen für Layouts, wie sie in der Praxis häufig verwendet werden.

Beispiel 1: Grafik zentrieren und vom dreispaltigen Text umfließen lassen (Bild II.72 links)

1. Formatieren Sie den Text dreispaltig (Menüpunkt FORMAT/SPALTEN).
2. Setzen Sie die Grafik in einen Positionsrahmen, indem Sie diese mit der rechten Maustaste anklicken und aus dem Kontextmenü den Menüpunkt POSITIONSRAHMEN EINFÜGEN anwählen.
3. Klicken Sie die Grafik mit der rechten Maustaste an, und wählen Sie aus dem Kontextmenü den Menüpunkt POSITIONSRAHMEN FORMATIEREN.
4. Wählen Sie folgende Optionen: UMGEBEND: eingeschaltet, BREITE: AUTOMATISCH, HÖHE: AUTOMATISCH, HORIZONTAL/POSITION: ZENTRIERT, GEMESSEN VON: SEITENRAND, VERTIKAL/POSITION: ZENTRIERT, GEMESSEN VON: SEITENRAND.

Beispiel 2: Grafik im dreispaltigen Text über zwei Spalten setzen (Bild II.72 rechts)

1. Formatieren Sie den Text dreispaltig (Menüpunkt FORMAT/SPALTEN). Notieren Sie den Spaltenabstand (Option BREITE) und den Abstand zwischen den Spalten (Option ABSTAND).
2. Setzen Sie die Grafik in einen Positionsrahmen, indem Sie diese mit der rechten Maustaste anklicken und aus dem Kontextmenü den Me-

nüpunkt POSITIONSRAHMEN EINFÜGEN anwählen.

3. Da die Grafik über 2 Spalten laufen soll, multiplizieren Sie den vorhin notierten Spaltenabstand mit 2, und addieren Sie den Abstand zwischen den Spalten.
4. Wählen Sie den Menüpunkt FORMAT/GRAFIK an, und tragen Sie das eben ermittelte Maß unter GRÖSSE/BREITE ein.
5. Drücken Sie [🖫], und tragen Sie die Prozentangabe, die sich jetzt im Eingabefeld SKALIEREN/BREITE befindet, im Eingabefeld SKALIEREN/HÖHE ein. Damit erreichen Sie, daß das Seitenverhältnis der Grafik erhalten bleibt.
6. Klicken Sie die Grafik mit der rechten Maustaste an, und wählen Sie aus dem Kontextmenü den Menüpunkt POSITIONSRAHMEN FORMATIEREN.
7. Wählen Sie folgende Optionen: UMGEBEND: eingeschaltet, BREITE: AUTOMATISCH, HÖHE: AUTOMATISCH, HORIZONTAL/POSITION: RECHTS, GEMESSEN VON: SEITENRAND, VERTIKAL/POSITION: der gewünschte Abstand vom oberen Seitenrand (im Beispiel 12 cm), GEMESSEN VON: SEITENRAND.

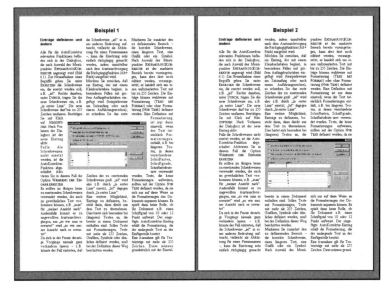

Bild II.71: Beispiel 1 und 2

Beispiel 3: Zweispaltige Einleitung im dreispaltigen Text (Bild II.73 links)

1. Formatieren Sie den Text dreispaltig (Menüpunkt FORMAT/SPALTEN). Notieren Sie den Spaltenabstand (Option BREITE) und den Abstand zwischen den Spalten (Option ABSTAND).
2. Markieren Sie den einleitenden Text.
3. Formatieren Sie den markierten Text fett, indem Sie z.B. das Fett-Symbol in der Symbolleiste anklicken.
4. Markieren Sie die Überschrift und den einleitenden Text.
5. Setzen Sie den markierten Text in einen Positionsrahmen, indem sie den Menüpunkt EINFÜGEN/POSITIONSRAHMEN aufrufen.

6. Klicken Sie in den Positionsrahmen, und rufen Sie den Menüpunkt FORMAT/POSITIONSRAHMEN auf.
7. Da der Text über 2 Spalten laufen soll, multiplizieren Sie den vorhin notierten Spaltenabstand mit 2, und addieren Sie den Abstand zwischen den Spalten.
8. Wählen Sie im Listenfeld BREITE den Eintrag GENAU, und tragen Sie das eben ermittelte Ergebnis im daneben befindlichen Eingabefeld ein.
9. Wählen Sie folgende Optionen: UMGEBEND: eingeschaltet, HÖHE: AUTOMATISCH, HORIZONTAL/POSITION: LINKS, GEMESSEN VON: SEITENRAND, VERTIKAL/POSITION: 0 cm, GEMESSEN VON: ABSATZ.

Beispiel 4: Bildunterschrift auf dem Seitenrand (Bild II.73 rechts)

1. Achten Sie darauf, daß der linke Seitenrand groß genug ist (Menüpunkt DATEI/SEITE EINRICHTEN, Option LINKS). Im Beispiel wurden 4 cm verwendet.
2. Die Bildunterschrift sollte unmittelbar über der Grafik stehen, damit diese optimal mit der Grafik verknüpft wird. Verschieben Sie gegebenenfalls die Bildunterschrift.
3. Markieren Sie die Bildunterschrift inklusive der abschließenden Absatzmarke, und setzen Sie diese in einen Positionsrahmen, indem Sie den Menüpunkt EINFÜGEN/POSITIONSRAHMEN aufrufen.

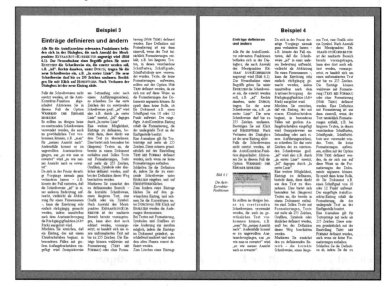

Bild II.72: Beispiel 3 und 4

4. Klicken Sie in den Positionsrahmen, und rufen Sie den Menüpunkt FORMAT/POSITIONSRAHMEN auf.
5. Wählen Sie folgende Optionen: UMGEBEND: eingeschaltet, BREITE: 2,5 cm, HÖHE: AUTOMATISCH, HORIZONTAL/POSITION: 1 cm, GEMESSEN VON: SEITE, ABSTAND ZUM TEXT: 0,5 cm, VERTIKAL/POSITION: 0 cm, GEMESSEN VON: ABSATZ, Option VERANKERN: aus.

Soll die Bildunterschrift nicht bündig mit der Oberkante der Grafik abschließen, sondern etwas weiter unten positioniert werden, so geben Sie unter VERTIKAL/POSITION einen entsprechenden Wert ein.

5.3.5 Spezielle Hinweise zum Arbeiten mit Positionsrahmen

Absatzmarke löschen

In einem gewöhnlichen Absatz, dem ein Positionsrahmen folgt, kann die Absatzmarke nicht wie gewohnt gelöscht werden: Beim Druck auf `Entf` wird ein Warnton ausgegeben. Dies hat folgenden Grund: Mit dem Löschen der Absatzmarke werden bekanntlich zwei Absätze zu einem verbunden, wobei der neu entstandene Absatz die Formatierungen des ehemaligen zweiten Absatzes annimmt. Da der zweite Absatz einen Positionsrahmen besitzt und sich daher mit ziemlicher Sicherheit an einer anderen Seitenposition befindet, würde das Löschen dazu führen, daß der Text des ehemalig ersten Absatzes an eine andere Seitenposition verschoben wird. Da dies der Benutzer in den meisten Fällern nicht beabsichtigt und da das Ergebnis des Vorgangs möglicherweise irritiert, wurde die Funktion gesperrt. Die Absatzmarke kann aber dennoch gelöscht werden; allerdings wird dann der Positionsrahmen entfernt. Dazu markieren Sie die Absatzmarke vor dem Druck auf `Entf`.

Analog zum vorigen Fall kann die letzte Absatzmarke eines Positionsrahmens nicht mit `Entf` gelöscht werden. Damit soll verhindert werden, daß ein Positionsrahmen versehentlich entfernt wird. Das Löschen der Absatzmarke ist aber auch hier möglich, indem diese vor dem Druck auf `Entf` markiert wird. Beim Löschen wird der Positionsrahmen entfernt, und der Text wird an den Anfang des mit dem Positionsrahmen verankerten Absatzes verschoben.

Absatz mit Positionsrahmen kopieren und verschieben

Eine ähnliche Problematik stellt sich beim Kopieren und Verschieben von Absätzen, die mit einem Positionsrahmen versehen sind. Auch hier gibt es eine Abweichung gegenüber dem Kopieren und Verschieben von gewöhnlichen Absätzen. Angenommen, Sie haben einen Positionsrahmen in die Zwischenablage kopiert oder gelöscht und fügen den Inhalt der Zwischenablage in einem gewöhnlichen Absatz ein. Der Absatz würde an der Einfügestelle aufgeteilt. Der zweite Teil würde an derselben Position verbleiben, der erste – da diesem die Formatierung des Positionsrahmens zugewiesen werden würde – an die neue Seitenposition, zusammen mit dem im Positionsrahmen befindlichen Text. Da dieses Resultat vom Anwender nicht erwünscht sein dürfte, wird der Einfügevorgang zwar durchgeführt, der Positionsrahmen aber dabei entfernt. Das Einfügen mit Positionsrahmen ist auch möglich, allerdings nur in leere Absätze. Erzeugen Sie daher vor dem Einfügen durch Druck auf `↵` einen leeren Absatz. Achten Sie darauf, daß sich der Cursor direkt vor der Absatzmarke (¶) des Leerabsatzes befindet, und fügen Sie dann den Inhalt der Zwischenablage ein.

5.4 Initialen

Ein Initial ist ein großer Buchstabe, mit dem der erste Absatz eines neuen Kapitels eingeleitet wird (Bild II.74). Typischerweise werden Initialen von 2 oder 3 Zeilen Höhe eingesetzt. Häufig werden die Initialen in Form von Schmuckbuchstaben dargestellt. Zu diesem Zweck wählen Sie eine entsprechende Zierschrift. Geeignet hierfür ist z.B. die Schrift »Algerian«, die auch in der Abbildung verwendet wurde.

Initial erzeugen

1. Schalten Sie, falls noch nicht geschehen, in den Layoutmodus (ANSICHT/LAYOUT), da Initialen nur in diesem Modus korrekt auf dem Bildschirm angezeigt werden können. (Falls der Layoutmodus inaktiv ist, bietet Word an, in diesen zu schalten.)
2. Bewegen Sie den Cursor auf den Absatz, in dem Sie ein Initial erzeugen möchten.

3. Rufen Sie den Menüpunkt FORMAT/INITIAL auf (Bild II.74), oder klicken Sie auf das nebenstehende Symbol.
4. In den meisten Fällen ist es erwünscht, das Initial im Absatz zu erzeugen. Klicken Sie hierfür auf das Symbol IM TEXT. Soll das Initial dagegen am Seitenrand gedruckt werden, klicken Sie auf das Symbol IM RAND.

Bild II.73:
Zwei Initialen (oben ein übliches, darunter ein Initial auf dem Seitenrand)

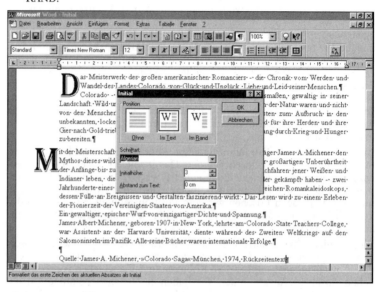

5. Wählen Sie die gewünschte Schriftart im gleichnamigen Listenfeld.
6. Geben Sie die gewünschte Höhe des Initials in Zeilen unter INITIALHÖHE ein.
7. Soll zwischen dem Initial und dem nachfolgenden Textzeichen ein Abstand eingefügt werden, geben Sie das gewünschte Maß unter ABSTAND ZUM TEXT ein.
8. Bestätigen Sie mit Klick auf OK.

Initial verändern Die Eigenschaften des Initials (z.B. die Höhe) lassen sich nachträglich ändern, indem das Initial markiert wird und daraufhin die gewünschten Änderungen im Menü FORMAT/INITIAL durchgeführt werden.

Initial entfernen Soll ein Initial wieder in ein gewöhnliches Textzeichen umgewandelt werden, markieren Sie das Initial, rufen Sie den Menüpunkt FORMAT/INITIAL auf, und klicken Sie doppelt auf OHNE.

Hinweis Das Initial wird mit Hilfe eines Positionsrahmens erzeugt. Es stehen daher alle Funktionen zur Verfügung, die sich in Verbindung mit Positionsrahmen einsetzen lassen. Sie können z.B. die Größe des Initials mit der Maus ändern, indem Sie den Positionsrahmen auf die gewünschte Größe ziehen. Mehr über Positionsrahmen erfahren Sie im Abschnitt II.5.3.

5.5 Ausgefallene Layouts mit WordArt

Für besonders ausgefallene Layouts reichen die Formatierungsvarianten von Word nicht immer aus. Mit Hilfe des Zusatzprogramms WordArt sind jedoch noch weitaus komplexere Formatierungen möglich. Z.B. können Texte kreisförmig verlaufen und mit einem Schatteneffekt versehen werden. Die Formatierungen lassen sich beliebig kombinieren. Ein Text kann z.B. schräg angeordnet werden, gleichzeitig einen Schatten besitzen und mit einer Schraffur gefüllt werden. Eine Anwendungsmöglichkeit für WordArt ist z.B. die Gestaltung von Schriftzügen auf Briefpapier, Visitenkarten oder Grußkarten.

Beim Programm WordArt handelt es sich um einen sogenannten *OLE-Server*. Darunter ist ein Dienstprogramm zu verstehen, das aus anderen Anwendungen (z.B. Word) – diese bezeichnet man in diesem Zusammenhang als *Clients* – genutzt werden kann. Voraussetzung hierfür ist, daß die jeweilige Anwendung OLE (die standardmäßige Datenaustauschtechnologie in Windows) unterstützt. Dies trifft neben Word auch für die Office-Komponenten Excel und PowerPoint zu, aber auch für andere Programme wie z.B. CorelDraw.

Office 95

5.5.1 Textobjekt einfügen und bearbeiten

Um ein Textobjekt einzufügen, bewegen Sie den Cursor zunächst an die gewünschte Stelle im Dokument. Anschließend rufen Sie den Menüpunkt EINFÜGEN/OBJEKT auf, und klicken Sie doppelt auf den Eintrag MICROSOFT WORDART 2.0. Alternativ können Sie auch auf das nebenstehende Symbol klicken.

Achten Sie darauf, daß die Option FELDFUNKTIONEN im Menü EXTRAS/OPTIONEN, Register ANSICHT, ausgeschaltet ist. Ansonsten wird innerhalb von Word nicht das Textobjekt, sondern nur ein Feld mit dem Text »EINBETTEN MSWordArt.2 \s« angezeigt. Mehr über Felder erfahren Sie in Kapitel II.11.

Hinweis

In Ihrem Dokument befindet sich nun ein Rahmen, der das Textobjekt aufnimmt. Die Eingabe des Textes erfolgt im darunterliegenden Fenster. Vorgegeben wird dabei das Wort »Beispieltext«, das Sie beliebig überschreiben können.

Bild II.74: Der Arbeitsbildschirm bei aktivem WordArt

Der Bildschirminhalt hat sich grundlegend geändert (vergleiche Bild II.75): Die meisten Word-Menüpunkte sind verschwunden. Als Ersatz finden sich entsprechende Menüpunkte zur Veränderung des Textobjektes. (Das Word-Menü DATEI ist aber noch vorhanden, so daß Sie z.B. die Datei zwischenspeichern oder eine andere Datei öffnen können.) Die Word-Symbolleiste wurde ebenfalls ausgeblendet. Dafür findet sich eine neue Symbolleiste, aus der sich die einzelnen Formatierungsvarianten von WordArt abrufen lassen.

Im WordArt-Betriebsmodus können Sie nur das Textobjekt bearbeiten, nicht jedoch Änderungen am übrigen Dokument durchführen.

Um sich mit WordArt vertraut zu machen, sollten Sie jetzt einen Demonstrationstext anfertigen. Gehen Sie wie folgt beschrieben vor:

1. Geben Sie den Text »Immer im Kreis herum« ein.
2. Klicken Sie auf das Listenfeld links oben. Dort lassen sich sogenannte Formen abrufen. Dabei handelt es sich um vorgegebene Schablonen, die festlegen, wie der Text verläuft (z.B. schräg, kreisförmig oder nach rechts kleiner werdend).

3. Klicken Sie auf die Form »Kreis«. Daraufhin wird der Text kreisförmig dargestellt.
4. Ergänzen Sie Ihren Text, so daß er »Immer im Kreis herum: endlos, endlos, endlos« lautet.
5. Das Textobjekt wird jedoch unverändert angezeigt. Der Grund liegt darin, daß die Anzeige nach einer Textänderung aktualisiert werden muß. Klicken Sie hierfür auf die Schaltfläche ANSICHT AKTUALISIEREN im Texteingabefenster. Daraufhin wird das Textobjekt mit dem geänderten Text korrekt dargestellt. Bei Wahl einer anderen Form oder bei Änderungen an der Formatierung ist dagegen keine manuelle Aktualisierung notwendig: Hier wird das Textobjekt automatisch neu gezeichnet.

6. Wählen Sie eine andere Form (z.B. die am Rand abgebildete; der Text verläuft dann in den Raum hinein).

7. Formatieren Sie den Text fett (durch Klick auf nebenstehendes Symbol).

In beiden Fällen wird der Text unmittelbar mit den neuen Formatierungen angezeigt.

Mehrzeilige Texte Bis jetzt haben Sie nur einen einzeiligen Text eingegeben. Viele Formen kommen jedoch erst dann zur Geltung, wenn der Text aus mehreren Zeilen besteht. Der Text wird allerdings nicht automatisch umbrochen. Sie müssen daher das Zeilenende manuell herbeiführen. Drücken Sie hierfür am Zeilenende ⏎. Dadurch wird unterhalb der aktuellen Zeile eine neue Zeile erzeugt. Wird innerhalb einer Zeile ⏎ betätigt, wird die Zeile an der jeweiligen Position umbrochen; die rechts befindlichen Zeichen werden also in die neu erzeugte Zeile gesetzt. Durch Druck auf Entf am Zeilenende lassen sich zwei Zeilen zu einer verbinden.

Vergessen Sie nicht, nach der Eingabe der zusätzlichen Zeilen die Anzeige zu aktualisieren (Klick auf die Schaltfläche ANSICHT AKTUALISIEREN).

Auswirkung der Formatierungen Sämtliche Formen und Formatierungen betreffen stets das komplette WordArt-Objekt. Es ist z.B. nicht möglich, nur einen Teil des Textes fett zu formatieren oder in einer vom übrigen Text abweichenden Schriftart darzustellen.

Praxistip: Sollen Texte mit unterschiedlichen Formatierungen erzeugt werden, setzen Sie mehrere Textobjekte nebeneinander oder untereinander, von denen jedes individuelle Formatierungen erhält.

5 Layoutfunktionen

Um nicht mehr das Textobjekt, sondern wieder den übrigen Teil des Dokuments zu bearbeiten, klicken Sie auf einen beliebigen Bereich außerhalb des Textobjektes. Alternativ drücken Sie `Esc`. Daraufhin wird wieder der ursprüngliche Arbeitsbildschirm von Word angezeigt.

WordArt verlassen

Die Größe des Textobjektes kann durch Ziehen mit der Maus oder mit Hilfe des Menüs FORMAT/GRAFIK (Word behandelt Textobjekte wie Grafiken; mehr über Grafiken erfahren Sie im Abschnitt II.5.1) verkleinert und vergrößert werden. Bei der Änderung der Größe muß das Programm WordArt inaktiv sein.

Größe des Textobjektes

Zum Ändern eines Textobjektes klicken Sie doppelt auf das Textobjekt. Alternativ bewegen Sie den Cursor auf das gewünschte Textobjekt, und wählen Sie den Menüpunkt BEARBEITEN/WORDART 2.0-OBJEKT. Eine dritte Variante besteht darin, den Cursor auf das Textobjekt zu bewegen und auf das nebenstehende Symbol zu klicken.

Textobjekt ändern

Um einen bereits im Dokument enthaltenen, gewöhnlichen Text mit WordArt zu formatieren, muß dieser aus dem Dokument gelöscht und in ein neues Textobjekt übertragen werden. Gehen Sie dazu folgendermaßen vor:

Textobjekt aus bestehendem Text erzeugen

1. Markieren Sie den gewünschten Text.
2. Löschen Sie den Text in die Zwischenablage (z.B. mit Druck auf `Shift`+`Entf`).
3. Erzeugen Sie ein neues Textobjekt.
4. Fügen Sie den Inhalt der Zwischenablage in das Eingabefenster ein (z.B. mit `Shift`+`Einfg`).

Durch Klick auf die Schaltfläche SONDERZEICHEN EINFÜGEN des Eingabefensters lassen sich Zeichen einfügen, die nicht auf der Tastatur aufgedruckt sind. Um ein Zeichen einzufügen, klicken Sie doppelt auf das gewünschte Zeichen. Falls Sie sich nicht sicher sind, ob es sich um das richtige Zeichen handelt (die Zeichen werden sehr klein angezeigt), klicken Sie auf das Zeichen und halten die Maustaste gedrückt. Das Zeichen wird dann vergrößert dargestellt.

Sonderzeichen einfügen

5.5.2 Formen

Eine Form ist eine Art Schablone, die festlegt, wie der Text verläuft (z.B. schräg, kreisförmig, wellenförmig oder nach rechts kleiner werdend). Die ausgewählte Form wirkt sich auf das komplette Textobjekt aus.

WordArt stellt 35 Formen zur Verfügung. Die Formen werden aus dem Listenfeld oben links abgerufen. Folgende Formen sind verfügbar:

Symbol	Effekt	Beispiel
▬	Der Text verläuft horizontal (Standardeinstellung).	Standardtext
◢◣	Der Text verläuft schräg nach oben bzw. unten.	schräg nach oben

Übersicht der WordArt-Formen

Symbol	Effekt	Beispiel
◸◹	Der Text verläuft diagonal nach oben bzw. unten.	diagonal nach oben
↑ ↓	Der Text verläuft vertikal von unten nach oben bzw. von oben nach unten.	senkrecht nach oben / senkrecht nach unten
◡◡	Der Text verläuft nach unten gebogen (wahlweise dünner oder dicker Schriftzug).	nach unten gebogen
◠◠	Der Text verläuft nach oben gebogen (wahlweise dünner oder dicker Schriftzug).	nach oben gebogen
○○	Der Text verläuft als Kreis (wahlweise dünner oder dicker Schriftzug).	Immer im Kreis herum, endlos, endlos, endlos ...
⊖⊖	Der Text verläuft in zwei Halbkreisen und einem dazwischen befindlichen horizontalen Text (wahlweise dünner oder dicker Schriftzug). Die Anordnung erinnert an einen Knopf.	Mal etwas ganz anderes stellt dieses Layout dar
⬣	Der Text verläuft in Form eines Achtecks.	Dieser Text verläuft in Achteckform

5 Layoutfunktionen

Symbol	Effekt	Beispiel
▲▼	Der Text verläuft in Dreiecksform, entweder mit Spitze oben oder unten.	Dieser Text verläuft in Dreiecksform
⌣⌢	Der Text verläuft nach unten gekrümmt und wird von links nach rechts größer (bzw. kleiner).	gekrümmt
◤◥	Der Text zeigt räumlich nach vorne bzw. hinten.	In den Raum zeigender Text
∼∽	Der Text verläuft wellenförmig. Beim linken Symbol verläuft die Welle erst nach unten, dann nach oben, beim rechten Symbol umgekehrt.	Wellenförmiger Text
◆◇	Der Text wirkt ausgebeult bzw. eingebeult.	ausgebeult eingebeult
⌒⌣	Die Grundlinie des Textes wirkt ausgebeult bzw. eingebeult.	Grundlinie ausgebeult
⌢⌣	Die Oberkante des Textes wirkt ausgebeult bzw. eingebeult.	Oberkante eingebeult
▶◀	Die Schrift wird von links nach rechts kleiner bzw. größer.	kleiner werdender Text

Symbol	Effekt	Beispiel
▲▼	Die Zeichen sind auf einen oben (bzw. unten) befindlichen Fluchtpunkt ausgerichtet. Die Zeichen werden nach oben (bzw. unten) hin schmaler.	*Der Text wird nach oben schmaler*
◢◣	Der Text verläuft schräg nach oben (bzw. unten). Die einzelnen Zeichen bleiben senkrecht.	*schräg nach oben*

Die genaue Wirkungsweise der Formen läßt sich beeinflussen. Z.B. kann der Winkel bei schräg verlaufenden Texten variiert werden. Mehr hierzu erfahren Sie im Abschnitt II.5.5.11.

5.5.3 Schriftart und Schriftgrad

Schriftart — Die Schriftart wählen Sie im zweiten Listenfeld der Symbolleiste. Zur Auswahl stehen alle unter Windows installierten Schriften. Die Schriftart gilt für alle Zeichen des WordArt-Objektes.

Schriftgrad — Der Schriftgrad wird im dritten Listenfeld eingestellt. Wählen Sie entweder einen der vorgegebenen Werte, oder geben Sie den Schriftgrad direkt ein. Ein besonderer Eintrag ist AUTO. Dieser sorgt dafür, daß der Schriftgrad automatisch derart verändert wird, so daß der Text optimal in den Textobjekterahmen paßt. Der Eintrag AUTO ist die Standardeinstellung. Der Schriftgrad gilt für alle Zeichen des WordArt-Objektes.

5.5.4 Schriftattribute

Als Schriftattribute stehen in der Symbolleiste folgende Symbole zur Verfügung:

stellt den Text **fett** dar.

stellt den Text *kursiv* dar.

streckt die einzelnen Zeichen derart, so daß alle Zeichen gleich hoch sind. Zeichen mit Unterlängen wie z.B. das »p« werden etwas nach oben geschoben, so daß die Unterkante des Textes gerade verläuft.

Beispiel: Text mit einheitlicher Buchstabenhöhe

Die einzelnen Symbole wirken als Schalter: Der erste Klick schaltet das Attribut ein, ein weiterer Klick deaktiviert das Schriftattribut. Ein Kombinieren der Schriftattribute ist erlaubt.

Die Schriftattribute betreffen grundsätzlich den kompletten Text des aktuellen WordArt-Objektes. Es ist also nicht vorgesehen, z.B. nur ein einzelnes Wort fett zu formatieren.

5.5.5 Zeichenabstand, Unterschneidung

Durch Verändern des Zeichenabstandes läßt sich schmale Schrift sowie gesperrte Schrift erzeugen.

Klicken Sie auf nebenstehendes Symbol, oder wählen Sie den Menüpunkt FORMAT/ZEICHENABSTAND an. Zur Auswahl stehen folgende Optionen: STARK VERMINDERN (sehr schmale Schrift), VERMINDERN (Schmalschrift), ERWEITERN (gesperrter Text), STARK ERWEITERN (stark gesperrter Text) und NORMAL (gewöhnlicher Zeichenabstand; Vorgabe).

Zeichenabstand ändern

Im Feld SELBSTDEFINIERT läßt sich der Zeichenabstand direkt in Prozent eingeben. Durch Reduzierung der Vorgabe 100% wird der Zeichenabstand reduziert, durch Erhöhung vergrößert. Der Wert kann im Bereich zwischen 0% und 500% eingegeben werden. In der Praxis sind allerdings nur Werte im Bereich von etwa 80% bis 150% sinnvoll, da sonst die Texte kaum mehr lesbar sind. Beispiele für einen veränderten Zeichenabstand:

Schmalschrift

gesperrte Schrift

Standardmäßig wird eine Unterschneidung durchgeführt, das heißt, daß der Abstand bestimmter Buchstabenpaare reduziert wird, um das Erscheinungsbild des Textes zu verbessern. Soll keine Unterschneidung erfolgen, schalten Sie die Option ZEICHENABSTAND AUTOMATISCH AUSGLEICHEN aus.

Unterschneidung

5.5.6 Ausrichtung

WordArt bietet im Vergleich zu Word einige zusätzliche Varianten, um festzulegen, wie die einzelnen Druckzeilen in der Horizontalen ausgerichtet werden. Mit den verschiedenen Ausrichtungsformen lassen sich teilweise sehr interessante Effekte erzielen.

Zur Änderung der Ausrichtung klicken Sie auf das nebenstehende Symbol, und wählen Sie einen der angebotenen Menüpunkte. Die Wirkungsweise der einzelnen Menüpunkte zeigt die folgende Tabelle:

Übersicht der Ausrichtungsvarianten

Ausrichtung	Effekt	Beispiel
ZENTRIERT	Die einzelnen Zeilen werden in die Mitte gesetzt (Standardeinstellung).	Er hat es schon, das sensationelle Girokonto. Wann entscheiden Sie sich dafür?
LINKS	Die Zeilen werden ganz nach links geschoben.	Er hat es schon, das sensationelle Girokonto. Wann entscheiden Sie sich dafür?

215

Ausrichtung	Effekt	Beispiel
RECHTS	Die Zeilen werden ganz nach rechts geschoben.	Er hat es schon, das sensationelle Girokonto. Wann entscheiden Sie sich dafür?
WORDART STRECKEN	Die *Zeichenbreite* wird derart vergrößert, daß alle Zeilen vom linken bis zum rechten Rand reichen.	Er hat es schon, das sensationelle **Girokonto.** Wann entscheiden Sie sich dafür?
BUCHSTA- BENAB- STAND ÄNDERN	Der *Zeichenabstand* wird derart vergrößert, daß alle Zeilen vom linken bis zum rechten Rand reichen.	Er hat es schon, das sensationelle G i r o k o n t o . Wann entscheiden Sie sich dafür?
WORTAB- STAND ÄNDERN	Der *Wortabstand* wird so vergrößert, daß alle Zeilen vom linken bis zum rechten Rand reichen. Die Auswirkung ist ähnlich wie beim Blocksatz von Word. Im Unterschied dazu werden jedoch Wörter, die alleine in einer Zeile stehen, automatisch gesperrt (wie das Wort *Girokonto* rechts).	Er hat es schon, das sensationelle G i r o k o n t o . Wann entscheiden Sie sich dafür?

5.5.7 Schatteneffekte

Der Text kann auf Wunsch mit einem Schatteneffekt versehen werden, wobei sieben verschiedene Effekte zur Verfügung stehen. Die Farbe des Schattens läßt sich frei wählen.

Bild II.75: Text mit Schatten und die Dialogbox zum Einstellen des Schatteneffekts

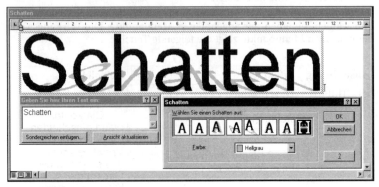

 Zum Anbringen oder Entfernen eines Schattens klicken Sie auf das nebenstehende Symbol, oder rufen Sie den Menüpunkt FORMAT/SCHATTEN auf. Daraufhin erscheint eine Dialogbox (Bild II.76), in der acht Symbole angeboten werden. Um einen der Schatteneffekte anzubringen, klicken Sie auf ein beliebiges Symbol außer auf das erste. Welcher Effekt erzeugt wird, ist aus dem stilisierten Buchstaben des Symbols sichtbar. Das Symbol ganz rechts erzeugt z.B. einen Schatten, dessen Fluchtpunkt oberhalb der Grundlinie in der Zeilenmitte liegt (Bild II.76). Durch Klick auf das erste Symbol (ganz links) wird der Schatten wieder entfernt. Die Schattenfarbe läßt sich unter FARBE wählen. Die Voreinstellung ist hellgrau.

5.5.8 Schraffuren erzeugen und Textfarbe festlegen

Zum Schraffieren eines Textes stehen 21 Muster zur Verfügung. Außerdem läßt sich mit den angebotenen Optionen erreichen, daß nur die Konturen des Textes angezeigt werden, daß der Text farbig dargestellt wird oder daß er transparent wirkt.

Zum Anbringen einer Schraffur klicken Sie auf nebenstehendes Symbol, oder rufen Sie den Menüpunkt FORMAT/SCHRAFFIERUNG auf. Wählen Sie eines der angegebenen Muster. Die ersten drei Symbole haben eine spezielle Bedeutung (sie werden etwas weiter unten beschrieben); bei den übrigen Symbolen handelt es sich um die einzelnen Muster.

Schraffur anbringen

Klicken Sie auf das gewünschte Muster, und wählen Sie gegebenenfalls die Vorder- und Hintergrundfarbe. Falls Sie sich nicht sicher sind, ob die Schraffierung wie gewünscht ausfällt, klicken Sie auf die Schaltfläche ANWENDEN. Der Text wird daraufhin mit der gewählten Schraffur dargestellt. Entspricht die Schraffur Ihren Vorstellungen, übernehmen Sie diese mit Klick auf OK. Bei Nichtgefallen stellen Sie entweder eine neue Schraffurvariante ein oder verwerfen die Schraffierung mit Klick auf ABBRECHEN.

Zum Entfernen einer Schraffierung klicken Sie auf das dritte Symbol, also auf das Symbol ganz rechts oben in der Musterpalette.

Schraffierung entfernen

Durch Klick auf das nebenstehende Symbol wird der Text mit der unter der Option HINTERGRUND gewählten Farbe gefüllt. Der Text ist unsichtbar, falls er keine Konturlinien besitzt (siehe nächster Abschnitt) und gleichzeitig als Hintergrundfarbe Weiß gewählt wurde, da dann weißer Text auf weißem Hintergrund dargestellt wird. Es gibt allerdings eine Ausnahme: Falls der aktuelle Absatz mit einer Farbe oder einer Grauschattierung unterlegt ist (dazu verwenden Sie den Menüpunkt FORMAT/RAHMEN UND SCHATTIERUNG von Word; Sie müssen also gegebenenfalls WordArt beenden), ist auch weißer Text ohne Konturlinien sichtbar.

Text mit Hintergrundfarbe füllen

Mit Hilfe dieses Symbols erreichen Sie, daß alles, was sich hinter dem WordArt-Objekt befindet (z.B. eine mit Word erzeugte Absatzschattierung) durch den WordArt-Text durchscheint. Das Textobjekt wirkt also durchsichtig. Der Text muß Konturlinien aufweisen, sonst ist er unsichtbar.

Mit Hilfe der Option VORDERGRUNDFARBE legen Sie fest, in welcher Farbe die einzelnen Bestandteile des Musters (also die Punkte, Striche usw., die das Muster bilden) dargestellt werden. Außerdem nehmen Konturlinien die hier gewählte Farbe an, falls die Konturlinien mit der Farboption AUTO angebracht wurden. Die Hintergrundfarbe des Musters wird über die Option HINTERGRUNDFARBE bestimmt.

Vordergrund- und Hintergrundfarbe

Besitzt der Text keine Schraffur, legt die Vordergrundfarbe die Schriftfarbe fest. Die gewählte Hintergrundfarbe hat dann keine Auswirkung.

Negativschrift — Zur Darstellung von Negativschrift verwenden Sie als Vordergrundfarbe den speziellen Eintrag WEISS AUF SCHWARZ.

5.5.9 Konturlinien

Eine Konturlinie ist eine Linie, die den Umrissen der einzelnen Textzeichen folgt. Auf diese Weise ist es möglich, die Umrisse zu betonen (z.B. durch eine andere Farbe als der Text). Konturlinien lassen sich in verschiedenen Strichstärken erzeugen. Außerdem kann der Text »hohl« dargestellt werden, indem dieser mit weißer Farbe ausgefüllt wird, so daß nur noch die Konturlinien zu sehen sind (einen derartigen Schriftstil bezeichnet man auch als *Outline*). Falls die Konturlinien dieselbe Farbe wie der Text aufweisen, werden die Konturen nicht betont; durch die hinzugekommenen Konturlinien wird der Text allerdings dicker.

Konturlinien anbringen und entfernen

Zum Anbringen von Konturlinien klicken Sie auf das nebenstehende Symbol, oder rufen Sie den Menüpunkt FORMAT/KONTURLINIEN auf. Wählen Sie eine der angebotenen Strichstärken. Zum Entfernen von Konturlinien dient die Option KEINE (ganz oben). Die Farbe der Konturlinien legen Sie unter FARBE fest. Wird der Farbeintrag AUTO gewählt, wird die Konturlinie in der Farbe des Textes dargestellt, also mit der im Menü FORMAT/SCHRAFFIERUNG (vergleiche voriger Abschnitt) eingestellten Vordergrundfarbe.

Hohle Schrift — Um die Schrift hohl darzustellen, muß neben dem Anbringen von Konturlinien zusätzlich im Menü FORMAT/SCHRAFFIERUNG das Muster »einfarbig« und als Hintergrundfarbe Weiß ausgewählt werden.

Beispiel: schwarze Konturlinien, grauer Text

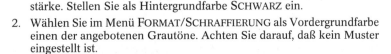

Gehen Sie hierzu folgendermaßen vor:
1. Wählen Sie im Menü FORMAT/KONTURLINIEN die gewünschte Strichstärke. Stellen Sie als Hintergrundfarbe SCHWARZ ein.
2. Wählen Sie im Menü FORMAT/SCHRAFFIERUNG als Vordergrundfarbe einen der angebotenen Grautöne. Achten Sie darauf, daß kein Muster eingestellt ist.

5.5.10 Weitere Effekte

Text strecken

Ein Klick auf dieses Symbol oder ein Einschalten des Menüpunktes FORMAT/STRECKEN streckt den Text derart, so daß der Text unmittelbar an alle vier Seiten des Textobjekterahmens anschließt. Ein erneuter Aufruf der Funktion nimmt den Vorgang wieder zurück.

Die genaue Auswirkung beim Strecken hängt von der aktuellen Form ab: Bei einem gewöhnlichen Text wird durch das Strecken die Höhe bzw. Breite der Zeichen verändert. Dagegen nimmt z.B. ein in Kreisform dargestellter Text die Form einer Ellipse an.

Auf die Seite kippen

Mit Hilfe dieses Symbols werden die einzelnen Zeichen des Textes um 90 Grad entgegen des Uhrzeigersinns gedreht. Ein erneuter Klick nimmt die Drehung zurück. Ein Beispiel für einen gekippten Text:

⊲⊃⊢ ᗡ.–⊕ ⟂⊕–⊢⊕ ⊃⊕⊗⊬.–⊃⊃⊢

5.5.11 Spezialfunktionen

Mit Hilfe der Spezialfunktionen läßt sich die Wirkungsweise der einzelnen Formen fast beliebig variieren. Z.B. kann man den Winkel genau einstellen, um den der Text gedreht werden soll, oder festlegen, welches Wort bei einem Kreis ganz oben steht.

Um die Wirkungsweise einer Form zu variieren, klicken Sie auf das nebenstehende Symbol, oder rufen Sie den Menüpunkt FORMAT/SPEZIALEFFEKTE auf. Daraufhin wird die Dialogbox SPEZIALEFFEKTE angezeigt. Je nach gewählter Form werden zum Teil andere Optionen angeboten. Eines haben aber alle Formen gemein: Mit der Option DREHEN läßt sich das Objekt um einen beliebigen Winkel drehen. Im folgenden werden aus Platzgründen nur die Änderungsvarianten einiger der wichtigsten Formen besprochen.

Ein gewöhnlicher Text (also wenn die am Rand abgebildete Form aktiv ist) kann mit Hilfe der Spezialfunktionen beliebig gedreht werden. Dabei läßt sich nicht nur festlegen, wie stark die Grundlinie gedreht werden soll, sondern auch, wie stark dabei die Zeichen verzerrt werden.

Spezialfunktionen bei gewöhnlichem Text

Die Drehung der Grundlinie legen Sie im Feld DREHEN fest. Geben Sie den gewünschten Winkel im Bereich von 0 bis 360 Grad ein, oder klicken Sie auf die beiden Pfeile, um den Text in Schritten von 5 Grad zu drehen.

Bild II.76: Verschiedene Drehwinkel

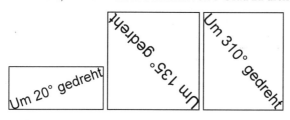

Die Verzerrung der Zeichen (eine Art Kippen) beeinflussen Sie im Feld VERZERREN. Geben Sie einen Prozentwert zwischen 0 und 100 ein. Bei einem Wert von 50% (Vorgabe) verlaufen die Zeichen im rechten Winkel zur Grundlinie. Durch Verringern des Wertes werden die Zeichen nach rechts verzerrt, durch Verkleinern nach links.

Bild II.77: Verschiedene Verzerrungen

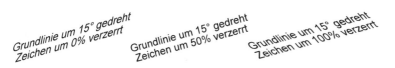

Bei Kreisen und Halbkreisen legt der unter DREHEN eingetragene Wert den Winkel fest, um den der Kreis oder Kreisbogen gedreht wird, so daß sich z.B. bestimmen läßt, welches Wort ganz oben (also bei 12 Uhr) liegt. Die Standardeinstellung ist 0 Grad, wobei sich dann das erste Zeichen des Textes bei 9 Uhr befindet. Werden z.B. 90 Grad eingestellt, liegt das erste Zeichen bei 12 Uhr.

Spezialeffekte bei Kreisen und Halbkreisen

Die Option VERZERREN ermöglicht einerseits das Herstellen von Kreissegmenten. Bei Kreisen kann ein beliebiger Wert zwischen 180 (Halbkreis) und 360 Grad (Vollkreis) eingegeben werden. Bei 270 Grad wird z.B. ein Dreiviertelkreis dargestellt. Andererseits läßt sich die Krümmung des Kreisbogens beeinflussen. Dies ist sowohl bei der Form »Kreis« als auch bei der Form »Halbkreis« möglich (beide Formen verhalten sich aber dann identisch). Dabei geben Sie einen Wert von 0 bis 180 Grad ein. Je kleiner der Wert, desto flacher verläuft der Kreisbogen. Bei 0 Grad wird der Kreisbogen schließlich zur Gerade.

Mit Hilfe der Option ZEICHENHÖHE VERMINDERN läßt sich die Zeichenhöhe beeinflussen. Schalten Sie hierfür die Option ein, und tragen Sie einen Prozentwert in das Feld ein. Je höher der Wert, desto kleiner werden die Zeichen dargestellt.

Spezialeffekte bei Wellen

Bei den beiden Formen für Wellen legt die Option VERZERREN die Amplitude fest, also die Intensität des Wellenausschlags. Bei 100% ist die Amplitude maximal, bei 0% minimal. Die Standardeinstellung beträgt 50%.

6 Korrekturfunktionen

Word bietet eine Vielzahl praktischer Korrekturhilfen. Mit Hilfe der AutoKorrektur werden typische Tippfehler automatisch korrigiert. Aber auch das Einfügen von Symbolen, Wörtern und längeren Texten läßt sich damit vereinfachen. Die Rechtschreibprüfung stellt eine hervorragende Ergänzung zum manuellen Korrekturlesen dar, zumal sie mittlerweile wesentlich verbessert wurde. Die Silbentrennfunktion ist eine weitere sehr praktische Hilfe, da sie eine hohe Trefferquote erreicht und den Text bereits während der Eingabe trennt. Der Thesaurus hilft beim Suchen nach passenden Synonymen und fügt die Synonyme selbständig in den Text ein. Und nicht zuletzt verfügt Word über einen Grammatikprüfer, der jedoch nur englische und französische Texte auf grammatikalische Fehler untersuchen kann.

6.1 AutoKorrektur

Die AutoKorrektur-Funktion dient primär dazu, Tippfehler automatisch zu korrigieren. Wenn Sie z.B. versehentlich »dei« statt »die« schreiben, ersetzt Word das verunstaltete Wort unmittelbar, nachdem Sie dieses eingegeben haben, gegen die richtige Schreibweise. Dazu ist es jedoch erforderlich, die einzelnen Schreibweisen zu definieren. Das bedeutet, Sie müssen zunächst zu jedem möglichen Tippfehler die richtige Schreibweise eingeben. Da dies ein mühsames Unterfangen ist, sind bereits eine Vielzahl typischer Tippfehler vordefiniert, so auch der Eintrag »dei«. Probieren Sie es einmal aus: Geben Sie »dei« ein. Sobald Sie das Wort abschließen, z.B. durch Eingabe eines Leerzeichens oder eines anderen Worttrennzeichens (z.B. Komma), wird es gegen die korrekte Schreibweise »die« ausgetauscht.

Die AutoKorrektur-Funktion als Ersatz für die AutoText-Funktion

In der Praxis hat sich gezeigt, daß das Korrigieren von Tippfehlern mittels der AutoKorrektur-Funktion nicht besonders effektiv ist, was vor allem daran liegt, daß es kaum möglich ist, nur annähernd alle praxisrelevanten Tippfehler zu definieren. Zur Korrektur von Tippfehlern ist es daher ratsam, statt dessen die Rechtschreibprüfung (Abschnitt II.6.2) zu verwenden. Die AutoKorrektur-Funktion ist aber dennoch keine überflüssige Einrichtung, ganz im Gegenteil. Sie eignet sich hervorragend als Ersatz oder Ergänzung für die Textbaustein-Funktion (in Word als *AutoText* bezeichnet; siehe Abschnitt II.2.3). Der Vorteil der AutoKorrektur-Funktion liegt darin, daß zum Einfügen eines Textbausteins nicht zunächst umständlich [F3] gedrückt werden muß. Die Eingabegeschwindigkeit wird dadurch reduziert, nicht nur deshalb, da eine zusätzliche Taste betätigt werden muß, sondern auch, da der gewöhnliche Buchstaben-Tastenbereich verlassen werden muß, was sich vor allem bei Verwendung des Zehn-Finger-Systems störend bemerkbar macht.

6 Korrekturfunktionen

Mit Hilfe der AutoKorrektur-Funktion lassen sich lange, schwierige Wörter, Redewendungen, ganze Sätze oder noch längere Textbestandteile, Sonderzeichen und Grafiken einfügen. Bei entsprechender Definition wird aus »iel« z.B. »in erster Linie«, aus »==>« ein langer Pfeil nach rechts (➔), und durch Eingabe von »logografik« wird das Firmenlogo eingefügt. Die bereits vordefinierten Symbole sind am Rand abgebildet.

6.1.1 Einträge definieren und ändern

Alle für die AutoKorrektur relevanten Funktionen befinden sich in der Dialogbox, die nach Anwahl des Menüpunktes EXTRAS/AUTOKORREKTUR angezeigt wird (Bild II.79). Zur Neuaufnahme eines Begriffs geben Sie unter ERSETZEN die Schreibweise ein, die ersetzt werden soll, z.B. »iel«. Rechts daneben, unter DURCH, tragen Sie die neue Schreibweise ein, z.B. »in erster Linie«. Die neue Schreibweise darf bis zu 255 Zeichen umfassen. Bestätigen Sie mit Klick auf HINZUFÜGEN. Nach Verlassen der Dialogbox ist der neue Eintrag aktiv.

Ihre Eingabe	Eingabe von Word
:)	☺
:(	☹
<--	←
-->	→
<==	⇐
==>	➔
<=>	⇔
(c)	©
(TM)	TM

Vordefinierte Symbole

Falls die Schreibweisen nicht ersetzt werden, ist die AutoKorrektur-Funktion abgeschaltet. Aktivieren Sie in diesem Fall die Option WÄHREND DER EINGABE ERSETZEN.

Unerwünschte Ersetzung zurücknehmen

Es sollten im übrigen keine zu ersetzenden Schreibweisen verwendet werden, die auch im gewöhnlichen Text vorkommen können, z.B. »man« für »meiner Ansicht nach«. Andernfalls kommt es zu ungewollten Austauschvorgängen, aus »so wie man es erwartet« wird »so wie meiner Ansicht nach es erwartet«. Da sich in der Praxis derartige Vorgänge niemals ganz verhindern lassen – z.B. könnte der Fall eintreten, daß die Schreibweise »iel« in einer anderen Bedeutung auftaucht, vielleicht als Abkürzung für einen Firmennamen –, kann die Ersetzung sehr einfach rückgängig gemacht werden, indem unmittelbar nach dem Austauschvorgang die Rückgängigfunktion (Alt + ←) ausgelöst wird.

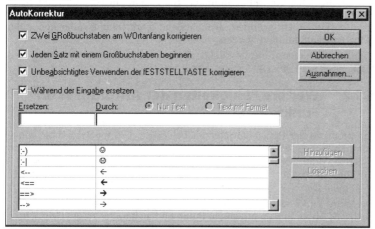

*Bild II.78:
Die Dialogbox mit den AutoKorrektur-Funktionen*

Praxistip: Möchten Sie erreichen, daß ein Eintrag, der mit einem Kleinbuchstaben beginnt, in besonderen Fällen mit großem Anfangsbuchstaben eingefügt wird (beispielsweise am Satzanfang oder nach einem Anführungszeichen), so schreiben Sie das erste Zeichen der zu ersetzenden Schreibweise bei der Eingabe Ihres Textes groß. »iel« wird also z.B. durch »in erster Linie« ersetzt, »Iel« dagegen durch »In erster Linie«.

Eine weitere Möglichkeit, Einträge zu definieren, besteht darin, diese direkt aus dem Text zu übernehmen. Dies bietet sich besonders bei (längeren) Texten an, die bereits in einem Dokument enthalten sind. Sollen Texte mit Formatierungen, Texte mit mehr als 255 Zeichen, Grafiken, Symbole oder ähnliches definiert werden, muß bei der Definition dieser Weg beschritten werden.

Markieren Sie zunächst den zu definierenden Bereich – die korrekte Schreibweise, einen längeren Text, eine Grafik oder ein Symbol. Nach Anwahl des Menüpunktes EXTRAS/AUTOKORREKTUR ist der markierte Bereich bereits voreingetragen, kann aber dort noch editiert werden, vorausgesetzt, es handelt sich um einen unformatierten Text mit bis zu 255 Zeichen. Die Einträge können wahlweise mit Formatierung (TEXT MIT FORMAT) oder ohne Formatierung (NUR TEXT) definiert werden. Eine Definition mit Formatierung ist nur dann sinnvoll, wenn der Text tatsächlich Formatierungen enthält, z.B. bei längeren Texten, in denen verschiedene Schriftarten, Schriftgrade, Schriftattribute usw. verwendet wurden. Texte, die keine Formatierungen aufweisen, sollten mit der Option NUR TEXT definiert werden, da sie sich nur auf diese Weise an die Formatierungen des Dokuments anpassen können. Es spielt dann keine Rolle, ob Ihr Dokument z.B. einen Schriftgrad von 10 oder 12 Punkt aufweist. Der eingefügte AutoKorrektur-Eintrag erhält die Formatierung, die der umliegende Text an der Einfügestelle besitzt.

Hinweis Eine Ausnahme gilt für Texteinträge mit mehr als 255 Zeichen. Diese müssen grundsätzlich mit der Einstellung TEXT MIT FORMAT definiert werden, auch wenn sie keine Formatierungen enthalten.

Schließen Sie die Definition ab, indem Sie die zu ersetzende Schreibweise unter ERSETZEN eingeben und auf HINZUFÜGEN klicken.

Zum Ändern eines Eintrags klicken Sie auf den gewünschten Eintrag, und nehmen Sie die Korrekturen unter DURCH vor. Mit Klick auf ERSETZEN werden die Änderungen übernommen. Bei Texten mit Formatierung, Symbolen und Grafiken ist eine Änderung nur insofern möglich, indem die Einträge im Dokument geändert, anschließend markiert und unter dem alten Namen erneut definiert werden.

Zum Löschen eines Eintrags klicken Sie auf den gewünschten Eintrag, und klicken Sie auf LÖSCHEN.

6.1.2 Weitere Fähigkeiten der AutoKorrektur-Funktion

Kleinschreibung am Satzanfang korrigieren Ein häufig in der Praxis auftretender Fehler ist, daß am Satzanfang versehentlich klein geschrieben wird. Derartige Fehler werden automatisch korrigiert – vorausgesetzt, die Option JEDEN SATZ MIT EINEM GROSSBUCHSTABEN BEGINNEN ist aktiviert. Aus »...kamen. die« wird dann z.B. »...kamen. Die«.

Da Word ein Satzende am Punkt erkennt und nicht nur Sätze, sondern auch z.B. Abkürzungen mit einem Punkt enden, kann es zu unerwünschten Austauschvorgängen kommen. Aus »z.B. das« würde gewöhnlich »z.B. Das« werden. Wenn Sie dies ausprobieren, werden Sie jedoch feststellen, daß Word hier keine fehlerhafte Ersetzung vornimmt. Dies liegt daran, daß die wichtigsten Abkürzungen bereits als Ausnahmeregelungen definiert sind. In Einzelfällen ist es jedoch erforderlich, weitere Ausnahmen zu definieren. Die Ausnahmeliste wird durch Klick auf die Schaltfläche AUSNAHMEN aufgerufen. Achten Sie darauf, daß das Register ERSTER BUCHSTABE angewählt ist. Um eine Ausnahme einzugeben, tragen Sie den Ausdruck –

also in der Regel die Abkürzung – ein, und bestätigen Sie mit Klick auf HINZUFÜGEN. Falls Sie die Abkürzung »z.B.« vermissen, so liegt dies daran, daß diese eigentlich aus zwei Bestandteilen besteht, aus »z.« und »B.«, unabhängig davon, ob zwischen dem »z.« und dem »B.« ein Leerraum gelassen wird (»z.B.« oder »z. B.«). Relevant ist daher nur der Eintrag »b.« (der auch für ein großgeschriebenes »B.« gilt).

Word kann derartige Ausnahmeregelungen auch selbständig lernen, was komfortabler ist als die manuelle Aufnahme. Zu diesem Zweck muß die Option WÖRTER AUTOMATISCH HINZUFÜGEN aktiviert sein. Korrigieren Sie in Zukunft einen Fehler, der durch das Ersetzen eines Kleinbuchstabens nach einem Punkt in einen Großbuchstaben entstanden ist, generiert Word daraus automatisch einen Ausnahme-Eintrag. Es spielt dabei im übrigen keine Rolle, wie Sie den Fehler korrigieren, ob durch Löschen des ausgetauschten Zeichens mit der Taste [←] und anschließender Neueingabe des Kleinbuchstabens oder dem Betätigen von [Alt]+[←].

Zwei Großbuchstaben am Wortanfang korrigieren

Ein weiterer typischer Fehler besteht darin, daß bei der Eingabe eines großgeschriebenen Ausdrucks die Taste [Shift] zu spät losgelassen wird, wodurch nicht nur das erste, sondern auch das zweite Zeichen als Großbuchstabe eingegeben wird. Die AutoKorrektur-Funktion behebt derartige Fehler selbständig; aus »FLugzeug« wird z.B. »Flugzeug«. Voraussetzung dafür ist, daß die Option ZWEI GROßBUCHSTABEN AM WORTANFANG KORRIGIEREN eingeschaltet ist.

Es gibt allerdings einige wenige Ausdrücke, die mit zwei Großbuchstaben beginnen, z.B. ein Produktname wie PChelp. Damit solche Ausdrücke nicht verändert werden, können auch hierfür Ausnahmen definiert werden. Klikken Sie dazu auf AUSNAHMEN, und wählen Sie das Register WORTANFANG GROß an. Das Aufnehmen und Löschen von Einträgen funktioniert wie bei den Einträgen für den Satzanfang. Ein Lernmodus, der für das automatische Aufnehmen von Einträgen sorgt, falls diese im Text manuell korrigiert werden, kann ebenfalls eingeschaltet werden (WÖRTER AUTOMATISCH HINZUFÜGEN).

Begriffe wie CD und PC werden im übrigen nicht verändert, da sie lediglich aus zwei Zeichen bestehen – für Word ein Hinweis, daß es sich höchstwahrscheinlich um ein Akronym handelt und daher eine Ersetzung nicht gewünscht wird. Auch Ausdrücke wie »CD-spezifisch« werden nicht ersetzt. Zwar ist der dritte Buchstabe klein geschrieben, doch der Bindestrich ist in diesem Fall hinweisgebend dafür, daß die Schreibweise wohl richtig ist.

Versehentliches Drücken von [Shift feststellen]

Für viele Anwender ist die Feststelltaste ([Shift feststellen]) ein großes Ärgernis, da sie sich direkt überhalb der Taste [Shift] befindet und daher leicht versehentlich betätigt wird, was zur Folge hat, daß alle nachfolgenden Zeichen in Form von Großbuchstaben eingegeben werden. Word kann diese unbeabsichtigte Verwendung in bestimmten Fällen erkennen. Dabei wird die Groß- und Kleinschreibung korrigiert und die Taste [Shift] abgeschaltet. Leider funktioniert dies nur, wenn das erste Zeichen klein eingegeben wird und dann die Feststelltaste gedrückt wird. Bei anderen Fällen, die in der Praxis häufiger vorkommen, z.B. dem Betätigen der Feststelltaste anstelle der Taste [Shift] am Wortanfang, erfolgt keine Korrektur.

6.1.3 AutoKorrektur ein- und ausschalten

Wie bereits weiter oben kurz angemerkt, kann die AutoKorrektur-Funktion mit Hilfe der Option WÄHREND DER EINGABE ERSETZEN ein- und ausgeschaltet werden. Das Deaktivieren ist nicht nur dann relevant, wenn mit der AutoKorrektur-Funktion überhaupt nicht gearbeitet werden soll. In der

Praxis kann auch ein vorübergehendes Ausschalten sinnvoll sein, wenn bestimmte Textteile bearbeitet werden, in denen es zu unerwünschten Austauschvorgängen kommt, z.B. in Tabellen, die viele Abkürzungen enthalten.

6.1.4 Speicherung der AutoKorrektur-Einträge

Sämtliche AutoKorrektur-Einträge werden automatisch in der Dokumentvorlage NORMAL.DOT gespeichert. Dadurch stehen sie in allen Dokumenten zur Verfügung. Eine Speicherung in einer anderen Dokumentvorlage (wie bei den AutoText-Einträgen) ist nicht vorgesehen.

6.2 Rechtschreibprüfung

Bis inklusive der Word-Version 6.0 war der Einsatz der Rechtschreibprüfung nur bedingt empfehlenswert. Der Nachteil bestand vor allem darin, daß der Text in einem langwierigen Prozeß Wort für Wort mit den Wörterbucheinträgen verglichen wurde. Während dieses Vorgangs war es nicht möglich, anderweitig am Computer weiterzuarbeiten – noch schlimmer, nach jedem von Word eingestuften Fehler wurde die Rechtschreibprüfung angehalten, und der Benutzer konnte einen der Korrekturvorschläge annehmen oder ein irrtümlich als falsch eingestuftes Wort dem Wörterbuch hinzufügen. Wurden später noch Änderungen am Dokument vorgenommen, mußte der Text erneut einer Rechtschreibprüfung unterzogen werden, gegebenenfalls noch ein weiteres Mal usw. Daß sich die Rechtschreibprüfung keiner besonders großen Beliebtheit erfreute, ist aufgrund der Nachteile nicht verwunderlich.

In Word 7.0 wurden jedoch wesentliche Verbesserungen vorgenommen, so daß die Rechtschreibprüfung auch für diejenigen Anwender interessant geworden ist, die sie bislang abgelehnt haben.

Die Rechtschreibung wird jetzt bereits während der Eingabe überprüft

Word kann jetzt den Text im Hintergrund überprüfen. Das bedeutet, daß der Text bereits während der Eingabe sowie bei nachträglichen Änderungen laufend überprüft wird. Offensichtliche Fehler werden rot unterstrichen. Die Eingabegeschwindigkeit wird im übrigen nur geringfügig reduziert. Sie handeln sich damit so gut wie keine Nachteile ein, wenn Sie sich für die Verwendung der automatischen Rechtschreibprüfung entscheiden. Die manuelle Rechtschreibprüfung, wie sie aus früheren Word-Versionen bekannt ist, gibt es im übrigen weiterhin. Dazu später mehr.

Einschränkungen der Rechtschreibprüfung

Trotz der Verbesserungen gelten für die Rechtschreibprüfung weiterhin einige Einschränkungen. Zwar findet die Rechtschreibprüfung zuverlässig orthographische Fehler, Tippfehler und Wortwiederholungen. Gerade bei Wörtern, die auf den ersten Blick richtig aussehen, jedoch in Wirklichkeit fehlerhaft sind, da sie z.B. einen Buchstabendreher aufweisen, ist die Rechtschreibprüfung unschlagbar. Da jedoch der Kontext unbeachtet bleibt, werden längst nicht alle Fehler gefunden. Vertippen Sie sich z.B. derart, so daß zufälligerweise ein orthographisch korrektes Wort entsteht (z.B. »kein« statt »klein«), wird der Fehler nicht gefunden. Außerdem werden häufig Textstellen als fehlerhaft eingestuft, obwohl sie korrekt sind. Das liegt daran, daß nur der Grundwortschatz, jedoch kaum speziellere Wörter aus bestimmten Fachbereichen in den Wörterbüchern enthalten sind. Um mit der Rechtschreibprüfung effektiv zu arbeiten, ist es daher erforderlich, diese unbekannten Wörter nach und nach in die Wörterbücher aufzunehmen. Dies setzt zwar einige Arbeit voraus. Ist jedoch erst einmal ein für Ihre Bedürfnisse zugeschnittenes Wörterbuch entstanden, leistet die Rechtschreibprüfung exzellente Dienste.

Das Korrekturlesen kann die Rechtschreibprüfung Ihnen natürlich auch in Zukunft nicht abnehmen. Doch sie stellt eine ausgezeichnete Ergänzung dazu da. Machen Sie die Probe aufs Exempel, und überprüfen Sie einen mehrfach korrekturgelesenen Text. Mit ziemlicher Sicherheit findet die Rechtschreibprüfung noch einige Fehler.

6.2.1 Die automatische Rechtschreibprüfung

Kontrollieren Sie zunächst, ob die automatische Rechtschreibprüfung aktiviert ist. Rufen Sie hierfür den Menüpunkt EXTRAS/OPTIONEN auf, und wählen Sie das Register RECHTSCHREIBUNG an. Mit Hilfe der Option AUTOMATISCHE RECHTSCHREIBPRÜFUNG wird die Rechtschreibprüfung ein- und ausgeschaltet.

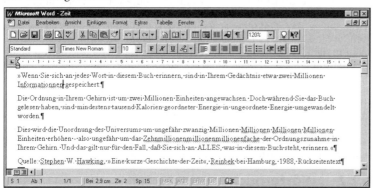

Bild II.79:
Offensichtliche Fehler werden rot unterstrichen

Geben Sie nun einen Text ein, oder öffnen Sie ein Dokument. Beim Eingeben von Texten werden offensichtlich falsch geschriebene Wörter unmittelbar rot unterstrichen – bei langsamen Computern kann es jedoch eine Weile dauern, bis der Text untersucht ist und alle Stellen angestrichen sind. Falls Sie ein Dokument geladen haben, werden Fehler erst dann angestrichen, wenn zumindest eine Änderung durchgeführt wurde, z.B. die Eingabe eines zusätzlichen Zeichens an einer beliebigen Stelle. Alternativ können Sie die Prüfung auch durch Klick auf die Schaltfläche ÜBERPRÜFE DOKUMENT (Menü EXTRAS/OPTIONEN, Register RECHTSCHREIBUNG) in Gang setzen.

Einen Fehler können Sie einerseits so korrigieren, wie Sie ihn sonst auch korrigieren, indem Sie fehlende Buchstaben eintippen, überzählige Buchstaben löschen usw. Andererseits können Sie auch einen Korrekturvorschlag annehmen, was vor allem dann empfehlenswert ist, wenn sich gleich mehrere Fehler im Wort befinden. Dadurch wird die Tipparbeit reduziert.

Klicken Sie hierfür mit der rechten Maustaste auf das Wort, und klicken Sie in dem jetzt angezeigten Kontextmenü auf die korrekte Schreibweise. Nicht in allen Fällen ist die richtige Schreibweise dabei. Sie müssen dann den Fehler doch manuell korrigieren. Falls das Wort richtig geschrieben ist, sollten Sie es in das aktuelle Benutzerwörterbuch aufnehmen. Das Wort wird dann in Zukunft nicht mehr moniert. Wörter, die bewußt falsch geschrieben sind, sollten nicht in das gewöhnliche Benutzerwörterbuch aufgenommen werden, da der Fehler sonst bei anderen Dokumenten nicht mehr gefunden wird. Hier bietet es sich an, mit mehreren Wörterbüchern zu arbeiten. Dazu gleich mehr. Alternativ können Sie auch auf ALLE IGNORIEREN klicken. Das Wort wird dann nicht mehr beanstandet, sowohl im aktuellen Dokument als auch in anderen Dokumenten. Der Nachteil liegt allerdings darin,

Das Kontextmenü zu einem als fehlerhaft eingestuften Wort

II Word

Wortwiederholungen

daß dies nur für die aktuelle Word-Sitzung gilt. Wird Word verlassen und erneut geladen, wird das Wort wieder angestrichen.

Bei Wortwiederholungen wird das wiederholte Wort angestrichen. Im Kontextmenü bietet Word an, das wiederholte Wort zu löschen oder es zu ignorieren.

Praxistip: Es gibt eine Reihe von Konstruktionen, bei denen Wortwiederholungen ihre Richtigkeit haben. Dabei handelt es sich vor allem um die Wiederholung der Artikel »der«, »die« und »das«, z.B. in der Form »...Funktion, die die entscheidende Rolle...«. Leider gibt es keine Möglichkeit, derartige Wortwiederholungen in ein Wörterbuch aufzunehmen. Word streicht jede erneute Wiederholung an, ungeachtet der Tatsache, daß Wiederholungen von »die«, »der« und »das« in fast allen Fällen korrekt sind. Word bietet zwar im Kontextmenü an, die Wiederholung zu ignorieren, was jedoch wenig sinnvoll ist, da die Stelle erneut moniert wird, wenn das Dokument geschlossen und neu geöffnet wird. Als Abhilfe bietet es sich an, die beiden Wörter derart zu formatieren, daß sie nicht in die Überprüfung einbezogen werden. Markieren Sie hierfür beide Wörter, rufen Sie den Menüpunkt EXTRAS/SPRACHE auf, und wählen Sie den Eintrag (KEINE ÜBERPRÜFUNG). Diese Aktion muß an jeder Textstelle, an der sich eine Wortwiederholung befindet, durchgeführt werden. Eine schnellere Möglichkeit besteht darin, zwischen den beiden Wörtern kein Leerzeichen einzugeben, sondern ein geschütztes Leerzeichen ([Strg]+[Shift]+[Leer]). Diese Variante ist allerdings mit dem kleinen Nachteil verbunden, daß dann zwischen den beiden Wörtern grundsätzlich kein Zeilenumbruch mehr durchgeführt wird.

6.2.2 Wörterbücher verwenden

Haupt- und Benutzerwörterbücher

Word unterscheidet zwischen Haupt- und Benutzerwörterbüchern. Hauptwörterbücher enthalten den Grundwortschatz einer bestimmten Sprache. Im Lieferumfang befinden sich Hauptwörterbücher für Deutsch, Englisch und Französisch (vergleichen Sie zur Verwendung mehrerer Sprachen den Abschnitt II.6.5.). Der Inhalt der Hauptwörterbücher ist komprimiert gespeichert und kann daher weder eingesehen noch verändert werden. Zusätzliche Wörter werden aus diesem Grund in Benutzerwörterbüchern aufgenommen. Bei den Benutzerwörterbüchern handelt es sich um reine Textdateien, in denen die einzelnen Wörter untereinander stehen. Wenn nicht anders vorgegeben, werden aufgenommene Wörter in das standardmäßig vorhandene Benutzerwörterbuch BENUTZER.DIC eingetragen. Es können jedoch nach Belieben weitere Wörterbücher angelegt werden, z.B. für spezielle Fachrichtungen oder Wörterbücher, die für bestimmte Dokumente konzipiert sind und absichtlich falsch geschriebene Wörter enthalten. Es können mehrere Benutzerwörterbücher gleichzeitig aktiv sein.

Alle Änderungen an den Benutzerwörterbüchern wirken sich auch auf die Office-Anwendungen Excel und PowerPoint aus. Wenn also Wörter neu aufgenommen werden, sind sie fortan auch den Rechtschreibprüfungen von Excel und PowerPoint bekannt.

Office 95

Zur Verwaltung der Wörterbücher rufen Sie den Menüpunkt EXTRAS/OPTIONEN auf, wählen Sie das Register RECHTSCHREIBUNG an, und klikken Sie auf BENUTZERWÖRTERBÜCHER. Es werden alle verfügbaren Benutzerwörterbücher angezeigt. Um ein neues (leeres) Benutzerwörterbuch zu erstellen, klicken Sie auf NEU, geben Sie den gewünschten Dateinamen ein, und bestätigen Sie mit Klick auf SPEICHERN.

Um ein Wörterbuch zu aktivieren, klicken Sie auf den gewünschten Dateinamen. Durch einen weiteren Klick wird ein Benutzerwörterbuch wieder deaktiviert. Aktivierte Wörterbücher sind an einem Häkchen zu erkennen. Achten Sie darauf, daß alle zu verwendenden Wörterbücher aktiv sind, bevor Sie die Dialogbox verlassen.

Praxistip: Aktivieren Sie nur diejenigen Benutzerwörterbücher, die auch tatsächlich benötigt werden, da jedes zusätzliche Wörterbuch die Arbeitsgeschwindigkeit bei der Überprüfung reduziert.

Da Sie jetzt über mehr als ein Benutzerwörterbuch verfügen, besteht fortan bei der Aufnahme eines Wortes die Auswahl zwischen mehreren Wörterbüchern. Beim Klick auf HINZUFÜGEN im Kontextmenü zu einem monierten Wort wird das Wort jeweils dem *aktuellen* Wörterbuch hinzugefügt. Um das aktuelle Wörterbuch festzulegen, klicken Sie auf RECHTSCHREIBUNG. Dabei wird die manuelle Rechtschreibprüfung aufgerufen, doch ohne diesen Umweg ist kein Wechsel des aktuellen Wörterbuchs möglich. Das aktuelle Wörterbuch findet sich unter der Option WÖRTER HINZUFÜGEN ZU; über diese Option kann dieses auch gewechselt werden. Da die manuelle Rechtschreibprüfung momentan nicht verwendet werden soll, klicken Sie nach Wechsel des Wörterbuchs auf ABBRECHEN. Durch Klick auf HINZUFÜGEN im Kontextmenü werden fortan alle Wörter in das neue aktuelle Wörterbuch aufgenommen.

Das Wörterbuch auswählen, in das neue Wörter aufgenommen werden

Um es noch einmal zu verdeutlichen: Es können mehrere Benutzerwörterbücher *aktiv* sein, das bedeutet, daß Word alle Ausdrücke bekannt sind, die in den einzelnen aktiven Wörterbüchern gespeichert sind. Das *aktuelle* Wörterbuch ist dagegen das Wörterbuch (eines der aktiven Wörterbücher), in das neue Ausdrücke aufgenommen werden.

Aktive Wörterbücher versus aktuelles Wörterbuch

6.2.3 Wörterbücher bearbeiten

Beim Aufnehmen von neuen Wörtern kann es leicht passieren, daß einmal versehentlich eine falsche Schreibweise aufgenommen wird oder daß die Aufnahme in ein falsches Wörterbuch erfolgt ist. Dies stellt aber kein Problem dar, da sich Wörterbücher beliebig ändern lassen. Rufen Sie hierfür erneut die Dialogbox BENUTZERWÖRTERBÜCHER auf, klicken Sie auf das zu ändernde Wörterbuch, und klicken Sie auf BEARBEITEN.

Falls Sie ein derzeit aktives Wörterbuch bearbeiten, wird die automatische Rechtschreibprüfung abgeschaltet und muß nach Beendigung der Bearbeitung wieder eingeschaltet werden. Beim Bearbeiten der Einträge muß beachtet werden, daß die einzelnen Einträge untereinander stehen und jeweils durch eine Absatzmarke getrennt sind.

Hinweise

Außerdem muß das Benutzerwörterbuch unbedingt im Dateityp »Nur Text« gespeichert werden. Falls eine Warnung angezeigt wird, daß der Text Formatierungen enthält, die nicht im Textformat gespeichert werden können, haben Sie versehentlich eine Stelle formatiert, was jedoch vollkommen unproblematisch ist, solange Sie den Dateityp »Nur Text« beibehalten.

Ansonsten gibt es keine Einschränkung. Sie können nach Belieben Einträge löschen oder neu aufnehmen. Die Einträge müssen dabei nicht sortiert sein, ungeachtet der Tatsache, daß von Word aufgenommene Einträge alphabetisiert werden.

6.2.4 Wörterbücher anmelden und abmelden

Möchten Sie ein Benutzerwörterbuch verwenden, das von einem anderen Computer stammt, muß dieses zunächst angemeldet werden. Hierfür rufen Sie das Menü EXTRAS/OPTIONEN/RECHTSCHREIBUNG/BENUTZERWÖR-

TERBÜCHER auf, klicken Sie auf HINZUFÜGEN, und wählen Sie das gewünschte Wörterbuch. Gegebenenfalls muß das Laufwerk bzw. der Ordner gewechselt werden.

Mit Klick auf ENTFERNEN läßt sich ein Wörterbuch wieder abmelden. Die Wörterbuchdatei wird dabei nicht gelöscht, sondern es wird nur die Zuordnung aufgehoben.

6.2.5 Spezielle Einstellungen

Rechtschreibprüfung optimieren

Um die Rechtschreibprüfung effektiver zu gestalten, lohnt es sich, zu kontrollieren, ob die einzelnen Einstellungen optimal gesetzt sind. Unter EXTRAS/OPTIONEN, Register RECHTSCHREIBUNG, finden sich folgende relevante Einstellungen:

IGNORIEREN/WÖRTER IN GROSSBUCHSTABEN: Ist diese Option aktiv, werden alle Ausdrücke in Versalien ignoriert. Da es sich dabei meist um sehr spezielle Akronyme handelt, die nicht in den Wörterbüchern verzeichnet sind, ist zu überlegen, diese Option einzuschalten. Wörter wie SCSI bleiben dann in Zukunft unbeanstandet.

IGNORIEREN/WÖRTER MIT ZAHLEN: Bei eingeschalteter Option werden alle Ausdrücke, in denen Ziffern vorkommen – z.B. »24-Nadeldrucker« oder »29jährig« –, grundsätzlich ignoriert.

Bei beiden Optionen gilt, daß zwar die Anzahl der monierten Wörter reduziert wird, jedoch etwaige Fehler nicht mehr gefunden werden.

VORSCHLÄGE NUR AUS HAUPTWÖRTERBUCH: Diese Option sollte im allgemeinen abgeschaltet werden. Sonst erfolgen Korrekturvorschläge nur unter Berücksichtigung des Hauptwörterbuchs, nicht jedoch unter Einbeziehung der aktiven Benutzerwörterbücher.

Praxistip: Falls Sie Optionen ändern oder Benutzerwörterbücher an- bzw. abmelden, kommt es in bestimmten Fällen vor, daß die angestrichenen Textstellen nicht aktualisiert werden. Das bedeutet, daß dann z.B. Wörter angestrichen bleiben, obwohl in der Zwischenzeit ein Benutzerwörterbuch aktiviert wurde, in dem das betreffende Wort enthalten ist. Um das Dokument zu aktualisieren, rufen Sie das Menü EXTRAS/OPTIONEN, Register RECHTSCHREIBUNG, auf, und klicken Sie auf die Schaltfläche ERNEUT PRÜFEN.

6.2.6 Die manuelle Rechtschreibprüfung

Ein Einsatz der manuellen Rechtschreibprüfung ist in der Praxis kaum empfehlenswert. Die manuelle Rechtschreibprüfung ist vor allem noch deshalb enthalten, um die Kompatibilität zu früheren Word-Versionen sicherzustellen. So können z.B. Makros, die für Winword 6.0 entwickelt wurden und von der manuellen Rechtschreibprüfung Gebrauch machen, auch unter Winword 7.0 eingesetzt werden. Außerdem gibt es in der manuellen Rechtschreibprüfung einige Zusatzfunktionen, von denen aber nur der Wechsel des Benutzerwörterbuchs (siehe Abschnitt II.6.2.2) wirklich relevant ist. Die übrigen Zusatzfunktionen steigern die Effektivität kaum – daher wird nicht weiter darauf eingegangen. Statt dessen nur kurz zur prinzipiellen Funktionsweise der manuellen Rechtschreibprüfung:

Um einen Text zu überprüfen, bewegen Sie den Cursor zunächst an die Textstelle, ab der der Text überprüft werden soll. Möchten Sie nur einen bestimmten Textbereich überprüfen lassen, so markieren Sie ihn.

6 Korrekturfunktionen

Die manuelle Rechtschreibprüfung wird durch Klick auf dieses Symbol, durch Anwahl des Menüpunktes EXTRAS/RECHTSCHREIBUNG oder durch Druck auf [F7] ausgelöst. Der Text wird wortweise untersucht. Bei jedem offensichtlich fehlerhaften Wort wird eine Dialogbox (Bild II.81) angezeigt, in der das Wort korrigiert, ignoriert oder einem der Wörterbücher hinzugefügt werden kann.

Bild II.80:
Verwendung der
manuellen
Rechtschreibprüfung

6.2.7 Überprüfung bestimmter Textabschnitte verhindern

In der Praxis werden häufig Textpassagen verwendet, deren Überprüfung nicht gewünscht wird, z.B. Programmlistings. Um derartige Textbereiche von der Rechtschreibprüfung auszuschließen, markieren Sie den gewünschten Bereich, rufen Sie den Menüpunkt EXTRAS/SPRACHE auf, und klicken Sie doppelt auf den Eintrag (KEINE ÜBERPRÜFUNG).

6.2.8 Ausschlußwörterbücher

Wie bereits angemerkt, können die Hauptwörterbücher nicht verändert werden. Zwar lassen sich zusätzliche Wörter in ein Benutzerwörter aufnehmen, doch ein Entfernen von Einträgen ist auf diese Weise nicht möglich. Das Löschen von Einträgen kann jedoch dann sinnvoll sein, wenn Sie der Einheitlichkeit halber nur bestimmte Schreibweisen verwenden möchten (z.B. nur »Fotografie«, jedoch nicht »Photographie«). Da beide Wörter richtig geschrieben sind, bleibt eine etwaige Uneinheitlichkeit unentdeckt. Um Einträge zu entfernen, gibt es ein Gegenstück zum Benutzerwörterbuch: das Ausschlußwörterbuch. Allerdings bietet Word dazu keine Funktionen an. Das Anlegen und Erweitern eines Ausschlußwörterbuchs muß daher manuell erfolgen.

Ausschlußwörterbücher erlauben das faktische Entfernen von Wörtern aus dem Hauptwörterbuch

Das Ausschlußwörterbuch muß denselben Dateinamen wie das deutsche Hauptwörterbuch aufweisen (MSSP2_GE), jedoch nicht wie dieses die Erweiterung LEX, sondern EXC (für »EXClude«; zu deutsch »ausschließen«), also MSSP2_GE.EXC. Es muß im selben Ordner wie das Hauptwörterbuch gespeichert werden; in der Regel handelt es sich dabei um den Ordner »C:\Programme\Gemeinsame Dateien\Microsoft Shared\Proof«.

Legen Sie zunächst ein Dokument an, und geben Sie die auszuschließenden Wörter ein. Das Dokument muß dabei wie ein Benutzerwörterbuch aufgebaut werden; die einzelnen Wörter müssen also untereinander angeordnet und jeweils durch Absatzmarken getrennt werden. Speichern Sie das Dokument im Dateityp »Nur Text«, und schließen Sie die Datei. Verlassen Sie Word, und laden Sie Word neu. Im Ausschlußwörterbuch eingetragene Wörter werden in Zukunft moniert, ganz so, als ob sie nicht im Hauptwörterbuch enthalten wären.

229

Hinweis Neu in das Ausschlußwörterbuch aufgenommene Wörter werden erst dann berücksichtigt, wenn Word verlassen und neu gestartet wurde.

6.3 Silbentrennung

Die Silbentrennung ist eine der hilfreichsten Korrekturfunktionen, da sie zuverlässig arbeitet und auch Spezialfälle wie die Trennung von »ck« korrekt behandelt: »Zucker« wird korrekt als »Zuk-ker« getrennt. Verschiebt sich die Trennposition, wird aus »Zuk-ker« wieder automatisch »Zucker«. Auch Fälle, in denen ein zusätzlicher Konsonant eingefügt werden muß (»Schiffahrt« wird z.B. in der Form »Schiff-fahrt« getrennt), werden berücksichtigt, und der Konsonant wird gegebenenfalls wieder automatisch gelöscht, falls sich Verschiebungen ergeben haben.

Wie bei der Rechtschreibprüfung wird eine manuelle und automatische Funktion angeboten. Bei der manuellen Silbentrennung wird der Text zeilenweise getrennt, wobei bei jeder Trennung nachgefragt wird, ob tatsächlich an der vorgeschlagenen Stelle oder aber an einer anderen getrennt werden soll. Wurden am Text nachträglich Änderungen durchgeführt, muß die Silbentrennung wiederholt werden. Da diese Vorgehensweise sehr umständlich ist, wird in der Praxis meist die automatische Silbentrennung eingesetzt, die den Text während der Eingabe und der Überarbeitung laufend neu trennt. Im allgemeinen muß sich der Benutzer dann um die Silbentrennung nicht mehr kümmern – gegebenenfalls müssen jedoch einige unästhetische oder gar falsche Trennungen manuell korrigiert werden.

Text trennen: ja oder nein? Das Durchführen einer Silbentrennung ist nicht unbedingt erforderlich, empfiehlt sich aber, wenn bei einem im Blocksatz formatierten Text zu große Lücken zwischen den Wörtern entstanden sind, was insbesondere bei schmalen Textspalten auftritt. Aber auch bei linksbündig gesetztem Text kann eine Silbentrennung zweckmäßig sein, da dann der rechte Rand weniger »flattrig« verläuft. Die Abbildung II.82 demonstriert, daß die Silbentrennung in bestimmten Fällen das Erscheinungsbild des Textes ganz entscheidend verbessert.

Bild II.81:
Ein Text mit und ohne Silbentrennungen

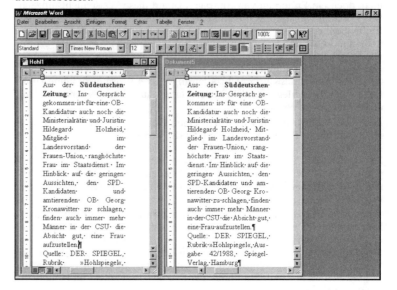

6.3.1 Automatische Silbentrennung ein- und ausschalten

Die Option zum Ein- und Ausschalten der automatischen Silbentrennung befindet sich im Menü EXTRAS/SILBENTRENNUNG. Durch Aktivieren der Option AUTOMATISCHE SILBENTRENNUNG wird die Silbentrennung eingeschaltet. Die Einstellung bezieht sich auf das aktuelle Dokument.

6.3.2 Fehlerhafte Trennungen korrigieren

Word fügt beim Trennen einen speziellen Trennstrich ein, der sich von einem gewöhnlichen Zeichen dahingehend unterscheidet, daß er nur angezeigt und ausgedruckt wird, nicht aber mit dem Cursor angesteuert und z.B. mit der [Entf]-Taste gelöscht werden kann.

Sind Trennungen falsch oder unästhetisch, können Sie also den Trennstrich nicht so ohne weiteres löschen oder verschieben. Es gibt aber dennoch eine Reihe von Varianten, Trennungen zu korrigieren. Allerdings ist es nicht möglich, Word diese Trennungen dauerhaft beizubringen. Das bedeutet, daß Word erneut falsch oder unschön trennt, falls dasselbe Wort an einer anderen Textstelle erneut auftaucht.

Um eine Trennung zu korrigieren, markieren Sie zunächst das Wort, rufen Sie den Menüpunkt EXTRAS/SPRACHE auf, und wählen Sie den Eintrag (KEINE ÜBERPRÜFUNG). Dadurch erreichen Sie, daß in dem Wort keine automatische Trennung mehr durchgeführt wird. Nach kurzer Zeit verschwindet der Trennstrich. Fügen Sie jetzt an der Stelle, an der getrennt werden soll, einen wahlweisen Trennstrich ([Strg]+[-]) ein. Falls noch Verschiebungen am Text zu erwarten sind, fügen Sie an allen Stellen des Wortes, an denen getrennt werden kann, wahlweise Trennstriche ein (z.B. »Bahn-unter-füh-rung«). Soll das Wort nicht getrennt werden, verzichten Sie auf das Einfügen eines wahlweisen Trennstriches. Falls Word in einem Wort nicht getrennt hat, eine Trennung jedoch erwünscht ist, verwenden Sie ebenfalls den wahlweisen Trennstrich, um eine Trennung zu erzwingen.

Eine Trennung korrigieren

Verwenden Sie keine gewöhnlichen Bindestriche zum Trennen, da diese bei etwaigen Verschiebungen am Text vom Zeilenende an eine andere Position wandern können und dann mitten in der Zeile ausgedruckt werden. Wahlweise Trennstriche werden dagegen nur dann gedruckt, wenn sie sich momentan am Zeilenende befinden. Fügen Sie also zum Trennen ausschließlich wahlweise Trennstriche ein.

Warnung

Bild II.82:
Trennungen in
Überschriften wirken
häufig wenig
ästhetisch

Eine weitere Variante, eine Trennung zu verhindern, findet sich im Menü FORMAT/ABSATZ, Register TEXTFLUSS. Wird die Option KEINE SILBENTRENNUNG aktiviert, wird im ganzen Absatz grundsätzlich nicht getrennt.

Trennung in einem Absatz verhindern

Die Einstellung gilt für den aktuellen Absatz bzw., falls ein Text markiert ist, für alle Absätze innerhalb der Markierung.

In vielen längeren Texten, z.B. Listings, sind keine Trennungen erwünscht. Hier erweist sich die Option KEINE SILBENTRENNUNG als besonders nützlich. In Überschriften sollte im allgemeinen ebenfalls nicht getrennt werden, da Trennungen – vor allem bei einem hohen Schriftgrad – häßlich wirken (Bild II.83). Auch hier leistet die Option gute Dienste.

Praxistip: Wenn Sie mit Formatvorlagen arbeiten (siehe Kapitel II.10), können Sie automatisch verhindern, daß z.B. in Listings und Überschriften getrennt wird, indem Sie in den entsprechenden Absatzformaten für Listings und Überschriften die Option KEINE SILBENTRENNUNG aktivieren. Auf diese Weise reduziert sich Ihr Aufwand bei der Korrektur von Trennungen auf ein Minimum.

Trennung in gekoppelten Wörtern verhindern

Um zu verhindern, daß in einem gekoppelten Wort (z.B. »100-Mark-Schein«) an der Position des Bindestrichs ein Zeilenumbruch erfolgt, verwenden Sie in derartigen Wörtern keinen gewöhnlichen Bindestrich, sondern einen geschützten Bindestrich (Strg+Shift+-). In Wörtern mit geschütztem Bindestrich wird dann grundsätzlich nicht getrennt. Die Verwendung des geschützten Bindestrichs ist vor allem dann sinnvoll, wenn die Komponenten des Wortes so eng zusammengehören, daß ein Verteilen auf zwei Zeilen irritierend wirkt.

6.3.3 Silbentrennung konfigurieren

Um den Einsatz der Silbentrennung zu optimieren, sollten Sie kontrollieren, ob alle Einstellungen korrekt gesetzt sind. Rufen Sie hierfür den Menüpunkt EXTRAS/SILBENTRENNUNG auf. Die Optionen sind für das aktuelle Dokument gültig. Folgende Einstellungen stehen zur Auswahl:

Trennen versal geschriebener Wörter

WÖRTER IN GROSSBUCHSTABEN TRENNEN: Bei ausgeschalteter Option werden Wörter in Versalien grundsätzlich nicht getrennt. Dies macht zwar prinzipiell Sinn, da es sich bei vielen versal geschriebenen Wörtern um Akronyme handelt und diese häufig nicht getrennt werden dürfen, Word aber dennoch in vielen Fällen Trennstriche einsetzt. Allerdings kann dann der Fall eintreten, daß ein besonders langes Wort vorkommt, das getrennt werden müßte, um große Lücken in der Zeile zu verhindern. Es hängt vom Inhalt des Textes ab, welche Einstellung die optimale ist. In einem Vertragstext, in dem größere Textpassagen in Versalien enthalten sind, sollte die Option z.B. eingeschaltet werden.

Abtrennung sehr kurzer Silben verhindern

SILBENTRENNZONE: Das dort eingetragene Maß bestimmt, wieviel Platz von der Trennstelle bis zum rechten Absatzrand mindestens verbleiben muß, damit eine Trennung vorgenommen wird. Voreingetragen sind 0,75 cm. Mit Hilfe dieses Wertes verhindern Sie, daß nur wenige Buchstaben (typischerweise eine Silbe aus zwei Zeichen) abgetrennt werden, was häufig häßlich aussieht (z.B. »ak-tivieren«). Wenn der Wert entsprechend eingestellt ist (hängt vom Schriftgrad ab), wird in diesem Fall nicht nach der ersten Silbe (»ak«) getrennt, sondern mindestens nach zwei Silben (»aktivieren«). Passen beide Silben nicht mehr in die Zeile, wird überhaupt nicht getrennt.

Praxistip: In schmalen Textspalten ist es entscheidend, daß keine zu großen Lücken entstehen bzw. daß der Rand nicht zu »flattrig« verläuft. Daß dann in bestimmten Fällen bereits nach zwei Zeichen getrennt wird, ist in diesem Fall das kleinere Übel. In einem derartigen Dokument sollten Sie einen möglichst kleinen Wert verwenden, gegebenenfalls den Minimalwert (0,01 cm).

AUFEINANDERFOLGENDE TRENNSTRICHE: Wird in mehreren direkt aufeinanderfolgenden Zeilen getrennt, wirkt dies nicht besonders ästhetisch (siehe Beispiel am Rand). Durch Eingabe eines Maximalwertes erreichen Sie, daß die Anzahl der unmittelbar aufeinanderfolgenden Zeilen mit Trennstrichen begrenzt wird. Dazu wird dann gegebenenfalls in bestimmten Zeilen nicht getrennt. Neben einem numerischen Wert kann auch der Eintrag UNBEGRENZT (Voreinstellung) ausgewählt werden. Wie der Name andeutet, gibt es dann keine Begrenzung für direkt aufeinanderfolgende Zeilen mit Trennstrichen.

Nicht besonders ästhetisch: mehrere Trennstriche untereinander

6.3.4 Tips aus der Praxis

Häufig kommt es vor, daß sich im Text eine große Lücke befindet, die daraus resultiert, daß eine Silbe ganz knapp nicht mehr in die Zeile paßt. In diesem Fall bietet es sich an, den Zeichen- und Wortzwischenraum (die Laufweite) der Zeile etwas zu reduzieren. Die Silbe hat dann noch Platz, und das Erscheinungsbild des Textes wird deutlich verbessert. Verwenden Sie zum Reduzieren das Menü FORMAT/ZEICHEN, Register ABSTAND, Option LAUFWEITE, Eintrag SCHMAL, und geben Sie ein Maß ein.

Eine Silbe paßt ganz knapp nicht mehr in eine Zeile

Zunächst sollten Sie versuchen, nur den Wortabstand zu reduzieren, da ein geringerer Wortabstand kaum auffällt, im Gegensatz zu einem geringeren Zeichenabstand, der eher ins Auge springt. Markieren Sie hierfür ein Leerzeichen der entsprechenden Zeile, und reduzieren Sie die Laufweite um 0,2 pt. Möglicherweise paßt die Silbe bereits jetzt in die Zeile. Falls nicht, reduzieren Sie die Laufweite weiterer Leerzeichen, gegebenenfalls auch um mehr als 0,2 pt. Hilft dies nicht weiter, reduzieren Sie den Zeichenabstand, indem Sie einzelne Wörter – gegebenenfalls auch die ganze Zeile – markieren und so lange die Laufweite heruntersetzen, bis die Silbe Platz hat.

Trennungen, die zwar nicht falsch sind, jedoch dazu führen, daß die Wörter sinnentstellend wirken, weil der abgetrennte Teil ein Wort mit einer anderen Bedeutung ergibt, sollten manuell korrigiert werden. Beispiele hierfür sind »Mini-sterpräsident« (besser trennen als »Minister-präsident«, notfalls auch als »Mi-nisterpräsident«), »Klo-sterfrau« (besser: »Kloster-frau«) und »Urin-stinkt« (besser: »Ur-instinkt«).

Entstellende Trennungen

Wörter, die in Anführungszeichen, Klammern und anderen Sonderzeichen stehen, werden grundsätzlich nicht getrennt. Das gleiche gilt für Wörter, die länger sind als eine Zeile (was bei einem mehrspaltigen Layout durchaus vorkommen kann). Hier bleibt nur, manuell wahlweise Trennstriche ([Strg]+[-]) einzufügen.

Wörter in Anführungszeichen, Klammern usw.

Wahlweise Trennstriche lassen sich sehr einfach ansteuern, indem in der Suchenfunktion ([Strg]+[F]) als Suchbegriff das Kürzel »^-« eingegeben wird.

Wahlweise Trennstriche suchen

6.3.5 Die manuelle Silbentrennung

Der Vollständigkeit halber soll an dieser Stelle noch die manuelle Silbentrennung kurz erklärt werden. Bewegen Sie zunächst den Cursor an die Stelle, ab der der Text getrennt werden soll, oder markieren Sie einen Textbereich, der in den Trennvorgang einbezogen werden soll. Anschließend rufen Sie den Menüpunkt EXTRAS/SILBENTRENNUNG auf, und klicken Sie auf die Schaltfläche MANUELL. Word macht daraufhin in einer Dialogbox Trennvorschläge (Bild II.84). Dabei wird das Wort in seine Silben zerlegt dargestellt. Möchten Sie an einer anderen Stelle als der vorgeschlagenen trennen, klicken Sie an die gewünschte Stelle. Sie können dabei auch eine Zeichenposition auswählen, an der laut Word keine neue Silbe beginnt (was erforderlich ist, wenn Word die Silbenaufteilung inkorrekt vorgenommen hat).

Bestätigen Sie die Trennung mit Klick auf JA. Möchten Sie im Wort dagegen nicht trennen, klicken Sie auf NEIN.

Bild II.83: Manuelle Silbentrennung

Im Gegensatz zur automatischen Silbentrennung werden bei der manuellen Silbentrennung keine von Word verwalteten Trennstriche, sondern wahlweise Trennstriche eingefügt. Sie können die eingefügten Trennstriche daher direkt im Text löschen und verschieben.

Hinweis Bedenken Sie, daß die manuelle Silbentrennung wiederholt werden muß, wenn am Text noch Änderungen durchgeführt wurden. Dabei ist zu beachten, daß in Wörtern, die bereits einen wahlweisen Trennstrich enthalten, grundsätzlich nicht mehr getrennt wird. Häufig ist es aber erforderlich, die Trennung um eine oder mehrere Silben zu verschieben. Daher sollten die wahlweisen Trennstriche vor einer erneuten Trennung entfernt werden. Verwenden Sie hierfür die Suchen-und-Ersetzen-Funktion (Strg + H), wobei Sie als Suchbegriff »^-« eingeben und keinen Ersatzbegriff verwenden (also gegebenenfalls den Eingabebereich für den Ersatzbegriff löschen).

6.4 Thesaurus (Synonymwörterbuch)

Häufig stellt sich beim Verfassen eines Textes das Problem, daß in einer kurzen Textspanne mehrmals dasselbe Wort verwendet wurde, was jedoch aus stilistischen Gesichtspunkten nach Möglichkeit vermieden werden sollte.

Fällt Ihnen aber kein passendes Synonym ein, das Sie anstelle des wiederholten Wortes verwenden können, sollten Sie auf den Thesaurus zurückgreifen. Im Prinzip bietet er ähnliche Dienste wie ein gedrucktes Synonymwörterbuch. Im Vergleich zu diesem sparen Sie sich jedoch das Blättern. Außerdem ersetzt der Word-Thesaurus das wiederholte Wort automatisch gegen das Synonym.

6.4.1 Synonym anfordern

Um ein Synonym anzufordern, bewegen Sie den Cursor auf das wiederholte Wort, oder geben Sie das gewünschte Wort ein. Rufen Sie daraufhin den Menüpunkt EXTRAS/THESAURUS auf, oder drücken Sie Shift + F7 . Im Anschluß daran wird eine Dialogbox angezeigt (Bild II.85), in der die einzelnen Synonyme aufgelistet werden. Dabei sind die einzelnen Synonyme in verschiedene Bedeutungen unterteilt. Bekanntlich besitzt ein Großteil aller Wörter mehrere Bedeutungen. »Vergleichen« hat z.B. drei Bedeutungen, im Sinne von »Vergleiche ziehen«, im Sinne von »sich einigen« und im Sinne von »aneinanderhalten«. Die einzelnen Bedeutungen werden im linken Teil der Dialogbox angezeigt. Da Word keine Kenntnis davon hat, welche Bedeutung die richtige ist, müssen Sie diese zunächst auswählen. Klikken Sie auf die gewünschte Bedeutung. Daraufhin werden rechts die zur Bedeutung vorrätigen Synonyme angezeigt. Um das ursprüngliche Wort gegen eines der Synonyme auszutauschen, klicken Sie auf das gewünschte Synonym und zur Bestätigung auf die Schaltfläche ERSETZEN.

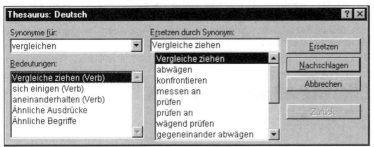

Bild II.84:
Der Thesaurus

Da die einzelnen Synonyme zum Teil wiederum verschiedene (manchmal auch nur leicht unterschiedliche) Bedeutungen haben, besteht die Möglichkeit, zu den Synonymen verschiedene Bedeutungsvarianten und die entsprechenden Synonyme anzuzeigen. Zu diesem Zweck klicken Sie auf die Schaltfläche NACHSCHLAGEN (oder doppelt auf den entsprechenden Begriff). Durch mehrfachen Klick auf diese Schaltfläche blättern Sie schrittweise durch das Wörterbuch. Mit Hilfe der Schaltfläche ZURÜCK blättern Sie Schritt für Schritt zurück, bis Sie wieder am Ausgangsbegriff angelangt sind.

6.4.2 Ergänzende Informationen

Zu den einzelnen Synonymen sind auch die jeweiligen flektierten Varianten, z.B. Plural- und Genetivformen, gespeichert. Auf diese Weise ist es z.B. möglich, neben »wertvoll« auch Synonyme zu den flektierten Formen wie »wertvolle«, »wertvoller«, »wertvolles« usw. abzurufen. Allerdings wird beim Einfügen des Synonyms die unflektierte Variante eingesetzt, so daß Sie das Synonym nachbearbeiten müssen. Aus »wertvolle« wird z.B. »kostbar«, das »e« in »kostbare« müssen Sie also noch manuell hinzufügen.

Flektierte Wörter

Nicht zu allen Wörtern sind Synonyme verfügbar. Kann kein Eintrag gefunden werden, wird eine alphabetische Liste mit Wörtern angezeigt, die sich im alphabetischen Umfeld des eingegebenen Begriffs befinden. Die Anzeige der Liste erfolgt, da Sie sich möglicherweise nur vertippt haben. Sie können dann die richtige Schreibweise auswählen und dazu Synonyme anfordern.

Keine Synonyme vorhanden

Die Wörterbücher des Thesaurus können leider nicht erweitert werden. Es gibt also keine Möglichkeit – wie bei der Rechtschreibprüfung –, Benutzerwörterbücher mit zusätzlichen Einträgen anzulegen.

Thesaurus erweitern

6.5 Mit verschiedenen Sprachen arbeiten

Word verfügt über die Möglichkeit, einem Dokument oder auch nur bestimmten Textabschnitten eine Sprache zuzuweisen. Diese Funktion ist dann nützlich, wenn neben deutschen Texten auch Texte in anderen Sprachen bearbeitet werden oder wenn Dokumente Passagen enthalten, die in einer anderen Sprache formuliert sind, z.B. Texte mit Zitaten oder Fremdwörterbücher. Word verwendet dann abhängig von der definierten Sprache die entsprechenden Wörterbücher für die Rechtschreibprüfung, die Silbentrennung, den Thesaurus und die Grammatiküberprüfung.

6.5.1 Sprache zuweisen

Um einem kompletten Dokument eine Sprache zuzuweisen, markieren Sie dieses zunächst, z.B. mit [Strg]+[A]. Soll sich die Sprachendefinition dagegen nur auf einen bestimmten Abschnitt beziehen, markieren Sie die gewünschte Textpassage.

Rufen Sie daraufhin den Menüpunkt EXTRAS/SPRACHE auf, und klicken Sie doppelt auf die gewünschte Sprache.

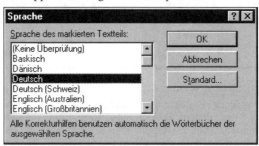

Bild II.85:
Eine Sprache
zuweisen

6.5.2 Ergänzende Informationen

Mitgelieferte Wörterbücher

Da sich im Lieferumfang nur Wörterbücher für Deutsch, Englisch und Französisch befinden, ist eine Auswahl einer anderen Sprache nur dann sinnvoll, wenn entsprechende Wörterbücher angeschafft wurden.

Die Wörterbücher für Deutsch, Englisch und Französisch sind in verschiedenen Varianten verfügbar: Neben dem gewöhnlichen Deutsch-Wörterbuch steht eine Schweizer Variante zur Auswahl, die Eigenheiten der in den Schweiz gültigen Rechtschreibregeln berücksichtigt, vor allem die Verwendung des Doppel-s anstelle des »ß« (z.B. »Fluss« statt »Fluß«). Auch für Englisch und Französisch stehen verschiedene Varianten zur Verfügung, die an die jeweiligen Landeskonventionen angepaßt sind.

Texte und Textabschnitte ohne Sprachenzuweisung

Neben den einzelnen Sprachen ist zusätzlich der Eintrag (KEINE ÜBERPRÜFUNG) verfügbar. In Dokumenten oder Textabschnitten, denen dieser Eintrag zugewiesen wurde, wird keine Rechtschreibprüfung und keine Silbentrennung durchgeführt. Der Thesaurus bleibt dagegen aktiv. Anwendungsbeispiele hierzu finden Sie im Abschnitt II.6.2.7 und im Abschnitt II.6.3.2.

Standardsprache wählen

Word ist standardmäßig derart konfiguriert, daß einem neuen Dokument standardmäßig die Sprache Deutsch zugewiesen wird. Um eine andere Standardsprache einzustellen, rufen Sie den Menüpunkt EXTRAS/SPRACHE auf, klicken Sie auf die gewünschte Sprache, und klicken Sie auf die Schaltfläche STANDARD. Die Standardsprache wird in der Dokumentvorlage NORMAL.DOT gespeichert, gilt also für alle Dokumente. Mehr über Dokumentvorlagen erfahren Sie in Kapitel II.10.

Benutzerwörterbüchern eine Sprache zuweisen

Verwenden Sie neben Benutzerwörterbüchern mit deutschen Einträgen auch solche mit Einträgen in einer anderen Sprache, sollten Sie diesen die entsprechende Sprache zuweisen. Sie erreichen damit, daß nur die für die jeweilige Sprache relevanten Benutzerwörterbücher verwendet werden, wodurch die Geschwindigkeit bei der Überprüfung erhöht wird und außerdem verhindert wird, daß fehlerhafte Wörter als richtig eingestuft werden, da es in einer anderen Sprache zufällig ein Wort mit dieser Schreibweise gibt.

Die Sprachendefinitionen erfolgen über das Menü EXTRAS/OPTIONEN/ RECHSCHTSCHREIBUNG/BENUTZERWÖRTERBÜCHER/SPRACHE.

6.6 Grammatik überprüfen

Der Grammatikprüfer von Word kann nur für Englisch eingesetzt werden. Aufgrund der im Deutschen sehr komplexen Grammatik wurde auf einen deutschsprachigen Grammatikprüfer verzichtet. Für Französisch ist ein Grammatikprüfer vorrätig, befindet sich allerdings nicht im Lieferumfang der deutschen Word-Version.

Die Grammatikprüfung ist nur für Englisch und Französisch verfügbar

Um die Grammatik eines englisch- oder französischsprachigen Textes zu überprüfen, muß diesem – falls noch nicht geschehen – die Sprache Englisch oder Französisch zugewiesen werden (vergleiche hierzu Abschnitt II.6.5).

Positionieren Sie zunächst den Cursor an die Textstelle, ab der der Text überprüft werden soll, oder markieren Sie einen Textabschnitt. Rufen Sie daraufhin den Menüpunkt EXTRAS/GRAMMATIK auf. Wird ein offensichtlich inkorrekter Satz gefunden, wird dieser links oben angezeigt. Rechts unten wird ein Korrekturvorschlag gemacht bzw. eine Fehlerbeschreibung ausgegeben. Zum Korrigieren und Ignorieren der Fehler stehen im unteren und rechten Bereich der Dialogbox entsprechende Schaltflächen zur Verfügung.

Zum Konfigurieren des Grammatikprüfers dient das Menü EXTRAS/ OPTIONEN, Register GRAMMATIK.

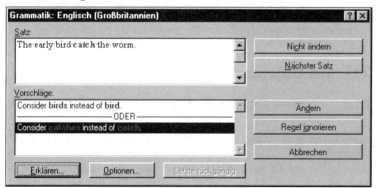

Bild II.86: Überprüfung der Grammatik

7 Objekte

Word erlaubt es, in ein Dokument fast beliebige Arten von Daten aufzunehmen, die aus anderen Anwendungen stammen. Dabei kann es sich z.B. um Grafiken, Kalkulationstabellen, Texte, Sounds, Animationen, Präsentationen, Videos und Anwendungsprogramme handeln. Dokumente, die derartige Elemente enthalten, werden als *Compound-Dokumente* (zu deutsch etwa: zusammengesetzte Dokumente) bezeichnet. Die in das Word-Dokument eingefügten Daten werden als *Objekte* bezeichnet.

Repräsentiert das Objekt optische, unbewegliche Daten – z.B. Grafiken oder Kalkulationstabellen –, werden diese im Dokument angezeigt und ausgedruckt. Andere Objektarten, z.B. Sounds oder Videos, werden durch ein Symbol repräsentiert.

II Word

Anwendungs-möglichkeiten für Objekte

Für Compound-Dokumente gibt es eine Vielzahl von Anwendungsgebieten. Dazu einige Beispiele:
- In einem Geschäftsbericht lassen sich Diagramme und Kalkulationstabellen aufnehmen, die z.B. mit Excel angefertigt wurden.
- Mit PowerPoint erstellte Präsentationen lassen sich direkt aus einem Word-Dokument wiedergeben.
- In einem Dokument kann das Geschriebene durch Töne und Videos ergänzt werden.

Voraussetzung für die Verwendung von Objekten ist, daß das jeweilige Fremdprogramm OLE – die standardmäßige Datenaustauschtechnologie von Windows – unterstützt. Dies trifft auf einen Großteil aller auf dem Markt angebotenen Anwendungen zu. Das jeweilige Fremdprogramm wird als *Server-Anwendung* bezeichnet. Die Anwendung, die das mit der Server-Anwendung angefertigte Objekt aufnimmt (in diesem Fall Word), wird als *Client-Anwendung* bezeichnet.

Die Objekte können nicht nur im Dokument angezeigt und wiedergegeben werden, sondern aus diesem auch bearbeitet werden. Die jeweilige Server-Anwendung wird dabei automatisch zur Bearbeitung geladen.

Vorortaktivierung

Unterstützt die Server-Anwendung den Nachfolgestandard OLE 2, kann das Objekt sogar direkt im Word-Dokument geändert werden. Hierfür werden die Menüs und Symbolleisten der Server-Anwendung in den Word-Bildschirm eingeblendet. Diese Technik wird als *Vorortaktivierung* bezeichnet.

Office 95

Die Office-Anwendungen Word, Excel, PowerPoint und Access unterstützen uneingeschränkt OLE 2.

Auch die in Windows standardmäßig mitgelieferten Programme wie Paint oder WordPad sind fast durchgehend OLE-2-fähig.

7.1 Mit Objekten arbeiten

7.1.1 Neues Objekt einfügen

Hier erfahren Sie, wie Sie ein neues Objekt erzeugen. Existieren die Daten dagegen bereits als Datei, so gehen Sie so vor, wie es im Abschnitt II.7.1.2 beschrieben ist.

Bewegen Sie den Cursor zunächst an die Stelle im Dokument, an der Sie das neue Objekt einfügen möchten. Anschließend rufen Sie den Menüpunkt EINFÜGEN/OBJEKT auf (Bild II.88). Es wird eine Liste aller verfügbaren Objektarten angezeigt. Die vorrätigen Objektarten hängen davon ab, welche Anwendungen auf Ihrem System installiert sind. Standardmäßig unter Windows vorhanden sind z.B. PAINTBRUSH-BILD, WAVE-AUDIO und WORDPAD-DOKUMENT. Hinzu kommen die einzelnen Office-Objektarten, z.B. MICROSOFT EXCEL-DIAGRAMM, MICROSOFT EXCEL-TABELLE, MICROSOFT POWERPOINT-FOLIE und MICROSOFT POWER-POINT-PRÄSENTATION.

Klicken Sie doppelt auf die gewünschte Objektart. Daraufhin wird das Fremdprogramm geladen, oder es werden die Menüs und die Symbolleisten des Fremdprogramms eingeblendet (Bild II.89). Fertigen Sie das Objekt an.

Zwischenspeichern

Bei umfangreichen Objekten bietet es sich an, regelmäßig zwischenzuspeichern, um einen Datenverlust zu verhindern.

7 Objekte

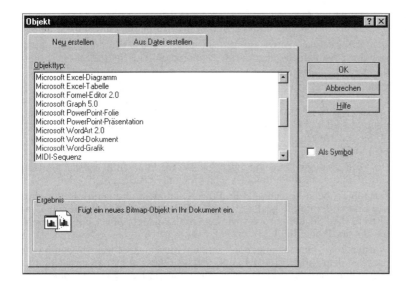

Bild II.87:
Das Menü
EINFÜGEN/OBJEKT

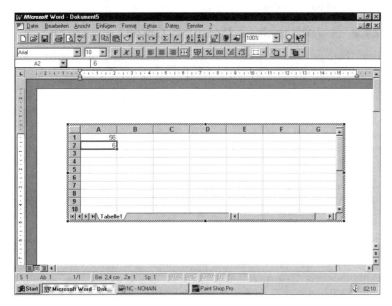

Bild II.88:
Vorortaktivierung:
Im Word-Fenster sind
die Menüs und
Symbole von Excel
eingeblendet

Bei Anwendungen, die OLE-fähig sind, aber nicht den Nachfolgestandard OLE 2 unterstützen, ist es jedoch nicht möglich, in der jeweiligen Server-Anwendung wie gewohnt den Befehl zum Speichern (DATEI/SPEICHERN oder ähnlich) zu verwenden. Schließlich wird keine Datei bearbeitet, sondern ein Objekt. Folglich wird der Menüpunkt nicht angeboten. Statt dessen wählen Sie im Menü DATEI den Menüpunkt AKTUALISIEREN... an (bei englischsprachigen Programmen FILE/UPDATE...). Bei diesem Vorgang wird das Objekt in das Word-Dokument aufgenommen bzw. aktualisiert. Das Objekt ist aber weiterhin noch nicht auf einem Datenträger gespeichert. Wechseln Sie daher zum Speichern nach Word, speichern Sie dort

II Word

das Dokument (z.B. mit `Strg`+`S`). Anschließend wechseln Sie zurück in die Server-Anwendung und setzen dort die Bearbeitung fort.

Bei OLE-2-fähigen Anwendungen speichern Sie das Word-Dokument wie gewohnt. Wählen Sie also den Menüpunkt DATEI/SPEICHERN an, oder drücken Sie `Strg`+`S`.

Bearbeitung beenden Unterstützt die Anwendung OLE, aber nicht den Nachfolgestandard OLE 2, schließen Sie diese, indem Sie den entsprechenden Befehl anwählen (meist DATEI/BEENDEN oder FILE/EXIT). Falls die letzten Änderungen noch nicht durch eine Aktualisierung gesichert wurden, werden Sie gefragt, ob Sie die Änderungen in das Dokument übernehmen möchten. Bestätigen Sie mit Klick auf JA.

Bei OLE-2-fähigen Anwendungen klicken Sie in einen beliebigen Bereich Ihres Dokuments außerhalb des Objektes, oder drücken Sie `Esc`.

Das Objekt befindet sich jetzt im Word-Dokument und kann z.B. verschoben und in der Größe geändert werden. Word behandelt Objekte wie Grafiken. Gehen Sie daher so vor wie bei Grafiken. Mehr über Grafiken erfahren Sie im Kapitel II.5.1.

Keine Objekte sichtbar?

Werden keine Objekte angezeigt, sondern nur ein geschweiftes Klammernpaar mit dem Inhalt EINBETTEN..., so liegt dies daran, daß die Feldfunktionen eingeschaltet sind. Drücken Sie in diesem Fall `Alt`+`F9`, oder klicken Sie auf das nebenstehende Symbol.

7.1.2 Vorhandene Datei als Objekt einfügen

Beim Einfügen von Objekten aus einer bestehenden Datei werden zwei Varianten angeboten, das Einbetten und das Verknüpfen:

Einbetten Beim Einbetten wird das Objekt in das Word-Dokument eingefügt, ohne daß Informationen über den Ort der ursprünglichen Datei aufgenommen werden. Der Nachteil beim Einbetten liegt darin, daß keine Aktualisierung möglich ist, falls die ursprüngliche Datei direkt mit dem Fremdprogramm geändert wurde. Soll die aktuelle Dateiversion in das Dokument aufgenommen werden, muß daher das Objekt gelöscht und neu eingebettet werden. Ein weiterer Nachteil ist, daß alle Arten von Objekten – auch solche, die typischerweise sehr viel Speicherplatz benötigen, z.B. Videos, – direkt im Word-Dokument gespeichert werden. Ein Dokument, das nur aus wenigen Seiten besteht, kann dann durchaus Dutzende von Mbyte an Datenträgerkapazität beanspruchen. Gleichzeitig sinkt bei derartig speicherintensiven Objekten die Arbeitsgeschwindigkeit von Word deutlich.

Vorteilhaft wirkt sich allerdings aus, daß die ursprünglichen Dateien nicht mehr relevant sind. Daher ist es möglich, das Dokument beliebig weiterzugeben, ohne daß die Ursprungsdateien mitkopiert werden müssen. Die ursprünglichen Dateien können auch – falls die daraus resultierenden Objekte nur aus dem entsprechenden Word-Dokument heraus genutzt werden sollen – gelöscht werden, wodurch sich Speicherplatz sparen läßt.

Verknüpfen Verknüpfte Objekte werden im Gegensatz zu eingebetteten Objekten automatisch aktualisiert, auch dann, wenn sie nicht aus Word heraus, sondern direkt mit der Fremdanwendung bearbeitet werden. Dies wird ermöglicht, indem Informationen zum Ort der Ursprungsdatei (Laufwerk und Ordner) in das Dokument aufgenommen werden. Die automatische Aktualisierung kann bei einzelnen Objekten auf Wunsch abgeschaltet werden. Es ist dann aber immer noch eine manuelle Aktualisierung möglich.

Ob das Objekt im Dokument gespeichert wird, hängt von der Objektart ab: Direkt in das Dokument aufgenommen werden alle Daten, die im Word-Dokument sichtbar sind, also z.B. Grafiken und Kalkulationstabellen.

Objekte, die dagegen durch ein Symbol repräsentiert werden, werden nicht aufgenommen. Videos und Sounds benötigen daher nur minimalen Speicherplatz.

Der wesentliche Nachteil beim Verknüpfen liegt darin, daß keine Vorortaktivierung möglich ist; das Objekt kann also nicht direkt im Dokument geändert werden. Statt dessen wird zur Bearbeitung die Server-Anwendung aufgerufen. Der Grund dafür ist, daß bei einer Änderung auch die ursprüngliche Datei neu gespeichert werden muß. Dieser Vorgang kann aus technischen Gründen nicht von der Client-Anwendung, sondern nur von der Server-Anwendung durchgeführt werden.

Eine optimale Methode gibt es nicht; beide Varianten haben Vor- und Nachteile. Die geeignete Variante hängt vom Anwendungszweck und von der Objektart ab:

Welche Methode ist die effektivere?

- Werden die ursprünglichen Dateien voraussichtlich noch mehrere Male geändert und sollen diese auch in aktualisierter Form im Word-Dokument erscheinen, sollten Sie sich im allgemeinen für das Verknüpfen entscheiden. Möchten Sie dagegen auf den Komfort nicht verzichten, das Objekt direkt im Word-Dokument bearbeiten zu können, gibt es allerdings eine Alternative: Sie betten das Objekt ein und bearbeiten es nur von Word aus. Die Problematik mit der Aktualisierung entfällt.
- Sehr speicherplatzintensive Objekte, vor allem Sounds und Videos, sollten auf jeden Fall verknüpft werden.

Die folgende Tabelle zeigt eine Zusammenfassung der Unterschiede beider Methoden:

Objekt einfügen

	Einbetten	Verknüpfen
Speicherbedarf	maximal	bei im Dokument angezeigten Objekten maximal, bei durch ein Symbol repräsentierten Objekten minimal
Vorortaktivierung	ja, bei allen OLE-2-kompatiblen Programmen	nein
Aktualisierung	nein (nur durch Löschen und erneutes Einfügen)	ja (standardmäßig automatisch, auf Wunsch auch manuell)

Bewegen Sie den Cursor zunächst an die Stelle im Dokument, an der Sie das Objekt einfügen möchten. Anschließend rufen Sie den Menüpunkt EINFÜGEN/OBJEKT auf, und wechseln Sie auf das Register AUS DATEI ERSTELLEN. Falls Sie das Objekt einbetten möchten, achten Sie darauf, daß die Option VERKNÜPFEN ausgeschaltet ist. Soll das Objekt hingegen verknüpft werden, aktivieren Sie die Option VERKNÜPFEN.

Geben Sie den gewünschten Dateinamen im Feld DATEINAME ein, oder wählen Sie ihn aus dem Dateiauswahlfenster, indem Sie auf die Schaltfläche DURCHSUCHEN klicken.

Soll das Objekt durch ein Symbol repräsentiert werden, schalten Sie die Option ALS SYMBOL ein. Objekte, die nicht im Dokument angezeigt werden können, z.B. Sounds und Videos, werden unabhängig von der Option als Symbole eingefügt.

II Word

Speicherbedarf von Grafiken reduzieren

Praxistip: Grafiken werden standardmäßig im Dokument gespeichert, was dazu führt, daß das Dokument sehr viel Speicherplatz belegt. Der Speicherbedarf läßt sich auf ein Minimum reduzieren, indem nur ein Symbol, das die Grafik repräsentiert, eingefügt wird. Der Nachteil liegt darin, daß Sie die Grafik dann nicht mehr direkt im Dokument betrachten können, sondern dieses zunächst durch einen Doppelklick öffnen müssen.

Bestätigen Sie abschließend mit Klick auf OK. Danach wird das Objekt eingefügt.

Hinweis Neue Objekte (siehe weiter oben Abschnitt II.7.1.1) werden grundsätzlich eingebettet, nicht verknüpft. Schließlich existiert das Objekt in diesem Fall nicht als Datei und kann folglich auch nicht mit einer verknüpft werden.

*Bild II.89:
In ein Dokument
eingefügte Objekte*

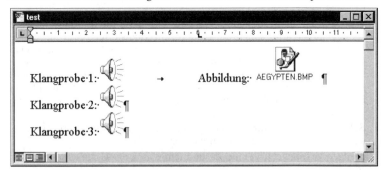

7.1.3   Objekte aktualisieren

Eingebettete Objekte aktualisieren

Eingebettete Objekte werden grundsätzlich nicht aktualisiert. Eine Aktualisierung ist nur insofern möglich, indem das Objekt aus dem Dokument gelöscht und die neue Version der Datei eingefügt wird.

Verknüpfte Objekte aktualisieren

Bei verknüpften Objekten findet dagegen standardmäßig eine Aktualisierung statt. Stellen Sie sich den Fall vor, daß Sie eine Excel-Tabelle in Ihr Word-Dokument eingefügt haben. Später ändern Sie diese Tabelle direkt mit Excel. Diese Änderung wirkt sich auch auf die in Word enthaltene Tabelle aus. Falls das Word-Dokument zum Zeitpunkt der Änderung geöffnet ist, sind die Änderungen allerdings erst dann sichtbar, wenn das Dokument geschlossen und neu geöffnet wird. Diese später automatisch durchgeführte Aktualisierung läßt sich vorziehen, indem das Objekt angeklickt und [F9] gedrückt wird. Alternativ kann das Objekt mit der rechten Maustaste angeklickt und aus dem Kontextmenü der Menüpunkt VERKNÜPFUNGEN AKTUALISIEREN angewählt werden.

Die automatische Aktualisierung läßt sich bei einzelnen Objekten abschalten. Dies ist sinnvoll, wenn im Dokument für einen bestimmten Zeitraum eine ältere Version des Objekts verbleiben soll. Dies funktioniert allerdings nur bei Objekten, die direkt im Dokument sichtbar sind, z.B. bei Grafiken und Kalkulationstabellen. Bei Objekten, die durch ein Symbol repräsentiert werden (z.B. Sounds und Videos), findet dagegen grundsätzlich eine automatische Aktualisierung statt. Schließlich ist keine Kopie des Objektes im Dokument enthalten, nur ein Verweis auf die Originaldatei. Wird die Originaldatei geändert, hat dies zwangsläufig Auswirkungen auf das Objekt im Word-Dokument.

Um die automatische Aktualisierung bei einem Objekt abzuschalten, rufen Sie zunächst den Menüpunkt BEARBEITEN/VERKNÜPFUNGEN auf. Daraufhin wird eine Liste mit allen verknüpften Objekten angezeigt. Auch Grafiken, die mit Hilfe des Menüpunktes EINFÜGEN/GRAFIK mit dem Dokument verknüpft wurden, werden aufgelistet (vergleiche hierzu Kapitel II.5.1). Klicken Sie auf das gewünschte Objekt, und aktivieren Sie die Option MANUELL.

Das Objekt kann jetzt nur noch manuell aktualisiert werden. Klicken Sie zu diesem Zweck das Objekt an, und drücken Sie [F9]. Das Objekt wird im übrigen auch dann nicht mehr automatisch aktualisiert, wenn es aus dem Word-Dokument geändert wurde.

Die Aktualisierung wird wieder automatisch durchgeführt, indem beim entsprechenden Objekt die Option AUTOMATISCH (Menü BEARBEITEN/VERKNÜPFUNGEN) aktiviert wird.

7.1.4 Objekte bearbeiten, wiedergeben und ausführen

Um ein im Dokument enthaltenes Objekt zu ändern, klicken Sie auf das Objekt, und wählen Sie den letzten Menüpunkt des Menüs BEARBEITEN an. Bei einer Excel-Tabelle heißt dieser Menüpunkt z.B. MICROSOFT EXCEL-TABELLE-OBJEKT. Daraufhin wird ein Untermenü angezeigt. Wählen Sie dort den Menüpunkt BEARBEITEN an (bei englischsprachigen Anwendungen EDIT). — **Objekt bearbeiten**

Alternativ können Sie auch mit der rechten Maustaste auf das Objekt klicken und aus dem Kontextmenü den Menüpunkt BEARBEITEN... (bzw. EDIT...) anwählen.

Eine weitere Variante besteht darin, das Objekt doppelt anzuklicken. Dies funktioniert jedoch nicht bei allen Objektarten. Bestimmte Objektarten, z.B. PowerPoint-Präsentationen und Sounds, werden durch einen Doppelklick nicht zur Bearbeitung aufgerufen, sondern wiedergegeben.

Um Sounds, Videos, Animationen und Präsentationen wiederzugeben, klicken Sie doppelt auf das gewünschte Objekt. Alternativ klicken Sie das Objekt mit der rechten Maustaste an, und wählen Sie aus dem Kontextmenü den Menüpunkt WIEDERGEBEN... Eine weitere Variante besteht darin, das Objekt anzuklicken, den letzten Menüpunkt des Menüs BEARBEITEN anzuwählen und aus dem dann angezeigten Untermenü den Menüpunkt WIEDERGEBEN anzuwählen. — **Objekt wiedergeben**

Um ein Anwendungsprogramm auszuführen, klicken Sie doppelt auf das gewünschte Objekt. Alternativ klicken Sie das Objekt mit der rechten Maustaste an, und wählen Sie aus dem Kontextmenü den Menüpunkt INHALT AKTIVIEREN... Eine weitere Variante besteht darin, das Objekt anzuklicken, den letzten Menüpunkt des Menüs BEARBEITEN anzuwählen und aus dem dann angezeigten Untermenü den Menüpunkt INHALT AKTIVIEREN anzuwählen. — **Anwendungsprogramme ausführen**

7.1.5 Bereich einer Datei als Objekt einfügen

Soll nicht eine ganze Datei als Objekt eingefügt werden, sondern nur ein Bereich, so wechseln Sie in die entsprechende Anwendung, markieren Sie den Bereich, und kopieren Sie diesen in die Zwischenablage (z.B. mit Druck auf [Strg]+[C]). Die Anwendung muß geöffnet bleiben. Daraufhin wechseln Sie zurück in Word, und rufen Sie den Menüpunkt BEARBEITEN/INHALTE EINFÜGEN. In der Dialogbox oben (Bild II.91) werden Sie darüber informiert, welche Art von Daten sich in der Zwischenablage befin-

II Word

den. Haben Sie z.B. einen Bereich innerhalb einer Excel-Tabelle kopiert, wird der Text »Microsoft Excel-Tabelle« angezeigt.

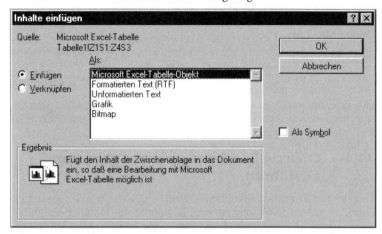

*Bild II.90:
Einfügen eines markierten Bereichs mit Hilfe des Menüs* BEARBEITEN/ INHALTE EINFÜGEN

In der Liste ALS legen Sie fest, in welcher Form die Daten eingefügt werden. Die angebotenen Einträge hängen von der Art der Daten ab. Um die Daten als Objekt einzufügen, ist der erste Eintrag entscheidend. Im Falle einer Excel-Tabelle lautet dieser MICROSOFT EXCEL-TABELLE-OBJEKT. In der Dialogbox links wählen Sie, ob die Daten eingebettet (Option EINFÜGEN) oder verknüpft (Option VERKNÜPFEN) werden sollen. Bestätigen Sie abschließend mit Klick auf OK.

7.1.6 Objekte vom Desktop einfügen

*Bild II.91:
Ein auf dem Desktop enthaltenes Objekt läßt sich einbetten, indem dieses in das Word-Fenster gezogen wird*

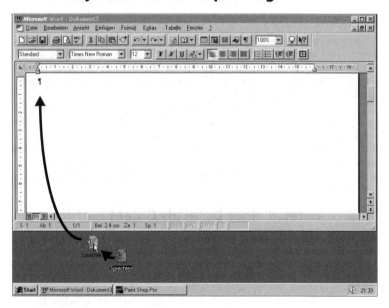

Objekte, die sich auf dem Desktop befinden, lassen sich besonders einfach in ein Word-Dokument einfügen. Das Einfügen ist allerdings nur dann möglich, wenn das Word-Fenster nicht den kompletten Bildschirminhalt einnimmt. Verkleinern Sie also gegebenenfalls das Word-Fenster (Klick auf das Symbol 🗗), so daß ein Teil des Desktops sichtbar ist. Ist das einzufügende Objekt weiterhin verdeckt, verschieben Sie das Word-Fenster entsprechend.

Anschließend ziehen Sie das Symbol in das Word-Dokument (Bild II.92). Das Objekt wird dabei grundsätzlich eingebettet. Eine Verknüpfung kann nicht hergestellt werden. Allerdings ist es möglich, ein auf dem Desktop befindliches Objekt mit Hilfe des Menüs EINFÜGEN/OBJEKT zu verknüpfen. Wählen Sie hierbei die Datei aus dem Ordner »Desktop« aus.

7.1.7 Alternative beim Einfügen von Grafiken

Eine Alternative zum Einfügen von Grafiken ist das Menü EINFÜGEN/ GRAFIK. Der Vorteil liegt darin, daß sich Grafiken einfügen lassen, ohne daß dadurch nennenswerter Speicherplatz im Dokument benötigt wird, und daß die Grafiken dann weiterhin im Dokument angezeigt werden (und nicht durch ein Symbol repräsentiert werden). Nachteilig wirkt sich jedoch aus, daß die Anwendung, mit der die Grafik angefertigt wurde, nicht aus Word heraus aufgerufen werden kann. Mehr zum Einfügen von Grafiken erfahren Sie im Kapitel II.5.1.

7.1.8 Dokumente mit verknüpften Objekten weitergeben

Möchten Sie ein Dokument, das Objekte enthält, an andere Anwender weitergeben, so hängt die korrekte Vorgehensweise von der Art und Weise ab, mit der die Objekte eingefügt wurden: Sind die Objekte im Dokument eingebettet, müssen Sie nur das Dokument, also die DOC-Datei, weitergeben. Das gleiche gilt, wenn die Objekte mit dem Dokument verknüpft sind und gleichzeitig angezeigt werden, also nicht durch Symbole repräsentiert werden.

Sind die Objekte dagegen verknüpft und werden gleichzeitig in Form von Symbolen angezeigt, müssen die entsprechenden Dateien mitkopiert werden. Eine Liste der Dateien können Sie mit dem Menü BEARBEITEN/VERKNÜPFUNGEN einsehen. Beim Weitergeben stellt sich das Problem, daß auf anderen Computern meist eine andere Ordnerstruktur existiert, so daß es nicht so ohne weiteres möglich ist, die Dateien im selben Ordner zu speichern. Zwar können die Dateien auch in einem anderen Ordner gespeichert werden. Jedoch muß Word diese Ordneränderung mitgeteilt werden, sonst können die Dateien nicht gefunden werden. Anstelle der Objekte wird dann an der entsprechenden Stelle der Text »Fehler! Kein gültige Verknüpfung« angezeigt. Zur Änderung des Ordners gehen Sie folgendermaßen vor:

Die Weitergabe der Dokumentdatei genügt nicht in allen Fällen

1. Schalten Sie die Anzeige der Feldfunktionen ein (z.B. durch Druck auf [Alt]+[F9] oder einen Klick auf das nebenstehende Symbol). Daraufhin werden die zu den Objekten gehörigen Felder angezeigt. Die Felder enthalten unter anderem die Ordner- und Dateinamen der Objekte. Ein derartiges Feld sieht z.B. folgendermaßen aus:

```
{ VERKNÜPFUNG SoundRec "C:\\MSOffice\\Private
Daten\\AUFZAHL1.WAV" "" \a \p }
```

2. Markieren Sie das komplette Dokument (z.B. mit [Strg]+[A]).

3. Rufen Sie den Menüpunkt BEARBEITEN/ERSETZEN auf.
4. Geben Sie als Suchbegriff das Laufwerk und den Ordner an, in dem die Dateien ursprünglich gespeichert waren (ersichtlich aus dem Inhalt der Felder). Verwenden Sie unbedingt entgegen der üblichen Konventionen nicht einen, sondern zwei umgekehrte Schrägstriche zur Trennung der Ordnerbestandteile. Waren die Dateien z.B. im Ordner »C:\MSOffice\Private Daten« gespeichert, lautet der korrekte Suchbegriff »C:\\MSOffice\\Private Daten«.
5. Geben Sie auf dieselbe Weise den neuen Ordnernamen als Ersatzbegriff ein. Sind die Objektdateien jetzt z.B. im Ordner »C:\Florian Fröhlich\Handbücher« gespeichert, lautet der Ersatzbegriff »C:\\Florian Fröhlich\\Handbücher«.
6. Führen Sie den Suchen-und-Ersetzen-Vorgang mit Klick auf ALLE ERSETZEN durch.
7. Aktualisieren Sie die Felder mit Druck auf [F9] (achten Sie darauf, daß das komplette Dokument weiterhin markiert ist).
8. Schalten Sie die Anzeige der Feldfunktionen aus (z.B. durch Druck auf [Alt]+[F9]). Die Objekte lassen sich jetzt wieder wie gewohnt bearbeiten und wiedergeben.

7.2 Beispiele für den Einsatz von Objekten

7.2.1 Leere Excel-Tabelle einfügen

Office 95

1. Rufen Sie den Menüpunkt EINFÜGEN/OBJEKT auf, und klicken Sie doppelt auf den Eintrag MICROSOFT EXCEL-TABELLE.

   Es wird eine leere Tabelle eingefügt. Anstelle der Word-Menüs und -Symbole werden jetzt die entsprechenden Excel-Menüs und -Symbole angezeigt.
2. Geben Sie die gewünschten Werte in die Tabelle ein, und nehmen Sie sonstige Aktionen in der Tabelle vor.
3. Nach Fertigstellung der Tabelle klicken Sie in einen beliebigen Bereich außerhalb der Tabelle, oder drücken Sie [Esc].
4. Um zu einem späteren Zeitpunkt die Tabelle zu bearbeiten, klicken Sie doppelt in die Tabelle.

Alternativ kann eine Excel-Tabelle mit Hilfe des nebenstehenden Symbols eingefügt werden. Klicken Sie hierfür auf das Symbol, und halten Sie die Maustaste fest. Daraufhin wird eine stilisierte Tabelle angezeigt, die Sie durch Bewegen des Mauszeigers beliebig aufziehen können. Die Spalten- und Zeilenanzahl wird laufend angezeigt. Ist die gewünschte Spalten- und Zeilenanzahl eingestellt, lassen Sie die Maustaste los. Wollen Sie doch keine Tabelle einfügen, bewegen Sie den Mauszeiger aus der stilisierten Tabelle heraus, und lassen Sie die Maustaste los.

7.2.2 Audio-Objekt einfügen

1. Rufen Sie den Menüpunkt EINFÜGEN/OBJEKT auf, wechseln Sie auf das Register AUS DATEI ERSTELLEN, klicken Sie auf DURCHSUCHEN, und wählen Sie eine Audiodatei. Audiodateien sind z.B. im Ordner C:\WINDOWS enthalten. Bestätigen Sie mit Klick auf OK.

Daraufhin wird ein Audio-Symbol in das Dokument eingefügt.
2. Das Audio-Objekt läßt sich jetzt durch einen Doppelklick wiedergeben.

7.2.3 Audio-Objekt mit dem Mikrofon aufnehmen

Die Aufnahme von Sprache und Klängen mit Hilfe eines Mikrofons kann direkt aus Word erfolgen. Dabei wird ein Audio-Objekt erzeugt, das sich aus dem Word-Dokument wiedergeben läßt.

1. Rufen Sie den Menüpunkt EINFÜGEN/OBJEKT auf, und klicken Sie doppelt auf den Eintrag WAVE-AUDIO. Alternativ können Sie auch auf das nebenstehende Symbol klicken.

2. Klicken Sie auf das Aufnahme-Symbol (roter Kreis), und sprechen Sie den gewünschten Text in das Mikrofon.
3. Um die Aufnahme zu beenden, klicken Sie auf das Stopp-Symbol (quadratisches Symbol).
4. Klicken Sie in einen beliebigen Bereich in Ihrem Dokument. Darauf findet sich ein Audio-Symbol im Dokument.

5. Das Audio-Objekt läßt sich jetzt durch einen Doppelklick wiedergeben.

7.2.4 Anwendungsprogramm einfügen

Das Einfügen eines Anwendungsprogramms in ein Dokument ermöglicht es, das Programm von dort aus zu starten. Der Fall wird sicherlich nicht oft der Praxis angewendet, obgleich es dafür auch sinnvolle Einsatzgebiete gibt. Das Beispiel zeigt jedoch, wie vielfältig die Anwendungsmöglichkeiten von Objekten sind und daß nahezu fast alle Arten von Objekten in ein Dokument aufgenommen werden können.

1. Rufen Sie den Menüpunkt EINFÜGEN/OBJEKT auf, wechseln Sie auf das Register AUS DATEI ERSTELLEN, klicken Sie auf DURCHSUCHEN, und wählen Sie die gewünschte ausführbare Datei. Wählen Sie als Beispiel den Taschenrechner von Windows. Dieser ist unter dem Dateinamen »Calc« im Ordner C:\WINDOWS zu finden. Bestätigen Sie mit Klick auf OK.

Das Symbol des Taschenrechners wird in das Dokument aufgenommen.

2. Um den Taschenrechner aufzurufen, klicken Sie doppelt auf das Symbol.

Calc.exe

8 Serienbriefe

In der Praxis kommt es häufig vor, daß ein Brief an eine große Gruppe von Adressaten versendet werden soll. Es wäre jedoch zu aufwendig und fehleranfällig, in jeden Brief die Adresse manuell einzufügen. Eine weitaus komfortablere und schnellere Variante ist über den Serienbriefdruck möglich. Dabei setzt Word die variablen Elemente, also in erster Linie die Bestandteile der Adresse, in die einzelnen Serienbriefexemplare selbsttätig ein. Neben Serienbriefen können auch Etiketten und Umschläge bedruckt werden.

II Word

Hauptdokument

Die einzelnen Serienbriefexemplare werden aus zwei Dateien generiert: dem Hauptdokument und der Datenquelle.
Dabei handelt es sich um ein Dokument, das die einzelnen Definitionen enthält. Es besteht zum einen aus gewöhnlichen Texten, die in jedem Serienbriefexemplar gleichbleibend sind, und zum anderen aus Seriendruckfeldern. Letztere kennzeichnen die Bereiche, in denen die variablen Daten eingefügt werden.

Datenquelle

Dies ist der Datenbestand, der für die Herstellung der Serienbriefexemplare verwendet wird. Eine Datenquelle besteht aus einer bestimmten Anzahl von Datensätzen. Bei Adreßbeständen stellt jeder Datensatz eine Adresse dar. Die Datenquelle kann mit Word angelegt und gepflegt werden. Alternativ ist auch die Einbindung von Access-Datenbanken und Datenbanken weiterer Formate vorgesehen (vergleiche hierzu Abschnitt II.8.4.2).

8.1 Serienbrief anfertigen

In diesem Kapitel wird die Anfertigung von Serienbriefen anhand einer Beispielanwendung beschrieben. Stellen Sie sich vor, ein Versandhaus baut eine Kundendatenbank auf, in der folgende Daten gespeichert sind: Name und Adresse des Kunden, der Zeitpunkt der Erstbestellung (das Eintrittsjahr) und die Kundennummer.

*Bild II.92:
Der Seriendruck-
Manager*

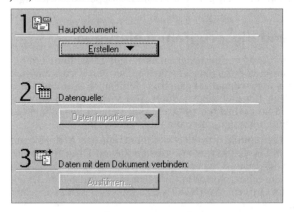

Seriendruck-Manager

Zum Anfertigen des Hauptdokuments und der Datenquelle dient der Seriendruck-Manager. Um diesen aufzurufen, wählen Sie den Menüpunkt EXTRAS/SERIENDRUCK an. Daraufhin wird ein Fenster angezeigt, das aus drei Bereichen besteht (Bild II.93). Der Bereich 1 dient dabei zum Anlegen und Überarbeiten des Hauptdokuments, der Bereich 2 zum Anlegen und Überarbeiten der Datenquelle und der Bereich 3 schließlich zum Druck der Serienbriefexemplare.

8.1.1 Hauptdokument anlegen

Klicken Sie auf die SCHALTFLÄCHE ERSTELLEN, und wählen Sie aus dem Menü den Eintrag SERIENBRIEFE. Daraufhin werden Sie gefragt, ob das Hauptdokument im aktuellen Fenster (Option AKTIVES FENSTER) oder in einem neuen Fenster (Option NEUES HAUPTDOKUMENT) angefertigt werden soll. Falls sich im aktuellen Fenster ein Brief befindet, den Sie zu einem Hauptdokument ausbauen möchten, klicken Sie auf AKTIVES FENSTER, ansonsten auf NEUES HAUPTDOKUMENT.

Im Anschluß daran wird im Bereich 1 eine zusätzliche Schaltfläche angezeigt (BEARBEITEN). Diese dient zur Eingabe und Überarbeitung des Hauptdokuments. Da allerdings bislang keine Datenquelle definiert ist, ist dieser Vorgang noch nicht sinnvoll.

8.1.2 Datenquelle anlegen

Klicken Sie auf die Schaltfläche DATEN IMPORTIEREN, und wählen Sie den Menüpunkt DATENQUELLE ERSTELLEN an. Daraufhin wird eine Dialogbox angezeigt, in der Sie die einzelnen Feldnamen definieren.

Eine Reihe von adressenspezifischen Feldnamen sind bereits vordefiniert. Die meisten der Feldnamen können Sie übernehmen. Für das Beispiel nicht benötigt werden die Feldnamen »Anrede«, »Position«, »Firma«,»Adresse 1« und »Adresse 2«.
Vordefinierte Feldnamen

Löschen Sie diese Feldnamen, indem Sie zunächst auf den gewünschten Feldnamen und abschließend auf die Schaltfläche FELDNAMEN LÖSCHEN klicken.
Feldnamen löschen

Für das Beispiel sollen folgende zusätzliche Feldnamen aufgenommen werden: »Geschlecht«, »Straße«, »Kundennummer« und »Eintrittsjahr«. Zum Hinzufügen eines Feldnamens geben Sie den gewünschten Namen ein, und bestätigen Sie mit FELDNAMEN HINZUFÜGEN.
Feldnamen hinzufügen

Feldnamen können aus bis zu 40 Zeichen bestehen und dürfen nur Buchstaben und Ziffern enthalten. Das erste Zeichen muß ein Buchstabe sein. Leerzeichen und die meisten anderen Sonderzeichen sind im Namen nicht erlaubt. Als Ersatz für das Leerzeichen können Sie den Unterstrich (_) verwenden. In einer Datenquelle dürfen bis zu 31 Feldnamen verwendet werden.

Die Feldnamen werden ungeachtet der Cursorposition in der Feldnamenliste unten angefügt. Ein Feldname läßt sich allerdings beliebig verschieben: Klicken Sie hierfür zunächst auf den Feldnamen und dann mehrmals auf einen der beiden Pfeile (rechts in der Dialogbox), bis sich der Feldname an der gewünschten Position befindet.

Die genaue Position der Feldnamen spielt für den Seriendruck keine Rolle. Der Übersichtlichkeit halber sollten die Feldnamen jedoch so umgestellt werden, daß zusammengehörige Elemente entsprechend untereinander stehen. Für das Beispiel bietet sich folgende Reihenfolge an: »Geschlecht«, »Name«, »Vorname«, »Straße«, »Postleitzahl«, »Ort«, »Land«, »Tel_privat«,»Tel_geschäftlich«, »Eintrittsjahr«, »Kundennummer«. Nachdem Sie die Feldnamen entsprechend umsortiert haben, klicken Sie auf OK, um die Dialogbox zu verlassen.
Feldnamen umstellen

Word fordert Sie nun auf, einen Dateinamen für die Datenquelle zu vergeben. Geben Sie als Beispiel »Adressen« ein, und bestätigen Sie mit Klick auf SPEICHERN. Daraufhin bietet Ihnen Word an, entweder die Datenquelle oder aber das Hauptdokument zu bearbeiten. Da die Datenquelle noch keine Datensätze enthält, entscheiden Sie sich für die erste Wahlmöglichkeit.

8.1.3 Datenquelle eingeben

Danach wird eine Eingabemaske angezeigt (Bild II.94), in der Sie die einzelnen Datensätze eingeben. Füllen Sie zunächst die einzelnen Felder für den ersten Datensatz aus. Nach einem Druck auf ⏎ oder ⭾ wird der Cursor in das nächste Feld gesetzt. Um den Cursor feldweise nach oben zu bewegen, drücken Sie [Shift]+⭾.
Mit der Datenmaske arbeiten

Bild II.93:
Die Eingabemaske
für die Datensätze

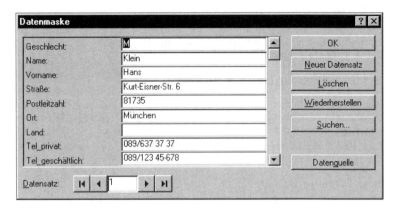

In das Feld »Geschlecht« tragen Sie entweder den Buchstaben »W« für »weiblich« oder »M« für »männlich« ein. In das Feld »Eintrittsjahr« geben Sie eine vierstellige Jahresangabe ein. Nach Möglichkeit sollten Sie alle Felder ausfüllen, um die Beispiele nachvollziehen zu können. Eine Ausnahme stellt das Feld »Land« dar, das Sie nur ausfüllen, wenn es sich um eine Adresse im Ausland handelt.

Nachdem der erste Datensatz eingegeben wurde, klicken Sie auf die Schaltfläche NEUER DATENSATZ, woraufhin wieder eine leere Maske angezeigt wird. Geben Sie nun einige weitere Datensätze nach demselben Prinzip ein.

In der Datenquelle blättern

Um einen bereits eingegebenen Datensatz einzusehen oder zu überarbeiten, bedienen Sie sich der Schaltflächen im linken unteren Bereich der Dialogbox: Mit Hilfe der einfachen Pfeile blättern Sie einen Datensatz weiter bzw. zurück. Die beiden anderen Pfeile dienen dazu, den ersten bzw. letzten Datensatz anzusteuern. Im mittleren Bereich wird die aktuelle Datensatznummer angezeigt.

Datensatz löschen

Zum Löschen eines Datensatzes blättern Sie auf den gewünschten Datensatz, und klicken Sie auf die Schaltfläche LÖSCHEN.

Datensatz wiederherstellen

Wurden in einem Datensatz Veränderungen durchgeführt und sollen diese nicht übernommen werden, klicken Sie auf die Schaltfläche WIEDERHERSTELLEN.

Datenquelle direkt bearbeiten

Die Eingabe mit Hilfe der Datenmaske vollzieht sich nicht besonders komfortabel: Der Platz reicht meist nicht aus, um alle Datenfelder auf einmal anzuzeigen. Daher wird bei der Eingabe ständig nach oben und unten gescrollt. Es gibt jedoch eine Alternative. Diese besteht darin, die Datenquelle direkt zu bearbeiten, ähnlich wie ein gewöhnliches Word-Dokument. Klicken Sie hierfür auf die Schaltfläche DATENQUELLE. Daraufhin wird die Datenquelle in Form einer Tabelle angezeigt (Bild II.95).

Bild II.94:
Die Datenquelle in
der Tabellen-
darstellung

Geschlecht	Name	Vorname	Straße	Postleitzahl	Ort	Land	Tel_privat	Tel_geschäftlich	Eintrittsjahr	Kundennummer
M	Klein	Hans	Kurt-Eisner-Str.6	81735	München		089/637-37-37	089/123-45-678	1990	1003
W	Rosner	Claudia	Peschelanger 11	81735	München		089/670-67-68	08106/9999	1992	2862

Die Tabelle entspricht einer Tabelle, wie sie mit der Tabellenfunktion (vergleiche Kapitel II.4.1 bis II.4.6) angelegt wird. Das Bewegen innerhalb der Tabelle, das Löschen von Daten usw. funktioniert daher wie auch in anderen Tabellen. Daher sollen an dieser Stelle einige Hinweise, wie Sie sich in der Tabelle bewegen, genügen:

Mit ⇥ wird der Cursor ein Feld nach rechts und mit Shift+⇥ ein Feld nach links gesetzt. Wird ⇥ im letzten Feld des letzten Datensatzes gedrückt, wird ein neuer Datensatz eingefügt. Zum zeilenweisen Bewegen verwenden Sie die Tasten ↑ und ↓, zum Blättern in größeren Schritten die Tasten Bild↑ und Bild↓.

Steuersatz

In der ersten Zeile der Tabelle sind die einzelnen Feldnamen definiert. Diese Zeile wird als *Steuersatz* bezeichnet. Die Bearbeitung der Zeile ist erlaubt. Sie können z.B. dort Feldnamen umbenennen. Die Zeile darf aber keinesfalls gelöscht werden

Vorrätige Word-Funktionen

Es stehen alle Word-Funktionen zur Verfügung. Der Unterschied zum gewöhnlichen Bearbeitungsmodus besteht lediglich darin, daß eine Reihe zusätzlicher Symbole angeboten werden.

Feldnamen bearbeiten

Durch Klick auf dieses Symbol lassen sich nachträglich Feldnamen löschen oder hinzufügen. Die Bedienung erfolgt weitgehend wie bei der Definition der Feldnamen. Werden Feldnamen nachträglich aufgenommen, sind diese meist nicht sofort sichtbar, da sie in der Tabelle ganz rechts eingefügt werden. Drücken Sie daher mehrfach auf ⇥, oder klicken Sie in die horizontale Bildlaufleiste, um die Felder einzusehen.

Feldreihenfolge ändern

Im Unterschied zu der Dialogbox, über die Sie die Feldnamen definiert haben, kann jedoch die Reihenfolge der Felder nicht geändert werden. Eine Änderung der Feldreihenfolge ist aber möglich, indem die entsprechenden Tabellenspalten verschoben werden. Setzen Sie hierfür den Cursor zunächst in die zu verschiebende Spalte, und markieren Sie diese, z.B. durch Anwahl des Menüpunktes TABELLE/SPALTE MARKIEREN. Daraufhin drücken Sie Shift+Entf, um die Spalte auszuschneiden, bewegen Sie den Cursor in die gewünschte Spalte, vor der die Spalte eingefügt werden soll, und drücken Sie Shift+Einfg. Mehr über das Verschieben und Kopieren innerhalb von Tabellen erfahren Sie im Kapitel II.4.3.3.

Datensatz hinzufügen

Ein Klick auf das am Rand abgebildete Symbol fügt am Ende der Tabelle einen neuen Datensatz hinzu. Die Funktion entspricht einem Druck auf ⇥ im ganz rechts befindlichen Feld des letzten Datensatzes.

Datensatz löschen

Um den Datensatz zu löschen, in dem sich der Cursor befindet, klicken Sie auf das nebenstehende Symbol. Sollen mehrere Datensätze gelöscht werden, markieren Sie zunächst die gewünschten Datensätze, und klicken Sie dann auf das Symbol.

Suchen

Mit Hilfe dieses Symbols läßt sich die Datenquelle durchsuchen. Nach einem Klick auf das Symbol wird eine Dialogbox angezeigt, in der Sie das zu durchsuchende Feld auswählen und den Suchtext eingeben. Mehrere Felder lassen sich auf diese Weise nicht in einem Durchgang durchsuchen. Allerdings können Sie hierfür die gewöhnliche Suchfunktion (Menüpunkt BEARBEITEN/SUCHEN oder Druck auf Strg+F) verwenden.

Spaltenbreite ändern

Wie das Bild II.95 zeigt, sind die einzelnen Spaltenbreiten nicht optimal. Z.B. ist das Feld für die Straße zu schmal. Die Spalten lassen sich jedoch beliebig in der Breite ändern. Bewegen Sie hierfür den Mauszeiger auf eine der senkrechten, gepunkteten Linien, die die einzelnen Spalten trennen (der Mauszeiger ändert daraufhin das Aussehen), und ziehen Sie die Linie an die gewünschte Position. Mehr über das Ändern der Spaltenbreite erfahren Sie im Abschnitt II.4.5.1.

Sortieren Die nebenstehenden Symbole ermöglichen es, die Tabelle zu sortieren. Dabei kann nach einem beliebigen Feld sortiert werden, z.B. nach dem Nachnamen oder der Postleitzahl. Setzen Sie den Cursor zunächst in die Spalte, die als Kriterium dienen soll, und klicken Sie auf eines der beiden Symbole. Das linke Symbol sortiert aufsteigend, das rechte absteigend. Noch weit komplexere Sortiervorgänge sind über den Menüpunkt TABELLE/SORTIEREN möglich. Der Menüpunkt ist im Abschnitt II.4.6 beschrieben.

Das Sortieren ist nur notwendig, wenn die Serienbriefe in einer bestimmten Reihenfolge ausgegeben werden sollen. Aber auch bei der Durchsicht der Tabelle kann es sinnvoll sein, diese zu sortieren. Möchten Sie z.B. alle Datensätze einsehen, die sich in einem bestimmten Postleitzahlengebiet befinden, sortieren Sie nach der Postleitzahl. Die Postleitzahlen stehen dann auf- bzw. absteigend untereinander.

 Ein Klick auf das nebenstehende Symbol schaltet wieder zurück in die Datenmaske. Sie können zwischen beiden Modi beliebig hin- und herschalten.

 Sind alle Daten eingegeben, speichern Sie zunächst die Datenquelle ([Strg]+[S]). Daraufhin klicken Sie auf das nebenstehende Symbol, um in das Hauptdokument zu gelangen. Alternativ können Sie in das Hauptdokument wechseln, indem Sie mehrfach [Strg]+[F6] drücken oder den entsprechenden Eintrag aus dem Menü FENSTER wählen. Daß Sie sich im Hauptdokument befinden, erkennen Sie an der speziellen Symbolleiste, aus der sich verschiedene Serienbrieffunktionen abrufen lassen (siehe Bild II.96).

8.1.4 Hauptdokument bearbeiten

Zunächst sollten Sie das Hauptdokument speichern, denn es besitzt noch keinen Namen. Drücken Sie hierfür [Strg]+[S], und tragen Sie den gewünschten Namen ein.

Seriendruckfelder einfügen Geben Sie nun den Text für den Serienbrief ein. Bei den festen Texten gehen Sie wie gewohnt vor. Bei der Kennzeichnung der variablen Angaben fügen Sie Seriendruckfelder ein. Klicken Sie hierfür auf die Schaltfläche SERIENDRUCKFELD EINF. (in der Symbolleiste ganz links), und wählen Sie den gewünschten Feldnamen aus der Liste.

Bild II.95: Ein einfacher Serienbrief

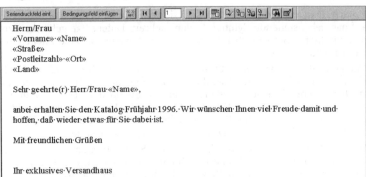

Ein Seriendruckfeld ist daran zu erkennen, daß es in französische Anführungszeichen (», «) gesetzt ist. Versehentlich eingefügte Felder entfernen Sie, indem Sie diese markieren und [Entf] drücken. Ein einfacher Serienbrief könnte z.B. so aussehen wie in Bild II.96 dargestellt.

Um zu überprüfen, ob das Hauptdokument zum gewünschten Ergebnis führt, klicken Sie auf das nebenstehende Symbol. Auf diese Weise wird die Seriendruckvorschau aktiviert. Anstelle des Hauptdokuments wird der erste aus dem Hauptdokument und der Datenquelle generierte Serienbrief angezeigt.

Seriendruck-vorschau

Mit Hilfe der aus der Datenmaske bekannten Symbole blättern Sie durch die einzelnen erzeugten Serienbriefexemplare. Ein Exemplar könnte z.B. folgendermaßen aussehen:

```
Herrn/Frau
Hans Klein
Kurt-Eisner-Str. 6
81735 München


Sehr geehrte(r) Herr/Frau Klein,

anbei erhalten Sie den Katalog Frühjahr 1996. Wir wünschen
Ihnen viel Freude damit und hoffen, daß wieder etwas für Sie
dabei ist.

Mit freundlichen Grüßen


Ihr exklusives Versandhaus
```

Ein weiterer Klick auf das Vorschau-Symbol schaltet wieder in die gewöhnliche Hauptdokument-Ansicht.

Das Hauptdokument läßt sich zwar jetzt bereits in der Praxis einsetzen. Doch es wirkt noch nicht überzeugend, da keine geschlechtsspezifische Anschrift und Anrede erfolgt.

Geschlechts-spezifische Anrede

Da jedoch die Datenquelle ein spezielles Feld besitzt, das angibt, ob der Adressat männlich oder weiblich ist, nämlich das Feld »Geschlecht«, lassen sich die Anschrift und die Anrede professioneller gestalten. Zum Einsetzen flexibler Texte dienen sogenannte Bedingungsfelder. Diese fügen abhängig von einer Bedingung einen bestimmten Text ein.

Löschen Sie zunächst den Text »Herrn/Frau« ganz oben im Hauptdokument. Daraufhin klicken Sie auf die Schaltfläche BEDINGUNGSFELD EINFÜGEN, und wählen Sie den Menüpunkt WENN... DANN... SONST. Daraufhin wird eine Dialogbox angezeigt, in der Sie die einzelnen Kriterien für die Bedingung eingeben. Die Bedingung unterliegt folgendem Prinzip: Der Inhalt eines bestimmten Feldes wird mit einer Zeichenkette verglichen. Als Vergleichsoperatoren stehen GLEICH, UNGLEICH, KLEINER ALS, GRÖSSER ALS, KLEINER ODER GLEICH, GRÖSSER ODER GLEICH, IST LEER (das Feld besitzt keinen Inhalt) und IST NICHT LEER (das Feld weist einen Inhalt auf) zur Auswahl.

Bedingungsfeld einfügen

Wenn die Bedingung erfüllt ist, wird der Text eingefügt, der im mittleren Eingabefeld (DANN DIESEN TEXT EINFÜGEN) eingetragen wird. Falls die Bedingung dagegen nicht erfüllt ist, wird der im unteren Eingabefeld (SONST DIESEN TEXT EINFÜGEN) befindliche Text eingefügt.

Im Beispiel muß die Bedingung lauten: Wenn sich im Feld »Geschlecht« das Zeichen »M« befindet – der Adressat also männlich ist –, dann soll der Text »Herrn«, andernfalls der Text »Frau« eingefügt werden. (Natürlich können Sie die Aufgabenstellung auch umkehren und überprüfen, ob sich ein »W« im Feld befindet.)

Zur Formulierung der Bedingung wählen Sie zunächst im Listenfeld FELD-NAMEN den Eintrag »Geschlecht« und im Listenfeld VERGLEICH den Eintrag GLEICH. Im Eingabefeld VERGLEICHEN MIT (rechts oben) geben Sie ein »M« ein. Verwenden Sie dabei keine Anführungszeichen. Abschließend geben Sie den Text »Herrn« im mittleren Eingabefeld und den Text »Frau« im unteren Eingabefeld ein. Bestätigen Sie mit Klick auf OK.

Um zu überprüfen, ob die Bedingung das gewünschte Resultat hat, schalten Sie in die Seriendruckvorschau. Blättern Sie durch die Datensätze. Wenn die Bedingung korrekt definiert wurde, wird automatisch der richtige Text (»Herrn« oder »Frau«) angezeigt.

Nach demselben Prinzip läßt sich eine geschlechtsspezifische Anrede erzeugen. Löschen Sie hierfür zunächst den Text »Sehr geehrte(r) Herr/Frau«, und formulieren Sie die Bedingung. Diese muß lauten: Wenn das Feld »Geschlecht« den Inhalt »M« besitzt, soll der Text »Sehr geehrter Herr«, andernfalls der Text »Sehr geehrte Frau« eingefügt werden.

Feldfunktionen anzeigen

Noch ein Hinweis zu der Art und Weise, mit der die Bedingungen im Hauptdokument erzeugt werden: Word fügt beim Formulieren einer Bedingung die Feldfunktion WENN ein. Sie können die Bedingungen sichtbar machen, indem Sie die Feldfunktionen aktivieren. Drücken Sie hierfür [Alt]+[F9], oder klicken Sie auf das nebenstehende Symbol. Der Bildschirm sieht dann so aus, wie in Bild II.97 dargestellt.

Fehler in den Bedingungen lassen sich direkt in den Feldern beseitigen. Mehr über Felder erfahren Sie im Kapitel II.11. Um die Feldfunktionen wieder abzuschalten, drücken Sie ein weiteres Mal [Alt]+[F9], oder klicken Sie auf das Symbol.

Bild II.96: Anzeige des Hauptdokuments bei aktiven Feldfunktionen

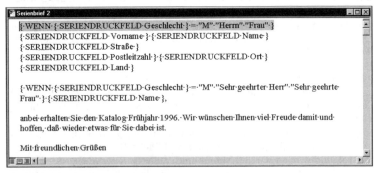

8.1.5 Serienbriefe erzeugen

Das Hauptdokument kann jetzt zur Serienbriefherstellung genutzt werden. Um die Serienbriefexemplare zu erzeugen, rufen Sie den Seriendruck-Manager mit einem Klick auf das nebenstehende Symbol auf, und klicken Sie auf die Schaltfläche AUSFÜHREN. Daraufhin wird die Dialogbox SERIENDRUCK angezeigt.

Die Dialogbox kann alternativ durch Klick auf das nebenstehende Symbol aufgerufen werden.

8 Serienbriefe

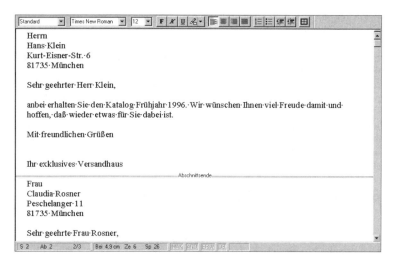

Bild II.97:
Ausgabe der Serienbriefexemplaren ein neues Dokument

Bei der Ausgabe der Serienbriefexemplare besteht die Wahl zwischen der Ausgabe auf den Drucker und der Ausgabe in ein neues Dokument. Im letzteren Fall werden die einzelnen Serienbriefexemplare untereinander ausgegeben und jeweils durch einen Abschnittwechsel getrennt (Bild II.98).

Die Ausgabe in ein Dokument hat den Vorteil, daß sich das Ergebnis noch einmal kontrollieren läßt. Sind Sie mit dem Ergebnis zufrieden, drucken Sie das Dokument aus. Fällt das Ergebnis nicht wie erwartet aus, da z.B. einige Datensätze unvollständig sind, sollten Sie die Fehler in der Datenquelle bzw. im Hauptdokument beseitigen. Das Korrigieren im Dokument ist wenig sinnvoll, da sonst die Fehler beim nächsten Seriendruck wieder auftreten.

Möchten Sie die Serienbriefexemplare direkt auf den Drucker ausgeben, wählen Sie im Listenfeld SERIENDRUCK IN den Eintrag DRUCKER. Sollen die Serienbriefexemplare dagegen in ein neues Dokument ausgegeben werden, selektieren Sie den Eintrag NEUES DOKUMENT.

Zwischen der Druckausgabe und der Ausgabe in ein Dokument wählen

Standardmäßig werden alle Datensätze berücksichtigt (Option ALLE). Es werden also so viele Serienbriefexemplare erzeugt, wie Datensätze vorhanden sind. Auf Wunsch kann aber die Serienbriefgenerierung auf einen bestimmten Bereich innerhalb der Datenquelle beschränkt werden. Schalten Sie hierfür die Option VON ein, und geben Sie die Start- und Endnummer ein. In der Praxis wird man auf diese Möglichkeit nur selten zurückgreifen, da es in der Regel erforderlich ist, Datensätze nach bestimmten Kriterien (z.B. Postleitzahlengebiet) zu filtern. Die Datensätze stehen aber in den meisten Fällen nicht untereinander, so daß sie sich nicht durch einen Datensatzbereich erfassen lassen. Es gibt aber auch spezielle Filterungsfunktionen, mit denen sich diese Aufgabe lösen läßt. Diese lassen sich durch einen Klick auf die Schaltfläche ABFRAGE-OPTIONEN abrufen. Mehr dazu im Abschnitt II.8.3.

Nur einen bestimmten Datensatzbereich berücksichtigen

Um abschließend die Serienbriefe zu erzeugen, klicken Sie auf die Schaltfläche VERBINDEN.

Zum Generieren der Serienbriefexemplare gibt es noch zwei weitere Varianten:

Serienbriefexemplare generieren

Ein Klick auf das nebenstehende Symbol gibt die Serienbriefexemplare in ein neues Dokument aus.

Ein Klick auf das nebenstehende Symbol gibt die Serienbriefexemplare auf den Drucker aus.

In den letzten beiden Fällen besteht keine Möglichkeit, einen Datensatzbereich festzulegen. Es wird der Bereich berücksichtigt, der zuletzt über die Dialogbox SERIENDRUCK definiert wurde.

Auf der CD-ROM zum Buch finden Sie die beiden in diesem Abschnitt vorgestellten Versionen des Hauptdokuments (Dateiname »Serien-brief 1« und »Serienbrief 2«) sowie die zugehörige Datenquelle (Dateiname »Adressen«).

8.2 Umgang mit Hauptdokumenten und Datenquellen

Hauptdokument öffnen

Möchten Sie zu einem späteren Zeitpunkt das Hauptdokument und die Datenquelle erneut verwenden, müssen Sie nur das jeweilige Hauptdokument öffnen (z.B. mit dem Menüpunkt DATEI/ÖFFNEN). Eine Verbindung zur jeweiligen Datenquelle wird automatisch hergestellt.

Nach dem Öffnen des Hauptdokuments können Sie entweder sofort Serienbriefe drucken oder aber das Hauptdokument bzw. die Datenquelle überarbeiten. Zum Umschalten zwischen Hauptdokument und Datenquelle verwenden Sie die bereits bekannten Symbole:

Ein Klick auf dieses Symbol wechselt in das Fenster mit der Datenquelle.

In das Fenster mit dem Hauptdokument läßt sich durch einen Klick auf dieses Symbol wechseln.

Neues Hauptdokument, bestehende Datenquelle

Soll dagegen ein neues Hauptdokument angefertigt werden und eine bereits bestehende Datenquelle verwendet werden, gehen Sie folgendermaßen vor:

1. Rufen Sie den Seriendruck-Manager über den Menüpunkt EXTRAS/ SERIENDRUCK auf.
2. Erzeugen Sie durch Klick auf die Schaltfläche ERSTELLEN ein neues Hauptdokument.
3. Klicken Sie auf die Schaltfläche DATEN IMPORTIEREN, und klicken Sie auf den Menüpunkt DATENQUELLE ÖFFNEN. Wählen Sie die gewünschte Datenquelle aus dem Dateiauswahlfenster.
4. Klicken Sie auf HAUPTDOKUMENT BEARBEITEN, und fertigen Sie das Hauptdokument an. Die übrigen Aktionen erfolgen wie gewohnt.

8.3 Datensätze filtern

8.3.1 Einfache Filterung

In der Praxis besteht häufig der Wunsch, nicht alle Datensätze zu berücksichtigen, sondern nur bestimmte, z.B. solche, die einem bestimmten Postleitzahlengebiet zuzuordnen sind.

Zu diesem Zweck rufen Sie die Dialogbox SERIENDRUCK durch Klick auf das nebenstehende Symbol auf, und klicken Sie auf ABFRAGE-OPTIONEN. Danach wird ein Menü angezeigt, das dem Menü zur Definition von Bedingungen ähnelt (siehe weiter oben).

Es lassen sich bis zu sechs Bedingungen formulieren. Die Bedingungen können entweder mit einem logischen Und oder einem logischen Oder verknüpft werden (jeweils im Listenfeld ganz links). Ein logisches Und bedeutet dabei, daß beide Bedingungen erfüllt sein müssen, damit der Datensatz berücksichtigt wird. Ein Logisches Oder erkennt den Datensatz dagegen bereits dann als gültig an, wenn eine der beiden Bedingungen erfüllt ist.

Bedingung für die Filterung formulieren

Im Beispiel sollen nur die Datensätze berücksichtigt werden, die dem Postleitzahlgebiet 70000-79999 zuzuordnen sind. Dazu formulieren Sie zwei Bedingungen. Die erste überprüft, ob die Postleitzahl größer gleich 70000 ist, die andere, ob die Postleitzahl kleiner gleich 79999 ist. Beide Bedingungen müssen mit einem logischen Und verknüpft werden. Denn nur wenn die Postleitzahl größer gleich 70000 und gleichzeitig kleiner gleich 79999 ist, befindet sie sich im gewünschten Bereich. Eine der beiden Bedingungen würde jede Postleitzahl erfüllen. Die Dialogbox muß folgendermaßen ausgefüllt werden:

Beispiel: Postleitzahlengebiet filtern

```
        Postleitzahl    Größer oder gleich    70000
Und     Postleitzahl    Kleiner oder gleich   79999
```

Erzeugen Sie abschließend die Serienbriefexemplare durch Klick auf VERBINDEN. Es werden jetzt nur die Serienbriefexemplare erzeugt, die die definierten Bedingungen für die Filterung erfüllen.

Werden bei der Filterung sowohl Und- als auch Oder-Verknüpfungen verwendet, wird den Und-Verknüpfungen einer höhere Priorität zugewiesen. Möchten Sie z.B. alle Datensätze berücksichtigen, die sich entweder im Postleitzahlgebiet 50000-59999 oder im Postleitzahlgebiet 70000-79999 befinden, tragen Sie folgende Definition ein:

Prioritäten bei Und-/Oder-Verknüpfungen

```
        Postleitzahl    Größer oder gleich    50000
Und     Postleitzahl    Kleiner oder gleich   59999
Oder    Postleitzahl    Größer oder gleich    70000
Und     Postleitzahl    Kleiner oder gleich   79999
```

Um wieder alle Datensätze einzubeziehen, rufen Sie das Menü mit den Filterbedingungen erneut auf, und löschen Sie die einzelnen Definitionen. Klicken Sie hierfür auf die Schaltfläche ALLE LÖSCHEN.

Wieder alle Datensätze berücksichtigen

8.3.2 Beispiel für komplexe Filterung

Die Filterfunktionen reichen nicht für alle Anwendungen aus. Einerseits lassen sich nur bis zu sechs Bedingungen formulieren. Andererseits kann nicht flexibel auf die Bedingungen reagiert werden. Denkbar ist z.B. folgender Fall: Es sollen nur die Kunden angeschrieben werden, die seit mindestens 5 Jahren Kunde sind. Den Kunden soll dabei mitgeteilt werden, daß ihnen ein Rabatt von 5% eingeräumt wird. Ist der Kunde sogar bereits 10 Jahre und länger Kunde, soll ihm ein Rabatt von 10% gewährt werden.

Diese Aufgabe ist nur mit Hilfe der entsprechenden Feldfunktionen lösbar, die Sie in das Hauptdokument einfügen. Die entscheidende Feldfunktion lautet ÜBERSPRINGEN. Sie ignoriert einen Datensatz, wenn er bestimmte Bedingungen erfüllt. In diesem Fall lautet die Bedingung, daß das Eintrittsjahr weniger als 5 Jahre zurückliegt. Die Syntax der Feldfunktion sieht folgendermaßen aus: { ÜBERSPRINGEN { SERIENDRUCKFELD *Feldname* } } *Vergleichsoperator Ausdruck*.

II Word

Die Anweisung lautet damit { ÜBERSPRINGEN { SERIENDRUCKFELD Eintrittsjahr } > "*19xx*" }, wobei Sie für *19xx* die Jahresangabe einsetzen, die fünf Jahre zurückliegt.

Hinweise zur Eingabe

Um Feldfunktionen einzugeben oder zu überarbeiten, schalten Sie zunächst die Anzeige der Feldfunktionen ein ([Alt]+[F9] oder Klick auf das nebenstehende Symbol). Ein leeres Feldklammernpaar erzeugen Sie durch Druck auf [Strg]+[F9]. Nach der Eingabe schalten Sie die Anzeige der Feldfunktionen wieder aus (wiederum [Alt]+[F9] oder Klick auf das Symbol).

Eleganter ist es jedoch, diese Berechnung von Word durchführen zu lassen. Das aktuelle Jahr wird über das Feld { AKTUALDAT \@ "JJJJ" } zur Verfügung gestellt. Eine Rechenoperation läßt sich mit Hilfe der Feldfunktion »=« durchführen. Anstelle der entsprechenden Jahreszahl schreiben Sie also { = { AKTUALDAT \@ "JJJJ" } -5 }.

Um zu entscheiden, ob dem Kunden 5% oder 10% Rabatt gewährt werden, verwenden Sie die bereits bekannte Feldfunktion WENN. Dabei ermitteln Sie, ob der Kunde bereits seit mindestens 10 Jahren Kunde ist. Falls ja, wird der Wert 10, ansonsten der Wert 5 ausgegeben.

Das fertige Hauptdokument und ein daraus erzeugtes Serienbriefexemplar entnehmen Sie den Bildern II.99 und II.100.

Bild II.98:
Das Haupt-
dokument aus dem
Beispiel

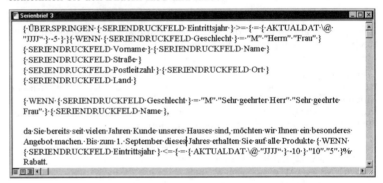

Warnung

In der Seriendruckvorschau (Klick auf das nebenstehende Symbol) werden auch die Datensätze angezeigt, die mit Hilfe der Feldfunktion ÜBERSPRINGEN ignoriert werden. Um das Ergebnis zu kontrollieren, sollten Sie daher nicht die Vorschau verwenden, sondern die Serienbriefexemplare in ein neues Dokument ausgeben.

Das Beispiel aus diesem Abschnitt finden Sie auf der CD-ROM zum Buch unter dem Dateinamen »Serienbrief 3«.

8 Serienbriefe

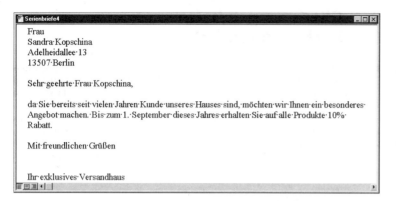

Bild II.99:
Ein aus dem in Bild II.99 dargestellten Hauptdokument generiertes Serienbriefexemplar

8.4 Weiterführende Hinweise

8.4.1 Etiketten und Umschläge bedrucken

Mit Hilfe des Seriendruck-Managers lassen sich auch Etiketten und Umschläge bedrucken. Die Vorgehensweise ist sehr ähnlich wie bei der Herstellung eines gewöhnlichen Hauptdokuments. Der wesentliche Unterschied besteht lediglich darin, daß Word eine Reihe fertiger Seitenlayouts anbietet, die jeweils die Größe von handelsüblichen Etiketten und Umschlägen aufweisen.

Zum Bedrucken von Etiketten und Umschlägen rufen Sie zunächst den Menüpunkt EXTRAS/SERIENDRUCK auf, klicken Sie auf ERSTELLEN, und wählen Sie einen der Menüpunkte ADREẞETIKETTEN oder UMSCHLÄGE. Nach dem Anlegen des Hauptdokuments und dem Öffnen der Datenquelle bietet Word eine Reihe von Layouts für Etiketten bzw. Umschlägen an. Die übrige Vorgehensweise – vor allem das Einfügen der Seriendruckfelder und der Ausdruck – erfolgt weitestgehend wie bei gewöhnlichen Serienbriefen und wird daher an dieser Stelle nicht detailliert beschrieben.

8.4.2 Access-Datenbanken verwenden

Falls Sie Access einsetzen, empfiehlt es sich, die Datenquelle nicht mit Word anzulegen und zu pflegen, sondern mit Hilfe von Access. Der Vorteil liegt darin, daß sich dabei – gerade bei umfangreichen Datenbeständen – eine höhere Geschwindigkeit ergibt. Außerdem bietet Access weitaus komplexere Funktionen zur Datenpflege als Word.

Office 95

Eine Access-Datenbank läßt sich im Prinzip wie eine gewöhnliche Word-Datenquelle öffnen. Da im Dateiauswahlfenster für die Datenquelle jedoch standardmäßig nur Word-Dateien angezeigt werden, wählen Sie im Listenfeld DATEITYP zunächst den Eintrag MS ACCESS DATENBANKEN.

Auf der CD-ROM zum Buch finden Sie die Access-Datenbank »Bestellsystem«, mit der Sie die Einbindung einer Access-Tabelle ausprobieren können. Wählen Sie dabei aus den angebotenen Tabellen die Tabelle »tblAdresse«.

Neben Access-Datenbanken werden auch dBase-, FoxPro-, Paradox- und Excel-Datenbanken unterstützt.

Weitere Datenbankformate

9 Gliederung, Inhalts- und Stichwortverzeichnis

Die Gliederungsansicht (Abschnitt II.9.1) ermöglicht es, sich einen schnellen Überblick über den Aufbau eines Dokuments zu verschaffen und bestimmte Kapitel besonders schnell anzusteuern. Außerdem lassen sich Kapitel sehr einfach löschen, kopieren und verschieben. Die Funktion zum Erzeugen eines Inhaltsverzeichnisses (Abschnitt II.9.2) nimmt Ihnen das aufwendige manuelle Anfertigen des Inhaltsverzeichnisses ab. Die Funktion zum Generieren eines Stichwortverzeichnisses (Abschnitt II.9.3) ist ebenfalls sehr nützlich. Sie berücksichtigt auch spezielle Fälle wie das Hervorheben einzelner Seitenzahlen oder das Erzeugen von Seitenbereichen.

9.1 Gliederung

Die Gliederungsansicht ist ein Modus, in dem in der Regel nur die Überschriften eines Dokuments angezeigt werden.

Formatvorlagen verwenden

Die Verwendung der Gliederungsansicht setzt voraus, daß die einzelnen Überschriften mit Hilfe der Formatvorlagen für Überschriften (ÜBERSCHRIFT 1 bis ÜBERSCHRIFT 9) formatiert sind. Falls dies nicht zutrifft, gehen Sie folgendermaßen vor:

Bewegen Sie den Cursor auf die erste Überschrift. Daraufhin wählen Sie das entsprechende Überschriftenformat aus dem ersten Listenfeld in der Symbolleiste. Bei Überschriften mit der höchsten Priorität (im allgemeinen Kapitelüberschriften) verwenden Sie die Formatvorlage ÜBERSCHRIFT 1, bei Überschriften mit der zweithöchsten Priorität (meist Abschnittüberschriften) die Formatvorlage ÜBERSCHRIFT 2 usw. Wiederholen Sie den Vorgang für alle übrigen Überschriften Ihres Dokuments. Mehr über Formatvorlagen erfahren Sie im Kapitel II.10.

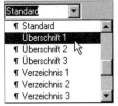

Gliederungsansicht aktivieren

Zum Aktivieren der Gliederungsansicht wählen Sie den Menüpunkt ANSICHT/GLIEDERUNG an, oder klicken Sie auf das nebenstehende Symbol. Der Bildschirminhalt weist im Gegensatz zum gewöhnlichen Bearbeitungsmodus einige Unterschiede auf. Auffälligstes Merkmal ist die spezielle Gliederungsleiste (siehe Bild II.101).

Um wieder in die ursprüngliche Ansicht zu wechseln, wählen Sie einen der Menüpunkte ANSICHT/LAYOUT oder ANSICHT/NORMAL an.

Allgemeine Hinweise zur Gliederungsansicht

In der Gliederungsansicht können wie gewohnt Texte eingegeben, überarbeitet und gelöscht werden. Auch ein Ausdrucken ist möglich, allerdings wird dann der Text wie in der Gliederung dargestellt gedruckt. Soll das Dokument dagegen in der gewöhnlichen Form gedruckt werden, schalten Sie vor dem Druckvorgang die Gliederungsansicht aus.

9 Gliederung, Inhalts- und Stichwortverzeichnis

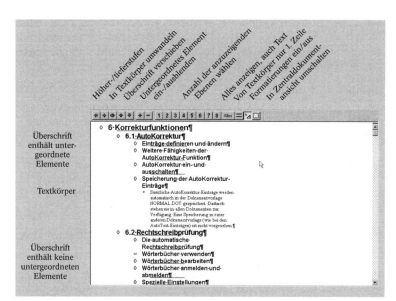

Bild II.100:
Die Gliederungs-
ansicht im Schema

Nach dem ersten Aufruf werden alle Textbestandteile angezeigt, also neben Überschriften auch gewöhnliche Textabsätze. Letztere werden im Zusammenhang mit der Gliederungsansicht als *Textkörper* bezeichnet. Um nur die Überschriften anzuzeigen, klicken Sie auf das Symbol ALLE, oder drücken Sie [Num *]. Das Symbol hat eine Schalterfunktion: Ein weiterer Klick (oder ein Druck auf [Num *]) zeigt wieder alle Bestandteile an, inklusive der Textkörper. Sollen nur bestimmte Überschriftenebenen angezeigt werden, klicken Sie auf eines der Zahlensymbole. Klicken Sie z.B. auf die 5, um die ersten 5 Überschriftenebenen (ÜBERSCHRIFT 1 bis ÜBERSCHRIFT 5) anzuzeigen. Alternativ können Sie auch [Alt]+[Shift]+*Nummer* drücken, also z.B. [Alt]+[Shift]+[5] zur Anzeige von 5 Ebenen. Drücken Sie dabei die entsprechende Zifferntaste nur auf der oberen Tastenreihe, nicht auf dem Zahlenblock.

Ebenen ein- und ausblenden

Einzelne Ebenen lassen sich mit Hilfe des Plus- und Minus-Symbols der Symbolleiste ein- und ausblenden:

Ein Klick auf dieses Symbol blendet die der aktuellen Überschrift untergeordneten Überschriften mit der nächstniedrigeren Priorität ein. Handelt es sich z.B. um eine Überschrift der 2. Priorität, werden Überschriften der 3. Priorität eingeblendet. Durch mehrfachen Klick werden weitere Ebenen eingeblendet. Ist bereits die letzte Ebene erreicht, wird der zur Überschrift gehörige Textkörper eingeblendet. Alternativ zum Symbol kann [Num +] gedrückt werden.

Ein Klick auf dieses Symbol blendet die zur aktuellen Überschrift gehörige Ebene aus, die die geringste Priorität aufweist. Besitzt die aktuelle Überschrift z.B. die 2. Priorität, werden Überschriften der 9. Priorität ausgeblendet. Durch mehrfachen Klick werden weitere Ebenen ausgeblendet, bis nur noch die aktuelle Überschrift sichtbar ist. Alternativ zum Symbol kann [Num -] gedrückt werden.

Eine ähnliche Auswirkung hat das Plus-Symbol, das den Überschriften vorangestellt ist. Im Unterschied zu den Symbolen aus der Symbolleiste werden jedoch alle untergeordneten Ebenen ein- bzw. ausgeblendet. Klicken Sie doppelt auf das Symbol, um alle der aktuellen Überschrift untergeord-

II Word

Prioritäten ändern

neten Ebenen (auch Textkörper) einzublenden. Ein weiterer Doppelklick blendet alle der aktuellen Überschrift untergeordneten Ebenen wieder aus. Die Prioritäten der Überschriften lassen sich mit Hilfe der folgenden Symbole ändern:

Symbol	Funktion
⬅	Ein Klick auf dieses Symbol (oder eine Betätigung von [Alt]+[Shift]+[←]) erhöht die Priorität um eine Stufe. Aus einer Überschrift mit der 3. Priorität wird z.B. eine Überschrift mit 2. Priorität.
➡	Ein Klick auf dieses Symbol (oder ein Druck auf [Alt]+[Shift]+[→]) vermindert die Priorität um eine Stufe. Aus einer Überschrift mit der 2. Priorität wird z.B. eine Überschrift mit 3. Priorität.
⏩	Ein Klick auf dieses Symbol (oder ein Druck auf [Alt]+[Shift]+[Num 5]) wandelt die Überschrift in einen Textkörper um.

An den Textanfang springen

Praxistip: Auch in der Gliederungsansicht können Sie mit [Strg]+[Pos1] den Anfang des Dokuments und mit [Strg]+[Ende] das Ende des Dokuments ansteuern. Dennoch hat ein Druck auf [Strg]+[Pos1] häufig keine Wirkung. Der Grund dafür ist, daß sich häufig vor einer Überschrift ein gewöhnlicher Text befindet. Werden jedoch nur Überschriften angezeigt, führt dies dazu, daß der Cursor zwar an den Dokumentanfang gesetzt wird, dort aber nicht sichtbar ist, da er sich im ausgeblendeten Textkörper befindet. Zur Lösung des Problems betätigen Sie unmittelbar nach dem Druck von [Strg]+[Pos1] auf [→]. Der Cursor befindet sich dann auf der ersten Überschrift des Dokuments.

Markieren in der Gliederungsansicht

Das Markieren ist notwendig, wenn Überschriften kopiert, verschoben oder gelöscht werden sollen. Das Verschieben von Überschriften ist wahlweise auch ohne Markierung möglich (dazu gleich mehr).

Das Markieren in der Gliederungsansicht funktioniert im Prinzip wie im gewöhnlichen Bearbeitungsmodus. Sie können z.B. die Markierung durch Ziehen mit der Maus und durch Bewegen des Cursors bei gedrückter [Shift]-Taste vergrößern und verkleinern. Es gibt jedoch einige Besonderheiten zu beachten:

- Durch Druck auf [↓] bei gedrückter [Shift]-Taste wird nicht die nächste Überschrift markiert, sondern alle folgenden Überschriften bis zur nächsten Überschrift, der ein Minus-Symbol vorangestellt ist. In der Praxis ist es jedoch meist erwünscht, Überschrift für Überschrift zu markieren. Dies ist auch vorgesehen. Dazu halten Sie die [Shift]-Taste fest, und drücken Sie so oft [Ende], bis der gewünschte Bereich markiert ist. Das Verkleinern der Markierung funktioniert dagegen wie beim gewöhnlichen Bearbeitungsmodus. Halten Sie also die [Shift]-Taste fest, und drücken Sie mehrfach auf [↑].
- Durch dreifaches Anklicken einer Überschrift werden die Überschrift sowie alle Elemente markiert, die ihr untergeordnet sind.

Beim Löschen, Kopieren und Verschieben in der Gliederungsansicht werden nicht nur die Überschriften, sondern auch alle den Überschriften untergeordneten Bestandteile mit gelöscht, kopiert bzw. verschoben. Auf diese Weise lassen sich komfortabel komplette Kapitel löschen, kopieren und verschieben.

Markieren Sie zunächst die gewünschten Überschriften, und betätigen Sie anschließend [Entf].

Überschriften löschen

Markieren Sie zunächst die Überschriften, und kopieren Sie sie in die Zwischenablage, z.B. mit Druck auf [Strg]+[Einfg]. Daraufhin bewegen Sie den Cursor an die gewünschte Stelle, und fügen Sie den Inhalt der Zwischenablage ein, z.B. mit [Shift]+[Einfg].

Überschriften kopieren

Markieren Sie zunächst die Überschriften, und löschen Sie sie in die Zwischenablage, z.B. mit Druck auf [Shift]+[Entf]. Daraufhin bewegen Sie den Cursor an die gewünschte Stelle, und fügen Sie den Inhalt der Zwischenablage ein, z.B. mit [Shift]+[Einfg].

Überschriften verschieben

Eine Alternative beim Verschieben besteht darin, auf eines der nebenstehenden Pfeil-Symbole zu klicken. Die markierten Überschriften werden dabei nach oben bzw. unten verschoben.

Eine dritte Variante ist, ein der Überschrift vorangestelltes Plus- oder Minus-Symbol an die gewünschte Stelle zu ziehen. Dabei kann allerdings nur eine Überschrift verschoben werden. Das Verschieben mehrerer, markierter Überschriften ist auf diese Weise nicht möglich.

Word kann Überschriften selbsttätig numerieren. Bei Änderungen im Dokument wird die Numerierung automatisch angepaßt. Mehr hierzu erfahren Sie im Kapitel II.3.4.4.

Überschriften numerieren

9.2 Inhaltsverzeichnis

Word generiert Inhaltsverzeichnisse vollautomatisch. Zur Formatierung eines Inhaltsverzeichnisses stehen eine Reihe fertiger Layouts zur Verfügung.

9.2.1 Inhaltsverzeichnis erzeugen

Das Erzeugen eines Inhaltsverzeichnisses setzt voraus, daß die einzelnen Überschriften mit Hilfe der Formatvorlagen für Überschriften (ÜBERSCHRIFT 1 bis ÜBERSCHRIFT 9) formatiert sind. Falls dies nicht zutrifft, gehen Sie so vor, wie es am Anfang von Abschnitt II.9.1 beschrieben ist.

Formatvorlagen verwenden

Bild II.101:
Das Register zum Generieren eines Inhalts-verzeichnisses

Das Inhaltsverzeichnis kann bereits dann erzeugt werden, wenn im Dokument noch nicht alle Überschriften existieren. Einzige Voraussetzung ist, daß mindestens eine Überschrift besteht. Das Generieren des Inhaltsverzeichnisses muß nicht wiederholt werden. Wurde bereits ein Inhaltsver-

Einführende Hinweise

zeichnis erzeugt, genügt es, dieses zu aktualisieren (siehe weiter unten). Das wiederholte Erzeugen des Inhaltsverzeichnisses ist im Prinzip nicht einmal dann notwendig, wenn die Eigenschaften des Inhaltsverzeichnisses geändert werden sollen (z.B. ein Wechsel des Layouts), da sich die einzelnen Parameter direkt im Dokument anpassen lassen. Da dieser Vorgang jedoch umständlich ist und eine Kenntnis der einzelnen Parameter erfordert, bietet es sich an, das Inhaltsverzeichnis erneut zu generieren, um dessen Eigenschaften zu ändern. Das alte Inhaltsverzeichnis wird dabei auf Wunsch überschrieben.

Inhaltsverzeichnis erzeugen

Bewegen Sie den Cursor zunächst an die Stelle im Dokument, an der das Inhaltsverzeichnis erzeugt werden soll. Daraufhin wählen Sie den Menüpunkt EINFÜGEN/INDEX UND VERZEICHNISSE an, und wechseln Sie auf das Register INHALTSVERZEICHNIS (Bild II.102). Im linken Bereich der Dialogbox, unter FORMATE, stehen eine Reihe verschiedener Layouts für das Inhaltsverzeichnis zur Verfügung. Um zu ermitteln, welches Layout zu welchem Ergebnis führt, klicken Sie nacheinander auf die einzelnen Formate. Dabei wird im großen Fenster ein Beispiel des Layouts angezeigt.

Haben Sie sich für eines der Formate entschieden, können Sie noch Feinabstimmungen am Layout vornehmen. Hierzu stehen die im folgenden beschriebenen Optionen zur Verfügung.

Seitenzahlen anzeigen

In der Regel sollen in einem Inhaltsverzeichnis die entsprechenden Seitennummern mit ausgedruckt werden. Achten Sie dann darauf, daß die Option SEITENZAHLEN ANZEIGEN aktiviert ist.

Anzahl der Ebenen

Meist werden nicht alle Überschriftenebenen in ein Inhaltsverzeichnis aufgenommen, da dieses sonst zu lang wird. Die Anzahl der aufzunehmenden Ebenen stellen Sie unter EBENEN ein. Die Vorgabe ist 3. Dies bedeutet, daß nur Überschriften der ersten, zweiten und dritten Priorität aufgenommen werden.

Seitenzahlen anordnen

Sollen die Seitenzahlen rechtsbündig ausgerichtet werden, aktivieren Sie die Option SEITENZAHLEN RECHTSBÜNDIG. Auf Wunsch kann der Bereich zwischen dem Eintrag und der Seitenzahl mit Füllzeichen aufgefüllt werden. Auf diese Weise wird das Ablesen der Seitenzahlen erleichtert. Wählen Sie das gewünschte Füllzeichen im Listenfeld FÜLLZEICHEN. Zur Auswahl stehen:

| .... (Punkte) | ------ (Bindestriche) | _____ (Unterstriche) |

Sollen keine Füllzeichen verwendet werden, selektieren Sie den Eintrag (OHNE).

Bei ausgeschalteter Option SEITENZAHLEN RECHTSBÜNDIG werden die Seitenzahlen direkt neben die Einträge gesetzt, wobei zur Trennung ein Leerzeichen verwendet wird.

Beispiel für Inhaltsverzeichnisse mit und ohne Füllzeichen

Seitenzahlen rechtsbündig, Füllzeichen
Vorwort..7
Einführung..21

Keine rechtsbündigen Seitenzahlen
Vorwort 7
Einführung 21

Vorlage

Ein spezielles Layout ist VON VORLAGE. Dabei wird das Inhaltsverzeichnis mit Hilfe der entsprechenden Formatvorlagen (VERZEICHNIS 1 bis VERZEICHNIS 9) formatiert. Mehr über Formatvorlagen erfahren Sie im Kapitel II.10.

Um das Inhaltsverzeichnis zu erzeugen, klicken Sie abschließend auf OK.

Inhaltsverzeichnis aktualisieren

Zum Aktualisieren des Inhaltsverzeichnisses bewegen Sie den Cursor auf das Inhaltsverzeichnis, und drücken Sie [F9]. Alternativ klicken Sie das Inhaltsverzeichnis mit der rechten Maustaste an, und wählen Sie aus dem Kontextmenü den Menüpunkt FELD AKTUALISIEREN.

Word fragt, ob das Inhaltsverzeichnis neu erstellt werden soll oder nur die Seitenzahlen aktualisiert werden sollen. Dabei bietet sich an, sich für ersteren Vorschlag zu entscheiden. Ansonsten werden nur die Seitenzahlen aktualisiert, aber etwaige inzwischen hinzugekommene oder gelöschte Überschriften nicht berücksichtigt.

Vergessen Sie nicht, das Inhaltsverzeichnis zu aktualisieren, bevor das Dokument gedruckt wird. Bedenken Sie dabei, daß sich der Seitenumbruch bereits bei minimalen Änderungen im Text verschieben kann. Die Folge sind falsche Seitennummern im Inhaltsverzeichnis. Es ist daher erforderlich, das Inhaltsverzeichnis auch dann zu aktualisieren, wenn keine neuen Überschriften aufgenommen oder bestehende gelöscht wurden, aber anderweitig Änderungen im Dokument durchgeführt wurden.

Praxistip: Da man das Aktualisieren leicht vergessen kann, bietet es sich an, die Option FELDER AKTUALISIEREN im Menü EXTRAS/OPTIONEN, Register DRUCKEN, zu aktivieren. Das Inhaltsverzeichnis wird dann beim Druckvorgang automatisch aktualisiert. Die Abfrage, ob das Inhaltsverzeichnis neu erstellt oder ob nur die Seitenzahlen aktualisiert werden sollen, wird weiterhin gestellt.

Inhaltsverzeichnis automatisch aktualisieren

Inhaltsverzeichnis erneut einfügen

Um die Eigenschaften eines Inhaltsverzeichnisses zu ändern, erzeugen Sie ein neues Inhaltsverzeichnis. Rufen Sie dafür ein weiteres Mal den Menüpunkt EINFÜGEN/INDEX UND VERZEICHNISSE auf, und nehmen Sie die gewünschten Einstellungen vor. Nach Klick auf OK teilt Ihnen Word mit, daß bereits ein Inhaltsverzeichnis existiert und schlägt vor, dieses zu überschreiben. Stimmen Sie diesem Vorschlag zu.

9.3 Stichwortverzeichnis (Index)

Um ein Stichwortverzeichnis anzufertigen, müssen die aufzunehmenden Einträge zunächst im Dokument gekennzeichnet werden. Die übrigen Arbeiten nimmt Word Ihnen weitgehend ab: Der Index wird vollautomatisch generiert. Die Überschriften im Index, die jeweils einen neuen Buchstaben einleiten, werden von Word selbsttätig eingefügt. Zur Formatierung des Index stehen eine Reihe fertiger Layouts zur Verfügung.

9.3.1 Einträge definieren und überarbeiten

Bewegen Sie zunächst den Cursor an die Stelle im Dokument, an der Sie einen Indexeintrag definieren möchten. Falls sich der aufzunehmende Eintrag dort bereits in der Form befindet, in der er auch im Stichwortverzeichnis erscheinen soll (oder in einer ähnlichen Schreibweise), markieren Sie das entsprechende Wort bzw. die Wörter. Soll dagegen ein Text aufgenommen werden, der an der Stelle nicht vorkommt, achten Sie darauf, daß keine Markierung besteht.

Eintrag definieren

Daraufhin betätigen Sie [Alt]+[Shift]+[X]. Es wird die Dialogbox INDEXEINTRAG FESTLEGEN angezeigt (Bild II.103). Im Feld HAUPTEINTRAG befindet sich der markierte Text. Falls Sie diesen nicht originalgetreu, sondern in veränderter Form aufnehmen möchten (z.B. in Pluralform, falls sich im Dokument die Singularform befindet), ändern Sie den Eintrag. Falls kein

Text markiert wurde, ist das Feld leer. Geben Sie dann den gewünschten Text ein.

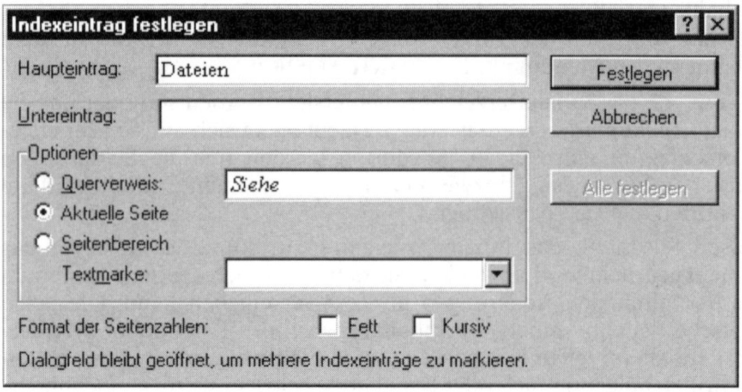

Bild II.102:
Die Dialogbox zum Definieren von Indexeinträgen

Wird nur das Feld HAUPTEINTRAG ausgefüllt, wird ein eingliedriger Eintrag erzeugt, z.B. in der Form

```
Dateien 48
```

Soll ein zweigliedriger Index angelegt werden, z.B. in der Form

```
Dateien
    speichern 45
```

geben Sie den gewünschten Untereintrag im Feld UNTEREINTRAG ein. Bezogen auf das Beispiel muß sich im Feld HAUPTEINTRAG der Text »Dateien« und im Feld UNTEREINTRAG der Text »speichern« befinden.

Um einen gewöhnlichen Seiteneintrag zu erzeugen, achten Sie darauf, daß die Option AKTUELLE SEITE aktiv ist. Die anderen Optionen werden später besprochen.

Haben Sie alles eingestellt, klicken Sie auf FESTLEGEN. Word fügt daraufhin ein Feld ein, das die Definition des Eintrags darstellt. Die Dialogbox INDEXEINTRAG FESTLEGEN bleibt geöffnet, um das Definieren weiterer Einträge zu ermöglichen. Sie können die Dialogbox aber auch mit Klick auf SCHLIEßEN oder Druck auf Esc schließen.

Weitere Indexeinträge definieren

Ist die Dialogbox INDEXEINTRAG FESTLEGEN bereits geschlossen, gehen Sie so vor, wie eben beschrieben. Andernfalls klicken Sie zunächst in den Text, steuern die nächste Textstelle an, an der ein Indexeintrag erzeugt werden soll, und markieren Sie die Stelle gegebenenfalls. Sobald Sie in die Dialogbox zurückkehren, befindet sich der neu markierte Text im Feld HAUPTEINTRAG.

Identische Texte automatisch aufnehmen

Kommt ein aufzunehmender Text mehrmals im Dokument vor, ist es mühsam, alle Textstellen anzusteuern und jeweils den Eintrag zu definieren. Auf Wunsch läßt sich diese Arbeit automatisieren. Klicken Sie hierfür in der Dialogbox INDEXEINTRAG FESTLEGEN nicht wie gewohnt auf die Schaltfläche FESTLEGEN, sondern auf ALLE FESTLEGEN. Alle Texte im Dokument, die mit dem derzeit markierten Text identisch sind, werden automatisch als Indexeinträge gekennzeichnet.

Darstellung von Indexeinträgen im Text

Bei einem eingliedrigen Index sieht die Definition im Dokument folgendermaßen aus: { XE "*Haupteintrag*" }.

Bei einem zweigliedrigen Eintrag sind Haupt- und Untereintrag durch einen Doppelpunkt getrennt: { XE "*Haupteintrag:Untereintrag*" }.

Beachten Sie, daß es sich bei dem Text in geschweiften Klammern nicht um einen gewöhnlichen Text handelt, sondern um ein Feld. Der Themenkomplex »Felder« ist ausführlich im Kapitel II.11 besprochen. Im Gegensatz zu gewöhnlichen Feldern gibt es bei Indexfeldern keinen Unterschied zwischen den Feldfunktionen und dem Feldergebnis. Das bedeutet, daß die Definition immer zu sehen ist, auch wenn mit Druck auf ⌜Alt⌝+⌜F9⌝ die Feldergebnisse aktiviert werden.

Indexeinträge ein- und ausblenden

Die Indexeinträge können aber trotzdem ausgeblendet werden. Das Ausblenden empfiehlt sich vor allem dann, wenn für einen längeren Zeitraum keine Änderungen an den Indexeinträgen durchgeführt werden sollen. Dadurch wird die Übersichtlichkeit des Textes erhöht.

Zum Ausblenden schalten Sie die beiden Optionen NICHTDRUCKBARE ZEICHEN/VERBORGENER TEXT und NICHTDRUCKBARE ZEICHEN/ALLE (jeweils im Menü EXTRAS/OPTIONEN, Register ANSICHT) ab. Beim Einfügen eines neuen Eintrags wird die Option NICHTDRUCKBARE ZEICHEN/ALLE wieder aktiviert, so daß der neue Eintrag sichtbar ist und überprüft werden kann.

Indexfelder lassen sich fast beliebig überarbeiten. Beachten Sie jedoch folgenden Zusammenhang: In die Indexeinträge dürfen zwar Zeichen eingegeben oder gelöscht werden. Es sollte allerdings kein Text aus der Zwischenablage in eine Indexdefinition eingefügt werden. Dies hat folgenden Grund: Indexfelder sind grundsätzlich verborgen formatiert (erkennbar an der gepunkteten Unterstreichung. Werden Texte aus der Zwischenablage eingefügt, enthalten diese meist keine verborgene Formatierung. Das Ergebnis ist, daß ein Teil des Indexeintrags auch im Dokument ausgedruckt wird. Im Prinzip würde es sich anbieten, den eingefügten Teil nachträglich verborgen zu formatieren (⌜Strg⌝+⌜Shift⌝+⌜H⌝). Allerdings besteht dann die Gefahr, daß versehentlich der komplette Bereich zwischen den beiden Anführungszeichen (") verborgen formatiert wird. Die Folge ist, daß dann die entsprechenden Einträge von Word nicht mehr erkannt und folglich nicht in den Index aufgenommen werden. (Zur Erklärung: Der Bereich zwischen den Anführungszeichen ist zwar standardmäßig auch verborgen formatiert; Word akzeptiert aber die Formatierung nur, wenn diese vom Programm selbst angebracht wurde.)

Warnung: Nachträglich verborgene Indexeinträge werden unter Umständen verschluckt

Ein Löschen, Kopieren und Verschieben von Indexeinträgen ist dagegen gefahrlos möglich. Gehen Sie dabei so vor wie bei gewöhnlichen Texten. Achten Sie jedoch darauf, daß Sie das komplette Indexfeld markieren, also inklusive der beiden geschweiften Klammern.

9.3.2 Index erzeugen und aktualisieren

Der Index kann bereits dann erzeugt werden, wenn im Dokument noch nicht alle Indexeinträge eingefügt wurden. Einzige Voraussetzung ist, daß mindestens ein Indexeintrag existiert. Das Generieren des Index muß nicht wiederholt werden. Wurde bereits ein Index erzeugt, genügt es, diesen zu aktualisieren (siehe weiter unten). Das wiederholte Erzeugen des Index ist im Prinzip nicht einmal dann notwendig, wenn die Eigenschaften des Index geändert werden sollen (z.B. ein Wechsel des Layouts), da sich die einzelnen Parameter direkt im Dokument ändern lassen. Da dieser Vorgang jedoch umständlich ist und eine Kenntnis der einzelnen Parameter erfordert, bietet es sich an, den Index erneut zu generieren, um dessen Eigenschaften zu ändern. Der alte Index wird dabei auf Wunsch überschrieben.

*Bild II.103:
Das Register zum
Generieren eines
Index*

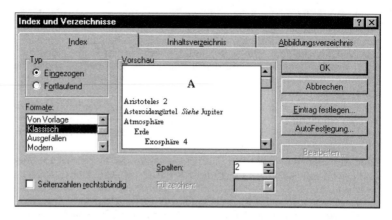

Index erzeugen

Bewegen Sie den Cursor zunächst an die Stelle im Dokument, an der der Index erzeugt werden soll. Daraufhin wählen Sie den Menüpunkt EINFÜGEN/INDEX UND VERZEICHNISSE an, und wechseln Sie auf das Register INDEX (Bild II.104). Im linken Bereich der Dialogbox, unter FORMATE, stehen eine Reihe verschiedener Layouts für den Index zur Verfügung. Um zu ermitteln, welches Layout zu welchem Ergebnis führt, klicken Sie nacheinander auf die einzelnen Formate. Dabei wird im großen Fenster ein Beispiel des Layouts angezeigt.

Haben Sie sich für eines der Formate entschieden, können Sie noch Feinabstimmungen am Layout vornehmen. Hierzu stehen die im folgenden beschriebenen Optionen zur Verfügung.

Anordnung von Haupt- und Untereinträgen

Bein aktiver Option EINGEZOGEN werden die zu einem Haupteintrag gehörigen Untereinträge unterhalb des Haupteintrags angeordnet und eingerückt. Dagegen werden Haupt- und zugehörige Untereinträge bei eingeschalteter Option FORTLAUFEND nebeneinander gesetzt.

Beispiel für eingezogenen und fortlaufenden Index

Eingezogener Index, Seitenzahlen rechtsbündig, Füllzeichen
Datei..19, 21, 82
   speichern...20
   automatisch...21

Fortlaufender Index
Datei 19, 21, 99; speichern 20; automatisch 21

Seitenzahlen anordnen

Sollen die Seitenzahlen rechtsbündig ausgerichtet werden, aktivieren Sie die Option SEITENZAHLEN RECHTSBÜNDIG. Auf Wunsch kann der Bereich zwischen dem Eintrag und der Seitenzahl mit Füllzeichen aufgefüllt werden. Auf diese Weise wird das Ablesen der Seitenzahlen erleichtert. Wählen Sie das gewünschte Füllzeichen im Listenfeld FÜLLZEICHEN. Zur Auswahl stehen:

| .... (Punkte) | ------ (Bindestriche) | _____ (Unterstriche) |

Sollen keine Füllzeichen verwendet werden, selektieren Sie den Eintrag (OHNE).

Bei ausgeschalteter Option SEITENZAHLEN RECHTSBÜNDIG werden die Seitenzahlen direkt neben die Einträge gesetzt, wobei zur Trennung zwei Leerzeichen verwendet werden.

Vorlage

Ein spezielles Layout ist VON VORLAGE. Dabei wird der Index mit Hilfe der entsprechenden Formatvorlagen (INDEX 1 bis INDEX 9) formatiert.

Allerdings werden bei Verwendung dieses Layouts keine Anfangsbuchstaben erzeugt. Mehr über Formatvorlagen erfahren Sie im Kapitel II.10.

Die Anzahl der Textspalten stellen Sie im Feld SPALTEN ein. In der Praxis sind 2 Spalten üblich. **Anzahl der Spalten**

Um den Index zu erzeugen, klicken Sie abschließend auf OK.

Um die Eigenschaften eines Index zu ändern, erzeugen Sie einen neuen Index. Rufen Sie dafür ein weiteres Mal den Menüpunkt EINFÜGEN/ INDEX UND VERZEICHNISSE auf, und nehmen Sie die gewünschten Einstellungen vor. Nach Klick auf OK teilt Ihnen Word mit, daß bereits ein Index existiert und schlägt vor, diesen zu überschreiben. Stimmen Sie diesem Vorschlag zu. **Index erneut einfügen**

Zum Aktualisieren des Index bewegen Sie den Cursor auf den Index, und drücken Sie [F9]. Alternativ klicken Sie den Index mit der rechten Maustaste an, und wählen Sie aus dem Kontextmenü den Menüpunkt FELD AKTUALISIEREN. **Index aktualisieren**

Vergessen Sie nicht, den Index zu aktualisieren, bevor das Dokument gedruckt wird. Bedenken Sie dabei, daß sich der Seitenumbruch bereits bei minimalen Änderungen im Text verschieben kann. Die Folge sind falsche Seitennummern im Index. Es ist daher erforderlich, den Index auch dann zu aktualisieren, wenn keine neuen Indexeinträge aufgenommen oder bestehende gelöscht wurden, aber anderweitig Änderungen im Dokument durchgeführt wurden.

Praxistip: Da man das Aktualisieren leicht vergessen kann, bietet es sich an, die Option FELDER AKTUALISIEREN im Menü EXTRAS/OPTIONEN, Register DRUCKEN, zu aktivieren. Der Index wird dann beim Druckvorgang automatisch aktualisiert. **Index automatisch aktualisieren**

9.3.3   Erweiterte Optionen

In der Praxis ist es häufig üblich, bei Indexeinträgen, die mehrere Seitenzahlen aufweisen, diejenigen Seitenzahlen hervorzuheben, die sich auf besonders wichtige Passagen beziehen. Die anderen Seitenzahlen werden in gewöhnlicher Schrift gedruckt. Ein entsprechender Eintrag im Indexverzeichnis könnte z.B. folgendermaßen aussehen: **Hervorgehobene Seitenzahl**

```
Dateien
   speichern  23, 45, 89, 91
```

Um die Seitenzahl hervorzuheben, schalten Sie bei der Definition des Eintrags in der Dialogbox INDEXEINTRAG FESTLEGEN eine der Optionen FETT oder KURSIV (wahlweise auch beide) ein.

Dem Indexeintrag wird dann der Parameter \b (für Fettschrift) bzw. \i (für Kursivschrift) hinzugefügt. Den Parameter können Sie auch direkt im Feld manuell eintragen. Der Indexeintrag sieht bezogen auf das obige Beispiel folgendermaßen aus: { XE "Datei:speichern" \b }.

Kommt ein Begriff in einem bestimmten Textabschnitt sehr häufig vor und wird entsprechend oft in den Index aufgenommen, werden sehr viele Seitenzahlen erzeugt, wodurch schnelle die Übersicht verlorengehen kann: **Seitenbereiche**

```
Dateien
   speichern  23, 45, 89, 91, 92, 93, 94, 96, 98, 101,   102,
233
```

In diesem Beispiel gibt es eine Reihe von Seitenzahlen, die direkt aufeinanderfolgen oder nur einen geringen Abstand (maximal 3 Seiten) aufweisen.

Um die Übersicht zu erhöhen, sollten derartige Seitenbereiche zusammengefaßt werden. Der korrigierte Eintrag sieht folgendermaßen aus:

```
Dateien
    speichern  23, 45, 89-102, 233
```

Gehen Sie zu diesem Zweck folgendermaßen vor:
1. Löschen Sie etwaige bereits vorhandene Einträge in dem zusammenzufassenden Seitenbereich.
2. Markieren Sie den kompletten Text des zusammenzufassenden Bereichs.
3. Versehen Sie die Markierung mit einer Textmarke, indem Sie den Menüpunkt BEARBEITEN/TEXTMARKE aufrufen, einen charakteristischen Namen eingeben (im Beispiel eignet sich der Name »Datei_speichern«) und auf die Schaltfläche HINZUFÜGEN klicken.
4. Rufen Sie die Dialogbox INDEXEINTRAG FESTLEGEN auf (Druck auf [Alt]+[Shift]+[X]). Im Unterschied zu einer gewöhnlichen Definition spielt es keine Rolle, an welcher Position sich der Cursor befindet.
5. Füllen Sie das Feld HAUPTEINTRAG aus, gegebenenfalls auch das Feld UNTEREINTRAG.
6. Schalten Sie die Option SEITENBEREICH ein, und wählen Sie im darunter befindlichen Feld TEXTMARKE den vorhin definierten Namen.
7. Definieren Sie den Eintrag durch Klick auf FESTLEGEN.

Querverweise Gelegentlich ist es erwünscht, Indexeinträge zu erzeugen, die nicht auf eine Seitennummer, sondern auf einen anderen Indexeintrag verweisen. Dies ist z.B. dann sinnvoll, wenn es für ein und denselben Zusammenhang unterschiedliche Begriffe gibt. Sie brauchen dann nicht für jeden Begriff separate Einträge anlegen und sparen auf diese Weise Platz. Voraussetzung dafür ist, daß der Eintrag, auf den verwiesen wird, Untereinträge besitzt, sonst ergibt sich keine Platzersparnis, da der Verweis dann mindestens so viel Platz benötigt wie die Seitennummer. Um einen Querverweis zu erzeugen, gehen Sie wie folgt beschrieben vor:
1. Rufen Sie die Dialogbox INDEXEINTRAG FESTLEGEN mit Druck auf [Alt]+[Shift]+[X] auf. Es spielt keine Rolle, an welcher Stelle sich der Cursor im Dokument befindet.
2. Füllen Sie das Feld HAUPTEINTRAG, gegebenenfalls auch das Feld UNTEREINTRAG aus.
3. Schalten Sie die Option QUERVERWEIS ein.
4. Geben Sie den Text ein, der anstelle der Seitennummer gedruckt werden soll. Setzen Sie den Cursor hierfür in das daneben liegende Feld und schreiben Sie den gewünschten Text hinter den vorgegebenen Text »Siehe«. Wenn Sie ein anderes Wort als »Siehe« verwenden möchten, überschreiben Sie den vorgegebenen Text.
5. Erzeugen Sie den Indexeintrag durch Klick auf FESTLEGEN.

Die Definition sieht dann z.B. so aus: { XE "Mathematische Zeichen" \t "siehe unter Formeln" }, der daraus erzeugte Indexeintrag so:

```
Mathematische Zeichen  siehe unter Formeln
```

Mehrgliedrige Einträge Neben ein- und zweigliedrigen Einträgen sind auch drei- und höhergliedrige Einträge möglich. Dazu trennen Sie die einzelnen Elemente im Indexfeld durch Doppelpunkte. Z.B. führt das Indexfeld { XE "Datei:speichern:automatisch" } zu einem Eintrag wie

```
Dateien
    speichern
        automatisch 45
```

9.3.4 Tips für die Praxis

Standardmäßig werden die eingesetzten Seitenzahlen durch Semikolons (;) getrennt. Falls Sie dagegen eine Trennung durch Kommas (,) bevorzugen, führen Sie nachfolgende Schritte aus:

Seitenzahlen mit Kommas trennen

1. Setzen Sie den Cursor an den Anfang des Index.
2. Schalten Sie die Feldfunktionen durch Klick auf nebenstehendes Symbol oder Druck auf [Alt]+[F9] ein. Anstelle des Index wird jetzt ein Feld angezeigt, das z.B. folgendes Aussehen hat: { INDEX \h "—A—" \c "2" }.

3. Setzen Sie den Cursor vor die schließende geschweifte Klammer.
4. Fügen Sie den Parameter \L ", " ein. Der Eintrag sieht jetzt z.B. folgendermaßen aus: { INDEX \h "—A—" \c "2" \L ", " }.
5. Schalten Sie die Feldfunktionen durch Klick auf nebenstehendes Symbol oder Druck auf [Alt]+[F9] wieder aus.

6. Aktualisieren Sie den Index mit Druck auf [F9].

Etwaige Korrekturen am Index gehen bei einer Aktualisierung verloren. Daher sollten Korrekturen nur an den Indexeinträgen, nicht aber am Index selbst vorgenommen werden.

Index überarbeiten

Meist besteht der Wunsch, daß der Index auf einer neuen Seite beginnt. Da Word vor dem Index einen fortlaufenden Abschnittwechsel einfügt, um einen mehrspaltigen Index zu ermöglichen, wäre es am logischsten, die Eigenschaften des Abschnittwechsels zu ändern, so daß dieser gleichzeitig einen Seitenumbruch bewirkt. Hier wartet allerdings eine Falle. Bei jeder Aktualisierung werden nämlich die Eigenschaften des Abschnittwechsels wieder in »fortlaufend« zurückgesetzt. Es ist daher erforderlich, vor dem fortlaufenden Abschnittwechsel einen weiteren Abschnittwechsel einzufügen. Es befinden sich dann vor dem Index zwei Abschnittwechsel unmittelbar untereinander.

Seitenumbruch vor dem Index

Verwenden Sie zum Einfügen des Abschnittwechsels den Menüpunkt EINFÜGEN/MANUELLER WECHSEL. Soll der Index auf einer neuen Seite beginnen, wählen Sie die Option NÄCHSTE SEITE. Ist es dagegen erwünscht, daß der Index stets auf einer ungeraden (rechten) Seite beginnt, entscheiden Sie sich für die Option UNGERADE SEITE. Mehr über Abschnittwechsel erfahren Sie im Kapitel II.3.6.

10 Formatvorlagen und Dokumentvorlagen

Formatvorlagen und Dokumentvorlagen sind mächtige Werkzeuge, die das Formatieren von Texten komfortabler gestalten und zum Teil auch automatisieren. Zunächst wird das Anbringen von Formatierungen erleichtert. Sie müssen nicht mehr die einzelnen Formatierungsbestandteile wie Schriftart, Ausrichtung usw. einstellen, sondern rufen lediglich die entsprechende Formatvorlage ab, die die gewünschten Formatierungen enthält. Werden nun der Formatierung Änderungen durchgeführt, läßt sich erreichen, daß alle zugehörigen Textbestandteile unmittelbar neu formatiert werden. Ändern Sie z.B. den Schriftgrad für eine Bildunterschrift, weisen alle Bildunterschriften sofort den neuen Schriftgrad auf.

Sowohl das Anbringen als auch das Ändern von Formatierungen wird erheblich erleichtert

Dokumentvorlagen erleichtern die Verwendung von Formatvorlagen in mehreren Dokumenten. Außerdem erlauben es Dokumentvorlagen, Texte und Grafiken automatisch vorzugeben, wenn ein neues Dokument angelegt wird. Auf diese Weise kann z.B. erreicht werden, daß ein Brief automatisch mit einem Briefkopf versehen wird.

10.1 Wissenswertes über Formatvorlagen

10.1.1 Begriffserklärungen

Formatvorlagen
: Eine Formatvorlage ist eine Sammlung von Formatierungen. Jede Formatvorlage ist im allgemeinen für einen bestimmten Textbestandteil konzipiert. Sie können z.B. Formatvorlagen für verschiedene Überschriftenprioritäten, Bildunterschriften und eingerückte Absätze anlegen. Beispielsweise könnte eine Formatvorlage mit der Bezeichnung »Bildunterschrift« folgende Formatierungen enthalten: Ausrichtung: zentriert, Absatzendeabstand: 12 Punkt, Zeilenabstand: einfach, Schriftart: Times New Roman, Schriftgrad: 12 Punkt, Schriftattribut: kursiv usw.

Anstelle bei jeder Bildunterschrift die einzelnen Formatierungen einzustellen, weisen Sie den einzelnen Bildunterschriften die Formatvorlage »Bildunterschrift« zu.

Man unterscheidet Absatz- und Zeichenformatvorlagen. Eine Absatzformatvorlage enthält sowohl absatz- als auch zeichenspezifische Formatierungen, eine Zeichenformatvorlage dagegen nur zeichenspezifische Formatierungen. Zeichenformatvorlagen dienen dazu, innerhalb eines Absatzes verschiedene zeichenspezifische Formatierungen zu erzeugen.

Formatvorlagen werden standardmäßig direkt im Dokument gespeichert, können aber auch in sogenannte Dokumentvorlagen aufgenommen werden (mehr dazu im Abschnitt II. 10.5).

Bei Formatvorlagen unterscheidet man automatische und benutzerdefinierte Formatvorlagen:

Automatische Formatvorlagen
: Jedes Dokument enthält eine Reihe von vorgegebenen Formatvorlagen, die als *automatische Formatvorlagen* bezeichnet werden. Diese sind für typische Textelemente reserviert, z.B. für die verschiedenen Überschriftenprioritäten. Bei bestimmten Funktionen erwartet Word, daß der Text mit den entsprechenden automatischen Formatvorlagen formatiert ist. Soll z.B. ein Inhaltsverzeichnis generiert werden, müssen Sie die verschiedenen Überschriften mit den entsprechenden Formatvorlagen für Überschriften formatieren (ÜBERSCHRIFT 1 bis ÜBERSCHRIFT 9). Automatische Formatvorlagen lassen sich beliebig ändern, aber nicht löschen.

Benutzerdefinierte Formatvorlagen
: Das Gegenstück zu den automatischen Formatvorlagen sind die benutzerdefinierten. Sie können nahezu beliebig viele benutzerdefinierte Formatvorlagen erzeugen.

Formatvorlagen, die auf einer anderen basieren
: Auf Wunsch kann eine Formatvorlage (eine automatische oder benutzerdefinierte) auf einer anderen Formatvorlage basieren. Die entsprechende Formatvorlage enthält dann zunächst alle Formatierungen der Formatvorlage, auf der sie basiert. Sie unterscheidet sich nur in den Formatierungen, die explizit für die Formatvorlage eingestellt sind.

Dazu ein Beispiel: Eine Formatvorlage mit der Bezeichnung »Hängender Einzug 1« enthält folgende Formatierungen: Schriftart: Arial, Schriftgrad: 10 Punkt, hängender Einzug von 1 cm, einfacher Zeilenabstand, Absatzendeabstand: 6 Punkt, Ausrichtung: linksbündig.

Wird eine Formatvorlage »Hängender Einzug 2« definiert und soll diese einen hängenden Einzug von 2 cm erhalten, ansonsten aber die gleichen Formatierungen wie »Hängender Einzug 1« besitzen, so basieren Sie die neue Formatvorlage auf »Hängender Einzug 1«, und stellen Sie einen hängenden Einzug von 2 cm ein. Zu den anderen Formatierungen machen Sie keine Angabe.

Der Vorteil liegt aber nicht darin, wie man zunächst annehmen könnte, daß das Erzeugen von ähnlichen Formatvorlagen erleichtert wird. Denn Sie könnten zu diesem Zweck die Formatvorlage auch kopieren. Der Sinn dahinter ist ein anderer: Die Änderung von Formatvorlagen wird erleichtert, da nach der Änderung einer Formatvorlage alle Formatvorlagen, die auf dieser basieren, automatisch mit geändert werden.

Angenommen, Sie haben fünf Formatvorlagen für Überschriften verschiedener Prioritäten definiert. Diese besitzen alle die gleiche Schriftart und unterscheiden sich im wesentlichen im Schriftgrad. Später entscheiden Sie sich dafür, für alle Überschriften eine andere Schriftart zu verwenden. Gewöhnlich müßten Sie die Schriftart in allen fünf Formatvorlagen ändern. Haben Sie die einzelnen Überschriften-Formatvorlagen so definiert, daß die Überschriften 2 bis 4 auf der Überschrift 1 basieren, müssen Sie nur die Schriftart der Überschrift 1 ändern. Die anderen Formatvorlagen werden unmittelbar angepaßt. Sie behalten aber ihre spezifischen Formatierungen bei, in diesem Fall den Schriftgrad.

10.1.2 Beispiel für den Einsatz von Formatvorlagen

Die Funktionsweise von Formatvorlagen läßt sich am besten an einem Beispiel demonstrieren. Laden Sie zunächst ein beliebiges Dokument mit unbedeutendem Inhalt. Daraufhin bringen Sie an einem der Absätze beliebige Absatz- und Zeichenformatierungen an. Definieren Sie z.B. einen Absatz, der vom linken Seitenrand eingezogen ist.

Anschließend setzen Sie den Cursor in das Formatvorlagen-Listenfeld (standardmäßig das Listenfeld ganz links in der Symbolleiste), indem Sie den Eingabebereich anklicken. Geben Sie einen Namen für die Formatvorlage ein, z.B. »Einzug«, und bestätigen Sie mit Druck auf ⏎. Die Formatvorlage ist definiert.

Formatvorlage definieren

Sie können jetzt beliebigen anderen Absätzen die Formatvorlage »Einzug« zuweisen. Bewegen Sie hierfür den Cursor in den gewünschten Absatz, und klicken Sie auf den Pfeil neben der Formatvorlagen-Liste, um die Liste mit den verfügbaren Formatvorlagen herunterzuklappen. Wählen Sie die Formatvorlage »Einzug« mit einem Klick.

Formatvorlage einem Text zuweisen

Der aktuelle Absatz enthält jetzt dieselben Formatierungen wie der Absatz, über den die Formatvorlage »Einzug« definiert wurde. Weisen Sie einigen weiteren Absätze die Formatvorlage »Einzug« zu.

Bereits jetzt ergibt sich eine deutliche Arbeitsersparnis. Sie müssen nicht mehr die einzelnen Formatierungen einstellen, sondern nur die Formatvorlage auswählen.

Eine noch größere Arbeitsersparnis läßt sich bei Änderungen erreichen. Gesetzt den Fall, Sie möchten alle eingezogenen Absätze neu gestalten. Gewöhnlich müßten Sie alle eingezogenen Absätze ansteuern und die entsprechenden Formatierungen ändern.

Formatvorlage ändern

Bei der Verwendung von Formatvorlagen muß jedoch nur die Formatvorlage geändert werden; alle damit verknüpften Textbestandteile werden automatisch angepaßt. Gehen Sie dabei folgendermaßen vor:

Ändern Sie die Formatierungen eines der eingezogenen Absätze, und achten Sie darauf, daß der Cursor im Absatz bleibt. Daraufhin klappen Sie die Liste herunter, und wählen Sie die Formatvorlage aus, mit der der Absatz bereits verknüpft ist. Auf diese Weise wird die Formatvorlage unter dem gleichen Namen neu definiert. Word zeigt eine Dialogbox mit zwei Auswahlvarianten an und schlägt vor, daß die Formatvorlage gemäß des markierten Textes neu definiert wird (die Option BASIEREND AUF DER MARKIERUNG NEU DEFINIEREN ist aktiviert). Bestätigen Sie mit Klick auf OK.

Daraufhin weisen alle Absätze, die mit der Formatvorlage »Einzug« verknüpft sind, die neue Formatierungen auf.

Direktformatierungen
Dabei stellt sich die Frage, was mit Texten geschieht, die zwar mit einer Formatvorlage verknüpft sind, die jedoch nachträglich direkt formatiert wurden (also ohne Zuhilfenahme von Formatvorlagen, sondern z.B. über das Menü FORMAT/ZEICHEN). Die Antwort: Auch derartige Texte werden angepaßt. Die spezifischen Formatierungen bleiben aber erhalten. Haben Sie z.B. einen eingezogenen Absatz mit einem höheren Absatzendeabstand versehen, bleibt der spezifische Abstand erhalten. Andere Bestandteile wie die Ausrichtung, die Schriftart usw. werden weiterhin angepaßt, wenn die entsprechende Formatvorlage geändert wird.

10.2 Das Menü »Format/Formatvorlage«

Zwar ist das Arbeiten mit der Formatvorlagen-Liste komfortabler als die Verwendung des Menüs FORMAT/FORMATVORLAGE. Allerdings bietet das Menü FORMAT/FORMATVORLAGE eine Reihe zusätzlicher Optionen. Nur über das Menü kann z.B. eine Formatvorlage definiert werden, die auf einer anderen basiert.

Beide Verfahren lassen sich aber auch kombinieren. Sie können z.B. zunächst die Formatvorlage über die Formatvorlagen-Liste definieren und die entsprechenden Optionen danach über das Menü FORMAT/FORMATVORLAGE ändern.

10.2.1 Formatvorlagen definieren

Vorbereitungen
Möchten Sie eine bereits im Text vorhandene Formatierung verwenden oder eine Formatierung, die große Ähnlichkeiten mit einer bereits im Text enthaltenen Formatierung aufweist, bewegen Sie den Cursor zunächst in den gewünschten Absatz. Befinden sich im Absatz unterschiedliche Zeichenformatierungen, setzen Sie den Cursor rechts neben das Zeichen (oder markieren das Zeichen), dessen Formatierung standardmäßig für den kompletten Absatz vorgegeben werden soll.

Soll keine Absatzformatvorlage, sondern eine Zeichenformatvorlage erzeugt werden, setzen Sie den Cursor rechts neben das Zeichen (oder markieren das Zeichen), das die gewünschte Formatierung aufweist.

Daraufhin rufen Sie den Menüpunkt FORMAT/FORMATVORLAGE auf (Bild II.105). Bereits vorhandene Formatvorlagen werden in der Liste links angezeigt. Absatzformatvorlagen werden dabei durch eine vorangestellte Absatzmarke (¶) und Zeichenformatvorlagen durch ein vorangestelltes, unterstrichenes »a« gekennzeichnet. Die Formatvorlage, auf der sich der Cursor befindet, wird zusätzlich mit einem Dreieck (▶) hervorgehoben.

10 Formatvorlagen und Dokumentvorlagen

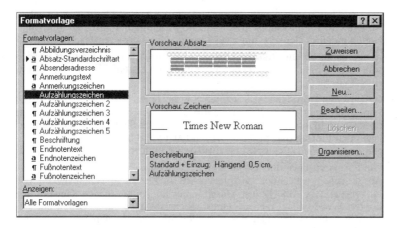

Bild II.104:
Das Menü FORMAT/
FORMATVORLAGE

Welche Formatvorlagen aufgelistet werden, hängt von der Einstellung im Listenfeld ANZEIGEN (links unten) ab. Zur Auswahl stehen:

- BENUTZTE FORMATVORLAGEN: zeigt nur Formatvorlagen (benutzerdefinierte und automatische) an, die im Dokument verwendet wurden.
- ALLE FORMATVORLAGEN: zeigt alle benutzerdefinierten Formatvorlagen sowie alle automatischen Formatvorlagen an.
- BENUTZERDEF. FORMATVORLAGEN: zeigt nur benutzerdefinierte Formatvorlagen an.

Klicken Sie auf die Schaltfläche NEU. Daraufhin erscheint eine weitere Dialogbox (Bild II.106). Die Formatierungen der aktuellen Cursorposition bzw. Markierung werden im Vorschaufenster und zusätzlich als Text im Feld BESCHREIBUNG (unten in der Dialogbox) angezeigt.

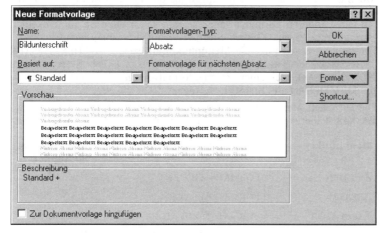

Bild II.105:
Über diese Dialogbox wird eine neue Formatvorlage definiert

Im oberen Bereich der Dialogbox befinden sich vier Felder, über die Sie die Eigenschaften der Formatvorlage definieren:

Den gewünschten Namen der Formatvorlage geben Sie im Feld NAME ein. Es sind beliebige Zeichen erlaubt, auch Leerzeichen. Lediglich die Zeichen ; {} () \ sind unzulässig. Der Name darf aus bis zu 253 Zeichen bestehen. Es bietet sich aber an, einen kurzen, prägnanten Namen zu verwenden, da in

Name

	der Liste bei langen Namen unter Umständen nur der linke Teil zu sehen ist. Die Groß- und Kleinschreibung wird beachtet; bei »Einzug« und »einzug« handelt es sich also um zwei verschiedene Formatvorlagen.
Absatz- oder Zeichenformatvorlage	Je nachdem, ob eine Absatz- oder Zeichenformatvorlage definiert werden soll, wählen Sie den entsprechenden Eintrag im Listenfeld FORMATVORLAGEN-TYP.
Festlegen, auf welcher Formatvorlage die neu definierte basiert	Im Listenfeld BASIERT AUF wählen Sie die Formatvorlage aus, auf deren Formatierungen die neue Formatvorlage basiert. Soll die Formatvorlage dagegen nicht auf einer anderen basieren, wählen Sie bei Absatzformatvorlagen den Eintrag (KEINE FORMATVORLAGE) und bei Zeichenformatvorlagen den Eintrag (ZUGRUNDELIEGENDE EIGENSCHAFT).
Formatvorlage für den nachfolgenden Absatz definieren	Die Formatvorlage, die der nachfolgende Absatz erhält, wenn der aktuelle Absatz mit ⏎ beendet wird, legen Sie im Listenfeld FORMATVORLAGE FÜR NÄCHSTEN ABSATZ fest. Damit hat es folgendes auf sich: Gewöhnlich kopiert Word beim Erzeugen eines neuen Absatzes durch Druck auf ⏎ die Absatzformatierungen des aktuellen Absatzes in den neu erzeugten. Dies ist jedoch nicht immer sinnvoll: Eine Überschrift oder eine Bildunterschrift besteht in der Regel nur aus einem Absatz. Der nachfolgende Absatz soll dann eine andere absatzspezifische Formatierung erhalten, typischerweise die für Standardabsätze. Sie müßten dann bei der Eingabe des Textes dem neu erzeugten Absatz erst die neue Formatvorlage zuweisen. Es läßt sich Zeit sparen, wenn als Formatvorlage für den nachfolgenden Absatz die Formatvorlage gewählt wird, die in der Praxis am häufigsten benötigt wird. Wählen Sie die gewünschte Formatvorlage aus dem Listenfeld.
Hinweis	Um es noch einmal zu verdeutlichen: Die hier definierte Formatvorlage ist zwar die Formatvorlage, die dem aktuellen Absatz folgt, aber nur, wenn dieser mit ⏎ beendet wird, um einen neuen Absatz zu erzeugen. Die Definition wirkt sich nicht auf einen Absatz aus, der dem aktuellen folgt, aber bereits eingegeben ist.
Formatierungen einstellen	Möchten Sie andere Formatierungen als die an der Cursorposition vorhandenen verwenden oder haben Sie angegeben, daß die Formatvorlage auf einer anderen Formatvorlage basieren soll, stellen Sie die einzelnen Formatierungen ein. Klicken Sie hierfür auf die Schaltfläche FORMAT. Daraufhin werden folgende Menüpunkte angezeigt: ZEICHEN, ABSATZ, TABULATOR, RAHMEN, SPRACHE, POSITIONSRAHMEN, SPRACHE und NUMERIERUNG. Bei einer Zeichenformatvorlage sind nur die Menüpunkte ZEICHEN und SPRACHE verfügbar.

Die einzelnen Menüpunkte entsprechen denen des Menüs FORMAT bzw. EXTRAS. Nähere Informationen erhalten Sie in den entsprechenden Kapiteln:

Menüpunkt	entspricht dem Menüpunkt	Beschreibung im Kapitel
ZEICHEN	FORMAT/ZEICHEN	II.3.2
ABSATZ	FORMAT/ABSATZ	II.3.3
TABULATOR	FORMAT/TABULATOR	II.4.7
RAHMEN	FORMAT/RAHMEN UND SCHATTIERUNG	II.3.3
SPRACHE	EXTRAS/SPRACHE	II.6.5
POSITIONSRAHMEN	FORMAT/POSITIONSRAHMEN	II.5.3

10 Formatvorlagen und Dokumentvorlagen

Menüpunkt	entspricht dem Menüpunkt	Beschreibung im Kapitel
NUMERIERUNG	FORMAT/NUMERIERUNG UND AUFZÄHLUNGEN	II.3.4

Nachdem Sie alles eingestellt haben, bestätigen Sie mit Klick auf OK. Daraufhin befinden Sie sich wieder in der ursprünglichen Dialogbox. Die Liste mit den vorrätigen Formatvorlagen wurde um die neu definierte Formatvorlage ergänzt.

Neue Formatvorlage bestätigen

Klicken Sie abschließend auf SCHLIEßEN (oder drücken Sie [Esc]), um wieder in das Dokument zurückzugelangen.

10.2.2 Die Formatvorlagen »Standard« und »Absatz-Standardschriftart«

Diese beiden Formatvorlagen gehören zu den automatischen Formatvorlagen. Sie besitzen eine fundamentale Bedeutung:

Beim Anlegen eines neuen Dokuments werden alle Absätze zunächst mit der Formatvorlage STANDARD verknüpft. Die Formatvorlage dient vor allem dazu, gewöhnliche Fließtextabsätze zu formatieren. Möchten Sie ein bestimmtes Element im Text, z.B. eine Überschrift, in einen Fließtext umwandeln, weisen Sie diesem die Formatvorlage STANDARD zu. Diese Formatvorlage kann auch wahlweise mit Druck auf [Strg]+[Shift]+[N] abgerufen werden.

Formatvorlage »Standard«

Die Zeichenformatvorlage ABSATZ-STANDARDSCHRIFTART ist die einzige Formatvorlage, die sich nicht bearbeiten läßt. Dies liegt daran, daß sie keine Formatierungen enthält. Sie steht vielmehr symbolisch für die Zeichenformatierungen, die in einer Absatzformatvorlage als Standard vorgegeben sind. Wird die Formatvorlage ABSATZ-STANDARDSCHRIFTART einem Text zugewiesen, werden die Formatierungen auf die Standardwerte der jeweiligen Absatzformatvorlage zurückgesetzt. Die Formatvorlage dient vor allem dazu, eine Zeichenformatierung wieder zu entfernen. Sie haben die Formatvorlage vermutlich schon häufig benutzt, ohne sich dessen bewußt gewesen zu sein, denn sie kann auch mit dem im Verlauf der vorangegangen Kapitel bereits mehrfach erwähnten Shortcut [Strg]+[Leer] aufgerufen werden.

Formatvorlage »Absatz-Standardschriftart«

10.2.3 Einen Text mit Hilfe einer Formatvorlage formatieren

Möchten Sie einem Text eine Absatzformatvorlage zuweisen, bewegen Sie den Cursor zunächst in den gewünschten Absatz. Soll die Formatvorlage mehreren Absätzen zugewiesen werden, markieren Sie die gewünschten Absätze. Beabsichtigen Sie dagegen, eine Zeichenformatvorlage auszuwählen, markieren Sie den gewünschten Text.

Anschließend rufen Sie den Menüpunkt FORMAT/FORMATVORLAGE auf, klicken Sie in der Liste links auf die gewünschte Formatvorlage, und bestätigen Sie mit einem Klick auf ZUWEISEN.

Formatvorlagen lassen sich auch über Shortcuts aufrufen. Das Definieren von Shortcuts empfiehlt sich vor allem dann, wenn bestimmte Formatvorlagen sehr häufig benötigt werden.

Shortcuts

Zum Definieren eines Shortcuts rufen Sie den Menüpunkt FORMAT/FORMATVORLAGE auf, klicken Sie auf die gewünschte Formatvorlage, klicken

Sie auf BEARBEITEN und auf SHORTCUT. Daraufhin drücken Sie die gewünschte Tastenkombination. Beim Druck auf eine bereits belegte Tastenkombination weist Sie Word darauf hin, mit welcher Funktion die Tastenkombination versehen ist. Sie können zwar die alte Tastenkombination überschreiben, müssen allerdings dann in Kauf nehmen, daß die alte Funktion nur noch über Menüs oder Symbole aufgerufen werden kann. Bestätigen Sie den Shortcut mit Klick auf ZUORDNEN, verlassen Sie die Dialogbox mit Klick auf SCHLIEßEN, und bestätigen Sie abschließend mit Klick auf OK.

Vordefinierte Shortcuts

Eine Reihe von automatischen Formatvorlagen sind standardmäßig mit einem Shortcut versehen:

Name der Formatvorlage	Shortcut
ABSATZ-STANDARDSCHRIFTART	`Strg`+`Leer`
STANDARD	`Strg`+`Shift`+`N`
ÜBERSCHRIFT 1	`Alt`+`1`
ÜBERSCHRIFT 2	`Alt`+`2`
ÜBERSCHRIFT 3	`Alt`+`3`

10.2.4 Formatvorlagen ändern

Zum Ändern einer Formatvorlage rufen Sie den Menüpunkt FORMAT/FORMATVORLAGE auf. Wählen Sie die zu ändernde Formatvorlage aus der Liste, und klicken Sie auf BEARBEITEN. Daraufhin wird eine Dialogbox angezeigt, die bis auf kleine Ausnahmen der Dialogbox entspricht, über die eine neue Formatvorlage definiert wird.

Ändern Sie die entsprechenden Formatierungen mit Hilfe der Schaltfläche FORMAT. Geändert werden können außerdem folgende Einstellungen:

- Die Formatvorlage, auf der die Formatvorlage basiert (Option BASIERT AUF).
- Die Formatvorlage für den nachfolgenden Absatz (Option FORMATVORLAGE FÜR NÄCHSTEN ABSATZ).
- Der Name der Formatvorlage (NAME).
  Automatische Formatvorlagen lassen sich nicht umbenennen. Sie können zwar einen neuen Namen eingeben, dieser wird dann aber dem vorgegebenen Namen getrennt durch ein Semikolon hinten angestellt. Wird z.B. versucht, die Formatvorlage ÜBERSCHRIFT 1 in »Kapitelüberschrift« umzubenennen, lautet der neue Name »Überschrift 1;Kapitelüberschrift«.

Bestätigen Sie die Änderungen abschließend mit Klick auf OK, und klicken Sie auf SCHLIEßEN.

10.2.5 Formatvorlagen löschen

Um eine Formatvorlage zu löschen, rufen Sie zunächst den Menüpunkt FORMAT/FORMATVORLAGE auf. Anschließend wählen Sie die zu löschende Formatvorlage aus und klicken auf LÖSCHEN. Beantworten Sie die daraufhin gestellte Sicherheitsabfrage mit Klick auf JA.

Hinweis

Automatische Formatvorlagen können – wie bereits erwähnt – nicht gelöscht werden. Bei den meisten automatischen Formatvorlagen wird zwar die Schaltfläche LÖSCHEN angeboten, doch nur wenn die automatische Formatvorlage geändert wurde, also andere Formatierungen aufweist als die standardmäßig von Word vorgegebenen. Beim Klick auf LÖSCHEN wird die Formatvorlage nicht wirklich gelöscht, sondern es werden lediglich die Formatierungen auf die Grundwerte zurückgesetzt. Bei bestimmten automatischen Formatvorlagen, z.B. den Formatvorlagen ÜBERSCHRIFT 1 - ÜBERSCHRIFT 9 und STANDARD, ist auch das Zurücksetzen nicht möglich.

Alle anderen Formatvorlagen lassen sich dagegen beliebig löschen, auch dann, wenn es Formatvorlagen geben sollte, die auf der zu löschenden Formatvorlage basieren. Das Löschen einer Formatvorlage kann daher zu unerwarteten Effekten führen. Da die betroffenen Formatvorlagen keine Verbindung mehr zu der eben gelöschten Formatvorlage haben, basieren diese fortan auf der Formatvorlage STANDARD (bei absatzspezifischen Formatvorlagen) bzw. auf der Formatvorlage ABSATZ-STANDARDSCHRIFTART (bei zeichenspezifischen Formatvorlagen).

10.2.6 Formatierungen eines Textes zurücksetzen

Um die direkte Formatierung eines Absatzes oder mehrerer Absätze zu entfernen, bewegen Sie den Cursor zunächst in den gewünschten Absatz, oder markieren Sie mehrere Absätze. Anschließend drücken Sie [Strg]+[Q]. Der Text weist daraufhin die Formatierungen auf, wie sie in der jeweiligen Formatvorlage definiert sind.

10.3 Die Formatvorlagen-Liste

Die Formatvorlagen-Liste haben Sie bereits im Kapitel II.10.1 kennengelernt. Da dort die einzelnen Funktionen nur auszugsweise erklärt wurden, wird die Formatvorlagen-Liste in diesem Abschnitt noch einmal ausführlich beschrieben.

Wie bereits im Kapitel II.10.2 erwähnt, ist die Formatvorlagen-Liste nur als Ergänzung zum Menü FORMAT/FORMATVORLAGE zu sehen, da eine Reihe von Aktionen nicht über die Formatvorlagen-Liste möglich sind.

Die Formatvorlagen-Liste erweist sich vor allem als praktisch, um zu kontrollieren, ob einem Text die richtige Formatvorlage zugewiesen wurde. Sie zeigt nämlich die Formatvorlage an, die der aktuellen Cursorposition oder Markierung zugewiesen ist. Außerdem können mit Hilfe der Liste Formatvorlagen komfortabel abgerufen werden.

10.3.1 Formatvorlagen definieren

Beim Definieren von Formatvorlagen über die Formatvorlagen-Liste lassen sich nur Absatzformatvorlagen, jedoch keine Zeichenformatvorlagen erzeugen.

Bewegen Sie den Cursor zunächst in den gewünschten Absatz. Enthält der Absatz verschiedene Zeichenformatierungen, markieren Sie den Bereich, dessen Zeichenformatierungen als Standard für den kompletten Absatz übernommen werden sollen. Daraufhin bewegen Sie den Cursor in das Eingabefeld der Formatvorlagen-Liste, indem Sie entweder den Bereich anklicken oder aber [Strg]+[Shift]+[S] drücken. Anschließend geben Sie den gewünschten Namen ein, und bestätigen Sie mit [↵].

II Word

10.3.2 Einen Text mit Hilfe einer Formatvorlage formatieren

Um eine Formatvorlage aus der Liste abzurufen, bewegen Sie zunächst den Cursor an die gewünschte Position im Dokument, oder markieren Sie den gewünschten Text. Im Anschluß daran klicken Sie auf den Pfeil, um die Liste nach unten zu klappen, und wählen Sie die gewünschte Formatvorlage mit einem Klick.

Bei der Arbeit mit der Tastatur drücken Sie nacheinander `Strg`+`Shift`+`S` und `Alt`+`↓`. Wählen Sie die gewünschte Formatvorlage mit `↑` bzw. `↓`, und bestätigen Sie die Auswahl mit `↵`.

Praxistip: Die Formatvorlagen-Liste zeigt standardmäßig folgende Formatvorlagen an: alle benutzerdefinierten Formatvorlagen, geänderte automatische Formatvorlagen, verwendete automatische Formatvorlage sowie die Formatvorlagen ABSATZ-STANDARDSCHRIFTART, STANDARD, ÜBERSCHRIFT 1, ÜBERSCHRIFT 2 und ÜBERSCHRIFT 3. Sollen dagegen alle Formatvorlagen aufgelistet werden, halten Sie die `Shift`-Taste beim Klick auf den Pfeil fest.

10.3.3 Formatvorlagen ändern

Das Ändern einer Formatvorlage funktioniert ähnlich wie das Definieren. Dabei geben Sie im Eingabefeld jedoch keinen neuen Namen ein, sondern wählen den Namen der Formatvorlage aus der Liste, mit der der Absatz verknüpft ist.

Bei dem Vorgang ergibt sich eine uneindeutige Situation, da das Formatieren einer Textstelle mit einer Formatvorlage genauso funktioniert. Word stellt daher eine Abfrage (Bild II.107).

Bild II.106: Abfrage beim Versuch, eine Formatvorlage zu ändern

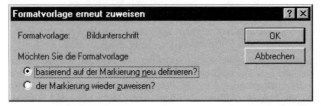

Um die Formatvorlage zu ändern, übernehmen Sie die voreingestellte Option BASIEREND AUF DER MARKIERUNG NEU DEFINIEREN durch einen Klick auf OK.

Entscheiden Sie sich dagegen für die Option DER MARKIERUNG WIEDER ZUWEISEN, wird die Formatvorlage nicht geändert, und dem Text wird die ursprüngliche Formatvorlage zugewiesen (entspricht einem Druck auf `Strg`+`Q`).

10.4 Übersicht der automatischen Formatvorlagen

Die nachfolgende Tabelle zeigt eine Übersicht der wichtigsten automatischen Formatvorlagen.

Formatvorlage	Art	Beschreibung
ABSATZ-STANDARDSCHRIFTART	Zeichen	Standardmäßige Zeichenformatierung
ENDNOTENTEXT	Absatz	Formatierung des Endnotentextes (Kapitel II.3.8)
ENDNOTENZEICHEN	Zeichen	Formatierung des Endnotenzeichens (Kapitel II.3.8)
FUSSNOTENTEXT	Absatz	Formatierung des Fußnotentextes (Kapitel II.3.8)
FUSSNOTENZEICHEN	Zeichen	Formatierung des Fußnotenzeichens (Kapitel II.3.8)
FUSSZEILE	Absatz	Formatierung von Fußzeilen (Kapitel II.3.7)
INDEX 1-9	Absatz	Einträge für ein Stichwortverzeichnis (Kapitel II.9.3)
INDEXÜBERSCHRIFT	Absatz	Anfangsbuchstaben für das Stichwortverzeichnis (Kapitel II.9.3)
KOPFZEILE	Absatz	Formatierung von Kopfzeilen (Kapitel II.3.7)
SEITENZAHL	Zeichen	Seitenzahl, die mit EINFÜGEN/SEITENZAHLEN erzeugt wird.
STANDARD	Absatz	Standardmäßige Absatzformatierung
ÜBERSCHRIFT 1-9	Absatz	Verschiedene Überschriftenprioritäten
VERZEICHNIS 1-9	Absatz	Einträge für ein Inhaltsverzeichnis (setzt die Verwendung von ÜBERSCHRIFT 1-9 voraus)

10.5 Wissenswertes über Dokumentvorlagen

In den vorigen Abschnitten wurde beschrieben, wie sich das Formatieren mit Hilfe von Formatvorlagen beschleunigen und automatisieren läßt. Doch bislang haben Sie nur erfahren, wie sich Formatvorlagen innerhalb *eines* Dokuments einsetzen lassen. Es wäre jedoch mühsam, bei jedem neuen Dokument erst wieder entsprechende Formatvorlagen zu definieren.

Genau an dieser Stelle setzen Dokumentvorlagen an. Diese erlauben es unter anderem, die einzelnen Formatvorlagen aus beliebigen Dokumenten zu nutzen. Eine Dokumentvorlage ist im Prinzip ein gewöhnliches Dokument, das Formatvorlagen enthält, jedoch im Unterschied zu einem Dokument in einem besonderen Dateiformat für Dokumentvorlagen gespeichert ist.

II Word

Dokumentvorlagen mit Texten und Grafiken

Dokumentvorlagen können Texte und Grafiken enthalten, müssen aber nicht. Das Aufnehmen von Texten und Grafiken ist dann sinnvoll, wenn mehrere Dokumente über gleiche Textbestandteile und Grafiken verfügen sollen. Denkbar ist z.B. ein Layout für ein Briefpapier: Wird ein Dokument angelegt, das auf der entsprechenden Dokumentvorlage basiert, enthält dieses automatisch den Briefkopf (Anschrift und Firmenlogo) sowie sonstige Bestandteile, die in jedem Brief gleich sein sollen.

Seitenspezifische Formatierungen vorgeben

Ihnen ist bestimmt aufgefallen, daß es zwar Absatz- und Zeichenformatvorlagen gibt, aber keine Formatvorlagen für seitenspezifische Formatierungen. Doch auch die Einstellung von seitenspezifischen Formatierungen läßt sich automatisieren: Beim Anlegen eines Dokuments werden diesem die seitenspezifischen Formatierungen zugewiesen, die die dazugehörige Dokumentvorlage besitzt. Stellen Sie also die gewünschten seitenspezifischen Formatierungen direkt in der Dokumentvorlage ein, um in anderen Dokumenten auf die Formatierungen zurückgreifen zu können.

AutoText-Einträge, Makros und Symbolleisten

Neben Formatvorlagen können Dokumentvorlagen auch AutoText-Einträge, Makros und Symbolleisten (inklusive der Menü- und Tastenbelegung) enthalten. Gewöhnlich werden solche AutoText-Einträge, Makros und Symbolleisten in eine Dokumentvorlage aufgenommen, die nicht in allen Dokumenten zur Verfügung stehen sollen, da sie zu speziell sind. Mehr über die AutoText-Funktion erfahren Sie im Kapitel II.2.3. Wie sich Symbolleisten zusammenstellen lassen, ist im Kapitel II.14 beschrieben.

Erweiterung für Dokumentvorlagen

Dokumentvorlagen werden im Gegensatz zu gewöhnlichen Dokumenten nicht unter der Erweiterung DOC, sondern unter der Erweiterung DOT gespeichert.

10.6 Mit Dokumentvorlagen arbeiten

10.6.1 Dokumentvorlage erzeugen

Laden Sie zunächst das Dokument, dessen Formatvorlagen und dessen seitenspezifische Formatierung Sie auch in anderen Dokumenten nutzen möchten. Speichern Sie das Dokument als Dokumentvorlage. Dazu rufen Sie den Menüpunkt DATEI/SPEICHERN UNTER auf, und wählen Sie zunächst unter DATEITYP den Eintrag DOKUMENTVORLAGE. Geben Sie den gewünschten Dateinamen ein, und wählen Sie den Ordner aus, in dem die Dokumentvorlage gespeichert werden soll. Die einzelnen mitgelieferten Dokumentvorlagen sind in den einzelnen Ordnern gespeichert, die dem Ordner »C:\MSOffice\Vorlagen« untergeordnet sind. Lediglich die Dokumentvorlage NORMAL.DOT ist direkt im Ordner »C:\MSOffice\Vorlagen« gespeichert.

Sie sollten den Ordner wählen, der das Anwendungsgebiet Ihrer Dokumentvorlage repräsentiert. Möchten Sie z.B. eine Dokumentvorlage für Briefe speichern, wählen Sie als Ordner »Briefe & Faxe«. Sie können aber auch einen neuen Ordner erzeugen, indem Sie auf das nebenstehende Symbol klicken und einen Namen für den Ordner eingeben.

Um die Dokumentvorlage abschließend zu speichern, bestätigen Sie mit einem Klick auf die Schaltfläche SPEICHERN.

10.6.2 Neues Dokument erstellen

Beim Erstellen eines neuen Dokuments über das Menü DATEI/NEU oder den Menüpunkt MICROSOFT OFFICE DATEI NEU (Startmenü) werden mehrere Register angezeigt (Bild II.108), auf denen die einzelnen Dokumentvorlagen angeboten werden. Wählen Sie die gewünschte Dokumentvorlage mit einem Doppelklick. Das neue Dokument ist dann mit der ausgewählten Dokumentvorlage verknüpft. Dies können Sie überprüfen, indem Sie den Menüpunkt DATEI/DOKUMENTVORLAGE aufrufen. Der Name der verknüpften Dokumentvorlage ist dabei im Eingabefeld links oben eingetragen.

Enthält die mit dem Dokument verknüpfte Dokumentvorlage einen Text, wird dieser im neuen Dokument vorgegeben. Dabei handelt es sich um eine Kopie. Sie können diesen Text daher beliebig ändern, erweitern und löschen. Die Dokumentvorlage wird nicht verändert.

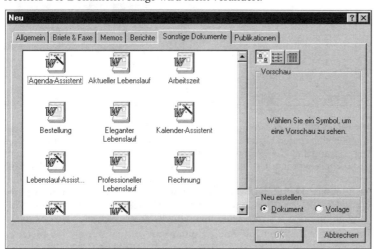

Bild II.107: Formatvorlage beim Anlegen eines Dokuments auswählen

10.6.3 Dokumentvorlage wechseln

Um ein bestehendes Dokument mit einer anderen Dokumentvorlage zu verknüpfen, verwenden Sie den Menüpunkt DATEI/DOKUMENTVORLAGE. Tragen Sie den Dateinamen der Dokumentvorlage entweder direkt ein, oder klicken Sie auf VERBINDEN, um die Dokumentvorlage aus dem Dateiauswahlfenster zu wählen.

Der Text wird daraufhin unmittelbar neu formatiert. Lediglich die seitenspezifischen Formatierungen bleiben unverändert. Auch am Text wird nichts verändert; ein etwaiger in der Dokumentvorlage enthaltener Text wird also nicht eingefügt.

10.6.4 Formatvorlagen in der Dokumentvorlage ändern

Werden Formatvorlagen in einer Dokumentvorlage geändert, so wirken sich die veränderten Formatierungen standardmäßig nur auf neu angelegte Dokumente aus. Häufig ist es aber erwünscht, daß von den Änderungen auch bereits bestehende Dokumente betroffen sind.

Angenommen, Sie verfassen eine Reihe von Artikeln, die alle dasselbe Layout besitzen sollen. Nachdem Sie eine Reihe von Artikeln weitgehend fertiggestellt haben, entscheiden Sie sich dafür, eine der Formatvorlagen zu ändern, z.B. die Formatvorlage für die Zwischenüberschrift.

*Bild II.108:
Verknüpfen des
Dokuments mit einer
Dokument-vorlage*

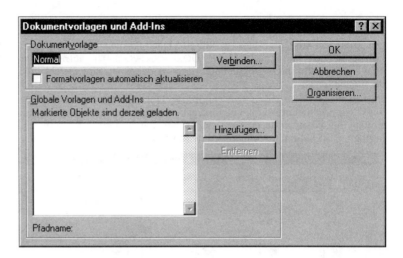

Nachdem Sie diesen Vorgang in der Dokumentvorlage durchgeführt haben, ergeben sich in den bestehenden Artikeln zunächst keine Änderungen. Dies liegt daran, daß die Formatvorlagen standardmäßig direkt im Dokument gespeichert werden. Um eine ständige Verbindung zur Dokumentvorlage herzustellen, begeben Sie sich in eines der Dokumente, rufen Sie den Menüpunkt DATEI/DOKUMENTVORLAGE auf, und aktivieren Sie die Option FORMATVORLAGEN AUTOMATISCH AKTUALISIEREN. Dieser Vorgang muß in den anderen Dokumenten wiederholt werden.

Praxistip: Wünschen Sie eine automatische Aktualisierung, so bietet es sich an, die Option FORMATVORLAGEN AUTOMATISCH AKTUALISIEREN gleich nach dem Anlegen eines Dokuments einzuschalten.

Hinweise Falls ein Dokument geöffnet ist, wirken sich Änderungen erst dann aus, wenn dieses geschlossen und neu geöffnet wird.

Werden in der Dokumentvorlage andere seitenspezifische Formatierungen eingestellt, hat dies keine Auswirkung auf bereits bestehende Dokumente.

10.6.5 Formatvorlagen im Dokument ändern

Werden Formatvorlagen im Dokument definiert oder geändert, wirkt sich dies standardmäßig nur auf das aktuelle Dokument aus. Soll auch die Dokumentvorlage geändert werden, gehen Sie zunächst wie gewohnt vor. Rufen Sie also das Menü FORMAT/FORMATVORLAGE auf, klicken Sie auf NEU (für eine neue Formatvorlage) oder BEARBEITEN (zum Ändern einer Formatvorlage), und nehmen Sie die gewünschten Einstellungen vor. Im Unterschied zur gewöhnlichen Vorgehensweise schalten Sie jedoch die Option ZUR DOKUMENTVORLAGE HINZUFÜGEN ein (ganz unten in der Dialogbox), bevor Sie die Dialogbox verlassen.

Diese Option wird bei jeder weiteren Definition oder Änderung wieder abgeschaltet. Vergessen Sie daher nicht, bei einer Definition und Änderung, die auch die Dokumentvorlage betreffen soll, die Option wieder einzuschalten.

Hinweis Damit die Änderungen nicht nur in die Dokumentvorlage aufgenommen werden, sondern auch Auswirkungen auf die mit der Dokumentvorlage verknüpften Dokumente haben, muß in den jeweiligen Dokumenten die

10 Formatvorlagen und Dokumentvorlagen

Option FORMATVORLAGEN AUTOMATISCH AKTUALISIEREN (Menü DATEI/DOKUMENTVORLAGE) aktiviert sein (vergleiche hierzu vorigen Abschnitt).

10.6.6 Der Formatvorlagen-Katalog

Mit Hilfe des Formatvorlagen-Katalogs läßt sich ausprobieren, wie sich das Aussehen eines Dokuments ändert, wenn diesem eine andere Dokumentvorlage zugewiesen wird. Rufen Sie hierfür das Menü FORMAT/FORMATVORLAGEN-KATALOG auf. In der Liste links werden alle vorrätigen Dokumentvorlagen angezeigt (Bild II.110). Klicken Sie auf die gewünschte Doumentvorlage. Die sich daraus ergebenden Änderungen sind aus dem Vorschaufenster ersichtlich. Sagt Ihnen eine Dokumentvorlage zu, klicken Sie auf OK. Andernfalls wählen Sie den Eintrag (ORIGINAL) und verlassen die Dialogbox mit Klick auf OK.

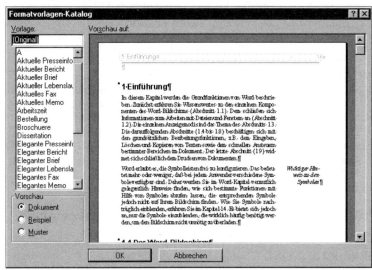

Bild II.109:
Der Formatvorlagen-Katalog

Haben Sie sich für eine der Dokumentvorlagen entschieden, weist Ihr Dokument zunächst die neuen Formatierungen auf. Dies gilt allerdings nur so lange, bis das Dokument geschlossen und neu geöffnet wird. Danach besitzt das Dokument wieder die Formatierungen der ursprünglichen Dokumentvorlage. Sollen die Formatierungen beibehalten werden, ist es daher erforderlich, daß Sie die gewünschte Dokumentvorlage im Menü DATEI/DOKUMENTVORLAGE eintragen (siehe hierzu unter Abschnitt II.10.6.3).

Hinweis

10.6.7 Die Dokumentvorlage NORMAL.DOT

Bei dieser Dokumentvorlage handelt es sich um eine globale Dokumentvorlage. Das bedeutet, daß die in der Dokumentvorlage NORMAL.DOT enthaltenen Formatvorlagen, AutoText-Einträge, Symbolleisten und Makros in jedem Dokument vorhanden sind, unabhängig davon, mit welcher Dokumentvorlage das Dokument verknüpft ist. Gibt es Formatvorlagen, die sowohl in der spezifischen Dokumentvorlage als auch in der Dokumentvorlage NORMAL.DOT vorhanden sind, haben die Formatvorlagen der spezifischen Dokumentvorlage Vorrang.

Die Verknüpfung zur Dokumentvorlage NORMAL.DOT kann nicht gelöst werden. Es bietet sich an, in diese Dokumentvorlage diejenigen Formatvorlagen und übrigen Bestandteile aufzunehmen, die in jedem Dokument vorhanden sein sollen.

10.6.8 Globale Dokumentvorlagen

Die Dokumentvorlage NORMAL.DOT ist nicht die einzige globale Dokumentvorlage. Es lassen sich beliebige weitere Dokumentvorlagen zu globalen Dokumentvorlagen machen.

Rufen Sie zu diesem Zweck den Menüpunkt DATEI/DOKUMENTVORLAGE auf, klicken Sie auf HINZUFÜGEN, und wählen Sie eine Dokumentvorlage. Fügen Sie auf Wunsch weitere Dokumentvorlagen hinzu. Durch Anklicken einer Dokumentvorlage läßt sich diese vorübergehend deaktivieren. Ein weiterer Klick aktiviert die Dokumentvorlage wieder. Um die Dokumentvorlage wieder zu entfernen, klicken Sie auf die Schaltfläche ENTFERNEN.

Die globalen Dokumentvorlagen stehen in allen geöffneten Dokumenten zur Verfügung. Wird Word verlassen und wieder aufgerufen, sind die globalen Dokumentvorlagen zwar noch eingebunden, aber deaktiviert. Schalten Sie daher die gewünschten Dokumentvorlagen im Menü DATEI/DOKUMENTVORLAGE ein.

Existieren Formatvorlagen, die sowohl in einer globalen Dokumentvorlage als auch in einer spezifischen Dokumentvorlage oder in der Dokumentvorlage NORMAL.DOT enthalten sind, ergibt es folgende Rangfolge:

- Die höchste Priorität hat die mit dem Dokument verknüpfte, spezifische Dokumentvorlage.
- Die zweithöchste Priorität besitzt die Dokumentvorlage NORMAL.DOT.
- Die geringste Priorität haben andere globale Dokumentvorlagen.

10.6.9 Formatvorlagen und Dokumentvorlagen organisieren

In der Praxis steht man häufig vor der Aufgabe, bestimmte Formatvorlagen in andere Dokumente oder Dokumentvorlagen zu übertragen, weil diese dort ebenfalls zur Verfügung stehen sollen.

Rufen Sie hierfür den Menüpunkt FORMAT/FORMATVORLAGE auf, und klicken Sie auf ORGANISIEREN. Daraufhin wird eine Dialogbox mit zwei Listen angezeigt (Bild II.111). Jede Liste zeigt die Formatvorlagen eines bestimmten Dokuments oder einer bestimmten Dokumentvorlage an.

Formatvorlagen kopieren
Die Formatvorlagen lassen sich dabei zwischen den beiden Listen beliebig hin- und herkopieren, wobei sie gleichzeitig in das jeweilige Dokument oder in die jeweilige Dokumentvorlage übertragen werden. Die Formatvorlagen werden dabei in die rechte Liste kopiert, wenn die linke Liste angewählt ist, und umgekehrt.

Markieren Sie zunächst die zu kopierenden Formatvorlagen bei gedrückter `Strg`-Taste. Ein größerer Bereich läßt sich markieren, indem zunächst eine Formatvorlage und bei gedrückter `Shift`-Taste eine weitere Formatvorlage angeklickt wird. Alle dazwischen befindlichen Formatvorlagen werden dabei mit markiert. Abschließend klicken Sie auf KOPIEREN.

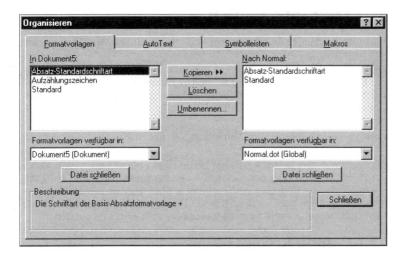

Bild II.110:
Kopieren von Formatvorlagen in ein Dokument oder eine Dokumentvorlage

Standardmäßig werden in der Liste links die Formatvorlagen des aktuellen Dokuments und rechts die Formatvorlagen der Dokumentvorlage NORMAL.DOT angezeigt. Über die beiden Optionen mit der Bezeichnung FORMATVORLAGEN VERFÜGBAR IN kann gewählt werden, ob die Formatvorlagen des Dokuments, der mit dem Dokument verknüpften Dokumentvorlage oder der Dokumentvorlage NORMAL.DOT angezeigt werden sollen.

Sie können jedoch in beiden Listen beliebige Dokumente und Dokumentvorlagen öffnen, indem Sie zunächst auf die Schaltfläche DATEI SCHLIEßEN, danach auf DATEI ÖFFNEN klicken und die gewünschte Datei auswählen. Diese Aktion hat keine Auswirkung auf die derzeit geladenen Dokumente und Dokumentvorlagen, sondern wirkt sich nur auf die Anzeige in der Dialogbox aus.

Durch einen Klick auf die Schaltflächen LÖSCHEN lassen sich Formatvorlagen löschen. Sind mehrere Formatvorlagen markiert, bietet Ihnen Word an, entweder alle Formatvorlagen in einem Durchgang zu löschen oder aber bei jeder Formatvorlage nachzufragen. Mit Hilfe der Schaltfläche UMBENENNEN kann eine Formatvorlage mit einem neuen Namen versehen werden. Mehrere Formatvorlagen lassen sich nicht in einem Durchgang umbenennen. Es darf daher nur eine Formatvorlage markiert sein.

Formatvorlagen löschen und umbenennen

Neben Formatvorlagen können auch AutoText-Einträge, Symbolleisten und Makros in eine andere Dokumentvorlage kopiert werden. Wechseln Sie hierfür auf das gewünschte Register, und gehen Sie analog zum Kopieren von Formatvorlagen vor.

AutoText-Einträge, Symbolleisten und Makros kopieren

11 Felder

Felder spielen in Word eine zentrale Rolle. Bei Feldern handelt es sich um spezielle Objekte, die das Anzeigen von Informationen initiieren, Aktionen bewirken oder Textstellen für spezielle Zwecke kennzeichnen. Bei einer Vielzahl von Funktionen bedient sich Word selbständig diverser Felder. Wenn Sie z.B. eine Grafik mit Hilfe des Menüpunktes EINFÜGEN/GRAFIK in Ihr Dokument importieren und damit verknüpfen, fügt Word die einzelnen Angaben zur Grafik, z.B. den Dateinamen, in Form eines Feldes ein. Word stellt 67 verschiedene Felder zur Verfügung.

11.1 Mit Feldern arbeiten

Word unterscheidet drei Arten von Feldern: Ergebnisfelder, Aktionsfelder und Markierungsfelder:

Ergebnisfelder Diese Felder haben ein bestimmtes Ergebnis am Bildschirm und Ausdruck zur Folge. Dabei kann es sich z.B. um ein Datum handeln, um statistische Informationen zum Dokument (beispielsweise um die Anzahl der Zeichen), einen Verweis (wie »vergleiche Bild 345«) oder das Ergebnis einer Berechnung.

Aktionsfelder Derartige Felder führen eine Aktion aus, z.B. das Ansteuern einer bestimmten Seite.

Markierungsfelder Markierungsfelder haben weder ein bestimmtes Ergebnis noch eine Aktion zur Folge. Sie kennzeichnen vielmehr einen bestimmten Textabschnitt, z.B. als Indexeintrag. Soll also ein bestimmtes Stichwort in den Index aufgenommen werden, muß an der Stelle im Dokument, auf die sich das Stichwort bezieht, ein entsprechendes Markierungsfeld eingefügt werden.

11.1.1 Aufbau eines Feldes

Alle Felder sind nach dem gleichen Prinzip aufgebaut. Ein Feld könnte z.B. das Aussehen { AktualDat \@ "tttt, tt. MMMM jjjj" } aufweisen. Wie deutlich zu erkennen, ist ein Feld in fett dargestellte, geschweifte Klammern gesetzt.

Feldname Das erste Feldelement ist der Feldname. Er lautet im Beispiel »AktualDat«. Der Feldname legt fest, welche Art von Informationen angezeigt wird, welche Aktionen ausgeführt oder welche Art von Informationen markiert werden sollen. Der Feldname »AktualDat« bewirkt z.B., daß das aktuelle Datum angezeigt wird.

Schalter Nach dem Feldnamen folgen häufig ein oder mehrere Schalter. Die Schalter spezifizieren die Art der Berechnung, der Ausführung oder der Markierung genauer. Häufig handelt es sich dabei um eine Art Feinabstimmung. So gibt z.B. der Schalter \@ durch den in gewöhnlichen Anführungszeichen (") nachgestellten Text ("tttt, tt. MMMM jjjj") an, in welchem Format das Datum angezeigt werden soll (man bezeichnet diesen Text als *Datums- und Zeitbild*). In diesem Fall wird das Datum mit ausgeschriebenem Wochentag und Monat sowie mit vierstelliger Jahresangabe (wie »Samstag, 27. Januar 1996«) angezeigt. Alle Schalter fangen mit einem umgekehrten Schrägstrich an (\). Die Angabe der Schalter ist wahlfrei. Die Schalter können also weggelassen werden; es werden dann die vorgegebenen Einstellungen angenommen.

11.1.2 Felder einfügen

Felder können über Menüs oder über die Tastatur eingefügt werden Felder lassen sich auf zwei Arten einfügen: über die entsprechenden Menüpunkte oder durch Eingabe über die Tastatur. Der wichtigste Menüpunkt ist dabei EINFÜGEN/FELD, über den sich alle Arten von Feldern einfügen lassen. Der Vorteil gegenüber der Eingabe über die Tastatur liegt darin, daß man die Feldnamen und die Schalter nicht auswendig lernen oder mühsam nachschlagen muß, sondern diese komfortabel aus dem Menü auswählen kann. Auch mit Hilfe der meisten übrigen Menüpunkte des Menüs EINFÜGEN lassen sich Felder einfügen, nur nicht eben alle wie bei EINFÜGEN/FELD, sondern nur bestimmte, zu einem Anwendungsbereich gehörige. Typischerweise bedient man sich am Anfang der Menüpunkte und geht später, wenn man sich die wichtigsten Felder eingeprägt hat, dazu über, diese manuell einzugeben.

Doch auch der fortgeschrittene Anwender bedient sich zum Einfügen bestimmter Felder der Menüpunkte. Zwar ist es z.B. möglich, eine Grafik einzufügen, indem der Feldname zum Einbinden von Grafiken und die jeweiligen Schalter eingegeben werden. Allerdings ist dieser Weg nicht besonders komfortabel. Man bekommt z.B. im Gegensatz zum Vorschaufenster des Menüpunktes EINFÜGEN/GRAFIK keine Kontrolle darüber, ob die richtige Grafik ausgewählt wurde.

Es hängt also nicht nur vom Wissensstand ab, sondern auch vom Anwendungsgebiet, welcher Weg – also das Einfügen über Menüs oder das manuelle Eingeben – der effektivere ist.

Fügen Sie als Beispiel ein Datumsfeld ein. Wählen Sie hierfür den Menüpunkt EINFÜGEN/FELD an (siehe Bild II.112), und schalten Sie zunächst die Option FORMATIERUNG BEI AKTUALISIERUNG BEIBEHALTEN aus (mehr zu dieser Option später). Im Fenster links werden die einzelnen Kategorien für Felder aufgelistet. Je nachdem, welche Kategorie ausgewählt wird, werden im Fenster rechts andere Feldnamen angezeigt. Alternativ lassen sich aber auch alle Feldnamen anzeigen, indem die Kategorie [ALLE] ausgewählt wird.

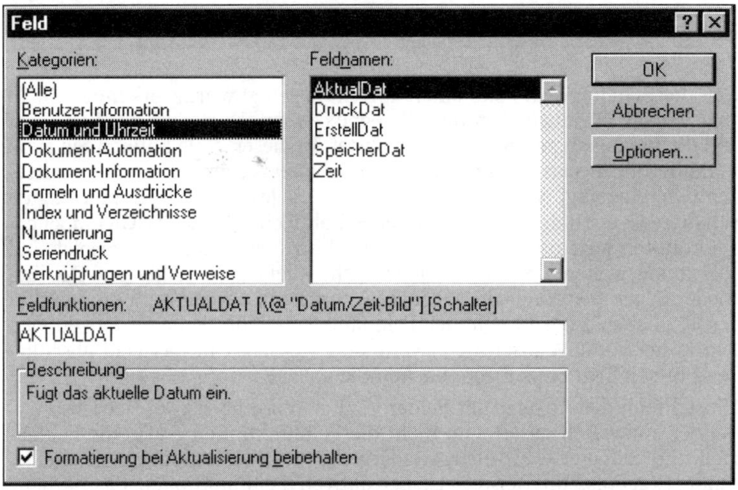

Mit dem Menü EINFÜGEN/FELD arbeiten

Bild II.111: Das Menü EINFÜGEN/FELD

Für das Beispiel interessiert jedoch die Kategorie DATUM UND UHRZEIT. Klicken Sie auf diese. Rechts werden jetzt fünf Feldnamen angezeigt: AktualDat, DruckDat, ErstellDat, SpeicherDat und Zeit. Zum jeweils ausgewählten Feldnamen wird in der Dialogbox unten ein Text angezeigt, der den Anwendungszweck des Feldnamens erklärt. Wählen Sie für das Beispiel den Feldnamen »AktualDat«.

Diesem Feld soll jetzt noch ein Schalter hinzugefügt werden, um das Format, in dem das Datum angezeigt wird, näher zu spezifizieren (ohne Schalter würde das Datum in einem standardmäßigen Format angezeigt werden). Zum Hinzufügen von Schaltern dient die Schaltfläche OPTIONEN. Abhängig vom gewählten Feldnamen werden nach einem Klick auf diese Schaltfläche ein oder mehrere Register mit diversen Schaltern angezeigt (Bild II.113). Im Beispiel sind es zwei Register: ALLGEMEINE SCHALTER und SPEZIFISCHE SCHALTER. Die einzelnen Datumsformate finden sich im Register ALLGEMEINE SCHALTER. Klicken Sie auf das Format »tttt, tt. MMMM jjjj«, und klicken Sie auf die Schaltfläche HINZUFÜGEN. Im unteren Teil der Dialogbox wird analog zu den Feldnamen eine Beschreibung des jeweiligen Schalters angezeigt.

*Bild II.112:
Das Menü zum
Einfügen von
Feldschaltern*

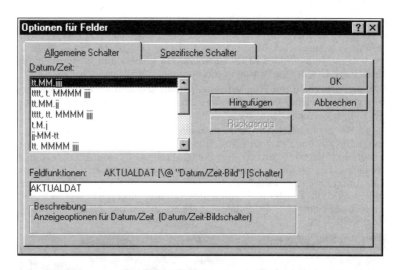

Daß der Schalter dem Feldnamen korrekt zugefügt wurde, erkennen Sie in dem langen Eingabefeld in der Dialogbox unten. Dort sind der Feldname und die hinzugefügten Schalter aufgelistet. In dieser Zeile können Sie auch Veränderungen vornehmen, z.B. einen Schalter löschen, falls dieser versehentlich eingefügt wurde. Ein Löschen des jeweils zuletzt eingefügten Schalters ist auch durch Klick auf die Schaltfläche RÜCKGÄNGIG möglich. Sie könnten jetzt noch weitere Schalter hinzufügen; für das Beispiel sind aber keine weiteren Schalter erforderlich. Klicken Sie daher auf OK, um wieder in die ursprüngliche Dialogbox zurückzukehren. Auch dort sind in der länglichen Eingabezeile der Feldname sowie die Schalter eingetragen und können auf Wunsch noch verändert werden. Um das Feld abschließend in den Text einzufügen, klicken Sie auf OK.

Bei der Anzeige von Feldern gibt es zwei Modi

Hinsichtlich der Anzeige der Felder verfügt Word über zwei Betriebsarten. Bei der einen Betriebsart sind nicht die Feldfunktionen – also die Feldnamen und Schalter – sichtbar, sondern das der Feldfunktion zugrundeliegende Ergebnis. Im Beispiel ist bei aktiven Feldfunktionen das aktuelle Datum (etwa in der Form »Samstag, 27. Januar 1996«) zu sehen, nicht aber der Feldname, der das Anzeigen des Datums initiiert. Typischerweise werden die Feldfunktionen nur kurzzeitig eingeschaltet, um die Felder zu überarbeiten.

Feldfunktionen anzeigen

Um die Feldfunktionen sichtbar zu machen, schalten Sie die Option FELDFUNKTIONEN im Menü EXTRAS/OPTIONEN, Register ANSICHT, ein. Alternativ können Sie auch auf nebenstehendes Symbol klicken oder [Alt]+[F9] drücken. Ein Deaktivieren der Option, ein weiterer Klick auf das Symbol oder ein erneuter Druck auf [Alt]+[F9] hebt die Anzeige der Feldfunktionen wieder auf.

Bei aktiven Feldfunktionen wird jetzt nicht mehr das Datum angezeigt, sondern der Text { AKTUALDAT \@ "tttt, tt. MMMM jjjj" }.

Feldanzeige nur bei einzelnen Feldern

Auf Wunsch lassen sich auch nur die Feldfunktionen bestimmter Felder anzeigen. Bewegen Sie dazu den Cursor auf ein Feld, und drücken Sie [Shift]+[F9]. Es werden dann die Feldfunktionen dieses Feldes angezeigt, die anderen Felder sind nicht betroffen. Durch einen erneuten Druck auf [Shift]+[F9] werden die Feldfunktionen des jeweiligen Feldes wieder ausgeschaltet.

Vielleicht wundern Sie sich, warum der Feldname auf einmal versal geschrieben ist (AKTUALDAT), wo er doch im Menü gemischt groß und klein angezeigt wurde (AktualDat). Die Erklärung ist einfach: Word ignoriert die Groß- und Kleinschreibung in Feldnamen und Schaltern. Es spielt also keine Rolle, ob »AktualDat«, »AKTUALDAT« oder »aktualdat« geschrieben wird. Das Ergebnis ist immer dasselbe. Die Menüfunktionen zum Einfügen wurden dabei so programmiert, daß die Feldnamen stets als Versalien eingesetzt werden. Am besten lesbar ist allerdings die gemischte Groß- und Kleinschreibung. Daher werden die im weiteren Verlauf dieses Kapitels vorgestellten Feldnamen in gemischter Groß- und Kleinschreibung abgedruckt.

Groß-/ Kleinschreibung in Feldnamen

Im Gegensatz zu den Feldnamen und Schaltern spielt es bei Datums- und Zeitbildern, Numerierungsformaten und ähnlichen Angaben sehr wohl eine Rolle, ob diese groß oder klein geschrieben werden. Sie dürfen z.B. eine Monatsangabe wie im Feld { AKTUALDAT \@ "tttt, tt. MMMM jjjj" } nicht klein schreiben. Ein kleines »m« hat nämlich eine andere Bedeutung: Es steht für eine Minutenangabe. Die Folge wäre, daß dann anstelle des Monats Minuten angezeigt werden.

Warnung

Bei einem Feld handelt es sich nicht um einen gewöhnlichen Text. Dies läßt sich feststellen, indem der Cursor auf das Feld gesetzt wird. Das Feld wird dabei grau markiert. Wenn Sie die einzelnen Zeichen des Feldes über die Tastatur eingeben, hat dies deshalb keine besondere Auswirkung. Die eingegebenen Zeichen werden wie ein gewöhnlicher Text behandelt, nicht aber als Feld interpretiert. Es wird also z.B. nach dem Ausschalten der Feldfunktionen kein Datum angezeigt. Der Unterschied zwischen einem Feld und einem gewöhnlichen Text liegt in den geschweiften Klammern. Dabei handelt es sich um andere Zeichen als die gewöhnlichen geschweiften Klammern, die Sie mit ⌈AltGr⌉+⌈7⌉ und ⌈AltGr⌉+⌈0⌉ erzeugen.

Felder manuell eingeben

am·26.01.1996,·also¶

Nichtsdestotrotz lassen sich auch die speziellen Feldklammern über die Tastatur erzeugen. Drücken Sie hierfür ⌈Strg⌉+⌈F9⌉. Daraufhin wird ein leeres Klammernpaar eingefügt, in das Sie Feldnamen und Schalter schreiben können. Geben Sie als Beispiel innerhalb der Klammern den Feldnamen »AnzZeichen« ein. Dieser bewirkt, daß die Anzahl der Zeichen des Dokumentes angezeigt wird. Schreiben Sie vor das Feld noch den Text »Dieses Dokument besteht aus« und hinter das Feld »Zeichen.« Ihre Eingabe lautet jetzt

Feldklammern erzeugen
{ }

```
Dieses Dokument enthält { AnzZeichen } Zeichen
```

Schalten Sie nun die Feldfunktionen aus. Doch dann werden Sie eine Enttäuschung erleben. Statt einer korrekten Anzahl der Textzeichen erhalten Sie nur den Text »Dieses Dokument enthält Zeichen«. Anstelle der erwarteten Zeichenanzahl zwischen den Wörtern »enthält« und »Zeichen« wird nur ein Leerzeichen angezeigt. Der Grund dafür ist, daß das Feld noch aktualisiert werden muß. Word überwacht nämlich nicht kontinuierlich alle Eingaben, da dies einen zu hohen Rechenaufwand nach sich ziehen würde.

11.1.3 Felder aktualisieren

Zum Aktualisieren bewegen Sie den Cursor auf das Feld und drücken ⌈F9⌉. Jetzt wird der Text korrekt angezeigt und lautet z.B. »Dieses Dokument enthält 14873 Zeichen«.

Felder manuell aktualisieren

Bei über ein Menü (vor allem dem Menüpunkt EINFÜGEN/FELD) eingefügten Feldern ist zunächst keine Aktualisierung notwendig, da diese beim Einfügevorgang automatisch durchgeführt wird. Allerdings stellt sich bei

II Word

Hinweis	allen Feldern, unabhängig davon, wie sie eingefügt wurden, generell das Problem, daß sich die Resultate laufend ändern können. Wird z.B. ein Text ein paar Tage später gedruckt, muß das neue Datum eingesetzt werden. Die Zeichenlänge des Dokumentes ändert sich in aller Regel bei einer Überarbeitung, um nur ein paar Beispiele zu nennen. Das Aktualisieren muß daher wiederholt werden, spätestens vor dem Drucken, denn auf dem Ausdruck sollten alle Informationen korrekt sein. Bei der Anzeige am Bildschirm ist es dagegen eher vertretbar, wenn einige Informationen nicht aktuell sind.
Hinweis	Beim Aktualisieren spielt es keine Rolle, ob die Feldanzeige ein- oder ausgeschaltet ist. Felder können also in beiden Betriebsmodi aktualisiert werden. Falls die Feldanzeige abgeschaltet ist, wird der neue Feldinhalt allerdings erst nach dem Deaktivieren der Feldanzeige sichtbar.
Alle Felder aktualisieren	Da es zu aufwendig ist, alle Felder anzusteuern und jeweils [F9] zu drücken, bietet es sich an, das gesamte Dokument zunächst zu markieren und alle Felder in einem Arbeitsschritt zu aktualisieren. Gehen Sie dazu folgendermaßen vor:

1. Markieren Sie das komplette Dokument, z.B. mit [Strg]+[A].
2. Drücken Sie [F9].

Alle Felder enthalten jetzt aktuelle Informationen.

Einige Felder aktualisieren	Es können auch kleinere Bereiche aktualisiert werden, indem der gewünschte Bereich vor der Aktualisierung entsprechend markiert wird. Beim Aktualisieren von Feldern in Tabellen muß dabei unbedingt die komplette Tabelle markiert werden ([Alt]+[Num 5]). Eine Aktualisierung eines Teilbereichs einer Tabelle ist nicht möglich.
Felder automatisch beim Druck aktualisieren	Da die Gefahr besteht, daß die Aktualisierung vor dem Druck vergessen wird, besteht die Möglichkeit, Word anzuweisen, alle Felder beim Druck automatisch zu aktualisieren. Hierzu muß die Option FELDER AKTUALISIEREN im Menü EXTRAS/OPTIONEN, Register DRUCKEN, eingeschaltet werden. Die Option ist standardmäßig ausgeschaltet. Kontrollieren Sie daher gegebenenfalls, ob die Option tatsächlich aktiviert ist.
Hinweis	Bestimmte Feldtypen, z.B. Datums- und Zeitfelder, werden beim Druck grundsätzlich aktualisiert, also auch dann, wenn die Option FELDER AKTUALISIEREN deaktiviert ist.

11.1.4 Felder überarbeiten

Feldfunktionen überarbeiten	Felder können bei eingeschalteter Feldanzeige beliebig erweitert werden. Sie können z.B. die Feldnamen gegen andere austauschen oder Schalter hinzufügen. Ebenso läßt sich ein Feld mit [Entf] löschen. Vor dem Druck auf [Entf] muß das Feld allerdings markiert werden.
Feldergebnisse überarbeiten	Wenn am Feldergebnis Änderungen durchgeführt wurden, gehen diese verloren, wenn das Feld aktualisiert wird. Wird z.B. ein Feld verwendet, das den Namen des Autors erzeugt, z.B. in der Form { Autor }, und fügen Sie dem Feldergebnis einen Text hinzu, wird dieser bei der Aktualisierung wieder gelöscht. Das Feldergebnis könnte z.B. das Aussehen »Henry K. Mustermann« haben. Wird das »K.« gelöscht (»Henry Mustermann«), wird der Name bei der Aktualisierung wieder restauriert, also das »K.« wieder hinzugefügt.

11.1.5 Felder formatieren

Ein Feldergebnis kann wie ein gewöhnlicher Text formatiert werden. Bei einer Aktualisierung werden die Formatierungen beibehalten. So lassen sich Felder z.B. fett formatieren oder in einem höheren Schriftgrad als der übrige Text darstellen. Allerdings gilt eine Formatierung jeweils für das ganze Feld. Es ist also z.B. nicht möglich, nur einige Zeichen des Feldes fett zu formatieren. Bei der Formatierung ist es unerheblich, ob die Feldfunktionen aktiv sind. Bei aktiven Feldfunktionen reicht es im übrigen aus, nur das erste Zeichen des Feldnamens entsprechend zu formatieren. Das Feldergebnis erhält dann diese Formatierung. Z.B. führt das Feld { **A**nzZeichen } dazu, daß das Feldergebnis fett angezeigt wird.

Einige Formatierungsangaben gehen bei der Aktualisierung verloren. Dazu gehören vor allem die Größe und der Zuschnitt von Grafiken. Dies läßt sich verhindern, indem dem Feld der Schalter »* FormatVerbinden« hinzugefügt wird. Dazu ein Beispiel:

Warnung

```
{ EinfügenGrafik C:\\TEXTE\\OFFICE\\2ZEILIG.BMP \*
FormatVerbinden }
```

fügt die angegebene Grafik ein und behält die Größe und den Zuschnitt bei einer Aktualisierung bei.

Der Schalter »* FormatVerbinden« wird bei Verwendung des Menüs EINFÜGEN/FELD automatisch eingefügt, wenn die Option FORMATIERUNG BEI AKTUALISIERUNG BEIBEHALTEN aktiviert ist.

Hinweis

11.1.6 Felder ansteuern und durchsuchen

Um das nächste Feld anzusteuern, erweist sich die Taste F11 als sehr praktisch. Den gegenteiligen Effekt hat Shift+F11, der Cursor wird also auf das vorige Feld gesetzt. Auch mit der Suchfunktion lassen sich Felder ansteuern. Verwenden Sie hierfür das Kürzel »^d«. Das Ansteuern von Feldern mit Hilfe der Suchfunktion ist nur bei aktiven Feldfunktionen möglich. F11 und Shift+F11 funktionieren dagegen in beiden Modi.

Feldweises Springen

Felder lassen sich ohne Einschränkung mit der Suchfunktion durchsuchen, werden also wie ein gewöhnlicher Text behandelt. Je nachdem, ob die Feldanzeige aktiv ist oder nicht, wird entweder nach den Feldnamen und den dazugehörigen Schaltern oder aber nach dem Feldergebnis gesucht. Haben Sie z.B. das Feld { AnzZeichen } eingefügt und ist das Feldergebnis sichtbar (es wird zB. 13566 angezeigt), kann nach dieser Zahl gesucht werden, obwohl es sich um einen dynamischen Wert handelt. Eine Suche nach dem Text »AnzZeichen« ist dagegen erfolglos, solange die Feldfunktionen inaktiv sind. Es kann also nur das gefunden werden, was auch am Bildschirm angezeigt wird.

Suchfunktion einsetzen

11.1.7 Weiterführende Informationen

Felder können fast beliebig ineinander verschachtelt werden, das heißt ein Feld enthält an einer bestimmten Zeichenposition ein weiteres Feld, das gegebenenfalls wiederum Felder enthält usw.

Felder verschachteln

Im folgenden Beispiel wird eine Dialogbox angezeigt, in der der Benutzer aufgefordert wird, einen Text einzugeben. Der eingegebene Text wird daraufhin in das Dokument eingefügt. Dazu dient der Feldname »Eingeben«. Um den Text festzulegen, der in der Dialogbox über dem Eingabefeld angezeigt wird, muß dieser hinter den Feldnamen in gewöhnliche Anführungszeichen gesetzt werden. Im Beispiel besitzt der Text eine variablen Teil, wobei es sich um das aktuelle Datum handelt. Um dies zu bewerkstelligen, wird an der gewünschten Zeichenposition ein weiteres Feld eingefügt, nämlich eines mit dem Feldnamen »AktualDat«. Das Beispiel lautet folgendermaßen:

II Word

{ Eingeben "Das heutige Datum lautet: { AktualDat }." }

Um das Feld auszuführen, aktualisieren Sie das Feld ([F9]). Alternativ können Sie auch die Seitenansicht aufrufen oder den Ausdruck starten. Danach erscheint eine Dialogbox, in der das aktuelle Datum angezeigt wird (Bild II.114).

Bild II.113: Dialogbox mit Eingabebereich

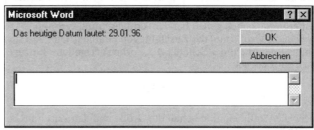

Aktionsfelder ausführen

Felder, die eine Aktion initiieren, z.B. den Cursor auf eine bestimmte Seite setzen, werden folgendermaßen ausgeführt: Bewegen Sie den Cursor auf das Feld, und drücken Sie [Alt]+[Shift]+[F9]. Dies funktioniert unabhängig davon, ob die Feldfunktionen aktiv sind oder nicht.

Alternativ kann ein Aktionsfeld auch durch einen Doppelklick auf eine beliebige Zeichenposition im Feld ausgeführt werden. In diesem Fall müssen jedoch die Feldfunktionen abgeschaltet sein.

Das folgende Aktionsfeld setzt den Cursor auf die erste Seite:

{ Gehezu 1 [Hier doppelt klicken, um auf die erste Seite zu springen.] }

Das Feld wird bei deaktivierten Feldfunktionen folgendermaßen angezeigt:

[Hier doppelt klicken, um auf die erste Seite zu springen.]

Felder sperren

Gesperrte Felder lassen sich weder manuell aktualisieren, noch werden sie beim Druck aktualisiert. Das Sperren ist dann sinnvoll, wenn das Feldergebnis endgültig ist. Um ein Feld zu sperren, setzen Sie den Cursor auf das Feld und drücken [Strg]+[F11]. Durch Druck auf [Shift]+[Strg]+[F11] wird die Sperrung wieder aufgehoben.

Gleichzeitig Feldergebnisse und Feldfunktionen anzeigen

Praxistip: Beim Überarbeiten von Feldern müssen die Feldfunktionen gewöhnlich ständig ein- und ausgeschaltet werden: Nach jeder Änderung ist es meist erforderlich, das Ergebnis zu kontrollieren. Entspricht dieses noch nicht den Erwartungen, werden die Feldfunktionen wieder eingeschaltet, das Feld erneut überarbeitet und abermals das Ergebnis kontrolliert usw. Die Überarbeitung gestaltet sich daher nicht besonders komfortabel. Es ist allerdings auch möglich, beide Informationen – Feldergebnisse und Feldfunktionen – anzuzeigen. Zu diesem Zweck wird der Bildschirm geteilt, wobei in einem Teilbereich des Dokumentfensters die Feldanzeige ein- und im anderen ausgeschaltet wird. Alle Änderungen werden dabei synchron durchgeführt: Wird ein Feld überarbeitet und mit Druck auf [F9] aktualisiert, wird das daraus resultierende Feldergebnis unmittelbar im anderen Bildschirmteil sichtbar. Um Feldergebnisse und Feldfunktionen gleichzeitig anzuzeigen, gehen Sie folgendermaßen vor:

1. Teilen Sie den Bildschirm, z.B. durch Anwahl des Menüpunktes FENSTER/TEILEN, durch Bewegen der Teillinie mit den Cursortasten und einem abschließenden Druck auf [↵].
2. Klicken Sie in einen der beiden Fensterbereiche, und drücken Sie

11 Felder

`Alt`+`F9` zum Ein- bzw. Ausschalten der Feldfunktionen.

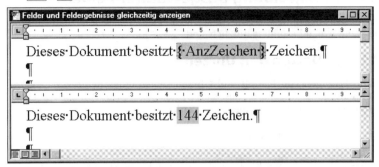

*Bild II.114:
Feldergebnisse und
Feldfunktionen
gleichzeitig anzeigen*

Um von einem Bildschirmbereich in den jeweils anderen zu wechseln, drücken Sie `F6` oder klicken in den Bereich. Um die Teilung des Bildschirms wieder aufzuheben, wählen Sie den Menüpunkt FENSTER/TEILUNG AUFHEBEN an.

In bestimmten Fällen ist es notwendig, ein Feld in einen gewöhnlichen Text umzuwandeln. Haben Sie z.B. ein Inhaltsverzeichnis generiert (dieses wird als Feld erzeugt), das anderweitig weiterverarbeitet, z.B. in ein anderes Dokument eingefügt werden soll, wäre es hinderlich, wenn dieses weiterhin ein Feld bleiben würde. Wird das Inhaltsverzeichnis nämlich aktualisiert (was automatisch beim Druckvorgang geschehen kann), wird das Inhaltsverzeichnis gemäß des neuen Dokuments völlig verändert. Das Inhaltsverzeichnis muß daher unmittelbar nach dem Kopieren in ein anderes Dokument in einen gewöhnlichen Text umgewandelt werden. Zum Umwandeln markieren Sie zunächst das Feld und drücken anschließend `Strg`+`Shift`+`F9`.

Felder in gewöhnlichen Text umwandeln

Eine Umwandlung des Textes zurück in ein Feld ist nur durch eine Neueingabe des Feldes möglich. Falls zwischenzeitlich keine weiteren Aktionen durchgeführt wurden, kann die Umwandlung allerdings auch mit Hilfe der Rückgängigfunktion (`Strg`+`Z`) wieder aufgehoben werden.

Standardmäßig werden nur die Feldergebnisse gedruckt. Gelegentlich besteht die Notwendigkeit, statt dessen die zugrundeliegenden Feldfunktionen zu drucken. Schalten Sie hierfür die Option FELDFUNKTIONEN im Menü EXTRAS/OPTIONEN, Register DRUCKEN, ein. Die Option wirkt sich nicht nur auf das Drucken aus, sondern auch auf die Darstellung in der Seitenansicht.

Feldfunktionen drucken

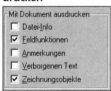

Wird der Cursor auf ein Feld bewegt, wird dieses grau markiert. Wenn Sie dies nicht wünschen, rufen Sie den Menüpunkt EXTRAS/OPTIONEN, Register ANSICHT, auf und wählen unter der Option FELDSCHATTIERUNG den Listeneintrag NIE. Auf Wunsch kann auch erreicht werden, daß Felder grundsätzlich grau markiert angezeigt werden, unabhängig davon, ob sich der Cursor darauf befindet. Dazu selektieren Sie den Listeneintrag IMMER. Um wieder zur ursprünglichen Einstellung zurückzukehren, wählen Sie den Listeneintrag WENN AUSGEWÄHLT.

Graue Markierung von Feldern beeinflussen

11.2 Beschreibung ausgewählter Felder

In diesem Abschnitt sind eine Auswahl von Feldern beschrieben, die für die tägliche Arbeit besonders nützlich sind.

11.2.1 Datum und Uhrzeit

Zum Einfügen von Datum und Uhrzeit stehen einer Reihe von Feldern zur Verfügung. Mit diesen läßt sich z.B. das Datum in Briefen vorgeben, ohne daß dieses direkt eingegeben werden muß.

Feldname	Wirkung
AktualDat	fügt das aktuelle Datum ein. Das Feld kann auch durch einen Klick auf das nebenstehende Symbol oder einen Druck auf [Alt]+[Shift]+[D] eingefügt werden. Dieses Feld ist eines der nützlichsten überhaupt und eignet sich vor allem für Schriftstücke, die typischerweise mehrmals überarbeitet werden oder mehrfach verwendet werden (z.B. Schemabriefe). Die Gefahr, daß ein Dokument mit einer falschen Datumsangabe ausgedruckt wird, weil vergessen wurde, das neue Datum einzusetzen, wird dadurch ausgeschaltet. Das Feld wird beim Druck automatisch aktualisiert.
DruckDat	fügt das Datum und die Zeit ein, an dem das Dokument zum letzten Mal gedruckt wurde. Wenn das Dokument also z.B. vor zwei Tagen das letzte Mal gedruckt wurde, wird dieses Datum, nicht aber das aktuelle Datum eingefügt. Gerade für frühere Anwender der DOS-Version von Word stellt dieses Feld eine Falle dar, da es sich anders verhält als der dortige Standardtextbaustein »Druckdatum«. Dieser setzt beim Druck das aktuelle Datum ein. Wenn Sie dieses Resultat erzielen möchten, dürfen Sie nicht das Feld »DruckDat« verwenden, sondern müssen auf das Feld »AktualDat« zurückgreifen.
ErstellDat	fügt das Datum ein, an dem das Dokument angelegt wurde.
SpeicherDat	fügt das Datum ein, an dem das Dokument zum letzten Mal gespeichert wurde.
Zeit	fügt die aktuelle Zeit ein. Das Feld kann auch durch einen Klick auf das nebenstehende Symbol oder einen Druck auf [Alt]+[Shift]+[T] eingefügt werden.

Datums- und Zeitbild Um das Format des Datums oder der Zeit festzulegen, fügen Sie den Schalter \@ "*Datums- und Zeitbild*" hinzu, wobei Sie das Datums- und Zeitbild aus den folgenden Angaben zusammensetzen:

Platzhalter	Wirkung
t	Tag ein- oder zweistellig (1-31)
tt	Tag zweistellig (01-31)
ttt	Wochentag auf 3 Zeichen abgekürzt (Mon-Son)

11 Felder

Platzhalter	Wirkung
tttt	Wochentag ausgeschrieben (Montag-Sonntag)
M	Monat ein- oder zweistellig (1-12)
MM	Monat zweistellig (01-12)
MMM	Monat auf drei Zeichen abgekürzt (Jan-Dez)
MMMM	Monat ausgeschrieben (Januar-Dezember)
JJ	Jahr zweistellig (00-99)
JJJJ	Jahr vierstellig (1900-2040)
H	Stunde ein- oder zweistellig, 24-Stunden-Format (0-23)
HH	Stunde zweistellig, 24-Stunden-Format (00-23)
h	Stunde einstellig, 12-Stunden-Format (1-12)
hh	Stunden ein- oder zweistellig, 12-Stunden-Format (01-12)
mm	Minuten (00-59)
ss	Sekunden (00-59)
A/P	Vormittag oder Nachmittag für Zeit im 12-Stunden-Format (A oder P)
a/p	Vormittag oder Nachmittag für Zeit im 12-Stunden-Format (a oder p)
AM/PM	Vormittag oder Nachmittag für Zeit im 12-Stunden-Format (AM oder PM)
am/pm	Vormittag oder Nachmittag für Zeit im 12-Stunden-Format (am oder pm)
´Text´	Fester Text, z.B. Punkte, Kommas, Doppelpunkte und Leerzeichen, um die einzelnen Angaben zu trennen. Außerdem sind auch längere Texte möglich, z.B. der Text ´den´, um Angaben wie »Donnerstag, den 7. März 1996« herzustellen. Falls keine Verwechslungsgefahr zwischen dem festen Text und den anderen Komponenten des Datums- und Zeitbilds besteht, dürfen die einfachen Anführungszeichen (´) weggelassen werden.

Das Feld { AktualDat \@ "tt.MM.jj" } erzeugt einen Datumswert wie »21.03.96«. Weitere Beispiele sind in folgender Tabelle zusammengefaßt:

Beispiele

Datums- und Zeitbild	Beispiel
tt.MM.jjjj	07.03.1996
t. MMMM jjjj	7. März 1996
tt. MMMM jjjj	07. März 1996
tttt, t. MMMM jjjj	Donnerstag, 7. März 1996
tttt, den t. MMMM jjjj	Donnerstag, den 7. März 1996
HH:mm	20:26

Datums- und Zeitbild	Beispiel
hh:mm AM/PM	08:26 PM
tt.MM.jj, HH:mm	07.03.96, 20:26

Darstellung ohne Schalter

Wird bei Datums- und Zeitfeldern kein Datums- und Zeitbild angegeben, erfolgt die Darstellung eines Datumswertes in der Form »tt.MM.jj« und einer Zeitangabe in der Form »HH:mm«.

Praxistip: Datums- und Uhrzeitwerte lassen sich auch über den Menüpunkt EINFÜGEN/DATUM UND UHRZEIT einfügen. Im Unterschied zum Einfügen über das Menü EINFÜGEN/FELD oder der manuellen Eingabe des Feldes wird die Datums- oder Zeitangabe standardmäßig nicht als Feld, sondern als gewöhnlicher Text eingefügt. Durch Einschalten der Option ALS FELD EINFÜGEN im Menü EINFÜGEN/DATUM UND UHRZEIT ist aber auch ein Einfügen in Form eines Feldes möglich.

11.2.2 Informationen zum Dokument

Zum Anzeigen von dokumentspezifischen Angaben werden unter anderem folgende Felder angeboten:

Feldname	Wirkung
AbschnittSeiten	Die Anzahl der Seiten im aktuellen Abschnitt (erlaubt das Ermitteln der Anzahl der Seiten eines Kapitels oder Unterkapitels, falls diese jeweils durch Abschnittwechsel getrennt sind).
Abschnitt	Die Nummer des aktuellen Abschnitts
AnzSeiten	Die Anzahl der Seiten im Dokument
AnzWörter	Die Anzahl der Wörter im Dokument
AnzZeichen	Die Anzahl der Zeichen im Dokument
Autor	Der Name des Autors laut DATEI/EIGENSCHAFTEN, Register DATEI-INFO
Dateigrösse	Die Anzahl der Bytes der Dokumentdatei. Diese Angabe fällt höher aus als AnzZeichen, da in der Dokumentdatei neben Textzeichen auch noch Formatierungen, Grafiken usw. enthalten sind.
Dateiname	Der Dateiname des Dokuments
DokEigenschaft	Weitere Eigenschaften des Dokuments. Die gewünschte Eigenschaft wird dem Feldnamen nachgestellt. DokEigenschaft "Absätze" zeigt z.B. an, wie viele Absätze das Dokument besitzt. Für weitere Eigenschaften siehe im Menü EINFÜGEN/FELD.
DokVorlage	Der Name der mit dem Dokument verknüpften Dokumentvorlage

11 Felder

Feldname	Wirkung
 [#] Seite	Die aktuelle Seitennummer. Das Feld kann auch durch einen Klick auf das nebenstehende Symbol oder einen Druck auf [Alt]+[Shift]+[P] eingefügt werden. Der wichtigste Anwendungszweck von »Seite« ist die Seitennumerierung mit Hilfe von Kopf- und Fußzeilen (siehe Abschnitt II.3.7.3).
Thema	Das Thema des Dokuments laut DATEI/EIGENSCHAFTEN, Register DATEI-INFO
Titel	Der Titel des Dokuments laut DATEI/EIGENSCHAFTEN, Register DATEI-INFO

Die Eingabe

```
Dieses Dokument besitzt { AnzSeiten } Seiten und wurde von {
Autor } erstellt.
```

erzeugt einen Text wie

```
Dieses Dokument besitzt 14 Seiten und wurde von Frank Enstein
erstellt.
```

Beispiel

11.2.3 Numerieren über Felder

Die manuelle Numerierung von Bildern, Tabellen und anderen Textelementen ist sehr aufwendig, da die Numerierung beim nachträglichen Einfügen oder Löschen von Elementen angepaßt werden muß. Weitaus weniger arbeitsintensiv und gleichzeitig weniger fehleranfällig ist die Numerierung mit Hilfe von Feldern. Dazu dient der Feldname »Seq«, dem ein Sequenzname nachgestellt wird. Um welchen Namen es sich dabei handelt, können Sie frei festlegen. Zum Numerieren von Bildern bietet sich z.B. ein Name wie »Abb« oder »Bild« an. Wichtig dabei ist, daß immer der gleiche Sequenzname verwendet wird. Dazu ein Beispiel. Die Felder

Abbildungen, Tabellen und andere Textelemente numerieren

```
Hier befindet sich eine Abbildung.
Abbildung { Seq Abb }

Hier befindet sich eine Abbildung.
Abbildung { Seq Abb }

Hier befindet sich eine Abbildung.
Abbildung { Seq Abb }
```

erzeugen folgende Numerierung:

```
Hier befindet sich eine Abbildung.
Abbildung 1

Hier befindet sich eine Abbildung.
Abbildung 2

Hier befindet sich eine Abbildung.
Abbildung 3
```

Werden nachträglich Abbildungen und entsprechend dazu die Felder gelöscht oder neu aufgenommen, wird die Numerierung beim Aktualisieren der Felder korrigiert. Eine manuelle Aktualisierung mit [F9] ist dabei nicht notwendig; die Felder werden automatisch beim Druck aktualisiert, unabhängig davon, ob die Option FELDER AKTUALISIEREN im Menü EXTRAS/OPTIONEN, Register DRUCKEN, eingeschaltet ist.

Sollen Textbestandteile unabhängig voneinander numeriert werden, muß jede Art der zu numerierenden Elemente einen eigenen Sequenznamen besitzen. Im folgenden Beispiel werden Abbildungen und Tabellen numeriert. Die Felder

```
Hier befindet sich eine Abbildung.
Abbildung { Seq Abb }

Hier befindet sich eine Tabelle.
Tabelle { Seq Tab }

Hier befindet sich eine Abbildung.
Abbildung { Seq Abb }

Hier befindet sich eine Tabelle.
Tabelle { Seq Tab }
```

erzeugen folgende Numerierung:

```
Hier befindet sich eine Abbildung.
Abbildung 1

Hier befindet sich eine Tabelle.
Tabelle 1

Hier befindet sich eine Abbildung.
Abbildung 2

Hier befindet sich eine Tabelle.
Tabelle 2
```

Sequenznamen mit Leerzeichen

Befinden sich Leerzeichen oder andere Trennzeichen im Sequenznamen, so setzen Sie diesen in gewöhnliche Anführungszeichen:

```
Tabelle { Seq "Bild Num" }
```

Startnummer vergeben

Die Numerierung muß nicht unbedingt durchgehend erfolgen. Es kann an einer beliebigen Stelle mit einer neuen Startnummer fortgefahren werden. Dazu dient der Schalter \r, dem die entsprechende Startnummer nachgestellt wird. Das Vergeben eines Startwertes ist z.B. erforderlich, wenn ein Text auf mehrere Dateien aufgeteilt wurde. Es läßt sich dann verhindern, daß die Numerierung in der neuen Datei wieder mit 1 beginnt. Ein Beispiel:

```
{ Seq Abb \r 50} { Seq Abb } { Seq Abb }
```

erzeugt folgende Numerierung: 50 51 52

Numerierungsformat

Neben arabischen Zahlen stehen weitere Numerierungsformate zur Verfügung, z.B. römisch, hexadezimal und Buchstaben. Zur Wahl des Numerierungsformates dient der Schalter *, dem Sie die Bezeichnung des Numerierungsformates nachstellen. Z.B. erzeugt der Schalter »* ALPHABETISCH« eine Numerierung mit Großbuchstaben. Weitere Numerierungsformate entnehmen Sie dem Menü EINFÜGEN/FELD.

11.2.4 Querverweise auf Abbildungen, Tabellen, Überschriften usw.

Manuell angebrachte Querverweise sind noch weitaus problematischer als das manuelle Numerieren. Wohingegen man gegebenenfalls die Numerierung der Abbildungen oder Tabellen noch einmal der Reihe nach überprüfen kann, läßt sich nach tiefgreifenden Änderungen in der Numerierung kaum noch feststellen, welche Verweise angepaßt werden müssen, zumal auf bestimmte Abbildungen häufig mehrmals, auf andere dagegen nicht verwiesen wird.

Über den Feldnamen »Ref« ist eine weitaus effektivere Anbringung von Querverweisen möglich. Word setzt dabei selbsttätig die aktuelle Nummer ein und korrigiert diese gegebenenfalls automatisch. Die Aktualisierung erfolgt beim Druck.

Zunächst müssen alle Textstellen, auf die verwiesen werden sollen, mit einer Textmarke versehen werden. Markieren Sie die für den Querverweis ausschlaggebende Zahl. Lautet eine Bildunterschrift z.B. »Abbildung 100«, so müssen Sie die 100 markieren. Bei zweigliedrigen Bildunterschriften (wie »Abbildung 19.88«) genügt es, den zweiten Teil, also die »88«, zu numerieren, da sich die erste Zahl in aller Regel nicht mehr ändert. (Wahlweise können aber auch beide Zahlen markiert werden.) **Textmarke einfügen**

Es spielt dabei keine Rolle, ob die Zahl 100 manuell eingegeben wurde oder ob es sich um ein Feld handelt, das automatisch numeriert wird (also über den Feldnamen »Seq«). Es ist aber empfehlenswert, auf die automatische Numerierung zurückzugreifen (siehe weiter oben im Abschnitt II.11.2.3). **Hinweis**

Daraufhin rufen Sie den Menüpunkt BEARBEITEN/TEXTMARKE auf, geben Sie einen möglichst aussagekräftigen Namen ein, und klicken Sie auf HINZUFÜGEN. Verfahren Sie bei allen weiteren Textstellen auf dieselbe Weise.

Um auf eine Nummer zu verweisen, fügen Sie ein Feld mit dem Feldnamen »Ref« ein, dem der entsprechende Name der Textmarke nachgestellt wird. Dazu ein Beispiel: **Auf eine Nummer verweisen**

    Abbildung { Ref MünchenStachus } zeigt den Stachus aus der
    Vogelperspektive.

verweist auf die Nummer, die mit der Textmarke »MünchenStachus« versehen ist. Es wird ein Text erzeugt wie

    Abbildung 20 zeigt den Stachus aus der Vogelperspektive.

Verwenden Sie zweigliedrige Verweise und haben Sie nur die zweite Nummer markiert, so setzen Sie die erste Nummer direkt in den Text ein:

    Abbildung 2.{ Ref MünchenStachus} zeigt den Stachus aus der
    Vogelperspektive.

erzeugt einen Text wie

    Abbildung 2.20 zeigt den Stachus aus der Vogelperspektive.

Praxistip: Bei den zu verweisenden Stellen muß es sich nicht unbedingt um Nummern handeln. Es läßt sich auch auf alphanumerische Zeichenketten verweisen. Ein Anwendungsgebiet ist der Verweis auf Überschriften, die keine Numerierung besitzen.

Haben Sie z.B. die Überschrift »Die Jugendjahre« mit der Textmarke »Jugend« versehen, erzeugt das folgende Beispiel

    siehe Kapitel "{ Ref Jugend }"

den Text

    siehe Kapitel "Die Jugendjahre"

II Word

Der Vorteil dieser Systematik liegt darin, daß auch dann der richtige Überschriftenname eingesetzt wird, wenn die Überschrift nachträglich umbenannt wurde.

11.2.5 Verweise auf Seitennummern

Verweise auf Seitennummern wie »siehe Seite 123« sind sehr fehleranfällig, da sich der Umbruch und damit die Seitennumerierung bereits bei kleinen Textänderungen verschieben kann. Bei der manuellen Vorgehensweise ist es daher erforderlich, vor dem Druck noch einmal alle Verweise zu kontrollieren. Eine weitaus raffiniertere Lösung stellt der Feldname »SeitenRef« dar. Bei Verwendung dieses Feldes wird die richtige Seitenzahl eingesetzt und gegebenenfalls automatisch korrigiert. Die Aktualisierung erfolgt beim Druck.

Textmarke einfügen Zuerst müssen alle Textstellen, auf die verwiesen wird, mit einer Textmarke versehen werden. Um eine Textmarke einzufügen, bewegen Sie den Cursor vor das erste Zeichen des Textabschnittes, auf den sich der Verweis beziehen soll. Es ist nicht erforderlich, die Textstelle zu markieren. Rufen Sie daraufhin das Menü BEARBEITEN/TEXTMARKE auf, geben Sie einen möglichst aussagekräftigen Namen ein, und klicken Sie auf HINZUFÜGEN.

Seitenverweis erzeugen Um auf eine Seite zu verweisen, fügen Sie ein Feld mit dem Feldnamen »SeitenRef« und dem nachgestellten Namen der jeweiligen Textmarke ein. Dazu ein Beispiel:

    Mehr über das Land Ihrer Träume erfahren Sie auf Seite {
    SeitenRef LandDerTräume }.

verweist auf die Textstelle, die mit der Textmarke »LandDerTräume« versehen ist. Es wird ein Text erzeugt wie

    Mehr über das Land Ihrer Träume erfahren Sie auf Seite 100.

11.2.6 Rechnen mit Feldern

Eines der interessantesten Anwendungsgebiete für Felder sind Berechnungen. Auf diese Weise ist es z.B. möglich, Rechnungen zu erstellen, ohne daß der Gesamtpreis, die Summe, die Mehrwertsteuer usw. manuell ausgerechnet werden müssen.

Office 95

Word bietet zwar recht leistungsstarke Rechenfunktionen an, mit denen sich sogar Kalkulationen durchführen lassen. Allerdings sind die Funktionen im Vergleich zu Excel unverhältnismäßig schwächer ausgeprägt. Daher wird empfohlen, für Kalkulationen ausschließlich mit Excel zu arbeiten und gegebenenfalls die Excel-Tabelle als Objekt in das Word-Dokument einzufügen (siehe Kapitel II.4.7).

Zum Rechnen dient das Gleichheitszeichen (=), hinter das Sie einen Ausdruck schreiben, wie z.B. { = 4 + 3 * 2}. Als Rechenoperatoren stehen die vier Grundrechenarten (+ - * und /) sowie Potenzierung (^) und Prozentberechnung (%) zur Verfügung.

Neben konstanten Zahlenwerten lassen sich auch variable Werte verwenden. Dabei können sowohl Werte eingesetzt werden, die sich in Zellen einer Tabelle befinden, als auch mit einer Textmarke versehenen Werte. Stellvertretend für die dort befindlichen Werte schreiben Sie die Zellkoordinaten oder den Namen der Textmarke. Ein Beispiel:

{ = (A1 + C2) } addiert die Werte, die in den Zellen A1 und C2 stehen. Zellkoordinaten werden folgendermaßen geschrieben: Zunächst wird ein Buchstabe angegeben, der die horizontale Adresse angibt. Diesem folgt eine

Zahl, die die vertikale Adresse bezeichnet. C2 steht also für die Zelle, die sich in der 3. Spalte und 2. Zeile befindet.

{ = (Netto * 0,15) } multipliziert den Wert, der mit der Textmarke »Netto« versehen ist, mit 0,15. Bei dem durch die Textmarke bezeichneten Element kann es sich um eine Zelle, einen Zellbereich oder um einen gewöhnlichen Text handeln.

Neben Rechenoperatoren stehen auch einige Funktionen zur Verfügung. So berechnet z.B. die Funktion »Summe« die Summe eines Ausdrucks. Diese Funktion erscheint auf den ersten Blick wenig sinnvoll, da sich doch Werte mit Hilfe des Pluszeichens addieren lassen. Der wesentliche Unterschied ist jedoch, daß Funktionen auch Zellbereiche mit einbeziehen können. Zellbereiche werden mit Hilfe zweier durch einen Doppelpunkt getrennten Koordinaten gekennzeichnet:

{ = Summe (C1:E2) } errechnet die Summe aller Werte, die sich im Bereich befinden, der durch die Eckzellen C1 und E2 gebildet wird.

Praxistip: Um eine komplette Spalte als Bereich auszuwählen, genügt es, den Buchstaben für die Spalte zweimal anzugeben und durch einen Doppelpunkt zu trennen. »D:D« bezeichnet also die vierte Spalte. Analog dazu läßt sich durch doppelte Angabe der Zeilennummer – wiederum getrennt durch einen Doppelpunkt – eine komplette Zeile bezeichnen. »2:2« wählt also die zweite Zeile aus.

Bezug auf eine komplette Spalte oder Zeile

Außerdem können sich die Funktionen nicht nur auf absolute, sondern auch auf relative Bereiche beziehen. Dies ist wichtig, wenn sich die Anzahl der in die Berechnung einzubeziehenden Zellen ändern kann. Z.B. variiert die Anzahl der Posten und damit auch die Zellenanzahl von Rechnung zu Rechnung. Würden dagegen absolute Koordinaten angegeben, müßten diese je nach Anzahl der Posten angepaßt werden.

Ein Beispiel für einen relativen Bezug ist { = Summe (über) }. Dabei wird die Summe aus allen Zellen gebildet, die sich oberhalb der aktuellen Zelle in derselben Spalte befinden. Ein anderes Beispiel:

{ = Produkt (links) } errechnet das Produkt der Zellen, die sich links vor der aktuellen befinden. Felder, in denen sich keine reinen Zahlenwerte befinden, werden dabei ignoriert und dienen gleichzeitig als Grenze. Das heißt, daß weiter links stehende Zellen, die gegebenenfalls wieder numerische Werte enthalten, nicht mehr berücksichtigt werden.

Es gibt insgesamt vier Richtungsangaben für relative Bezüge: »über«, »unter«, »links« und »rechts«.

Neben den bereits bekannten Funktionen »Summe« und »Produkt« stehen eine Vielzahl weiterer, teilweise sehr nützlicher Funktionen zur Verfügung:

Übersicht der Funktionen

Funktionsname	Beschreibung
Abs (*x*)	Absolutwert
Anzahl (*Liste*)	Anzahl der Elemente, die einen Zahlenwert enthalten
Definiert (*x*)	übergibt logisch Wahr (1), wenn der Ausdruck ohne Fehler berechnet werden kann, ansonsten Falsch (0).
Falsch	logischer Wert Falsch (0)
Int (*x*)	bildet eine Ganzzahl, die auf den nächstkleineren Wert gerundet wird.
Max (*Liste*)	ermittelt die größte Zahl.

Funktionsname	Beschreibung
Min (*Liste*)	ermittelt die kleinste Zahl.
Mittelwert (*Liste*)	bildet den Durchschnittswert.
Nicht (*x*)	logisches Nicht
Oder (*x;y*)	logisches Oder
Produkt (*Liste*)	bildet das Produkt.
Rest (*x;y*)	Divisionsrest von *x* geteilt durch *y*
Runden (*x;y*)	rundet *x* auf *y* Nachkommastellen.
Summe (*Liste*)	bildet die Summe.
Und (*x;y*)	logisches Und
Vorzeichen (*x*)	übergibt das Vorzeichen.
Wahr	logischer Wert Wahr (1)
Wenn (*x;y;z*)	führt eine Wenn-Dann-Abfrage durch. *x* stellt die Bedingung dar, *y* den zu berechnenden Ausdruck bei erfüllter Bedingung und *z* den zu berechnenden Ausdruck bei nichterfüllter Bedingung.

Für *Liste* lassen sich folgende Angaben einsetzen:
- konstante Zahlenwerte
- Textmarken
- Zellen und Zellbereiche in der aktuellen Tabelle (z.B. B3:C5)
- Zellen und Zellbereiche in einer anderen Tabelle. Die entsprechende Tabelle muß dabei mit einer Textmarke versehen worden sein (dazu markieren Sie die gesamte Tabelle und fügen eine Textmarke hinzu). Die Adressierung erfolgt dann in der Form *Textmarke [Koordinaten]*. Beispiel: »Rechnung [A1]« wählt die Zelle A1 der mit *Rechnung* benannten Tabelle aus.

Mehrere Listenwerte werden mit Hilfe von Semikolons getrennt. »A1:C4;E1;G1« bezieht damit den angegebenen Zellbereich sowie die Zellen E1 und G1 mit ein.

Bei Funktionen, die nicht mit *Liste* gekennzeichnet sind, dürfen nur konstante Zahlenwerte oder Textmarken übergeben werden, keine Zellbezüge. Es müssen dabei so viele Parameter verwendet werden, wie angegeben, also z.B. 2 Parameter bei (*x; y*).

Einige Beispiele zu Funktionen:

{ = Max (E1:G5) } ermittelt den größten Wert im angegebenen Zellbereich.

{ = Min (C:C) } ermittelt den kleinsten Wert in der dritten Spalte.

{ = Mittelwert (A1:E4) } berechnet den Durchschnitt aller Werte im angegebenen Zellbereich.

{ = Wenn Rechnungssumme (>1000; 0; 7,99) } übergibt den Wert 0, falls die mit der Textmarke »Rechnungssumme« benannte Zelle einen Wert größer 1000 enthält, ansonsten 7,99. Auf diese Weise kann z.B. in einer Rechnung der Versandkostenanteil gestrichen werden, falls der Rechnungsbetrag einen bestimmten Wert überschreitet.

Zahlenformate Das Zahlenformat der durch die Feldberechnung erzeugten Werte wird über den Parameter \# angegeben. Diesem stellen Sie ein sogenanntes Zahlenformatbild nach, das Sie in gewöhnliche Anführungszeichen setzen. Das

Zahlenformatbild wird aus den im folgenden beschriebenen Zeichen zusammengesetzt:

Zahlenformatbild

Platzhalter	Wirkung
#	Ziffernstelle. Nicht existierende Ziffern werden gegen Leerzeichen ersetzt. Sind mehr Ziffern als #-Zeichen vorhanden, werden diese trotzdem angezeigt.
x	Ziffernstelle. Im Gegensatz zu »#« werden nur links vom Komma Leerzeichen eingefügt. Weiterer Unterschied: Sind mehr Ziffern als x-Zeichen vorhanden, werden die überzähligen (führenden) Ziffern abgeschnitten.
0 (Null)	Immer angezeigte Ziffernstelle (gegebenenfalls als 0). Empfiehlt sich vor allem für Nachkommastellen. Dadurch läßt sich z.B. erreichen, daß DM-Beträge immer mit zwei Nachkommastellen angezeigt werden.
,	Dezimalkomma
.	Tausenderpunkt
-	Vorzeichen, falls Wert negativ
+	Vorzeichen immer anzeigen
Text	fester Text, z.B. Währung

Dazu einige Beispiele. Davon ausgehend, daß dem Feld jeweils der Wert 12345,629 zugrundeliegt, werden je nach Zahlenformat folgende Werte angezeigt:

Zahlenformat	Anzeige
###.###,000	12.345,629
###.###,00	12.345,63
xxx,00	345,63 (die ersten beiden Ziffern sind abgeschnitten)
000.000,00	012.345,63
+###.###	+ 12.346 (Vorzeichen, keine Nachkommastellen)
###.###,00 DM	12.345,63 DM

Praxistip: Beim Zusammensetzen von Rechenoperationen ist der Menüpunkt TABELLE/FORMEL sehr hilfreich. Er hilft bei der Auswahl von Funktionsname, Zahlenformat und Textmarke. Z.B. können alle im Dokument enthaltenen Textmarkennamen mit einem Mausklick in die Rechenoperation eingefügt werden.

In den Abbildungen II.117 und II.118 ist ein Beispiel für eine weitgehend automatisierte Rechnungserstellung zu sehen (im ersten Bild mit aktiven Feldfunktionen und im zweiten im Ergebnis). Die Rechnung wurde in Form einer Tabelle angelegt. Eingegeben werden müssen nur die Artikelnummer, die Beschreibung, die Menge und der Preis. Der Gesamtpreis, der Nettobetrag, die Mehrwertsteuer und die Gesamtsumme werden automatisch errechnet.

Beispiel: Rechnung schreiben

II Word

Bild II.115:
Menü TABELLE/
FORMEL

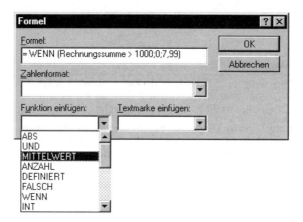

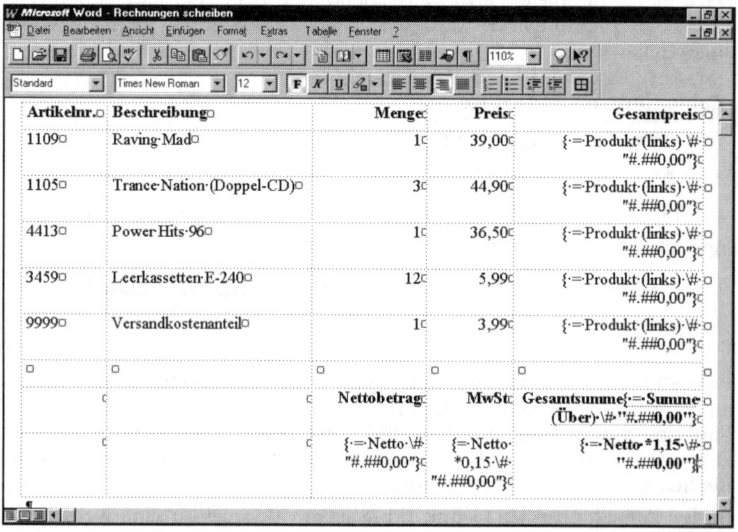

Bild II.116:
Beispiel für ein
automatisiertes
Rechnungsformular

Die Rechnung ist so aufgebaut, daß beliebig viele Posten eingegeben werden können. Um weitere Posten zu erzeugen, fügen Sie eine der Postenzeilen beliebig oft in die Rechnung ein. Zeilen mit Posten dürfen auch beliebig gelöscht werden, ohne daß die Funktionsweise beeinträchtigt wird. Es muß jedoch mindestens eine Postenzeile stehenbleiben.

Nachdem alle Posten eingegeben wurden, markieren Sie die Tabelle (Alt+Num 5), und drücken Sie F9. Dabei werden alle Felder der Tabelle aktualisiert und die entsprechend errechneten Werte eingetragen.

Zur Funktionsweise: In jeder Postenzeile wird mit { = Produkt (links) } der Gesamtpreis aus der Menge und dem Einzelpreis errechnet. In der Zelle, in der der Text »Gesamtsumme« steht, erfolgt die Bildung der Nettosumme. Zu diesem Zweck werden mit { = Summe (Über) } alle oberhalb dieser Zelle befindlichen Werte zusammengezählt. Da die Nettosumme an dieser Stelle nicht ausgedruckt werden soll, wird sie verborgen formatiert. Gleichzeitig wird das Feld mit einer Textmarke (im Beispiel »Netto«) versehen, damit ein Zugriff von anderen Zellen ermöglicht wird. (Die Textmarke erzeugen Sie unter Zuhilfenahme des Menüpunktes BEARBEITEN/TEXTMARKE.)

In der Zelle unterhalb des Wortes »Nettobetrag« wird der Nettowert schließlich über das Feld { = Netto } eingesetzt. Der Weg mag etwas umständlich erscheinen. Es wäre prinzipiell sinnvoller, den Wert gleich in dieser Zelle auszurechnen und nicht zuerst in eine Hilfszelle zu schreiben. Doch die relativen Bezüge arbeiten ausschließlich senkrecht und waagrecht. Es ist also nicht möglich, alle Werte zusammenzufassen, die sich überhalb der aktuellen Zelle befinden, aber einige Spalten weiter rechts. Daher muß der Umweg über die verborgen formatierte Nettoangabe gegangen werden.

Eine Zelle weiter rechts wird die Mehrwertsteuer errechnet, indem der Nettowert mit 0,15 multipliziert wird: { = (Netto*0,15) }

Abschließend erfolgt im Feld ganz rechts unten die Berechnung der Gesamtsumme, indem der Nettowert mit 1,15 multipliziert wird: { = Netto*1,15 }.

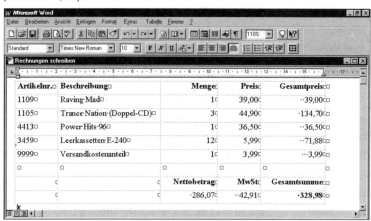

Bild II.117:
Das Rechnungsformular aus Bild II.117 bei aktiven Feldergebnissen

Das hier beschriebene Rechnungsformular finden Sie auf der CD-ROM zum Buch unter dem Dateinamen »Rechnungen schreiben«.

Word aktualisiert Felder immer von links nach rechts und von oben nach unten. Eine Berechnung muß daher so aufgebaut werden, daß sie nach dieser Systematik aufgeht. Es darf z.B. keine Berechnung durchgeführt werden, die sich auf einen Wert bezieht, der in derselben Zeile weiter rechts oder in weiter unten befindlichen Zeilen erst noch errechnet werden muß.

Warnung

11.3 Kurzübersicht aller Felder

Aus Platzgründen konnten in den vorangegangenen Abschnitten nur eine Auswahl aller verfügbaren Felder ausführlich erklärt werden. Im folgenden finden Sie jedoch eine Liste aller Felder mit Kurzbeschreibung. Wenn Sie sich für eines der folgenden Felder näher interessieren, so rufen Sie die jeweilige Beschreibung über den Menüpunkt EINFÜGEN/FELD oder die Hilfefunktion ab. Im Menü EINFÜGEN/FELD wird eine Beschreibung automatisch im unteren Teilbereich der Dialogbox angezeigt, wenn Sie einen der Feldnamen oder dazugehörigen Schalter anklicken. Um eine Beschrei-

bung über die Hilfefunktion anzufordern, drücken Sie [F1], wählen Sie das Register INDEX an und geben den entsprechenden Feldnamen ein.
Die mit (*) gekennzeichneten Felder werden in den Abschnitten II.11.1 bzw. II.11.2 näher erklärt.

Feldname	Beschreibung
=	führt eine mathematische Operation aus. (*)
Abschnitt	Nummer des aktuellen Abschnittes
AbschnittSeiten	Anzahl der Seiten des aktuellen Abschnittes (*)
AktualDat	aktuelles Datum (*)
Angeben	fügt den angegebenen Text ein.
AnzSeiten	Anzahl der Seiten des Dokuments
AnzWörter	Anzahl der Wörter des Dokuments
AnzZeichen	Anzahl der Zeichen des Dokuments
AutoNr	numeriert Absätze fortlaufend.
AutoNrDez	numeriert Absätze fortlaufend im Dezimalformat.
AutoNrGli	numeriert Absätze fortlaufend im Gliederungsformat.
Autor	Der Name des Autors aus dem Datei-Info
AutoText	fügt den angegebenen AutoText-Eintrag ein.
BenutzerAdr	Die Adresse des Benutzers aus dem Benutzer-Info
BenutzerInitialen	Die Initialen des Benutzers aus dem Benutzer-Info
BenutzerName	Der Name des Benutzers aus dem Benutzer-Info
Bestimmen	weist einer Textmarke einen neuen Text zu.
Dateigrösse	die Anzahl der Bytes des Dokuments (*)
Dateiname	der Dateiname des Dokuments
Datenbank	fügt Daten aus einer externen Datenbank ein.
Datensatz	fügt die Nummer des aktuellen Datensatzes ein (bei Serienbriefen)
DDE	stellt eine Verbindung zu einer anderen Anwendung her.
DDEAuto	wie DDE, aktualisiert aber automatisch.
DokEigenschaft	fügt Informationen zu einer bestimmten Eigenschaft des Dokuments ein. (*)
DokVorlage	Der Name der mit dem Dokument verknüpften Dokumentvorlage
Druck	fügt Steuersequenzen für den Drucker ein.
DruckDat	Datum und Zeit, an dem das Dokument zum letzten Mal gedruckt wurde. (*)
Einbetten	kennzeichnet ein eingebettetes Objekt.
EinfügenGrafik	fügt eine Grafik ein und verknüpft diese mit dem Dokument.

Feldname	Beschreibung
EinfügenText	fügt einen Bereich aus einer Text- oder Kalkulationsdatei ein.
Eingeben	ruft eine Dialogbox mit einem Eingabefeld auf und fügt den eingegebenen Text in das Dokument ein. (*)
ErstellDat	Das Datum, an dem das Dokument angelegt wurde
Formel	erstellt eine Formel (weniger leistungsstark als der Formel-Editor; zu letzterem vergleiche Kapitel II.12).
Frage	ruft eine Dialogbox mit einem Eingabefeld auf und weist den eingegebenen Text einer Textmarke zu.
FussEndnoteRef	verweist auf eine Fußnote.
FVRef	fügt den Text des ersten oder letzten Absatzes einer Seite ein, der die angegebene Formatvorlage aufweist (vor allem gedacht für Lexika, um in der Kopfzeile das erste und letzte Stichwort abzudrucken).
Gehezu	Setzt den Cursor auf eine bestimmte Stelle im Dokument (Seite, Textmarke usw.). (*)
GespeichertVon	Name der Person, die das Dokument zuletzt gespeichert hat.
Index	fügt ein Stichwortverzeichnis ein (siehe Kapitel II.9.4)
Info	fügt Eigenschaften zum Dokument ein oder ändert sie.
Inhalt	kennzeichnet Einträge für ein Inhaltsverzeichnis (siehe Kapitel II.9.2).
Kommentar	Der Kommentar aus dem Datei-Info
MakroSchaltfläche	erzeugt eine Schaltfläche, über die sich ein Makro ausführen läßt.
Nächster	liest den nächsten Datensatz (bei Serienbriefen).
Nwenn	liest den nächsten Datensatz, wenn die angegebene Bedingung erfüllt ist (bei Serienbriefen).
Privat	enthält Informationen für Dokumente, die aus einem anderen Dateiformat konvertiert wurden.
RD	generiert ein Inhalts-, Abbildungs- oder Stichwortverzeichnis aus mehreren Dokumenten.
Ref	fügt einen Querverweis ein. (*)
Seite	Die aktuelle Seitennummer (*)
SeitenRef	fügt einen Querverweis auf eine Seite ein. (*)
Seq	numeriert Textelemente, z.B. Abbildungen.
SeriendruckFeld	fügt ein Seriendruckfeld ein (bei Serienbriefen).

Feldname	Beschreibung
SeriendruckSeq	fügt die Nummer des aktuellen bearbeiteten Datensatzes ein (bei Serienbriefen).
SondZeichen	fügt ein Sonderzeichen ein.
SpeicherDat	Das Datum, an dem das Dokument zum letzten Mal gespeichert wurde
Stichwörter	Die Stichwörter aus dem Datei-Info
Thema	Das Thema aus dem Datei-Info
Titel	Der Titel aus dem Datei-Info
Überarbeitungsnummer	Angabe, wie oft das Dokument gespeichert wurde
Überspringen	überspringt den aktuelle Datensatz bei erfüllter Bedingung (bei Serienbriefen).
Vergleich	führt einen logischen Vergleich zwischen zwei Werten durch.
Verknüpfung	fügt einen Bereich aus einer externen Datei mit Hilfe einer OLE-Verknüpfung ein.
Versetzen	verschiebt den angegebenen Text punktweise.
Verzeichnis	fügt ein Inhaltsverzeichnis ein (siehe Kapitel II.9.2).
Wenn	fügt abhängig von einer Bedingung einen bestimmten Text ein (bei Serienbriefen).
XE	kennzeichnet Einträge für ein Stichwortverzeichnis (siehe Kapitel II.9.4).
Zeit	Die aktuelle Zeit

12 Formelsatz

Word stellt ein vollwertiges wissenschaftliches Textverarbeitungsprogramm dar, mit dem sich auf einfache Weise mathematische Formeln, wissenschaftliche Zeichen, spezielle Symbole und ähnliche Elemente erzeugen lassen. Die entsprechenden Funktionen sind allerdings nicht direkt in Word integriert, sondern werden über das mitgelieferte Zusatzprogramm Formel-Editor zur Verfügung gestellt.

Office 95

Beim Programm Formel-Editor handelt es sich um einen sogenannten *OLE-Server*. Darunter ist ein Dienstprogramm zu verstehen, das aus anderen Anwendungen (z.B. Word) – diese bezeichnet man in diesem Zusammenhang als *Clients* – genutzt werden kann. Voraussetzung hierfür ist, daß die jeweilige Anwendung OLE (die standardmäßige Datenaustauschtechnologie in Windows) unterstützt. Dies trifft neben Word auch für die Office-Komponenten Excel und PowerPoint zu, aber auch für andere Programme wie z.B. CorelDraw.

12 Formelsatz

12.1 Einführung

12.1.1 Formel einfügen und bearbeiten

Um eine Formel einzufügen, bewegen Sie den Cursor zunächst an die gewünschte Stelle im Dokument. Anschließend rufen Sie den Menüpunkt EINFÜGEN/OBJEKT auf, und klicken Sie doppelt auf den Eintrag MICROSOFT FORMEL-EDITOR 2.0. Alternativ können Sie auch auf das nebenstehende Symbol klicken.

Formel einfügen

Achten Sie darauf, daß die Option FELDFUNKTIONEN im Menü EXTRAS/ OPTIONEN, Register ANSICHT, ausgeschaltet ist. Ansonsten wird nicht die Formel, sondern nur ein Feld mit dem Text »EINBETTEN Equation.2« angezeigt. Mehr über das Thema Felder erfahren Sie in Kapitel II.11.

Hinweis

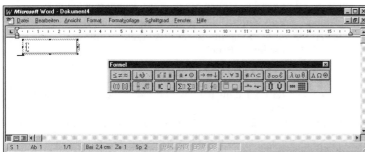

Bild II.118: Der Arbeitsbildschirm bei aktivem Formel-Editor

In Ihrem Dokument befindet sich nun ein Rahmen, der die Formel aufnimmt. Der Bildschirminhalt hat sich grundlegend geändert (vergleiche Bild II.119): Die meisten Word-Menüpunkte sind verschwunden. Als Ersatz finden sich entsprechende Menüpunkte zur Bearbeitung der Formel. (Das Word-Menü DATEI ist aber noch vorhanden, so daß Sie z.B. die Datei zwischenspeichern oder eine andere Datei öffnen können.) Die Word-Symbolleiste wurde ebenfalls ausgeblendet. Als Ersatz dafür wird in einem Fenster eine Formel-Symbolleiste angezeigt, aus der sich die einzelnen Symbole und Formelelemente (z.B. Wurzelzeichen und Klammern) abrufen lassen.

In diesem Betriebsmodus können Sie nur die aktuelle Formel bearbeiten, nicht jedoch Änderungen an Ihrem Dokument durchführen. Um sich mit dem Formel-Editor vertraut zu machen, sollten Sie jetzt eine einfache Formel anfertigen. Gehen Sie wie folgt beschrieben vor:

1. Klicken Sie auf eines der Symbole der Symbolleiste, z.B. auf das Symbol »Brüche/Wurzeln«.

   Daraufhin werden die einzelnen Formelkomponenten – in diesem Fall verschiedene Varianten für Brüche und Wurzelzeichen – zur Auswahl angeboten.

2. Klicken Sie auf das Quadratwurzel-Symbol (in der Randabbildung hervorgehoben). In der Formel befindet sich jetzt ein Wurzelzeichen, unter das Sie beliebige Zeichen eingeben können. Der Eingabebereich wird durch eine gestrichelte Umrandung gekennzeichnet.

3. Geben Sie für das Beispiel die Ziffernfolge »12« ein. Jetzt sollte sich in Ihrem Dokument die Formel ▭ befinden.

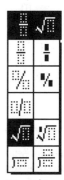

Wurzeln und Bruchzeichen (Quadratwurzel ausgewählt)

Um wieder den übrigen Teil Ihres Dokuments zu bearbeiten, klicken Sie auf einen beliebigen Bereich außerhalb der Formel. Alternativ drücken Sie

Formel-Editor verlassen

II Word

[Esc]. Daraufhin wird wieder der ursprüngliche Arbeitsbildschirm von Word angezeigt.

Größe der Formel

Die Größe der Formel kann durch Ziehen mit der Maus oder mit Hilfe des Menüs FORMAT/GRAFIK (Word behandelt Formeln wie Grafiken; mehr über Grafiken erfahren Sie im Abschnitt II.5.1) verkleinert und vergrößert werden. Bei der Änderung der Größe muß der Formel-Editor inaktiv sein.

Formel ändern

Zum Ändern einer Formel klicken Sie doppelt auf die Formel. Alternativ bewegen Sie den Cursor auf die gewünschte Formel, und wählen Sie den Menüpunkt BEARBEITEN/FORMEL-OBJEKT/BEARBEITEN. Eine dritte Variante besteht darin, den Cursor auf die Formel zu bewegen und auf das nebenstehende Symbol zu klicken.

Daraufhin stehen wieder die Menüpunkte und Symbole des Formel-Editors zur Verfügung. Im Beispiel soll die 12 unter dem Wurzelzeichen in den Bruch ▌ geändert werden. Gehen Sie hierfür folgendermaßen vor:

1. Markieren Sie die Ziffernfolge, und löschen Sie sie mit der [Entf]-Taste.
2. Klicken Sie auf das Symbol »Brüche/Wurzeln«, und wählen Sie einen vertikalen, reduzierten Bruch.

   Daraufhin befindet sich unter der Wurzel ein Bruchstrich mit zwei Eingabebereichen.

3. Geben Sie jetzt über dem Bruchstrich eine 1 und unter dem Bruchstrich eine 2 ein.

Beachten Sie, daß Sie den Cursor nicht nur nach oben oder unten bewegen können, sondern auch beliebig nach links und rechts. Auf diese Weise können Sie z.B. links neben dem Bruch oder neben dem Wurzelzeichen weitere Elemente (Ziffern, Wurzelzeichen, Brüche oder Rechenzeichen wie »+«) eingeben. Alle Elemente (in diesem Fall das Wurzelzeichen und der Bruchstrich) werden im übrigen automatisch in der Größe angepaßt. Sie müssen sich also nicht darum kümmern, das Wurzelzeichen bei Änderungen zu vergrößern bzw. zu verkleinern oder die Länge des Bruchstrichs zu verändern.

Reduzierter Bruch

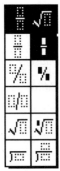

$$5+\sqrt{3\frac{1}{2}} - 33$$

$$a = \sqrt[3]{\frac{r \times \dfrac{m}{k}}{\sqrt{\dfrac{1-u}{\sqrt{p+i}}}}}$$

Je nachdem, welche Werte Sie eingegeben haben, sieht Ihre Formel nun etwa wie am Rand abgebildet aus.

Die Verschachtelungen sind im übrigen nicht begrenzt, so daß Sie z.B. unter einen Bruchstrich eine Wurzel und in dieser weitere Wurzeln, Brüche und andere Elemente einfügen können, in der wiederum Elemente eingefügt werden usw. Formeln wie am Rand zu sehen lassen sich daher sehr einfach anfertigen.

Anhand der Beispiele sollte das Prinzip des Formel-Editors klar sein: Um Elemente einzufügen, bewegen Sie den Cursor an die gewünschte Stelle, und wählen Sie das gewünschte Element durch Klick auf das entsprechende Symbol. Zum Löschen markieren Sie den gewünschten Bereich und drücken die [Entf]-Taste.

Bereiche nachträglich unter ein Wurzelzeichen oder in Klammern setzen

Wollen Sie einen bereits existierenden Formelbereich nachträglich unter eine Wurzel bzw. in Klammern setzen oder in einen Bruch bzw. ein anderes Element umwandeln, besteht zunächst die Möglichkeit, den gewünschten Bereich in die Zwischenablage zu löschen, daraufhin das entsprechende Element (z.B. Wurzelzeichen) einzufügen und abschließend den Inhalt der Zwischenablage wieder einzufügen. Einfacher geht es, wenn Sie den Bereich in der Formel markieren und daraufhin das gewünschte Symbol (z.B. Wurzelzeichen) auswählen. Der markierte Bereich wird dabei automatisch umgewandelt, also z.B. unter das Wurzelzeichen gesetzt. Falls ein Symbol mit mehreren Eingabebereichen (z.B. Bruch) ausgewählt wird, wird der markierte Bereich an die Stelle gesetzt, die am charakteristischsten ist.

Bei einem Bruch wird z.B. aus dem markierten Bereich der Zähler; der Eingabebereich für den Nenner bleibt vorerst leer.

Der Formeleditor nimmt Ihnen eine ganze Reihe von Routinetätigkeiten ab. Angenommen, Sie möchten eine typische Formel wie ▬▬▬▬ erzeugen. Zu diesem Zweck geben Sie die einzelnen Zeichen ein, ohne daß Sie die Taste [Leer] betätigen (die Taste ist ohnehin gesperrt). Ihre Eingabe erfolgt also in der Form »f(x)=sinx-tan3x«. Dabei stellen Sie fest, daß zwischen den einzelnen Bestandteilen automatisch Leerräume erzeugt werden, wobei vor und nach dem Gleichheitszeichen größere sowie nach dem *sin* und *log* kleinere Leerräume eingefügt werden. Auch die Kursivschreibung des *f* und der Variable *x* erfolgt automatisch. Außerdem wird der Bindestrich in das längere Minuszeichen umgewandelt. Um die Formel automatisch formatieren zu können, verfügt der Formel-Editor über eine Bibliothek, in der alle wichtigen Formelbestandteile, z.B. die einzelnen Funktionsnamen wie *sin*, *cos*, *tan* usw., gespeichert sind. Eine manuelle Formatierung der Formel ist daher nur dann notwendig, wenn einzelne Bestandteile der Formel fehlerhaft interpretiert wurden (dazu später mehr).

Die Formatierung von Formeln erfolgt weitgehend automatisch

Um eine neue Zeile zu erzeugen, drücken Sie am Zeilenende [↵]. Wird innerhalb einer Zeile [↵] betätigt, wird die Zeile an der jeweiligen Position umbrochen; die rechts befindlichen Zeichen werden also in die neu erzeugte Zeile gesetzt. Durch Druck auf [Entf] am Zeilenende lassen sich zwei Zeilen zu einer verbinden.

Mehrzeilige Formeln

12.1.2 Formeln ausrichten

Eine Formel kann linksbündig, rechtsbündig und zentriert ausgerichtet werden. Die entsprechenden Menüpunkte hierfür finden sich im Menü FORMAT (Menüpunkte LINKS AUSRICHTEN, RECHTS AUSRICHTEN und ZENTRIERT AUSRICHTEN).

Außerdem läßt sich die Formel anhand des jeweils ersten in einer Zeile befindlichen Relationsoperators (Menüpunkt BEI = AUSRICHTEN) ausrichten. Diese Variante der Formatierung wurde für das Beispiel am Rand verwendet. Die Zeichen »=«, »>« und »<« stehen dort unmittelbar untereinander.

$$a = b$$
$$a^2 + s > ar$$
$$ta < a$$

Wahlweise kann die Ausrichtung so erfolgen, daß die Dezimalkommas genau untereinander gesetzt werden (siehe Beispiel am Rand). Zu diesem Zweck dient der Menüpunkt BEI , AUSRICHTEN.

Alle Ausrichtungsvarianten beziehen sich auf die komplette Formel. Einzelne Zeilen lassen sich also nicht mit einer anderen Ausrichtung versehen.

$$\begin{pmatrix} 39 \\ 4{,}6 \\ 6{,}89 \end{pmatrix}$$

12.1.3 Folgen (Stapel)

Neben dem Anfertigen mehrzeiliger Formeln ist es auch möglich, innerhalb einer Zeile Elemente untereinander anzuordnen. Derartige Gebilde werden als *Folgen* (im Formel-Editor auch als *Stapel*) bezeichnet. Angenommen, es soll die nebenstehende Formel (diese enthält rechts neben der geschweiften Klammer eine Folge) erzeugt werden. Gehen Sie dazu folgendermaßen vor:

$$\operatorname{sgn}(x) := \begin{cases} -1 & \text{für } x < 0 \\ 0 & \text{für } x = 0 \\ +1 & \text{für } x > 0 \end{cases}$$

II Word

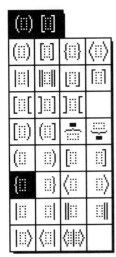

Einzelne geschweifte Klammer

Horizontales Ausrichten in Folgen

1. Geben Sie den Text »sgn(x):=« ein.
2. Fügen Sie eine öffnende geschweifte Klammer ein.
3. Geben Sie die erste Zeile ein (»-1 für x<0«), und schließen Sie diese mit ⏎ ab.
   Daraufhin wird eine neue Zeile erzeugt, so daß Sie die zweite Zeile eingeben können.
   Innerhalb bestimmter Formelelemente fügt ⏎ also nicht eine neue Zeile ein, die über die gesamte Breite der Formel reicht, sondern eine neue Zeile im Formelelement.
4. Nach demselben Prinzip geben Sie die dritte Zeile ein.

Bei der Eingabe treten zwei Probleme auf: Sie können keine Leerzeichen eingeben (die Taste [Leer] ist gesperrt), und der Text »für« wird kursiv angezeigt. Dies liegt daran, daß die Formatierung der Formel nach mathematischen Gesichtspunkten erfolgt, obgleich jetzt ein gewöhnlicher Text verwendet wird (das Wort »für« wird dabei als Variable eingestuft und daher kursiv angezeigt). Zur Lösung des Problems markieren Sie den kompletten Text, der zur geschweiften Klammer gehört (also die drei Zeilen rechts neben der Klammer), und wählen Sie den Menüpunkt FORMATVORLAGE/ TEXT an (mehr zur Formatierung im Abschnitt II.12.4). Die Formatierung nach mathematischen Kriterien ist jetzt in diesem Bereich inaktiv, so daß Sie Leerzeichen eingeben können. Außerdem wird der Text »für« nicht mehr kursiv angezeigt.

Im Prinzip sollte die Formel jetzt wie abgebildet aussehen. Die einzelnen Bestandteile stehen allerdings bei Ihnen noch nicht bündig untereinander. Um dies zu beheben, richten Sie die Folge aus, indem Sie eine Ausrichtungsvariante aus dem Menü FORMAT auswählen. Die Ausrichtungsvarianten beziehen sich jetzt nicht mehr auf die komplette Formel, sondern nur auf die aktuelle Folge. Jeder Folge kann daher eine eigenständige Ausrichtung zugewiesen werden. Für das Beispiel empfiehlt sich die Ausrichtung FORMAT/ BEI = AUSRICHTEN. Der Text ist jetzt so ausgerichtet, daß die Relationsoperatoren bündig untereinander stehen. Das Ergebnis ist aber immer noch nicht perfekt, da die Zahlen weiterhin nicht hundertprozentig bündig sind. Das Ergebnis kann mit Hilfe von unterschiedlich breiten Leerzeichen noch verbessert werden. Mehr hierzu erfahren Sie im Abschnitt II.12.2.2.

12.1.4 Markieren

Das Markieren einzelner Bereiche der Formel erfolgt durch Ziehen mit der Maus oder durch Festhalten der [Shift]-Taste und gleichzeitigem Bewegen des Cursors. Durch einen Doppelklick läßt sich das aktuelle Element, z.B. der Zähler eines Bruches oder der unter dem Wurzelzeichen befindliche Text, besonders schnell markieren. Durch einen Klick bei gedrückt gehaltener [Strg]-Taste wird ein Symbol eines Formelelements (z.B. Integral- oder Summenzeichen) markiert. Zum Markieren der kompletten Formel wählen Sie den Menüpunkt BEARBEITEN/ALLES MARKIEREN an, oder drücken Sie [Strg]+[A].

12.1.5 Punktweises Positionieren

Gelegentlich sind an einer Formel Feinkorrekturen notwendig, wobei bestimmte Elemente punktweise verschoben werden sollen. Markieren Sie hierfür den zu verschiebenden Bereich. Daraufhin halten Sie die Taste [Strg] gedrückt, und bewegen Sie den markierten Bereich mit den Cursortasten ([←], [→], [↑] und [↓]) an die gewünschte Position.

Praxistip: Durch das punktweise Verschieben lassen sich Symbole zusammensetzen, die nicht in der Symbolleiste vorhanden sind. Um z.B. das Zeichen ▮ (Menge der reellen Zahlen) zu erzeugen, geben Sie ein »I« und ein »R« ein, und schieben Sie das »I« ein wenig nach rechts, so daß sich beide Zeichen überlappen.

Neue Symbole erzeugen

12.1.6 Anzeige beeinflussen

Um nichtdruckbare Zeichen – z.B. manuell eingefügte Leerzeichen – anzuzeigen, schalten Sie den Menüpunkt ANSICHT/ALLES ANZEIGEN ein.

Nichtdruckbare Zeichen

Die Symbolleiste kann über den Menüpunkt ANSICHT/SYMBOLLEISTE ein- und ausgeblendet werden.

Symbolleiste

Bei Änderungen an der Formel kann es vorkommen, daß der Bildschirminhalt nicht korrekt aktualisiert wird. Die Formel wird dann leicht verstümmelt angezeigt. Um die Formel zu restaurieren, rufen Sie den Menüpunkt ANSICHT/NEU ZEICHNEN auf oder betätigen [Strg]+[D].

Anzeige aktualisieren

12.2 Übersicht der verfügbaren Symbole

Die erste Zeile der Symbolleiste enthält eine Vielzahl von Symbolen und Sonderzeichen, die zum Zwecke der besseren Auffindbarkeit in bestimmte Bereiche unterteilt sind. Im Unterschied zur zweiten Zeile (vergleiche Abschnitt II.12.3) werden hier fast ausschließlich Elemente mit fester Größe eingefügt. Es erfolgt also keine automatische Anpassung der Größe. Des weiteren ist kein Übereinanderschreiben von Werten (zur Bildung von Folgen; vergleiche weiter oben) möglich. Da einige Elemente sowohl in der ersten als auch in der zweiten Zeile vorhanden sind, sollten Sie darauf achten, daß Sie das jeweilige für den Anwendungszweck richtige Element auswählen.

Symbole

Bild II.119: Die erste Zeile enthält die einzelnen Symbole

12.2.1 Relationszeichen

Der erste Menü der Symbolleiste enthält diverse Relationszeichen. Die Relationszeichen »=«, »<« und »>« werden nicht in der Symbolleiste angeboten, da sie sich über die Tastatur eingeben lassen. Folgende Relationszeichen sind verfügbar:

$a \equiv b$

kleiner oder gleich, größer oder gleich	≤ ≥
vorausgesetzt, folgt	≺ ≻
Untergruppe	⊲ ⊳
ungleich, identisch	≠ ≡
ungefähr gleich, kongruent (deckungsgleich) zu	≈ ≅
proportional zu	∝

II Word

12.2.2 Leerzeichen und Auslassungszeichen

verschieden breite Leerzeichen

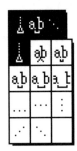

Im zweiten Menü stehen das Ausrichtungszeichen, verschieden breite Leerzeichen sowie diverse Auslassungszeichen zur Verfügung. In der folgenden Übersicht ist jeweils in Klammern angegeben, welche Tastenkombination alternativ zum Einfügen eines der Zeichen verwendet werden kann:

Ausrichtungszeichen, Null-Leerzeichen ([Shift]+[Leer]), sehr schmales (1 Punkt breites) Leerzeichen ([Strg]+[Alt]+[Leer])

schmales ($^1/_6$ eines »m« breites) Leerzeichen ([Strg]+[Leer]), gewöhnliches ($^1/_3$ eines »m« breites) Leerzeichen ([Leer]; die Taste ist nur bei Verwendung der Formatvorlage »Text« aktiv.), breites (so breit wie ein »m«) Leerzeichen ([Strg]+[Shift]+[Leer])

horizontales Auslassungszeichen (Grundlinie), horizontales Auslassungszeichen (halbe Zeichenhöhe), vertikales Auslassungszeichen

gewöhnliches diagonales Auslassungszeichen, umgekehrtes diagonales Auslassungszeichen

Ausrichtungszeichen

a + 4 ergibt 3
b - 3 ergibt 55
cr × cs ergibt 100

Mit Hilfe von Ausrichtungszeichen lassen sich Objekte genau untereinander plazieren. Ausrichtungszeichen werden nur benötigt, wenn keine der Ausrichtungsvarianten im Menü FORMAT (siehe Abschnitt II.12.1.2) das gewünschte Ergebnis erzielt. Um die Objekte bündig zu formatieren, fügen Sie in jeder Zeile an der gewünschten Stelle ein Ausrichtungszeichen ein. Es darf nur ein Ausrichtungszeichen pro Zeile verwendet werden. Im Beispiel am Rand wurde jeweils vor dem Text »ergibt« ein Ausrichtungszeichen eingefügt.

Leerzeichen

$$\text{sgn}(x) := \begin{cases} -1 & \text{für } x < 0 \\ 0 & \text{für } x = 0 \\ +1 & \text{für } x > 0 \end{cases}$$

Eine Formel sollte zunächst ohne Leerzeichen eingegeben werden, da der Formel-Editor automatisch Leerräume erzeugt. Wenn das Ergebnis nicht zufriedenstellend ausfällt, sollten Sie die Varianten des FORMAT-Menüs oder aber Ausrichtungszeichen verwenden, da sich auf diese Weise Korrekturen hinsichtlich der horizontalen Abstände besonders einfach durchführen lassen. Erst wenn diese Vorgehensweise ebenfalls nicht zum gewünschten Ergebnis führt (was vor allem der Fall ist, wenn mehrere Elemente bündig gesetzt werden sollen, wie im Beispiel am Rand), sollten Sie die jeweiligen Abstände durch Einfügen von Leerzeichen korrigieren. Durch Kombination verschieden breiter Leerzeichen nebeneinander lassen sich beliebig breite Abstände erzeugen. Ein spezielles Leerzeichen ist das Null-Leerzeichen. Wird dieses eingefügt, wird verhindert, daß an der entsprechenden Stelle automatisch ein Leerraum erzeugt wird.

Auslassungszeichen

Auslassungszeichen bestehen aus drei Punkten und stehen in einer mathematischen Reihe stellvertretend für beliebige nachfolgende Elemente, z.B. in der Form ▓▓▓▓▓▓. Es werden diverse Auslassungszeichen (horizontal, vertikal und diagonal) angeboten.

12.2.3 Ornamente

$\vec{a}\, \bar{b}\, \bar{c}\, \vec{d}\, \breve{e}$

Mit Hilfe von Ornamenten, die auch als *diakritische Zeichen* oder *Akzente* bezeichnet werden, lassen sich einem Zeichen Carets, Punkte, Vektorpfeile und ähnliche Elemente hinzufügen. Beim Einfügen eines Elements wird grundsätzlich das jeweils links vom Cursor befindliche Element geändert (sind mehrere Zeichen markiert, können *keine* Ornamente eingefügt werden). Um mehrere Ornamente zu kombinieren, wählen Sie die gewünschten Ornamentzeichen nacheinander aus. Auf diese Weise kann ein z.B. Zeichen gleichzeitig durchgestrichen und mit einem Vektorpfeil versehen werden. Durch Auswahl des Elements »ohne Ornament« werden alle Ornamente vom aktuellen Zeichen entfernt. Folgende Ornamente stehen zur Auswahl:

ohne Ornament, horizontal Durchstreichen, diagonal Durchstreichen

erste, zweite und dritte Ableitung

Überstrich (Periode), Caret, Tilde

Vektorpfeile {

nach unten offener Bogen, nach oben offener Bogen, umgekehrter Schrägstrich

12.2.4 Operatoren

3×5

Das vierte Menü enthält diverse mathematische Operatoren. Die Operatoren »+«, »-« und »:« sind nicht in der Symbolleiste enthalten, da sie sich über die Tastatur eingeben lassen. Folgende Operatoren sind verfügbar:

plus oder minus, minus oder plus

Multiplikationszeichen, Divisionszeichen

mathematischer Asterisk, mathematischer Punkt

Komposition, Aufzählungszeichen

eingekreistes Multiplikationszeichen, eingekreistes Pluszeichen

spitze Klammern

12.2.5 Pfeile

$a \mapsto b$

Im Pfeil-Menü stehen diverse einfache und doppelte Pfeile zur Verfügung:

einfache Pfeile {

doppelte Pfeile {

wird abgebildet auf, Wagenrücklauf

$a \wedge b$

12.2.6 Logische Symbole

Im Menü »Logische Symbole« werden folgende Symbole für logische Verknüpfungen angeboten:

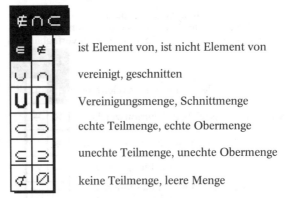

∴ ∵ folglich, weil

∋ ∃ so daß, es gibt

∀ ¬ für alle, logisches Nicht (Negation)

∧ ∨ logisches Und (Konjunktion), logisches Oder (Disjunktion)

12.2.7 Mengenlehre-Symbole

$\in \cup \cap \emptyset$

Im Menü »Mengenlehre« stehen insgesamt 12 Symbole zur Verfügung:

∈ ∉ ist Element von, ist nicht Element von

∪ ∩ vereinigt, geschnitten

⋃ ⋂ Vereinigungsmenge, Schnittmenge

⊂ ⊃ echte Teilmenge, echte Obermenge

⊆ ⊇ unechte Teilmenge, unechte Obermenge

⊄ ∅ keine Teilmenge, leere Menge

12.2.8 Weitere Symbole

Das Menü »weitere Symbole« (das dritte von rechts) enthält diverse Symbole, die keiner der anderen Gruppen zugeordnet werden können:

∂ ∇ ∞ Teildifferential, Gradient, unendlich

ℑ ℜ ℵ Imaginärteil einer komplexen Zahl, Realteil einer komplexen Zahl, Aleph

∠ ⊥ ◊ Winkel, rechtwinklig zu, Raute

ℓ ℘ ° handschriftliches, kleines »l«; Weierstraßsche elliptische Funktion; Grad

ℏ λ ∫ H-Leiste, Lambda-Balken, kleines Integral

∑ ∏ ∐ Summe, Produkt, Coprodukt

12.2.9 Griechische Buchstaben

Die letzten beiden Menüs enthalten griechische Klein- und Großbuchstaben:

$\alpha \; \omega \; \Omega \; \Psi$

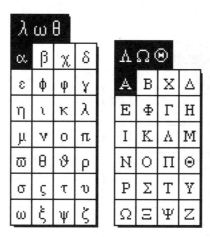

12.3 Übersicht der verfügbaren Formelelemente

Die zweite Zeile der Symbolleiste enthält die einzelnen Formelelemente, z.B. Wurzeln, Brüche, Matrizen und diverse Symbole. Im Unterschied zur ersten Zeile (Abschnitt II.12.2) passen sich die meisten Elemente automatisch der Größe an. Außerdem erlaubt es der überwiegende Teil der Elemente, Folgen zu bilden, also das Untereinanderschreiben von Werten (siehe Abschnitt II.12.1.3). Da einige Elemente auch in der ersten Zeile vorhanden sind, sollten Sie darauf achten, daß Sie das jeweilige für den Anwendungszweck richtige Element auswählen.

Formelelemente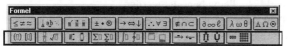

Bild II.120: Die zweite Zeile enthält die Formelelemente

Die in diesem Abschnitt beschriebenen Formelelemente werden innerhalb des Formel-Editors als *Vorlagen* bezeichnet. Da die Verwechslungsgefahr mit den *Formatvorlagen* des Formel-Editors (Abschnitt II.12.4) zu groß ist, mit denen die Vorlagen im übrigen kaum etwas gemein haben, wird in diesem Buch statt dessen der Ausdruck *Formelelemente* verwendet.

Begriffswirrwarr: Vorlagen

Soll ein bestehendes Formel-Element in ein anderes umgewandelt werden, z.B. eine Wurzel in einen Bruch, markieren Sie zunächst das bestehende Element. Daraufhin klicken Sie auf das gewünschte Symbol, wobei Sie beim Klick die Taste [Alt Gr] gedrückt halten (nicht die Taste [Alt]). Auf diese Weise läßt sich z.B. die Wurzel ▂▂▂ in den Bruch ▂▂▂ umwandeln, ohne daß die Werte neu eingegeben oder umkopiert werden müssen.

Umwandeln von Formelementen

12.3.1 Klammern

$$\underbrace{n \cdot n \cdots n}_{k\text{ Faktoren}} = n^k$$

Das erste Menü enthält verschiedene Klammern und ähnliche Elemente, wobei die meisten Klammernvarianten sowohl einzeln als auch als Paar verfügbar sind:

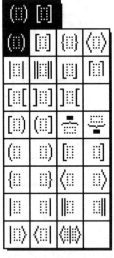

rundes, eckiges, geschweiftes und spitzes Klammernpaar

Paar mit einfachen vertikalen Balken, doppelten vertikalen Balken, tiefgestellten Balken und hochgestellten Balken

spezielle eckige Klammernpaare mit zwei öffnenden zwei schließenden sowie umgedrehten Klammern

gemischte Klammernpaare (mit jeweils einer runden und eckigen Klammer); horizontale, geschweifte Einzelklammern mit Beschriftung

}Einzelklammern

einzelne vertikale Balken (z.B. für Beträge)

spezielle Klammernpaare für die Quantenphysik

Vorzugsweise Klammernpaare verwenden

Besonderheit beim Löschen von Klammernpaaren

Praxistip: In der Praxis werden meist Formeln verwendet, in denen zu jeder öffnenden Klammer eine schließende gehört. Enthält eine Formel viele Klammern, besteht die Gefahr, daß versehentlich Klammern vergessen werden. Die Fehlerwahrscheinlichkeit kann deutlich reduziert werden, indem mit Klammernpaaren gearbeitet wird. Der Formel-Editor gibt dann automatisch die öffnende und schließende Klammer vor. Einzelklammern sollten dagegen nur dann eingesetzt werden, wenn diese auch wirklich alleine benötigt werden.

Beim Löschen von Klammernpaaren muß beachtet werden, daß der Formel-Editor keinen Zustand erlaubt, in dem kurzzeitig nur eine öffnende oder eine schließende Klammer existiert. Möchten Sie eine Klammer des Paars löschen, ist es daher weder möglich, nur eine Klammer zu markieren noch die Klammer mit der [Entf]-Taste zu löschen. Es kann nur das Klammernpaar samt Inhalt markiert und gelöscht werden. Falls sich in der Klammer Elemente befinden, die noch benötigt werden, ist dies jedoch unbefriedigend, da dann der Inhalt neu eingegeben werden muß. Als Abhilfe gehen Sie folgendermaßen vor:

1. Markieren Sie den Inhalt der Klammer, aber nicht die Klammer selbst.
2. Schneiden Sie den Klammerninhalt in die Zwischenablage aus (z.B. mit [Shift]+[Entf]).
3. Markieren Sie das nun leere Klammernpaar, und löschen Sie es (z.B. mit [Entf]).
4. Fügen Sie den Inhalt der Zwischenablage an der gewünschten Stelle ein (z.B. mit [Shift]+[Einfg]).

12.3.2 Brüche und Wurzeln

Das zweite Menü enthält eine Reihe verschiedener Brüche und Wurzeln: $\frac{1}{2} \quad \sqrt[3]{a}$

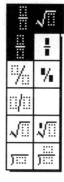

Bruch mit waagrechtem Bruchstrich (normale und reduzierte Größe)
Bruch mit schrägem Bruchstrich (normale und reduzierte Größe)
Bruch mit schrägem Bruchstrich (Zähler und Nenner auf gleicher Höhe)

Quadratwurzeln, n-te Wurzeln

Bei Brüchen mit reduzierter Größe werden Zähler und Nenner in demselben Schriftgrad dargestellt, wie er für hoch- und tiefgestellte Zeichen verwendet wird.

12.3.3 Hoch- und Tiefstellungen

Das dritte Menü stellt verschiedene Varianten für Hoch- und Tiefstellungen zur Verfügung. Auf diese Weise lassen sich einzelne Zeichen hochstellen, wie z.B. die »2« bei x^2. Aber auch Über- und Unterschreibungen – wie am Rand abgebildet – sind möglich.

$\lim_{x \to 1^+} f(x) =$

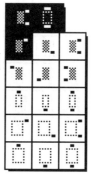

Hoch- und Tiefstellungen ohne Basisfeld
Überschreibung, Unterschreibung, gleichzeitige Über- und Unterschreibung (jeweils kleines Basisfeld)
Hoch- und Tiefstellungen mit Basisfeld
Überschreibung, Unterschreibung, gleichzeitige Über- und Unterschreibung (jeweils großes Basisfeld)

Bei den Varianten ohne Basisfeld (die oberen 6 Varianten) wird ein hochgestellter bzw. tiefgestellter Eingabebereich eingefügt (bzw. zwei Eingabebereiche bei gleichzeitiger Hoch- und Tiefstellung). Auf diese Weise läßt sich z.B. eine einzelne Ziffer hochstellen (^{2}). Die übrigen Varianten sind Kombinationen: Zu einem Basisfeld (mit großer Schrift) gehört ein hoch- oder tiefgestellter Bereich (oder zwei Bereiche bei gleichzeitiger Hoch- und Tiefstellung). Damit können z.B. Konstruktionen wie a^2, ■ oder ■ erzeugt werden.

Varianten mit und ohne Basisfeld

$\lim_{x \to 1^+} f(x) =$

Um Zeichen nachträglich hoch- oder tiefzustellen, markieren Sie die gewünschten Zeichen vor Auswahl einer der Varianten.

Zeichen nachträglich hoch- oder tiefstellen

12.3.4 Summen

Im Summen-Menü (das vierte Menü) werden verschiedene Varianten des Summenzeichens angeboten:

gewöhnliche Summe, Summe mit Unterschreibung, Summe mit Unter- und Überschreibung

Summe mit Unterschreibung des Eingabebereichs, Summe mit Unter- und Überschreibung des Eingabebereichs

Alle Summenzeichen haben eine feste Größe, passen sich also nicht gemäß dem Text im dazugehörigen Eingabefeld an.

12.3.5 Integrale

Es stehen diverse Integrale zur Verfügung, wahlweise ohne Unterschreibung, mit Unterschreibung oder mit gleichzeitiger Unter- und Überschreibung. Der unter- bzw. überschreibende Text wird je nach ausgewähltem Symbol entweder direkt unter bzw. über das Integralzeichen oder aber leicht nach rechts verschoben angeordnet.

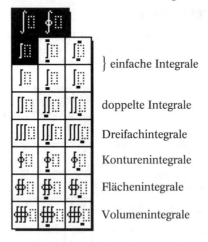

} einfache Integrale

doppelte Integrale

Dreifachintegrale

Konturenintegrale

Flächenintegrale

Volumenintegrale

In der Größe anpassendes Integralzeichen

Gewöhnlich wird ein Integralzeichen mit fester Größe eingefügt. Soll dagegen ein Integralzeichen verwendet werden, das sich dem Inhalt des dazugehörigen Eingabefeldes in der Größe anpaßt, halten Sie beim Klick auf das entsprechende Integral-Symbol die [Shift]-Taste fest.

12.3.6 Über- und Unterstreichungen

Für Über- und Unterstreichungen stehen vier Varianten zur Verfügung:

$$\overline{a}\underline{\underline{b}}$$

einfache und doppelte Überstreichung

einfache und doppelte Unterstreichung

12.3.7 Pfeile mit Beschriftung

Es werden sechs Varianten für Pfeile mit Beschriftungen angeboten:

$$f_n(x) \xrightarrow{\text{stetig}} f(x)$$

Pfeile mit Beschriftungen oben

Pfeile mit Beschriftungen unten

12.3.8 Produkte und Mengenlehre-Symbole

Das vorletzte Menü enthält Symbole für Produkte, Coprodukte, Schnittmengen sowie Vereinigungsmengen. Die Symbole sind mit diversen Unter- und Überschreibungsvarianten verfügbar. Sämtliche Symbole werden in einer festen Größe eingefügt, passen sich also nicht gemäß dem Text im dazugehörigen Eingabefeld an.

$$\prod \cap \cup$$

Produkte

Coprodukte

Schnittmengen

Vereinigungsmengen

12.3.9 Matrizen

Das letzte Menü enthält 12 Varianten für Matrizen, die sich in der Anzahl der Spalten und Zeilen unterscheiden. Die drei untersten Matrizenvarianten erlauben es, die Anzahl der Spalten und Zeilen frei zu wählen.

$$\begin{matrix} 7 & 5 & 3 \\ 4 & 1 & 2 \\ 8 & 6 & 9 \end{matrix}$$

zwei Spalten bzw. Zeilen

drei Spalten bzw. Zeilen

vier Spalten bzw. Zeilen

eine Zeile

eine Spalte

beliebig viele Spalten bzw. Zeilen

II Word

Eigenschaften der Matrix eingeben und ändern

Nach Anwahl einer der drei unteren Matrizenvarianten wird die Dialogbox MATRIX angezeigt (Bild II.122), in der neben der Spalten- und Zeilenanzahl noch weitere Eigenschaften, z.B. die Ausrichtung, angegeben werden können. Diese Dialogbox kann auch später aufgerufen werden, um die Eigenschaften einer Matrix zu ändern. Hierfür bewegen Sie den Cursor in die Matrix (oder markieren die Matrix), und rufen Sie den Menüpunkt FORMAT/MATRIX auf. Das Menü steht bei allen 12 Matrizenvarianten zur Verfügung.

Bild II.121: Dialogbox zum Festlegen und Ändern der Matrixeigenschaften

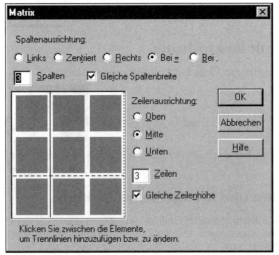

Anzahl und Größe der Spalten bzw. Zeilen

Die Anzahl der Spalten und Zeilen legen Sie in den Eingabefeldern SPALTEN und ZEILEN fest. Wird eine Matrix nachträglich verkleinert, gehen die Inhalte der wegfallenden Felder verloren. Durch Aktivierung der Optionen GLEICHE SPALTENBREITE läßt sich erreichen, daß alle Spalten die gleiche Breite aufweisen, wobei als Kriterium die breiteste Spalte dient. Analog dazu kann durch Einschalten der Option GLEICHE ZEILENHÖHE bewirkt werden, daß alle Zeilen gleich hoch dargestellt werden, wobei die höchste Zeile den Ausschlag gibt.

Elemente ausrichten

$$\begin{pmatrix} -1 \\ 14{,}1 \\ 2{,}5 \end{pmatrix}$$

Die Ausrichtung der Matrixfelder kann linksbündig (Option LINKS), zentriert (ZENTRIERT) oder rechtsbündig (RECHTS) erfolgen. Außerdem läßt sich erreichen, daß die horizontale Anordnung so erfolgt, daß Relationsoperatoren (Option BEI =) bzw. Dezimaltrennzeichen (Option BEI ,) genau untereinander stehen. Bei der vertikalen Ausrichtung kann zwischen OBEN, MITTE und UNTEN gewählt werden.

Linien einfügen

a	c	e
b	d	f

Durch Klick auf die weißen Linien zwischen der in der Dialogbox symbolisch dargestellten Matrix lassen sich horizontale und vertikale Linien in die Matrix einfügen, sowohl zwischen den Feldern als auch als Begrenzung der Matrix. Durch mehrfachen Klick wechselt die Linienform, von durchgezogen zu gestrichelt nach gepunktet. Die Randabbildung zeigt eine umrandete Matrix mit horizontalen Zwischenlinien.

12.4 Formel formatieren

Die Formatierung der Formel erfolgt weitgehend automatisch. In Einzelfällen muß jedoch die Formatierung der Formel korrigiert werden. Zur Formatierung stehen zum einen Formatvorlagen zur Verfügung, die Ähnlichkeiten mit den Formatvorlagen aus Word aufweisen. Zum anderen lassen sich die Grundeinstellungen für den Schriftgrad sowie die horizontalen und vertikalen Abstände variieren. Werden die Definitionen der Formatvorlagen, der Schriftgrade sowie der Abstände geändert, betrifft die Definition die aktuelle Formel sowie alle nachfolgend eingegebenen Formeln. Bereits bestehende Formeln werden ebenfalls angepaßt, allerdings erst dann, wenn die jeweilige Formel erneut bearbeitet wird.

Formatvorlagen und Grundeinstellungen

12.4.1 Formatvorlagen

Die einzelnen Formatvorlagen setzen sich aus einer Sammlung von Formatierungen zusammen, die unter einem Namen gespeichert sind. Das Hinzufügen neuer Formatvorlagen ist *nicht* vorgesehen. Um einen Bereich der Formel zu formatieren, markieren Sie den gewünschten Bereich, und wählen Sie im Menü FORMATVORLAGE die gewünschte Formatvorlage. Ist kein Bereich markiert, wirkt sich die Auswahl auf die an der aktuellen Cursorposition eingegebenen Zeichen aus.

Es stehen folgende Formatvorlagen zur Verfügung. In Klammern ist jeweils die Tastenkombination angegeben, mit der die Formatvorlage alternativ abgerufen werden kann:

- Mathematik ([Strg]+[Shift]+[0] (Null))
- Text ([Strg]+[Shift]+[E])
- Funktion ([Strg]+[Shift]+[F])
- Variable ([Strg]+[Shift]+[I])
- Griechisch ([Strg]+[Shift]+[G])
- Matrix/Vektor ([Strg]+[Shift]+[B])

Die Formatvorlagen des Formel-Editors

Formatvorlage	Schriftart	Fett	Kursiv
Text	Times New Roman	☐	☐
Funktion	Times New Roman	☐	☐
Variable	Times New Roman	☐	☑
Griech. Kleinbuchstaben	Symbol	☐	☑
Griech. Großbuchstaben	Symbol	☐	☐
Symbol	Symbol	☐	☐
Matrix/Vektor	Times New Roman	☑	☐
Zahl	Times New Roman	☐	☐

Bild II.122: Das Menü FORMATVORLAGE/ DEFINIEREN

Wurde z.B. eine Variable nicht erkannt und folglich nicht kursiv formatiert, markieren Sie diese und weisen der Markierung die Formatvorlage VARIABLE zu. Beim markierten Bereich muß es sich nicht unbedingt um eine Variable handeln. Soll ein anderer Zeichenbereich so formatiert werden wie eine Variable, können Sie ebenfalls die Formatvorlage VARIABLE verwenden. Die Verwendung der Formatvorlage VARIABLE bedeutet im übri-

II Word

gen nicht, daß unbedingt kursiv formatiert wird. Es hängt vielmehr davon ab, welche Formatierungen der Formatvorlage VARIABLE zugewiesen sind (standardmäßig handelt es sich um Kursivschrift). Zum Einsehen und Ändern der einzelnen Formatierungen dient der Menüpunkt FORMATVORLAGE/DEFINIEREN (Bild II.123). Dabei können den einzelnen Formatvorlagen eine Schriftart sowie die Schriftattribute Fett und Kursiv (auch in Kombination) zugeordnet werden.

Formatvorlage »Mathematik«
Diese Formatvorlage ist die einzige, der keine Formatierungen zugewiesen werden können. Der Grund dafür ist, daß bei dieser Formatvorlage die Formatierung automatisch erfolgt. Der Formel-Editor legt also selbst fest, welche Komponenten als Funktionen, Variablen usw. formatiert werden. Gleichzeitig ist die Formatvorlage MATHEMATIK die standardmäßige Formatvorlage. Das bedeutet, daß einer neuen Formel automatisch diese Formatvorlage zugewiesen wird. Das Formatieren von Bereichen in der Formel mit der Formatvorlage MATHEMATIK ist nur notwendig, wenn Bereiche mit einer anderen Formatvorlage versehen wurden, jetzt aber doch wieder automatisch formatiert werden sollen.

Formatvorlagen »Symbol« und »Zahl«
Diese beiden Formatvorlagen stehen nicht wie die anderen Formatvorlagen als separate Menüpunkte im Menü FORMATVORLAGE zur Verfügung, sondern sind nur im Menü FORMATVORLAGE/DEFINIEREN zu finden. Die Formatvorlage SYMBOL legt fest – wie der Name andeutet –, wie Symbole formatiert werden. Die Einstellung gilt für alle Symbole der Formel. Die Formatvorlage ZAHL bestimmt, wie Ziffern formatiert werden. Die Definition gilt nur für Ziffern, die mit der Formatvorlage MATHEMATIK versehen sind.

Formatvorlage »Text«
Diese Formatvorlage weist ebenfalls eine Besonderheit auf. Es ist die einzige Formatvorlage, die die Eingabe von Leerzeichen mit Hilfe der ⎡Leer⎤-Taste erlaubt. In der Praxis sollte die Formatvorlage für Kommentare, erklärende Texte usw. verwendet werden.

Formatvorlage »Griechisch«
Diese Formatvorlage legt die Formatierung für griechische Zeichen fest. Dabei können Klein- und Buchstaben unterschiedliche Formatierungen zugewiesen werden.

Direkt Formatieren
Falls keine Formatvorlage die gewünschte Formatierung enthält und bestehende Formatvorlagen nicht geändert werden sollen, besteht die Möglichkeit, einen Bereich direkt zu formatieren. Zu diesem Zweck dient der Menüpunkt FORMATVORLAGE/ANDERE. Nach Anwahl des Menüpunktes kann eine beliebige Schriftart (wahlweise als Fett- oder/und Kursivschrift) ausgewählt werden.

Beispiel
$\frac{V}{T} = \text{konstant}$

Zur Anwendung der Formatvorlagen ein Beispiel. Dabei soll nebenstehende Formel erzeugt werden. Geben Sie die Formel ein. Dabei stellen Sie fest, daß die Formatierung nicht korrekt erfolgt. Die Formel hat folgendes Aussehen: ▬▬▬▬▬▬. Da im Text »konstant« die Zeichenfolge »tan« enthalten ist, geht der Formel-Editor irrtümlich davon aus, daß die Tangens-Funktion gemeint ist und daß sich vor und nach dem Funktionsnamen die Variablen »kons« und »t« befinden. Zur Korrektur gehen Sie so vor:

1. Markieren Sie den Text »konstant«.
2. Rufen Sie den Menüpunkt FORMATVORLAGE/TEXT auf, oder drücken Sie ⎡Strg⎤+⎡Shift⎤+⎡E⎤.

12.4.2 Schriftgrad

Den einzelnen Formelelementen wird automatisch ein bestimmter Schriftgrad zugewiesen. Alle Elemente in Standardschrift werden z.B. in 12 Punkt, hoch- und tiefgestellte Elemente dagegen in 7 Punkt dargestellt. Diese Vorgaben lassen sich jedoch ändern. Dazu dient der Menüpunkt SCHRIFT-GRAD/DEFINIEREN. Nach Anwahl des Menüpunktes wird eine stilisierte Formel angezeigt (Bild II.124). In den einzelnen Eingabezeilen kann der gewünschte Schriftgrad eingegeben werden. Dabei wird das Element, das gerade bearbeitet wird, in der stilisierten Formel durch Negativschrift hervorgehoben.

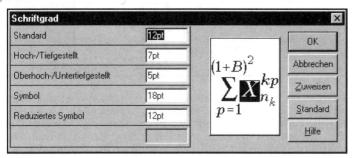

Bild II.123: Schriftgrad definieren

Möchten Sie sich ein Bild davon machen, welche Auswirkungen die geänderten Schriftgrade haben, klicken Sie auf die Schaltfläche ZUWEISEN. Die aktuelle Formel wird dann im neuen Schriftgrad angezeigt. Entsprechen die neuen Werte noch nicht Ihren Vorstellungen, können Sie diese weiter verfeinern, indem Sie die Werte anpassen und erneut auf ZUWEISEN klicken. Erst durch Klick auf OK werden die neuen Werte dauerhaft übernommen. Sollen die Änderungen dagegen verworfen werden, klicken Sie auf ABBRECHEN.

Auswirkung der neuen Werte

Durch Klick auf die Schaltfläche STANDARDWERTE werden alle Schriftgradangaben auf die Werte zurückgesetzt, mit denen der Formel-Editor ausgeliefert wird.

Standardwerte

Um einem bestimmten Bereich einen anderen als den automatisch vom Formel-Editor bestimmten Schriftgrad zuzuweisen, markieren Sie den Bereich, und wählen Sie einen der ersten 5 Menüpunkte aus dem Menü SCHRIFTGRAD an. Die Bezeichnung der Menüpunkte sollte Sie nicht verwirren. Es wird z.B. bei Wahl von TIEFGESTELLT keine Tiefstellung durchgeführt, sondern der Text mit dem Schriftgrad versehen, der vom Formel-Editor bei tiefgestellter Schrift automatisch verwendet wird (gemäß der Definition im Menü SCHRIFTGRAD/DEFINIEREN).

Schriftgrad manuell angeben

Falls kein Bereich markiert ist, bezieht sich die Auswahl auf die nachfolgend an der aktuellen Cursorposition eingegebenen Zeichen. Entspricht keiner der Schriftgrade Ihren Vorstellungen, kann der Schriftgrad mit Hilfe des Menüpunktes SCHRIFTGRAD/ANDERE direkt eingegeben werden.

12.4.3 Abstände

Die standardmäßig verwendeten horizontalen und vertikalen Abstände lassen sich mit dem Menüpunkt FORMAT/ABSTAND variieren. Welche Abstände jeweils beeinflußt werden, ist aus der in der Dialogbox dargestellten stilisierten Formel ersichtlich (Bild II.125). Das Maß kann in der Einheit Prozent (100% entsprechen dem standardmäßigen Abstand) oder in Punkt eingegeben werden. Bei einer Prozentangabe stellen Sie Ihrem Maß das Zeichen % nach. Ohne nachgestelltes Zeichen wird Ihre Eingabe in Punkt angenommen.

*Bild II.124:
Abstände
definieren*

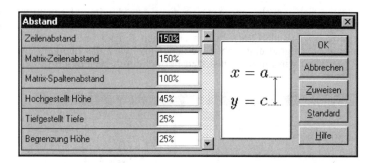

Auswirkung der neuen Werte

Möchten Sie sich ein Bild davon machen, welche Auswirkungen die geänderten Abstände haben, klicken Sie auf die Schaltfläche ZUWEISEN. Die aktuelle Formel wird dann mit den neuen Abständen angezeigt. Entsprechen die neuen Werte noch nicht Ihren Vorstellungen, können Sie diese weiter verfeinern, indem Sie die Werte anpassen und erneut auf ZUWEISEN klicken. Erst durch Klick auf OK werden die neuen Werte dauerhaft übernommen. Sollen die Änderungen dagegen verworfen werden, klicken Sie auf ABBRECHEN.

Standardwerte

Durch Klick auf die Schaltfläche STANDARDWERTE werden alle Abstände auf die Werte zurückgesetzt, mit denen der Formel-Editor ausgeliefert wird.

13 Zentraldokumente

Große Dateien – typischerweise mit einem Umfang von mehreren hundert Seiten – reduzieren die Arbeitsgeschwindigkeit teilweise beträchtlich. Es dauert selbst auf schnellen Computern Minuten, bis diverse Aktionen beendet sind, die ansonsten nur wenige Sekunden beanspruchen. Aus diesem Grund bietet es sich an, lange Dokumente in mehrere kleinere aufzuteilen. Doch bei der herkömmlichen Vorgehensweise – also der Speicherung der einzelnen Teile als separate Dateien – werden zunächst einmal eine ganze Reihe von Nachteilen erkauft: Die Dokumente lassen sich nicht mehr in einem Durchgang drucken oder durchsuchen. Zudem beginnt die Seitennumerierung bei jedem Dokument von vorne, so daß man Startnummern definieren muß. Diese sind jeweils anzupassen, falls sich der Seitenumfang eines der Teildokumente ändert.

Zentraldokumente und Filialdokumente

Eine weitaus raffiniertere Variante stellt die Technik der Zentraldokumente dar. Ein Zentraldokument ist eine Art Behälter, der Informationen zu den entsprechenden Teildokumenten enthält, aus denen sich das Dokument zusammensetzt. Das Zentraldokument weist im allgemeinen selbst keinen Text oder nur wenig Text auf. Die zum Zentraldokument gehörigen Teildokumente werden als *Filialdokumente* bezeichnet. Zwar werden die Filialdokumente als separate Dateien gespeichert, allerdings selbsttätig von Word verwaltet.

Für den Anwender entsteht der Eindruck, er arbeite mit einem einzigen, sehr großen Dokument. Der Vorteil liegt darin, daß sich das Gesamtdokument in einem Durchgang drucken oder durchsuchen läßt. Werden Änderungen am Gesamtdokument vorgenommen, werden beim Speichervorgang nur die von den Änderungen betroffenen Filialdokumente gesichert. Dadurch verkürzt sich der Speichervorgang zum Teil erheblich. Ein weiterer Vorteil ist, daß mehrere Anwender im Netzwerk gleichzeitig am selben Zentraldokument arbeiten können. Die einzige Einschränkung besteht darin, daß es nicht möglich ist, daß zwei Anwender in einem Filialdokument gleichzeitig Änderungen durchführen.

13.1 Dokument in ein Zentraldokument umwandeln

Davon ausgehend, daß Sie ein bereits bestehendes Dokument in ein Zentraldokument umwandeln wollen, gehen Sie wie folgt beschrieben vor: Öffnen Sie zunächst das aufzuteilende Dokument. Achten Sie darauf, daß die Überschriften mit den entsprechenden Formatvorlagen für Überschriften (ÜBERSCHRIFT 1-ÜBERSCHRIFT 5) formatiert sind. Mehr über Formatvorlagen erfahren Sie im Kapitel II.10.

Daraufhin schalten Sie durch Anwahl des Menüpunktes ANSICHT/ZENTRALDOKUMENT in die Zentraldokument-Ansicht. Der Text wird jetzt in einem speziellen Gliederungsmodus angezeigt, der große Gemeinsamkeiten mit dem gewöhnlichen Gliederungsmodus (vergleiche Kapitel II.9.1) aufweist.

Das Schalten in die Zentraldokument-Ansicht kann auch durch einen Klick auf das nebenstehende Symbol (links unten im Fensterrahmen) erfolgen. Möglicherweise befinden Sie sich danach nicht in der Zentraldokument-Ansicht, sondern im Gliederungsmodus. Dies erkennen Sie daran, daß das am Rand abgebildete Symbol (Symbolleiste) nicht eingerastet dargestellt ist. Klicken Sie dann auf dieses Symbol, um die Zentraldokument-Ansicht zu aktivieren.

Es bietet sich zunächst an, die Übersichtlichkeit zu erhöhen, indem nur noch die Überschriften angezeigt werden. Klicken Sie hierfür auf das Symbol »8«. Wenn die Anzeige immer noch zu unübersichtlich ist, empfiehlt es sich, nur die Überschriften mit den höheren Prioritäten anzuzeigen. Klicken Sie z.B. auf die 2, um die Anzeige auf die ersten zwei Prioritäten (meist Kapitelüberschriften und Abschnittüberschriften) zu beschränken.

Markieren Sie nun das Zentraldokument, beginnend mit der ersten Überschrift, die als Kriterium für die Teilung dienen soll, bis zum Ende des Dokuments. In der Regel wird man die Markierung mit der ersten Kapitelüberschrift (Formatvorlage ÜBERSCHRIFT 1) beginnen; jedes Kapitel wird dann in eine eigene Datei geschrieben. Bei sehr umfangreichen Texten bietet es sich von Fall zu Fall an, die Markierung mit der ersten Abschnittüberschrift (Formatvorlage ÜBERSCHRIFT 2) zu starten. Jeder Abschnitt wird dann in einer separaten Datei gespeichert. Achten Sie aber darauf, daß nicht mehr als 80 Teilbereiche entstehen, denn die Anzahl der Filialdokumente eines Zentraldokuments ist auf 80 beschränkt. Wird der Text später noch erweitert, sollte die Anzahl nach Möglichkeit entsprechend deutlich unter 80 bleiben. Angenommen, Ihr Dokument besitzt vier Kapitelüberschriften:

Kriterium für die Aufteilung festlegen

```
1 Weltall, Erde und Leben
   1.1 Astronomie
   1.2 Erde
   1.3 Klima und Wetter
   1.4 Pflanzen
   1.5 Das Reich der Tiere
   1.6 Der Mensch
2 Naturwissenschaften
   2.1 Mathematik
   2.2 Physik
   2.3 Chemie
```

II Word

```
                3 Kultur
                  3.1 Religion
                  3.2 Philosophie
                  3.3 Literatur
                4 Wirtschaft
                  4.1 Industrie und Handwerk
                  4.2 Finanzwirtschaft
```

In diesem Fall markieren Sie beginnend mit der ersten Kapitelüberschrift (auch wenn vor dieser noch ein Text stehen sollte) bis zum Ende des Textes. Im Beispiel muß die Markierung mit der Überschrift »1 Weltall, Erde und Leben« beginnen und mit der Überschrift »4.2 Finanzwirtschaft« enden.

Klicken Sie auf dieses Symbol, um die Aufteilung zu vollziehen. Es werden im Beispiel 4 Filialdokumente erzeugt. Das Zentraldokument enthält jetzt nur noch den Text, der vor der Aufteilung nicht markiert war. Meist handelt es sich dabei um den Text vor der ersten Überschrift.

Die durch die Aufteilung entstandenen Filialdokumente werden durch einen grauen Rahmen gekennzeichnet. Im Rahmen links oben wird ein Dokumentsymbol angezeigt (vergleiche Bild II.126).

Bild II.125:
Das Dokument
wurde in mehrere
Filialdokumente
aufgeteilt

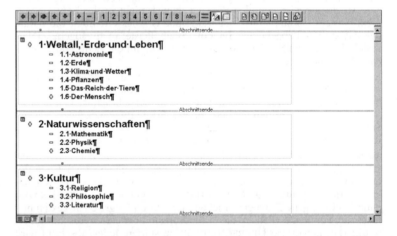

Speichern Sie nun das Dokument. Sie können es unter dem bisherigen Namen speichern (falls Sie die ursprüngliche große Datei nicht mehr benötigen) oder unter einem neuen. Word speichert dabei das Zentraldokument unter dem angegebenen Namen. Die Dateinamen für die Filialdokumente werden automatisch generiert, wobei als Anhaltspunkt die ersten Zeichen der entsprechenden Überschriften dienen. Gegebenenfalls wird dem Dateinamen eine Nummer hinzugefügt, um Namensgleichheiten zu vermeiden. Ein Kapitel mit der Überschrift »Naturwissenschaften« wird z.B. unter dem Namen NATURWIS.DOC gespeichert. Sie benötigen allerdings keine Kenntnis, wie die Namen lauten, da die Dateien selbsttätig von Word verwaltet werden.

Warnung   Die Dateien, die die einzelnen Filialdokumente darstellen, dürfen nicht in einen anderen Ordner verschoben werden (z.B. mit dem Explorer), da sie sonst vom Zentraldokument nicht mehr gefunden werden. Zum Verschieben der Dateien gehen Sie daher folgendermaßen vor: Speichern Sie das Zentraldokument in einem neuen Ordner. Word speichert dann das Zentraldokument und alle dazugehörigen Filialdokumente in diesem Ordner.

13 Zentraldokumente

Die ursprünglichen Filialdokumente (und auch das Zentraldokument) können danach aus dem alten Ordner gelöscht werden.

Zentralansicht beenden

Verlassen Sie die Zentralansicht, indem Sie in den gewohnten Bearbeitungsmodus (Normalansicht oder Layoutansicht schalten). Um in die Normalansicht zu gelangen, wählen Sie den Menüpunkt ANSICHT/NORMAL an oder klicken auf das linke der beiden am Rand abgebildeten Symbole. Analog dazu schaltet der Menüpunkt ANSICHT/LAYOUT oder ein Klick auf das rechte Symbol in die Layoutansicht. Der Text wird wie gewohnt angezeigt.

Eingefügte Abschnittwechsel

Der einzige Unterschied besteht darin, daß an den Stellen, an denen ein Filialdokument endet und ein neues beginnt, ein fortlaufender Abschnittwechsel eingefügt wurde. Befand sich an der Stelle bereits ein Abschnittwechsel, so finden sich jetzt dort zwei Abschnittwechsel. Die einzelnen Abschnittwechsel werden vorsorglich eingefügt, um verschiedene seitenspezifische Formatierungen der einzelnen Filialdokumente zu ermöglichen.

Mit dem Zentraldokument arbeiten

Die Arbeit mit dem Zentraldokument erfolgt wie mit einem gewöhnlichen Dokument. Sie können z.B. das komplette Dokument durchsuchen, dieses ausdrucken, ein Inhaltsverzeichnis generieren usw. Daß das Dokument in Wirklichkeit aus mehreren Einzeldateien besteht, spielt dabei keine Rolle.

Zentraldokument öffnen

Wenn Sie die Arbeit mit dem Zentraldokument beendet haben und zu einem späteren Zeitpunkt wieder fortsetzen möchten, öffnen Sie das Zentraldokument wie ein gewöhnliches Dokument. Alle zugehörigen Filialdokumente werden automatisch mit geöffnet.

13.2 Einsatz von Zentraldokumenten in der Praxis

Neue Kapitel eingeben

Bei der Eingabe zusätzlicher Kapitel in ein Zentraldokument werden diese nicht automatisch in Filialdokumente umgewandelt. Der Text wird statt dessen im Zentraldokument gespeichert. Dies ist nicht weiter problematisch und hat keinen negativen Einfluß auf die Funktionsweise von Word. Allerdings kann die Arbeitsgeschwindigkeit sinken, falls das Zentraldokument zu groß wird. Aus diesem Grund und aus Gründen der Einheitlichkeit sollten zusätzlich eingegebene Kapitel in Filialdokumente umgewandelt werden.

Schalten Sie hierfür in die Zentraldokument-Ansicht, markieren Sie die neue Kapitelüberschrift inklusive aller untergeordneten Überschriften, und klicken Sie auf das bereits bekannte Symbol.

Dokumente von vornherein als Zentraldokumente verwalten

Ist die Eingabe eines sehr großen Dokuments geplant, bietet es sich an, dieses von vornherein als Zentraldokument anzulegen. Dazu ist keine besondere Vorgehensweise erforderlich: Erstellen Sie wie gewohnt ein neues Dokument, und geben Sie den Text ein. Immer wenn die Eingabe eines Kapitels beendet ist, wandeln Sie dieses wie gerade beschrieben in ein Filialdokument um.

Filialdokumente als Datei einfügen

Bestehende Dateien lassen sich nach Belieben als Filialdokumente in das Zentraldokument einbinden. Schalten Sie gegebenenfalls in die Zentraldokument-Ansicht, und bewegen Sie den Cursor an die Stelle im Zentraldokument, an der das Dokument eingefügt werden soll. Daraufhin klicken Sie auf nebenstehendes Symbol und wählen die gewünschte Datei aus dem Dateiauswahlfenster. Das Einfügen innerhalb eines bestehenden Filialdokuments ist erlaubt. Die Filialdokumente werden dann verschachtelt.

II Word

Großes Filialdokument in kleinere Filialdokumente aufteilen

Besonders große Filialdokumente sollten in zwei kleinere aufgeteilt werden, um die Arbeitsgeschwindigkeit zu steigern. Schalten Sie hierfür in die Zentraldokument-Ansicht, bewegen Sie den Cursor auf das erste Zeichen der Überschrift, an deren Position die Aufteilung erfolgen soll, und klicken Sie auf nebenstehendes Symbol. Beim Speichern des Zentraldokuments werden automatisch neue Dateien erzeugt und benannt.

Kleinere Filialdokumente zu einem verbinden

Im Prinzip gilt, je kleiner ein Filialdokument, desto höher fällt die Arbeitsgeschwindigkeit aus. Wird eine bestimmte Größe unterschritten, typischerweise von einigen wenigen Seiten, ergibt sich allerdings keine höhere Effizienz mehr. Ist man bereits an die Grenze von 80 Filialdokumenten gestoßen oder besteht die Gefahr, daß diese zu einem späteren Zeitpunkt erreicht wird, bietet es sich an, besonders kleine Filialdokumente zu einem größeren zusammenzufassen.

Schalten Sie hierfür in die Zentraldokument-Ansicht, und markieren Sie die gewünschten Filialdokumente, die zusammengefaßt werden sollen. Achten Sie darauf, daß jeweils alle Überschriften des Filialdokuments markiert werden. Um die Zusammenfassung durchzuführen, klicken Sie abschließend auf das nebenstehende Symbol.

Die beiden ehemaligen Filialdokument-Dateien werden nicht automatisch gelöscht. Daher bietet es sich an, diese manuell zu löschen, z.B. mit dem Explorer.

Filialdokumente markieren

Praxistip: Durch einen Klick auf das Filialdokument-Symbol in der linken oberen Ecke läßt sich ein Filialdokument besonders einfach markieren. Die Markierung kann daraufhin komfortabel erweitert werden, indem bei gedrückt gehaltener ⎡Shift⎤-Taste auf ein weiteres Filialdokument-Symbol geklickt wird.

Filialdokument auflösen

Beim Auflösen eines Filialdokuments wird der entsprechende Text direkt im Zentraldokument gespeichert. In der Praxis ist dies nur selten notwendig. Denkbar ist aber der Fall, daß Sie ein Zentraldokument in mehrere Filialdokumente aufgeteilt haben. Später möchten Sie jedoch wieder mit nur einer Datei arbeiten. Zu diesem Zweck lösen Sie alle Filialdokumente auf. Beim dadurch entstandenen Zentraldokument handelt es sich dann wieder um ein ganz gewöhnliches Dokument, zu dem keine weiteren Dateien mehr gehören.

Um ein oder mehrere Filialdokumente aufzulösen, schalten Sie zunächst in die Zentraldokument-Ansicht, und markieren Sie die gewünschten Filialdokumente. Abschließend klicken Sie auf das nebenstehende Symbol.

Die ehemaligen Filialdokument-Dateien werden nicht automatisch gelöscht. Daher bietet es sich an, diese manuell zu löschen, z.B. mit dem Explorer.

13.3 Weiterführende Hinweise

Filialdokumente als separate Dateien bearbeiten

Filialdokumente können auch separat bearbeitet werden, indem die entsprechende Datei, die das Filialdokument repräsentiert, geöffnet wird. Diese Vorgehensweise ist allerdings nicht besonders zweckmäßig, da Filialdokumente häufig Bestandteile besitzen, die sich auf andere Filialdokumente beziehen. Sobald das Filialdokument separat bearbeitet wird, hat Word keine Kenntnis darüber, wie die anderen, dazugehörigen Filialdokumente heißen. Ein Resultat ist z.B., daß Querverweise und Seitenverweise (Kapitel II.11.2) auf andere Filialdokumente nicht aufgelöst werden können.

13 Zentraldokumente

Ein weiteres Problem stellen Dokumentvorlagen dar: Werden Dokumentvorlagen einzelner Filialdokumente geändert, sind dem Zentraldokument auf einmal mehrere, unterschiedliche Dokumentvorlagen zugeordnet. Dieser Zustand ist allerdings nicht erlaubt. Zu jedem Dokument – auch zu einem Zentraldokument – gehört genau eine Dokumentvorlage. Die Änderungen werden daher nicht in das Zentraldokument übernommen. Die Formatierung wird stets anhand der zum Zentraldokument gehörigen Dokumentvorlage vorgenommen.

Geänderte Dokumentvorlagen separater Filialdokumente bleiben aber in der Filialdokument-Datei erhalten. Wird das Filialdokument als separate Datei geöffnet, ist wieder die geänderte Dokumentvorlage gültig. Dies ist entscheidend. Denkbar ist nämlich der Fall, daß ein bereits als eigene Datei vorliegendes Dokument in ein Zentraldokument eingebunden wird, aber im Rahmen anderer Projekte auch parallel als separate Datei benötigt wird.

Um ein Filialdokument zu öffnen, so daß dieses separat bearbeitet werden kann, können Sie so vorgehen wie bei einem gewöhnlichen Dokument. Verwenden Sie also z.B. den Menüpunkt DATEI/ÖFFNEN, oder drücken Sie [Strg]+[O]. Häufig stellt sich jedoch das Problem, daß der Dateiname nicht bekannt ist. Eine Alternative zum Öffnen eines Filialdokuments besteht darin, in die Zentraldokument-Ansicht zu schalten und das Dokument-Symbol des entsprechenden Filialdokuments doppelt anzuklicken.

Filialdokument öffnen

Praxistip: Selbstverständlich läßt sich diese Vorgehensweise auch nutzen, um den Dateinamen eines Filialdokuments zu ermitteln. Bekanntlich werden unbedeutend gewordene Filialdokumente nicht von Word gelöscht. (Wenn z.B. ein Filialdokument aufgelöst wird, bleibt die Datei erhalten, obwohl sie im allgemeinen nicht mehr benötigt wird.) Sie können dann herausfinden, welche Filialdokumente tatsächlich zum Zentraldokument gehören und gegebenenfalls die übrigen Dateien löschen.

Dateiname des Filialdokuments ermitteln

Filialdokumente können beliebig gegen Änderungen geschützt werden. Dies ist besonders im Netzwerk sinnvoll, wenn mehrere Benutzer am selben Zentraldokument arbeiten. Sind einzelne Filialdokumente geschützt, können sie nur eingesehen, aber nicht verändert werden. Allerdings bietet der Schutz keine Sicherheit, da jeder Benutzer im Netzwerk den Schutz ohne Einschränkungen aufheben oder zusätzliche Filialdokumente schützen kann. Der Schutz hat daher nur Signalwirkung. Eine Gefahr des Datenverlustes ist aber dennoch nicht gegeben, gegebenenfalls öffnet Word ein Filialdokument schreibgeschützt, falls derzeit ein Anwender dort Veränderungen vornimmt.

Filialdokumente schützen und Schutz aufheben

Standardmäßig werden all die Filialdokumente mit einem Schutz versehen, die laut dem Datei-Info, Rubrik AUTOR, von einer anderen Person als von Ihnen angefertigt wurden.

Um ein Filialdokument zu schützen oder einen Schutz aufzuheben, bewegen Sie den Cursor bei aktiver Zentraldokument-Ansicht in das gewünschte Filialdokument, und klicken Sie auf das nebenstehende Symbol.

Geschützte Filialdokumente werden durch ein Schloßsymbol in der linken oberen Ecke des Filialdokument-Rahmens gekennzeichnet.

Existieren mehr als 80 Filialdokumente, zeigt Word beim Speichern eine Fehlermeldung an (Bild II.127) und bietet an, einige Filialdokumente im Zentraldokument zu speichern. Im allgemeinen empfiehlt es sich, den Vorschlag durch Klick auf JA anzunehmen. Falls Sie sich dagegen entscheiden, wird der Speichervorgang abgebrochen. Sie müssen dann das Dokument neu aufteilen, so daß 80 Filialdokumente nicht überschritten werden.

Zu viele Filialdokumente

II Word

Bild II.126:
Es existieren mehr als
80 Filial-dokumente

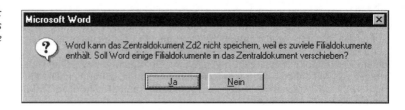

14 Symbolleisten anpassen

Standardmäßig ist Word so konfiguriert, daß die im allgemeinen am häufigsten benötigten Symbole verfügbar sind. Es gibt jedoch eine Vielzahl weiterer Symbole, die auf Wunsch eingeblendet werden können. Nicht benötigte Symbole sollten gelöscht werden, um auf dem Bildschirm mehr Platz zu gewinnen.

Bild II.127:
Der Word-
Bildschirm mit
mehreren Rand- und
Fenstersymbolleisten

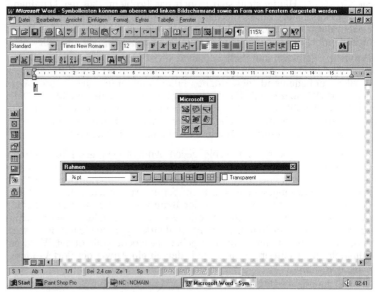

14.1 Symbolleisten positionieren und anordnen

Symbolleisten lassen sich sowohl in einem Fenster darstellen als auch am oberen oder linken Bildschirmrand positionieren (Bild II.128). Eine Fenstersymbolleiste kann in eine Randsymbolleiste umgewandelt werden, indem diese mit der Maus an die gewünschte Position am oberen oder linken Bildschirmrand gezogen wird. Analog dazu wird eine am Rand integrierte Symbolleiste in eine Fenstersymbolleiste umgewandelt, wenn diese in einen Bereich außerhalb des oberen oder linken Bildschirmrands gezogen wird.

In der Praxis bietet es sich an, Symbolleisten vornehmlich am Rand zu integrieren. Eine als Fenster dargestellte Symbolleiste hat nämlich den Nachteil, daß sie Teile vom Dokument verdeckt. Die Symbolleiste muß dann häufig verschoben werden.

Soll eine Randsymbolleiste verschoben werden, so beachten Sie, daß dabei nicht auf eines der Symbole geklickt werden darf. Sie müssen dagegen in den schmalen Bereich klicken, der die Symbole umgibt. Der Bereich ist durch eine dünne Umrahmung gekennzeichnet. An welche Stelle z.B. geklickt werden kann, zeigt die Mauszeigerposition im Bild II.129.

Bild II.128:
Richtige Stelle zum Verschieben

Zum Verschieben einer Fenstersymbolleiste klicken Sie entweder ebenfalls in den schmalen Bereich, der die Symbole umgibt, oder – was komfortabler ist – in die Titelzeile (vergleiche Bild II.130).

Bild II.129:
Fenstersymbolleiste verschieben

Die Symbole einer Fenstersymbolleiste lassen sich entweder in einer Zeile, in mehreren Zeilen oder in einer Spalte darstellen. Zum Ändern der Anordnung bewegen Sie den Mauszeiger zunächst auf die linke, untere oder rechte Fensterbegrenzung (Bild II.131).

Anordnung der Symbole ändern

Bild II.130:
Anordnung ändern

Danach ziehen Sie die Fensterbegrenzung in die gewünschte Richtung. Die Symbole weisen daraufhin eine andere Anordnung auf (Bild II.132).

Bild II.131:
Die Anordnung der Symbole wurde verändert

Um Symbolleisten ein- und auszublenden, rufen Sie den Menüpunkt ANSICHT/SYMBOLLEISTEN auf (Bild II.133). Alle verfügbaren Symbolleisten werden aufgelistet. Durch einen Klick auf den Namen der Symbolleiste wird die Symbolleiste entweder ein- oder ausgeblendet. Die Änderungen werden jedoch erst dann wirksam, wenn die Dialogbox mit Klick auf OK verlassen wird.

Symbolleisten ein- und ausblenden

II Word

Bild II.132:
Das Menü ANSICHT/
SYMBOLLEISTEN

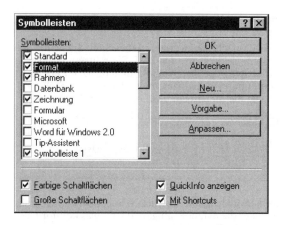

Eine Fenstersymbolleiste läßt sich auch ohne das Menü ANSICHT/SYM-
BOLLEISTEN ausblenden, indem auf das Schließen-Symbol in der rechten
oberen Fensterecke geklickt wird.

14.2 Symbole aufnehmen und entfernen

Symbole entfernen

Um auf dem Bildschirm Platz zu sparen, bietet es sich an, Symbole, die niemals gebraucht werden, aus der Symbolleiste zu entfernen. Dazu ziehen Sie das gewünschte Symbol bei gedrückter [Alt]-Taste aus der Symbolleiste heraus (Bild II.134). Das Entfernen funktioniert sowohl bei Rand- als auch bei Fenstersymbolleisten. Entfernte Symbole lassen sich jederzeit wieder aufnehmen.

Bild II.133:
Symbole entfernen

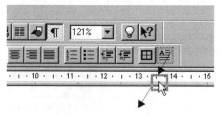

Symbole aufnehmen

Zum Aufnehmen von Symbolen dient der Menüpunkt EXTRAS/ANPASSEN. Rufen Sie den Menüpunkt auf, und achten Sie darauf, daß das Register SYMBOLLEISTEN angewählt ist (Bild II.135).

In der Liste links wählen Sie die Kategorie des aufzunehmenden Symbols. Je nach ausgewählter Kategorie werden andere Symbole angeboten. Die Kategorien entsprechen weitgehend den entsprechenden Menüs. So finden sich z.B. die Symbole, über die sich Funktionen aus dem Menü FORMAT abrufen lassen, unter der Kategorie FORMAT. Allerdings gibt es einige zusätzliche Kategorien, zu denen es kein Äquivalent als Menü gibt, z.B. die Kategorie RAHMEN mit Symbolen, die zum Einfügen von Rahmen und Linien dienen.

Um die Bedeutung eines Symbols zu erfahren, klicken Sie auf das Symbol. Daraufhin wird in der Dialogbox links unten eine Beschreibung angezeigt.

Zum Aufnehmen eines Symbols ziehen Sie das Symbol in die gewünschte Fenster- oder Randsymbolleiste.

14 Symbolleisten anpassen

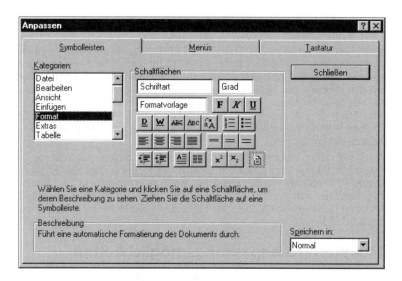

Bild II.134:
Das Menü EXTRAS/
ANPASSEN, Register
SYMBOLLEISTEN

Wird ein Symbol außerhalb einer Symbolleiste abgelegt, wird eine neue Fenstersymbolleiste erzeugt. Diese erhält zunächst den Namen „Symbolleiste", gefolgt von einer Ziffer. Die Symbolleiste kann später umbenannt werden (dazu gleich mehr).

Neue Symbolleiste

Standardmäßig werden Symbolleisten in der globalen Dokumentvorlage NORMAL.DOT gespeichert und sind daher in allen Dokumenten verfügbar. Im Listenfeld SPEICHERN IN (rechts unten in der Dialogbox) kann aber auch eine andere Dokumentvorlage gewählt werden. Auf diese Weise läßt sich erreichen, daß die jeweiligen Symbolleisten nur in Dokumenten zur Verfügung stehen, die mit der entsprechenden Dokumentvorlage verknüpft sind. Wünschen Sie dies, wählen Sie zunächst die Dokumentvorlage aus, bevor Sie Symbole aufnehmen. Angeboten werden alle derzeit geladenen Dokumentvorlagen. Mehr über Dokumentvorlagen erfahren Sie im Kapitel II.10.

Dokumentvorlage auswählen

14.3 Umgang mit Symbolleisten

Rufen Sie hierfür zunächst den Menüpunkt FORMAT/FORMATVORLAGE auf, klicken Sie auf ORGANISIEREN, und wechseln Sie auf das Register SYMBOLLEISTEN. Daraufhin klicken Sie in einer der beiden Listen auf die gewünschte Symbolleiste, klicken Sie auf UMBENENNEN, und geben Sie den neuen Namen ein.

Symbolleisten umbenennen

Zum Löschen einer Symbolleiste rufen Sie den Menüpunkt ANSICHT/SYMBOLLEISTEN auf, klicken Sie auf die gewünschte Symbolleiste, und klicken Sie auf LÖSCHEN. Gelöscht werden können nur benutzerdefinierte Symbolleisten.

Symbolleisten löschen

Die standardmäßig vorhandenen Symbolleisten STANDARD, FORMAT, RAHMEN, DATENBANK, ZEICHNUNG, FORMULAR, MICROSOFT, WORD FÜR WINDOWS 2.0 und TIP-ASSISTENT lassen sich zwar ausblenden und beliebig konfigurieren, aber nicht löschen.

Standardmäßige Symbolleisten können in den Originalzustand zurückgeführt werden, indem erst auf die entsprechende Symbolleiste und dann auf

Symbolleisten zurücksetzen

die Schaltfläche VORGABE geklickt wird. Dies empfiehlt sich vor allem dann, wenn versehentlich Symbole gelöscht wurden.

Neue Symbolleiste Auch über das Menü ANSICHT/SYMBOLLEISTEN lassen sich neue Symbolleisten anlegen. Klicken Sie hierfür auf NEU. Im Unterschied zum Anlegen über das Menü EXTRAS/ANPASSEN wird eine Dialogbox angezeigt, in der Sie den Namen der Symbolleiste eingeben. Sie müssen also nicht den Umweg über das Menü FORMAT/FORMATVORLAGE/ORGANISIEREN nehmen. Nach dem Anlegen einer Symbolleiste wird automatisch das Menü EXTRAS/ANPASSEN aufgerufen, so daß Sie Symbole in die neue Symbolleiste aufnehmen können.

Größe der Symbole ändern Wird mit einer hohen Bildschirmauflösung gearbeitet (typischerweise 1.024x768 Punkte und höher), stellt sich das Problem, daß die Symbole sehr klein dargestellt werden und kaum noch zu erkennen sind. In diesem Fall bietet es sich an, die Option GROßE SCHALTFLÄCHEN im Menü ANSICHT/SYMBOLLEISTEN zu aktivieren. Alle Symbole werden dann deutlich größer dargestellt.

14.4 Weitere Anpassungsmöglichkeiten

Neben den Symbolleisten läßt sich auch die Tastatur- und die Menübelegung beliebig ändern. Sie können z.B. häufig benötigte Funktionen mit einem Shortcut versehen, um diese schneller aufzurufen. Nicht benötigte Menüpunkte lassen sich löschen. Außerdem können Menüpunkte umbenannt oder umsortiert werden.

Zum Ändern der Tastatur- und Menübelegung dient wie auch zur Anpassung der Symbolleisten das Menü EXTRAS/ANPASSEN. Wechseln Sie auf das Register MENÜS, um die Menübelegung zu ändern. Analog dazu läßt sich die Tastaturbelegung über das Register TASTATUR ändern.

Excel

1 Einführung

Betrachtet man die Einsatzgebiete der Anwenderprogramme, so ist in der Praxis der Unternehmen durchaus nicht die Textverarbeitung das Programm, das im Vordergrund steht, auch wenn das manchmal auf den ersten Blick so erscheint.

Zahlen im Vordergrund

Ganz wie seit Anbeginn des PC-Zeitalters ist es die Zahlenverarbeitung, die in den Firmen vorrangig genutzt wird. Und in der Gruppe zahlenverarbeitender Programme ist es sicher die Tabellenkalkulation, die im Vordergrund steht. Der PC hat gerade der Tabellenkalkulation seinen Durchbruch in der Praxis zu verdanken.

Zentrale Rolle der Tabellenkalkulation

Das mußte so sein und ist leicht nachzuvollziehen. Unternehmen setzen die PC-Technik mit der zugehörigen Software ein, um effektiver und rationeller zu arbeiten. Aber auch, wenn es darum geht, Umsatzdaten zu analysieren, werden große Zahlenmengen zu bewegen sein. Die erwähnten Beispiele haben gemeinsam, daß sie unmittelbar zu kostensparenden oder gewinnerhöhenden Analyseergebnissen führen können, und daß Zahlen zu diesem Zweck in großer Menge schnell für Analysen aufbereitet werden müssen. Tabellenkalkulationen waren und sind die Antwort auf diese Probleme.

Kosten analysieren, Umsatzdaten erfassen

Das neue Excel 7.0 im Office-Paket ist ein Instrument, dessen Möglichkeiten mit dem Wort *Tabellenkalkulation* gar nicht mehr zureichend beschrieben werden können. Einerseits ist es die mathematische Potenz dieser Anwendung, die es Ihnen erlaubt, fast alle im betrieblichen Alltag auftretenden Probleme zu lösen. Andererseits ist der Umgang mit dem Programm erstaunlich einfach. Gerade im Betrieb muß eine Tabellenkalkulation wie nebenbei verwendet werden können, jedenfalls ohne daß viel Zeit mit dem Erlernen eines Programms vergeudet wird. Excel 7.0 kommt solchen Ansprüchen entgegen. Dadurch, daß Excel 7.0 alle Annehmlichkeiten eines Windows-Programmes nutzt, können bereits vorhandene Kenntnisse über die Bedienung anderer Windows-Programme ohne Probleme auf Excel 7.0 übertragen werden. Zusätzlich sind nur einige Besonderheiten dieses speziellen Programmes zu erlernen. Ein Beispiel ist die elegante Möglichkeit, den *Solver* zu benutzen. Mit ihm können Sie Was-wäre-wenn-Berechnungen durchführen. Solche Simulationen können, ein einziges Mal durchgeführt, bereits sehr viel mehr Kosten sparen als für die Anschaffung von Excel 7.0 aufgewendet werden müssen.

Office 95

Excel 7.0 ist eines der modernsten Programme zur Anfertigung von Tabellen, Grafiken und Diagrammen, das von Unternehmen und Privatpersonen mit großem Erfolg eingesetzt wird. Die Arbeitsergebnisse können auf Papier, Overheadfolien, Diapositive oder dem Bildschirm und ein mit letzterem gekoppeltes Display ausgegeben werden. Es ist ein Programm, das auf

Excel 7.0

339

III Excel

Ältere Dateien in Excel 7.0

jedem Personal Computer eingesetzt werden kann, der mit dem 32-Bit-Standardbetriebssystem Windows 95 ausgestattet ist.

Excel 7.0 verarbeitet auch die Dateien der mit älteren Versionen angefertigten Tabellen. Das Programm erlaubt ohne großen Aufwand die Datenübernahme aus anderen Programmen. Dafür können ebenfalls Features der Windows-Technik genutzt werden.

Excel 7.0 für wenig Aufwand

Das Programm Excel 7.0 selbst ist ein Instrument, mit dem Sie in kurzer Zeit und mit wenig Aufwand eindrucksvolle Arbeitsergebnisse erzielen können, ein Programm, das Ihnen hilft, Zahlen zu verbinden und zu analysieren, und das diese Zahlen auch in ansprechende und anspruchsvolle Grafiken übertragen kann. Sie werden entsprechend dem Stand der Software-Technik mit allen wünschenswerten Hilfsmitteln unterstützt.

Effekte mit geringstmöglichem Aufwand

Excel 7.0 ist für Anwender geschrieben, die schnell und mit geringstmöglichem Aufwand bestmögliche Effekte erzielen wollen, ohne jedesmal erst Zeit mit dem Einüben komplizierter Bedienungsregeln verbringen zu wollen. Die Bedienungsoberfläche entspricht dem unter Windows üblichen Standard.

Erlernte Fähigkeiten sofort testen

Das Buch erklärt die Funktionen von Excel 7.0 an vielfältigen Beispielen. Um erlernte Fähigkeiten im Umgang mit dem Programm sofort testen zu können, finden Sie immer wieder kleine Beispielaufgaben. Sie können parallel zum Lesen die Funktionen am Gerät ausprobieren. Haben Sie wenig Zeit, oder wollen Sie nach der Einarbeitung nur kurz nachschlagen, finden Sie zusammenfassende Erklärungen und Übersichten. Es ist auch möglich, die Lösung eines bestimmten Problems zu suchen. Dann schlagen Sie im Index nach und entnehmen die passenden Angaben aus dem Buch.

1.1 Die Anwendungsgebiete von Excel 7.0

Geschäftsleben und privates Leben

Wir kalkulieren im privaten Leben manchmal eher »über den Daumen«. Das ist eine Vorgehensweise, die wir im Geschäftsleben meist für ganz unannehmbar halten. Im Betrieb gehen wir ständig mit Zahlen um. Immer dann, wenn wir im Alltag des Geschäftslebens um Zustimmung zu unseren Produkten, Vorhaben, Leistungen, Plänen und Vorschlägen werben müssen, stehen hinter solchen Aufgaben sorgfältige Überlegungen und Kalkulationen. Wir haben häufig mehr als einen Menschen zu überzeugen. Außerdem sind unsere Absichten schon deswegen schwer umzusetzen, weil das angestrebte Ziel oft kompliziert und schwer zu verstehen ist.

Komplizierte Sachverhalte erfassen

Es müssen häufig komplizierte Sachverhalte so aufbereitet werden, daß sie von einem Laienpublikum schnell verstanden werden können. Auch das Fachpublikum wird leichter zu gewinnen sein, wenn die Thematik unmittelbar einsichtig vorgestellt wird. Dazu dienen Tabellen und Grafiken, die Sie mit Excel 7.0 erzeugen können. Sie können die Sprache bei einer Umsatzpräsentation beispielsweise mit eindrucksvollen Tabellen und Diagrammen unterstützen. Sie können die Zahlen auch leicht von Excel nach PowerPoint übertragen und dort in einer Präsentation nutzen. Sie werden durch den Einsatz der Technik weitere Effekte erzielen, die durch ihre professionelle Qualität überzeugen.

Einsatzmöglichkeiten für Tabellen und Grafiken

Kostenrechnungen per Tabelle

- Vorstellung von Bilanzen
- Gewinn und Verlustrechnungen eines Unternehmens in der Öffentlichkeit präsentieren
- Vorstellung der Umsatzzahlen neuer Produkte
- Vorgabe neuer Umsatzplanungen für Berater und Vertreter

1 Einführung

- Planung und Vorbereitung des Jahresabschlusses
- Kostenrechnungen für den Haushalt
- Budgetrechnung im Unternehmen
- Vergleich von Plan- und Sollgrößen
- Abhängigkeiten von Gewinn und Kosten erfassen und darstellen
- Erstellung eines Organisationsplanes
- Abschreibungsberechnungen
- Anschaffungsfinanzierungen mit Leasing kalkulieren
- Zinsberechnungen für Darlehen
- Betriebsabrechnungsbogen erstellen
- Berechnung von Zuschlagsätzen
- Deckungsbeitragsrechnung in Industrie und Handel
- Tabellen zur Warenwirtschaft im Handel
- Limitrechnung im Handel
- Vorwärts-, Rückwärts und Differenz-Kalkulationen
- Offene Posten überwachen
- Außenstände mit Mahnstufen verwalten
- Wirtschaftlichkeitsberechnung mit der ABC-Analyse

Planen und kalkulieren

Planen und organisieren

Wirtschaftlichkeit berechnen

1.2 Die Eigenschaften von Excel 7.0

Excel 7.0 ist Ihr Handwerkszeug bei der Berechnung und Analyse jeder Form von Zahlenwerten, wie sie in Tabellen erfaßt, in Diagramme umgesetzt und mit Grafiken ergänzt werden können. Gleichgültig, ob Sie das Ergebnis auf Folien und einem Overhead-Projektor anzeigen wollen, mittels Dias oder einem PC, stets können Sie Excel 7.0 benutzen, um das entsprechende Material anzufertigen und mit vielen Gestaltungsmöglichkeiten aufzubereiten.

Ausgefeiltes Handwerkszeug

Die wichtigsten Medien von Excel 7.0 sind ein- oder mehrdimensionale
- Tabellen und
- Grafiken

Ihr mit Excel 7.0 erstelltes Material besteht zunächst aus Papieren. Sie enthalten Zahlen und Texte in den verschiedensten Schriftgrößen und Schriftarten. Diagramme machen die Zahlen unmittelbar anschaulich, Bilder und Grafiken erläutern die Zahlen als Ergebnis Ihrer Analyse.

Papiertabellen

Tabellen und Grafiken können Sie mit den Hilfsmitteln von Excel 7.0 selbst anfertigen oder aus anderen Programmen übernehmen und mit den Tabellen bzw. Grafiken kombinieren. Das gleiche gilt für Diagramme, die Sie mit Excel 7.0 selbst erstellen oder zum Beispiel aus Excel oder älteren Versionen übernehmen können.

Die Ergebnisse können sowohl in Schwarzweiß als auch in Farbe erzeugt werden; Sie können sie auf Papier, Overhead-Folien, mit einem Display und einem Overhead-Projektor vom Bildschirm auf eine Leinwand und, wenn Sie eine entsprechende Vorlage angefertigt haben, auch als Diapositiv zur Präsentation mit einem Projektor einsetzen.

Excel 7.0 ist ein Programm zur Handhabung von Zahlen und kann diese Zahlen wie daraus abgeleitete Ergebnisse in Grafiken zusammenfassen, die Sie dann einem Publikum präsentieren können.

III Excel

	Excel 7.0 bietet zahlreiche Hilfsmittel, damit eine solche Überzeugungsaufgabe durch Zahlen und ihre einsichtige Darstellung möglichst elegant gelöst werden kann. Mit den Werkzeugen von Excel 7.0 gelingen interessante und treffsichere Darstellungen.
Bilder sind manchmal effektiver als Worte	Müssen Sie Ihren Zuhörern Zahlen vorstellen, werden diese viel leichter verständlich, wenn sie vor der Präsentation in Grafiken umgesetzt werden. Mit Excel 7.0 können Sie Zahlen zwei- und dreidimensional als Diagramme darstellen.
Zusätzliche Bilder	Wenn der Volksmund mit einem Sprichwort recht hat, sagt ein Bild mehr als tausend Worte. Natürlich bietet Ihnen Excel 7.0 auch aus seinem umfangreichen Repertoire die richtigen Instrumente an, wenn Sie nicht nur mit Tabellen oder den unterschiedlichen Diagrammen arbeiten, sondern diese durch zusätzliche Bilder oder Zeichnungen noch eindrucksvoller gestalten wollen. Die vielfältigen Übernahmemöglichkeiten durch Windows geben Hilfestellung, um zum Beispiel ein Diagramm mit einem Bild des Produktes zu verknüpfen, dessen Umsatzwachstum im betreffenden Diagramm durch Linien dargestellt wird. Und selbstverständlich kann man Zahlen und Diagramme durch die Zeichenfähigkeiten von Excel 7.0 ergänzen und noch ausdrucksvoller gestalten.

2 Grundlagen der Arbeit mit Excel 7.0

2.1 Das Starten

32-Bit-Power – XLStart öffnet Arbeitsmappen automatisch	Excel 7.0 ist ein 32-Bit-Programm für Windows 95, es läßt sich also ohne dieses Betriebssystem nicht verwenden. Haben Sie die Tabellenkalkulation mit dem dafür vorgesehenen Installationsprogramm für MS Office eingerichtet, hat dieses im Ordner *MS OFFICE* einen weiteren Ordner für Excel angelegt, in dem alle wichtigen Dateien von Excel 7.0 gespeichert sind. Der besitzt mehrere Unterordner. Zunächst sind das *BEISPIEL*, *MAKRO* und *XLSTART*.

Bild III.1: Office-Menüleiste

Um Excel zu starten, benötigen Sie ein Symbol für einen Doppelklick. Es anzuordnen, stehen Ihnen mehrere Möglichkeiten zur Verfügung:

Startmöglichkeiten
- Nutzen Sie den *Explorer* und ziehen Sie das Symbol der Datei EXCEL.EXE in ein Fenster oder auf den Desktop.
- Starten Sie mit START/PROGRAMME/MS EXCEL. Fehlt ein Eintrag, nutzen Sie START/EINSTELLUNGEN/TASK-LEISTE/PROGRAMME im Menü START/HINZUFÜGEN, um eine neue Option einzufügen.
- Doppelklicken Sie im *Explorer* oder einem Fenster auf ein Dateisymbol, um die Datei zusammen mit Excel zu laden.

2 Grundlagen der Arbeit mit Excel 7.0

- Verwenden Sie in der Symbolleiste von MS Office die Option EIN NEUES DOKUMENT ANLEGEN und LEERE ARBEITSMAPPE im Register ALLGEMEIN.
- Je nach Organisation enthält Ihre Office-Menüleiste auch ein Symbol von Excel.
- Im Dialogfeld NEU von Office können Sie auch das Register TABELLENVORLAGEN anklicken oder in der Menüleiste ein anderes Dokument von Excel und damit die Anwendung öffnen.

Eines der angeführten Symbole oder eine Option aus dem Menü START öffnet Excel 7.0. Nach kurzer Wartezeit erscheint das Logo von Excel 7.0 (siehe nebenstehendes Bild), dann ein Fenster mit einer leeren Tabelle. Sie zeigt zunächst die Inschrift MICROSOFT EXCEL – MAPPE1 (siehe Arbeitsmappen).

Office 95

Excel beginnt mit leerer Tabelle

2.2 Der Excel-Bildschirm

Nach dem Start blendet Excel seinen Standard-Bildschirm ein. In der ersten Zeile meldet sich Excel mit der ARBEITSMAPPE1. Deren Fenster zeigt eine leere Tabelle. Wenn Sie gleich nach dem Start mehrere Arbeitsmappen in Fenstern verwalten, ändert sich diese Anzeige. Unterhalb der Titelzeile können Sie mit unterschiedlichen Techniken auf die Möglichkeiten von Excel zugreifen:

Bild III.2: Menüleiste

- Die Menüleiste stellt in logischen Blöcken zusammengefaßt den typischen Zugang zu allen Funktionen Excels dar. Jede der Optionen in den Menüs ist wiederum eine Zusammenfassung von ähnlichen Aufgabenbereichen.
- Excel bedienen Sie vorwiegend mit der Maus. Damit Sie leicht auf Arbeitsfunktionen zugreifen können, sind unter der Menüleiste Symbolleisten angeordnet. Deren Schaltflächen lösen auf einen Mausklick hin Aktionen aus.

Excel ist mausorientiert

Unterhalb des Dokuments von Excel wird eine Statuszeile angezeigt, die Sie über die Aufgabe der gerade aktiven Option informiert (siehe EXTRAS/OPTIONEN/ANSICHT).

2.2.1 Das Arbeitsblatt

Das nach dem Start von Excel eingeblendete Dokument ist eine ARBEITSMAPPE1 mit einer Tabelle. Im Verlauf dieses Buchs wird gezeigt, daß ein Dokument auch anders als eine Tabelle aussehen kann (Diagramm). In den meisten Fällen werden Sie aber die Tabelle als Arbeitsblatt benutzen. Die Begriffe *Arbeitsblatt* und *Tabelle* werden in der Regel synonym gebraucht, auch wenn ein Arbeitsblatt mehrere Tabellen enthalten kann. Mit jedem Arbeitsblatt erfassen und analysieren Sie Daten. Sie können mehrere Arbeitsblätter zugleich benutzen.

Arbeitsmappen umfassen Tabellen

Ein Arbeitsblatt von Excel besteht aus 16.384 Zeilen und 256 Spalten. An jedem Kreuzungspunkt einer Zeile und Spalte steht für Eingaben eine Zelle zur Verfügung. Im weiteren Verlauf dieses Buches werden Zellen auch als Felder bezeichnet. Dieser Begriff ist dann besonders angebracht, wenn die Datenbankfunktion (siehe Liste) erklärt wird.

Arbeitsblatt aus 16.384 Zeilen und 256 Spalten

343

Bild III.3:
Arbeitsblatt

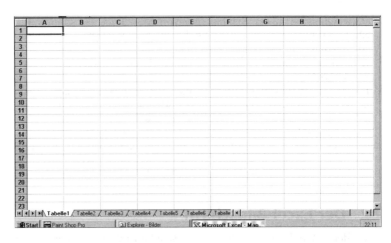

Jede Zelle hat eine Adresse

Um sich auf solch großen Flächen zurechtfinden zu können, müssen Sie mit Adressen arbeiten. Jede Zelle in dem großen Raster besitzt eine eigene Adresse, so daß Sie genau bestimmen können, welcher Zelleninhalt in eine Berechnung einbezogen werden soll. Die Zeilen im Arbeitsblatt sind von 1 bis 16.384 numeriert, die Spalten von A bis Z, dann von AA bis AZ, von BA bis BZ und so fort. Die unterschiedlichen Arbeitsblätter erhalten Namen zur Kennzeichnung.

Bild III.4:
Anzeige mehrerer
Arbeitsblätter

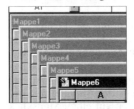

Eine Zelle ist aktiv

Die jeweils aktive Zelle ist jene, die durch den Cursor markiert ist. Sie ist mit einem Doppelrahmen versehen. Diesen Rahmen, eine besondere Cursorform der Tabellenkalkulation für die Anzeige der aktiven Zelle, können Sie beliebig im Arbeitsblatt bewegen. Verwenden Sie die Cursortasten oder zeigen und klicken Sie mit der Maus.

Drücken Sie [Strg]+[Pos1], damit die erste Zelle oben links markiert ist. Direkt darüber können Sie die jeweilige Zelladresse der Cursorposition ablesen.

- Arbeitsblätter können per Doppelklick auf die Registerlasche umbenannt,
- mit EINFÜGEN/TABELLE zur Arbeitsmappe hinzugefügt und
- mit BEARBEITEN/BLATT LÖSCHEN aus der Arbeitsmappe entfernt werden.

Um Blätter innerhalb einer Arbeitsmappe und zwischen Arbeitsmappen zu verschieben oder zu kopieren, wählen Sie BEARBEITEN/BLATT VERSCHIEBEN/KOPIEREN.

Praxistip: Wollen Sie wissen, wieviele Tabellen eine Arbeitsmappe enthält, wählen Sie DATEI/SPEICHERN UNTER, und markieren Sie den Namen der Arbeitsmappe. Klicken Sie auf das Symbol BEFEHLE und EIN-

FÜGEN und dann auf die Option EIGENSCHAFTEN. Im Register INHALT werden die Tabellen aufgeführt.

2.2.2 Arbeitsmappen

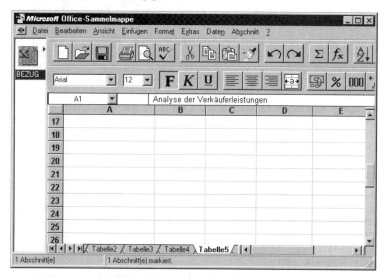

Bild III.5:
Arbeitsmappe in einer Sammelmappe

Excel verwaltet Dokumente wie z.B. Arbeitsblätter in Arbeitsmappen. Schon die erste Tabelle nach dem Start von Excel ist Teil einer automatisch angelegten Arbeitsmappe. Arbeitsmappen müssen Sie von den Sammelmappen unterscheiden. Letztere sind ein zusammenfassendes Arbeitsmittel von Office. Sammelmappen enthalten unterschiedliche Dokumente, je nach Bedarf werden das auch Excel-Arbeitsmappen sein.

Office 95

Excel verwaltet in seiner Standard-Arbeitsmappe bis zu 255 Arbeitsblätter. Die tatsächlich mögliche maximale Anzahl ist nur durch den zugänglichen Speicher begrenzt. Gleiches gilt für die höchstmögliche Zahl von Fenstern pro Arbeitsmappe. Der Bildschirm durch seine Größe und die Machbarkeit der effektiven Verwaltung begrenzen die praktische Nutzung der Zahl automatisch.

**Standard:
Arbeitsmappe mit
255 Arbeitsblättern**

Wenn Sie mehrere Arbeitsmappen verwalten, werden diese in Fenstern angezeigt.

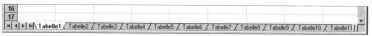

Bild III.6:
Register von Arbeitsmappen

Die Namen von Arbeitsblättern werden am unteren Rand des Arbeitsmappenfensters durch Blattregister aufgeführt. Sie können die Anzeige mit EXTRAS/OPTIONEN/ANSICHT/FENSTER/ARBEITSMAPPEN-REGISTER aus- und einblenden.

Der jeweils fett angezeigte Name auf den Blattregistern ist der des sichtbaren Blatts. Mit einem Mausklick auf ein Blattregister aktivieren Sie ein Arbeitsblatt. Um eine neue Arbeitsmappe anzulegen, sind folgende Aktionen notwendig:

III Excel

1. Wählen Sie DATEI/NEU.
2. Aktivieren Sie das Register ALLGEMEIN und doppelklicken Sie auf das Symbol ARBEITSMAPPE.

Praxistip: Sie können sich die Arbeit in vielen Fällen erleichtern, wenn Sie eine neue Arbeitsmappe nach Muster anlegen. Im Register TABELLENVORLAGEN finden Sie vorbereitete Arbeitsmappen.

Arbeitsmappen bestimmen die Arbeitsblattgröße. Wollen Sie die Größe beeinflussen, müssen Sie die Fenstergröße ändern. Dazu setzen Sie dem Mauspfeil auf eine Seite oder Fensterecke und ziehen das Fenster. Außerdem stehen Ihnen die zwei Schaltflächen für Symbolgröße und Vollbild zur Verfügung.

Praxistip: Mit einem Doppelklick auf die Titelzeile verkleinern bzw. vergrößern Sie das Gesamtfenster mit einer oder mehreren Arbeitsmappen. Der Doppelklick auf die Titelzeile einer Arbeitsmappe vergrößert ein verkleinertes Fenster zum Vollbild.

2.2.3 Das Markieren

Markierung klärt den Bezug

Bevor Sie einen Befehl aufrufen, müssen Sie für das Programm klären, worauf sich der gewählte Befehl beziehen soll. Wollen Sie beispielsweise einigen Feldern ein Format zuordnen, müssen Sie zunächst diese Felder markieren.

Für die Arbeit der Markierung stehen Ihnen mehrere Techniken zur Verfügung. Grundsätzlich gilt:

Markierungstechniken

1. Zeigen Sie mit dem Mauspfeil auf das erste oder letzte Feld eines gedachten Rechtecks, und ziehen Sie die Maus nach oben oder unten, ohne die linke Maustaste zu lösen. Solcherart legen Sie einen Markierungsrahmen um Felder.
2. Immer dann, wenn Sie Befehle in Dialogfenstern abrufen, können Sie dort auch den Bereich eingeben, auf den sich der Befehl beziehen soll. In der Regel wird es jedoch praktischer sein, den Bereich bereits vor dem Aufruf des Befehls zu markieren.

Befehle zuordnen

Dem markierten Bereich können Sie nun ein- oder mehrmals Befehle zuordnen. Ob Sie dazu Menüoptionen, Symbole oder Funktionstasten verwenden, ist gleichgültig.

Mit Tasten markieren

Tasten markieren schnell

Statt mit der Maus zu arbeiten, können Sie auch das erste oder letzte Feld markieren, [Shift] halten und die Markierung mit den Cursortasten erweitern. Außer dieser Standardform der Markierung mit Tasten stehen Ihnen Funktionstasten und Tastenkombinationen zur Verfügung:

Markierziel	Handlung
Einzelne Zelle	Zelle anklicken oder mit einer Cursortaste markieren.
Zellbereich	Klicken und ziehen.
Nichtangrenzende Zellen oder Zellbereiche	Erste Zelle oder den ersten Zellbereich markieren, [Strg] gedrückt halten und weitere Zellen oder Bereiche per Mausklick oder Ziehen markieren.

Markierziel	Handlung
Großer Zellbereich	Erste Zelle im Bereich anklicken, [Shift] gedrückt halten, und auf die letzte Zelle im Bereich klicken.
Ganze Zeile	Zeilenkopf anklicken.
Ganze Spalte	Spaltenkopf anklicken.
Angrenzende Zeilen/Spalten	Mauspfeil über Zeilen- bzw. Spaltenköpfe ziehen.
Nichtangrenzende Zeilen/Spalten	Erste Zeile/Spalte markieren, [Strg] gedrückt halten und weitere Zeilen/Spalten markieren.
Alle Zellen eines Arbeitsblatts	Schaltfläche in der linken oberen Ecke des Arbeitsblatts anklicken.
Mehr oder weniger Zellen, als gerade markiert sind	[Shift] gedrückt halten und letzte Zelle anklicken, die in die neue Markierung aufgenommen werden soll. Der Bereich zwischen aktiver Zelle und der Zelle, die angeklickt wird, ist neu markiert.

2.2.4 Markieren von Blättern in einer Arbeitsmappe

In der Voreinstellung enthält eine Arbeitsmappe 16 Tabellen. Im Verlauf einer umfangreicheren Arbeit kommen weitere hinzu. Insbesondere wenn gleiche Eingaben in mehrere Arbeitsblätter anstehen, ist die gemeinsame Markierung der Tabellen notwendig. Die folgende Tabelle bietet eine Übersicht.

Gemeinsam markieren führt zu gleichen Wirkungen

Markierung	Handlung
Einzelnes Blatt	Blattregister anklicken.
Angrenzende Blätter	Register des ersten Blatts anklicken, [Shift] gedrückt halten und auf die Registerlasche für das letzte Blatt klicken.
Nichtangrenzende Blätter	Register des ersten Blatts anklicken, [Strg] gedrückt halten und die Registerlaschen der anderen Blätter anklicken.
Alle Blätter einer Arbeitsmappe	Richten Sie den Mauspfeil auf ein Blattregister und drücken Sie die rechte Maustaste für das passende Kontextmenü. Wählen Sie die Option ALLE BLÄTTER AUSWÄHLEN.

2.2.5 Markieren von sichtbaren Zellen

Nicht sichtbare Zellen sind ausgeblendete Zellen. Damit Sie beim Markieren nicht versehentlich Inhalte von ausgeblendeten Zellen erfassen, können Sie nur sichtbare Zellen markieren. Wenn Sie einen Bereich markieren wollen, der in ausgeblendete Zeilen oder Spalten hineinragt, dürfen ausge-

Nicht ausgeblendete Zellen

blendete Zellen nicht in die Markierung aufgenommen werden. Das erreichen Sie auf folgende Weise:

[Strg]+[G] für GEHE ZU

1. Markieren Sie die gewünschten Zellen.
2. Wählen Sie BEARBEITEN/GEHE ZU und dort die Schaltfläche INHALTE.
3. Klicken Sie auf das Optionsfeld NUR SICHTBARE ZELLEN.

2.2.6 Zell- und Blattmarkierungen aufheben

[Esc] hebt Aktionen auf

Gleich in welcher Form eine Markierung angezeigt wird, Sie können alle Markierungen mit einer der folgenden Aktionen aufheben:

- Drücken Sie auf eine der Cursortasten.
- Zeigen Sie mit dem Mauspfeil auf eine beliebige Zelle und klicken Sie.
- Um eine Markierung der Blätter einer Arbeitsmappe aufzuheben, klicken Sie ein nicht markiertes Blatt an.

GRUPPIERUNG AUFHEBEN für additive Arbeitsblätter

Alternativ zum Abwählen von Arbeitsblättern zeigen Sie mit dem Mauspfeil auf eine Registerlasche und klicken Sie für das zugeordnete Kontextmenü mit der rechten Maustaste. Wählen Sie dort die Option GRUPPIERUNG AUFHEBEN.

2.2.7 Markierung bei Änderungen beibehalten

Markierung beibehalten

Wenn Sie bereits Zellen markiert haben, müssen Sie die Markierung für Änderungen nicht aufheben. Sie können dennoch weitere oder auch weniger markieren:

1. Halten Sie die vorhandene Markierung aufrecht und [Shift] gedrückt.

Markierung erweitern oder verkleinern

2. Klicken Sie auf die letzte Zelle, die Sie in die neue Markierung aufnehmen wollen. Die Markierung wird erweitert oder verkleinert.

Falls Sie nichtangrenzende Zell- oder Bereichsmarkierungen ändern wollen, müssen Sie [Strg] gedrückt halten und zusätzliche Zellen durch Anklicken erfassen.

2.2.8 Markieren von bestimmten Zellbereichen

Sie können sehr effektiv Zellbereiche markieren, die durch Namen oder Zellbezüge erkennbar sind. Wenn Sie mit [F5] GEHE ZU aufrufen, sehen Sie eine Liste von Zellbereichen, die markiert angezeigt werden können. Noch schneller können Sie über den Namensbereich auf die Markierung zugreifen.

2 Grundlagen der Arbeit mit Excel 7.0

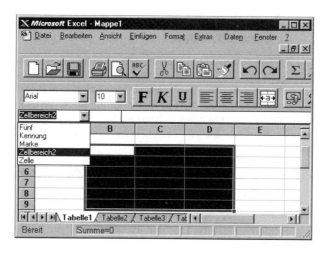

Bild III.7: Namensbereich aufrufen und anzeigen

Verwenden Sie die nachfolgend aufgeführten Techniken, um benannte Markierungen anzuzeigen:

Gewünschte Markierung	Aktion
Benannter Zellbereich	Wählen Sie den Namensbereich oder mit [F5] GEHE ZU und in der Liste den Namen für einen Bereich.
Zwei oder mehr benannte Bereiche	Markieren Sie den ersten Namen im Namensbereich, halten Sie [Strg] gedrückt und klicken Sie weitere Bereiche an. Jeweils eine weitere Markierung erscheint auf dem Bildschirm.
Zellen außerhalb eines benannten Bereichs	Wählen Sie BEARBEITEN/GEHE ZU. Tragen Sie im Textfeld BEZUG den Zellbezug für die zu markierende Zelle oder den gewünschten Zellbereich ein.

Praxistip: Bevorzugen Sie den Namensbereich. Um Markierungsnamen im Namensbereich (oben links über Fenster) zu aktivieren, reicht ein einfacher Mausklick. Im Namensfeld von GEHE ZU müssen Sie mit einem Doppelklick arbeiten.

2.2.9 Effektiv mit Drag & Drop arbeiten

Mit Excel 7.0 können Sie Daten mit der Methode Drag & Drop (»Ziehen und Fallenlassen«) auf dem Arbeitsblatt und zwischen Fenstern von Excel bewegen. Gleiches gilt in der Office-Umgebung auch zwischen Anwendungen.

Office 95

Hinweis: Sollte Drag & Drop nicht funktionieren, sehen Sie mit EXTRAS/ OPTIONEN/BEARBEITEN nach, ob das Kontrollkästchen DRAG & DROP VON ZELLEN aktiv ist.

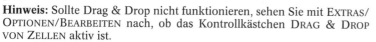

2.2.10 Zellinhalte innerhalb einer Tabelle verschieben

Verschieben: Ziehen einfacher als Zwischenablage

Um Zelldaten zu bewegen, markieren Sie Zellen, die Sie verschieben möchten:
1. Zeigen Sie mit dem Mauspfeil auf den Rahmen der markierten Zellen.
2. Ziehen Sie die markierten Zellen an die Stelle, an der Sie die Zellen oder den Bereich neu plazieren wollen.

[Shift] zum Einfügen

Müssen die Daten am Ziel zwischen vorhandene Zellen eingefügt werden, halten Sie beim Ziehen [Shift] gedrückt.

2.2.11 Daten in andere Blätter/Arbeitsmappen bewegen

Blatt zu Blatt wie von Arbeitsmappe zu Arbeitsmappe

Die Datenübertragung funktioniert so:
1. Markieren Sie, setzen Sie den Mauspfeil auf dem Zellrahmen und ziehen Sie.
2. Halten Sie beim Ziehen [Alt] nieder.
3. Bewegen Sie die gezogenen Daten über ein markiertes Blattregister und lassen Sie die Maustaste los.

Kopieren mit [Strg]

Durch die Aktion wird der markierte Bereich in das andere Blatt verschoben. Wenn Sie kopieren wollen, halten Sie [Strg] gedrückt.

Daten in Fenster ziehen

Um Daten in andere Arbeitsblätter zu verschieben, ordnen Sie zwei Fenster so an, daß Sie den Bereich vor Augen haben, der verschoben oder kopiert werden soll. Markieren und ziehen Sie die Daten von einem zum anderen Fenster. Zum Kopieren müssen Sie [Strg] niederhalten (zum Mauspfeil wird ein Pluszeichen als Hinweis angezeigt).

2.3 Der Umgang mit den Menüs

Von der Menüleiste am oberen Bildschirmrand ausgehend stehen Ihnen alle wichtigen Funktionen von Excel zur Verfügung. Sie wählen die unterschiedlichen Menüs entweder mit einem Mausklick auf das entsprechende Menü oder durch Drücken der rechten Maustaste.

Mit der rechten Maustaste rufen Sie das Kontextmenü auf. Während in der Menüleiste Optionen nach groben Bereichen zusammengefaßt sind, ändert sich das Kontextmenü je nach der gerade aktivierten Option.

Das Menü können Sie leicht auch mit der Tastatur nutzen:

Menü per Tastatur bedienen

- Halten Sie [Alt] nieder und tippen Sie auf den unterstrichenen Buchstaben im Menünamen, ohne [Alt] loszulassen. Tippen Sie auf [F10], erzielen Sie die gleiche Wirkung wie mit [Alt].

[↵] wählt

- Ist ein Menü geöffnet, verschieben Sie mit den Cursortasten die Markierung und wählen die gewünschte Menüoption mit [↵] aus. Verwenden Sie die Cursortasten, um die jeweils benachbarten Menüs zu öffnen.

Cursortasten öffnen und schließen Menüs

- Sie öffnen jedes andere Menü mit einem Mausklick auf den Menünamen. Um weitere Menüs aufzuklappen, gehen Sie ebenso vor. Das zuvor offene Menü klappt zu, das neu gewählte Menü öffnet sich.

- Ein Menü schließen Sie durch einen Druck auf [Esc], mit einem weiteren Drücken von [Esc] deaktivieren Sie die Menüleiste.
- Drei Punkte hinter einem Optionsnamen bedeuten, daß in einem Dialogfenster weitere Angaben gemacht werden müssen.. ... führt weiter
- Innerhalb von Dialogfenstern wählen Sie, wie bereits für die Menüs beschrieben, aus. Ein punktierter Rahmen zeigt immer an, welches Feld gerade aktiv ist. Abgeblendet heißt: Nicht bereit
- Ist eine Option des Menüs abgeblendet, dann steht diese im Augenblick nicht zur Verfügung.

Anwender haben sich angewöhnt, Maus und Tastatur bei der Benutzung zu kombinieren und erzielen auf diese Weise ein hohes Maß an Bedienungskomfort. Allgemeine Empfehlungen lassen sich jedoch nicht geben. Sicher werden Sie nach kurzer Eingewöhnungszeit die Methode herausfinden, die Ihrer Arbeitsweise am besten entspricht und so am effektivsten ist.
Maus und Tastatur sind Kombinationswerkzeuge

2.4 Die Benutzung der Symbole

Nachdem Sie Excel 7.0 erstmals installiert und in Betrieb genommen haben, finden Sie über dem aktiven Tabellenfenster mindestens eine Leiste mit Symbolen. Diese Symbole erleichtern Ihnen die Arbeit mit Excel 7.0. Wann immer Sie eine bestimmte Funktion benötigen und sie in der Symbolleiste enthalten ist, reicht es, dieses Symbol anzuklicken. Das kann ein einfacher Löschvorgang, der Aufbau einer bestimmten Grafik oder die Zuweisung bzw. Übertragung eines Formates sein. Ist ein Grafikfenster geöffnet, sehen Sie auch über dem Grafikfenster eine Leiste mit den zur Grafik gehörenden Symbolen.
Schaltflächen für Arbeitserleichterung

Bild III.8: Die Symbolleiste Standard

Benötigen Sie beim Kennenlernen genauere Angaben über die Möglichkeiten der Symbole, bewegen Sie den Mauspfeil auf das fragliche Symbol. In einem Kasten erhalten Sie jeweils einen Kurztext, der Sie über die Funktion des Symbols informiert.

Die Schaltflächen der Symbolleiste wenden Sie auf markierte Zellbereiche an. Sind beispielsweise eine oder mehrere Zellen markiert, die Sie durch eine Einrahmung mit Schatteneffekt hervorheben wollen, reicht es aus, das entsprechende Symbol anzuklicken. Auf ähnliche Weise ordnen Sie markierten Zellen Währungsformate oder Textattribute wie FETT, KURSIV oder UNTERSTRICHEN und vieles andere zu. Sie können mit einem Klick auf das passende Symbol neue Daten laden und speichern.
Zuerst markieren, dann Symbol anwenden

2.4.1 Symbolleiste ein- und ausblenden

Die Symbolleisten von Excel können Sie vollständig ausblenden, z.B. wenn Sie möglichst viel Anzeigefläche frei machen wollen:
Symbolleisten brauchen Platz

1. Wählen Sie ANSICHT/SYMBOLLEISTEN.
2. Deaktivieren Sie alle Kontrollkästchen und bestätigen Sie.

Die Symbolleiste selbst können Sie nicht mit der Tastatur aktivieren, wohl aber ihre Anordnung auf dem Bildschirm bestimmen. Sie können die Position der Symbolleiste auf dem Bildschirm ändern.
Symbolleiste durch Verschieben anordnen

2.4.2 Symbolleiste verschieben

Symbolleisten am Bildschirmrand sind verankert

Symbolleisten lassen sich markieren und frei auf dem Bildschirm positionieren. Je nachdem, wohin Sie die Symbolleiste verschieben, können Sie die Leiste und die Schaltflächen weiter beeinflussen. Symbolleisten sind nicht verankert, wenn sie vom Bildschirmrand entfernt angeordnet sind. Wenn Sie eine Symbolleiste zum Fenster- oder Bildschirmrand schieben, wird sie dort verankert. Um Symbolleisten zu verschieben, sind nur wenige Handgriffe notwendig:

Mauspfeil auf freier Stelle positionieren

1. Richten Sie den Mauspfeil auf den schmalen Bereich zwischen Schaltflächen oder auf die Titelleiste einer nicht verankerten Symbolleiste.
2. Ziehen Sie die Symbolleiste per Maus an eine neue Position.

Am Rand ausrichten bedeutet Verankerung

Nur wenn Sie die Symbolleiste an den Bildschirmrand oder den des Anwendungsfensters ziehen, wird die Symbolleiste am Rand ausgerichtet. Das bedeutet automatisch die Verankerung am Rand des Fensters.

2.4.3 Symbolleiste löschen

Nur eigene Symbolleisten löschen

Symbolleisten sind Standard-Symbolleisten (integrierte), oder entsprechend den Anwenderbedürfnissen angepaßte Symbolleisten. Nur letztere können gelöscht werden. Damit integrierte Symbolleisten geschützt werden, ändert sich nach dem Markieren die Schaltfläche LÖSCHEN in ZURÜCKSETZEN.

Integrierte Symbolleisten sind geschützt

Um eine angepaßte Symbolleiste zu löschen, müssen Sie so vorgehen:
1. Klicken Sie auf die Optionen ANSICHT und SYMBOLLEISTEN.
2. Aktivieren Sie in der Liste SYMBOLLEISTEN das Kontrollkästchen neben einer angepaßten Symbolleiste, wenn Sie löschen wollen.
3. Wählen Sie die Schaltfläche LÖSCHEN.

2.4.4 Symbolleiste einer Arbeitsmappe zuordnen

Symbolleisten gelten zunächst für alle Arbeitsmappen. Sie können benutzerdefinierte Symbolleisten jedoch auch für bestimmte Arbeitsmappe in je eigener Anordnung konfigurieren:

1. Schalten Sie zu einem Visual-Basic-Modul der Arbeitsmappe oder aktivieren Sie mit Menü EINFÜGEN/MAKRO ein Modul. Sie können auch zu einem Modul wechseln, wenn es bereits in der Arbeitsmappe vorhanden ist.
2. Wählen Sie EXTRAS/SYMBOLLEISTE ANBINDEN. Die Option steht erst nach Wahl des VB-Moduls zur Verfügung.
3. Klicken Sie auf die benutzerdefinierte Symbolleiste, die Sie an die Arbeitsmappe anbinden wollen.
4. Wählen Sie KOPIEREN.

Speichern sichert auch Symbolleisten

Wenn Sie anschließend die Arbeitsmappe speichern, wird auch die neu definierte Symbolleiste gesichert.

2.4.5 Benutzerdefinierte Symbolleisten

Leere Symbolleisten sind Hüllen für Schaltflächen

Sie können leere Symbolleisten anlegen und mit beliebigen Schaltflächen ausstatten. Um eine solche benutzerdefinierte Symbolleiste anzulegen, ist dieser Ablauf notwendig:

1. Beginnen Sie mit der Wahl ANSICHT/SYMBOLLEISTEN.
2. Überschreiben Sie im Textfeld NAME den vorgegebenen Standard mit einen Namen für die neue Symbolleiste.
3. Klicken Sie auf die Schaltfläche NEU. Eine neue Schaltfläche wird eingeblendet.
4. Kennzeichnen Sie in der Liste KATEGORIEN die Zusammenstellung von Schaltflächen, die auf der neuen Symbolleiste angeordnet werden sollen.
5. Markieren Sie Schaltflächen, und ziehen Sie diese aus dem Bereich SCHALTFLÄCHEN auf die neue Symbolleiste.

Namen für benutzerdefinierte Symbolleisten

Die Schaltfläche wird mit jeder eingefügten Schaltfläche automatisch größer und kann nach der Zusammenstellung wie alle anderen Symbolleisten behandelt werden.

2.4.6 Standardeinstellungen

Symbolleisten zu verändern bedeutet die Möglichkeit der optimalen Anpassung an unterschiedliche Bedürfnisse, kann aber zu einem Mangel an Übersicht führen. Wollen Sie den ursprünglichen Zustand einer Symbolleiste wiederherstellen:

Gefahr durch Mangel an Übersicht

1. Wählen Sie ANSICHT/SYMBOLLEISTEN.
2. Aktivieren Sie in der Liste SYMBOLLEISTEN das Kontrollkästchen für den Namen der Symbolleiste, die Sie wieder auf den Standard zurücksetzen möchten.
3. Klicken Sie auf die Schaltfläche ZURÜCKSETZEN.

Standard = Ursprungszustand

Das beschriebene Verfahren des Zurücksetzens auf einen Standard funktioniert nicht nur für eine angepaßte Symbolleiste, sondern auch für Schaltflächen. Wenn Sie in der Liste SYMBOLLEISTEN ein Kontrollkästchen für eine angepaßte Symbolleiste wählen, ändert sich die Schaltfläche ZURÜCKSETZEN in LÖSCHEN.

Zurücksetzen für Standard

Ähnlich wie das Zurücksetzen funktioniert das Wiederherstellen eines veränderten Symbols auf Schaltflächen von integrierten Symbolleisten. Um wieder das ursprüngliche Symbol zu erhalten, gehen Sie so vor:

Symbol wiederherstellen

1. Zeigen Sie mit ANSICHT/SYMBOLLEISTEN und dem entsprechenden Kontrollkästchen die benötigte Symbolleiste an, auf der die Schaltfläche enthalten ist.
2. Wählen Sie ANSICHT/SYMBOLLEISTEN.
3. Klicken Sie auf die Schaltfläche ANPASSEN.
4. Markieren Sie auf der Symbolleiste die Schaltfläche, die geändert wurde und die Sie wiederherstellen möchten, und drücken Sie die rechte Maustaste für das Kontextmenü.
5. Aktivieren Sie die Option SCHALTFLÄCHENSYMBOL ZURÜCKSETZEN.

2.4.7 Die Anzeige der Symbolleiste verändern

Die anfänglich sichtbare Symbolleiste ist jederzeit nach Ihren Bedürfnissen veränderbar. Das gilt neben dem Anordnen und der Zusammenstellung der Symbolleiste auch für die Darstellung von Elementen. Um Platz zu gewinnen, können Sie die Breite eines Dropdown-Listenfelds (z.B. Schrift) auf einer Symbolleiste ändern:

Anpassung an wechselnde Bedürfnisse

1. Starten Sie die Änderung mit ANSICHT/SYMBOLLEISTEN.
2. Markieren Sie die Schaltfläche ANPASSEN.

3. Klicken Sie das Dropdown-Listenfeld einer Symbolleiste an, z.B. in der Symbolleiste FORMAT/SCHRIFTART oder SCHRIFTGRAD.
4. Zeigen Sie auf den linken oder rechten Rand des Listenfelds. Der Mauspfeil wird zum Doppelpfeil.
5. Ziehen Sie den Rand des Listenfelds, um seine Breite zu verändern.

Größe durch Ziehen ändern

Die Größe ändern Sie, indem Sie einen der Ränder markieren und ziehen. Bei einer am Bildschirmrand positionierten (verankerten) Symbolleiste ist diese Veränderung nicht möglich.

Das Aussehen und das Fassungsvermögen einer Symbolleiste läßt sich durch eine Änderung des Abstands zwischen Schaltflächen auf Symbolleisten beeinflussen:
1. Wählen Sie ANSICHT/SYMBOLLEISTEN.
2. Aktivieren Sie die Schaltfläche ANPASSEN.
3. Markieren Sie ein Symbol und ziehen die Schaltfläche in Richtung einer freien Fläche.

Abstand zwischen Symbole ziehen

Um den Abstand zwischen zwei Schaltflächen zu verringern, ziehen Sie jeweils eine Schaltfläche näher zu einer anderen.

2.4.8 Schaltflächen organisieren

Symbolleisten sind aus Schaltflächen zusammengesetzt

Schaltflächen auf Symbolleisten können Sie wieder entfernen oder neu hinzufügen. Damit Sie Schaltflächen auf einer Symbolleiste organisieren können, muß die jeweilige Symbolleiste auf dem Bildschirm angezeigt werden:
1. Aktivieren Sie ANSICHT/SYMBOLLEISTEN.
2. Klicken Sie auf die Schaltfläche ANPASSEN.
3. Suchen Sie in der Liste KATEGORIEN und dann im Bereich SCHALTFLÄCHE ein Symbol aus und ziehen Sie die Schaltfläche auf die angezeigte Symbolleiste.

Schaltfläche löschen

Eine Schaltfläche löschen Sie, indem Sie umgekehrt vorgehen wie zuvor beschrieben. Wählen Sie und ziehen Sie die Schaltfläche von der Symbolleiste.

Praxistip: Da das Löschen einer angepaßten Schaltfläche nicht rückgängig zu machen ist, müssen Sie für eine mögliche spätere Verwendung eine besondere Symbolleiste als Zwischenspeicher einrichten. Ordnen Sie auf dieser nicht benötigte Schaltflächen an und blenden Sie die Symbolleiste dann aus.

2.4.8.1 Hinzufügen oder Löschen von Schaltflächen
1. Blenden Sie die benötigte Symbolleiste ein.
2. Wählen Sie ANSICHT/SYMBOLLEISTEN und ANPASSEN.
3. Suchen Sie in der Liste KATEGORIEN einen Namen für einen Bereich aus.
4. Markieren und ziehen Sie eine oder mehrere Schaltflächen auf die gewünschte Symbolleiste.

Durch Ziehen entfernen (Löschen)

Wollen Sie eine Schaltfläche löschen, gehen Sie umgekehrt vor: Ziehen Sie die Schaltfläche aus der Symbolleiste.

2.4.8.2 Verschieben oder Kopieren von Schaltflächen auf Symbolleisten

Symbole kopieren

Statt ein Symbol auf eine andere Schaltfläche zu kopieren, können Sie eine Schaltfläche auch durch Kopieren vervielfältigen. Damit eine solche Aktion

2 Grundlagen der Arbeit mit Excel 7.0

Sinn macht, lassen sich Schaltflächen auf andere Symbolleisten verschieben:
1. Sind die benötigten Symbolleisten auf dem Bildschirm angeordnet, wählen Sie ANSICHT/SYMBOLLEISTEN und ANPASSEN.
2. Verschieben Sie eine Schaltfläche, indem Sie diese auf die neue Position ziehen. Diese kann auf derselben Symbolleiste oder einer anderen Symbolleiste liegen.

Das Kopieren funktioniert ähnlich wie bei vergleichbaren Aktionen: Sie müssen beim Ziehen einer Schaltfläche auf eine neue Position [Strg] gedrückt halten.

[Strg] zum Kopieren

2.4.8.3 Kopieren eines Symbols von einer Schaltfläche auf eine andere

Wenn Sie spezielle Symbolleisten einrichten, ist das Kopieren eines Symbols von einer Schaltfläche auf eine andere manchmal hilfreich.
1. Der Vorgang beginnt – wie meist – mit ANSICHT/SYMBOLLEISTEN und ANPASSEN.
2. Markieren Sie die Schaltfläche, die kopiert werden soll.
3. Öffnen Sie mit der rechten Maustaste das Kontextmenü und klicken Sie SCHALTFLÄCHENSYMBOL KOPIEREN an.
4. Richten Sie den Mauspfeil auf die Schaltfläche, auf die das Symbol kopiert werden soll.
5. Drücken Sie erneut die rechte Maustaste und wählen Sie die Option SCHALTFLÄCHENSYMBOL EINFÜGEN.

Von Schaltfläche zu Schaltfläche kopieren

Wenn der beschriebene Ablauf nicht funktioniert, kann das daran liegen, daß Sie Symbole ändern wollen, die im Dialogfeld ANPASSEN aufgeführt werden. Das ist nicht möglich.

2.4.8.4 Kopieren eines Symbols von einer Grafikanwendung auf eine Schaltfläche

Wie die Möglichkeit zum Ändern durch das Bearbeiten eines Symbols vorgesehen ist, können Sie auch Symbole für Schaltflächen aus Grafik-Anwendungen entnehmen:
1. Starten Sie die Grafik-Anwendung und kopieren Sie das Symbol, das übernommen werden soll, in die Zwischenablage.
2. Schalten Sie mit [Alt]+[Tab] zu Excel.
3. Wählen Sie ANSICHT/SYMBOLLEISTEN und ANPASSEN.
4. Markieren Sie mit dem Mauspfeil das Symbol, das Sie ändern wollen.

Vom Grafikprogramm zur Schaltfläche

Öffnen Sie mit der rechten Maustaste das Kontextmenü und aktivieren Sie dort die Option SCHALTFLÄCHENSYMBOL EINFÜGEN.

Kontextmenü nutzen

Um Verzerrungen oder unscharfe Darstellungen auszuschließen, übernehmen Sie bei der Kopie möglichst nur Symbole in derselben Größe wie das integrierte Schaltflächensymbol. Standardgröße für ein integriertes Symbol sind 16x15, die einer großen Schaltfläche 24x23.

Pixelgröße beachten

2.4.8.5 Bearbeiten des Schaltflächensymbols

Wenn Ihnen die Auswahl fertiger Symbole nicht ausreicht oder Sie das Symbol verändern wollen, bearbeiten Sie es mit dem Schaltflächen-Editor:
1. Beginnen Sie mit ANSICHT/SYMBOLLEISTEN und einem Klick auf die

Eigene Schaltflächen produzieren

III Excel

Schaltfläche ANPASSEN.
2. Markieren Sie das Schaltflächensymbol auf der Symbolleiste, das verändert werden soll. Drücken Sie die rechte Maustaste.
3. Wählen Sie im Kontextmenü SCHALTFLÄCHENSYMBOL BEARBEITEN. Der Schaltflächen-Editor wird eingeblendet.
4. Bearbeiten Sie das Schaltflächensymbol im Schaltflächen-Editor, und bestätigen Sie nach Abschluß der Arbeiten.

2.4.8.6 Zuweisen einer Symbolleisten-Schaltfläche zu einem Makro

Schaltflächen für Makro nutzen

Makros sind einfach aufzuzeichnen (siehe III.8.2) und in einem VB-Modul zu verwalten. Zur Organisation gehört es, daß Sie einem Makro eine Schaltfläche zuordnen und es so effektiv aufrufen und zuordnen können. Für eine Zuweisung müssen folgende Arbeiten durchgeführt werden:

1. Ordnen Sie eine Symbolleiste auf dem Bildschirm an, der Sie eine Schaltfläche für ein Makro zuordnen wollen.
2. Wählen Sie ANSICHT/SYMBOLLEISTEN und ANPASSEN, wenn Sie einer existierenden Symbolleiste eine benutzerdefinierte Schaltfläche zuweisen wollen.
3. Markieren Sie BENUTZERDEFINIERT in der Liste KATEGORIEN.
4. Ziehen Sie eine Schaltfläche aus dem gleichnamigen Bereich auf eine Symbolleiste. Das Dialogfeld ZUWEISEN wird automatisch angezeigt.
5. Sie können direkt im Textfeld MAKRONAME/BEZUG einen Makronamen angeben und mit OK bestätigen.

Zuweisung mit Aufzeichnung kombinieren

Wenn Sie einen Makro neu aufzeichnen wollen, klicken Sie auf die Schaltfläche AUFZEICHNEN. Die Zuweisung von Makros zu Schaltflächen können Sie wieder ändern:

1. Wählen Sie ANSICHT/SYMBOLLEISTEN.
2. Aktivieren Sie mit der rechten Maustaste die Schaltfläche, die geändert werden soll, und wählen Sie die Option ZUWEISEN.
3. Gehen Sie vor wie zuvor beschrieben: Tragen Sie im Textfeld MAKRONAME/BEZUG einen Namen ein, und bestätigen Sie, oder zeichnen Sie einen Makro neu auf.

2.5 Der Einsatz der Tastatur

Tastatur ergänzend nutzen

Excel 7.0 ist auf die Bedienung mit der Maus angelegt. Sie können Excel 7.0 in bestimmten Bereichen ergänzend auch sinnvoll mit der Tastatur bedienen. In der Beschreibung der Menüs wurde bereits darauf hingewiesen, daß alle Menüs durch [Alt], gefolgt von dem unterstrichenen Buchstaben der Menüs geöffnet werden können. Ist das Menü aufgeklappt, dienen die Tasten und [↵] oder die Betätigung des in der Option unterstrichenen Buchstabens dem Auslösen weiterer Aktionen. Wieder ist die Kombination von [Alt] und dem unterstrichenen Buchstaben der Tastendruck, den Sie zur Bedienung benötigen.

Mit Cursortasten markieren

Es wurde bereits erwähnt, daß Sie im Arbeitsblatt nur den Mauspfeil auf eine Zelle richten und klicken müssen, um diese Zelle zur aktuellen Zelle zu machen. Vielleicht werden Sie es bei der Arbeit angenehm finden, außer der Maus auch die Tastatur für Bewegungen im Arbeitsblatt einzusetzen. Oder Sie finden Kombinationen beider Eingabeinstrumente nützlich. In diesem Fall benötigen Sie die nachfolgende Übersicht, wie Sie den Cursor

2 Grundlagen der Arbeit mit Excel 7.0

mit der Tastatur in Arbeitsblättern und Arbeitsmappen der Tabelle bewegen können.

Aufgabe	Tastenkombination
Eine Zelle in Pfeilrichtung	Cursortasten
Rand des aktuellen Datenbereichs bewegen	Strg+Cursortasten
Zwischen nichtgesperrten Zellen in einem geschützten Tabellenblatt bewegen	Tab
Anfang der Zeile	Pos1
Anfang des Tabellenblatts	Strg+Pos1
Letzte Zelle im Tabellenblatt (unten links)	Strg+Ende
Eine Bildschirmseite nach unten	Bild↓
Eine Bildschirmseite nach oben	Bild↑
Eine Bildschirmseite nach rechts	Alt+Bild↓
Eine Bildschirmseite nach links	Alt+Bild↑
Nächstes Blatt der Arbeitsmappe	Strg+Bild↓
Vorheriges Blatt der Arbeitsmappe	Strg+Bild↑
Nächste Arbeitsmappe	Strg+F6
Vorherige Arbeitsmappe	Strg+Shift+F6
Nächster Ausschnitt	F6
Vorheriger Ausschnitt	Shift+F6

Alternative Bewegungstasten

Falls Sie die vorstehenden Tastenkombinationen nicht bequem finden, weil Sie an andere Tastenfolgen gewöhnt sind, können Sie Excel für alternative Bewegungstasten einrichten. Sie müssen mit EXTRAS/OPTIONEN/UMSTEIGEN das Kontrollkästchen ALTERNATIVE BEWEGUNGSTASTEN AKTIVIEREN. Danach können Sie folgende Tastenkombinationen benutzen:

Aufgabe	Tastenkombination
Eine Seite nach links	Strg+←
Eine Seite nach rechts	Strg+→
Nächstes Blatt einer Arbeitsmappe	Strg+Bild↓
Vorheriges Blatt einer Arbeitsmappe	Strg+Bild↑
Eine Zelle nach rechts	Tab
Eine Zelle nach links	Shift+Tab
Erste Zelle auf dem Blatt (oben links)	Pos1
Gehe zu	F5
Nächstes Fenster derselben Arbeitsmappe	F6
Nächster Ausschnitt desselben Fensters	Shift+F6

III Excel

Funktionstasten fassen zusammen

Die Funktionstasten

Wollen Sie den Zeiteinsatz bei der Benutzung von Menübefehlen noch weiter verringern, so können Sie das besonders effektiv mit speziellen Tasten, den Funktionstasten. Diese können Sie alleine oder in der Kombination mit weiteren Tasten einsetzen. Folgende Tasten stehen Ihnen zur Verfügung:

Funktionstaste		+[Shift]	+[Strg]	+[Strg]+[Shift]
[F1]	Online-Hilfe oder Hilfe-Assistent			
[F2]	Zelle und Bearbeitungsleiste aktivieren	Zellnotiz bearbeiten	Infofenster anzeigen	
[F3]	Namen in eine Formel einfügen	Funktions-Assistent	Namen festlegen	Namen aus Zelltext erstellen
[F4]	Letzte Aktion wiederholen	Suchen- oder Gehe zu wiederholen	Fenster schließen	
[F5]	Gehe zu	Suchen	Fenstergröße wieder herstellen	
[F6]	Nächster Ausschnitt	Vorheriger Ausschnitt	Nächste Arbeitsmappe	Vorherige Arbeitsmappe
[F7]	Rechtschreibung		Verschie-ben	
[F8]	Markierung erweitern	Erweiterungsmodus ein/aus	Größe ändern	
[F9]	Blätter in sämtlichen geöffneten Arbeitsmappen berechnen	Aktives Blatt berechnen	Arbeitsmappe minimieren	
[F10]	Menüleiste aktivieren	Kontextmenü anzeigen	Dokumentfenster maximieren	
[F11]	Diagramm anlegen			
[F12]	Speichern unter	Speichern	Öffnen	Drucken

Hinweis: Excel stellt Ihnen noch mehr Abkürzungstasten zur Verfügung. Wählen Sie für weitere Übersichten als Sucbegriffe die Hilfethemen TASTEN UND BEARBEITEN und VERSCHIEBEN VON DATEN MIT HILFE VON SHORTCUTS.

2.6 Der Einsatz der Hilfefunktion

Benötigen Sie während der Arbeit eine Information, können Sie Hilfe auf unterschiedliche Weise anfordern. Wollen Sie Kurzinformationen haben, bieten sich diese Methoden an:
1. Wollen Sie den Namen einer Schaltfläche wissen, positionieren Sie den Mauspfeil auf dem Symbol (siehe nebenstehendes Bild).

2. Arbeiten Sie mit einem Dialogfeld, in dem rechts oben ein Kästchen mit Fragezeichen zu sehen ist, klicken Sie das Fragezeichen und dann ein Ihnen unbekanntes Element im Dialogfeld an. Sie erhalten in den meisten Fällen eine ausreichende Auskunft.

In sinngemäß gleicher Weise markieren Sie das Symbol HILFE (siehe nebenstehendes Bild) und dann ein Element der Excel-Oberfläche, zu dem Sie Angaben benötigen. In vielen Fällen erhalten Sie mit [F1] kontextsensitive Hilfe.

Wenn Sie mit ANSICHT/SYMBOLLEISTEN oder der Schaltfläche (siehe nebenstehendes Bild) den Tip-Assistenten aktivieren, begleitet dieser Ihre Arbeit. Er schlägt Ihnen möglichst effektive Methoden vor. Verwenden Sie die Bildlaufpfeile, um die Anzeige zu verschieben.

In vielen Fällen werden Sie ausführlichere Hilfe benötigen. Wählen Sie im Menü HILFE die Option MICROSOFT EXCEL HILFETHEMEN, bekommen Sie im Register INHALT Gesamtübersichten. Aktivieren Sie das Register INDEX, geben Sie die ersten Buchstaben eines Themas an. Nach Anzeige können Sie meist aus weiteren Angaben wählen.

Übersicht im Register INDEX

Auch mit dem Register SUCHEN erhalten Sie eine Übersicht von Hilfetexten. Nach Eingabe eines Suchbegriffs hilft Ihnen Excel hier, Informationen zu einem bestimmten Thema zu finden. Tragen Sie das gesuchte Stichwort ein. Sobald die Verbindung herzustellen ist, erscheint das Stichwort oder ähnliche Wörter im Listenfeld. Wählen Sie weitere Informationen zum jeweiligen Stichwort.

Suchen ist mit schnellen PCs effektiver

Hilfe erhalten Sie mit einem Register oder einer Option des Menüs HILFE auch vom Hilfe-Assistenten. Fragen können Sie hier »allgemein« formulieren. Der Assistent sucht nach zentralen Begriffe und erlaubt Ihnen den Zugang zu allen Informationen.

Hilfe-Assistent erleichtert die Suche

2.7 Das Speichern

Das Speichern mit Excel unterscheidet sich nicht wesentlich vom Speichern anderer Dokumente. Sie können es nach der Sicherheitsabfrage beim Schließen von Fenstern erledigen oder gezielt mit Namen sichern:
1. Um ein Dokument zu speichern, klicken Sie das Diskettensymbol an (siehe nebenstehendes Bild).
2. Wollen Sie ein Dokument unter neuem Namen speichern, verwenden Sie DATEI/SPEICHERN UNTER.

Praxistip: Damit Sie ein Dokument nach dem Speichern leicht finden, wählen Sie vor dem Schließen einer Datei das Dialogfeld SPEICHERN UNTER. Markieren Sie den Namen einer Arbeitsmappe. Aktivieren Sie mit dem Symbol BEFEHLE UND EINFÜGEN die Option EIGENSCHAFTEN. Tragen Sie auf der Registerkarte DATEI-INFO Daten ein, die eine spätere Suche erleichtern.

Als Besonderheit beachten Sie die zur Verfügung stehenden Dateitypen. Sie können ein Dokument in einem anderen als dem Excelformat oder dem einer früheren Versionen speichern. Sie können problemlos ein Arbeitsblatt

Dateitypen machen Excel variabel

III Excel

einer anderen Anwendung mit Excel 7.0 öffnen, es bearbeiten und trotzdem im ursprünglichen Dateiformat speichern. Sie müssen im Dialogfeld SPEICHERN UNTER nur den eingestellten Dateityp beachten.

Praxistip: Sie sollten das automatische Speichern in bestimmten Intervallen verlangen. Wählen Sie EXTRAS/AUTOMATISCHES SPEICHERN und eine Vorgabe. Sollten Sie die vorgeschlagene Option nicht finden, ist ein Add-In nicht installiert. Wählen Sie EXTRAS/ADD-IN-MANAGER und das Kontrollkästchen AUTOMATISCHES SPEICHERN.

Um sich die Verwaltung zu erleichtern, sollten Sie folgende Optionen einstellen:

Sicherheitskopie anlegen
- Wenn Sie wollen, daß Excel bei jedem Speichern eine Sicherungsdatei des Dokuments anlegt, öffnen Sie DATEI/SPEICHERN UNTER/OPTIONEN. Im Dialogfeld der Speichern-Optionen finden Sie das Kontrollkästchen SICHERUNGSDATEI ERSTELLEN.

- Den Speicherort, den Excel vorschlägt, beeinflussen Sie mit EXTRAS/OPTIONEN/ALLGEMEIN/STANDARDARBEITSORDNER.

Excel benutzt einen Unterordner aus dem Windows-Ordner, mit dem Sie schnell auf eine Arbeitsmappe zugreifen können. Speichern Sie dazu zunächst Dokumente im Ordner *FAVORITEN* (siehe nebenstehendes Bild). Ein Klick auf SUCHE IN FAVORITEN im Dialogfeld SPEICHERN UNTER macht die spätere Suche leicht. Nach Wahl von DATEI/ÖFFNEN können Sie auch wieder das Symbol SUCHE IN FAVORITEN anklicken.

2.7.1 Die Arbeitsbereichdatei

Arbeitsbereich-datei vergrößert die Informationsvielfalt

Mit einer Arbeitsbereichdatei speichern Sie keine Daten, sondern die Anordnung der benutzten Arbeitsmappen und die Größe, Anordnung und Position der Fenster. Die Arbeitsbereichdatei enthält nicht die Arbeitsmappen selbst. Auf diese Art können Sie eine ganze Gruppe von Arbeitsmappen in einem Arbeitsschritt öffnen.

Um eine Arbeitsbereichdatei anzulegen, sind nur wenige Schritte erforderlich:

Arbeitssituation festhalten
1. Stellen Sie auf dem Bildschirm die Arbeitssituation her, die Sie nach dem Schließen und neuerlichen Öffnen von Excel wieder vorfinden wollen.
2. Wählen Sie DATEI/ARBEITSBEREICH SPEICHERN.
3. Tragen Sie einen Dateinamen ein und bestätigen Sie.

XLW markiert die Arbeitsbereichsdatei

Die Arbeitsbereichsdatei wird ohne Eingriff im Ordner *FAVORITEN* mit der Erweiterung *XLW* gespeichert.

Praxistip: Wenn Sie eine Arbeitsbereichsdatei im Startordner *XLSTART* ablegen, werden die Arbeitsmappen in der von Ihnen gewünschten Anordnung bei jedem Start automatisch geladen.

2.7.2 Das Schließen von Fenstern

Mit Fenstern arbeiten

Haben Sie Ihre Arbeit in einem beliebigen Fenster von Excel 7.0 beendet können Sie das Fenster ausblenden, ohne gleich Excel zu schließen. Das 32-Bit-Betriebssystem hält die Anwendung bereit, auch wenn sie gerade nicht benötigt wird.

Schließen mit Strg + F4

Wollen Sie ein Arbeitsmappenfenster schließen, stehen Ihnen zwei Möglichkeiten offen:

- Klicken Sie oben rechts im Arbeitsblatt-Fenster auf das Schließen-Symbol (siehe nebenstehendes Bild).
- Wählen Sie DATEI/SCHLIEßEN. Mit dieser Wahl schließen Sie auch alle weiteren geöffneten Fenster einer Arbeitsmappe.

Hinweis: Vorsicht! Ein Klick auf das Symbol des Excel-Fensters schließt das Programm.

Jede der zuvor genannten Optionen führt zum Schließen der aktiven Arbeitsmappe. Liegen mehrere Fenster übereinander, müssen Sie die Mausklicks wiederholen oder Sie halten [Shift] gedrückt und wählen DATEI/ ALLES SCHLIEßEN. Diese Option ersetzt SCHLIEßEN, wenn [Shift] gedrückt wird.

Arbeitsblatt- oder Programmfenster

2.7.3 Das Programm beenden

Da auch die Anwendung Excel in einem Fenster auf der Oberfläche des Betriebssystems Windows 95 ausgeführt wird, können Sie beim Schließen von Excel grundsätzlich gleich wie beim Schließen von Fenstern vorgehen:

- Doppelklicken Sie oben links im Excel-Fenster auf das Anwendungs-Symbol (siehe nebenstehendes Bild).
- Statt des zuvor erwähnten Doppelklicks können Sie auch das Systemmenü des Excel-Fensters öffnen und dort SCHLIEßEN aktivieren.
- Klicken Sie oben rechts im Arbeitsblatt-Fenster auf das Schließen-Symbol für das Excel-Fenster.
- Wählen Sie DATEI/BEENDEN.

Anwendungs- = Programmfenster

Auch [Alt]+[F4] schließt

Das Excel-Fenster wird nach dem Speichern geschlossen. Mit dieser Wahl schließen Sie auch alle weiteren geöffneten Fenster einer Arbeitsmappe. Sollten Daten noch nicht gespeichert sein, erscheinen Sicherheitsabfragen.

3 Mit Tabellen arbeiten

Im vorigen Kapitel wurde der Aufbau von Excel vorgestellt. Ein Arbeitsblatt kann mehrere Tabellen enthalten oder aus nur einer Tabelle bestehen. Weil eine strenge Trennung kaum möglich ist, werden die Begriffe in den folgenden Ausführungen weitgehend synonym gebraucht. Nur wenn im Kontext nicht klar zu erkennen ist, was gemeint ist, erfolgt eine explizite Beschreibung.

Tabellen im Arbeitsblatt

3.1 Bereiche angeben

Ein Bereich ist immer rechteckig und besteht aus aneinander angrenzenden Zellen. Im Extremfall setzt sich ein Bereich aus einer Zelle oder aus allen Zellen Ihres Arbeitsblattes zusammen. Weil die Spalten mit Buchstaben (A, B, C, ... Z, AA, usw.) bezeichnet werden, und die Zeilen numeriert sind, ist stets eine eindeutige Identifizierung möglich.

Angrenzende Zellen bilden rechteckigen Bereich

Wenn Sie nach der Bestimmung eines Bereichs einen Befehl wählen, ist für Excel klar, daß der Befehl auf die markierte Zelle angewandt werden soll. Dieses Prinzip gilt auch, wenn Sie Befehle für mehr als eine Zelle auswählen (siehe Markierung).

Bereichswahl in einer Zelle

- Einen Bereich sollten Sie in der Regel zuerst definieren, danach erst einen Befehl aufrufen. Dann ist immer klar, auf welchen Teil des Arbeitsblattes sich der Befehl bezieht.

361

III Excel

- Sie können auch umgekehrt vorgehen. Wählen Sie ein Dialogfenster zur Eingabe eines Befehls, dann finden Sie oft ein Textfeld BEREICH. In diesem Feld müssen Sie die Bereichsangabe eintragen (siehe nebenstehendes Bild), wenn sie nicht bereits zuvor gewählt wurde. Haben Sie den Bereich vor dem Aufruf des Fensters markiert, wird der so gekennzeichnete Teil des Arbeitsblattes im Feld BEREICH aufgeführt.

Praxistip: Standard ist die A1-Bezugsart (Spalten A, B, C, ... Z, AA, usw. und Zeilen numeriert). Sie können aber auch die Spalten numerieren. Ändern Sie dafür mit EXTRAS/OPTIONEN/ALLGEMEIN/BEZUGSART. Aktivieren Sie das Optionsfeld für die Z1S1-Bezugsart (Multiplan).

3.1.1 Bezug auf Zellen

Ankerzelle ist der Ausgangspunkt

Die Zelle, von der Sie bei Markierungen ausgehen, wird Ankerzelle genannt. Sie können die Adressierung dieses Bereichs in der Eingabezeile über der Symbolleiste beobachten. Dort wird die gerade markierte Zelle angegeben.

Bezugsoperator	Bedeutung
Bezug (Doppelpunkt)	Bezug auf alle Zellen zwischen zwei Bezugszellen, inkl. der beiden Bezugszellen.
Vereinigung (Semikolon)	Bezug, der Bezüge umfaßt.
Schnittmenge (Leerzeichen)	Bezug auf Zellen, die beiden Bezügen gemeinsam sind.

3.1.2 Bezug auf ein Arbeitsblatt

Blattübergreifende Bereichsangaben

Eine Bereichsangabe für eine Wertübernahme oder in einer Formel kann sich auf ein oder mehrere Arbeitsblätter einer Arbeitsmappe beziehen.

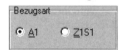

- Steht für eine Zelle (Übernahme) oder in einer Formel z.B. E13:G21, bezieht sich die Angabe auf das aktuelle Arbeitsblatt.

Tabellenbezugsart festlegen

- Die Angabe Tabelle1!C8:C17 unterscheidet, daß eine Arbeitsmappe mehr als ein Arbeitsblatt enthalten kann. Der Bereich C8:C17 befindet sich in Tabelle1 (=Arbeitsblatt1).

Wollen Sie im aktuellen Arbeitsblatt einen Wert aus einer anderen Zelle holen, gehen Sie so vor:

Gleichheitszeichen holt Daten

1. Positionieren Sie die Markierung in der Zielzelle, und drücken Sie [=] (Gleich).
2. Markieren Sie eine andere Zelle. Sollen Werte aus mehreren Zellen übernommen werden, verwenden Sie eine Funktion, z.B. SUMME.

Auf andere Blätter beziehen

Um einen Bezug auf ein anderes Tabellenblatt zu erzeugen, müssen Sie das beschriebene Vorgehen variieren:

1. Setzen Sie den Cursor in die Zelle, die den Bezug aufnehmen soll.
2. Tragen Sie wiederum ein Gleichheitszeichen ein (tragen Sie alternativ einen Operator oder eine Funktion ein, wenn diese für den Bezug benötigt werden).
3. Aktivieren Sie das Register des Arbeitsblatts, aus dem Sie Daten übernehmen wollen.
4. Markieren Sie die gewünschten Zellen und bestätigen Sie.

Praxistip: Soll sich ein Bezug über mehrere Tabellenblätter erstrecken, markieren Sie Zellen, halten Sie [Shift] gedrückt, und klicken Sie das Blattregister an, mit dem der Bezug endet.

3.1.3 Bezug auf Arbeitsmappen

Arbeitsmappen sind für eine effektive Organisation geschaffen. Damit dieser Grundsatz gilt, müssen Sie Daten aus einer Arbeitsmappe entnehmen und in die Rechnung einer anderen Arbeitsmappe einfügen können. Solche Bezüge auf Zellen in anderen Arbeitsmappen werden in Excel als externe Bezüge bezeichnet.

Externe Bezüge sind Bezüge auf andere Arbeitsmappen

Grundsätzlich ist dieser Bezug ähnlich wie der Bezug innerhalb einer Arbeitsmappe, hier addieren sich nur Namen von Arbeitsblatt und Arbeitsmappe:

1. Positionieren Sie die Markierung in der Zelle, die Daten empfangen soll.
2. Fügen Sie eine Formel ein, die Daten aus einer anderen Arbeitsmappe benötigt.
3. Beginnen und schließen Sie den Bezug auf die fremde Arbeitsmappe mit einer eckigen Klammer.
4. Geben Sie nach der schließenden eckigen Klammer den Namen des Arbeitsblatts, dann ein Ausrufezeichen an.
5. Beenden Sie den Eintrag mit einem Zellbezug.

Der Eintrag *=Mappe1.XLS]Eins!A1* steht in *MappeX* und entnimmt aus Zelle A1 des Arbeitsblatts *Eins* in *Mappe1* einen Wert in die aktuelle Zelle.

3.1.4 3D-Bezug

Ein 3D-Bezug faßt mehrere Arbeitsblätter derselben Arbeitsmappe zusammen. Die Methode kann für Eingaben oder in Formeln genutzt werden.

Bezüge aus mehreren Arbeitsblättern

Bild III.9: Markierung für 3D-Bezug

Um eine Eingabe zugleich auf mehreren Arbeitsblättern vorzunehmen, müssen Sie so vorgehen:

1. Halten Sie [Strg] nieder und markieren Sie per Mausklick die Registerlaschen der Arbeitsblätter, in die zugleich eingegeben werden soll.
2. Tragen Sie die Zeichen in Zellen des oben liegenden Arbeitsblatts ein, die auch auf den andere Arbeitsblättern erscheinen sollen.

Gleichzeitig eingeben

Wenn Sie die Markierung abwählen und zu den Arbeitsblättern schalten, finden Sie gleiche Einträge. Sie können die Einträge bearbeiten. Sie sind nicht verknüpft. Etwas anders ist die Situation bei einer Formel, die Eingaben verknüpft:

1. Ordnen Sie die benötigten Arbeitsblätter hintereinander an. Ist ein leeres Blatt dazwischen eingefügt, ändert das zunächst nicht das Ergebnis, bedeutet aber Gefahr durch eine versehentliche Änderung.
2. Schalten Sie zum Arbeitsblatt, in dem zusammengefaßt werden soll.
3. Bauen Sie die Formel durch Schreiben oder Mausklicks auf, und bestätigen Sie.

Bild III.10: Leerzeichen in Namen eines Arbeitsblatts

In einer Formel sieht ein 3D-Bezug z.B. so aus: *=Summe(FilialeI:FilialeIII!A1)*. Die Beispielformel benutzt eine Funktion, um den Inhalt der Zelle A1 aus drei zu addieren. Der Name des ersten Arbeitsblatts ist vom letzten durch einen Doppelpunkt getrennt.

Praxistip: Sie können den Arbeitsblättern beliebige Namen geben. Verwenden Sie jedoch Leerzeichen in Namen der Arbeitsblätter, setzen Sie den Bezug auf das oder die anderen Arbeitsblätter in Hochkommas.

3.1.5 Bezug auf einen Schnittmengenbereich

Zellenzugehörigkeit

Eine Schnittmenge ist eine Zelle, die zugleich zu mehr als einem Bereich gehört. Beide überschneiden sich. Am Kreuzungspunkt liegt die Zelle, die beiden Bereichen gemeinsam ist. Excel benutzt den Schnittmengenoperator, um auf eine solche Zelle zuzugreifen. Der Schnittmengenoperator ist ein Leerzeichen.

Schnittmengenoperator für Zugriffe

Im Beispiel der folgenden Abbildung gibt es einen Bereich A4:D4 und den Bereich B1:B6. In einer Formel können Sie den Schnittmengenoperator benutzen, um auf Zelle B4 zuzugreifen:

```
= A4:D4 B1:B6
```

Im Beispiel entspricht B4 der Schnittmenge beider Bereiche.

Bild III.11: Schnittmenge

	A	B	C	D	E
1		34			
2		22			
3		100			
4	10	78	10	10	
5		144			
6		166			
7					
8	Schnittmenge	78			

B8 =A4:D4 B1:B6

Praxistip: Verwenden Sie Namen (siehe III.4.1.3), besonders wenn Sie mit Schnittmengen arbeiten. Diese vereinfachen die Arbeit mit Schnittmengen. Die Formel *=Bereich1 Bereich2* ist einfacher zu verstehen als die abstrakten Bereichsangaben wie im vorherigen Beispiel.

3.1.6 Bezug auf Anwendungen

Fernbezüge aus anderen Anwendungen

Bezüge auf Daten in anderen Anwendungen sind sogenannte Fernbezüge.

Wollen Sie Bezüge auf Daten aus anderen Anwendungen aktualisieren, nehmen Sie folgende Einstellungen vor:
1. Wählen Sie EXTRAS/OPTIONEN/BERECHNEN.
2. Aktivieren Sie das Kontrollkästchen FERNBEZÜGE AKTUALISIEREN.

Praxistip: Um die externen Bezüge in einer Formel zu fixieren, markieren Sie die Zelle mit dem externen Bezug und in der Bearbeitungsleiste nur den externen Bezug der Formel. Drücken Sie [F9] und [↵].

3.2 Eingaben in einer Tabelle

Text, Zahlen oder Formeln

Zahlen lassen sich schnell eingeben, und in kurzer Zeit stehen Ihnen Berechnungen für eine Auswertung zur Verfügung. Alleine stehende Zahlen bedürfen oftmals einer Erläuterung, deshalb haben Sie die Möglichkeit, Text in Zellen und Notizen einzugeben. Auch wenn Excel 7.0 kein Textverarbeitungsprogramm ist, können Sie komfortabel Text eingeben und bearbeiten, den Sie zur Erläuterung Ihrer Tabellen benötigen.

3.2.1 Text eingeben

Legen Sie durch die Cursorposition innerhalb einer Tabelle fest, in welcher Zelle der eingegebene Text angeordnet werden soll. Es spielt grundsätzlich keine Rolle, ob die angesteuerte Zelle leer ist oder einen Inhalt hat. Letzterer wird durch eine Neueingabe überschrieben. Es sei denn, es liegen folgende Situationen vor:

- Sie positionieren den Cursor in der Eingabezeile, um den vorhandenen Text zu ergänzen.
- Zelle oder Tabelle sind besonders geschützt.

Manueller Zeilenwechsel in einer Zelle mit `Alt`+`↵`

Praxistip: Wenn Nachbarzellen besetzt sind, werden in Zellen grundsätzlich nur die Zeichen gezeigt, die in eine Spalte passen. Um einen vollständigen Text anzuzeigen, können Sie die Spaltenbreite ändern oder mit FORMAT/ZELLEN/AUSRICHTUNG das Kontrollkästchen ZEILENUMBRUCH aktivieren. Längere Texte werden dann umbrochen und in mehreren Zeilen der Zelle angezeigt.

3.2.1.1 In einen Bereich eingeben

In prinzipiell gleicher Weise geben Sie Daten in einen Bereich ein:
1. Markieren Sie einen Bereich, in den Sie Daten eintragen wollen.
2. Schreiben Sie in die erste der markierten Zellen.
3. Verschieben Sie die Markierung mit `↵` nach unten.

Für eine Bewegung von
- unten nach oben müssen Sie `Shift`+`↵` drücken;
- `Tab` für von links nach rechts;
- `Shift`+`Tab` für von rechts nach links.

Markierung und `↵`

Eingabe in jede Richtung

3.2.1.2 Die Eingabezeile

Für die Eingabe müssen Sie keine weitere Einstellung vornehmen, sondern können sofort schreiben. Sobald Sie den ersten Buchstaben geschrieben haben, erscheint dieser – und der weitere Text – im Inhaltsfeld der Bearbeitungszeile am oberen Bildschirmrand. Unten links ändert sich die Schrift von BEREIT in EINGEBEN.

Modusanzeige

Bild III.12: Eingabezeile

- Sie können bis zu 255 Zeichen in eine Zelle eintragen. Sollten Sie mehr als elf Zeichen eingeben, ist die Spaltenbreite ausgenutzt. Sind die Zellen rechts neben der Eingabezelle frei, wird der längere Text angezeigt, werden sie durch andere Eingaben eingenommen, wird der Text nur bis zum elften Zeichen angezeigt, der Rest verschwindet. Er wird erst sichtbar, wenn Sie die Spalte verbreitern. Markieren Sie die betreffende Zelle, zeigt die Eingabezeile den Zellinhalt.

- Durch den Beginn der Eingabe werden neben der Eingabezeile Schaltflächen zum Bestätigen, Abbrechen der Eingabe und für den Funktionsassistenten eingeblendet.

Schaltfläche	Bedeutung
✗	Eingabe abbrechen
ƒx	Funktionsassistent
✓	Daten übernehmen

3.2.1.3 Eingaben bearbeiten

Ist Ihnen während des Eintrags in der Eingabezeile ein Tippfehler unterlaufen, können Sie diesen sofort mit [←] korrigieren. Wollen Sie einen Eintrag vollständig zurückzunehmen, drücken Sie [Esc].

Text in der Eingabezeile editieren

- Sie können während der Eingabe die Markierung (Einfügebalken) mit den Cursortasten verschieben und den Text in der Eingabezeile mit [←] oder [Entf] editieren. Erst nach der Bestätigung erscheint der eingegebene Text in der Tabelle an der Position, an der zuvor der Cursor positioniert wurde.
- Statt mit [↵] können Sie Text aus der Eingabezeile auch mit den Cursortasten oder einem Klick auf das Häkchen in die Tabelle übernehmen.

Sie müssen den bereits übergebenen Inhalt einer Zelle nicht mit [Entf] löschen, um einen anderen Inhalt eingeben zu können:

Überschreiben oder bearbeiten

- Einerseits ist es möglich, den Inhalt einfach durch eine Neueingabe zu überschreiben.
- Sie können Zellinhalte andererseits auch editieren. Markieren Sie hierfür die Zelle, deren Inhalt geändert werden soll und drücken Sie [F2] für das Bearbeiten in der Zelle (oder Doppelklick auf die Zelle). Fügen Sie fehlende Zeichen ein oder löschen Sie. Haben Sie alle Korrekturen erledigt, übernehmen Sie den geänderten Zellinhalt in die Tabelle.
- Sie können für spätere Änderungen auch eine Zelle markieren und den Mauscursor mit einem Klick beliebig in der Eingabezeile positionieren. Die Schaltflächen zur Übernahme oder zum Abbrechen werden nach einem Doppelklick auf eine Zelle angezeigt.

3.2.1.4 Zahlen als Text

Anführungszeichen für Text in einer Formel

Excel interpretiert jede Kombination von Zahlen, Leerzeichen und nichtnumerischen Zeichen als Text. Der eingegebene Text kann auch Zahlen enthalten, sie werden in diesem Fall als Text behandelt. Sie können nicht mit Zahlen rechnen, die zusammen mit Text eingegeben worden sind.

3 Mit Tabellen arbeiten

Text wird zunächst automatisch linksbündig in einer Zelle angeordnet. Geben Sie eine Zahl im Textmodus ein, beispielsweise als Überschrift, erscheint diese rechtsbündig. Daß die an erster Stelle eingegebene Zahl ein Text ist, müssen Sie dem Programm durch eine Formatierung mitteilen:
1. Markieren Sie die betreffenden Zellen.
2. Wählen Sie FORMAT/ZELLEN und die Registerkarte ZAHLEN.
3. Markieren Sie im Feld KATEGORIE die Option TEXT.

E
22
25
28
31
34
37
40
43
46
49
52

Zahlen als Text

Praxistip: Sie kündigen auch durch ein vorangestelltes Apostroph an, daß die folgenden Eingaben Text sind, Zahlen werden so vom Programm auch als Text interpretiert und linksbündig angeordnet.

3.2.1.5 Text in der Zelle ausrichten
Sie können Text in der Zelle
- Linksbündig (Standard)
- Rechtsbündig
- Zentriert

ausrichten.

Text wird standardmäßig linksbündig in einer Zelle ausgerichtet. Das können Sie ändern:

$\boxed{\text{Strg}}$+$\boxed{1}$ **für das Dialogfeld** ZELLEN

1. Wählen Sie FORMAT/ZELLEN/AUSRICHTUNG.
2. Aktivieren Sie die gewünschte Option.

3.2.2 Zahlen eingeben

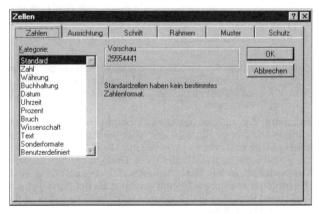

Bild III.13: Standardformat bei der Zahleneingabe

Excel 7.0 erkennt, was Sie eingeben, Zahlen und Text werden voneinander unterschieden. Das ist sehr angenehm, da Sie so nicht vor jeder Eingabe erst ankündigen müssen, was für Daten folgen werden. Das Programm interpretiert Zahlen als feste (konstante) Werte. Prinzipiell gehen Sie bei der Eingabe von Zahlen ebenso wie bei der Texteingabe vor.

1. Schreiben Sie die gewünschte Zahl, wird die Eingabezeile eingeblendet und die Zahl oder Zahlen können eingegeben und auch bearbeitet werden.

367

Rechtsbündige Daten sind Zahlen

Komma als Dezimaltrenn-zeichen

Informationen in Notizen zu Zellen

Notizen mit Zellen kopieren

Wave-Datei als Audio-Notiz

2. Erst wenn Sie bestätigen, wird die Eingabe in die Tabelle übernommen.

Praxistip: Brüche können leicht als Datum verstanden werden. Geben Sie *1/33* ein, macht Excel *Jan 33* daraus. Das können Sie verhindern, wenn Sie eine 0 und ein Leerzeichen, dann den Bruch eingeben (z.B. 0 1/33).

Zahlen werden in einer Tabelle automatisch rechtsbündig angeordnet. Sehen Sie eine linksbündige Zahl, können zwei Gründe Ursache sein:
- Entweder wurde vor der Eingabe versehentlich oder absichtlich ein Apostroph gedrückt.
- Oder die Zahl ist mit FORMAT/ZELLEN/ZAHLEN/TEXT als Text definiert.

Verwenden Sie das Komma als Dezimaltrennzeichen und geben Sie keine Tausenderpunkte manuell ein. Letztere und andere Formatierungen können Sie Zahlen nach der Eingabe durch ein entsprechendes Format zuordnen.

Praxistip: Wollen Sie, daß vorangestellte Nullen in Zellen angezeigt werden, richten Sie statt dem Standard ein benutzerdefiniertes Format ein. Wählen Sie FORMAT/ZELLEN/ZAHLEN/BENUTZERDEFINIERT. Soll z.B. eine Zahl mit zwei Dezimalstellen vor dem Komma auf fünf Stellen aufgefüllt werden, geben Sie 00000,## ein.

3.2.3 Erläuterungen durch Zellnotizen

Immer komplexere Arbeitsblätter erfordern Informationen. Sei es ein anderer Mitarbeiter oder der Anwender selbst, beide profitieren von Anmerkungen und Kommentaren zu Tabellen, zumal nach einiger Zeit. Für solche Erläuterungen gibt es Zellnotizen. Diese können beliebig Zellen zugeordnet werden und belegen keinen Platz auf dem Arbeitsblatt:

1. Markieren Sie die Zelle, die Sie durch eine Notiz ergänzen wollen.
2. Wählen Sie EINFÜGEN/NOTIZ.
3. Schreiben Sie im Textfeld TEXTNOTIZ und übernehmen Sie den Eintrag mit HINZUFÜGEN.

Notizen können Sie insgesamt kopieren. Markieren Sie eine Zelle mit Notiz, kopieren Sie sie in die Zwischenablage, wählen Sie die Zielzelle per Mausklick und wählen Sie die Option BEARBEITEN/INHALTE EINFÜGEN/EINFÜGEN/NOTIZEN.

Praxistip: Sie müssen nicht neu schreiben, wenn ein Notiztext bereits vorliegt. Kopieren Sie ihn aus einer anderen Anwendung in die Zwischenablage und übernehmen Sie ihn mit einer der Tastenkombinationen für EINFÜGEN in das Textfeld des Dialogfelds NOTIZ. Die Schaltfläche IMPORTIEREN ist für Wave-Dateien gedacht, nicht für Text. Sie können Textnotizen zudem noch einer anderen als der zunächst gewählten Zelle zuordnen. Wählen Sie dazu per Mausklick eine andere Zelle und klicken Sie auf HINZUFÜGEN.

Sie können einer Zelle eine Wave-Datei als Audio-Notiz zuordnen (importieren) oder eine solche Notiz aufzeichnen und wiedergeben. In letzterem Fall müssen Sie die zur Aufnahme benötigte Hard- und Software installiert haben.

1. Markieren Sie die Zelle, der Sie eine Audio-Notiz zuordnen wollen.
2. Wählen Sie EINFÜGEN/NOTIZ/AUFZEICHNEN und im Dialogfeld AUFZEICHNEN die Option AUFNAHME..

3. Beenden Sie mit STOP und bestätigen Sie mit OK.
4. Übernehmen Sie im Dialogfeld NOTIZ die Audio-Notiz mit HINZUFÜGEN.

Hinweis: Ist die Schaltfläche AUFZEICHNEN abgeblendet, ist der Zelle bereits eine Audio-Notiz hinzugefügt. Sie können die Audio-Notiz löschen und eine neue aufzeichnen.

Ob Sie einer Zelle eine Notiz zugeordnet haben, können Sie in der Standardeinstellung an einem roten Kästchen in einer Ecke der Zelle sehen. Positionieren Sie den Mauspfeil auf einer so markierten Zelle, wird die Notiz eingeblendet.

Hinweis: Mit EXTRAS/OPTIONEN/ANSICHT/NOTIZANZEIGER können Sie wählen, ob das Kästchen angezeigt oder abgeschaltet werden soll.

Notizanzeiger anzeigen oder abschalten

3.2.4 Eingabe von Formeln

Formulieren Sie einen Rechenauftrag für Excel 7.0, dann definieren Sie eine Formel. Rechenformeln können in Excel 7.0 unterschiedliche Bestandteile haben:

- Zahlen (z.B. 0, 1, 2, 3, 4, 5 ...)
- Adressen anderer Zellen (z.B. C45)
- Adressen von Zellbereichen (z.B. A1:B5)
- Namen für Zellbereiche (z.B. LOHN, LST)
- Rechenzeichen (z.B. +, -, *, /, =)
- Funktionen (z.B. SUMME)

Schaltfläche Funktionsassistent

In einer Formel können wiederum andere Formeln, Rechenoperatoren und Funktionen enthalten sein. Die letztgenannten Funktionen sind Programme, die bereits mehr oder weniger komplexe Formeloperationen vorprogrammiert enthalten. Sie rufen diese kleinen Programme auf, indem Sie eine Funktion einsetzen.

Eine Standard-Summenformel können Sie aus der Symbolleiste abrufen:

Standard-Summenformel abrufen

1. Positionieren Sie die Markierung in der Zelle, die eine Summenformel aufnehmen soll.
2. Klicken Sie die Schaltfläche SUMME an (nebenstehende Abb.).
3. Markieren Sie die Zellen, deren Inhalt addiert werden soll.
4. Bestätigen Sie mit ⏎.

Ausführlichere Informationen zur Verwendung von Formeln und Funktionen finden Sie im nächsten Kapitel.

3.3 Zellinhalte automatisch erzeugen

Durch Vorgaben und Mausbedienung können Sie Reihen von Zahlen, Datumswerten oder anderen Elementen ohne weitere Eingaben anlegen:

Vorgabe und vervielfältigen

1. Geben Sie in die erste Zelle des auszufüllenden Bereichs einen Wert oder ein erstes Element ein, z.B. *Jan*.
2. Wenn die Eingabezelle mit dem Anfangswert bzw. -element markiert ist, ziehen Sie das Ausfüllkästchen in der rechten Zellecke über den auszufüllenden Bereich. Nur wenn Sie die gesamte Zeile oder Spalte markiert haben, wird das Ausfüllkästchen am Anfang von Zeile oder Spalte angezeigt.

Ausfüllkästchen ziehen

Das Ausfüllen von Reihen wird hier und in den folgenden Beispielen als Mausaktion beschrieben. Sie können auch BEARBEITEN/AUSFÜLLEN und

Ausfüllen per Maus oder Dialogfeld

III Excel

eine der angezeigten Optionen verwenden. Wird das Ausfüllkästchen nicht angezeigt, müssen Sie nicht auf ein Dialogfeld zugreifen: Wählen Sie EXTRAS/OPTIONEN/BEARBEITEN und aktivieren Sie das Kontrollkästchen DRAG & DROP VON ZELLEN AKTIVIEREN.

Bild III.14: Ausfüllen im Menü

Wenn Sie per Maus ausfüllen, hat die Richtung der Mausbewegung Bedeutung. Je nach Ziehrichtung erweitern Sie die Reihe aufsteigend oder absteigend. Wenn Sie nach rechts oder links ziehen, arbeiten Sie zeilenweise, nach oben bzw. unten wirkt sich das Ziehen spaltenweise aus.

Praxistip: Haben Sie in die erste Zelle z.B. 1 eingegeben, erzielen Sie mit der beschriebenen Methode eine fortlaufende Numerierung. Wollen Sie einen Anstieg um zwei Punkte, geben Sie in die zweite Zelle eine 3 ein, markieren beide, und ziehen für die jeweils um die Differenz steigende Reihe.

Arithmetischer oder geometrischer Trend

Wollen Sie einen arithmetischen Trend fortsetzen, markieren Sie mindestens drei Zellen mit Anfangswerten und ziehen Sie das Ausfüllkästchen spalten- oder zeilenweise. Sie können auch die rechten Maustaste und die passende Option im Kontextmenü verwenden. Letztere müssen Sie für einen geometrischen Trend benutzen:

Spalten- oder zeilenweise ausfüllen

1. Ziehen Sie die Markierung über mindestens zwei Zellen mit Werten.
2. Halten Sie die rechte Maustaste gedrückt und ziehen Sie das Ausfüllkästchen wieder spalten- oder zeilenweise, je nachdem wie die Reihe angeordnet werden soll.
3. Wählen Sie im Kontextmenü die Option GEOMETRISCHER TREND.

Bild III.15: Zwei Werte fortzählen

	A	B	C
1	Januar 96	Januar 96	Januar 96
2	Januar 96	Februar 96	Januar 97
3	Januar 96	März 96	Januar 98
4	Januar 96	April 96	Januar 99
5	Januar 96	Mai 96	Januar 00
6	Januar 96	Juni 96	Januar 01
7	Januar 96	Juli 96	Januar 02
8	Januar 96	August 96	Januar 03
9	Januar 96	September 96	Januar 04
10	Januar 96	Oktober 96	Januar 05

Praxistip: Eine Zelle kann auch zwei Werte enthalten, die fortgesetzt werden. Haben Sie z.B. *Januar 96* eingegeben, führt das Ziehen mit der linken Maustaste zu Kopien. Verwenden Sie aber die rechte Maustaste, und wählen im Kontextmenü MONATE AUSFÜLLEN, werden die Monate fortgezählt, das Jahr bleibt. Wenn Sie die Option JAHRE AUSFÜLLEN aktivieren, bleibt es beim Januar, aber die Jahre werden weiter gezählt.

3.3.1 Reihen, die ausgefüllt werden können

Zeit-Reihen sind die Fortsetzung von vorgegebenen Tagen, Wochen, Monaten oder z.B. Quartalen.

Zeit-Reihen

Startwerte	Beispiel
9:00	10:00, 11:00, 12:00
Mo	Di, Mi, Do
Montag	Dienstag, Mittwoch, Donnerstag
Jan	Feb, Mrz, Apr
Jan 92, Apr 92	Jul 92, Okt 92, Jan 93
Jan, Apr	Jul, Okt, Jan
15. Jan, 15. Apr	15. Jul, 15. Okt
1991, 1992	1993, 1994, 1995

Eine arithmetische Reihe vergrößert oder verkleinert um einen konstanten Wert:

Arithmetische Reihe

Startwert	Beispiel
1, 2	3, 4, 5
1, 3	5, 7, 9
100, 95	90, 85

Geometrische Reihen multiplizieren mit einem konstanten Faktor:

Geometrische Reihe

Startwert	Beispiel
2 (Multiplikator 2)	4, 8, 16
2 (Multiplikator 3)	6, 18, 54

AutoAusfüllen erweitert Datentypen unterschiedlich:

AutoAusfüllen

Startwert	Beispiel
Qrt3 (bzw. Q3 oder Quartal)	Qrt4, Qrt1, Qrt2
1. Periode	2. Periode, 3. Periode
Produkt 1	Produkt 2, Produkt 3
Produkt 1: Nicht erledigt	Produkt 2: Nicht erledigt, Produkt 3: Nicht erledigt
1, 3, 4	5,66; 7,16; 8,66

3.3.2 AutoAusfüllen-Liste

Benötigen Sie häufig in Listen die Namen Ihrer Mitarbeiter; können Sie die Namen neu schreiben oder kopieren. Entsteht der Bedarf häufig, sollten Sie

Mitarbeiterlisten automatisieren

besser eine Liste im Register AUTOAUSFÜLLEN bereithalten. Standardlisten
sind bereits enthalten, eine neue Liste legen Sie so an:

Bild III.16:
Dialogfeld
AutoAusfüllen

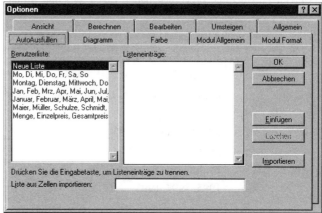

1. Schalten Sie mit EXTRAS/OPTIONEN zum Register AUTOAUSFÜLLEN.
2. Tragen Sie Namen einer neuen Liste im Feld LISTENEINTRÄGE ein.
3. Bestätigen Sie jeden Eintrag mit ⏎.
4. Ist die Liste vollständig, bestätigen Sie die Übernahme mit EINFÜGEN.

Benutzerdefinierte Listen

Eine selbstdefinierte Liste können Sie auch aus einer beliebigen Tabelle übernehmen:

Bild III.17:
Aus Bereich
importieren

1. Markieren Sie eine Liste mit Text in einem Arbeitsblatt der Arbeitsmappe.
2. Wechseln Sie mit EXTRAS/OPTIONEN zum Register AUTOAUSFÜLLEN.
3. Aktivieren Sie die Schaltfläche IMPORTIEREN, um die markierte Liste einzufügen.

Listen ändern oder löschen

Eine Liste im Register AUTOAUSFÜLLEN können Sie sowohl bearbeiten, als auch löschen. Wählen Sie mit EXTRAS/OPTIONEN die Registerkarte AUTOAUSFÜLLEN und in BENUTZERLISTE die entsprechende Zeile. Änderungen können Sie im Feld LISTENEINTRÄGE vornehmen und diese mit EINFÜGEN aktivieren. Zum Löschen einer Liste verwenden Sie die Schaltfläche LÖSCHEN.

3.3.3 Gleiche Daten zugleich eingeben

Einmal schreiben, vielfach eintragen

Manchmal müssen Sie in unterschiedliche Zellen gleiche Texte oder Werte eintragen. Auch ohne Kopieren reicht es, einmal zu schreiben:

1. Markieren Sie Zellen, in die Daten eingegeben werden sollen. Halten Sie für angrenzende Zellen [Shift], für nichtangrenzende Zellen [Strg] nieder.
2. Schreiben Sie die Daten.
3. Betätigen Sie [Strg]+⏎. Die Daten stehen in allen Zellen.

3.3.4 Funktion AutoEingabe

Eine Tabellenkalkulation wie Excel ist zell- und spaltenorientiert. Eingaben erfolgen deshalb oft spaltenweise. Das können Sie nutzen. Bei gleichen Eingaben erleichtert Ihnen Excel die Arbeit:

Spaltenweise Eingaben ökonomisch nutzen

1. Haben Sie in der gleichen Spalte einen mit gleichen Zeichen beginnenden Eintrag vorgenommen, erkennt Excel den gleichen Anfang und erspart Ihnen nach dem Eintrag der ersten Zeichen weiteres Schreiben. Das gilt allerdings nur für Texteinträge (nicht Zahlen, Datumswerte oder Zeitwerte).

Excel vergleicht und erkennt

2. Drücken Sie auf [↵], um den Vorschlag zu übernehmen, oder schreiben Sie weiter, wenn sich die Eingabe noch ändert.

Automatische Einträge sind immer an der Spalte orientiert, die durch die aktive Zelle gekennzeichnet ist. Einträge in einer Zeile werden nicht automatisch angezeigt. Excel kann die Automatik nicht bereitstellen, wenn die eingegebenen Zeichen zwei oder mehr Einträgen entsprechen.

AutoEingabe-Liste

Praxistip: Falls die AutoEingabe nicht wie erwartet funktioniert, kann das an der falschen Position der Einfügemarke liegen. Excel zeigt einen vorhandenen Eintrag nur an, wenn die Einfügemarke hinter dem letzten Zeichen des aktuellen Zellinhalts steht.

AutoEingabe entnimmt die markierten Automatik-Anzeigen aus Einträgen in einer Liste. Sie können auf diese Liste zugreifen, und die Eingaben erneut abrufen, ohne gleiches erneut zu schreiben:

AutoEingabe bezieht Daten aus einer Liste

1. Markieren Sie eine Zelle der Spalte, in der ein Begriff bereits geschrieben wurde.
2. Öffnen Sie das Kontextmenü der rechten Maustaste und klicken Sie in der Auswahlliste den benötigten Eintrag an.

Excel schreibt den gewählten Eintrag in die aktivierte Zelle. Sie können auch mit der Tastatur einen Eintrag übernehmen:

Eintrag aus der Liste übernehmen

1. Tragen Sie mindestens ein Zeichen in die Zelle ein, damit Excel einen markierten Vorschlag anzeigt.
2. Drücken Sie [Alt]+[↓] und markieren Sie mit einer Cursortaste einen Eintrag aus der Liste. Das kann, muß aber nicht der durch eine Eingabe Begonnene sein.
3. Übernehmen Sie mit [↵].

Hinweis: Damit die automatischen Eingabe von Einträgen in Spalten möglich ist, muß die Funktion mit EXTRAS/OPTIONEN/BEARBEITEN und dem Kontrollkästchen AUTOEINGABE FÜR ZELLWERTE aktiviert sein. Wollen Sie die Automatik unterdrücken, deaktivieren Sie das Kontrollkästchen.

Automatik verhindern

Bild III.18: AutoEingabe aktivieren

3.4 Eingaben suchen und ersetzen

Eine Tabellenkalkulation ist keine Textverarbeitung, was aber kein Grund ist, daß Excel nicht typische Funktionen einer Textverarbeitung nutzen könnte.

Funktionen einer Textverarbeitung

Das gilt besonders für die Option BEARBEITEN/SUCHEN, die einen gefundenen Text oder eine Formel gleich ersetzen kann.

III Excel

Office 95

Hinweis: Excel besitzt eine Rechtschreibprüfung und kann als Office-Anwendung dabei auf das gemeinsame Wörterbuch zugreifen, so daß Sie keinen Speicherplatz vergeuden. Die Rechtschreibprüfung wird wie bei Word bedient und ebenfalls mit [F7] aufgerufen (siehe II.6.2.6). Gleiches gilt für die neue Funktion AUTOKORREKTUR. Excel korrigiert häufige Fehler. Die Liste typischer Fehler können Sie mit EXTRAS/AUTOKORREKTUR beeinflussen.

[Strg]+[F]
für SUCHEN

Um mit dieser Fähigkeit von Excel 7.0 zu arbeiten, gehen Sie so vor:

1. Wählen Sie BEARBEITEN/SUCHEN, und tragen Sie den gesuchten Text oder den gesuchten Ausdruck (Formel) im Textfeld SUCHE NACH ein. Sie können entsprechend dem maximalen Fassungsvermögen einer Zelle Zeichen eingeben.

2. Achten Sie auf die richtige Anzeige im Textfeld der Liste SUCHEN IN.

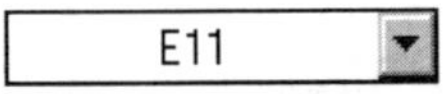

Adreßfeld der Markierung

Sucherfolg Adresse

3. Markieren Sie die Schaltfläche WEITERSUCHEN und wiederholen Sie bei Bedarf den Mausklick.

4. SCHLIEßEN blendet das Dialogfeld wieder aus.

Nach jedem Erfolg sehen Sie im Feld links oben die Adresse, wo die Zeichenkette oder Formel gefunden wurde. Außerdem ist diese Zelle markiert.

Bild III.19:
Suchziel festlegen

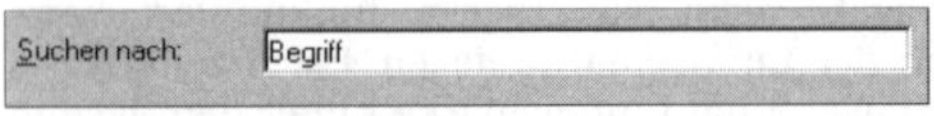

Wollen Sie die Suche begrenzen, können Sie das durch die beiden Kontrollkästchen im Dialogfeld. Je nach Größe Ihres Arbeitsblatts kann Ihnen das einen kleinen Geschwindigkeitsvorteil bringen.

Bild III.20:
Suche eingrenzen

Suchen & Ersetzen mit [Strg]+[H]

Wollen Sie nicht nur suchen, sondern Textzeichen oder Formeln, die gefunden werden, durch andere ersetzen, müssen Sie die Schaltfläche ERSETZEN aktivieren oder gleich BEARBEITEN/ERSETZEN wählen. Mit ALLE ERSETZEN können Sie den Ablauf beschleunigen, da ohne Anzeige alle identischen Zeichenfolgen ausgetauscht werden.

Praxistip: Die Suche wie das Ersetzen können Sie durch eine Markierung beschränken. Geben Sie hier einen bestimmten Bereich an, wenn Sie wollen, daß die Suche darauf beschränkt wird.

3.5 Inhalte mit »Gehe zu« suchen

Bild III.21:
Dialogfeld INHALTE

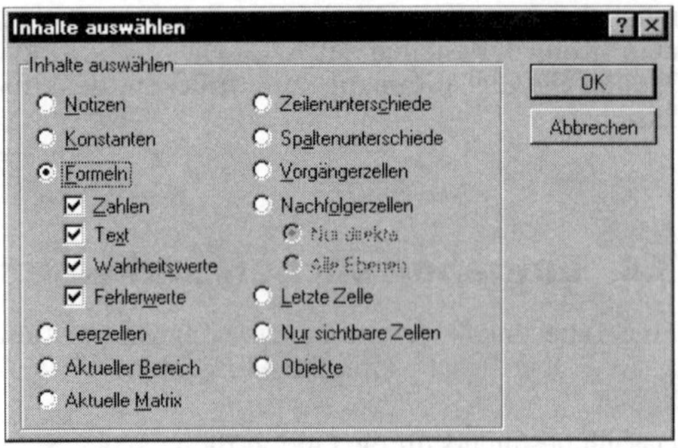

Sehr einfach gelingt Ihnen eine Suche nach Inhalten wie z.B. Zellnotizen, wenn Sie die Funktion GEHE ZU verwenden:

1. Je nach Suchziel müssen Sie einen Bereich genau markieren oder eine Zelle eines Arbeitsblatts.
2. Wählen Sie BEARBEITEN/GEHE ZU und die Schaltfläche INHALTE.
3. Wählen Sie das Optionsfeld NOTIZEN, wenn die Zellen markiert werden sollen, denen eine Notiz zugeordnet ist.

Auf prinzipiell gleiche Weise können Sie andere Inhalte anzeigen. Wählen Sie die gewünschten Optionen aus.

Strg + G oder F5 für das Dialogfeld

Inhalte zur Anzeige wählen

3.6 Kopieren

Kopieren ist sehr hilfreich. Es wird vermutlich weniger oft vorkommen, daß Sie Textteile kopieren, häufiger Tabellen. Besonders wertvoll ist die Kopierfunktion im Zusammenhang mit Formeln. Vielfach werden Sie ganze Spalten mit immer gleichen Formeln füllen wollen, wobei sich jeweils nur eine Zelladresse ändert. Die Kopierfunktion erledigt dies rationell und paßt die Bezugsadressen der Formeln an. Allerdings müssen Sie den Unterschied zwischen relativer, absoluter und gemischter Adressierung beachten. Für eine schnelle Information zunächst Angaben zum Ziehen & Kopieren:

Rahmen markieren, Strg drücken & ziehen = Kopieren

Die Wirkung des Kopiervorganges ist je nach Ausgangsbedingung unterschiedlich:

Wirkung des Kopiervorganges

- Haben Sie als Quellbereich nur eine Zelle markiert und zeigen Sie als Ziel einen Bereich an, wird der Inhalt der einen Zelle in jede Zelle des Bereichs kopiert.
- Wurde als Quelle ein Bereich, als Ziel aber eine Zelle markiert bzw. angegeben, betrachtet Excel 7.0 die Zielzelle als Ankerzelle und kopiert den gesamten Bereich, ausgehend von der Ankerzelle.

Schaltfläche Kopieren

- Kopieren Sie von einem Arbeitsblatt in ein anderes Arbeitsblatt, gelten die beiden vorstehend beschriebenen Wirkungen in gleicher Weise.
- Sie können von einem Arbeitsblatt auch in zwei oder mehr Arbeitsblätter kopieren, dann erhält jedes Arbeitsblatt den markierten Quellbereich.

3.6.1 Relative Adressierung

Eine Zelle kann zu jeder anderen Zelle in Beziehung gesetzt werden. Diese Beziehung wird durch die Adressen in einer Formel ausgedrückt. Man kann die Adressen in die Formel schreiben oder die betreffenden Zellen zeigen und so die Adressen übernehmen. Um dieses Vorgehen zu illustrieren, sehen Sie sich die Umsatztabelle der nächsten Abbildung an.

Adressen zeigen

Bild III.22:
Relativ adressieren

	A	B	C	D
		Menge	Einzelpreis	Gesamtpreis
1				
2	Produkt 1	10	12,10 DM	121,00 DM
3	Produkt 2	45	55,00 DM	
4	Produkt 3	77	36,80 DM	
5	Produkt 4	34	70,10 DM	
6	Produkt 5	29	33,85 DM	
7	Produkt 6	45	6,50 DM	
8	Produkt 7	66	8,56 DM	
9	Produkt 8	3	99,00 DM	
10	Produkt 9	67	70,75 DM	

(Formelzeile: =B2*C2)

Die Spalte A enthält Text mit den Produktnamen, B und C die Lagermengen und Einzelpreise. Die Daten sind einzutragen. In der vierten Spalte D sollen Menge und Einzelpreis multipliziert werden, so daß der Gesamtpreis abgelesen werden kann:

1. Positionieren Sie den Cursor für die Eingabe der Formel und multiplizieren Sie *Menge * Einzelpreis* (=B2*C2).
2. Setzen Sie den Mauspfeil auf das Ziehkästchen von D2 und ziehen Sie die Maus bis D10. Im Beispiel kopieren Sie diese Formel in die noch leeren Felder darunter. Sie hätten auch traditionell mit Tastenkombinationen oder dem Menü über die Zwischenablage kopieren können. Der Effekt wäre der gleiche.

Excel 7.0 paßt beim Kopieren die Feldadressen Zeile für Zeile an. Mit wenigen Handgriffen ist die Tabelle fertig. Jede Zeile enthält die richtige Formel, obwohl diese nur einmal geschrieben wurde. Doch beim Kopieren einer Formel kann es zu einem Problem kommen, das Sie durch die richtige Adressierung verhindern müssen. Näheres dazu erfahren Sie im folgenden Abschnitt.

3.6.2 Absolute Adressierung

Fehler durch Kopieren

In der folgenden Abbildung sehen Sie die gleiche Tabelle in einer erweiterten Version. Jeweils werden Produktumsätze aufgeführt, wobei die Spalte E den prozentualen Anteil des jeweiligen Einzelumsatzes am Gesamtumsatz angeben soll. Dazu wurde eine Formel benutzt, die den Einzelumsatz durch den Gesamtumsatz dividiert (=D2/D11). Die Spalte ist mit der Option PROZENT formatiert, so daß das Ergebnis korrekt dargestellt wird. Diese Formel aus E2 wurde für die restlichen Zeilen kopiert. Diesmal funktioniert das Kopieren nicht, Excel 7.0 meldet Fehler!

Formel anpassen

Was ist passiert? In der Tabelle wurde in der Formel auf das Feld *Gesamtpreis* gezeigt, das Divisionszeichen / eingegeben, dann der Cursor auf das Feld der addierten Gesamtpreise gestellt. Ergebnis ist zunächst der korrekte Prozentwert (Umsatzanteil eines Produkts). Wird diese Formel mit ihren relativen Bezügen nun nach unten kopiert, geschieht durch die Anpassung der Adressen folgendes: Der erste Teil der Formel wird richtig angepaßt, statt Feld D2 wird nun Feld D3 in die Formel eingesetzt. Von diesem Feld aus wurde der Cursor in der Spalte C nach unten bewegt, bis zum Feld mit der Summe der Preise. Diesen Abstand vollzieht das Programm in den kopierten Feldern nach. Da der Ausgangspunkt der Zählung jeweils eine bzw. mehrere Zeilen tiefer als das Original liegt, folgt im Beispiel eine Fehlermeldung, weil die Zellen leer sind. Und eine Division durch Null ist in der Mathematik nicht erlaubt. Deswegen die Fehlermeldung #DIV/0!

Praxistip: Wären Felder in einer solchen Situation nicht leer, hätte dieser Formelaufbau zu falschen Ergebnissen geführt. Und wenn diese Ergebnisse nicht gar zu unwahrscheinlich aussehen, würde der Fehler vielleicht übersehen werden.

Der Fehler ist in der folgenden Abbildung (siehe III.23) berichtigt. Dort wurde nämlich wie zuvor der erste Teil der Formel relativ adressiert – es soll ja in jeder Zeile der Inhalt der linken Spalte in den Zähler übernommen werden – der Nenner des Bruchs muß jedoch immer der gleiche sein, nämlich das Feld, in welchem die Gesamtsumme der Preise steht. Um das zu gewährleisten, müssen Sie das Feld D11 absolut definieren. Sie erreichen das, indem Sie vor Spalten und Zeilenadresse jeweils ein Dollarzeichen angeben. Es genügt auch, wenn Sie den Cursor auf das Feld steuern, das in einer Formel absolut adressiert werden soll und `F4` und `↵` drücken. Wenn Sie anschließend diese Formel kopieren, erhalten Sie korrekte Ergebnisse, da immer genau auf das richtige Feld zugegriffen wird, eine Anpassung unterbleibt.

Es gilt immer: Kopieren Sie eine Formel, ändern sich relative und gemischte Bezüge in der Formel nach der Kopie. Anders ist es, wenn Sie absolut definieren, dieser Bezug bleibt nach der Kopie unverändert.

Unverändert kopieren

Hinweis: Streng genommen handelt es sich beim vorstehenden Beispiel nicht nur um eine absolute Adressierung. Vielmehr arbeitet das Beispiel mit dem praxistypischen Fall einer gemischten Adressierung. Es kombiniert relative und absolute Adressen. In solchen Fällen ist der Kennbuchstabe des Arbeitsblatts oder der Spalte oder die Zeilennummer absolut angegeben.

Gemischte Adressierung

3.6.3 Ziehen & Kopieren

Gleich ob Sie Zahlen oder Text eingetragen haben, Sie können die Eingaben meist per Maus kopieren:

Mauskopien

1. Markieren Sie die Zelle oder die Zellen, die kopiert werden sollen.
2. Positionieren Sie den Mauspfeil auf dem Kästchen rechts unten in der Zellecke.
3. Halten Sie die linke Maustaste gedrückt und ziehen Sie die Markierung über so viel Zellen, so oft kopiert werden soll.

Kopieren durch Ziehen

Je nachdem, was Sie vor dem Kopieren für Zellinhalte markiert haben, ist die Wirkung unterschiedlich (siehe Automatisches Ausfüllen):

- Text wird additiv kopiert. Auch Leerzellen werden dabei berücksichtigt.
- Zahlen oder Daten werden weitergezählt, eventuelle Leerzellen werden ebenfalls kopiert.

Praxistip: Mit der beschriebenen Methode können Sie Informationen zwischen Dokumenten unterschiedlicher Anwendungen bewegen, wenn diese OLE (Object Linking and Embedding) unterstützen. Ordnen Sie zwei Fenster an und markieren Sie die Daten, die Sie verschieben oder kopieren wollen. Zeigen Sie auf die Daten, halten Sie die Maustaste gedrückt und verschieben Sie die Markierung in die andere Anwendung. Zum Kopieren halten Sie beim Ziehen `Strg` gedrückt.

3.6.4 Mit den Funktionen der Zwischenablage kopieren

Bild III.23: Kopieren mit der Zwischenablage

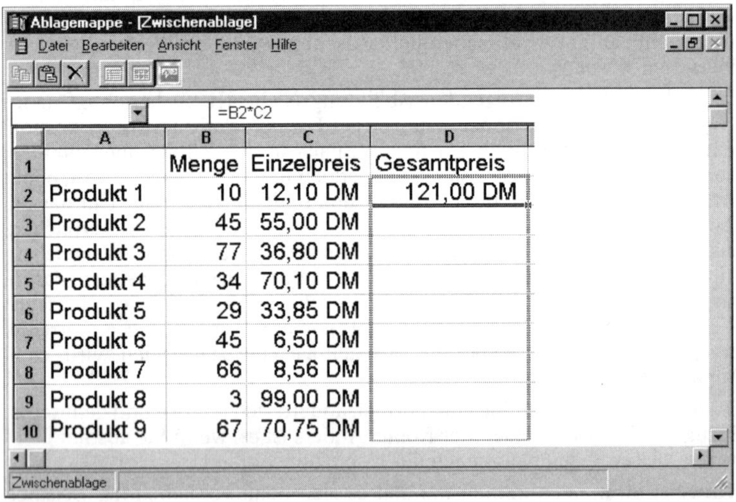
Ablagemappe - [Zwischenablage]
Datei Bearbeiten Ansicht Fenster Hilfe
=B2*C2
A B C D
1 Menge Einzelpreis Gesamtpreis
2 Produkt 1 10 12,10 DM 121,00 DM
3 Produkt 2 45 55,00 DM
4 Produkt 3 77 36,80 DM
5 Produkt 4 34 70,10 DM
6 Produkt 5 29 33,85 DM
7 Produkt 6 45 6,50 DM
8 Produkt 7 66 8,56 DM
9 Produkt 8 3 99,00 DM
10 Produkt 9 67 70,75 DM
Zwischenablage

Mit Schaltflächen die Zwischenablage nutzen

Excel 7.0 verfügt über die Kopieroptionen, die Sie in allen Windows-Programmen finden. Sie können jeden Zellinhalt kopieren, gleichgültig, ob es sich um Text, Zahlen oder Formeln handelt:

1. Steuern Sie mit dem Cursor zunächst die Zelle an, deren Inhalt Sie kopieren wollen. Sie können auch einen Bereich markieren und diesen dann kopieren.
2. Verwenden Sie die Optionen des Menüs BEARBEITEN oder die Tastenkombinationen, um zu kopieren, auszuschneiden oder einzufügen.

Zwischenablage immer bereit

Anwendungen benutzen die Zwischenablage als Pufferspeicher. Starten Sie Programme nach dem Kopieren oder Ausschneiden, finden Sie in der Zwischenablage den übertragenen Zelleninhalt. Die Zwischenablage muß innerhalb von Windows nicht extra aktiviert werden, sie steht zu jeder Zeit zur Verfügung.

Ablagemappe als Sonderform der Zwischenablage

Wollen Sie sich den Inhalt der Zwischenablage ansehen, können Sie diese jederzeit aktivieren. Sie kann auch als Teil der Ablagemappe erscheinen. Das ist dann der Fall, wenn Sie ein Windows-Netzwerk eingerichtet haben.

Beliebige Duplikate

Hinweis: Solange Sie keine neuen Inhalte übertragen, können Sie immer neue Duplikate aus der Zwischenablage einfügen. Deswegen können Sie so dieselben Inhalte an mehreren Stellen im Arbeitsblatt einfügen. Markieren Sie jeweils die linke obere Zelle eine Einfügebereichs und klicken Sie jeweils auf das Symbol EINFÜGEN. Beachten Sie, daß bei dieser Methode im Zielbereich vorhandene Daten überschrieben werden. Sollten Sie einmal versehentlich auf diese Weise Daten zerstören, so können Sie die Aktion rückgängig machen.

Format aus der Zwischenablage bearbeiten

Nutzen Sie die Zwischenablage für Daten aus einer anderen Anwendung, werden diese möglichst in einem passenden Format eingefügt. Excel-Arbeitsblätter und Datensätze aus Access werden z.B. als Tabellen eingefügt. Spaltenbreiten und Schriftformatierungen werden übernommen. Text aus Word wird als Text und Datensätze aus Access werden im Arbeitsblatt als Zeilen eingefügt. Ein Feld entspricht jeweils einer Spalte.

Praxistip: Daten, die nicht in einem zu bearbeitenden Format übernommen werden, sind als Objekt eingebettet. Doppelklicken Sie auf eingebettete Objekte, um sie mit der Quellanwendung zu bearbeiten. Ist auch diese Form der Übernahme nicht möglich, wird ein Objekt der Zwischenablage als statische Grafik eingefügt. Das Bearbeiten ist dann nicht möglich.

3.6.5 Zellen innerhalb eines Fensters kopieren

1. Markieren Sie für das Kopieren Zellen oder einen Bereich.
2. Bewegen Sie den Mauspfeil auf den Rahmen der Markierung.
3. Halten Sie [Strg] niedergedrückt und ziehen Sie die Markierung an die Position, an der Sie Daten einfügen wollen. Sie können die Markierung unbedenklich über den Bildschirmausschnitt hinaus ziehen. Die Anzeige verschiebt sich automatisch.

Wollen Sie die Daten zwischen vorhandenen Zellen einfügen, halten Sie beim Ziehen [Shift]+[Strg] niedergedrückt.

Einfügen ohne Überschreiben

Praxistip: Wenn Sie Bereiche kopieren, die auch leere Zellen enthalten, können Sie verhindern, daß durch leere Zellen im Einfügebereich Daten überschrieben werden. Kopieren Sie in die Zwischenablage, wählen Sie zum Einfügen BEARBEITEN/INHALTE EINFÜGEN und aktivieren Sie das Kontrollkästchen LEERZELLEN ÜBERSPRINGEN.

3.6.6 Daten in andere Blätter oder Arbeitsmappen kopieren

Um Zellen in andere Blätter oder Arbeitsmappen zu kopieren, verwenden Sie am besten die Optionen des Menüs BEARBEITEN, um die Zwischenablage zu steuern:

Über BEARBEITEN Zwischenablage einsetzen

1. Wenn Sie die obere linke Zelle des Einfügebereichs markiert haben und einfügen, ersetzt Excel alle vorhandenen Daten im Einfügebereich.
2. Wollen Sie kopierte Daten zwischen vorhandenen Zellen einfügen, wählen Sie EINFÜGEN/KOPIERTE ZELLEN.
3. In einer Abfrage geben Sie an, wohin vorhandene Zellen verschoben werden sollen.

Um den nach dem Kopieren noch sichtbaren Laufrahmen auszublenden, drücken Sie auf eine der Cursortasten.

Laufrahmen ausblenden

3.6.7 Zellinhalt teilweise kopieren

Grundsätzlich können Sie Teile eines Zellinhalts auf gleiche Weise wie andere Daten mit den Optionen zum Kopieren bewegen:

1. Markieren Sie die Zelle mit Daten, die Sie teilweise kopieren wollen.
2. Ziehen Sie in der Eingabezeile die Markierung, um Zeichen, die Sie kopieren wollen, zu markieren.
3. Übernehmen Sie die markierten Daten in die Zwischenablage.
4. Markieren Sie die Zelle, in die Sie die Daten einfügen wollen, und positionieren Sie die Einfügemarke im Text der Eingabezeile.
5. Klicken Sie in der Zelle auf die Stelle, an der Sie die Daten einfügen möchten und fügen Sie aus der Zwischenablage ein.

In der Zelle editieren

Diese Methode können Sie auch verwenden, wenn Sie Zeichen innerhalb einer Zelle kopieren oder verschieben wollen.

Praxistip: Es ist einfacher, eine Zelle mit einem Doppelklick zum Bearbeiten umzustellen. Sie können dann in der Zelle editieren. Die Cursortasten lassen sich nur innerhalb dieser Zelle verwenden. Um sie in einer anderen Zelle anwenden zu können, markieren Sie mit der Maus die andere Zelle.

3.6.8 Arbeitsblatt kopieren

Elemente eines Arbeitsblatts weiterverwenden

Es ist nützlich, ein Arbeitsblatt nicht gänzlich neu aufzubauen, wenn Elemente eines vorhandenen Arbeitsblatts brauchbar sind. Kopieren Sie ein Blatt und benennen Sie es nach dem Ändern um.

1. Markieren Sie ein Arbeitsblatt durch Anklicken der Lasche seines Blattregisters. Halten Sie [Shift] bzw. [Strg] nieder, wenn Sie mehrfach markieren wollen.
2. Zeigen Sie auf ein oder mehr markierte Register, halten Sie [Strg] und die linke Maustaste nieder, und ziehen Sie die Markierung zum Einfügeort.
3. Lassen Sie die beiden Tasten los.

Bild III.24: Kopierte Arbeitsblätter und Einfügepfeil

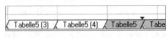

Kopien mit fortlaufenden Nummern

Durch das Kopieren wird ein neues Arbeitsblatt eingefügt. Es behält seinen Namen, der aber durch eine fortlaufende Nummer in Klammern ergänzt wird.

Praxistip: Den arbeitssparenden Effekt können Sie auch verwenden, um mit der gleichen Technik ein oder mehrere Arbeitsblätter in eine andere Arbeitsmappe zu übernehmen. Ordnen Sie nur zwei Arbeitsmappen in Fenstern nebeneinander auf dem Bildschirm an.

Geöffnete Arbeitsmappen werden erkannt

Excel verwaltet geöffnete Arbeitsmappen intern, so daß Sie für das vorstehende Beispiel auch ein Dialogfeld einsetzen und Arbeitsblätter bequem in eine neue Arbeitsmappe kopieren können:

1. Markieren Sie – wie zuvor beschrieben – das oder die Blätter, die Sie kopieren wollen.
2. Wählen Sie BEARBEITEN/BLATT VERSCHIEBEN/KOPIEREN.
3. öffnen Sie die Liste ZUR MAPPE und markieren Sie den Namen einer vorhandenen oder die Option NEUE ARBEITSMAPPE.
4. Zeigen Sie in der Liste den Einfügeort und aktivieren Sie das Kontrollkästchen KOPIEREN.

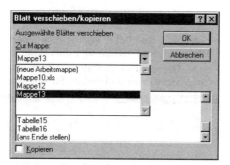

Bild III.25:
Blatt per Menü
verschieben

In der neuen Arbeitsmappe Option (NEUE ARBEITSMAPPE) befinden sich nur kopierte Arbeitsblätter. Sie übergehen so die Standardeinrichtung.

3.7 Daten verschieben

Eine Tabelle des Arbeitsblatts ist in ihrer Form nicht festgeschrieben. Sie können sie zu jeder Zeit ändern. Gelegentlich wird es erforderlich sein, nicht mehr benötigte Daten aus dem Arbeitsblatt zu löschen und damit die Struktur der Tabelle zu verändern.

Tabellenstruktur verändern

Es wird sich jedoch auch die Situation ergeben, daß Sie Ihr Arbeitsblatt neu konstruieren oder aus einem vorhandenen Arbeitsblatt ein Neues aufbauen wollen. In einem solchen Fall werden Sie die Möglichkeit nutzen wollen, Tabellenteile von dem einem zu einem anderen Ort im gleichen oder einem anderen Arbeitsblatt zu versetzen. So versetzen Sie eine Zelle oder einen definierten Bereich:

Neues Arbeitsblatt aufbauen

1. Steuern Sie zuerst die Zelle an, die Sie versetzen wollen, bzw. markieren Sie einen Bereich, der verschoben werden soll. In jedem Fall steht ein Rahmen als Ziel für den Mauspfeil zur Verfügung.

Rahmen als Ziel für den Mauspfeil

2. Positionieren Sie den Mauspfeil auf dem Rahmen, halten Sie die linke Maustaste und ziehen Sie die Markierung an den neuen Standort.

In jedem Fall werden Daten wie auch Formeln bei der Verwendung dieser Methode aus der alten Position entfernt. Stehen im Zielbereich Daten, werden diese überschrieben und können nicht weiter genutzt werden. Allerdings warnt ein Dialogfeld vor der Gefahr.

Dialogfeld vor Gefahr des Überschreibens

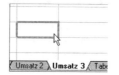

Bild III.26:
Daten in anderes
Arbeitsblatt
verschieben

Hinweis: Nach dem Verschieben von Arbeitsblättern sollten Sie Tabellen unbedingt prüfen. Bei Berechnungen oder Diagrammen, die auf verschobenen Daten basieren, können Fehler auftreten. Gleiches gilt auch, wenn Sie Tabellen in 3D-Bezügen ändern.

Die Wirkung des Einfügens hängt von folgendem ab:

- Versetzen Sie Daten aus einer Quellzelle, werden die Daten der Quellzelle gelöscht und die Zelle des Zielbereichs kopiert.
- Haben Sie als Quelle einen Bereich markiert, ist das Ziel auch ein Bereich.

III Excel

Fenster zur Datenübertragung

- Zwischen einzelnen Arbeitsblättern können Sie Daten auf die gleiche Weise versetzen wie innerhalb eines Arbeitsblattes. Halten Sie zusätzlich [Alt] gedrückt, während Sie den markierten Bereich über eine Registerlasche ziehen und dort loslassen.
- Um Daten in eine andere Arbeitsmappe zu übertragen, ordnen Sie zwei Fenster an und ziehen Sie die Markierung von Fenster zu Fenster.

*Bild III.27:
Daten in andere Arbeitsmappe verschieben*

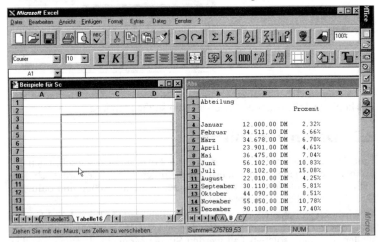

Hinweis: Excel 7.0 ist ein Windows-Programm, deswegen können Sie die Zwischenablage benutzen, um Daten zu versetzen. Gehen Sie dabei ebenso vor, wie Sie dies vom Kopieren her kennen.

Überschreiben verhindern

Um das bereits beschriebene Überschreiben beim Ziehen und Einfügen zu verhindern, gehen Sie so vor:

1. Markieren Sie den Rahmen der Zelle oder des Bereichs, die verschoben werden sollen.
2. Halten Sie [Shift] niedergedrückt, und ziehen Sie die Daten an die neue Position.
3. Lassen Sie los, wenn der Balken die Einfügestelle markiert.

3.7.1 In einem Fenster verschieben

Innerhalb eines Arbeitsblatts verschieben

1. Nutzen Sie die Markierungsfunktion, um einen Bereich für das Verschieben zu kennzeichnen.
2. Setzen Sie den Mauspfeil auf den Rahmen der markierten Zellen und ziehen Sie den Bereich an die gewünschte Position. Sie können den Bereich dabei über den Bildschirmausschnitt hinausziehen, die Anzeige verschiebt sich.

[Shift] beim Einfügen

Damit ein Bereich zwischen vorhandene Zellen eingefügt wird, halten Sie [Shift] niedergedrückt.

3.7.2 In andere Blätter oder Arbeitsmappen verschieben

1. Markieren Sie Zellen oder einen Bereich.
2. Nutzen Sie BEARBEITEN/AUSSCHNEIDEN oder die Schaltflächen.
3. Aktivieren Sie ein anderes Arbeitsblatt oder eine andere Arbeitsmappe.
4. Positionieren Sie die Markierung in der oberen linken Zelle des Einfügebereichs.
5. Zum Verschieben verwenden Sie die Schaltfläche EINFÜGEN. Daten im Einfügebereich werden überschrieben.

Wollen Sie einen verschobenen Bereich zwischen vorhandenen Zellen einfügen, wählen Sie EINFÜGEN/AUSGESCHNITTENE ZELLEN (siehe nebenstehendes Bild). Je nach Wahl der Schaltfläche kann die Option auch KOPIERTE ZELLEN heißen.

3.7.3 In neue Arbeitsmappe verschieben

Sollen ein oder mehrere Arbeitsblätter Grundlage einer neuen Arbeitsmappe werden, verschieben Sie ein Blatt oder Blätter. Beim Verschieben wird die neue Arbeitsmappe gleich angelegt:

1. Markieren Sie vor dem Verschieben ein oder mehr Arbeitsblätter.
2. Wählen Sie mit BEARBEITEN/BLATT VERSCHIEBEN/KOPIEREN das gleichnamige Dialogfeld.
3. Aktivieren Sie in der Liste ZUR MAPPE die Option (NEUE ARBEITSMAPPE).

Durch die zuvor beschriebene Aktion wird eine neue Arbeitsmappe angelegt, deren einziger Inhalt das oder die verschobenen Blätter sind.

3.7.4 Arbeitsblätter verschieben

Arbeitsblätter können Sie in einer Arbeitsmappe an eine andere Position oder zu anderen Arbeitsmappen verschieben:

1. Markieren Sie die Blätter, die verschoben werden sollen.
2. Ziehen Sie ein oder mehrere markierte Arbeitsblätter bei gedrückter Maustaste auf die Blattregister.
3. Ein Blattsymbol wird neben dem Mauspfeil und ein Einfügepfeil über den Registern angezeigt.
4. Lösen Sie die Maustaste. Das oder die Blätter werden eingefügt.

Grundsätzlich gleich können Sie beim Verschieben von Arbeitsblättern in eine andere Arbeitsmappe vorgehen. Sie müssen nur beide Arbeitsmappen öffnen und nebeneinander auf dem Bildschirm anordnen.

Arbeitsmappen öffnen und Daten verschieben

3.8 Spalten, Zeilen und Arbeitsblätter einfügen

Es wird vergleichsweise häufig vorkommen, daß Sie eine Tabelle entwerfen und im nachhinein das Bedürfnis haben, die Struktur der Tabelle zu ändern, weil sich die Anforderungen an Ihre Tabelle geändert haben. Meist müssen Sie eine Spalte oder Zeile einfügen. Natürlich müssen Sie in einer solchen Situation die Tabelle nicht neu schreiben, sondern können Zeilen und Spalten beliebig oft an der gewünschten Stelle in die Tabelle einfügen.

Struktur durch Spalten, Zeilen und Arbeitsblätter ändern

III Excel

Praxistip: Wenn Sie für das Einfügen BEARBEITEN/INHALTE EINFÜGEN verwenden, können Sie Formate u.a. berücksichtigen, oder auch mathematische oder andere Operationen während des Einfügens durchführen.

3.8.1 Spalten einfügen

Neue Spalte links neben gekennzeichneter Spalte

1. Setzen Sie den Cursor in die Spalte, die Sie für einen zusätzlichen Zweck benötigen, die aber zur Zeit durch Daten belegt ist (Zelle in der Spalte rechts von der Position, an der die neue Spalte eingefügt werden soll).
2. Wählen Sie EINFÜGEN/SPALTEN.

Excel 7.0 fügt die neue Spalte links neben der durch den Cursor gekennzeichneten Spalte ein. Die vorhandenen Daten werden nach rechts verschoben.

Praxistip: Wollen Sie mehrere Spalten einfügen, markieren Sie rechts von der Einfügestelle so viele Spalten, wie eingefügt werden sollen.

3.8.2 Zeilen einfügen

Zeilen einfügen

1. Kennzeichnen Sie durch die Cursorposition eine Zelle in der Zeile unterhalb der Stelle, an der eine neue Zeile eingefügt werden soll. Für das Einfügen mehrerer Zeilen markieren Sie eine entsprechende Anzahl.
2. Wählen Sie EINFÜGEN/ZEILEN.

Daten nach unten verschieben

Eine neue Zeile wird jeweils oberhalb des Cursorstandorts eingefügt, existierende Daten werden nach unten im Arbeitsblatt verschoben.

3.8.3 Arbeitsblätter einfügen

Aktuelles Arbeitsblatt ergänzen

Ein Arbeitsblatt ist immer das aktuelle Arbeitsblatt, es steht im Vordergrund. Sie können entscheiden, ob weitere Arbeitsblätter eingefügt werden.

Mehr Arbeitsblätter kosten Übersicht

Ein Arbeitsblatt ist in der Standardeinstellung eines von 16 einer Arbeitsmappe, die in der Praxis aber leicht mehr Blätter enthält. Die Möglichkeit, nahezu beliebig neue Arbeitsblätter einzufügen, schafft Übersicht:

- Für ein Tabellenblatt mit Standardformat wählen Sie im Menü EINFÜGEN die Option TABELLE.

Blattregister markieren

- Für das Einfügen mehrerer Arbeitsblätter halten Sie [Shift] gedrückt und markieren so viele Blattregister, wie Sie neue Blätter einfügen wollen. Zum Einfügen wählen Sie EINFÜGEN/TABELLE.

Tabellenvorlagen für neues Arbeitsblatt verwenden

- Um ein Arbeitsblatt auf Basis einer benutzerdefinierten Mustervorlage einzufügen, zeigen Sie auf die Registerlasche eines Arbeitsblatts, drücken die rechte Maustaste und aktivieren die Option EINFÜGEN. Verwenden Sie mit einem Doppelklick eine der Mustervorlage auf einer Registerkarte (ALLGEMEIN, TABELLENVORLAGEN usw.).

3.8.4 Daten beim Einfügen neu anordnen

Excel ermöglicht es, die Anordnung von Daten beim Einfügen zu ändern (transponieren). Daten aus der obersten Zeile des Kopierbereichs können in der linken Spalte des Einfügebereichs erscheinen; die aus der linken Spalte in der obersten Zeile:

Transponieren heißt neu anordnen

1. Markieren Sie einen Bereich, den Sie transponieren wollen.
2. Wählen Sie BEARBEITEN/KOPIEREN oder die Schaltfläche.
3. Setzen Sie die Markierung in die linke obere Zelle des geplanten Einfügebereichs.
4. Wählen Sie BEARBEITEN/INHALTE EINFÜGEN.
5. Klicken Sie das Kontrollkästchen TRANSPONIEREN an (siehe nebenstehendes Bild).

3.9 Daten löschen

Wenn Sie löschen, treffen Sie auf leere Zellen oder solche mit Daten. Dementsprechend ist das Löschen organisiert – Sie können entweder die Zellen oder deren Inhalte löschen. Das bedeutet:

- Löschen Sie Zellinhalte, werden Formeln, Daten, Formate oder Notizen aus der Zelle entfernt (je nach Vorgehensweise). Die Tabelle behält ihre Struktur. Die leeren Zellen bleiben der Struktur erhalten.
- Wenn Sie dagegen Zellen löschen, werden diese aus der Tabellenstruktur entfernt. Die neben- und darüberliegenden Zellen werden verschoben, um die durch das Löschen entstandene Lücke zu füllen.

Inhalte ohne Strukturänderungenlöschen

Zellen löschen ändert Struktur

Hinweis: Wenn Sie nach dem Löschen den Fehlerwert #BEZUG! sehen, informiert Excel Sie über einen Bezug zu einer gelöschten Zelle.

3.9.1 Zellinhalte löschen

Zellen enthalten Daten und Angaben, wie die Daten angezeigt werden sollen. Wenn Sie den Zellinhalt löschen, werden alle Inhalte (Daten, Formate, Notizen) aus der Zelle entfernt. Nach dem Löschen der Zellinhalte ist der Wert der Zelle Null. Die Zelle übergibt damit einer sich auf die Zelle beziehenden Formel den Wert Null. Um alle Inhalte zu löschen, nutzen Sie diese Optionen:

Löschen setzt den Wert der Zelle auf Null

1. Markieren Sie Zellen, deren Inhalte Sie entfernen wollen.
2. Wählen Sie BEARBEITEN/INHALTE LÖSCHEN/ALLES.

Verwenden Sie statt dem Optionsfeld ALLES eines der Felder FORMATE, FORMELN oder NOTIZEN, wenn Sie selektiv löschen wollen (siehe nebenstehendes Bild).

Praxistip: Drücken Sie zum Löschen auf [Entf], werden nur die Inhalte gelöscht. Formate oder Notizen bleiben erhalten. Nach einer Neueingabe werden Formate wieder wirksam.

Haben Sie beim Löschen versehentlich die falschen Daten gelöscht, so ist das kein Problem, wenn Sie unmittelbar nach dem Löschvorgang [Alt]+[←] betätigen. Der Tastenkombination entspricht BEARBEITEN/RÜCKGÄNGIG. Die Löschung können Sie mit dieser Technik zurücknehmen.

3.9.2 Markierte Zellen löschen

Zellen löschen ändert Tabelle

So wie das Löschen ganzer Spalten oder Zeilen die Tabellenstruktur verändert, ergibt sich eine vergleichbare Situation durch das Löschen ausgewählter Zellen:

1. Markieren Sie eine Zelle oder einen Bereich, die Sie entfernen wollen.
2. Wählen Sie BEARBEITEN/ZELLEN LÖSCHEN.
3. Geben Sie im Dialogfeld ZELLEN LÖSCHEN die Richtung an, in welche die vom Löschen betroffenen Zellen verschoben werden sollen.

Bild III.28: Richtung angeben

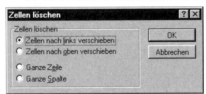

3.9.3 Spalten oder Zeilen löschen

Daten ökonomisch anordnen

Alle Spalten und Zeilen des Arbeitsblattes von Excel 7.0 können Sie nicht löschen, warum auch: Benötigen Sie nicht den gesamten Raum, das dürfte der Normalfall sein, verwenden Sie den restlichen Platz nicht. Sie sollten allerdings nicht ganz oben links und ganz unten rechts in dem riesigen Arbeitsblatt Daten unterbringen, da Excel 7.0 dann annimmt, Sie wollten den dazwischen liegenden Raum auch noch verwenden.

Bild III.29: Strukturveränderunge iner Tabelle beim Löschen

Lücke mit nachrückenden Daten auffüllen

Es wird in der Praxis auch vorkommen, daß Sie eine Tabelle aufbauen und sich später die Notwendigkeit ergibt, die Struktur der Tabelle zu verkleinern, sei es, weil Sie eine überflüssige Spalte oder Zeile eingeplant, sei es, weil sich die Anforderungen an Ihre Tabelle geändert haben. Natürlich müssen Sie in einer solchen Situation die Tabelle nicht mit einer unschönen Lücke weiterführen, sondern können beliebig viele Zeilen und Spalten an der gewünschten Stelle aus der Tabelle entfernen und die entstehende

Lücke durch nachrückende Daten auffüllen. Wollen Sie Spalten oder Zeilen mit ihren Inhalten löschen, gehen Sie so vor:
1. Markieren Sie eine Zeile oder Spalte oder zugleich mehrere.
2. Wählen Sie BEARBEITEN/ZELLEN LÖSCHEN.

Durch diese Aktion werden die Spalten oder Zeilen aus der Struktur der Tabelle entfernt, andere Daten rücken nach. Wollen Sie dagegen nur den Inhalt in Zeilen oder Spalten löschen, müssen Sie anders vorgehen:
1. Markieren Sie wiederum eine oder mehrere Zeile(n), bzw. eine oder mehrere Spalten.
2. Wählen Sie BEARBEITEN/INHALTE LÖSCHEN.
3. Selektieren Sie zwischen den Optionsfeldern ALLES, FORMELN, FORMATE oder NOTIZEN.

Nach der Bestätigung sind die Inhalte gelöscht, die Tabellenstruktur bleibt erhalten. Ein Druck auf [Entf] löscht ebenfalls die Inhalte, erhält jedoch Formate und Notizen.

Formate erhalten

3.9.4 Arbeitsblätter löschen

Daß Sie in einer Arbeitsmappe viele Arbeitsblätter zusammenfassen können heißt nicht, daß Sie auch überflüssig gewordene Blätter aufbewahren sollten. Löschen Sie solche Arbeitsblätter:
1. Markieren Sie ein oder mehrere zu löschende Arbeitsblätter.
2. Wählen Sie BEARBEITEN/BLATT LÖSCHEN.

Hinweis: Um ein Blatt zu markieren, klicken Sie auf das Blattregister. Um zwei oder mehr aufeinanderfolgende Arbeitsblätter für das Löschen zu kennzeichnen, halten Sie beim Anklicken [Shift] gedrückt. Bei nichtangrenzenden Arbeitsblättern ist die Taste [Strg] niederzuhalten. Für sämtliche Blätter einer Arbeitsmappe finden Sie im Kontextmenü der rechten Maustaste die Option ALLE BLÄTTER AUSWÄHLEN.

[Shift] **und** [Strg] **zum Markieren**

Wenn ein gelöschtes Arbeitsblatt Teil eines 3D-Bezugs war, kann das Folgen haben:

Vorsicht beim Löschen

- Wenn Sie Blätter zwischen Tabellenblätter einfügen, werden Werte in den eingefügten Blättern eventuell in die Berechnung eingeschlossen.
- Löschen Sie Blätter in der Arbeitsmappe, werden ihre Werte in einer Berechnung entfernt.
- Beim Verschieben von Arbeitsblättern werden eventuell Werte aus einer Berechnung entfernt oder die Berechnung wird so angepaßt, daß sie einen neuen Bereich umfaßt.
- Wenn Sie Arbeitsblätter in einer Berechnung löschen, wird eine Berechnung angepaßt.

3.9.5 Aktionen widerrufen und wiederholen

Haben Sie eine Aktion versehentlich vorgenommen, im nachhinein aber festgestellt, daß Ihnen ein Fehler unterlaufen ist, hilft die Funktion RÜCKGÄNGIG.
1. Wählen Sie BEARBEITEN/RÜCKGÄNGIG, wird die jeweils vorherige Aktion in vielen Fällen rückgängig gemacht.

[Alt]+[←] **oder** [Strg]+[Z] **für die Rücknahme**

III Excel

Schaltfläche Rückgängig

2. Nach der Verwendung wechselt die Option zu WIEDERHERSTELLEN, so daß Sie RÜCKGÄNGIG selbst zurücknehmen können.

In einigen Fällen können Sie die Hilfe der Funktion nicht in Anspruch nehmen. Sie wird dann abgeblendet angezeigt. Beispielsweise können Sie das Löschen eines Arbeitsblatts mit Löschen im Kontextmenü zum Register nicht widerrufen. In solchen Fällen warnt Sie ein Dialogfeld vor den Folgen einer irreversiblen Aktion.

Verwandt ist die Option BEARBEITEN/WIEDERHOLEN (auch mit [F4] oder nebenstehender Schaltfläche ausführbar). Sie spart Arbeit. Grundsätzlich gilt gleiches wie für RÜCKGÄNGIG. Die Option kann abgeblendet sein, weil sie nicht zur Verfügung steht.

Bild III.30:
WIEDERHOLEN im
Menü nutzen

3.10 Namen für Bezüge

Notizen und Namen als Erinnerungsstütze

Sie werden in einer Tabelle vielfache Bezüge herstellen, um Rechenoperationen durchzuführen. Felder werden über Formeln miteinander verknüpft sein und oft auf mehr als ein Feld oder einen Bereich Bezug nehmen. Solange Sie mit einer Tabelle oder wenigen Arbeitsblättern arbeiten, werden Sie vermutlich die gesamte Tabellenstruktur gut im Gedächtnis behalten. Doch oftmals ist es im betrieblichen und privaten Alltag so, daß Sie auf Arbeitsblätter zurückgreifen müssen, die Sie lange Zeit nicht mehr benutzt haben. Dann wird es darauf ankommen, möglichst schnell nachzuvollziehen, was vielleicht vor Monaten ausgedacht und umgesetzt wurde.

Diese Arbeit – wie überhaupt den Umgang mit Ihren Arbeitsblättern – können Sie sich erleichtern. Sie müssen nicht auf mehr oder weniger komplizierte Adressen Bezug nehmen, sondern können einzelnen Zellen oder beliebigen Bereichen Namen geben und sich in einer Formel darauf beziehen. Sie können in einer Formel beispielsweise schreiben *A1201* F1201* oder *Menge*Preis*. Der Vorteil ist offensichtlich: Noch nach langer Zeit wird jeder, auch ein fremder Benutzer, sofort erkennen, welchen Zweck die Formel hat, wenn er die zweite Version vor Augen hat. Bei der ersten Version ist erheblich mehr Mühe erforderlich, um den Formelzweck herauszufinden.

3.10.1 Regeln für die Namenswahl

Folgende Regeln müssen Sie beim Festlegen von Namen beachten:

Buchstaben statt Leerstellen
- Ein Bereichsname muß immer mit einem Buchstaben oder einem Unterstrich anfangen.
- Verwenden Sie statt Leerstellen den Unterstrich.
- Die Namen für Bereiche dürfen weder Kommata, Semikola, noch die Zeichen +, -, *, /, &, <, >, @ bzw. # enthalten.

Vorsicht vor Verwechslungen
- Achten Sie darauf, daß Sie keinen Bereichsnamen verwenden, der mit einer Zelladresse verwechselt werden kann.
- Benutzen Sie keine Funktionsnamen, Tastenbezeichnungen, Makrobefehle oder Schlüsselwörter für Bereichsnamen.

Excel kann sich wie 1-2-3 verhalten
Hinweis: Excel verwendet für Bezüge in der Regel absolute Angaben. Wenn Sie das ändern wollen, können Sie die Dollarzeichen eines Bezugs

im Textfeld BEZIEHT SICH AUF löschen. Wollen Sie, daß Excel sich wie Lotus 1-2-3 verhält, wählen Sie EXTRAS/OPTIONEN/UMSTEIGEN/ALTERNATIVE FORMELEINGABE. Verschieben Sie danach den definierten Bereich, wird die Bereichsadresse des Namens angepaßt. Fügen Sie Spalten und/oder Zeilen in einen Bereich ein oder löschen Sie welche, wird der Bereich an die neue Situation angepaßt. Sollten Sie mit *Bearbeiten/Zellen versetzen* Daten in die erste oder letzte Zelle eines benannten Bereichs bewegen, wird der Name des Bereichs gelöscht.

3.10.2 Zellen einen Namen geben

Markieren Sie nicht ausdrücklich vor dem Festlegen eines Namens, vergeben Sie den Namen für die Zelle, die durch den Standort der Markierung gekennzeichnet ist. Sie können jedoch einen bestimmten Bereich markieren oder auch [Strg] gedrückt halten und eine Mehrfachmarkierung zuweisen. Jeder Markierung können Sie einen Namen zuordnen:

Mehrfachmarkierung für Namen

1. Markieren Sie.
2. Wählen Sie EINFÜGEN/NAMEN/FESTLEGEN, und geben Sie den Namen für die markierten Zellen ein.
3. Wenn Sie nur einen Namen geben wollen, reicht die Wahl OK. Sie können aber dem markierten Bereich weitere Namen zuordnen und sie mit HINZUFÜGEN übernehmen, ehe Sie abschließend mit OK bestätigen.

Praxistip: Einen Namen können Sie besonders effektiv mit dem Namensfeld zuweisen. Markieren Sie Zelle oder Bereich und klicken Sie auf das Namensfeld der Bearbeitungsleiste (siehe nebenstehendes Bild). Tragen Sie den Namen für die Markierung ein und bestätigen Sie.

3.10.3 Zeilen- oder Spaltentitel für Namen

Bei der Festlegung von Namen können Sie Zeit sparen, wenn Sie für Namen die Spalten- und Zeilentitel des aktuellen Tabellenblatts verwenden:

Spalten- und Zeilentitel ersparen die Namenseingabe

1. Markieren Sie einen Bereich. Zeilen- oder Spaltentitel müssen in die Markierung eingeschlossen sein.
2. Wählen Sie EINFÜGEN/NAMEN/ÜBERNEHMEN.
3. Im Dialogfeld NAMEN ÜBERNEHMEN müssen Sie eines der Kontrollkästchen (OBERSTER ZEILE, LINKER SPALTE, UNTERSTER ZEILE oder RECHTER SPALTE) anklicken, um die Übernahme der Beschriftung zu klären. Übernehmen Sie die Voreinstellung OBERSTER ZEILE.

3.10.4 Namen für einen Bezug ändern

Bild III.31:
Dialogfeld NAMEN ÜBERNEHMEN

III Excel

Namen mit Dialogfeld ändern

Weiter oben wurde erklärt, daß Excel in der Regel für Namen keine relativen Bezüge verwendet. Das könnten Sie in bestimmten Fällen ändern wollen, wie auch den Namen selbst. Für Änderungen sollten Sie das Dialogfeld einsetzen:

1. Wählen Sie EINFÜGEN/NAMEN/FESTLEGEN.
2. Markieren Sie in der Liste NAMEN IN DER ARBEITSMAPPE den Namen, den Sie ändern wollen.
3. Der Name wird im Textfeld angezeigt. Ändern Sie ihn.
4. Übernehmen Sie den neuen Namen mit HINZUFÜGEN.
5. Sie können den alten Namen beibehalten. Um ihn zu löschen, markieren Sie ihn und aktivieren dann die Schaltfläche LÖSCHEN.

Name überschreiben

Wenn Sie einen Namen gänzlich ändern wollen, können Sie ihn schneller durch Überschreiben als mit [←] ändern. Dann sollten Sie im Dialogfeld NAMEN FESTLEGEN auf das Textfeld über der Liste doppelklicken. Dann wird der zuvor gekennzeichnete Name dort markiert angezeigt, so daß Sie ihn überschreiben können.

3.10.5 Zellen mit Namen verwenden

Namen sichern vor Fehleingaben

Zellen mit Namen verwenden Sie typischerweise in Formeln. Sie ersetzen dort eine aufwendigere Bereichsangabe:

1. Öffnen Sie das Menü EINFÜGEN, und wählen Sie NAMEN/ANWENDEN.
2. Markieren Sie in der Liste NAMEN ANWENDEN einen Namen und bestätigen Sie.

Haben Sie z.B. einem Bereich mit Zahlen den Namen *Umsatz* gegeben und wollen summieren, klicken Sie auf die Schaltfläche SUMME, wählen im Namensfeld der Bearbeitungsleiste (siehe nebenstehendes Bild) den Namen *Umsatz* und bestätigen.

3.10.6 Überprüfen, auf was sich ein Name bezieht

Namenszuordnungen prüfen

Wenn Sie in einem umfangreichen Arbeitsblatt viele Namen verwenden, kann es an Übersicht mangeln. Sie können Namenszuordnungen jederzeit prüfen:

1. Im Menü EINFÜGEN müssen Sie NAMEN/FESTLEGEN aktivieren.
2. Markieren Sie in der Liste NAMEN IN DER ARBEITSMAPPE den Namen, dessen Bezug Sie sehen wollen.

Bild III.32: Dialogfeld NAMEN FESTLEGEN

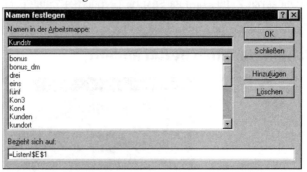

Der Bezug wird durch die Markierung des Namens im Feld BEZIEHT SICH AUF angezeigt.

Praxistip: Um einen bestimmten Bezug zu sehen, können Sie auch das Namensfeld öffnen und auf den Namen klicken. Der Bezug wird als Markierung von Zellen angezeigt.

3.10.7 Liste aller Namen

Wenn Sie mehr Übersicht bezüglich der in einer Arbeitsmappe vergebenen Namen benötigen, lassen Sie sich eine Liste aller festgelegten Namen der Arbeitsmappe anzeigen. Die Liste wird in die Arbeitsmappe eingefügt:

Liste der Namen erzeugen

1. Positionieren Sie die Markierung in der Zelle, ab der die Liste nach rechts unten eingefügt werden soll. Vorsicht! Vorhandene Daten werden überschrieben.
2. Aktivieren Sie EINFÜGEN und die Optionen NAMEN und EINFÜGEN.
3. Wählen Sie die Schaltfläche LISTE EINFÜGEN.

Die Liste wird zweispaltig mit allen vorhandenen Namen angelegt. Links stehen die Namen, in der rechten Spalte die zugehörigen Zellbezüge.

Liste zum Aktualisieren erneuern

4 Rechnen

Zentral in einer Tabellenkalkulation wie Excel ist es, mit umfangreichen Zahlsammlungen zu rechnen. In diesem Kapitel erfahren Sie, wie man mit Zahlen umgeht. Erst das nächste Kapitel beschäftigt sich mit Texten. In beiden Fällen ist eine scharfe Trennung nicht möglich.

Rechnen oder schreiben

4.1 Formeln eingeben

Jede Zelle eines Arbeitsblatts kann mit einer anderen Zelle des gleichen oder eines weiteren Blatts in Verbindung stehen und solcherart aufwendige Berechnungen in Sekunden durchführen. Komplizierte Zusammenhänge können durch Formeln definiert werden, so daß wenige eingegebene Zahlen bereits wichtige Entscheidungsgrundlagen liefern können.

Jede Zelle kann Formeln aufnehmen

Rechenformeln können in Excel 7.0 unterschiedliche Bestandteile haben:

Formelbestandteile

- Zahlen (z.B. 0, 1, 2, 3, 4, 5 ...)
- Adressen anderer Zellen (z.B. C45)
- Adressen von Zellbereichen (z.B. A1:B5)
- Namen für Zellbereiche (z.B. Lohn, Umsatz)
- Rechenzeichen (z.B. +, -, *, /, =)
- Funktionen (z.B. Summe)

Formulieren Sie einen Rechenauftrag für Excel 7.0, dann definieren Sie eine Formel. In einer Formel können wiederum andere Formeln, Rechenoperatoren und Funktionen enthalten sein. Die letztgenannten Funktionen sind Programme, die bereits mehr oder weniger komplexe Formeloperationen vorprogrammiert enthalten. Sie rufen diese kleinen Programme auf, indem Sie eine Funktion einsetzen.

Formeln sind Rechenaufträge

Bildlich formuliert besteht eine Tabellenkalkulation aus zwei Schichten. Die Tabelle bildet die Oberfläche. Hier tragen Sie Zahlen ein und es werden Berechnungsergebnisse angezeigt. Die Anzeige eines Ergebnisses ist nur möglich, weil auf einer zweiten Ebene Formeln stehen, die für die Berechnungen zuständig sind. Immer dann, wenn Sie eine Formel eintragen, sehen

Schichtenlösung

III Excel

Formeln eingeben und bearbeiten

Sie die Formel im Inhaltsfeld der Bearbeitungszeile, während in der aktiven Zelle das Ergebnis einer Berechnung ausgegeben wird. Um eine Formel in einem Feld sichtbar zu machen, müssen Sie EXTRAS/OPTIONEN/ ANSICHT/FORMELN wählen.

Es gibt drei Arten von Formeln, die sich grundsätzlich voneinander unterscheiden:

1. Numerische Formeln:

Sie arbeiten mit arithmetischen Operatoren. Solche Operatoren sind beispielsweise + für die Addition, – für die Subtraktion, * für die Multiplikation oder / für die Division.

- Steht zum Beispiel in der Zelle A1 der Wert 115, und Sie schreiben und bestätigen für eine andere Zelle =2*A1, so erscheint in dieser Zelle der Wert 230. Sie haben eine Formel benutzt.
- Formulieren Sie =SUMME(UMSATZ)/12, haben Sie innerhalb einer Formel die bereits definierte Funktion SUMME benutzt, die auf einen Bereich zugreift, der durch einen Namen identifiziert wird (siehe III.4.1.3).

Wieviele Dezimalstellen angezeigt werden, hängt vom eingestellten Format oder der Art der Rundung ab.

2. Logische Formeln

verwenden logische Operatoren wie #NICHT#, #UND#, #ODER#, Kleiner/Gleich, Größer/Gleich, Kleiner, Größer, Ungleich, Gleich. Das Ergebnis einer logischen Formel ist entweder wahr oder falsch, was Computer stets mit 1 oder 0 darstellen. Steht in der Zelle A1 der Wert 1 und Sie schreiben in die Zelle A2 die Formel +A1=1, erhalten Sie in dieser Zelle das Ergebnis WAHR. Sie haben eine logische Formel verwendet und ein entsprechendes Ergebnis erhalten. Die in der Formel aufgestellte Behauptung ist offensichtlich wahr. Probieren Sie die Wirkungsweise, indem Sie in A1 einen anderen Wert als 1 eingeben. Sofort zeigt die Zelle A2 *Falsch* an.

3. Textformeln

»rechnen« im übertragenen Sinn auch. Mit dieser Technik können Sie Texte verketten, zum Beispiel zusammengesetzte Worte durch die Definition des ersten Substantivs, das nach Bedarf ergänzt wird. Die Formel +"Gesamt" &A10 führt zur Ausgabe von *Gesamtumsatz*, wenn in der Zelle A10 das Wort *umsatz* steht.

Formel modulweise entwickeln

Eine Formel bauen Sie stets nach dem gleichen Prinzip auf:

1. Beginnen Sie eine Formel mit der Eingabe von [+] oder dem Gleichheitszeichen. Sobald Sie diese Taste drücken, schaltet Excel 7.0 vom Modus BEREIT zu EINGEBEN.
2. Danach müssen Sie den ersten Operanden angeben, eine Zahl oder Adresse. Der große Vorteil einer Tabellenkalkulation ist nicht einfach, daß sie schnell rechnen kann, sondern die Tatsache, daß einmal festgelegte Abläufe immer wieder durchlaufen werden. Deswegen werden Sie nur dann eine Zahl eingeben, mit der gerechnet werden soll, wenn sich deren Wert nie ändert, in allen anderen Fällen werden Sie eine Zelladresse einfügen.

3. Nun folgen ein Operator, zum Beispiel *, dann der zweite Operand.

Sollten Sie nach dem Aufbau einer Formel eine Exponentialzahl in der Zelle sehen, statt den erwarteten ganzen Zahlen, paßt das Ergebnis nicht in die Zelle. Ändern Sie mit einem Druck auf die rechte Maustaste, ZELLEN FORMATIEREN/ZAHLEN die Anzeige. Die dann sichtbaren Zeichen ####### verschwinden, wenn Sie die Spalte breiter ziehen (nebenstehende Abb.).

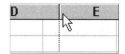

Ziel, um Spalte breiter zu ziehen

Empfehlungen für die Eingabe einer Formel:
- Eine Formel kann mit einer Zahl oder einem Zeichen beginnen.
- Beginnt eine Formel mit einer Adresse oder einem Namen, muß zuerst ein + oder = eingegeben werden.
- Bauen Sie eine Textformel auf, deren erstes Element ein Anführungszeichen ist, muß die Formel mit + oder = beginnen.
- Leerzeichen dürfen nur in Textformeln und Zeichenfolgenfunktionen innerhalb eines in Anführungszeichen eingeschlossenen Textes enthalten sein.

Formel mit = ankündigen

4.1.1 Eintragen von Adressen

Um dem Programm anzukündigen, daß die nächste Eingabe eine Formel sein wird, drücken Sie auf [+] oder [=]. Die Angabe unten in der Statuszeile springt auf EINGABE. Wollen Sie etwa den Inhalt der Zellen A1 und A2 in der Zelle A3 addieren, steuern Sie den Cursor auf A3, drücken auf [+] oder [=] und geben durch Mausklicks auf A1+A2 den Rechenauftrag. Zwischen beiden Mausklicks geben Sie das Rechenzeichen ein. In der Eingabezeile muß +A1+A2 stehen.

Adressen für den Arbeitsauftrag

Wenn Sie [↵] drücken, wird in der Zelle A3 das Ergebnis der Addition angezeigt. Natürlich hätten Sie bei Verwendung eines anderen Rechenzeichens (Operator) zwischen den beiden Zelladressen auch jede andere Rechenoperation durchführen können. Statt mit zweien wäre diese Formeltechnik auch mit mehr Zellen durchzuführen.

[↵] für das Ergebnis

4.1.2 Zeigen von Adressen

Durch die Mausklicks haben Sie Adressen gezeigt. Sie hätten gleiches mit den Cursortasten erreichen können.

Zeigen ist einfacher und genauer als eine manuelle Angabe

Die Angaben wären auf diese Weise durch »Zeigen« ebenfalls in der Eingabezeile abgebildet worden und könnten mit [↵] in die Tabelle übernommen werden. Diese Methode schließt Tippfehler aus.

Achten Sie beim Schreiben von Formeln besonders auf folgende Punkte:
- Setzen Sie Klammern, um die Prioritätsreihenfolge zu steuern.
- Kontrollieren Sie die Klammersetzung auf vergessene Klammern. Klammern müssen paarweise vorhanden sein.

Klammersetzung für die Formelorganisation

- Beachten Sie bei Einsatz einer Funktion, daß genügend Raum für die Ausgabe eines Ergebnisses eingeplant ist.
- Verwenden Sie Funktionen nur, wenn sie zu den Daten passen.
- Sie können Funktionen zu Kombinationen verbinden. *Wenn-Dann-Sonst* bilden Sie – je nach Berechnungsziel – aus *Wenn* und anderen Funktionen.

Vielfältige Funktionen nutzen

4.1.3 Namen als Bereichsangaben verwenden

Mit Namen rechnen

Einem oder mehreren Feldern können Namen zugeordnet werden. Mit der Angabe von Namen lassen sich mathematische Operationen der in den benannten Feldern enthaltenen Zahlen durchführen:

Preis*Menge statt B238 * DC 2938

1. Um beispielsweise dem Feld A1 den Namen *Preis* und dem Feld A2 den Namen *Menge* zu geben, markieren Sie A1 und tragen im Namensfeld einen Namen ein, den Sie nach ⏎ verwenden können.
2. Schreiben Sie z.B. als Bereichsnamen *Preis* und bestätigen Sie mit ⏎.
3. Wiederholen Sie den Vorgang für *Menge*.
4. Steuern Sie den Cursor in Feld A3. Geben Sie +*Preis*Menge* ein und übernehmen Sie die Formel mit ⏎.

Namen mehrfach verwenden

In dieser Formel und überall in dem Arbeitsblatt können Sie nun *Preis* und *Menge* in Rechenoperationen verwenden.

Bild III.33: Namen in einer Formel nutzen

4.1.4 Verwendung von Funktionen

Summe zeigen

Es fällt Ihnen sicher nicht schwer, die bisher vorgestellte Technik zu nutzen, um die Summe der in mehreren Feldern enthaltenen Zahlen zu ermitteln. Als Eintrag oder mit der Methode des Zeigens würde sich eine Formel wie

`+A1+A2+A3+A4+A5+A6+A7+A8+A9+A10+A11`

Arbeit durch vordefinierte Funktionen sparen

ergeben. Das müssen Sie aber nicht mühselig eingeben, weil Excel 7.0 über vordefinierte Funktionen verfügt, die solche und weit kompliziertere Berechnungen automatisch durchführen. Eine Funktion ist als ein Unterprogramm zu verstehen, das durch ein Schlüsselwort aufgerufen wird.

Für die Berechnung der Summe in den Feldern A1 bis A11 verwenden Sie die Funktion *SUMME*. Sie können auf diese Funktion mit verschiedenen Methoden zugreifen.

4.1.4.1 Auto-Berechnungen

Bild III.34: Feld AUTO-BERECHNUNG *der Statuszeile*

Kopfrechnen durch die Anwendung

Auch wenn Sie bei Berechnungen durch eine Schätzung eine automatische und eine Rechnung per Kopf vergleichen, kann die »Kopfrechnung« stark abweichen. Excel hat beide Funktionen verschmolzen. Sie können jetzt beim Aufbau einer Tabelle jederzeit Excel das Schätzen überlassen:

1. Markieren Sie einen Bereich, für den Sie eine Schätzung wünschen.
2. Lesen Sie das Ergebnis der Schätzung am unteren Bildschirmrand ab oder zeigen Sie mit dem Mauspfeil in der Statuszeile auf AUTO-BERECHNUNG und wählen Sie eine andere Funktion (siehe nebenstehendes Bild).

4.1.4.2 Manuelle Funktionseingabe

Schreiben ohne Fehler?

Diese Methode funktioniert, Sie sollten sie in der Regel jedoch nicht einsetzen, denn durch solche Eingaben können sich Tippfehler »einschleichen«. Geben Sie Formeln manuell nur ein, wenn Sie sicher sind:

4 Rechnen

1. Steuern Sie den Cursor zuerst auf das Feld, welches das Ergebnis aufnehmen soll.
2. Wählen Sie nun =, um für das Programm anzukündigen, daß anschließend eine Formel (Funktion) aufgerufen werden wird. Haben Sie das Zeichen = eingegeben, erscheint es in der Eingabezeile oberhalb der Tabelle, und der Modus EINGEBEN wird angezeigt.
3. Schreiben Sie ohne Leerstelle *Summe*. Sie haben im Beispiel nun definiert, Sie wünschen die Funktion *SUMME*. Angeben müssen Sie jetzt noch, für welche Felder die Summe berechnet werden soll.
4. Die dazu erforderliche Bereichsdefinition leiten Sie ein, indem Sie unmittelbar nach *SUMME* eine runde Klammer öffnen (nebenstehende Abb.).

5. Den Bereich können Sie auf verschiedene Weise eingeben. Einerseits können Sie A1:A11 schreiben. Andererseits können Sie jedoch auch den Cursor auf A1 bewegen und den Doppelpunkt als Bereichsoperator einfügen und dann das Feld A11 markieren. Schließlich können Sie die Maus verwenden. Zeigen Sie mit dem Mauszeiger auf A1 und drücken Sie die linke Maustaste, ziehen Sie die Maus über die Felder A2 usw., bis Sie A11 markiert haben. Lassen Sie die Maustaste los.
6. In jedem der drei Fälle schließen Sie die Bereichsangabe mit einer schließenden runden Klammer ab und übernehmen die Funktion mit ⏎.

Bereiche in Klammern

Praxistip: Um in der Klammer auch mehrere Bereiche erfassen zu können, trennen Sie die Bereiche durch Semikola. Beispielsweise ist *SUMME*(A1:A5;A25..A38) eine gültige Funktion.

4.1.4.3 Funktionseingabe per Schaltfläche

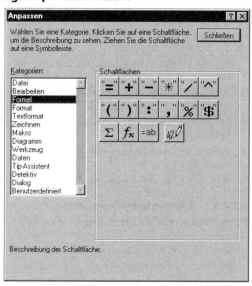

*Bild III.35:
Weitere Schaltflächen
zur Formeleingabe*

Standardmäßig ist in der Symbolleiste STANDARD die Schaltfläche *SUMME* angeordnet. Nur diese eine, weil sie einerseits am häufigsten benötigt wird, andererseits der Platz nur begrenzt für weitere Schaltflächen reicht. Im Kontextmenü der rechten Maustaste gelangen Sie mit der Option

395

III Excel

ANPASSEN weiter. Markieren Sie als Kategorie FORMEL, finden Sie eine Auswahl.

Um eine Schaltfläche wie SUMME (siehe nebenstehendes Bild) in der Symbolleiste zu nutzen, gehen Sie so vor:
1. Positionieren Sie die Markierung in der Zelle, die eine Funktion aufnehmen soll.
2. Klicken Sie in der Symbolleiste auf eine Schaltfläche, z.B. SUMME.
3. Übernehmen Sie mit ⏎ den angebotenen Bereich oder ändern Sie zuvor.

Intelligente Funktionen Im praktischsten Fall ist der Bereich, den Sie z.B. summieren wollen, begrenzt, oder bereits mit Zahlen gefüllt. Excel erkennt ihre Absicht. Müssen Sie korrigieren, können Sie überschreiben oder, besser, die Maus neu ziehen. Sie können auch hier Bereichsoperatoren wie das Semikolon eingeben und so mehrere Bereiche zusammenfassen.

4.1.4.4 Funktionsassistenten nutzen

Bild III.36: Kategorien im Funktionsassistenten

Der Funktionsassistent ist die Arbeitsoberfläche, wenn Sie Funktionen nutzen wollen. Er enthält die Funktionen in Kategorien aufgeteilt, hilft Ihnen bei der Auswahl und Zuordnung:
1. Setzen Sie die Markierung in die Zelle, die eine Funktion aufnehmen soll.
2. Rufen Sie den Funktionsassistenten über die nebenstehend abgebildete Schaltfläche auf. Mit EINFÜGEN/FUNKTION gelingt gleiches.
3. Markieren Sie in der Liste KATEGORIE und der Liste FUNKTION die benötigte Zeile.
4. Geben Sie Argumente oder einen Bereich an. Sie können mit der Maus zeigen.
5. Bestätigen Sie mit ENDE, wird die Funktion eingefügt und berechnet.

4.1.4.5 Elemente einer Funktion

Drei Elemente von Funktionen In Funktionen sind meistens drei Teile enthalten. Sie bestehen in der Regel aus:
- dem Zeichen =, das immer das erste Zeichen einer Funktion sein muß.
- dem Funktionsnamen, der auf das Zeichen = folgt.
- einem oder mehreren Argumenten, die in runde Klammern gefaßt werden. Ein Argument bezeichnet die Werte, auf die sich Argumente einer Funktion beziehen. Es kann sich um einen Wert wie auch einen Bereich handeln.

4 Rechnen

4.1.4.6 Elemente eines Argumentes

Argumenttrennzeichen benötigen Sie, um Argumente voneinander zu separieren. Dafür können Sie immer ein Semikolon benutzen. Außerdem können Sie entweder den Punkt oder das Komma für diesen Zweck verwenden. Da das Komma als Dezimaltrennzeichen voreingestellt ist, verwenden Sie besser den Punkt.

Argumenttrennzeichen Semikolon

Argumente werden durch Klammern zusammengefaßt, wobei Sie die Klammern verschachteln können.

Mögliche Argumenttypen sind:
- ein Wert, also eine Zahl, der Name oder die Adresse einer Zelle oder einer Formel bzw. eine Funktion, die eine Zahl ergeben.
- eine Bedingung verwendet die relationalen bzw. logischen Operatoren, einen Namen, eine Bereichsadresse oder den Zellnamen, in der ein solcher Ausdruck steht. Argument für eine Bedingung können auch eine Formel, eine Funktion, ein Wert oder Text, eine Zelladresse oder Bereichsadresse sein.
- einen Ort, d.h. Namen oder Adresse einer Zelle, eines Bereichs oder umgekehrt eine Formel oder Funktion, die eine der erstgenannten Adressen enthalten. Das Argument Ort kann sich auf eine Zelle bzw. einen Bereich in einem oder mehreren Arbeitsblättern einer Datei beziehen.
- eine Zeichenfolge, die in Anführungszeichen eingeschlossen ist, sowie aus Namen einer Zelle oder einer Bereichsadresse.

4.1.4.7 Funktionstypen

Bild III.37: Funktionstypen

Sie erhalten durch den Funktionsassistenten meist alle erforderlichen Informationen zur Bedienung. Voraussetzung seiner Anwendung ist nur, daß Ihnen die Existenz einer Formel für das jeweilige Berechnungsproblem bekannt ist. Im Schritt 1 des Funktionsassistenten werden die Funktionen in Kurzform beschrieben, in Schritt 2 erhalten Sie präzise Informationen, was Sie zeigen, eingeben usw. müssen.

Lenkung durch den Funktionsassistenten

4.2 Datum & Zeit

Excel 7.0 rechnet jedes Datum intern in eine serielle Zahl um, die am 1. Januar 1900 mit der Zählung beginnt. Das System können Sie durch eine Eingabe testen:

Datum ist eine formatierte serielle Zahl

1. Zeigt der Kalender z.B. den 21. März 1996, führt eine Eingabe wie 21/3/96 zur Anzeige des Datums in einem bestimmten Format.
2. Wenn Sie das Kontextmenü der rechten Maustaste wählen und die Eingabe des Datums mit ZELLEN FORMATIEREN als Zahl formatieren, führt das zur Angabe von 35145,00. Das ist die serielle Zahl, mit der

III Excel

Mit Zahlen rechnen und als Datum formatieren

Excel 7.0 intern arbeitet, wenn Sie mit dem Datum Berechnungen durchführen.

Weil Sie im Geschäftsleben mit dem Datum rechnen wollen, ist die Methode wichtig, die Excel für das Datum verwendet. Eine serielle Zahl eignet sich gut für Computer. In der entsprechenden Darstellung wiederum ist die Zahl für Menschen verständlich.

| 33897,00 |

Datum als serielle Zahl

Um das Datum einzugeben, können Sie unterschiedliche Methoden verwenden.

- Sie können die serielle Zahl eingeben, wenn Sie Ihnen bekannt ist. Die Eingabe von *35130* würde beispielsweise zur Ausgabe des 6. März 1996 führen, wenn die Zelle mit diesem Format belegt ist.
- Geben Sie umgekehrt das Datum z.B. im Format wie 21-Jan-96 ein. Je nach der Formatierung kann das Datum in anderer Form oder dem Standard angezeigt werden. Wählen Sie FORMAT/ZELLEN/DATUM oder im Kontextmenü ZELLEN/FORMATIEREN/DATUM und wählen Sie in der Liste die gewünschte Darstellungsweise aus. Wird die Zelle als Zahl formatiert, erscheint das Datum als serielle Zahl. Sie können die Zelle nachträglich beliebig formatieren.
- Verwenden Sie eine Datumsfunktion zur Berechnung des Datums. Die Funktion DATUM(96;3;21) berechnet wiederum den 21-März-96 und die serielle Zahl 35145,00.

4.2.1 Codes für Datumsformate

Formatcode	Anzeige
M	Monate als 12.1.
MM	Monate als 12.01.
MMM	Monate als Jan-Dez
MMMM	Monate als Januar-Dezember
T	Tage als 31.1.
TT	Tage als 31.01.
TTT	Tage als So-Sa
TTTT	Tage als Sonntag-Samstag
JJ	Jahre als 00-99
JJJJ	Jahre als 1900-2078

4.2.2 Die Zeit

Zeitangabe 0,9999884

Excel 7.0 geht mit der Zeit ganz ähnlich um wie mit dem Datum, auch die Zeit wird intern in eine serielle Zahl umgerechnet (Dezimalzahl). Sie liegt zwischen 0,0 und 0,9999884, wobei 0,0 12.00 Uhr und 0,9999884 24.00 Uhr (11:59:59) bedeutet.

Geben Sie in einem Feld zum Beispiel *9:30* ein, so finden Sie als Zahl formatiert die Angabe 0,39583333333333. Das ist die serielle Zahl, mit der Excel 7.0 intern arbeitet, wenn Sie mit der Zeit rechnen. Soll mit der Zeit gerechnet werden, gibt es wie beim Datum drei unterschiedliche Methoden:

12- oder 24-Stunden-Format

- Geben Sie die Zeit im 24-Stunden-Format ein. Das ist für Excel Standard. Für acht Uhr am Vormittag können Sie 8:00, für acht Uhr am

Abend müssen Sie 20:00 schreiben. Die Seriennummer wird intern berechnet und angezeigt. Formatieren Sie die Zelle nach Ihren Bedürfnissen.
- Wollen Sie die Uhrzeit im 12-Stundenformat eingeben, drücken Sie ⌈Leer⌉ und geben anschließend *AM* oder *PM* (bzw. *A* oder P) nach dem Zeitwert ein.
- Stellen Sie für die Zeit ein Format ein. Wählen Sie FORMAT/ZELLEN/UHRZEIT und dort in der Liste die gewünschte Darstellungsweise.
- Verwenden Sie eine Zeitfunktion zur Berechnung. Die Funktion ZEIT(9;30;0) rechnet mit der seriellen Zahl 0,39583333333333.
- Für das 12-Stundenformat stehen in einem Format AM oder PM (AM, am, A oder a für die Zeit von Mitternacht bis Mittag und PM, pm, P oder p von Mittag bis Mitternacht). Sie müssen den Code m oder mm direkt hinter dem h oder hh einfügen, damit Excel die Minuten, und nicht den Monat anzeigt.
- Verwenden Sie das Dezimalkomma zum Erstellen von Zeitformaten, die Sekundenbruchteile anzeigen sollen.

4.2.3 Codes für Zeitformate

Formatcode	Anzeige
h	Stunden als 0-23
hh	Stunden als 00-23
m	Minuten als 0-59
mm	Minuten als 00-59
s	Sekunden als 0-59
ss	Sekunden als 00-59
h AM	Stunden als 4 AM
h:mm pm	Zeit als 4:36 pm
h:mm:ss p	Zeit als 4:36:03 p
[h]:mm	Stunden als 25:02
[mm]:ss	Minuten als 63:46

4.2.4 Datum und Zeit eingeben

Datum und Zeit werden in Excel integriert. Sie können sowohl einzeln, als auch zusammen eingegeben bzw. angezeigt werden:

Datums- und Zeitautomatik nutzen

1. Zeigen und doppelklicken Sie auf die Eingabezelle für Datum oder Uhrzeit. Trennen Sie die Elemente eines Datums durch einen Punkt, Schräg- oder Bindestrich. Wenn Excel das Datums- oder Uhrzeitformat nicht erkennen kann, werden Datum oder Uhrzeit als Text interpretiert.
2. Tragen Sie Datum und/oder Uhrzeit ein, und bestätigen Sie mit ⌐⌐.

Wenn Sie Datums- und Zeitwerte in derselben Zelle eintragen wollen, geben Sie als Trennzeichen zwischen beiden ein Leerzeichen ein (integriertes Format).

Trennzeichen = Leerzeichen

Praxistip: Betätigen Sie für das aktuelle Datum [Strg]+[.] (Punkt), und um die aktuelle Uhrzeit einzutragen, verwenden Sie [Strg]+[Shift]+[:].

Hinweis: Excel für den Macintosh verwaltet das Datum und die Zeit ähnlich wie Excel 7.0, verwendet aber das 1904-Datumsystem. Dabei entspricht die serielle Datumszahl 1 dem 2. Januar 1904. Müssen Sie das Datumssystem für die Zusammenarbeit beider Systeme ändern, wählen Sie EXTRAS/OPTIONEN/BERECHNEN/ARBEITSMAPPE und das Kontrollkästchen 1904-DATUMSWERTE.

Verwenden Sie in Excel 7.0 eine Datei, die mit Excel, Version 2.0 oder höher für den Macintosh angelegt wurde, erkennt Excel das Dateiformat und ändert die Datumswerte automatisch in das benutzte 1900-System.

4.2.5 Mit Datum und Zeit rechnen

Bild III.38: Mit Daten rechnen

`=(JAHR(C51)-JAHR(C50))*12 + MONAT(C51)-MONAT(C50)`

Zeit- und Datumswerte sind formatiert. Zeit- und Datumswerte sind real serielle Zahlen. Deshalb können sie im Arbeitsblatt addiert, subtrahiert und in anderen Berechnungen verwandt werden.

Zwei-Schichten-Modell für Daten

- Sie müssen die Formatierung nicht beachten, die Berechnung erfolgt intern.
- In einer Formel fassen Sie einen Datums- oder Zeitwert als Text auf. Geben Sie ihn in Anführungszeichen eingeschlossen an.

Datumswerte automatisch ausfüllen

Um eine Reihe mit Datumswerten automatisch auszufüllen, verwenden Sie BEARBEITEN/AUSFÜLLEN/REIHE und EXTRAS/OPTIONEN/AUTOAUSFÜLLEN.

4.3 Matrizen

Anordnen und berechnen

Zahlen können in Matrizen angeordnet werden. Matrixformeln fassen wiederkehrende Formeln, die jeweils nur einen Wert liefern, zusammen. Praktisch bedeutet das, daß Sie statt mehrerer nur eine Formel benötigen.

4.3.1 Matrixformel für mehrere Ergebnisse

Sie können in der Regel problemlos eine Einzelwertformel (siehe nebenstehendes Bild) verwenden und diese dann kopieren. Wenn Sie eine Matrixformel für mehrere Ergebnisse anlegen, können Sie jedoch Zeit sparen, weil sie sich über einen Bereich (Matrixbereich) erstrecken kann:

1. Markieren Sie den geplanten Matrixbereich.
2. Drücken Sie [=] und tragen Sie die Formel ein, z.B. zur Fakultätsberechnung =Fakultät(.
3. Zeigen Sie den Eingabebereich und geben Sie die schließende Klammer ein.
4. Übernehmen Sie die Matrixformel mit [Strg]+[Shift]+[↵] in den Matrixbereich.

In der Eingabezeile wird eine Matrixformel in geschweiften Klammern angezeigt. In jeder Zelle steht die gleiche Formel.

```
=FAKULTÄT(C6)
         D
     Einzelwertformel
1        1
2        2
3        6
4       24
5      120
```

Bild III.39: Matrixformel zur Fakultätberechnung

`{=FAKULTÄT(A2:A6)}`

Hinweis: Um einen Matrixbereich zu markieren, setzen Sie den Cursor in eine Zelle im Matrixbereich. Drücken Sie [F5], und aktivieren Sie

INHALTE. Markieren Sie das Kontrollkästchen AKTUELLE MATRIX. Der gesamte Bereich wird markiert.

4.3.2 Matrixformel mit einem Ergebnis

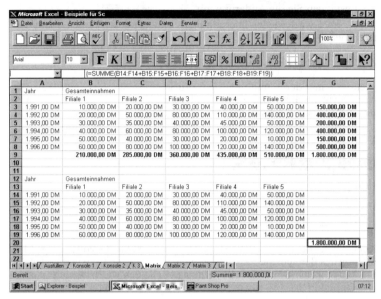

*Bild III.40:
Eine Matrixformel
im Vergleich zu
Summenformeln*

In der folgenden Abbildung werden Jahresumsätze mehrerer Filialunternehmen summiert. Dazu können Sie eine Reihe von Summenformeln verwenden, oder eine Matrixformel. Um eine Matrixformel einzugeben, gehen Sie so vor:

1. Bauen Sie eine Tabelle auf, in der Inhalte z.B. summiert oder multipliziert werden sollen.
2. Setzen Sie die Markierung in die Zelle, in der Sie mit der Matrix-Formel das Ergebnis berechnen und anzeigen wollen.
3. Tragen Sie in gewohnter Weise eine Formel ein. Verwenden Sie Namen oder Bereichsangaben.
4. Betätigen Sie zur Formeleingabe [Strg]+[Shift]+[↵].

**Eine Matrixformel
ersetzt viele Formeln**

*Bild III.41:
Matrixformel mit
Namensangaben vor
Übergabe*

Hinweis: Mit Matrixformeln können Sie eine Berechnung durchführen, die mehrere Ergebnisse erzeugt, oder eine Gruppe von Argumenten bearbeiten. In solchen Fällen gibt es einen Matrixbereich, in dem jede Zelle markiert werden kann. Durch die Markierung wird die gleiche Formel in jeder Zelle angezeigt.

4.3.3 Matrixformel ändern

Sie können wenig aufwendige Matrixformeln leicht neu eingeben. Längere Matrixformeln sollten Sie besser bearbeiten und wieder neu übergeben:

1. Markieren Sie mit einem Mausklick die Zelle der Matrixformel.

**Neu eingeben oder
bearbeiten**

2. Klicken Sie in die Eingabezeile, um den Cursor hinter die Formel zu setzen. Ist der Cursor positioniert, werden die Klammern der Matrixformel ausgeblendet.
3. Ändern Sie die Formel durch Bearbeiten, Ein- oder Hinzufügen.
4. Bestätigen Sie die Änderung mit [Strg]+[Shift]+[↵].

Kennung: geschweifte Klammern

Die Formel wird wieder übernommen, und die geschweiften Klammern sind wieder zu sehen.

4.3.4 Matrixbereich löschen

Gemeinsames nicht trennen

Wenn Sie markieren und nur [Entf] drücken, können Sie einen Matrixbereich nicht löschen, eine Fehlermeldung weist auf die geschützte Matrix hin. Zum Löschen verwenden Sie eine besondere Aufforderung:
1. Markieren Sie den gesamten Matrixbereich.
2. Wählen Sie BEARBEITEN/INHALTE LÖSCHEN/FORMELN.

Bild III.42: Fehlermeldung

Sicher markieren

Auch bei der oben erwähnten Markierung müssen Sie die vollständige Markierung des Bereichs sicherstellen, um die Fehlermeldung zu vermeiden. Sie markieren sicher, wenn Sie eine beliebige Zelle des Matrixbereichs ansteuern, [F5] und INHALTE sowie AKTUELLE MATRIX wählen.

4.3.5 Konstanten in einer Matrix

2 x 3-Matrix für eine Formel: {1.2.3;4.5.6}

Wenn Sie eine Formel konstruieren, werden Sie gewöhnlich einen Bezug auf einen Bereich oder den Wert direkt in die Formel eingeben. Sinngemäß gleiches gilt für eine Matrixformel. Kommt in der Matrixformel ein Bezug auf einen Zellbereich vor, können Sie auch eine Matrix der in diesem Bereich enthaltenen Werte eintragen. Diese Matrix ist analog einer »normalen« Konstanten eine Matrixkonstante. Der Eintrag {1.2.3;4.5.6} z.B. ist eine 2 x 3-Matrix.

4.3.6 Regeln für den Eintrag einer Matrixkonstanten

- Schreiben Sie Konstanten einer Matrix unmittelbar in die Formel.
- Fassen Sie Konstanten in geschweifte Klammern {}.
- Unterscheiden Sie Werte für verschiedene Spalten mit Punkten, solche für verschiedene Zeilen durch Semikola.
- In der Konstanten dürfen Zahlen, Text, Wahrheitswerte und Fehlerwerte enthalten sein.
- Zahlen können als ganze Zahlen, Dezimalzahlen oder im wissenschaftlichen Zahlenformat (Exponentialschreibweise) angegeben werden.
- Text muß in Anführungszeichen gefaßt werden.
- Eine Matrixkonstante darf zur gleichen Zeit verschiedene Wertetypen nutzen, aber keine verschieden langen Zeilen oder Spalten enthalten

- Werte in einer Matrixkonstanten müssen Konstanten sein. Sie dürfen keine Währungsformate, keine Klammern oder Prozentsymbole enthalten.

Praxistip: Wollen Sie einen Matrixbereich in konstante Werte umwandeln, funktioniert das wie bei anderen Formeln: Markieren Sie den Matrixbereich und kopieren Sie ihn in die Zwischenablage. Wählen Sie BEARBEITEN/INHALTE EINFÜGEN/WERTE.

4.4 Konsolidieren

Die Konsolidierung ist als eine Zusammenfassung von Daten zu verstehen. Diese liegen in mehr als einem Arbeitsblatt vor. Ergebnisse lassen sich in einer Tabelle zusammenfassen.

4.4.1 Daten nach Positionen konsolidieren

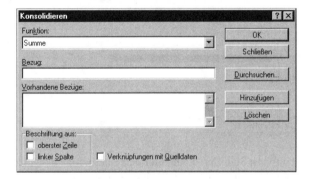

Bild III.43:
Dialogfeld
KONSOLIDIEREN

Wenn Sie mehrere Tabellen aufbauen und in einer weiteren Tabelle zusammenfassen (konsolidieren) wollen, sollten alle Tabellen in ihrer Struktur gleich sein. Wenn nach Position konsolidiert werden soll, achten Sie auf gleiche Zelladressen:

Struktur gleich halten

Bild III.44:
Bezug vor
Bereichsangabe

1. Datenliefernde Arbeitsblätter müssen vorliegen. Sie können geöffnet oder aber auch geschlossen werden. Geben Sie den Bereichen, die konsolidiert werden sollen, Namen.
2. Schalten Sie zum zusammenfassenden Arbeitsblatt.
3. Blenden Sie mit DATEN die Option KONSOLIDIEREN ein.
4. Benutzen Sie die Schaltfläche DURCHSUCHEN, und stellen Sie den Ordner ein, in dem sich die Beispieldateien befinden; ist der richtige Ordner aktiviert, markieren Sie in der Liste den Dateinamen und übernehmen den Namen mit OK.
5. Das Dialogfeld DURCHSUCHEN ist geschlossen. In der Zeile BEZUG steht der Dateiname, ergänzt um ein Ausrufezeichen. Eine Bereichsangabe fehlt noch.
6. Wenn Sie in den datenliefernden Arbeitsmappen Bereichen Namen gegeben haben, setzen Sie den Cursor in das Textfeld BEZUG, und schreiben Sie den Namen.

III Excel

7. Wählen Sie HINZUFÜGEN, um den neuen Bezug in die Liste VORHANDENE BEZÜGE einzufügen. Sie steht zur Verfügung, solange Sie die Zeile nicht löschen.
8. Wiederholen Sie den beschriebenen Ablauf für weitere Datenlieferanten.
9. In der Liste FUNKTION des Dialogfelds KONSOLIDIEREN wird die Standardfunktion SUMME angegeben. Ändern Sie das, wenn Sie beim Konsolidieren eine andere Aktion wünschen.
10. Sind alle Bezüge in die Liste VORHANDENE BEZÜGE übernommen, bestätigen Sie mit OK oder SCHLIEßEN, je nachdem, ob Sie die Bezüge speichern oder die Konsolidierung einleiten wollen.

Bild III.45: Hinzugefügte Bezüge

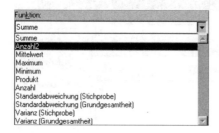

Bild III.46: Mögliche Funktionen beim Konsolidieren

Hinweis: Statt den Namen für den Übernahmebereich zu schreiben, können Sie auch die Datenlieferanten laden, das Menü FENSTER zum Umschalten nutzen und den entsprechenden Bereich mit der Maus markieren. Sobald Sie zur Arbeitsmappe der Konsolidierung zurückschalten, wird der markierte Bereich mit dem Tabellennamen nach dem Ausrufezeichen in der Zeile BEZUG eingetragen. Das sollte nur eine theoretische Möglichkeit sein. Namen zu verwenden geht schneller und ist sicherer.

Formatierungen werden überschrieben

Als Ergebnis der vorstehenden Arbeitsschritte erhalten Sie eine Tabelle. Sie enthält die markierten und summierten Werte aus den Ursprungstabellen. Gab es im Zielbereich Zahlenformatierungen, wurden diese bei der Konsolidierung durch Formatierungen aus dem ersten Quellbereich überschrieben.

Regeln für die Konsolidierung nach Positionen:

- Eine Konsolidierung können Sie mit BEARBEITEN/RÜCKGÄNGIG zurücknehmen und neu aufbauen.
- Der Name *Konsolidationsbereich* wird von Excel automatisch als Zielbereich für eine durchgeführte Konsolidierung genutzt.
- Beschriftungen werden bei der vorgestellten Methode nicht in den Zielbereich kopiert. Deshalb müssen Sie Tabellen so aufbauen, daß im Quellbereich nur Daten stehen. Sie dürfen im Quellbereich also nie Zellen mit Datenbeschriftungen markieren.
- Vergleichen Sie, ob die Daten der Zielbereiche mit der Anordnung der Daten im ersten Quellbereich übereinstimmen.

4.4.2 Konsolidieren nach Datenrubriken

Für das Konsolidieren nach Datenrubriken müssen wieder Tabellen in Arbeitsmappen als Datenlieferanten vorliegen, deren Inhalte in einer dritten Tabelle konsolidiert werden. Bei dieser Methode des Konsolidierens nach Rubriken können Tabellen mit unterschiedlicher Struktur benutzt werden:

Unterschiedliche Struktur möglich

1. Legen Sie Tabellen an und speichern Sie diese in Arbeitsmappen.
2. Vergeben Sie im Namensfeld des Arbeitsblatts (siehe nebenstehendes Bild) oder mit EINFÜGEN/NAMEN/FESTLEGEN Namen für den Datenbereich, der als Quellbereich für die Zieltabelle dienen soll. Wenn Sie dabei das Dialogfeld NAMEN FESTLEGEN öffnen, prüfen Sie die Angaben in den Textfeldern NAMEN IN DER ARBEITSMAPPE und BEZIEHT SICH AUF. Beim Konsolidieren nach Datenrubriken müssen Sie auch die Spalten- und Zeilenbeschriftungen markieren, damit diese im Zielbereich erfaßt werden.

3. Für die Konsolidierung müssen Sie in der zusammenfassenden Tabelle den Zielbereich markieren.
4. Positionieren Sie den Cursor in der Zelle, ab der die konsolidierten Daten eingetragen werden sollen.
5. Öffnen Sie mit DATEN das Dialogfeld KONSOLIDIEREN.
6. Wählen Sie DURCHSUCHEN, um den Namen der Datei mit dem Quellbereich einzublenden. Wählen Sie OK, um zum Dialogfenster KONSOLIDIEREN zurückzukehren.
7. Der Dateiname ist mit Ausrufezeichen in der Zeile BEZUG eingetragen. Tragen Sie dahinter den vergebenen Namen ein, und fügen Sie ihn mit HINZUFÜGEN in die Liste ein. Wiederholen Sie den Vorgang für weitere Quellen.
8. Prüfen Sie die angegebene Funktion. Als Standard ist *SUMME* angegeben.
9. Klären Sie noch, welche Beschriftungen (Spalte bzw. Zeile) zu übernehmen sind. Markieren Sie das oder die Kontrollkästchen BESCHRIFTUNG AUS: OBERSTER ZEILE/BESCHRIFTUNG AUS: LINKER SPALTE.

10. Bestätigen Sie mit OK.

Markierung	Wirkung
Zelle	Der Zielbereich wird für die benötigten Rubriken nach unten und rechts vergrößert.
Zellbereich in einzelner Zeile	Der Zellbereich wird für Zeilenrubriken aus dem Quellbereich nach unten erweitert. Die Konsolidierung von Spaltenrubriken erfolgt gemäß der Auswahl.
Zellbereich in einzelner Spalte	Der Zellbereich wird für ale Spaltenrubriken aus dem Quellbereich nach rechts erweitert. Die Konsolidierung von Zeilenrubriken erfolgt entsprechend der Auswahl.
Zellbereich aus mehreren Spalten und Zeilen	Es werden so viele Rubriken konsolidiert, wie in den Zellbereich eingefügt werden können.

III Excel

Hinweise zur Konsolidierung nach Datenrubriken:

- Gleich nach der Konsolidierung läßt sie sich mit BEARBEITEN/RÜCKGÄNGIG zurücknehmen.
- Wurden die Werte in den Quellbereichen geändert, aktualisieren Sie durch eine neuerliche Konsolidierung.
- Bei der Nutzung von Quellbereichen in Bezugszeilen können Sie mit Platzhaltern arbeiten. Beim Speichern der Tabellen mit den Quellbereichen ist wichtig, daß Sie Dateinamen verwenden, die mit der gleichen Zeichenfolge beginnen.
- Als Platzhalter sind das Fragezeichen ? und der Asterisk * möglich. Diese Platzhalter ersetzen ein beliebiges bzw. eine unbestimmte Zahl von Zeichen.

4.4.3 Verknüpfungen mit Quellbereichen

Aktualisierung durch Verknüpfung

Konsolidierungen lassen sich beliebig wiederholen. Diese Form der Aktualisierung läßt sich durch eine Verknüpfung noch vereinfachen. Die Verknüpfung sorgt für eine automatische Aktualisierung.

1. Positionieren Sie die Markierung für das Einfügen der konsolidierten Daten.
2. Setzen Sie die Aktion mit DATEN/KONSOLIDIEREN fort.
3. Zeigen Sie wie in den beiden Beispielen zuvor Dateinamen an, die einen Quellbereich aufweisen.
4. Sind der Dateiname und ein Ausrufezeichen in der Zeile BEZUG eingefügt, müssen Sie noch den Quellbereichsnamen eingeben. Falls Sie ein vorhandenes Beispiel benutzen, sind die Namen bereits in der Liste VORHANDENE BEZÜGE vorhanden.
5. Aktivieren Sie die Kontrollkästchen für die Beschriftung und auch das Kontrollkästchen VERKNÜPFUNGEN MIT QUELLDATEN am unteren Rand des Dialogfensters.
6. Bestätigen Sie mit OK.

Bild III.47: Summen für die Konsolidierungstabelle

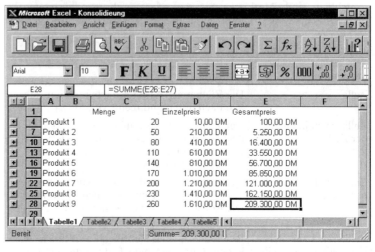

Als Ergebnis wird die Konsolidierungstabelle eingeblendet. Wenn Sie eine Zelle markieren, sehen Sie einen Unterschied zu den vorher geschilderten

4 Rechnen

Methoden: In der Bearbeitungszeile stehen Summenformeln und nicht mehr nur absolute Werte. Excel fügt bei einer Konsolidierung mit Verknüpfung Zeilen oder Spalten zusätzlich ein (Gliederungsfunktion).

Hinweis: Wird eine Verknüpfung mit den Quellbereichen hergestellt, werden die Verknüpfungsformeln bei der Konsolidierung berücksichtigt.

| ='[Beispiele für Sc.xls]Konsole 1'!$B$4 | ='[Beispiele für Sc.xls]Konsole 1'!$C$4 |
| ='[Beispiele für Sc.xls]Konsole 1'!$B$4 | ='[Beispiele für Sc.xls]Konsole 1'!$C$4 |

Bild III.48: Verknüpfungsformeln

Wollen Sie die durch eine Verknüpfung eingefügten Formeln sehen, wählen Sie EXTRAS/OPTIONEN/ANSICHT/FORMELN. In der Tabelle verborgen sind die Verknüpfungsformeln, die aus Dateien Werte entnehmen; außerdem sorgt die Summenformel dafür, daß die Quellbereiche addiert werden. Es werden stets Datei, Verknüpfungsformel und Summenformel aufgeführt.

4.5 Szenarien

Ein Szenario ist eine Situation, die nach genau festgelegten Vorgaben verlaufen soll. Haben Sie Szenarien angelegt und verbinden Sie mit einer Tabelle, wird die Tabelle mit im Szenario vorbestimmten Werten berechnet.

Zahlentheater

4.5.1 Ein Szenario anlegen

Ein Szenario ist eine Zusammenstellung von einem oder mehreren Eingabewerten. Mehrere Werte sind üblich, denn Veränderungen aufgrund eines Wertes können bei solchen Tabellen auch ohne die Hilfe von Excel 7.0 berechnet werden. Um Szenarien anzulegen, gehen Sie so vor:

Veränderungen sichtbar machen

1. Markieren Sie Zellen und legen Sie Namen fest, auf die Sie sich im Szenario beziehen wollen (EINFÜGEN/NAMEN/FESTLEGEN). Sie könnten auch Adressen als Bezug verwenden, der Einsatz von Namen ist aber einfacher.

Bild III.49: Dialogfenster des Szenario-Managers vor dem Anlegen

2. Wählen Sie EXTRAS/SZENARIO-MANAGER. Aktivieren Sie die Schaltfläche HINZUFÜGEN.

3. Im Dialogfenster SZENARIO HINZUFÜGEN geben Sie dem neuen Szenario einen Namen.

III Excel

4. Schreiben Sie den Namen STANDARD. Gleiche Namen sind nicht erlaubt.
5. Zu dem Namen gehören veränderbare Zellen, deren Werte darunter eingetragen werden. Markieren Sie das Textfeld VERÄNDERBARE ZELLEN und klicken Sie die Zellen an. Alternativ können Sie absolute Adressen oder Namen eingeben. Nach einem Wert folgt immer ein Semikolon (bis zu 32 Eingaben).
6. Der Eintrag des Kommentars ist optional.
7. Klicken Sie auf HINZUFÜGEN und wiederholen Sie die Angaben für weitere Szenarien, oder bestätigen Sie mit der Schaltfläche OK die Übernahme der Werte.

Nach OK wechselt die Anzeige zum Dialogfenster SZENARIO-MANAGER. Standard oder weitere Szenarien sind Zeilen im Listenfeld SZENARIOS.

Bild III.50: Szenario nach Aufruf des Szenario-Managers anlegen

Wenn Sie den Szenario-Manager und die Arbeitsmappe schließen, werden Szenarien mit dem Speichern der Arbeitsmappe ebenfalls gesichert.

4.5.2 Szenario anwenden

Unter einem Szenarionamen sind Eingabewerte zusammengefaßt. Haben Sie mehrere Szenarien angelegt, stehen diese für jeweils unterschiedliche Gedankenspiele.

Die Szenarien erweitern ein Arbeitsblatt. Mit dem Arbeitsblatt gespeicherte Szenarien können Sie anwenden, wenn das Arbeitsblatt geöffnet ist:

1. Laden Sie eine Arbeitsmappe, für die Sie ein Szenario angelegt haben.
2. Wählen Sie EXTRAS/SZENARIO-MANAGER. Das Dialogfenster wird eingeblendet.
3. Markieren Sie in der Liste der Szenarios den Namen eines Szenarios.
4. Aktivieren Sie die Schaltfläche ANZEIGEN oder starten Sie das Szenario mit einem Doppelklick auf seinen Namen. Das Arbeitsblatt wird aufgrund der Szenario-Werte neu berechnet.
5. Mit SCHLIEßEN blenden Sie das Dialogfenster aus.

4.5.3 Eingabewerte eines Szenarios ändern

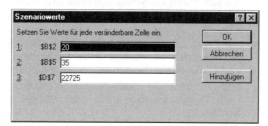

Bild III.51:
Szenariowerte

Sie können Szenarien bearbeiten und an neue Situationen anpassen oder vorhandene Szenarien durch weitere ergänzen. Effektiver ist meist die Bearbeitung:

Szenarien sind variabel

1. Blenden Sie ein Arbeitsblatt, für das mindestens ein Szenario besteht, ein.
2. Wählen Sie EXTRAS/SZENARIO-MANAGER.
3. Suchen Sie in der Liste der Szenarios das aus, dessen Werte Sie ändern wollen.
4. Die Schaltfläche BEARBEITEN öffnet das Dialogfenster SZENARIO BEARBEITEN.

Bild III.52:
Szenarien ändern

5. Ändern Sie die in den Textfeldern angegebenen Daten. Vorwiegend werden Sie im Textfeld VERÄNDERBARE ZELLEN ändern, doch auch die anderen Angaben können Sie variieren.
6. Nach der Bestätigung wechselt Excel zum Dialogfenster des Managers. Sie können hier ein weiteres Szenario markieren und erneut BEARBEITEN aktivieren. Beenden Sie mit SCHLIEßEN.

4.5.4 Eingabewerte editieren

Haben Sie ein Szenario angefertigt, können Sie weitere Werte in einem Arbeitsblatt durch ein Szenario ändern oder auch durch weitere Felder ergänzen:

Szenario aufbauen

1. Mit EXTRAS/SZENARIO-MANAGER blenden Sie das Dialogfenster des Managers ein. Wählen Sie, um zu klären, welches Szenario bearbeitet werden soll.

2. Im Textfeld VERÄNDERBARE ZELLEN stehen Bereichsangaben oder Namen, durch ein Semikolon separiert. Wählen Sie BEARBEITEN, und setzen Sie den Cursor an das Ende des Textfelds VERÄNDERBARE ZELLEN.
3. Für Ergänzungen tragen Sie noch ein Semikolon ein und markieren per Mausklick die nächste Zelle. Für weitere halten Sie [Strg] nieder und klicken dann. Semikola werden automatisch eingefügt.
4. Mit OK wird das Dialogfenster SZENARIOWERTE eingeblendet. Je nach Vorgehen stehen mehr oder weniger veränderbare Werte zur Verfügung.
5. Drücken Sie abschließend OK und wählen Sie SCHLIEßEN.

Hinweis: Sie können auch Bezüge löschen. Mindestens ein Bezug muß aber bleiben.

4.5.5 Szenarien löschen

Speicherplatz ökonomisch verwenden

Szenarien belegen Speicherplatz. Löschen Sie, was nicht mehr gebraucht wird:

1. Öffnen Sie mit EXTRAS/SZENARIO-MANAGER das benötigte Dialogfeld.
2. Markieren Sie in der Liste SZENARIOS das Szenario, das Sie löschen wollen und klicken Sie auf LÖSCHEN.
3. Beenden Sie mit SCHLIEßEN.

4.5.6 Szenarien aus mehreren Arbeitsmappen

Ein Szenario ist durch das Speichern mit einer Arbeitsmappe verbunden. Sie können aber Szenarien aus einer Arbeitsmappe in eine andere übernehmen.

1. Blenden Sie eine oder mehrere Arbeitsmappen ein, aus denen Szenarien geholt werden sollen. Ordnen Sie die Arbeitsmappen in Fenstern am Bildschirm an.
2. Aktivieren Sie Arbeitsmappe und Tabelle, für die Sie ein Szenario übernehmen wollen.
3. Wählen Sie EXTRAS/SZENARIO-MANAGER und ZUSAMMENFÜHREN.
4. Markieren Sie in der Liste MAPPE und BLATT die Arbeitsmappe und das Arbeitsblatt, mit dem das gesuchte Szenario gespeichert ist.

Excel ergänzt gleiche Namen um das Datum, eine fortlaufende Nummer oder bei Gruppenarbeit durch den Bearbeiternamen. Mit BEARBEITEN lassen sich Szenarien auch umbenennen.

4.5.7 Ergebnisbericht der Szenarien

Bild III.53: Übersichtsbericht aufrufen

4 Rechnen

In einem Bericht können Daten von Szenarien aufgelistet und in der Übersicht betrachtet werden. Wählen Sie, um einen Bericht anzufordern, folgende Einstellungen:
1. Öffnen Sie eine Arbeitsmappe, deren Szenarien Gegenstand des Berichts werden sollen.
2. Mit EXTRAS/SZENARIO-MANAGER und mit einem Klick auf BERICHT öffnen Sie das Dialogfenster BERICHT.
3. Das Textfeld ERGEBNISZELLEN (OPTIONAL) gibt an, welche Daten dieser Zellen im Bericht aufgeführt werden sollen. Markieren Sie Zellen. Bei einer Mehrfachauswahl müssen Sie [Strg] niedergedrückt halten.
4. Klicken Sie auf ÜBERSICHTSBERICHT und OK. Excel 7.0 gibt den Bericht aus.

Bild III.54: Berichtsform

Das Programm benutzt die Gliederungsfunktion. Organisieren Sie die Berichtsebenen nach Bedarf.

4.5.8 Zielwertsuche (Break-Even-Analyse)

Mit einer Zielwertsuche bestimmen Sie z.B. den *break even point*. Damit können Sie feststellen, wann der Umsatz hoch genug ist, um die Fixkosten zu decken. Für den Aufbau eines Modells für eine Zielwertsuche sind nur wenige Eingaben erforderlich:
1. Bauen Sie eine Tabelle auf und lassen Sie die Zelle für den gesuchten Wert frei, z.B. eine Zelle für die Anzahl zu verkaufender Artikel.
2. Setzen Sie die Markierung auf die Zelle, mit deren Wert bei der Zielwertsuche ein Ergebnis gefunden werden soll.
3. Wählen Sie EXTRAS/ZIELWERTSUCHE (siehe nebenstehendes Bild).
4. Das Textfeld ZIELZELLE benötigt einen absoluten Bezug zur Formel, für die eine Lösung gesucht wird.
5. Tragen Sie einen Zielwert ein, der in der Zielzelle erreicht werden soll. Das kann durchaus 0 sein, wenn Sie nämlich wissen wollen, ab wann der Umsatz gerade reicht, die fixen Kosten zu decken.
6. Geben Sie als VERÄNDERBARE ZELLE einen Namen oder Bezug an, der eine Variation für das Ziel möglich macht (z.B. eine Absatzmenge, durch die ein bestimmter Gewinn erreicht werden soll).
7. Starten Sie die Suche mit OK. Ein weiteres OK übernimmt gefundene Werte; ABBRECHEN zeigt die Ursprungswerte.

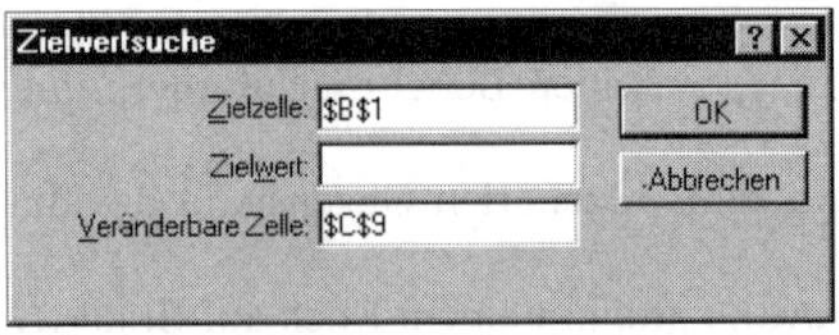

Bild III.55: Das Dialogfenster Zielwertsuche

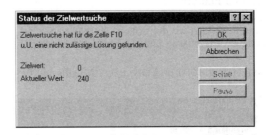

Bild III.56: Status der Zielwertsuche

4.5.9 Der Solver

	A	B	C	D	E	F
1	*Quartal*	*Q1*	*Q2*	*Q3*	*Q4*	*Gesamt*
2	*Saisonkoeffizient*	0,9	1,1	0,8	1,2	
4	*Verkaufte Gebinde*	3591,55	4389,68	3192,49	4788,74	15962,46
5	*Umsatzerlöse*	143.662 DM	175.587 DM	127.700 DM	191.549 DM	638.498 DM
6	*Aufwendungen*	89.789 DM	109.742 DM	79.812 DM	119.718 DM	399.061 DM
7	*Bruttogewinnspanne*	53.873 DM	65.845 DM	47.887 DM	71.831 DM	239.437 DM
8						
9	*Vertriebskosten*	8.000 DM	8.000 DM	9.000 DM	9.000 DM	34.000 DM
10	*Werbekosten*	10.000 DM	10.000 DM	10.000 DM	10.000 DM	40.000 DM
11	*Gemeinkosten*	21.549 DM	26.338 DM	19.155 DM	28.732 DM	95.775 DM
12	*Gesamtkosten*	39.549 DM	44.338 DM	38.155 DM	47.732 DM	169.775 DM
14	*Gewinn*	14.324 DM	21.507 DM	9.732 DM	24.099 DM	69.662 DM
15	*Gewinnspanne*	10%	12%	8%	13%	11%

Bild III.57: Solver-Anwendungsbeispiela us Excel 7.0

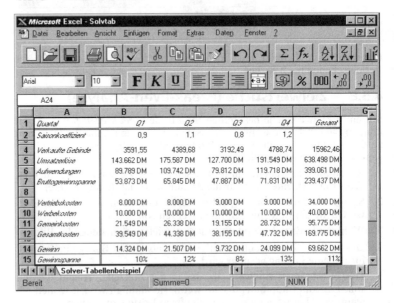

Solver optimiert

Mit dem Solver erzeugen Sie aufwendige Optimierungen und Berechnungen durch die Veränderung beliebig vieler Variablen, die durch Nebenbedingungen gelenkt werden können. Excel 7.0 bietet ein Anwendungsbeispiel für den Solver:

1. Öffnen Sie das Solver-Anwendungsbeispiel *SOLVTAB.XLS* im Ordner SOLVER (*MSOFFICE\EXCEL\BEISPIEL\SOLVER*).
2. Wählen Sie EXTRAS/OPTIONEN/ANSICHT/GITTERNETZLINIEN, um das Netz zu- oder abzuschalten.

Zu erwartende Gewinne schätzen

Das Arbeitsblatt enthält die Kostenplanung für ein Produkt für die vier Quartale eines Geschäftsjahres. Der Solver kann helfen, Kosten, Umsätze und zu erwartende Gewinne abzuschätzen.

4 Rechnen

Im Beispiel wird ein Zusammenhang zwischen Gewinn und Werbeaufwand angenommen. Der Gewinn im ersten Quartal steht in Zelle B14 (14.324,- DM); der Werbeaufwand des ersten Quartals in Zelle B10 ist 10.000,- DM. Durch die Variation des Werbeaufwands sucht der Solver den maximal möglichen Gewinn zu finden:

1. Öffnen Sie mit EXTRAS/SOLVER das Dialogfeld SOLVER-PARAMETER.
2. Markieren Sie B14. Die Adresse gilt dem zu maximierenden Gewinn und wird nach dem Mausklick angezeigt.
3. Das Optionsfeld MAX ist bereits aktiv.
4. Setzen Sie die Markierung in das Textfeld VERÄNDERBARE ZELLEN, und klicken Sie für den Werbeaufwand auf B10.
5. Starten Sie den Solver mit LÖSEN. Als Ergebnis können Sie in B10 sehen, daß bei einem Werbeaufwand von 17.093,- DM im ersten Quartal in Zelle B14 ein maximaler Gewinn von 15.093,- DM möglich ist.
6. Stellen Sie mit dem Optionsfeld AUSGANGSWERTE WIEDERHERSTELLEN und OK den Ursprungszustand wieder her.

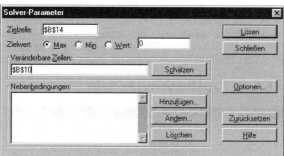

Bild III.58:
Eingabewerte für die Arbeit des Solver festlegen

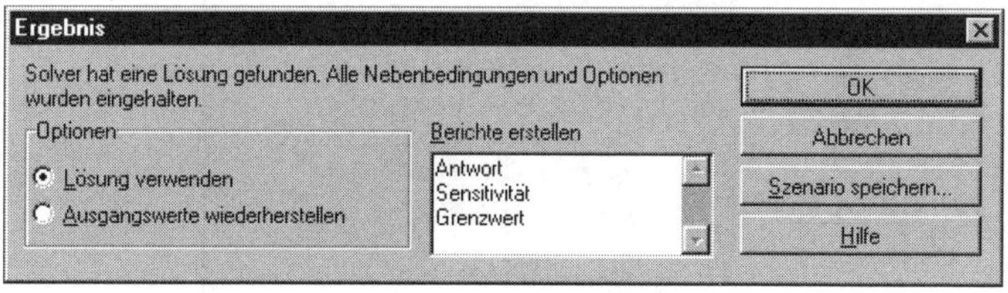

Bild III.59:
Ergebnismeldung einer Maximumsuche durch den Solver

Hinweis: Enthält EXTRAS nicht die Option SOLVER, ist der Solver nicht installiert. Rufen Sie erneut das Setup auf oder installieren Sie mit EXTRAS/ADD-IN-MANAGER.

III Excel

4.6 Pivot-Tabellen

Bild III.60:
Beispiel für eine
Pivot-Tabelle

Summe - Nettoumsatz		
Land	Name	Ergebnis
Bayern	Artikel 1	5.000,00 DM
	Artikel 2	34.000,00 DM
	Artikel 3	66.983,00 DM
	Artikel 4	22.006,00 DM
	Artikel 5	135.453,00 DM
Bayern Ergebnis		263.442,00 DM
Hessen	Artikel 1	7.171,80 DM
	Artikel 2	733,95 DM
	Artikel 3	25.000,00 DM
	Artikel 4	50.000,00 DM
Hessen Ergebnis		82.905,75 DM
NW	Artikel 1	14.959,73 DM
	Artikel 2	18.033,00 DM
	Artikel 3	57.414,05 DM
NW Ergebnis		90.406,78 DM

Drehen für neue Ansicht

Eine Pivot-Tabelle (Drehpunkt-Tabelle) ist eine andere Darstellungsform der Arbeitsblattabelle. Eine gewöhnliche Tabelle wird solange gedreht, bis die Anordnung die Daten in neuer Weise beschreibt. Praktisch bedeutet der Umgang mit dieser Technik, daß Sie Spalten- oder Zeilenüberschriften an eine neue Position ziehen. Neue Eingaben sind nicht notwendig.

4.6.1 Tabelle umwandeln

Bild III.61:
Pivot-Tabellen-Assistent

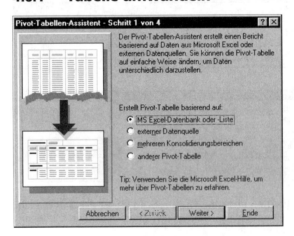

Um eine Arbeitsblattabelle zur Pivot-Tabelle umzuformen, können Sie die Unterstützung eines Assistenten einsetzen:

1. Laden Sie ein Arbeitsblatt mit einer einfachen Tabelle.
1. Starten Sie mit DATEN/PIVOT-TABELLE den Pivot-Tabellen-Assistenten
2. Die Voreinstellung des ersten Optionsfelds kann unverändert bleiben.
3. Markieren Sie durch Ziehen eine Tabelle oder einen Datenbereich, der zur Pivot-Tabelle verwandelt werden soll. Der Bereich zeigt die Adresse.
4. Der Assistent will im Schritt 3 Angaben zur Gestaltung der Pivot-Tabelle, dem Layout.

4 Rechnen

5. Da Änderungen per Maus sehr einfach sind, reicht es, die Pivot-Tabelle hier zunächst nur grob zu strukturieren. Ziehen Sie die rechts im Dialogfeld aufgeführten Schaltflächen in den mittleren Bereich. Es sind die Spalten- bzw. Zeilenbeschriftungen, die eine Neuanordnung ermöglichen.
6. Im vierten Schritt wählen Sie ENDE, dann wird die Pivot-Tabelle angefertigt Sie können alternativ angeben, wo die Pivot-Tabelle eingerichtet werden soll.
7. Lassen Sie das Textfeld PIVOT-TABELLE BEGINNEN IN leer, blendet Excel nach dem Klick auf ENDE ein neues Arbeitsblatt ein.

Hinweis: Es ist einfacher, Namen zu verwenden. Diese können Sie als Bereichsangabe beim Aufbau einer Pivot-Tabelle einsetzen.

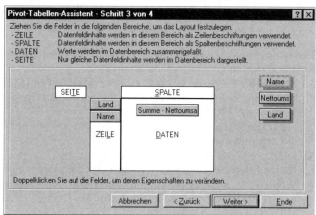

Bild III.62:
Layout einer Pivot-Tabelle im Assistent

4.6.2 Mit Pivot-Tabelle konsolidieren

Für die Anzeige von Ergebnissen zu Tabellen gleichen Aufbaus können Sie eine Pivot-Tabelle nutzen. Um Daten aus mehreren Tabellen einer Arbeitsmappe in einer Pivot-Tabelle zusammenzufassen, gehen Sie so vor:

Pivot-Tabelle für Zusammenfassungen

1. Beginnen Sie mit DATEN/PIVOT-TABELLE für den Pivot-Tabellen-Assistenten. Markieren Sie das dritte Optionsfeld ...MEHREREN KONSOLIDIERUNGSBEREICHEN.
2. Akzeptieren Sie in Schritt 2 die Vorgabe EINFACHE SEITENFELDERSTELLUNG.
3. Nach WEITER bestimmen Sie in Schritt 2b, welche Datenbereiche konsolidiert werden. Markieren Sie einen Bereich und übertragen Sie mit HINZUFÜGEN die Adresse in die Liste VORHANDENE BEREICHE.
4. Wiederholen Sie die Markierung für die weiteren Bereiche, die konsolidiert werden sollen. Die Tabellen können sich im aktuellen Arbeitsblatt befinden, oder Sie kennzeichnen Daten aus anderen Arbeitsblättern, indem Sie jeweils auf die Arbeitsblatt-Register klikken.
5. Klicken Sie WEITER an, und ändern Sie das Layout nach Belieben. Um im Bereich DATEN die Funktion zu ändern, doppelklicken Sie auf die Schaltfläche in der Mitte des Bereichs.
6. Geben Sie im Schritt 4 an, wo die Pivot-Tabelle eingefügt werden soll.

4.6.3 Pivot-Tabelle aus externen Daten

Bild III.63:
Liste bei
konsolidierten
Tabellen

Unterstützung durch Assistenten

Der Assistent für eine Pivot-Tabelle kann auf Query zurückgreifen, und so externe Daten für eine Pivot-Tabelle nutzen:

1. Beginnen Sie wie im Beispiel zuvor (DATEN/PIVOT-TABELLE), markieren Sie im Pivot-Tabellen-Assistent jedoch das Optionsfeld ... EXTERNER DATENQUELLE.
2. Nach WEITER holen Sie mit der Schaltfläche DATEN ABRUFEN Query auf den Bildschirm.
3. Suchen Sie die passende Datenquelle, Tabelle oder Datenbankdatei aus und stellen Sie mit Query die gewünschten Daten zusammen.
4. Wählen Sie in Query die Option DATEI/DATEN AN MICROSOFT EXCEL ZURÜCKGEBEN. Anschließend wird im Dialogfeld von Schritt 2 DATEN GEFUNDEN angezeigt.
5. Nach einem Klick auf WEITER stellen Sie in Schritt 3 das Layout zusammen und geben im letzten Schritt das Ziel für die neue Pivot-Tabelle an.

Bild III.64:
Externe Tabelle
wählen

Hinweis: Wenn es durch den beschriebenen Vorgang bei Ihrem System Probleme gibt, müssen Sie vielleicht noch Query- und/oder ODBC-Treiber (Open Database Connectivity) installieren. Starten Sie dafür nochmals Setup.

4.6.4 Weitere Pivot-Daten für eine Pivot-Tabelle nutzen

Wenn Sie Daten aus einer zuvor beschriebenen externen Quelle geholt und für eine Pivot-Tabelle benutzt haben, können Sie diese durch einen Trick von Excel nochmals verwenden.

Pivot-Daten mehrfach nutzen

Hinweis: Voraussetzung für das Funktionieren des folgenden Beispiels ist in Schritt 4 das aktive Kontrollkästchen DATEN MIT PIVOT-TABELLEN-LAYOUT SPEICHERN.

Immer wenn eine Pivot-Tabelle angelegt wird, speichert Excel die Quelldaten automatisch und verborgen im gleichen Arbeitsblatt. Deshalb können Sie Quelldaten nochmals in einer Pivot-Tabelle anwenden:

1. Beginnen Sie mit DATEN/PIVOT-TABELLE, und markieren Sie im Assistenten das Optionsfeld ... ANDERER PIVOT-TABELLE.
2. Im nächsten Fenster mit einer Liste der Pivot-Tabellen der aktuellen Datei markieren Sie die erforderliche Pivot-Tabelle.
3. Klären Sie mit Schritt 3 und 4 das Layout und das Kopierziel. Wenn die Pivot-Tabelle nach einem Klick auf ENDE angelegt wird, entnimmt sie Ihre Daten den versteckten Quelldaten.

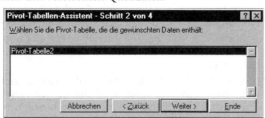

*Bild III.65:
Pivot-Tabelle als
Datenlieferant*

4.6.5 Struktur einer Pivot-Tabelle ändern

Immer wenn Sie in einer Pivot-Tabelle durch das Ziehen der Schaltflächen die Tabelle neu organisieren, ändern Sie mit den umgesetzten Feldnamen (Spalten-, Zeilenbeschriftungen) die Struktur einer Pivot-Tabelle.

Struktur ändert Spalten- und Zeilenbeschriftungen

1. Positionieren Sie den Mauspfeil auf einer Schaltfläche in einer Pivot-Tabelle, halten Sie die linke Maustaste nieder, und ziehen Sie die Maus. Eine Tabelle in der richtigen Grundform begleitet den Mauspfeil bis zum Einfügen.
2. Die Optionen/Schaltflächen BEARBEITEN/RÜCKGÄNGIG bzw. BEARBEITEN/WIEDERHERSTELLEN können Sie verwenden. Außerdem läßt sich das Ziehen jederzeit wiederholen.

Praxistip: Auch wenn Sie direkt mit einer Pivot-Tabelle arbeiten, können Sie das Layout mit einer Mausaktion einblenden und ändern. Zeigen Sie auf die Pivot-Tabelle, und drücken Sie die rechte Maustaste für das Kontextmenü. Wählen Sie die Option PIVOT-TABELLE.

4.6.6 Pivot-Tabelle bearbeiten

Wenn Sie in einer Pivot-Tabelle Überschriften überschreiben, hat das keine Folgen. Häufiger sind jedoch Änderungswünsche an Daten. Dabei sollten Sie folgende kleine Regeln beachten:

- Veränderliche Daten bearbeiten Sie immer in der Basistabelle.

- Aktualisieren Sie nach Änderungen die Pivot-Tabelle.

Verwenden Sie für Formate vorwiegend indirekte Formate (Vorlagen, siehe III.6.12). Direkte Formate schaden nicht, gehen aber bei Reorganisationen oder Aktualisierungen verloren.

4.6.7 Pivot-Tabelle aktualisieren

Statt nach Änderungen einer Quelltabelle daraus entwickelte Pivot-Tabelle zu löschen und neu aufzubauen, können Sie die Tabelle aktualisieren:

1. Markieren Sie durch einen Mausklick ein Feld der Pivot-Tabelle.
2. Bringen Sie die Tabelle mit DATEN/DATEN AKTUALISIEREN oder der nebenstehenden Schaltfläche auf den neuesten Stand.

Aktualisieren zeigt geänderte, gelöschte oder hinzugefügte Quelldaten. Stimmt der Bereich nicht mehr, müssen Sie Zellbezüge anpassen. Wählen Sie dazu mit der üblichen Option den Assistenten (Schritt 3).

4.6.8 Felder einer Pivot-Tabelle ändern

Ein Feld dient als Zeilen- oder Spaltenbeschriftung. Wollen Sie ein Feld nur löschen, doppelklicken Sie auf ein solches. Dann wird das Dialogfeld PIVOT-TABELLEN-FELD mit einer Schaltfläche LÖSCHEN (nebenstehende Abb.) angezeigt. Für Änderungen arbeiten Sie wie folgt:

1. Markieren Sie eine Zelle der Pivot-Tabelle und wählen Sie DATEN/ PIVOT-TABELLE, um Schritt 3 des Pivot-Tabellen-Assistenten einzublenden.
2. Weitere Felder können Sie in die Tabelle ziehen bzw. Felder wie Schaltflächen aus einer Symbolleiste herausziehen. Quelldaten werden durch das Hinzufügen oder das Löschen von Feldern nicht verändert.

Felder aus der Quelltabelle (Spalten- oder Zeilenbeschriftungen) einer Pivot-Tabelle haben die Namen der Quelldaten. Für neue Namen in der Pivot-Tabelle überschreiben Sie die alten Angaben. Die Quelldaten werden dadurch nicht geändert. Auch durch Aktualisierungen bleiben sie erhalten. Nur das Ändern der Quelldaten beeinflußt die Anzeige. Für ein Dialogfeld markieren Sie ein Namenselement der Pivot-Tabelle und wählen DATEN/ PIVOT-TABELLEN-FELD.

4.6.9 Bereich der Quelldaten einer Pivot-Tabelle ändern

Neu oder ändern? Vielfach ist die Anlage einer neuen Pivot-Tabelle der schnellere Weg. Dennoch können Sie den Bereich der Quelldaten einer Pivot-Tabelle in der Tabelle ändern:

1. Markieren Sie eine Zelle der Pivot-Tabelle und drücken Sie für das Kontextmenü die rechte Maustaste.
2. Aktivieren Sie die Option PIVOT-TABELLE für den Pivot-Tabellen-Assistent (Schritt 3).
3. Mit ZURÜCK aktivieren Sie den Quelldatenbereich.
4. Markieren Sie wie beim Anlegen einer Pivot-Tabelle den geänderten Quelldatenbereich oder geben Sie ihn manuell ein (oder EINFÜGEN/ NAMEN/EINFÜGEN).

4 Rechnen

*Bild III.66:
Bereich ändern*

Für das Aktualisieren von Werten wählen Sie DATEN/DATEN AKTUALISIE-
REN.

4.6.10 Felder ein-/ausblenden

Daten können Sie jederzeit aus- oder einblenden, je nachdem was Sie
gerade interessiert. Das Aus- oder Einblenden führt zur Neuberechnung
von Feldern:
1. Zeigen Sie zum Ausblenden auf die Beschriftung des Feldes und wählen Sie die Option DATEN/PIVOT-TABELLEN-FELD.
2. Klicken Sie in der Liste AUSBLENDEN (nebenstehende Abb.) Zeilen
   an, um sie zu aktivieren oder deaktivieren.

Das Ausblenden wirkt sich nicht auf die Quelldaten aus.

4.6.11 Pivot-Tabelle formatieren

Im Pivot-Tabellen-Assistent ist das Kontrollkästchen PIVOT-TABELLE MIT
AUTOFORMAT voreingestellt (Schritt 4). So wird das standardmäßige Auto-
Format auf eine neue Pivot-Tabelle angewandt.

Voreinstellung AUTOFORMAT

Deaktivieren Sie das Kontrollkästchen PIVOT-TABELLE MIT AUTOFOR-
MAT, ordnen Sie mit FORMAT/AUTOFORMAT ein anderes AutoFormat zu.
Darüber hinaus können Sie direkt Formate zuordnen, die jedoch verloren-
gehen können.

4.6.12 Pivot-Tabelle löschen

Markieren Sie eine Pivot-Tabelle insgesamt, können Sie mit einem Druck
auf [Entf] löschen. Per Option löschen Sie eine Pivot-Tabelle, indem Sie die
Pivot-Tabelle vollständig markieren und BEARBEITEN/INHALTE LÖSCHEN,
sowie die Option ALLES wählen.

Alles markieren

*Bild III.67:
Fehlermeldung bei
falschem
Löschversuch*

4.6.13 Berechnungen in einer Pivot-Tabelle

Wenn Sie das Layout einer Pivot-Tabelle einstellen, treffen Sie auf Funktionen für das Zusammenfassen. Steht im Datenbereich Text, wendet der Assistent automatisch die Funktion ANZAHL an, werden dort Werte aufgeführt,
aktiviert Excel die Funktion *SUMME*:
1. Wenn Sie auf die Schaltfläche der angezeigten Funktion doppelklik-

Standardfunktionen auch für Pivot-Tabellen

III Excel

ken, blenden Sie das Dialogfeld PIVOT-TABELLEN-FELD ein.
2. Mit der Liste ZUSAMMENFASSEN werden Funktionen zur Wahl angeboten.

Sie können weitere Berechnungen definieren. Das können Sie mit Optionen erreichen:
1. Doppelklicken Sie im Datenbereich einer Pivot-Tabelle auf die angezeigte Funktion.
1. Wählen Sie im Dialogfeld PIVOT-TABELLEN-FELD die Schaltfläche OPTIONEN.
2. Markieren Sie in der Liste DATEN ZEIGEN ALS einen Eintrag.
3. Nach OK werden die Werte im Datenbereich entsprechend der neuen Vorgabe angezeigt.

Bild III.68: Liste weiterer Berechnung

4.6.14 Sortieren in einer Pivot-Tabelle

Zeilen oder Spalten einer Pivot-Tabelle können Sie in steigender oder fallender Reihenfolge sortieren. Die Reihenfolge richtet sich nach dem am weitesten links stehenden Zeichen:

Aufsteigend sortieren

1. Setzen Sie mit einem Mausklick die Markierung auf ein Element (REIHE, ZEILEN-/SPALTENFELD).

Absteigend sortieren

2. Wählen Sie DATEN/SORTIEREN oder die Schaltfläche. Für einen Sortierschlüssel, die Sortierfolge und die Sortierausrichtung aktivieren Sie die Schaltfläche OPTIONEN.

Nach den Standardeinstellungen wird aufsteigend (von A bis Z) und alphanumerisch (zuerst Zahlen, dann Buchstaben, der Klein-, vor dem jeweiligen Großbuchstaben) sortiert.

5 Die Datenverwaltung

Datenbankaufgaben für Excel

Während ein Arbeitsblatt in den Darstellungen bisher vorwiegend zur Verarbeitung von Zahlen genutzt wurde, geht es in diesem Kapitel mehr um die Verwaltung von Text. Typisches Beispiel sind eine Telefonliste oder ein Adressenverzeichnis. Deren Verwaltung ist eine originäre Datenbankaufgabe für Access. Bei kleineren Datenmengen lohnt es sich aber für Anwender oft nicht, sich mit einer mächtigen Datenbank wie Access zu beschäftigen. Wenn Sie Excel einsetzen, können Sie die Datenbank-Funktion innerhalb von Excel nutzen. Außerdem gehört zu Excel MS Query, ein Modul mit dem Sie Daten in Tabellenform organisieren können. Beide Funktionen werden in diesem Kapitel vorgestellt.

5 Die Datenverwaltung

5.1 Listenverwaltung

In Excel werden Listen verarbeitet. Für diese Listen gelten grundsätzlich die für Datenbanken üblichen Merkmale. Im folgenden gilt der innerhalb Excel gültige Sprachgebrauch. Gleichwohl können Sie in den meisten Fällen eine Liste auch als Tabelle einer relationalen Datenbank verstehen.

Tabellen sind Listen

Listen organisieren ihre Daten in Feldern, die zu Datensätzen kombiniert werden. Die Datensätze werden in Tabellen zusammengefaßt. Eine Spalte enthält immer gleich lange Felder, die vom gleichen Datentyp sind. Jede Zeile enthält einen Datensatz, dessen Felderzahl auch immer gleich ist. Die Tabellenstruktur einer Liste macht es leicht, Daten einer Tabellenkalkulation wie Excel 7.0 auch als Liste zu organisieren.

Listen wie Datenbanktabellen organisieren

Die Listenfunktion von Excel bietet sich an, Adressenlisten für den Seriendruck hier anzulegen, zu verwalten und bei Bedarf mit Word zu nutzen. Beide Office-Anwendungen benutzen das Mittel Tabellen, aber Sie können sich von Fall zu Fall auch anders entscheiden:

Office 95

- Automatisch numerierte Listen legen Sie effektiv mit Word an.
- Für kleine Listen sollten Sie im Word Seriendruck-Manager DATEN-QUELLE ERSTELLEN aktivieren und hier die Liste schreiben.
- Mit dem Brief-Assistenten von Word können Sie die Namen und Adressen auch aus der Liste der Kontakte in Schedule+ übernehmen.
- Setzen Sie Excel vorzugsweise für längere Listen, in denen Sie häufig Einträge hinzufügen, löschen oder ändern müssen, ein.

Excel für aufwendige Listen

- Wenn Sie leistungsstarke Sortier- und Suchfunktionen nutzen wollen, setzen Sie Access oder Excel ein, je nachdem, welche Anwendung von Ihnen regelmäßig benutzt wird.
- Wenn Sie alle relationalen Datenbankfunktionen für umfangreiche Listen anlegen oder gemeinsam mit anderen nutzen wollen, arbeiten Sie mit Access.

5.1.1 Liste anlegen

Eine Liste faßt Daten in einer Tabelle zusammen, die sinnvoll zusammengehören, beispielsweise Adressen mit den Feldern:

Liste für zusammengehörige Felder

- Kundennummer
- Postleitzahl
- Ort
- Straße mit Hausnummer
- Stadt

Andere Daten werden in weiteren Tabellen erfaßt. Eine Liste (Tabelle) nicht zu groß werden zu lassen, hat mehrere Vorteile. Daten sind so besser geordnet und leichter zugänglich. Es müssen nicht so viele Daten bewegt werden, wenn Einzelheiten gesucht werden, die auf eine Tabelle einzugrenzen sind, auch werden Daten, die auf diese Weise organisiert sind, nur soweit zugänglich gemacht, wie es für bestimmte Aufgaben erforderlich ist.

Unterschiedliche Listen für viele Zwecke konstruieren

Überschrift über Spaltengrenzen

Bild III.69: Spaltenüberschrift

Wie eingangs erwähnt, müssen in Spalten immer Inhalte gleicher Art stehen. Diese Spalten bekommen eine Überschrift, den Feldnamen:
1. Positionieren Sie den Cursor Ihres Arbeitsblattes, und geben Sie den

421

ersten Namen ein.
2. Schreiben Sie in A1 noch eine Überschrift für die Tabelle. Die Überschrift geben Sie wie jeden Text in eine Zelle ein. Da Sie in die Nachbarzelle nichts hineinschreiben, wird die Überschrift vollständig angezeigt.
3. Speichern Sie eine Liste wie jedes andere Arbeitsblatt mit einer Arbeitsmappe (nebenstehende Schaltfläche).

Bild III.70:
Eingeben und bearbeiten

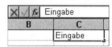

Für die Eingabe von Feldnamen gelten einige Regeln:
- Ein Feldname sollte ein Text sein, Formeln oder Zahlen sind als Überschriften nicht sinnvoll. Wollen Sie dennoch eine Zahl verwenden, geben Sie die Zahl als Text ein. Jeder Feldname darf in einer Tabelle nur einmal vorkommen.
- Verwenden Sie innerhalb eines Feldnamens keine Sonderzeichen.
- Benutzen Sie als Feldnamen keine Buchstaben-/Ziffernkombinationen, die mit Adressen verwechselt werden können.
- Geben Sie Daten in nebeneinanderliegenden Zellen ein.
- Tragen Sie die Daten unmittelbar unter einer Überschriftenzeile mit den Feldnamen ein. Fügen Sie auch keine Zeilen ein. Formatieren Sie die Daten.
- Sie können in Felder Text, Zahlen sowie Funktionen und Formeln eingeben.

Wollen Sie neue Daten hinzufügen, steuern Sie das Ende der Tabelle an und tragen Sie weitere Datensätze ein. Alternativ können Sie eine beliebige Zeile einer Tabelle ansteuern und mit dem Menü EINFÜGEN Zellen oder neue Zeilen oder Spalten einfügen.

Hinweise für das Anlegen von Listen
- Organisieren Sie Ihre Listen im jeweils eigenen Arbeitsblatt. Sie haben genügend Platz in der Arbeitsmappe und können dann gezielt mit den jeweils notwendigen Funktionen auf Listen zugreifen.
- Da Excel bei Funktionen wie dem Sortieren oder Filter Nachbarzellen erkennt, ersparen Sie sich eine zusätzliche Abfrage, wenn Sie mindestens eine Spalte und eine Zeile zu Nachbareingaben leer lassen. Lassen Sie links und rechts von Listen überhaupt genügend Raum, damit Daten beim Filtern der Liste nicht verdeckt werden können.

Bild III.71:
Nachbarzellen beim Sortierauftrag erkannt

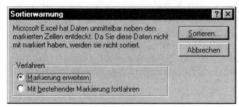

- Geben Sie Spaltenüberschriften (Feldnamen) in der ersten Zeile einer Liste an. Die Namen werden beim Sortieren ausgespart und helfen beim Suchen sowie Anlegen von Berichten.

5 Die Datenverwaltung

• Überschriften können einen anderen Datentyp und Format aufweisen als die Daten einer Liste (siehe nebenstehendes Bild). Zellen in einer Spalte müssen nicht, sollten aber dasselbe Format haben.

5.1.2 Datenmasken zur Listenverwaltung

Für Listendaten können Sie eine Datenmaske aufbauen und bestimmte Datensätze anzeigen, ändern, hinzufügen, suchen und löschen:
- Sie können für die Anzeige von Listendaten eine Datenmaske verwenden.
- Wenn Sie DATEN/MASKE aktivieren, zeigt Excel ein Dialogfeld und Daten an.
- Die Datenmaske zeigt stets einen vollständigen Datensatz der Liste an.
- Bearbeiten Sie mit Hilfe der Maske Daten, wirkt sich das auf die entsprechenden Zellen in der Liste aus.

Klare Strukturen durch eine Datenmaske

5.1.3 Datenmasken zum Hinzufügen verwenden

Bild III.72: Datenmaske

Bild III.73: Neue Maskeneingaben

Zur Vorbereitung der Dateneingabe setzen Sie den Cursor in eine Zelle der Liste, die Sie erweitern wollen:
1. Wählen Sie DATEN/MASKE und die Schaltfläche NEU.

Eingabehilfe Datenmaske

2. Tragen Sie in die Textfelder für den neuen Datensatz ein.
3. Schalten Sie mit [Tab] oder Mausklicks zwischen den Textfeldern weiter. Sie können auch nur bestimmte Zellen für die Eingabe auswählen.
4. Schließen Sie die Eingabe mit [↵] ab. Das kann am Ende der Felder, aber auch zu jedem Zeitpunkt zuvor geschehen.

Der neue Datensatz wird angehängt. Mit SCHLIEßEN blenden Sie die Maske wieder aus.

5.1.4 Liste mit Funktion durchsuchen

Liste durch Berechnungen besser nutzen

Wenn Sie mit Überschriften und Namen in einer Liste arbeiten, können Sie Abfragen konstruieren, um Werte aus einer Liste abzufragen und weiterzuverarbeiten. In den zwei folgenden Bildern wird mit der Funktion VERWEIS ein Bonus berechnet:

Bild III.74: Liste durchsuchen

	A	B	C	D	E	F
1		Umsatz	Lieferungen	Bonus	Malus	Überweisung
2	Marz OHG	10.000,00 DM	5	100,00 DM	- DM	100,00 DM
3	Bonstedet GmbH	50.000,00 DM	10	1.000,00 DM	20,00 DM	980,00 DM
4	Maier KG	100.000,00 DM	10	5.000,00 DM	100,00 DM	4.900,00 DM
5	Main Lt	200.000,00 DM	20	10.000,00 DM	300,00 DM	9.700,00 DM
6	City Inc.	300.000,00 DM	10	15.000,00 DM	300,00 DM	14.700,00 DM
7	Werkzeug AG	400.000,00 DM	20	20.000,00 DM	600,00 DM	19.400,00 DM
8	Rudolf OHG	500.000,00 DM	50	25.000,00 DM	1.000,00 DM	24.000,00 DM
9						
10	Summe	1.560.000,00 DM	125	76.100,00 DM	2.320,00 DM	73.780,00 DM
11	Durchschnitt	222.857,14 DM	17,9	10.871,43 DM	331,43 DM	10.540,00 DM
12	Minimum	10.000,00 DM	5,0	100,00 DM	- DM	100,00 DM
13	Maximum	500.000,00 DM	50,0	25.000,00 DM	1.000,00 DM	24.000,00 DM
14						
15	Weniger/bis:		Bonus	Zustellungen		Malus
16	1.000,00 DM		0%	5		0%
17	10.000,00 DM		1%	10		2%
18	50.000,00 DM		2%	20		3%
19	100.000,00 DM		5%	50		4%
20						

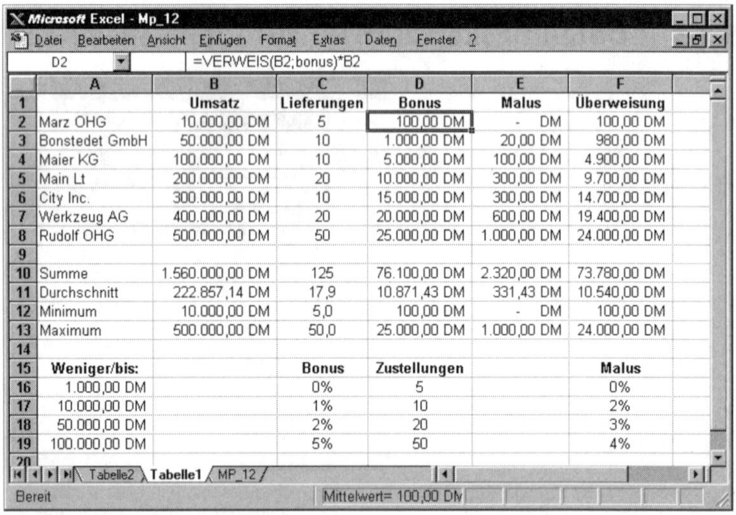

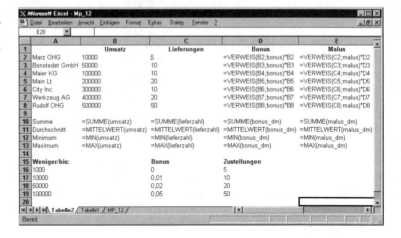

Bild III.75: Formelapparat für das Durchsuchen einer Liste

	A	B	C	D	E
1		Umsatz	Lieferungen	Bonus	Malus
2	Marz OHG	10000	5	=VERWEIS(B2;bonus)*B2	=VERWEIS(C2;malus)*D2
3	Bonstedet GmbH	50000	10	=VERWEIS(B3;bonus)*B3	=VERWEIS(C3;malus)*D3
4	Maier KG	100000	10	=VERWEIS(B4;bonus)*B4	=VERWEIS(C4;malus)*D4
5	Main Lt	200000	20	=VERWEIS(B5;bonus)*B5	=VERWEIS(C5;malus)*D5
6	City Inc.	300000	10	=VERWEIS(B6;bonus)*B6	=VERWEIS(C6;malus)*D6
7	Werkzeug AG	400000	20	=VERWEIS(B7;bonus)*B7	=VERWEIS(C7;malus)*D7
8	Rudolf OHG	500000	50	=VERWEIS(B8;bonus)*B8	=VERWEIS(C8;malus)*D8
9					
10	Summe	=SUMME(umsatz)	=SUMME(lieferzahl)	=SUMME(bonus_dm)	=SUMME(malus_dm)
11	Durchschnitt	=MITTELWERT(umsatz)	=MITTELWERT(lieferzahl)	=MITTELWERT(bonus_dm)	=MITTELWERT(malus_dm)
12	Minimum	=MIN(umsatz)	=MIN(lieferzahl)	=MIN(bonus_dm)	=MIN(malus_dm)
13	Maximum	=MAX(umsatz)	=MAX(lieferzahl)	=MAX(bonus_dm)	=MAX(malus_dm)
14					
15	Weniger/bis:		Bonus	Zustellungen	
16	1000		0	5	
17	10000		0,01	10	
18	50000		0,02	20	
19	100000		0,05	50	
20					

1. Es gibt in der Liste eine Bonustabelle mit dem Namen *Bonus*.
2. Mit der Formel =VERWEIS(B2;bonus;)*B2 durchsucht die Funktion die Bonusliste, bis der passende Umsatzwert gefunden wurde und entnimmt der Zelle rechts neben dem Umsatzwert den zugehörigen Bonuswert.
3. Der Bonuswert (Prozentwert) wird an die Formel zurückgegeben und mit dem Umsatz multipliziert. Mehr Umsatz führt so zu einem höheren Bonus (sinngemäß Gleiches gilt für den nach identischem Methoden berechneten Malus.

Im Beispiel suchen Sie mit VERWEIS einen Wert in einem Vektor oder einer Matrix. Es gibt zwei Syntaxversionen: die Vektor- und die Matrixversion. Ausführliche Erläuterungen finden Sie hierzu, wenn Sie in der Hilfe mit dem Stichworten *Verweis Tabellenfunktion* nachsehen. Für die Verwendung der Funktion SVERWEIS folgt noch ein Beispiel:

VERWEIS und SVERWEIS unterscheiden

	A	B	C
1	Umsatzabfrage:		
2	Ausgabezelle: Umsatz	180.500,00 DM	
3	Eingabezelle: Firma	Jürgen Fähnrich	
4			
5	Firma	Umsatz	
6	Jürgen Fähnrich	180.500,00 DM	
7	Botique Bastinne	345.000,00 DM	
8	Anna Maria Shop	890.020,00 DM	
9	A.S. GmbH	341.923,00 DM	
10	Fashion-Kette	560.500,00 DM	
11	Weber AG	34.000.000,00 DM	
12	Fashion-Kette	120.000,00 DM	
13			

Bild III.76: Liste mit SVERWEIS durchsuchen

1. Bauen Sie ein Arbeitsblatt mit einer Datenliste sowie einer Ein- und Ausgabezelle auf. Im Beispiel wurden die beiden Zellen über der Liste angeordnet. Das muß nicht sein.
2. Geben Sie einem Bereich, der durchsucht werden soll, einen Namen. Sie können in der Formel aber auch eine absolute Bereichsangabe mit Zelladressen vornehmen.
3. Als Test wird eine unter der Abfrage gespeicherte Umsatzliste durchsucht. In der Ausgabezelle ist die Formel untergebracht. Sie heißt im Beispiel
=SVERWEIS($B$3;Daten;2;FALSCH).
4. Die Formel prüft, ob die erste Spalte einer Matrix (z.B. Daten) einen bestimmten Wert enthält, und gibt dann den Wert, der in der angegebenen Zelle steht, zurück (z.B. einen Namen). Im Beispiel entnimmt die Formel der Zelle B3 einen Kriterienwert. Hier wird der Suchauftrag formuliert (Platzhalter bei den Namen können verwendet werden).
5. Nach dem Semikolon steht, daß die Liste *Daten* zu durchsuchen ist.
6. Der Wert *2* informiert Excel, daß der gesuchte Umsatz in der zweiten Spalte steht und FALSCH sorgt dafür, daß die Werte nicht sortiert sein müssen.

Wenn Sie WAHR in einer Abfrage verwenden, müssen die in der ersten Spalte einer Liste stehenden Werte in aufsteigender Reihenfolge sortiert sein.

WAHR nur bei fester Reihenfolge

5.1.5 Liste filtern

Auswahl durch Filter

Wenn Sie das wollen, können Sie umfangreiche Daten in Excels Listen verwalten. Je umfangreicher die jeweilige Liste wird, desto wichtiger wird es, auf bestimmte Daten zugreifen zu können. Excel bietet dafür das Instrument des Filters an.

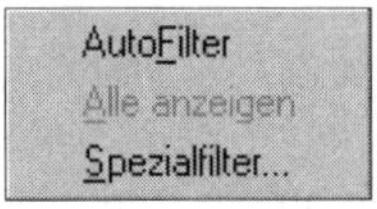

Durch das Anwenden eines Filters auf eine Liste können Sie nur die Zeilen anzeigen lassen, die den von Ihnen angegebenen Suchkriterien entsprechen. Excel bietet für die Aufgabe des Filterns DATEN/FILTER/AUTOFILTER oder die Option DATEN/FILTER/SPEZIALFILTER an (nebenstehende Abb.).

5.1.5.1 AutoFilter auf eine Liste anwenden

Bild III.77:
AutoFilter-Auswahl

AUTOFILTER für schnellen Zugriff

Wollen Sie schnell auf Daten einer einzelnen Spalte in einer Liste mit Spaltenüberschriften zugreifen, wenden Sie die Option AUTOFILTER an:

1. Markieren Sie eine beliebige Zelle der Liste.
2. Wählen Sie DATEN/FILTER/AUTOFILTER.
3. Öffnen Sie eine Liste mit dem neu angezeigten Pfeil neben der oder den Spalte(n). Wenn Sie nach mehreren Werten filtern oder andere Vergleichsoperatoren als UND anwenden wollen, müssen Sie die Option BENUTZERDEFINIERT benutzen.
4. Markieren Sie in der Liste einen Wert.

Bild III.78:
Benutzerdefiniert
filtern

Praxistip: Wollen Sie in der Liste nur einen AutoFilter-Pfeil zu einer ausgewählten Spalte sehen, markieren Sie vor der Wahl DATEN/FILTER/AUTOFILTER eine Spalte.

5.1.5.2 Mit dem Spezialfilter arbeiten

Gezielter mit der Option SPEZIALFILTER wählen

Die Option SPEZIALFILTER unterscheidet sich optisch durch die fehlenden Pfeile für die Kriterienwahl neben den Spaltenüberschriften. Bezogen auf die Anwendung können Sie diese Option variabler einsetzen. Verwenden Sie diesen Befehl immer dann,

- wenn Sie berechnete Werte als Kriterium nutzen,
- wenn Sie Kriterien für mehrere Spalten angeben,
- wenn drei oder mehr Bedingungen pro Spalte zu formulieren sind.

5 Die Datenverwaltung

Sie müssen Kriterien in einen besonderen Kriterienbereich des Arbeitsblatts eintragen, vergleichbar der Filterfunktion mit Query:

	A	B	C	D	E	F	G	H
1	Kundnr	Region	Kundname	Kundbez	Kundstr		Kundplz	Kundort	Umsatz
2								
3								
4								
5	Kundnr	Region	Kundname	Kundbez	Kundstr		Kundplz	Kundort	Umsatz
6	1	5	Meyer OHG	Schreibwaren	Landshuter Str. 98	47249	Duisburg	150
7	2	2	Rolf Neumeier	Schreibwaren	Otto-Hahn-Str. 29	40591	Düsseldorf	5250

Bild III.79: Kriterienüberschriften zum Filtern

1. Markieren Sie drei bis vier Zeilen über einer Liste und wählen Sie im Kontextmenü der rechten Maustaste ZELLEN EINFÜGEN.
2. Kopieren Sie die Zeile der Spaltenüberschriften in die erste Zeile. Lassen Sie mindestens eine Zeile zwischen den Kriterienwerten und der eigentlichen Liste frei.
3. Schreiben Sie in der zweiten Zeile unterhalb der Spaltenüberschriften (Kriterienbeschriftungen) Kriterien. Verwenden Sie Zeichen wie < oder > und Platzhalter.
4. Markieren Sie eine Zelle der Liste, und wählen Sie DATEN/FILTER/ SPEZIALFILTER.
5. Wenn Sie die voreingestellte Option AN GLEICHER STELLE FILTERN verwenden, werden Zeilen ausgeblendet, die den Kriterien nicht entsprechen. Wenn Sie das Optionsfeld AN EINE ANDERE STELLE KOPIEREN markieren, müssen Sie den Ausgabebereich bestimmen und können die gefilterten Daten weiterverarbeiten.
6. Tragen Sie schließlich als Bereich den Kriterienbereich mit der oder den Kriterienüberschrift(en) an.

Praxistip: Sollte es beim Filtern mit der Option SPEZIALFILTER zu Problemen kommen, prüfen Sie das Dialogfeld SPEZIALFILTER. Vergleichen Sie, ob in den Listen LISTENBEREICH und KRITERIENBEREICH die richten Werte angezeigt werden. Fehlt z.B. im Kriterienbereich eine Zeile, kann das Filtern nicht funktionieren.

	A	B	C	D	E	F
1	Kundnr	Kundname	Kundbez	Kundstr	Kundplz	Kundort
2			Computershop			
3						
4	Kundnr	Kundname	Kundbez	Kundstr	Kundplz	Kundort
9	5	Otto Reinhard	Computershop	Römerstr. 78	45143	Essen
10	6	Gebt	Computershop	Wall 23	42657	Solingen

Bild III.80: Zwei Fundstellen für Text

Hinweis: Damit die Option SPEZIALFILTER funktioniert, muß eine Liste Spaltenüberschriften besitzen.
Wollen Sie gleiche Zeilen oder Datensätze ausblenden, aktivieren Sie das Kontrollkästchen KEINE DUPLIKATE (DATEN/FILTER/SPEZIALFILTER). Um alle doppelten Datensätze zu finden, nutzen Sie ebenfalls die Option SPEZIALFILTER. Löschen Sie den Inhalt des Textfelds KRITERIENBEREICH und aktivieren Sie ebenfalls das Kontrollkästchen KEINE DUPLIKATE.

5.1.5.3 Entfernen und Anzeigen

Anzeigen	Handlung
Filter einer Spalte	Zeigen Sie auf den Pfeil neben der Spaltenüberschrift und wählen Sie die Zeile ALLE.
Wieder alle Zeilen einer gefilterten Liste	DATEN/FILTER/ALLE ANZEIGEN.

Entfernen	
Einen oder alle AutoFilter-Pfeile in einer Liste	DATEN/FILTER/AUTOFILTER (Haken abwählen).

5.1.5.4 Berechneten Wert als Suchkriterium verwenden

Bei der Arbeit mit der Option SPEZIALFILTER haben Sie den Vorteil, daß Sie eine Formel in ein Suchkriterium einbauen können. Im Handel werden umfangreiche Listen der Kundenumsätze geführt und ständig überwacht. Wichtig ist dabei zu wissen, welche Umsätze deutlich von der Norm abweichen, um sofort reagieren zu können. Die Warenwirtschaftssysteme des Handels geben zu diesem Zweck sogenannte »Pennerlisten« aus, die aufweisen, welche Artikel oder Umsätze wenig regsam sind. Im folgenden Bild wird eine Umsatzliste mit einem berechneten Wert als Suchkriterium ausgestattet, um durchsucht zu werden. Um einen berechneten Wert in einem Suchkriterium zu verwenden, bauen Sie einen Filter nach dem grundsätzlich bereits geschilderten Prinzip auf.

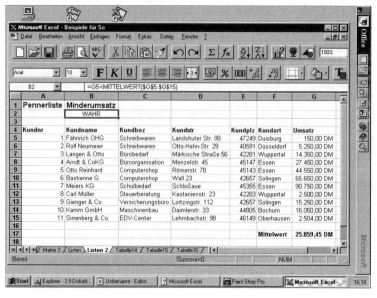

Bild III.81: Berechneter Wert als Suchkriterium einer Umsatzliste

	A	B
1	Pennerliste	Minderumsatz
2		WAHR
3		

Bild III.82: Kriterienbereich zur Untersuchung einer Umsatzliste

1. Lassen Sie über einer Liste Platz für einen Kriterienbereich, oder fügen Sie Zellen ein.
2. Geben Sie dem Filter einen Namen. Geben Sie ein Kriterium mit Formel an, z.B. verlangen Sie, daß Spaltenwerte ab einer Zelle (G5 im Beispiel) mit dem durchschnittlichen Umsatz verglichen werden. Im Beispiel der Bilder geht es um das Filtern der Umsätze unterhalb dem Durchschnittsumsatz.
3. Lassen Sie Platz zwischen der Zelle mit den Filterbedingungen (Kriterienwert) und setzen Sie die Markierung in die Liste.
4. Wählen Sie DATEN/FILTER/SPEZIALFILTER und eines der Optionsfelder AN GLEICHER STELLE FILTERN oder AN EINE ANDERE STELLE KOPIEREN, je nach Ausgabewunsch.

Wenn Sie einen berechneten Wert als Suchkriterium verwenden und der Fehler #NAME? für die Zelle der Kriterienformel angezeigt wird, können Sie den Fehler ignorieren. Ursache ist die erlaubte Verwendung einer Spaltenüberschrift statt eines relativen Zellbezugs oder eines Bereichsnamens. Das Filtern der Liste wird nicht beeinflußt.

Hinweis: Wollen Sie drei oder mehr Bedingungen aus einer einzigen Spalte festlegen, tragen Sie die Kriterien untereinander in mehrere Zeilen ein.

5.1.5.5 Listen durch Teilergebnisse analysieren

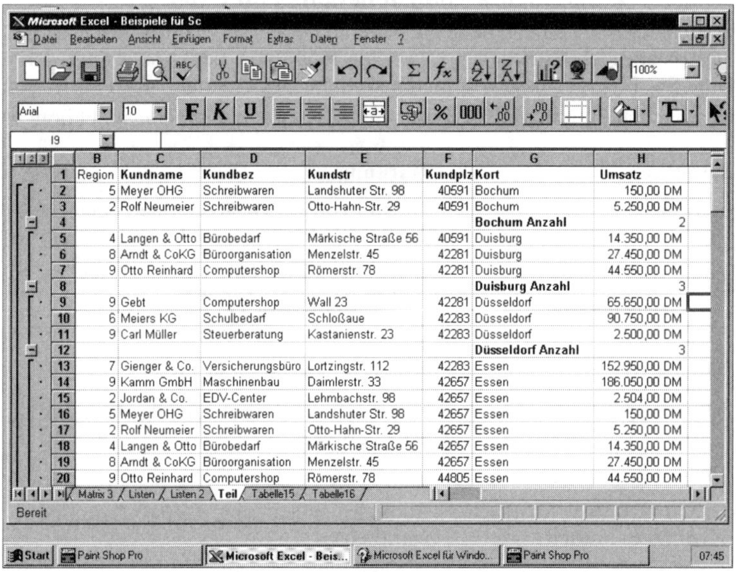

	B	C	D	E	F	G	H
1	Region	Kundname	Kundbez	Kundstr	Kundplz	Kort	Umsatz
2	5	Meyer OHG	Schreibwaren	Landshuter Str. 98	40591	Bochum	150,00 DM
3	2	Rolf Neumeier	Schreibwaren	Otto-Hahn-Str. 29	40591	Bochum	5.250,00 DM
4						**Bochum Anzahl**	2
5	4	Langen & Otto	Bürobedarf	Märkische Straße 56	40591	Duisburg	14.350,00 DM
6	8	Arndt & CoKG	Büroorganisation	Menzelstr. 45	42281	Duisburg	27.450,00 DM
7	9	Otto Reinhard	Computershop	Römerstr. 78	42281	Duisburg	44.550,00 DM
8						**Duisburg Anzahl**	3
9	9	Gebt	Computershop	Wall 23	42281	Düsseldorf	65.650,00 DM
10	6	Meiers KG	Schulbedarf	Schloßaue	42283	Düsseldorf	90.750,00 DM
11	9	Carl Müller	Steuerberatung	Kastanienstr. 23	42283	Düsseldorf	2.500,00 DM
12						**Düsseldorf Anzahl**	3
13	7	Gienger & Co.	Versicherungsbüro	Lortzingstr. 112	42283	Essen	152.950,00 DM
14	9	Kamm GmbH	Maschinenbau	Daimlerstr. 33	42657	Essen	186.050,00 DM
15	2	Jordan & Co.	EDV-Center	Lehmbachstr. 98	42657	Essen	2.504,00 DM
16	5	Meyer OHG	Schreibwaren	Landshuter Str. 98	42657	Essen	150,00 DM
17	2	Rolf Neumeier	Schreibwaren	Otto-Hahn-Str. 29	42657	Essen	5.250,00 DM
18	4	Langen & Otto	Bürobedarf	Märkische Straße 56	42657	Essen	14.350,00 DM
19	8	Arndt & CoKG	Büroorganisation	Menzelstr. 45	42657	Essen	27.450,00 DM
20	9	Otto Reinhard	Computershop	Römerstr. 78	44805	Essen	44.550,00 DM

Bild III.83: Gruppieren zu Teilergebnissen

Gliedern und anzeigen

Möglicherweise haben Sie eine Liste von Kunden nach Orten sortiert, finden die Anzeige aber noch nicht übersichtlich genug. Teilergebnisse sind die Lösung für das Problem. Ähnlich wie durch das Filtern können Sie durch Teilergebnisse den Inhalt umfangreicher Tabellen verständlicher machen. Teilergebnisse fassen vergleichbare Angaben zusammen. Die Anzeige automatischer Teilergebnisse setzt die Datenorganisation in beschrifteten Listen voraus. Zum Gruppieren vergleichbarer Daten sind folgende Arbeiten notwendig:

1. Setzen Sie den Cursor in die Liste oder markieren Sie.
2. Wählen Sie DATEN/TEILERGEBNISSE. Das Dialogfeld TEILERGEBNISSE wird angezeigt.
3. Geben Sie in der Liste GRUPPIEREN NACH an, wie angeordnet werden soll, z.B. ein Spaltennamen mit Ortsangaben.
4. In der Liste UNTER VERWENDUNG VON suchen Sie eine Funktion für das Gruppieren aus, z.B. ANZAHL2 für das Zählen von Ortsnamen.
5. IN BEZOGEN AUF legen Sie noch fest, welche Teilergebnisse in die Liste aufgenommen werden sollen und bestätigen.

Bild III.84:
Teilergebnisse
löschen

Wenn Sie die Anzeige enger oder weiter fassen wollen, verwenden Sie die Markierungskästchen der Gliederungsfunktion (siehe Gliederungsfunktion in Word). Um Teilergebnisse zu löschen, markieren Sie die Liste und wählen DATEN/TEILERGEBNISSE/ENTFERNEN.

5.1.5.6 Zusammenfassungsfunktionen für Listen

Das Dialogfeld TEILERGEBNISSE bietet in der Liste UNTER VERWENDUNG VON (siehe nebenstehendes Bild) eine Reihe von Funktionen, mit deren Hilfe Sie Teilergebnisse gruppieren können. Die folgende Tabelle listet auf, mit welchen Funktionen Sie Daten in einer Liste zusammenfassen können.

Funktion	Wirkung
ANZAHL	Anzahl von Datensätzen oder Zeilen einer Liste (numerische Daten).
ANZAHL2	Anzahl von Elementen einer Liste (Text = nichtnumerische Daten).
MAXIMUM	Größter Wert einer Liste.
MINIMUM	Niedrigster Wert einer Liste.
MITTELWERT	Durchschnitt (Mittelwert) der Werte in einer Liste.
PRODUKT	Produkt einer Liste.
STANDARDABWEICHUNG (Grundgesamtheit)	Standardabweichung (Liste = Grundgesamtheit).
STANDARDABWEICHUNG (Stichprobe)	Schätzung der Standardabweichung (Liste = Muster).
SUMME	Summe der Werte einer Liste.

5 Die Datenverwaltung

Funktion	Wirkung
VARIANZ (Grundgesamtheit)	Varianz (Liste = Grundgesamtheit).
VARIANZ (Stichprobe)	Schätzung der Varianz (Liste = Muster).

5.1.5.7 Kriterien aus mehreren Spalten verwenden

Um aus einer Liste Datensätze nach Bedingungen aus mehreren Spalten zu filtern, müssen Sie die grundsätzlichen Unterschiede beachten:

- Sollen mehrere Kriterien zutreffen (eines wie das andere soll zutreffen), tragen Sie alle Kriterien in derselben Zeile des Kriterienbereichs ein. Dabei können Sie bestimmte Werte ebenso angeben wie Bereiche, auf die z.B. Parameter wie < oder > zutreffen (UND).

Bedingungen formulieren

	A	B	C	D
1	Kundnr	Region	Kundname	Kundbez
2		9		Computershop
3				
4				
5	Kundnr	Region	Kundname	Kundbez
10		5	9 Otto Reinhard	Computershop
11		6	9 Gebt	Computershop

Bild III.85:
Mehrere Kriterien sollen zutreffen

- Um eine Reihe verschiedener Kriterien für verschiedene Spalten festzulegen, von denen mindestens eine Bedingung zutreffen soll, schreiben Sie die Kriterien gestaffelt in verschiedenen Zeilen (ODER).

	A	B	C	D	E	F	G	H
1	Kundnr	Region	Kundname	Kundbez	Kundstr	Kundplz	Kundort	Umsatz
2		9						
3			Gebt					
4				Computershop				
5	Kundnr	Region	Kundname	Kundbez	Kundstr	Kundplz	Kundort	Umsatz
10	5	9	Otto Reinhard	Computershop	Römerstr. 78	45143	Essen	44550
11	6	9	Gebt	Computershop	Wall 23	42657	Solingen	65650
13	8	9	Carl Müller	Steuerberatung	Kastanienstr. 23	42283	Wuppertal	2500
15	10	9	Kamm GmbH	Maschinenbau	Daimlerstr. 33	44805	Bochum	186050

Bild III.86:
Mindestens eine Bedingung soll zutreffen

- Damit UND/ODER-Beziehungen im selben Kriterienbereich anzuwenden sind, schreiben Sie die Kriterien in getrennte Zeilen. Falls Platz fehlt, fügen Sie noch eine oder weitere Zeilen ein.

	A	B	C	D
1	Kundnr	Region	Kundname	Kundbez
2				Computershop
3				EDV-Center
4				
5	Kundnr	Region	Kundname	Kundbez
10	5	9	Otto Reinhard	Computershop
11	6	9	Gebt	Computershop
16	11	2	Jordan & Co.	EDV-Center

Bild III.87:
Bedingungen der gleichen Spalte sollen zutreffen

5.1.6 Datensätze sortieren

Bei der Eingabe von Datensätzen werden Sie nicht immer die alphabetische Reihenfolge beachten können, schon alleine weil Sie Daten nach der ersten Eingabe hinzufügen, wird eine neue Reihenfolge der Datensätze hergestellt werden müssen.

Übersicht durch Reihenfolge

Praxistip: Wollen Sie nach dem Sortieren die ursprüngliche Reihenfolge der Datensätze wieder herstellen, fügen Sie in einer weiteren Spalte fortlaufende Nummern ein. Diese können auch nach weiteren Arbeiten als Anhaltspunkt für die Wiederherstellung der ursprünglichen Reihenfolge benutzt werden. Ziehen Sie nach der Eingabe von 1 und 2 oder nutzen Sie BEARBEITEN/AUSFÜLLEN/REIHE).

1. Markieren Sie den Bereich, der sortiert werden soll.
2. Einschließen in den Bereich sollten Sie eine mit Zahlen gefüllte zusätzliche Spalte, mit der Sie den Zustand vor dem Sortieren wieder herstellen können. Nicht einbeziehen dürfen Sie die Zeile mit den Überschriften, den Feldnamen, diese sollen ja nicht sortiert werden.
3. Öffnen Sie durch DATEN/SORTIEREN das Dialogfeld SORTIEREN.
4. Als Vorschlag für den zu sortierenden Datenbereich wird bereits der Sortierbereich angezeigt, wenn Sie ihn durch die Cursorposition markiert haben, ehe Sie das Dialogfenster geöffnet haben. Praktisch beim Dialogfeld ist, daß die Überschriften bei der Markierung automatisch ausgespart werden.
5. Entsprechend der Cursorposition ist die Leitspalte zum Sortieren in der Liste SORTIEREN NACH angegeben. Sie können das vor dem Sortieren ändern.
6. Zuerst werden die Daten nach der zunächst angegebenen Spalte sortiert werden, dann nach der Anzeige in den Listen ANSCHLIEßEND NACH und ZULETZT NACH.
7. Dadurch können Sie Spalte X zuerst sortieren, innerhalb dieser Vorgabe dann die nächste Spalte, schließlich noch nach einem dritten Kriterium (z.B. *Name* und *Vorname* oder *Stadt* bzw. *Postleitzahl*, dann *Straße*, dann *Hausnummer*).

8. Die Reihenfolge wird meist AUFSTEIGEND, von der niedrigsten zur höchsten Postleitzahl, vom Buchstaben A bis Z, sein.
9. Bestätigen Sie mit OK, um zu sortieren.

5.1.6.1 Voreinstellung der Sortierfolge

Standardmäßige Sortierreihenfolge aufsteigender Daten innerhalb von Excel 7.0:

- Von der kleinsten negativen Zahl zur größten positiven Zahl
- Textreihenfolge: 0 1 2 3 4 5 6 7 8 9 ' - Leer ! " # $ % & ( ) * , . / : ; ? @ [\ ] ^ _ ` { | } ~ + < = > A bis Z
- Logische Werte FALSCH vor WAHR
- Fehlerwerte werden gleich behandelt
- Leere Zellen werden zuletzt in eine Sortierreihenfolge eingefügt

Hinweis: In absteigender Reihenfolge gilt die vorgestellte Sortierreihenfolge umgekehrt. Nur leere Zellen werden immer zuletzt einsortiert.

5.1.6.2 Sortieren einer Liste

Typische Sortieraufgaben

Durch Sortieren können Sie Zeilen, Spalten oder einzelne Zellen einer Liste neu ordnen. Die neue Anordnung nach der angegebenen Spalten- und Sortierreihenfolge können Sie nach der Änderung zurücknehmen. Drei Sortierfälle werden immer wieder auftreten:

- Zeilen in einer Liste aufgrund der Einträge einer Spalte sortieren.
- Zeilen einer Liste entsprechend den Werten mehrerer Spalten sortieren.

- Spalten sortieren, die auf Zeilen basieren.

5.1.6.3 Mehrere Spalten gleichzeitig sortieren

Das Dialogfeld SORTIEREN bietet zunächst die Möglichkeit, maximal drei Spalten gleichzeitig zu sortieren. Nutzen Sie die drei Optionen für Eingaben. Sie können eine Liste trotz der fehlenden Optionen auch nach vier oder mehr Spalten sortieren. Dazu müssen Sie eine Liste mehrfach »von hinten nach vorn« sortieren. Zuerst sortieren Sie die weniger wichtigen, dann die jeweils wichtigeren Spalten:

Standard sind drei Sortierfolgen

1. Positionieren Sie den Cursor in einer Zelle der Liste oder markieren Sie einen Bereich in der Liste.
2. Wählen Sie DATEN/SORTIEREN.
3. Geben Sie in den Listen SORTIEREN NACH, ANSCHLIEẞEND NACH und ZULETZT NACH zunächst die drei weniger wichtigen Spalten an.
4. Bestätigen Sie mit OK, und wiederholen Sie die Eingaben für die drei wichtigsten Spalten usw.

Bild III.88:
Gestaffelt sortieren

5.1.6.4 Benutzerdefinierte Sortierreihenfolge einrichten

Immer wenn Sie bestimmte Reihenfolgen häufig herstellen müssen, die vom Standard des auf- oder absteigenden Sortierens abweichen, legen Sie die Reihenfolge einmal fest und greifen bei Bedarf darauf zurück:

Sortierreihen nach unterschiedlichsten Anforderungen

1. Wählen Sie EXTRAS/OPTIONEN und aktivieren Sie die Registerkarte AUTOAUSFÜLLEN.
2. Markieren Sie im Bereich BENUTZERLISTE die Zeile NEUE LISTE.

Bild III.89:
Neue Liste anlegen

3. Schreiben Sie das erste Element der Sortierreihenfolge. Da der Einfügecursor bereits im Bereich LISTENEINTRÄGE stand, wird das Element angezeigt.

4. Drücken Sie ⏎ für das nächste Element, und wiederholen Sie die Eingabe für die restlichen Elemente.
5. Übernehmen Sie die neue BENUTZERDEFINIERTE SORTIERREIHENFOLGE mit EINFÜGEN.

Vorgaben können erweitert werden

Die vergleichsweise ungewöhnlichen Sortierfolgen nach Tagen oder Monaten sind in der Benutzerliste bereits vorgegeben. Wie eine Liste sortiert, sehen Sie im Bereich LISTENEINTRÄGE, wenn Sie in der Benutzerliste eine Zeile markieren.

Praxistip: Kommt es beim Sortieren zu Problemen, achten Sie auf Leerzeichen und prüfen Sie, ob alle Zellen einer Spalte in gleicher Weise formatiert sind (Datentyp).

5.1.6.5 Benutzerdefinierte Reihenfolge nutzen

Definierte Reihe per Mausklick

Im Feld SORTIEREN NACH können Sie verlangen, daß eine Spalte nach einer benutzerdefinierten Sortierreihenfolge geordnet wird:
1. Setzen Sie den Cursor in eine Zelle oder markieren Sie einen begrenzten Bereich in einer Liste.
2. Wählen Sie DATEN/SORTIEREN.
3. Mit OPTIONEN/BENUTZERDEFINIERTE SORTIERREIHENFOLGE können Sie eine mit EXTRAS/OPTIONEN/AUTOAUSFÜLLEN festgelegte Folge wählen.
4. Ordnen Sie die Reihenfolge mit OK zu und wählen Sie im Dialogfeld SORTIEREN weitere Sortieroptionen aus.

Bild III.90: Zugriff auf Sortieroptionen

Sie können benutzerdefinierte Sortierreihenfolgen nicht ohne weiteres zum Sortieren mehrerer Spalten verwenden. Das ist nur möglich, wenn Sie eine Liste nacheinander aufgrund einzelner Spalten sortieren.

5.1.7 Löschen von Datensätzen

Mit BEARBEITEN/ INHALTE LÖSCHEN differenzieren

Listen müssen gepflegt werden. Beispielsweise durch die regelmäßige Prüfung des Inhalts einer Liste. Im Laufe der Arbeit werden immer wieder Datensätze zur Liste hinzukommen. Wird die Liste von mehr als einem Benutzer eingesetzt, wird es mit einiger Wahrscheinlichkeit geschehen, daß Datensätze doppelt eingegeben werden. Durch die natürliche Fluktuation verlieren Kunden- und Personaldatenbanken ihre Aktualität. Doppelte oder überflüssige Daten in einer Liste zu belassen, ist nur dann sinnvoll, wenn das Entfernen solcher Datensätze umständlicher ist als der Betrieb mit redundanten (überflüssigen) Daten. Redundanz aber ist bei Listen unerwünscht, denn sie beeinflußt die Schnelligkeit und Ökonomie der Nutzung einer Liste bzw. Datenbank.

Um ausgewählte Datensätze nach Kriterien zu löschen, verwenden Sie die Methode, die Ihnen bereits aus Beispielen zum Filtern bekannt ist:
1. Markieren Sie eine Liste.

2. Wählen Sie DATEN/FILTER/AUTOFILTER.
3. Öffnen Sie die benötigte Liste und wählen Sie das Filterkriterium.
4. Löschen Sie mit einer Option aus BEARBEITEN, je nach Löschziel.

5.1.8 Zugriff auf Access-Formulare und -Berichte

Mit dem Add-In ACCESSLINKS können Sie mit Excel Access-Daten nutzen. Das Add-In und Access müssen auf Ihrem Computer installiert sein. Das ist bereits so, wenn am Ende des Menüs DATEN die Optionen ACCESS-FORMULAR, ACCESS-BERICHT und ZU MICROSOFT KONVERTIEREN ACCESS angezeigt werden. Finden Sie die Optionen nicht, müssen Sie das Add-In-Programm ACCESSLINKS installieren:

Add-Ins erweitern und helfen

1. Wählen Sie EXTRAS/ADD-IN-MANAGER.
2. Suchen und markieren Sie in der Liste VERFÜGBARE ADD-INS das oder die Kontrollkästchen.

Bild III.91: Access-Optionen in Excel

Wird der gesuchte Add-In nicht in der Liste VERFÜGBARE ADD-INS angezeigt, verwenden Sie die Schaltfläche DURCHSUCHEN. Ist der Add-In nicht zu finden, führen Sie nochmals das Setup durch, um ihn zu installieren.

Um ein Access-Formular aufgrund einer Excel-Liste anzulegen, gehen Sie so vor:

1. Markieren Sie eine beliebige Zelle einer Liste.
2. Wählen Sie DATEN/ACCESS-FORMULAR.
3. Die Option startet den Assistenten MICROSOFT ACCESS-FORMULAR ERSTELLEN.
4. Der Assistent öffnet Access und legt eine neue Datenbank und Tabelle an. Er gibt Ihnen an, welche Handlungen und Angaben zu Feldern und dem Layout von Ihnen erwartet werden. Folgen Sie den Anweisungen im Access-Formularassistenten.

Mit der zur Liste eingefügten Schaltfläche in der nebenstehenden Abbildung können Sie das neue Formular aufrufen.

435

III Excel

Sinngemäß gleich wie das eben für ein Formular beschrieben wurde, können Sie auch aus einer Excel-Liste einen Access-Bericht anlegen. Wählen Sie DATEN/ACCESS-BERICHT, und folgen Sie den Forderungen des Access-Berichtsassistenten.

Wenn Sie häufig mit Access arbeiten, ist es sinnvoll, eine Liste aus Excel in eine Microsoft Access-Datenbank zu konvertieren. Wieder gibt Ihnen ein Assistent alle notwendigen Informationen, wenn Sie eine Zelle der Liste markiert und die Option DATEN/ZU MICROSOFT ACCESS KONVERTIEREN gewählt haben.

Bild III.92:
Meldung nach der Konvertierung

D	E	F	G	H

Zu Microsoft Access konvertieren

Die Liste wurde zu Microsoft Access konvertiert. Die Daten befinden sich jetzt in der Datenbankdatei C:\Eigene Dateien\Mappe11.mdb.

5.2 Datenabfrage

Excel für Fremddaten erweitert

Query in Excel 7.0 ermöglicht die Organisation von Excel-Listen wie auch Zugriffe auf die Dateien von Fremdprogrammen. Query ist ein Add-In, das Sie mit Setup oder dem Add-In-Manager installieren und im Menü DATEN starten können:

- Query können Sie durch Verknüpfen und Aktivieren der Datei *MSQRY32.EXE* aufrufen.
- Mit DATEN/DATEN IMPORTIEREN, aktivieren und verwenden Sie Query per Menü.
- Ist Query nicht im Menü DATEN aufzurufen, wählen Sie EXTRAS/ADD-IN-MANAGER, und aktivieren Sie das Kontrollkästchen MICROSOFT QUERY-ADD-IN. *XLQUERY.XLA* wird geladen und Sie können die Option DATEN/DATEN IMPORTIEREN wählen, um mit Query Daten aus fremden Quellen zu entnehmen.

5.2.1 Datenquelle öffnen

Bild III.93:
Query-Symbolleiste

Datenquelle für eigene und fremde Daten

Um Query zu verwenden, müssen Sie eine Datenquelle öffnen:

1. Starten Sie für das Dialogfeld DATENQUELLE AUSWÄHLEN Query mit DATEN/DATEN IMPORTIEREN oder wählen Sie DATEI/NEUE ABFRAGE.
2. Markieren Sie eine Quelle, und beginnen Sie mit VERWENDEN. Fehlende Einträge im Dialogfenster verlangen die Wahl ANDERE. Anschließend können Sie z.B. eine Tabelle markieren und mit HINZUFÜGEN laden.

5 Die Datenverwaltung

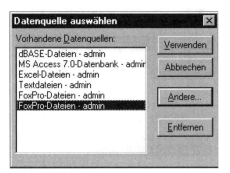

Bild III.94:
Datenquelle wählen

Durch die geladenen Daten können Sie mit der Abfrage arbeiten, Daten wählen, analysieren und mit Excel weiterverarbeiten.

5.2.2 Daten im Abfrage-Fenster anzeigen

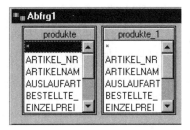

Bild III.95:
Tabelle und Kopie im Abfrage-Fenster

In einem Abfrage-Fenster können Sie Daten als Tabellen laden. Für eine Anzeige starten Sie eine neue Abfrage und entnehmen für diese Daten:

Tabellen für Abfrage zusammenstellen

1. Markieren Sie eine Zeile im Dialogfeld DATENQUELLE AUSWÄHLEN und bestätigen Sie die Übernahmen mit VERWENDEN.
2. Suchen Sie im Dialogfeld TABELLEN HINZUFÜGEN eine Tabelle aus und übernehmen Sie mit HINZUFÜGEN oder einem Doppelklick. Sie können weiter Tabellen auf gleiche Weise oder die gleiche Tabelle erneut übernehmen. Kopien werden durch eine fortlaufende Numerierung des Tabellennamens in der Überschrift unterschieden. Die Feldnamen der Tabelle werden im Tabellenkästchen aufgeführt.
3. Um aus der oberen Anzeige Daten im unteren Bereich einzufügen, markieren Sie einen Feldnamen im Tabellenausschnitt und ziehen ihn auf die weiße Fläche.

Ein Doppelklick auf den Namen wirkt im Fall der zuletzt geschilderten Übernahme gleich. Sie können alternativ auch einen Feldnamen in das leere Kästchen für den Spaltenkopf eintragen, und ⏎ drücken. Effektiver ist die Auswahl in der Liste (nebenstehende Abb.).

5.2.3 Daten sortieren

*Bild III.96:
Daten einer
MS-Query-Liste
sortieren*

Standard aufsteigend und absteigend

Spalten in einer Abfrage können Sie aufsteigend (von A bis Z) oder absteigend (Z bis A) sortieren. Um nach einer Spalte zu sortieren, ist dieser Ablauf sinnvoll:

1. Markieren Sie eine Spalte und klicken Sie die Schaltfläche an. Verwenden Sie alternativ DATENSÄTZE/SORTIEREN.
2. Im Dialogfeld SORTIEREN können Sie unterschiedliche Sortierweisen unter Namen speichern (SORTIERUNGEN IN ABFRAGE).
3. Markieren Sie eine Sortierweise und löschen Sie diese mit ENTFERNEN.

Gestaffelt sortieren

Wenn Sie nach mehreren Spalten gleichzeitig sortieren wollen, ist auch das möglich:

1. Markieren Sie alle Spalten, die sortiert werden sollen.
2. Sortieren Sie. Im Ergebnis wird stufenweise alphabetisch geordnet, z.B. Nach-, dann Vornamen oder Ort, dann Straßen usw.

Praxistip: Halten Sie für Mehrfachmarkierungen [Strg] gedrückt und verwenden Sie die Schaltflächen der Symbolleiste.

5.2.4 Abfrage mit Kriterien

*Bild III.97:
KRITERIEN per
Dialogfeld festlegen*

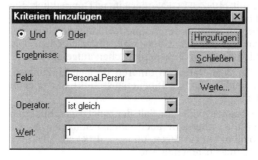

Durch Kriterien erreichen Sie, daß nur Datensätze angezeigt werden, die jeweils benötigt werden:

5 Die Datenverwaltung

Bild III.98:
Abfrage mit Kriterium
>

1. Wählen Sie in eine Tabelle für das Abfragefenster und Felder.
2. Aktivieren Sie ANSICHT/KRITERIEN oder die Schaltfläche KRITERIUM für das Einblenden der Kriterienfelder.
3. Öffnen Sie das Kriterienfeld und geben Sie einen Wert für die Auswahl an, z.B. einen Namen, einen Umsatz usw. Query beachtet bei einer Abfrage die Groß- und Kleinschreibung.

Sie können auch eine Abfrage für mehrere Kriterien verwenden. Richten Sie einen Eintrag für ein Feld wie PLZ für Postleitzahlen ein. Tragen Sie als Wert z.B. >30000 ein, und starten Sie die Abfrage mit AUSFÜHREN (nebenstehende Abb.). Ergebnis der Anzeige sind alle Datensätze mit den entsprechenden Postleitzahlen. Ebenso hätten Sie mit <Zahl nach den niedrigen Zahlen oder =Zahl nach einer bestimmten Angabe suchen können.

Query interpretiert zwei für das gleiche Feld übereinander eingetragene Kriterien als logisches ODER. Sowohl die einen, als auch die anderen Daten werden angezeigt. Es sind jene Daten, auf die beide Kriterien zutreffen.

Mit logischem ODER differenzieren

Hinweis: DATENSÄTZE/AUTOABFRAGE muß deaktiviert sein, wenn Sie für das gleiche Feld mehrere Kriterien festlegen.

Bild III.99:
Eine Abfrage aufbauen

5.2.4.1 Kriterien wählen

Wenn Sie eine Abfrage aufbauen, blenden Sie mit ANSICHT/KRITERIEN das Abfragefenster ein. Kriterien wie z.B. < oder > können Sie manuell einfügen oder abrufen:

1. Öffnen Sie mit einem Doppelklick auf das Feld WERT das Dialogfenster KRITERIEN BEARBEITEN.
2. Klappen Sie die Liste OPERATOR auf, lassen sich Kriterien besonders effektiv und genau zuordnen. Wählen Sie per Mausklick. Diese Methode hat auch den Vorteil, daß die einfachen Anführungsstriche ' automatisch um einen Text eingefügt werden. Das Zeichen # wird automatisch um ein Datum gelegt. Sie können diese Zeichen auch manuell eingeben.
3. Geben Sie im Textfeld den gesuchten Wert an.

Verwenden Sie eine Suche nach Zeichen, setzen Sie Platzhalter ein. Je nach Datenquelle sind Platzhalter unterschiedlich. Wählen Sie die Hilfefunktion von Query und geben Sie Platzhalter als Suchbegriff ein. Sie erhalten ausführliche Übersichten und Beispiele.

* und ? als Platzhalter verwenden

Praxistip: Durch die Abfrage mehrerer Spalten einer Liste können Sie durch wiederholte und immer enger formulierte Abfragen einen sehr großen Datenbestand leicht eingrenzen.

5.2.4.2 Verknüpfung herstellen

Query verknüpft Tabellen so, daß Sie einen relationalen Zugriff auf Daten besitzen. Tabellen mit Primärschlüsselfeldern werden automatisch verbun-

Relationaler Zugriff durch Verknüpfung

439

III Excel

den. Ist das nicht der Fall, müssen Sie eine Verknüpfung der Tabellen herstellen.

1. Zeigen Sie die benötigten Tabellen in einer Abfrage an. Wählen Sie TABELLE/TABELLEN HINZUFÜGEN (nebenstehende Schaltfläche), um die Tabellen im Abfragefenster zusammenzustellen.
2. Um zwei Tabellen über Felder gleichen Datentyps zu verbinden, aktivieren Sie Verbindungslinien (Äquivalenzverknüpfung).
3. Sind zwei entsprechende Tabellen im Fenster angeordnet, markieren Sie eines der beiden Felder und ziehen Sie es bei gedrückter linker Maustaste zum äquivalenten Feld über die zweite Tabelle. Die Verknüpfungslinie wird nach dem Lösen der Maustaste angezeigt (gleiche Namen erkennt Query).

Bild III.100: Relation

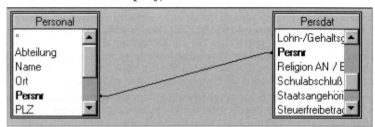

Wenn Sie die Einstellungen im Dialogfeld durchführen wollen, verwenden Sie TABELLE/VERKNÜPFUNGEN. Mit den Listen LINKS und RECHTS wählen Sie die zu verbindenden Feldnamen. Der notwendige Operator ist voreingestellt (=). Klicken Sie auf HINZUFÜGEN und übernehmen Sie die Verknüpfung.

Bild III.101: Das Verbinden von drei Datenbanken

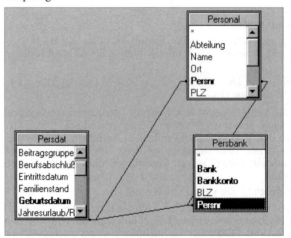

Praxistip: Wollen Sie mehr als zwei Dateien indirekt verbinden, müssen sich in der dritten (usw.) Tabelle wieder gleichartige Felder wie zumindest in einer der anderen Tabellen befinden. Um eine Vielfach-Verbindung aufzubauen, benötigen Sie entweder gleiche Felder oder solche mit identischer Funktion. Verbinden Sie solche Felder, um die Tabellen zu verknüpfen. Sie können danach in einer Abfrage auf Daten aller verknüpften Tabellen zugreifen.

5.2.4.3 Inklusionsverknüpfung

Verknüpfungen können Sie auch für Tabellen herstellen, deren Daten nicht übereinstimmen. Die Inklusionsverknüpfung kehrt dazu die Aufgabe der Äquivalenzverbindung um:

Inklusion kehrt Äquivalenz um

1. Öffnen Sie zwei Tabellen in einem Abfrage-Fenster.
2. Aktivieren Sie TABELLE/VERKNÜPFUNGEN und organisieren Sie in den Listen die Felder für die Verknüpfung.
3. Wählen Sie in der Liste VERKNÜPFUNG ENTHÄLT das Optionsfeld 2 oder 3.

Durch diese Einstellung erreichen Sie, daß alle Werte aus einer der Tabellen und nur die Daten der jeweils anderen angezeigt werden, für die das Verknüpfungsfeld in beiden Tabellen identische Werte zeigt.

Identische Werte als Voraussetzung der Anzeige

5.2.4.4 Eigenverknüpfungen

Mit einer Eigenverknüpfung verwenden Sie zwei Kopien der gleichen Tabelle, um einen bestimmten Ausschnitt der Tabelle anzuzeigen:

Bild III.102: Spaltenkopf bearbeiten

1. Laden Sie eine Tabelle zweimal in ein Abfragefenster. Beim zweiten Öffnen sehen Sie eine Rückfrage. Die Kopie erhält den gleichen Namen, ergänzt um Unterstrich und fortlaufende Nummer
2. Markieren Sie ein passendes Feld und verbinden Sie das Feld der einen mit dem Feld in der Kopie der Tabelle.
3. Um einen Spaltenkopf zu bearbeiten, doppelklicken Sie auf den Spaltenkopf.
4. Tragen Sie zur Unterscheidung im Textfeld SPALTENKOPF für das Dialogfeld SPALTE BEARBEITEN eine neue Überschrift ein.

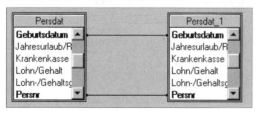

Bild III.103: Eigenverknüpfung

5.2.4.5 Felder in Abfrage-Fenstern bearbeiten

Zum Bearbeiten eines Felds müssen Abfrage-Fenster zu einer Liste und die Spalte, in der ein Feld geändert werden soll, angezeigt werden:

1. Markieren Sie das zu bearbeitende Feld per Mausklick.
2. Ändern Sie den ganzen Eintrag oder korrigieren Sie. Für das Bearbeiten können Sie auch die Optionen der Zwischenablage verwenden

III Excel

3. Mit [Esc] brechen Sie eine Änderung ab. Zum Zurücknehmen wählen Sie BEARBEITEN/RÜCKGÄNGIG.

Praxistip: Sehr einfach können Sie nach Wahl von DATENSÄTZE/BEARBEITEN ERMÖGLICHEN mit der Markierung eines Felds und ANSICHT/ZOOM arbeiten.

5.2.4.6 Datensätze hinzufügen

Durch das Abfrage-Fenster können Sie einer Liste Datensätze mit einer Eingabezeile hinzufügen:
1. Öffnen Sie die Tabelle einer Liste in einem Abfrage-Fenster. Sie finden z.B. im Ordner MSQUERY (\WINDOWS\MSAPPS\) Beispiele für Datenbank-Dateien.
2. Übernehmen Sie die für eine Eingabe benötigte Spalte in den Datenausschnitt.
3. Ehe Sie eingeben, prüfen Sie mit DATENSÄTZE/BEARBEITEN ERMÖGLICHEN den Status. Die Option muß aktiviert sein.
4. Blenden Sie die letzte Eingabezeile ein. Ein Sternchen markiert die Zeile.
5. Tragen Sie Daten ein, bestätigen Sie am Ende für einen weiteren Eintrag oder schließen Sie das Fenster.

5.2.5 Abfragen speichern

Eine Abfrage können Sie speichern und, wann immer Sie wollen, erneut auf eine Tabelle anwenden. Query speichert jeweils nur die »Fragestellung«, so daß Sie immer aktuelle Abfrageergebnisse bekommen.

1. Wählen Sie DATEI/ABFRAGE SPEICHERN oder DATEI/SPEICHERN UNTER (oder nebenstehende Schaltfläche).
2. Der Vorgabename ist *ABFRG1.QRY*. Verwenden Sie einen anderen Namen, sollte der die Erweiterung *.QRY* haben.

Um Abfrage-Ergebnisse als Liste zu speichern, müssen Sie mit DATEI/SPEICHERN UNTER mit einer Datenquelle das Format für die Daten, dann die Option SPEICHERN wählen.

3. Nun wird SPEICHERN UNTER angezeigt und Sie müssen den Dateinamen eingeben und die Erweiterung prüfen.

Bild III.104:
Liste (Tabelle)
speichern

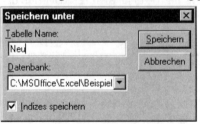

5.2.5.1 Ergebnisse aus Query in Excel nutzen

Abfrage-Ergebnisse aus Query können Basis einer neuen Liste für Excel sein. Um Daten aus Query in Excel 7.0 zu übernehmen, gehen Sie so vor:

442

5 Die Datenverwaltung

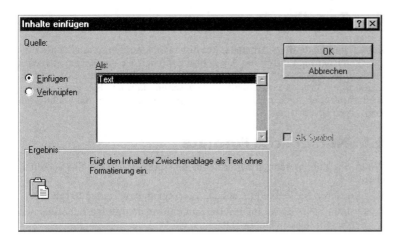

Bild III.105:
Daten aus Query in
Excel 7.0 verwenden

1. Laden Sie Excel 7.0 und öffnen Sie MS Query und eine Datenbank.
2. Markieren Sie im Datenausschnitt alle benötigten Daten.
3. Übernehmen Sie die markierten Datensätze mit BEARBEITEN/INHALTE KOPIEREN in die Zwischenablage. Aktivieren Sie auch das Kontrollkästchen für die Spaltenköpfe.
4. Wechseln Sie mit [Alt]+[↹] zu Excel.
5. Markieren Sie A1 und übernehmen Sie den Inhalt der Zwischenablage ab der Cursorposition in das Excel-Arbeitsblatt.

Wollen Sie Daten aus Query in Word übernehmen, gehen Sie sinngemäß ebenso vor. Nutzen Sie die Tabellenfunktion von Word, um die übernommenen Daten einzubinden.

5.2.5.2 Abfrage mit Excel verknüpfen

Wenn Sie zwischen Query und Excel eine dynamische Verknüpfung herstellen, werden Änderungen Ergebnissen aus Query automatisch in eine Excel-Tabelle übernommen:

Änderungen dynamisch herstellen

1. Öffnen Sie Query und Excel 7.0.
2. Führen Sie eine Abfrage durch und speichern Sie.
3. Markieren und kopieren Sie Daten mit BEARBEITEN/INHALTE KOPIEREN in die Zwischenablage.
4. Wechseln Sie mit [Alt]+[↹] zur Tabelle in Excel und positionieren Sie die Markierung zum Einfügen.
5. Mit BEARBEITEN/INHALTE EINFÜGEN und VERKNÜPFEN organisieren Sie die Verbindung.

Sinngemäß gleich können Abfrage-Ergebnisse aus Query auch in Word durch eine Verknüpfung übernommen und eingebettet werden. Wenn Sie in Word mit EXTRAS/OPTIONEN/ANSICHT das Kontrollkästchen FELDFUNKTIONEN einschalten, werden die Einfügeinformationen für die Verknüpfung angezeigt.

Abfrage-Ergebnisse in Word verarbeiten

In diesem Abschnitt wurde nicht beschrieben, wie Sie mit Query eine Datenbank-Struktur ändern und formatieren. Als Office-Anwender werden Sie für Strukturänderungen die vielfältigen Möglichkeiten von Access bevorzugen. Das Formatieren nutzt im Programmpaket Office übliche Verfahren.

Office 95

6 Tabellen formatieren

Tabellen gestalten erhöht Informationswert

Zahlen und Texte Ihres Arbeitsblattes unterscheiden sich schon bei der Eingabe offensichtlich durch die Ausrichtung. Geben Sie einen Text ein, wird dieser links ausgerichtet, eine Zahl wird automatisch rechts in der Zelle angeordnet. Von der Ausrichtung abgesehen, können Sie viele weitere Gestaltungsmerkmale zuordnen. In diesem Kapitel werden die wichtigsten Techniken beschrieben.

6.1 Numerische Formate

Wenn Sie Zahlen schnell formatieren müssen, verwenden Sie Schaltflächen:

1. Markieren Sie Zahlen in Zellen, oder Zellen bzw. ganze Bereiche.
2. Ordnen Sie in Excel integrierte Zahlenformate mit den Schaltflächen der Symbolleiste FORMAT zu.

Schaltfläche	Bedeutung
	Währung
	Prozent
	1.000er-Trennzeichen
	Dezimalstelle mehr
	Dezimalstelle weniger

Wenn Ihnen diese Methoden der Schnellformatierung nicht ausreichen, die Zahlen einer Tabelle ausreichend zu gestalten, müssen Sie integrierte Formate verwenden oder selbst ein Format definieren.

6.1.1 Ausblenden von Nullen mit einem Zahlenformat

Bild III.106: Nullen durch Code ausblenden

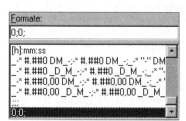

6 Tabellen formatieren

Beim Aufbau von Tabellen erzeugen Formeln gelegentlich Nullen. Das geschieht aufgrund temporärer Situationen und kann durch die Formelkonstruktion ausgeschlossen werden. Einfacher ist es, die Anzeige von Nullen generell mit EXTRAS/OPTIONEN/ANSICHT/FENSTER/NULLWERTE zu deaktivieren. Gezielt können Sie das auf folgende Weise:

1. Wählen Sie die Zelle oder einen Bereich, für den Sie Nullen unterdrücken wollen.
2. Blenden Sie das Register ZAHLEN mit FORMAT/ZELLEN ein.
3. Markieren Sie in der Liste KATEGORIE die Zeile BENUTZERDEFINIERT und geben Sie den Code *0;0;* in das Textfeld FORMATE ein.

6.1.2 Werte in Formeln umwandeln

Wenn Sie eine Formel eingeben, erwartet Excel bestimmte Wertetypen für die Operatoren. Wurden andere eingegeben, werden die Werte des nicht erwarteten Typs möglichst umgewandelt.

Excel formatiert selbst

Formel	Ergebnis	Erklärung
="1"+"2"	3	Das Pluszeichen kündigt Zahlen an. Dagegen kennzeichnen Anführungszeichen "1" und "2" als Texte; Excel nimmt automatisch Zahlen an.
=1+"4,00 DM"	5	Eine Zahl wird erwartet. Und da der folgende Text einem gültigen Zahlenformat entspricht, wandelt Excel diesen um.
=WURZEL("Katschmarek")	#WERT!	Der Text Katschmarek entspricht keinem gültigen Zahlenformat. Excel kann ihn nicht in eine Zahl verwandeln.
="1.6.95"-"1.5.95"	31	Beide Daten sind zwar Text, aber in einem gültigen Datumsformat geschrieben. Sie werden in serielle Datumszahlen umgesetzt.
="A"&WAHR	AWAHR	Wird Text erwartet, verwandelt Excel Zahlen und Wahrheitswerte in Text.

6.1.3 Integrierte Zahlenformate

Mit FORMAT/ZELLEN/ZAHLEN holen Sie eine Liste der in Excel angebotenen Formate auf den Bildschirm. Jedes dieser Formate können Sie markierten Bereichen zuordnen:

1. Wählen Sie FORMAT/ZELLEN und das Register ZAHLEN.
2. Klicken Sie zuerst auf eine Kategoriezeile und markieren Sie dann eine der angezeigten Optionen (nebenstehende Abb.).

Wenn Sie in der folgenden Übersicht das benötigte Format nicht finden, müssen Sie ein benutzerdefiniertes Zahlenformat anlegen.

Darstellung der Zahlen	Kategorie
Anzeige ohne Format	Standard

III Excel

Darstellung der Zahlen	Kategorie
Tausender-Trennzeichen, Dezimalstellen und andere Formaten für negative Zahlen	Zahl
Dezimalstellen, Währungssymbole und andere Formaten für negative Zahlen	Währung
Ausgerichtete Dezimalstellen und Währungssymbole	Buchhaltung
Datum, Zeitwert oder kombiniert	Datum
Tageszeit	Uhrzeit
Prozentwert	Prozent
Bruchzahl	Bruch
Exponentialformat	Wissenschaft
Text oder Zahlen als Text	Text
Postleitzahl, Telefonnummer oder Kontonummer	Sonderformate

6.1.4 Benutzerdefinierte Zahlenformate

Obwohl es sehr viele integrierte Zahlenformate gibt, können sie nicht alle denkbaren Anforderungen abdecken. Sie können jederzeit eigene Formate entwickeln und benutzen. Um ein benutzerdefiniertes Zahlenformat zu erstellen, gehen Sie so vor:

1. Markieren Sie Zellen, denen Sie ein benutzerdefiniertes Zahlenformat zuordnen wollen.
2. Wählen Sie FORMAT/ZELLEN/ZAHLEN.
3. Markieren Sie in der Liste KATEGORIE eine Formatzeile, die ein möglichst ähnliches Format wie das gesuchte aufweist.
4. Klicken Sie im Feld KATEGORIE auf BENUTZERDEFINIERT.
5. Ändern Sie im Textfeld FORMATE den durch die Vorauswahl angezeigten Code. Stellen Sie durch einen Mausklick auf eine Zeile der Formatliste eine andere Vorgabezeile ein, um das erforderliche Format zu erstellen.
6. Bestätigen Sie nach der Codierung.

Hinweis: Wenn Sie ein integriertes Format – wie vorstehend geschildert – bearbeiten, löscht die Bearbeitung das ursprüngliche Format nicht. Es dient nur als Basis.

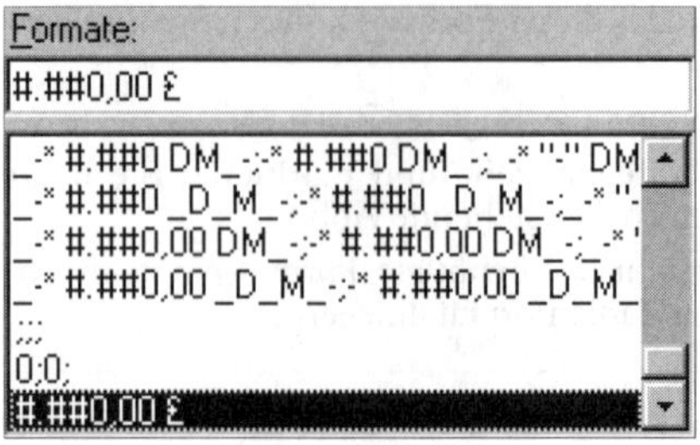

Bild III.107:
Benutzerdefinierte
Zahlenformate für ein
Währungssymbol

6 Tabellen formatieren

Arbeiten Sie z.B. in einem Unternehmen, das sich mit dem Import von Waren beschäftigt, müssen Sie häufig fremde Währungssymbole benutzen. Es ist praktisch, ein benutzerdefiniertes Zahlenformat für Währungssymbole zu verwenden. Legen Sie so ein entsprechendes Format an:

1. Starten Sie die Definition im Menü FORMAT mit der Option ZELLEN und aktivieren Sie das Register ZAHLEN.
2. Markieren Sie als Vorgabe die Zeile WÄHRUNG in der Liste KATEGORIE
3. Klicken Sie in der Liste KATEGORIE auf BENUTZERDEFINIERT.
4. Geben Sie im Textfeld FORMATE ein benutzerdefiniertes Format ein, markieren Sie eine andere Zeile der Liste und bearbeiten Sie das Format.
5. Steht in der Vorgabe DM, löschen Sie die Zeichen und positionieren Sie die Einfügemarke hinter dem letzten zuvor eingegebenen Zeichen.
6. Halten Sie [Alt] gedrückt und geben Sie über die Zehnertastatur den ANSI-Code für das benötigte Währungssymbol ein, z.B. 0163 für £.

Das neue benutzerdefinierte Format wird zusammen mit der Arbeitsmappe gespeichert. Um ein anderes Währungsformat ständig zu nutzen, müssen Sie in Windows 95 ändern. Aktivieren Sie die SYSTEMSTEUERUNG und dort LÄNDEREINSTELLUNGEN. Wechseln Sie die Einstellungen im Register WÄHRUNG.

Ländereinstellungen

6.2 Formate für Datum- und Zeit

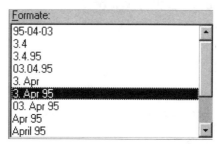

Bild III.108:
Mögliche
Datumsformate

Da Excel Datums- und Zeitwerte als Zahlen interpretiert, richtet sich die Anzeige von Uhrzeit oder Datum in einer Tabelle nach dem Zahlenformat der Zelle. Bei der Eingabe eines Datums oder einer Uhrzeit, die von Microsoft Excel erkannt wird, ändert sich das Standardformat der Zelle in ein integriertes Datums- oder Uhrzeitformat. Welches Format angezeigt wird, hängt ab von der Art, wie Datum oder Uhrzeit eingetragen wurden.

Aktuelles Datum mit
[Strg]+[.]

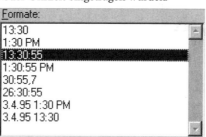

Bild III.109:
Mögliche Zeitformate

III Excel

Aktuelle Uhrzeit mit
`Strg`+`Shift`+`:`

D
18:20
12:00
5:39
23:19
16:59
10:39
4:19
21:59
15:38
9:18

Zellen mit Zeitformat

13. Februar 1996
14. Februar 1996
15. Februar 1996
16. Februar 1996
17. Februar 1996
18. Februar 1996
19. Februar 1996
20. Februar 1996
21. Februar 1996
22. Februar 1996

Zellen mit Datumsformat

- Werden Zahlen bei der Eingabe durch einen Punkt, Schrägstrich oder Bindestrich getrennt, erkennt Excel ein Datumsformat.
- Durch ein Leerzeichen getrennte Werte in derselben Zelle sind Datums- und Zeitwerte.
- Wenn Excel Datums- oder Uhrzeitformat nicht erkennen kann, wird es als Text eingeordnet.
- Ein erkennbares Datum oder eine Uhrzeit ist immer formatiert. Die zugehörige serielle Zahl für Datum und Uhrzeit wird durch das Format STANDARD angezeigt.
- Für das 12-Stundenformat der Uhrzeit muß hinter dem Leerzeichen des Zeitwerts *am* oder *pm* (a oder p) stehen.
- Für das 24-Stundenformat dürfen hinter dem Leerzeichen des Zeitwerts keine Meridian-Angaben (am oder pm) stehen.

Hinweis: Zahlenformate für Datum- und Zeit wie auch Formatcodes für Stunden, Minuten und Sekunden sind als Tabellen im Kapitel über das Rechnen eingefügt (siehe III.4.2).

Eine Übersicht der Datums- und Zeitfunktionen finden Sie unter dem Stichwort Datums- und Zeitfunktionen in einem Hilfefenster. Dort werden die Funktionen von ARBEITSTAG bis ZEIT beschrieben. Für die Anwendung der Funktionen benutzen Sie den Funktions-Assistenten.

6.3 Schriftarten

Um schnell einfache Zuordnungen zu erledigen, ordnen Sie Formate und Attribute mit Schaltflächen zu.

1. Markieren Sie einzelne Zeichen in einer Zelle, Zellen oder Bereiche.
2. Ordnen Sie mit den Listen und Schaltflächen der Symbolleiste FORMAT Schriftart und -größe oder Attribute zu.

Schaltfläche	Bedeutung
F	Fett
U	Unterstrichen
K	Kursiv (Italic)

6 Tabellen formatieren

Wenn Sie Schriftarten und Attribute zuordnen wollen, die nicht durch Schaltflächen zugänglich sind, gehen Sie immer so vor:
1. Markieren Sie Zeichen, Zellen oder Bereiche.
2. Wählen Sie FORMAT/ZELLEN und das Register SCHRIFT.
3. Ordnen Sie Formate zu und bestätigen Sie.

Schriften sind verschieden groß. Setzer und Drucker messen Schriften mit dem typografischen Punkt, einer Maßeinheit, die für Software übernommen wurde. Um den Punkt genau zu definieren, müßte man jeweils dazu sagen, ob es sich um das amerikanische oder deutsche Punktmaß handelt. Einfacher im täglichen Umgang mit Schriften ist: Eine 6er-Schrift ist eine sehr kleine, eine 72er-Schrift eine sehr große Schrift. Wie die Schriftart können Sie auch die Größe im Menü oder der Symbolleiste markierten Bereichen zuordnen.

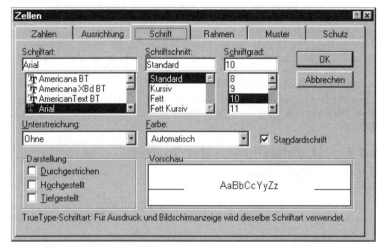

Bild III.110: Schriftarten mit Dialogfeld zuordnen

Schließlich können Sie Schriften noch mit Attributen auszeichnen. FETT, KURSIV und UNTERSTRICHEN stehen als Symbole sofort zur Verfügung, wobei Sie bei den erwähnten Unterstreichungen mit FORMAT/ZELLEN/ SCHRIFT zwischen mehreren Strichtypen wählen können (siehe nebenstehendes Bild).

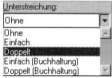

6.4 Spaltenbreite einstellen

Haben Sie Text eingetragen und wollen die Spaltenbreite schnell anpassen:
- Zeigen Sie mit dem Mauspfeil auf die rechte Linie der Spalte (nebenstehende Abb.) und doppelklicken Sie mit der linken Maustaste, um die Spaltenbreite an den längsten Eintrag anzupassen.

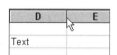

Um die Spaltenbreite schnell zu ändern, verwenden Sie ebenfalls die Maus:
- Positionieren Sie den Mauspfeil auf der Linie zwischen den Spaltenüberschriften, drücken Sie die linke Maustaste und ziehen Sie.

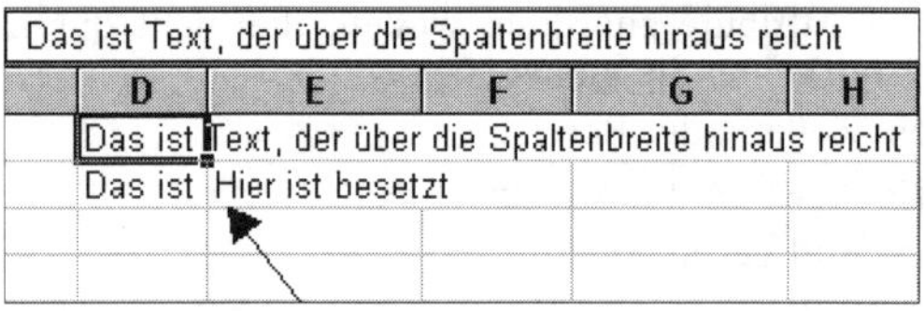

III Excel

Bild III.111: Anzeige in schmaler Spalte

	Das ist Text, der über die Spaltenbreite hinaus reicht			
D	**E**	**F**	**G**	**H**
Das ist	Text, der über die Spaltenbreite hinaus reicht			
Das ist	Hier ist besetzt			

Spalten verbergen:
`Strg`+`8`

Verborgene Spalte anzeigen:
`Strg`+`Shift`+`8`

Geben Sie eine Zahl ein, versucht Excel die Zahl vollständig darzustellen. Besteht die Zahl aus mehr Zeichen als die aktuelle Zelle zu fassen vermag, wird die Zahl als Exponentialzahl umgeformt. Wird eine Zahl durch die Zeichen ##### symbolisiert, war eine Zahlenkonstante zu lang. Es ist in diesem Fall kein Fehlerwert, sondern nur ein Hinweis, daß die Spalte breiter gezogen werden muß.

Anders reagiert Excel 7.0, wenn Sie Zahlen in als Text formatierte Zellen eingeben. Ist die Zelle rechts von der Eingabezelle leer, wird der Text in dieser Zelle fortgesetzt, wird die Nachbarzelle bereits verwendet, wird der Text abgeschnitten bzw. durch andere Daten überdeckt. Sie sehen ihn vollständig im Inhaltsfeld der Bearbeitungszeile, jedoch nicht in der Zelle. Falls das möglich ist, löschen Sie die Nachbarzelle, anschließend wird der Text fortlaufend in dieser Zelle abgebildet.

Hinweis: Die optimale Breite können Sie statt per Doppelklick auch mit einer Menüoption zuweisen. Wählen Sie FORMAT/SPALTE/OPTIMALE BREITE.

6.4.1 Standardbreite der Spalten

Sie können die Standardbreite der Spalten für markierte oder auch sämtliche Spalten einstellen:

1. Markieren Sie die Spalten, für die die Standardbreite gelten soll, oder klicken Sie auf die Schaltfläche ALLES MARKIEREN (nebenstehende Abb.).
2. Wählen Sie FORMAT/SPALTE und dann die Option STANDARDBREITE. Übernehmen Sie die Vorgabezahl, oder tragen Sie einen neuen Wert ein. Die Ziffer steht für die durchschnittliche Zahl an Zeichen in der Standardschriftart, die jeweils in eine Zelle passen.
3. Bestätigen Sie mit OK.

Bild III.112: Platz für durchschnittlich 25 Zeichen in jeder Zelle

Die Zuordnung der standardmäßigen Spaltenbreite gilt für alle Tabellenblätter einer Arbeitsmappe, wenn Sie zunächst alle Tabellenblätter markieren.

Hinweis: Spaltenköpfe können Sie ausblenden. Wählen Sie EXTRAS/ OPTIONEN/ANSICHT und deaktivieren Sie im Bereich FENSTER das Kontrollkästchen ZEILEN- UND SPALTENKÖPFE.

6 Tabellen formatieren

6.4.2 Eingabe des Dezimalkommas

Auch die Voreinstellung für die Eingabe des Dezimalkommas wirkt sich auf die Spaltenbreite aus. Ein Dezimalkomma müssen Sie nicht unbedingt manuell eingeben. Wollen Sie Konstanten eintragen, von denen beispielsweise jeweils drei Stellen durch das Dezimalkomma abgetrennt werden, können Sie das festlegen:

Dezimalkomma automatisch formatieren

1. Aktivieren Sie mit EXTRAS/OPTIONEN/BEARBEITEN das Kontrollkästchen FESTE DEZIMALSTELLE SETZEN.
2. Geben Sie an, wieviele Dezimalstellen es sein sollen (positive Zahl = Dezimalstelle nach links, negativ umgekehrt).

6.4.3 Zeilenhöhe einstellen

Haben Sie Text eingetragen und wollen die Zeilenhöhe schnell anpassen:

- Zeigen Sie mit dem Mauspfeil auf die untere Linie zwischen zwei Zeilen und doppelklicken Sie. Sie passen auf diese Weise die Zeilenhöhe an den höchsten Eintrag an.

Hinweis: Die optimale Höhe einer Zeile können Sie statt mit einem Doppelklick auf eine Linie auch mit einer Menüoption zuweisen. Wählen Sie FORMAT/ZEILE/OPTIMALE HÖHE.

Um die Zeilenhöhe schnell stufenlos zu ändern, verwenden Sie auch die Maus:

- Positionieren Sie den Mauspfeil auf der Linie zwischen den Zeilennummern, drücken Sie die linke Maustaste. Sobald der Mauspfeil die Gestalt eines vertikalen Doppelpfeiles annimmt, halten Sie die linke Maustaste nieder und ziehen die Maus nach unten oder wieder nach oben.

[Strg]+[9] und [Strg]+[Shift]+[9] **zum Ein-/Ausblenden von Zeilen**

Wollen Sie einen Text in einer großen Schrift in eine Zeile eingeben, wählen Sie für die Zelle an der Cursorposition die Schrift. Diese wird höher als die Zeilenhöhe sein. Haben Sie noch nichts unternommen, paßt Excel 7.0 die Zeilenhöhe automatisch an die Schriftgröße an.

Die Einstellung der Zeilenhöhe können Sie auch nach Wahl eines Dialogfensters vornehmen:

Zeilenhöhe im Dialog bestimmen

1. Wählen Sie FORMAT/ZEILE/HÖHE.
2. Tragen Sie einen Wert ein und bestätigen Sie.

Sie können die Zeilenhöhe auch als Standardbreite der Spalten für sämtliche Spalten, mit Ausnahme der zuvor geänderten Spalten, definieren:

1. Klicken Sie auf die Schaltfläche ALLES MARKIEREN.
2. Wählen Sie FORMAT/ZEILE/HÖHE und geben Sie einen Wert für die Höhe sämtlicher Zeilen des Tabellenblatts ein.
3. Bestätigen Sie, wird die neue Zeilenhöhe zugeordnet.

Anzeige der Zeilenhöhe

Praxistip: Wenn Sie einen Anhaltspunkt für die Zeilenhöhe suchen, markieren Sie eine Zwischenlinie und ziehen Sie die Spalte. Die Zeilenhöhe wird in Punkten zwischen 0 und 409,5 links über der Bearbeitungsleiste angezeigt. Geben Sie den getesteten Wert im Dialogfeld ZEILENHÖHE ein.

6.5 Zellen mit Daten ausblenden

So wie Sie Zeilen oder Spalten insgesamt aus- und einblenden können, können Sie eine vergleichbare Technik auf Zellen anwenden. Wollen Sie

Daten z.B. ausblenden, um sie zeitweise unsichtbar zu machen, sollten Sie diese Methode anwenden:
1. Ziehen Sie die Maus, um Zellen zu markieren, die Daten enthalten, die verborgen werden sollen.
2. Wählen Sie FORMAT/ZELLEN und aktivieren Sie das Register ZAHLEN.
3. Markieren Sie in der Liste KATEGORIE die Zeile BENUTZERDEFINIERT.
4. Tragen Sie in das Textfeld FORMATE drei Semikola ;;; ein.

Die ausgeblendeten Daten der Zelle werden in der Eingabezeile angezeigt, wenn Sie die Zellen durch Verschieben der Markierung ansteuern, die Zellinhalte werden aber nicht gedruckt.

6.6 Rahmen einfügen

Schnell einen Rahmen zuweisen:
1. Markieren Sie, was formatiert werden soll.

2. Für Rahmenlinien öffnen Sie mit nebenstehender Schaltfläche eine Liste und ordnen zu. Ohne Auswahl fügt ein Mausklick den zuletzt entnommenen Rahmen zu.

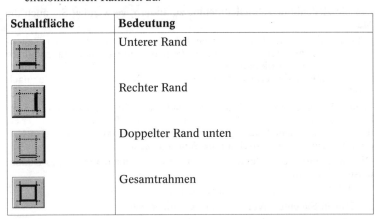

Schaltfläche	Bedeutung
	Unterer Rand
	Rechter Rand
	Doppelter Rand unten
	Gesamtrahmen

Excel 7.0 ist ein Programm mit vielen gestalterischen Fähigkeiten. Eine davon ist es, bestimmte Teile eines Arbeitsblattes besonders hervorzuheben. Das können zum Beispiel eine Überschrift oder auch Ergebnisse sein, auf die besonders hingewiesen werden soll. Statt Schaltflächen können Sie Rahmen über ein Dialogfeld zuordnen. Das dauert länger als mit der Schaltfläche, bietet aber mehr Möglichkeiten:
1. Markieren Sie den Bereich oder auch eine Zelle, die besonders hervorgehoben werden soll.
2. Wählen Sie FORMAT/ZELLEN/RAHMEN.
3. Für Rahmen oder Linien steht eine Auswahl verschiedener Linientypen zur Verfügung. markieren Sie per Mausklick ein Linien-Layout, z.B. eine einfache, eine doppelte oder dicke Linie
4. Öffnen Sie die Liste FARBE und wählen Sie eine Linienfarbe.
5. Aktivieren Sie das Feld GESAMT, werden alle Seiten erfaßt, wenn Sie um einen markierten Bereich einen Rahmen legen wollen. OBEN,

6 Tabellen formatieren

UNTEN, LINKS und RECHTS ziehen Linien an den entsprechend markierten Zellseiten.

6. Bestätigen Sie Ihre Auswahl mit einem Klick auf OK.

Wenn Sie einzelne Linien zuordnen, kann das beim Druck zu ungewollten Wirkungen führen, während die Formatierung am Bildschirm richtig dargestellt wird. Ursache ist, daß Nachbarzellen eine gemeinsame Rahmenlinie benutzen. Fehlt eine Linie auf Papier, haben Sie falsch markiert.

Rahmen mit [Strg] +[Shift]+[-] **für Markierung**

Praxistip: Wenn Sie einen Rahmen von einem zu weiteren Zellen transportieren wollen, ziehen Sie das Kästchen. Das Rahmenformat wird wie ein Inhalt kopiert.

6.7 Muster

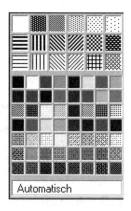

Bild III.113: Liste der Muster und Musterfarben

Excel bietet eine Reihe von Variationsmöglichkeiten, wie Sie Zellen gestalten können. Noch nicht vorgestellt wurde die Technik, Muster und Schattierungen zuzuordnen. Wollen Sie den Hintergrund einer Zelle mit einem Muster und einer Farbe gestalten oder schattieren, nutzen Sie die Schaltflächen oder das Menü:

1. Markieren Sie, was formatiert werden soll.
2. Mit ZELLEN FORMATIEREN im Kontextmenü der rechten Maustaste oder FORMAT/ZELLEN können Sie das Register MUSTER aktivieren.
3. Öffnen Sie die Liste MUSTER, klicken Sie eines der 18 Muster und FARBE an. Die Vorschau informiert Sie über das Zuordnungsergebnis.

Sie erhalten im Beispiel zwei Farbpaletten, weil Sie die Hintergrundfarbe abweichend von der Farbe des Musters gestalten können.

Um Zellen eine helle oder dunklere Schattierung zuzuweisen, benutzen Sie die beiden folgenden Schaltflächen.

Schaltflächen	Bedeutung
	Leichte Schattierung
	Dunkle Schattierung

6.8 Farben wählen

Sie können die Farbe vieler Elemente Ihres Arbeitsblattes bestimmen. Insbesondere größere Arbeitsblätter werden übersichtlicher, wenn Sie sie mit Farbe gestalten. Einerseits können Sie mit unterschiedlichen Hintergrundfarben arbeiten, andererseits die Farben der Zellinhalte näher bestimmen, also von Zahlen und Texten. Außer der letztgenannten Einstellung bietet Ihnen Excel 7.0 z.B. an, alle negativen Zahlen Rot hervorzuheben.

Für Zellen oder Bereiche dürfen Sie Farbzuweisungen wählen:

1. Markieren Sie eine Zelle oder einen Bereich, dem Sie eine Farbe zuordnen wollen.

2. Öffnen Sie die Liste FARBE mit einem Klick auf die Schaltfläche neben dem Symbol Farbe (nebenstehende Abb.).

3. Wählen Sie aus diesen Farben diejenige, in der der Zellenhintergrund gestaltet werden soll. Wollen Sie Zahlen oder Texten in der Zelle Farbe zuordnen, benutzen Sie die Schriftfarben-Palette (nebenstehende Abb.).

4. Bestätigen Sie mit OK, erscheinen Zellhintergrund bzw. -inhalte farbig.

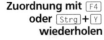

Wollen Sie Inhalte von Zellen verbergen, reicht es, Hintergrund- und Vordergrundfarbe gleich zu wählen. Die Zellinhalte sehen Sie dann nur noch im Inhaltsfeld der Bearbeitungszeile.

Praxistip: Um Farbpaletten für mehr als eine Zuordnung zu nutzen, sollten Sie eine Palette nach dem Ausklappen zur Seite ziehen. Ordnen Sie Farben Markierungen mit jeweils einem Mausklick zu.

6.9 Ausrichten

Jeder Text, den Sie ohne andere Anweisungen eingeben, wird links in der Eingabezelle ausgerichtet, eine Zahl rechts. Um eine Ausrichtung schnell neu zu organisieren, verwenden Sie die Schaltflächen der Symbolleiste FORMAT:

1. Markieren Sie einen Bereich, in dem Zeichen ausgerichtet werden sollen.
2. Ordnen Sie der Markierung eine Ausrichtung mit einer der Schaltflächen aus der Symbolleiste FORMAT zu.

Schaltfläche	Bedeutung
	Rechtsbündig
	Linksbündig (Standard)
	Zentriert
	Über Spalten zentrieren

Die Zelle oder der Bereich übernimmt die gewünschte Ausrichtung sofort.
Um Text in einer Zelle oder einem Bereich auszurichten, können Sie alternativ auch mit einem Dialogfeld arbeiten:

1. Wählen Sie FORMAT/ZELLEN und das Register AUSRICHTUNG
2. Klicken Sie das benötigte Optionsfeld an und bestätigen Sie mit OK.

Wenn Sie das Optionsfeld AUSFÜLLEN aktivieren, wird das oder die in eine Zelle eingegebenen Zeichen wiederholt, solange bis die Zelle gefüllt ist.
Ähnlich müssen Sie vorgehen, wenn die Ausrichtung der Texte an einem Bereich und nicht an den einzelnen Zellen orientiert sein soll:

Text in Zelle anordnen

1. Markieren Sie zunächst den Bereich, der sich über mehrere Spalten erstrecken kann, Texte dürfen allerdings nur in der Spalte links stehen.
2. Aktivieren Sie wiederum FORMAT/ZELLEN/AUSRICHTUNG und dort das Optionsfeld ZENTRIERT ÜBER MARKIERUNG.

Bild III.114: Überschrift über Markierung zentrieren

Haben Sie mehrere Spalten markiert, wird ein Wort in der Mitte der markierten Zellen angeordnet.
Auch in Zellen kann Text mit Excel im Blocksatz angezeigt werden. Allerdings wird durch das Formatieren von Text im Blocksatz der Text automatisch umbrochen. Um Text so anzuzeigen, sind in der Regel mehrere umbrochene Textzeilen erforderlich:

1. Markieren Sie einen Bereich, dessen Zellen Sie im Blocksatz formatieren wollen.
2. Wählen Sie FORMAT/ZELLEN und das Register AUSRICHTUNG.
3. Markieren Sie das Optionsfeld BLOCKSATZ im Feld HORIZONTAL.

Wollen Sie Text einer Zelle umbrechen, wählen Sie FORMAT/ZELLEN/ AUSRICHTUNG/ZEILENUMBRUCH. Drücken Sie [Alt] +[↵] für eine neue Zeile.

6.10 Format durch Schaltfläche übertragen

Sie können Formate einmal oder kontinuierlich von einem Muster auf ein Ziel kopieren. Dazu müssen Sie so vorgehen:

1. Markieren Sie eine Vorbildzelle, die bereits das gewünschte Format zeigt.
2. Klicken Sie in der Standardsymbolleiste FORMAT ÜBERTRAGEN an (nebenstehende Abb.).

Die Wirkung der Formatübermittlung hängt von der Vorgabe ab. Formate werden beim Kopieren nicht immer unterschieden:

- Excel erkennt sowohl Schriftformate, als auch Zahlenformate und überträgt sie.
- Haben Sie zwei Zellen markiert, und einer ist das Währungs-, der zweiten eine Prozentformatierung zugeordnet, wird die Vorgabe in dieser Reihenfolge auf neue Zellen übertragen.

Wenn Sie jedoch innerhalb einer Zelle verschiedene Formate zugeordnet haben, wird nur das Format des ersten Zeichens kopiert. Benutzen Sie in der gleichen Zelle verschiedene Schriften, wird das Format des ersten Buchstabens übergeben. Die anderen Formate müssen Sie neu zuordnen.

Praxistip: Mit einem Doppelklick auf die Schaltfläche FORMAT ÜBERTRAGEN können Sie das Format ohne Neuwahl mehrfach zuordnen. Nutzen Sie diese Möglichkeit, schalten Sie die Aktivität mit einem neuerlichen Klick auf das Symbol oder [Esc] ab.

Eine Zelle oder einen Bereich direkt zu formatieren erfordert in vielen Fällen nur die Markierung und einen Mausklick auf eine Schaltfläche. Das ist schnell und effektiv, wird aber durch weitere Excel-Methoden noch verbessert, bei denen Formate übertragen werden. Sie finden in den folgenden Abschnitten weitere Methoden.

6.11 AutoFormat anwenden

AutoFormat mit Schaltflächen ändern

Wenn Sie Tabellen entwickeln, werden Sie während oder nach dem grundsätzlichen Aufbau Zahlen- und Schriftformate zuordnen, Spaltenbreite und -höhe bzw. die Ausrichtung abweichend von der Vorgabe einstellen oder mit Rahmen und Schraffuren verschönern oder gliedern wollen. Da für die Zuweisung notwendiger Formate mehr als eine Aktion erforderlich ist, bringt eine Zusammenfassung Effektivitätsvorteile. Die Zuordnung von AutoFormaten ist die Methode der erwähnten Zusammenfassungen:

Letztes AutoFormat erneut zuweisen

1. Positionieren Sie den Cursor in der Tabelle, die mit einem AutoFormat gestaltet werden soll. Der Umfang der Markierung ist ohne Bedeutung, Excel erweitert sie.

2. Wählen Sie FORMAT/AUTOFORMAT, und klicken Sie in der Liste der Formate auf eine Zeile. Das Format wird angezeigt und Sie können die Anzeige wechseln oder das AutoFormat übernehmen. Doppelklikken Sie in der Liste auf eine Zeile, wenn Sie bereits wissen, welches Format Sie zuordnen wollen.

Wenn Sie mit OPTIONEN die Anzeige im Dialogfeld AUTOFORMAT vergrößern, haben Sie mehr Möglichkeiten. Aktivieren oder deaktivieren Sie Kontrollkästchen, damit das AutoFormat mehr oder weniger Formate verwendet. Das Ergebnis der Änderung wird jeweils in der Vorschau angezeigt. Da sich ein AutoFormat durch direkt (Menü, Schaltflächen) zugewiesene Formate ändern läßt, können Sie ein oder mehrere zugewiesene AutoFormate weiter variieren.

AutoFormat im Dialogfeld wählen

Ist eine Tabelle fertig, ordnen Sie durch Positionieren des Mauscursors der Tabelle insgesamt Formatierungen zu. Wenn Sie aber zwei oder mehr Zellen, jedoch nicht die ganze Tabelle, markieren, interpretiert Excel diese Markierung als eigene Tabelle. Mit diesem kleinen Trick können Sie einer Tabelle verschiedene AutoFormate zuweisen. Excel paßt dabei die Spaltenbreite an.

Wollen Sie ein AutoFormat wieder entfernen, aktivieren Sie die Optionen FORMAT/AUTOFORMAT und die Liste FORMATE. In der finden Sie am Ende die Zeile OHNE. Die Option OHNE wirkt sich auch auf Markierungen einer Tabelle in der Tabelle aus.

6.12 Mustervorlagen

Aus der Textverarbeitung werden Sie das Instrument Formatvorlage sicher kennen. Anders als die beiden zuvor geschilderten Techniken ist es etwas aufwendiger zu gestalten, bietet aber eine Reihe zusätzlicher Möglichkeiten. Excel-Vorlagen können Formeln, Formatierungen sowie Text und Makros enthalten. Zudem wird Excel bereits mit einer Anzahl fertiger Tabellenvorlagen geliefert, deren Zahl Sie für bestimmte Anwendungen vergrößern können.

Vorlagen enthalten Formeln, Formatierungen, Text, Makros

Anders als bei vorgegebenen AutoFormaten sammeln Sie alle erforderlichen oder gewünschten Einstellungen in Tabellenvorlagen und ordnen diese Formate bei Bedarf mit der Tabellenvorlage in einem Arbeitsgang zu. Darin liegt der besondere Vorteil: Sie müssen Formate nicht mehr in mehreren Arbeitsgängen zuordnen, sondern erledigen das durch eine Vorlage. Änderungen der Vorlage ändern zugleich alle Tabellen, denen sie zugewiesen sind.

Vorlagen sammeln Einstellungen

6.12.1 Einstellungen einer Mustervorlage

Sollen Tabellen nach den Vorgaben einer Mustervorlage automatisch gestaltet werden, muß die Mustervorlage Einstellungen speichern. Das können folgende Einstellungen sein:

In der Vorlage Formate zusammenstellen

- Zellformate (FORMAT/ZELLEN)
- Zeilen- und Spalten-Formatvorlagen
- Seitenformate (DATEI/SEITE EINRICHTEN)
- Blätter in einer Arbeitsmappe (Typ und Anzahl)
- Text und Grafiken
- Zahlen
- Formeln
- Zeit-/Datumsangaben
- Benutzerdefinierte Optionen, Makros und Symbolleisten, die einem Modulblatt in der Mustervorlage zugeordnet sind

6.12.2 Mustervorlagen

Excel 7.0 wird mit Mustervorlagen geliefert. Diese Mustervorlagen heißen z.B. Rechnung, Bestellung, Kostenvoranschlag, Reisekostenabrechnung Qualitätssicherungsbericht oder Stundenabrechnung und können durch weitere ergänzt werden. Die Mustervorlagen sind so organisiert, daß die in eine damit verbundene Arbeitsmappe eingegebenen Daten automatisch in eine damit verknüpfte Datenbank kopiert werden. Wenn Sie die Vorlage Rechnung benutzen, um für einen Kunden eine Rechnung auszugeben, werden die in das Formular eingegebenen Daten sofort der Datenbank für Rechnungen übergeben. Dort fügt Excel einen neuen Datensatz hinzu und Sie können die Daten weiterverwenden, z.B. für das Mahnwesen. Mustervorlagen werden von Excel bereitgehalten und können von Ihnen jederzeit benutzt werden:

Ein-/Ausgabenrechnung mit einer Vorlage organisieren

III Excel

1. Verlangen Sie mit DATEI/NEU die Anlage einer neuen Arbeitsmappe.
2. Aktivieren Sie das Register TABELLENVORLAGEN und doppelklicken Sie auf das Symbol der benötigten Mustervorlage (nebenstehende Abb.).

Excel legt eine Arbeitsmappe an. Geben Sie ihr beim Speichern einen neuen Namen. Ob der erzeugte Datensatz gespeichert werden soll, wird abgefragt.

Hinweis: Wenn nach der Wahl DATEI/NEU die im Register TABELLENVORLAGEN gewünschte Mustervorlage nicht angezeigt wird, starten Sie Setup nochmals.

Mustervorlage	Aufgabe
Rechnung	Rechnung druckfertig erstellen und Daten in Datenbank sichern.
Amortisation	Darlehensraten und durch Refinanzierung oder vorzeitige Rückzahlung des Kapitalbetrags gesparte Zinsen berechnen.
Bestellung	Bestellung für die Dateneingabe vorbereiten.
Budgetplaner	Einnahmen-/Ausgaben-Rechnung.
Auto Leasing	Vergleich von Leasing-Typen.
Qualitätssicherungsbericht	Änderungsanforderungen für Produkte prüfen.
Reisekostenabrechnung	Erfassung der Reisekosten.
Kostenvoranschlag	Kostenvoranschläge für Waren und Dienstleistungen nach Vorgaben anlegen.
Stundenabrechnung	Nachweis von Arbeitsstunden.

Praxistip: Wenn Sie mit DATEI/NEU/TABELLENVORLAGEN eine integrierte Vorlage einfügen, klicken Sie dort die Schaltfläche ANPASSEN an. Auch hier weisen rote Kästchen auf Notizen hin, die weitere Informationen anzeigen

6.12.3 Der Ordner VORLAGEN

Die Wahl DATEI/NEU ist für die Anlage einer neuen Arbeitsmappe bestimmt. Im Register TABELLENVORLAGEN können Sie auf vordefinierte Mustervorlagen zugreifen. Eigene Mustervorlagen werden nach der Voreinstellung im Register ALLGEMEIN angezeigt. Damit das geschieht, sind wenige Arbeiten erforderlich:

Bild III.115:
Neue Vorlagen
neben der Standard-
Arbeitsmappe

6 Tabellen formatieren

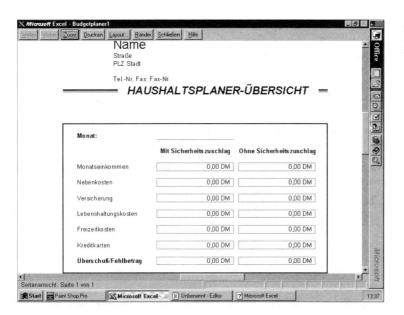

Bild III.116:
Mustervorlage
Budgetplaner

1. Legen Sie eine benutzerdefinierte Mustervorlage an und geben Sie als Speicherziel den Ordner VORLAGEN an.
2. Eine Vorlagendatei mit der Erweiterung XLT wird im Ordner Ordner VORLAGEN gespeichert und im Register ALLGEMEIN angezeigt. Sie können in diesem Ordner auch Arbeitsmappendateien (Erweiterung: XLS) ablegen. Auch diese haben so die Merkmale von Mustervorlagen.
3. Um eine Mustervorlage zu verwenden, doppelklicken Sie auf das Symbol.

Praxistip: Wenn Sie weitere Mustervorlagen für Tabellen anlegen, sollten Sie für die Zusammenfassung und Bereitstellung dieser Vorlagen dem Ordner VORLAGEN einen Ordner angliedern. Ihre benutzerdefinierten Mustervorlagen in diesem Ordner werden auf einem neuen Register angezeigt (z.B. das Register *Firma*).

Bild III.117:
Neues Register

Ist eine Mustervorlage nicht im Dialogfeld NEU zu finden, wurde Sie falsch abgelegt. Eine Mustervorlage wird nur mit DATEI/NEU angezeigt, wenn Sie im Ordner VORLAGEN, oder in einem seiner untergeordneten Ordner, im Ordner XLSTART gespeichert oder mit EXTRAS/OPTIONEN/ALLGEMEIN/ZUSÄTZLICHER STARTORDNER festgelegt wurde.

Ordnerorganisation beachten

III Excel

6.12.4 Der Ordner XLSTART

Bild III.118: XLS- und XLT-Datei im Startordner

Den Ordner XLSTART nutzen Sie meist, um Excel schon beim Start zum Laden bestimmter Daten zu veranlassen. In zweiter Linie sollten Sie in diesem Ordner automatische Mustervorlagen speichern. Arbeitsmappen speichern Sie mit DATEI/SPEICHERN UNTER in diesem Ordner. Sinngemäß gleich funktioniert das Speichern von Mustervorlagen:

Anzeige einer XLT-Datei aus dem Ordner XL START im Register ALLGEMEIN

1. Entwickeln Sie zunächst eine Mappe mit den benötigten Einstellungen.
2. Wählen Sie DATEI/SPEICHERN UNTER und stellen Sie in der Liste DATEITYP Mustervorlage ein.
3. Geben Sie als Speicherziel den Ordner XL START an und bestätigen Sie.

Hinweise durch Erweiterungen

Betrachten Sie Dateien, finden Sie u.a. die Erweiterungen XLS und XLT. Speichern Sie eine Arbeitsmappe in einem Startordner (XLS), wird diese beim Aufruf von Excel ebenfalls gestartet. Haben Sie eine Mustervorlage im Startordner abgelegt, wird diese Vorlage nach der Wahl DATEI/NEU im Register ALLGEMEIN angezeigt.

6.12.5 Ordnereinstellungen wiederherstellen

Grundeinstellungen für mehr Übersicht

Wollen Sie wieder nur die ursprünglichen Mustervorlagen nutzen und alle eigenen Versuche zurücknehmen, müssen Sie Dateien löschen. Entfernen Sie die Vorlagendateien aus den Ordnen *XLSTART*. Prüfen Sie auch, ob mit EXTRAS/OPTIONEN/ALLGEMEIN/ZUSÄTZLICHER STARTORDNER festgelegt wurde, und löschen Sie dort. Um gezielt Standardeinstellungen wiederherzustellen, löschen Sie:

- *MAPPE.XLT* (Arbeitsmappen)
- *TABELLE*.XLT (Tabellenblätter),
- *DIALOG.XLT* (Dialogblätter)
- *MAKRO.XLT* (Microsoft Excel 4.0-Makroblätter)

6.12.6 Mustervorlagen für die Datenarchivierung

Mustervorlagen arbeiten mit Access zusammen

Wenn Sie bereits eine der mitgelieferten integrierten Tabellenvorlagen eingesetzt haben, haben Sie die Fähigkeiten einer Mustervorlage zur Verknüpfung vielleicht bereits kennengelernt. Sie können Vorlagenzellen mit einer Datenbank verknüpfen und so Inhalte beim Speichern automatisch in eine Liste (Datenbank) kopieren. Diese Technik können Sie auch bei benutzer-

6 Tabellen formatieren

definierten Mustervorlagen einsetzen. Ein Vorlagen-Assistent unterstützt Sie dabei:
1. Blenden Sie die Arbeitsmappe, in die Sie Daten eingeben wollen, die in eine Datenbank kopiert werden sollen, ein.
2. Wählen Sie DATEN/VORLAGEN-ASSISTENT, und folgen Sie den Anweisungen im Assistenten.

Wenn Sie nach dieser Vorbereitung einer Mustervorlage auf deren Basis eine neue Arbeitsmappe anlegen und Daten in den angegebenen Zellen eintragen, wird ein neuer Datensatz für die Datenbank angelegt. Excel kopiert die Daten in die Datenfelder.

Vorlagen können Datensätze angelegen

Bild III.119: Vorlage mit Access verbinden

Hinweis: Wird die Option DATEN/VORLAGEN-ASSISTENT angezeigt, wählen Sie EXTRAS/ADD-IN-MANAGER und markieren Sie die notwendigen Kontrollkästchen. Wird der Assistent auch nach der Bestätigung nicht mit DATEN/VORLAGEN-ASSISTENT angezeigt, müssen Sie Setup nochmals aufrufen.

Wollen Sie als Datenbank keine Excel-Liste, sondern eine Datenbank verwenden, müssen Sie den entsprechenden Datenbanktreiber installieren (EXTRAS/ADD-IN-MANAGER/ODBC-ADD-IN). Das ODBC-Add-In (*XLODBC.XLA*) stellt ODBC-Funktionen für eine Verbindung zu externen Datenquellen bereit.

6.12.7 Standardformate für Arbeitsmappen

Wenn Sie Excel nicht für besondere Zwecke eingerichtet haben, führen der Start der Anwendung oder der Aufruf einer neuen Arbeitsmappe per nebenstehender Schaltfläche automatisch immer zu einer neuen Arbeitsmappe, für die Standardformate gelten. Wenn Sie den Inhalt und das Standardformat von neuen Arbeitsmappen beeinflussen wollen, müssen Sie eine automatische Mustervorlage für Arbeitsmappen anlegen.

1. Entwerfen Sie eine Muster-Arbeitsmappe. Sie soll den Inhalt und die Formatierung aufweisen, die anschließend immer für neue Arbeitsmappen gelten sollen.
2. Wählen Sie DATEI/SPEICHERN UNTER und tragen Sie als DATEINAME *Mappe* ein. Als DATEITYP aktivieren Sie in der Liste die Zeile MUSTERVORLAGE.
3. Markieren Sie in der Liste SPEICHERN IN den Ordner *XLSTART* sowie die Schaltfläche SPEICHERN.

Bei diesem Beispiel haben Sie die Mustervorlage im Ordner *XLSTART* abgelegt. In diesem Ordner speichern Sie automatische Mustervorlagen. In der Vorlage sind Standardinhalt und Standardformat für neue Arbeitsmappen bzw. neue Blätter festgelegt. In *MAPPE.XLT* sind entsprechend Standardinhalt und -format für neue Arbeitsmappen vorgegeben. Die Mustervorlage wird durch die Wahl DATEI/NEU/ALLGEMEIN nicht angezeigt. Im Register werden aber benutzerdefinierte Mustervorlagen aufgeführt (gespei-

Standardinhalt und formate für neue Arbeitsmappen

461

chert in XLSTART oder einem anderen Startordner, der mit EXTRAS/
OPTIONEN/ALLGEMEIN/ZUSÄTZLICHE STARTORDNER eingestellt ist).

6.12.8 Benutzerdefinierte Arbeitsmappen-Mustervorlage

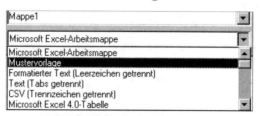

Bild III.120:
Als Mustervorlage speichern

Wenn Sie im Ordner *XLSTART* eine Mustervorlage für Arbeitsmappen gespeichert haben, wird diese als Standard mit Excel geladen.

1. Fertigen Sie eine Muster-Arbeitsmappe an. Diese sollte alle Arbeitsblätter, benötigte Standardtexte (Namen, Datumsformeln, Spaltenüberschriften usw.), Formeln, Makros, Formatvorlagen (siehe III.6.13) enthalten, die Sie in neuen Arbeitsmappen verwenden wollen.
2. Sichern Sie die Einstellungen mit DATEI/SPEICHERN UNTER und tragen Sie als DATEINAME einen Namen ein. Als DATEITYP aktivieren Sie in der Liste die Zeile MUSTERVORLAGE.
3. Markieren Sie mit der Liste SPEICHERN IN den Ordner *VORLAGEN* sowie die Schaltfläche SPEICHERN.

Bild III.121:
Vorschau auf Mustervorlage

Vorlagendateien sichern

Im Ordner *VORLAGEN* speichern Sie von Ihnen entworfenen benutzerdefinierten Mustervorlagen. So gesicherte Vorlagendateien mit der Erweiterung XLT werden nach Wahl von DATEI/NEU im Register angezeigt. Wenn Sie im Ordner *VORLAGEN* Arbeitsmappen mit der Erweiterung XLS speichern, haben diese die Merkmale von Mustervorlagen und werden auch angezeigt. Wenn Sie im Explorer mit DATEI/NEU/ORDNER dem Ordner *VORLAGEN* einen Unterordner angliedern, können Sie benutzerdefinierte Mustervorlagen auch dort ablegen. Für diese wird eine weitere Registerkarte angezeigt (z.B. *Firma*).

6.12.9 Ändern einer Mustervorlage

1. Wählen Sie DATEI/ÖFFNEN, markieren Sie den Dateityp MUSTERVORLAGE und den notwendigen Ordner.
2. Markieren und öffnen Sie die zu ändernde Mustervorlage.
3. Ändern Sie Inhalt, Formatierung, Makros und andere Merkmale der Mustervorlage.

Was Sie vor dem Speichern geändert haben, wirkt sich auf neue Arbeitsmappen aus, die die bearbeiteten Mustervorlagen verwenden.

6.12.10 Mustervorlage für Blätter anlegen

Was eben für Arbeitsmappen erwähnt wurde, gilt auch für die Arbeitsblätter einer Mappe. Auch diesen können Sie einen Standardinhalt und ein Standardformat zuordnen. Hier führt das dazu, daß Sie automatische Mustervorlagen für Blätter anlegen, so daß sich Blätter insgesamt ändern lassen. Für unterschiedliche Ansprüche an Blätter können Sie zusätzliche benutzerdefinierte Blatt-Mustervorlagen anfertigen und zuordnen.

1. Öffnen Sie eine Arbeitsmappe und erstellen Sie ein Blatt mit Text, Formatierungen, Formatvorlagen usw., die in allen neuen Blättern dieser Art angezeigt werden sollen.
2. Wählen Sie für die automatische Blatt-Mustervorlage DATEI/SPEICHERN UNTER und in der Liste SPEICHERN IN den Ordner *XLSTART*.
3. Wenn Sie dagegen eine BENUTZERDEFINIERTE Blatt-Mustervorlage anlegen wollen, speichern Sie im Ordner *VORLAGEN*.
4. Stellen Sie als DATEITYP die Zeile MUSTERVORLAGE ein.
5. Geben Sie im Feld DATEINAME den Namen *Tabelle* ein (siehe folgende Tabelle).
6. Speichern Sie mit der gleichnamigen Schaltfläche.

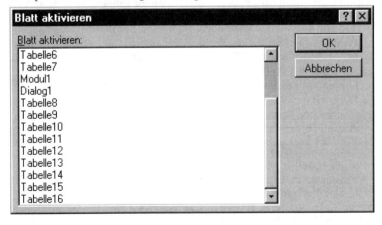

Bild III.122: Tabellen- und Dialogblatt in der Liste

Blattyp	Name
Tabellenblatt	*Tabelle*
Dialog	*Dialog*
Microsoft Excel 4.0-Makro	*Makro*

Blattyp	Name
Benutzerdefiniertes Blatt	Frei zu vergebender Name

6.12.11 Neue benutzerdefinierte Tabelle nutzen

Haben Sie nichts weiter eingestellt, führt die Wahl EINFÜGEN/TABELLE (nebenstehende Abb.) zur Anzeige eines Standardblatts aus der Mustervorlage. Das ist anders, wenn Sie eine Mustervorlage für einen bestimmten Blattyp angelegt haben. Sie können neue Blätter mit anderen Vorgaben als der Standardformatierung verwenden:

1. Zeigen Sie mit dem Mauspfeil auf ein Blattregister und drücken Sie die rechte Maustaste.
2. Fordern Sie mit EINFÜGEN ein neues Blatt.
3. Doppelklicken Sie im Dialogfeld EINFÜGEN auf eine der Mustervorlagen, die auf den Registerkarten angezeigt werden.

6.13 Formatvorlagen

Vorlagen sind effektivitätssteigernd

Die Symbolleiste und AutoFormate ermöglichen den Zugriff auf vordefinierte Formate, die Sie Tabellen nur noch zuordnen müssen. Nachteil ist nur, daß Sie dabei auf Programm-Vorgaben angewiesen sind. Durch die Instrumente der Format- und Mustervorlagen stehen Ihnen zusätzliche Möglichkeiten zur Verfügung. In den folgenden Abschnitten werden die effektiven Techniken vorgestellt, mit Formaten zu arbeiten, zugleich aber Zeit für andere Arbeiten zu sparen.

6.13.1 Vorlage zuweisen

Legen Sie eine neue Arbeitsmappe an, können Sie eine spezielle Mustervorlage nutzen. Sonst gelten zunächst jedoch nur die Standardeinstellungen. Um die geltende Vorlage anzusehen, starten Sie eine neue Arbeitsmappe:

1. Positionieren Sie den Mauspfeil auf einer Zelle oder markieren Sie einen Tabellenbereich. Dieser kann auch bereits Formate zeigen, die geändert oder entfernt werden können.
2. Öffnen Sie mit FORMAT/FORMATVORLAGE das Dialogfeld FORMATVORLAGE.
3. In der Liste FORMATVORLAGENNAME wird zunächst STANDARD angezeigt. In der Liste werden die standardmäßig in der Symbolleiste FORMAT angeordneten Formate der Schaltflächen aufgeführt (siehe nebenstehendes Bild). Auch selbstdefinierte Formatvorlagen werden hier aufgeführt. Weitere Formatvorlagen lassen sich aus anderen Arbeitsmappen übernehmen. Ordnen Sie durch einen Mausklick die benötigte Vorlage markierten Zellen zu.

Direkt zugewiesene Formate ändern

Durch eine zugewiesene Formatvorlage ändern Sie direkt zugewiesene Formate. Umgekehrt gilt aber auch, Sie können Zellen durch direkte Formatzuordnungen abweichend von einer Formatvorlage formatieren. Ein solches Verfahren ändert eine vorher zugewiesene Formatvorlage nicht.

Praxistip: Die in der Liste FORMATVORLAGENNAME genannten Vorlagen können in jedem Blatt der aktuellen Arbeitsmappe benutzt werden. Für die Zuordnung ist es praktisch, wenn Sie in der Symbolleiste aus der Liste FORMATVORLAGENNAME wählen können. Wird die Liste nicht in der Symbolleiste FORMAT angezeigt, drücken Sie die rechte Maustaste und aktivieren ANPASSEN. Ist die Kategorie FORMAT aktiv, wird das Feld FORMATVORLAGE angezeigt. Ziehen Sie es auf die Symbolleiste.

6.13.2 Formatvorlage anlegen

Daß die Formatvorlage als Formatsammlung zunächst die Formate der Schaltflächen enthält, ist wenig nützlich. Erst mit neuen Formaten gewinnt die Sammlung Nutzen. Ein Muster können Sie in den meisten Fällen als Formatvorlage anlegen und dann weiter anwenden:

Formatsammlung einrichten

*Bild III.123:
Neues Format eintragen*

1. Markieren Sie eine Zelle oder einen Bereich mit den Formaten, die Sie festhalten wollen (Optional. Sie können auch direkt den neuen Namen eingeben). Das Muster darf keine unterschiedlichen Schrift-, Zahlenformate usw. definieren. Die Formatvorlage kann nur übertragen, was für alle markierten Zellen gemeinsam gilt.
2. Öffnen Sie mit FORMAT/FORMATVORLAGE das Dialogfeld und überschreiben Sie den angezeigten Namen durch einen neuen.
3. Wählen Sie die Kontrollkästchen ab, deren Format für die Formatvorlage nicht gelten soll oder klicken Sie jeweils die Schaltfläche ÄNDERN an, um ein anderes als das angezeigte Format zuzuordnen.
4. Wählen Sie HINZUFÜGEN, um die neue Formatvorlage in die Liste der Formate aufzunehmen. Sie können auch nach der Namenseingabe auf HINZUFÜGEN klicken und dann Formate festlegen (ÄNDERN).

*Bild III.124:
Sicherheitsabfrage bei Nutzung des Formatvorlagenfelds*

Wenn Sie die Formatvorlage nur definieren, aber nicht zuweisen wollen, klicken Sie auf HINZUFÜGEN und wählen dann SCHLIEßEN.

Praxistip: Wenn Sie mit einem Muster arbeiten, ist das Formatvorlagefeld der Symbolleiste sehr effektiv für neue Zuordnungen zu verwenden. Markieren Sie zuerst das Muster, dann die Liste FORMATVORLAGEFELD in der Symbolleiste. Schreiben Sie einen Namen für die Formatvorlage, drücken Sie ⏎ und bestätigen Sie die Sicherheitsabfrage. Die Formatvorlage speichert dann auch diese Eingabe.

Um eine Formatvorlage zu löschen, wählen Sie FORMAT/FORMATVORLAGE für das Dialogfeld FORMATVORLAGE und markieren Sie in der Liste.

III Excel

Klicken Sie die Schaltfläche LÖSCHEN an und bestätigen Sie. Zugeordnete Formate gehen verloren. Die Formatvorlage STANDARD können Sie nicht löschen.

6.13.3 Formatvorlage ändern

Formatvorlagen für neue Situationen

Wie bei Word führt eine Änderung einer Formatvorlage dazu, daß sich automatisch alle Darstellungen ändern, denen die jeweilige Formatvorlage zugeordnet ist:

1. Blenden Sie mit FORMAT/FORMATVORLAGE das Dialogfeld FORMATVORLAGE ein und öffnen Sie die Liste FORMATVORLAGENNAME.
2. Markieren Sie die Namenszeile der Formatvorlage, die geändert werden soll.
3. Aktivieren Sie die Schaltfläche ÄNDERN.
4. Benutzen Sie die Register des Dialogfelds ZELLEN, um das oder die gewünschten Formate zuzuordnen.
5. Bestätigen Sie mit ⏎, damit alle mit dieser Formatvorlage belegten Zellen geändert werden.

Unsichtbares ändern

Durch die Änderung beeinflussen Sie auch Zellen in Tabellen, die Sie momentan eventuell nicht sehen. Prüfen Sie vorher andere Tabellen der aktuellen Arbeitsmappe.

Bild III.125: Liste Formatvorlagenname in der Symbolleiste

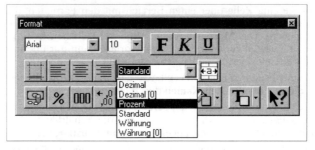

Praxistip: Um die Formatierung zu ändern und in die Formatvorlage zu übernehmen, können Sie eine Zelle, für die eine Formatvorlage gilt, auch ändern, den Namen der Vorlage in der Liste FORMATVORLAGENNAME der Symbolleiste markieren und ⏎ drücken. Bestätigen Sie die Sicherheitsabfrage.

6.13.4 Formatvorlage kopieren

Kopieren spart Arbeit

Durch die Organisation von Excel sind Formatvorlagen Arbeitsmappen zugeordnet. Wollen Sie in einer anderen Arbeitsmappe bestimmte Formatvorlagen verwenden, aber nicht neu anlegen, können Sie Formatvorlagen aus einer in die andere Arbeitsmappe kopieren:

1. Öffnen Sie Arbeitsmappen, und ordnen Sie die Mappen mit den Optionen des Menüs FENSTER auf dem Bildschirm an. Ordnen Sie die Arbeitsmappe im Vordergrund an, in die Sie eine Vorlage kopieren wollen.
2. Wählen Sie FORMAT/FORMATVORLAGE für das Dialogfeld FORMATVORLAGE und klicken Sie auf die Schaltfläche ZUSAMMENFÜHREN.
3. Markieren Sie die Zeile mit dem Namen der Formatvorlage, die Sie kopieren wollen, und bestätigen Sie zweimal.

6 Tabellen formatieren

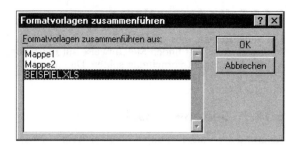

Bild III.126:
Zusammenführen im Dialogfeld organisieren

Hinweis: Es kann zu einer Meldung kommen, die auf gleiche Namen bei Formatvorlagen der Arbeitsmappen hinweist. Sie müssen entscheiden, ob Sie das mögliche Überschreiben zulassen wollen.

6.13.5 Formatvorlage zur Mustervorlage hinzufügen

Schaffen Sie zunächst die notwendigen Voraussetzungen und laden Sie eine neue Arbeitsmappe sowie die Arbeitsmappe mit den zu speichernden Formatvorlagen. Ordnen Sie die Arbeitsmappen in Fenstern nebeneinander an.

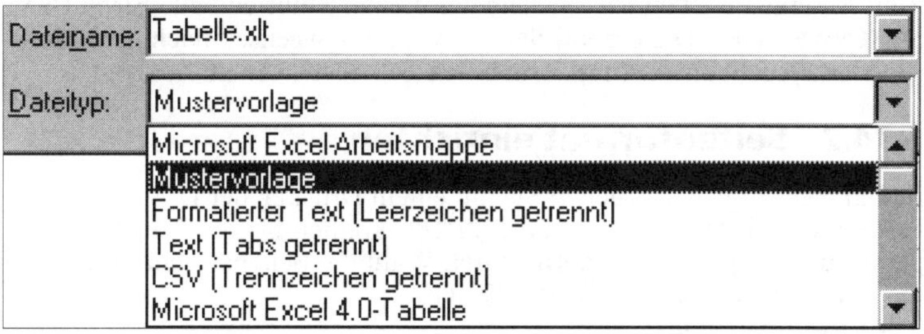

Mustervorlagen mit Formatvorlagen

Bild III.127:
Dateiname und -typ festlegen

1. Kopieren Sie die entwickelten Formatvorlagen aus der benutzten in die leere Arbeitsmappe.
2. Wählen Sie DATEI/SPEICHERN UNTER und tragen Sie in das Feld DATEINAME Namen *TABELLE.XLT* ein.
3. Aktivieren Sie in der Liste DATEITYP die Zeile MUSTERVORLAGE.
4. Stellen Sie als Speicherort den Ordner *EXCEL\XLSTART* ein.
5. Bestätigen Sie mit SPEICHERN.

Hinweis: Der schnellste Weg zu einer neuen Arbeitsmappe ist immer der Klick auf die Schaltfläche der Symbolleiste STANDARD. Auch mit DATEI/NEU haben Sie mit dem Symbol ARBEITSMAPPE (nebenstehende Abb.) in der Registerkarte ALLGEMEIN einen praktischen Zugang zu einer neuen, leeren Arbeitsmappe. Aber immer dann, wenn Sie eine Arbeitsmappe auf Basis einer Mustervorlage nutzen wollen, müssen Sie das Register TABELLENVORLAGEN und dann das Symbol der gewünschten Vorlage aktivieren.

6.14 Seite formatieren

Seite vor oder zum Druck organisieren

Um Seitenformate müssen Sie sich spätestens vor dem Drucken kümmern. In diesem Abschnitt finden Sie Hinweise auf Einstellungen, die Sie bereits während der Arbeit vornehmen sollten. Da auch die Vorschau ein Druckvorgang ist, erhalten Sie bei diesem Vorgehen mehr Informationen über das aktuelle Dokument.

6.14.1 Seitenwechsel

Aufgrund der Vorgaben durch die Papiergröße, sowie der Seitenrand- und Skalierungseinstellungen unterteilt Excel umfangreiche Arbeitsblätter für den Druck in mehrere Seiten. Das geschieht durch automatische Seitenwechsel. Sind Sie mit dieser Unterteilung nicht zufrieden, müssen Sie Seitenwechsel manuell einstellen:

- Um einen Seitenwechsel oberhalb und links von der markierten Zelle einzufügen, markieren Sie die Zelle direkt unterhalb und rechts von der Stelle, an der die neue Seite beginnen soll.
- Um einen horizontalen Seitenwechsel einzufügen, markieren Sie die Zelle, oberhalb der Sie den Seitenwechsel einfügen wollen.
- Um einen vertikalen Seitenwechsel einzufügen, markieren Sie die Spalte, links von der Sie einen Seitenwechsel einfügen wollen.

Zum Abschluß wählen Sie in jedem der drei angeführten Fälle EINFÜGEN/SEITENWECHSEL. Die Option SEITENWECHSEL wechselt nach dem Einfügen – entsprechend der Markierung – zu SEITENWECHSEL AUFHEBEN.

6.14.2 Seitenformat einrichten

Hoch- oder Querformat

In den meisten Fällen arbeiten Sie mit einem Drucker, der DIN-A-4-Seiten verwendet. Mit DATEI/SEITE EINRICHTEN können Sie die AUSRICHTUNG per Mausklick jederzeit ändern. Durch Wahl der Seitenansicht nutzen Sie die Einstellungen bereits vor dem Druck.

Bild III.128: Ausrichtung wählen

Ist eine Tabelle auch dann breiter, wenn Sie Querformat einstellen, sollten Sie die notwendige Verkleinerung Excel überlassen:

1. Haben Sie eine Tabelle aktiviert, die passend ausgegeben werden soll, wählen Sie DATEI/SEITE/PAPIERFORMAT.

Bild III.129: Skalierung wählen

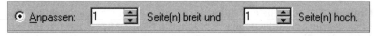

2. Damit die Skalierung durch Excel erledigt wird, klicken Sie auf ANPASSEN.
3. Geben Sie in den beiden Feldern für die Breite und Höhe an, wieviele Seiten zum Drucken der Arbeit verwendet werden dürfen. Excel beachtet beim Druck die Vorgabe.

Sie müssen bei dieser Einstellung manuelle Seitenwechsel nicht entfernen. Sie werden ignoriert.

6.15 Gitternetzlinien

Das Arbeitsblatt ist durch Buchstaben und Zahlen in Spalten und Zeilen eingeteilt. Damit Sie sich bequem orientieren können, sind dem Arbeitsblatt Rasterlinien unterlegt, so daß die Koordinaten und die Einordnung leicht zu erkennen sind. Sie können Linien zur Gestaltung Ihres Arbeitsblattes aus- oder einblenden:

1. Wählen Sie EXTRAS/OPTIONEN/FENSTER.
2. Deaktivieren Sie das Kontrollkästchen GITTERNETZLINIEN.

Automatisch für Standard

Bild III.130: Gitternetzlinien aktivieren/ deaktivieren und färben

Wählen Sie OK, finden Sie das Arbeitsblatt ohne die Rasterlinien. Zur Orientierung erscheinen weiterhin die Linien um die jeweils aktuelle Zelle am Cursorstandort. Mit EXTRAS/OPTIONEN/FENSTER/GITTERNETZLINIEN können Sie dem Gitternetz auch eine andere Farbe zuordnen.

Während die eben beschriebene Methode die Anzeige der Gitternetzlinien auf dem Bildschirm beeinflußt, wählen Sie DATEI/SEITE EINRICHTEN/ TABELLE, um Gitternetzlinien zu drucken. Diese Einstellung wirkt sich auf die Anzeige der Seitenansicht aus.

Gitternetz beim Druck oder auf dem Bildschirm

6.15.1 Einrichten von Seitenrändern

Wenn Sie Seitenränder einrichten, achten Sie darauf, daß die Angaben größer sind als die vom benutzten Drucker unterstützten Mindestränder (Handbuch des Druckers):

1. Schalten Sie zum Arbeitsblatt, das Sie vorbereiten wollen.
2. Wählen Sie DATEI/SEITE EINRICHTEN und SEITENRÄNDER.
3. Stellen Sie in den Feldern OBEN, UNTEN, LINKS und RECHTS jeweils die Größe für die Seitenränder ein.

Die Eingabe ist schneller möglich, wenn Sie schreiben und mit [🔄] von Feld zu Feld wechseln.

Praxistip: Zum Ändern der Ränder sollten Sie zur Seitenansicht schalten und dort die Ränder auf das richtige Maß ziehen. Da Sie die Wirkung sehen, ist diese Methode empfehlenswerter, als Zahlen einzugeben.

Seitenränder und Drucker abstimmen

6.15.2 Einrichten von Kopf- und Fußzeilen

Kopf- und Fußzeilen müssen innnerhalb der Seitenränder untergebracht werden. Deswegen sorgen Sie dafür, daß die anschließend eingegebenen Werte für Kopf- oder Fußzeilen kleiner als die für die oberen und unteren Seitenränder sind:

1. Wechseln Sie zum Tabellenblatt, dessen Einrichtung Sie planen.
2. Wählen Sie DATEI/SEITE EINRICHTEN und dann das Register SEITEN-RÄNDER.
3. Geben Sie die gewünschten Größen für die Kopf- und Fußzeilen in den Feldern ABSTAND VOM SEITENRAND ein.

Kopf- und Fußzeilen im Randbereich unterbringen

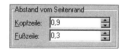

*Bild III.131:
Auswirkungen von
Einstellungen in der
Vorschau*

Wenn Sie den Abstand mit den Pfeilen oder durch Eingaben verstellen, schaltet die Vorschau jeweils um. Kleine Pfeile links und rechts zeigen die Auswirkungen Ihrer Einstellungen.

6.15.2.1 Integrierte Kopf- und Fußzeilen

*Bild III.132:
Inhalte einer
integrierten Kopfzeile*

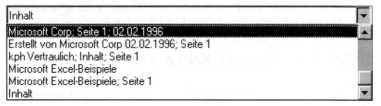

Excel besitzt Standards für Kopf- und Fußzeilen. Diese bieten grundsätzliche Angaben, die Excel jeweils durch Systemdaten aktualisiert. Sie können diese Vorgaben akzeptieren. So sparen Sie Zeit, die Sie für benutzerdefinierte Kopfzeilen oder Fußzeilen aufwenden müssen:

*Bild III.133:
Vorschau auf
integrierte Fußzeile*

1. Blenden Sie Arbeitsmappe und Arbeitsblatt ein, und wechseln Sie mit DATEI/SEITE EINRICHTEN/KOPFZEILE/FUßZEILE zum Dialogfeld SEITE EINRICHTEN.
2. Öffnen Sie die Listen KOPFZEILE oder FUßZEILE und aktivieren Sie die gewünschten Zeilen.
3. Übernehmen Sie die Einstellungen mit OK.

6.15.2.2 Benutzerdefinierte Kopf- und Fußzeilen

Statt die Standards für Kopf- und Fußzeilen zu akzeptieren, können Sie auch eine benutzerdefinierte Kopf- oder Fußzeile einrichten. Mit jeder neuen Definition einer benutzerdefinierten Kopf- oder Fußzeile wird vorherige Einstellung überschrieben:

1. Öffnen Sie eine Arbeitsmappe und ein Arbeitsblatt, um Inhalte für Kopf- und Fußzeile festzulegen.
2. Schalten Sie mit DATEI/SEITE EINRICHTEN zum Register KOPFZEILE/FUßZEILE.

3. Klicken Sie eine der Schaltflächen BENUTZERDEFINIERTE KOPFZEILE oder BENUTZERDEFINIERTE FUßZEILE an.
4. Geben Sie in den drei Bereichskästen ein, was angezeigt werden soll. Nutzen Sie in LINKER BEREICH, MITTLERER BEREICH oder RECHTER BEREICH die Schaltflächen, um die benötigten Codes einzufügen.

Schaltfläche	Bedeutung
A	Schriftart, -größe und -stil ausgewählten Textes ändern
#	Seitenzahl als automatisch zu aktualisierendes Feld eintragen
	Seitenanzahl einbauen
	Feld für aktuelle Zeit
	Dateiname einfügen
	Name der aktiven Tabelle einfügen
	Feld für aktuelles Datum

Wenn Sie im Register KOPFZEILE/FUßZEILE zuerst eine der vorgegebenen Zeilen aus den Listen und dann erst eine der Schaltflächen für benutzerdefinierte Kopf- oder Fußzeilen anklicken, werden die Daten der integrierten Kopf- oder Fußzeile im Dialogfeld KOPFZEILE oder FUßZEILE angezeigt. Dort können Sie weiteren Text eingeben, Codes abrufen oder die Vorgaben bearbeiten.

Markierten Inhalt von Kopf-/Fußzeilen per ⟵ löschen

6.15.2.3 Auf einer Seite zentrieren

In der Regel erst bei der Ausgabe wird es wichtig, wie Daten insgesamt auf einer Seite angeordnet sind. Je nachdem werden Sie eine vertikale oder horizontale Ausrichtung zuordnen wollen:

1. Aktivieren Sie mit einem Klick auf das Register eine Tabelle.
2. Wählen Sie DATEI/SEITE einrichten.
3. Klicken Sie das Register SEITENRÄNDER an und aktivieren Sie eines der Kontrollkästchen des Bereichs ZENTRIERUNG.

In der Mitte positionieren

7 Objekte

Excel organisiert Objekte

Auch Bilder sind für Excel nur Objekte, die auf unterschiedliche Art entstehen und manchmal verschieden behandelt werden. In diesem Kapitel geht es um Zeichnungen, Grafiken oder Diagramme. Diese drei Erscheinungsformen von Bildern können Sie in Excel für die bessere Darstellung von Daten nutzen. Wie das effektiv möglich ist, wird in drei Abschnitten geschildert.

7.1 Bilder zeichnen

Bild III.134: Objekte des Arbeitsblatts ausblenden

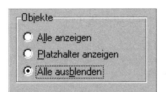

Mit den Funktionen von Excel können Sie einem Tabellenblatt oder Diagramm Formen wie Linien, Pfeile, Ellipsen, Rechtecke, Bögen und Vielecke hinzufügen, verschieden darstellen und anordnen. Neben diesen festen Formen können Sie Freihandfiguren zeichnen. Solche Zeichenelemente lassen sich durch Verschieben, Hinzufügen oder Löschen der Eckpunkte verändern. Gezeichnete Objekte dürfen in einer Tabelle, einem Arbeitsblatt oder auch in eine andere Anwendung übernommen werden.

Praxistip: Sie erhalten sich im Arbeitsblatt mehr Übersicht und der Bildaufbau funktioniert schneller, wenn Sie gezeichnete Objekte ausblenden. Dazu müssen Sie EXTRAS/OPTIONEN/ANSICHT wählen und das Kontrollkästchen ALLE AUSBLENDEN aktivieren.

7.1.1 Vorgabeformen zeichnen

Um eine Linie, ein Rechteck, eine Ellipse, einen Bogen oder einen Pfeil zeichnen zu können, benötigen Sie die Symbolleiste ZEICHNEN. Zeigen Sie mit dem Mauspfeil auf eine Symbolleiste, drücken Sie die rechte Maustaste und aktivieren Sie die Symbolleiste im Menü. Alternativ können Sie nebenstehende Schaltfläche verwenden. Danach können Sie zeichnen:

1. Klicken Sie eine Schaltfläche für eine Figur an.
2. Setzen Sie die Maus an und ziehen Sie, bis das entsprechende Objekt aussieht wie gewünscht.

Wenn Sie für eckige Objekte abgerundete Kanten wollen, müssen Sie ein Format einstellen. Wählen Sie für ein markiertes Objekt FORMAT/OBJEKT und das Kontrollkästchen ABGERUNDETE ECKEN.

Für die Schaltflächen zum Zeichnen gilt grundsätzlich gleiches wie beim FORMAT ÜBERTRAGEN: Doppelklicken Sie auf eine Schaltfläche der Symbolleiste ZEICHNEN. Anschließend können Sie erneut mit der gleichen Form zeichnen. Sie müssen die Schaltfläche nicht nochmals aktivieren.

7 Objekte

Mit [Esc] oder einem Klick auf einen leeren Bereich deaktivieren Sie die Schaltfläche.

 Leeres Rechteck

 Gefülltes Rechteck

7.1.2 Frei zeichnen

 Symbol Freihandform

 Freihand

 Gefüllte Freihandform

Mehr Möglichkeiten zum Zeichnen und Verändern im nachhinein haben Sie mit Freihandformen. Der Aufwand beim Zeichnen ist größer als für feste Formen. Eine Freihandform können Sie verändern. Zeichnen Sie freie wie feste Formen:
1. Markieren Sie die Schaltfläche für Freihand (frei bewegen) oder Freihandform (gerade Linien).
2. Positionieren Sie den Mauspfeil und zeichnen Sie durch das Ziehen der Maus. Die Maus können Sie frei bewegen.
3. Wollen Sie eine gerade Linie zeichnen, verwenden Sie das Symbol FREIHANDFORM, klicken Sie auf die Position für den Anfangspunkt einer Linie und dann auf den Zielpunkt.
4. Beenden Sie das Zeichnen durch einen Doppelklick.

Je nach dem ersten Klick auf eines der beiden Symbole wiederholen Sie für Kombinationen von freien und geraden Linien das Anklicken.

7.2 Grafiken anordnen

Grafiken sind in doppelter Weise nach dem Zeichnen oder Einfügen anzuordnen. Einerseits können Sie Grafiken in Relation zu anderen Objekten positionieren, andererseits eine Zeichnung oder andere Grafik auf Objekten wie Diagrammen oder eingefügten Tabellen als zusätzliche Elemente anordnen.

Grafiken in Relation zu Objekten positionieren

7.2.1 Verbindung Objekt und Zelle lösen

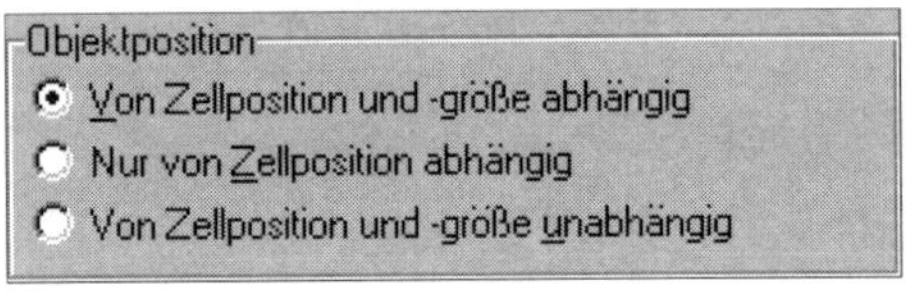

*Bild III.135:
Objekt von einer
Zellposition lösen*

```
┌─Objektposition──────────────────────────┐
│ ⦿ Von Zellposition und -größe abhängig   │
│ ○ Nur von Zellposition abhängig          │
│ ○ Von Zellposition und -größe unabhängig │
└─────────────────────────────────────────┘
```

Wenn eine Grafik mit den unter einer Darstellung liegenden Zellen verbunden ist, kann das zum Nachteil werden, wenn sich die Größe der Basiszellen ändert. Sie können verhindern, daß sich die Grafikgröße verändert:

[Strg]+[1]
für Objekteigenschaften

1. Markieren Sie ein Grafikobjekt, das frei von Zellgrößen angeordnet werden soll.
2. Wählen Sie FORMAT/OBJEKT/EIGENSCHAFTEN.
3. Klicken Sie das Kontrollkästchen VON ZELLPOSITION UND GRÖSSE UNABHÄNGIG an. Es muß aktiv sein.

7.2.2 Grafik und die darunter liegenden Zellen

Objekte und Zellen zusammen sehen

Wenn Sie zeichnen, aber nichts weiter verlangen, werden gezeichnete Objekte standardmäßig mit den darunter liegenden Zellen verbunden. Sie werden so verschoben, vergrößert oder verkleinert, je nach Vorgang.

Größe von Zellen ändern, Schriftgröße beibehalten

Wenn Sie wollen, daß Zeichnungsobjekte mit Zellen verschoben werden, ihre Größe aber beibehalten wird, müssen Sie das einstellen. Sie stellen so sicher, daß der Text in einem Textfeld lesbar bleibt. Praktisch bedeutet das, daß eine Gruppe aus gezeichneten Objekten und einem Textfeld besteht. Dann können Sie die Größe der Zellen ändern, gleichzeitig aber die Schriftgröße im Textfeld beibehalten.

Zusammenhang Zeichnungsobjekte und Zellen

Zeichnungsobjekte können auf zweierlei Art organisiert sein:

- Zeichnungsobjekte können mit den unter ihnen angeordneten Zellen verbunden sein. Dann ändern sie ihre Größe, wenn Sie die Maße der darunter liegenden Zellen variieren (ZEILENHÖHE/SPALTENBREITE). Zeichnungsobjekte werden verschoben, wenn Sie Zellen verschieben.

- Zeichnungsobjekte können nicht verbunden sein. Wenn Sie die unter solchen Objekten liegenden Zellen ausschneiden, verschieben oder die Größe ändern, hat das keinen Einfluß auf nichtverbundene Zeichnungsobjekte.

7.2.3 Objekte verschieben

- Markieren Sie ein Objekt durch den Mauspfeil, halten Sie die linke Maustaste nieder und ziehen Sie.
- Markieren Sie mehrere Objekte, und verschieben Sie ebenfalls durch Kennzeichnung, Drücken der Maustaste und Ziehen.
- Ist ein Zeichnungsobjekt leer (weder Füllfarbe noch Muster), positionieren Sie den Mauspfeil auf den Rahmen und ziehen Sie dann.
- Mehrere Objekte gleichzeitig: Halten Sie [Shift] gedrückt, klicken Sie Objekte an und ziehen Sie die Maus.

Hinweis: Wenn Sie in vertikaler oder horizontaler Richtung verschieben wollen, halten Sie beim Ziehen [Shift] gedrückt. Das Verschieben gelingt exakter als ohne die Taste [Shift].

Sollte sich beim Verschieben die Größe eines Zeichenobjekts ändern, müssen Sie die Markierung prüfen. Ist es ein ausgefülltes Objekt, muß der Mauspfeil im Objekt und nicht auf einem Ziehpunkt positioniert sein. Beim Verschieben eines nichtausgefüllten Objekts setzen Sie den Mauspfeil immer auf den Objektrahmen.

Position des Mauspfeils beachten

7.2.4 Bei Markieren eines Zeichnungsobjekts

Ein markiertes Objekt ist durch Ziehpunkte auf seinem Rahmen zu erkennen. Fehlen die Markierungskästchen, können zwei Situationen vorliegen:
- Ein ausgefülltes Objekt können Sie mit einem Klick auf eine beliebige Stelle innerhalb des Objekts markieren.
- Im Fall eines nichtausgefüllten Objekts markieren Sie durch einen Klick auf den Rahmen des Objekts.

Auch wenn der Mauspfeil gerade durch eine Kreuz aus Balken symbolisiert wird, können Sie mit ihm durch Mausklicks markieren. Zum genauen Zielen eignet sich der Markierungspfeil jedoch besser. Klicken Sie ihn in der Symbolleiste ZEICHNEN an (nebenstehende Abb.). Sie erfassen mit dem Pfeil genauer, zudem läßt sich so ein Markierungsrahmen um Objekte ziehen.

Praxistip: Wollen Sie mehrere Objekte markieren, halten Sie [Shift] nieder und klicken Sie die Objekte nacheinander an.

Kommt es beim Markieren zu Problemen, kann das z.B. folgende Ursachen haben:
- Die Anzeige kann abgeschaltet sein. Prüfen Sie mit EXTRAS/OPTIONEN/ANSICHT, ob das Kontrollkästchen ALLE ANZEIGEN aktiviert ist.
- Gelingt es Ihnen nicht, ein einzelnes Objekt zu markieren, ist es vielleicht gruppiert. Verwenden Sie die Schaltfläche OBJEKTGRUPPIERUNG AUFHEBEN (nebenstehende Abb.), um das markierte Objekt zu erfassen.
- Ist ein Objekt nicht zu sehen, ist das Markieren mit der Maus schwierig. Ziehen Sie einen Markierungsrahmen um ein Objekt (z.B. ohne Füllfarbe, -muster oder Rahmen). Oder setzen Sie an einem anderen Objekt an: Markieren Sie und drücken Sie mehrfach auf [↹]. So wird das jeweils nächste Objekt markiert.
- Sind Objekte übereinander angeordnet, verwenden Sie die Schaltfläche IN DEN HINTERGRUND, um das jeweils oberste Objekt nach hinten zu schieben, bis Sie das Gesuchte finden.

7.2.5 Objektgruppierung handhaben

Objekte gruppieren bedeutet, die markierten Objekte zu einer neuen Einheit zusammenzufassen, so daß beim Verschieben der Objekte deren Anordnung bestehen bleibt. Das Gruppieren erleichtert gemeinsame Änderungen und die Zuordnung von Formaten. Für gruppierte Objekte können Sie die Farbe aller Objekte zugleich ändern. Wollen Sie erreichen, daß markierte Objekte nur eine Markierung aufweisen, sind folgende Einstellungen erforderlich:
- Wählen Sie FORMAT/OBJEKTEIGENSCHAFTEN/OBJEKTGRUPPIERUNG oder alternativ nebenstehende Schaltfläche.
- Um eine Objektgruppierung wieder aufzuheben, markieren Sie das gruppierte Objekt und wählen Sie FORMAT/OBJEKTEIGENSCHAFTEN/OBJEKTGRUPPIERUNG AUFHEBEN.

Wenn Objekte gruppiert sind, können Sie erst wieder unabhängig voneinander verschoben oder vergrößert bzw. verkleinert werden, nachdem die Gruppierung aufgehoben worden ist

Praxistip: Wenn Sie mehrere schon erfaßte Gruppen in einer Gruppe zusammenfassen und diese wieder auflösen, müssen Sie mehrfach OBJEKTGRUPPIERUNG AUFHEBEN verwenden oder die Schaltfläche markieren.

7.2.6 Am Gitternetz ausrichten

Alt + Ziehen

Um das Objekt am nächsten Schnittpunkt von Gitternetzlinien auszurichten, halten Sie Alt gedrückt, während Sie ein Zeichnungsobjekt erstellen, verschieben oder dessen Größe ändern.

7.2.7 Grafik anordnen

Gestaffelt anordnen

Gezeichnete oder aus anderen Anwendungen übernommene Objekte können Sie frei auf dem Bildschirm anordnen, auch hintereinander. Welches Objekt ein anderes verdecken darf, organisieren Sie durch die Optionen HINTERGRUND und VORDERGRUND:

- Um ein Objekt in den Hintergrund zu verschieben,
1. Markieren Sie das Objekt, das in den Hintergrund verschoben werden soll.
2. Klicken Sie auf die Schaltfläche IN DEN HINTERGRUND (Randabb.).

- Soll das Objekt im Vordergrund angeordnet sein,
1. Markieren Sie das Objekt.
2. Ordnen Sie das Anordnen mit IN DEN VORDERGRUND an (Randabb.).

Statt der Schaltflächen können Sie für beide Aktionen FORMAT/OBJEKTEIGENSCHAFTEN mit seinen Optionen nutzen.

Praxistip: Vermuten Sie ein Objekt im Hintergrund, können es aber nicht sehen, weil es vollständig von einem anderen Objekt verdeckt wird, können Sie das obenliegende Objekt zur Seite schieben. Sie können auch den Markierungsrahmen um beide Objekte ziehen. Sie sehen dann die Markierungskästchen des verdeckten Objekts.

7.2.8 Freihandobjekt bearbeiten

*Bild III.136:
Zielpunkte für eine
Formänderung
(Eckpunkte)*

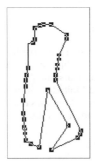

Objekte mit festen Formen und Freihandobjekte erscheinen nach einer Markierung beide mit Ziehkästchen. Sie dienen der Größenänderung. Im Fall der Freihandobjekte können Sie außerdem die Form ändern:

Freihandobjekte können vielfältig geändert werden

1. Markieren Sie das Objekt, dessen Form Sie ändern wollen.
2. Klicken Sie das Symbol FORMÄNDERUNG (Randabb.) an, damit Markierungspunkte als Ziel für den Mauspfeil angezeigt werden.
3. Positionieren Sie den Mauspfeil auf einem beliebigen Eckpunkt und ziehen Sie ihn.
4. Hat das Objekt die gewünschte Form, schalten Sie die Funktion mit einem erneuten Klick auf das Symbol FORMÄNDERUNG ab.

Eckpunkte können Sie löschen, wenn sie nicht mehr benötigt werden, oder einfügen, um eine bestimmte Form zu erreichen. Halten Sie [Strg] nieder und klicken Sie mit dem zum Kreuz gewordenen Mauscursor auf einen Eckpunkt, um ihn zu löschen. Halten Sie [Strg] niedergedrückt, zeigen Sie mit dem Fadenkreuz auf eine Linie und ziehen Sie bei niedergehaltener Maustaste. Wenn Sie loslassen, hat Excel die Form geändert und einen neuen Punkt eingefügt.

Eckpunkte beliebig einfügen und löschen

7.2.9 Größe einer Grafik ändern

Durch Bewegen der Ziehkästchen beeinflussen Sie die Größe jeder Grafik:

Ziehkästchen nutzen

- Sollen Proportionen einer Grafik bei einer Größenänderung beibehalten werden, halten Sie [Shift] nieder, ehe Sie einen der Ziehpunkte an einer der Ecken bewegen. Beim Versuch, die Größe eines Zeichnungsobjekts zu ändern, wird die Form verzerrt.
- Um eine Zeichnung oder fertig übernommene Grafik horizontal oder vertikal größer oder kleiner werden zu lassen, markieren und ziehen Sie die horizontalen oder vertikalen Ziehpunkte einer Grafik.

Achten Sie bei Größenänderungen immer auf die richtige Positionierung des Mauspfeils. Wenn Sie, statt Ziehpunkte zu verwenden, den Mauspfeil auf der Mitte eines gefüllten Objekts oder einem Rahmen setzen und dann ziehen, wird das Objekt verschoben.

Objektmitte zum Verschieben markieren

7.3 Objekt erklären und gestalten

Unmittelbar erklären Sie eine Grafik mit Text in zugefügten Textfeldern. Daneben können Sie Farben und Muster einsetzen, um Text noch besser verständlich zu machen. Auch ein Hinweispfeil, an der richtigen Stelle angeordnet, kann ein Grafikobjekt fremden Anwendern besser erläutern.

Grafik durch Text ergänzen

7.3.1 Grafik beschriften

Es ist aufgrund der Anordnung und der Änderungswahrscheinlichkeiten meist nicht praktisch, eine Grafik durch Text in einer Zelle zu erklären. Legen Sie besser ein Textfeld an:

1. Klicken Sie auf die Schaltfläche TEXTFELD (nebenstehende Abb.).
2. Der besseren Übersicht bei der Eingabe wegen setzen Sie den Mauspfeil an und ziehen Sie das neue Objekt etwa in die benötigte Größe und Form.
3. Tragen Sie den Text ein, und klicken Sie zum Abschluß der Eingabe auf eine freie Fläche.

Nach dem Ende einer Texteingabe können Sie den Cursor jederzeit mit einem Mausklick als Einfügecursor in ein Textfeld setzen und weiter eintra-

[Esc] nach der Texteingabe markiert

III Excel

Textfeld ziehen

`Strg`+`1` **zum Formatieren von Zellen oder Objekten**

gen. Vorsicht aber, wenn Sie ein Textfeld markieren und sofort schreiben. Ohne Cursorpositionierung wird der gesamte Text durch neuen Text überschrieben.

Ebenso können Sie die Größe und Position eines Textfelds ändern. Markieren Sie den Rahmen und benutzen Sie die Ziehpunkte.

Praxistip: Soll ein Textfeld eine bestimmte Grafik erläutern, ordnen Sie das Textfeld der Grafik zu und gruppieren Sie anschließend Grafik- und Textobjekt. Getrennte Farben müssen Sie vor dem Grupieren zuweisen.

Wie Text im Arbeitsblatt behandelt wird, hängt von der Form der Eingabe ab. Wenn Sie Text in eine Zelle eintragen, kann dieser formatiert werden, ist aber mit der Zelle verbunden. Benutzen Sie dagegen ein Textfeld, handelt es sich um ein Objekt wie andere auch. Neben den möglichen Formatierungen läßt es sich nahezu beliebig anordnen. Für das Formatieren eines Textfelds müssen Sie so vorgehen:

1. Markieren Sie ein Textobjekt.
2. Wählen Sie FORMAT/OBJEKT und dann eines der Register.
3. Aktivieren Sie die benötigten Optionen und bestätigen Sie.

Sollten Sie im Menü FORMAT an erster Stelle die Option ZELLEN sehen, haben Sie im Arbeitsblatt eine oder mehr Zellen statt eines Textfelds markiert. Die Formatierungsoptionen der Register sind vergleichbar.

7.3.2 Text zeigen

Pfeil fertig übernehmen

Ein Pfeil als fertiges Zeichenobjekt kann einen Hinweis durch die Zuordnung leichter verständlich machen:

Einen Pfeil zeichnen Sie nach einem Klick auf die Schaltfläche (Randabb.) und ordnen ihn wie andere markierte Objekte an. Auch seine Größe können Sie durch Ziehen ändern.

7.3.3 Objektschatten

Noch vor wenigen Jahren mußten Sie in einer Grafik einen Schatten durch die verschobene Anordnung zweier unterschiedlich gefärbter Objekte erzeugen. Bei Excel kostet Sie die Zuordnung eines Schattens einen Mausklick:

1. Markieren Sie ein Objekt.
2. Klicken Sie die Schaltfläche SCHATTEN an (Randabb.) oder wählen Sie FORMAT/OBJEKT/MUSTER/SCHATTEN.

Kontrollkästchen und Schaltfläche funktionieren wie ein Schalter. Wählen Sie sie zum Deaktivieren eines Schattens nochmals.

7.3.4 Farbe, Rahmen und Muster

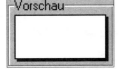

Schatten in der Vorschau

Mit Formatierungen wie Farbe, Rahmen und Muster wird Text noch besser verständlich. Die optisch ansprechende Darstellung hebt die Bereitschaft des Betrachters zur Datenaufnahme. Die Zuordnung funktioniert in allen Fällen auf vergleichbare Weise:

1. Markieren Sie ein Objekt.
2. Wählen Sie FORMAT/OBJEKT und das Register MUSTER.
3. Ordnen Sie dem markierten Objekt Optionen zu und bestätigen Sie.

Falls Sie eine Gruppierung markiert haben, müssen Sie diese eventuell erst aufheben, formatieren und dann erneut gruppieren.

Einzelobjekte formatieren, dann gruppieren

Hinweis: Auch eine importierte Grafik kann durch einen Rahmen oder einen Schatten ergänzt werden, aber nicht mit einer Farbe oder einem Muster gefüllt werden.

7.4 Grafiken verknüpfen

Nutzen Sie alle Anwendungen des Office-Pakets, finden Sie immer mit dem Menü BEARBEITEN Zugang zur Zwischenablage. Auf Objekte greifen Sie außerdem über das Menü EINFÜGEN zu. In beiden Fällen können Sie über eine Verknüpfung für eine dauernde Verbindung sorgen.

Office 95

7.4.1 Excel-Daten in eine Grafik verwandeln

Excel kann die von ihm verwalteten Daten jeder anderen Anwendung im Office-Paket zur Verfügung stellen. Daten können dabei aus Zellen, einem Diagramm oder aus einem Grafikobjekt stammen. So können Sie z.B. eine Tabelle oder auch nur einen Teil als Grafik verwenden:

Zwischen Anwendungen verknüpfen

1. Markieren Sie im Tabellenblatt die Zellen einer Tabelle oder ein anderes Objekt.
2. Halten Sie [Shift] gedrückt und wählen Sie BEARBEITEN/GRAFIK KOPIEREN.
3. Aktivieren Sie im Dialogfeld entsprechend dem Ziel für die Verwendung des Objekts. Wählen Sie als Format BILD, um das Objekt korrekt darzustellen.
4. Bestätigen Sie mit OK und markieren Sie mit einem Mausklick die Position, an der das Objekt eingefügt werden soll.
5. Wählen Sie BEARBEITEN/EINFÜGEN. Das eingefügte Objekt können Sie wie andere Objekte auch behandeln, also beispielsweise formatieren oder die Größe ändern. Doppelklicken Sie auf das Objekt, um Register anzuzeigen.

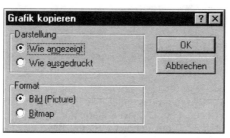

Bild III.137: Dialogfeld GRAFIK KOPIEREN

Im Dialogfeld GRAFIK KOPIEREN müssen Sie besonders auf das Bildformat achten. Wenn Sie das Format PICTURE benutzen, brauchen Sie weniger Speicher als für das Bitmap-Format und sichern einen schnellen Bildschirmaufbau.

Bitmap-Format möglichst vermeiden

Praxistip: Wenn Sie Daten auf die beschriebene Weise kopieren, sind bei der Standardeinstellung im neuen Objekt auch Gitternetzlinien zu sehen. Wollen Sie ohne Linien kopieren, blenden Sie Gitternetzlinien mit Extras/ANSICHT/GITTERNETZLINIEN aus. Sinngemäß gleich können Sie Gitternetzlinien ab-, aber Format zuschalten und mitkopieren.

III Excel

7.4.2 Verknüpfte Grafik einfügen

Verknüpfung für effektive Arbeit

Zellendaten, ein gezeichnetes Objekt oder ein Diagramm können als Objekte an weiteren Positionen im gleichen oder einem anderen Arbeitsblatt oder in ein anderes Dokument eingefügt werden. Ändern Sie nach der Übernahme die Daten am Ursprungsort, sorgt eine Verknüpfung dafür, daß auch an weiteren Positionen oder in anderen Anwendungen Daten stets auf dem neuesten Stand gehalten werden.

1. Markieren Sie im Arbeitsblatt Zellen, die als Objekt an anderem Ort eingefügt werden sollen.
2. Wählen Sie BEARBEITEN/KOPIEREN.
3. Schalten Sie, falls notwendig, zu einem anderen Arbeitsblatt oder Fenster und klicken Sie auf die Position, an der das Objekt aus der Zwischenablage eingefügt werden soll.
4. Halten Sie [Shift] gedrückt und wählen Sie BEARBEITEN/VERKNÜPFTE GRAFIK EINFÜGEN.

Einbetten nutzt die Quellanwendung

Mit der geschilderten Methode ist es nicht möglich, ein Zeichnungsobjekt oder ein Diagrammobjekt mit den Quelldaten zu verknüpfen. Verwenden Sie die Methode des Einbettens, so daß ein Doppelklick auf ein Objekt die Ursprungsanwendung zum Bearbeiten startet. Die Technik funktioniert dann nicht, wenn die Anwendung, mit dem das eingebettete Objekt angelegt wurde, nicht auf dem Computer installiert ist.

7.5 Grafik importieren

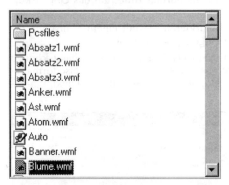

Bild III.138: Grafikdateien im Ordner

Office 95

Als Anwender des Office-Pakets stehen Ihnen in jeder Anwendung die Grafikdateien der ClipArt-Galerie zur Verfügung. Sie können jedoch auch Bitmaps (z.B. mit der Erweiterung BMP aus Paint), die sehr gebräuchlichen TIF-Dateien (Tagged Image File) und andere Grafikdateien importieren. Um beispielsweise eine Grafik aus dem Bestand der ClipArt-Galerie zu importieren, gehen Sie so vor:

1. Wählen Sie EINFÜGEN/GRAFIK.
2. Ändern Sie die Ordneranzeige und markieren Sie eine Grafikdatei, um sie in der Vorschau anzusehen.
3. Laden Sie eine Grafik mit einem Doppelklick auf den Dateinamen.

Importe durch Formate anpassen

Ist ein Grafikobjekt eingefügt, können Sie die importierte Grafik mit einem Rahmen ergänzen oder ihr eine Farbe und ein Muster zuordnen. Sie können eine importierte Grafik als Objekt markieren, verschieben und seine Größe durch Ziehen ändern. Importierte Grafiken werden immer mit den darunter liegenden Zellen verschoben. Dadurch wird ihre Größe nicht geändert. So wird verhindert, daß Grafiken verzerrt werden. Für weitergehende Änderungen müssen Sie die Grafik in die Quellanwendung laden.

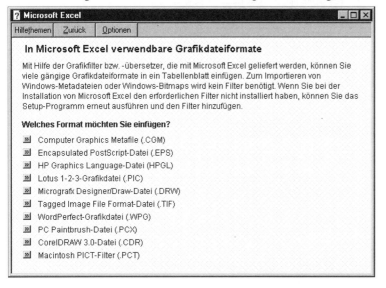

Bild III.139: Übersicht der Grafikformate

Praxistip: Benötigen Sie weitere Hinweise auf in Excel nutzbare Grafikdateiformate, öffnen Sie den Hilfe-Assistenten und geben Sie z.B. den Begriff *Grafikdatei* ein. Wählen Sie die Zeile IN MICROSOFT EXCEL VERWENDBARE GRAFIKFORMATE.

7.6 Daten in Diagramme umsetzen

Excel 7.0 ist im Umgang mit der grafischen Aufbereitung von Zahlen zu großen Leistungen fähig.

Bild III.140: Diagramme organisieren

- Excel ermöglicht es Ihnen, jederzeit innerhalb des Programms durch wenige Aktionen eindrucksvolle und aussagekräftige Diagramme zu erstellen.
- Sie können das Aussehen von Diagrammen jederzeit durch Formate ändern und durch Grafik zeichnerische Ergänzungen hinzufügen und anpassen.
- Sie können aufgrund der Zahleneingaben nicht nur Diagramme erstellen, sondern diese auch durch andere Diagramme und Bilder ergänzen und anschaulicher machen.

Bild III.141: Zeichenelemente wählen

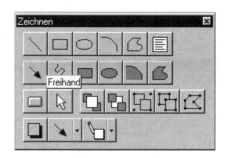

Bild III.142: Textformate zuordnen

- Diagramme können durch Grafikmerkmale, Text- und Farbattribute innerhalb von Excel ergänzt werden.

7.6.1 Diagrammtypen

Diagramm als Erscheinungsform von Zahlen

Sie haben bei der Arbeit mit dem Arbeitsblatt bereits sehen können, wie aufgrund der Zahleneingaben schnell neue Ergebnisse berechnet wurden. Wollen Sie ein Diagramm nutzen, um es Ihrem Publikum leichter zu machen, vorgelegte Zahlen zu analysieren, wollen Sie vielleicht von Fall zu Fall unterschiedliche Diagrammarten verwenden: Excel 7.0 bietet Ihnen unterschiedliche Diagrammarten, die in vielen Darstellungsformen (Formaten) ausgegeben werden. Eine Übersicht möglicher Diagrammtypen erhalten Sie mit FORMAT/DIAGRAMMTYPEN.

Typenvielfalt

Außer den zunächst angezeigten 2D-Diagrammen können Sie sechs Typen auch als dreidimensionale Diagramme darstellen. 2D- und 3D-Diagramme sind zudem in zahlreichen Varianten (Schaltfläche OPTIONEN) verfügbar. Ob Sie einer Markierung über die eben genannte Option ein Diagramm zuordnen oder die Schaltfläche DIAGRAMMTYP-PALETTE nutzen, muß sich aus der Arbeitssituation ergeben. Viele Formatoptionen stehen Ihnen bei der Menüwahl sofort zur Verfügung. Grundsätzlich gilt für alle Einstellungen: Zeigen Sie auf ein Diagrammelement und doppelklicken Sie. In fast allen Fällen stellt Excel Ihnen ein Dialogfeld zur Verfügung, mit dessen Registern Sie Einstellungen vornehmen können. Nachfolgend finden Sie Hinweise zu den wichtigsten Diagrammtypen. Die wichtigsten Arbeiten bei der Anwendung solcher Diagramme werden danach beschrieben.

7 Objekte

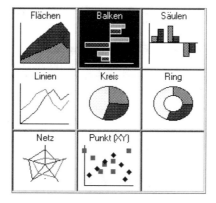

Bild III.143: Übersicht 2D-Diagrammtypen

Praxistip: Diagrammelemente sind wegen ihrer großen Unterschiedlichkeit auf viele Arten zu markieren. In der Hilfefunktion finden Sie unter dem Titel AKTIVIEREN UND MARKIEREN VON DIAGRAMMELEMENTEN eine sehr ausführliche Beschreibung aller Methoden und Möglichkeiten. In der Eingewöhnungszeit sollten Sie dieses Fenster aktivieren und zum Symbol verkleinern. Es steht dann jederzeit auf Mausklick zur Verfügung.

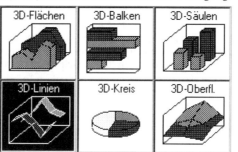

Bild III.144: Übersicht 3D-Diagrammtypen

7.6.1.1 Liniendiagramm

Bild III.145: Varianten eines Liniendiagramms

Ein Liniendiagramm ist eine Abart des Flächendiagramms. Entwicklungstrends lassen sich gut darstellen, besonders im Vergleich. Die Linien werden durch grafische Symbole (Marker) unterschieden, die in der Legende erklärt werden. Ein zugefügtes Gitternetz durch die Auswahl der Formatierung erlaubt es, solche Diagramme bequem abzulesen.

Immer dann, wenn Sie ein Liniendiagramm mit mehreren Datenbereichen konstruieren, müssen Sie dafür sorgen, daß die Linien gut unterscheidbar sind. Doppelklicken Sie auf eine Linie und ordnen Sie Marker im Dialogfeld DATENREIHEN mit dem Register MUSTER zu. Sie finden im Bereich LINIE UND MARKIERUNG die Möglichkeit, Verbindung für die durchgezogene Linie zwischen Datenpunkten zu wählen, Symbole für die bereits erwähnten Marker und Füllmuster, wenn Sie die Flächen unter bzw. zwischen den Linien ausfüllen wollen. Hier werden Farben oder Schraffuren dargestellt, je nach Wahl.

7.6.1.2 Flächendiagramm

Entwicklung von Werten

Wollen Sie mit einem Flächendiagramm arbeiten, können Sie die Entwicklung von Werten über einen bestimmten Zeitraum gut erfassen. Mit diesem Diagramm läßt sich beispielsweise leicht die Ertragsentwicklung im Vergleich zum eingesetzten Kapital verfolgen.

Flächendiagramme sind Liniendiagrammen ähnlich

Flächendiagramme unterscheiden sich in ihrer Konstruktion nicht sehr von Liniendiagrammen, sind aber optisch auffälliger. Excel zieht bei diesem Diagrammtyp auch Linien, füllt die Flächen zwischen den Linien unterschiedlicher Wertereihen jedoch mit Farben oder Schraffuren.

Bild III.146: Flächendiagramme

7.6.1.3 Balkendiagramm

Standard Balkendiagramm

Denken Sie an grafische Darstellungen in Zeitschriften, Zeitungen oder Büchern, werden Ihnen sicher zunächst Balkendiagramme als besonders häufige Form einfallen.

Balken und Linien für Datenreihen kombinieren

Die Entwicklung des Ertrags bei einem bestimmten Kapitaleinsatz können Sie auch mit einem Balkendiagramm darstellen. Es ist dem Säulendiagramm ganz ähnlich. Der unterschiedliche Ertrag ist leicht abzulesen, die zugehörigen Kapitalien finden sich auf der Ordinate.

Durch das Kombinieren von Balken und Linien für Datenreihen erzeugen Sie aussagekräftige Mischdiagramme. Wollen Sie in derselben Grafik unterschiedliche Datentypen darstellen, eignet sich dieser Diagrammtyp dazu. Ein Beispiel sind die Gegenüberstellung von Umsatzzahlen und die auf den Umsatz entfallenden Kosten für Werbung.

7.6.1.4 Säulendiagramm

Das Verhältnis von Kapitaleinsatz und Ertrag beispielsweise läßt sich statt als Balkendiagramm auch als Säulendiagramm ausgeben. Geben Sie bei der Bearbeitung von anderen Werten eine Entwicklung in der Zeit an, läßt sich diese auf der Abszisse erfassen.

7.6.1.5 Kreis- und Ringdiagramm

Ein Kreisdiagramm können Sie immer nur zur Abbildung einer Zahlenreihe benutzen. Diese wird als Gesamtheit verstanden und die einzelnen Teile werden vom Diagramm zur Gesamtheit in Beziehung gesetzt. Hier bietet Ihnen Excel mehrere Formate an, auch mit der Ausgabe von Prozentwerten. Die Auswahl von Formatierungsoptionen ermöglicht es, die Kreissegmente abgesetzt darzustellen, macht die Angaben also noch besser lesbar.

7.6.1.6 Punkt-Diagramm

Das Punkt-Diagramm ist dem Liniendiagramm ähnlich. Doch es gibt einen Unterschied: Anders als das Liniendiagramm verwenden Punkt-Diagramme eine numerische Skalierung für die X-Achse, während beim Liniendiagramm dort beispielsweise die Monate oder andere Bezeichnungen der Datenreihen angegeben werden. Die Diagramme werden auch Streudiagramme genannt. Ein Streudiagramm vergleicht zwei numerische Wertereihen miteinander, von denen jeweils eine auf der senkrechten bzw. der waagerechten Achse abgetragen ist, und zeigt die Korrelation zwischen verschiedenen Wertetypen. Sollen beispielsweise der Kapitaleinsatz und der Ertrag miteinander verglichen werden, wäre ein Streudiagramm eine sinnvolle Darstellungsmethode. Die X-Achse ist auch bei einem Streudiagramm immer die Abszisse, also die waagrechte Achse.

7.6.2 Diagramm anlegen

Diagramme widerspiegeln Zahlen aus Bereichen eines Arbeitsblatts. Eingebettete Diagramme sind in Excel mit den Quelldaten des Arbeitsblatts, aus dem sie stammen, verknüpft und werden auf den neuesten Stand gebracht, wenn sich die Ursprungsdaten ändern. Diagramme werden in Excel auf zwei Arten organisiert:

- Ein eingebettetes Diagramm kann neben den Tabellendaten oder auch in einem anderen Blatt angeordnet werden.
- Erfordert es die Mappenorganisation oder wollen Sie mehr Übersicht erlangen, kann ein Diagramm auch auf einem gesonderten Blatt in der Arbeitsmappe gespeichert werden (Diagrammblatt).

Mit [F11] **Diagramm zeichnen**

Praxistip: Markieren Sie Daten. In die Markierung schließen Sie die Namen der Rubriken und Reihen (Spaltenüberschriften, Zeilenangaben) ein. Drücken Sie auf [F11]. Ist die Markierung nicht eindeutig, öffnet Excel den Diagramm-Assistenten.

Bereiten Sie Daten in einer Tabelle für die Umsetzung in ein Diagramm vor und benutzen Sie für Änderungen möglichst den Diagramm-Assistenten (Schaltfläche für den Diagramm-Assistenten in der Randabb.). Gehen Sie in zwei Schritten vor:

1. Sorgen Sie für eine Datenbeschriftung, die der Assistent für die X-Achse verwenden kann, das ist die waagerechte Achse.
2. Die Daten übernimmt der Assistent in der Regel als Datenreihen der (senkrechten) Y-Achse. In der Standarddarstellung sind das die senkrecht als Spalte angeordneten Daten.

Um aus einer so organisierten Tabelle Daten in ein Diagramm umzusetzen, markieren Sie Daten mit der Beschriftung und starten den Diagramm-Assistenten. Folgen Sie den Anweisungen für Schritt 1 bis 3 und vergleichen Sie in Schritt 4 die Zahl der Spalten und Zeilen mit den Überschriften.

Gestaltungssicherheit mit dem Diagramm-Assistenten

Hinweis: Sie können Drag & Drop verwenden, Daten einer Tabelle markieren und den Mauspfeil auf dem Rahmen positionieren, um die Werte über ein Diagramm zu ziehen. Bei der Anwendung dieser Methode müssen Sie die Darstellungsart aber genau prüfen. Hier kommt es beim Einsatz von Drag & Drop zu ungewollten Änderungen. Verwenden Sie den Diagramm-Assistenten, vermeiden Sie mögliche Korrekturen.

Drag & Drop oder Assistent

7.6.2.1 Diagramm im Arbeitsblatt einbetten

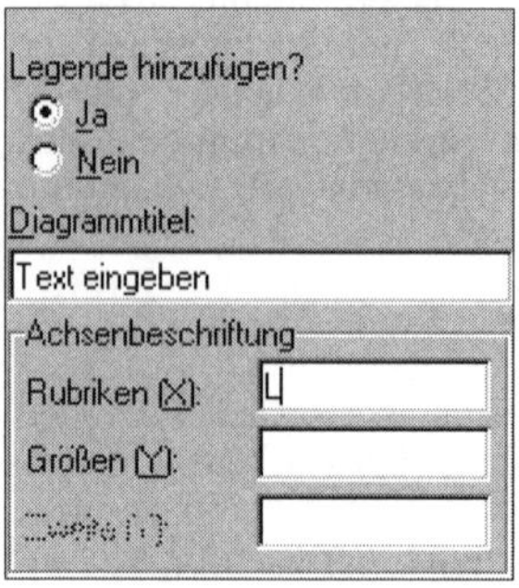

Bild III.147: Formatieren im Diagramm-Assistent

1. Markieren Sie Daten. Die Markierung umfaßt die Spaltenüberschriften und Zeilenangaben
2. Wählen Sie die Schaltfläche DIAGRAMM-ASSISTENT.
3. Positionieren Sie den Fadenkreuz-Mauspfeil. Ziehen Sie die Maus bei niedergehaltener Maustaste auf der Arbeitsplatte, um die Größe für das Diagramm anzugeben.
4. Die Anweisungen des Diagramm-Assistenten erklären den folgenden Ablauf.

Praxistip: Wollen Sie statt der rechteckigen eine quadratische Form für das einzufügende Diagramm, halten Sie [Shift] niedergedrückt, während Sie die Diagrammfläche ziehen, um sie im Arbeitsblatt anzuordnen.

7.6.2.2 Diagramm als Blatt in die Mappe einfügen

Sie werden vermutlich ausreichend Platz in der aktuellen Arbeitsmappe haben. Sollten Sie ein Diagramm nicht unmittelbar zur Erläuterung neben Zahlen benötigen, fügen Sie das Diagramm deshalb als neues Arbeitsblatt ein:

Bild III.148: Eingefügtes Diagrammblatt

1. Markieren Sie Daten einer Tabelle, aus denen das Diagramm abgeleitet werden soll.
2. Wählen Sie EINFÜGEN/DIAGRAMM/ALS NEUES BLATT.
3. Der Diagramm-Assistent wird gestartet. Nutzen Sie die Optionen des Assistenten oder blenden Sie das Diagramm mit ENDE ohne weitere Einstellungen ein.

7.6.2.3 Diagramm aus Mehrfachmarkierung entwickeln

Bild III.149: Mehrfach-markierungen als Rechteck

Mehrfachmarkierungen kennzeichnen Bereiche im Arbeitsblatt, die nicht unmittelbar zusammenhängen. Wenn solche Mehrfachmarkierungen insgesamt ein Rechteck ergeben, können Sie daraus ein Diagramm ableiten:.

1. Gehen Sie beim Markieren vor wie gewohnt: Markieren Sie einen Bereich, halten Sie [Strg] gedrückt und markieren Sie weitere Bereiche.
2. Wählen Sie EINFÜGEN/DIAGRAMM. Je nach Ziel verwenden Sie die Option ALS NEUES BLATT oder AUF DIESES BLATT.

7.6.2.4 Diagramm aus Pivot-Daten anlegen

Als Basis für ein Diagramm können Pivot-Daten verwendet werden. Das Diagramm zeigt die mehrfachen Datenebenen der Pivot-Tabelle und wird angepaßt, wenn Sie Elemente aus- oder einblenden, Details anzeigen oder die Struktur der Pivot-Tabelle ändern:

Quintessenz als Datengrundlage

1. Markieren Sie die Pivot-Tabelle, einschließlich der Spaltenüberschriften und Zeilenangaben. Die Markierung darf keine Summen oder Seitenfelder aufweisen.
2. Starten Sie den Diagramm-Assistenten.
3. Ziehen Sie ein Rechteck für die Größe des Diagramms und folgen Sie den Vorschlägen des Diagramm-Assistenten bzw. wählen Sie ENDE oder WEITER und nehmen Sie Einstellungen vor.

7.6.3 Diagramm durch neue Daten erweitern

Ein Diagramm übersetzt Zahlen in eine Grafik. Wie die Zahlen ist auch ein Diagramm nicht statisch. Sie müssen Diagramme immer wieder ergänzen. Sie können sowohl ein in ein Arbeitsblatt eingebettetes Diagramm, als auch ein Diagrammblatt in einer Arbeitsmappe durch neue Daten erweitern.

Diagramm ergänzen

Wenn Sie ein Diagrammblatt um weitere Datenreihen oder Datenpunkte ergänzen wollen, gehen Sie so vor:

1. Schalten Sie zum Arbeitsblatt mit der Tabelle, auf der neue Daten enthalten sind.
2. Markieren Sie Daten, die ein Diagramm noch nicht enthält. Die Zeilen- und/oder Spaltenbeschriftungen müssen auch markiert sein.
3. Kopieren Sie die ergänzten Daten in die Zwischenablage (Schaltfläche siehe Randabb.).

4. Schalten Sie zum Diagrammblatt.
5. Erweitern Sie das Diagramm mit BEARBEITEN/EINFÜGEN oder mit der Schaltfläche (siehe Randabb.).

Falls Sie beim Einfügen Standards übergehen wollen, verwenden Sie nicht BEARBEITEN/EINFÜGEN, sondern die Option INHALTE EINFÜGEN. Sie besitzt spezielle Optionen für Diagramme.

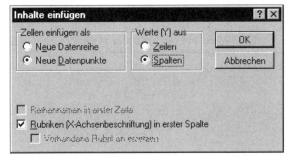

Bild III.150: Daten gezielt aus der Zwischenablage wählen

Um ein in das Arbeitsblatt eingebettetes Diagramm mittels Drag & Drop durch neue Daten zu erweitern, müssen Sie den zuletzt beschriebenen Ablauf variieren:

1. Markieren Sie in der Tabelle die neuen Daten und Überschriften bzw. Zeilenbezeichnungen.

Mit Drag & Drop neue Daten zufügen

III Excel

2. Positionieren Sie den Mauspfeil auf dem Rahmen des markierten Bereichs und ziehen Sie die Maus.
3. Lassen Sie die Daten über dem eingebetteten Diagramm, das aktualisiert werden soll,» fallen«.

Unzweideutige Aktualisierungen
Die Legende eines Diagramms wird durch die Übergabe der neuen Daten automatisch aktualisiert. Das Dialogfeld INHALTE EINFÜGEN wird dabei nur angezeigt, wenn nicht unzweideutig ist, wie Daten angefügt werden sollen.

7.6.4 Wertänderungen eines Diagramms

Zahlen ändern
Wenn Sie Daten einer Tabelle in ein Diagramm umgesetzt haben, kann es notwendig werden, Zahlen zu ändern. Zwei Arten sind es, wie Sie zu neuen Werten als Grundlage des Diagramms kommen:

Bild III.151: Werte durch Ziehen ändern

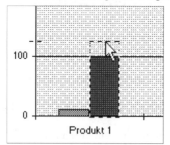

- Zahlen erzeugen im Diagramm Datenpunkte. Zunächst unveränderliche Zahlen in einer Tabelle sind konstante Werte. Um solche Werte zu ändern, tragen Sie den neuen Wert in der Zelle ein. Nach der Übernahme mit [↵] wird das Diagramm automatisch aktualisiert. Bei vielen Diagrammtypen können Sie Datenpunkte auch durch Ziehen ändern. Die Tabellenwerte werden automatisch geändert.

Zahlen ergeben im Diagramm Datenpunkte
- Wenn sich Formeln oder deren Ergebnisse ändern, beeinflußt auch das Datenpunktwerte. Um durch Formeln geänderte Datenpunktwerte im Diagramm umzusetzen, verwenden Sie die Zielwertsuche:

1. Markieren Sie ein Diagramm im Tabellenblatt durch einen Doppelklick oder schalten Sie zu einem Diagrammblatt.
2. Doppelklicken Sie auf eine Datenreihe und Datenpunktmarkierung für die Werte aus einer Formel. Setzen Sie den Mauspfeil an, drücken Sie die linke Maustaste und ziehen Sie die Datenpunktmarkierung.
3. Je nach Vorgabe durch die ursprüngliche Markierung schaltet Excel zur Tabelle mit den Werten um, auf denen das Diagramm basiert. Darüber wird das Dialogfeld ZIELWERTSUCHE eingeblendet.
4. Im Dialogfeld können Sie eine Vorgabe ändern, um zu einem Wert zu gelangen. Markieren Sie die Zelle, die einen neuen Wert annehmen soll. Die Adresse wird im Feld VERÄNDERBARE ZELLE angeführt.
5. Zielzelle ist die Zelle, in der die Formel steht, während Zielwert der Wert ist, den die Zelle annehmen soll.
6. Bestätigen Sie, wird die Änderung durchgeführt. Wählen Sie wieder OK, um Lösungswerte in die Tabelle zu übernehmen.

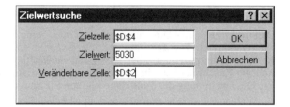

Bild III.152:
Dialogfeld
ZIELWERTSUCHE

7.6.5 Diagrammtyp ändern

Sie können Daten in zwei- oder dreidimensionale Diagramme umsetzen. Auch wenn das bereits geschehen ist, können Sie den zugeordneten Diagrammtyp ändern. Handelt es sich um ein 2D-Diagramm, können Sie nicht nur den Typ des ganzen Diagramms, sondern den Diagrammtyp bis hinunter zu einer Datenreihe ändern:

1. Aktivieren Sie ein in das Arbeitsblatt eingebettetes Diagramm mit einem Doppelklick oder schalten Sie zum besonderen Diagrammblatt.
2. Wollen Sie im 2D-Diagramm den Typ einer bestimmten Datenreihe ändern, markieren Sie die Datenreihe durch einen Mausklick. Gruppen wählen Sie im Dialogfeld.
3. Wählen Sie FORMAT/DIAGRAMMTYP und eines der Muster. Im Feld ANWENDEN können Sie statt einer Reihe auch eine Gruppe markieren; stellen Sie vor der Bestätigung das Optionsfeld für 2D oder 3D ein.

Symbol der Diagramm-Palette

Bild III.153:
Gruppe für Typ wählen

Praxistip: Benutzen Sie die Diagramm-Palette für Typzuordnungen. Klikken Sie nach der Markierung das Symbol an (siehe Randabb. vorherige Seite), öffnen Sie die Liste und ordnen Sie den gewünschten Typ direkt zu. Wird der passende Typ noch von der letzten Zuweisung angezeigt, müssen Sie die Liste nicht öffnen. Der angezeigte Typ wird der Markierung zugewiesen.

7.6.6 Zoom anwenden

Ein Diagrammblatt können Sie mit den Optionen von ANSICHT/ZOOM bzw. den Einstellungen der Liste in der Symbolleiste (Randabb.) vergrößern und verkleinern. Zwei Optionen wirken sich auf Zoom-Möglichkeiten aus:

- Benutzen Sie ANSICHT/FENSTERGRÖßE ANGEPAßT, können Sie nicht in der Symbolleiste oder mit dem Menü Vergrößerungen einstellen. Das Diagramm hat Fenstergröße.
- Wollen Sie die Diagrammgröße unabhängig vom Fenster einstellen, wählen Sie ANSICHT/FENSTERGRÖßE ANGEPAßT ab. Der Zoom steht zur Verfügung und das Diagramm wird angezeigt wie im Druck.

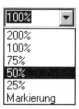

7.6.7 Skalierung ändern

Skalierung für Anzeige

Datenrubriken eines Diagramms werden durch eine Beschriftung unmittelbar verständlich. Der Text *Januar ... Dezember* ist sofort klar, während *1 ... 12* zwar platzsparender, aber wenig aussagekräftig ist. Die Beschriftung steht im Zusammenhang mit Teilstrichen, die eine Rubrikenachse unterteilen. Die Darstellung der Teilstriche können Sie ändern:

1. Wählen Sie ein Diagramm und doppelklicken Sie auf die Rubrikenachse.
2. Aktivieren Sie im Dialogfeld das Register SKALIERUNG.

Stellen Sie im Dialogfeld ACHSEN FORMATIEREN und Register SKALIERUNG auch ein, wie Teilstriche angeordnet werden sollen. Falls Sie z.B. die Größenachse weiter nach rechts rücken wollen, geben Sie einen höheren Wert im Textfeld GRÖSSENACHSE SCHNEIDET DIE RUBRIK NR. an. Die Wirkung der Option GRÖSSENACHSE (Y) SCHNEIDET BEI GRÖSSTER RUBRIK ist in folgender Tabelle beschrieben.

Option GRÖSSENACHSE (Y) SCHNEIDET ...	Wirkung
Aktiv	Schnittpunkt mit der Größenachse verläuft hinter der letzten Rubrik.
Deaktiviert	Schnittpunkt mit der Größenachse verläuft durch die Mitte der Rubrikenachse.

Praxistip: Ist durch die Anordnung der Beschriftung entlang der Rubrikenachse der Text schwer zu lesen, können Sie durch die Skalierung nur einen Teil der Daten anzeigen. Haben Sie in der Höhe Platz, drehen Sie die Schrift oder lassen Sie senkrecht verlaufen. Welche Darstellung besser aussieht, hängt von der Textlänge und anderen Gestaltungsmerkmalen ab. Wählen Sie dazu ACHSEN FORMATIEREN/AUSRICHTUNG.

7.6.8 Sekundäre Größenachse

Zweite Größenachse zur Anzeige nutzen

Um Diagramme besser lesbar zu machen, können Sie einem Diagramm eine zweite Achse zuordnen. Die Skalierung der Sekundärachse kann sich von der der Primärachse unterscheiden, aber auch die gleiche Einteilung benutzen:

1. Wählen Sie das Diagramm, dem Sie eine zweite Achse zuordnen wollen.
2. Mit einem Doppelklick auf die Datenreihe, deren Achse geändert werden soll, blenden Sie das Dialogfeld DATENREIHEN FORMATIEREN ein.
3. Holen Sie das Register Achsen in den Vordergrund und markieren Sie das Optionsfeld SEKUNDÄRACHSE.

Mehrere Diagrammtypen pro Diagramm

Sie können eine Sekundärachse auch zur Anzeige einer Typgruppe verwenden. Sind im Diagramm mehrere Diagrammtypen organisiert, nehmen Sie folgende Einstellungen vor:

1. Aktivieren Sie ein Diagramm und wählen Sie FORMAT/DIAGRAMMTYP und klicken Sie eine Zeile der Liste GRUPPE an.
2. Schalten Sie mit OPTIONEN und dem Register ACHSEN weiter.
3. Markieren Sie im Feld DIAGRAMM ZEICHNEN AUF das Optionsfeld SEKUNDÄRACHSE.

7 Objekte

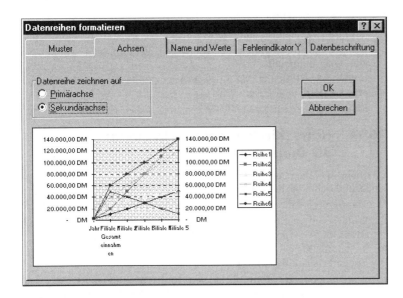

Bild III.154:
Liniendiagramm durch Sekundärachse besser lesbar machen

7.6.9 Achsen ein- oder ausblenden

Die beiden Standardachsen lassen sich mit jeweils einem Kontrollkästchen für das markierte Diagramm ein- oder ausblenden. Wählen Sie EINFÜGEN/ ACHSEN und schalten Sie die Kontrollkästchen ein oder aus.

7.6.10 Tiefe und Breite im 3D-Diagramm

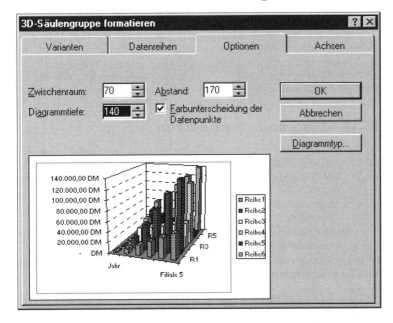

Bild III.155:
Optionen für 3D-Formatierungen

III Excel

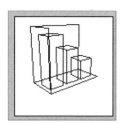

3D-Diagramme geben durch die räumliche Anordnung mehr Informationen als ihre zweidimensionale Darstellung.

1. Doppelklicken Sie auf ein eingebettetes Diagramm oder schalten Sie zum Diagrammblatt.
2. Wählen Sie FORMAT/3D-SÄULENGRUPPE (die Option ändert sich entsprechend dem Diagrammtyp).
3. Stellen Sie im Register OPTIONEN Werte für die Tiefe und Breite ein.

7.6.11 Höhe und Perspektive in einem 3D-Diagramm

In einem 3D-Diagramm lassen sich Höhe und Perspektive durch Mausklicks und Schaltflächen einstellen und sofort beurteilen:

1. Markieren Sie das Diagramm, das Sie formatieren wollen.
2. Wählen Sie im Kontextmenü der rechten Maustaste die Option 3D-ANSICHT.
3. Stellen Sie die gewünschte Ansicht ein. Die Vorschau zeigt sofort das Ergebnis (siehe Randabb.).

Je nachdem, ob das Kontrollkästchen RECHTWINKLIGE ACHSEN und AUTOSKALIEREN aktiv oder abgeschaltet ist, stehen Optionen zur Verfügung. Sind die Kontrollkästchen RECHTWINKLIGE ACHSEN aktiviert, können Sie z.B. keine Perspektive ändern.

3D-Vorschau

Um ein 3D-Diagramm zu drehen und dabei die Draufsicht zu ändern, können Sie direkt die Maus ziehen:

1. Richten Sie den Mauspfeil auf den Schnittpunkt zweier Achsen im 3D-Diagramm und klicken Sie, um die Ecken des Diagramms zu markieren. Im Namensfeld wird der Begriff *Ecken* eingeblendet.
2. Markieren und ziehen Sie eine Ecke des Diagramms, um die Darstellung zu variieren. Halten Sie zusätzlich [Strg] niedergedrückt, wenn außer dem äußeren Gitternetz auch Datenpunktmarkierungen symbolisiert werden sollen.

Diagramm drehen

Passende Register durch Klicken öffnen

Um Wänden und der Bodenfläche eines 3D-Diagramms Muster und Farbe zuzuordnen oder einen Rahmen anzulegen, doppelklicken Sie auf die jeweilige Diagrammfläche und ordnen Sie aus dem Angebot der Optionen zu.

7.6.12 Diagramm formatieren

Excel kennt für die Diagrammdarstellung eine Vorzugsform (Standard), die Sie über nebenstehende Schaltfläche zuordnen können. Das ist zunächst ein Säulendiagramm mit Legende. Wollen Sie eine andere Darstellung, gibt es zwei Wege:

- Sie ändern die Darstellung als Säulendiagramm mit Legende durch Formatierungen.
- Sie legen einen anderen Standard (Vorzugsform) fest, der Ihren Anforderungen besser entspricht.

Vorzugsform vorgeben

Wollen Sie das gerade angelegte Diagramm und seine Formate als Vorzugsform für Diagramme bestimmen, gehen Sie so vor:

1. Klicken Sie das Muster an oder schalten Sie zu einem anderen Arbeitsblatt und markieren dort ein Diagramm.
2. Wählen Sie EXTRAS/OPTIONEN/DIAGRAMM.

3. Aktivieren Sie die Schaltfläche AKTUELLES DIAGRAMM und geben Sie als Formatname einen Namen für den neuen Standard ein (Muster des aktiven Diagramms).

Die neue Festlegung steht in der Liste VORZUGSFORM (siehe Randabb.). Dort können Sie diesen wie andere Standards oder die integrierte Form wählen. Sie können statt dem aktuellen auch ein anderes Diagramm als Muster für die Vorzugsform bestimmen.

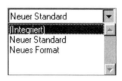

7.6.12.1 Integrierte Formatierung verwenden

Bild III.156: Diagrammtypen wählen

Arbeiten Sie vorzugsweise mit integrierten Formatierungen. Sie wurden für Standard-Einstellungen vorbereitet und formatieren auch ein Diagramm schnell und effektiv:

1. Wenn das Diagramm im Tabellenblatt eingebettet ist, doppelklicken Sie darauf. Befindet sich das Diagramm in einem anderen Blatt, schalten Sie mit einem Klick auf das entsprechende Diagrammblattregister zum Diagrammblatt.
2. Zeigen Sie mit dem Mauspfeil auf eine freie Randposition und drücken Sie die rechte Maustaste für das Kontextmenü. Wählen Sie die Optionen AutoFormat.
3. Aktivieren Sie das Optionsfeld INTEGRIERTE (Voreinstellung).
4. Markieren Sie eine Zeile der DIAGRAMMTYPEN und doppelklicken Sie auf ein Muster.

Aktivieren Sie von den beiden Optionsfeldern BENUTZERDEFINIERTE, wenn Sie ein spezielles Diagrammformat für die weitere Verwendung gesichert haben und es für ein neues Diagramm nutzen wollen.

Benutzerdefiniert für Sonderwünsche

7.6.12.2 Eigenes AutoFormat anlegen

Beim Anwenden eines AutoFormats zum schnellen Formatieren sind Sie nicht auf integrierte Formate angewiesen. Wenn Sie ein Diagramm formatieren, können Sie dessen Formatierung als benutzerdefiniertes AutoFormat speichern und es danach für andere Diagramme verwenden:

1. Schalten Sie zum Blatt des Diagramms, das Sie als Muster verwenden wollen, oder aktivieren Sie mit einem Doppelklick ein Diagramm im Arbeitsblatt.
2. Zeigen Sie auf den Diagrammrand und öffnen Sie das Kontextmenü, dort die Option AUTOFORMAT.
3. Markieren Sie das Optionsfeld VORLAGEN/BENUTZERDEFINIERTE.
4. Klicken Sie auf die Schaltfläche BENUTZERDEFINIERT und im Dialogfeld BENUTZERDEFINIERTE-AUTOFORMAT-VORLAGEN auf HINZUFÜGEN.

5. Tragen Sie im Textfeld FORMATNAME und BESCHREIBUNG ein, letztere Angabe ist optional. Sie wird später unter der Vorschau als Information angezeigt.
6. Bestätigen Sie die Angaben mit OK und SCHLIEßEN.

Bild III.157: Anzeige einer Beschreibung

7.6.12.3 Benutzerdefiniertes Diagramm-Autoformat löschen

Selbstangelegte Formate sind nützlich. Werden Sie nicht mehr benötigt, belegen Sie nur Speicherplatz und verhindern Übersicht. Löschen Sie, was nicht mehr gebraucht wird:

1. Aktivieren Sie ein Diagramm oder Diagrammblatt, und öffnen Sie im Kontextmenü der rechten Maustaste das Dialogfeld AUTOFORMAT.
2. Markieren Sie das Optionsfeld BENUTZERDEFINIERTE sowie die gleichnamige Schaltfläche.
3. Klicken Sie die Zeile für das zu löschende Format an, sowie LÖSCHEN, OK und SCHLIEßEN.

7.6.13 Diagrammachsen formatieren

Teilstriche für Abstände

Beim Formatieren von Diagramm können Sie Achsen zusammen mit Teilstrichen der Achse behandeln. Sie können Farbe, die Stärke der Achsen und die von Teilstrichen ändern:

Bild III.158: Register des Dialogfelds ACHSEN FORMATIEREN

1. Aktivieren Sie ein Diagramm im Arbeitsblatt (Doppelklick) oder ein gesondertes Diagrammblatt in der Arbeitsmappe.
2. Doppelklicken Sie auf eine Achse, wird zu dieser das Dialogfeld ACHSEN FORMATIEREN mit mehreren Registern angezeigt.
3. Im ersten Register MUSTER formatieren Sie im Bereich ACHSE ART, FARBE und STÄRKE für Achsen sowie Teilstriche. Sinngemäß gleich organisieren Sie die Darstellung im Bereich TEILSTRICHART für Haupt- und Hilfsstriche einer Achse.

Bild III.159: Diagramm ohne Haupt- oder Hilfsstriche einstellen

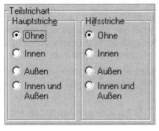

7.6.14 Diagrammtitel und Achsenbeschriftungen

Diagramme werden Sie meist zusammen mit anderen Daten nutzen. Die Zuordnung eines Diagramms gelingt dann besser, wenn es einen Titel hat.

Um ein Diagramm durch einen Titel zu ergänzen, müssen Sie folgende Aktionen durchführen:

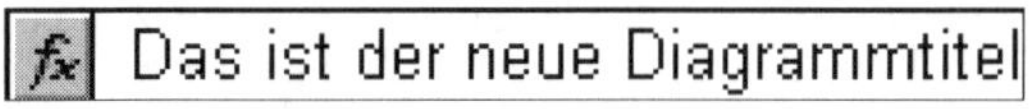

Bild III.160:
Neuen Titel eingeben

1. Wählen Sie ein Diagramm im Arbeitsblatt oder als eigenes Blatt.
2. Zeigen Sie auf das Diagramm, drücken Sie für das Kontextmenü die rechte Maustaste, und aktivieren Sie die Option TITEL.
3. Aktivieren Sie das Kontrollkästchen, wird ein Titelfeld im Diagramm eingefügt.
4. Der Platzhalter wird markiert eingefügt. Schreiben Sie einen Text für den Titel. Beobachten Sie die Eingabezeile und übernehmen Sie den fertigen Titel mit ⏎.

Auf gleiche Weise wie das zuvor für den Titel beschrieben wurde, können Sie den X- bzw. Y-Achsen eines Diagramms Beschriftungen zuordnen. Sie müssen statt oder zusätzlich zum Kontrollkästchen DIAGRAMMTITEL die beiden anderen Kontrollkästchen markieren.

Achsen kennzeichnen

Rubrikenachse beschriften

Bild III.161:
Beschriftung für die X-Achse

7.6.14.1 Datenbeschriftungen angeben

`=DATENREIHE(Tabelle2!$C$1;Tabelle2!$A$2:$A$6;Tabelle2!$C$2:$C$6;2)`

Bild III.162:
Formel zur Datenreihe

Je nachdem, welchen Diagrammtyp Sie gerade eingestellt haben, können Sie unterschiedliche Datenbeschriftungen zuordnen. Wollen Sie Daten im Diagramm eine Beschriftung zuweisen, sind folgende Angaben notwendig:

1. Markieren Sie das betreffende Diagrammblatt oder eingebette Diagramm.
2. Kennzeichnen Sie eine Datenreihe oder nur eine Datenpunktmarkierung, je nachdem, was Sie beschriften wollen. Wenn Sie alle Datenpunkte markiert haben, sehen Sie in der Eingabezeile die Formel zur Datenreihe.
3. Öffnen Sie im Kontextmenü mit der gleichnamigen Option das Dialogfeld DATENBESCHRIFTUNGEN.
4. Wählen Sie ein Optionsfeld für die gewünschte Beschriftungsart. Typischerweise WERT ANZEIGEN, damit über Säulen z.B. Zahlen erscheinen (siehe Randabb.), Beschriftungen aktivieren Sie dagegen, um Texte der Abszisse anzuzeigen.

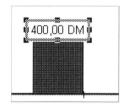

Bild III.163:
Werteanzeige einer Reihe

7.6.14.2 Datenbeschriftung ändern

ZELLEN ÄNDERN **führt zu neuer Beschriftung**

Die Datenbeschriftungen eines Diagramms sind eigentlich kein Thema, da sie beim Anlegen des Diagramms aus den Zellen der markierten Tabelle erstellt werden. Sie können den Inhalt der Zellen jederzeit in Zellen oder im Diagramm bearbeiten oder überschreiben:

1. Um in einer Tabelle zu ändern, markieren Sie den Beschriftungstext und ändern Sie.
2. Mit ⏎ übernehmen Sie die Beschriftung in die Zelle, auf dem Diagramm ändern sie sich automatisch

BESCHRIFTUNG DIREKT ÄNDERN **löst Verknüpfung**

Die Beschreibung gilt sinngemäß gleich für Text- wie für Werteänderungen. Wie eingangs erwähnt, können Sie eine Beschriftung auch direkt im Diagramm ändern. Da Sie damit eine Verknüpfung zwischen Zelle und Diagramm zerstören, kann eine spätere Änderung der Zelle nicht mehr zur automatischen Anpassung im Diagramm führen. Wollen Sie in Kenntnis dessen doch im Diagramm ändern, klicken Sie auf die Beschriftung im Diagramm, schreiben neuen Text, und bestätigen mit ⏎.

7.6.14.3 Beschriftungen und Zellen neu verknüpfen

Aufgelöste Verknüpfung wiederherstellen

Wenn Sie Beschriftungen von Zelldaten direkt im Diagramm ändern, zerstören Sie notwendig die Verknüpfung der Beschriftung und der Zelle, aus der die Überschrift stammt. Solche aufgelösten Verknüpfungen zwischen Datenbeschriftungen und Zellen einer Tabelle können Sie wiederherstellen:

Bild III.164: Register Datenbeschrif-tungen

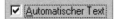

1. Aktivieren Sie ein Diagramm, das aufgelöste Verknüpfungen enthält.
2. Zeigen Sie auf die Datenpunktmarkierung, die mit der Datenbeschriftung verbunden ist, deren Verknüpfung Sie reparieren wollen, und doppelklicken Sie.
3. Im Register DATENBESCHRIFTUNGEN müssen Sie das Kontrollkästchen AUTOMATISCHER TEXT aktivieren.

7.6.14.4 Beschriftung, Titel, Legende oder Gitternetz löschen

Datenbeschriftungen können Sie von einer Datenreihe, einem Datenpunkt oder dem gesamten Diagramm entfernen. Gleiches gilt für den Diagrammtitel, Achsenbeschriftungen, die Legende oder Gitternetzlinien: Markieren Sie, was Sie löschen wollen und drücken Sie Entf.

7.7 Landkarten

Excels Landkartenfunktion Data Map können Sie zum Erstellen von Karten und zur Analyse geographischer Daten verwenden. Der Zusatz zu Excel bietet in einer mitgelieferten Bibliothek eine Vielzahl von Karten, die Sie durch Zukäufe erweitern können.

7 Objekte

Bild III.165:
Kartenbibliothek

7.7.1 Daten markieren

Voraussetzung für die Anzeige einer Landkarte ist die Markierung eines Bereichs, aus dem Daten für eine Karte verwendet werden sollen.

- Verwenden Sie in der Tabelle des Arbeitsblatts geographische Namen, z.B. Ländernamen, oder Postleitzahlen. Letztere müssen als Text formatiert sein, so daß Nullen nicht gelöscht werden.
- Abkürzungen statt geographischer Namen sind erlaubt. In *MAP-STATS.XLS* finden Sie Beispiele für erlaubte Abkürzungen.
- Die Markierung muß die Spaltenüberschriften einschließen.
- Namen der Landkartenmerkmale – wie Bundesländer – müssen in einer Spalte angeordnet sein. Umsatzzahlen beispielsweise können in einer anderen Spalte angeordnet und ebenfalls markiert werden. Das wirkt sich auf die farbliche Darstellung der Länder aus.

Praxistip: Angaben zur Schreibweise von Ländernamen usw. finden Sie in der Beispieltabelle *MAPSTATS.XLS*. Die Arbeitsmappe ist in der Regel im Ordner *\\PROGRAMME\GEMEINSAME DATEIEN\ DATAMAP\DATA* gespeichert.

7.7.2 Daten als Landkarte darstellen

Daten für Landkarten wandeln Sie ähnlich wie Zahlen als Grundlage einer Tabelle für ein Diagramm um. Um die Landkartenfunktion zu verwenden, gehen Sie so vor:

1. Markieren Sie einen Bereich in einer Tabelle mit geographischen Daten (z.B. Bundesländer).
2. Klicken Sie auf das Symbol LANDKARTE oder wählen Sie EINFÜGEN/ LANDKARTE
3. Die Position und Größe der Karte im Arbeitsblatt bestimmen Sie wie beim Einfügen eines Diagramms: Ziehen Sie das Fadenkreuz, um zu bestimmen, wo und wie groß die Landkarte eingefügt werden soll.

Wird die Landkarte angezeigt, sehen Sie in der Eingabezeile eine Bezeichnung wie =EINBETTEN("MSDateMap 1";""). Fehler oder unklare Daten führen zur Anzeige einer Abfrage.

*Bild III.166:
Abfrage bei unklaren
Daten*

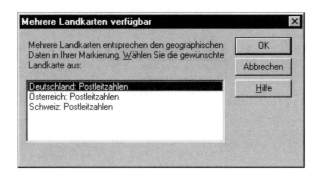

Sollte es nach dem Klick auf das Symbol LANDKARTE zur Mitteilung kommen, daß DataMap nicht installiert sei, müssen Sie zwei Dinge prüfen:

*Bild III.167:
Ordnerorganisation
von DataMap*

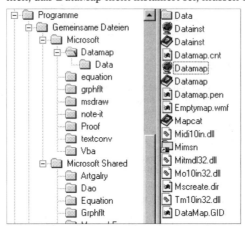

- Ist DataMap tatsächlich nicht installiert? Dann starten Sie das Setup für Office neu, markieren für Excel alle Daten und passen die Installation an.
- Finden Sie DataMap installiert, schalten Sie zum Ordner DATAMAP und starten mit einem Doppelklick im Explorer DATAMAP und DATAINST. Kontrollieren Sie in den angezeigten Dialogfeldern, ob die richtigen Pfade angegeben sind.

7.7.3 Neue Daten für eine Landkarte

Haben sich die Datengrundlagen geändert, bringen Sie eine Landkarte durch das Aktualisieren auf den neuesten Stand. Das Ausrufezeichen erscheint automatisch und macht Sie auf die Notwendigkeit aufmerksam.

Haben Sie den Datenbereich erweitert, müssen Sie Excel die Änderung angeben:

1. Wählen Sie EINFÜGEN/DATEN.
2. Markieren Sie nach Abfrage durch ein Dialogfeld Daten, und bestätigen Sie.

Wollen Sie Daten aus einer anderen Anwendung übernehmen, verwenden Sie die Option EINFÜGEN/EXTERNE DATEN und geben Sie weitere Angaben ein.

Hinweis: Verwenden Sie möglichst den Karten-Manager für die Formatierung von Landkarten. Er stellt zusätzliche Schaltflächen für Diagramme zur Verfügung und kann durch Verwenden von Drag & Drop bedient werden.

7.7.4 Landkarte mit Text ergänzen

Landkarten in Datensammlungen zu verwenden muß auch das Schreiben auf eine aus Daten erzeugte Landkarte ermöglichen. Sie können Text zu einer Landkarte hinzufügen:

1. Aktivieren Sie das Symbol TEXTFELD.
2. Setzen Sie den Einfügecursor mit einem Klick auf die Stelle in der Landkarte, an der Sie schreiben wollen.
3. Schließen Sie die Eingabe mit ⏎ ab.

Textformate einer Eingabe können Sie ändern, wenn Sie im Kontextmenü die Option SCHRIFT wählen. Mit ENTFERNEN löschen Sie die Eingabe.

7.7.5 Pinnfolie zur Landkarte

Mit Pinnfolien können Sie Text für Landkarten gesondert verwalten und zuordnen. Das ist praktisch, wenn Sie mehr als eine Karte verwalten. Um eine Pinnfolie anzulegen, gehen Sie so vor:

1. Wählen Sie LANDKARTE/PINNFOLIE ÖFFNEN und geben Sie einen Namen für die Pinnfolie ein.
2. Bestätigen Sie, wandelt sich der Mauspfeil zur Pinnadel. Mit FORMATIEREN im Kontextmenü der rechten Maustaste können Sie ein anderes Symbol zuordnen.

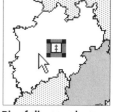

Pinnfolie zuordnen

3. Mit einem Klick auf eine Kartenposition und Eingabe von Text legen Sie die Notiz an. Schließen Sie mit ⏎ ab.

Klicken Sie auf das Symbol PINNADEL EINFÜGEN oder drücken Sie [Esc], wenn Sie keine weitere Pinnadel setzen wollen.

Praxistip: Eine vorhandene Pinnfolie müssen Sie nicht neu schreiben. Haben Sie mit LANDKARTE/PINNFOLIE begonnen, können Sie im Dialogfeld PINNFOLIE mit einer Liste eine vorhandene Notiz wählen.

7.7.6 Anzeige der Landkarte ändern

Mit den Schaltflächen zur LANDKARTE können Sie die Anzeige steuern. Klicken Sie auf das benötigte Symbol und auf die Karte im Rahmen. In der folgenden Tabelle finden Sie Beschreibungen.

Ziel	Beschreibung
Vergrößern	Klicken Sie auf das Symbol VERGRÖßERN und auf die Landkarte, oder ziehen Sie die Maus, um einen begrenzten Bereich zur Vergrößerung anzuzeigen. [Shift] wechselt zum Verkleinern.

Ziel	Beschreibung
Verkleinern	Klicken Sie auf die Schaltfläche VERKLEINERN und auf die Landkarte. [Shift] wechselt zum Vergrößern.
Verschieben	Markieren Sie das Symbol VERSCHIEBEN und die Landkarte bzw. den angezeigten Ausschnitt und ziehen Sie die Maus.
Verschieben der Landkarte	Markieren Sie den Rand der Landkarte und ziehen Sie die Maus.
Größe ändern	Markieren Sie die Ziehpunkte an den Ecken der Landkarte und ziehen Sie die Maus.
Ganze Landkarte	Klicken Sie auf das Symbol GANZE LANDKARTE, wird ein Ausschnitt durch die vollständige Karte ersetzt. Optionen im Menü ANSICHT.

7.7.7 Merkmale anzeigen

Landkarten können umfangreiche Anzeigen enthalten. Wollen Sie der Übersicht wegen teilweise darauf verzichten, können Sie Teile der Landkartenmerkmale ausblenden:

1. Wählen Sie im Kontextmenü oder LANDKARTE/MERKMALE.
2. Aktivieren oder deaktivieren Sie Kontrollkästchen für Merkmale.

Hinweis: Aus Platzgründen kann in diesem Kapitel nicht ausführlicher auf das Thema der Gestaltung von Landkarten eingegangen werden. Zur Funktion DataMap gehört eine ausführliche Hilfefunktion. Dort finden Sie insbesondere zur Formatierung der Landkarten viele Vorschläge.

8 Befehlseingaben automatisieren

Impulse oder Befehle aufzeichnen

Eine Video-Aufzeichnung kann immer wieder abgespielt werden, so auch ein aufgezeichnetes Makro, das sich wiederholende Arbeiten zusammenfaßt. Sie müssen es nur einmal anlegen und können es danach beliebig abrufen. Ein Makro ist also eine Sammlung von Befehlen und Tasteneingaben, die durch eine Aktion abgerufen werden können. Ein solcher Befehlsmakro kann aufgezeichnet, programmiert oder als Mischung beider Techniken zusammengestellt werden.

8.1 Makro planen

Analyse vor dem Aufzeichnen

Vor dem Erstellen eines Makros müssen Sie das Problem analysieren, das mit dem Makro bearbeitet werden soll. Schreiben Sie alle Schritte, die der Makro erledigen soll, der Reihe nach auf. Für eine effektive Konstruktion von Makros sollten Sie folgende Arbeiten erledigen:

- Problem analysieren und beschreiben
- Makroablauf planen
- Makro durch Kommentare verständlich darstellen
- Makro testen

Aufzeichnen oder Schreiben

8.2 Makro aufzeichnen

Auch wenn Sie Codes selbst schreiben wollen, ist eine (Teil-) Aufzeichnung hilfreich:

- Nutzen Sie den Rekorder, um ein Makro aufzuzeichnen. So zeichnen Sie Codeelemente auf, können Sie kombinieren und verändern, bis der Code für den gewünschten Zweck benutzt werden kann.
- Durch eine Aufzeichnung können Sie leicht prüfen, welche Visual-Basic-Objekte, -Methoden und -Eigenschaften Sie beim Schreiben von Visual-Basic-Code für bestimmte Aufgaben benötigen.
- Planen Sie für einen Makro möglichst kurze Prozeduren. Nutzen Sie Prozeduren, indem Sie diese von der Hauptprozedur aus aufrufen. Dies erleichtert das Verwalten und erneute Verwenden des Codes sowie die Fehlerbehebung.

Aufzeichnungsautomatik

Aufzeichnen, kombinieren und verändern

Aufzeichnung als Beispiel

Kurze Prozeduren aus der Hauptprozedur aufrufen

Wiederholungen von Arbeiten lassen Sie ab dem zweiten Durchgang von Excel erledigen. Sie zeichnen einmal eine mehrfach zu erledigende Aufgabe auf und lassen Sie danach automatisch von einem Makro ausführen. Sie können mit folgenden Einstellungen aufzeichnen:

Bild III.168: Makrobeschreibung

1. Beginnen Sie mit EXTRAS/MAKRO AUFZEICHNEN.
2. Starten Sie mit einem Klick auf die Zeile AUFZEICHNEN.
3. Excel schlägt Standardnamen vor. Das Programm beginnt mit MAKRO1 und zählt dann hoch. Geben Sie im Textfeld MAKRONAME besser einen leichter verständlichen Namen ein.
4. Im Feld BESCHREIBUNG stehen bereits Name und Datum. Geben Sie zum besseren Verständnis des Makros einen weiteren Text ein (optional).
5. Bestätigen Sie und bearbeiten Sie, was aufgezeichnet werden soll.
6. Beenden Sie die Aufzeichnung mit einem Klick auf die Schaltfläche.

War dies die erste Aufzeichnung, fügt der Makro-Recorder ein neues Blatt MODUL1 in die Arbeitsmappe ein. Weitere Makros, die Sie für diese Arbeitsmappe aufzeichnen, werden diesem Modul hinzugefügt. Standardmäßig gibt es für jede geöffnete Arbeitsmappe ein eigenes Visual-Basic-Modul.

Blatt MODUL1 für viele Makros

Bild III.169: Speicherort Persönliche Makro-Arbeitsmappe

Optionen zur Organisation

Hinweis: Wollen Sie z.B. den Speicherort des Makros organisieren oder später mit einer Tastenkombinationen starten, erweitern Sie das Dialogfeld AUFZEICHNEN mit den OPTIONEN für den Makro. Die persönliche Makro-Arbeitsmappe ist eine ausgeblendete Arbeitsmappe, die gleichwohl immer geöffnet ist. Ein Makro, der stets im Zugriff sein soll, muß in dieser persönlichen Arbeitsmappe gespeichert sein. Um diesen Speicherort festzulegen, benutzen Sie die Schaltfläche OPTIONEN und markieren das Optionsfeld ... PERSÖNLICHER MAKRO-ARBEITSMAPPE.

Praxistip: Bereiten Sie die Aufzeichnung vor, indem Sie schon vor dem Beginn zu der benötigten Arbeitsmappe schalten, dort ein Arbeitsblatt aktivieren und Zellen oder Objekte markieren, die bearbeitet werden sollen. Starten Sie dann die Aufzeichnung und führen Sie die erforderlichen Aktionen durch. Der Makro wird so einfacher und allgemeiner zu verwenden.

8.2.1 Makro relativ aufzeichnen

Relativ aufzeichnen und Makro überall beginnen

Mit der Methode der relativen Aufzeichnung können Sie einen Makro flexibler gestalten. Im Umkehrschluß bedeutet das, daß Excels Makro-Recorder standardmäßig absolute Zellbezüge benutzt. Damit ein aufgezeichneter Makro auch noch funktioniert, wenn Sie ändern, verwenden Sie die Aufzeichnung relativer Bezüge. Um mit einer Aufzeichnung Zellbezüge relativ zur oberen linken Zelle der ursprünglichen Markierung zu erfassen, gehen Sie so vor:

1. Beginnen Sie mit EXTRAS/MAKRO AUFZEICHNEN, und im Untermenü mit der Option RELATIVE AUFZEICHNUNG.
2. Starten Sie die Makroaufzeichnung wie im Abschnitt zuvor beschrieben.

Der relativ aufgezeichnete Makro kann anschließend von jeder Position in einem Arbeitsblatt aus gestartet werden. Die Option RELATIVE AUFZEICHNUNG bleibt eingestellt, bis Sie die Option erneut anklicken oder Excel beenden.

8.2.2 Aufzeichnen in bestehende Prozedur

Code in Code aufzeichnen

Wenn Sie kurze Prozeduren aufzeichnen, können Sie den Code durch Kopieren in einen anderen Code einfügen. Sie sparen diesen Arbeitsgang, wenn Sie sofort in ein geöffnetes Modul aufzeichnen.

Bild III.170: Modul mit Makrobeginn

```
' Makro3 Makro
' Makro am 09.02.1996 von Anwender aufgezeichnet
'
Sub Makro3()
```

1. Öffnen Sie das VB-Modul, in das Sie Code aufzeichnen wollen.
2. Positionieren Sie den Cursor in der Zeile, wo Sie neuen Code einfügen wollen.
3. Wählen Sie EXTRAS/MAKRO AUFZEICHNEN/POSITION FESTLEGEN.
4. Wechseln Sie zu dem Arbeitsblatt, in dem Sie Code aufzeichnen wollen.
5. Wählen Sie wieder EXTRAS/MAKRO AUFZEICHNEN/AB POSITION AUFZEICHNEN.

8 Befehlseingaben automatisieren

6. Die Aufzeichnung wird wie üblich durchgeführt und der Code an der Cursorposition eingefügt. Beenden Sie die Aufzeichnung mit einem Klick auf die Schaltfläche AUFZEICHNUNG BEENDEN.

Wenn Sie auf die geschilderte Weise aufzeichnen, müssen Sie die Sub...End Sub-Anweisungen manuell eingeben.

Hinweis: Haben Sie in einer Arbeitsmappe mehr als ein VB-Modulblatt eingefügt, können Sie festlegen, in welches Modul aufgezeichnet werden soll. Markieren Sie im Modul, in das Sie aufzeichnen, eine Position außerhalb vorhandener Prozeduren. Wählen Sie EXTRAS/MAKRO AUFZEICHNEN/POSITION FESTLEGEN.

8.2.3 Aufzeichnung in Arbeitsmappe

Wollen Sie ein Makro aufzeichnen und den Code in ein Modul einer neuen Arbeitsmappe lenken, gehen Sie auf diese Weise vor:

Aufzeichnen und neue Arbeitsmappe

Bild III.171: Code in neuer Arbeitsmappe speichern

1. Starten Sie mit EXTRAS/MAKRO AUFZEICHNEN/AUFZEICHNEN.
2. Geben Sie einen Namen an und schalten Sie zu den Optionen.
3. Wählen Sie im Bereich SPEICHERN IN das Optionsfeld NEUER ARBEITSMAPPE.
4. Bestätigen Sie mit OK und führen Sie die Aktionen durch, die aufgezeichnet werden sollen.
5. Beenden Sie die Aufzeichnung mit einem Klick auf die Schaltfläche zum Beenden.

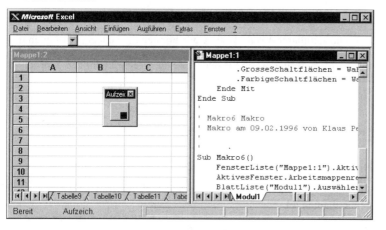

Bild III.172: Aufzeichnung in zweiten Fenster beobachten

Praxistip: Das Entstehen aufgezeichneten Codes können Sie beobachten. Richten Sie dazu mit FENSTER/NEUES FENSTER ein zweites Fenster der Arbeitsmappe ein. Mit FENSTER/ANORDNEN und ⏎ ordnen Sie die beiden Fenster nebeneinander an. Wenn Sie die Aufzeichnung eines Makros starten, können Sie beobachten, während die Aktionen aufgezeichnet werden. Geben Sie in den OPTIONEN an, daß im aktuellen Fenster aufgezeichnet werden soll, und zeigen Sie im zweiten Fenster das letzte Register MODUL1 an.

8.2.4 Aufgezeichneten Code anzeigen

*Bild III.173:
Makroliste im
Dialogfeld
Makroname/Bezug*

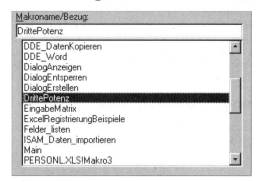

Visual-Basic-Sub-Prozedur anzeigen

Beim Aufzeichnen wie beim Programmieren erstellen Sie zwangsläufig eine Visual-Basic-Sub-Prozedur. Aufgezeichnete Anweisungen werden von einer Sub...End Sub-Anweisung eingeschlossen. Den Visual-Basic-Code einer Prozedur können Sie jederzeit ansehen:

1. Wählen Sie EXTRAS/MAKRO.
2. Markieren Sie in der Liste MAKRONAME/BEZUG den Namen des gesuchten Makros, damit er im Textfeld abgezeigt wird.
3. Blenden Sie mit BEARBEITEN das Modul mit dem Code ein.

*Bild III.174:
Blattregister zum
Weiterschalten
anklicken*

Code bearbeiten

Den nun sichtbaren Visual-Basic-Code können Sie beliebig bearbeiten und in andere Blätter oder Arbeitsmappen übertragen. Schalten Sie mit den Blattregistern weiter, wenn Sie den Code nicht mehr benötigen oder schließen Sie das Fenster.

*Bild III.175:
Modulregister*

Arbeitsblatt Visual-Basic-Modul

Hinweis: Ein Visual-Basic-Modul ist organisatorisch nur eine andere Form eines Arbeitsblatts. Sie können es problemlos umbenennen. Doppelklicken Sie auf das Blattregister des Moduls und geben Sie einen neuen Namen an.

8.2.5 Modulblatt oder Code kopieren

Makro vielfach nutzen

Ein Makro läßt sich mehrfach verwenden. Sie können den ganzen Code eines Blatts oder ein bearbeitetes Makro auf einem eigenen Modulblatt anders verwenden als zur Zeit: Kopieren Sie ein Modulblatt als neues Blatt in ein anderes Modul:

Bild III.176:
Kopierergebnis

Bild III.177:
Ziel für das Kopieren markieren

1. Öffnen Sie eine Arbeitsmappe mit dem benötigen Modulblatt und die zweite Mappe, in die Sie Daten übernehmen wollen.
2. Aktivieren Sie die Arbeitsmappe, in der ein Modul vorhanden ist, das kopiert werden soll.
3. Wählen Sie die Option BEARBEITEN/BLATT VERSCHIEBEN/KOPIEREN.
4. Markieren Sie in der Liste ZUR MAPPE den Namen der Arbeitsmappe, in die Sie kopieren wollen.
5. Aktivieren Sie in der Liste EINFÜGEN VOR die Position des Blatts der anderen Mappe, vor dem das Modul eingefügt werden soll.
6. Aktivieren Sie das Kontrollkästchen KOPIEREN.
7. Bestätigen Sie mit OK.

Wenig anders müssen Sie vorgehen, wenn Sie kein Blatt für das Kopieren bearbeiten wollen, sondern nur einen bestimmten Code (z.B. eine erfolgreich genutzte Prozedur) kopieren wollen. Laden Sie beide Blätter in einer oder zwei Arbeitsmappen. Schalten Sie zum Quellmodul, markieren und kopieren Sie es in die Zwischenablage. Wechseln Sie zum Ziel und fügen Sie ein. Nutzen Sie die Optionen aus BEARBEITEN, die Tastenkombinationen oder Schaltflächen.

Praxistip: Wenn Sie Prozeduren aus einer Arbeitsmappe in einer anderen Arbeitsmappe ohne das Kopieren nutzen wollen, stellen Sie Bezüge durch das Aufrufen von Prozeduren her.

Kopieren/Einfügen mit

8.3 Makro dokumentieren

Natürlich müssen Sie einfache Aktionen in einem aufgezeichneten oder programmierten Makro nicht dokumentieren. Doch ist das auch bei einfachen Makros anders, wenn viel Zeit zwischen dem Erstellen und Verwenden eines Makros liegt, und ganz sicher werden Sie bei komplizierten Makros Hinweise notieren wollen. Ergänzen Sie geschriebene oder aufgezeichnete Makros mit Kommentaren.

Dokumentieren für die Erinnerung

Kommentare erläutern Code, liefern Erklärungen für eine Prozedur oder eine Instruktion. Tragen Sie die Informationen ein, die zusammen mit dem Makro gespeichert werden sollen. Sie können die Eintragungen beliebig anordnen, wenn Sie genügend Platz haben. Beachten Sie nur, daß immer deutlich bleibt, zu welchem Makro die Informationen gehören, wenn Sie mehr als ein Makro im Arbeitsblatt speichern. Beim Schreiben müssen Sie wenige Regeln beachten:

Kommentare erläutern

- Kommentarzeilen beginnen mit einem Apostroph oder mit REM für *Remark* und einem Leerzeichen.

Apostroph oder mit REM als Kennung der Anmerkung

- Kommentarzeilen dürfen an jeder beliebigen Position einer Prozedur hinzugefügt werden.
- Wird ein Kommentar einer Zeile angefügt, in der eine Anweisung steht, tragen Sie nach der Anweisung ein Apostroph ein, dann erst den Kommentar.

Grün für Kommentare

Kommentare werden standardmäßig ab dem Apostroph grün dargestellt. Visual Basic ignoriert Kommentare beim Ausführen von Makros. Wenn Sie sich über das Schreiben von Visual-Basic-Anweisungen informieren wollen, finden Sie ausführliche Anleitungen und Beispiele, wenn Sie in den Hilfethemen das Register INHALT aktivieren und die passende Zeile anklicken.

Bild III.178: VB-Hilfethemen im Register INHALT

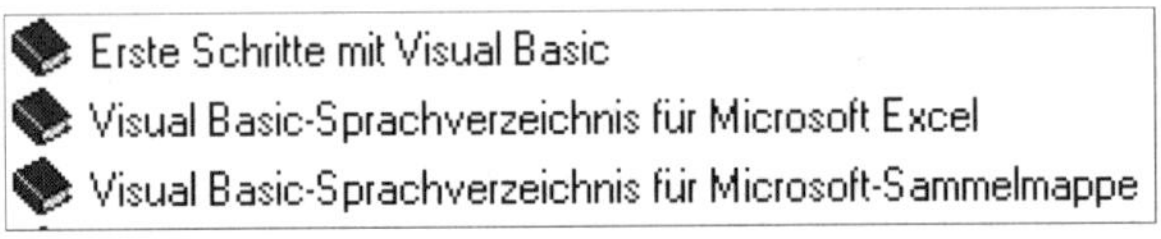

- Erste Schritte mit Visual Basic
- Visual Basic-Sprachverzeichnis für Microsoft Excel
- Visual Basic-Sprachverzeichnis für Microsoft-Sammelmappe

8.4 Makro speichern

Eine persönliche Makro-Arbeitsmappe ist eine ausgeblendete Arbeitsmappe, die immer geöffnet ist. In dieser Makro-Arbeitsmappe gespeicherte Makros stehen ständig zur Verfügung. Speichern Sie so:

1. Wählen Sie im Dialogfeld AUFZEICHNEN OPTIONEN.
2. Klicken Sie auf ... PERSÖNLICHER MAKRO-ARBEITSMAPPE, um den Makro in der persönlichen Makro-Arbeitsmappe zu speichern.

Makro auf Arbeitsblätter aufzeichnen

Ein neuer Makro wird in einem Modul des Arbeitsblatts einer Arbeitsmappe eingerichtet. Es ist grundsätzlich ein Arbeitsblatt wie andere auch. Sie können es wie Arbeitsblätter für Tabellen bearbeiten, speichern oder Inhalte des Blatts drucken.

Drei Speichertypen

Um das Speichern von Modulen zu klären, müssen Sie mit EXTRAS/ MAKRO AUFZEICHNEN/AUFZEICHNEN die OPTIONEN zuschalten. Hier können Sie eines von drei Optionsfeldern aktivieren, um einen Makro aufzuzeichnen und zu speichern:

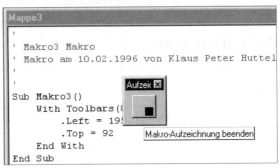

Bild III.179: Makroaufzeichnung in neuer Arbeitsmappe

- NEUER ARBEITSMAPPE zeichnet einen Makro auf und speichert ihn in einem Arbeitsblatt der neuen Arbeitsmappe. Sie finden das MODUL1 am Ende der 16 Tabellen.

Aktuelle Mappe muß für Nutzung geöffnet sein

- DIESER ARBEITSMAPPE speichert ein neues Arbeitsblatt als zusätzliches Blatt in der aktuellen Arbeitsmappe. In dieser Arbeitsmappe steht der Makro bereit, nachdem die Arbeitsmappe gespeichert wurde. Neu aufgezeichnete Makros werden angefügt.

8 Befehlseingaben automatisieren

*Bild III.180:
Eingefügtes
Makromodul*

- PERSÖNLICHER MAKRO-ARBEITSMAPPE entspricht etwa der Aufgabe einer generellen Vorlage. Alle Makros werden in dieser Arbeitsmappe gespeichert, verdeckt und stehen allen Arbeitsmappen zur Verfügung.

Generelles Speichern

Wenn Sie FENSTER/EINBLENDEN markieren und im Dialogfenster EINBLENDEN die Zeile PERSONL.XLS steht, ist eine persönliche Makro-Arbeitsmappe vorhanden. Wird die Zeile nicht angezeigt, müssen Sie die Arbeitsmappe anlegen:

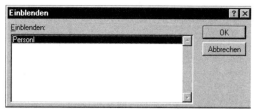

*Bild III.181:
Persönliche Makro-
Arbeitsmappe
einblenden*

1. Beginnen Sie mit der üblichen Wahl EXTRAS/MAKRO AUFZEICHNEN/ AUFZEICHNEN und schalten Sie OPTIONEN zu.
2. Aktivieren Sie das Optionsfeld für SPEICHERN IN PERSÖNLICHER MAKRO-ARBEITSMAPPE.
3. Zeichnen Sie einen Makro auf.
4. Wählen Sie mit FENSTER/EINBLENDEN das Dialogfenster EINBLENDEN.
5. Doppelklicken Sie auf die Zeile PERSÖNL.
6. Die Arbeitsmappe wird mit dem Blatt MODUL1 angezeigt. Als Code steht hier u.a. der zuletzt aufgezeichnete Makro.

Mit FENSTER/AUSBLENDEN verbergen Sie die Makrovorlage wieder. Auf die beschriebene Weise können Sie hier weitere Makros aufzeichnen. Sie werden ebenfalls im Blatt aufgezeichnet und angezeigt.

8.5 Makros ausführen

Ob Sie einen einfachen Makro aufzeichnen oder den Makro programmieren, Sie erstellen in der Arbeitsmappe zwangsläufig ein Blatt MODUL, in dem Sie schreiben oder das Ergebnis der Aufzeichnung finden. Immer wenn Sie einen Makro aufzeichnen, erstellen Sie auf diese Weise eine Visual-Basic-Sub-Prozedur. Letztere können Sie abrufen:

*Bild III.182:
Aufgezeichnete
Visual-Basic-Sub-
Prozedur*

```
Sub Stand()
    AktivesFenster.Schliessen
Ende Sub

' Normanzeige Makro
' Makro am 09.02.1996 von Klaus Peter Huttel aufgezeichnet


Sub Normanzeige()
    Mit AktivesFenster
        .GitternetzlinienAnzeigen = Wahr
        .KopfzeilenAnzeigen = Wahr
        .HorizontaleBildlaufleiste = Wahr
        .VertikaleBildlaufleiste = Wahr
        .ArbeitsmappenregAnzeigen = Wahr
    Ende Mit
    Mit Anwendung
        .BearbeitungsleisteAnzeigen = Wahr
        .StatusleisteAnzeigen = Wahr
    Ende Mit
Ende Sub
```

1. Wählen Sie EXTRAS/MAKRO.
2. Klicken Sie in der Liste MAKRONAME/BEZUG auf einen Makronamen.
3. Starten Sie den Makro mit AUSFÜHREN.

*Bild III.183:
Makro wählen*

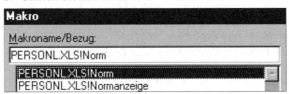

8.5.1 Makro ausführen

Haben Sie mit dem Makro-Rekorder einen Makro als Visual-Basic-Sub-Prozedur aufgezeichnet, können Sie ihn auf verschiedene Weise starten. Benutzen Sie das Menü, geben Sie folgende Optionen an:

1. Aktivieren Sie EXTRAS/MAKRO.
2. Markieren Sie in der Liste MAKRONAME/BEZUG einen zuvor bei der Aufzeichnung festgelegten Makronamen.
3. Starten Sie den Makro mit AUSFÜHREN.

Tastenkombinationen mit Optionen zuweisen

Sie können weitere Möglichkeiten nutzen, einen Makro aufzurufen. Haben Sie mit dem Makro eine Tastenkombination kombiniert, ist diese Technik meist schneller als die Verwendung des Menüs. Um einen Makro über die Tastenkombination zu starten, gehen Sie so vor:

- Drücken Sie [Strg] und tippen Sie auf den Buchstaben, den Sie mit den Optionen im Textfeld STRG+ vorgesehen haben.

In vielen Fällen wird der Aufruf durch die Tastenkombination eine sinnvolle Technik sein. Oft ist es für Anwender einfacher, wenn Sie einen Makro als Menüpunkt oder ein Symbol finden. In den folgenden Abschnitten finden Sie Beschreibungen für die Zuweisung von Makros zu Objekten.

8.5.2 Makro im Visual-Basic-Modul abrufen

Einen aufgezeichneten oder geschriebenen Makro können Sie im Blatt eines Visual-Basic-Modul betrachten. Um den Makro zu starten:
1. Schalten Sie zum Arbeitsblatt (Modul), in dem die Sub-Prozedur des Makros aufgezeichnet ist.
2. Setzen Sie mit einem Klick den Einfügecursor an einer beliebigen Stelle in die Sub-Prozedur, die ausgeführt werden soll.
3. Aktivieren Sie die Visual-Basic-Symbolleiste, wenn sie nicht angezeigt wird, und klicken Sie auf die Schaltfläche MAKRO AUSFÜHREN.

Hinweis: In Ausnahmefällen (z.B. Select) funktioniert ein Makro nicht, wenn Sie ihn aus dem aktiven Modul (Blatt) starten. In solchen Fällen müssen Sie den Makro von einem anderen Blatt aus abrufen.

Praxistip: Aus Platzgründen werden Sie für die laufende Arbeit nur die Symbolleisten STANDARD und FORMAT eingeblendet lassen. Wenn Sie einen Makro bearbeiten wollen: Zeigen Sie auf eine Symbolleiste, drükken Sie die rechte Maustaste, und wählen Sie VISUAL BASIC. Excel blendet die Symbolleiste VISUAL BASIC ein.

Strg+Pause **stoppt Makroablauf**

Makro mit F5 **ausführen**

Makro während der Ausführung mit Esc **anhalten**

*Bild III.184:
Symbolleiste* VISUAL BASIC

8.5.3 Makro Tastenkombination zuweisen

Tastenkombinationen sind eine schnelle Möglichkeit, eine Aktion auszulösen. Ist eine Arbeitsmappe, die den Makro enthält, geöffnet, steht er zum Abruf bereit. Die Zuweisungen der Tastenkombinationen haben in diesen Fällen immer Vorrang vor allen gleich belegten Tastenkombinationen für andere Zwecke. Um Tasten einem Makro zuzuweisen, gehen Sie so vor:
1. Schalten Sie zu einem Modul-Blatt.
2. Wählen Sie EXTRAS/MAKRO.
3. Markieren Sie in der Liste eine Zeile oder tragen Sie im Textfeld MAKRONAME/BEZUG einen Namen für den Makro ein.
4. Schalten Sie mit der gleichnamigen Schaltfläche zu den Optionen.
5. Geben Sie im Textfeld Strg + einen Buchstaben ein, oder drücken Sie Shift und tippen Sie auf einen Buchstaben.
6. Bestätigen Sie mit OK und wählen Sie SCHLIEßEN.

Tastenkombinationen sind Maus manchmal überlegen

8.5.4 Makro in Symbolleiste zuordnen

Anwender, die den Umgang mit moderner Software gewöhnt sind, werden den Abruf von Funktionen aus der Symbolleiste als unproblematisch ansehen. Auch wenn Sie einem Text häufig bestimmte Formatierungen zuweisen müssen, werden Sie nicht ständig die Liste der Formatvorlagen öffnen und daraus abrufen wollen. Verbinden Sie einen Makro mit einer Schaltfläche der Symbolleiste und klicken Sie das Symbol an. Dazu sind wenige Vorarbeiten erforderlich:
1. Wählen Sie ANSICHT/SYMBOLLEISTEN.
2. Um eine vorhandene Symbolleiste um eine benutzerdefinierte Schaltfläche zu erweitern, klicken Sie auf ANPASSEN. Wenn Sie für die be-

Symbol-Schaltfläche löst Aktionen aus

Benutzerdefiniert als Möglichkeit

III Excel

nutzerdefinierte Schaltfläche eine neue Symbolleiste anlegen wollen, tragen Sie im Textfeld NAME DER SYMBOLLEISTE einen Namen ein, und klicken Sie auf NEU.

Bild III.185:
Benutzerdefinierte Schaltfläche zuordnen

3. Gleichgültig ob Sie anpassen oder eine neue Symbolleiste anlegen, klicken Sie in der Liste KATEGORIEN auf die Zeile BENUTZERDEFINIERT.
4. Ziehen Sie ein Symbol auf eine Symbolleiste.
5. Ordnen Sie dem Symbol im Dialogfeld ZUWEISEN das Makro zu.
6. Klicken Sie auf OK und Schließen.

Frei verwendbare Symbole

Nach der Bestätigung und dem Einfügen der Schaltfläche können Sie das Makro über die Schaltfläche abrufen.

Zuweisung zu Makro ändern

Um eine Zuweisung einer Schaltfläche der Symbolleiste zu einem Makro zu ändern, richten Sie den Mauspfeil auf die Symbolleiste und wählen im Kontextmenü der rechten Maustaste ANPASSEN. Zeigen Sie auf das Symbol, dessen Zuordnung Sie ändern wollen, und markieren Sie die Option ZUWEISEN. Es wird wieder das Dialogfeld ZUWEISEN angezeigt. Markieren Sie den benötigte Makro, und bestätigen Sie mit OK und SCHLIEßEN.

8.5.5 Makroname im Menü »Extras« aufführen

Makro und Option verbinden

Einen Makro, den Sie häufig starten müssen, können Sie im Menü EXTRAS einer Option zuweisen:

1. Aktivieren Sie ein Modul-Blatt.
2. Wählen Sie EXTRAS/MAKRO und markieren Sie in der Liste eine Zeile oder tragen Sie im Textfeld MAKRONAME/BEZUG einen Namen für den Makro ein.

Bild III.186:
Menüeintrag festlegen

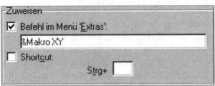

3. Klicken Sie auf die Schaltfläche OPTIONEN und geben Sie im Textfeld BEFEHL IM MENÜ 'EXTRAS' einen Namen für den Menübefehl an, der in das Menü aufgenommen werden soll.

8   Befehlseingaben automatisieren

4. Tragen Sie ein kaufmännisches Et (Und-Zeichen, &) vor dem Buchstaben ein, den Sie als Zugriffstaste für den neuen Menübefehl festlegen wollen (z.B. &MakroXY).
5. Achten Sie darauf, daß Sie einen Buchstaben benutzen, der nicht bereits für einen anderen Befehl im Menü EXTRAS verwandt wird.
6. Bestätigen Sie mit OK und wählen Sie SCHLIEßEN.

8.5.6   Zuweisen einer Schaltfläche oder eines Grafikobjekts

Sie können einem Objekt auf dem Arbeitsblatt zusätzlich oder ausschließlich auch die Aufgabe einer Makro-Schaltfläche zuweisen. Immer, wenn Sie das Grafikobjekt anklicken, wird der Makro gestartet:

Zeichnung und Makro verknüpfen

1. Zeigen Sie mit dem Mauspfeil auf ein Grafikobjekt und klicken Sie mit der rechten Maustaste.
2. Wählen Sie im Kontextmenü ZUWEISEN.
3. Wählen Sie in der Liste einen Namen für das zugeordnete Makro oder tragen Sie im Textfeld MAKRONAME/BEZUG manuell ein.
4. Bestätigen Sie mit OK.

Statt einen Makro aus dem Bestand zuzuweisen können Sie nach Aufruf des Dialogfelds einen neuen Makro aufzeichnen. Verwenden Sie keinen Namen aus der Liste, sondern klicken Sie auf AUFZEICHNEN.

8.5.7   Makro einer Befehlsschaltfläche zuweisen

Ähnlich Optionsfeldern und Kontrollkästchen finden sich in den Dialogfeldern von Windows-Programmen Befehlsschaltflächen. Auch Schaltflächen in der Symbolleiste sind den Befehlsschaltflächen vergleichbar. Mit Befehlsschaltflächen können Sie Makros abrufen. So richten Sie die Verbindung ein:

1. Aktivieren Sie die Schaltfläche der Symbolleiste DIALOG, die eine Befehlsschaltfläche ohne Aufschrift anzeigt.
2. Positionieren Sie den Mauscursor, halten Sie die linke Maustaste nieder und zeichnen Sie ein Rechteck. Lösen Sie die Maustaste, wird das Dialogfenster ZUWEISEN angezeigt.
3. Klicken Sie in der Liste ein Makro an und bestätigen Sie die Zuordnung.

Wenn Sie im Dialogfeld die Schaltfläche NEU anklicken, können Sie alternativ ein neues Makro schreiben oder den Makro mit AUFZEICHNEN eintragen lassen.

8.5.8   Sensitiver Zone eines Objekts Makro zuweisen

Wollen Sie Benutzern den Abruf eines Makros einfach machen, müssen Sie davon ausgehen, daß das gezielte Anklicken eines Objekts schwierig sein kann. Möglichen Problemen gehen Sie aus dem Weg, wenn Sie für das Klikken einen großräumigen oder gar mehrere Bereiche vorsehen:

Sensitive Zonen für großflächige Mausklicks

1. Zeichnen oder kopieren Sie ein Grafikobjekt in das aktuelle Arbeitsblatt und ordnen Sie das Objekt auf dem Blatt an.
2. Zeichnen Sie für die sensitive Zone ein weiteres Grafikobjekt über das erste Objekt.

511

III Excel

3. Markieren Sie das zweite Grafikobjekt, mit dem Sie das erste Zeichenobjekt überlagern.
4. Wählen Sie EXTRAS/ZUWEISEN.
5. Geben Sie den gewünschten Makronamen im Textfeld MAKRONAME/BEZUG ein, oder klicken Sie einen Namen der Liste an. Alternativ fertigen Sie den Makro nach einem Klick auf Aufzeichnen an.
6. Bestätigen Sie mit OK die Zuordnung.
7. Aktivieren Sie FORMAT/OBJEKT.
8. Wählen Sie im Register MUSTER die Option OHNE für RAHMEN und AUSFÜLLEN, damit die Zielflächen unsichtbar bleiben. Ordnen Sie einen Text auf dem Arbeitsblatt an, um Benutzer hinzuweisen, wo sie klicken sollen (obere Blatthälfte usw.).

Objekt unsichtbar gestalten

Sie können auf einem Arbeitsblatt mehr als eine sensitive Zone einrichten. Dann müssen Sie den zuvor geschilderten Ablauf für die Einrichtung jeder sensitiven Zone wiederholen.

8.6 Dialogfelder mit Steuerelementen anlegen

Schaltfläche für Befehle

Um einen Vorgang in einer Arbeitsmappe zu steuern, können Sie ein Dialogfeld anlegen. In das Feld lassen sich Steuerungselemente einfügen. Durch Mausklicks auf diese Elemente lösen Sie Aktionen aus. Dialogfelder und Elemente wie Kontrollkästchen oder Optionsfelder und Listen sehen gleich aus wie entsprechende Elemente in Excel und verhalten sich gleich.

8.6.1 Dialogblatt anlegen

Bild III.187: Neues Dialogblatt (Ausschnitt)

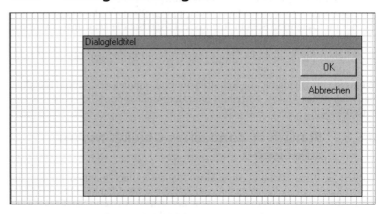

Um Steuerungselemente zuweisen zu können, müssen Sie zunächst ein neues Dialogblatt in eine Arbeitsmappe einfügen:
1. Aktivieren Sie Menü bzw. Option EINFÜGEN/MAKRO.
2. Wählen Sie für das neue Blatt DIALOG.

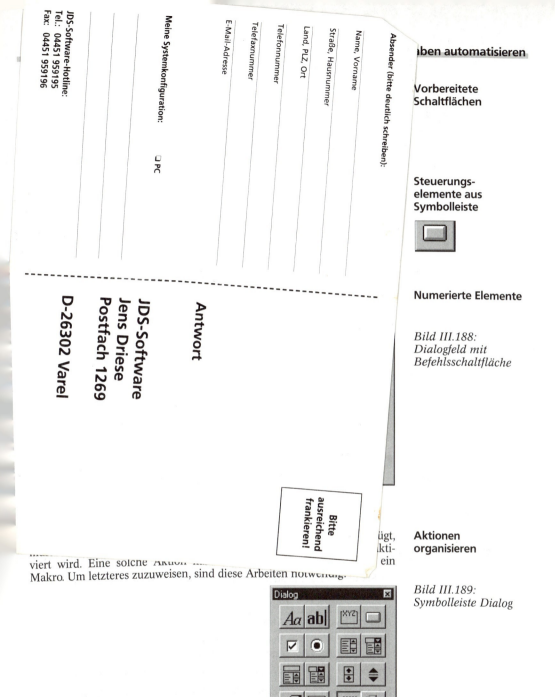

ben automatisieren

Vorbereitete Schaltflächen

Steuerungselemente aus Symbolleiste

Numerierte Elemente

*Bild III.188:
Dialogfeld mit Befehlsschaltfläche*

Aktionen organisieren

*Bild III.189:
Symbolleiste Dialog*

viert wird. Eine solche Aktion ... ein Makro. Um letzteres zuzuweisen, sind diese Arbeiten notwendig.

1. Klicken Sie das jeweilige Steuerungselement im Dialogfeld an, damit Markierungskästchen angezeigt werden.
2. Wählen Sie im Kontextmenü der rechten Maustaste ZUWEISEN und doppelklicken Sie auf einen Makronamen.

3. Wählen Sie das Symbol STEUERUNGSELEMENT-EIGENSCHAFTEN in der Dialog-Symbolleiste, um das Dialogfeld OBJEKT aufzurufen (optional) und die Schaltfläche z.B. als Standard festzulegen.

Bestätigen Sie mit OK und wählen Sie im Menü EXTRAS oder in der Symbolleiste DIALOG AUSFÜHREN. Nach einem Klick auf die Schaltfläche (oder die Wahl eines anderen Elements) stellen Sie gleich fest, ob der Makro wunschgemäß funktioniert.

Mit der Wahl AUFZEICHNEN im Dialogfeld ZUWEISEN legen Sie ein neues Makro an.

9 Datenschutz

Tabellenkalkulationen und Datenbanken sind es, die in Unternehmen Daten enthalten, die dem Auge nicht jeden Betrachters zugänglich sein sollen. Außerdem sind diese Daten vielfach mit großem Aufwand eingegeben worden, so daß ihr Verlust viele Unternehmen hart treffen würde. Das sind nur zwei Gründe, warum Daten besonders sorgfältig geschützt werden müssen. Excel 7.0 bietet für den Bereich Datenschutz mehrere Techniken an.

9.1 Schützen eines Blatts

Datenschutz ist es auch, wenn unerfahrene Mitarbeiter daran gehindert werden, Daten versehentlich zu beschädigen. Wenn Daten nur angesehen und nicht geändert werden müssen, können Sie ein bestimmtes Arbeitsblatt einer Mappe mit wenigen Einstellungen sichern:

Bild III.190: Blattschutz aktivieren

1. Aktivieren Sie eine Arbeitsmappe und schalten Sie zu dem Arbeitsblatt, das geschützt werden soll.
2. Wählen Sie die Optionen EXTRAS/DOKUMENT SCHÜTZEN/BLATT.
3. Markieren Sie einzelne oder jedes der drei in der folgenden Tabelle aufgeführten Kontrollkästchen, je nachdem auf welche Blattinhalte Sie den Schutz ausdehnen wollen, und bestätigen Sie die Einstellungen.

Kontrollkästchen	Aktiv
INHALTE	Verhindert Änderungen an Zellen oder Diagrammelementen.
OBJEKTE	Änderungen von Grafikobjekten verhindern.
SZENARIOS	Szenario-Definitionen eines Arbeitsblatts sichern.

9 Datenschutz

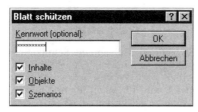

*Bild III.191:
Blattschutz gezielt
wählen*

Der einem Blatt auf die zuvor geschilderte Weise zugewiesene Schutz kann nur vor Versehen schützen. Sicherer ist die auch mögliche Vergabe eines Kennworts. Wollen Sie andere Personen hindern, den Blattschutz aufzuheben, geben Sie im Dialogfeld BLATT SCHÜTZEN vor dem Bestätigen ein Kennwort ein. Das Kennwort wird anschließend zur Sicherheit nochmals abgefragt. Tragen Sie das Kennwort erneut ein.

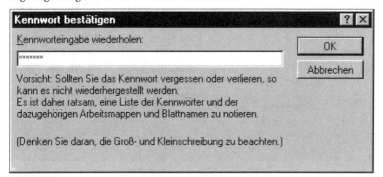

*Bild III.192:
Zweite
Kennworteingabe*

Um Blattinhalte vor irrtümlichen Änderungen zu schützen, reicht oft das Ausblenden eines Arbeitsblatts. Für ein aktives Blatt erreichen Sie das mit in fast allen Fällen mit FORMAT/BLATT/AUSBLENDEN. Nicht möglich ist das Ausblenden des letzten sichtbaren Blatts einer Arbeitsmappe.

9.1.1 Blattschutz aufheben

Einen Blattschutz ohne Kennwort kann jeder Anwender aufheben:
1. Aktivieren Sie ein Blatt, dessen Schutz aufgehoben werden soll.
2. Wählen Sie EXTRAS/DOKUMENT SCHÜTZEN und die Option BLATTSCHUTZ AUFHEBEN.

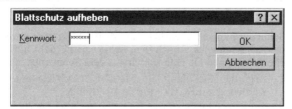

*Bild III.193:
Kennwortabfrage vor
Aufheben des
Blattschutzes*

Haben Sie beim Schützen des Blatts ein Kennwort zugewiesen, müssen Sie dieses Kennwort auch eingeben, um den Schutz aufzuheben.

9.1.2 Ausgewählte Zellen im geschützten Blatt freigeben

So sicher der allgemeine Schutz eines Blatts ist, wenn es gilt, jede unbeabsichtigte Veränderung zu verhindern, so hinderlich kann er für die tägliche Arbeit sein. Praktischer ist es, einen globalen Blattschutz zuzuordnen, gleichwohl Eingaben für bestimmte Zellen zuzulassen, um eine sinnvolle Arbeit zu gewährleisten. Wenn Sie ein Arbeitsblatt mit einem Schutz belegt haben, können Sie in einem zweiten Schritt den Schutz von bestimmten Zellen wieder entfernen und dort z.B. Eingaben erlauben:

1. Ist ein Blattschutz zugeordnet, wählen Sie EXTRAS/DOKUMENT SCHÜTZEN/BLATTSCHUTZ AUFHEBEN.
2. Markieren Sie die Zellen, für die der Schutz aufgehoben werden soll.
3. Wählen Sie FORMAT/ZELLEN/SCHUTZ.
4. Deaktivieren Sie das Kontrollkästchen GESPERRT und bestätigen Sie mit OK.
5. Aktivieren Sie mit EXTRAS/DOKUMENT SCHÜTZEN/BLATT erneut den Schutz.
6. Markieren Sie mindestens das Kontrollkästchen INHALTE, um Eingaben in den nicht markierten Bereich zu unterbinden.

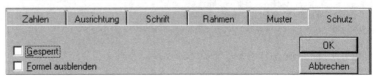

Bild III.194: Zellen von der Sperrung ausnehmen

Nutzen Sie diese Methode, um beispielsweise eine Maske zu konstruieren, für die Zellen mit Beschriftungen oder Anleitungen gesperrt, Eingabefelder aber freigeben sind, weil sie ausgefüllt werden müssen.

Durch die erneute Zuordnung des Schutzes sichern Sie das Blatt, mit Ausnahme der markierten Zellen. Sie können die Wahl wiederholen. Das Aufheben des Schutzes addiert sich dabei.

Praxistip: Wenn Sie in einem geschützten Blatt mehrmals Zellen freigegeben haben, sollten Sie diese Zellen farblich kennzeichnen, um immer richtig einzugeben. Auch ohne farbliche Übersicht können Sie mit ⇥ zwischen den ungeschützten Zellen wechseln.

9.1.3 Grafikobjekte im geschützten Blatt freigeben

Schützen Sie ein Arbeitsblatt, auf dem Objekte angeordnet sind, reagieren die Zeichnenobjekte nach dem Schutz nicht mehr auf Markierungsversuche. Sie können Objekte jedoch aus dem Schutz des Blatts lösen:

1. Beginnen Sie damit, im Menü EXTRAS/DOKUMENT SCHÜTZEN zu wählen, dann BLATTSCHUTZ AUFHEBEN.
2. Nun sind Objekte frei und Sie können Objekte markieren, deren Sperrung aufgehoben werden soll.
3. Wählen Sie FORMAT/OBJEKT/SCHUTZ.
4. Deaktivieren Sie GESPERRT.
5. Zeigen Sie im Menü EXTRAS auf DOKUMENT SCHÜTZEN und klicken Sie dann auf BLATT.

6. Aktivieren Sie zumindest das Kontrollkästchen OBJEKTE.

Bild III.195:
Sperrung markierter
Objekte aufheben

Hinweis: Zwischen nicht gesperrten Grafikobjekten in einem insgesamt geschützten Blatt wechseln Sie per Mausklick oder drücken Sie jeweils auf [↹].
Die Angabe im Dialogfeld OBJEKT wechselt. Ist ein markiertes Objekt ein Textfeld, heißt das Kontrollkästchen TEXT GESPERRT. Sind mehrere Objekte markiert, steht nur das Kontrollkästchen GESPERRT zur Verfügung.

Objekt bzw. Zellen mit [Strg]+[1]

9.1.4 Diagramm vor Änderungen schützen

Ein Diagramm-Blatt können Sie wie das Arbeitsblatt mit dem Befehl EXTRAS/DOKUMENT SCHÜTZEN/BLATT vor Änderungen schützen oder Sie schützen die Arbeitsmappe insgesamt. Ist das Diagramm eingebettet, markieren Sie das Kontrollkästchen OBJEKTE. Behandeln Sie das Diagramm wie ein beliebiges Grafik- oder Zeichnenobjekt. Um den Schutz aufzuheben, müssen Sie das Kennwort angeben, das bei der Einrichtung des Schutzes vergeben wurde.

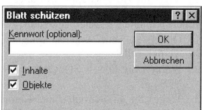

Bild III.196:
Diagramm schützen

9.2 Arbeitsmappen schützen

Vielfach reicht es aus, bestimmte Arbeitsblätter durch einen Blattschutz vor Änderungen zu sichern. Da Arbeitsmappen jedoch frei organisiert werden können, ist die Sicherung einer Arbeitsmappe insgesamt manchmal eine sinnvolle Alternative. Sie können verhindern, daß fremde Anwender eine Arbeitsmappe öffnen, bearbeiten oder Änderungen speichern.
Wollen Sie den Umgang mit Daten durch andere Personen beschränken, stehen Ihnen eine Reihe von Methoden zur Verfügung:
- Struktur einer Arbeitsmappe schützen: Sie können verlangen, daß die Blätter der Arbeitsmappe nicht verschoben, gelöscht, aus- bzw. eingeblendet oder umbenannt sowie keine neuen Blätter eingefügt werden können.
- Fenster einer Arbeitsmappe schützen: Das Fenster darf nicht verschoben, aus- bzw. eingeblendet oder geschlossen werden, außerdem wollen Sie vielleicht verhindern, daß die Größe geändert werden kann.

Wenn Sie das bestimmen, bleiben Größe und Position der Arbeitsmappenfenster bei jedem Öffnen der Arbeitsmappe unverändert.
- Arbeitsblatt schützen: Der Inhalt eines Blatts kann vor Änderungen geschützt werden (Änderungen in Arbeitsblättern, Elementen in Diagramm- oder Dialogblättern, Grafikobjekten oder Codes in einem VB-Modul). Ein Arbeitsblatt kann insgesamt geschützt oder es können Zellen oder Grafikobjekte von der Sperrung ausgenommen werden. Beim Schützen eines Arbeitsblatts lassen sich auch nur gesperrte Zellen oder Grafikobjekte eines Blatts vor Änderungen schützen, außerdem Formeln ausblenden, so daß sie nicht in der Bearbeitungsleiste angezeigt werden.

9.2.1 Arbeitsmappe mit Kennwort schützen

*Bild III.197:
Kennwort beim
Speichern
vereinbaren*

Eine Arbeitsmappe ist organisatorisch eine Datei auf einem Datenträger. Wollen Sie verhindern, daß fremde Personen ihren Inhalt ansehen, hindern Sie Excel, die Arbeitsmappe ordnungsgemäß zu öffnen. Nur Anwender, die das Kennwort besitzen, können die gesicherte Arbeitsmappe öffnen oder auf die enthaltenen Daten zugreifen:

1. Öffnen Sie eine Arbeitsmappe, die mit einem Kennwort geschützt werden soll.
2. Wählen Sie DATEI/SPEICHERN UNTER und die Schaltfläche OPTIONEN.
3. Tragen Sie ein Schreibschutz-Kennwort ein und bestätigen Sie.
4. Wiederholen Sie zur Sicherheit die Kennworteingabe und akzeptieren Sie erneut mit OK.
5. Wählen Sie SPEICHERN.
6. Bestätigen Sie abschließend, daß eine bereits gespeicherte Arbeitsmappe durch die kennwortgeschützte Arbeitsmappe ersetzt werden kann.

*Bild III.198:
Sicherheitsabfrage
beim Überschreiben*

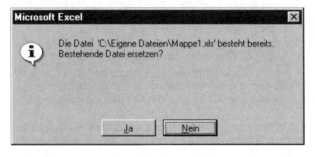

9 Datenschutz

Ist der Schreibschutz ein Nur-Lese-Zugriff, dürfen Fremde den Inhalt einer Arbeitsmappe sehen, aber nicht bearbeiten. Änderungen können nur mit dem Kennwort gesichert werden. Der Schreibschutz hindert nicht am Speichern einer Arbeitsmappe unter anderem Namen. Der Ablauf, ein Lese-/Schreibkennwort zu vereinbaren ist grundsätzlich gleich, so daß eine gesonderte Beschreibung entfallen kann. Zwar sollten Sie keine Zettel mit Kennwörtern als Haftnotiz an den Bildschirm kleben, doch notieren sollten Sie jedes Kennwort. Vergessen Sie das Kennwort einer Arbeitsmappe, gibt es keinen Zugang mehr.

9.2.2 Kennwort löschen oder ändern

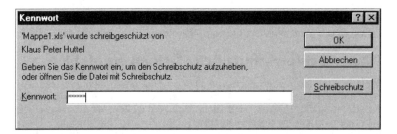

Bild III.199: Schutz ändern

Wie weiter oben beschrieben, können Sie eine geschützte Arbeitsmappe nicht ohne Kennwort öffnen. Sie müssen das Kennwort angeben, wenn Sie eine geschützte Arbeitsmappe öffnen und ein Kennwort verändern wollen:

1. Laden Sie die benötigte Arbeitsmappe und geben Sie das Kennwort an.
2. Wählen Sie DATEI/SPEICHERN unter und OPTIONEN.
3. Tragen Sie das geänderte Kennwort ein, bestätigen Sie und wiederholen Sie die Angabe. Statt ein neues oder geändertes Kennwort anzugeben, können Sie das Kennwort auch löschen. Tippen Sie auf `Entf` und bestätigen Sie mit OK.
4. Speichern Sie.

9.2.3 Struktur oder Fenster einer Arbeitsmappe schützen

1. Laden Sie die Arbeitsmappe.
2. Wählen Sie EXTRAS/DOKUMENT SCHÜTZEN/ARBEITSMAPPE.
3. Das Kontrollkästchen REIHENFOLGE DER BLÄTTER SCHÜTZEN kontrolliert die Struktur einer Arbeitsmappe (Blätter werden nicht verschoben, gelöscht, ausgeblendet, eingeblendet oder umbenannt und keine neuen Blätter werden eingefügt).
4. Das Kontrollkästchen FENSTERAUFBAU SCHÜTZEN sichert Größe und Position der Fenster einer Arbeitsmappe, so daß bei jedem Öffnen die Arbeitsmappe unverändert bleibt.

Bild III.200:
Struktur einer
Arbeitsmappe
schützen

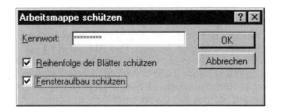

Wie beim Schutz des Arbeitsblattes müssen Sie ein Kennwort eingeben, wenn Sie sicherstellen wollen, daß niemand den Schutz der Arbeitsmappe aufhebt.

Hinweis: Den Schutz einer Arbeitsmappe beenden Sie mit EXTRAS/ DOKUMENT SCHÜTZEN/ARBEITSMAPPENSCHUTZ AUFHEBEN.

9.2.4 Schreibschutz beim Öffnen empfehlen

Viele ungewollte Änderungen von Daten unterlaufen auch Praktikern in Augenblicken der Unaufmerksamkeit oder wegen einer Ablenkung. Falls Sie Daten nicht sperren, sich aber schützen wollen, ist das schreibgeschützte Öffnen von Arbeitsmappen bei Bedarf eine Lösung. Einen Schreibschutz empfehlen zwingt Anwender beim Öffnen einer Arbeitsmappe zu entscheiden, ob die Arbeitsmappe im Schreibschutzmodus oder als Schreib-Lese-Datei geöffnet werden soll. Der Schreibschutzmodus erzwingt das Speichern unter einem anderen Namen. Im Schreib-Lese-Modus kann auch nach Änderungen mit dem ursprünglichen Namen gespeichert werden.

Bild III.201:
Abfrage zum
schreibgeschützten
Öffnen einer
Arbeitsmappe

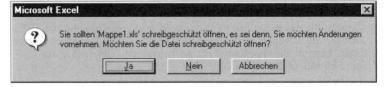

1. Laden Sie eine Arbeitsmappe.
2. Wählen Sie DATEI/SPEICHERN UNTER und die Schaltfläche OPTIONEN.

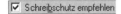

3. Aktivieren Sie das Kontrollkästchen SCHREIBSCHUTZ EMPFEHLEN, bestätigen Sie mit OK und speichern Sie.

Bild III.202:
Titelzeile einer
schreibgeschützten
Arbeitsmappe

Eine gespeicherte Arbeitsmappe mit gleichen Daten können Sie problemlos durch die geöffnete Arbeitsmappe ersetzen. Akzeptieren Sie die Sicherheitsabfrage.

9.3 Verknüpfungen sperren

Verknüpfungen spielen in einem Paket wie Office eine große Rolle. Verknüpfungen lassen sich sperren und so von der meist notwendigen Aktualisierung ausnehmen. Das Sperren kann sich auf einzelne Verknüpfungen oder alle Verknüpfungen einer Arbeitsmappe beziehen.

Office 95

9.3.1 Alle Verknüpfungen sperren

Verknüpfungen werden normalerweise ständig auf dem neuesten Stand gehalten. Wollen Sie, daß Excel mit dem letzten Wert aus der Quellanwendung arbeitet, müssen Sie eine Verknüpfung sperren:
1. Schalten Sie zum Arbeitsblatt, in dem die Verknüpfungen gespeichert sind.
2. Wählen Sie EXTRAS/OPTIONEN.
3. Deaktivieren Sie im Register BERECHNEN das Kontrollkästchen FERNBEZÜGE AKTUALISIEREN.

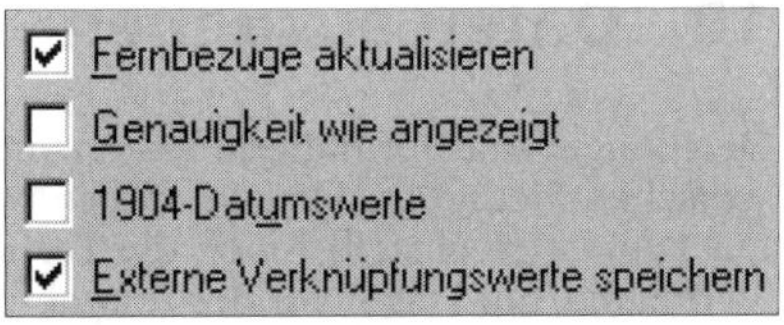

Bild III.203: Kontrollkästchen vor dem Abschalten für eine Sperre

Durch das wie beschrieben vorgenommene Sperren aller Verknüpfungen wird das Optionsfeld AUTOMATISCH im Dialogfeld VERKNÜPFUNGEN für alle Verknüpfungen abgeschaltet.

9.3.2 Fernbezug langer Formel sperren

Wegen der ausgefeilten Möglichkeiten des Office-Pakets werden Sie häufig Daten aus anderen Anwendungen abrufen. Das wird durch Fernbezugsformeln organisiert. Änderungen in den Quellanwendungen führen zu Aktualisierungen, dort wo Fernbezüge dafür sorgen. Durch das Sperren werden Verknüpfungen getrennt und der aktuelle Wert wird ständig angezeigt:

Office 95

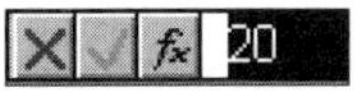

1. Aktivieren Sie eine Zelle mit Fernbezug, der gesperrt werden soll.
2. Kennzeichnen Sie in der Befehlszeile den Fernbezug in der Formel und drücken Sie [F9].
3. Bestätigen Sie mit [↵].

9.3.3 Formeln durch Ausblenden verbergen

Ob Sie Vorder- und Hintergrundfarbe oder Spaltenbreiten ändern, den Zellinhalt kann man nach der Markierung einer Zelle in der Eingabezeile anzeigen. Dennoch gibt es eine Möglichkeit, Formeln vor den Augen anderer Benutzer zu verbergen:
1. Öffnen Sie die Arbeitsmappe bzw. schalten Sie zum Arbeitsblatt mit Formeln, die verborgen werden sollen.
2. Markieren Sie einen zusammenhängenden Bereich oder verschiedene Bereiche mit einer Mehrfachmarkierung oder das Blatt.
3. Wählen Sie FORMAT/ZELLEN und das Register SCHUTZ.
4. Klicken Sie das Kontrollkästchen FORMEL AUSBLENDEN an, um es zu aktivieren und bestätigen Sie mit OK.

5. Wählen Sie EXTRAS/DOKUMENT SCHÜTZEN/BLATT und aktivieren Sie zumindest das Kontrollkästchen INHALTE.

Nach dem Bestätigen sind die Formeln nicht mehr zu sehen. Mit EXTRAS/ DOKUMENT SCHÜTZEN/BLATTSCHUTZ AUFHEBEN nehmen Sie die Einstellung zurück. Mit FORMAT/ZELLEN/SCHUTZ blenden Sie das Dialogfeld ZELLEN ein. Hier müssen Sie das Kontrollkästchen FORMEL AUSBLENDEN deaktivieren.

Bild III.204: Formel ausblenden verlangen

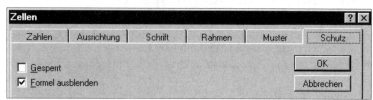

10 Daten ausgeben

Ausgabeziele Bildschirm und Papier

Berechnete und formatierte Daten sind bereit für die Ausgabe. Die zwei typischen Methoden der Ausgabe sind die Anzeige auf dem Bildschirm oder auf Papier. Excel stellt Ihnen die Technik der Ansichten und Berichte zur Verfügung, um Daten vor der Ausgabe zusammenzufassen.

10.1 Ansichten und Berichte

Eingaben speichern und beliebig abrufen

Excel stellt für Berechnungen und Einstellungen eine Vielzahl von Möglichkeiten bereit. Im einzelnen sind das oft mehr als erinnert werden kann. Sehr viel leichter, als eine große Zahl Einzelheiten ständig bereitzuhalten, ist es, sich an Stichworte zu erinnern. Diese Situation machen sich z.B. Ansichten, Berichte und Szenarien zunutze. Alle fassen eine Vielzahl von Vorgaben zusammen, die mit einem Begriff am Bildschirm und für den Druck abgerufen werden können.

10.1.1 Einstellungen als Ansicht speichern

Ansichten fassen Sichtweisen zusammen

Die Vorbereitung der Ausgabe einer Tabelle oder eines Arbeitsblatts für die Anzeige und den Druck ist eine Aufgabe, die zahlreiche Einstellungen erfordert. Es ist nur ökonomisch, diesen Aufwand für zukünftige Anwendungen zu sichern. Das geschieht in Ansichten. Der Ansichten-Manager kann verschiedene Ansichten eines Tabellenblatts verwalten. Sie können unterschiedliche Ansichten anzeigen, drucken und speichern, ohne sie als Arbeitsblatt zu sichern:

1. Gestalten Sie ein Arbeitsblatt in einer Weise, die Sie nochmals anwenden wollen. Legen Sie einen Druckbereich an, wenn nicht das gesamte Arbeitsblatt gedruckt werden soll.
2. Wählen Sie ANSICHT/ANSICHTEN-MANAGER. In der Liste sind alle Namen der in der aktuellen Arbeitsmappe gespeicherten Ansichten aufgeführt.
3. Wählen Sie HINZUFÜGEN und tragen Sie im Textfeld einen Namen für die neue Ansicht ein (Dialogfeld ANSICHT HINZUFÜGEN).
4. Wählen Sie bei Bedarf eines der Kontrollkästchen für die Ansicht ab (siehe folgende Tabelle) und bestätigen Sie für das Speichern.

10 Daten ausgeben

Option	Aufgabe
ANSICHTEN	Liste der für das aktuelle Arbeitsblatt angelegten Ansichten.
ANZEIGEN	Eine in der Liste markierte Ansicht wählen und anzeigen.
HINZUFÜGEN	Dialogfeld ANSICHT HINZUFÜGEN einblenden und neue Ansicht erstellen.
NAME	Name für neue Ansicht.
DRUCKEIN-STELLUNGEN	Eingestellte Druckoptionen in der Ansicht speichern.
AUSGEBLEN-DETE ZEILEN UND SPALTEN	Auch ausgeblendete Spalten und Zeilen in einer Ansicht speichern.
LÖSCHEN	Markierte Ansicht aus der Liste löschen.

Bild III.205: Neue Ansicht benennen

10.1.2 Ansicht abrufen

Haben Sie Ansichten einmal angelegt, können Sie diese jederzeit abrufen. Voraussetzung ist, daß Sie das passende Arbeitsblatt aktiviert haben. Ansichten sind Arbeitsblättern zugeordnet und werden mit ihnen gespeichert:

Ansichten und Arbeitsblätter gehören zusammen

1. Wählen Sie ANSICHT/ANSICHTEN-MANAGER.
2. Markieren Sie die Zeile der gewünschten Ansicht und bestätigen Sie mit ⏎ oder klicken Sie auf ANZEIGEN.

Bild III.206: Ansichten-Manager

III Excel

Praxistip: Ansichten müssen Sie nicht unbedingt neu aufbauen, um sie unterschiedlichen Blättern zuzuordnen. Da Ansichten mit Arbeitsblättern gespeichert werden, müssen Sie nur ein Arbeitsblatt kopieren, um eine vorliegende Ansicht auch in einem anderen Blatt verwenden zu können.

Eine Ansicht drucken Sie auf folgende Weise:

1. Wählen Sie ANSICHT/ANSICHTEN-MANAGER.
2. Markieren Sie in der Liste der Ansichten die Zeile mit dem Namen der Ansicht, die gedruckt werden soll.
3. Wählen Sie die Schaltfläche ANZEIGEN und klicken Sie auf DRUK-KEN oder auf die Schaltfläche.

Ausgabe bestimmen Was gedruckt wird, hängt von den Zuordnungen zur gewählten Ansicht ab. Das kann ein Druckbereich aber auch das vollständige Arbeitsblatt sein.

10.1.3 Berichtausgabe vorbereiten

Bericht mit Manager verwalten Die Ausgabe von mit Excel erzeugten Daten in einen Bericht setzt den Bericht-Manager voraus. Der Manager ist eines der Ergänzungsprogramme von Excel (Add-Ins). Der Bericht-Manager legt Berichte mit verschiedenen Druckansichten, Darstellungsansichten und Szenarios an. Wählen Sie ANSICHT/BERICHT-MANAGER und finden die angeführte Option nicht, müssen Sie das Add-In BERICHT-MANAGER noch installieren:

1. Starten Sie im Menü EXTRAS den ADD-IN-MANAGER.
2. Aktivieren Sie das Kontrollkästchen BERICHT-MANAGER.

Führt der beschriebene Ablauf nicht zur gewünschten Installation des Add-In, können Sie Setup erneut aufrufen und OPTION ÄNDERN anklicken. Folgen Sie den Bildschirmhinweisen, um zu installieren.

Bild III.207: Bericht-Manager

Speicherordner für Add-Ins **Hinweis:** Die Dateien der Add-In-Programme sind im Ordner BIBLIOTHEK oder einem der untergeordneten Ordner gespeichert. Installierte Programme finden Sie z.B. im Ordner WINDOWS/MSAPPS oder im Ordner PROGRAMME/GEMEINSAME DATEIEN.

10.1.4 Bericht anlegen

Bild III.208: Neuen Bericht anlegen

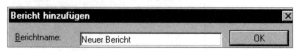

10 Daten ausgeben

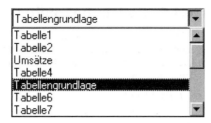

Bild III.209:
Berichte Arbeitsblatt zuordnen

1. Klicken Sie im Menü ANSICHT die Option BERICHT-MANAGER an. Enthält ANSICHT die Option nicht, ist der Manager nicht geladen.
2. Klicken Sie auf HINZUFÜGEN, um das Dialogfeld BERICHT HINZUFÜGEN zu wählen.
3. Im Textfeld BERICHTNAME wird der neue Name für den Bericht erwartet. Sie können Leerzeichen verwenden. Wegen der begrenzten Anzeige fassen Sie den Namen knapp.
4. Öffnen Sie die Liste BLATT und stellen Sie ein, aus welchem Arbeitsblatt Daten für den ersten Bereich zusammengestellt werden soll. Um das gewählte Arbeitsblatt in den Bereich der Liste (Berichtsbereiche) aufzunehmen, klicken Sie auf HINZUFÜGEN. Wenn Sie die Wahl und den Klick auf HINZUFÜGEN wiederholen, können Sie weitere Bereiche in den Bericht aufnehmen.

Aktivieren Sie die Kontrollkästchen ANSICHT und SZENARIO, wenn diese im Bericht gezeigt werden sollen, und wählen Sie in den zugehörigen Listen. Für den Druck des neuen Berichts gelten zwei Regeln:

Reihenfolge der Liste beachten

- Enthält die Liste BEREICHE dieses Berichts nur eine für ein Arbeitsblatt mit Druckbereich, wird nur den Druckbereich des Arbeitsblatts gedruckt.
- Die Reihenfolge in der Liste bestimmt den Druck der Bereiche des Berichts.

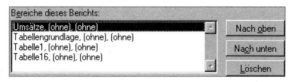

Bild III.210:
Druckreihenfolge mit Schaltflächen zum Verschieben

Um eine Folge von Blättern, Ansichten und Szenarien zu verwalten und zu drucken, benötigen Sie das Dialogfeld BERICHT-MANAGER. Der Manager stellt für diese Aufgaben die in der folgenden Tabelle angeführten Optionen bereit:

Option	Aufgabe
BERICHTE	Markieren Sie in der Liste den Bericht, mit dem Sie arbeiten wollen.
DRUCKEN	Bericht drucken.
HINZUFÜGEN	Neuen Bericht anlegen.
BEARBEITEN	Bericht ändern und andere Zuordnungen einstellen.
LÖSCHEN	Markierten Bericht löschen.

10.1.5 Bericht bearbeiten

Berichte organisieren

Im Dialogfeld BERICHT HINZUFÜGEN können Sie neuen Berichten Namen geben, im Dialogfeld BERICHT BEARBEITEN können Sie den zuvor in der Liste markierten Bericht bearbeiten. Einen Bericht zu bearbeiten bedeutet,

- Berichten Namen geben,
- im Feld BEREICH neue Berichtsbereiche bestimmen,
- die Reihenfolge der Bereiche in der Liste BEREICHE DIESES BERICHTS ändern
- einem Bericht eine Numerierung zuordnen.

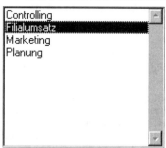

Bild III.211: Vorhandene Berichte zur Wahl

1. Wählen Sie ANSICHT/BERICHT-MANAGER.
2. Markieren Sie in der Liste BERICHTE eine Zeile und schalten Sie mit BEARBEITEN zum Dialogfeld BERICHT BEARBEITEN.

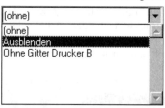

Bild III.212: Ansicht wählen

3. Stellen Sie im Feld BEREICH Arbeitsblatt, Ansicht und ein Szenario ein, wenn diese in den Bericht aufgenommen werden sollen.
4. Übernehmen Sie die Einstellungen mit HINZUFÜGEN.

Bild III.213: Aktiviertes Szenario

In der folgenden Tabelle der Dialogfeld-Optionen finden Sie Hinweise zu Einstellungen im Dialogfeld BERICHT BEARBEITEN:

Option	Aufgabe
BERICHTNAME	Namen eintragen. Leerzeichen sind erlaubt. Keine Satzzeichen verwenden.
BLATT	Arbeitsblatt mit Einstellungen der aktiven Arbeitsmappe wählen. Wahl in der Liste für weitere Angaben wiederholen.
ANSICHT	Wählen Sie in der Liste ANSICHT. Voraussetzung der Anzeige sind gespeicherte Ansichten.

10 Daten ausgeben

Option	Aufgabe
SZENARIO	Liste mit gespeicherten Szenarien für die Aufnahme in einen Bericht.
HINZUFÜGEN	Eingestellten Bereich in die Liste BEREICHE DIESES BERICHTS übernehmen.
BEREICHE DIESES BERICHTS	Bereiche des im Textfeld BERICHTNAME angeführten Berichts.
NACH OBEN	Bereiche der Liste BEREICHE DIESES BERICHTS werden in der angeführten Reihenfolge gedruckt. Markierte Bereiche dieses Berichts nach oben verschieben.
NACH UNTEN	Gekennzeichneten Bereich nach unten verschieben.
FORTLAUFENDE SEITENZAHL	Seiten eines Berichts fortlaufend numerieren; bei deaktiviertem Kontrollkästchen beginnt die Numerierung der Bereiche des Berichts jeweils mit 1.
LÖSCHEN	Markierte Bereiche dieses Berichts löschen.

10.1.6 Bericht mit Ansichten und Szenarien drucken

Szenarien können Sie in Berichten zuordnen und ausgeben. Planen Sie Berechnungen in Tabellen und speichern Sie diese Datendarstellungen. Wählen Sie EXTRAS/SZENARIO-MANAGER und klicken Sie auf HINZUFÜGEN, um Szenarien anzulegen. Szenarien können Sie in einem Bericht abrufen.

Um Arbeitsblatt, Ansicht und Szenario für einen Bericht zu kombinieren, wählen Sie ANSICHT/BERICHT-MANAGER/HINZUFÜGEN. Ordnen Sie mit den Kontrollkästchen ANSICHT und SZENARIO und den zugehörigen Auswahllisten ANSICHT und SZENARIO Bereichen des Berichts zu. Um die Zusammenfassung von Arbeitsblatt, Ansicht und Szenario zu drucken, verwenden Sie folgende Einstellungen:

Zusammenfassung von Arbeitsblatt, Ansicht und Szenario

1. Wählen Sie ANSICHT/BERICHT-MANAGER.
2. Klicken Sie in der Liste BERICHTE auf die Zeile des zu druckenden Berichts.
3. Starten Sie mit einem Klick auf DRUCKEN.
4. Tragen Sie im Textfeld KOPIEN die Zahl der zu druckenden Exemplare ein.

10.1.7 Access-Berichte in Excel verwenden

Wegen der möglichen Kombination des Office-Pakets können Sie Daten der einen in der anderen Anwendung verwenden. Im Beispiel bedeutet das, eine Liste aus Excel als Access-Bericht zu übernehmen.

1. Schalten Sie zu einem Arbeitsblatt und markieren Sie eine Liste.
2. Wählen Sie die Option DATEN/ACCESS-BERICHT.
3. Entscheiden Sie sich für eine neue oder die Eingliederung der Daten in eine vorhandene Datenbank.

Office 95

Bild III.214:
Liste in Access-
Bericht übernehmen

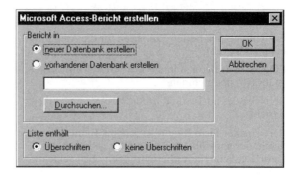

Bild III.215:
Liste aus Excel im
Access-Bericht

Bei der Anwendung von ACCESS-BERICHT führt Sie der Berichtsassistent bei der Anlage eines Berichts auf Basis der Listendaten einer Excel-Liste. Der Assistent ordnet eine Schaltfläche ACCESS-BERICHT ANSEHEN im Arbeitsblatt an.

Office-Anwendungen gemeinsam installieren

Hinweis: Sie benötigen das Add-In *AccessLinks*, außerdem muß Access installiert sein. Sie müssen das Add-In *AccessLinks* installieren.

10.2 Druck vorbereiten

Was ausgegeben werden soll

Bereits bei den Zuordnungen von Formaten zu Tabellen und Blättern haben Sie ein Arbeitsblatt zugleich schon für die Ausgabe vorbereitet. Weiter können Sie noch vorgeben, was und in welcher Zahl durch welches Medium ausgegeben werden soll.

10.2.1 Drucker wählen

Einstellungen in Windows 95 gehen vor

Während der Installation von Windows 95 haben Sie einen oder mehrere Drucker angegeben. Vielleicht verwenden Sie abwechselnd einen Laser- und einen Matrixdrucker, je nachdem, ob Sie mit oder ohne Durchschlägen arbeiten. Die in Windows 95 installierten Drucker werden in Excel angezeigt und können gewählt werden:

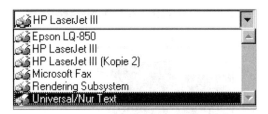

Bild III.216:
Drucker einstellen

1. Um von dem einen auf den anderen Drucker umzuschalten, öffnen Sie das Dialogfenster DATEI/DRUCKEN und die Liste NAME.
2. Wechseln Sie die der Markierung im Listenfeld DRUCKERNAMEN und bestätigen Sie die Wahl mit OK.

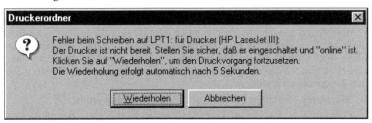

Bild III.217:
Fehlermeldung

Sollten Sie nach dem Start des Druckes eine Meldung wie *Fehler beim Schreiben auf ...* erhalten, prüfen Sie,
- ob die Kabelverbindungen zwischen PC und Drucker hergestellt wurden und festsitzen oder
- schalten Sie mit START/EINSTELLUNGEN/DRUCKER zu den Druckerordnern. Öffnen Sie mit einem Doppelklick auf das Druckersymbol das Fenster DRUCKER und prüfen Sie die Einstellungen.

Hinweis: Achten Sie im Netzwerk darauf, daß Drucker freigegeben sind. Nur wenn der Drucker auf einer offenen Hand symbolisiert wird, können andere Anwender der Arbeitsgruppe auf den Drucker zugreifen.

Einstellungen kontrollieren

10.2.2 Objekte und verknüpfte Grafiken drucken

Voreinstellung im Arbeitsblatt ist es, daß im Blatt angeordnete Objekte gedruckt werden. Diese Option kann für eine schnellere Ausgabe abgeschaltet werden, so daß Sie vor dem endgültigen Druck aller Elemente eines Arbeitsblatts die Einstellung prüfen sollten:
1. Halten Sie [Shift] gedrückt und klicken Sie Objekte an, die gedruckt werden sollen.
2. Markieren Sie die Objekte, die als Teil des Tabellenblatts gedruckt werden sollen.
3. Wählen Sie FORMAT/OBJEKT und öffnen Sie das Register EIGENSCHAFTEN.
4. Klicken Sie auf das Kontrollkästchen OBJEKT DRUCKEN.

Praxistip: Sie können nicht nur generell entscheiden, sondern wählen, welche Objekte gedruckt werden. Sie müssen nur das Kontrollkästchen OBJEKT DRUCKEN für bestimmte Objekte aktivieren oder abschalten.

Zeitersparnis durch Druck verhindern

10.2.3 Druckbereich einstellen

Bild III.218:
Druckbereich

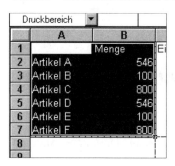

Wenn Sie genau festlegen wollen, welche Zellen des Arbeitsblatts gedruckt werden, legen Sie einen Druckbereich fest. Dieses Vorgehen entspricht zunächst dem Einfach- und Mehrfachmarkieren und der Ausgabe (Vorschau oder Druck). Einen Druckbereich sollten Sie als Alternative dann wählen, wenn Sie einen bestimmten Ausgabebereich ohne Markieren sofort zum Druck abrufen wollen:

1. Markieren Sie einen Bereich, der Druckbereich werden soll.
2. Ordnen Sie mit DATEI/DRUCKBEREICH/FESTLEGEN den Druckbereich zu.

Bild III.219:
Druckbereich im
Namensfeld wählen

Zum Drucken müssen Sie nur noch im Namensfeld die Zeile DRUCKBEREICH markieren und können dann den Druck starten. Mit DATEI/DRUCKBEREICH/AUFHEBEN löschen Sie den Druckbereich.

Bild III.220:
Druckbereich im
Eingabefeld eines
Registers festlegen

Druckbereich: $B$1:$B$5

Hinweis: Alternativ können Sie einen Druckbereich auch durch Zeigen oder Eintragen in einem Register festlegen und wie zuvor geschildert mit dem Standardnamen im Namensfeld abrufen. Wählen Sie DATEI/SEITE EINRICHTEN/TABELLE. Ist das Textfeld DRUCKBEREICH markiert, ziehen Sie die Maus, um den Bereich eintragen zu lassen.

10.2.4 Druckausgabe an Seitenanzahl anpassen

Maximalzahl
angeben

Vorgaben für die Seitenzahl bei der Ausgabe von Daten lassen sich mit Excel umgehen, wenn es keine Vorschriften für die Schriftgröße gibt. Nach einer Vorgabe sorgt Excel dafür, daß eine Seitenanzahl nicht überschritten wird:

1. Öffnen Sie das Register eines Arbeitsblatts und markieren Sie, wenn Sie nicht das Blatt insgesamt an eine Seitenzahl anpassen wollen.

10 Daten ausgeben

2. Aktivieren Sie das Dialogfeld DATEI/SEITE EINRICHTEN, und wählen Sie das Register PAPIERFORMAT.
3. Klicken Sie das Optionsfeld ANPASSEN an, und verstellen Sie die Seitenzahl, wenn Sie mehr als eine Seite zum Drucken bereitstellen können.

Bild III.221:
Ausgabe anpassen

Die Ausgabe der Daten überschreitet die Vorgabe nicht. Manuelle Seitenwechsel werden nicht beachtet. Für Vergrößerungen nutzen Sie das Optionsfeld VERKLEINERN/VERGRÖßERN und die Möglichkeit zum Skalieren. So erreichen Sie, daß die Druckausgabe mehr oder weniger Seiten als in normaler Größe umfaßt, z.B. daß eine Tabelle im Quer- oder im Hochformat auf eine Seite gedruckt werden kann:

Ausgabebereich angeben

1. Wählen Sie DATEI/SEITE EINRICHTEN und das Register PAPIERFORMAT.
2. Klicken Sie das Optionsfeld ANPASSEN an, und geben Sie für *Seite(n) breit* oder *Seite(n) hoch* eine 1 ein.

10.2.5 Zellen vom Druck ausschließen

Um Daten auszublenden, werden Sie in den meisten Fällen die Gliederungsfunktion oder FORMAT/ZEILE/AUSBLENDEN bzw. FORMAT/SPALTE/AUSBLENDEN benutzen. Ausgeblendete Spalten oder Zeilen werden nicht gedruckt. Um noch gezielter Daten vom Druck ausschließen zu können, gehen Sie so vor:

Zellen statt Zeilen oder Spalten ausschließen

1. Markieren Sie den Bereich der auszublendenden Daten.
2. Wählen Sie FORMAT/ZELLEN/ZAHLEN und die Kategorie BENUTZERDEFINIERT.
3. Überschreiben Sie STANDARD im Textfeld FORMATE durch drei Semikola.

Bild III.222:
Ausgeblendete Zellen bearbeiten

Die so markierten Daten werden vom Druck ausgenommen. Sie werden jedoch in der Eingabezeile oder innerhalb der Zelle angezeigt. Im letzteren Fall muß EXTRAS/OPTIONEN/BEARBEITEN/DIREKTE ZELLBEARBEITUNG AKTIVIEREN gewählt sein. Dann zeigt ein Doppelklick auf die scheinbar leere Zelle den Inhalt.

Daten vom Druck ausnehmen

10.2.6 Titel auf jeder Druckseite wiederholen

Wegen der denkbaren Größe eines Arbeitsblatts besteht eine Tabelle manchmal aus mehreren Seiten. Um einen Zusammenhang der Seiten anzuzeigen ist eine Beschriftung nützlich, die sich auf jeder Seite wiederholt. Das können Sie mit Kopf- und Fußzeilen seitenbezogen erreichen, aber auch zu Tabellen zuordnen. Um die gleichen Zeilen- (oben) und Spaltenbeschriftungen (linker Rand) auf jeder Seite auszugeben, legen Sie jeweils einen Drucktitel fest:

Text statt Seitenvorgaben Tabellen zuordnen

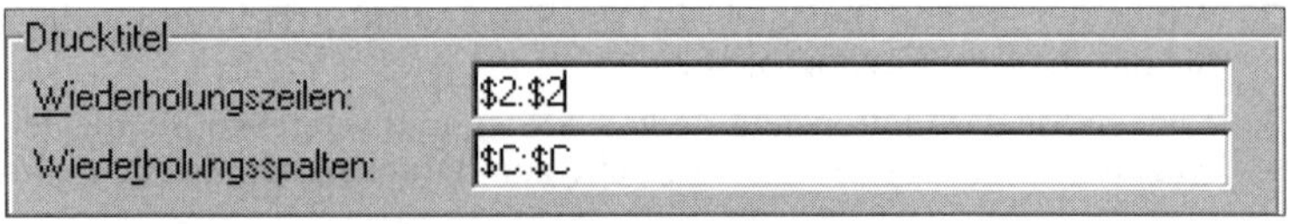

Bild III.223:
Zeilen- und Spalten-
beschriftungen zur
Wiederholung

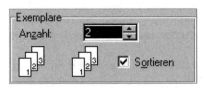

1. Wählen Sie DATEI/SEITE EINRICHTEN/TABELLE.
2. Tragen Sie im Bereich DRUCKTITEL Bezüge ein, die sich wiederholen sollen. Positionieren Sie den Einfügecursor und klicken Sie Zellen an oder ziehen Sie die Maus.

10.2.7 Gleichzeitiges Drucken mehrerer Kopien

Bild III.224:
Kopienzahl für den
Druck vorgeben

Geben Sie bei der Formulierung des Druckauftrags gleich an, wenn Sie mehr als ein Exemplar benötigen. Stellen Sie im Textfeld EXEMPLARE des Dialogfelds DRUCKEN die Anzahl der Kopien ein, und geben Sie an, ob die Blätter bei der Ausgabe sortiert werden sollen.

10.2.8 Gleichzeitiges Drucken mehrerer Dateien

Bild III.225:
Zum Druck markierte
Arbeitsmappen

Alle Dateien, die Sie drucken möchten, müssen sich im selben Ordner befinden, so daß Sie die Arbeitsmappen gemeinsam markieren können.
1. Wählen Sie DATEI/ÖFFNEN.
2. Halten Sie gedrückt und klicken Sie die Namen der Dokumente an, die nacheinander gedruckt werden sollen. 
3. Klicken Sie auf die Schaltfläche BEFEHLE UND EINSTELLUNGEN und wählen Sie die Option DRUCKEN.

10.2.9 Erstellen einer Druckdatei

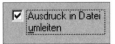

Um Daten in einer bestimmten Ausgabeform zu versenden, wird meist gedruckt. Sie können alternativ Daten auch auf einem Datenträger versenden, zugleich aber sicherstellen, daß sie in der gewünschten Form gedruckt werden. Sie erreichen das, indem Sie eine Datei anlegen, die das zu druk-

kende Dokument enthält. Danach können Sie die Datei versenden oder später drucken:
1. Wählen Sie DATEI/DRUCKEN.
2. Markieren Sie in der Liste NAME den Drucker, mit dem Sie die Datei ausgeben wollen.
3. Klicken Sie das Kontrollkästchen AUSDRUCK IN DATEI UMLEITEN an, dann auf OK.
4. Tragen Sie in der folgenden Abfrage DATEINAME einen Dateinamen ein.

Die Druckdatei ist für den eingestellten Druckertyp vorbereitet. Wenn beim Druck ein anderer als der vorgegebene Drucker benutzt wird, kann das Auswirkungen auf Zeichenabstand und Seitenumbrüche haben.

Druckdatei ist Ergebnis eines bestimmten Druckertreibers

Praxistip: Druckdateien sind nicht unmittelbar lesbar. Wenn Sie eine lesbare Druckdatei versenden wollen, stellen Sie vor der Ausgabe mit DATEI/SPEICHERN UNTER den DATEITYP FORMATIERTER TEXT ein.

10.3 Aus Arbeitsblatt drucken

In diesem Abschnitt erhalten Sie Informationen, wie Sie ein Arbeitsblatt auf Ihrem Drucker ausgeben können. Zu den vorgestellten Möglichkeiten gehört es, ein Arbeitsblatt mit der Seitenvorschau auf den Bildschirm »zu drucken«, statt dies sofort auf Papier zu tun. Wollen Sie nur schnell ein Druckergebnis haben, ohne weitere Einstellungen vorzunehmen:

Druck mit Strg+P

1. Markieren Sie den Druckbereich des Arbeitsblattes.
2. Wählen Sie DATEI/DRUCKEN und OK oder die Schaltfläche DRUKKEN.

Das aktuelle Arbeitsblatt wird ohne weitere Einstellungen auf den Drucker ausgegeben. Für weitere Informationen lesen Sie die nächsten Abschnitte.

10.3.1 Mit der Seitenvorschau drucken

Sicher haben Sie im Laufe Ihrer Arbeit mit Arbeitsblättern auch einmal ein Arbeitsblatt auf den Drucker ausgeben lassen, das Ihnen dann von seiner Gestaltung her anschließend doch noch nicht zusagte. Manchmal werden zwei oder mehr Ausdrucke benötigt, bis ein zufriedenstellendes Ergebnis erreicht ist. Das kostet Zeit, Papier und Farbband bzw. Toner oder Tinte. Excel 7.0 bietet Ihnen mit der Seitenansicht eine bessere »Vor-Sicht« an. Sie können das ganze Arbeitsblatt oder gezielt eingestellte und vergrößerte Ausschnitte in einer Seitenvorschau ansehen, bevor Sie es drucken.

1. Öffnen Sie eine Arbeitsmappe und schalten Sie zum Arbeitsblatt.
2. Wählen Sie DATEI/SEITENANSICHT (oder nebenstehende Schaltfläche), um ein Arbeitsblatt in der Übersicht zu sehen.

In der Seitenansicht sehen Sie jede Seite so, wie sie entsprechend des gewählten Druckertreibers ausgegeben wird.

Schaltfläche	Aufgabe
Weiter	Nächste Seite
Vorher	Vorherige Seite

Schaltfläche	Aufgabe
Zoom	Wechsel zwischen einer vergrößerten Ansicht und einer Ganzseitenansicht
Drucken	Druckoptionen einstellen
Layout...	Layoutregister öffnen
Ränder	Ziehpunkte für das unmittelbare Ändern von Seitenrändern, Anordnung von Kopf- und Fußzeilen und Spaltenbreiten.

10.3.2 Auf Papier drucken

*Bild III.226:
Druckbereich
vorgeben*

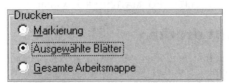

Es ist für Excel nur ein geringer Unterschied, wohin Daten bei einem Druckauftrag gelenkt werden sollen. Deshalb gelten bis auf den Menüaufruf alle Aussagen zur Einblendung der Seitenansicht auch für das Drucken. Haben Sie z.B. den Druck einer Markierung verlangt, wird Excel nur die markierten Daten ausgeben, in die Vorschau wie auf Papier:

Sollen die Daten an den Drucker gesandt werden, gehen Sie ähnlich wie bei der Vorschau vor:

1. Wählen Sie DATEI/DRUCKEN.
2. Prüfen Sie, ob der richtige Drucker eingestellt ist. Wie bei der Vorschau können Sie in den Bereichen DRUCKEN und BEREICH angeben, was gedruckt werden soll.
3. Starten Sie den Druck mit einem Klick auf OK.

Falls Sie eine letzte Übersicht wünschen, können Sie vor dem Drucken nochmals die Seitenvorschau wählen, Sie müssen dazu die Schaltfläche SEITENANSICHT anklicken. Auch das Seitenlayout und die anderen Einstellungen können Sie kurz vor dem Druckbeginn auf diese Weise noch verändern.

10.3.3 Diagramm zum Druck einrichten

In ein Arbeitsblatt eingebettete Diagramme sind Objekte und werden beim Drucken behandelt wie beispielsweise ein gezeichnete Objekte. Sie können mit den Ziehkästchen die Größe ändern und das Diagramm in eine neue Position ziehen. Die Seitenansicht wirkt auch für eingebettete Diagramme. Um ein solches Diagramm vor dem Druck zu organisieren, gehen Sie so vor:

**Eingebettete
Diagramme wie
Objekte behandeln**

1. Doppelklicken Sie auf das Diagramm.
2. Wählen Sie DATEI/SEITE EINRICHTEN und das Register DIAGRAMM.
3. Wählen Sie Druckoptionen und geben Sie das Diagramm aus.

10 Daten ausgeben

Bild III.227:
Ausgabeformatierung einstellen

Sie können auch mehrere Diagramme auf einer Seite anordnen. Ändern Sie die Größe der Diagramme eines Arbeitsblatts so, daß sie auf eine Seite angeordnet werden können. Diese Methode gilt nur für eingebettete Diagramme. Mehr als ein Diagrammblatt können Sie nicht auf einer Seite anordnen.

Diagramme als Objekte beliebig auf Seite anordnen

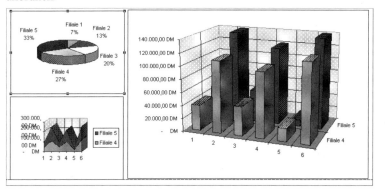

Bild III.228:
Mehrere Diagramme auf einer Seite einrichten

10.3.4 Diagrammblatt drucken

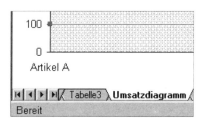

Bild III.229:
Diagrammblatt wählen

Standard ist, daß ein Diagramm eine Seite ausfüllt. Sie können Diagrammblätter sofort entsprechend der Vorgabe mit DATEI/DRUCKEN ausgeben, aber den Druck auch für den Druckvorgang skalieren und aus dem Einstellungsfenster heraus starten:

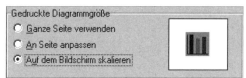

Bild III.230:
Diagramm skalieren

1. Aktivieren Sie das Diagrammblatt.
2. Wählen Sie DATEI/SEITE EINRICHTEN und das Register Diagramm.
3. Stellen Sie im Bereich GEDRUCKTE DIAGRAMMGRÖSSE die gewünschte Skalierungsoption ein und legen Sie die Druckqualität fest.
4. Drucken oder ändern Sie.

Access

Microsoft Access für Windows 7.0 ist die Anwendung, die das Standardpaket von Office von der Professional-Version unterscheidet. Das gibt bereits einen Hinweis darauf, daß Access nicht wie Word oder Excel spontan verwendet werden kann, um schnelle Ergebnisse zu erzielen, sondern, daß durchaus ein »professioneller« Aufwand nötig ist, um effizient arbeiten zu können.

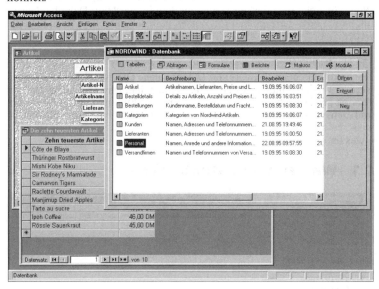

Bild IV.1:
Microsoft Access

Microsoft hat mit Access, vor allem mit der Version 7.0, Maßstäbe in der Bedienerfreundlichkeit einer relationalen Datenbank gesetzt. Inwiefern das wirklich dazu geführt hat, daß wirklich jede Anwenderin und jeder Anwender sofort mit der recht komplexen Materie der relationalen Datenbanken vertraut wird, erscheint dennoch fraglich. Zwar gibt es einige Assistenten, die Sie beim Entwurf von Datenbanken und Anwendungen unterstützen, um aber wirklich brauchbare Ergebnisse zu erzielen, ist aber meist ein bißchen mehr Wissen um die Hintergründe nötig.

Einfach und doch komplex

Aus diesem Grund beginnt dieses Kapitel mit einer kurzen theoretischen Einführung in die Welt der relationalen Datenbanken, in der auch einige grundlegende Begriffe definiert werden.

Dennoch soll Ihnen der Spaß nicht verdorben werden, so daß sie gleich anschließend mit Access durchstarten können. Der Abschnitt 2 beschreibt

IV Access

die verschiedenen Assistenten, mit denen sie schnell zu funktionierenden Datenbank-Anwendungen kommen.

Der Rest des Kapitels beschreibt dann die verschiedenen Aspekte von Access. Sie werden sehen, wie eine Datenbank entworfen wird und wie Sie komfortable Formulare erstellen, mit denen dann auch unerfahrene Benutzer arbeiten können. Es wird auch eine Einführung in die Access-Programmierung mit Visual Basic gegeben, die vor allem immer wiederkehrende Aufgaben berücksichtigt.

1 Einführung in Datenbanken

Bevor Sie mit Access in Abschnitt 3 beginnen, sollten Sie sich die Zeit nehmen, einige grundlegende Konzepte von relationalen Datenbanken kennenzulernen. Dieser Abschnitt erklärt eine Reihe wichtiger Begriffe, die Ihnen das Verständnis von Access erleichtern werden.

Wenn Sie bereits ein Datenbank-Profi sind, können Sie gleich in Abschnitt 3 weiterlesen, wo es konkret um die Datenbankverwaltung mit Access geht. Wenn Sie noch nie oder nur wenig mit dem Entwurf von Datenbanken zu tun hatten oder ganz einfach Ihr Wissen auffrischen wollen, lesen Sie bitte weiter.

Der Ansatz, der hier gewählt wurde, ist nicht der wissenschaftliche. Dafür gibt es Fachliteratur, die genau die verschiedenen Abstraktionsebenen beschreibt, die beim Entwurf von (relationalen) Datenbanken durchlaufen werden. Wer aber diesen Abschnitt verstanden hat, wird sich mit der hohen Theorie gewiß leichter tun. Wer sich zuerst mit Entitäten, ihren Attributen und den verschiedenen Normalformen beschäftigt hat, wird möglicherweise zu der falschen Schlußfolgerung kommen, Datenbanken wären nur etwas für studierte Informatiker.

1.1 Was ist eine Datenbank?

Bild IV.2:
Texteditor als
Datenbank

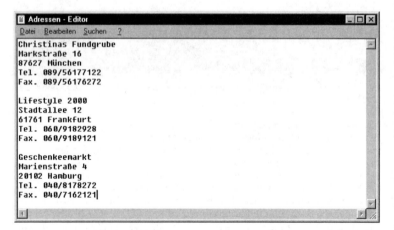

Diese Frage läßt sich keinesfalls so eindeutig beantworten, wie es vielleicht auf den ersten Blick erscheinen mag. Datenbanken lassen sich nicht nur mit solchen Anwendungen erstellen, auf deren Verpackung das Wort »Datenbanken« zu finden ist, vielmehr ist es von der konkreten Anwendung abhängig, wie man am besten zu einer Datenbank kommt.

1 Einführung in Datenbanken

Im Prinzip ist eine Datenbank eine strukturierte Ansammlung von Informationen. Die Struktur ergibt sich dabei aus der konkreten Anwendung, für die die Daten gespeichert werden. Vorstellbar sind z.B. für eine Adreßverwaltung folgende Varianten:

Datenstrukturen

- Sie verwenden den Windows-Notizblock und scheiben einfach alle zu speichernden Adressen wie in Bild IV.2 untereinander. Vorteil sind die minimalen Softwareanforderungen, Nachteil sind die unzureichenden Möglichkeiten, Adressen zu finden und zu selektieren.

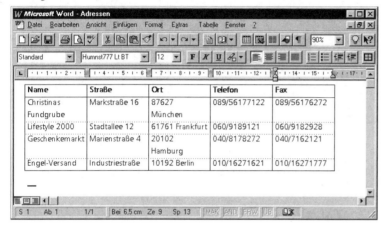

Bild IV.3:
Word als Datenbank

- Sie verwenden eine Word-Tabelle. Word unterstützt ein Tabellenlayout, in das Sie wie in Bild IV.3 die Adressen eintragen können. Vorteil dieser Variante ist, daß Sie direkt in Word Serienbriefe erstellen und drucken können.
- Sie verwenden eine Excel-Tabelle wie in Bild IV.4. Diese Alternative wird recht häufig genutzt, da Excel über eine ganze Reihe von Datenbankfunktionen wie das Sortieren von Datensätzen oder das Erstellen von Abfragen verfügt.

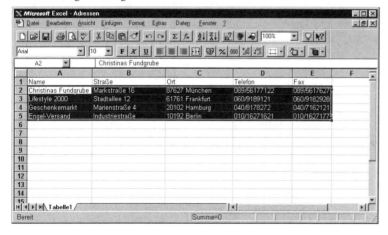

Bild IV.4:
Excel als Datenbank

*Bild IV.5:
Tabelle in Access*

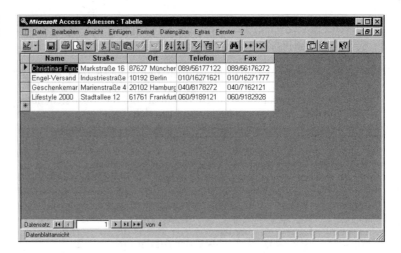

- Sie verwenden Access. Dann haben Sie die volle Leistungsfähigkeit einer relationalen Datenbank zur Verfügung. Als Nachteil lassen sich die größere Einarbeitungszeit und natürlich der Anschaffungspreis anführen.

1.2 Tabellen

Die verschiedenen Datenstrukturen aus Abschnitt 1.1 lassen sich fast alle tabellarisch darstellen. Tatsächlich ist die Tabelle auch die weitaus beliebteste Methode, Informationen in Datenbanken zu speichern.

*Bild IV.6:
Tabellarische
Datenstruktur*

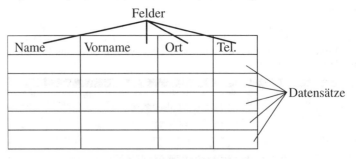

Begriffe Bild IV.6 zeigt die Struktur einer Adreßtabelle in Access. Bei der Beschreibung einer solchen Tabelle werden in Access (und allen anderen relationalen Datenbanken) die folgenden Begriffe verwendet:

- Eine Zeile mit einer Adresse wird als *Datensatz* bezeichnet. Ein Datensatz umfaßt immer zusammengehörige Informationen für das in der Tabelle gespeicherte Element (z.B. die Adresse).
- Eine Spalte wird als *Feld* bezeichnet. In einem Feld sind immer gleichartige Informationen für die unterschiedlichen Datensätze gespeichert.
- Jedes Feld besitzt einen in der Tabelle eindeutigen *Feldnamen*. Dieser wird üblicherweise als Spaltenüberschrift angegeben, gehört aber strenggenommen nicht zur Datentabelle.

1 Einführung in Datenbanken

- Jedes Feld besitzt einen *Feldtypen*. Dieser gibt an, in welcher Form die im Feld gespeicherten Daten vorliegen. Zur Auswahl stehen üblicherweise Textdaten, numerische Daten, Datumswerte usw.
- Die Feldnamen mit den zugehörigen Feldtypen werden als *Tabellenstruktur* bezeichnet.

Vielleicht fragen Sie sich jetzt, worin sich Excel und Access unterscheiden. Beide verwenden Tabellen zur Speicherung ihrer Daten und beide verfügen über Datenbankfunktionalität.

Access und Excel

Excel- und Access-Tabellen unterscheiden sich vor allem in den folgenden Punkten:

- Access-Tabellen haben im Gegensatz zu Excel-Tabellen eine festgelegte Struktur, die sich nur mit einem gewissen Aufwand ändern läßt. In Excel haben Sie dagegen die völlige Freiheit, Ihre Tabelle zu gestalten.
- Excel-Tabellen sind in der Länge auf 4096 Zeilen bzw. Datensätze beschränkt, was bereits für mittlere Datenbanken viel zu wenig ist. Bei Access liegt die theoretische maximale Tabellenlänge in einem Bereich, der die Speicherkapazitäten eines PC bei weitem sprengt.
- Excel-Tabellen erlauben es, in einer Tabelle Beziehungen und Formeln zwischen beliebigen Feldern zu definieren. Access erlaubt nur Formeln innerhalb einer Zeile bzw. eines Datensatzes und bestimmte Operationen über ein Feld aus mehreren Datensätzen.

Der bedeutendste, aber auch abstrakteste Unterschied liegt in der Bestimmung von Access- und Excel-Tabellen. In Excel dient die Tabelle hauptsächlich der konkreten, visuellen *Darstellung* von Informationen. Aus diesem Grund können Sie die Formatierung einzelner Zellen frei festlegen. In Access dient eine Tabelle ausschließlich der *Speicherung* von Daten, wobei die Tabellenform in vielen Fällen wenig aussagekräftig ist. Die Darstellung von Access-Tabellen erfolgt in Formularen auf dem Bildschirm bzw. in Berichten auf dem Drucker.

Generell können Sie auf die Datenbankverwaltung in Excel in den meisten Fällen verzichten, wenn Sie über Access verfügen. Die Datenbankfunktionen in Excel haben eigentlich nur noch traditionelle Gründe und stammen aus einer Zeit, in der Excel so viel gekostet hat, wie das gesamte Office-Professional-Paket.

Office 95

1.3 Datenbank-Anwendungen

Access wird von Microsoft als Datenbank bezeichnet, was ein sehr ungenauer Begriff ist. Generell unterscheidet man zwischen drei Komponenten einer Datenbankverwaltung:

- Das sogenannte Datenbank-Managementsystem (DBMS) ist für die Speicherung der Datenbank auf einem Datenträger zuständig. Es nimmt Befehle entgegen und sucht und ändert daraufhin die entsprechenden Daten. Der Anwender bemerkt meistens nichts von der Arbeit des DBMS.
- Das Frontend ist für die Aufbereitung und Darstellung der Daten zuständig. Es nimmt Benutzereingaben entgegen und generiert daraus die entsprechenden Befehle für das DMBS.
- Ein Datenbank-Entwicklungssystem ist ein Frontend, in dem die Darstellung der Daten auf Bildschirm und Drucker frei definiert werden kann und das meistens über eine Programmiersprache verfügt, über

Die drei Komponenten einer Datenbank

IV Access

das auch komplexe Manipulationen an den gespeicherten Daten möglich sind.

Access integriert diese drei Komponenten in einer einzigen Anwendung. Sie werden also nicht merken, welche Aufgabe von welcher Komponente wahrgenommen wird. Trotzdem ist die Unterscheidung wichtig, weil Sie alle drei Komponenten gegen andere Produkte austauschen können.

So ist es durchaus möglich, mit Access auf ein anderes DBMS, z.B. einen SQL-Server oder eine Großrechner-Datenbank, zuzugreifen. Genauso läßt sich eine Anwendung mit einem anderen Entwicklungssystem (z.B. Visual Basic) erstellen, die auf das DBMS von Access (die sogenannte Jet-Engine) zugreift.

Bedienerfreundliche Anwendungen

Eine Besonderheit von Access ist die fast nahtlose Verschmelzung von Frontend und Datenbank-Entwicklungssystem. Dabei können einfache Anwendungen entstehen, ohne daß man sich darüber richtig bewußt wird.

Wenn Sie Access intensiver nutzen, werden Sie aber sicherlich tiefer in die Anwendungs-Entwicklung einsteigen wollen. Eine solche Anwendung stellt die Informationen in Formularen dar und automatisiert oft gebrauchte Manipulationen an den Datenbeständen.

Eine gute Datenbank-Anwendung befreit den Anwender schließlich völlig von der Interaktion mit den eigentlichen Datenbeständen. Dabei werden die Informationen so auf dem Bildschirm dargestellt, wie es der Anwender in seinem Arbeitsalltag gewohnt ist.

1.4 Beziehungen

Access gehört zur Klasse der relationalen Datenbanken. Diese verwenden nicht nur eine, sondern mehrere verknüpfte Tabellen, um die gespeicherte Information zu strukturieren. Relationale Datenbanken haben mit Abstand die größte Verbreitung unter den PC-Datenbanken, sind aber durchaus nicht der einzige Datenbank-Typ.

So sind in der Großrechnerwelt hierarchische Datenbanken sehr verbreitet. In Zukunft werden die objektorientierten Datenbanken zunehmend an Bedeutung gewinnen. Aber es steht zu erwarten, daß auch solche Datenbanken aus Kompatiblitätsgründen noch relationale Strukturen unterstützen werden. Auf Datenbanken mit mehreren Tabellen wird in Abschnitt 4 noch ausführlich eingegangen. An dieser Stelle sollen nur kurz die Konzepte erklärt und einige Begriffe eingeführt werden.

Verknüpfungen

Eine relationale Datenbank zeichnet sich dadurch aus, daß sie in der Lage ist, zwei oder mehrere Tabellen so zu verknüpfen, daß eine neue Tabelle entsteht. Diese Tabelle wird dabei nicht tatsächlich in der Datenbank gespeichert, sondern wird nur temporär vom DBMS zur Verfügung gestellt.

Wie die neue Tabelle aussieht, hängt von der konkreten Verknüpfungsmethode ab. Grundlage jeder Verknüpfung ist die Kombination jedes Datensatzes aus einer Tabelle mit jedem Datensatz aus einer anderen Tabelle. Die dadurch entstehende, meist sehr große, Verknüpfungstabelle wird dann durch Bedingungen eingeschränkt. Wie das folgende Beispiel zeigt, ergeben sich diese Bedingungen meist logisch aus den in den einzelnen Tabellen gespeicherten Informationen.

Bild IV.7 zeigt zwei beispielhafte Tabellen. Die erste, ADRESSEN speichert die Adressen und den Geschäftsort für verschiedene Geschäfte. Die zweite Tabelle, BESTELLUNGEN, führt die Artikel auf, die durch ein Geschäft bestellt wurden.

1 Einführung in Datenbanken

Name	Ort
Häffner	München
Bergmann	Hamburg
Peter	Berlin
Schulze	Dresden

Adressen

Besteller	Artikel
Häffner	Fernseher
Bergmann	Radio
Peter	Fernseher
Häffner	Walkman
Schulze	Radio
Schulze	Walkman

Bestellungen

Bild IV.7: Zwei Tabellen

Name	Ort	Besteller	Artikel
Häffner	München	Häffner	Fernseher
Häffner	München	Bergmann	Radio
Häffner	München	Peter	Fernseher
Häffner	München	Häffner	Walkman
Häffner	München	Schulze	Radio
Häffner	München	Schulze	Walkman
Bergmann	Hamburg	Häffner	Fernseher
Bergmann	Hamburg	Bergmann	Radio
Bergmann	Hamburg	Peter	Fernseher
Bergmann	Hamburg	Häffner	Walkman
Bergmann	Hamburg	Schulze	Radio
Bergmann	Hamburg	Schulze	Walkman
Peter	Berlin	Häffner	Fernseher
Peter	Berlin	Bergmann	Radio
Peter	Berlin	Peter	Fernseher
Peter	Berlin	Häffner	Walkman
Peter	Berlin	Schulze	Radio
Peter	Berlin	Schulze	Walkman
Schulze	Dresden	Häffner	Fernseher
Schulze	Dresden	Bergmann	Radio
Schulze	Dresden	Peter	Fernseher
Schulze	Dresden	Häffner	Walkman
Schulze	Dresden	Schulze	Radio
Schulze	Dresden	Schulze	Walkman

Bild IV.8: Unbedingte Verknüpfung

Die Kombination jedes Datensatzes aus ADRESSEN mit jedem Datensatz aus BESTELLUNGEN führt zu der Verknüpfungstabelle aus Bild IV.8 mit 24 Datensätzen, von denen die meisten keinen Sinn ergeben. Betrachten Sie

IV Access

aber nur diejenigen Datensätze, in denen Name und Besteller identisch sind, erhalten Sie die doch recht interessante Information, welcher Artikel an welche Adresse zu liefern ist. In Bild IV.9 sind diese Datensätze noch einmal zusammengefaßt.

Bild IV.9: Verknüpfung mit Bedingung

Häffner	München	Häffner	Fernseher
Häffner	München	Häffner	Walkman
Bergmann	Hamburg	Bergmann	Radio
Peter	Berlin	Peter	Fernseher
Schulze	Dresden	Schulze	Radio
Schulze	Dresden	Schulze	Walkman

1-zu-n-Verknüpfung

Die Beziehung zwischen den Tabellen ADRESSEN und BESTELLUNGEN bezeichnet man als *1-zu-n-* oder *Eins-zu-vielen-Verknüpfung*, weil jedem Datensatz aus ADRESSEN ein oder mehrere Datensätze aus BESTELLUNGEN zugeordnet wird. Diese Beziehung ergibt sich eigentlich direkt aus dem Sachverhalt: An eine Adresse können natürlich mehrere Bestellungen gehen, eine Bestellung geht aber nie an mehrere Adressen gleichzeitig.

Die Tabelle ADRESSEN wird bei dieser Verknüpfung auch *Haupttabelle* (engl. *master*), die Tabelle BESTELLUNGEN *Detailtabelle* genannt.

Schlüssel

Die 1-zu-n-Verknüpfung aus Bild IV.9 entsteht durch den Vergleich der Felder NAME aus ADRESSEN und BESTELLER aus BESTELLUNGEN.

Das Feld NAME wird als *Primärschlüssel* der Tabelle ADRESSEN bezeichnet, weil es eine Adresse (in der Tabelle BESTELLUNGEN) identifiziert. Damit es nicht zu doppelten Zuordnungen kommt, muß der Primärschlüssel eindeutig sein. Eine Tabelle sollte auch immer nur einen Primärschlüssel besitzen.

Umgekehrt ist das Feld BESTELLER in BESTELLUNGEN ein *Fremdschlüssel*, weil es Werte eines Primärschlüssels einer anderen Tabelle enthält. Es ist durchaus üblich, daß eine Tabelle mehrere Fremdschlüssel enthält.

Die Tabelle BESTELLUNGEN besitzt keinen Primärschlüssel, was eigentlich eine Schwäche im Design darstellt, da BESTELLUNGEN bei einer Erweiterung nie als Haupttabelle dienen kann.

Andere Beziehungen

Neben der 1-zu-n-Verknüpfung existiert auch die 1-zu-1-Verknüpfung, bei der einem Datensatz aus einer Tabelle genau ein Datensatz aus einer anderen Tabelle zugeordnet ist. Da diese Verknüpfung in der Regel über denselben Primärschlüssel-Fremdschlüssel-Mechanismus wie die 1-zu-n realisiert wird, muß zusätzlich überwacht werden, daß die 1-zu-1-Verknüpfung bestehen bleibt.

Der letzte Verknüpfungstyp ist die *n-zu-m-Verknüpfung*, bei der mehrere Datensätze aus einer Tabelle mehreren Datensätzen aus einer anderen Tabelle zugeordnet werden. Dazu ist eine zusätzliche Zwischentabelle erforderlich, die die n-zu-m-Verknüpfung in zwei 1-zu-n-Verknüpfungen auflöst.

Diese zwei Beziehungen werden ausführlicher in Abschnitt 4 anhand von Beispielen erklärt.

2 Assistenten in Access

Access wurde mit dem Anspruch entwickelt, auch dem in Datenbanken unerfahrenen Anwender schnell Erfolgserlebnisse zu verschaffen. Aus diesem Grund erfand Microsoft die sogenannten Assistenten, die nach und nach auch in andere Anwendungen Einzug gehalten haben.
In der »blumigeren« amerikanischen Ausdrucksweise werden die Assistenten als *Zauberer* (engl. *Wizards*) bezeichnet. Um Zauberei handelt es sich hier jedoch keinesfalls. Die Assistenten sind Access-Anwendungen, die bestimmte Aufgaben automatisiert durchführen und Ihnen dabei meist in relativ geringem Maße die Möglichkeit geben, die Ergebnisse zu beeinflussen.
Die Assistenten eignen sich ideal zum Experimentieren mit Access, weil sie jeden Schritt ausführlich erklären und so gut wie keine Fehleingaben zulassen. Aus diesem Grund ist die Beschreibung der Assistenten hier knapp gehalten und verzichtet im Großen und Ganzen auf weiterführende Erklärungen. Diese finden Sie dann ab Abschnitt 3.

2.1 Der Datenbank-Assisstent

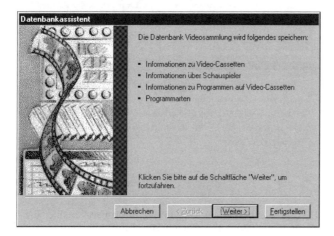

Bild IV.10: Der Datenbank-Assistent

Der Datenbank-Assistent erstellt eine komplette Anwendung, mit der Sie bestimmte Daten verwalten und auswerten können. Sie erreichen den Datenbank-Assistenten auf folgende Arten:

- Beim Starten von Access wird ein Dialogfenster angezeigt, in dem Sie den Datenbank-Assistenten direkt starten können.
- Beim Anlegen einer neuen Datenbank aus Access oder über das Office-Standard-Dialogfeld wird die Registerkarte DATENBANKEN angezeigt, über die der Datenbank-Assistent gestartet wird.

Sie starten den Datenbank-Assistenten, indem Sie die gewünschte Datenbank-Anwendung markieren und auf die Schaltfläche *OK* klicken.

Starten des Datenbank-Assistenten

Vor dem Start des Assistenten müssen Sie zunächst einen Dateinamen für die neue Datenbank angeben. Anschließend werden Sie durch 6 Dialogfelder geführt, in denen Sie bestimmte Einstellungen zum Erscheinungsbild der neuen Anwendung vornehmen können. Mit den Schaltflächen ZURÜCK und WEITER können Sie zwischen den Seiten des Assistenten

Funktionen des Datenbank-Assistenten

beliebig hin und her blättern. Mit FERTIGSTELLEN wird die Datenbank mit den Standardeinstellungen sofort erzeugt.

Bild IV.11:
Die verschiedenen
Beispieldatenbanken

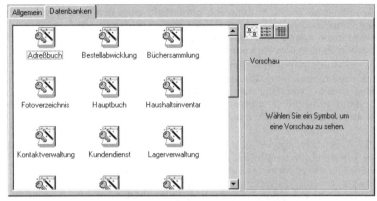

Bild IV.12:
Auswahl der Tabellen

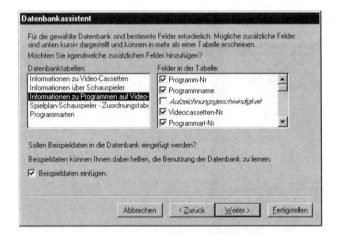

1. Das Startbild (siehe Bild IV.10) informiert Sie über die Art der in der neuen Datenbank gespeicherten Informationen.
2. Auf der zweiten Seite (siehe Bild IV.12) wählen Sie aus, welche Informationen Sie in der Datenbank speichern wollen. Kursiv ausgezeichnete Einträge in der rechten Liste sind wahlfrei, alle anderen müssen in die Datenbank aufgenommen werden. Die sollten auch das Markierungsfeld BEISPIELDATEN EINFÜGEN markieren. So sind bereits Daten vorhanden, mit denen Sie die neue Datenbank ausprobieren können.
3. Die nächste Seite ermöglicht Ihnen, das Erscheinungsbild von Formularen (siehe Bild IV.13) der Anwendung einzustellen. Sie können dies später ändern.
4. Auf dieser Seite nehmen Sie entsprechend die Layout-Einstellung für die Berichte vor.
5. Auf der fünften Seite geben Sie der neuen Anwendung einen Namen, der nicht mit dem Dateinamen identisch sein muß. Zusätzlich können Sie noch eine Bilddatei (z.B. aus der Windows-Zubehör-Anwendung *Paint*) angeben, die dann in alle Berichte eingebunden wird.

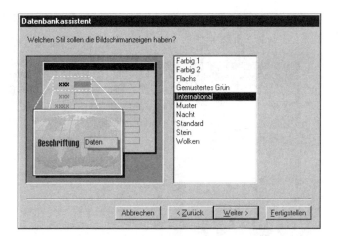

Bild IV.13:
Auswahl des Erscheinungsbilds der Formulare

Bild IV.14:
Erstellen der Datenbank

6. Auf der letzten Seite veranlassen Sie die Erstellung der Datenbank. Access benötigt einige Zeit, bis alle Elemente der Datenbank erstellt sind. Anschließend wird die Anwendung gestartet.

Ändern und Erweitern der Anwendung

Die Anwendungen, die der Datenbank-Assistent erstellt, sind keinesfalls perfekt, liefern aber eine gute Ausgangsbasis für eigene Entwicklungen. Aus diesem Grund verfügen die Anwendungen über ein Menüsystem, das Sie mit der Auswahl EINTRÄGE IN DER ÜBERSICHT ÄNDERN im Hauptmenü anpassen und erweitern können. Weitere Informationen hierzu finden Sie in der Access-Hilfe unter dem Thema *Ändern des vom Datenbank-Assistenten erstellten Übersichts-Formulars*.

*Bild IV.15:
Eine mit dem DatenbankAssistenten erstellte Videoverwaltung*

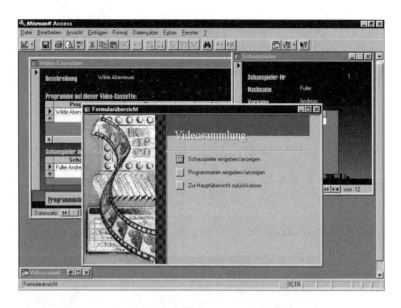

2.2 Der Tabellen-Assistent

Der Tabellen-Assistent ist seit der Version 2.0 in Access enthalten. Im Gegensatz zum Datenbank-Assistenten erstellt der Tabellen-Assistent keine komplette Anwendung, sondern nur eine einzelne Tabelle. Diese kann dann zusammen mit anderen Tabellen, Formularen und Berichten in eine Anwendung integriert werden.

*Bild IV.16:
Der Tabellen-Assistent*

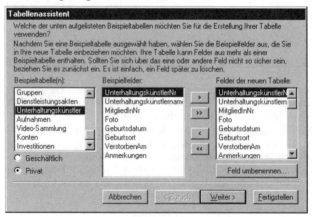

Auswahl der Tabellenspalten

Sie starten den Tabellen-Assistenten, indem Sie die Schaltfläche NEU im Datenbank-Fenster, EINFÜGEN/NEU im Menü oder das Symbol NEUE TABELLE in der Symbolleiste wählen. Daraufhin wird ein Dialogfenster mit verschiedenen Tabellenerstellungsoptionen angezeigt. Wählen Sie hier TABELLENASSISTENT und klicken Sie dann auf OK.

Daraufhin wird das Dialogfeld aus Bild IV.16 angezeigt. Hier treffen Sie auf der ersten Seite folgende Auswahlen:

2 Assistenten in Access

- Die Liste BEISPIELTABELLE(N) enthält eine Vielzahl von Entwürfen für Datentabellen. Über den Radioknöpfen GESCHÄFTLICH und PRIVAT werden unterschiedliche Tabellenentwürfe in der Liste angezeigt.
- Die Liste BEISPIELFELDER zeigt die Spalten an, die zur markierten Beispieltabelle gehören. Um eine Spalte in die neu zu erstellende Tabelle zu übernehmen, klicken Sie auf >. Um alle Spalten gleichzeitig zu übernehmen, klicken Sie auf >>.
- Die Liste FELDER DER NEUEN TABELLE führt alle Spalten auf, die die neu zu erstellende Tabelle enthalten wird. Diese können auch aus unterschiedlichen Beispieltabellen stammen. Mit der Schaltfläche UMBENENNEN können Sie einer Spalte einen neuen Namen (Überschrift) geben.

Primärschlüssel festlegen

Auf der zweiten Seite des Assistenten legen Sie neben dem Tabellennamen zusätzlich fest, wie der Primärschlüssel der neuen Tabelle aussehen soll. Ein Primärschlüssel ist ein Feld, in dem bei allen Datensätzen der Tabelle niemals ein Wert doppelt auftreten darf. Der Nutzen von Primärschlüsseln ist in Abschnitt 4 ausführlich erklärt.

Wenn Sie den Radioknopf ASSISTENT SOLL PRIMÄRSCHLÜSSEL FESTLEGEN wählen, wird ein vordefiniertes Feld als Primärschlüssel markiert. Mit der Option PRIMÄRSCHLÜSSEL SELBST FESTLEGEN gelangen Sie durch Klicken auf die Schaltfläche WEITER auf die in Bild IV.17 gezeigte Seite.

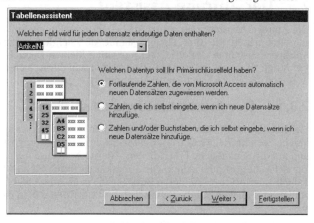

Bild IV.17: Definition eines Primärschlüssels.

Wählen Sie dabei zunächst das Feld, das als Primärschlüssel dienen soll. Der Assistent erlaubt Ihnen dann die Auswahl aus drei verschiedene Methoden, Werte für den Primärschlüssel zu generieren. Bei der zweiten und dritten Option müssen Sie die Werte für den Primärschlüssel selber angeben. Access überprüft jedoch, ob die Werte eindeutig sind und weist doppelte Werte mit einer Fehlermeldung zurück.

Beziehungen

Auf der nächsten Seite können Sie die Beziehungen festlegen, die die neu erstellte Tabelle mit anderen, früher erstellten Tabellen hat. Beziehungen zwischen Tabellen sind ausführlich im Abschnitt 4 erläutert.

Um eine Beziehung zu erstellen, wählen Sie zunächst die gewünschte Tabelle aus und klicken dann auf die Schaltfläche BEZIEHUNGEN. In dem in Bild IV.18 gezeigten Dialogfenster können Sie dann die Art der Beziehung festlegen. Beachten Sie, daß der Tabellenassistent die zweite Tabelle modifiziert, um die Beziehung herzustellen.

549

IV Access

*Bild IV.18:
Anlegen von
Beziehungen*

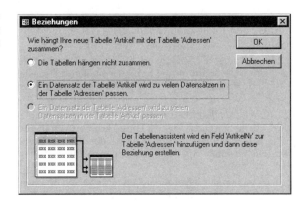

Auf der letzten Seite starten Sie die Erstellung der neuen Tabelle. Mit der Option DATEN IN DIE TABELLE ÜBER EIN VOM ASSISTENTEN ERSTELLTES FORMULAR EINGEBEN weisen Sie den Assistenten an, ein einfaches Formular, ein sogenanntes AutoFormular (siehe Abschnitt 2.4.1) zu erstellen, über das Sie Daten in die neue Tabelle eingeben können.

2.3 Der Abfrage-Assistent

Die Abfrage-Assistent unterstützt Sie bei der Erstellung von Auswahlabfragen, mit denen Sie Ihre Datenbestände übersichtlicher darstellen. Alle Abfrage-Assistenten decken dabei nur einen kleinen Bereich beim Abfragendesign ab, so daß es unumgänglich für Sie sein dürfte, sich intensiver mit Abfragen zu beschäftigen (siehe Abschnitt 5).

2.3.1 Der Auswahlabfrage-Assistent

Sie erstellen eine Auswahlabfrage mit dem Auswahlabfrage-Assistenten, indem Sie zur Registerkarte ABFRAGEN im Datenbankfenster wechseln und auf die Schaltfläche NEU klicken. Alternativ wechseln Sie zur Registerkarte TABELLEN oder ABFRAGEN, markieren durch einen Mausklick die Tabelle oder Abfrage, auf deren Basis Sie die neue Auswahlabfrage erstellen wollen und klicken auf die Schaltfläche NEUE ABFRAGE in der Symbolleiste.

*Bild IV.19:
Auswahl des
Abfrage-Assistenten*

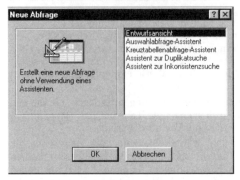

Im Dialogfenster NEUE ABFRAGE (Bild IV.19) wählen Sie anschließend AUSWAHL-ABFRAGEASSISTENT. Der Assistent hat die folgenden Seiten:

1. Auf der ersten Seite legen Sie fest, welche Felder Sie in die Abfrage aufnehmen wollen. Wählen Sie dazu aus dem einzeiligen Listenfeld TABELLEN/ABFRAGEN eine Tabelle oder Abfrage, um deren Felder im LISTENFELD VERFÜGBARE Felder anzuzeigen. Auf diesem Weg lassen sich Felder aus unterschiedlichen Tabellen und/oder Abfragen einfügen. Voraussetzung dafür ist, daß entsprechende Beziehungen zwischen den beteiligten Tabellen definiert wurden (siehe Abschnitt 4.2.3).
2. Auf dieser Seite legen Sie fest, ob Sie jeden einzelnen Datensatz sehen oder Datensätze gruppieren wollen (siehe Abschnitt 5.3.5). Bei der Zusammenfassung werden Datensätze, die in allen Textfeldern identisch sind, nur einmal aufgeführt. Numerische Felder lassen sich mit einer mathematischen Operation zusammenfassen, die Sie in dem Dialogfeld aus Bild IV.21 festlegen, indem Sie auf die Schaltfläche ZUSAMMENFASSUNGSOPTIONEN klicken. Über das Kontrollkästchen DATENSÄTZE ZÄHLEN erreichen Sie, daß die Abfrage die Anzahl der zusammengefaßten Datensätze ausgibt.
3. Auf der letzten Seite geben Sie einen Namen für die neue Abfrage ein.

Bild IV.20:
Der Auswahl-
abfrage-Assistent

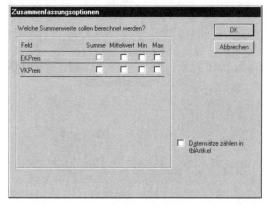

Bild IV.21:
Die Zusammen-
fassungsoptionen

2.3.2 Duplikatssuche

Der Assistent zur Duplikatsuche erstellt eine Abfrage, die Datensätze ermittelt, die in einem oder mehreren angegebenen Feldern identische Werte aufweisen. Die so erstellten Abfragen lassen sich beispielsweise einsetzen, um irrtümlich doppelt eingegebene Datensätze zu finden.

Sie starten den Assistenten zur Duplikatsuche, indem Sie auf die Registerkarte ABFRAGEN im Datenbankfenster wechseln und auf die Schaltfläche NEU klicken. Anschließend wählen Sie ASSISTENT ZUR DUPLIKATSUCHE. Alternativ klicken Sie auf die Schaltfläche NEUE ABFRAGE.

Der Assistent zur Duplikatsuche besitzt folgende Seiten:

1. Auf der ersten Seite legen Sie die Tabelle oder Abfrage fest, in der Sie nach doppelten Datensätzen suchen wollen. Mit den Optionsfeldern unter ANZEIGEN wählen Sie dabei aus, ob die Liste Abfragen, Tabellen oder beides enthalten soll.
2. Auf der zweiten Seite bestimmen Sie die Felder, die identischen Inhalt besitzen müssen, um in die Abfrage aufgenommen werden.

Bild IV.22: Der Assistent zur Duplikatsuche

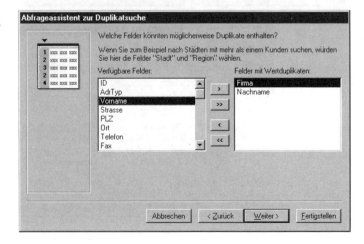

Bild IV.23: Auswahl der Felder mit identischen Inhalten

3. Auf der dritten Seite legen Sie fest, welche Felder zusätzlich in die Abfrage aufgenommen werden sollen. Diese Felder werden dabei nicht zur Bestimmung eines Duplikats verwendet.
4. Auf der letzten Seite geben Sie der Abfrage einen Namen.

2.4 Formular-Assistent

Die Formular- und Berichtsassistenten sind seit der ersten Version in Access enthalten und sind somit die ersten Assistenten, die in einer Microsoft-Anwendung verwendet wurden.

Der Formular-Assistent erstellt anhand einer Tabelle oder einer Abfrage ein Formular, das die Daten oftmals wesentlich übersichtlicher präsentiert als die Datenblattansicht.

Bild IV.24:
Ein automatisch erstelltes Formular

2.4.1 AutoFormular

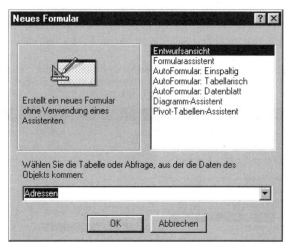

Bild IV.25:
Auswahl eines Formular-Assistenten

Der schnellste Weg, ein Formular zu erzeugen, ist das AutoFormular, das der Formular-Assistent direkt aus einer Tabelle erzeugen kann, ohne Benutzereingaben zu erwarten. Der Assistent erlaubt Ihnen die Auswahl zwischen folgenden drei AutoFormular-Layouts:

- *Einspaltig* listet alle Tabellenfelder untereinander auf (siehe Bild IV.24). Ein so erstelltes Formular ist besonders bei Tabellen mit vielen Feldern recht unübersichtlich, bietet aber eine gute Ausgangsbasis für ein wie in Abschnitt IV.6 individuell gestaltetes Formular.

IV Access

- *Tabellarisch* listet alle Felder der Tabelle nebeneinander auf und zeigt dafür mehrere Datensätze untereinander im Fenster an.
- *Datenblatt* erzeugt ein Formular, das vom Aussehen her identisch mit einem Tabellen-Datenblatt ist. Durch die Definition als Formular bestehen jedoch vielfältigere Gestaltungsmöglichkeiten als in einem normalen Datenblatt.

Sie starten den AutoFormular-Assistenten, indem Sie im Register FORMULARE auf die Schaltfläche NEU klicken. In dem daraufhin erscheinenden Dialogfeld geben Sie im einzeiligen Listenfeld die Tabelle oder Abfrage an, aus der Daten im neuen Formular dargestellt werden sollen. Anschließend wählen Sie den gewünschten AutoFormular-Assistenten und klicken auf OK.

Alternativ können Sie ein einspaltiges Formular erstellen, indem Sie im Datenbank-Fenster auf der Registerkarte TABELLEN bzw. ABFRAGEN eine Tabelle oder Abfrage markieren und die Schaltfläche AUTOFORMULAR auf der Symbolleiste anklicken.

2.4.2 Der Formular-Assistent

Der eigentliche Formular-Assistent liefert Ihnen weitergehende Gestaltungsmöglichkeiten als das AutoFormular. Dabei ist es auch möglich, Formulare für die Darstellung mehrerer verknüpfter Tabellen zu erstellen, wobei der Formular-Assistent wahlweise ein Unterformular oder ein zweites Formular verwendet.

Sie starten den Formular-Assistenten ebenfalls über die Schaltfläche NEU auf der Registerkarte FORMULARE, wählen dann aber FORMULARASSISTENT aus der Liste.

Formular-Assistent für eine Tabelle

Wenn Sie nur Datensätze aus einer einzigen Tabelle im Formular darstellen wollen, umfaßt der Formular-Assistent die folgenden Seiten:

1. Auf der ersten Seite legen Sie die Felder fest, die auf dem neuen Formular erscheinen sollen.
2. Auf der zweiten Seite wählen Sie ein Layout für das neue Formular aus. Ihnen stehen dabei dieselben Layouts wie bei einem AutoFormular zur Verfügung (Abschnitt 2.4.1).

Bild IV.26:
Der Formular-Assistent

2 Assistenten in Access

3. Auf der dritten Seite haben Sie die Wahl zwischen mehreren vordefinierten Stilen. Den Stil können Sie später sehr einfach austauschen.
4. Die letzte Seite startet die Formularerstellung, wobei Sie die Möglichkeit haben, danach in den Entwurfsmodus zu gehen, um das Formular zu gestalten.

Formular-Assistent für mehrere verknüpfte Tabellen

Wenn Sie mehrere Tabellen in einem Formular darstellen wollen, setzt der Formular-Assistent voraus, daß Sie die Beziehungen, wie in Abschnitt 4.2.3 beschrieben, definiert haben. Der Assistent besitzt dann folgende Seiten:

1. Auf der ersten Seite geben Sie die Felder an, die in die Abfrage aufgenommen werden sollen. Wenn Sie die Tabelle bzw. Abfrage im einzeiligen Listenfeld TABELLE/ABFRAGE ändern, werden die entsprechenden Felder in der Liste VERFÜGBARE FELDER angezeigt, so daß Sie Felder aus mehreren Tabellen einfügen können.
2. Auf der zweiten Seite legen Sie die Gliederung des Formulars fest. In der Liste wählen Sie aus, welche Tabelle im Hauptformular zu sehen sein soll. Der Assistent zeigt dann schematisch, wie dadurch das Formularlayout beeinflußt würde. Mit dem Optionsfeld FORMULAR MIT UNTERFORMULAR(EN) legen Sie fest, daß für die Darstellung der Detailtabelle Unterformulare verwendet werden. Die Option VERKNÜPFTE FORMULARE verwendet dafür mehrere Formulare, die durch entsprechende Schaltflächen geöffnet werden.
3. Wenn Sie die Verwendung von Unterformularen angegeben haben, wählen Sie auf dieser Seite, ob das Unterformular als Datenblatt oder als Endlosformular (tabellarisch) dargestellt werden soll. Die verschiedenen Formularansichten sind in Abschnitt 6.1.1 beschrieben.

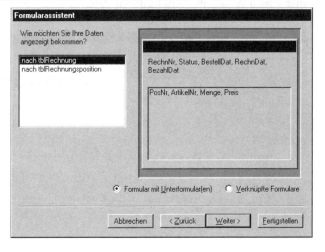

Bild IV.27: Auswahl der Darstellung

4. Hier wählen Sie den Stil des Formulars aus den vordefinierten Formularvorlagen.
5. Auf der letzten Seite geben Sie den Namen des Formulars und ggf. des Unterformulars oder des zweiten Formulars an.

2.4.3 Diagramm-Assistent

Mit dem Diagramm-Assistenten lassen sich Formulare mit einem Diagramm erstellen, das aus Datenbank-Informationen gebildet wird. Für die Diagrammdarstellung wird *Microsoft Graph* verwendet.

IV Access

Daten für ein Diagramm

Diagramme stellen meistens einen Wert in Abhängigkeit von bis zu zwei Größen dar. Beispielsweise wird in einem Säulendiagramm die erste dieser Größen auf der horizontalen Achse, die zweite durch mehrere Säulen mit unterschiedlichen Farben dargestellt. Die Größe des darzustellenden Wertes wird durch die Säulenhöhe abgebildet.

Bild IV.28: Eine Abfrage für den Diagramm-Assistenten

Monat	Artikelgruppe	Gesamt
1	Büroartikel	1.022,95 DM
1	Elekrogeräte	1.422,25 DM
1	Geschirr	479,40 DM
2	Bilder	74,75 DM
2	Geschirr	299,75 DM
3	Bilder	299,00 DM
3	Elekrogeräte	49,75 DM
3	Geschirr	579,35 DM
3	Lebensmittel	750,00 DM
5	Bilder	14,95 DM
5	Büroartikel	499,00 DM
5	Elekrogeräte	9,95 DM
5	Geschirr	600,00 DM
6	Büroartikel	199,60 DM
6	Elekrogeräte	69,65 DM
6	Geschirr	459,55 DM
6	Lebensmittel	750,00 DM
7	Bilder	14,95 DM
7	Büroartikel	11,00 DM
7	Elekrogeräte	400,95 DM
7	Geschirr	1.959,95 DM

Wenn Sie z.B. die zeitliche Entwicklung des Umsatzes der verschiedenen Artikelgruppen grafisch darstellen wollen, so stellen Sie die Zeit auf der horizontalen Achse, die verschiedenen Artikelgruppen als Säulen unterschiedlicher Farbe und den Umsatz als Säulenhöhe dar.

Bild IV.29: Der Diagramm-Assistent

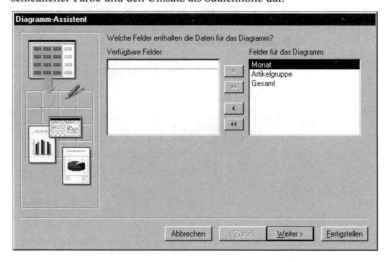

Um eine solches Diagramm zu erstellen, benötigen Sie meist eine entsprechende Abfrage, die Sie beispielsweise über den Abfrage-Assistenten definieren können (siehe Abschnitt 2.3). In dieser Abfrage muß der darzustellende Wert für jede Kombination der Größen, von denen er abhängig ist, aufgeführt sein.

Sie starten den Diagramm-Assistenten über die Schaltfläche NEU auf der Registerkarte FORMULARE, wählen dann aber DIAGRAMM-ASSISTENT aus der Liste. Sie müssen in dem entsprechenden Kombinationsfeld eine Tabelle oder Abfrage als Datenquelle angeben.

Im Diagramm-Assistent wird das Diagramm als Vorschau mit Graph über OLE angezeigt, wodurch sich teilweise längere Wartezeiten ergeben können.

Der Diagramm-Assistent besitzt die folgenden Seiten:

1. Auf der ersten Seite legen Sie die Felder fest, deren Inhalte das Diagramm bilden sollen. Als Felder sollten Sie den Wert und die Größe bzw. die beiden Größen übernehmen, von denen der Wert abhängig ist.

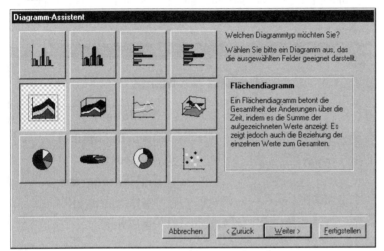

*Bild IV.30:
Auswahl des
Diagrammtyps*

2. Auf der zweiten Seite legen Sie fest, welche Darstellungsart Sie für das Diagramm verwenden wollen. Wenn Sie einen Diagrammtypen anklicken, zeigt der Assistent in der rechten Hälfte des Fensters eine kurze Beschreibung der Anwendungsbereiche des markierten Diagrammtyps.

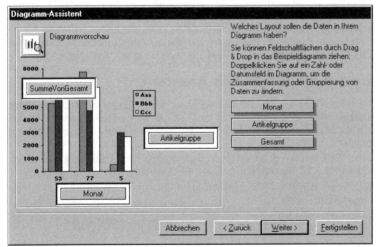

*Bild IV.31:
Zuordnung der Felder*

IV Access

3. Auf dieser Seite ordnen Sie die einzelnen Felder den verschiedenen Bereichen des Diagramms zu. Ziehen Sie dazu die Felder aus dem rechten Bereich auf das entsprechende Beschriftungsfeld im Diagramm. Das Diagramm wird dabei den neuen Daten angepaßt, wobei keine realen Werte, sondern Beispieldaten verwendet werden. Um das Formular mit realen Daten zu sehen, klicken Sie auf die Schaltfläche DIAGRAMMVORSCHAU.
Durch Doppelklicken auf ein Feld lassen sich dessen Zusammenfassungsfunktion ändern. Für Datumsfelder können Sie durch Doppelklicken zusätzlich eine Gruppierungsfunktion angeben.
4. Auf der letzten Seite legen Sie den Titel des neuen Formulars fest und bestimmen, ob Sie eine Legende neben dem Diagramm anzeigen wollen.

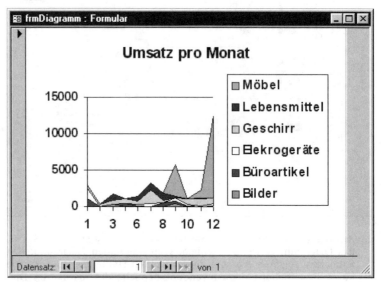

Bild IV.32:
Das fertige Formular

Der Diagramm-Assistent erstellt ein einfaches Formular, das das Diagramm in einem Objektfeld anzeigt. Sie können entweder das Formular weiterbearbeiten oder das Objektfeld in ein neues Formular kopieren. Wenn Sie die Größe des Diagramms ändern wollen, müssen Sie zunächst die Eigenschaft GRÖSSENÄNDERUNG des Objektfelds ändern (siehe Abschnitt 6.3.8).

2.4.4 Pivot-Tabellen-Assistent

Der Pivot-Tabellen-Assistent erzeugt aus Access-Daten in Excel eine Pivot-Tabelle (siehe Abschnitt III.4.6) und stellt diese via OLE in einem Access-Formular dar. Änderungen an der Pivot-Tabelle sind dabei nur in Excel möglich.

Office 95

Pivot-Tabellen werden in Access als Kreuztabellen bezeichnet und sind in Abschnitt 5.5.1 beschrieben.

Sie starten den Pivot-Tabellen-Assistent über die Schaltfläche NEU auf der Registerkarte FORMULARE, wählen dann aber PIVOT-TABELLEN-ASSISTENT aus der Liste.

2 Assistenten in Access

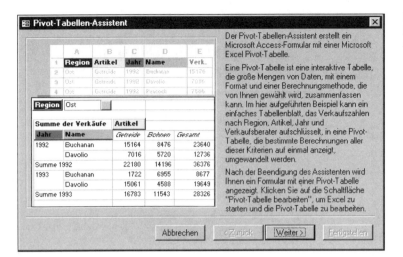

Bild IV.33:
Der Pivot-Tabellen-Assistent

Der Pivot-Tabellen-Assistent besitzt die folgenden Seiten:
1. Auf der ersten Seite gibt der Assistent eine Einführung in Pivot-Tabellen.
2. Auf der zweiten Seite legen Sie die Felder fest, die in die Pivot-Tabelle aufgenommen werden sollen. Dabei ist es möglich, Felder aus mehreren Tabellen bzw. Abfragen aufzunehmen, vorausgesetzt, die Beziehungen zwischen den Tabellen sind korrekt definiert (siehe Abschnitt 4.2.3).

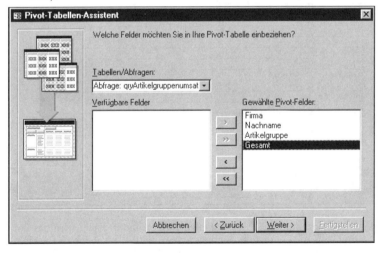

Bild IV.34:
Auswahl der Tabellen

Bild IV.35: Der Pivot-Tabellen-Assistent von Excel

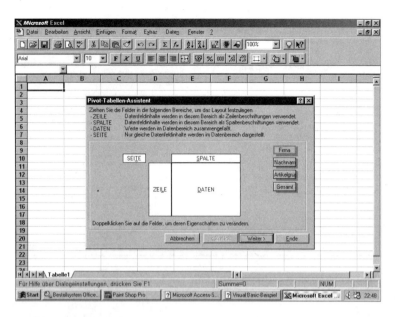

3. Die nächsten Schritte führen Sie im Pivot-Tabellen-Assistenten von Excel durch (siehe Abschnitt III.4.6).

Summe - Gesamt		Artikelgruppe			
Firma	Nachname	Bilder	Büroartikel	Elekrogeräte	Geschirr
Costa Import-	Costa	0	0	0	1800
Costa Import-Export Gmb		0	0	0	1800
Der Geschen	Biermaier	0	499	391	600
Der Geschenkemarkt Gn		0	499	391	600
FMZ Freising	Gläßer	0	199,6	69,65	119,85
FMZ Freisinger Möbelzen		0	199,6	69,65	119,85
Futura 2	Zimmer	299	0	49,75	479,6
Futura 2 Ergebnis		299	0	49,75	479,6
Knoll & Partn	Knoll	0	24,95	124,75	479,4
Knoll & Partner Ergebnis		0	24,95	124,75	479,4
Luggis Gesch	Diebold	74,75	0	0	299,75
Luggis Geschenkelädle E		74,75	0	0	299,75
Möbel Kern	Fink	0	998	1297,5	399,5
Möbel Kern Ergebnis		0	998	1297,5	399,5

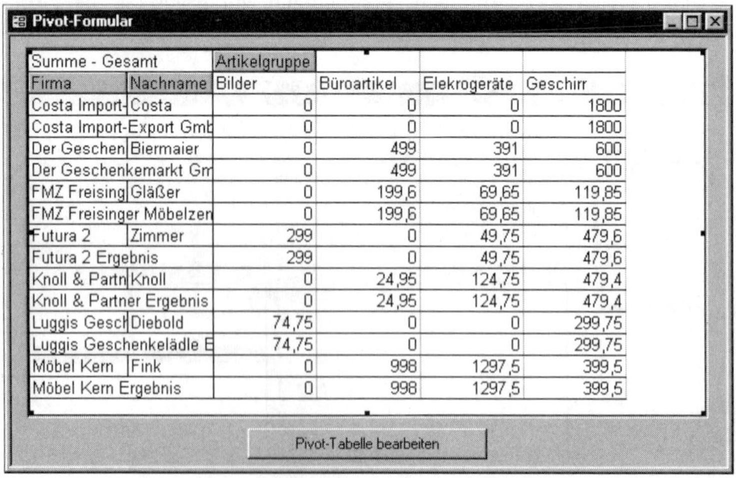

Bild IV.36: Das fertige Formular in Access

4. Nach Abschluß des Pivot-Tabellen-Assistenten in Excel wird das Formular in Access erstellt. Sie bearbeiten die Pivot-Tabelle in Excel, indem Sie auf die Tabelle im Formular doppelklicken. Alternativ klicken Sie auf die Schaltfläche PIVOT-TABELLE BEARBEITEN.

2.5 Der Berichts-Assistent

Berichte sind im Gegensatz zu den Formularen für die Ausgabe von Daten auf dem Drucker zuständig. Über die Assistenten lassen sich schnell Berichte mit einem professionellen Layout erstellen. In den meisten Fällen werden Sie aber nicht über eine Nachbearbeitung im Entwurfsmodus (siehe Abschnitt 6.2) herumkommen.

2.5.1 AutoBericht

Wie das AutoFormular dient auch der AutoBericht zur schnellen Erstellung eines Berichts ohne Benutzereingaben. Der Assistent erlaubt Ihnen die Auswahl zwischen folgenden 2 AutoBerichts-Layouts:
- *Einspaltig* listet alle Tabellenfelder untereinander auf. Dieser AutoBericht bietet sich für eine Komplettübersicht über die Datensätze der Tabelle an.
- *Tabellarisch* stellt die Felder eines Datensatzes einzeilig nebeneinander dar und bringt somit wesentlich mehr Datensätze auf eine Seite. Dafür können weniger Felder pro Datensatz gedruckt werden.

Bild IV.37:
Anlegen eines neuen Berichts

Sie erreichen den AutoBericht-Assistenten, indem Sie im Register BERICHTE auf die Schaltfläche NEU klicken. In dem daraufhin erscheinenden Dialogfeld geben Sie im einzeiligen Listenfeld die Tabelle oder Abfrage an, aus der Daten im neuen Bericht dargestellt werden sollen. Anschließend wählen Sie den AutoBerichts-Assistenten für das gewünschte Layout und klicken auf OK.

Alternativ können Sie ein einspaltigen Bericht erstellen, indem Sie im Datenbank-Fenster auf der Registerkarte TABELLEN oder ABFRAGEN die gewünschte Tabelle oder Abfrage markieren und die Schaltfläche AUTOBERICHT auf der Symbolleiste anklicken.

2.5.2 Der Berichts-Assistent

Access verfügt zudem über einen Berichts-Assistenten, der Ihnen ähnlich wie der Formular-Assistent (siehe Abschnitt 2.4) weitergehende Gestaltungsmöglichkeiten einräumt. Sie starten den Berichts-Assistenten über die Schaltfläche NEU auf der Registerkarte BERICHTE, indem Sie BERICHTS-ASSISTENT aus der Liste wählen.

Wie bei Formularen haben Sie die Möglichkeit ein Bericht/Unterbericht-Layout zu erstellen, wenn Sie Felder aus mehreren Tabellen für den Bericht angeben.

Der Berichts-Assistent besteht aus folgenden Seiten, wenn Sie nur Felder aus einer Tabelle angeben:
1. Auf der ersten Seite legen Sie die Felder fest, die auf dem neuen Bericht erscheinen sollen.
2. Die zweite Seite erlaubt Ihnen das Festlegen von Gruppierungsebenen. Die Gruppierungsfunktion des Berichtsgenerators ist in Abschnitt 5.3.5 beschrieben. Mit der Schaltfläche GRUPPIERUNGSOPTIONEN legen Sie fest, wie Access die Gruppen unterscheiden soll.

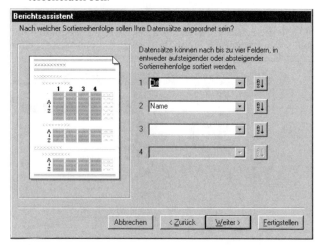

Bild IV.38:
Festlegen der Sortierordnung im Bericht

3. Auf der dritten Seite bestimmen Sie die Sortierung der im Bericht gedruckten Datensätze. Der Assistent erlaubt die Angabe von bis zu vier Sortierfeldern. Die Schaltflächen neben den einzeiligen Listenfeldern schalten zwischen auf- und absteigender Sortierordnung um. Beachten Sie, daß die Sortierordnung in einem Bericht auch dann verwendet wird, wenn in einer Abfrage eine andere explizit angegeben wurde.

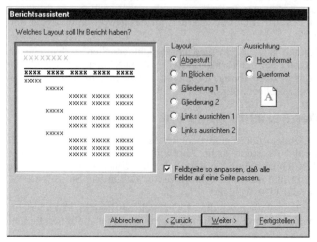

Bild IV.39:
Auswahl des Layouts für einen gruppierten Bericht

4. Auf der vierten Seite wählen Sie ein Layout für den neuen Bericht aus (Bild IV.39). Haben Sie Gruppierungen auf der zweiten Seite angegeben, so können Sie hier auswählen, wie die Gruppenüberschriften angeordnet sein sollen. Andernfalls haben Sie hier die Wahl zwischen vertikaler und tabellarischer Darstellung, die dem einspaltigen bzw. tabellarischen AutoBericht aus Abschnitt 2.5.1 entsprechen.
5. Auf der fünften Seite haben Sie die Wahl zwischen mehreren vordefinierten Stilen. Den Stil können Sie später sehr einfach austauschen.
6. Die letzte Seite startet die Berichtserstellung, wobei Sie die Möglichkeit haben, anschließend in den Entwurfsmodus zu gehen, um den Bericht zu gestalten.

Wenn Sie mehrere Tabellen in einem Bericht darstellen wollen, setzt der Berichts-Assistent voraus, daß Sie die Beziehungen, wie in Abschnitt 4.2.3 beschrieben, definiert haben. Der Assistent besitzt dann folgende Seiten: **Bericht für mehrere verknüpfte Tabellen**

1. Auf der ersten Seite geben Sie die Felder an, die in den Bericht aufgenommen werden sollen. Wenn Sie die Tabelle bzw. Abfrage im einzeiligen Listenfeld TABELLE/ABFRAGE ändern, werden die entsprechenden Felder in der Liste VERFÜGBARE FELDER angezeigt, so daß Sie Felder aus mehreren Tabellen oder Abfragen einfügen können. Voraussetzung dafür ist, daß Sie die Beziehungen zwischen den Tabellen korrekt definiert haben (siehe Abschnitt 4.2.3).
2. Auf der zweiten Seite legen Sie fest, wie der Bericht gegliedert sein soll. In der Liste wählen Sie aus, welche Tabelle im Hauptbericht zu sehen sein soll. Der Assistent zeigt dann schematisch, wie dadurch das Berichtslayout beeinflußt wird.
3. Auf der dritten Seite legen Sie die Gruppierungsoptionen fest (siehe Abschnitt 5.3.5). Gruppierungen sind dabei nur im Hauptbericht gültig. Mit der Schaltfläche GRUPPIERUNGSOPTIONEN legen Sie fest, wie Access die Gruppen unterscheiden soll.
4. Die vierte Seite bestimmt wiederum die Sortierung des Hauptberichts mit bis zu vier Feldern.
5. Auf der fünften Seite wählen Sie den Stil des Berichts aus den vordefinierten Berichtsvorlagen.
6. Auf der letzten Seite geben Sie den Namen des Berichts und gegebenenfalls des Unterberichts an.

2.5.3 Etiketten-Assistent

Der Etiketten-Assistent stellt einen speziellen Bericht zusammen, mit dem Sie Etiketten mit Informationen aus der Datenbank bedrucken können. Der Etiketten-Assistent besteht aus den 5 folgenden Seiten:

1. Auf der ersten Seite (siehe Bild IV.40) wählen Sie das Format der Etiketten. In der Liste sind eine große Zahl von Etikettenformaten bereits mit ihren Maßen aufgeführt. Mit den Radioknöpfen schalten Sie zwischen Einzelblatt-Etiketten für Seitendrucker und Endlosetiketten für Endlospapierdrucker um. Mit der Schaltfläche ANPASSEN legen Sie neue Etikettenformate an. Die Maße werden dabei in dem Dialogfeld aus Bild IV.41 eingegeben.

Bild IV.40:
Auswahl des
Etikettenformats

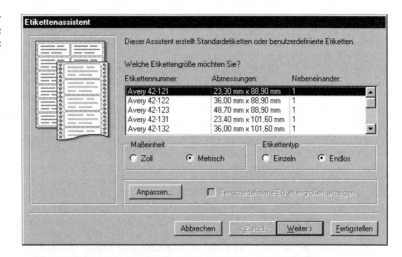

Bild IV.41:
Definition neuer
Etikettenformate

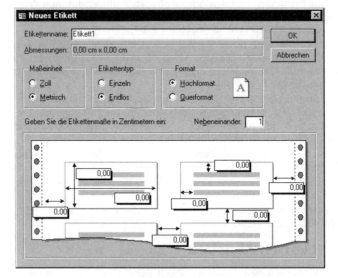

2. Die zweite Seite dient der Auswahl der Schriftart. Sie können hier nur eine Schriftart für das gesamte Etikett angeben. Es ist aber möglich, später in der Entwurfsansicht die Schriftart für jede Zeile einzeln anzupassen.

3. Auf der dritten Seite wird das Layout der Etiketten bestimmt (Bild IV.42). Die in der linken Liste aufgeführten Felder können durch Doppelklick in das rechte Eingabefeld übernommen werden. Achten Sie dabei darauf, daß sich die Einfügemarke an der richtigen Stelle befindet, bevor Sie ein neues Feld einfügen. Wenn Sie direkt in das Eingabefeld schreiben, werden diese Zeichen auf jedem Etikett gedruckt.

4. Auf der vierten Seite legen Sie die Sortierordnung fest, in der die Etiketten gedruckt werden sollen.

5. Auf der letzten Seite geben Sie dem neuen Bericht einen Namen und starten die Berichtserstellung.

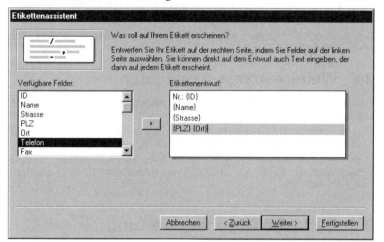

Bild IV.42:
Festlegung des
Etikettenlayouts

Der Etiketten-Assistent erstellt einen Bericht, der so formatiert ist, daß er genau auf das angegebene Etikettenformat gedruckt werden kann.

2.5.4 Diagramm-Assistent

Der Diagramm-Assistent erstellt einen einfachen Bericht mit einem einzigen Diagramm. Sie können den Bericht weiterbearbeiten oder das Objektfeld in einen anderen Bericht kopieren.

Bild IV.43:
Diagramm-Assistent
für Berichte

Sie starten den Diagramm-Assistent über die Schaltfläche NEU auf der Registerkarte BERICHTE, wählen dann DIAGRAMM-ASSISTENT aus der Liste. Sie müssen in dem entsprechenden Kombinationsfeld eine Tabelle oder Abfrage als Datenquelle angeben.

Der Assistent ist identisch mit dem Diagramm-Assistenten für Formulare (siehe Abschnitt 2.4.3).

2.6 Weitere Access-Assistenten

Der Vollständigkeit halber seien hier noch die restlichen Assistenten erwähnt:

- Der Nachschlage-Assistent unterstützt Sie beim Anlegen sogenannter Nachschlage-Felder in Tabellen. Es ist in Abschnitt 4.2.2 beschrieben.
- Der Steuerelemente-Assistent erstellt beim Formularentwurf automatisch Steuerelemente, z.B. Schaltflächen oder Listen. Er ist in Abschnitt 6.2.4 beschrieben.

3 Einfache Datenverwaltung

Dieser Abschnitt führt anhand einer beispielhaften Datentabelle durch alle Funktionsbereiche von Access. Am Schluß wird eine einfache, aber komplette Anwendung stehen.

Als Beispiel soll eine einfache Adreßverwaltung entwickelt werden, mit der Adressen eingegeben und abgefragt werden können.

3.1 Die Access-Datenbank

3.1.1 Die MDB-Datei

Access speichert seine Datentabellen zusammen mit allen Elementen einer Anwendung, also Formularen, Berichten und Programmcode, in einer einzigen Datei mit der Dateinamenserweiterung MDB.

Der Vorteil dieser Speichermethode liegt darin, daß Access-Anwendungen sehr handlich sind und sich leicht kopieren und verschieben lassen. Wer mit Datenbanksystemen wie *dBase* arbeitet, bei denen die Anzahl der Dateien einer Anwendung schnell die Hundert übersteigt, wird dies zu schätzen wissen.

Nachteilig wirkt sich nur aus, daß die MDB-Datei sehr schnell in den s-Bereich anwächst und Sie keine Kontrolle darüber haben, welches Element Ihrer Anwendung wieviel Speicherplatz beansprucht.

Sie können immer nur eine MDB-Datei in Access sichtbar geöffnet halten. Es ist aber möglich auf die Datentabellen in anderen MDBs zuzugreifen. Über die sogenannte OLE-Automation lassen sich auch Formulare und Code aus anderen MDBs aufrufen.

Trennung von Code und Daten — Wenn Sie größere Anwendungen entwickeln, dann sollten Sie auf jeden Fall die Datentabellen in eine eigene MDB stecken und sie dann in die Anwendungs-MDB einbinden. Wie Sie das anstellen und warum sich dieses Vorgehen empfiehlt, erfahren Sie in Abschnitt 10.3.4.

3.1.2 Zugriffsberechtigungen

Access verfügt über einen Sicherheitsmechanismus, mit dem man genau bestimmen kann, wer auf welche Daten wie zugreifen darf. Dazu muß sich normalerweise jeder Anwender beim Start von Access mit einem Benutzernamen und einem Paßwort anmelden.

Die Benutzernamen und zugehörigen Paßwörter sind in der sogenannten Arbeitsgruppen-Datei, die normalerweise *SYSTEM.MDW* heißt, gespeichert. Nach der Installation wird diese Datei im Access-Installationsverzeichnis abgelegt und enthält nur ein Benutzerkonto mit dem Namen ADMINISTRATOR ohne Paßwort. In diesem Fall erspart sich Access die Paßwortabfrage und meldet Sie nach dem Start automatisch als Administrator mit allen Rechten an.

Der Administrator

Wenn Sie allerdings mit einer Access-Installation arbeiten, in der bereits ein Paßwort für den Administrator vergeben wurde, müssen Sie sich mit einem gültigen Benutzernamen anmelden.

In einer MDB-Datei, die Sie anlegen, haben Sie als Eigentümer immer alle Rechte, so daß Sie die hier beschriebenen Beispiele auch verfolgen können, wenn Sie keine Administrator-Rechte haben. Für andere Anwender können Sie die Rechte Ihrer MDB einschränken.

Die Sicherheitsfunktionen werden in Abschnitt 10.2. ausführlicher beschrieben.

3.1.3 Erstellen einer Datenbank

Um eine Datenbank zu erstellen, gehen Sie folgendermaßen vor:

Beispiel

Bild IV.44:
Die Begrüßung von Access

1. Starten Sie Access. Melden Sie sich gegebenenfalls an. Das Access-Startdialogfenster erscheint (Bild IV.44).
2. Wählen Sie LEERE DATENBANK und klicken Sie auf OK. Daraufhin erscheint das Dateidialogfenster. Die Option DATENBANK-ASSISTENT ist in Abschnitt 2.1. beschrieben.

IV Access

*Bild IV.45:
Das leere
Datenbankfenster*

3. Geben Sie der neuen Datenbank den Namen BESTELLSYSTEM. Generell können Sie hier jeden unter Windows 95 gültigen Dateinamen verwenden. Standardmäßig verwendet Access das Verzeichnis EIGENE DATEIEN. Daraufhin erscheint wie in Bild IV.45 ein leeres Datenbankfenster.

Wenn Sie Access bereits gestartet haben und eine neue Datenbank anlegen wollen, wählen Sie NEUE DATENBANK ANLEGEN aus dem Menü DATEI. Daraufhin erschein das Neu-Dialogfeld, indem Sie mit der Vorlage LEERE DATENBANK auf der Registerkarte ALLGEMEIN eine neue Datenbank erstellen. Mit den Vorlagen auf der Registerkarte DATENBANKEN starten Sie den in Abschnitt 2.1 beschriebenen Datenbank-Assistenten.

3.1.4 Das Datenbankfenster

Das Datenbankfenster ist gewissermaßen die Zentrale einer Access-Datenbank. Hier finden Sie alle in einer Datenbank gespeicherten Objekte.

Das Datenbankfenster besitzt 6 Registerkarten, auf denen die Objekte je eines Typs aufgelistet sind. Die Listen verhalten sich wie Ordnerfenster in Windows 95 und unterstützen verschiedene Ansichten, die über die Auswahlen im ANSICHT-Menü eingestellt werden können.

- Jedes Objekt besitzt ein Kontextmenü, das Sie durch Klicken mit der rechten Maustaste auf den Objektnamen öffnen. Darin befinden sich Funktionen, die sich auf das spezielle Objekt beziehen.

*Bild IV.46:
Das
Datenbankfenster*

568

3 Einfache Datenverwaltung

- Die Objektliste verfügt ebenfalls über ein Kontextmenü, das Sie durch Klicken mit der rechten Maustaste auf eine freie Fläche innerhalb der Objektliste öffnen. Darin befinden sich Funktionen, die sich auf die Liste und auf den gerade angezeigten Objekttyp beziehen.
- Das Kontextmenü des Datenbankfensters öffnen Sie durch Klicken mit der rechten Maustaste auf eine Fläche außerhalb der Objektliste. Hier befinden sich Menüpunkte, die sich auf die Datenbank beziehen.

Das Datenbankfenster unterstützt folgende Funktionen:

- Sie öffnen ein Objekt, indem Sie darauf doppelklicken. Alternativ markieren Sie es durch einen Mausklick und klicken dann auf die Schaltfläche ÖFFNEN.
- Sie öffnen ein Objekt in der Entwurfansicht, indem Sie es durch einen Mausklick markieren und dann die Schaltfläche ENTWURF anklicken. Alternativ wählen Sie ENTWURF aus dem Kontextmenü des Objekts.

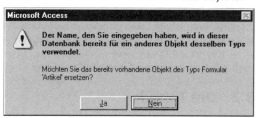

Bild IV.47:
Warnung beim
Umbenennen

- Sie geben einem Objekt einen neuen Namen, indem Sie es durch einen Mausklick markieren und anschließend ein zweites Mal auf den Namen klicken. Klicken Sie nicht zu schnell hintereinander auf den Namen, da dies als Doppelklick interpretiert wird und das Objekt öffnet. Der Name läßt sich dann direkt verändern. Alternativ wählen Sie UMBENENNEN aus dem Kontextmenü des Objekts. Wenn Sie einem Objekt einen Namen geben, der bereits verwendet wird, so fragt Access, ob das umbenannte Objekt das andere Objekt ersetzen soll. Letzteres ist dann endgültig gelöscht.
- Objekte lassen sich in die Zwischenablage kopieren oder ausschneiden und anschließend wieder einfügen. Access fragt dann nach dem Namen für das Objekt. Die Menüauswahlen AUSSCHNEIDEN, KOPIEREN und EINFÜGEN finden Sie im BEARBEITEN-Menü und in den Kontextmenüs der Objekte bzw. des Datenbankfensters.

Wenn das Datenbankfenster geschlossen wird, so wird gleichzeitig die Datenbank zusammen mit anderen Objekten geschlossen.

Das Datenbankfenster läßt sich mit der Auswahl AUSBLENDEN aus dem FENSTER-Menü ausblenden. Es läßt sich wieder einblenden, indem Sie auf die Schaltfläche DATENBANKFENSTER klicken. Alternativ drücken Sie `F11`.

3.1.5 Komprimieren und Reparieren von Datenbanken

Bevor Sie beginnen, wirklich mit einer Access-Datenbank zu arbeiten, sollten Sie die zwei folgenden Funktionen kennen.

Das Komprimieren einer Datenbank entfernt alle gelöschten Objekte endgültig und reorganisiert die Datei. In der Regel wird eine Datenbank nach dem Komprimieren erheblich kleiner.

Komprimieren einer Datenbank

IV Access

Sie komprimieren eine Datenbank, indem Sie DATENBANK KOMPRIMIEREN unter DATENBANK-DIENSTPROGRAMME aus dem Menü EXTRAS wählen. Daraufhin erscheint ein Datei-Dialogfenster, in dem Sie die zu komprimierende Datenbank auswählen. In einem zweiten Datei-Dialogfenster geben Sie den Namen an, den die komprimierte Datenbank erhalten soll. Beide Dateinamen dürfen auch identisch sein. Tatsächlich verwendet Access dann eine temporäre Zwischendatei, so daß die ursprüngliche Datenbank auch dann nicht beschädigt wird, wenn der Rechner mitten während des Vorgangs abstürzen sollte.

Reparieren einer Datenbank
Das Reparieren stellt fehlerhafte Strukturen in der Datenbank wieder her. Üblicherweise weist Sie Access mit einer entsprechenden Fehlermeldung auf eine beschädigte Datenbank hin und führt in einigen Fällen den Reparaturvorgang sogar selbständig durch. Sie reparieren eine Datenbank, indem Sie DATENBANK REPARIEREN unter DATENBANK-DIENSTPROGRAMME aus dem Menü EXTRAS wählen.

Nach dem Reparieren sollten Sie eine Datenbank immer auch komprimieren, erst dann ist die Dateistruktur wieder vollständig wiederhergestellt.

Sowohl beim Komprimieren als auch beim Reparieren benötigen Sie exklusiven Zugriff auf die Datenbank. Es darf also kein anderer Benutzer während des Vorgangs darauf zugreifen.

3.2 Die Tabelle

Tabellen sind das zentrale Element einer Datenbank, da darin die zu verwaltenden Informationen gespeichert werden. Abschnitt 1 erklärt einige Begriffe, die im Umgang mit Datentabellen auftauchen und die Sie kennen sollten.

3.2.1 Entwurf im Datenblatt

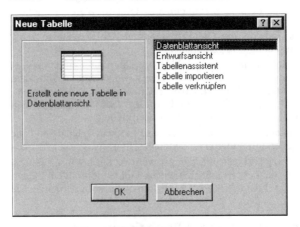

Bild IV.48: Erstellen einer neuen Tabelle

Die Version 7.0 verfügt über einen neuen Tabellenerstellungsmodus, der besonders Excel-Anwendern entgegenkommt. Dabei wird eine Tabelle mit einigen Datensätzen gefüllt. Daraus ermittelt Access dann eine geeignete Tabellenstruktur. Sie werden das Grundgerüst der Adreßtabelle zunächst über diesen Mechanismus erstellen und die Tabelle dann im normalen Entwurfsmodus komplettieren.

Zum Erstellen der Tabelle gehen Sie folgendermaßen vor:

3 Einfache Datenverwaltung

1. Klicken Sie auf die Schaltfläche NEU im Datenbankfenster oder klicken Sie auf die Schaltfläche NEUE TABELLE in der Symbolleiste. Daraufhin erscheint das Dialogfeld NEUE TABELLE.
2. In der Liste in der rechten Hälfte sehen Sie die verschiedenen Methoden, eine Tabelle in Ihrer Datenbank zu erstellen. Versichern Sie sich, daß DATENBLATTANSICHT markiert ist, und klicken Sie auf OK. Daraufhin wird ein leeres Datenblatt wie in Bild IV.49 angezeigt.

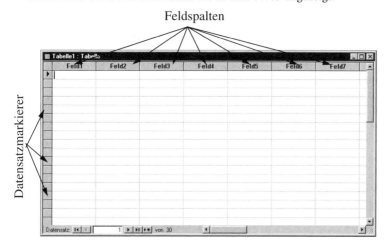

Bild IV.49:
Ein leeres Datenblatt

Das Datenblatt enthält am Anfang 20 Felder (Spalten) und 30 Datensätze (Zeilen), kann aber leicht erweitert werden. Beim Tabellenentwurf im Datenblatt geht es zunächst nur darum, mit ein paar Beispieldaten eine (vorläufige) Tabellenstruktur zu erstellen.

Im Datenblatt können Sie folgende Aktionen durchführen:

- Um Daten in eine Tabellenzelle einzugeben, klicken Sie diese Zelle an. Sie können in beliebige, auch unzusammenhängende Zellen Daten eingeben.
- Um die Spaltenüberschrift zu ändern, doppelklicken Sie auf die Überschrift. Sie ändern damit den Feldnamen. Alternativ wählen Sie im Kontextmenü der Spaltenüberschrift SPALTE UMBENENNEN.
- Um die Breite einer Spalte zu ändern, ziehen Sie die Begrenzungslinie zwischen zwei Spaltenüberschriften auf die gewünschte Position. Die Änderung wirkt sich nur auf die Darstellung des Datenblattes und nicht auf die Tabellenstruktur aus. Alternativ wählen Sie im Kontextmenü der Spaltenüberschrift SPALTENBREITE, um in einem Dialogfeld ein genaues Maß einzugeben.
- Um die Höhe einer Zeile zu ändern, ziehen Sie die Begrenzungslinie zwischen zwei Datensatzmarkierern auf die gewünschte Position. Die Änderung wirkt sich ebenfalls nur auf die Darstellung des Datenblattes und nicht auf die Tabellenstruktur aus. Alternativ wählen Sie ZEILEN-HÖHE im Kontextmenü des Datensatzmarkierers, um in einem Dialogfeld ein genaues Maß einzugeben.
- Sie löschen eine Spalte, indem Sie aus dem Kontextmenü der Spaltenüberschrift SPALTE LÖSCHEN wählen.

Funktionen im Datenblatt

- Sie fügen eine neue Spalte ein, indem Sie aus dem Kontextmenü der Spaltenüberschrift, vor der die neue Spalte eingefügt werden soll, SPALTE EINFÜGEN wählen.
- Sie fügen einen neuen Datensatz an, indem Sie Daten in die letzte Zeile des Datenblatts schreiben.
- Um ein Nachschlagefeld zu erstellen, wählen Sie NACHSCHLAGESPALTE im Kontextmenü der Spalte. Access startet daraufhin den Nachschlage-Assistenten, der in Abschnitt 4.2.2 beschrieben ist.

Zusätzlich sind noch weitere Funktionen verfügbar, die hauptsächlich die Dateneingabe erleichtern und deshalb unter Abschnitt 3.2.2 aufgeführt sind.

Die meisten oben beschriebenen Kontextmenüpunkte befinden sich auch im Menü unter EINFÜGEN und FORMAT.

Bild IV.50: Tabellenentwurf in der Datenblattansicht

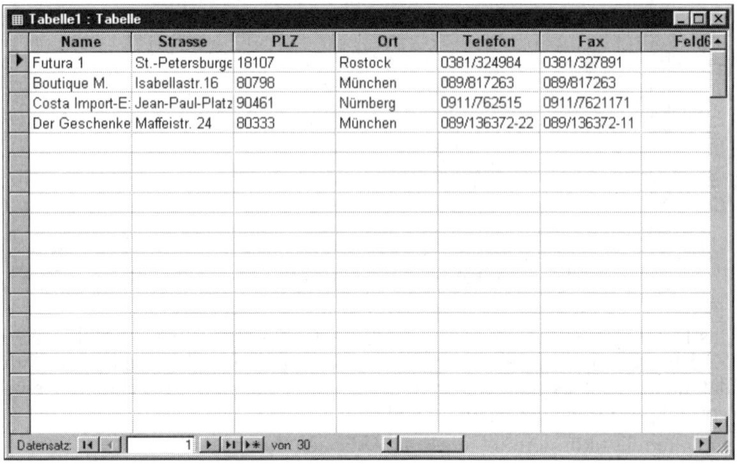
Tabelle1 : Tabelle

Name	Strasse	PLZ	Ort	Telefon	Fax	Feld6
Futura 1	St.-Petersburge	18107	Rostock	0381/324984	0381/327891	
Boutique M.	Isabellastr.16	80798	München	089/817263	089/817263	
Costa Import-E	Jean-Paul-Platz	90461	Nürnberg	0911/762515	0911/7621171	
Der Geschenke	Maffeistr. 24	80333	München	089/136372-22	089/136372-11	

Datensatz: 1 von 30

Beispiel

Geben Sie jetzt die folgenden Beispieldaten von links nach rechts in das Datenblatt ein:

- Futura 1, St.-Petersburger-Straße 24, 18107, Rostock, 0381/324984, 0381/327891
- Boutique M., Isabellastraße 16, 80789, München, 089/817263, 089/817263
- Costa Import-Export, Jean-Paul-Platz 12, 90461, Nürnberg, 0911/762515, 0911/7621171
- Der Geschenkemarkt GmbH, Maffeistr. 24, 80333, München, 089/136372-22, 089/136372-11

Ändern Sie daraufhin die Spaltenüberschriften bzw. Feldnamen, indem Sie darauf doppelklicken. Geben Sie von links nach rechts folgende Feldnamen ein:

- Name
- Strasse
- PLZ
- Telefon
- Fax

Die Tabelle sollte danach wie in Bild IV.50 aussehen.

3 Einfache Datenverwaltung

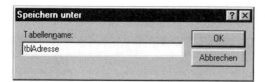

Bild IV.51:
Tabelle speichern

Klicken Sie jetzt auf das Schließfeld, um die Datenblattansicht zu schließen und den Tabellenentwurf zu speichern. Access fragt Sie zunächst, ob Sie die Tabelle speichern wollen. Bestätigen Sie die Anfrage durch einen Klick auf die Schaltfläche JA. Geben Sie jetzt »tblAdresse« als Tabellennamen an, und klicken Sie auf OK.

Tabellenentwurf speichern

Praxistip: Als Namenskonvention hat sich bewährt, Tabellennamen mit den Buchstaben »tbl« zu beginnen. Da Access in vielen Bereichen keinen Unterschied zwischen Tabellen und Abfragen macht, besteht eine gewisse Verwechslungsgefahr. Durch die Beachtung einer solchen Konvention können Sie dies vermeiden.

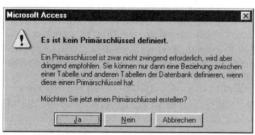

Bild IV.52:
Automatisches Erzeugen eines Primärschlüssels

Vor dem endgültigen Abspeichern fragt Access, ob ein Primärschlüssel angelegt werden soll. Bestätigen Sie diese Anfrage mit einem Klick auf die Schaltfläche JA. Über die Bedeutung von Primärschlüsseln erfahren Sie mehr in Abschnitt 1.4.

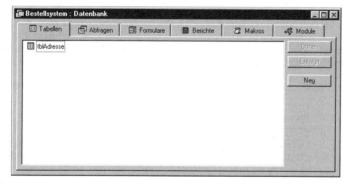

Bild IV.53:
Datenbankfenster mit der neu erstellten Tabelle

Access erstellt daraufhin die Tabelle *TBLADRESSE* und zeigt diese wie in Bild IV.53 im Datenbankfenster an.

3.2.2 Daten eingeben

Nachdem die Tabellenstruktur angelegt ist, können Sie sofort Daten direkt in die Tabelle eingeben. Dies ist die einfachste Art, eine Tabelle mit Daten

IV Access

zu füllen. Später werden Sie oft den komfortableren Weg über ein Formular vorziehen, wie er in Abschnitt 3.4. beschrieben ist.

Bild IV.54:
Dateneingabe in eine
Tabelle

ID	Name	Strasse	PLZ	Ort	Telefon	Fax
1	Futura 1	St.-Petersburger-S	18107	Rostock	0381/324984	0381/327891
2	Boutique M.	Isabellastr.16	80798	München	089/817263	089/817263
3	Costa Import-E	Jean-Paul-Platz 1:	90461	Nürnberg	0911/762515	0911/7621171
4	Der Geschenke	Maffeistr. 24	80333	München	089/136372-22	089/136372-11
(AutoWert)						

Datensatz: 1 von 4

Primärschlüssel

Zusätzlich zu den Feldern, die Sie in der Entwurfsansicht als Spalten angelegt haben, ist jetzt eine Spalte *ID* in der Tabelle vorhanden. Access hat dieses Feld angelegt, nachdem Sie die entsprechende Rückfrage nach dem Schließen der Datenblattansicht bestätigt haben. Das Feld *ID* dient als Primärschlüssel für die Adreßtabelle und wird vor allem zum Herstellen von Beziehungen zwischen den Tabellen benötigt (Abschnitt 1.4).

Ein Primärschlüssel muß eindeutig sein, d.h. zwei Datensätze dürfen niemals denselben Wert im Primärschlüssel enthalten. Generell sollte jede Tabelle einen solchen Primärschlüssel enthalten, damit ein Datensatz auf einfache Art eindeutig identifiziert werden kann.

Das Feld *ID* ist dabei in *TBLADRESSE* ein künstlicher Primärschlüssel, da er der Adresse einfach eine beliebige fortlaufende Nummer anfügt, die für sich genommen keine Bedeutung hat. Solche Nummern werden aber in der Verwaltung z.B. dann als Kunden-, Artikel- oder Bestellnummern verwendet.

In manchen Fällen besitzen die in einer Tabelle gespeicherten Datensätze ein Feld, das ohnehin eindeutig ist und somit als Primärschlüssel verwendet werden kann. Im Fall der Adreßtabelle kann aber z.B. der Name nicht als eindeutig angenommen werden, da man nicht garantieren kann, daß Sie nie zwei Adressen mit demselben Namen in der Tabelle speichern wollen. Die einzige brauchbare Alternative zu einem künstlichen Schlüssel wäre die Telefonnummer. Da diese sich jedoch ändern kann, was unter Umständen in einer größeren Datenbank einen gewissen Aufwand mit sich bringen würde, verwenden Sie in diesem Fall das Feld *ID*. Wie Sie den Primärschlüssel anlegen, ändern und löschen können, erfahren Sie in Abschnitt 3.2.7.

Es sei hier noch angemerkt, daß Access auch zusammengesetzte Primärschlüssel aus mehreren Feldern erlaubt.

Dateneingabe

In der Datenblattansicht können Sie die Daten in fast allen Feldern ändern. Lediglich das Feld *ID* wird von Access verwaltet und kann deshalb nicht geändert werden (siehe Abschnitt 3.2.4).

Wenn Sie Daten in die mit dem Stern markierte Zeile eingeben, so wird ein neuer Datensatz angelegt. Access generiert dann automatisch einen neuen Wert für *ID*.

Funktionen der Datenblattansicht

In der Datenblattansicht stehen Ihnen die in Abschnitt 3.2.1. beschriebenen Funktionen zur Strukturänderung zur Verfügung. Die folgenden Funktionen erleichtern Ihnen zudem die Änderung und Neueingabe von Datensätzen:

3 Einfache Datenverwaltung

- Sie können in jeder Tabellenzelle Text markieren, kopieren oder ausschneiden und an anderer Stelle wieder einfügen.
- Um eine ganze Zeile zu markieren, klicken Sie auf den Datensatzmarkierer. Um mehrere aufeinanderfolgende Datensätze zu markieren, ziehen Sie mit der Maus über ihre Datensatzmarkierer. Nicht aufeinanderfolgende Datensätze können nicht zusammen markiert werden.
- Ein oder mehrere markierte Datensätze können kopiert, ausgeschnitten und wieder in die Tabelle eingefügt werden. Sollten dabei Datensätze aus der Tabelle gelöscht werden, so zeigt Access eine Warnung an, in der Sie den Vorgang abbrechen können. Um kopierte oder ausgeschnittene Datensätze neu in die Tabelle einzufügen, muß der mit dem Stern gekennzeichnete neue Datensatz vollständig markiert werden.
- Um Datensätze endgültig zu löschen, schneiden Sie diese nicht aus, sondern drücken Sie `Entf`.
- Um einen beliebigen rechteckigen Tabellenbereich zu markieren, bewegen Sie den Mauszeiger an den linken Rand eines Feldes, so daß er die Form eines dicken Pluszeichens annimmt. Sie können dann durch Ziehen mit der Maus einen rechteckigen Block markieren, der wiederum kopiert werden kann. Sie können diese Daten in eine Tabelle in einer anderen Office-Anwendung, z.B. Excel oder Word, nicht aber wieder in Access einfügen.

Office 95

- Um die Spalten in Ihrer Anordnung zu verändern, markieren Sie eine Spalte durch Klicken in die Spaltenüberschrift und ziehen die markierte Spalte an die gewünschte Stelle. Um mehrere Spalten gleichzeitig zu verschieben, markieren Sie diese durch Ziehen mit der Maus über die Überschriften der gewünschten Spalten. Die markierten Spalten können dann als Block verschoben werden.
- Sie können eine oder mehrere Spalten so fixieren, daß sie beim Rollen des Bildes nach links nicht aus dem Fenster geschoben werden. Dazu markieren Sie die Spalten. Somit können Sie z.B. den Namen einer Adresse immer im Blickfeld behalten. Markieren Sie dazu die gewünschten Spalten und wählen Sie FORMAT/SPALTEN FIXIEREN aus dem Menü. Für eine einzelne Spalte finden Sie diese Funktion auch im Kontextmenü. Um die Fixierung wieder aufzuheben, wählen Sie FORMAT/SPALTENFIXIERUNG AUFHEBEN aus dem Menü.
- Um eine oder mehrere Spalten auszublenden, markieren Sie die Spalten und wählen FORMAT/SPALTEN AUSBLENDEN aus dem Menü. Die ausgeblendeten Spalten erscheinen dadurch nicht in der Tabelle, sind aber nach wie vor in der Datenbank gespeichert und können über FORMAT/SPALTEN EINBLENDEN über ein Dialogfeld wieder angezeigt werden.

Ein Datenblatt besitzt am unteren Rand sogenannte Navigationsschaltflächen, mit der das Blättern durch die Datensätze mittels der Maus erleichtert wird.

Navigationsschaltflächen

Bild IV.55: Blättern in einem Formular durch Navigationsschaltflächen

Mit Hilfe der Navigationsschaltflächen können Sie folgendermaßen zwischen den Datensätzen blättern:

- Mit den Pfeilschaltflächen wird jeweils der erste, der vorige, der nächste oder der letzte Datensatz im Formular angezeigt.

- Mit der Schaltfläche, die einen Pfeil und einen Stern zeigt, springen Sie zum ersten leeren Datensatz, wodurch Sie neue Datensätze anlegen können.
- Um direkt zu einem Datensatz zu springen, geben Sie dessen Datensatznummer in das Eingabefeld ein und drücken ⏎. Datensatznummern haben in Access keine Bedeutung und geben nur die Position eines Datensatzes in der momentanen Sortierordnung der Tabelle an.

3.2.3 Die Entwurfsansicht

Während Ihnen der Tabellenentwurf mit dem Datenblatt eine bessere Übersicht über die spätere Datentabelle gibt, haben Sie erst in der Entwurfsansicht die volle Kontrolle über alle Eigenschaften der Tabelle.

Sie zeigen die Entwurfsansicht einer Tabelle folgendermaßen an:

- Markieren Sie den Tabellennamen im Datenbankfenster und klicken Sie auf die Schaltfläche ENTWURF.
- Klicken Sie mit der rechten Maustaste auf den Tabellennamen und wählen Sie ENTWURF aus dem Kontextmenü.

Die Entwurfsansicht wird wie in Bild IV.56 tabellarisch dargestellt. Zeilenhöhen und Spaltenbreiten lassen sich dabei wie in einem Datenblatt verändern.

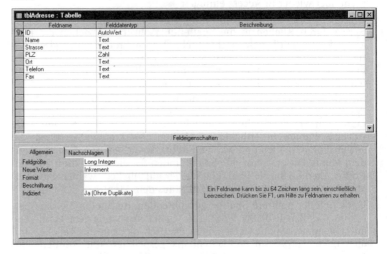

Bild IV.56:
Entwurfsansicht einer Tabelle

In der Entwurfsansicht haben Sie folgende Möglichkeiten, die Tabellenstruktur zu verändern:

- Sie löschen ein Feld, indem Sie den entsprechenden Datensatzmarkierer anklicken und [Entf] drücken. Sie können auch mehrere Felder gleichzeitig markieren, indem Sie mit der Maus über die entsprechenden Datensatzmarkierer ziehen.
- Sie fügen ein neues Feld an, indem Sie einen Feldnamen und einen Felddatentyp in eine freie Zeile eingeben. Um eine freie Zeile einzufügen, markieren Sie die Zeile unter der einzufügenden Zeile und drücken [Einfg]. Wenn Sie mehrere Zeilen markieren, werden entsprechend viele Leerzeilen eingefügt.
- Um die Position eines Feldes zu verändern, markieren Sie es durch Anklicken des Datensatzmarkierers und ziehen es anschließend an die

3 Einfache Datenverwaltung

gewünschte Stelle. Durch die Festlegung einer geeigneten Reihenfolge erreichen Sie eine größere Übersicht über die Tabellenstruktur. So sollte z.B. der Primärschlüssel an erster Stelle stehen.

- Es ist möglich, Zeilen der Tabelle in die Zwischenablage auszuschneiden oder zu kopieren und in eine leere Zeile wieder einzufügen. Auf diese Weise können Sie auch Felddefinitionen zwischen verschiedenen Tabellen austauschen. Beachten Sie, daß eine markierte Zeile durch eine neu eingefügte Zeile ohne Warnung überschrieben wird.

Die Änderungen an der Struktur werden erst nach dem expliziten Speichern vollzogen. Erst hier überprüft Access auch die Gültigkeit der Tabellenstruktur und weist Sie z.B. auf doppelte Feldnamen hin.

Daten, die sich in gelöschten Feldern befanden, sind nach dem Abspeichern endgültig gelöscht. Wenn Sie das vermeiden wollen, schließen sie die Entwurfsansicht und beantworten die Frage nach der Speicherung mit Nein.

Führen Sie folgende Änderung an der Struktur von *TBLADRESSE* durch: **Beispiel**

- Ändern Sie den Feldnamen des Feldes NAME auf FIRMA, indem Sie den Feldnamen einfach überschreiben.
- Markieren Sie die Zeilen STRASSE und PLZ und drücken Sie `Einfg`.
- Geben Sie in die freien Zeilen NAME und VORNAME als Feldnamen ein. Lassen Sie die weiteren Einstellungen unverändert.

3.2.4 Feldeigenschaften

Feldname	Felddatentyp	Beschreibung
ID	AutoWert	
Name	Text	
Strasse	Text	
PLZ	Zahl	
Ort	Text	
Telefon	Text	
Fax	Text	

Bild IV.57: Definition der Feldeigenschaften

Access unterstützt eine Reihe von Eigenschaften, die für jedes Feld festgelegt werden können (Bild IV.57). Nach dem Tabellenentwurf über die Datenblattansicht hat Access mehrere Felder angelegt und ihnen eine Reihe von Standardeigenschaften zugewiesen.

In der linken Spalte wird der Feldname eingetragen. Er kann bis zu 64 Zeichen lang sein und Leer- und Sonderzeichen enthalten. Sie können den Feldnamen jederzeit ohne Datenverlust ändern.

Feldname

Praxistip: Über die beste Art Felder zu benennen streiten sich die Datenbankentwickler. Ein Vorschlag ist, immer selbsterklärende unabgekürzte Namen zu verwenden. Dies ist sicherlich der Übersicht dienlich. Wer allerdings im Programmcode mehrfach *Artikelbestellnummer* eintippen muß, wünscht sich schnell kürzere Feldnamen.
Praktischer sind eindeutige Abkürzungen, die über die ganze Datenbank beibehalten werden. Auf jeden Fall sollten Sie sich Gedanken über eine sinnvolle Benennung der Felder machen, da eine spätere Änderung der Feldnamen teilweise gewaltigen Aufwand bedingt.
In den Beispielen werden häufig benötigte Felder, wie z.B. ID, einheitlich abgekürzt und weniger häufig benötigte Felder ausgeschrieben.
Obwohl Access keine Probleme mit Umlauten und Leerzeichen macht, sollten Sie trotzdem darauf verzichten, wenn Sie planen, eine Tabelle in ein anderes Datenbanksystem zu exportieren (siehe Abschnitt 10.3).

In vielen Fällen entspricht der Feldname nicht der Bezeichnung, unter der ein Anwender eine Information erkennt. Aus diesem Grund können Sie für jedes Feld eine Beschriftung angeben, die dann als Spaltenüberschrift in

Beschriftung

Datenblättern und als standardmäßige Feldbeschriftung in Formularen verwendet wird.

Praxistip: Verwenden Sie die Beschriftung nicht, wenn Sie größere Anwendungen programmieren. Im Programmcode benötigen Sie immer den Feldnamen, während im Datenblatt immer die Beschriftung angegeben ist. Dies führt zu lästigen Fehlern, insbesondere, wenn Sie länger nicht mehr an der Anwendung gearbeitet haben und die Feldnamen nicht mehr auswendig können.

Beschreibung Unter BESCHREIBUNG können Sie einen beliebigen Text angeben, der die Bedeutung eines Feldes erklärt. Gewöhnen Sie sich an, hier eine Eintragung vorzunehmen, da sie dadurch schon ein gutes Stück einer Datenbank-Dokumentation erledigt haben. Außerdem wird dieser Text in Formularen standardmäßig als erklärender Text in der Statuszeile übernommen.

Bild IV.58: Felddatentypen

Felddatentyp Die wichtigste Eigenschaft eines Feldes ist der Felddatentyp. Er bestimmt, welche Art von Daten in einem Feld gespeichert werden können und wieviel Speicherplatz dafür verbraucht wird. Je nach angegebenem Felddatentyp ändern sich die zusätzlichen Feldeigenschaften in der unteren Hälfte des Tabellenentwurfsfensters.

Bild IV.59: Zusätzliche Feldeigenschaften

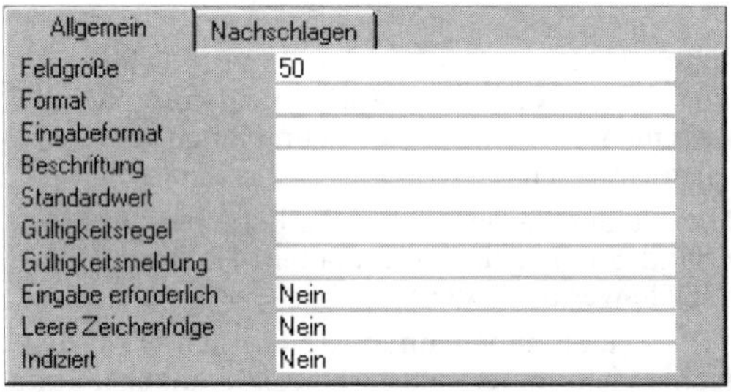

Text Der am häufigsten benötigte Datentyp ist *Text*. Textfelder können beliebige Zeichenketten, bestehend aus Buchstaben, Ziffern und Sonderzeichen, enthalten. Die maximale Länge der Zeichenkette wird unter FELDGRÖSSE von 1 bis 255 Zeichen festgelegt. Die Längenangabe dient nur als Einschränkung und beeinflußt nicht wesentlich den Speicherplatzbedarf der Tabelle.

Ein Textfeld kann natürlich auch für Zahlen, wie z.B. Telefonnummern verwendet werden. Sie haben dann die Möglichkeit ein sogenanntes Eingabeformat für das Feld zu spezifizieren, um zu verhindern, daß der Anwender falsche Daten eingibt. Eingabeformate werden in Abschnitt 6.3.2 vorgestellt.

AutoWert Der Feldtyp *AutoWert* veranlaßt Access beim Anlegen eines neuen Datensatzes, automatisch einen neuen, eindeutigen Wert zu generieren. Auto-Werte sind ideale Primärschlüssel, da Access ihre Eindeutigkeit garantiert.

3 Einfache Datenverwaltung

Dabei bietet Access folgende zwei Methoden an, die unter NEUE WERTE eingestellt werden:
- Mit INKREMENT werden die Datensätze durchgezählt. Wird ein Datensatz gelöscht, so wird sein AutoWert nicht mehr verwendet. Um die Zählung zurückzusetzen, müssen Sie die Datenbank komprimieren (siehe Abschnitt 3.1.5).
- Mit ZUFALL generiert Access zufällige AutoWerte. Somit ist die Eingabereihenfolge der Datensätze nicht mehr nachvollziehbar. Die mit dieser Einstellung erzeugten AutoWerte können auch negativ sein.

Unter FELDGRÖSSE läßt sich neben LONG INTEGER für einen 4 Byte großen Wert auch REPLIKATIONS-ID angeben. Letzteres generiert global eindeutige Werte und wird für den Replikationsmechanismus benötigt (Abschnitt 10.5).

Das Feld ID von *TBLADRESSE* ist als AutoWert deklariert. Diese Nummer sollte später als Kundennummer verwendet werden. **Beispiel**

Felder vom Datentyp *Zahl* enthalten numerische Werte. Dabei gilt in der Regel, daß dieser Datentyp nur für solche Felder verwendet werden sollte, mit deren Werten Rechenoperationen durchgeführt werden. Andernfalls empfiehlt es sich, ein Textfeld mit einem entsprechenden Eingabeformat zu verwenden. **Zahl**

Zahlenfelder unterstützen folgende unterschiedliche Feldgrößen:

Feldgröße	Wertebereich	Speicherbedarf
Long Integer	-2147483648 bis 2147483647	4 Bytes
Double	$4{,}940*10^{-324}$ bis $1{,}798*10^{308}$, negativ und positiv	8 Bytes
Integer	-32768 bis 32767	2 Bytes
Single	$1{,}401*10^{-45}$ bis $3{,}40310^{-38}$, negativ von positiv	4 Byte
Byte	-128 bis 127	1 Byte
Replikations-ID		16 Bytes

Neben der Feldgröße können Sie auch wählen, wie die Zahl ausgegeben werden soll. Wählen Sie dazu unter FORMAT einen entsprechenden Eintrag. Unter DEZIMALSTELLEN können Sie angeben, wieviele Dezimalstellen ausgegeben werden sollen. Die Speicherung der Daten erfolgt immer in der für die spezifizierte Feldgröße möglichen maximalen Genauigkeit.

Praxistip: Setzen Sie die Feldgröße für numerische Daten so niedrig wie möglich an. Berücksichtigen Sie dabei aber zukünftige Erweiterungen der Anwendung. Das Ändern eines Felddatentyps kann viele Änderungen in einer Anwendung bedingen.

Das Feld PLZ wurde von Access als numerisch erkannt, da Sie natürlich nur rein numerische Postleitzahlen beim Entwurf in der Datenblattansicht angegeben haben. Da mit Postleitzahlen nie gerechnet werden muß, ändern Sie den Felddatentyp auf TEXT mit der Feldgröße 5. Zahlenfelder werden in dieser Beispieltabelle nicht benötigt.

Felder vom Typ *Datum/Zeit* speichern einen sekundengenauen Zeitpunkt. Unter FORMAT legen Sie dann fest, ob Sie die Zeitangabe, die Datumsangabe oder beides benötigen. **Datum/Zeit**

579

IV Access

Beispiel	Fügen Sie ein Feld mit dem Namen GEBURTSDATUM an und geben Sie diesem den Datentyp DATUM/ZEIT und das Format DATUM, KURZ. Dadurch erhalten Sie ein einfaches Datum ohne genaue Uhrzeitangabe, die Sie für einen Geburtstag ja nicht benötigen.
Ja/Nein	Felder des Datentyps *Ja/Nein* erlauben ausschließlich die Werte *Ja* und *Nein* bzw. *Wahr* und *Falsch*. Dieser Datentyp wird auch als boolesch oder als logisch bezeichnet.
Beispiel	Fügen Sie der Tabelle ein Feld mit dem Namen ISTKUNDE ein, und spezifizieren Sie den Felddatentyp als JA/NEIN. Dadurch wird für eine Adresse vermerkt, ob darüber bereits eine Bestellung gelaufen ist.
Währung	Der Felddatentyp *Währung* verhält sich im Prinzip wie ein Feld vom Typ *Zahl* mit der Feldgröße *Double*. Es sind für Währungsfelder allerdings nur 4 Dezimalstellen erlaubt, so daß schnellere Algorithmen bei mathematischen Operationen zur Anwendung kommen können. Währungsfelder speichern im übrigen nicht nur Geldbeträge, sondern auch jede andere Zahl, da sich Ausgabeformat und Anzahl der angezeigten Dezimalstellen wie bei Zahlenfeldern angeben lassen.
Beispiel	Fügen Sie der Tabelle ein Feld mit dem Namen KREDIT hinzu und spezifizieren Sie als Felddatentyp *Währung*. Dieses Feld wird zur Eingabe eines Kreditrahmens für einen Kunden verwendet.
Memo	Felder vom Typ *Memo* sind Textfelder, die bis zu 64 KByte (65536 Zeichen) Text speichern. Memofelder eignen sich für die Speicherung von unstrukturierten Daten.
Beispiel	Fügen Sie der Tabelle ein Feld mit dem Namen BEMERKUNG hinzu und spezifizieren Sie als Felddatentyp MEMO. In diesem Feld können Sie dann Vermerke zu einer Adresse ablegen.
OLE-Objekt	Felder vom Typ OLE-OBJEKT speichern beliebige Daten, wie z.B. Bilder, Tabellen oder auch komplette Word-Texte. OLE-Objekte sind in Abschnitt 6.3.9 genauer beschrieben.

3.2.5 Standardwert

Für jedes Feld läßt sich ein Standardwert angeben, der automatisch in das Feld eingetragen wird, wenn ein neuer Datensatz an die Tabelle angehängt wird.

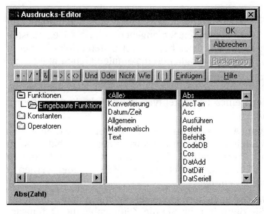

Bild IV.60:
Standardwerte im
Ausdruckseditor

Access läßt hier sowohl einen konstanten Wert als auch Ausdrücke mit bestimmten Funktionen zu. Eine Liste der gültigen Funktionen erhalten

Sie, wenn Sie den Ausdruckseditor mit der Schaltfläche neben dem Eingabefeld anzeigen (siehe Bild IV.60). Der Ausdruckseditor wird im Abschnitt 5.3.2 beschrieben.

Benutzerdefinierte Funktionen in Visual Basic sind zur Berechnung eines Standardwertes nicht erlaubt. Sie können Standardwerte aber auch auf Formularebene festlegen und dort beliebige Funktionen verwenden.

3.2.6 Gültigkeitsüberprüfungen

Gültigkeitsüberprüfungen sorgen dafür, daß ein Feld nur sinnvolle Daten enthält. Sie können in Access auf Tabellen- und auf Formularebene angegeben werden. Gültigkeitsbedingungen auf Tabellenebene gelten für alle Formulare und Datenblätter in allen Anwendungen (nicht nur Access-Anwendungen), die auf die Tabelle zugreifen. Gültigkeitsüberprüfungen in Formularen sind dafür wesentlich flexibler und können komplexere Bedingungen überprüfen.

Access unterstützt folgende Gültigkeitsüberprüfungen:

- Unter GÜLTIGKEITSREGEL wird eine Bedingung eingetragen, die erfüllt sein muß, damit der Datensatz akzeptiert wird. Andernfalls wird der unter GÜLTIGKEITSMELDUNG eingegebene Text in einem Dialogfeld angezeigt. Die Gültigkeitsregel darf auch Funktionen enthalten, für die dasselbe gilt wie für Funktionen bei Standardwerten (Abschnitt 3.2.5).
Die Bedingung darf nur das Feld enthalten, für das sie angegeben wird. Bezieht sich eine Bedingung auf mehrere Felder, so muß sie als Tabelleneigenschaft (siehe Abschnitt 3.2.9) angegeben werden.
- Wenn EINGABE ERFORDERLICH auf JA gesetzt ist, dann darf ein Feld nicht leer sein, wenn ein Datensatz gespeichert wird.
- Wenn LEERE ZEICHENFOLGE auf NEIN gesetzt ist, werden keine Textfelder zurückgewiesen, die einen leere Zeichenfolge speichern. Ohne ein spezielles Eingabeformat kann nicht zwischen leeren Feldern und leeren Zeichenfolgen unterschieden werden. Eingabeformate werden in Abschnitt 6.3.2 beschrieben.

Praxistip: Wenden Sie auf Tabellenebene nur Gültigkeitsregeln an, die wirklich fundamental für die Konsistenz der Daten sind. Komplexere Bedingungen, die Fehleingaben des Benutzers abfangen sollen, sind in Formularen besser aufgehoben.

Geben Sie die folgenden Gültigkeitsregeln in *TBLADRESSE* an: **Beispiel**

- Für FIRMA sollte EINGABE ERFORDERLICH auf JA und LEERE ZEICHENFOLGE auf NEIN gesetzt werden, weil Adressen ohne die Angabe eines Namens nicht zu gebrauchen sind.
- Für Kredit geben Sie unter Gültigkeitsregel >=0 ein. Damit stellen Sie sicher, daß keine negativen Werte als Kreditlimit eingegeben werden.

3.2.7 Indizes und Primärschlüssel

Um die Zugriffsgeschwindigkeit auf einen Datensatz zu erhöhen, lassen sich sogenannte Indizes definieren. Ein Index für eine Tabelle funktioniert dabei ähnlich wie das Sachwortverzeichnis in einem Buch. Statt das ganze Buch auf der Suche nach einem Begriff durchzulesen, müssen Sie nur das alphabetische Sachwortverzeichnis überfliegen und dann die gewünschte Information gezielt über die Seitenzahl heraussuchen.

Ein Index indiziert immer ein oder mehrere Felder eines Datensatzes. Dies sollten diejenigen Felder sein, nach denen öfters gesucht werden muß, da sich durch die Indizierung die Suchgeschwindigkeit drastisch erhöht. Zudem wird auch das Sortieren von Datensätzen durch Indizes erheblich beschleunigt, da im Index die Datensatzverweise bereits in der richtigen Reihenfolge gespeichert sind.

Als Nachteile bringen Indizes einen höheren Speicherplatzbedarf der Datenbank-Datei und eine geringfügige Verlangsamung von Einfüge-, Änderungs- und Löschvorgängen mit sich.

Indextypen Access unterstützt folgende zwei verschiedene Arten von Indizes:
- Eindeutige Indizes lassen keine doppelten Werte in den indizierten Feldern zu. Sollte sich durch das Anfügen oder Ändern eines Datensatzes ein doppelter Wert ergeben, so weist Access die Eingabe zurück.
- Mehrdeutige Indizes lassen auch doppelte Werte im indizierten Feld zu.

Primärschlüssel Für den Primärschlüssel ist immer ein eindeutiger Index angelegt, der überwacht, daß keine doppelten Primärschlüssel in der Tabelle vorkommen. Sie legen den Primärschlüssel fest und legen den zugehörigen Index an, indem Sie die gewünschten Felder markieren und die Schaltfläche PRIMÄRSCHLÜSSEL in der Symbolleiste anklicken.

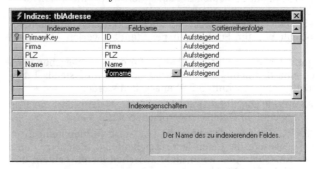

Bild IV.61:
Anlegen von Indizes

Praxistip: Machen Sie sich keine Gedanken darüber, ob ein Index ein- oder mehrdeutig sein soll. Außer für spezielle Anwendungen eignet sich meist ein mehrdeutiger Index.

Eine Übersicht der für eine Tabelle angelegten Indizes mit der Möglichkeit, Indizes über mehrere Felder anzulegen, erhalten Sie, indem Sie auf die Schaltfläche INDIZES auf der Symbolleiste klicken oder INDIZES aus dem Menü ANSICHT wählen.

Indexfenster Das Indexfenster besitzt folgende Funktionen:
- Sie legen einen neuen Index an, indem Sie in die Spalte INDEXNAME einen Namen eintragen und unter FELDNAME das Feld auswählen, das indiziert werden soll. Der Indexname hat nur für die Programmierung eine Bedeutung und kann identisch mit dem Feldnamen gewählt werden.
  Sie legen einen Index über mehrere Felder an, indem Sie bei mehreren aufeinanderfolgenden Zeilen einen Feldnamen, aber nur in der ersten Zeile einen Indexnamen angeben.
- Sie können jederzeit alle Einstellungen eines Index ändern.
- Sie löschen einen Index, indem Sie die Zeile mit seinem Indexnamen durch einen Klick auf den Datensatzmarkierer markieren und `Entf` drücken.

Für jeden Index lassen sich folgende zusätzliche Einstellungen vornehmen:

- Die Spalte SORTIERREIHENFOLGE legt fest, welche Sortierung durch den Index erreicht werden soll. Auf das gezielte Suchen eines Datensatzes hat diese Einstellung keinen Einfluß.
- PRIMÄRSCHLÜSSEL erklärt den Index in der markierten Zeile zum Primärschlüssel. War bereits ein Primärschlüssel definiert, so verliert dieser diese Funktion.
- EINDEUTIG schaltet zwischen eindeutigen und mehrdeutigem Index um.
- NULLWERTE IGNORIEREN legt fest, daß Datensätze mit Nullwerten im indizierten Feld nicht in den Index aufgenommen werden. Bei einer großen Anzahl solcher Datensätze kann so der Speicherplatzbedarf des Index reduziert werden.

3.2.8 Nachschlagen

In vielen Fällen ist in einem Tabellenfeld ein Wert aus einer anderen Tabelle gespeichert. Um diesen Vorgang zu automatisieren, können Sie in Access 7.0 die Nachschlagefunktion verwenden, die in Abschnitt 4.2.2 beschrieben ist.

3.2.9 Tabelleneigenschaften

Bild IV.62:
Eigenschaften einer Tabelle

Die Tabelle besitzt wie fast jedes andere Objekt in Access ein Eigenschaftsfenster (siehe Bild IV.62). Sie zeigen das Eigenschaftsfenster durch Anklicken der Schaltfläche EIGENSCHAFTEN in der Symbolleiste oder durch die Auswahl von EIGENSCHAFTEN im Menü ANSICHT an.

Die Tabellen-Eigenschaften haben die folgende Funktion:

- BESCHREIBUNG ist ein beliebiger Text, der Sie an die Funktion erinnert. Bei verknüpften Tabellen (siehe Abschnitt 10.3.3) wird hier automatisch die Quelle der Tabelle eingetragen.
- In GÜLTIGKEITSREGEL können Sie eine Bedingung formulieren, die wahr sein muß, damit Access den Datensatz akzeptiert und abspeichert. Im Gegensatz zu den Gültigkeitsregeln eines Feldes (siehe Abschnitt 3.2.6) lassen sich hier die Werte mehrerer Felder in die Bedingung einbeziehen. Für die Verwendung von Funktionen gelten dieselben Regeln wie bei Gültigkeitsregeln auf Feldebene.
- Unter GÜLTIGKEITSMELDUNG geben Sie einen Text ein, den Access anzeigt, wenn die Gültigkeitsregel verletzt wurde.
- Unter FILTER geben Sie einen Filter an, der zusammen mit der Tabelle geladen werden soll. Filter werden in Abschnitt 3.3.2 vorgestellt. Ein so spezifizierter Filter kann in der Tabellenansicht geändert werden und stellt somit keine zuverlässige Methode dar, bestimmte Datensätze vor Anwendern zu verbergen.

IV Access

- Unter SORTIERT NACH geben Sie eine durch Strichpunkte getrennte Liste von Feldnamen an, nach der die Tabelle standardmäßig sortiert werden soll. Auf diese Felder sollte unbedingt ein zusammengesetzter Index gelegt werden.

3.2.10 Tabellen importieren

Eine weitere Möglichkeit, eine Tabelle zu erstellen, ist der Import einer bereits vorhandenen Tabelle aus einer anderen Datenbank. Access erkennt neben dem Import von Tabellen aus eigenen Datenbanken zahlreiche Formate von anderen Datenbanksystemen. Der Datenaustausch mit anderen Datenbanken ist in Abschnitt 10.3 ausführlich beschrieben.

Bild IV.63: Importieren einer Tabelle

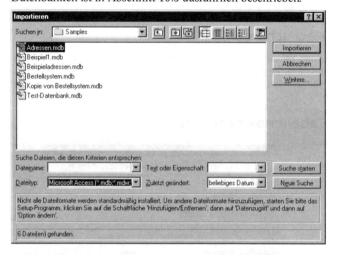

Importieren einer Access-Tabelle

Um eine Access-Tabelle zu importieren, gehen Sie folgendermaßen vor:

1. Aktivieren Sie das Datenbankfenster, wechseln Sie auf die Registerkarte TABELLEN und wählen Sie IMPORTIEREN aus dem Untermenü EXTERNE DATEN des DATEI-Menüs.

2. Wählen Sie im IMPORTIEREN-Dialogfeld die Datenbank-Datei, aus der Sie eine Tabelle importieren wollen und klicken Sie auf die Schaltfläche IMPORTIEREN. Daraufhin zeigt Access das Datenbankfenster der anderen Datenbank.

3. Markieren Sie die zu importierenden Tabellen, und klicken Sie auf die Schaltfläche OK. Access importiert jetzt die Tabelle in die aktuelle Datenbank. Existiert dort eine Tabelle mit demselben Namen wie eine importierte Tabelle, so wird dem Namen der importierten Tabelle eine Zahl nachgestellt.

Beispiel

Um mehr Daten für die folgenden Beispiele parat zu haben, importieren Sie wie oben angegeben die Tabelle *TBLADRESSE* aus der auf der CD mitgelieferten Beispieldatenbank *Bestellsystem*.

3 Einfache Datenverwaltung

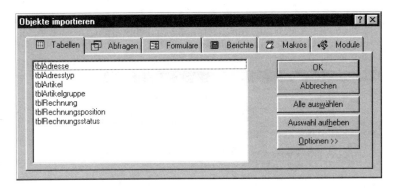

Bild IV.64:
Auswählen der
Tabelle

Da die aktuelle Datenbank bereits eine Tabelle *TBLADRESSE* besitzt, wird die Tabelle als *TBLADRESSE1* importiert. Sie können die Tabellen mit der in Abschnitt 3.1.4 beschriebenen Methode umbenennen.

3.3 Die Abfrage

Informationen werden in einer Datenbank gespeichert, um sie auf verschiedene Arten auszuwerten. Dies beginnt bei der Suche nach einem bestimmten Datensatz, geht über die Selektion mehrerer Datensätze nach bestimmten Kriterien bis zur Durchführung von Berechnungen über mehrere Datensätze.

Access verfügt über einen äußerst leistungsfähigen Abfragegenerator, mit dem Sie solche Auswertungen durchführen können, ohne eine einzige Zeile Programmcode zu schreiben.

Dieser Abschnitt beschreibt die einfachen Methoden zum Suchen, Selektieren und Sortieren von Datensätzen aus einer einzigen Tabelle. Komplexere Abfragemethoden werden in Abschnitt 5 beschrieben.

3.3.1 Datensätze suchen

Die einfachste Form einer Abfrage ist das Auffinden eines bestimmten Datensatzes. Eine solche Datensatzsuche läßt sich in der Datenblattansicht einer Tabelle oder in einem Formular (siehe Abschnitt 3.4) durchführen.

Um einen Datensatz in einer Tabelle zu suchen, gehen Sie folgendermaßen vor:

- Öffnen Sie die Datenblattansicht der Tabelle oder öffnen Sie das Formular, das die zu durchsuchenden Daten darstellt.
- Klicken Sie auf das Feld, in dem Sie einen Wert suchen wollen.
- Klicken Sie auf die Schaltfläche SUCHEN in der Symbolleiste oder wählen Sie SUCHEN aus dem Menü BEARBEITEN. Access zeigt daraufhin das Suchen-Dialogfeld an.

Geben Sie unter SUCHEN NACH den Begriff ein, nach dem Sie suchen wollen. Im einzeiligen Listenfeld SUCHEN bestimmen Sie, ob Sie alle Datensätze durchsuchen oder vom aktuell angezeigten Datensatz ausgehend aufwärts oder abwärts suchen wollen.

- Im einzeiligen Listenfeld VERGLEICHEN stellen Sie ein, welcher Teil eines Feldwertes mit dem Suchbegriff übereinstimmen muß, um als gefunden zu gelten.

585

- Mit dem Kontrollkästchen GROSS-/KLEINSCHREIBUNG BEACHTEN weisen Sie Access an, nur nach solchen Feldwerten zu suchen, die bezüglich Groß-/Kleinschreibung exakt mit dem Suchbegriff übereinstimmen.

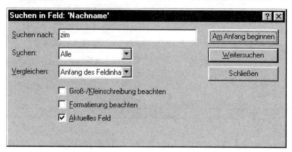

Bild IV.65:
Das Suchen-Dialogfeld

- FORMATIERUNG BEACHTEN bedingt, daß nur solche Felder gesucht werden, die in ihrem formatierten Inhalt exakt mit dem Suchbegriff übereinstimmen. Somit wird ein Währungsfeld mit dem Inhalt *20,00 DM* mit dem Suchbegriff *20* nicht gefunden, obwohl beide Werte numerisch identisch sind.
- AKTUELLES FELD bestimmt, daß nur in dem Feld gesucht werden soll, das vor dem Aufruf des Suchen-Dialogfeldes aktiv war und in der Titelleiste des Dialogfeldes angegeben ist. Wenn das Kontrollkästchen nicht markiert ist, werden alle vorhandenen Felder nach dem Suchbegriff durchsucht. In diesem Fall wird kein Index verwendet, wodurch die Suche wesentlich länger dauern kann.
- Die Schaltfläche AM ANFANG BEGINNEN startet die Suche beim ersten Datensatz.
- Mit WEITERSUCHEN suchen Sie nach dem nächsten Auftreten des Suchbegriffs.

Nach dem Suchvorgang wird der erste gefundene Datensatz markiert und die Suche angehalten. Da das Suchen-Dialogfeld leider modal ist, müssen Sie es erst über die Schaltfläche SCHLIEßEN schließen, bevor Sie auf den gefundenen Datensatz zugreifen können.

Praxistip: Meist ist ANFANG DES FELDINHALTS die günstigste Einstellung für VERGLEICHEN, weil dann einige Anfangsbuchstaben als Suchbegriff ausreichen, um einen Feldwert zu finden. Trotzdem kann Access gegebenenfalls einen Index verwenden, was die Suche erheblich beschleunigt. Die Einstellung TEIL DES FELDINHALTS verwendet dagegen keinen Index.

3.3.2 Filter

Ein Filter für eine Tabelle einer Datenbank besteht aus einem oder mehreren Kriterien, die ein Datensatz erfüllen muß, um in einem Datenblatt oder einem Formular dargestellt zu werden.

Auswahlbasierter Filter

Am einfachsten läßt sich ein auswahlbasierter Filter für die Datenblattansicht oder ein Formular anlegen.

Dazu gehen Sie folgendermaßen vor:

- Öffnen Sie die Tabelle in der Datenblattansicht oder öffnen Sie das Formular.

3 Einfache Datenverwaltung

- Blättern Sie durch die Datenblattansicht oder das Formular, bis Sie einen Datensatz gefunden haben, der den gewünschten Kriterien entspricht.
- Klicken Sie auf das Feld, das den Wert enthält, mit dem Sie den Filter bilden wollen.
- Klicken Sie auf die Schaltfläche AUSWAHLBASIERTER FILTER in der Symbolleiste oder wählen Sie AUSWAHLBASIERTER FILTER im FILTER-Untermenü im Menü DATENSÄTZE.

Anschließend sind im Datenblatt bzw. im Formular nur noch jene Datensätze verfügbar, die einen identischen Wert im aktiven Feld aufweisen wie der aktuell angezeigte Datensatz.

Dieser Vorgang läßt sich beliebig oft mit anderen Feldern wiederholen, um die Anzahl der angezeigten Datensätze weiter einzuschränken.

Um wieder alle Datensätze anzuzeigen, klicken Sie auf die Schaltfläche FILTER ENTFERNEN. Sie können den Filter mit derselben Schaltfläche solange wieder setzen, bis Sie einen neuen Filter definiert haben.

Alle Datensätze anzeigen

Sie wollen alle Münchner Kunden aus der Adreßtabelle ermitteln. Öffnen Sie dazu TBLADRESSE in der Datenblattansicht.

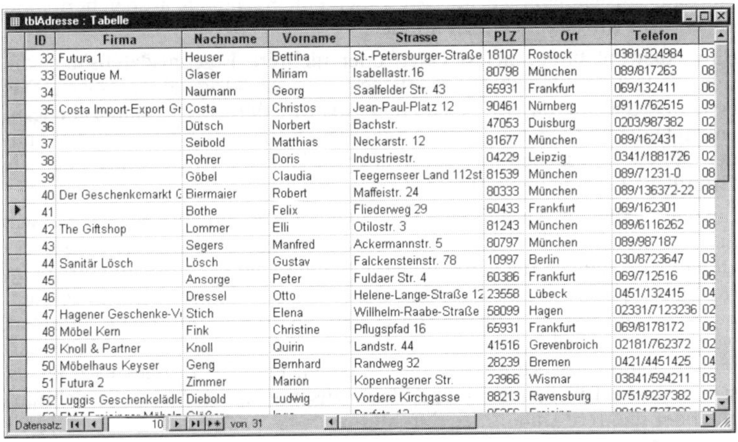

Bild IV.66:
Die ungefilterte
Adreßtabelle

Klicken Sie auf die Spalte ORT in einer Zeile, in der der Wert »München« enthalten ist. Klicken Sie dann auf die Schaltfläche AUSWAHLBASIERTER FILTER in der Symbolleiste.

Im Datenblatt werden jetzt nur noch diejenigen Datensätze angezeigt, die den Wert »München« im Feld ORT besitzen. Im Feld ISTKUNDE sehen Sie, daß zwei Datensätze keine Markierung aufweisen und demnach keine Kunden sind.

Bild IV.67:
Gefilterte
Adreßtabelle

IV Access

Klicken Sie auf das Feld ISTKUNDE, um es zu markieren. Dadurch wird leider die Markierung gelöscht, also klicken Sie ein zweites Mal darauf, um die Markierung wieder zu setzen. Klicken Sie dann erneut auf die Schaltfläche AUSWAHLBASIERTER FILTER in der Symbolleiste. Die zwei Datensätze ohne Kundenmarkierung sind jetzt ebenfalls verschwunden.

Sortierung

Ähnlich einfach läßt sich eine Sortierung der angezeigten Daten festlegen. Klicken Sie dazu auf das Feld im Datenblatt oder auf dem Formular, nach dem Sie sortieren wollen. Anschließend klicken Sie auf eine der Schaltflächen AUFSTEIGEND SORTIEREN oder ABSTEIGEND SORTIEREN in der Symbolleiste. Alternativ wählen Sie AUFSTEIGEND bzw. ABSTEIGEND im SORTIEREN-Untermenü des DATENSÄTZE-Menüs.

Weitere Filter

Neben dem auswahlbasierten Filter unterstützt Access formularbasierte Filter sowie Spezialfilter. Diese bieten mehr Möglichkeiten und werden in Abschnitt 5.2.2 beschrieben.

3.3.3 Auswahlabfragen

Ein Filter ist nützlich, um einmalig bestimmte Datensätze aus einer Tabelle zu ermitteln. Wenn Sie öfters eine gefilterte Tabelle benötigen, definieren Sie eine Auswahlabfrage, die Sie unter einem Namen abspeichern und beliebig oft wiederverwenden können.

Eine Auswahlabfrage liefert einen oder mehrere Ergebnisdatensätze, die sich weitgehend so verarbeiten lassen, wie die Originaldatensätze. Das bedeutet, daß Sie das Ergebnis einer Auswahlabfrage wie eine Tabelle in einem Datenblatt oder einem Formular darstellen bzw. in einem Bericht auf dem Drucker ausgeben können. Weiterhin läßt sich eine Abfrage auch als Grundlage für eine neue Abfrage verwenden.

In vielen Fällen lassen sich die Daten in einer Auswahlabfrage genauso wie in einer Tabelle verändern. Mit steigender Komplexität wird es für Access zunehmend schwer, die Änderungen in einem Feld der Auswahlabfrage im richtigen Feld der entsprechenden Datentabelle abzuspeichern. In solchen Fällen ist die Auswahlabfrage schreibgeschützt und kann nicht verändert werden. Auswahlabfragen bieten weiterhin eine Vielzahl von Möglichkeiten zur Datenauswertung, die Sie mit einem Filter nicht haben. So lassen sich mehrere Tabellen zu einer Abfrage zusammenfassen oder Berechnungen über mehrere Datensätze durchführen.

Bild IV.68:
Erstellen einer neuen
Abfrage

Erstellen einer neuen Abfrage

Um eine Abfrage zu erstellen, gehen Sie folgendermaßen vor:

1. Wechseln Sie im Datenbankfenster zur Registerkarte ABFRAGEN und klicken Sie auf die Schaltfläche NEU. Alternativ wechseln Sie zur Registerkarte TABELLEN bzw. ABFRAGEN, klicken auf die Tabelle bzw.

3 Einfache Datenverwaltung

Abfrage, auf deren Grundlage Sie die neue Abfrage erstellen wollen, um sie zu markieren, und klicken anschließend auf die Schaltfläche NEUE ABFRAGE in der Symbolleiste.
2. Wählen Sie ENTWURFSANSICHT, um die neue Abfrage selbst zu erstellen oder wählen Sie einen Assistenten. Die Abfrage-Assistenten sind in Abschnitt 2.3 beschrieben.
3. Klicken Sie auf OK, um in die Entwurfsansicht der Abfrage zu wechseln.

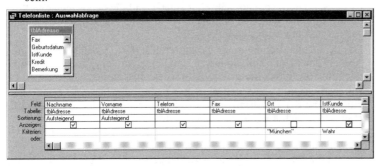

Bild IV.69:
Die Entwurfsansicht einer Abfrage

In der Abfrage-Entwurfsansicht (siehe Bild IV.69) werden in der oberen Hälfte die Feldlisten der Tabellen und Abfragen gezeigt, aus denen Daten in die Auswahlabfrage übernommen werden. In der unteren Hälfte spezifizieren Sie, welche Felder und Datensätze im Abfrageergebnis erscheinen sollen.

Anfügen neuer Tabellen

Um eine Tabelle oder eine Abfrage in die neue Abfrage aufzunehmen, klicken Sie auf die Schaltfläche TABELLE ANZEIGEN in der Symbolleiste. Daraufhin wird das Dialogfeld TABELLE ANZEIGEN geöffnet.

Bild IV.70:
Tabelle anzeigen

Fügen Sie eine Tabelle durch Doppelklicken auf den Tabellennamen ein. Um eine Abfrage einzufügen, wechseln Sie auf die Registerkarte ABFRAGEN bzw. BEIDE. Alternativ markieren Sie einen oder mehrere (durch Gedrückthalten von [Strg]) Tabellen- bzw. Abfragenamen in der Liste und klicken auf die Schaltfläche HINZUFÜGEN.

Jede Spalte steht dabei für ein Feld der Auswahlabfrage. Die Zeilen haben folgende Bedeutung:

Spezifizieren der Auswahlabfrage

- Unter FELD wird ein Feld aus den in die Abfrage übernommenen Abfragen und Tabellen ausgewählt. Das einzeilige Listenfeld enthält

dabei alle Feldnamen aller Tabellen und Abfragen, die der neuen Abfrage zugrundeliegen.
Anstatt den Feldnamen in der Liste auszuwählen, können Sie ihn in die nächste freie Spalte durch Doppelklick übernehmen. Alternativ ziehen Sie einen Feldnamen mit der Maus aus der Feldliste der entsprechenden Tabelle bzw. Abfrage in eine beliebige Spalte.

- TABELLE zeigt den Namen der Tabelle bzw. Abfrage, aus der das Feld dieser Spalte stammt. Der Name wird meist automatisch gesetzt.
- Unter SORTIERUNG läßt sich eine aufsteigende bzw. absteigende Sortierordnung für das Feld festlegen. Dabei wird zuerst nach dem Feld sortiert, das am weitesten links steht.
- Das Kontrollkästchen unter ANSICHT legt fest, ob das Feld in der Abfrage erscheinen soll. So lassen sich Felder, die nur für ein Kriterium oder eine Sortierordnung benötigt werden, ausblenden.
- Unter KRITERIEN läßt sich eine Bedingung angeben, die erfüllt sein muß, damit der Datensatz in das Abfrageergebnis aufgenommen wird. Hier lassen sich auch Vergleichsoperatoren wie >, <, <=, >= oder <> angeben. Wird kein Operator verwendet, geht Access von Gleichheit aus.
- Unter ODER und den folgenden Zeilen geben Sie weitere Kriterien an, die wahlweise erfüllt sein können, damit der Datensatz in das Abfrageergebnis eingeht. Beachten Sie, daß jedes Kriterium, das auf jeden Fall erfüllt sein muß, in jeder benutzten ODER-Zeile eingetragen werden muß.

Neben den hier vorgestellten Einstellungen bieten Access-Abfragen eine Vielzahl weiterer Funktionen, die in Abschnitt 5 beschrieben sind.

Anzeigen des Abfrageergebnisses

Sie zeigen das Abfrageergebnis in einem Datenblatt an, indem Sie die Schaltfläche AUSFÜHREN (Symbol links) in der Symbolleiste anklicken. Alternativ wechseln Sie mit der Schaltfläche DATENBLATTANSICHT (Symbol rechts) oder mit der Auswahl DATENBLATT im Menü ANSICHT zum Datenblatt der Abfrage.

Speichern der Abfrage

Sie speichern eine Abfrage, indem Sie auf die Schaltfläche SPEICHERN in der Symbolleiste klicken oder SPEICHERN aus dem Menü DATEI wählen. Geben Sie dann gegebenenfalls einen Namen für die Abfrage an. Alternativ schließen Sie das Entwurfsfenster und beantworten die Speicheranfrage mit JA.

Beispiel

Aus der Adreßtabelle soll eine Liste mit allen Münchner Kunden mit Telefon und Faxnummern erstellt werden. Da die Liste oft benötigt wird, erstellen Sie eine Abfrage. Gehen Sie dazu wie folgt vor:

1. Wechseln Sie im Datenbankfenster auf die Registerkarte TABELLEN und markieren Sie die Tabelle *TBLADRESSE*.

2. Klicken Sie auf die Schaltfläche NEUE ABFRAGE in der Symbolleiste. Wählen Sie anschließend ENTWURFSANSICHT im Dialogfeld NEUE ABFRAGE.

3. Doppelklicken Sie nacheinander in der Feldliste TBLADRESSE auf die Felder NACHNAME, VORNAME, TELEFON, FAX, ISTKUNDE und ORT. Dadurch legen Sie die Spalten fest, die die Abfrage ausgeben soll.

4. Wählen Sie im einzeiligen Listenfeld SORTIERUNG in den Spalten NACHNAME und VORNAME die Einstellung AUFSTEIGEND. Dadurch wird die Liste nach dem Nachnamen und bei gleichen Nachnamen nach dem Vornamen sortiert.

3 Einfache Datenverwaltung

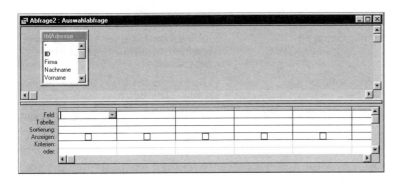

Bild IV.71:
Die leere Entwurfsansicht für die Telefonliste

5. Tragen Sie in der Spalte KUNDEN in der Zeile KRITERIEN das Kriterium »Wahr« ein. Dadurch werden nur solche Datensätze in das Abfrageergebnis aufgenommen, deren Feld ISTKUNDE wahr ist.

Bild IV.72:
Das Datenblatt der fertigen Telefonliste

6. Tragen Sie in der Spalte ORT als Kriterium »München« ein, um die Liste auf Münchner Kunden zu beschränken.
7. Da die beiden letzten Felder durch ihre Kriterien ohnehin für alle Datensätze dieselben Werte aufweisen, können Sie diese durch Löschen des Kontrollkästchens in der Zeile ANZEIGEN aus der Abfrage ausschließen.

Klicken Sie auf AUSFÜHREN, um das Abfrageergebnis in einem Datenblatt anzuzeigen.

Einen besonderen Typ von Auswahlabfrage stellt die Kreuztabelle dar, bei der die Spalten von dem Inhalt eines bestimmten Feldes abhängen. Kreuztabellen werden in Abschnitt 5.5.1 beschrieben.

Kreuztabellen

3.3.4 Aktionsabfragen

Im Gegensatz zu Auswahlabfragen ändern Aktionsabfragen die Datenbank und geben keine Datensätze als Ergebnis zurück. Obwohl sich Aktionsabfragen zu Testzwecken als Datenblatt darstellen lassen, können Sie nicht als Grundlage von Formularen, Berichten oder anderen Abfragen dienen.

Access unterstützt folgende Typen von Aktionsabfragen:

Aktionsabfrage	Funktion
Aktualisierungsabfrage	Änderung von einzelnen Feldern in einer oder mehreren Tabellen.

Aktionsabfrage	Funktion
Anfügeabfrage	Anfügen der bei einer Auswahlabfrage resultierenden Datensätze an eine Tabelle.
Löschabfrage	Löschen der bei einer Abfrage resultierenden Datensätze.
Tabellenerstellungsabfrage	Erstellung einer neuen Tabelle aus den bei einer Abfrage resultierenden Daten.

Die einzelnen Aktionsabfragen werden in Abschnitt 5.4 ausführlich beschrieben.

Beispiel Sie haben sich entschlossen, allen Kunden zu Weihnachten einen zusätzlichen Kredit von 50,– DM einzuräumen. Anstatt die einzelnen Datensätze von *TBLADRESSE* durchzugehen und die Werte im Feld Kredit von Hand zu ändern, verwenden Sie eine Aktionsabfrage.

Gehen Sie dazu folgendermaßen vor:

1. Klicken Sie im Datenbankfenster auf der Registerkarte TABELLEN auf *TBLADRESSE*, um den Tabellennamen zu markieren.

2. Klicken Sie auf die Schaltfläche NEUE ABFRAGE in der Symbolleiste. Wählen Sie im Dialogfeld NEUE ABFRAGE in der Liste ENTWURFSANSICHT, und klicken Sie auf OK. Access öffnet eine neue Abfrage in der Entwurfsansicht.

3. Klicken Sie auf AKTUALISIEREN in der Schaltflächen-Liste ABFRAGETYP.

Bild IV.73: Entwurfsansicht einer Aktualisierungsabfrage

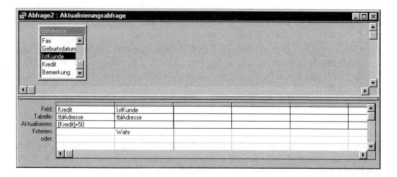

- Doppelklicken Sie in der Feldliste von *TBLADRESSE* auf das Feld KREDIT. Wenn es nicht sichtbar ist, rollen Sie die Liste nach unten. Access übernimmt dadurch das Feld KREDIT in die erste Abfragespalte. Doppelklicken Sie anschließend auf das Feld ISTKUNDE, um es in die zweite Spalte zu übernehmen.

- Geben Sie unter Kredit in der Zeile AKTUALISIEREN [KREDIT]+50 ein. Die eckigen Klammern sind wichtig, da Access daran erkennt, daß es sich um das Feld *Kredit* und nicht um den Text handelt.

- Geben Sie unter ISTKUNDE in die Zeile KRITERIEN den Wert »Wahr« ein. Dadurch gilt die Aktualisierungsformel nur für diejenigen Datensätze, bei denen das Feld IstKunde den Wert »Wahr« aufweist.

- Klicken Sie auf die Schaltfläche AUSFÜHREN in der Symbolleiste, um die Abfrage auszuführen.

Bild IV.74:
Warnung bei einer
Aktionsabfrage

- Access warnt Sie nun, daß Datensätze geändert wurden. Klicken Sie auf die Schaltfläche JA, um die Änderungen zu bestätigen.

Falls Sie eine solche Abfrage öfters benötigen, speichern Sie sie unter einem Namen ab.

3.4 Das Formular

Das ganze Spektrum der Access-Formulare wird in Abschnitt 6 behandelt. An dieser Stelle soll nur gezeigt werden, wie Sie möglichst schnell zu einem übersichtlichen Formular kommen.

3.4.1 Grundlagen

Meistens ist die Tabellenform nicht dazu geeignet, dem Anwender die Informationen aus einer Datenbank übersichtlich zu präsentieren. Normalerweise wird erwartet, daß die Daten in einer ähnlichen Anordnung gezeigt werden, wie es der Anwender z.B. von Formularen aus Papier gewohnt ist. Außerdem empfiehlt es sich meistens, Informationen logisch zu gruppieren und vielleicht platzsparender auf dem Bildschirm auszugeben.

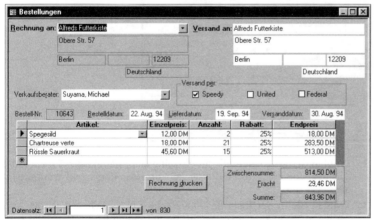

Bild IV.75:
Ein Formular

Access bietet mit den Formularen die Möglichkeit, Informationen aus einer oder mehreren Tabellen in einer frei gestaltbaren Form zu präsentieren. Formulare stellen auch den zentralen Teil einer Access-Anwendung dar, da der Benutzer über Formulare mit der Anwendung kommuniziert. In Formularen befinden sich diejenigen Steuerelemente, durch die Informationen

IV Access

Datenquellen
in die Datenbank eingegeben und Aktionen zur Datenverwaltung gestartet werden können.

Formulare können einen Verweis auf eine Tabelle oder Abfrage als sogenannte Datenquelle enthalten. Das Formular zeigt dann einen aktuellen Datensatz aus dieser Datenquelle an. Änderungen, die im Formular an den Daten vorgenommen werden, werden dann wiederum in der Datenquelle und damit in der Datenbank dauerhaft gespeichert.

Steuerelemente
Auf dem Formular befinden sich sogenannte Steuerelemente, die für die Darstellung der Informationen und die Verarbeitung der Benutzereingaben zuständig sind. Während Access eine ganze Reihe von Steuerelementen unterstützt, wird in diesem Abschnitt von einfachen Formularen, die im wesentlichen aus Textfeldern und zugehörigen Bezeichnungsfeldern bestehen, ausgegangen.

3.4.2 Erstellung eines Formulars

Um ein Formular schnell zu erstellen, verwenden Sie am besten den Formular-Assistenten. Das vom Assistenten erstellte Formular ist eine gute Vorlage, die Sie dann nach Ihren Vorstellungen verändern können. Alternativ fangen Sie mit einem völlig leeren Formular an, auf dem Sie dann die verschiedenen Elemente plazieren.

Um ein neues Formular zu erstellen, gehen Sie folgendermaßen vor:

1. Wechseln Sie zur Registerkarte FORMULARE und klicken Sie auf NEU. Alternativ zeigen Sie die Registerkarte TABELLEN bzw. ABFRAGEN an, markieren die gewünschte Tabelle bzw. Abfrage, und klicken auf die Schaltfläche NEUES FORMULAR in der Symbolleiste.

*Bild IV.76:
Anlegen eines neuen
Formulars*

2. Wählen Sie gegebenenfalls im einzeiligen Listenfeld die Tabelle oder Abfrage, aus der Informationen im Formular dargestellt werden sollen.
3. Wählen Sie in der Liste des Dialogfeld NEUES FORMULAR die Auswahl ENTWURFSANSICHT, wenn Sie mit einem leeren Formular starten wollen. Andernfalls wählen Sie einen der in Abschnitt 2.4 beschriebenen Assistenten.

Sie speichern das Formular, indem Sie die Schaltfläche SPEICHERN aus der Symbolleiste anklicken, SPEICHERN aus dem Menü DATEI auswählen oder das Formular schließen und die Sicherheitsanfrage mit JA beantworten.

3 Einfache Datenverwaltung

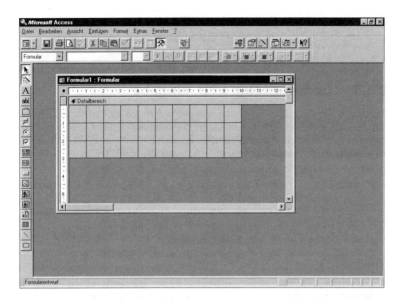

Bild IV.77:
Ein leeres Formular
in der
Entwurfsansicht

Praxistip: Es ist ein guter Programmierstil, Namen so zu gestalten, daß der Typ des benannten Objekts daraus hervorgeht. Aus diesem Grund werden die Formulare mit dem Präfix *frm* benannt.

Um ein einfaches Formular für die Adressen-Tabelle zu erstellen, verwenden Sie am besten den AutoFormular-Assistenten. Gehen Sie dazu folgendermaßen vor:

1. Wechseln Sie im Datenbankfenster auf die Registerkarte FORMULARE.
2. Klicken Sie auf die Schaltfläche NEU im Datenbankfenster.
3. Wählen Sie AUTOFORMULAR: EINSPALTIG aus der Liste.

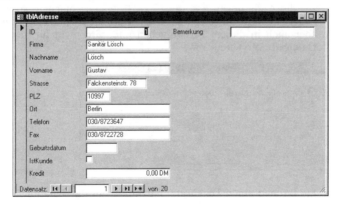

Bild IV.78:
Das Formular zur
Adreß-Eingabe

4. Wählen Sie *TBLADRESSE* aus dem einzeiligen Listenfeld.
5. Klicken Sie auf OK. Nach kurzer Zeit wird das Formular angezeigt und steht zur Dateneingabe bereit.

595

IV Access

6. Schließen Sie das Formular durch Klicken auf das Schließfeld. Access fragt daraufhin, unter welchem Namen das Formular abgespeichert werden soll.
7. Geben Sie als Namen *FRMADRESSE* an.

3.4.3 Datenanzeige und -eingabe

Sie öffnen ein Formular zur Dateneingabe, indem Sie im Datenbankfenster auf die Registerkarte FORMULARE wechseln und auf den gewünschten Formularnamen doppelklicken. Alternativ klicken Sie auf das Formular, um es zu markieren, und anschließend auf die Schaltfläche ÖFFNEN.

In einem Formular lassen sich folgende Arbeiten durchführen:

- Um die Daten in einem Textfeld zu ändern, klicken Sie in das Textfeld und geben die Änderungen ein. Kann das Textfeld nicht geändert werden, so zeigt Access eine entsprechende Meldung in der Statuszeile an.

- Sie machen alle Änderungen an einem Datensatz rückgängig, indem Sie die Taste [Esc] drücken oder auf die Schaltfläche RÜCKGÄNGIG in der Symbolleiste klicken. Alternativ wählen Sie RÜCKGÄNGIG im BEARBEITEN-Menü.
- Zwischen den Steuerelementen wechseln Sie nach unten mit den Tasten [⏎] oder [⇥]. In das vorherige Feld gelangen Sie durch [Shift]+[⇥].
- Um zwischen den Datensätzen zu blättern, verwenden Sie entweder die Navigationsschaltflächen (siehe Abschnitt 3.2.2) oder die Auswahlen im Untermenü GEHE ZU im Menü BEARBEITEN. Alternativ verwenden Sie die Tasten [Bild↑] bzw. [Bild↓], um zum vorherigen bzw. nächsten Datensatz zu blättern. Mit [Strg]+[Pos1] bzw. [Strg]+[Ende] springen Sie zum ersten bzw. letzten Datensatz.

- Sie geben einen neuen Datensatz ein, indem Sie auf die Schaltfläche NEUER DATENSATZ in der Symbolleiste klicken. Anschließend wird im Formular ein neuer Datensatz angezeigt. Alternativ springen Sie zum letzten Datensatz. Wenn Sie beim Anlegen eines neuen Datensatzes die Änderungen z.B. mit [Esc] rückgängig machen, so wird kein neuer Datensatz angelegt. Eine neue Inkrement-AutoWert-Nummer ist aber auch in diesem Fall vergeben und wird nicht für den nächsten Datensatz verwendet.

Bild IV.79:
Sicherheitsabfrage vor
dem Löschen

- Sie löschen einen Datensatz, indem Sie auf die Schaltfläche DATENSATZ LÖSCHEN in der Symbolleiste klicken. Access zeigt anschließend eine Sicherheitsabfrage an, in der Sie den Löschvorgang durch Klicken auf die Schaltfläche NEIN abbrechen können.

Unter Umständen ist es nicht möglich, in einem Formular Daten zu ändern, Datensätze zu löschen und/oder neue Datensätze anzufügen. Dies kann an

3 Einfache Datenverwaltung

Formulareinstellungen, Zugriffsrechten, Datensatzsperrungen oder an einer zu komplexen Abfrage hinter dem Formular liegen.
Geben Sie in das Formular einen neuen Datensatz wie in Bild IV.80 ein:

Beispiel

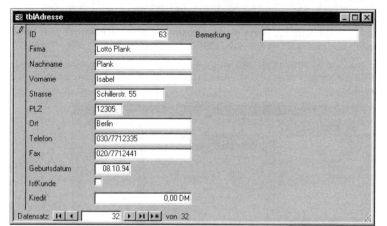

Bild IV.80:
Eingabe eines
Datensatzes in ein
Formular

Wenn Sie zum nächsten Datensatz blättern, ist der neue Datensatz gespeichert.

Access 7.0 unterstützt für die Dateneingabe eine Rechtschreibhilfe. Sie starten die Rechtschreibhilfe durch Drücken von [F7] oder durch Auswahl von RECHTSCHREIBUNG im Menü EXTRAS.

Rechtschreibhilfen

Die Rechtschreibhilfe verfügt über dieselbe Funktionalität wie in Word und verwendet auch dieselben Wörterbücher. Sie ist in Abschnitt II.6.2 beschrieben.

Bild IV.81:
Rechtschreibhilfe

Die AutoKorrektur korrigiert definierte Schreibfehler direkt bei der Eingabe. Sie öffnen das AutoKorrektur-Dialogfeld durch Auswahl von AUTOKORREKTUR aus dem Menü EXTRAS. Es stehen dabei wiederum weitgehend dieselben Funktionen wie in Word zur Verfügung (siehe Abschnitt II.6.1).

3.4.4 Verändern des Formular-Layouts

Das durch einen Assistenten erstellte Formularlayout entspricht selten exakt den eigenen Vorstellungen. In den meisten Fällen läßt sich durch die

IV Access

manuelle Veränderung des Formularlayouts die Übersichtlichkeit erhöhen und unter Umständen Platz auf dem Bildschirm sparen.

Sie verändern das Formularlayout, indem Sie im Datenbankfenster auf die Registerkarte FORMULARE wechseln, das Formular anklicken, um es zu markieren und auf die Schaltfläche ENTWURF klicken. Alternativ zeigen Sie das Kontextmenü des Formulars an, indem Sie es mit der rechten Maustaste anklicken und wählen dann die Option ENTWURF.

Wenn das Formular gerade aktiv ist, klicken Sie die Schaltfläche ENT-WURFSANSICHT in der Symbolleiste an, um in die Entwurfsansicht zu wechseln.

Bild IV.82:
Zuweisen eines
AutoFormats

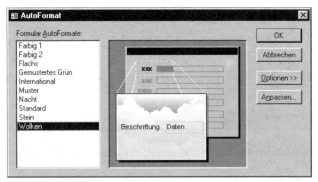

AutoFormat Access 7.0 unterstützt sogenannte AutoFormate für Formulare. Ein solches AutoFormat bestimmt den Hintergrund des Formulars sowie die Farben und Schriftarten der einzelnen Textfelder. Access verfügt über 10 vordefinierte AutoFormate, die beliebig angepaßt und erweitert werden können (siehe Abschnitt 6.2.5).

Bild IV.83:
Die Entwurfsansicht

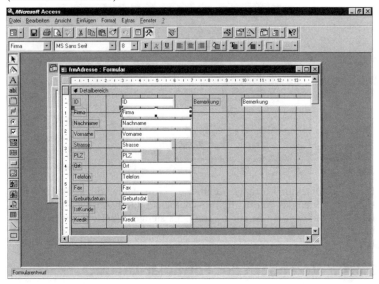

Um einem Formular ein AutoFormat zuzuweisen, wählen Sie in der Entwurfsansicht des Formulars AUTOFORMAT aus dem Menü FORMAT. Wählen Sie dann das gewünschte AutoFormat und klicken Sie auf OK.

Wenn Sie auf die Schaltfläche OPTIONEN klicken, wird das Dialogfeld um drei Kontrollkästchen vergrößert, mit denen Sie bestimmen können, ob Sie Schriftart-, Farben- und/oder die Rahmeneinstellungen aus dem Autoformat anwenden wollen.

Beachten Sie, daß ein AutoFormat auf alle Textfelder im Formular angewendet wird und somit die Formatierung einzelner Textfelder überschreibt.

Um das Formular übersichtlicher zu gestalten, verändern Sie die Anordnung der Textfelder und passen deren Größen an die darin gespeicherten Informationen an.

Ändern der Textfeldanordnung

In der Entwurfsansicht verfügen Sie über die folgenden Möglichkeiten, die Anordnung der Textfelder zu verändern:

Bild IV.84: Ein markiertes Textfeld

- Um ein Textfeld zusammen mit seinem Bezeichnungsfeld zu verschieben, klicken Sie es an, um es zu markieren, bewegen den Mauszeiger an den Rand des Textfeldes, bis er als eine Hand mit fünf ausgestreckten Fingern erscheint. Ziehen Sie dann das Textfeld an die neue Position.
- Um ein Textfeld ohne sein Bezeichnungsfeld bzw. ein Bezeichnungsfeld ohne sein Textfeld zu verschieben, ziehen Sie das Textfeld bzw. das Bezeichnungsfeld an dem größeren schwarzen Quadrat in der linken oberen Ecke an die gewünschte Position.
- Um ein Textfeld in seiner Größe zu verändern, ziehen Sie eines der kleinen schwarzen Quadrate so, daß das Textfeld die gewünschte Größe erhält.
- Um einem Textfeld die passende Höhe für die gewählte Schriftwart zu geben, doppelklicken Sie auf eines der kleinen schwarzen Quadrate. Alternativ wählen Sie AN TEXTGRÖSSE aus dem Untermenü GRÖSSE ANPASSEN im Menü FORMAT.
- Sie ändern den Text eines Bezeichnungsfelds, indem Sie einmal auf das Bezeichnungsfeld klicken, um es zu markieren, und ein zweites Mal, um eine Einfügemarke in das Textfeld zu setzen. Anschließend läßt sich der Text beliebig verändern. Bei der Texteingabe läßt sich ein neuer Absatz durch [Strg]+[↵] beginnen.
Beachten Sie, daß der Text innerhalb eines Textfeldes den Namen des Tabellenfeldes angibt, das darin dargestellt wird. Sie können diesen Namen ebenfalls ändern. Ist der Feldname ungültig, so gibt Access keine Fehlermeldung aus, sondern zeigt in der Formularansicht *#Name?* im Textfeld an.

Das Formular ist vom AutoFormular-Assistenten recht unübersichtlich angelegt worden. Ändern Sie das Layout wie folgt:

Beispiel

1. Ändern Sie das Bezeichnungsfeld von *ID* auf *Kundennr.*, indem sie es erst markieren und dann in den Text klicken, um den Editiermodus zu aktivieren.
2. Da die Kundennummer niemals so groß wird, verkleinern Sie das Textfeld ID etwa auf die Hälfte, in dem Sie es markieren und an einem der rechten kleinen Quadrate nach links ziehen.

3. Ziehen Sie das Textfeld *Bemerkung* an den unteren Rand des Fenster, um Platz zu schaffen. Markieren Sie es dazu, bewegen Sie den Mauszeiger an den oberen Rand, so daß er die Form einer Hand mit 5 ausgestreckten Fingern erhält, und ziehen Sie dann das Feld nach unten.
4. Ziehen Sie das Textfeld FIRMA wie bei 3. neben das Textfeld ID.
5. Bewegen Sie anschließend das Feld NACHNAME genauso um eine Position nach oben und schieben Sie das Textfeld VORNAME rechts daneben in eine Zeile. Das Formular sollte jetzt in etwa aussehen wie in Bild IV.85.

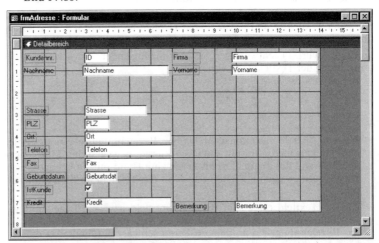

*Bild IV.85:
Das veränderte
Formular*

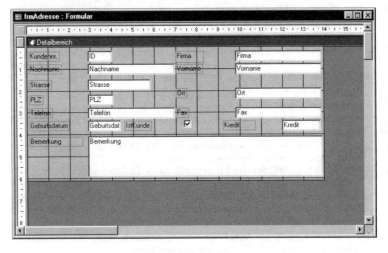

*Bild IV.86:
Ein Formular mit
verbessertem Layout*

6. Verschieben Sie die restlichen Textfelder so, daß das Formular das Aussehen von Bild IV.86 besitzt. Die Textfelder KREDIT und BEMERKUNG müssen dabei in ihrer Größe verändert werden.
7. Verändern Sie zum Schluß den grauen Bereich, indem Sie seinen Rand bis auf einen schmalen Streifen rechts und unten an die Textfelder heranziehen.

8. Zum Abschluß geben Sie dem Formular eine neue Titelzeile. Klicken Sie unterhalb der Titelleiste in die linke obere Ecke des Formularfensters. Die Ecke wird mit einem Quadrat markiert, um anzuzeigen, daß das Formular ausgewählt ist.

*Bild IV.87:
Die Formateigenschaften eines Formulars*

9. Klicken Sie dann auf die Schaltfläche EIGENSCHAFTEN in der Symbolleiste. Dadurch wird das Eigenschaftenfenster des Formulars angezeigt. Wechseln Sie darin zur Registerkarte FORMAT.
10. Geben Sie in die Zeile *Beschriftung* »Kundenadressen« ein.

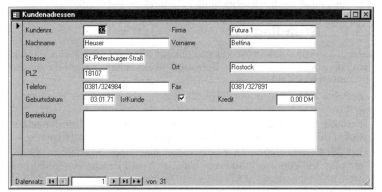

*Bild IV.88:
Das fertige Formular*

11. Wechseln Sie mit der Schaltfläche FORMULARANSICHT in der Symbolleiste in die Formularansicht, um das fertige Formular zu betrachten.

Nachdem Sie das Formular einmal geschlossen, abgespeichert und wieder geöffnet haben, paßt Access die Fenstergröße automatisch der Formulargröße an.

3.4.5 Textfelder hinzufügen und löschen

Um ein Textfeld zu löschen, klicken Sie es an, um es zu markieren, und drücken [Entf].

Der einfachste Weg, ein neues Textfeld in das Formular einzufügen, führt über die Feldliste. Sie zeigen die Feldliste an, indem Sie auf die Schaltfläche FELDLISTE in der Symbolleiste klicken oder FELDLISTE aus dem Menü ANSICHT wählen.

Feldliste

Bild IV.89:
Die Feldliste

Die Feldliste zeigt alle Felder, die in der Tabelle bzw. Abfrage hinter dem Formular vorhanden sind. Um ein Feld in das Formular einzufügen, ziehen Sie es mit der Maus an die gewünschte Stelle im Formular.

3.5 Der Bericht

In Berichten ist das Layout für die Ausgabe von Daten auf den Drucker festgelegt. Access verfügt über einen äußerst leistungsfähigen Berichtsgenerator, der manches eigenständige Produkt in vielen Punkten übertrifft. Als Schwäche des Access-Berichtsgenerators läßt sich nur aufführen, daß er auch in der Version 7.0 noch über keinen Spaltenbegriff verfügt, so daß die Erstellung eines Spaltenlayouts immer noch relativ aufwendig ist.

3.5.1 Grundlagen

Ausdrucke lassen sich in Access sowohl auf der Basis von Berichten, wie auch von Formularen erstellen. Berichte und Formulare weisen die folgenden Unterschiede auf:

- Berichte sind nicht in der Lage, Eingaben vom Anwender zu empfangen.
- Berichte lassen sich nur als Druckvorschau am Bildschirm darstellen, wobei die Einstellungen des Druckertreibers verwendet werden.
- Bei der Berichtsdefinition verfügen Sie über Möglichkeiten zur Gruppierung und somit zur Bildung von Zwischenüberschriften und -summen.

Für die Berichtserstellung verfügt Access über mehrere Assistenten, die meist zufriedenstellende Ergebnisse liefern und nur noch geringer Überarbeitung bedürfen. Die Berichts-Assistenten sind in Abschnitt 2.5 beschrieben.

Datenquellen   Berichte werden in den meisten Fällen auf Basis einer Tabelle oder Abfrage als Datenquelle gedruckt. Im Gegensatz zu Formularen werden die Daten aus der Datenquelle nur gelesen und niemals verändert.

Bereiche   Jeder Bericht ist in Bereiche aufgeteilt, die unterschiedliche Funktionen im Berichtslayout haben. Die Bereiche haben folgende Bedeutung:

- Der Berichtskopf bzw. -fuß wird einmal pro Bericht am Anfang bzw. am Ende gedruckt.
- Der Seitenkopf bzw. -fuß wird auf jeder Seite des Berichts am Anfang bzw. am Ende gedruckt.
- Die Gruppenköpfe- bzw. -füße werden jeweils zu Beginn bzw. am Ende einer Gruppe gedruckt.
- Der Detailbereich wird für jeden Datensatz der Datenquelle mit den Daten des jeweiligen Datensatzes gedruckt.

Bild IV.90:
Ein Bericht

Milchprodukte
Käsesorten

Artikelname:	Artikel-Nr:	Liefereinheit:	Einzelpreis:
Camembert Pierrot	60	15 - 300 g-Stücke	34,00 DM
Fløtemysost	71	10 - 500 g-Packungen	21,50 DM
Geitost	33	500 g	2,50 DM
Gorgonzola Telino	31	12 - 100 g-Packungen	12,50 DM
Gudbrandsdalsost	69	10 kg Paket	36,00 DM
Mascarpone Fabioli	32	24 - 200 g-Packungen	32,00 DM
Mozzarella di Giovanni	72	24 - 200 g-Packungen	34,80 DM
Queso Cabrales	11	1 kg Paket	21,00 DM
Queso Manchego La Pastora	12	10 - 500 g-Packungen	38,00 DM
Raclette Courdavault	59	5 kg-Pakung	55,00 DM

Naturprodukte
Getrocknete Früchte,
Tofu usw.

Artikelname:	Artikel-Nr:	Liefereinheit:	Einzelpreis:
Longlife Tofu	74	5 kg-Paket	10,00 DM
Manjimup Dried Apples	51	50 - 300 g-Packungen	53,00 DM
Tofu	14	40 - 100 g-Packungen	23,25 DM
Uncle Bob's Organic Dried Pears	7	12 - 1 lb-Packungen	30,00 DM

Nordwind GmbH - Herbst 95
Seite 6

Steuerelemente

In Berichte lassen sich dieselben Steuerelemente einfügen wie in Formulare. Einige Steuerelemente, z.B. Schaltflächen, dienen aber ausschließlich Benutzereingaben und geben deshalb in Berichten wenig Sinn.

3.5.2 Erstellung eines Berichts

Während bei Formularen meist ein spezielles Design zur übersichtlichen Darstellung der Daten nötig ist, beschränkt sich ein Bericht in vielen Fällen auf eine Liste mit bestimmten Datensätzen aus einer Datenquelle. Aus diesem Grund leisten die Berichtsassistenten gute Dienste.

Um einen neuen Bericht zu erstellen, gehen Sie folgendermaßen vor:

IV Access

1. Wechseln Sie zur Registerkarte BERICHTE, und klicken Sie auf NEU. Alternativ zeigen Sie die Registerkarte TABELLEN bzw. ABFRAGEN an, markieren die gewünschte Tabelle bzw. Abfrage, und klicken auf die Schaltfläche NEUER BERICHT in der Symbolleiste.

Bild IV.91:
Anlegen eines neuen Formulars

2. Wählen Sie gegebenenfalls im einzeiligen Listenfeld die Tabelle oder Abfrage, aus der Informationen im Bericht ausgegeben werden sollen.

Bild IV.92:
Ein leerer Bericht

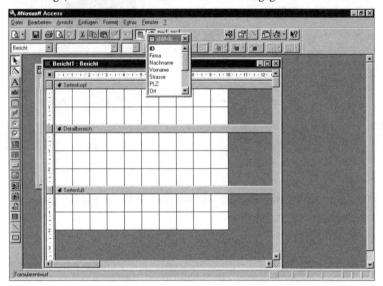

3. Wählen Sie in der Liste ENTWURFSANSICHT, wenn Sie mit einem leeren Bericht starten wollen. Andernfalls wählen Sie einen der in Abschnitt 2.5 beschriebenen Assistenten.

Sie speichern den Bericht, indem Sie die Schaltfläche SPEICHERN aus der Symbolleiste anklicken, SPEICHERN aus dem Menü DATEI auswählen oder den Bericht schließen und die Sicherheitsanfrage mit JA beantworten.

3 Einfache Datenverwaltung

Praxistip: Es ist ein guter Programmierstil, Namen so zu gestalten, daß der Typ des benannten Objekts daraus hervorgeht. Aus diesem Grund werden die Berichte mit dem Präfix *rpt* benannt.

Sie benötigen eine Liste mit den Adressen aller Kunden. Am schnellsten erstellen Sie diese Liste mit dem AutoBericht-Assistenten. Gehen Sie dazu folgendermaßen vor:

1. Wechseln Sie auf die Registerkarte TABELLEN, und klicken Sie auf TBLADRESSE, um den Tabellennamen zu markieren.

Beispiel

2. Klicken Sie auf die Schaltfläche NEUER BERICHT in der Symbolleiste.
3. Wählen Sie AUTOBERICHT:TABELLARISCH und klicken Sie auf OK.
4. Schließen Sie den Bericht und klicken Sie in der Sicherheitsabfrage auf die Schaltfläche JA, um die Speicherung zu bestätigen.
5. Geben Sie als Namen RPTADRESSE an und bestätigen Sie mit OK.

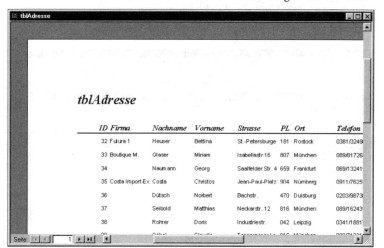

Bild IV.93:
Ein AutoBericht in
der Vorschau

3.5.3 Berichte ansehen und drucken

Bevor Sie einen Bericht ansehen oder drucken, sollten Sie den Drucker korrekt einstellen, da die Wahl des Druckertreibers großen Einfluß auf das Erscheinungsbild des Berichts hat. Um den Drucker festzulegen, wählen Sie DRUCKER im Menü DATEI.

Druckereinstellungen

Im einzeiligen Listenfeld sind alle Drucker aufgeführt, die auf Ihrem Rechner installiert sind. Über die Schaltfläche EIGENSCHAFTEN erreichen Sie direkt die Druckeroptionen, in denen Sie für den Drucker spezifische Einstellungen wie z.B. zweiseitiger Druck vornehmen können.

Der für einen Bericht verwendete Drucker läßt sich zusammen mit seinen Einstellungen speichern. Dieses Vorgehen ist in Abschnitt 7.1.1 beschrieben.

Um einen Bericht in der Druckvorschau zu betrachten, doppelklicken Sie seinen Namen im Datenbankfenster. Alternativ markieren Sie den Berichtsnamen durch einen Mausklick und klicken auf die Schaltfläche ÖFFNEN oder auf die Schaltfläche SEITENANSICHT in der Symbolleiste.

Druckvorschau

Bild IV.94:
Die Einstellung des
Druckers

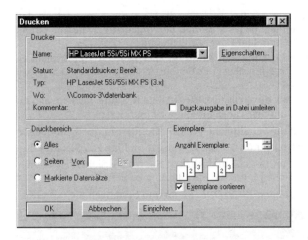

Bild IV.95:
Die Druckvorschau

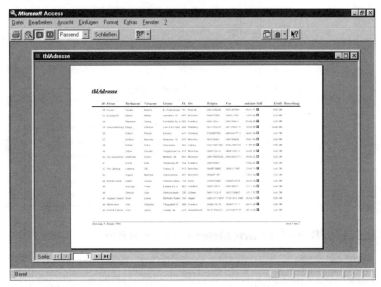

In der Berichtsvorschau stehen folgende Funktionen zur Verfügung:

- Sie verkleinern den Bericht auf Fenstergröße, indem Sie einmal auf den Bericht klicken. Sie vergrößern ihn wieder auf Originalgröße, indem Sie erneut auf den Bericht klicken. Alternativ klicken Sie auf die Schaltfläche ZOOM in der Symbolleiste.
- Um die Vergrößerung genau einzustellen, wählen Sie den gewünschten Wert im einzeiligen Listenfeld ZOOM EINSTELLEN in der Symbolleiste.

- Mit den Schaltflächen EINE SEITE und ZWEI SEITEN bestimmen Sie, ob Sie eine oder zwei Seiten darstellen wollen.

- Sie drucken die Vorschau mit den aktuellen Einstellungen, indem Sie die Schaltfläche DRUCKEN in der Symbolleiste anklicken.

3 Einfache Datenverwaltung

- Um den Bericht in Word oder Excel zu bearbeiten, klicken Sie auf die entsprechende Schaltfläche unter OFFICEVERKNÜPFUNGEN (siehe Abschnitt 7.2).
- Sie verlassen die Druckvorschau, indem Sie die Schaltfläche SCHLIEßEN anklicken.

Office 95

Um einen Bericht direkt auszudrucken, markieren Sie dessen Namen auf der Registerkarte BERICHTE und klicken auf die Schaltfläche DRUCKEN in der Symbolleiste. Alternativ wählen Sie DRUCKEN im Menü DATEI und bestätigen den Ausdruck mit OK.

Drucken von Berichten

3.5.4 Verändern des Berichtslayouts

Ähnlich wie Formulare lassen sich auch Berichte weitestgehend frei gestalten. Um einen Bericht zu verändern, wechseln Sie in seine Entwurfsansicht, indem Sie den Namen im Datenbankfenster markieren und auf die Schaltfläche ENTWURF klicken. Alternativ öffnen Sie das Kontextmenü des Berichts, indem Sie dessen Namen mit der rechten Maustaste anklicken und den Menüpunkt ENTWURF wählen.

Für Berichte existiert ebenfalls eine AutoFormat-Funktion, die die Gestaltung aller Text- und Beschriftungsfelder verändert. Sie öffnen das AutoFormat-Dialogfenster, indem Sie AUTOFORMAT aus dem Menü FORMAT in der Entwurfsansicht eines Formulars wählen.

AutoFormat

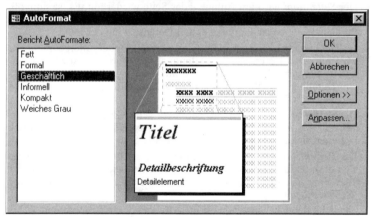

Bild IV.96: AutoFormate für die Entwurfsansicht

Wählen Sie dann in der Liste das gewünschte AutoFormat, und klicken Sie auf OK. Access formatiert den Bericht den Einstellungen des AutoFormats entsprechend um.

Beachten Sie, daß die AutoFormat-Funktion die Format-Einstellungen aller Felder ändert und dabei eine vorher vorgenommene Formatierung überschreibt.

Üblicherweise sind tabellarische Berichte wie in Bild IV.97 folgendermaßen aufgebaut:

Berichte in der Entwurfsansicht

- Im *Berichtskopf* findet sich die Überschrift oder das Titelblatt des Berichts. Dieser Text wird nur genau einmal am Anfang des Berichts gedruckt. Alle Textfelder in diesem Bereich beziehen sich auf den ersten Datensatz der Datenquelle.

*Bild IV.97:
Ein Bericht in der
Entwurfsansicht*

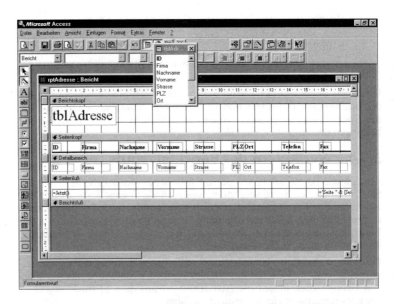

- Der *Seitenkopf* wird am Anfang jeder Seite wiederholt. Es ist sinnvoll, hier die Spaltenüberschriften unterzubringen. Textfelder in diesem Bereich beziehen sich auf den ersten Datensatz auf der Seite.
- Im *Detailbereich* werden die auszugebenden Daten untergebracht. Er wird für jeden Datensatz der Datenquelle wiederholt und zeigt in seinen Textfeldern die Informationen aus dem jeweiligen Datensatz an. Der Detailbereich läßt sich beliebig gestalten und muß nicht unbedingt einzeilig sein,
- Der *Seitenfuß* wird unten auf jede Seite gedruckt und bietet sich deshalb für die Ausgabe der Seitenzahl an. Textfelder in diesem Bereich beziehen sich auf den letzten Datensatz der Seite.
- Der *Berichtsfuß* wird einmal am Ende des Berichts gedruckt und eignet sich deshalb für abschließende Informationen, wie z.B. einen Verteiler. Textfelder in diesem Bereich beziehen sich auf den letzten Datensatz der Datenquelle.

Gruppierung Zusätzliche Bereiche entstehen in einem Bericht durch Gruppierung. Dabei werden Datensätze, die in einem spezifizierten Feld einen identischen Wert aufweisen, zu einer Gruppe zusammengefaßt. Vor und nach der Gruppe wird dann jeweils ein Bereich Gruppenkopf bzw. Gruppenfuß eingefügt. Dies bedingt natürlich eine Sortierung nach dem Feld, für das gruppiert werden soll. Access nimmt eine solche Sortierung automatisch vor. Es sind bis zu 10 Gruppierungen pro Bericht zulässig. Ausführliche Informationen zu Gruppierungen finden Sie in Abschnitt 7.1.2.

3.6 Die Anwendung

Im folgenden Abschnitt wird anhand des Beispiels gezeigt, wie Sie die einzelnen Objekte einer Access-Datenbank zu einer Anwendung zusammenfügen.

Beispiel In den vorangegangenen Abschnitten haben Sie eine Tabelle für Adreßinformationen erstellt und ein Formular, mit dem Sie Adressen am Bildschirm ansehen, eingeben und ändern können. Um die Adressen auszuwerten, haben Sie eine Abfrage und einen Bericht erstellt. Als letzter Schritt bleibt noch die Erstellung eines Menüs, über das auch unerfahrene Anwender die verschiedenen Funktionen aufrufen können.

3.6.1 Aufbau von Access-Anwendungen

Access-Anwendungen bestehen in der Hauptsache aus einer Reihe von Formularen, die verschiedene Aspekte der Datenbank darstellen und dem Benutzer die Funktionalität der Anwendung zur Verfügung stellen.

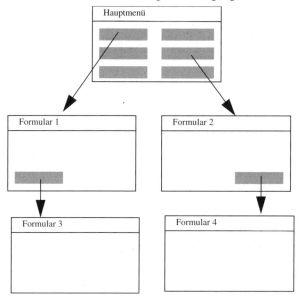

*Bild IV.98:
Der Aufbau einer
Access-Anwendung*

Formulare werden normalerweise durch Schaltflächen, die sich auf anderen Formularen befinden, geöffnet. Das erste Formular, das (automatisch) geöffnet wird, besitzt dabei oft ausschließlich solche Schaltflächen, die in die verschiedenen Bereiche der Anwendung verzweigen. Dieses Formular wird als Hauptformular der Anwendung bezeichnet.

Alternativ läßt sich eine Access-Anwendung auch über das Access-Menü steuern, das sich frei an die Anforderungen der Anwendung anpassen läßt. Dieser Weg ist allerdings eher unüblich, da er für den unerfahrenen Anwender schwerer nachzuvollziehen ist.

Da Access-Formulare Unterfenster des Access-Fensters sind, lassen sich beliebig viele Formulare gleichzeitig auf dem Bildschirm halten. So ist es dem Anwender möglich, eine neue Adresse in einem Formular anzulegen, während er eine Rechnung in einem anderen Formular bearbeitet.

Beziehungen zwischen Formularen

Während Access diese Funktionalität automatisch zur Verfügung stellt, müssen Sie für die Synchronisation der Formulare selber sorgen. Im oben genannten Beispiel läßt sich die Adresse zwar eingeben, steht aber dem Rechnungsformular nicht zur Verfügung bevor eine Neuabfrage der Daten über eine Tastenkombination ([Strg]+[F9]) oder über entsprechenden Programmcode ausgeführt wurde.

3.6.2 Erstellen eines Hauptformulars

Beispiel

Ein Hauptformular besteht meistens aus einer Reihe von Schaltflächen, über die Formulare aufgerufen, Berichte ausgedruckt und Abfragen gestartet werden.

Gestalten des Hauptformulars

Um das Hauptformular zu erstellen, gehen Sie folgendermaßen vor:

1. Erstellen Sie ein leeres Formular in der Entwurfsansicht. Die Vorgehensweise hierfür finden Sie in Abschnitt 3.4.2 Geben Sie dabei keine Datenquelle an.

Bild IV.99:
Die Werkzeugleiste beim Formularentwurf

2. Während des Formularentwurfs wird die Werkzeugleiste (siehe Bild IV.99) eingeblendet. Sie befindet sich üblichweise am linken Fensterrand, kann aber wie alle Symbolleisten an einer beliebigen Stelle auf dem Bildschirm plaziert werden. Vergewissern Sie sich, daß darin die Schaltfläche STEUERELEMENTASSISTENTEN gedrückt ist.

3. Klicken Sie auf die Schaltfläche BEFEHLSSCHALTFLÄCHE und dann auf das leere Formular. Access öffnet jetzt den Steuerelement-Assistenten für Befehlschaltflächen. Eine ausführliche Beschreibung dieses Assistenten finden Sie in Abschnitt 6.2.4.

4. Wählen Sie in der Liste KATEGORIEN den Eintrag FORMULAROPERATIONEN und in der Liste AKTIONEN den Eintrag FORMULAR ÖFFNEN. Klicken Sie anschließend auf die Schaltfläche WEITER.

Bild IV.100:
Der Assistent für Befehlsschaltflächen

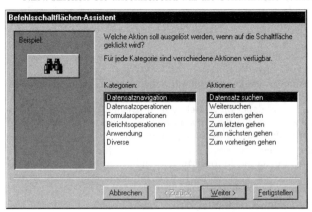

5. Wählen Sie in der Liste FRMADRESSE als das Formular, das über die Schaltfläche geöffnet werden soll, und klicken Sie anschließend auf die Schaltfläche WEITER.

6. Wählen Sie den Radioknopf TEXT und tragen Sie in das Eingabefeld Adressen ein. In der Vorschau der linken Fensterhälfte sehen Sie jetzt die beschriftete Schaltfläche. Klicken Sie anschließend auf die Schaltfläche WEITER.

7. Auf der letzten Seite fragt der Assistent nach einem Namen für die Schaltfläche. Dieser Name wird benötigt, wenn Sie sich im Pro-

grammcode auf die Schaltfläche beziehen wollen. Geben Sie hier *cmdAdressen* an, und klicken Sie auf FERTIGSTELLEN.

*Bild IV.101:
Auswahl der
Schaltflächenbe-
schriftung*

8. Klicken Sie auf die Schaltfläche FORMULARANSICHT in der Symbolleiste, um das Formular mit der ersten Schaltfläche auszuprobieren. Klicken Sie auf die Schaltfläche ADRESSEN, um das Adressenformular zu öffnen.

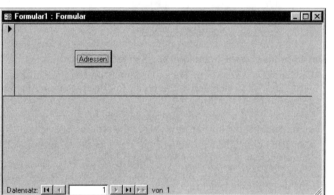

*Bild IV.102:
Das Hauptformular
mit der ersten
Schaltfläche.*

9. Schließen Sie das Formular, und klicken Sie in der Sicherheitsabfrage auf JA, um das Formular zu speichern.
10. Geben Sie als Namen *frmHauptformular* an.

Mit derselben Methode lassen sich nun auch die Schaltflächen für das Drucken des Berichts, für das Ausführen der Abfrage und das Beenden der Anwendung einfügen. Dazu gehen Sie in die Entwurfsansicht des Hauptformulars und fügen neue Schaltflächen ein. Im Steuerelement-Assistenten geben Sie dann die folgenden Informationen an:

IV Access

Schaltfläche	Einstellungen des Formularassistenten
Drucken des Berichts	• Kategorie BERICHTSOPERATIONEN, Aktion BERICHT DRUCKEN • Berichtsname RPTADRESSE • Text »Adressenliste drucken« • Name CMDADRESSENDRUCKEN
Ausführen der Abfrage	• Kategorie DIVERSE, Aktion ABFRAGE AUSFÜHREN • Abfrage QRYTELEFONLISTE • Text »Telefonnummern der Münchner Kunden« • Name CMDTELEFONLISTE
Beenden der Anwendung	• Kategorie ANWENDUNG, Aktion ANWENDUNG BEENDEN • Symbol BEENDEN • Name CMDBEENDEN

Bild IV.103:
Das vorläufig fertige Hauptformular

Das Formular besitzt noch folgende Schönheitsfehler:
- Die Titelleiste zeigt den Formularnamen und keinen aussagekräftigen Text. Dies läßt sich mit der bereits im Beispiel von Abschnitt 3.4.4. gezeigten Methode ändern.
- Datensatzmarkierer und Navigationsschaltflächen sind unnötig, da keine Datensätze im Formular gezeigt werden.
- Das Formular läßt sich beliebig in der Größe verändern, obwohl die Schaltflächen einen festen Platzbedarf haben.

Sie ändern das Verhalten des Formulars durch die Formulareigenschaften, die in Abschnitt 6.4 beschrieben sind.

Automatisches Öffnen eines Formulars

Es ist sinnvoll, das Hauptformular beim Laden der Access-Datenbank automatisch zu öffnen, so daß der Anwender das Datenbankfenster überhaupt nicht benötigt. Das Datenbankfenster läßt sich dann ausblenden. Während man in den Vorversionen von Access dazu ein Makro erstellen mußte, lassen sich diese Einstellungen in der Version 7.0 bequem im Start-Dialogfeld vornehmen, das Sie mit der Auswahl von START im Menü EXTRAS öffnen.

Nehmen Sie im Start-Dialogfenster die folgenden Einstellungen vor:
1. Geben Sie unter Anwendungstitel *Adressenverwaltung* ein. Dieser Text erscheint dann statt »Microsoft Access« in der Access-Titelleiste.
2. Wählen Sie im Kombinationsfeld FORMULAR ANZEIGEN das Hauptformular FRMHAUPTFORMULAR. Somit wird das Hauptformular automatisch beim Laden der Datenbank geöffnet.

3. Wenn Sie die Markierung im Kontrollkästchen DATENBANKFENSTER ANZEIGEN löschen, so wird beim Laden der Datenbank kein Datenbankfenster gezeigt. Sie können das Datenbankfenster jedoch jeder-

zeit anzeigen, indem Sie die Schaltfläche DATENBANKFENSTER in der Symbolleiste anklicken.

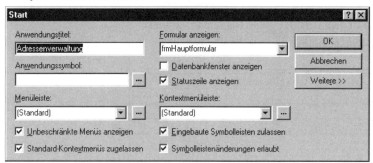

Bild IV.104:
Die Startoptionen

4 Relationale Datenbanken

In Abschnitt 1 haben Sie die Grundlagen von relationalen Datenbanken kennengelernt. Abschnitt 3 befaßt sich mit der Datenverwaltung über eine Tabelle. Dieser Abschnitt vollführt den nächsten Schritt bei der Entwicklung eines relationalen Datenbanksystems, indem weitere Tabellen und Beziehungen zwischen diesen Tabellen eingeführt werden.

Dabei steht hier weniger die Anwendung von Access als das Design einer relationalen Datenbank im Vordergrund. Erst eine geeignete Datenbankstruktur ermöglicht Ihnen, effiziente Anwendungen zur Lösung Ihrer Aufgaben zu entwickeln.

4.1 Entwicklung der Datenbankstruktur

Der folgende Abschnitt zeigt einen Ansatz zur Entwicklung einer Datenstruktur am Beispiel eines einfachen Bestellsystems. Dabei wird ein recht pragmatischer Weg beschritten, der weitgehend ohne die Theorie der relationalen Datenbanken auskommt.

Das der Entwicklung einer relationalen Datenbankstruktur zugrundeliegende Prinzip ist die sogenannte Normalisierung. Dabei handelt es sich um ein analytisches Verfahren, mit dem Redundanzen aus der Datenbank entfernt werden können. Die Theorie bietet dazu mehrere Normalformen (NF) an, mit denen die Datenbank in einen normalisierten Zustand überführt werden kann.

4.1.1 Speicherung von Informationen

Eine Datenbank dient natürlich zum Speichern von Informationen. Stehen die Informationen als einfache Kartei zur Verfügung, so läßt sich dafür einfach eine Tabelle definieren. Eine solche Tabelle ist in Abschnitt 3.2 entwickelt worden.

Werden die zu speichernden Objekte komplizierter, sind einige Überlegungen über eine geeignete Datenbankstruktur notwendig. So ist der Kern eines Bestellsystems das Erstellen, Speichern und Ausdrucken von Rechnungen. Die Rechnungen sollen dabei in der Datenbank gespeichert werden.

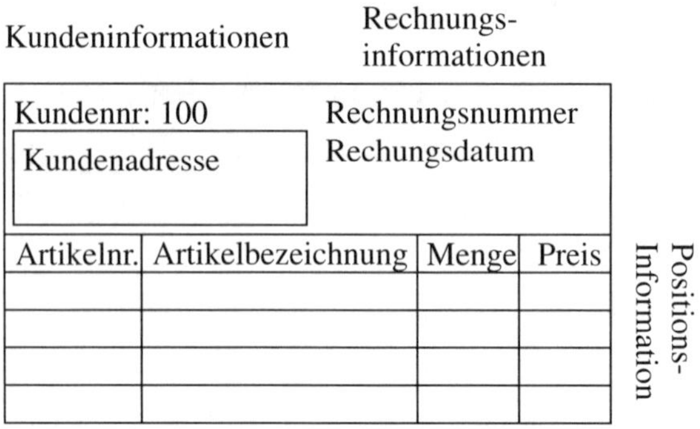

IV Access

Bild IV.105:
Schematische Darstellung einer Rechnung

Kundeninformationen	Rechnungs-informationen
Kundennr: 100　Kundenadresse	Rechnungsnummer　Rechungsdatum

Artikelnr.	Artikelbezeichnung	Menge	Preis	Positions-Information

Bild IV.105 zeigt das Schema einer Rechnung, das aus folgenden Informationsgruppen besteht:

- Die *Kundeninformationen* enthalten alle Daten zum Kunden, dem die Rechnung gestellt wird. Dies sind z.B. Kundennummer und Kundenadresse.
- In den *Rechnungsinformationen* werden die Informationen zu einer Rechnung gespeichert. Dies sind z.B. Rechnungsnummer und Rechnungsdatum.
- Die *Positionsinformationen* enthalten die Daten für jeden verkauften Artikel. Das sind z.B. Artikelnummer, Artikelbezeichnung, Menge und Preis.

Für die Speicherung einer solchen Rechnung in einer relationalen Datenbank existieren eine Reihe von Möglichkeiten, die im folgenden vorgestellt werden.

Vorschlag 1

Als erster Vorschlag soll die Speicherung der kompletten Rechnung in einer einzigen Tabelle erfolgen. Diese besteht dann aus den folgenden Feldern:

Bild IV.106: Speicherung der Rechnung einer einzigen Tabelle

Kunden-info 1	Rechnungs-info 1	Positions-info 1.1	Positions-info 1.2	Positions-info 1.3	usw.
Kunden-info 2	Rechnungs-info 2	Positions-info 2.1	Positions-info 2.2	Positions-info 2.3	usw.
Kunden-info 3	Rechnungs-info 3	Positions-info 3.1	Positions-info 3.2	Positions-info 3.3	usw.

Jede Positionsinformation besteht dabei aus den 4 Feldern Artikelnummer, Artikelbezeichnung, Menge und Preis, was zu einer Tabelle mit sehr vielen Feldern führt, von denen je nach Länge der Rechnung oft nur ein kleiner Teil benötigt wird. Dadurch wird ein gewisser Anteil an Speicherplatz verschwendet.

Gravierender ist aber die Tatsache, daß ein solcher Entwurf die maximale Anzahl an Rechnungspositionen bereits in der Datenbank-Struktur festschreibt. Sofern die Aufgabenstellung nicht explizit eine maximale Anzahl an Positionen vorsieht, wird früher oder später der Zeitpunkt kommen, an dem eine Rechnung die Kapazität sprengt und eine Erweiterung der Datenbank durch den Programmierer notwendig ist.

Aus diesen beiden Gründen ist der erste Vorschlag in der Praxis nicht tauglich.

Um eine variable Anzahl von Positionen zu speichern, bietet sich ein eigener Datensatz für jede Position an.

Vorschlag 2

Kundeninfo 1	Rechnungsinfo 1	Positionsinfo 1.1	
Kundeninfo 1	Rechnungsinfo 1	Positionsinfo 1.2	Rechnung 1
Kundeninfo 1	Rechnungsinfo 1	Positionsinfo 1.3	
Kundeninfo 2	Rechnungsinfo 2	Positionsinfo 2.1	Rechnung 2
Kundeninfo 2	Rechnungsinfo 2	Positionsinfo 2.2	

Bild IV.107: Tabelle mit einem Datensatz pro Position

Eine solche Tabelle speichert nun die komplette Information für eine Position in einem Datensatz. Um eine komplette Rechnung zu erhalten, filtert man alle zu einer Rechnungsnummer gehörenden Datensätze. Das Problem der variablen Anzahl von Rechnungspositionen besteht in dieser Tabelle nicht, da Sie für eine Rechnung beliebig viele Datensätze anlegen können.

Der negative Aspekt bei dieser Anordnung liegt darin, daß die Informationen für Kunden und Rechnung für jede Position erneut gespeichert werden. Abgesehen vom höheren Speicherplatzbedarf muß auch dafür gesorgt werden, daß diese Informationen beim Anlegen der Rechnung kopiert werden. Zudem muß jede Änderung der Kunden- oder Rechnungsinformationen in einem Datensatz in alle anderen Datensätze der Rechnung übertragen werden.

In Access gibt es dafür genausowenig einen Automatismus wie in einem anderen Datenbanksystem. Sie müßten also einen Programmcode schreiben, der die Datensätze einer Rechnung bei einer Änderung miteinander abgleicht.

Als Ausweg aus dieser Situation könnte man die Kunden- und Rechnungsinformationen nur in einem der Rechnungsdatensätzen speichern und die anderen Felder frei lassen. In diesem Fall müssen Sie aber dafür Sorge tragen, daß der Datensatz mit den Kunden- und Rechnungsinformationen nie gelöscht werden kann.

Der folgende Abschnitt zeigt, wie man die Nachteile der beiden Vorschläge vermeiden kann.

4.1.2 Verknüpfen von Tabellen

Die im vorigen Abschnitt gezeigten Datenbankstrukturen erweisen sich als ungeeignet, weil zu einer Rechnung eine variable Anzahl von Positionen existieren.

In einem solchen Fall bietet sich die Aufteilung in eine Tabelle TBLRECHNUNG für Rechnung- und Kundeninformation sowie eine weitere Tabelle TBLRECHNUNGSPOSITION für die Positionsinformationen an. Zwischen beiden Tabellen wird dann eine Beziehung definiert.

*Bild IV.108:
Die Rechnung in
zwei Tabellen*

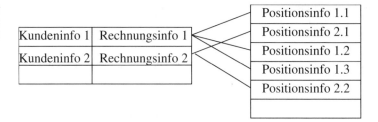

Primär- und Fremdschlüssel

Für eine Beziehung benötigt die Tabelle mit den einfachen Informationen TBLRECHNUNG unbedingt einen Primärschlüssel (siehe Abschnitt 3.2.1). Im Fall einer Rechnung bietet sich die Rechnungsnummer an, die ja schon aus buchhalterischen Gründen eindeutig sein muß.

In der Tabelle mit den mehrfachen Datensätzen TBLRECHNUNGSPOSITION wird dann in jedem Datensatz die Rechnungsnummer der Rechnung gespeichert, der die Position zugeordnet ist. In TBLRECHNUNGSPOSITION hat die Rechnungsnummer dann die Funktion eines Fremdschlüssels.

Eine Rechnungsposition würde im Beispiel keinen Primärschlüssel benötigen. Generell sollten Sie im Hinblick auf spätere Erweiterungen der Datenbank aber in allen Tabellen einen Primärschlüssel definieren. Dafür eignet sich ein eigener, über alle Positionen durchgängiger Zähler oder eine Positionsnummer (Feld POSNR), die pro Rechnung durchgezählt wird und zusammen mit der Rechnungsnummer den Primärschlüssel bildet.

Um alle Positionen einer Rechnung zu erhalten, filtert man alle Rechnungspositionen aus, die eine bestimmte Rechnungsnummer im Fremdschlüssel aufweisen.

1-zu-n-Verknüpfung

Eine Beziehung wie zwischen TBLRECHNUNG und TBLRECHNUNGSPOSITION wird 1-zu-nVerknüpfung genannt, weil einem Datensatz aus TBLRECHNUNG mehrere Datensätze aus TBLRECHNUNGSPOSITION zugeordnet sind. TBLRECHNUNG wird dabei als Haupttabelle, TBLRECHNUNGSPOSITION als Detailtabelle bezeichnet.

*Bild IV.109:
Beziehungsschema
zwischen Rechnung
und
Rechnungsposition*

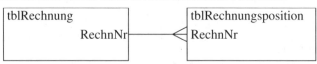

Bild IV.109 zeigt die schematische Darstellung der Beziehung zwischen TBLRECHNUNG und TBLRECHNUNGSPOSITION. Die Linie zwischen den beiden Tabellen symbolisiert die 1-zu-n-Beziehung, bei der zu einer Rechnung mehrere Rechnungspositionen gehören.

4.1.3 Beseitigung von inneren Abhängigkeiten

Die Speicherung einer Rechnung in zwei Tabellen löst das Problem noch nicht zufriedenstellend, da sowohl in TBLRECHNUNG als auch in TBLRECHNUNGSPOSITION noch innere Abhängigkeiten bestehen.

Eine innere Abhängigkeit besteht dann, wenn im Datensatz der Wert eines Feldes eindeutig aus einem oder mehreren anderen Feldern bestimmt werden kann. Dann nämlich können diese Felder in eine neue Tabelle ausgelagert werden.

Im Fall der Rechnung besteht diese innere Abhängigkeit darin, daß die Kundenadresse eindeutig aus der Kundennummer ermittelt werden kann. Deswegen läßt sich die Kundenadresse unter der Kundennummer als Primärschlüssel in einer eigenen Tabelle speichern. In den Rechnungsdatensatz wird dann nur noch die Kundennummer aufgenommen.

Rechnungen und Kunden

Die Speicherung der Kundenadresse bei den Rechnungsinformationen ist ohnehin nicht sinnvoll, da Sie ja nicht alle Rechnungen durchblättern wollen, um an eine Adresse zu kommen. Zudem wären somit Inkonsistenzen durch Schreibfehler bei der Eingabe der Kundenadresse Tür und Tor geöffnet.

Zwischen der Kundenadresse und der Rechnung besteht wiederum eine 1-zu-n-Abhängigkeit, da einem Kunden beliebig viele Rechnungen zugeordnet werden können. Die Speicherung der Kundeninformationen im Rechnungsdatensatz entspricht dabei dem Vorschlag 2 aus Abschnitt 4.1.1.

Die Adressen werden dabei in der Tabelle *TBLADRESSE* gespeichert, die in Abschnitt 3.2 definiert wurde. *TBLADRESSE* dient dabei keineswegs nur als Adressenlieferant für eine Rechnung, sondern sammelt alle Informationen zu einem Kunden.

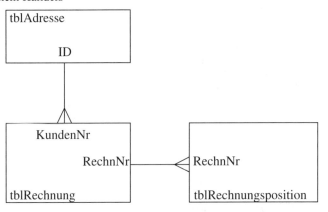

Bild IV.110: Die erweiterte Struktur

Die Datensätze der Rechnungspositionen-Tabelle enthalten ebenfalls eine innere Abhängigkeit zwischen Artikelnummer und Artikelbezeichnung. Ähnlich wie bei den Kundenadressen ist ohnehin eine eigene Artikeltabelle sinnvoll, die beispielsweise auch von einer Lagerverwaltung verwendet werden kann.

Rechnungspositionen und Artikel

Bild IV.111 zeigt die nunmehr vollständige Datenbankstruktur des Bestellsystems.

Obwohl die Entwicklung einer weitgehend redundanzfreien Datenbankstruktur sehr wichtig ist, gibt es manche Stellen, an denen man Redundanzen bewußt in Kauf nimmt oder im Sinne der Anwendung in Kauf nehmen muß.

Grenzen der Normalisierung

So besteht beispielsweise immer noch eine innere Abhängigkeit in der Adreßtabelle zwischen Postleitzahl und Ort, da aus einer Postleitzahl der Ort eindeutig bestimmt werden kann. In der Praxis ist aber eine Postleitzahlenverwaltung, besonders bei den 5stelligen Postleitzahlen, zu aufwendig, um sie in die Datenbankstruktur zu integrieren. Sinnvoller wäre ein eigenständiges Programm zur Postleitzahlenbestimmung, aus dem die entsprechenden Informationen in den Adreßdatensatz kopiert werden.

Bild IV.111:
Die komplette
Datenstruktur der
Rechnung

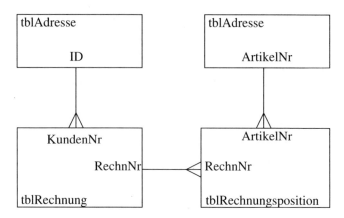

Notwendige Redundanzen

In vielen Fällen erfordert die Anwendung Redundanzen, da eine Information an verschiedenen Stellen auch verschiedene Bedeutung hat. So steht der Preis eines Artikels zwar als Katalogpreis fest und wird in der Artikeltabelle gespeichert. Trotzdem muß er redundant auch in der Rechnungsposition gespeichert sein, da eine Preisänderung des Artikels sich sonst rückwirkend auf alle bereits erstellten Rechnungen auswirken würde, was eine buchhalterische Katastrophe wäre. In Branchen, in denen die Preise individuell mit dem Kunden ausgehandelt werden, muß es ohnehin möglich sein, den Preis für jede Position einzeln festzulegen.

Auch im Fall der Beziehung zwischen TBLADRESSE und TBLRECHNUNG ist eine Redundanz denkbar. Wenn die Rechnungstabelle nämlich als Archiv der Rechnungen dienen soll, ist es unter Umständen unerwünscht, daß sich Änderungen der Kundenadresse in der Rechnung bemerkbar machen, da so nicht mehr nachvollziehbar ist, wohin die Rechnung eigentlich gegangen ist. Ohnehin ist es nicht unüblich, daß Rechnungen bzw. Lieferscheine an verschiedene Adressen gehen.

4.1.4 n-zu-m-Verknüpfungen

Bisher hat der Normalisierungsprozeß immer zu 1-zu-n-Verknüpfungen geführt, bei dem einem Datensatz der Haupttabelle viele Datensätze der Detailtabellen zugeordnet waren.

Artikel und Lieferant

Als Beispiel für eine 1-zu-n-Verknüpfung sei eine Beziehung zwischen Artikel und Lieferant genannt.

Bild IV.112:
1-zu-n-Beziehung
zwischen Artikel und
Lieferant

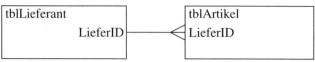

Jedem Datensatz aus TBLLIEFERANT sind dabei mehrere Artikel aus TBLARTIKEL zugeordnet. Das bedeutet, daß ein Lieferant zwar mehrere Artikel liefern kann, aber ein Artikel nur von einem Lieferanten lieferbar ist.

Es ist aber nicht abwegig, daß ein und derselbe Artikel von mehreren Lieferanten bezogen werden kann. In diesem Fall gilt also eine n-zu-m-Verknüpfung zwischen TBLLIEFERANT und TBLARTIKEL. Das bedeutet, daß sowohl jedem Lieferanten mehrere Artikel, als auch jedem Artikel mehrere Lieferanten zugeordnet sind.

4 Relationale Datenbanken

Eine n-zu-m-Verknüpfung kann in einer relationalen Datenbank nicht direkt dargestellt werden, sondern benötigt eine Zwischentabelle, durch die zwei 1-zu-n-Beziehungen erzeugt werden.

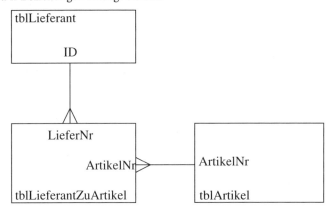

Bild IV.113:
n-zu-m-Verknüpfung

Für die Verknüpfung zwischen TBLLIEFERANT und TBLARTIKEL wird zusätzlich die Tabelle TBLLIEFERANTZUARTIKEL benötigt. Sie dient als Detailtabelle für sowohl TBLLIEFERANT als auch TBLARTIKEL.

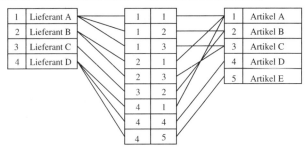

Bild IV.114:
Beispiel für n-zu-m-Verknüpfung

Bild IV.114 zeigt schematisch die Belegung der drei Tabellen bei einer n-zu-m-Verknüpfung. Die Verknüpfungstabelle TBLLIEFERANTZUARTIKEL speichert dabei die Primärschlüssel von TBLLIEFERANT und TBLARTIKEL als Fremdschlüssel, wodurch die Zuordnung von Lieferant zu Artikel festgelegt wird.

So liefert Lieferant A mit LIEFERID 1 in Bild IV.114 die Artikel A B und C mit ARTIKELNR 1, 2 und 3. Umgekehrt wird Artikel A von den Lieferanten A, B und D geliefert.

Die Verknüpfungstabelle TBLLIEFERANTZUARTIKEL benötigt als Minimum zwei Fremdschlüssel, um die Zuordnung darzustellen. Die Kombination beider Fremdschlüsselfelder ist immer eindeutig und eignet sich somit als Primärschlüssel.

Die Verknüpfungstabelle

Außer den beiden Fremdschlüsseln erlaubt die Verknüpfungstabelle die Speicherung von Daten, die für eine einzelne Beziehung zwischen den beiden Haupttabellen spezifisch sind. So könnte hier beispielsweise der Einkaufspreis eines Artikels abgelegt werden. Da jeder Lieferant einen anderen Preis für ein und denselben Artikel verlangen kann, ist es nicht möglich den

Arbeiten mit n-zu-m-Verknüpfungen

Einkaufspreis nur einmal im Artikeldatensatz abzulegen. Umgekehrt verlangt natürlich kein Lieferant einen Einheitspreis für alle seine Artikel.

n-zu-m-Verknüpfungen sind ein theoretisches Gebilde in einer Datenbankstruktur und lassen sich nur schwer, etwa in einer Grafik wie in Bild IV.114, darstellen. In der Praxis betrachtet man eine n-zu-m-Verknüpfung deswegen als zweiseitige 1-zu-n-Beziehung.

So würde man im Lieferanten-Formular eine Liste aller lieferbaren Artikel eines Lieferanten anzeigen und im Artikelformular eine Liste aller Lieferanten, die einen Artikel liefern.

4.1.5 Referentielle Integrität

Für die Verknüpfung von Tabellen ist allerdings auch ein gewisser zusätzlicher Verwaltungsaufwand nötig, der sicherstellt, daß zu jedem Fremdschlüsselwert in der Datailtabelle ein entsprechender Primärschlüsselwert in der Haupttabelle existiert. Dies wird als referentielle Integrität der Verknüpfung bezeichnet.

So sollte in der Beziehung aus Abschnitt 4.1.2 nie eine Rechnungsposition ohne zugehörige Rechnung existieren.

Wenn man voraussetzt, daß Rechnungspositionen korrekt mit einer zugehörigen Rechnung erstellt wurden, kann die referentielle Integrität in zwei Fällen verletzt werden:

- Eine Rechnung wird gelöscht. In diesem Fall ist es sinnvoll, auch alle Rechnungspositionen zu löschen.
- Die Nummer einer Rechnung wird geändert. In diesem Fall müssen die Fremdschlüsselwerte der zugehörigen Rechnungspositionen entsprechend angepaßt werden.

Access verfügt wie die meisten modernen Datenbanksysteme über Funktionen, die die Erhaltung der referentiellen Integrität sicherstellen. Dabei läßt sich sowohl das Löschen als auch das Ändern des Fremdschlüssels in den Rechnungspositionen automatisch durchführen. Wie diese Funktionen aktiviert werden, erfahren Sie in Abschnitt 4.2.3.

Die Reaktion auf eine drohende Verletzung der referentiellen Integrität hängt im allgemeinen vom konkreten Problem ab und muß unter Umständen auch von Hand programmiert werden.

So ist es sinnvoll, zusammen mit einer Rechnung alle zugehörigen Positionen zu löschen. Im Gegensatz dazu können Sie nicht alle Rechnungen eines Kunden zusammen mit dem Adreßdatensatz löschen. Vielmehr sollte das Löschen eines Kunden generell verboten werden, wenn noch Rechnungen existieren. Dasselbe gilt auch für die Beziehung zwischen Rechnungspositionen und Artikeln, da auch ein nicht mehr geführter Artikel gespeichert bleiben sollte, um ältere Rechnungen nachzuvollziehen.

4.2 Datenbankstrukturen in Access

Im folgenden Abschnitt werden die Funktionen von Access vorgestellt, mit denen Datenbankstrukturen definiert werden können, und die das Arbeiten mit relationalen Datenbanken erleichtern.

4.2.1 Der Tabellenanalyse-Assistent

Der Tabellenanalyse-Assistent versucht die Struktur einer vorhandenen Datenbank zu verbessern und stellt einen Editor zur Verfügung, mit dem sich eine Tabelle aufteilen läßt.

4 Relationale Datenbanken

Der Tabellenanalyse-Assistent analysiert Tabellen anhand der dort gespeicherten Daten, so daß er sich nur für die Umstrukturierung bereits vorhandener und mit Informationen gefüllter Datenbanken eignet. Je mehr Informationen dabei in einer Tabelle enthalten sind, desto größer sind die Chancen für den Tabellenanalyse-Assistenten, die korrekte Datenbankstruktur zu ermitteln.

In jedem Fall sollten Sie die Ergebnisse des Assistenten überprüfen, indem Sie die Verteilung der Informationen auf die Tabellen nachvollziehen.

Sie starten den Tabellenanalyse-Assistenten durch Klicken auf die Schaltfläche ANALYSE (bei aktivem Datenbankfenster) oder Sie wählen TABELLE aus dem ANALYSE-Untermenü im Menü EXTRAS.

Der Assistent besitzt die folgenden Seiten:

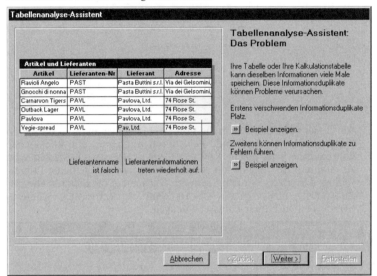

Bild IV.115: Tabellenanalyse-Assistent

1. Auf der ersten und zweiten Seite zeigt der Assistent anhand eines Beispieles die Notwendigkeit, Daten auf mehrere Tabellen zu verteilen.
2. Auf der dritten Seite geben Sie die zu analysierende Tabelle an. Der Assistent kann dabei immer nur eine Tabelle analysieren. Durch das Kontrollkästchen EINFÜHRUNGSSEITEN ANZEIGEN, schalten Sie die Anzeige der ersten beiden Seiten des Assistenten ein und aus.
3. Auf der vierten Seite bestimmen Sie, ob Sie den Tabellenanalyse-Assistenten einsetzen oder die Datenbankstruktur im Struktureditor selber angeben wollen.
4. Im Struktureditor wird die vom Assistenten vorgeschlagene Tabellenstruktur gezeigt. Sie können die Felder mit der Maus dabei beliebig zwischen den Tabellen hin- und herziehen. Wenn Sie ein Feld auf eine leere Fläche ziehen, erstellen Sie eine neue Tabelle. Der Assistent fügt dabei automatisch entsprechende Primär- und Fremdschlüsselfelder ein.

Um den Tabellen einen Namen zu geben, markieren Sie sie durch einen Mausklick und klicken auf die Schaltfläche TABELLE UMBENENNEN im Assistenten.

Bild IV.116:
Editieren der
Datenbankstruktur

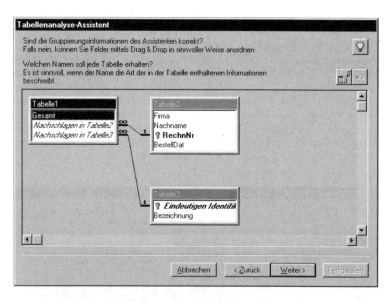

5. Auf dieser Seite lassen sich die Primärschlüssel verändern. Markieren Sie dazu das entsprechende Feld durch Anklicken und klicken Sie dann auf die Schaltfläche EINDEUTIGEN SCHLÜSSEL FESTLEGEN im Assistenten. In Tabellen, die keinen automatisch eingefügten Primärschlüssel besitzen, können Sie durch Klicken auf die Schaltfläche ERZEUGTEN, EINDEUTIGEN SCHLÜSSEL HINZUFÜGEN (unteres Symbol) einen Primärschlüssel erzeugen.

Bild IV.117:
Weitere
Informationen zum
Tabellenanalyse-
Assistenten

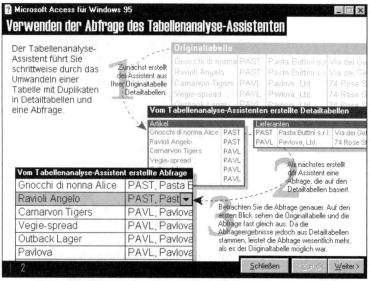

6. Auf der letzten Seite bietet der Assistent an, eine Abfrage zu erstellen, die denselben Namen wie die Ausgangstabelle erhält. Dadurch bleiben Formulare, die die Ausgangstabelle als Datenquelle benutzen,

4 Relationale Datenbanken

weiterhin funktionstüchtig. Die ursprüngliche Tabelle wird dabei umbenannt.

4.2.2 Nachschlagefelder

In Tabellen geben Sie in einem Fremdschlüsselfeld einen Primärschlüsselwert aus einer anderen Tabelle an. In Formularen läßt sich dies elegant durch Kombinationsfelder, Listenfelder und Unterformulare erledigen (siehe Abschnitt 6.3.4 und 6.3.6).

Access 7.0 erlaubt es, solche Kombinations- bzw. Listenfelder, die alle erlauben Werte auflisten, bereits in der Tabellendefinition als sogenannte Nachschlagefelder festzulegen. Das hat den Vorteil, daß Sie einen höheren Eingabekomfort im Datenblatt der Tabelle haben und daß die Einstellungen beim Formulardesign automatisch übernommen werden, wodurch Entwicklungszeit eingespart wird.

Nachschlagefelder, sind auch für Felder, die nur bestimmte Werte enthalten dürfen, nützlich.

Sie legen die Nachschlagefelder in der Entwurfsansicht einer Tabelle an (siehe Abschnitt 3.2.3).

Anlegen von Nachschlagefeldern

*Bild IV.118:
Der Nachschlagefeld-Assistent*

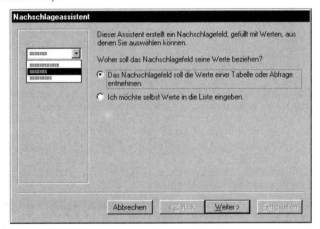

Für Nachschlagefelder existiert ein Assistent, der Sie beim Festlegen der Auswahlliste unterstützt. Sie starten den Assistenten, indem Sie NACHSCHLAGEASSISTENT als Felddatentyp auswählen. Der Assistent besitzt dieselben Seiten wie der Assistent zur Erstellung von Kombinations- und Listenfeldern.

Nachschlagefelder lassen sich auch manuell über die Feldeigenschaften definieren.

Manuelle Definition von Nachschlagefeldern

Markieren Sie dazu in der Feldliste das Feld, für das Sie eine Nachschlageliste definieren wollen, und wechseln Sie bei den Feldeigenschaften auf die Registerkarte NACHSCHLAGEN.

Die Eigenschaft STEUERELEMENT ANZEIGEN legt fest, wie ein Feld angegeben werden soll.

- Die Standardeinstellung »Textfeld« bestimmt, daß das Feld als Textfeld angezeigt wird und keine Auswahlmöglichkeit zur Verfügung steht.
- »Kombinationsfeld« zeigt die Auswahlmöglichkeiten in einem Kombinationsfeld.

IV Access

- »Listenfeld« stellt die Auswahlmöglichkeiten im einem Formular als Listenfeld dar. Im Datenblatt wird ebenfalls ein Kombinationsfeld verwendet.

Die weiteren Eigenschaften legen fest, welche Daten in der Liste aufgeführt sein sollen. Die Eigenschaften sind dabei genauso wie bei Kombinations- und Listenfeldern in Formularen einzustellen (siehe Abschnitt 6.3.4).

Bild IV.119: Definition von Nachschlagefeldern in der Tabellenentwurfsansicht

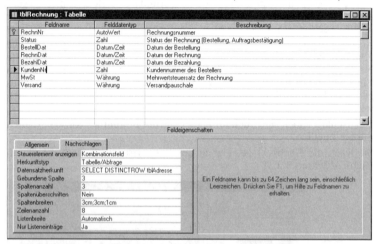

Tips zu Nachschlagefeldern

Durch Nachschlagefelder wird ein großer Teil der Arbeit beim Formulardesign vorweggenommen. Vor allem wenn Sie mehrere Formulare für eine Tabelle entwerfen, können Sie Zeit sparen. Zudem ist es auch für unerfahrene Anwender möglich, komfortable Formulare zu erstellen.

Durch Nachschlagefelder ist es möglich, Fremdschlüsselwerte, z.B. eine Kundennummer, durch einen Text aus der verknüpften Tabelle, z.B. den Kundennamen, anzuzeigen, was vor allem in der Datenblattdarstellung von Tabellen die Übersicht erhöht.

Bild IV.120: Die Entwurfsansicht von TBLRECHNUNG

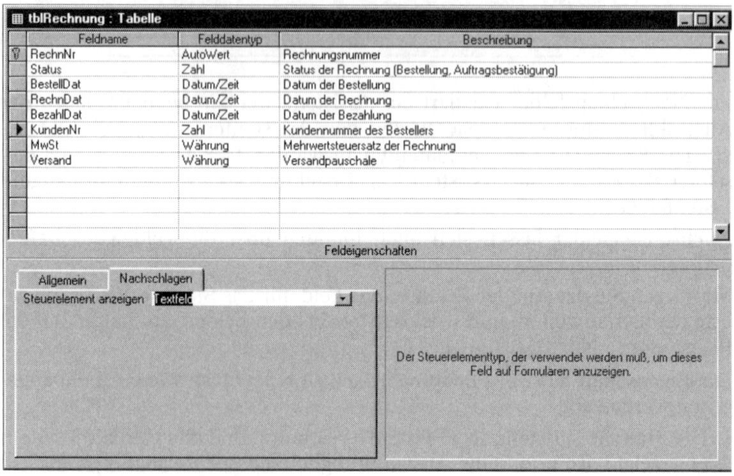

4 Relationale Datenbanken

In der Rechnungstabelle *TBLRECHNUNG* ist ein Feld KUNDENNR enthalten, das die Kundennummer des Rechnungsempfängers enthält. Um den Eingabekomfort zu erhöhen, soll dieses Feld als Nachschlagefeld für die Adressentabelle *TBLADRESSE* definiert werden. Gehen Sie dazu folgendermaßen vor:

Beispiel

1. Öffnen Sie *TBLRECHNUNG* in der Entwurfsansicht (siehe Abschnitt 3.2.3).
2. Klicken Sie auf den Feldnamen KUNDENNR, um das Feld zu markieren. Wechseln Sie in den Feldeigenschaften auf die Registerkarte NACHSCHLAGEN.
3. Setzen Sie für die Eigenschaft STEUERELEMENT ANZEIGEN die Einstellung *Kombinationsfeld*.
4. Klicken Sie auf die Dialogfeld-Schaltfläche rechts neben der Eigenschaft DATENSATZHERKUNFT, um den Abfrageeditor aufzurufen.

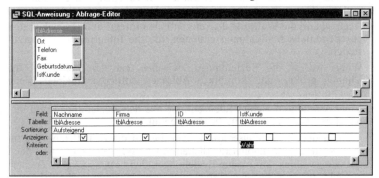

*Bild IV.121:
Der Abfragegenerator
für die
Datensatzherkunft*

5. Erstellen Sie eine Abfrage wie in Bild IV.121 (siehe Abschnitt 3.3.3). Dabei ist das erste Feld NACHNAME dasjenige, das in der Datenblattansicht in der Spalte KUNDENNR angezeigt wird. Das Feld FIRMA wird nur als zusätzliche Information in die Auswahlliste des Kombinationsfelds aufgenommen. Das Feld ID enthält die tatsächliche Kundennummer und muß deswegen unbedingt in die Abfrage mit aufgenommen werden. Das Feld ISTKUNDE wird nur für das Kriterium benötigt, das nur Kunden in die Abfrage aufnimmt. Es muß nicht in der Nachschlageliste angezeigt werden und kann durch Entfernen der Markierung im Kontrollkästchen ANZEIGEN ausgeblendet werden.
6. Schließen Sie das Abfragefenster und bestätigen die Speicherwarnung mit JA. Access trägt die Abfrage als SQL-Befehl für die Eigenschaft Datensatzherkunft ein.
7. Geben Sie die weiteren Eigenschaften der Nachschlageliste wie in Bild IV.122 ein. Für die Eigenschaft GEBUNDENE SPALTE wird der Wert »3« eingetragen, um festzulegen, daß das dritte Feld der Abfrage (ID) als tatsächlicher Wert in KUNDENNR gespeichert wird.
8. Wechseln Sie zur Datenblattansicht der Tabelle, wobei Sie zunächst die Tabelle speichern müssen. Access zeigt jetzt ein Kombinationsfeld in der Spalte KUNDENNR an, in dem Sie direkt den Kunden auswählen können.

*Bild IV.122:
Die Einstellungen
für ein
Nachschlagefeld*

4.2.3 Beziehungen

Wenn Sie eine relationale Datenbank mit mehreren Tabellen erstellen, ist es sinnvoll, die Verknüpfungen zwischen den Tabellen in der Datenbank festzulegen. Dadurch ergeben sich folgende Vorteile:

- Access kann die Wahrung der referentiellen Integrität überwachen und gegebenenfalls Maßnahmen einleiten, um die Integrität wiederherzustellen.
- Wenn Access die Beziehungen zwischen Tabellen kennt, ist die Chance größer, daß komplexe Abfragen editierbar bleiben (siehe Abschnitt 4.2.3).
- Viele Assistenten ziehen Rückschlüsse aus den Beziehungen und bieten Ihnen dann zusätzliche Funktionen an.

Sie öffnen den Beziehungseditor, indem Sie auf die Schaltfläche BEZIEHUNGEN in der Symbolleiste klicken oder BEZIEHUNGEN im Menü EXTRAS auswählen. Sind keine Beziehungen definiert, so zeigt Access ein Dialogfeld, in dem Sie neue Tabellen in den Beziehungseditor einfügen können.

*Bild IV.123:
Das
Beziehungsfenster*

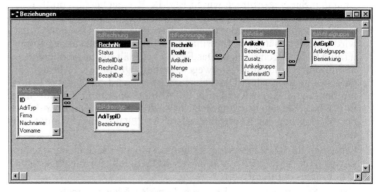

Anlegen einer Verknüpfung

Um eine Verknüpfung zwischen zwei Tabellen anzulegen, müssen Sie die Tabellen erst in den Beziehungseditor einfügen. Um eine neue Tabelle als Feldliste einzufügen, klicken Sie auf die Schaltfläche TABELLE ANZEIGEN in der Symbolleiste oder wählen TABELLE ANZEIGEN im Beziehungen-Menü.

Ziehen Sie dann das Primärschlüsselfeld der Haupttabelle in das Fremdschlüsselfeld der Detailtabelle.

Access zeigt dann ein Dialogfeld (Bild IV.124) an, in dem Sie die Details zur Beziehung folgendermaßen festlegen:

- In der Tabelle lassen sich zum Primärschlüssel bzw. Fremdschlüssel gehörende Tabellenfelder auswählen. Wenn Sie zusammengesetzte Schlüssel aus mehreren Feldern verwenden, so müssen Sie diese in die Tabelle eintragen.

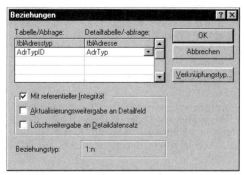

Bild IV.124: Anlegen einer Beziehung

- Das Kontrollkästchen MIT REFERENTIELLER INTEGRITÄT schaltet die Überwachung der referentiellen Integrität ein und aus. Ist die Überwachung eingeschaltet, so erlaubt Access in der Detailtabelle keine Fremdschlüsselwerte, für die es keinen Primärschlüsselwert in der Haupttabelle gibt.
- AKTUALISIERUNGSWEITERGABE AN DETAILFELD legt fest, daß Änderungen im Primärschlüssel automatisch zu einer Änderung des Fremdschlüsselfeldes führen. Beruht der Primärschlüssel auf einem Auto-Wert, so ist diese Einstellung sinnlos, da sich AutoWerte nicht ändern lassen.
- LÖSCHWEITERGABE AN DETAILDATENSATZ bestimmt, daß beim Löschen eines Datensatz in der Haupttabelle alle diesem zugeordneten Datensätze in der Detailtabelle ebenfalls gelöscht werden.
- Unter BEZIEHUNGSTYP zeigt Access, welcher Beziehungstypen zugrunde liegt. 1-zu-1-Beziehungen entstehen dann, wenn auf dem Fremdschlüssel der Detailtabelle ein eindeutiger Index liegt (siehe Abschnitt 3.2.7).
- Mit der Schaltfläche VERKNÜPFUNGSTYP legen Sie den Verknüpfungstyp fest, der standardmäßig in Abfragen verwendet wird (siehe Abschnitt 5.3.1).

Bearbeiten von Beziehungen

Sie ändern eine bestehende Beziehung, indem Sie auf die Beziehungslinie doppelklicken. Alternativ markieren Sie die Linie durch einen Mausklick und wählen BEZIEHUNG BEARBEITEN aus dem BEZIEHUNGEN-Menü.

Um eine Beziehung zu löschen, markieren Sie die Beziehungslinie und drücken [Entf] oder wählen LÖSCHEN aus dem BEARBEITEN-Menü. Das Löschen einer Tabelle löscht die zugehörigen Beziehungen nicht.

Layouten des Beziehungsschemas

Um eine gute Übersicht über die Datenbankstruktur zu erhalten, speichert Access das Layout des Beziehungsfensters, wenn Sie es schließen. Dadurch können Sie die Feldlisten so anordnen, daß die Datenbankstruktur am besten ersichtlich wird.

Die Feldlisten lassen sich löschen, indem Sie sie durch einen Mausklick markieren und auf [Entf] drücken. Alternativ wählen Sie LÖSCHEN aus dem BEARBEITEN-Menü oder TABELLE AUSBLENDEN aus dem BEZIEHUNGEN-Menü. Sie löschen dadurch nicht die Beziehungen, die für die Tabelle definiert sind.

Um alle angelegten Beziehungen darzustellen, klicken Sie auf die Schaltfläche ALLE BEZIEHUNGEN ANZEIGEN in der Symbolleiste oder wählen ALLE BEZIEHUNGEN ANZEIGEN im BEZIEHUNGEN-Menü. Um die Beziehungen einer Tabelle einzublenden, markieren Sie die Tabelle durch einen Mausklick und klicken auf die Schaltfläche DIREKTE BEZIEHUNGEN ANZEIGEN in der Symbolleiste (unteres Symbol) oder wählen DIREKTE BEZIEHUNGEN ANZEIGEN im BEZIEHUNGEN-Menü.

5 Abfragen

Abfragen sind ein zentrales Leistungsmerkmal von Access, worin es die meisten anderen Datenbanksysteme bezüglich Funktionalität und Anwendungsmöglichkeiten übertrifft. Somit ist die Kenntnis der Möglichkeiten von Abfragen sehr wichtig für die Entwicklung effizienter Access-Anwendungen.

In Abschnitt 3.3 sind die Grundlagen sowie die Erstellung einfacher Abfragen erklärt. Dieser Abschnitt zeigt, wie eine Vielzahl komplexer Aufgabenstellungen mit Abfragen ohne oder nur mit minimaler Programmierung gelöst werden. Die verwendeten Tabellen und Ihre Struktur sind dabei der in Abschnitt 4 entwickelten Datenbank entnommen.

5.1 Grundlagen

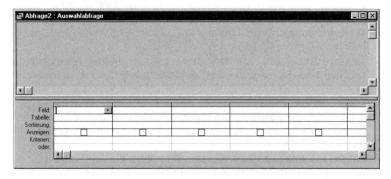

Bild IV.125: Der Abfrage-Generator

In diesem Abschnitt erfahren Sie, wie Abfragen in Access aufgebaut sind und welche Stellung sie innerhalb von Anwendungen einnehmen.

5.1.1 Aufbau von Auswahlabfragen

Access unterscheidet zwischen Auswahl und Aktionsabfragen, die sich zwar im Aufbau sehr ähneln, jedoch in ihrer Wirkung völlig unterschiedlich sind.

Aufgaben von Auswahlabfragen

Eine Auswahlabfrage ist die Zusammenstellung von Datensätzen aus Tabellen, die nach bestimmten Kriterien selektiert und sortiert werden. Das Ergebnis einer Abfrage ist dabei wieder eine Tabelle mit Datensätzen, die in Access als Datenblatt dargestellt wird.

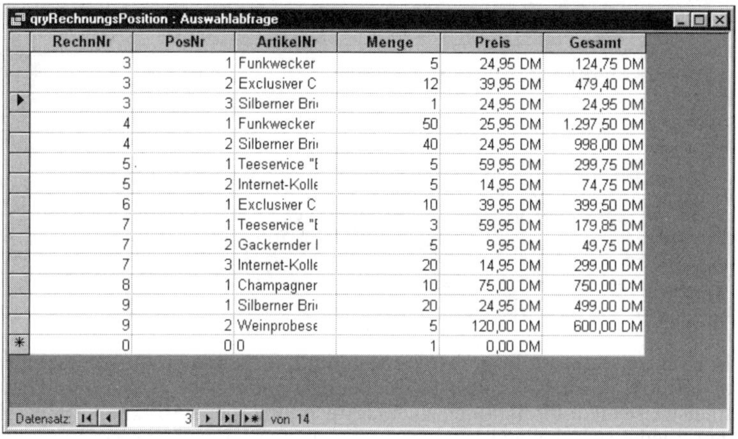

5 Abfragen

RechnNr	PosNr	ArtikelNr	Menge	Preis	Gesamt
3	1	Funkwecker	5	24,95 DM	124,75 DM
3	2	Exclusiver C	12	39,95 DM	479,40 DM
3	3	Silberner Bri	1	24,95 DM	24,95 DM
4	1	Funkwecker	50	25,95 DM	1.297,50 DM
4	2	Silberner Bri	40	24,95 DM	998,00 DM
5	1	Teeservice "f	5	59,95 DM	299,75 DM
5	2	Internet-Kolle	5	14,95 DM	74,75 DM
6	1	Exclusiver C	10	39,95 DM	399,50 DM
7	1	Teeservice "f	3	59,95 DM	179,85 DM
7	2	Gackernder I	5	9,95 DM	49,75 DM
7	3	Internet-Kolle	20	14,95 DM	299,00 DM
8	1	Champagner	10	75,00 DM	750,00 DM
9	1	Silberner Bri	20	24,95 DM	499,00 DM
9	2	Weinprobese	5	120,00 DM	600,00 DM
0	0	0		1	0,00 DM

Bild IV.126:
Eine Abfrage in der Datenblattdarstellung

Im Gegensatz zu anderen Datenbanksystemen, bleibt das Datenblatt einer Abfrage mit den ihr zugrundeliegenden Tabellen verbunden. Dadurch werden Änderungen an einem Datensatz der Abfrage sofort in den entsprechenden Datensatz der Tabelle geschrieben.

Auswahlabfragen besitzen folgende Funktionen, durch die die Ergebnistabelle festgelegt wird:

Funktionen von Auswahlabfragen

- In Auswahlabfragen lassen sich die Beziehungen mehrerer verknüpfter Tabellen (siehe Abschnitt 4) auflösen und somit eine (redundante) Ergebnistabelle mit allen zusammengehörigen Informationen erzeugen. Diese Funktion von Abfragen ermöglicht es erst, eine Normalisierung der Datenbank vorzunehmen, da die Datensätze jederzeit wieder vervollständigt werden können, so daß sie für den Benutzer aussagekräftig sind.
Die Beziehungen zwischen den Tabellen werden dabei in der Abfrage definiert und nicht implizit der Datenbankstruktur entnommen.
- Auswahlabfragen erlauben die Angabe von Kriterien, die ein Datensatz erfüllen muß, um in das Abfrageergebnis aufgenommen zu werden.
- Eine Auswahlabfrage legt die Felder der Ergebnistabelle fest. Dies können Felder aus den zugrundeliegenden Tabellen bzw. Abfragen oder berechnete Felder sein, die durch Auswertung eines Ausdrucks entstehen, sein. Jedem Feld läßt sich dabei ein neuer Feldname zuordnen.
- In Auswahlabfragen lassen sich mehrere Datensätze zu einem einzigen Datensatz zusammenfassen, wobei dessen einzelne Felder jeweils mit einer (mathematischen) Operation zusammengefaßt werden. Diese Funktion wird Gruppierung genannt. Gruppierte Abfragen sind nie editierbar.
- Für eine Abfrage läßt sich angeben, nach welchen Feldern der Ergebnisdatensatz sortiert sein soll.

Ein besonderer Typ von Auswahltabellen ist die Kreuztabelle (Pivottabelle). Kreuztabellen ermöglichen beispielsweise die Darstellung des Umsatzes eines Kunden pro Artikelgruppe. Kreuztabellen sind in Abschnitt 5.5.1 beschrieben.

Kreuztabellen

IV Access

Bild IV.127:
Eine Kreuztabelle

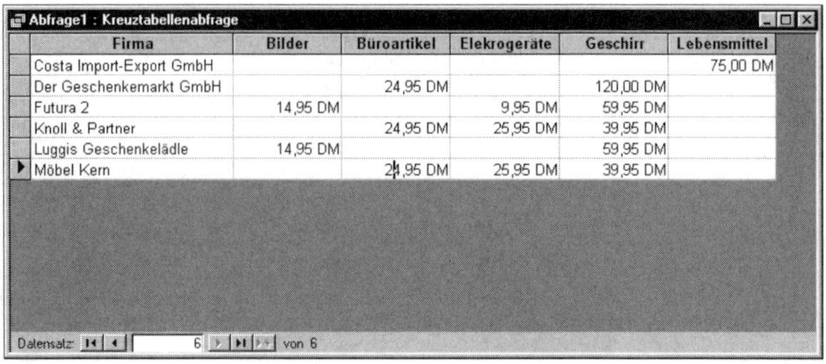

Firma	Bilder	Büroartikel	Elekrogeräte	Geschirr	Lebensmittel
Costa Import-Export GmbH					75,00 DM
Der Geschenkemarkt GmbH		24,95 DM		120,00 DM	
Futura 2	14,95 DM		9,95 DM	59,95 DM	
Knoll & Partner		24,95 DM	25,95 DM	39,95 DM	
Luggis Geschenkelädle	14,95 DM			59,95 DM	
Möbel Kern		24,95 DM	25,95 DM	39,95 DM	

Anwendungsbereiche von Abfragen

In einer relationalen Datenbank liegen die Informationen in den Tabellen meist nicht so vor, wie sie der Anwender präsentiert haben will. So sind beispielsweise die Informationen zu einer Rechnung (siehe Abschnitt 4) in drei verschiedenen Tabellen gespeichert. Eine einzelne Tabelle besitzt dabei nur wenig Aussagekraft.

Auswahlabfragen dienen dazu, die in den Tabellen gespeicherten Informationen so aufzubereiten, daß sie dem Anwender die benötigten Informationen liefern. Auswahlabfragen lassen sich zum Beispiel in Rechnungen einsetzen, um den Rechnungsendbetrag oder den Umsatz eines bestimmten Kunden zu ermitteln.

In Access werden Auswahlabfragen oft als Datenquelle hinter ein Formular (siehe Abschnitt 3.4.1) gelegt. Während das Formular dabei die Präsentation übernimmt, ist die Abfrage für die Aufbereitung der Daten zuständig.

Aufgrund der Leistungsfähigkeit des Abfragemoduls eignet sich Access auch als reines Abfragewerkzeug. Erfahrene Anwender können so über Auswahlabfragen Informationen aus der Datenbank zu ziehen, ohne eine Anwendung entwickeln zu müssen.

Austauschbarkeit von Tabellen und Abfragen

Da eine Abfrage genau die Struktur einer Tabelle mit Datensätzen und Feldern aufweist, läßt Access konsequenterweise an fast allen Stellen, wo eine Tabelle angegeben werden muß, auch eine Auswahlabfrage zu. Dennoch gibt es folgende Unterschiede zwischen Tabellen und Auswahlabfragen:

- Auswahlabfragen müssen erst generiert werden, wodurch es länger dauert, bis die Datensätze zur Verfügung stehen. Diese Verzögerung ist manchmal kaum merklich, kann aber bei komplexen Abfragen je nach Rechnerleistung auch Minuten oder gar Stunden betragen.
- Tabellen sind immer voll editierbar, d.h. es lassen sich Datensätze ändern, anfügen und löschen. Da sich Abfragen aus den Datensätzen mehrerer Tabellen zusammensetzen, ist es für Access nicht immer möglich, Änderungen an einem Abfragedatensatz eindeutig einem Tabellendatensatz zuzuordnen. In diesem Fall ist eine Abfrage nicht editierbar.
- In Tabellen werden alle Felder der Datenbank entnommen. Abfragen erlauben berechnete Felder, die durch Auswertung eines Ausdrucks (siehe Abschnitt 5.3.2) entstehen, der auf andere Felder oder Konstanten zurückgreift. Diese Felder sind natürlich ebenfalls nicht editierbar.

Die Editierbarkeit einer Abfrage hängt zusätzlich davon ab, wie die Datenbankstruktur definiert ist (siehe Abschnitt 4.3.2). Generell fällt es Access einfacher, Abfragen editierbar zu halten, wenn die Beziehungen zwischen den entsprechenden Tabellen definiert sind.

Die Austauschbarkeit von Auswahlabfragen und Tabellen geht sogar so weit, daß beliebige Auswahlabfragen sich wie Tabellen in neue Auswahl- oder Aktionsabfragen einbinden lassen. Dadurch ist ein noch flexibleres Abfragedesign möglich.

Auswahlabfragen in Abfragen

SQL (*Structured Query Language*) ist eine Sprache, die eine Abfrage vollständig beschreibt. SQL hat sich dabei als Standard für die Abfrage von relationalen Datenbanken durchgesetzt. Leider widersteht SQL hartnäckig allen Normierungsversuchen, so daß jedes Datenbanksystem seinen eigenen Dialekt verwendet.

SQL

In Access steht allen Abfragen, die mit dem Abfragegenerator erstellt werden, ein entsprechendes SQL-Statement zur Verfügung. Umgekehrt lassen sich Abfragen in SQL formulieren und dann im Abfragegenerator wie gewohnt darstellen.

Die SQL-Form einer Abfrage wird gerne bei der Programmierung benutzt, da dadurch komplette Abfragen programmgesteuert erstellt werden können.

5.1.2 Aufbau von Aktionsabfragen

Im Gegensatz zu den Auswahlabfragen liefern Aktionsabfragen Datensätze nicht als Ergebnis zurück, sondern wenden sie direkt zur Änderung der Datenbank an. Aktionsabfragen sind wie eine Auswahlabfrage aufgebaut, erlauben aber zusätzliche Angaben, die festlegen, was mit den durch die Auswahlabfrage ermittelten Datensätzen geschehen soll.

Access unterstützt folgende Typen von Aktionsabfragen:

Typen von Aktionsabfragen

- Die *Anfügeabfrage* fügt die bei einer Abfrage entstehenden Datensätze an eine Tabelle an. Dabei geben Sie an, welche Felder der Abfrage in welches Feld der Tabelle geschrieben werden.
- *Aktualisierungsabfragen* ändern den Wert in einem oder mehreren Feldern der Abfrage. Der neue Wert der Felder darf dabei ein beliebiger Ausdruck sein, der sich aus Feldern, Konstanten und Funktionen zusammensetzt. Voraussetzung dafür ist, daß die zugrundliegende Abfrage editierbar ist.
- *Löschabfragen* löschen die durch die Abfrage gelieferten Datensätze.
- *Tabellenerstellungsabfragen* erstellen eine neue Tabelle, die exakt dieselbe Struktur und denselben Inhalt wie die Ergebnistabelle der Abfrage aufweist. Im Prinzip wird dabei eine Auswahlabfrage in einer Tabelle umgewandelt.

Aktionsabfragen stellen eine bequeme und schnelle Möglichkeit dar, ohne Programmierung Änderungen an der Datenbank vorzunehmen. Auch innerhalb von Anwendungen verwendet man gerne Aktionsabfragen, da diese meist schneller ausgeführt werden als der entsprechende Programmcode (siehe Abschnitt 9.3).

Aufgaben von Aktionsabfragen

5.1.3 Arbeiten mit Abfragen

In Access werden Abfragen an zahlreichen Stellen eingesetzt. Dabei müssen nicht alle Abfragen mit einem Namen versehen werden, damit Sie im Datenbankfenster als benannte Abfragen auf der Registerkarte ABFRAGEN aufgeführt sind. An vielen Stellen des Formular- und Berichtsentwurfs lassen sich Abfragen auch direkt über den entsprechenden SQL-Befehl angeben.

Bild IV.128:
Benannte Abfragen
im Datenbankfenster

Praxistip: Bei einer größeren Anwendung kommen leicht Hunderte von Abfragen zusammen. Wenn Sie diese alle im Datenbankfenster speichern wollen, verlieren Sie eher früher als später die Übersicht. Nur wenn eine Abfrage häufiger benötigt wird, ist es sinnvoll, sie über das Datenbankfenster anzulegen. Änderungen an dieser Abfrage wirken sich dann gleichzeitig an allen Stellen aus, wo die Abfrage verwendet wurde.

Anlegen einer neuen Abfrage

Um eine neue Abfrage im Datenbankfenster anzulegen, wechseln Sie auf die Registerkarte ABFRAGEN und klicken auf die Schaltfläche NEU. Wählen Sie anschließend einen der Abfrage-Assistenten (siehe Abschnitt 2.3) oder ENTWURFSANSICHT, um die Abfrage manuell zu erstellen.

Anschließend wählen Sie die Tabellen und Abfragen, die Sie der neuen Abfrage zugrundelegen wollen, indem Sie die Tabellen bzw. Abfragen auf der entsprechenden Registerkarte markieren und dann auf die Schaltfläche HINZUFÜGEN klicken. Wenn Sie [Strg] gedrückt halten, lassen sich auch mehrere Tabellen bzw. Abfragen markieren und in einem Zug in die neue Abfrage einfügen.

Bild IV.129:
Anlegen einer neuen
Abfrage

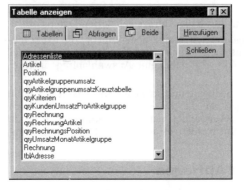

Direktes Anlegen der Abfrage

Um eine neue Abfrage direkt auf der Basis einer Tabelle oder Abfrage zu erstellen, wechseln Sie auf die Registerkarte TABELLEN oder ABFRAGEN, markieren diese Tabelle bzw. Abfrage durch einen Mausklick und klicken dann auf die Schaltfläche NEUE ABFRAGE in der Symbolleiste.

5 Abfragen

Jede Abfrage läßt sich in den drei folgenden Ansichten darstellen, die Sie über die entsprechenden Schaltflächen in der Symbolleiste oder durch die Auswahl des entsprechenden Menüpunkts im ANSICHT-Menü einstellen:

Ansichten der Abfrage

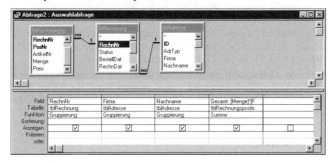

Bild IV.130:
Die Entwurfsansicht der Abfrage

- In der Entwurfsansicht läßt sich die Abfrage über den Abfragegenerator definieren.

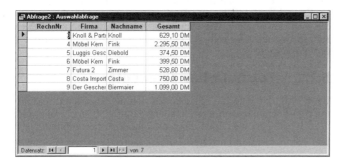

Bild IV.131:
Die Datenblattansicht der Abfrage

- In der Datenblattansicht wird das Abfrageergebnis dargestellt. Die Datensätze lassen sich im Datenblatt verändern, wenn es die Abfrage erlaubt. Dabei stehen die in Abschnitt 3.2.2 beschriebenen Funktionen zur Verfügung stehen. Für Aktionsabfragen existiert ebenfalls ein Datenblatt, in dem Sie die Wirkung der Aktionsabfrage abschätzen können.

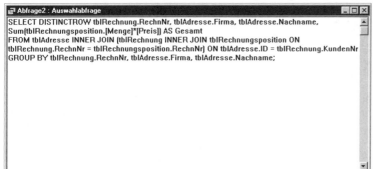

Bild IV.132:
Die Abfrage in der SQL-Ansicht

IV Access

- In der SQL-Ansicht wird der SQL-Befehl gezeigt, durch den die Abfrage definiert wird. Die SQL-Ansicht ist nützlich, um den SQL-Befehl per Zwischenablage in den Programmcode zu kopieren. Genauso läßt sich an dieser Stelle ein im Programmcode zusammengesetzter SQL-Befehl auf seine Richtigkeit überprüfen.

Wie bei allen Access-Objekten können Sie jederzeit zwischen den verschiedenen Ansichten wechseln. Dabei wird die Abfrage jedesmal neu ausgeführt, wenn Sie in die Datenblattansicht wechseln.

Ausführen von Abfragen

Um eine Aktionsabfrage zu starten und somit die spezifizierten Änderungen an der Datenbank durchzuführen, starten Sie diese durch Klicken auf die Schaltfläche AUSFÜHREN in der Symbolleiste. Alternativ wählen Sie AUSFÜHREN im ABFRAGE-Menü.

5.2 Filter

Oft ist es sinnvoll, die in einem Datenblatt oder einem Formular dargestellten Datensätze einem Auswahlkriterium oder einer Sortierordnung zu unterwerfen, ohne gleich eine eigene Abfrage zu definieren.

Für diesen Fall ist es möglich, sogenannte Filter für Tabellen und Abfragen (in Datenblattdarstellung) oder für Formulare zu definieren. In Abschnitt 3.3.2 ist beschrieben, wie sich einfach auswahlbasierte Filter erstellen lassen. In diesem Abschnitt werden zwei weitere Methoden der Filterdefinition vorgestellt.

5.2.1 Formularbasierter Filter

Beim formularbasierten Filter lassen sich die Kriterien direkt im Datenblatt oder im Formular definieren. Dabei geben Sie in einem oder mehreren Feldern Werte ein, aus denen dann die Filterkriterien gebildet werden.

Um einen formularbasierten Filter anzulegen gehen Sie folgendermaßen vor:

1. Öffnen Sie das Datenblatt oder das Formular, für das Sie einen Filter definieren wollen.

2. Klicken Sie auf die Schaltfläche FORMULARBASIERTER FILTER in der Symbolleiste oder wählen Sie FORMULARBASIERTER FILTER im FILTER-Untermenü aus dem Menü DATENSÄTZE.

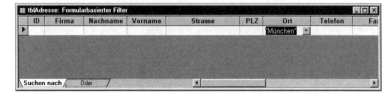

Bild IV.133:
Der formularbasierte
Filter im Datenblatt

3. Im Datenblatt bzw. Formular wird jetzt ein leerer Datensatz dargestellt, in den Sie die Auswahlkriterien eintragen können. Wenn Sie beispielsweise im Feld ORT das Kriterium »München« eintragen, so werden alle Datensätze gefiltert, die im Feld ORT den Wert »München« aufweisen. Es ist auch möglich, Vergleichoperatoren (>, <, >=, <=, <>) anzugeben. So liefert das Kriterium »>20« im Feld ID z.B. alle Datensätze mit einem Feldwert in ID, der größer als 20 ist.

4. Wenn Sie auf das Register ODER am unteren Rand des Datenblatts bzw. Formulars klicken, wird ein weiterer leerer Datensatz angezeigt,

5 Abfragen

in den Sie weitere Kriterien eingeben können, die mit den zuerst angegebenen ODER verknüpft werden. Wenn Sie beispielsweise im ersten Datensatz im Feld ORT den Wert »Hamburg« und im zweiten Datensatz den Wert »Frankfurt« angeben, so werden alle Datensätze gefiltert, die im Feld ORT entweder den Wert »Hamburg« oder den Wert »Frankfurt« aufweisen.

5. Klicken Sie auf die Schaltfläche FILTER/SORTIERUNG ANWENDEN in der Symbolleiste, um die gefilterten Datensätze anzuzeigen. Klicken Sie auf ABBRECHEN, wenn Sie keinen Filter anlegen wollen. Klicken Sie auf ALLES LÖSCHEN, wenn Sie alle eingetragenen Feldwerte entfernen wollen.

Sie löschen den Filter über die Schaltfläche FILTER ENTFERNEN.

In den Eigenschaften der einzelnen Steuerelemente des Formulars läßt sich festlegen, ob für das Feld eine Liste der darin enthaltenen Feldwerte angezeigt werden soll. Für große Tabellen bzw. Abfragen kann die Erstellung einer solchen Liste lange dauern, vor allem dann, wenn kein Index auf dem entsprechenden Feld liegt (siehe Abschnitt 3.2.7).

5.2.2 Spezialfilter

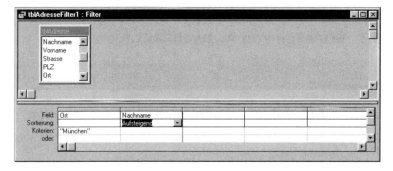

Bild IV.134: Spezialfilter

Der Spezialfilter erlaubt die Angabe beliebiger Kriterien und Sortierordnungen. Hinter dem Spezialfilter verbirgt sich eine ganz normale Abfrage, in der Sie Kriterien (siehe Abschnitt 5.3.4) und eine Sortierordnung (siehe Abschnitt 5.3.3) angeben können. Lediglich das Gruppieren von Datensätzen (siehe Abschnitt 5.3.5) ist in einem Spezialfilter nicht erlaubt.

Für einen Spezialfilter ist die Abfrageeigenschaft ALLE FELDER ANZEIGEN auf »Ja« gesetzt, so daß immer alle Felder der Tabelle angezeigt werden, auch wenn sie nicht explizit als Felder in der Abfrage angegeben sind.

Sie öffnen einen Spezialfilter für ein Datenblatt oder ein Formular, indem Sie SPEZIALFILTER/-SORTIERUNG aus dem FILTER-Untermenü des Menüs DATENSÄTZE wählen.

Klicken Sie auf die Schaltfläche FILTER/SORTIERUNG ANWENDEN in der Symbolleiste, um die gefilterten Datensätze anzuzeigen. Klicken Sie auf ABBRECHEN, wenn Sie keinen Filter anlegen wollen. Klicken Sie auf ALLES LÖSCHEN, wenn Sie alle eingetragenen Feldwerte entfernen wollen.

Bild IV.135:
Abfrage als Filter
laden

Abfrage als Filter laden

Sie laden eine Auswahlabfrage als Spezialfilter, indem Sie auf die Schaltfläche DATENBANK ÖFFNEN klicken oder ALS ABFRAGE LADEN aus dem DATEI-Menü wählen. Die Symbolleisten-Schaltfläche ist in Access nicht korrekt beschriftet.

Um eine Auswahlabfrage als Filter laden zu können, muß diese auf der zu filternden Tabelle basieren. Unzulässige Abfragen werden im Dialogefeld aus Bild IV.135 nicht aufgeführt.

Filter als Abfrage speichern

Ein Spezialfilter läßt sich einfach in eine Auswahlabfrage umwandeln, indem Sie auf die Schaltfläche SPEICHERN in der Symbolleiste klicken oder ALS ABFRAGE SPEICHERN im DATEI-Menü wählen

5.3 Erstellen von Auswahlabfragen

Die Grundlagen der Erstellung von Auswahlabfragen sind bereits in Abschnitt 3.3.3 beschrieben. In diesem Abschnitt werden die verschiedenen Aspekte von Auswahlabfragen ausführlich beschrieben.

5.3.1 Auswahlabfragen mit mehreren Tabellen

Auswahlabfragen lassen sich auf der Basis beliebig vieler Tabellen und anderer Auswahlabfragen definieren.

Hinzufügen von Tabellen zu Abfragen

Wenn Sie eine Auswahlabfrage anlegen, ohne daß eine Tabelle oder Abfrage im Datenbankfenster definiert ist, so öffnet Access das Tabellen-Dialogfeld, in dem Sie die Tabellen und Abfragen auswählen, die Sie in die neue Abfrage aufnehmen wollen (Siehe Abschnitt 3.3.3).

Um der Abfrage in der Entwurfsansicht eine Tabelle bzw. Abfrage hinzuzufügen, klicken Sie auf die Schaltfläche TABELLE ANZEIGEN in der Symbolleiste oder wählen Sie TABELLE ANZEIGEN aus dem ABFRAGE-Menü. Daraufhin öffnet Access das Tabellen-Dialogfeld. Tabellen und Abfragen lassen sich auch mit der Maus aus dem Datenbankfenster in das Abfragefenster ziehen.

Entfernen von Tabellen oder Abfragen

Um eine Tabelle oder Abfrage aus der neuen Abfrage zu entfernen, markieren Sie die entsprechende Feldliste und drücken [Entf] oder wählen Sie LÖSCHEN aus dem BEARBEITEN-Menü bzw. TABELLE/ABFRAGE ENTFERNEN aus dem ABFRAGE-Menü. Beachten Sie, daß die Markierung der Feldliste nur durch einen Markierungsbalken auf dem ersten Feld und nicht durch eine aktivierte Titelleiste gezeigt wird.

Umbenennen von Feldlisten

Access erlaubt es, ein und dieselbe Tabelle oder Auswahlabfrage mehrmals in die neue Abfrage einzufügen. Die Feldlisten werden dann durchnumeriert.

5 Abfragen

*Bild IV.136:
Die Feldlisteneigenschaften*

In diesem Fall ist es sinnvoll, den Feldlisten neue, aussagekräftige Namen zu geben. Markieren Sie dazu die Feldliste und öffnen Sie die Feldlisteneigenschaften, indem Sie auf die Schaltfläche EIGENSCHAFTEN in der Symbolleiste klicken oder EIGENSCHAFTEN im ANSICHT-Menü wählen. Die Eigenschaft ALIAS legt dabei den Namen der Feldliste fest.

Der Feldlistenname ist vor allem dann von Bedeutung, wenn mehrere Felder mit gleichem Namen in der Abfrage vorhanden sind. In diesem Fall werden die Feldnamen über ihre Feldlistennamen unterschieden.

Die der neuen Abfrage zugrundeliegenden Auswahlabfragen und Tabellen werden als Feldlisten dargestellt, wobei die Primärschlüssel durch Fettdruck gekennzeichnet sind. Diese Feldlisten lassen sich innerhalb der oberen Hälfte des Abfrageentwurfsfensters mit der Maus an jede beliebige Position ziehen, ohne daß die Abfrage dadurch verändert wird.

Ändern der Entwurfsansicht

Wenn der Raum für die Tabellen und Auswahlabfragen zu klein ist, können Sie ihn durch Ziehen der Trennlinie vergrößern, wobei die Feldliste entsprechend verkleinert wird. Wie alle Access-Objekte verwenden auch Abfragen für alle Ansichten dasselbe Fenster, so daß ein großes Entwurfsfenster auch ein großes Datenblatt bedingt.

Access setzt die Tabellen in einer Abfrage automatisch so in Beziehung, wie es im Beziehungseditor (siehe Abschnitt 4.2.3) definiert ist.

Implizite Beziehungen

*Bild IV.137:
Abfragen mit mehreren Tabellen*

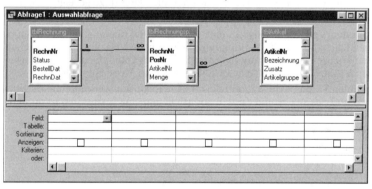

Die Beziehungen werden dabei wie im Beziehungseditor durch Linien zwischen den Schlüsselfeldern angezeigt, wobei die Haupttabelle mit einer »1«, die Detailtabelle mit einem »(Unendlich)« gekennzeichnet ist.

Ist keine Beziehung zwischen zwei Tabellen definiert, so setzt Access automatisch eine Beziehung zwischen gleichnamigen Feldern, wenn eines davon ein Primärschlüssel ist. Sie erkennen solche Beziehungen daran, daß weder »1« noch »(Unendlich)« an den Enden der Beziehungslinien gezeigt werden.

IV Access

Das automatische Festlegen von Beziehungen, die sogenannte AutoVerknüpfung, funktioniert nur dann korrekt, wenn Sie Primär- und Fremdschlüssel konsequent denselben Namen geben. Ansonsten stört die AutoVerknüpfung eigentlich nur. Sie deaktivieren die AutoVerknüpfung, indem Sie das Optionen-Dialogfeld durch Auswahl von OPTIONEN im Menü EXTRAS öffnen und auf der Registerkarte TABELLEN/ABFRAGEN die Markierung im Kontrollkästchen AUTOVERKNÜPFUNG AKTIVIEREN entfernen.

Da für Abfragen normalerweise weder Teil einer Beziehung sind, noch einen Primärschlüssel besitzen, müssen die Beziehungen immer von Hand gesetzt werden.

Beziehungen festlegen

Um eine Verknüpfung zwischen zwei Tabellen bzw. Abfragen zu definieren, ziehen Sie mit der Maus das Verknüpfungsfeld aus der Feldliste der ersten Tabelle bzw. Abfrage auf das Verknüpfungsfeld in der Feldliste der zweiten Tabelle bzw. Abfrage.

Um eine Beziehung zu löschen, markieren Sie diese durch einen Mausklick und drücken [Entf] oder wählen LÖSCHEN aus dem Menü BEARBEITEN.

Inklusions- und Exklusionsverknüpfungen

Access unterstützt zwei Arten von Verknüpfungen zwischen Tabellen:

- Bei einer Exklusionsverknüpfung erscheinen nur die Datensätze, für die in beiden Tabellen Daten vorhanden sind. Verknüpfen Sie beispielsweise die *TBLADRESSE* mit *TBLRECHNUNG* durch eine Exklusionsverknüpfung, so werden nur solche Adressen erscheinen, für die auch eine Rechnung existiert.

- Bei einer Inklusionsverknüpfung werden alle Datensätze der einen Tabelle gezeigt und eventuell fehlende Datensätze der anderen Tabelle mit Null-Werten aufgefüllt. Bei der Verknüpfung von *TBLADRESSE* und *TBLRECHNUNG* würden so alle Adressen erscheinen, auch wenn keine Rechnung vorhanden ist. Inklusionsverknüpfungen sind gerichtet und werden durch einen Pfeil dargestellt. Dabei markiert der Beginn des Pfeils die Tabelle, aus der alle Datensätze gezeigt werden.

Verknüpfungstyp festlegen

Standardmäßig wird eine Beziehung als Exklusionsverknüpfung angelegt.

Um den Verknüpfungstyp in eine Inklusionsverknüpfung zu ändern, doppelklicken Sie auf die Verknüpfungslinie, um die Verknüpfungseigenschaften anzuzeigen. Alternativ markieren Sie die Verknüpfungslinie und wählen VERKNÜPFUNGSEIGENSCHAFTEN aus dem Menü BEARBEITEN.

Wählen Sie das erste Optionsfeld, um eine Exklusionsverknüpfung festzulegen und das zweite und dritte Optionsfeld, um eine Inklusionsverknüpfung mit der angegebenen Richtung zu erstellen.

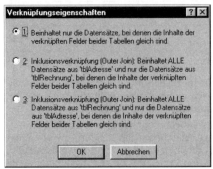

Bild IV.138: Verknüpfungstypen

5 Abfragen

Wenn Sie zwei Tabellen einer Abfrage hinzufügen und sie nicht verknüpfen, so definierten Sie eine unbedingte Verknüpfung (siehe Abschnitt 1). Dies kann durchaus sinnvoll sein, wenn die Datensätze wie in Abschnitt 5.3.4 beschrieben, durch Kriterien eingeschränkt werden.

Tabellen ohne Beziehungen

Auswahlabfragen werden in SQL durch den SELECT-Befehl definiert. Die Tabellennamen werden nach der FROM Klausel angegeben. Der Befehl

SQL

```
SELECT * FROM tblAdressen;
```

zeigt eine Tabelle mit allen Datensätzen von tblAdresse. Der Stern (*) gibt an, daß die Abfrage alle Felder umfaßt.

Für verknüpfte Tabellen verfügt Access als Erweiterung des SQL-Standards über die JOIN-Klausel.

```
SELECT * FROM tblAdressen INNER JOIN tblRechnung
        ON tblAdresse.ID = tblRechnung.KundenNr;
```

Die Klausel INNER JOIN bewirkt eine Exklusionsverknüpfung. Durch OUTER JOIN wird entsprechend eine Inklusionsverknüpfung angegeben.

Sind mehrere verknüpfte Tabellen in einer Abfrage vorhanden, werden die Verknüpfungen mit Klammern hintereinander geschrieben:

```
SELECT * FROM
        (tblAdressen INNER JOIN tblRechnung
        ON tblAdresse.ID = tblRechnung.KundenNr)
        INNER JOIN tblRechnungsposition
        ON tblRechnung.RechnNr
        = tblRechnungsposition;
```

Soll eine Tabelle für die Abfrage umbenannt werden, geben Sie den neuen Namen mit der AS-Klausel an:

```
SELECT * FROM tblAdresse AS Adr;
```

Die folgende Abfrage zeigt alle Informationen einer Rechnung zusammen mit allen Informationen zu dem Kunden, dem die Rechnung gestellt wurde.

Beispiel

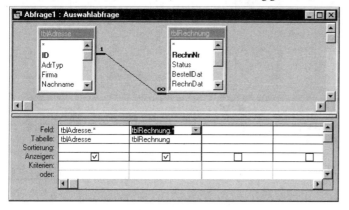

*Bild IV.139:
Beispiel für eine einfache Auswahltabelle*

639

*Bild IV.140:
Das Ergebnis der
Abfrage*

ID	AdrTyp	Firma	Nachname	Vorname	RechnNr	Status	BestellDat
32	Kunde	Futura 1	Heuser	Bettina	24	Mahnung	20.09.
33	Kunde	Boutique M.	Glaser	Miriam	21	Rechnung	12.08.
34	Kunde			Naumann	Georg	34	Rechnung	08.12.
35	Kunde	Costa Import	Costa	Christos	8	Rechnung	17.03.
35	Kunde	Costa Import	Costa	Christos	15	Rechnung	01.07.
35	Kunde	Costa Import	Costa	Christos	20	Rechnung	30.07.
36	Kunde		Dütsch	Norbert	10	Rechnung	04.05.
36	Kunde		Dütsch	Norbert	11	Rechnung	27.05.
36	Kunde		Dütsch	Norbert	30	Rechnung	22.11.
36	Kunde		Dütsch	Norbert	37	Rechnung	08.12.
37	Kunde		Seibold	Matthias	35	Rechnung	13.12.
39	Kunde		Göbel	Claudia	22	Rechnung	22.08.
40	Kunde	Der Gescher	Biermaier	Robert	9	Rechnung	28.04.
40	Kunde	Der Gescher	Biermaier	Robert	13	Rechnung	18.06.
40	Kunde	Der Gescher	Biermaier	Robert	27	Rechnung	22.10.
41	Kunde		Bothe	Felix	17	Mahnung	10.07.
45	Kunde		Ansorge	Peter	25	Rechnung	30.09.
48	Kunde	Möbel Kern	Fink	Christine	4	Rechnung	16.01.
48	Kunde	Möbel Kern	Fink	Christine	6	Rechnung	20.02.
48	Kunde	Möbel Kern	Fink	Christine	31	Rechnung	29.11.
49	Kunde	Knoll & Party	Knoll	Quirin	3	Rechnung	05.01.

Wenn Sie die beiden Tabellen in die Abfrage einfügen, wird die Verknüpfung automatisch gesetzt, da sie in den Beziehungen definiert ist. Die Sterne (*) bewirken in einer Felddefinition, daß alle Datensätze einer Tabelle in die Abfrage aufgenommen werden.

Das Abfrageergebnis zeigt für jede Rechnung die entsprechende Kundenadresse. Die Reihenfolge der Spalten wurde dabei wie in Bild IV.140 ersichtlich im Datenblatt geändert, um Kunden- und Rechnungsinformationen gleichzeitig zu zeigen.

5.3.2 Felder und Ausdrücke

Nachdem Sie die Tabellen bzw. Abfragen festgelegt haben, geben Sie die Felder an, die die Ergebnisdatensätze der Abfrage umfassen sollen.

*Bild IV.141:
Abfrage mit Feldern*

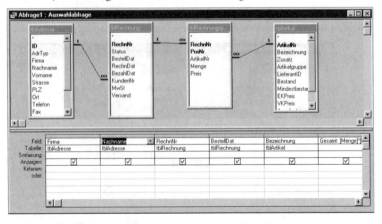

Für jedes Feld, das in der Abfrage erscheinen soll, muß in der unteren Hälfte des Abfragefensters eine Spalte mit Informationen gefüllt werden.

Hinzufügen von Feldern

Ein Feld wird der Abfrage hinzugefügt, indem sein Name in der ersten Zeile FELD eingefügt wird. Existieren mehrere Felder mit gleichem Namen, so

5 Abfragen

muß gegebenenfalls der Name der Tabelle bzw. Auswahlabfrage in die Zeile TABELLE angepaßt werden. Access erlaubt neben der Eingabe über die Tastatur dazu die folgenden Vorgehensweisen:

- Ziehen Sie mit der Maus ein Feld in eine Spalte der unteren Hälfte des Abfragefensters. Ist diese Spalte bereits belegt, so wird die neue Spalte davor eingefügt. Es ist zwar erlaubt, Spalten leer zu lassen, hat jedoch keine Auswirkung auf die Abfrage. Zudem verschwinden die Leerspalten nach dem nächsten Abspeichern.
- Um ein Feld in der ersten freien Spalte anzulegen, doppelklicken Sie auf das Feld in der Feldliste.
- Das Kombinationsfeld in der Zeile TABELLE enthält die Namen aller Feldlisten und die Zeile FELD die Namen der in der unter TABELLE angegebenen Felder, so daß Sie das gewünschte Feld auch direkt auswählen können.
- Um eine Spalte einzufügen, markieren Sie die Spalte, vor der die neue Spalte erscheinen soll, durch Klicken auf die graue Leiste über der Spalte, und drücken auf `Einfg` oder wählen SPALTE aus dem EINFÜGEN-Menü. Um mehrere Spalten einzufügen, markieren Sie die entsprechende Anzahl an Spalten durch Ziehen mit der Maus über die graue Leiste oberhalb der Spalten.
- Um eine oder mehrere Spalten zu löschen und damit die Felder aus der Abfrage zu entfernen, markieren Sie diese und drücken auf `Entf` oder wählen LÖSCHEN aus dem Menü BEARBEITEN.
- Um alle Felder aus einer Feldliste zu übernehmen, übernehmen Sie die Zeile »*« in eine Spalte. Dadurch werden im Abfrageergebnis an dieser Stelle alle Felder der entsprechenden Feldliste aufgenommen.
- Um alle Felder einzeln in die Abfrage zu übernehmen, doppelklicken Sie auf die Titelleiste der Feldliste, so daß alle Felder markiert sind, und anschließend in die Abfrage übernommen werden können.
- Um die Reihenfolge der Felder zu verändern, lassen sich die Spalten umsortieren, indem Sie eine Spalte durch Ziehen der grauen Leiste über der Spalte an eine neue Position verschieben.

Felder umbenennen

Soll das Feld nicht unter seinem in der entsprechenden Tabelle oder Abfrage definierten Namen in der neuen Abfrage erscheinen, so wird vor den Feldnamen der neue Namen mit einem Doppelpunkt geschrieben.

Um beispielsweise das Feld RECHNNR in der Abfrage in »Rechnungsnummer« umzubenennen, geben Sie unter FELD folgendes ein:

    Rechnungsnummer:[RechnNr]

Die eckigen Klammern fügt Access dabei automatisch hinzu.

Ausdrücke

Abgesehen von einem neuen Feldnamen sind in der Zeile FELD auch beliebige Access-Ausdrücke erlaubt.

Ausdrücke setzen sich aus Feldern, Konstanten, Operatoren und Funktionen zusammen und ergeben immer einen Wert. In Access wird dabei die Visual Basic-Notation verwendet, die im Prinzip einer mathematischen Formel entspricht.

Um beispielsweise den Gesamtpreis einer Rechnungsposition zu berechnen, benutzt man den Ausdruck:

    Gesamt: [Menge]*[Preis]

IV Access

Ausdrücke müssen in Abfragen einen Namen erhalten. Standardmäßig bezeichnet Access die Ausdrücke mit den Namen »Ausdruck1«, »Ausdruck2« usw.

Existieren in einer Abfrage mehrere gleichnamige Felder, so muß in einem Ausdruck der Tabellenname durch einen Punkt getrennt vor dem Feldnamen angegeben werden. So bezeichnet

```
tblAdresse.Nachname
```

eindeutig den Nachnamen aus TBLADRESSE.

In Ausdrücken lassen sich beliebige Funktionen verwenden. Dabei wird in Abfragen die deutsche Notation verwendet, bei der die Argumente durch Semikola getrennt werden. Die Funktionsnamen erscheinen dabei ebenfalls in deutscher Sprache. Access läßt jedoch ebenfalls die Angabe der englischen Namen zu und übersetzt diese dann automatisch.

Die folgenden Funktionen werden oft in Abfragen benötigt:

Funktion	Aufgabe
`Links(Feld;Anzahl)`	Gibt die Anzahl ersten Zeichen von Feld zurück.
`Rechts(Feld;Anzahl)`	Gibt die Anzahl letzten Zeichen von Feld zurück.
`TeilStr(Feld; Start,Anzahl)`	Gibt die Anzahl Zeichen ab der Position Start von Feld zurück.
`Wenn(Bedingung; Ausdruck1;Ausdruck2)`	Gibt den Ausdruck1 zurück, wenn der Ausdruck Bedingung Wahr ist (ungleich 0). Ansonsten wird Ausdruck2 zurückgegeben.
`IstNull(Ausdruck)`	Gibt Wahr zurück, wenn der Ausdruck leer ist.

Beispiele für Ausdrücke

Den Anfangsbuchstaben eines Nachnamens erhält man durch den Ausdruck

```
Anfangsbuchstabe: Links([Nachname]; 1).
```

Wenn Sie den Nachnamen und den Vornamen zusammensetzen wollen, geben Sie folgenden Ausdruck an:

```
Vollname: [Nachname] & ', ' & [Vorname]
```

Dabei stellt sich das Problem, daß für Datensätze, bei denen kein Vorname angegeben ist, ein einzelnes Komma hinter dem Nachnamen steht. Geben Sie deshalb den Ausdruck

```
Vollname: [Nachname] &
          Wenn(Nicht IstNull([Vorname];
          ', ' & [Vorname]; '')
```

an. Hierbei wird das Komma nur dann angefügt, wenn der Vorname nicht leer ist (nicht *Null* ist).

Ausdrücke dürfen auch auf benutzerdefinierte Funktionen zurückgreifen, in denen wiederum auf Informationen in der Datenbank zugegriffen wird (siehe Abschnitt 9.3). Somit sind theoretisch beliebig komplexe Abfragen möglich. In der Praxis werden Abfragen mit solchen Funktionen recht langsam.

Es ist nicht erlaubt, einem Ausdruck den Namen eines Feldes zu geben, das im Ausdruck enthalten ist. Der Ausdruck

```
Nachname: Links([Nachname]; 5)
```

führt zu einem Fehler beim Ausführen der Abfrage.

Die meisten Ausdrücke werden länger, so daß der Platz in der Spalte der Felddefinition nicht ausreicht. Die Spaltenbreite läßt sich zwar durch Doppelklicken auf die Spaltentrennlinie oder. durch Ziehen der Spaltentrennlinie erweitern, dies reicht jedoch in vielen Fällen nicht.

Eingabehilfe durch das Zoom-Dialogfeld

Um einen Ausdruck leichter zu bearbeiten, öffnen Sie das Zoom-Dialogfeld, indem Sie [Shift]+[F2] drücken. Alternativ wählen Sie ZOOM aus dem Kontextmenü, das Sie durch Klicken mit der rechten Maustaste auf die Spalte öffnen.

Bild IV.142:
Das Zoom-Dialogfeld

Nachdem Sie den Ausdruck bearbeitet haben, klicken Sie auf die Schaltfläche OK, um ihn zu übernehmen oder auf ABBRECHEN, um ihn zu verwerfen. Beachten Sie, daß Sie innerhalb des Zoom-Dialogfelds [Strg]+[↵] drücken müssen, um eine neue Zeile einzufügen.

Wenn Sie den Ausdruck nicht per Tastatur, sondern weitgehend per Maus eingeben wollen, verwenden Sie den Ausdrucks-Editor.

Der Ausdrucks-Editor

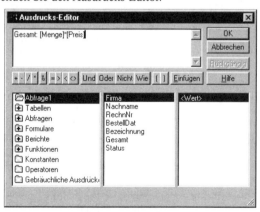

Bild IV.143:
Der Ausdruckseditor

IV Access

 Sie öffnen den Ausdrucks-Editor, indem Sie [Strg]+[F2] drücken, ERSTELLEN aus dem Kontextmenü der Spalte wählen oder auf die Schaltfläche EDITOR in der Symbolleiste klicken.

Im Ausdrucks-Editor befinden sich drei Listen, die sämtliche in der aktuellen Datenbank verfügbaren Felder, Objekte und Funktionen enthalten. Dabei wird keine Rücksicht auf den Kontext genommen, so daß nicht alle Felder verfügbar sind.

Ob der Ausdrucks-Editor wirklich eine Erleichterung beim Schreiben von Ausdrücken bringt, sei Ihnen überlassen. Um eine Kenntnis der verschiedenen Funktionen und Operatoren kommen Sie wahrscheinlich auch durch die Verwendung des Ausdrucks-Editors nicht herum.

Ausblenden von Feldern
Für jedes Feld der Abfrage läßt sich festlegen, ob es im Ergebnisdatensatz ausgeblendet werden soll. Dazu entfernen Sie das Kontrollkästchen in der Zeile ANZEIGEN. Ausgeblendete Felder machen nur dann Sinn, wenn sie Teil der Sortierordnung oder eines Kriteriums sind.

Die Abfrageeigenschaft (siehe Abschnitt 5.3.7) ALLE FELDER AUSGEBEN bestimmt, daß auch ausgeblendete Felder in die Abfrage aufgenommen werden.

Feldeigenschaften
Jedes Feld besitzt ein Eigenschaftsfenster, in dem ähnliche Angaben gemacht werden können wie bei der Definition von Tabellenfeldern (siehe Abschnitt 3.2.4).

Bild IV.144: Feldeigenschaften

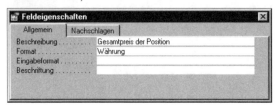

Die Feldeigenschaften auf der Registerkarte ALLGEMEIN haben folgende Funktionen:

Eigenschaft	Funktion
Beschreibung	Geben Sie hier einen Text an, der den Inhalt des Feld beschreibt. Die Nutzung solcher Beschreibungsfelder ist im Sinne einer guten Programmdokumentation angeraten. Die Beschreibungsfelder in einer Abfrage sind allerdings sehr versteckt und tauchen nur in einer gedruckten Dokumentation (siehe Abschnitt 10.4.2) auf.
Format	Diese Einstellung legt das Anzeigeformat fest und übergeht dabei ein eventuell in der Tabellendefinition festgelegtes Format.
Eingabeformat	Diese Einstellung legt ein Eingabeformat (siehe Abschnitt 6.3.2) für ein Feld fest. Dabei wird eine eventuelles Eingabeformat in der Tabellendefinition übergangen.
Beschriftung	Durch diese Einstellung legen Sie die Spaltenüberschrift im Abfragedatenblatt fest. Im Gegensatz zum Umbenennen des Feldnamens (siehe oben) wird dabei nur die Beschriftung des Felds, nicht aber der Feldname geändert.

Auf der Registerkarte NACHSCHLAGEN definieren Sie, ob eine Nachschlageliste (siehe Abschnitt 4.2.2) für das Feld verwendet werden soll. Die Einstellungen übergehen dabei die Festlegungen bei der Tabellendefinition.

SQL

Felder und Ausdrücke werden als kommagetrennte Liste dem SELECT-Befehl nachgestellt. So beschränkt der Befehl

```
SELECT Firma, Nachname FROM tblAdressen
```

die Abfrage auf die Felder FIRMA und NACHNAME.

Namen von Feldern bzw. Ausdrücken werden durch die AS-Klausel definiert:

```
SELECT Links([Nachname]; 1) AS Anfangsbuchtabe
        FROM tblAdressen.
```

In Abfragen mit mehreren Tabellen, die gleichnamige Felder enthalten, müssen Sie den Feldern den Tabellennamen voranstellen:

```
SELECT tblRechnung.RechnNr FROM
        tblRechnung INNER JOIN ON
        tblRechnung.RechnNr =
        tblRechnungsposition.RechnNr;
```

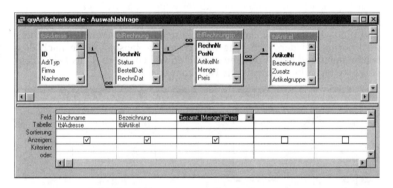

Bild IV.145: Eine Beispielabfrage mit Ausdrücken

qryArtikelverkaeufe : Auswahlabfrage

Nachname	Bezeichnung	Gesamt
Heuser	Kindertaschenrechner "Micky"	300,00 DM
Heuser	Kugelschreiberset "HongKong"	330,00 DM
Heuser	Gackernder Funkwecker	49,75 DM
Heuser	Funkwecker	129,75 DM
Heuser	Schrankwand "Glaspalast"	2.199,00 DM
Glaser	Kaffetasse "Space Port USA"	399,00 DM
Glaser	Gackernder Funkwecker	49,75 DM
Glaser	Kugelschreiberset "HongKong"	550,00 DM
Naumann	Internet-Kollektion	14,95 DM
Naumann	Kindertaschenrechner "Micky"	15,00 DM
Costa	Champagner Brut Jahrgang	750,00 DM
Costa	Weinprobeset "Burgund"	1.800,00 DM
Costa	Champagner Brut Jahrgang	750,00 DM

Datensatz: 1 von 78

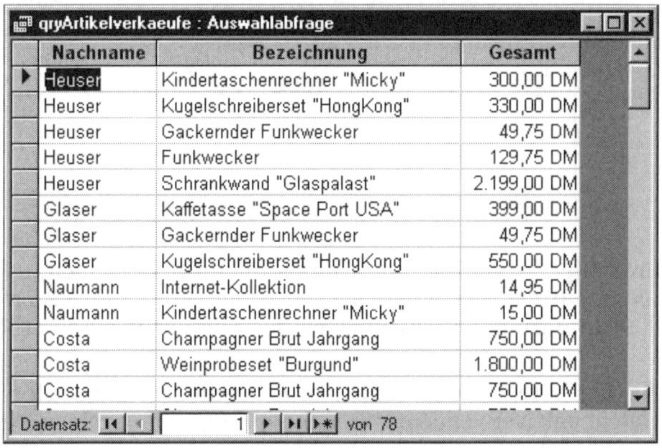

Bild IV.146: Das Ergebnis der Beispielabfrage

Die Abfrage in Bild IV.145 zeigt alle Artikelverkäufe mit zugehörigem Kundennamen.

IV Access

Die Abfrage zeigt als Felder den Nachnamen des Kunden, die Artikelbezeichnung und den Gesamtpreis, der sich aus dem Produkt von Menge und Preis berechnet.

Bild IV.146 zeigt das Ergebnis der Abfrage aus Bild IV.145.

*Bild IV.147:
Der SQL-Befehl der
Abfrage*

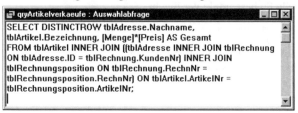

In Bild IV.147 ist die SQL-Ansicht der Abfrage zu sehen. Dabei wird deutlich, daß bereits einfache Abfragen komplexe SQL-Befehle benötigen.

5.3.3 Sortierung

Die Ergebnisdatensätze einer Abfrage lassen sich nach einem oder mehreren Feldern auf- oder absteigend sortieren.

Um nach einem Feld zu sortieren, geben Sie in der Zeile SORTIERUNG »Aufsteigend« (A, B, C, D) oder »Absteigend« (Z, Y, X, W) an.

Bei der Sortierordnung spielt die Reihenfolge, in der die Felder angegeben sind, eine wichtige Rolle, da das am weitesten links stehende Feld die höchste Priorität bei der Sortierung hat. Wenn Sie beispielsweise nach dem Nachnamen und dem Vornamen sortieren wollen, so muß das Feld *Nachname* weiter links stehen als das Feld *Vorname*.

*Bild IV.148:
Die Sortierung einer
Abfrage*

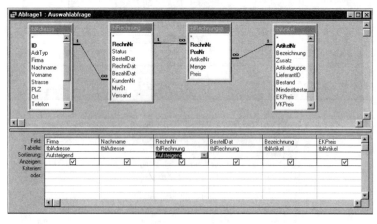

Praxistip: Wenn Sie eine Abfrage häufiger benötigen, sollten Sie einen Index auf die Sortierfelder legen (siehe Abschnitt 3.2.7). Dadurch wird die Ausführungsgeschwindigkeit der Abfrage drastisch erhöht.

*Festlegen der
Sortierordnung*

Die Sortierreihenfolge hängt natürlich von der für die Informationen in der Datenbank verwendeten Sprache ab, da die einzelnen Alphabete unterschiedliche Sonderzeichen mit entsprechenden Sortierkonventionen umfassen. Sie ändern die Sortierreihenfolge in den Access-Optionen. Öffnen Sie dazu das Optionen-Dialogfeld, indem Sie OPTIONEN aus dem

Menü EXTRAS wählen und stellen Sie die gewünschte Sortierordnung auf der Registerkarte ALLGEMEIN im Kombinationsfeld SORTIERREIHEN-FOLGE ein. Die Einstellung STANDARD ist dabei für Englisch, Französisch, Deutsch, Italienisch, Portugiesisch und Spanisch gültig.

Anschließend müssen Sie die Datenbank komprimieren (siehe Abschnitt 3.1.5).

Die Sortierung wird in SQL durch die ORDER BY-Klausel spezifiziert. Der Befehl

SQL

```
SELECT * FROM tblAdressen ORDER BY Nachname;
```

erzeugt eine nach dem Nachnamen sortierte Adreßtabelle. Standardmäßig wird dabei eine aufsteigende Sortierordnung spezifiziert. Um die Rechnungen zunächst absteigend nach dem Rechnungsdatum und anschließend aufsteigend nach der Rechnungsnummer zu sortieren, benötigen Sie folgenden SQL-Befehl:

```
SELECT * FROM tblRechnung ORDER BY RechnDat
      DESC, RechnNr;
```

5.3.4 Kriterien

Durch die Angabe von Kriterien schränken Sie die Ergebnisdatensätze einer Abfrage ein. Ein Kriterium ist dabei ein logischer Ausdruck, der für einem Datensatz wahr (ungleich 0) sein muß, damit dieser als Ergebnisdatensatz in der Abfrage erscheint.

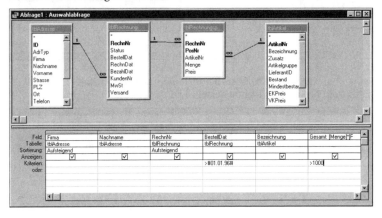

Bild IV.149:
Kriterien in Abfragen

Jede Feldspalte besitzt eine oder mehrere Zeilen für die Angabe der Kriterien. Spalten und Zeilen bilden dabei die disjunktive Normalform der Bedingung. Im einzelnen bedeutet dies:

Angeben von Kriterien

- Die Kriterien, die in einer Zeile angegeben sind, werden UND-verknüpft und müssen alle wahr sein, damit der Datensatz aufgenommen wird.
- Die Kriterien mehrerer Zeilen sind ODER-verknüpft, so daß es ausreicht, wenn eine Zeile wahr ist, um den Datensatz als Ergebnisdatensatz in die Abfrage aufzunehmen.

Für ein einzelnes Kriterium, also ein Eintrag einer Spalte in einer Zeile, sind beliebige logische Ausdrücke möglich. Um die Eingabe zu erleichtern, werden die folgenden Vereinfachungen angewendet.

IV Access

- Wenn Sie einen einzelnen Wert angeben, wird von Gleichheit ausgegangen. Das bedeutet, daß das entsprechende Feld exakt diesen Wert haben muß, damit die Bedingung wahr ist.
- Für andere Relationen geben Sie vor dem Wert den entsprechenden Vergleichsoperator (<, >, <=, >=, <>) an.
- Um mehrere Bedingungen innerhalb eines Einzelkriteriums zu verknüpfen, verwenden Sie zwischen den Bedingungen den entsprechenden logischen Operator (UND, ODER, NICHT). Der Feldname muß dabei im Gegensatz zur normalen Visual Basic-Syntax nicht angegeben werden (z.B. > 100 UND < 1000).

Beispiele für Kriterien

Anhand der Abfrage aus Bild IV.150 werden im folgenden einige Beispiele für die Angabe von Kriterien gezeigt.

Bild IV.150:
Die Beispielabfrage

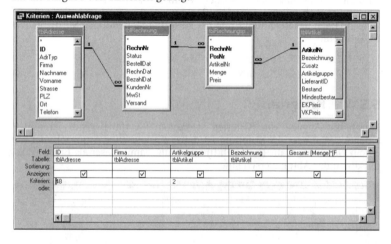

Sie wollen durch eine Abfrage herausfinden, welche Artikel einer Artikelgruppe ein bestimmter Kunde bestellt hat.

Bild IV.151:
UND-Verknüpfung
von Kriterien

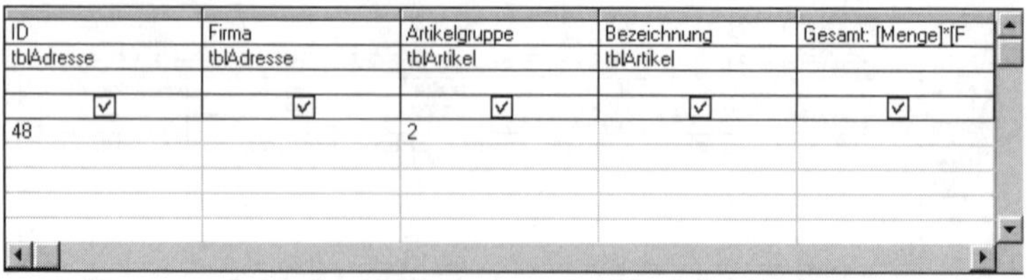

Bild IV.151 zeigt die Kriterien, um diese Abfrage zu realisieren. Durch die implizite UND-Verknüpfung zwischen den Spalten werden nur solche Datensätze aufgenommen, bei denen das Feld ID (die Kundennummer) den Wert 48 und zugleich das Feld ARTIKELGRUPPE den Wert 2 hat.

Angenommen, Sie wollen in einer Abfrage nicht nur die Artikel für die Kundennummer 41, sondern auch für die Kundennummer 51 zeigen.

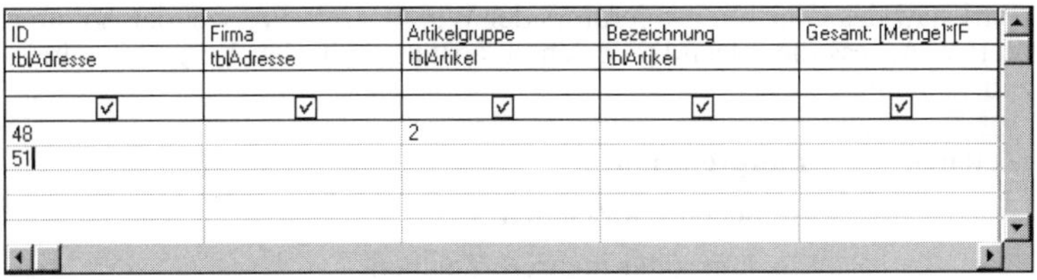

5 Abfragen

Bild IV.152:
Falsche Angaben
von Kriterien

Wenn Sie einfach die »51« in die zweite Zeile der Kriterien eintragen, interpretiert Access die Kriterien folgendermaßen:

```
([ID] = 48 Und [Artikelgruppe] = 2)
     Oder [ID] = 51
```

Dadurch erhalten Sie alle Artikel der Artikelgruppe 2 für die Kundennummer (ID) 41, sowie alle Artikel aus allen Artikelgruppen für die Kundennummer (ID) 58.

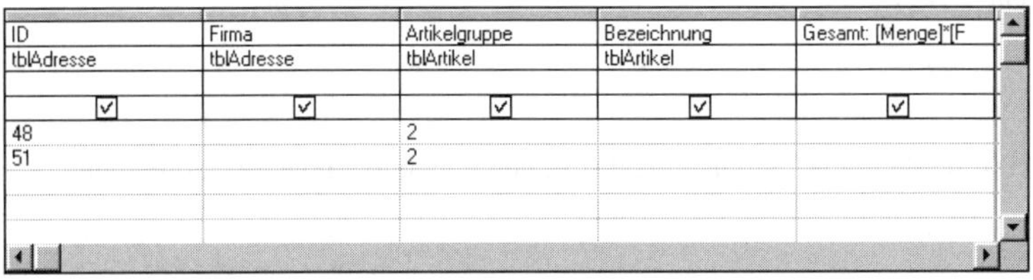

Bild IV.153:
Korrekte Angabe
einer ODER-
Verknüpfung

In Bild IV.153 sind die Kriterien korrekt angegeben, da jede Zeile die vollständige Bedingung enthält. Access interpretiert die Kriterien jetzt folgendermaßen:

```
([ID] = 48 Und [Artikelgruppe] = 2)
     Oder ([ID] = 51 Und
          [Artikelgruppe]=2)
```

Dabei werden jetzt auch die Artikel für die Kundennummer (ID) 51 korrekt auf die Artikelgruppe 2 eingeschränkt.

Wenn Ihnen die Eingabe einer ODER-Verknüpfung in verschiedene Kriterien-Zeilen zu aufwendig erscheint, können Sie auch folgendes Einzelkriterium für das Feld ID angeben:

```
48 Oder 51
```

Da die Einzelkriterien einer Zeile immer UND-verknüpft werden, lautet das komplette Kriterium

```
([ID] = 48 Oder ID = 51) Und [Artikelgruppe] = 2,
```

wodurch Sie wiederum das gewünschte Ergebnis erhalten.

Der Gleichheitsoperator (=) stellt die exakte Gleichheit zwischen zwei Werten fest. In vielen Fällen ist es aber notwendig, eine ungefähre Übereinstimmung als Kriterium anzugeben. Dazu führt Access den Wie-Operator ein.

Der Wie-Operator

Wird statt des Gleichheitsoperators der Wie-Operator verwendet, so interpretiert Access die folgenden Zeichen, anstatt sie in den Vergleich miteinzubeziehen:

Zeichen	Interpretation
?	Ein beliebiges Zeichen
*	Ein, kein oder mehrere Zeichen
#	Eine Ziffer (0-9)
[Liste]	Ein Zeichen, das in der Liste vorkommt. In der Liste kann ein Zeichenbereich durch einen Bindestrich angegeben werden (z.B. A-E meint ABCDE)
[!Liste]	Ein Zeichen das in der Liste nicht vorkommt

Enthält die Vergleichszeichenkette eines dieser Zeichen, ohne daß es interpretiert werden soll, so muß es in eckigen Klammern stehen.

Beispiele für den Wie-Operator

Die Kriterien

```
'Würzburg' Wie '*burg'
'Hamburg' Wie '*burg'
```

sind beide wahr, da der Stern für beliebig viele beliebige Zeichen steht.

```
'Burghausen' Wie '*burg'
```

ist dagegen falsch, da nur am Anfang des Worts zusätzliche Zeichen stehen dürfen.

```
[Nachname] Wie '[A-E]*'
```

ist nur für solche Namen wahr, deren Anfangsbuchstabe Ab, B, C, D oder E ist.

Unterabfragen

Access erlaubt auch sogenannte Unterabfragen in Kriterien. Dabei werden die von einer Auswahlabfrage zurückgegebenen Werte zum Vergleich herangezogen. Unterabfragen müssen in SQL formuliert sein, und können folgendermaßen in einem Kriterium verwendet werden:

Kriterium	Auswirkung
[Feld] > ANY Unterabfrage	Das Kriterium ist erfüllt, wenn irgendein von der Unterabfrage gelieferter Wert kleiner als [Feld] ist. Dabei ist natürlich jeder Vergleichsoperator statt des »>« erlaubt.
[Feld] > ALL Unterabfrage	Das Kriterium ist erfüllt, wenn alle von der Unterabfrage gelieferten Werte kleiner als [Feld] sind.
[Feld] IN Unterabfrage [Feld] NOT IN Unterabfrage	Das Kriterium ist erfüllt, wenn der Wert von [Feld] identisch mit mindestens einem Wert aus der Unterabfrage ist. Wird die Klausel NOT IN angegeben, so ist das Kriterium erfüllt, wenn kein Wert aus der Unterabfrage identisch mit [Feld] ist.

Kriterium	Auswirkung
EXISTS Unterabfrage NOT EXISTS Unterabfrage	Das Kriterium ist erfüllt, wenn die Unterabfrage mindestens einen Datensatz aufweist. Wird die Klausel NOT EXISTS verwendet, so ist das Kriterium erfüllt, wenn die Abfrage keinen Datensatz liefert.

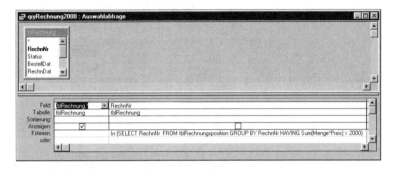

Bild IV.154: Abfrage mit Unterabfrage

Durch die Abfrage aus Bild IV.154 werden alle Rechnungen mit einem Endbetrag größer als 2.000,- DM gezeigt. Die Unterabfrage liefert durch eine gruppierte Abfrage (siehe Abschnitt 5.3.5) die Rechnungsnummern, bei denen die Summe der Positionen größer als 2.000,- DM ist.

Meist können Unterabfragen durch entsprechende Tabellenverknüpfungen vermieden werden. Im Beispiel aus Bild IV.154 müßte aber eine nicht editierbare gruppierte Abfrage verwendet werden, um die Endbeträge der Rechnung zu berechnen. Durch die Unterabfrage bleibt die Rechnung editierbar.

Die Kriterien werden nach der WHERE-Klausel als logischer Ausdruck angegeben:

SQL

```
SELECT * FROM tblAdresse WHERE Ort='München'
        AND IstKunde = True;
```

zeigt eine Abfrage aller Adressen in München, für die das Feld ISTKUNDE wahr ist.

5.3.5 Gruppierung von Datensätzen

Bei der Gruppierung von Datensätzen werden mehrere Datensätze, die in einem oder mehreren Feldern identische Werte haben, zu einem Ergebnisdatensatz zusammengefaßt. Gruppierte Abfragen sind nicht editierbar.

Um in einer Abfrage Datensätze zu gruppieren, blenden Sie die Zeile FUNKTION für die Feldangaben ein, indem Sie auf die Schaltfläche FUNKTIONEN in der Symbolleiste klicken oder FUNKTIONEN aus dem ANSICHT-Menü bzw. dem Kontextmenü einer Feldspalte öffnen.

In die Zeile FUNKTION wird standardmäßig »Gruppierung« eingetragen. Diese Funktion bestimmt, daß alle Datensätze, die denselben Wert in einem Feld haben, zu einem Datensatz zusammengefaßt werden. Geben Sie »Gruppierung« für mehrere Felder an, so müssen die Datensätze in allen diesen Feldern gleich sein, um zu einem Datensatz zusammengefaßt zu werden.

Festlegen der Gruppierungsfelder

Bild IV.155:
Gruppierte Abfrage

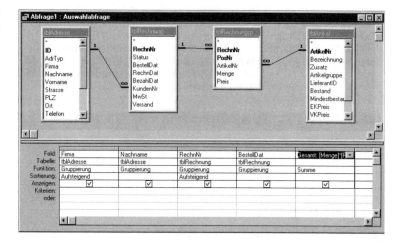

Eine Abfrage, in der ausschließlich die Funktion »Gruppierung« auftaucht, tut deshalb nichts anderes, als doppelte Datensätze auszufiltern. Dies wird üblicherweise bereits durch eine entsprechende Abfrage-Eigenschaft (siehe Abschnitt 5.3.7) erledigt, so daß hierfür keine Gruppierung verwendet werden muß.

Aggregats- Interessant werden solche Abfragen, wenn Sie auch Felder mit unterschied-
funktionen lichem Inhalt mittels einer Operation, einer sogenannten Aggregatsfunktion, zusammenfassen. Geben Sie beispielsweise in die Zeile FUNKTION »Summe« ein, so erscheint im zusammengefaßten Datensatz die Summe der Feldwerte in denjenigen Datensätzen, die bezüglich der Gruppierungsfelder identisch sind.

Access erlaubt die folgenden Aggregatsfunktionen:

Funktion	Operation
Summe	Addiert die Feldwerte numerischer Felder auf.
Mittelwert	Bildet den Mittelwert der Felder.
Min	Übernimmt den minimalen Wert in den zusammengefaßten Datensatz.
Max	Übernimmt den maximalen Wert in den zusammengefaßten Datensatz.
Anzahl	Zählt die Anzahl der zusammengefaßten Datensätze.
StdAbw	Berechnet die Standardabweichung der Feldwerte.
Varianz	Berechnet die Varianz der Feldwerte.
ErsterWert	Übernimmt den in der Sortierordnung ersten Wert in den zusammengefaßten Datensatz.
LetzterWert	Übernimmt den in der Sortierordnung letzten Wert in den zusammengefaßten Datensatz.

Feldnamen bei Ein Feld, das über eine Aggregatsfunktion zusammengefaßt wird, erhält von
Aggregatsfunktionen Access automatisch einen neuen Namen, aus dem hervorgeht, mit welcher Aggregatsfunktion das Feld gebildet wurde. Für die Summe über das Feld PREIS wird beispielsweise der Name »Summe von Preis« vergeben.

Um einen anderen Namen für ein solches Feld zu verwenden, müssen sie es explizit umbenennen (siehe Abschnitt 5.3.2). Dabei können Sie allerdings nicht den ursprünglichen Feldnamen verwenden, da Access rekursive Benennungen verbietet.

Beispiel

Es soll eine Abfrage gebildet werden, in der die Rechnungssummen jeder Rechnung aufgeführt sind. Dazu erstellen Sie zunächst eine Abfrage, die die relevanten Informationen zu einer Rechnung enthält (siehe Bild IV.156):

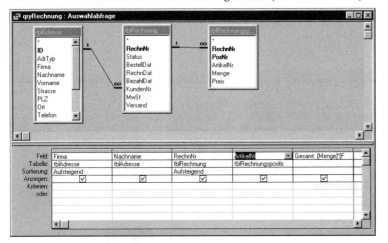

Bild IV.156: Die Ausgangsabfrage

Diese Abfrage zeigt für jede Rechnung die einzelnen Positionen mit Artikelnummer und Gesamtpreis (siehe Bild IV.157).

qryRechnung : Auswahlabfrage

Firma	Nachname	RechnNr	ArtikelNr	Gesamt
Costa Impor	Costa	8	9	750,00 DM
Der Gescher	Biermaier	9	10	600,00 DM
Der Gescher	Biermaier	9	4	499,00 DM
Futura 2	Zimmer	7	13	299,00 DM
Futura 2	Zimmer	7	11	49,75 DM
Futura 2	Zimmer	7	12	179,85 DM
Knoll & Part	Knoll	3	4	24,95 DM
Knoll & Part	Knoll	3	7	479,40 DM
Knoll & Part	Knoll	3	8	124,75 DM
Luggis Gesc	Diebold	5	13	74,75 DM
Luggis Gesc	Diebold	5	12	299,75 DM
Möbel Kern	Fink	4	4	998,00 DM
Möbel Kern	Fink	4	8	1.297,50 DM
Möbel Kern	Fink	6	7	399,50 DM
*		(AutoWert)		

Datensatz: 1 von 14

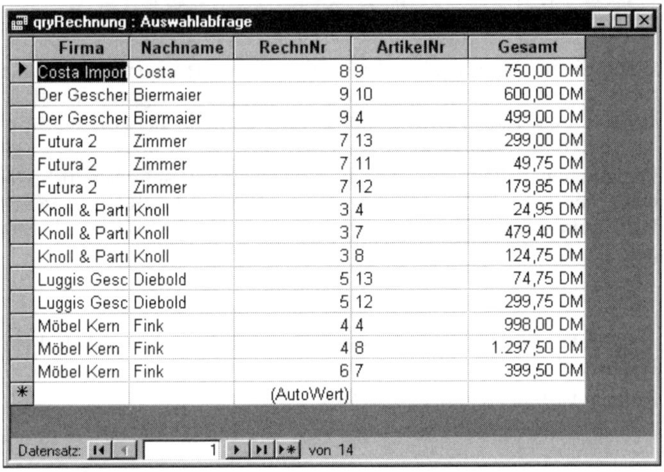

Bild IV.157: Abfrageergebnis der Abfrage aus Bild IV.156

Um die Gesamtsummen der einzelnen Rechnungen zu berechnen, müssen also die Datensätze einer Rechnung zusammengefaßt und über das Feld GESAMT einer Position die Summe gebildet werden.

Beachten Sie aber, daß dabei die Artikelnummer nicht in die Abfrage aufgenommen werden kann. Diese ist für jede Rechnungsposition verschieden und kann deswegen nicht als Gruppierungsfeld festgelegt werden, da ansonsten wieder jede Position einzeln im Abfrageergebnis erscheinen würde. Als Funktion würde sich höchstens »ErsterWert« anbieten, wodurch jeweils die erste Artikelnummer der Rechnung als Erinnerungshilfe in die Abfrage aufgenommen wird. Die Alternative ist das Löschen der Spalte *Artikelnummer* aus der Abfrage, wie es in Bild IV.158 gezeigt ist.

Bild IV.158:
Bildung von
Rechnungssummen

Firma	Nachname	RechnNr	Gesamt: [Menge]*[F
tblAdresse	tblAdresse	tblRechnung	
Gruppierung	Gruppierung	Gruppierung	Summe
Aufsteigend		Aufsteigend	
☑	☑	☑	☑

Die Felder FIRMA, NACHNAME und RECHNNR werden als Gruppierungsfelder durch die Funktion »Gruppierung« definiert. Der Rechnungsbetrag wird dann für alle Datensätze einer Rechnung mit der Funktion «Summe« addiert, so daß sich die in Bild IV.159 gezeigte Abfrage ergibt:

Bild IV.159:
Das Abfrageergebnis

Firma	Nachname	RechnNr	Gesamt
Costa Impor	Costa	8	750,00 DM
Der Gescher	Biermaier	9	1.099,00 DM
Futura 2	Zimmer	7	528,60 DM
Knoll & Part	Knoll	3	629,10 DM
Luggis Gesc	Diebold	5	374,50 DM
Möbel Kern	Fink	4	2.295,50 DM
Möbel Kern	Fink	6	399,50 DM

Ausdrücke Wenn Sie in einem Feld einen Ausdruck angeben, so müssen Sie entweder nach dem Ausdruck gruppieren oder dafür eine Aggregatsfunktion angeben. Die Aggregatsfunktion bezieht sich dann für jeden Datensatz auf den ausgewerteten Ausdruck.

In manchen Fällen kann dies aber unerwünscht sein. Wenn Sie beispielsweise bei dem oben angeführten Beispiel auf jeden Rechnungsbetrag eine Versandkostenpauschale von DM 10,- aufschlagen wollen, erhalten Sie mit dem Ausdruck

```
Gesamt: [Menge] * [Preis] + 10
```

und der Funktion »Summe« ein falsches Ergebnis, da der Aufschlag für jede Position einzeln gerechnet wird.
Korrekt ist hingeben der Ausdruck

```
Gesamt: Summe([Menge] * [Preis]) + 10
```

da der Aufschlag erst nach der Summenbildung der einzelnen Positionen einer Rechnung addiert wird. In der Zeile FUNKTION tragen Sie dann »Ausdruck« ein, um Access mitzuteilen, daß sich die Aggregatsfunktion bereits im Ausdruck befindet.

Im Ausdruck lassen sich dabei beliebig viele Aggregatsfunktionen verwenden, die aber nicht geschachtelt sein dürfen. Wenn Sie im Ausdruck eine Aggregatsfunktion angegeben haben, dann müssen Sie in der Zeile FUNKTION »Ausdruck« auswählen, andernfalls erhalten Sie eine Fehlermeldung.

Ebenso bricht Access die Ausführung der Abfrage ab, wenn ein Feld außerhalb einer Aggregatsfunktion auftritt.

Die Tabelle *TBLRECHNUNG* enthält ein Feld *Versand*, in dem die Versandkosten angegeben sind, die auf den Rechnungsendbetrag aufgeschlagen werden. Dies wird durch den Ausdruck

Beispiel

```
Gesamt: Summe([Menge] * [Preis])
        + ErsterWert([Versand])
```

realisiert. Da das Feld *Versand* für alle Rechnungen gleich ist, ist es egal, ob Sie den ersten, letzten, minmalen oder maximalen Wert auf den Rechnungsendbetrag aufschlagen. Eine dieser Aggregatsfunktionen müssen Sie jedoch verwenden, da Access sonst mit einem Fehler abbricht.

Ähnlich wie bei den Ausdrücken haben Sie bei den Kriterien die Wahl, diese vor oder nach der Gruppierung der Datensätze auf Gültigkeit überprüfen zu lassen.

Kriterien

Wenn Sie ein Kriterium wie in Abschnitt 5.3.4 beschrieben angeben, so wird dieses nach der Gruppierung überprüft. Für ein Kriterium, das vor der Gruppierung überprüft wird, nehmen Sie die dazu benötigten Felder zusätzlich in die Abfrage auf und geben in der Zeile FUNKTION »Bedingung« an. Die Kriterien, die für diese Felder angegeben sind, werden vor der Gruppierung überprüft.

In vielen Fällen hat es keine Auswirkung, ob Sie die Kriterien vor oder nach der Gruppierung überprüfen lassen. Wenn Sie beispielsweise in dem oben aufgeführten Beispiel nur die Rechnungen eines Kunden sehen wollen, dann ist es für das Ergebnis egal, ob Access zuerst die zum Kunden gehörenden Rechnungspositionen filtert und anschließend die Summen bildet oder ob die Summen zuerst gebildet und anschließend die Rechnungen des Kunden gefiltert werden. Dennoch sollten Sie in solchen Fällen die Kriterien vor der Gruppierung überprüfen lassen, da Access dabei eine Menge Rechenarbeit spart und die Abfrage schneller ausgeführt werden kann.

Bei anderen Abfragen kann der Zeitpunkt der Auswertung der Kriterien jedoch das Abfrageergebnis beeinflussen. Wenn Sie beispielsweise alle Rechnungen mit einem Endbetrag von mehr als 1.000,- DM herausfiltern wollen, so müssen Sie dieses Kriterium nach der Gruppierung überprüfen lassen, da Access andernfalls für die Summenbildung nur Rechnungspositionen berücksichtigt, deren Einzelbetrag größer als 1.000,- DM beträgt, wodurch der in der Abfrage berechnete Rechnungsendbetrag natürlich erheblich verfälscht wird.

Die Gruppierungsfelder einer gruppierten Abfrage werden nach der GROUP BY-Klausel angegeben:

SQL

```
SELECT [RechnNr], Sum([Menge] * [Preis]) AS Gesamt
    FROM tblRechnungsposition
    GROUP BY [RechnNr];
```

liefert alle Rechnungsnummern mit dem Rechnungsendbetrag. Die Aggregatsfunktion muß dabei in der englischen Notation verwendet werden.

Kriterien, die vor der Gruppierung ausgewertet werden, geben Sie wie gewohnt mit der WHERE-Klausel an. Kriterien, die nach der Gruppierung berücksichtigt werden, folgen der HAVING-Klausel:

```
SELECT RechnNr] FROM tblRechnungsposition
    GROUP BY [RechnNr]
```

IV Access

```
HAVING Sum([Menge] * [Preis]) > 2000;
```

liefert alle Rechnungsnummern, bei denen der Rechnungsendbetrag größer als 2000,- DM ist. Nach der HAVING-Klausel müssen alle Felder innerhalb einer Aggregatsfunktion stehen.

5.3.6 Parameterabfragen

Oft ist es notwendig, ein und dieselbe Abfrage mit verschiedenen Kriterien auszuführen. Um diese Abfrage nicht mehrfach definieren zu müssen, unterstützt Access sogenannte Parameterabfragen.

Definieren eines Parameters

Die Definition eines Parameters ist relativ einfach, da Access alle Namen, die in keiner Feldliste enthalten sind, als Parameter interpretiert und vor dem Ausführen der Abfrage ein Dialogfeld anzeigt, in dem Sie diesem Parameter einen Wert zuweisen können.

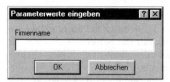

Bild IV.160:
Angabe eines
Parameters

Wollen Sie beispielsweise in einer Abfrage die Rechnungen zwischen zwei Datumswerten anzeigen, geben Sie als Kriterium

```
[Anfangsdatum] < [RechnDat] < [Enddatum]
```

an. Access zeigt dann zwei Dialogfelder an, um Anfangsdatum und Enddatum zu erfragen. Da Access keine Beschränkungen der Feldnamen kennt, läßt sich durch einen Parameternamen von »Geben Sie bitte das Anfangsdatum ein« auch eine entsprechend aussagekräftige Meldung im Parameter-Dialogfeld anzeigen.

Bild IV.161:
Angabe der
Parameterdatentypen

Parameter lassen sich nicht nur in den Kriterien, sondern auch in einem Ausdruck in der Zeile FELD verwenden. Dies wird oft für Anfügeabfragen verwendet (siehe Abschnitt 5.4.1).

Beachten Sie, daß alle Parameter in eckigen Klammern angegeben werden müssen. Access wandelt als Einzelkriterium angegebene Texte in Konstanten mit Anführungszeichen um, die dann nicht als Parameter erkannt werden.

Damit die Parameter richtig interpretiert werden, sollten Sie immer deren Datentypen angeben. So müssen die beiden Datumswerte in obigem Beispiel in der Visual Basic-Notation (zB. #1.1.1996#) angegeben werden, um von Access richtig eingesetzt zu werden.

Angabe der Parameterdatentypen

Um die Parameterdatentypen zu erfassen, wählen Sie PARAMETER aus dem Menü ABFRAGE. Geben Sie in der Spalte PARAMETER den PARAMETERNAMEN an und wählen Sie in der Spalte FELDDATENTYP den entsprechenden Datentyp.

Wenn ein Parameter im Parameter-Dialogfeld angegeben ist, fragt Access vor dem Ausführen der Abfrage nach einem Wert für den Parameter, auch wenn dieser in der Abfrage nicht vorkommt. Sie sollten dann den Parameter aus der Liste entfernen, indem Sie seinen Namen aus der Spalte PARAMETERNAMEN löschen.

Da Access alle nicht erkannten Namen als Parameter auffaßt, werden auch keine Fehlermeldungen ausgegeben, wenn zB. in einem Ausdruck ein Feld falsch geschrieben wurde. Access zeigt in diesem Fall das Parameter-Dialogfeld an, aus dem ersichtlich ist, welcher Name nicht erkannt wurde.

Fehler in Abfragen

5.3.7 Weitere Abfrageeinstellungen

In den Abfrageeigenschaften lassen sich mittels weiterer Einstellungen die Abfrageergebnisse beeinflussen.

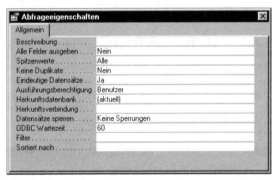

*Bild IV.162:
Die Abfrageeigenschaften*

Sie öffnen die Abfrageeigenschaften, indem Sie die Abfrage durch einen Klick auf eine freie Fläche in der oberen Hälfte des Abfragefensters markieren und die Schaltfläche EIGENSCHAFTEN in der Symbolleiste anklicken. Alternativ wählen Sie EIGENSCHAFTEN aus dem ANSICHT-Menü.

Unter BESCHREIBUNG läßt sich ein Text angeben, in dem die Funktion der Abfrage beschrieben wird. Diese Beschreibung wird in der Datenbankdokumentation (siehe Abschnitt 10.4.2) verwendet.

Bei Spitzenwertabfragen wird nur ein Teil der Datensätze in der Abfrage dargestellt. Sie können die Abfrage dabei auf eine feste Anzahl von Datensätzen oder auf einen bestimmten Prozentsatz aller Datensätze begrenzen.

Spitzenwertabfragen

Um eine Abfrage in eine Spitzenwertabfrage umzuwandeln, geben Sie die Anzahl der Datensätze für die Eigenschaft SPITZENWERTE an. Alternativ geben Sie einen Prozentsatz ein, der sich auf die Gesamtzahl der Datensätze in der Abfrage bezieht.

Spitzenwertabfragen sind nur sinnvoll, wenn eine entsprechende Sortierordnung festgelegt wird. Dann lassen sich damit beispielsweise die 10 umsatzstärksten Kunden ermitteln.

Duplikate In der Standardeinstellung zeigt eine Abfrage keine völlig identischen Datensätze, wobei zur Feststellung der Identität alle Felder aller zugrundeliegenden Tabellen und Abfragen berücksichtigt werden. Die Abfrage bleibt dadurch editierbar. Dieses Verhalten wird durch die Eigenschaft EINDEUTIGE DATENSÄTZE bestimmt.

Sollen alle Datensätze bezüglich der in die Abfrage aufgenommenen Felder eindeutig sein, so wählen Sie für die Eigenschaft KEINE DUPLIKATE den Wert »Ja«. Die Abfrage ist dann nicht mehr editierbar.

EINDEUTIGE DATENSÄTZE und KEINE DUPLIKATE schließen sich gegenseitig aus. Beide Eigenschaften können jedoch den Wert »Nein« besitzen.

5.4 Aktionsabfragen

Aktionsabfragen nutzen das Ergebnis einer Auswahlabfrage, um Änderungen an der Datenbank durchzuführen.

Die Wirkung einer Aktionsabfrage läßt sich überprüfen, indem Sie die Aktionsabfragen in der Datenblattansicht darstellen. Klicken Sie dazu auf die Schaltfläche DATENBLATTANSICHT in der Symbolleiste oder wählen Sie DATENBLATT aus dem Menü ANSICHT.

Sie führen eine Aktionsabfrage aus, indem Sie auf die Schaltfläche AUSFÜHREN in der Symbolleiste klicken oder AUSFÜHREN im ABFRAGE-Menü wählen. In allen Fällen zeigt Access vor dem Ausführen der Abfrage eine Meldung, über die Sie den Vorgang abbrechen können.

5.4.1 Anfügeabfrage

Eine Anfügeabfrage fügt neue Datensätze an eine Tabelle an.

Um eine Anfügeabfrage zu erstellen, erstellen Sie zunächst eine Auswahlabfrage (siehe Abschnitt 5.3), die als Ergebnis diejenigen Datensätze liefert, die Sie an die Tabelle anfügen wollen. Klicken Sie dann auf die Schaltfläche ANFÜGEN in der Symbolleiste oder wählen Sie ANFÜGEN aus dem ABFRAGE-Menü.

Bild IV.163: Rechnung kopieren

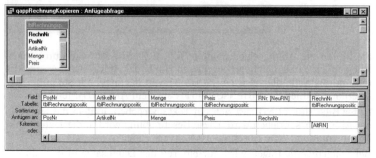

Wählen Sie jetzt im ANFÜGEN-Dialogfeld die Zieltabelle, an die die Datensätze angefügt werden sollen. Wenn sich diese Tabelle in einer anderen Access-Datenbank befindet, so wählen Sie das Optionsfeld ANDERE DATENBANK und geben Sie den Dateinamen der Datenbank unter DATEINAME an.

Sie können diesen Vorgang jederzeit wiederholen, um die Zieltabelle zu wechseln. Alternativ ändern Sie die Eigenschaften ZIELTABELLE und ZIELDATENBANK in den Abfrageeigenschaften (siehe Abschnitt 5.3.7).

Bild IV.164:
Parameter für die
Anfügeabfrage

Wenn Sie die Zieltabelle angegeben haben, ordnet Access die Felder, die in der Abfrage und in der Zieltabelle denselben Namen besitzen, einander zu.

Festlegen der Felder

Für jedes Feld können Sie diese Zuordnung in der Zeile ANFÜGEN ändern, indem Sie dort den Namen des Zieltabellenfeldes angeben, in das der Inhalt des Abfragefeldes kopiert werden soll. Ein Abfragefeld läßt sich dabei mehreren Zieltabellenfeldern zuordnen, indem es mehrfach in der Abfrage aufgeführt wird. Jedes Zieltabellenfeld darf nur einmal in der Anfügeabfrage verwendet werden.

Anfügeabfragen werden durch den INSERT INTO-Befehl definiert. Die anzufügenden Datensätze werden wiedurch einen entsprechenden SELECT-Befehl definiert:

SQL

```
INSERT INTO tblKunden ( KundenNr, Name )
      SELECT ID, Nachname
      FROM tblAdresse
      WHERE IstKunde = True;
```

fügt Nummern und Nachnamen aus der TBLADRESSE in eine Tabelle TBLKUNDEN ein, wobei ISTKUNDE Wahr sein muß. Die Felder von TBLKUNDE, die mit Daten gefüllt werden sollen, werden dabei in Klammern hinter den Tabellennamen aufgeführt. Im SELECT-Statement müssen dann die entsprechenden Felder in derselben Reihenfolge aufgeführt werden.

Sollen nur Konstanten in die Tabelle eingefügt werden, so verwenden Sie die VALUES-Klausel:

```
INSERT INTO tblAdresse (Nachname, Firma)
      VALUES ('Burger', 'Burger & Co.');
```

fügt einen einzelnen Datensatz ein und füllt die Felder NACHNAME und FIRMA.

Die Abfrage aus Bild IV.163 kopiert die Positionen einer Rechnung. Dabei wird die Abfrage flexibel gehalten, indem die Nummer der zu kopierenden Rechnung als Parameter ALTE RECHNUNG in der Kriterienzeile festgelegt wird. Genauso wird die Nummer der neuen Rechnung im Feld RNR als Parameter NEUE RECHNUNG übergeben.

Beispiel

5.4.2 Aktualisierungsabfragen

Aktualisierungsabfragen erlauben die Änderung eines oder mehrerer Felder durch geeignete Aktualisierungsausdrücke.

*Bild IV.165:
Aktualisierungs-
abfrage*

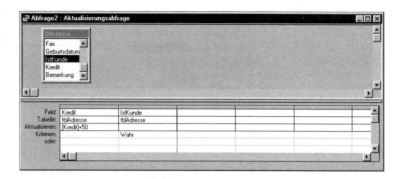

Um eine Aktualisierungsabfrage zu erstellen, definieren Sie zunächst eine Auswahlabfrage. Diese Abfrage muß all jene Felder umfassen, die geändert werden sollen. Als Ergebnis müssen alle zu ändernden Datensätze geliefert werden. Die Sortierung spielt bei Aktualisierungsabfragen keine Rolle.

Beachten Sie, daß eine Aktualisierungsabfrage immer auf einer editierbaren Auswahlabfrage beruhen muß. Wird die Aktualisierungsabfrage so komplex, daß sie nicht mehr editierbar ist, kann sie von Access nicht ausgeführt werden.

Klicken Sie dann auf die Schaltfläche AKTUALISIEREN in der Symbolleiste oder wählen Sie AKTUALISIEREN aus dem ABFRAGE-Menü.

**Aktualisierungs-
ausdrücke**

Aktualisierungsabfragen fügen den Feldangaben die Zeile AKTUALISIEREN hinzu, in die Sie die Aktualisierungsausdrücke eingeben. Diese Ausdrücke können sich aus beliebigen Funktionen und Operatoren zusammensetzen. Zusätzlich können Sie alle Felder, die in den der Aktualisierungsabfrage zugrundliegenden Tabellen und Abfragen definiert sind, im Ausdruck verwenden. Access erlaubt dabei, daß im Aktualisierungsausdruck für ein Feld das Feld selber verwendet wird.

Wenn Sie Feldnamen als Aktualisierungsausdruck verwenden, müssen Sie diese in eckige Klammern setzen, da Access diese sonst in Zeichenkonstanten mit Anführungszeichen umwandelt. Dies kann unter Umständen fatale Folgen haben, da alle Feldwerte eines Feldes so mit demselben Text überschrieben werden.

SQL Aktualisierungsabfragen werden mit dem UPDATE-Befehl durchgeführt:

```
UPDATE tblAdresse SET Kredit = 50
    WHERE IstKunde = True;
```

setzt den Wert des Feldes KREDIT aller Kunden (ISTKUNDE hat den Wert »Wahr«) auf 50.

Beispiel Abschnitt 3.3.4 zeigt ein Beispiel für eine Aktualisierungsabfrage.

5.4.3 Löschabfragen

In einer Löschabfrage werden alle Ergebnisdatensätze gelöscht. Bei Löschabfragen sind nur die Kriterien von Bedeutung, die die zu löschenden Datensätze einschränken.

Um eine Löschabfrage zu erstellen, definieren Sie zunächst eine Auswahlabfrage, die alle zu löschenden Datensätze als Ergebnis liefert. Dabei muß der zu löschende Datensatz mit »*« angeben werden.

5 Abfragen

Es ist möglich, die Abfrage auf Basis mehrerer Tabellen zu erstellen, wenn es das Kriterium so verlangt. Access erlaubt aber nur, Datensätze aus einer einzigen Tabelle zu löschen. Durch einen Löschvorgang können aber auch Datensätze aus anderen Tabellen betroffen sein, wenn dies in den Beziehungen so festgelegt ist (siehe Abschnitt 4.2.3).

Um eine Auswahlabfrage in eine Löschabfrage umzuwandeln, klicken Sie auf die Schaltfläche LÖSCHEN in der Symbolleiste oder wählen LÖSCHEN im ABFRAGE-Menü. Sie legen den zu löschenden Datensatz fest, indem Sie ein »*«-Feld in der Zeile LÖSCHEN mit der Einstellung »Von« markieren. Alle anderen Felder dienen zur Festlegung des Kriteriums und werden mit »Bedingung« in der Zeile LÖSCHEN versehen.

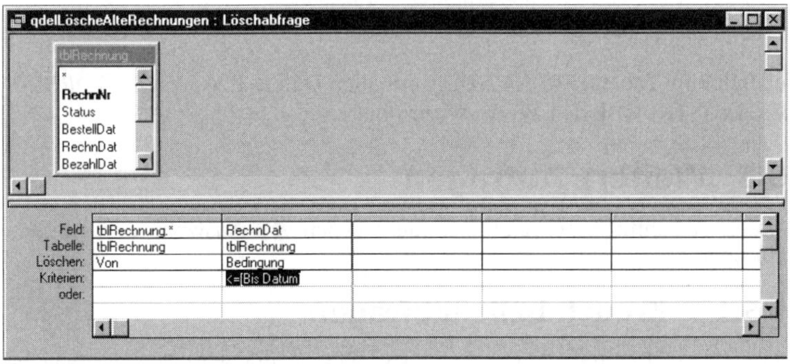

Bild IV.166:
Die Löschabfrage

Löschabfragen werden durch den DELETE-Befehl formuliert:

SQL

```
DELETE * FROM tblRechnung
    WHERE RechnDat < #1.1.1995#;
```

löscht alle Rechnungen mit einem Rechnungsdatum vor dem 1.1.1995.

Die Abfrage aus Bild IV.166 löscht alle Rechnungen vor einem bestimmten Datum. Das Datum wird der Flexibilität halber über einen Parameter realisiert. Dadurch, daß die Rechnungspositionen mit der Rechnung verknüpft sind und Löschweitergabe spezifiziert ist, werden auch alle Positionen dieser Rechnung gelöscht.

Beispiel

5.4.4 Tabellenerstellungsabfragen

Eine Tabellenerstellungsabfrage erstellt eine Tabelle, die dieselben Felder wie die Abfrage besitzt, und kopiert alle Ergebnisdatensätze in die neue Tabelle.

Bild IV.167:
Angabe der
Abfrageparameter

Sie erstellen eine Tabellenerstellungsabfrage, indem Sie eine Auswahlabfrage definieren, die alle Felder enthält, die in der neuen Tabelle vorhanden sein sollen. Felder, die nur zur Bildung der Kriterien benötigt werden, soll-

Erstellung einer Tabellenerstellungsabfrage

IV Access

ten durch Entfernen der Markierung im Kontrollkästchen ANZEIGEN ausgeblendet werden.

Klicken Sie dann auf die Schaltfläche NEUE TABELLE ERSTELLEN oder wählen Sie NEUE TABELLE ERSTELLEN aus dem Abfrage-Menü. Anschließend geben Sie in einem Dialogfeld den Namen der neuen Tabelle an. Wenn diese Tabelle bereits existiert, wird die Tabelle nach einer Rückfrage gelöscht.

SQL Eine normale Auswahlabfrage wird zur Tabellenerstellungsabfrage, wenn dem der Feldliste nach dem SELECT-Befehl die Klausel INTO nachgestellt wird:

```
SELECT * INTO tblKunden FROM tblAdresse
        WHERE IstKunde = Wahr;
```

erstellt eine Tabelle *TBLKUNDEN* mit allen Datensätze aus *TBLADRESSE*, für die ISTKUNDE den Wert »Wahr« hat.

5.5 Weitere Abfragen

Dieser Abschnitt beschreibt besondere Typen von Auswahl- und Aktionsabfragen.

5.5.1 Kreuztabellenabfragen

Kreuz- bzw. Pivottabellen sind eine spezielle Form der Auswahlabfrage, bei der die Abfragefelder aus den Werten in einem Feld gebildet werden.

Bild IV.168:
Eine Kreuztabelle

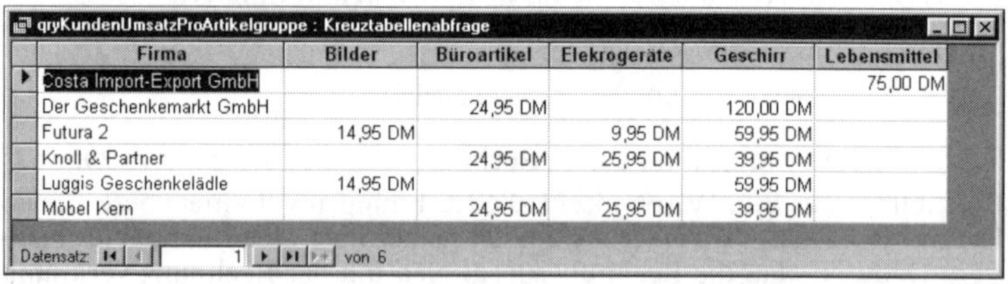

Firma	Bilder	Büroartikel	Elekrogeräte	Geschirr	Lebensmittel
Costa Import-Export GmbH					75,00 DM
Der Geschenkemarkt GmbH		24,95 DM		120,00 DM	
Futura 2	14,95 DM		9,95 DM	59,95 DM	
Knoll & Partner		24,95 DM	25,95 DM	39,95 DM	
Luggis Geschenkelädle	14,95 DM			59,95 DM	
Möbel Kern		24,95 DM	25,95 DM	39,95 DM	

Bild IV.168 zeigt das Ergebnis einer Kreuztabelle, bei der die Umsätze der einzelnen Kunden pro Artikelgruppe aufgeführt sind. Die Besonderheit von Kreuztabellen liegt darin, daß die Spalten mit den Artikelgruppen keine Felder sind, sondern direkt der Tabelle *TBLARTIKELGRUPPEN* entnommen werden. Im folgenden wird die Erstellung einer solchen Abfrage beschrieben.

Kreuztabellen in Excel In Excel werden Kreuztabellen als Pivot-Tabellen bezeichnet und sind dort wesentlich flexibler als in Access (siehe Abschnitt III.4.6). Sie können Pivottabellen aus Excel über OLE in Access-Formularen darstellen (siehe Abschnitt 2.4.4).

Verwendung des Kreuztabellen-Assistenten Zur Verwendung des Kreuztabellenabfrage-Assistenten benötigen Sie eine Abfrage, die alle Felder für die Kreuztabelle enthält. Für das nachfolgende Beispiel können Sie dazu den Auswahlabfragen-Assistenten verwenden, der in Abschnitt 2.3.1 beschrieben ist. Voraussetzung dafür ist allerdings die korrekte Definition der Beziehungen zwischen den Tabellen (siehe Abschnitt 4.2.3). Lassen Sie den Assistenten die Abfrage mit den Feldern FIRMA und NACHNAME aus *TBLADRESSE*, ARTIKELGRUPPE aus *TBLARTIKELGRUPPE* und PREIS aus *TBLRECHNUNGSPOSITION* erstellen. Anschließend ändern Sie das Feld PREIS in den folgenden Ausdruck:

```
Gesamt: [Menge] * [Preis]
```

Speichern Sie die Abfrage unter dem Namen »qryArtikelgruppenumsatz«!

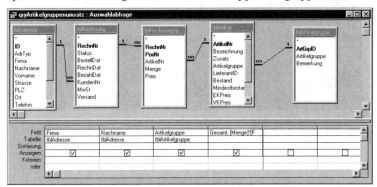

Bild IV.169:
Die Basisabfrage für die Kreuztabelle

Die Abfrage führt zu dem in Bild IV.170 dargestellten Ergebnis:

Bild IV.170:
Das Ergebnis der Abfrage

Firma	Nachname	Artikelgruppe	Gesamt
Costa Impor	Costa	Lebensmittel	750,00 DM
Der Gescher	Biermaier	Geschirr	600,00 DM
Der Gescher	Biermaier	Büroartikel	499,00 DM
Möbel Kern	Fink	Elekrogeräte	1.297,50 DM
Möbel Kern	Fink	Geschirr	399,50 DM
Möbel Kern	Fink	Büroartikel	998,00 DM
Knoll & Part	Knoll	Elekrogeräte	124,75 DM
Knoll & Part	Knoll	Geschirr	479,40 DM
Knoll & Part	Knoll	Büroartikel	24,95 DM
Futura 2	Zimmer	Elekrogeräte	49,75 DM
Futura 2	Zimmer	Bilder	299,00 DM
Futura 2	Zimmer	Geschirr	179,85 DM
Luggis Gesc	Diebold	Bilder	74,75 DM
Luggis Gesc	Diebold	Geschirr	299,75 DM

Diese Abfrage ergibt eine Liste, in der alle Verkäufe unter Angabe des Kunden und der Artikelgruppe aufgelistet sind.

Dabei hat der Betrag im Feld GESAMT eine zweidimensionale Abhängigkeit vom Kunden und der Artikelgruppe. In einer normalen gruppierten Abfrage könnten Sie nun die Umsätze eines Kunden in allen Artikelgruppen oder die Umsätze aller Kunden für eine Artikelgruppe addieren. Um beides gleichzeitig in einer Tabelle darzustellen, benötigen Sie eine Kreuztabellenabfrage.

*Bild IV.171:
Der Kreuztabellen-
abfragen-Assistent*

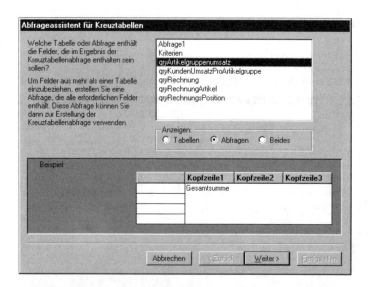

*Bild IV.172:
Auswahl der
Zeilenüberschriften*

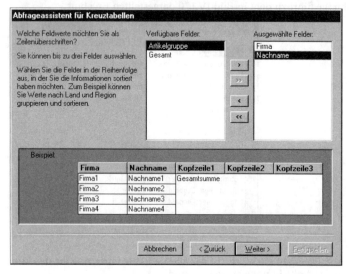

Um den Kreuztabellenabfragen-Assistent zu starten, erstellen Sie eine neue Abfrage (siehe Abschnitt 3.3.3) und wählen KREUZTABELLENABFRAGEN-ASSISTENT im NEU-Dialogfeld.

Der Assistent besitzt die folgenden Seiten:

1. Auf der ersten Seite wählen Sie die Tabelle oder Abfrage, aus der die Kreuztabelle gebildet werden soll. Für das Beispiel wählen Sie die Abfrage QRYARTIKELGRUPPENUMSATZ.
2. Auf dieser Seite wählen Sie die Zeilenüberschriften aus. Als Zeilenüberschriften werden diejenigen Felder bezeichnet, die in den ersten Spalten der Abfrage ausgegeben werden. Im Beispiel sind dies Firmenname und Nachname des Kunden.

3. Auf der nächsten Seite wählen Sie entsprechend die Spaltenüberschrift der variablen Spalten. Im Beispiel ist dies die Artikelgruppe.

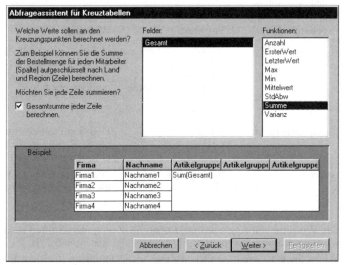

Bild IV.173:
Festlegen des
Tabelleninhalts

4. Auf dieser Seite geben Sie das Feld an, das im Kreuztabellenbereich gezeigt werden soll. Für dieses Feld muß eine Aggregatsfunktion gewählt werden. Für das Beispiel wählen Sie GESAMT mit der Funktion SUMME. Mit dem Kontrollkästchen GESAMTSUMME JEDER ZEILE BERECHNEN fügen Sie eine zusätzliche Spalte ein, in der die Summe über alle Kreuztabellenfelder berechnet wird.
5. Auf der letzten Seite geben Sie dann einen Namen für die neue Abfrage an. Für das Beispiel eignet sich der Name »qryArtikelgruppenumsatzKreuztabelle«.

Kreuztabellen werden im Prinzip so definiert wie gruppierte Abfragen. Um eine Kreuztabellen-Abfrage zu erstellen, klicken Sie in der Entwurfsansicht einer Abfrage in der Symbolleiste auf die Schaltfläche KREUZTABELLE, oder wählen Sie KREUZTABELLE aus dem ABFRAGE-Menü.

Aufbau einer Kreuztabelle

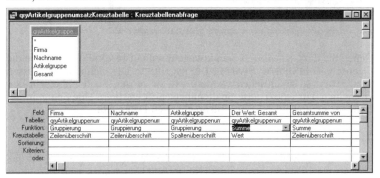

Bild IV.174:
Kreuztabelle in der
Entwurfsansicht

IV Access

Festlegen der Kreuztabellenbereiche

Bei Kreuztabellen werden die Felddefinitionen um die Zeilen FUNKTION und KREUZTABELLE erweitert. In diesen Zeilen lassen sich die folgenden Angaben machen:

Kreuztabelle	Funktion	Wirkung
Zeilenüberschrift	Beliebig, aber für eine Zeilenüberschrift muß als Funktion »Gruppierung« angegeben werden	Definiert die ersten Spalten der Kreuztabelle. Access erlaubt beliebig viele Zeilenüberschriften.
Spaltenüberschrift	Immer »Gruppieren«	Definiert das Feld, aus dem die Spaltenüberschriften entnommen werden.
Wert	Alles außer »Gruppieren«	Definiert das Feld, über das die Kreuztabelle gebildet werden soll.

Die Wirkung von Aggregatsfunktionen für Zeilenüberschriften ist dieselbe wie bei normalen gruppierten Abfragen (siehe Abschnitt 5.3.5).

Fixieren der Spaltenüberschriften

Wenn Sie eine Kreuztabellen-Abfrage als Datenquelle in einem Formular verwenden, stehen Sie vor dem Problem, daß Sie theoretisch nicht wissen können, welche Spalten die Kreuztabelle besitzt und somit nicht auf festgelegte Feldnamen zurückgreifen können. So ist es beispielsweise möglich, daß in einer Artikelgruppe kein Verkauf getätigt wurde und die Spalte somit aus der Abfrage fällt, was in einem Formular ein häßliches »#Name?« zur Folge hätte.

Um Schwierigkeiten dieser Art zu vermeiden, können Sie die Spaltenüberschriften fixieren.

Bild IV.175:
Die Eigenschaften einer Kreuztabellen-Abfrage

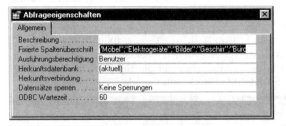

Geben Sie dazu eine durch Semikola getrennte Liste von Feldnamen in die Eigenschaft FIXIERTE SPALTENÜBERSCHRIFT. Die Feldnamen müssen dabei exakt so geschrieben werden, wie sie in den Spaltenüberschriften erscheinen. Für jede fixierte Spaltenüberschrift erscheint eine Spalte in der Abfrage, auch wenn es keine entsprechenden Daten gibt.

5.5.2 Union-Abfragen

Union-Abfragen hängen Tabellen und/oder Abfragen aneinander, so daß sie wie eine Tabelle erscheinen. Union-Abfragen eignen sich besonders dazu, Inhalte verschiedener Tabellen bzw. Abfragen der Übersicht halber in einem einzigen Formular darzustellen.

Wenn Sie beispielsweise zwei verschiedene Tabellen für Lieferanten und Kunden angelegt haben, ist es sinnvoll, diese beiden Tabellen z.B. für ein

Adreßbuch zusammenzufassen. Da Union-Abfragen nicht editierbar sind, lassen sie sich nicht als Datenquelle für ein gemeinsames Adreßformular verwenden.

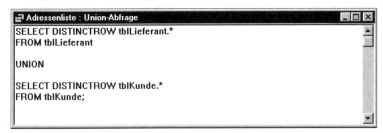

Bild IV.176: Definition einer Union-Abfrage

Union-Abfragen können nicht in der Entwurfsansicht erstellt werden, sondern müssen als SQL-Befehl in der SQL-Ansicht definiert werden. Um eine Abfrage in eine Union-Abfrage zu wandeln, wählen Sie UNION aus dem Untermenü SQL-SPEZIFISCH im ABFRAGE-Menü.

Erstellen von Union-Abfragen

In Union-Abfragen werden die SQL-Befehle, die die Datensätze der zu verbindenden Tabellen oder Abfragen definieren durch das SQL-Schlüsselwort UNION verbunden. Alle Einzelabfragen müssen dieselbe Anzahl an Feldern aufweisen. Der Feldname in der Union-Abfrage wird dabei von der ersten Abfrage festgelegt. Die Felder, die in einer Spalte der Union-Abfrage stehen, dürfen unterschiedliche Feldtypen besitzen.

Praxistip: Auch wenn Sie sich nicht mit SQL beschäftigen wollen, können Sie dennoch Union-Abfragen anlegen, indem Sie die SQL-Befehle der einzelnen Abfragen in der SQL-Ansicht in die Zwischenablage kopieren und in die Union-Abfrage einfügen.

Bild IV.176 zeigt eine Union-Abfrage, die die zwei Tabellen TBLKUNDEN und TBLLIEFERANTEN zu einer Abfrage zusammenfaßt. Die beiden SELECT-Befehle liefern dabei jeweils alle Datensätze der Tabelle.

Beispiel

5.5.3 Datendefinitionsabfragen

Datendefinitionsabfragen erlauben das Erstellen und das Löschen von Tabellen und Indizes über entsprechende SQL-Befehle. Solche Datendefinitionsabfragen lassen sich dazu nutzen, eine Datenbank programmgesteuert zu erstellen.

Um eine Abfrage in eine Datendefinitionsabfrage zu ändern, wählen Sie DATENDEFINITION aus dem Untermenü SQL-SPEZIFISCH im ABFRAGE-Menü.

Statt der Verwendung von Datendefinitionsabfragen lassen sich auch DAO-Objekte zur Erstellung von Tabellen und Indizes nutzen.

5.5.4 Pass-Through-Abfragen

Pass-Through-Abfragen sind nur dann sinnvoll, wenn Sie mit Access über ODBC auf einen SQL-Server zugreifen (siehe Abschnitt 10.3.5).

Access-Abfragen, die sich auf Tabellen auf einem SQL-Server beziehen, werden normalerweise von ODBC in den SQL-Dialekt des SQL-Servers übersetzt. Pass-Through-Abfragen umgehen den Übersetzungsmechanismus und werden direkt an den SQL-Server geschickt.

Sie können Pass-Through-Abfragen dazu nutzen, spezielle Befehle, wie z.B. Stored Procedures eines SQL-Servers auszuführen. Dazu müssen Sie die

IV Access

Pass-Through-Abfrage in dem SQL-Dialekt formulieren, den der SQL-Server versteht.

Um eine Abfrage in eine Pass-Through-Abfrage zu ändern, wählen Sie PASS-THROUGH aus dem Untermenü SQL-SPEZIFISCH im ABFRAGE-Menü.

6 Formulare

In Access dienen Formulare als Grundlage für eine Anwendung, da sie das Erscheinungsbild der Anwendung bestimmen. Formulare präsentieren die Informationen aus der Datenbank, nehmen Benutzereingaben entgegen und starten daraufhin den Programmcode.

Der grundlegende Aufbau von Formularen und das Design eines einfachen Formulars sind in Abschnitt 3.4 beschrieben. Wie ein Formular als Hauptmenü für eine Anwendung entwickelt wird, ist in Abschnitt 3.6.2 gezeigt.

Der folgende Abschnitt beschäftigt sich ausführlich mit Formularen, Steuerelementen und ihren zahllosen Eigenschaften.

6.1 Aufbau von Formularen

Die folgenden Abschnitte führen Sie in die verschiedenen Aspekte des Designs von Formularen ein.

6.1.1 Formular-Ansichten

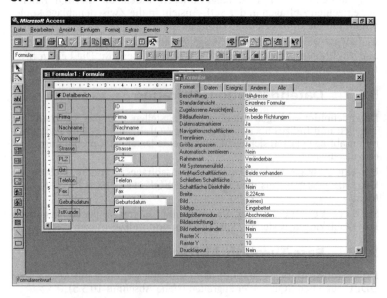

Bild IV.177: Die Entwurfsansicht

Ein Access-Formular kann in drei verschiedenen Ansichten dargestellt werden. Dabei dienen die Formularansicht und die Datenblattansicht der Darstellung und der Eingabe von Informationen und die Entwurfsansicht dem Design des Formulars.

6 Formulare

Access erlaubt ein beliebiges Hin- und Herschalten zwischen allen drei Ansichten. Auch lassen sich alle Ansichten, inklusive der Entwurfsansicht, programmieren.

Während der Entwicklungsphase werden Sie insbesondere von der Möglichkeit profitieren, während der Dateneingabe in die Entwicklungsansicht zu wechseln, das Formular dort zu verändern und daraufhin wieder in die Formular bzw. Datenblatt-Ansicht zu schalten. In den meisten Fällen befinden Sie sich anschließend im Formular genau wieder an der Stelle, an der Sie in die Entwurfsansicht umgeschaltet haben.

In der Entwurfsansicht plazieren Sie Steuerelemente auf dem Formular und bestimmen somit, welche Informationen wo angezeigt werden sollen.

Entwurfsansicht

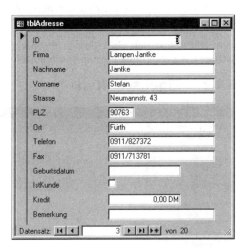

Bild IV.178: Formularansicht

In der Formularansicht werden Daten in den Steuerelementen so dargestellt, wie sie beim Entwurf angeordnet wurden. Der Anwender erhält dann die Möglichkeit, im Formular Daten einzugeben und zu verändern.

Formularansicht

Bild IV.179: Die Datenblattansicht

ID	Firma	Nachname	Vorname	Strasse	PLZ	
1	Sanitär Lösch	Lösch	Gustav	Falckensteinstr. 78	10997	Berlin
2	FMZ Freisinger Möbelz	Gläßer	Ingo	Dorfstr. 12	85356	Freisi
3	Lampen Jantke	Jantke	Stefan	Neumannstr. 43	90763	Fürth
4	Knoll & Partner	Knoll	Quirin	Landstr. 44	41516	Greve
5	Hagener Geschenke-V	Stich	Elena	Willhelm-Raabe-Straße	58099	Hage
6		Rohrer	Doris	Industriestr.	04229	Leipz
7	Pyrgen GmbH	Pyrgen	Kuno	Hirschberger Straße	44532	Lüner
8	Das Möbelhaus	Mörtlbauer	Günther	Peter-Cornelius-Straße	86157	Augs
9	Luggis Geschenkelädle	Diebold	Ludwig	Vordere Kirchgasse	88213	Raver
10	Möbel Kern	Fink	Christine	Pflugspfad 16	65931	Frank
11		Dütsch	Norbert	Bachstr.	47053	Duisb
12	Futura 1	Heuser	Bettina	St.-Petersburger-Straße	18107	Rostc
13	Futura 2	Zimmer	Marion	Kopenhagener Str.	23966	Wism
14	Costa Import-Export G	Costa	Christos	Jean-Paul-Platz 12	90461	Nürnt
15		Dressel	Otto	Helene-Lange-Straße 12	23558	Lübec
16	Vogel Versand GmbH	Vogel	Hanne	Merkurstraße	70565	Stuttc

In der Datenblattansicht wird das Formular tabellarisch mit einer Zeile für jeden Datensatz dargestellt, wobei dies nur für gebundene Formulare (siehe Abschnitt 6.1.3) sinnvoll ist. Die Datenblattansicht eines Formulars entspricht weitgehend der Datenblatt-Ansicht einer Tabelle (siehe Abschnitt

Datenblattansicht

IV Access

3.2.2). Jedoch besitzen Sie weitaus mehr Möglichkeiten, die Darstellung der Daten in den einzelnen Tabellenspalten in der Entwurfsansicht zu manipulieren.

Prinzipiell schalten Sie über die entsprechenden Schaltflächen in der Symbolleiste jederzeit zwischen den einzelnen Ansichten hin und her. Alternativ verwenden Sie die Menüpunkte im ANSICHT-Menü, um die Ansicht des Formulars zu wechseln.

Berechtigungen — Innerhalb einer Anwendung ist es oft nicht wünschenswert, daß der Anwender die Ansicht des Formulars wechselt. Die Entwurfsansicht sollte dem Anwender meistens völlig verborgen bleiben, da unbedachte Änderungen die Anwendung beschädigen können.

Der Formularentwurf und damit das Wechseln in die Entwurfsansicht ist eine Berechtigung, die Sie den Benutzern über das Access-Sicherheitssystem gewähren oder entziehen können. Informationen hierüber finden Sie in Abschnitt 10.2. Das Umschalten zwischen Formular- und Datenblattansicht läßt sich mittels einer Format-Eigenschaft des Formulars verhindern. Genaueres hierzu finden Sie in Abschnitt 6.4.

6.1.2 Eigenschaften

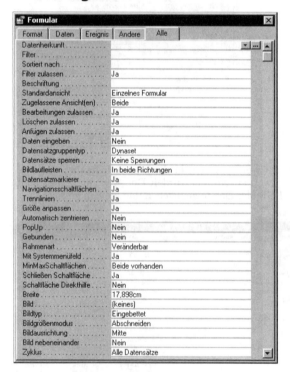

Bild IV.180: Das Eigenschaften-Fenster eines Formulars

In Access besitzt jedes Objekt sogenannte Eigenschaften. Diese werden in einer Liste (siehe Bild IV.180) dargestellt und bestimmen das Verhalten eines Objekts. Für Formulare existieren eine Vielzahl verschiedener Eigenschaften, da nicht nur das Formular selbst, sondern auch jeder Bereich und jedes einzelne Steuerelement eine eigene Eigenschaftenliste besitzt.

Sie zeigen das Eigenschaftenfenster in der Entwurfsansicht an, indem Sie auf die Schaltfläche EIGENSCHAFTEN in der Symbolleiste klicken. In den anderen Ansichten stehen keine Eigenschaften zur Verfügung. Alternativ wählen Sie EIGENSCHAFTEN aus dem ANSICHT-Menü oder aus dem Kontextmenü eines Steuerelements. Sie blenden ein Eigenschaftenfenster auf dieselbe Weise auch wieder aus. Alternativ schließen Sie das Eigenschaftenfenster über sein Schließfeld.

Anzeigen der Eigenschaften

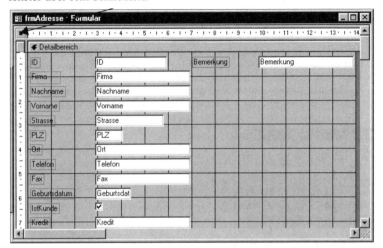

Bild IV.181: Markieren eines Formulars

Access zeigt jeweils nur ein Eigenschaftenfenster an, das immer die Eigenschaften des gerade markierten Objekts enthält. Um das Formular zu markieren, klicken Sie in die linke obere Ecke unterhalb der Titelleiste (siehe Bild IV.181) oder auf eine Stelle innerhalb des Fensters, an der sich kein Bereich befindet. Um einen Bereich zu markieren, klicken Sie auf eine leere Stelle des Bereichs.

Mittels der Eigenschaften wird das Aussehen und das Verhalten des Formulars und seiner Steuerelemente bestimmt. Der Übersichtlichkeit halber werden die Eigenschaften auf die vier folgenden Registerkarten verteilt:

Einteilung der Eigenschaften

- Die Eigenschaften auf der Registerkarte FORMAT bestimmen das Aussehen, Größe und Position des Formulars bzw. Steuerelements.
- Die Eigenschaften auf der Registerkarte DATEN legen den Bezug zu den im Formular bzw. Steuerelement dargestellten Daten fest.
- Die Eigenschaften auf der Registerkarte EREIGNIS bestimmen, wie das Formular bzw. das Steuerelement auf ein bestimmtes Ereignis reagieren soll.
- Auf der Registerkarte ANDERE fallen alle Einstellungen, die sich nicht den anderen drei Gruppen zuordnen lassen.

In den Eigenschaftenfenstern existiert für jede Einteilung eine Registerkarte. Auf der Registerkarte ALLE sind alle Eigenschaften aufgelistet. Ausführlichere Informationen zu den verschiedenen Eigenschaften, finden Sie in den folgenden Abschnitten.

Das Eigenschaftenfenster zeigt eine zweispaltige Liste, in der links der Eigenschaftenname und rechts die aktuelle Einstellung aufgeführt ist. Je nach Eigenschaft verfügen Sie über drei Möglichkeiten zu deren Einstellung:

Einstellen von Eigenschaften

- Für reine Text-Eigenschaften geben Sie einfach den Text in die Zeile neben dem Eigenschaftennamen ein.
- Wenn für die Eigenschaft eine Auswahlliste existiert, so wird ein einzeiliges Listenfeld eingeblendet, das die entsprechenden Auswahlen enthält. Manche Auswahllisten erlauben die Eingabe eines Wertes, der nicht in der Liste enthalten ist. Wenn dies nicht der Fall ist, wird bei Eingabe eines nicht in der Liste enthaltener Werts eine entsprechende Fehlermeldung angezeigt. Durch Doppelklicken auf den Eigenschaftswert wechseln Sie zwischen den möglichen Werten.

- Existiert ein Dialogfeld zur Festlegung der Eigenschaft, so zeigt Access neben dem Eigenschaftenfeld eine Schaltfläche, wodurch das Dialogfeld geöffnet wird. Solche Dialogfelder unterstützen Sie meist bei der Bestimmung des gewünschten Eigenschaftswerts. So ermöglicht beispielsweise das in Bild IV.182 gezeigte Farbenauswahl-Dialogfeld das Anklicken einer Farbe statt der mühsamen Eingabe des RGB-Farbwertes.

Bild IV.182:
Ein Eigenschafteneditor zum Einstellen der Farbe

Manche Eigenschaften lassen sich auch über eine Kombination von Auswahlliste und Dialogfeld einstellen.

6.1.3 Datenquellen

In den meisten Fällen wollen Sie Informationen aus der Datenbank in einem Formular darstellen. Am einfachsten geschieht dies durch die Bindung des Formulars an eine sogenannte Datenquelle. Diese Datenquelle wird durch eine beliebige Tabelle oder Abfrage gebildet.

Gebundene und ungebundene Formulare

Formulare, für die eine Datenquelle angegeben ist, werden als gebundene Formulare bezeichnet. Entsprechend ist ein Formular ohne Datenquelle ungebunden.

Gebundene Formulare sorgen ohne Ihr Zutun dafür, daß Informationen aus der Datenbank geladen, in den entsprechenden Steuerelementen dargestellt und bei einer Veränderung wieder in die Datenbank zurückgespeichert werden. Ferner unterstützen gebundene Formulare standardmäßig das Anfügen und Löschen von Datensätzen, vorausgesetzt, die Datenquelle erlaubt solche Operationen.

In ungebundenen Formularen hingegen sind Sie als Programmierer für die dargestellten Informationen verantwortlich. So ist in manchen Formularen die Bindung an eine Datenquelle dabei nicht notwendig, da keine Informationen aus der Datenbank gezeigt werden sollen. In anderen Fällen benötigen Sie eine größere Freiheit bei der Gestaltung des Formulars und laden die Daten explizit aus der Datenbank.

In einem gebundenen Formular existiert immer ein aktueller Datensatz, dessen Felder im Formular dargestellt werden und somit änderbar sind. Mit den Navigationsschaltflächen (siehe Abschnitt 3.2.2) oder mit dem Untermenü GEHE ZU im Menü BEARBEITEN wechseln Sie den aktuellen Datensatz.

Aktueller Datensatz

6.1.4 Steuerelemente

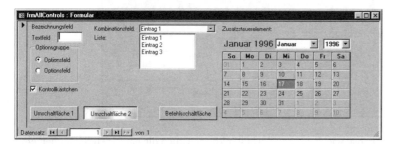

Bild IV.183: Access-Steuerelemente

Steuerelemente stellen Informationen dar und/oder nehmen Benutzereingaben entgegen. Prinzipiell bedienen Sie jede Windows-Anwendung über solche Steuerelemente.

Access-Formulare bestehen im wesentlichen aus einer Anordnung solcher Steuerelemente. Der Entwurf eines Formulars entspricht also dem Anordnen und Einstellen verschiedener Steuerelemente auf dem Formular.

Access unterstützt eine Vielzahl von Steuerelementen, die Informationen auf unterschiedliche Art darstellen und dem Benutzer unterschiedliche Formen der Eingabe erlauben. So stellt ein Textfeld Text dar, der vom Benutzer über die Tastatur eingegeben werden muß. Wenn Sie denselben Text in einer Liste darstellen, so ermöglichen Sie es dem Benutzer, den Text mit der Maus auszuwählen.

Typen von Steuerelementen

Generell wird die Bedienung und damit auch die Benutzerfreundlichkeit einer Anwendung von den verwendeten Steuerelementen geprägt. Obwohl Sie in der Wahl der Steuerelemente völlig frei sind, sollten Sie sich also an bestimmte Konventionen halten, damit Ihre Anwendung auch für unerfahrene Anwender intuitiv zu bedienen ist.

Jedes Steuerelement besitzt einen Namen, über den Sie im Programmcode oder in Formeln auf das Steuerelement zugreifen. Access numeriert Steuerelemente standardmäßig durch, sie sollten sich aber angewöhnen, jedem Steuerelement einen aussagekräftigen Namen zu geben. Eine Ausnahme bilden die Bezeichnungsfelder, auf die nur in seltenen Fällen zugegriffen werden muß.

Steuerelementnamen

Praxistip: Gebundene Steuerelemente sollten immer denselben Namen tragen wie das Feld in der Datenquelle, auf das sie sich beziehen. Eine unterschiedliche Benennung hat meist Verwechslungsprobleme zur Folge.

*Bild IV.184:
Ein Formular mit
Unterformularen*

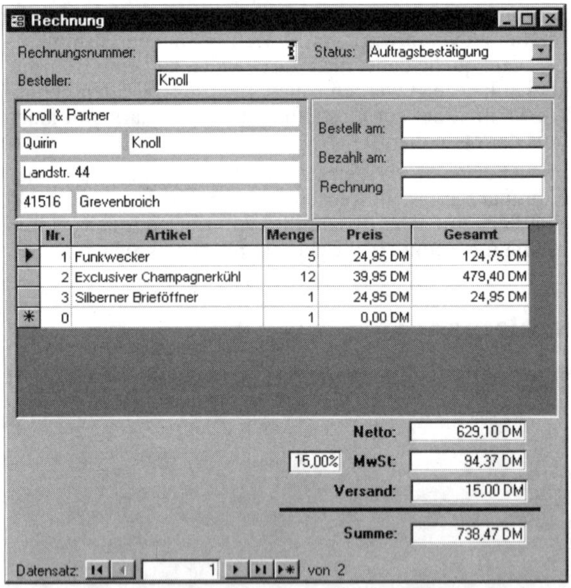

Ebenso wie das ganze Formular können auch die einzelnen Steuerelemente gebunden oder ungebunden sein, wobei gebundene Steuerelemente nur in gebundenen Formularen zur Verfügung stehen. Gebundene Steuerelemente beziehen sich auf ein Feld der Tabelle oder des Abfrage, die als Datenquelle des Formulars definiert ist. Sie stellen die im Feld gespeicherten Werte dar und speichern Veränderungen am Wert direkt in der Datenquelle. Bei ungebundenen Steuerelementen sind Sie für die Anzeige und die Verwendung des Inhalts des Steuerelements verantwortlich.

Unterformulare Ein spezielles Steuerelement ist das Unterformular. Dieses Steuerelement stellt ein beliebiges anderes Access-Formular dar. Somit läßt sich beispielsweise wie in Bild IV.184 ein Formular in Datenblattansicht als Unterformular einbinden, um die 1-zu-n-Beziehung zwischen einer Rechnung und den Rechnungspositionen darzustellen (siehe Abschnitt 4.1.2).

Zusatzsteuerelemente Access 7.0 unterstützt 32Bit-Zusatzsteuerelemente, sogenannte OCXe. Diese sind von Microsoft und Drittherstellern in großer Zahl verfügbar und erweitern die Funktionalität von Access. Zum Lieferumfang von Access gehört nur ein einfaches Zusatzsteuerelement zur Darstellung eines Kalenders. Mittlerweile sind aber auch Zusatzsteuerelemente erhältlich, die eine komplette Textverarbeitung oder Tabellenkalkulation in ein Access-Formular einfügen.

6.1.5 Endlosformulare und Formular-Bereiche

Access unterstützt mit dem Einzel- und dem Endlosformular zwei verschiedene Formular-Layouts. Beim Einzelformular wird nur der aktuelle Datensatz dargestellt, während beim Endlosformular so viele Datensätze angezeigt werden, wie in das Formularfenster passen (Siehe Bild IV.185). Dazu wird das eigentliche Formular entsprechend oft wiederholt.

Formularbereiche Damit bestimmte Steuerelemente in einem Endlosformular nur einmal dargestellt werden, verfügt jedes Formular über folgende sogenannte Bereiche:

- Der Detailbereich ist derjenige Teil, der tatsächlich im Endlosformular wiederholt wird.
- Der Formularkopf bzw. -fuß wird nur einmal am oberen bzw. am unteren Rand des Formularfensters angezeigt.
- Der Seitenkopf bzw. -fuß wird oben bzw. auf jeder Formularseite angezeigt. Mehrseitige Formulare entstehen beim der Ausgabe eines Formulars auf dem Drucker. Steuerelemente im Seitenkopf werden nicht auf dem Bildschirm angezeigt.

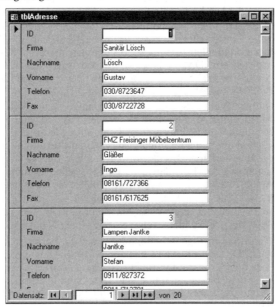

*Bild IV.185:
Ein Endlosformular*

Endlosformulare sind ein sehr leistungsfähiges Konzept, da sich so Tabellen mit beliebigem Layout definieren lassen. Im Gegensatz zur Datenblattansicht sind hierbei die gestalterischen Freiheiten wesentlich größer. Während bei der Datenblattansicht Access die tabellarische Formatierung übernimmt, sind Sie bei einem Endlosformular selbst für das Layout zuständig.

6.1.6 Ereignisse

Das Formular, die einzelnen Bereiche und jedes einzelne Steuerelement lösen sogenannte Ereignisse z.B. als Reaktion auf eine Benutzereingabe aus. Diese Ereignisse lassen sich mit einem Makro oder einer Visual Basic-Funktion verknüpfen. Diese Form der Programmierung ist das grundlegende Prinzip der Programmierung von Access-Anwendungen.

Der Visual Basic-Code hinter einem Ereignis wird in einem speziellen, mit dem Formular verbundenen Modul gespeichert. Formular und zugehöriger Code werden somit zu einer Einheit verschmolzen, wodurch Access zumindest zu einem kleinen Teil Objektorientiertheit verliehen wird.

Formularmodule

Verschiedene Ereignisse von Formularen und Steuerelementen sind in Abschnitt 9.2 beschrieben.

6.2 Entwurf von Formularen

Der folgende Abschnitt beschreibt die Vorgehensweisen für den Entwurf eines Formulars.

6.2.1 Erstellen eines neuen Formulars

Um ein neues Formular zu erstellen, gehen Sie wie in Abschnitt 3.4.2 beschrieben vor. Die meisten Methoden bieten Ihnen die Möglichkeit, das Formular bei der Erstellung an eine Datenquelle zu binden.

Binden eines Formulars an eine Datenquelle

Ist das Formular ungebunden, oder wollen Sie die Datenquelle ändern, so gelingt Ihnen dies über die Formulareigenschaften. Öffnen Sie dazu das Eigenschaftenfenster für das Formular (siehe Abschnitt 6.1.2), wechseln zur Registerkarte DATEN bzw. ALLE und tragen bei DATENHERKUNFT die gewünschte Tabelle oder Abfrage ein. Das einzeilige Listenfeld enthält alle Tabellen und Abfragen der Datenbank.

Filter und Sortierordnung

Oftmals wollen Sie in einem Formular Datensätze aus einer einzigen Tabelle unter Angabe eines Filterkriteriums und einer Sortierordnung angeben. In diesem Fall müssen Sie keine spezielle Abfrage verwenden, sondern können direkt die Formulareigenschaften FILTER und SORTIERT NACH auf der Registerkarte DATEN einstellen. Diese Eigenschaften entsprechen den gleichnamigen Tabelleneigenschaften (siehe Abschnitt 3.2.9) und werden von dort auch bei der Angabe der Tabelle als Datenquelle kopiert.

Angabe eines SQL-Befehls

Es ist auch möglich, einen beliebigen SQL-Befehl direkt als Datenquelle anzugeben. Auf diese Weise müssen Sie nicht jede als Datenquelle eines Formulars verwendete Abfrage unter einem Namen speichern.

Wenn Sie im Eigenschaftenfenster auf die Schaltfläche neben der Eigenschaft DATENHERKUNFT klicken, öffnen Sie den Access-Abfragegenerator, über den Sie den SQL-Befehl zusammensetzen. Dabei läßt sich die Wirkung der Abfrage auch in einem Datenblatt überprüfen. Bevor Sie mit dem Design des Formulars fortfahren, müssen Sie den Abfragegenerator zuerst schließen.

Größe und Position des Formularfensters

Wenn Sie ein Formular in der Entwurfsansicht abspeichern, wird die Größe und Position des Formulars gespeichert, so daß sich das Formular beim nächsten Öffnen an genau derselben Stelle befindet.

Die Eigenschaft AUTOMATISCH ZENTRIEREN auf der Registerkarte FORMAT sorgt dafür, daß das Formular beim Öffnen immer im Access-Fenster zentriert wird.

Die Größe des Fensters, in dem das Formular gezeigt wird und die Größe des Formulars sind nicht identisch. Die Formulargröße wird durch den hellgrauen Bereich im Formularfenster bestimmt (siehe Bild IV.186). Sie verändern die Größe dieses Bereich, indem Sie seine Ränder mit der Maus ziehen.

Beim Versuch, Steuerelemente außerhalb des hellgrauen Bereichs zu plazieren, wird der Bereich automatisch vergrößert. Sie sollten jedoch dafür sorgen, daß die Formulargröße nicht größer ist als für die im Formular enthaltenen Steuerelemente benötigt wird, damit das Formularfenster keine unnötigen Bildlaufleisten erhält.

6 Formulare

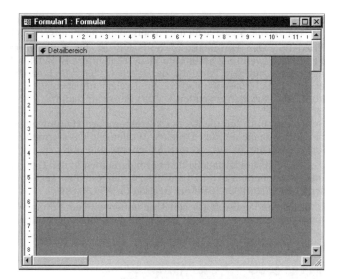

Bild IV.186:
Formular- und
Fenstergröße

Mit der Eigenschaft GRÖßE ANPASSEN auf der Registerkarte FORMAT weisen Sie Access an, die Fenstergröße automatisch der Formulargröße anzupassen.

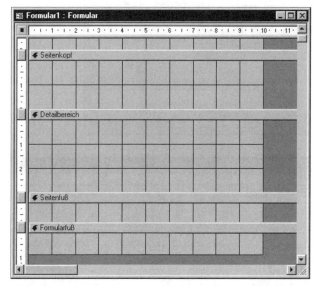

Bild IV.187:
Formularbereiche

Standardmäßig zeigt Access in der Entwurfsansicht nur den Detailbereich des Formulars. Über die Menüauswahlen SEITENKOPF/-FUß und FORMULARKOPF/-FUß im ANSICHT-Menü blenden Sie die weiteren Bereiche im Formular ein und aus. Beim Ausblenden eines Bereichs, der Steuerelemente enthält, löscht Access nach einer Warnung diese Steuerelemente.

Sie ändern die Größe der Bereiche, indem Sie die Trennlinien zwischen den Bereichen mit der Maus ziehen. Dabei ist es leider nur möglich, den Bereich

Bereiche

nach unten zu vergrößern. Benötigen Sie am oberen Rand mehr Platz, so müssen Sie alle Steuerelemente entsprechend nach unten verschieben.

Praxistip: Der Formularkopf und -fuß ist für Endlosformulare von Bedeutung, wenn Sie bestimmte Steuerelemente, z.B. Befehlschaltflächen nur einmal auf dem Formular darstellen wollen. Für Einzelformulare ist es jedoch nicht falsch, für solche Steuerelemente ebenfalls den Formularkopf bzw. -fuß zu verwenden, da das Formular dadurch klarer gegliedert ist.

Seitenkopf und -fuß dienen der korrekten Formatierung eines Formulars bei der Ausgabe auf den Drucker. Wollen Sie das Formular nicht drucken, benötigen Sie auch keinen Seitenkopf und -fuß.

Ändern der Titelleiste Access zeigt standardmäßig den Formularnamen in der Titelleiste des Formulars. Sie ändern den in der Titelleiste dargestellten Text über die Eigenschaft BESCHRIFTUNG auf der Registerkarte FORMAT.

Beispiel In diesem und in den folgenden Abschnitten wird ein Formular zur Darstellung einer Rechnung erstellt. Gehen Sie dazu folgendermaßen vor:

1. Wechseln Sie im Datenbankfenster auf die Registerkarte FORMULARE und klicken Sie auf die Schaltfläche NEU.

Bild IV.188: Anlegen eines neuen Formulars

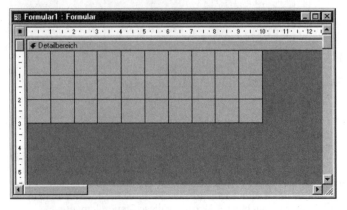

Bild IV.189: Ein leeres Formular

2. Da Sie in dem Formular eine Rechnung darstellen wollen, wählen Sie in dem Kombinationsfeld TBLRECHNUNG als Datenquelle. Vergewis-

sern Sie sich, daß in der Liste ENTWURFSANSICHT gewählt ist, damit Sie keinen Assistenten starten. Klicken Sie dann auf OK.
3. Access zeigt ein leeres Formular in der Entwurfsansicht.
4. Öffnen Sie das Eigenschaftenfenster, indem Sie auf die Schaltfläche EIGENSCHAFTEN in der Symbolleiste klicken. Wechseln Sie im Eigenschaftenfenster auf die Registerkarte FORMAT und ändern Sie die folgenden Eigenschaften:

Eigenschaft	Neuer Wert	Bemerkung
Beschriftung	Rechnungen	Dieser Text wird in der Titelleiste des Formulars angezeigt.
Zugelassene Ansicht(en)	Formular	Das Rechnungsformular sollte nicht als Datenblatt angezeigt werden.
Datensatzmarkierer	Nein	Datensatzmarkierer nehmen in einem Einzelformular nur Platz weg.

5. Speichern Sie das Formular, indem Sie auf die Schaltfläche SPEICHERN in der Symbolleiste klicken. Als Namen wählen Sie *FRM-RECHNUNG*.

6.2.2 Steuerelemente plazieren

Nach der Erstellung beginnen Sie damit, Steuerelemente auf dem Formular zu plazieren und deren Eigenschaften einzustellen. In diesem Abschnitt werden die grundlegenden Schritte bei der Erstellung von Steuerelementen anhand der beiden am häufigsten benötigen Typen *Textfeld* und *Bezeichnungsfeld* präsentiert. Auf die Besonderheiten der einzelnen Steuerelemente wird in Abschnitt 6.3 eingegangen.

Textfelder zeigen auf Formularen einen Text und erlauben dem Anwender, diesen Text über die Tastatur zu verändern. Ein Textfeld kann ein- oder mehrzeilig sein und erlaubt die Darstellung und Bearbeitung von bis zu 64.000 Zeichen langen Texten. Textfelder verwenden Sie dazu, um Felder beliebigen Typs (auch numerische Werte) aus der Datenquelle darzustellen.

Textfelder

Ein Bezeichnungsfeld stellt einen Text auf dem Formular dar, das dem Anwender keine Änderungen am Text erlaubt. Ein Bezeichnungsfeld kann nicht an ein Feld aus der Datenquelle gebunden werden.

Bezeichnungsfelder

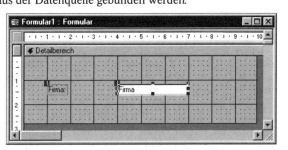

Bild IV.190: Textfelder mit zugeordnetem Bezeichnungsfeld

Wie die meisten Steuerelemente besitzen Textfelder ein zugeordnetes Bezeichnungsfeld. Diese Zuordnung wirkt sich dahingehend aus, daß Textfelder auch dann zusammen mit ihren Bezeichnungsfeldern verschoben werden können, wenn nur eines der beiden markiert ist. Zudem erscheinen in der Datenblattansicht die zugeordneten Textfelder als Spaltenüberschrift.

Bild IV.191:
Die Feldliste

Einfügen eines Steuerlements über die Feldliste

Der einfachste Weg, ein gebundenes Steuerelement in ein Formular einzufügen, führt über die Feldliste. Sie zeigen die Feldliste über die Schaltfläche FELDLISTE in der Symbolleiste oder über die Auswahl FELDLISTE im ANSICHT-Menü an.

Bei den über die Feldliste eingefügten Steuerelementen handelt es sich in den meisten Fällen um Textfelder. Bei Ja/Nein-Feldern wird automatisch ein Kontrollkästchen erstellt. Wenn Sie für ein Feld eine Nachschlageliste definiert haben (siehe Abschnitt 4.2.2), so wird diese eingefügt.

Um ein Textfeld auf einem Formular zu plazieren, ziehen Sie einfach den Namen des gewünschten Feldes mit der Maus auf das Formular. Access fügt dort das Textfeld mit zugehörigen Bezeichnungsfeld ein. Der Name des Textfeldes stimmt bei dieser Methode automatisch mit dem Namen des Feldes überein.

Das Bezeichnungsfeld zeigt den unter BESCHRIFTUNG im Tabellenentwurf angegebenen Text (siehe Abschnitt 3.2.3). Wenn keine Beschriftung definiert ist, wird der Feldname verwendet. Das Bezeichnungsfeld wird wie das Feld mit einem angehängten »Bezeichnungsfeld« benannt. Das Feld »Firma« erhält also ein Bezeichnungsfeld »Firma Bezeichnungsfeld«.

Bild IV.192:
Die Toolbox

Einfügen eines Steuerelements aus der Toolbox

Steuerelemente lassen sich auch über die Toolbox einfügen. Die Toolbox ist eine Symbolleiste, in der für jeden Steuerelementtyp eine Schaltfläche enthalten ist. Die Toolbox wird standardmäßig in der Entwurfsansicht angezeigt. Sie kann jederzeit über die Schaltfläche TOOLBOX in der Symbolleiste oder über die Auswahl von TOOLBOX im ANSICHT-Menü ein- und ausgeblendet werden.

Um ein Textfeld mit zugehörigem Bezeichnungsfeld über die Toolbox zu erstellen, klicken Sie auf die Schaltfläche TEXTFELD in der Toolbox und klicken anschließend auf die Stelle im Formular, an der das Textfeld erscheinen soll. Dabei verwendet Access Standardgrößen für Bezeichnungs- und Textfeld.

Wenn Sie das Textfeld beim Einfügen gleich in eine bestimmte Größe skalieren wollen, so ziehen Sie statt eines einfachen Klicks zum Einfügen ein Rechteck auf, das die Größe des Textfeldes bestimmt.

Über die Toolbox eingefügte Textfelder sind zunächst ungebunden und zeigen in der Entwurfsansicht den Text »Ungebunden«. In der Formular bzw. Datenblattansicht sind ungebundene Felder leer und können mit beliebigem Text gefüllt werden.

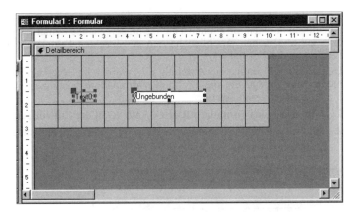

Bild IV.193:
Ein ungebundenes
Textfeld

In der Datenblattansicht bzw. in einem Endlosformular wird ein ungebundenes Textfeld zwar für jeden Datensatz mehrfach angezeigt, sein Inhalt aber nur einmal gespeichert. Wenn Sie also den Inhalt des Steuerelements in einem Datensatz ändern, so ändert sich der Inhalt gleichermaßen für alle anderen Datensätze.

Wenn Sie ein Steuerelement an ein Feld aus der Datenquelle binden wollen, müssen Sie die Eigenschaft STEUERELEMENTINHALT ändern. Markieren Sie dazu das Steuerelement und öffnen Sie das Eigenschaftenfenster (siehe Abschnitt 6.1.2). Anschließend wechseln Sie zur Registerkarte DATEN bzw. ALLE und tragen bei Steuerelementinhalt den gewünschten Feldnamen ein. Das einzeilige Listenfeld enthält dabei alle Felder der verbundenen Datenquelle.

Binden eines Steuerelements an eine Datenquelle

Alternativ läßt sich die Eigenschaft STEUERELEMENTINHALT auch direkt einstellen, indem Sie den im Steuerelement angezeigten Text editieren. Klicken Sie dazu einmal auf das Steuerelement, um es zu markieren und ein zweites Mal, um den Text zu editieren.

Anschließend sollten Sie dem Steuerelement unbedingt den Namen des verbundenen Feldes als Steuerelementnamen geben. Wechseln Sie dazu auf die Registerkarte ANDERE und geben Sie den Namen für die Eigenschaft NAME an.

Praxistip: Sie können den Feldnamen einfach über die Zwischenablage aus der Eigenschaft DATENHERKUNFT in die Eigenschaft NAME kopieren. So verringern Sie auch das Risiko lästiger Schreibfehler.

Ein Steuerelement kann statt eines Datenquellenfelds auch das Ergebnis eines Ausdrucks darstellen. Dieser Ausdruck wird als Wert der Eigenschaft STEUERELEMENTINHALT eingetragen und kann alle Steuerelemente des Formulars mit beliebigen eingebauten und benutzerdefinierten Funktionen enthalten. Zur Unterscheidung zu Feldnamen aus der Datenquelle muß dem Ausdruck ein Gleichheitszeichen »=« vorangestellt werden. Der Steuerelementinhalt

Ausdrücke in Steuerelementen

```
=[BetragSumme]*(1 + [MwSt])
```

berechnet beispielsweise den Bruttobetrag mit Mehrwertsteuer aus den Steuerelementen BETRAGSUMME und MWST.

IV Access

Einfügen eines gebundenen Steuerelements über die Feldliste

Um andere gebundene Steuerelemente außer Textfeldern in ein Formular einzufügen, klicken Sie zunächst auf die entsprechende Schaltfläche in der Toolbox und ziehen anschließend den gewünschten Feldnamen aus der Feldliste in das Formular.

Beispiel

Dem Beispiel-Formular aus Abschnitt 6.2.1 werden im folgenden Steuerelemente hinzugefügt, um die Rechnungsinformationen anzuzeigen. Gehen Sie dazu folgendermaßen vor:

1. Öffnen Sie das Formular *FRMRECHNUNG* in der Entwurfsansicht.

2. Klicken Sie auf die Schaltfläche FELDLISTE, um die Feldliste anzuzeigen.

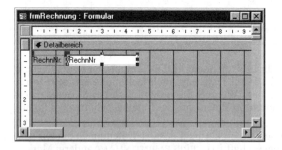

Bild IV.194: Das Rechnungsformular mit einem Feld

3. Ziehen Sie den Feldnamen RECHNNR aus der Feldliste in das Formular.
4. Klicken Sie einmal auf das Bezeichnungsfeld neben dem Textfeld, um es zu markieren. Klicken Sie ein zweites Mal in das Textfeld, um es in den Editiermodus zu versetzen und ändern Sie den Text in »Nr.:«.
5. Ziehen Sie jetzt den Feldnamen STATUS auf das Formular. Da es als Nachschlage-Kombinationsfeld definiert ist, wird automatisch ein entsprechendes Kombinationsfeld eingefügt.

Bild IV.195: Das Formular mit den Rechnungsinformationen

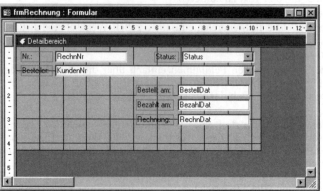

6. Fügen Sie die weiteren Steuerelemente aus der Feldliste so ein, wie es Bild IV.195 zeigt. Das Feld KUNDENNR wird dabei ebenfalls als Kombinationsfeld eingefügt, da es als Nachschlagefeld definiert ist.

6.2.3 Bearbeiten von Steuerelementen

Um ein oder mehrere Steuerelemente zu bearbeiten, müssen diese zunächst markiert sein.

Markieren von Steuerelementen

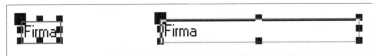

*Bild IV.196:
Ein markiertes
Steuerelement*

Ein Steuerelement wird durch Anklicken markiert. Access unterstützt zwei Verfahren, wie mehrere Steuerelemente gleichzeitig markiert werden können:

- Durch Gedrückthalten von [Shift] bleiben bestehende Markierungen erhalten.
- Wenn Sie mit der Maus über das Formular ziehen, wird ein Rechteck gezeigt. Alle Steuerelemente, die in diesem Rechteck ganz oder teilweise enthalten sind, werden markiert.

Steuerelemente lassen sich in die Zwischenablage kopieren oder ausschneiden und von dort aus wieder in dasselbe oder ein anderes Formular einfügen. Beachten Sie aber, daß hinter einem Ereignis liegender Code dabei nicht mitkopiert wird (siehe Abschnitt 9.2).

Löschen und Kopieren von Steuerelementen

- Um Steuerelemente in die Zwischenablage auszuschneiden oder zu kopieren, werden sie zunächst markiert. Anschließend wählen Sie dann die entsprechende Option aus dem BEARBEITEN-Menü oder dem Kontextmenü eines der markierten Steuerelemente.
- Wenn Sie die markierten Steuerelemente endgültig verwerfen wollen, wählen Sie LÖSCHEN aus dem BEARBEITEN-Menü oder drücken Sie einfach die Taste [Entf].
- Um die markierten Steuerelemente direkt, ohne den Umweg über die Zwischenablage zu kopieren, wählen Sie DUPLIZIEREN aus dem BEARBEITEN-Menü oder dem Kontextmenü eines der markierten Steuerelemente.

Da auf einem Formular keine zwei Steuerelemente gleichen Namens existieren dürfen, weist Access duplizierten Steuerelementen einen Standardnamen zu, den Sie ändern sollten.

Wenn Sie irrtümlich Steuerelemente gelöscht oder verändert haben, so läßt sich dies über die Auswahl von RÜCKGÄNGIG im BEARBEITEN-Menü oder durch Anklicken der Schaltfläche RÜCKGÄNGIG in der Symbolleiste widerrufen. Dies gilt allerdings nur für den jeweils zuletzt ausgeführten Änderungsschritt.

Änderungen zurücknehmen

Wenn Sie das einem Steuerelement zugeordnete Bezeichnungsfeld gelöscht haben, so können Sie ein neues Bezeichnungsfeld erstellen und dieses mit dem Steuerelement verbinden. Schneiden Sie dazu das Bezeichnungsfeld aus, markieren Sie anschließend das gewünschte Steuerelement und fügen das Bezeichnungsfeld wieder ein.

Verbinden eines Bezeichnungsfelds mit einem Steuerelement

6.2.4 Die Steuerelement-Assistenten

Während Textfelder mit wenigen Einstellungen auskommen, müssen Sie bei anderen Steuerelementen für das korrekte Funktionieren eine Vielzahl von Angaben machen. In diesem Fall unterstützen Sie die Steuerelement-Assistenten.

IV Access

 Die Steuerelement-Assistenten werden über die Schaltfläche STEUERELE-MENTASSISTENTEN in der Toolbox aktiviert. Bei aktiviertem Steuerelement-Assistenten wird der Assistent automatisch gestartet, wenn ein entsprechendes Steuerelement eingefügt wird.

Im folgenden werden die drei Steuerelement-Assistenten für Optionsgruppen, Kombinations- und Listenfelder sowie Befehlsschaltflächen beschrieben.

Bild IV.197: Eine Optionsgruppe

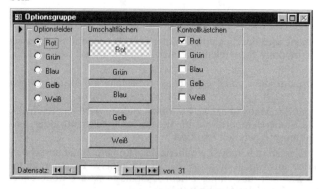

Optionsgruppen

Optionsgruppen dienen der Auswahl eines Wertes aus einer Anzahl vordefinierter Werte. Diese Werte müssen zur Entwurfszeit des Formulars festgelegt werden und lassen sich nur schwer zur Laufzeit der Anwendung ändern. Für eine Auswahl aus einer variablen Anzahl von Werten, sollte ein (einzeiliges) Listenfeld verwendet werden.

Optionsgruppen bestehen aus einem Steuerelement *Optionsgruppe*, das mehrere Steuerelemente vom Typ *Umschaltfläche*, *Optionsfeld* oder *Kontrollkästchen* enthält. Die Unterschiede zwischen den einzelnen Typen bestehen dabei lediglich in der Darstellung (siehe Bild IV.197). Innerhalb einer Optionsgruppe kann immer nur eine Umschaltfläche gedrückt bzw. nur ein Optionsfeld bzw. Kontrollkästchen markiert sein.

 Praxistip: Die Verwendung von Kontrollkästchen in Optionsgruppen geht nicht konform mit den Richtlinien für Benutzeroberflächen von Windows-Anwendungen. Deshalb sollten Sie von dieser Möglichkeit absehen.

Bild IV.198: Der Optionsgruppen-Assistent

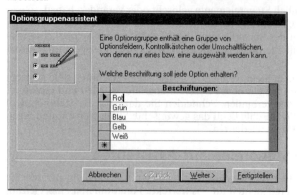

Sie plazieren eine Optionsgruppe, indem Sie die Schaltfläche OPTIONS-
GRUPPE in der Toolbox anklicken und anschließend an der gewünschten
Stelle auf das Formular klicken.
Der Optionsgruppen-Assistent besitzt die folgenden Seiten:
1. Auf der ersten Seite geben Sie die Liste der Auswahlen an, die in der
   Optionsgruppe enthalten sein sollen. Bei der Liste handelt es sich um
   ein Datenblatt, so daß dessen Funktionen zum Löschen und Einfügen
   verwendet werden können (siehe Abschnitt 3.2.2).
2. Wenn eine Auswahl standardmäßig markiert sein soll, so geben Sie
   diese auf der zweiten Seite an.
3. Jeder Auswahl wird auf der dritten Seite eine ganze Zahl zugeordnet.
   Diese Zahl bestimmt den Wert der Optionsgruppe in Abhängigkeit
   des markierten Optionsfeldes, Kontrollkästchens bzw. der markierten
   Umschaltfläche.
4. Wenn Sie die Optionsgruppe an ein Feld binden wollen, so geben Sie
   dieses auf dieser Seite an. Beachten Sie, daß in dem gebundenen Feld
   nicht der angezeigte Text, sondern nur der auf der dritten Seite festgelegte numerische Wert gespeichert wird.
5. Auf dieser Seite legen Sie fest, ob Optionsfelder, Umschaltflächen
   oder Kontrollkästchen innerhalb der Optionsgruppe erscheinen sollen. Weiterhin wählen Sie den 3D-Effekt der Optionsgruppe.
6. Auf der letzten Seite legen Sie die Beschriftung fest, die über der Optionsgruppe angezeigt wird.

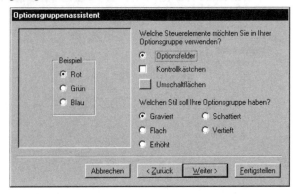

*Bild IV.199:
Auswahl des
Erscheinungsbildes
der Optionsgruppe*

Leider gibt der Assistent der Optionsgruppe keinen sinnvollen Namen. Deshalb sollten Sie nach der Fertigstellung der Optionsgruppe durch den Assistenten einen aussagekräftigen Namen vergeben. Gehen Sie dazu wie für
Textfelder in Abschnitt 6.2.2 beschrieben vor.

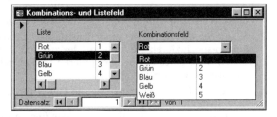

*Bild IV.200:
Kombinations- und
Listenfelder*

IV Access

Kombinations- und Listenfelder

Kombinations- und Listenfelder erlauben die Auswahl eines Wertes aus einer Anzahl festgelegter Werte. Diese Werte müssen zur Entwurfszeit noch nicht feststehen, sondern können zur Laufzeit aus einer Tabelle oder Abfrage geladen werden.

Kombinationsfelder zeigen die Auswahlliste erst dann, wenn man auf die Schaltfläche rechts neben dem Feld klickt. Dadurch benötigen sie weniger Platz als eine Liste. Zudem erlauben Kombinationsfelder auch die direkte Eingabe eines nicht in der Werteliste vorhandenen Wertes.

Kombinations- und Listenfelder erhalten Ihre Werteliste über

- eine Tabelle oder Abfrage
- eine vorgegebene feste Werteliste
- eine spezielle Visual Basic-Funktion

Sowohl Kombinations- als auch Listenfelder erlauben die Darstellung mehrerer Spalten. Eine Spalte, die sogenannte gebundene Spalte, bestimmt dabei den Wert des Kombinations- bzw. Listenfeldes und wird im Falle der Bindung an ein Feld aus der Datenquelle dort gespeichert.

Sie erstellen ein Kombinations- bzw. Listenfeld, indem Sie auf die Schaltfläche KOMBINATIONSFELD oder LISTENFELD in der Toolbox klicken. Anschließend klicken Sie auf die Stelle im Formular, an der das Kombinations- bzw. Listenfeld plaziert werden soll. Access öffnet hierauf automatisch den Assistenten, der die folgenden Seiten enthält:

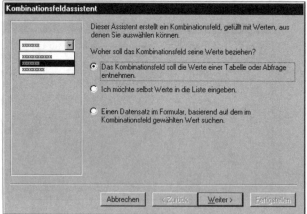

Bild IV.201: Der Assistent für Kombinations- und Listenfelder

1. Auf der ersten Seite wählen Sie aus, welche Daten in dem Kombinations- bzw. Listenfeld dargestellt werden sollen. Mit der letzten Auswahl wird ein Kombinations- bzw. Listenfeld eingefügt, mit dem Sie den aktuellen, im Formular dargestellten Datensatz auswählen. Auf diese Weise implementieren Sie einen einfachen Suchmechanismus.

2. Wenn Sie die Werteliste einer Tabelle bzw. Abfrage entnehmen wollen, so spezifizieren Sie diese auf der zweiten Seite. Wenn Sie auf der ersten Seite eines der beiden anderen Optionsfelder markiert haben, so wird diese Seite übersprungen.

3. Auf der dritten Seite geben Sie die Felder an, die das Kombinations- bzw. Listenfeld als Spalten enthalten soll. Wenn Sie selber eine Werteliste angeben wollen, wird diese Seite übersprungen.

6 Formulare

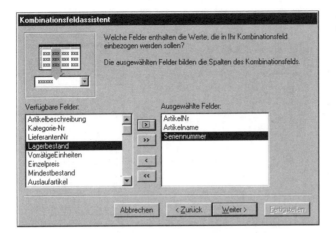

*Bild IV.202:
Auswahl der Felder*

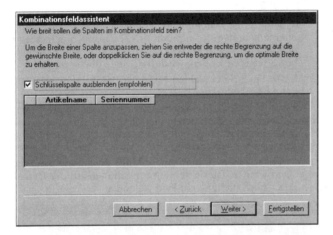

*Bild IV.203:
Festlegen der
Spaltenbreiten*

4. Auf der vierten Seite legen Sie die Breiten der im Kombinations- bzw. Listenfeld gezeigten Spalten fest. Ändern Sie die Spaltenbreite durch Ziehen der Trennlinien mit der Maus. Das Kontrollkästchen SCHLÜSSELSPALTE AUSBLENDEN sorgt dafür, daß der Primärschlüssel nicht als Spalte aufgenommen wird. Wenn Sie selber eine Werteliste eingeben wollen, dann geben Sie an dieser Stelle die Werte in das Datenblatt ein. Die Anzahl der Spalten legen Sie dabei im entsprechenden Eingabeblatt fest. Die Spaltenüberschriften lassen sich hierbei nicht ändern, da sie im Kombinations- bzw.Listenfeld nicht angezeigt werden.
5. Wenn Sie selbst eine Werteliste mit mehreren Spalten eingegeben haben, so müssen Sie auf der fünften Seite das Feld wählen, das den Listenwert bestimmen soll. In den anderen Fällen wird diese Seite übersprungen und automatisch der Primärschlüssel des Feldes verwendet.

IV Access

*Bild IV.204:
Bindung des
Kombinations- bzw.
Listenfeldes an die
Datenquelle*

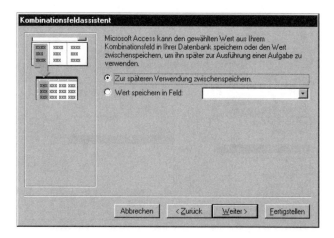

6. Auf der sechsten Seite geben Sie an, ob das Kombinations- bzw. Listenfeld an die Datenquelle gebunden werden soll. Wählen Sie gegebenenfalls in dem Kombinationsfeld das entsprechendes Feld aus der Datenquelle. Wenn Sie das Kombinations- bzw. Listenfeld für die Suche verwenden wollen, wird diese Seite übersprungen.
7. Geben Sie auf der siebten Seite die Beschriftung des Kombina-tions- bzw. Listenfeldes an.

Der Assistent gibt dem Kombinations- bzw. Listenfeld keinen sinnvollen Namen. Sie sollten nach der Fertigstellung des Kombinations bzw. Listenfeld durch den Assistenten einen aussagekräftigen Namen vergeben. Gehen Sie dazu wie für Textfeldern in Abschnitt 6.2.2 beschrieben vor.

Befehlsschaltflächen

Befehlsschaltflächen führen eine Aktion aus, wenn sie vom Anwender angeklickt werden. Da sie keine Informationen aus der Datenbank zeigen, werden sie auch nicht an ein Feld gebunden.

*Bild IV.205:
Der Assistent für
Befehlsschaltflächen*

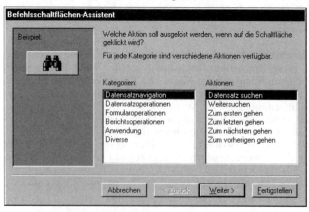

Die Hauptarbeit beim Anlegen einer Befehlsschaltfläche besteht in der Festlegung, welche Aktionen dadurch ausgelöst werden sollen. Im allgemeinen ist dies der Zeitpunkt, wo Sie sich mit Makro- und Visual Basic-Programmierung beschäftigen müssen (siehe Abschnitt 8).

6 Formulare

Der Befehlsschaltflächen-Assistent erlaubt Ihnen, Befehlsschaltflächen für 32 vordefinierte Standardaktionen zu erstellen. Der dazu benötigte Visual Basic-Code wird dabei automatisch erzeugt.

Um eine Befehlschaltfläche zu erstellen, klicken Sie auf die Schaltfläche BEFEHLSSCHALTFLÄCHE in der Toolbox und anschließend auf die Stelle im Formular, an der Sie die Befehlschaltfläche plazieren wollen. Access startet daraufhin den Assistenten, der die folgenden Seiten aufweist:

1. Auf der ersten Seite legen Sie die Aktion fest, die durch die Befehlsschaltfläche ausgelöst werden soll.
2. Auf der zweiten Seite legen Sie das Objekt fest, auf das sich die Aktion bezieht. Wenn Sie z.B. mit der Befehlschaltfläche ein Formular öffnen wollen, so erhalten Sie hier eine Liste aller Formulare. Für Aktionen, die kein Objekt betreffen, wird diese Seite übersprungen.

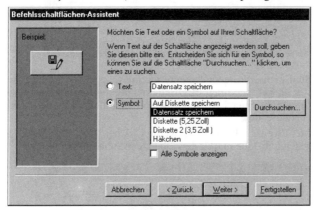

Bild IV.206: Auswahl der Beschriftung der Befehlsschaltfläche

3. Auf der dritten Seite legen Sie fest, wie die Befehlsschaltfläche beschriftet sein soll. Dabei geben Sie entweder ein Symbol aus der Access-Symbolbibliothek an oder Sie spezifizieren eine beliebige BMP-Bilddatei über die Schaltfläche DURCHSUCHEN. Sie können auch einen einfachen Text als Beschriftung angeben, was in vielen Fällen die für den Anwender leichter zu verstehende Alternative ist.
4. Auf der letzten Seite geben Sie der Befehlschaltfläche einen Namen.

Praxistip: Um einen leichter verständlichen Programmcode zu erzeugen, sollten Sie dem Namen einer Befehlsschaltfläche das Präfix »cmd« (für *Command Button*) voranstellen.

6.2.5 Formatieren von Steuerelementen

Das Format der einzelnen Steuerelemente wird über ihre Eigenschaften festgelegt. Access verfügt jedoch über eine Formatierungs-Symbolleiste, womit die entsprechenden Eigenschaften bequemer eingestellt werden.

Access erlaubt das gleichzeitige Formatieren mehrerer Steuerelemente, wenn diese gemeinsam markiert sind (Siehe Abschnitt 6.2.3).

Gleichzeitiges Formatieren von Steuerlementen

*Bild IV.207:
Eigenschaften für
mehrere markierte
Steuerelemente*

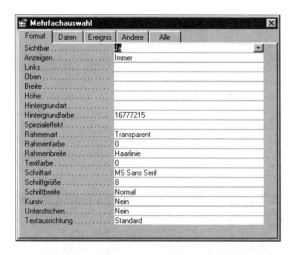

**Eigenschaften von
mehreren markierten
Steuerlementen**

Sind mehrere Steuerelemente markiert, zeigt Access im Eigenschaftenfenster die gemeinsamen Eigenschaften der markierten Steuerelemente. Änderungen an einer Eigenschaft wirken sich dann auf alle markierten Steuerelemente aus.

Im Eigenschaftenfenster werden dabei nur diejenigen Eigenschaften gezeigt, die alle markierten Objekte gleichermaßen besitzen.

*Bild IV.208:
Die Format-
Symbolleiste*

**Formatieren eines
Steuerlements über
die Format-
Symbolleiste**

Die Format-Symbolleiste enthält die folgenden Schaltflächen und Auswahllisten, mit denen Sie die Formatierung der markierten Steuerelemente verändern:

Schaltfläche bzw. Liste	Wirkung	Eigenschaft
Schriftart, Schriftgröße	Ändert die Schriftart und Schriftgröße des im Steuerelement gezeigten Textes.	Schriftart, Schriftgröße
Fett, Kursiv, Unterstrichen	Zeigt den Text fett, kursiv oder Unterstrichen	Schriftbreite, Kursiv, Unterstrichen
Linksbündig, Zentriert, Rechtsbündig	Ändert die Ausrichtung des Textes innerhalb des Steuerelements. Wenn keine Schaltfläche gedrückt ist, wird der Text dem Datentyp entsprechend ausgerichtet (Textausrichtung Standard).	Textausrichtung

6 Formulare

Schaltfläche bzw. Liste	Wirkung	Eigenschaft
Hintergrundfarbe	Bestimmt die Hintergrundfarbe des Textes. Mit der Einstellung TRANSPARENT wird die Farbe des Bereichs verwendet.	Hintergrundfarbe, Hintergrundart (für Transparenz)
Textfarbe	Bestimmt die Farbe des Textes.	Textfarbe
Keine	Bestimmt, ob der Rahmen durchgezogen oder mit einem Muster gestrichelt oder gepunktet wird	Rahmenart
Rahmenfarbe	Bestimmt die Farbe des Rahmens um das Steuerelement. Mit der Einstellung TRANSPARENT wird kein Rahmen angezeigt.	Rahmenfarbe, Rahmenart (für Transparenz)
Rahmenbreite	Bestimmt die Breite des Rahmens um das Steuerelement.	Rahmenbreite
Spezialeffekt	Fügt dem Steuerelement 3D-Effekte hinzu.	Spezialeffekt

Die einzelnen Bereiche lassen sich ebenfalls über die Format-Symbolleiste in ihrer Farbe verändern und erlauben zusätzlich einen 3D-Effekt.

Formatieren von Bereichen

Bild IV.209: Auswahl einer beliebigen Farbe

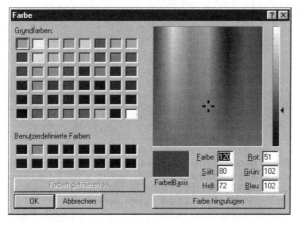

Über die Symbolleiste ist nur ein vordefinierter Satz von Farben verfügbar. Über das Eigenschaftenfenster läßt sich aber das Farbauswahl-Dialogfeld von Windows öffnen, mit dem Sie jede beliebige Farbe festlegen können.

Erstellen von Farben

6.2.6 Standardeinstellungen und AutoFormat

Um den Formatierungsvorgang zu erleichtern, ist es möglich, die Einstellungen für jedes Steuerelement als Standardeinstellung zu speichern. Dieser Standard gilt jedoch nur für das Formular, in dem er definiert wurde.

Standardsteuerelementeinstellungen

IV Access

Formularvorlagen

Um die Einstellungen eines oder mehrerer Steuerelemente zum Standard zu erklären, markieren Sie diese und wählen STANDARDSTEUERELEMENT-EINSTELLUNGEN im FORMAT-Menü. Wenn die Bezeichnungsfelder nicht markiert sind, werden die Einstellungen der den Steuerelementen zugeordneten Bezeichnungsfelder nicht berücksichtigt.

Sie erklären ein Formular zur Vorlage für alle neuen Formulare, indem Sie es »Normal« nennen. Alle neuen Formulare übernehmen dann die Einstellungen sowie die Standardeinstellungen der Steuerelemente.

In den Formular/Berichts-Optionen können Sie auch ein Formular mit beliebigem Namen zur Formularvorlage erklären. Wählen Sie dazu OPTIONEN aus dem EXTRAS-Menü und wechseln Sie auf die Registerkarte FORMULAR/BERICHT. Geben Sie anschließend den Namen des Formulars unter FORMULARVORLAGE an.

Änderungen an der Formularvorlage führen nicht zu einer Änderung der auf Basis dieser Vorlange erstellten Formulare.

Bild IV.210: Festlegen des Standardformulars

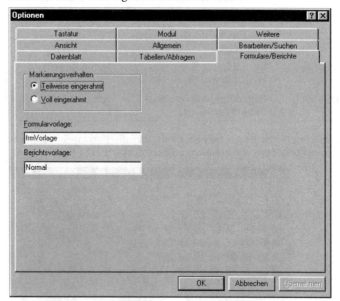

AutoFormat

Wenn Sie ein bestimmtes Formular- und Steuerelementformat nachträglich auf andere Formulare anwenden wollen, dann müssen Sie ein entsprechendes AutoFormat verwenden. Die Anwendung von AutoFormaten auf Formulare ist in Abschnitt 3.4.4 beschrieben.

Um ein AutoFormat zu erstellen, gehen Sie folgendermaßen vor:
1. Formatieren Sie ein Formular bezüglich Farbe und Hintergrundbild, wie es in das AutoFormat aufgenommen werden soll.
2. Formatieren Sie alle Steuerelemente bezüglich Farbe, Rahmen und Schriftart so, wie es in das AutoFormat aufgenommen werden soll. Dabei sollten alle Steuerelemente dasselbe Format haben, da Sie nicht genau festlegen können, von welchem Steuerelement Access die Einstellungen abgreift.

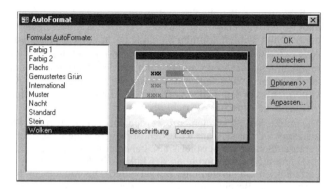

Bild IV.211:
Das AutoFormat-Dialogfeld

3. Klicken Sie auf die Schaltfläche AUTOFORMAT in der Symbolleiste oder wählen Sie AUTOFORMAT aus dem FORMAT-Menü, um das AutoFormat-Dialogfeld zu öffnen.
4. Wenn Sie ein bestehendes AutoFormat ändern oder löschen wollen, so wählen Sie es in der Liste der AutoFormate.
5. Klicken Sie auf die Schaltfläche ANPASSEN.

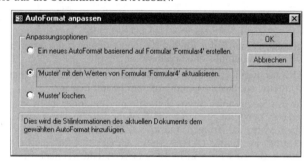

Bild IV.212:
Anpassen der AutoFormate

6. Wählen Sie im Anpassen-Dialogfeld die gewünschte Option, und klicken Sie auf OK. Das neue bzw. geänderte AutoFormat wird jetzt in der Vorschau des AutoFormat-Dialogfeldes angezeigt.

6.2.7 Anordnen der Steuerelemente

Access stellt einige Hilfen zur Verfügung, die das Layouten von Formularen erleichtern.

Jedes Formular besitzt ein eigenes Raster, an dem die Steuerelemente ausgerichtet werden. Die Unterteilung dieses Rasters stellen Sie mit den Formular-Eigenschaften RASTER X und RASTER Y auf der Registerkarte FORMAT ein. Geben Sie dabei die Anzahl der Unterteilungen pro Längeneinheit ein. Je größer die Zahl ist, desto feiner wird die Rasterung.

Raster

Im Formular werden die Längeneinheiten durch Linien und das Raster durch Punkte dargestellt. Wenn das Raster zu fein ist, wird es nicht dargestellt. Sie schalten die Raster-Anzeige durch die Auswahl von RASTER im ANSICHT-Menü ein und aus.

Standardmäßig werden alle Steuerelemente bezüglich Position und Größe am Raster ausgerichtet. Wollen Sie ein Steuerelement frei positionieren, dann deaktivieren Sie AM RASTER AUSRICHTEN aus dem Ansicht-Menü.

Ausrichten von Steuerlementen	Üblicherweise sollen die Steuerelemente in einem Formular exakt untereinander oder nebeneinander plaziert werden. Da Steuerelemente am Raster ausgerichtet werden, können Sie diese leicht korrekt plazieren.
	Access verfügt zudem über eine Ausrichtungsfunktion, mit der Steuerelemente aneinander exakt ausgerichtet werden. Markieren Sie dazu die auszurichtenden Steuerelemente. Wählen Sie anschließend im AUSRICHTEN-Untermenü aus dem FORMAT-Menü oder im Kontextmenü eines Steuerelements die gewünschte Ausrichtungsoption.
	Die markierten Steuerelemente werden dabei an demjenigen Steuerelement ausgerichtet, das sich am weitesten in der gewählten Ausrichtungsrichtung befindet. So werden beispielsweise bei einer linksbündigen Ausrichtung die markierten Steuerelemente an der linken Kante des sich am meisten links befindenden Steuerelements ausgerichtet. Die mit einem Steuerelement verbundenen Bezeichnungsfelder werden dabei berücksichtigt.
	Durch die Auswahl von AM RASTER, sorgen Sie dafür, daß die markierten Steuerelemente wieder am Raster ausgerichtet werden.
Größenanpassung	Eine weitere Funktion von Access hilft Ihnen dabei, mehreren Steuerelementen dieselbe Größe zu geben. Dazu markieren Sie die anzupassenden Steuerelemente und wählen im Untermenü GRÖßE ANPASSEN des FORMAT-Menüs, an welches Steuerelement die Größe markierten Steuerelemente angepaßt werden soll.
	Die Auswahl von AN TEXTGRÖßE verändert die Höhe eines Steuerelements derart, daß der Text mit der gewählten Schriftgröße vollständig dargestellt werden kann. Stellt das Steuerelement einen festen Text dar, so wird die Breite ebenfalls entsprechend angepaßt.
	Der Menüpunkt AM RASTER verändert die Größe der markierten Steuerelemente so, daß sie genau auf dem Raster liegen.
Ändern der z-Ordnung	Wenn Sie mehrere Steuerelemente übereinander legen, dann erscheint das zuletzt plazierte Steuerelement zuoberst. Um ein anderes Steuerelement nach vorne zu bringen, markieren Sie es und wählen IN DEN VORDERGRUND aus dem FORMAT-Menü. Umgekehrt läßt sich ein Steuerelement durch die Auswahl von IN DEN HINTERGRUND nach hinten schieben.
	Listenfelder und Unterformulare erscheinen immer im Vordergrund und lassen sich nicht in den Hintergrund setzen.
Ändern des Steuerlementtyps	Access erlaubt die nachträgliche Änderung eines Steuerelements in einen anderen Typ unter Beibehaltung der meisten Eigenschaften. Wählen Sie dazu im Untermenü ÄNDERN ZU im Kontextmenü eines Steuerelements den neuen Typ.
Ändern der Tabulator-Reihenfolge der Steuerelemente	Beim Drücken von ⇥ in einem Steuerelement eines Formulars wird die Einfügemarke in das nächste Feld gesetzt. Die Reihenfolge der Felder wird dabei durch die Reihenfolge ihrer Plazierung auf dem Formular bestimmt. Früher oder später entspricht dies aber nicht mehr der Anordnung der Steuerelemente auf dem Formular.
	Um die Reihenfolge zu ändern, wählen Sie REIHENFOLGE aus dem Menü ANSICHT oder aus dem Kontextmenü eines Bereichs.
	Über die Optionsgruppe BEREICH läßt sich auswählen, in welchem Formularbereich die Reihenfolge der Steuerelemente geändert werden soll.
	Die schnellste Methode, um die Reihenfolge zu korrigieren, führt über die Schaltfläche AUTOMATISCH. Access paßt dann die Reihenfolge der Position der einzelnen Steuerelemente auf dem Formular an.

6 Formulare

Bild IV.213:
Anpassung der
Reihenfolge

Um die Reihenfolge von Hand festzulegen, gehen Sie folgendermaßen vor:
1. Markieren Sie das Feld, dessen Position in der Reihenfolge Sie ändern wollen, in der Liste DEFINIERTE REIHENFOLGE, indem Sie auf die graue Fläche vor dem Feldnamen klicken. Wenn Sie mehrere Felder gleichzeitig verschieben wollen, so markieren Sie sie, indem Sie mit der Maus über die grauen Flächen der entsprechenden Felder ziehen.
2. Ziehen Sie die markierten Felder mit der Maus an die gewünschte Position.

Die Reihenfolge der Steuerelemente wird durch die Eigenschaft REIHENFOLGENPOSITION auf der Registerkarte ANDERE der Steuerelementeeigenschaften bestimmt.

Praxistip: Die Reihenfolge der Steuerelemente wird gerne beim Design einer Formulars vergessen. Eine unlogische Reihenfolge kann aber einen Benutzer, der die Tastaturbedienung bevorzugt, sehr irritieren.

6.3 Steuerelemente

Der folgende Abschnitt beschreibt die Eigenschaften der verschiedenen Steuerelemente, die Sie zur Gestaltung von Formularen verwenden können.

Abschnitt 6.3.1 beschreibt dabei die Eigenschaften, die allen Steuerelementen gemeinsam sind. In den folgenden Abschnitten erfahren Sie dann die Besonderheiten der einzelnen Steuerelemente. Text- und Bezeichnungsfelder sowie die Bindung an eine Datenquelle sind in Abschnitt 6.2.2 beschrieben.

6.3.1 Allgemeine Eigenschaften

Die im folgenden aufgeführten Eigenschaften gelten für alle oder zumindest für fast alle Steuerelemente.

Die meisten Formateigenschaften sind unter Abschnitt 6.2.5 aufgeführt. Zusätzlich verfügen die Steuerelemente noch über folgende Eigenschaften:

Format-Eigenschaften

Eigenschaft	Funktion
Sichtbar	Diese Einstellung legt fest, ob das Steuerelement sichtbar sein soll. Unsichtbare Steuerelemente sind oft hilfreich, um Zwischenergebnisse im Formular zu speichern.

Eigenschaft	Funktion
Anzeigen	Durch diese Einstellung läßt sich festlegen, ob ein Steuerelement angezeigt und/oder gedruckt werden soll. Somit lassen sich bestimmte Steuerelemente, z.B. Befehlsschaltflächen, für den Druck ausblenden.
Vergrößerbar, Verkleinerbar	Durch diese Einstellung wird festgelegt, ob Access beim Drucken eines Steuerelements dessen Höhe so anpassen darf, daß der Inhalt exakt hineinpaßt.
Links, Rechts	Diese Einstellungen bestimmen die Position der linken oberen Ecke des Steuerelements bezüglich der linken oberen Ecke des Formularbereichs.
Breite, Höhe	Durch diese Einstellungen wird die Größe des Steuerelements in Zentimetern bestimmt.

Daten-Eigenschaften Die folgenden Eigenschaften befinden sich auf der Registerkarte DATEN:

Eigenschaft	Funktion
Standardwert	Durch diese Einstellung wird ein Wert angegeben, der bei Anfügung eines neuen Datensatzes in das Steuerelement eingetragen wird. Im Gegensatz zur gleichnamigen Tabellenfeld-Einstellung kann an dieser Stelle jede beliebige Funktion stehen. Diese Eigenschaft ist auch eine gute Möglichkeit, ungebundene Steuerelemente beim Öffnen des Formulars zu initialisieren.
Gültigkeitsregel	Für diese Eigenschaft wird eine Bedingung angegeben, der die Eingabe in ein Steuerelement genügen muß, um angenommen und gegebenenfalls in der Datenbank gespeichert zu werden. Dazu kann ebenfalls jede beliebige Visual Basic-Funktion verwendet werden.
Gültigkeitsmeldung	Diese Einstellung gibt einen Text vor, der ausgegeben wird, falls die Gültigkeitsprüfung scheitert.
Aktiviert	Durch diese Einstellung läßt sich ein Steuerelement so deaktivieren, daß es keine Eingaben mehr entgegennimmt. Access stellt das Steuerelement und sein zugehöriges Bezeichnungsfeld gegebenenfalls grau dar.
Gesperrt	Diese Einstellung sperrt ein Steuerelement für jegliche Änderungen an den Daten.
Filter anwenden	Diese Einstellung bestimmt, ob in einem formularbasierten Filter (siehe Abschnitt 5.2.1) eine Liste mit allen Feldwerten angezeigt werden soll. Die Einstellung DATENBANKSTANDARD übernimmt die im Optionen-Dialogfeld getroffene Einstellung.

Andere Eigenschaften Auf der Registerkarte ANDERE befinden sich die folgenden Eigenschaften:

Eigenschaft	Funktion
Name	Diese Einstellung bestimmt den Namen des Steuerelements.

6 Formulare

Eigenschaft	Funktion
Statuszeilentext	Durch diese Einstellung läßt sich ein Text festlegen, der in der Access-Statuszeile gezeigt wird, wenn das Steuerelement aktiv ist. Diese Einstellung wird bei gebundenen Steuerelementen von der Tabellenfeldbeschreibung (siehe Abschnitt 3.2.3) übernommen.
In Reihenfolge	Diese Einstellung legt fest, ob das Steuerelement mit der ⇥-Taste angewählt werden kann oder nicht.
Reihenfolgeposition	Diese Einstellung ist eine Zahl, die bestimmt, an wievielter Stelle das Steuerelement steht, wenn die Steuerelemente mit ⇥ gewechselt werden. Access paßt diese Eigenschaft für die anderen Steuerelemente des Formulars automatisch an, so daß keine doppelten Nummern entstehen.
Kontextmenüleiste	Für diese Einstellung wird ein Menümakro (siehe Abschnitt 8.3) angegeben, das ein Kontextmenü für das Steuerelement definiert. Die Einstellung Kontextmenü des Formulars muß dabei auf »Ja« gesetzt werden.
SteuerelementTip Text	Diese Einstellung legt einen Text fest, der dann angezeigt wird, wenn sich der Mauszeiger länger über dem Steuerelement befindet. Ein solcher Text spart zum einen Platz, da die Beschriftungen für die Steuerelemente dadurch kürzer ausfallen können. Zum anderen sind solche Tip-Texte wertvolle Hilfen für Schaltflächen mit Bildern, die nicht immer selbsterklärend sind.
Hilfekontext	Diese Einstellung legt den Kontext für die Hilfe fest.
Marke	Diese Eigenschaft wird von Access nicht verwendet und kann somit von Ihnen beliebig gesetzt werden. Die Marke ist in vielen Fällen für die Programmierung nützlich.

6.3.2 Textfelder

Textfelder dienen, wie in Abschnitt 6.2.2 beschrieben, der Darstellung und Eingabe von Daten beliebigen Typs.

In der Eigenschaft FORMAT auf der Registerkarte FORMAT läßt sich angeben, wie Access die Daten im Textfeld darstellen soll. Für numerische Werte, Ja/Nein-Werte und Datums-/Zeitwerte sind eine Reihe von vordefinierten Formaten verfügbar. Diese werden bei gebundenen Feldern aus der Tabellendefinition übernommen (siehe Abschnitt 3.2.3).

Formatierung der Ausgabe

Das Format eines Textfelds läßt sich aber auch durch ein benutzerdefiniertes Format frei spezifizieren. Benutzerdefinierte Formate sind Zeichenketten, die von Access zur Darstellung der Feldwerte interpretiert werden.

Die Eigenschaft DEZIMALSTELLEN auf der Registerkarte DATEN legt fest, auf wieviele Dezimalstellen gerundet werden soll. Besitzt ein numerischer Wert weniger Dezimalstellen als angegeben, so werden entsprechend viele Nullen angehängt. Die Einstellung »Automatisch« zeigt soviel Dezimalstellen an, wie zur genauen Darstellung der Zahl notwendig sind.

IV Access

Eingabeformate Durch die Eigenschaft Eingabeformate läßt sich die Texteingabe beschränken. So kann beispielsweise für eine Postleitzahl die Eingabe nur auf Ziffern beschränkt werden. Auch die Angabe zusätzlicher Zeichen im Eingabeformat ist möglich. Somit lassen sich z.B. die Klammern um die Vorwahl einer Telefonnummern automatisch hinzufügen.

Eingabeformate setzen sich ähnlich zusammen wie Formate für die Ausgabe. Access bietet hier aber zusätzlich einen Assistenten an, der mit der Dialogfeld-Schaltfläche geöffnet werden kann und die folgenden Seiten besitzt:

Bild IV.214:
Der Eingabeformat-Assistent

1. Auf der ersten Seite wählen Sie das gewünschte Eingabeformat aus der Liste aus. Im Textfeld TEXT können Sie dessen Wirkung ausprobieren.
2. Auf dieser Seite haben Sie die Möglichkeit, das Eingabeformat abzuändern. Zudem können Sie ein Zeichen (z.B. einen Unterstrich _) auswählen, das an der Stelle im Eingabeformat angezeigt wird, an der eine Eingabe vorgenommen werden kann.
3. Auf dieser Seite legen Sie fest, ob zusätzliche Zeichen im Tabellenfeld gespeichert werden oder erst bei der Darstellung im Textfeld hinzugefügt werden sollen.
4. Auf der letzten Seite erstellen Sie das Eingabeformat durch Klicken auf die Schaltfläche FERTIGSTELLEN.

Wenn Sie öfters ein spezielles Eingabeformat benötigen, so können Sie es dem Eingabeformat-Assistenten hinzufügen. Klicken Sie dazu auf die Schaltfläche BEARBEITEN auf der ersten Seite des Assistenten.

Bild IV.215:
Anlegen eines neuen Eingabeformats für den Assistenten

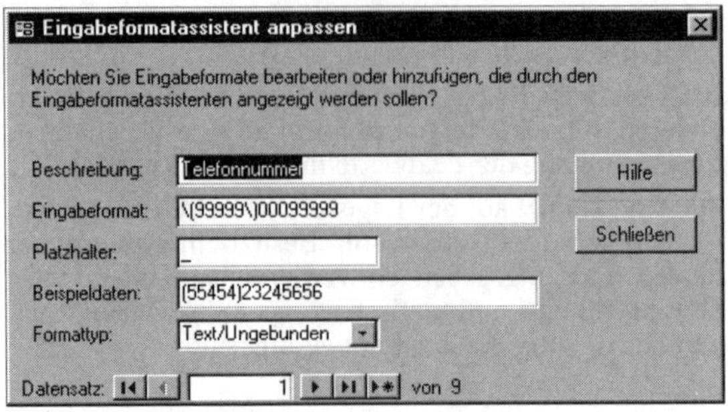

Neue Datensätze legen Sie über die Navigationsschaltflächen (Siehe Abschnitt 3.2.2) an.

Auf der Registerkarte FORMAT befindet sich die Eigenschaft BILDLAUFLEI-STEN, mit der Sie ein Textfeld mit einer vertikalen Bildlaufleiste versehen können. Diese empfiehlt sich, wenn Texte aus einem Memo-Feld angezeigt und bearbeitet werden sollen.

Bildlaufleisten

6.3.3 Kontrollkästchen, Optionsfeld und Umschaltfläche

Bild IV.216: Kontrollkästchen, Optionsfeld und Umschaltfläche

Kontrollkästchen, Optionsfeld und Umschaltfläche dienen der Darstellung von logischen Feldern, die nur die Werte »Wahr« und »Falsch« annehmen. In einer Datentabelle werden solche Felder durch den Feldtyp *Ja/Nein* definiert (siehe Abschnitt 3.2.4). Das Kontrollkästchen und das Optionsfeld können dabei noch einen dritten Zustand zeigen, wenn der Feldwert unbestimmt ist (siehe Bild IV.216).

Die folgende Tabelle zeigt, welche Zustände Kontrollkästchen, Optionsfeld und Umschaltfläche annehmen können:

Feldwert	Umschaltfläche	Kontrollkästchen	Optionsfeld
0	Nicht gedrückt	Nicht markiert	Nicht markiert
Eine Zahl ungleich 0	Gedrückt	Markiert	Markiert
Leer (Feldwert *Null*)	Nicht gedrückt	Unbestimmt	Unbestimmt
Text	Nicht gedrückt	Unbestimmt	Unbestimmt

Sie erstellen eine Umschaltfläche, ein Optionsfeld oder ein Kontrollkästchen, indem Sie auf die entsprechenden Schaltflächen in der Toolbox klicken. Anschließend klicken Sie auf die gewünschte Position im Formular, um das Steuerelement zu plazieren.

Erstellen von Umschaltflächen, Kontrollkästchen und Optionsfeldern

Bei der Positionierung einer Umschaltfläche können Sie beim Anlegen ein Rechteck mit der Maus aufziehen, um die Größe der Umschaltfläche zu bestimmen. Bei Optionsfeldern und Kontrollkästchen ist es prinzipiell möglich genauso vorzugehen, Sie vergrößern dabei allerdings nur einen unsichtbaren Rahmen, der Sie später unter Umständen beim Formulardesign behindert.

Kontrollkästchen und Optionsfelder verfügen über eine Beschriftung, die nicht als Bezeichnungsfeld realisiert ist, sondern die wie bei den Umschaltflächen durch die Eigenschaft BESCHRIFTUNG auf der Registerkarte FORMAT festgelegt wird. Die Beschriftung kann auch im Steuerelement selber

Beschriftung durch Texte und Bilder

geändert werden, nachdem es durch Anklicken markiert und durch ein zweites Anklicken in den Editiermodus versetzt wird.

Bild IV.217: Der Bildauswahl-Editor

Auf Umschaltflächen lassen sich auch Bilder darstellen. Dazu geben Sie für die Eigenschaft BILD den Dateinamen einer Bilddatei an oder klicken auf die Dialogfeld-Schaltfläche, um das Bildauswahl-Dialogfeld zu öffnen. Hier finden Sie eine Reihe von vordefinierten Bildern. Unter BILDTYP legen Sie fest, ob das Bild in der Datenbank gespeichert oder als externe Datei referenziert werden soll.

Bedienung

Durch Anklicken des Steuerelements wird zwischen »Wahr« und »Falsch« umgeschaltet. Der unbestimmte Zustand läßt sich nur dann durch Klicken einstellen, wenn die Eigenschaft DREIFACHER STATUS aktiviert wird.

Design-Richtlinien

Kontrollkästchen und Optionsfeld sind Standardsteuerelemente von Windows. Für die Darstellung von Ja/Nein-Werten sollte das Kontrollkästchen verwendet werden. Optionsfelder sind für die Verwendung innerhalb von Optionsgruppen vorgesehen (siehe Abschnitt 6.3.5) und sollten nicht als alleinstehendes Steuerelement verwendet werden.

Umschaltflächen sind eine Spezialität von Access. Eine einzelne Umschaltfläche eignet sich sehr gut für das Umschalten zwischen zwei Stati (beispielweise Änderungs- und Nur-Lese-Modus) in einem Formular.

6.3.4 Kombinations- und Listenfelder

Bild IV.218: Kombinations- und Listenfeld

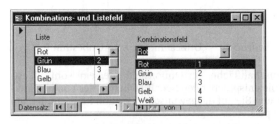

Kombinations- und Listenfelder erlauben die Auswahl eines Wertes aus einer Liste von Werten. Sie können sowohl Kombinations- als auch Listenfelder bequem mit dem Steuerelement-Assistenten erstellen (siehe Abschnitt 6.2.4).

Anlegen von Kombinations- bzw. Listenfeldern

Um ein Kombinations- oder Listenfeld anzulegen, klicken Sie auf die entsprechenden Schaltflächen in der Toolbox und ziehen mit der Maus auf dem Formular ein Rechteck auf, um das Kombinations- oder Listenfeld zu plazieren.

Kombinationsfelder bestehen aus einem Textfeld, in dem Sie beliebige Eingaben vornehmen können. Bei jedem eingegebenen Zeichen sucht Access in der Auswahlliste nach einer Entsprechung und vervollständigt automa-

tisch Ihre Eingabe. Dieses Verhalten läßt sich durch die Eigenschaft AUTO-
MATISCH ERGÄNZEN auf der Registerkarte DATEN abschalten.

Durch Klicken auf die Schaltfläche rechts neben dem Kombinationsfeld
wird die Auswahlliste für das Kombinationsfeld angezeigt, aus der der
Anwender einen Wert durch Anklicken auswählen kann. Die Anzahl der
Zeilen in dieser Auswahlliste wird durch die Eigenschaft ZEILENANZAHL,
die Breite der Auswahlliste durch die Eigenschaft LISTENBREITE eingestellt. Beide Eigenschaften befinden sich auf der Registerkarte FORMAT.

Solange die Eigenschaft NUR LISTENEINTRÄGE es nicht verbietet, erlauben
Kombinationsfelder auch die Eingabe beliebiger Werte. Ist ein Listenfeld
oder ein Kombinationsfeld, das nur Listeneinträge erlaubt, an ein Tabellenfeld gebunden, wird dann keine Markierung in der Liste gezeigt, wenn der
Wert des Tabellenfeldes nicht in der Liste vorhanden ist.

In der Datenblattansicht wird ein Listenfeld als Kombinationsfeld dargestellt.

Um in einem Kombinations- oder Listenfeld eine Werteliste aus einer
Tabelle oder Abfrage zu zeigen, stellen Sie die Eigenschaft HERKUNFTSTYP
auf der Registerkarte DATEN auf den Wert »Tabelle/Abfrage«. Anschließend geben Sie für die Eigenschaft DATENSATZHERKUNFT den Namen
einer Tabelle oder Abfrage an. Alternativ tragen Sie einen SQL-Befehl ein,
den Sie nach Klicken auf die Dialogfeld-Schaltfläche im Abfragegenerator
zusammensetzen können.

Erstellen der Auswahlliste aus einer Tabelle oder Abfrage

Wenn Sie die Auswahl aus einer zur Entwurfszeit festgelegten Werteliste
wünschen, dann tragen Sie unter HERKUNFTSTYP den Wert »Wertliste«
ein. Unter DATENSATZHERKUNFT geben Sie dann eine durch Strichpunkte
getrennte Aufzählung der in der Liste darzustellenden Werte an. Textwerte
sollten Sie in Anführungszeichen schreiben.

Erstellen der Liste aus einer Aufzählung von Werten

Praxistip: Gehen Sie vorsichtig mit Wertelisten um, da sie sich in der
Vielzahl von Eigenschaften eines Formulars verstecken. Meist ist es sinn-
voller eine kleine Tabelle mit den Auswahlwerten anzulegen, da dies die
Änderung der Werteliste bequemer macht. Zudem läßt sich so dieselbe
Liste für mehrere Kombinations- bzw. Listenfelder in unterschiedlichen
Formularen verwenden.

In speziellen Fällen benötigen Sie die Auswahl aus der Feldliste einer
Tabelle oder Abfrage. Geben Sie dazu unter HERKUNFTSTYP den Wert
»Feldliste« und unter DATENSATZHERKUNFT den Namen der Tabelle oder
Abfrage ein, deren Felder in der Liste aufgeführt sein sollen.

Erstellen der Liste aus den Feldern einer Tabelle oder Abfrage

Unter HERKUNFTSTYP läßt sich eine Visual Basic-Funktion eintragen, die
die Liste mit Werten füllt. Diese Funktion muß bestimmten Konventionen
folgen, die in der Online-Hilfe von Access erläutert sind.

Erstellen der Liste aus einer Visual Basic-Funktion

Sowohl in Listenfeldern als auch in Kombinationsfeldern lassen sich mehrere Spalten anzeigen. Im Eingabefeld eines Kombinationsfelds wird dabei
immer nur die erste Spalte gezeigt.

Mehrspaltige Auswahllisten

Die Spalten werden folgendermaßen mit Werten belegt:

- Wird die Auswahlliste aus einer Tabelle oder Abfrage entnommen, so
  werden die Felder von links nach rechts in die mehrspaltige Liste über-
  nommen.
- Aus einer festgelegten Werteliste wird die Auswahlliste von links nach
  rechts Zeile für Zeile aufgefüllt.
- Für Feldlisten machen mehrere Spalten keinen Sinn.
- Wird die Liste aus einer Visual Basic-Funktion erstellt, so ist diese
  Funktion für das Auffüllen der Spalten verantwortlich.

Für mehrspaltige Listen geben Sie die Anzahl der Spalten bei der Eigenschaft SPALTENANZAHL auf der Registerkarte FORMAT an. Unter SPALTENBREITE können Sie die Breiten der einzelnen Spalten durch Semikola getrennt in Zentimeter angeben.

Bei mehrspaltigen Listen müssen Sie angeben, welche Spalte dem Wert der Liste entsprechen und im Falle eines gebundenen Kombinations- oder Listenfelds in der Datenbank gespeichert werden soll. Sie tun dies, indem Sie die gewünschte Spaltennummer für die Eigenschaft GEBUNDENE SPALTE auf der Registerkarte DATEN eintragen. Ist die gebundene Spalte nicht die erste Spalte, so erlauben auch Kombinationsfelder nur noch die Auswahl eines Wertes aus der Auswahlliste.

Praxistip: Oft soll in einem Formular ein Text (z.B. ein Kundenname) aus einer Liste ausgewählt werden, in der Datenbank aber eine Zahl (z.B. die Kundennummer) gespeichert werden. In diesem Fall bietet sich eine zweispaltige Liste mit dem Text und der Zahl in jeder Zeile an. Die gebundene Spalte ist dann die zweite Spalte. Soll der Anwender diese Spalte nicht sehen, setzen Sie einfach die Spaltenbreite auf 0.

Wenn Sie Überschriften für die Liste wünschen, so stellen Sie die Eigenschaft SPALTENÜBERSCHRIFTEN auf der Registerkarte FORMAT auf »Ja«. Stammt die Liste aus einer Abfrage oder Tabelle, werden die Feldnamen bzw. die Feldbeschriftungen (siehe Abschnitt (3.2.4) als Überschriften verwendet. In allen anderen Fällen wird die erste Zeile der Liste als Überschrift angezeigt.

Mehrfachauswahllisten

Listenfelder können über die Eigenschaft MEHRFACHAUSWAHL so eingestellt werden, daß sie die gleichzeitige Markierung mehrerer Zeilen erlauben. Dabei werden die beiden folgenden Bedienungsvarianten unterstützt:

- Die Einstellung »Einzeln« erlaubt dem Benutzer, nacheinander verschiedene Zeilen anzuklicken, die dann markiert bleiben. Ein zweites Anklicken entfernt die Markierung wieder.
- Die Einstellung »Erweitert« erlaubt dem Benutzer das Markieren mehrerer Zeilen bei gedrückter Strg-Taste. Zusätzlich lassen sich aufeinanderfolgende Zeilen markieren, indem Sie die Shift-Taste gedrückt halten während Sie den ersten und letzten auszuwählenden Eintrag anklicken.

Mehrfachauswahllisten lassen sich zwar an Tabellenfelder binden, übergeben aber immer *Null*-Werte, so daß dies nicht sinnvoll ist. Sie müssen stattdessen mit Visual Basic-Code programmiert werden.

Design-Richtlinien

Für das Einstellen von Werten in einer Tabelle oder Abfrage sind meistens Kombinationsfelder geeigneter, da sie durch die automatische Ergänzung komfortabler zu bedienen sind. Für nur einmalig zu erfassende Felder ist es zudem nicht notwendig, daß mehrere Auswahlmöglichkeiten ständig im Formular angezeigt werden.

Kombinationsfelder eignen sich auch für Felder, bei denen Sie dem Benutzer eine Auswahl von Standardwerten vorgeben möchten, prinzipiell aber beliebige Werte erlauben.

Wenn oft zwischen Werten gewechselt werden, ist das Listenfeld übersichtlicher als das Kombinationsfeld, da die Auswahlen offen sichtbar dargestellt werden.

Wenn Sie nur die Auswahl zwischen wenigen, zur Entwurfszeit festgelegten Werten erlauben, können Sie auch eine Optionsgruppe verwenden.

Beispiel

Auf der Rechnung soll ein freier Text im Feld ZUSATZTEXT angegeben werden können. Um die Eingabe zu erleichtern, sollen Standardtexte in einem Kombinationsfeld angeboten werden. Gehen Sie folgendermaßen vor:

6 Formulare

1. Öffnen Sie das Formular *FRMRECHNUNG* in der Entwurfsansicht. Zeigen Sie die Feldliste an, indem Sie auf die Schaltfläche FELDLISTE in der Symbolleiste klicken.

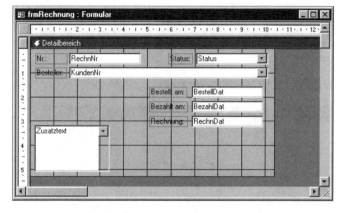

Bild IV.219:
Das Formular mit
dem Zusatztext

2. Klicken Sie auf die Schaltfläche KOMBINATIONSFELD in der Toolbox. Ziehen Sie anschließend den Feldnamen ZUSATZTEXT aus der Toolbox in des Formular, so daß es ungefähr wie in Bild IV.219 aussieht. Löschen Sie dazu das Bezeichnungsfeld, indem Sie es markieren und [Entf] drücken. Vergrößern Sie das Kombinationsfeld auf die in Bild IV.219. dargestellte Größe.

3. Klicken Sie auf die Schaltfläche EIGENSCHAFTEN in der Symbolleiste, um das Eigenschaftenfenster zu öffnen. Markieren Sie gegebenenfalls das neue Kombinationsfeld und wechseln Sie im Eigenschaftenfenster zur Registerkarte DATEN.

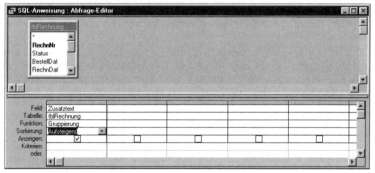

Bild IV.220:
Die Datensatz-
herkunft für den
Zusatztext

4. Klicken Sie auf die Dialogfeld-Schaltfläche neben der Eigenschaft DATENSATZHERKUNFT, um den Abfrageeditor zu öffnen. Fügen Sie nur *TBLRECHNUNG* in die Abfrage ein und erstellen anschließend die Abfrage aus Bild IV.220. Diese Abfrage enthält im Feld ZUSATZTEXT jeden in *TBLRECHNUNG* vorhandenen Wert genau einmal.

5. Schließen Sie den Abfragegenerator und speichern Sie die Abfrage, indem Sie die Speicheranfrage von Access mit »Ja« beantworten.

6. Die weiteren Eigenschaften des Kombinationsfelds können unverändert bleiben. Speichern Sie die Abfrage, indem Sie auf die Schaltfläche SPEICHERN in der Symbolleiste klicken.

Das gerade erstellte Kombinationsfeld ist eine »selbstlernende« Liste, da Sie automatisch erweitert wird, wenn neue Zusatztexte für eine Rechnung angegeben werden. Obwohl solche Listen bequem für die Eingabe sind, haben sie den entscheidenden Nachteil, daß sie mit der Zeit sehr groß und damit unübersichtlich werden.

6.3.5 Optionsgruppen

Bild IV.221: Optionsgruppen

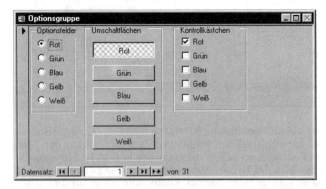

Optionsgruppen dienen wie Listen- und Kombinationsfelder der Auswahl eines Wertes aus einer Anzahl von vorgegebenen Werten. Sie lassen sich wie in Abschnitt 6.2.4 mit dem Steuerelement-Assistenten erstellen.

Erstellen von Optionsgruppen

Optionsgruppen bestehen aus einem Steuerelement des Typs Optionsfeld und mehreren Steuerelementen der Typen Kontrollkästchen, Umschaltfläche oder Optionsfeld. Diese dürfen auch innerhalb einer Optionsfelds gemischt werden, wobei dies wohl nur zur Verwirrung des Anwenders beiträgt.

Beschriftung durch Text und Bilder

Um eine Optionsgruppe zu erstellen, plazieren Sie zuerst das Steuerelement *Optionsgruppe* über die Schaltfläche OPTIONSGRUPPE in der Toolbox auf dem Formular. Anschließend setzen Sie die Kontrollkästchen, Umschaltflächen oder Optionsfelder über die entsprechenden Schaltflächen aus der Toolbox in die Optionsgruppe. Die Optionsgruppe wird dabei dunkel markiert.

Die Beschriftung jedes Optionsfelds, Kontrollkästchens bzw. jeder Umschaltfläche läßt sich über die Eigenschaft BESCHRIFTUNG auf der Registerkarte FORMAT ändern. Die Beschriftung läßt sich auch im Steuerelement selbst ändern, nachdem es durch Anklicken markiert und durch ein zweites Anklicken in den Editiermodus versetzt wird. Umschaltflächen können zudem auch mit Bildern versehen werden (siehe Abschnitt 6.3.3).

Innerhalb der Optionsgruppe dürfen beliebige Steuerelemente plaziert werden, so daß Sie die Beschriftung beispielsweise auch über ein Bezeichnungsfeld, Textfeld oder Bild realisieren können.

Binden einer Optionsgruppe an ein Tabellenfeld

Das Steuerelement *Optionsgruppe* läßt sich an ein Tabellenfeld binden. Die in einer Optionsgruppe enthaltenen Steuerelemente repräsentieren je eine ganze Zahl, die dann im Tabellenfeld abgespeichert wird. Standardmäßig numeriert Access die Steuerelemente einer Optionsgruppe mit 1 beginnend durch. Wünschen Sie andere Zahlenwerte, so ändern Sie die Eigenschaft

6 Formulare

OPTIONSWERT auf der Registerkarte DATEN des Kontrollkästchens, der Umschaltfläche bzw. des Optionsfeldes.

Optionsgruppen sind eine übersichtliche und intuitive Form der Auswahl von Werten. Von Optionsgruppen mit Kontrollkästchen sollten Sie absehen, da dies nicht den Bedienungsrichtlinien von Windows entspricht.

Design-Richtlinien

Mit Umschaltflächen lassen sich in vielen Fällen elegantere Optionsgruppen erstellen, insbesondere, wenn viele verschiedene Auswahlen (z.B. die Angabe eines Monatsnamen) zur Verfügung stehen sollen.

Das Feld BEZAHLUNG soll als Optionsgruppe mit Umschaltflächen in das Formular eingefügt werden. Die Bezahlungsart wird dabei mit den Ziffern 1, 2 und 3 codiert und im Feld BEZAHLUNG abgelegt. Gehen Sie folgendermaßen vor:

Beispiel

1. Öffnen Sie das Formular FRMRECHNUNG in der Entwurfsansicht.
2. Deaktivieren Sie den Steuerelement-Assistenten, indem Sie auf die Schaltfläche STEUERELEMENTASSISTENTEN klicken.
3. Klicken Sie auf die Schaltfläche OPTIONSGRUPPE in der Toolbox. Ziehen Sie anschließend den Feldnamen BEZAHLUNG aus der Toolbox in des Formular, so daß es ungefähr wie in Bild IV.222 aussieht. Vergrößern Sie die Optionsgruppe auf die in Bild IV.222 dargestellte Größe. Ziehen dabei Sie das Kombinationsfeld ZUSATZTEXT neben die Optionsgruppe.

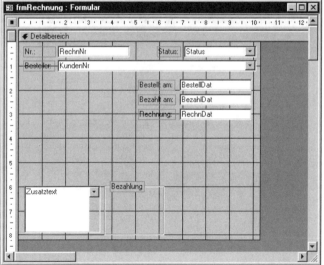

Bild IV.222:
Die Optionsgruppe
für die Bezahlungsart

4. Klicken Sie auf die Schaltfläche UMSCHALTFLÄCHE und ziehen Sie ein Rechteck innerhalb der Optionsfläche auf, um die erste Umschaltfläche zu plazieren. Klicken Sie in die Umschaltfläche, um sie in den Eingabemodus zu versetzen und tragen Sie »Bar« als Beschriftung ein.
5. Fügen Sie zwei weitere Umschaltflächen mit der Beschriftung »Überweisung« und »Nachnahme« in das Formular ein.

Den Umschaltflächen werden dabei automatisch die Werte 1, 2 und 3 zugordnet. Diese Zahlen werden dann im Feld BEZAHLUNG gespeichert.

*Bild IV.223:
Die Optionsgruppe
mit allen
Umschaltflächen*

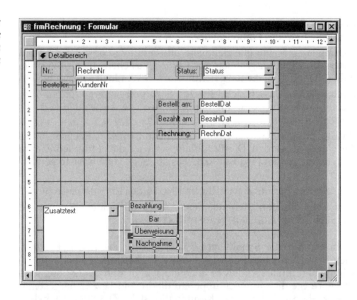

6.3.6 Unterformulare

*Bild IV.224:
Formular mit
Unterformularen*

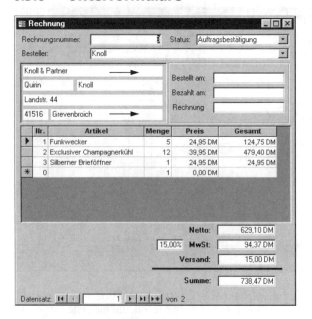

Unterformulare sind Steuerelemente, die innerhalb eines Formulars, dem sogenannten Hauptformular, ein beliebiges anderes Access-Formular zeigen. Ein Unterformular wird bis auf den Rahmen und die Titelleiste exakt so angezeigt wie ein eigenständiges Formular.

In einem Hauptformular lassen sich beliebig viele Unterformulare unterbringen. Unterformulare dürfen ihrerseits Unterformulare enthalten. Tiefere Verschachtelungen sind allerdings nicht erlaubt.

6 Formulare

Unterformulare lassen sich auf zwei Arten in ein Formular einfügen:

Anlegen eines Unterformulars

- Klicken Sie auf die Schaltfläche UNTERFORMULAR in der Toolbox. Plazieren Sie anschließend das Unterformular auf dem Formular, indem Sie mit der Maus ein entsprechendes Rechteck aufziehen. Geben Sie dann für die Eigenschaft HERKUNFTSOBJEKT auf der Registerkarte DATEN den Namen des Formulars an, das als Unterformular erscheinen soll.

- Ziehen Sie den Namen des Formulars, das als Unterformular erscheinen soll, aus dem Datenbankfenster in das Hauptformular.

Das Unterformular-Steuerelement sollte denselben Namen tragen, wie das als Unterformular verwendete Formular. Wenn Sie das Unterformular über die Eigenschaft HERKUNFTSOBJEKT festlegen, müssen Sie den Namen selber angeben.

Meist werden Unterformulare zur Darstellung von 1-zu-n-Beziehungen verwendet (siehe Abschnitt 4.1.2). Dabei soll im Hauptformular ein Datensatz aus einer Tabelle und im Unterformular mehrere mit diesem Datensatz verbundene Datensätze aus einer anderen Tabelle gezeigt werden.

Verbinden von Haupt- und Unterformular

Bild IV.224 zeigt als Beispiel das Rechnungsformular des Bestellsystems. Dabei werden zu einer Rechnung mehrere Rechnungspositionen in einem Datenblatt gezeigt.

Um eine solche Verknüpfung herzustellen, müssen Sie ein Feld des Hauptformulars angeben, dessen Wert mit einem ebenfalls anzugebendem Feld des Unterformulars übereinstimmen muß, damit ein Datensatz im Unterformular angezeigt wird. Das Feld im Hauptformular wird dabei unter der Eigenschaft VERKNÜPFEN NACH, das Feld im Unterformular unter der Eigenschaft VERKNÜPFEN VON angegeben. Beide Eigenschaften finden Sie auf der Registerkarte DATEN.

So sind Rechnung und Rechnungspositionen durch die Rechnungsnummer RECHNNR verknüpft. Sie geben also unter VERKNÜPFEN NACH und unter VERKNÜPFEN VON das Feld RECHNNR an.

Sind Haupt- und Detailtabelle über mehr als ein Feld miteinander verknüpft, so geben Sie diese Felder durch Semikola getrennt an.

Sowohl das Verknüpfungsfeld des Hauptformulars als auch das des Unterformulars müssen nicht in den zugrundeliegenden Tabellen gespeichert sein, sondern dürfen auch in Abfragen berechnete Felder sein. Im Hauptformular darf das Verknüpfungsfeld auch ein berechnetes oder ungebundenes Steuerelement, in das der Anwender Eingaben vornimmt, sein.

Das Unterformular erscheint genau so im Hauptformular, wie es definiert wurde. Dabei ist eine Darstellung sowohl in Datenblattansicht als auch als Einzel- bzw. Endlosformular möglich. Die Ansicht wird dabei durch die Eigenschaft STANDARDANSICHT des Unterformulars (nicht des Unterformular-Steuerelements) bestimmt.

Darstellung des Unterformulars

Da das Unterformular kein eigenes Fenster besitzt, werden alle Eigenschaften, die sich auf das Fenster beziehen (z.B. RAHMENART, BESCHRIFTUNG usw.), ignoriert.

In der Entwurfsansicht des Hauptformulars zeigen Sie durch Doppelklick auf ein Unterformular-Steuerelement das diesem zugrundeliegende Formular in der Entwurfsansicht an. Das Unterformular darf allerdings vor dem Doppelklick nicht markiert sein, da Access sonst in den Editiermodus des Steuerelements umschaltet.

Bedienung

707

Wenn Sie in der Formularansicht des Hauptformulars den Datensatz wechseln, so ändern sich die Datensätze im Unterformular automatisch (ohne explizites Aktualisieren) entsprechend der angegebenen Verknüpfung. Hängt das Unterformular an einem ungebundenen Steuerelement des Hauptformulars, so ändern sich die Datensätze im Unterformular ebenfalls automatisch, sobald für das Steuerelement das Ereignis NACH AKTUALISIEREN aufgetreten ist (Siehe Abschnitt 9.2).

Beim Anfügen eines Datensatzes im Unterformular setzt Access die angegeben Verknüpfungsfelder automatisch auf die durch das Hauptformular vorgegebenen Werte. Im Beispiel des Rechnungsformulars wird also die Rechnungsnummer für eine neu angelegte Position automatisch festgelegt.

Datenblätter als Unterformulare

Die Reihenfolge und die Breite der Spalten eines in der Datenblattansicht dargestellten Unterformulars wird beim Schließen des Hauptformulars gespeichert.

Beispiel

Das Rechnungsformular benötigt zwei Unterformulare. Im ersten Unterformular wird die Kundenadresse in Abhängigkeit von der ausgewählten Kundennummer dargestellt. Gehen Sie folgendermaßen vor:

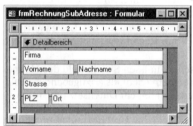

Bild IV.225: Das Unterformular für die Adresse

1. Erstellen Sie ein Formular mit TBLADRESSE als Datenquelle und den 6 Feldern FIRMA, VORNAME, NACHNAME, STRASSE, PLZ und ORT. Ordnen Sie die Felder wie in Bild IV.225 an und verkleinern Sie den Detailbereich so (siehe Abschnitt 6.2.1), daß er nur knapp größer als der von den Feldern benötigte Raum ist. Speichern Sie das Formular anschließend unter dem Namen FRMRECHNUNGSUBADRESSE.

2. Öffnen Sie FRMRECHNUNG in der Entwurfsansicht.

3. Wechseln Sie im Datenbankfenster auf die Registerkarte FORMULARE und ziehen Sie den Formularnamen FRMRECHNUNGSUBADRESSE aus dem Datenbankfenster auf das Formular FRMRECHNUNG. Verschieben Sie dabei die anderen Steuerelemente derart, daß das Unterformular genügend Platz hat.

4. Öffnen Sie das Eigenschaftenfenster, indem Sie auf die Schaltfläche EIGENSCHAFTEN in der Symbolleiste klicken. Markieren Sie gegebenenfalls das Unterformular, um dessen Eigenschaften anzuzeigen. Wechseln Sie dann auf die Registerkarte DATEN.

5. Tragen Sie als Verknüpfungsfeld des Hauptformulars KUNDENNR für die Eigenschaft VERKNÜPFEN NACH ein. Für die Eigenschaft VERKNÜPFEN VON tragen Sie ID als Verknüpfungsfeld des Unterformulars ein.

Wenn Sie jetzt in dem Kombinationsfeld die Kundennummer ändern, wird automatisch die Adresse des Kunden im Unterformular angezeigt.

6 Formulare

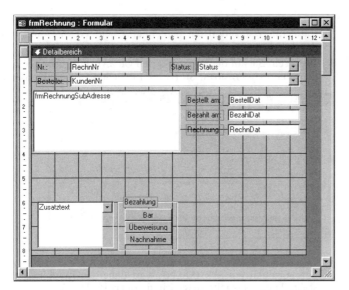

Bild IV.226:
Das Rechnungsformular mit Unterformular

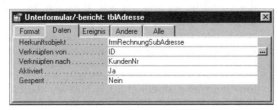

Bild IV.227:
Daten-Eigenschaften eines Unterformulars

Als zweites Unterformular wird eine Liste der Rechnungspositionen benötigt. Dabei soll das Feld GESAMT über die im Unterformular angezeigten Datensätze summiert und im Hauptformular dargestellt werden. Gehen Sie folgendermaßen vor:

1. Erstellen Sie ein leeres Formular, öffnen Sie die Formulareigenschaften auf der Registerkarte DATEN, und klicken Sie neben der Eigenschaft DATENHERKUNFT auf die Dialogfeld-Schaltfläche, um den Abfrageeditor zu öffnen. Fügen Sie TBLRECHNUNGSPOSITION in die Abfrage ein.

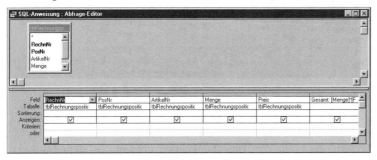

Bild IV.228:
Abfrage mit Gesamtsumme für die Rechnungspositionen

2. Erstellen Sie die Abfrage aus Bild IV.228. Fügen Sie den Feldern aus tblRechnungsposition ein berechnetes Feld GESAMT mit dem Ausdruck [MENGE]*[PREIS] an.
3. Wechseln Sie auf die Registerkarte FORMAT und geben Sie für die Eigenschaft STANDARDANSICHT die Einstellung »Datenblatt« an.

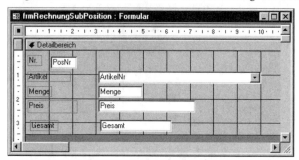

Bild IV.229:
Das Positions-Unterformular

4. Fügen Sie aus der Feldliste die Steuerelemente wie in Bild IV.229 in das Formular ein. ARTIKELNR wird dabei als Kombinationsfeld erstellt, da es als Nachschlageliste definiert ist. Die Anordnung der Felder ist nicht wichtig, da das Formular in der Datenblattansicht dargestellt wird.
5. Wählen Sie FORMULARKOPF/-FUß aus dem Menü ANSICHT, um dem Formular einen Formularfuß hinzuzufügen. Fügen Sie in den Formularfuß ein Textfeld mit dem Namen TXTSUMME und dem Ausdruck =SUMME([GESAMT]) als Steuerelementinhalt hinzu. Die Aggregatsfunktion (siehe Abschnitt 5.3.5) im Formularfuß summiert dabei das Feld GESAMT über alle im Formular dargestellten Datensätze. Das Feld TXTSUMME bleibt dabei unsichtbar, da der Formularfuß in der Datenblattansicht nicht gezeigt wird.

Bild IV.230:
Das Summen-Textfeld im Unterformular

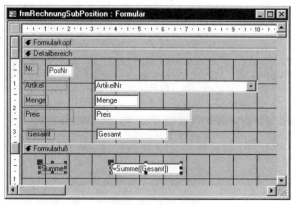

6. Speichern Sie das Formular unter dem Namen FRMRECHNUNGSUBPOSITION und schließen Sie es.
7. Aktivieren Sie das Datenbankfenster, indem Sie darauf klicken. Wechseln Sie gegebenenfalls auf die Registerkarte FORMULARE und ziehen Sie das Formular FRMRECHNUNGSUBPOSITION auf das Formular FRMRECHNUNG. Verändern Sie Position und Größe des

Unterformulars so, daß *FRMRECHNUNG* wie in Bild IV.231 aussieht. Da das Verknüpfungsfeld in beiden Formularen den Feldnamen RECHNNR besitzt, stellt Access die Verknüpfung automatisch korrekt ein.

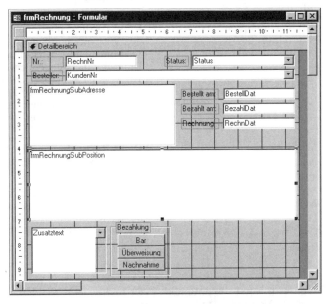

Bild IV.231:
Das Rechnungs-
formular mit dem
Positions-
unterformular

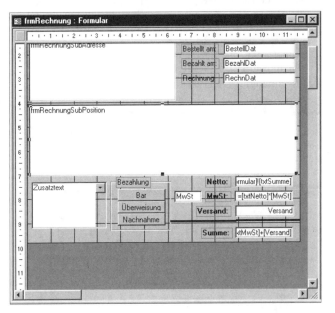

Bild IV.232:
Die Steuerelemente
für die Summen im
Rechnungsformular

IV Access

8. Fügen Sie die folgenden Felder in der rechten unteren Ecke von oben nach unten ein:

Steuerelement-inhalt	Name	Bemerkung
=[tblRechnungsposition].[Formular].[txtSumme]	txtNetto	Dieses Textfeld übernimmt genau den Wert aus dem Steuerelement TXTSUMME im Unterformular. Das Unterformular-Steuerelement heißt TBLRECHNUNGSPOSITION. Um auf ein Steuerelement im Unterformular zuzugreifen, verwenden Sie die FORMULAR-Eigenschaft des Unterformular-Steuerelements.
MwSt	MwSt	Dieses Textfeld ist an das Feld MWST aus TBLRECHNUNG gebunden.
=[txtNetto]*[MwSt]	txtMwSt	Dieses Textfeld zeigt den Steuerbetrag, indem es die Werte aus den Steuerelementen MWST und TXTNETTO multipliziert.
Versand	Versand	Dieses Textfeld ist an das Feld VERSAND aus TBLRECHNUNG gebunden.
=[txtNetto]+[txtMwSt]+[Versand]	txtEndbetrag	Dieses Textfeld zeigt den Rechnungsendbetrag, bestehend aus der Summe von TXTNETTO, TXTMWST und VERSAND.

9. Ändern Sie die Bezeichnungsfelder der neu eingefügten Textfelder wie in Bild IV.232 dargestellt.

Das Rechnungsformular ist nun vollständig.

6.3.7 Befehlsschaltflächen

Befehlsschaltflächen lösen beim Anklicken eine Aktion aus, die über Visual Basic-Code oder ein Makro formuliert wird. Mit dem Steuerelement-Assistenten lassen sich Befehlsschaltflächen für einfache Aktionen erstellen (siehe Abschnitt 6.2.4).

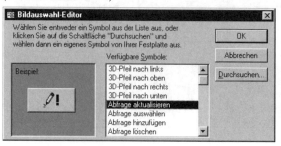

Bild IV.233: Der Bildauswahl-Editor

Beschriftung mit Text oder Bild

Ebenso wie Umschaltflächen erlauben auch Befehlsschaltflächen die wahlweise Beschriftung mit einem Text oder einem Bild. Der Text wird über die

Eigenschaft BESCHRIFTUNG auf der Registerkarte FORMAT bestimmt. Die Beschriftung läßt sich auch im Steuerelement selber ändern, nachdem es durch Anklicken markiert und durch ein zweites Anklicken in den Editiermodus versetzt wird.

Auf Befehlsschaltflächen lassen sich auch Bilder darstellen. Dazu geben Sie für die Eigenschaft BILD den Dateinamen einer Bilddatei an oder Sie klicken auf die Dialogfeld-Schaltfläche, um das Bildauswahl-Dialogfeld zu öffnen. Hier finden Sie eine Reihe von vordefinierten Bildern. Unter BILDTYP legen Sie fest, ob das Bild in der Datenbank gespeichert oder als externe Datei referenziert werden soll.

Die Aktion wird üblicherweise für das Ereignis BEIM KLICKEN eingetragen. Ereignisse werden in Abschnitt 9.2 beschrieben. **Festlegen der Aktion**

Soll die Aktion so lange wiederholt werden, wie der Anwender die Maustaste gedrückt hält, ist die Eigenschaft MAKRO WIEDERHOLEN auf der Registerkarte ANDERE auf »Ja« zu setzen.

Die Aktion läßt sich auf Wunsch auch durch die Tasten ⏎ oder Esc auslösen. Dies wird oft für die Befehlsschaltflächen OK bzw. ABBRUCH in Dialogfeldern verwendet. Dieses Verhalten läßt sich durch die Eigenschaften BEI EINGABETASTE bzw. BEI TASTE ESC auf der Registerkarte ANDERE erreichen.

Befehlsschaltflächen signalisieren dem Anwender, daß etwas geschieht, wenn er sie anklickt. Wenn der Anwender für die Aktion weitere Angaben in einem Dialogfeld machen muß, so sollten Sie der Windows-Konvention folgend drei Punkte am Ende der Beschriftung anhängen. **Desgin-Richtlinien**

6.3.8 Bilder

Bild IV.234: Foto in Access

Das Steuerelement *Bild* erlaubt die Darstellung eines Bildes in einem Formular. Das Bild wird einer Datei entnommen, die in einem von Office 95 unterstützten Grafikformat vorliegen muß. Um Bilder in einem Tabellenfeld zu speichern, muß das Steuerelement *Gebundenes Objektfeld* verwendet werden.

Sie legen ein Bild an, indem Sie auf die Schaltfläche BILD klicken und das Bild-Steuerelement anschließend auf dem Formular plazieren und mit der Maus ein Rechteck aufziehen. Access öffnet daraufhin automatisch ein Dateiauswahl-Dialogfeld, in dem Sie die Bilddatei angeben. **Anlegen des Steuerelements**

Festlegen des Bilds   Das im Steuerelement dargestellte Bild wird einer Datei entnommen, deren Pfad und Dateiname in der Eigenschaft BILD auf der Registerkarte FORMAT festgelegt ist. Wo die Speicherung des Bildes erfolgt, wird mit der Eigenschaft BILDTYP folgendermaßen festgelegt:

- Die Einstellung EINGEBETTET speichert das Bild zusammen mit der Formulardefinition in der Datenbank.
- Die Einstellung VERKNÜPFT lädt beim Anzeigen des Formulars das Bild jedesmal erneut aus der Datei. Dadurch spiegeln sich Änderungen an der Bilddatei beim nächsten Öffnen auch im Formular wieder. Zudem ist es möglich, ein und dieselbe Bilddatei mehrfach in Access und in anderen Anwendungen zu verwenden.

*Bild IV.235:
Verschiedene
Anzeigen des Bildes*

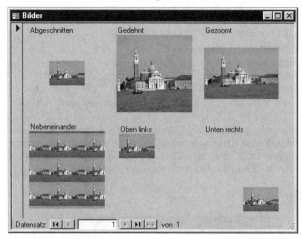

Formatierung des Bildes   Die Eigenschaft GRÖSSENANPASSUNG bestimmt, wie Access das Bild innerhalb des Steuerelementrahmens anzeigen soll:

- Die Einstellung ABGESCHNITTEN stellt das Bild in Originalgröße dar. Ist es zu groß, wird es abgeschnitten. Ist es dagegen zu klein, wird der Rahmen des Steuerelements nicht vollständig ausgefüllt.
- Die Einstellung DEHNEN bestimmt, daß Access das Bild in den Rahmen des Steuerelements vollständig einpaßt. Dabei müssen eventuell die Bildpunkte vergrößert werden, so daß die Rasterung unter Umständen sichtbar wird und das Bild somit unscharf erscheint. Zum anderen wird das Bild verzerrt, wenn die Seitenverhältnisse des Steuerelementrahmens nicht denen des Bildes entsprechen.
- Die Einstellung »Zoomen« paßt das Bild so in den Steuerelementrahmen ein, daß die Seitenverhältnisse des Bildes erhalten bleiben. Links und rechts bzw. oberhalb und unterhalb des Bildes bleibt dann ein freier Raum. Dabei kann es ebenfalls zu Unschärfen kommen.

Mit der Eigenschaft BILDAUSRICHTUNG legen Sie fest, wo das Bild innerhalb des Steuerelementrahmens angezeigt wird, wenn es diesen nicht ganz ausfüllt. Die Eigenschaft BILD NEBENEINANDER wiederholt das Bild so oft, daß es den ganzen Steuerelementrahmen ausfüllt. Dadurch lassen sich Muster erzeugen.

6.3.9 Gebundene Objektfelder

Bild IV.236:
Gebundenes
Objektefeld

Gebundene Objektfelder stellen Tabellenfelder vom Typ OLE-Objekt dar.

Wenn Sie aus der Feldliste ein Feld vom Typ OLE-Objekt auf das Formular ziehen, dann legt Access ein entsprechend gebundenes Objektfeld an.

Anlegen von gebundenen Objektfeldern

Alternativ klicken Sie auf die Schaltfläche GEBUNDENES OBJEKTFELD in der Toolbox und ziehen mit der Maus auf dem Formular ein Rechteck auf, um das Gebundene Objektefeld zu plazieren. Sie binden es anschließend wie ein Textfeld an das Tabellenfeld vom Typ OLE-Objekt (siehe Abschnitt 6.2.2).

Das Objektfeld unterstützt dieselben Einstellungen für die Eigenschaft GRÖSSENANPASSUNG auf der Registerkarte FORMAT wie das Bild-Steuerelement (siehe Abschnitt 6.3.8).

Formatierung des Objektfelds

Die Eigenschaft ANZEIGEART auf der Registerkarte DATEN bestimmt, ob der Inhalt des OLE-Objekts oder nur das Anwendungssymbol gezeigt werden soll. Die Anzeige des Symbols ist dann sinnvoll, wenn Sie ohnehin für die Anzeige oder Bearbeitung die Anwendung, mit der das OLE-Objekt erstellt wurde, öffnen müssen.

Die folgenden Eigenschaften auf den Registerkarten DATEN und ANDERE stellen das Verhalten des OLE-Objekts ein:

OLE-Optionen

Eigenschaft	Funktion
Objektaktualisierung	Diese Einstellung legt für verknüpfte OLE-Objekte fest, ob diese automatisch oder manuell die Veränderungen in der verknüpften Datei übernehmen sollen. Die manuelle Aktualisierung wird durch den Menüpunkt OLE/DDE-VERKNÜPFUNGEN im BEARBEITEN-Menü durchgeführt.
OLE Objektart	Diese Einstellung zeigt, ob es sich um ein eingebettetes oder verknüpftes OLE-Objekt handelt. Sie kann nicht geändert werden.
Zugelassene OLE Objektart	Diese Einstellung bestimmt, ob OLE-Objekte eingebettet und/oder verknüpft werden dürfen.
Klasse	Diese Einstellung bestimmt die Klasse des OLE-Objekts.

IV Access

Eigenschaft	Funktion
Herkunftsdokument, Herkunftselement	Durch diese Einstellungen wird eine zu verknüpfende bzw. einzubettende Datei festgelegt. Der eigentliche Vorgang muß mit Visual Basic-Code über die Eigenschaft ACTION gestartet werden.
Objektaktivierung	Durch diese Einstellung wird festgelegt, durch welche Aktion das Objekt aktiviert wird. Ein Objekt wird aktiviert, um seinen Inhalt zu bearbeiten.
Verb	Diese Einstellung bestimmt, welche Aktion beim Aktivieren des Objekts durchgeführt werden soll. Dabei geben Sie die Nummer der Aktion in der Liste der möglichen Aktionen (Eigenschaft OBJECTVERBS) an. Ohne Angabe verwendet Access die Standardaktion.

Bedienung Sie haben folgende Möglichkeiten, ein OLE-Objekt in ein gebundenes Objektfeld einzufügen:
- Sie kopieren Daten in einer OLE-fähigen Anwendung in die Zwischenablage und fügen sie anschließend in das gebundene Objektfeld wieder ein.
- Sie wählen OBJEKT EINFÜGEN aus dem Kontextmenü des gebundenen Objektfelds oder OBJEKT aus dem EINFÜGEN-Menü, um das Objekt-Dialogfeld zu öffnen. Hier haben Sie dann die Möglichkeit, ein neues Objekt zu erstellen oder ein bestehendes Objekt über seine Datei einzubetten oder zu verknüpfen.

Um das Objekt zu bearbeiten, doppelklicken Sie in der Formular- oder Datenblattansicht des Formulars darauf. Anschließend wird die entsprechende Anwendung geöffnet, in der Sie das Objekt bearbeiten können.

Wenn Sie mit der rechten Maustaste auf ein gebundenes Objektfeld klikken, zeigen Sie ein Kontextmenü mit dem Untermenü DOKUMENT-OBJEKT an, in dem Sie verschiedene Aktionen für das OLE-Objekt starten können.

6.3.10 Objektfelder

Bild IV.237: Objektfeld

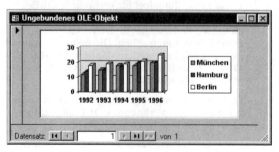

Objektfelder stellen OLE-Objekte dar, die nicht in einer Tabelle gespeichert werden sollen. Allerdings erlauben Objektfelder die Angabe einer Datenquelle, die vom OLE-Objekt für seine Darstellung benutzt werden kann. Bild IV.237 zeigt z.B. ein Diagramm, das mit dem im Lieferumfang enthaltenen Microsoft Graph auf Basis einer Access-Tabelle erstellt wurde. Für

6 Formulare

das Erstellen solcher Grafiken existiert ein spezieller Assistent, der in Abschnitt 2.4.3 beschrieben ist.

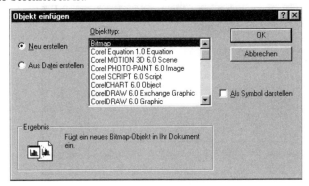

Bild IV.238: Einfügen eines OLE-Objekts

Sie erstellen ein Objektfeld, indem Sie auf die Schaltfläche OBJEKTFELD in der Symbolleiste klicken und anschließend das Objektfeld durch Aufziehen eines Rechtecks auf dem Formular plazieren. Access öffnet dann das Objekt-Dialogfeld. Alternativ wählen Sie OBJEKT aus dem Menü EINFÜGEN, um das Objekt-Dialogfeld zu öffnen. Wählen Sie dann das gewünschte Objekt aus der Liste.

Erstellen eines Objektfelds

Genauso wie für Kombinations- und Listenfelder (Abschnitt 6.3.4) legen Sie auch für Objektfelder eine Datenquelle mit den Eigenschaften HERKUNFTSTYP und DATENSATZHERKUNFT auf der Registerkarte DATEN fest. Wie das OLE-Objekt die Datenquelle nutzt bzw. ob es überhaupt eine Datenquelle nutzen kann, hängt völlig vom OLE-Objekt selbst ab.

Festlegen der Datenherkunft

Zwischen einem Objektfeld und dem Formular, in das es eingefügt wurde, besteht eine ähnliche Beziehung wie zwischen einem Unterformular und seinem Hauptformular (Siehe Abschnitt 6.3.6). Das Objektfeld soll in den meisten Fällen seinen Inhalt ändern, wenn im Formular der Datensatz gewechselt wird.

Verbinden des Objektfelds mit dem Formular

Aus diesem Grund läßt sich die Datenquelle des Objektfelds mit dem Formular über die Eigenschaften VERKNÜPFEN NACH und VERKNÜPFEN VON in Beziehung setzen.

Das Objektfeld unterstützt dieselben Einstellungen für die Eigenschaft GRÖSSENANPASSUNG auf der Registerkarte FORMAT ebenso wie das Bild-Steuerelement (siehe Abschnitt 6.3.8).

Formatierung des Objektfelds

Mit der Eigenschaft SPALTENÜBERSCHRIFT lassen sich zusätzlich Spaltenüberschriften ein- und ausschalten, vorausgesetzt, das OLE-Objekt unterstützt eine solche Einstellung.

Die Eigenschaft ANZEIGEART auf der Registerkarte DATEN bestimmt, ob der Inhalt des OLE-Objekts oder nur das Anwendungssymbol gezeigt werden soll.

Objektfelder besitzen dieselben OLE-Optionen wie gebundene Objektfelder (siehe Abschnitt 6.3.9).

OLE-Optionen

717

6.3.11 Zusatzsteuerelemente

*Bild IV.239:
Zusatzsteuerelemente*

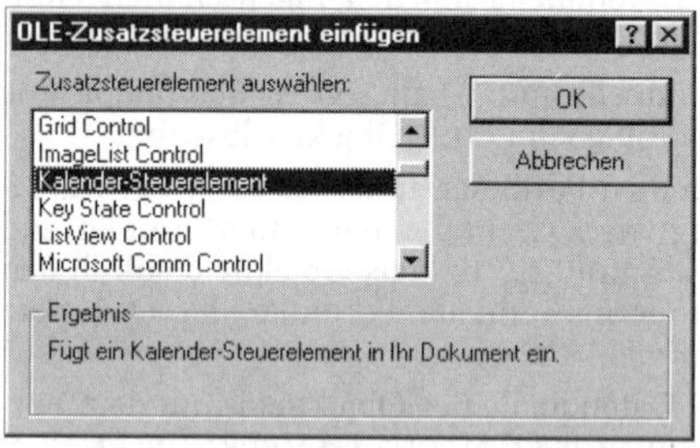

*Bild IV.240:
Einfügen von Zusatzsteuerelementen*

Zusatzsteuerelemente, sogenannte OCXe, erweitern die Palette der unter Access verfügbaren Steuerelemente. Zusatzsteuerelemente sind von Microsoft und Drittherstellern als Freeware, Shareware und kommerzielle Produkte erhältlich. Die Entwicklung von Zusatzsteuerelementen ist durchaus nicht trivial und wird in dafür geeigneten Entwicklungsumgebungen, z.B. Microsoft Visual C++, durchgeführt.

Im Lieferumfang von Access 7.0 ist das Kalender-Steuerelement als Zusatzsteuerelement enthalten (siehe Bild IV.239).

Sie fügen ein Zusatzsteuerelement in ein Formular ein, indem Sie ZUSATZSTEUERELEMENT aus dem EINFÜGEN-Menü wählen. Wählen Sie anschließend in der Liste das gewünschte Zusatzsteuerelement, und klicken Sie auf OK. Das Zusatzsteuerelement wird in einer Standardgröße eingefügt und kann anschließend in seinen Ausmaßen verändert werden.

Die Darstellung eines Zusatzsteuerelements in der Entwurfsansicht muß nicht unbedingt der Darstellung in der Formularansicht entsprechen. Manche Zusatzsteuerelemente zeigen in der Entwurfsansicht ein einfaches Rechteck, in dem Name und Version angezeigt wird.

Eigenschaften von Zusatzsteuerelementen

Da jedes Zusatzsteuerelement andere Eigenschaften besitzen kann, stellt Access diese nicht im Eigenschaftsfenster dar. Stattdessen öffnen Sie ein spezielles Eigenschaften-Dialogfeld über das Kontextmenü des Zusatzsteuerelements, das Sie durch Klicken mit der rechten Maustaste anzeigen. Wählen Sie dann EIGENSCHAFTEN im OBJEKT-Untermenü.

Binden des Zusatzsteuerelements an ein Tabellenfeld

Auf der Registerkarte DATEN des normalen Eigenschaftenfensters befindet sich die Eigenschaft STEUERELEMENTINHALT, so daß sich das Zusatzsteuerelement an ein Tabellenfeld binden läßt, vorausgesetzt, das Zusatzsteuerelement unterstützt die Bindung an ein Datenfeld.

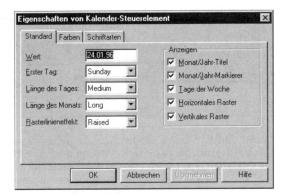

Bild IV.241:
Das Eigenschaften-Dialogfeld eines Zusatzsteuerelements

Das Kalender-Zusatzsteuerelement läßt sich beispielsweise an ein Datumsfeld binden und bietet dem Anwender somit eine bequeme Möglichkeit, Datumswerte anzugeben.

Auf der Registerkarte DATEN des normalen Eigenschaftenfensters finden Sie die Eigenschaften OLE und KLASSE, mit der das Zusatzsteuerelement festgelegt wird. Auf der Registerkarte ANDERE läßt sich mit der Eigenschaft VERB die Nummer einer Aktion festlegen, die beim Aktivieren des Zusatzsteuerelements ausgeführt wird.

OLE-Optionen

Bevor ein Zusatzsteuerelement verwendet werden kann, muß es zunächst von Windows registriert werden. Üblichweise registrieren Anwendungen wie Access ihre mitgelieferten Zusatzsteuerelemente automatisch bei der Installation.

Registrierung von Zusatzsteuerelementen

Bild IV.242:
Registrieren von Zusatzsteuerelementen

Um ein Zusatzsteuerelement manuell zu installieren, wählen Sie ZUSATZSTEUERELEMENTE im Menü EXTRAS. Klicken Sie dann auf die Schaltfläche REGISTRIEREN und wählen Sie in einem Dateiauswahl-Dialogfeld die Datei des Zusatzsteuerelements aus. Diese Dateien besitzen die Erweiterungen OCX oder DLL.

Im gleichen Dialogfeld lassen sich auch Zusatzsteuerelemente mit der Schaltfläche REGISTRIERUNG AUFHEBEN aus der Windows-Registrierung entfernen.

Die in Access vorgenommene Registrierung gilt systemweit, so daß sie auch für andere Anwendungen, wie z.B. Visual Basic gilt.

6.3.12 Linien und Rechtecke

Linien und Rechtecke sind statische Objekte, die nicht an ein Tabellenfeld gebunden werden können. Sie dienen der Gliederung von Formularen.

Bild IV.243:
Linien und Rechtecke

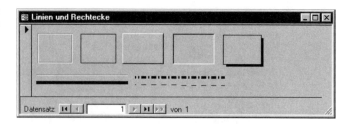

Formatieren von Linien und Rechtecken

Linien und Rechtecke werden wie alle Steuerelemente über die Format-Symbolleiste oder über die unter Abschnitt 6.2.5 beschriebenen Eigenschaften formatiert. Für Linien existiert die Eigenschaft NEIGUNG auf der Registerkarte FORMAT, mit der die Neigung diagonaler Linien zwischen steigend (»/«) und fallend (»\«) umgeschaltet wird.

Design-Richtlinien

Nutzen Sie Rechtecke und Linien, um in einem Formular Steuerelemente funktionell zusammenzufassen. Durch die 3D-Effekte lassen sich Formulare dabei sehr anschaulich gestalten. Beachten Sie aber, daß erhöht dargestellte Rechtecke leicht mit Schaltflächen verwechselt werden.

6.4 Formular- und Bereichseigenschaften

Der folgende Abschnitt beschreibt alle Formular- und Bereichseigenschaften außer den Ereignissen, die in Abschnitt 9.2 beschrieben sind.

6.4.1 Formateinstellungen des Formulars

Auf der Registerkarte FORMAT der Formulareigenschaften finden Sie diejenigen Einstellungen, die das Layout des Formulars beeinflussen.

Eigenschaft	Funktion
Beschriftung	Diese Einstellung legt den Text fest, der in der Titelleiste des Formularfensters erscheint. Ist kein Text angegeben, so wird der Formularname mit einem nachgestellten »: Formular« in der Titelleiste angezeigt.
Standardansicht	Wenn ein Formular standardmäßig nicht als Einzelformular in der Formularansicht, sondern als Endlosformular oder in der Datenblattansicht gezeigt werden soll, so muß diese Einstellung entsprechend angepaßt werden.
Zugelassene Ansichten	Diese Einstellung legt fest, ob ein Formular in der Formularansicht, in der Datenblattansicht oder in beiden Ansichten dargestellt werden darf. Dadurch wird die Verfügbarkeit der entsprechenden Schaltflächen bzw. Menüauswahlen beeinflußt.
Bildlaufleisten	Diese Einstellung bestimmt, ob das Formular eine horizontale, eine vertikale, beide oder keine Bildlaufleiste besitzen soll. Die Bildlaufleisten werden nur dann angezeigt, wenn das Fenster zu klein ist, um komplett dargestellt zu werden. Sind die Bildlaufleisten ausgeschaltet, so kann für ein Formular in einem zu kleinen Fenster kein Bildlauf mehr durchgeführt werden, so daß sich Informationen, die nicht in das Fenster passen, nicht mehr anzeigen lassen.

Eigenschaft	Funktion
Datensatzmarkierer	Diese Einstellung schaltet die Anzeige der Datensatzmarkierer ein und aus. Bei ausgeschalteten Datensatzmarkierern wird mehr Platz im Formular frei, der Datensatz kann aber nicht mehr durch einen Mausklick, sondern nur noch über die Auswahl von DATENSATZ MARKIEREN im BEARBEITEN-Menü markiert werden.
Navigationsschaltflächen	Diese Einstellung blendet die Navigationsschaltflächen ein und aus. Bei ausgeblendeten Navigationsschaltflächen können Sie nur über das GEHE ZU-Untermenü im BEARBEITEN-Menü zwischen den Datensätzen blättern.
Trennlinien	Diese Einstellung schaltet bei Endlosformularen die Anzeige von Trennlinien zwischen den Datensätzen ein und aus.
Größe anpassen	Mit dieser Einstellung sorgen Sie dafür, daß das Formularfenster immer so groß ist, daß es das ganze Formular zeigen kann. Voraussetzung dafür ist ein ausreichend groß dimensioniertes Access-Fenster.
Automatisch zentrieren	Durch diese Einstellung wird das Formular beim Öffnen immer zentriert auf dem Bildschirm dargestellt.
Rahmenart	Diese Einstellung bestimmt, mit welchem Rahmen das Formularfenster ausgestattet wird. Der Standardwert VERÄNDERBAR erlaubt das Vergrößern und Verkleinern des Fensters. Das Formular sollte nur dann in seiner Größe veränderbar sein, wenn sich dadurch mehr Informationen dargestellten lassen. Um eine Größenänderung zu verhindern, wählen Sie »Keine« oder »Dünn«. »Dialog« entspricht dabei »Dünn«.
Mit Systemmenüfeld	Diese Einstellung schaltet das Systemmenüfeld in der linken oberen Ecke des Fensters ein und aus. Die wichtigste Auswahl im Systemmenü läßt sich auch über die Eigenschaft SCHLIEßEN SCHALTFLÄCHE deaktivieren.
MinMax-Schaltflächen	Durch diese Einstellung werden die Maximierungs- und Minimierungsschaltflächen in der Titelleiste des Formulars ein- und ausgeblendet. Die Maximierungsschaltfläche sollte nur dann vorhanden sein, wenn durch die Maximierung auch mehr Informationen im Formular dargestellt werden. Die Minimierung ist meistens nützlich, um bei vielen Formularen die Übersichtlichkeit auf dem Bildschirm zu gewährleisten.
Schließen Schaltfläche	Diese Einstellung blendet das Schließfeld in der rechten oberen Ecke ein und aus. Bei einem ausgeblendeten Schließfeld wird auch die SCHLIEßEN-Auswahl aus dem Systemmenü entfernt.
Schaltfläche Direkthilfe	Diese Einstellung blendet die Direkthilfe-Schaltfläche ein und aus, wenn weder Minimierungs- noch Maximierungs-Schaltflächen vorhanden sind.

Eigen-schaft	Funktion
Breite	Breite des Formulars (nicht des Formularfensters). Die Höhe des Formulars wird durch die Summe der Bereichshöhen bestimmt
Bild, Bildtyp, Bildgrößenmodus, Bildausrichtung, Bild nebeneinander	Diese Einstellungen legen ein Bild fest, das als Hintergrund eines Formulars dient. Die Eigenschaften entsprechen dabei BILD, BILDTYP, GRÖSSENANPASSUNG, BILDAUSRICHTUNG und BILD NEBENEINANDER für Objektfelder (siehe Abschnitt 6.3.8).
Raster X, Raster Y	Diese Eigenschaften legen das Raster für den Entwurfsmodus fest (siehe Abschnitt 6.2.7).
Drucklayout	Diese Einstellung legt fest, ob beim Ausdruck des Formulars die am Bildschirm dargestellten Schriften grafisch gedruckt (»Nein«), oder ob entsprechende Druckerschriftarten verwendet werden sollen (»Ja«).
Palettenherkunft	Diese Einstellung legt die Farbpalette fest, die bei der Darstellung des Formulars verwendet wird. Um die Palette zu wechseln, geben Sie hier eine Palettendatei (.PAL) oder eine Bitmap- oder Symbol-Datei an, die die gewünschten Farben definiert.

6.4.2 Formateinstellungen der Bereiche

Eigenschaft	Funktion
Neue Seite	Diese Einstellung veranlaßt Access, vor und/oder nach dem Druck des Bereichs einen Seitenumbruch durchzuführen.
Neue Zeile oder Spalte	Diese Einstellung veranlaßt Access, vor und/oder nach dem Druck des Bereichs einen Spaltenumbruch durchzuführen.
Zusammenhalten	Durch diese Einstellung wird ein Bereich nach Möglichkeit nicht durch einen Seitenumbruch zerrissen.
Sichtbar	Diese Einstellung erlaubt das Ausblenden eines Bereichs.
Anzeigen	Diese Einstellung bestimmt, ob der Bereich am Bildschirm und/oder beim Ausdruck sichtbar ist.
Vergrößerbar, Verkleinerbar	Durch diese Einstellung wird festgelegt, ob beim Drucken eines Bereichs dessen Höhe derart angepaßt wird, daß alle Elemente exakt hineinpassen.
Höhe	Diese Einstellung bestimmt die Höhe des Bereichs. Die Höhe des Formulars wird durch die Summe der Bereichshöhen gebildet.

Eigenschaft	Funktion
Hintergrund-farbe	Diese Einstellung bestimmt die Hintergrundfarbe des Bereichs, solange kein Hintergrundbild für das Formular gewählt wurde. Durch Anklicken der Dialogfeld-Schaltfläche wird das Farbauswahl-Dialogfeld geöffnet.
Spezialeffekt	Durch diese Einstellung wird dem Bereich ein 3D-Effekt hinzugefügt.

6.4.3 Dateneigenschaften des Formulars

Auf der Registerkarte DATEN im Eigenschaftenfenster eines Formulars binden Sie das Formular an eine Datenquelle.

Eigenschaft	Funktion
Datenherkunft, Filter, Sortiert nach	Diese Einstellungen legen die Datenquelle fest (siehe Abschnitt 6.1.3).
Filter zulassen	Durch diese Einstellung lassen sich die Filterfunktionen in Menü und Symbolleiste für das Formular deaktivieren.
Bearbeitungen zulassen	Diese Einstellung legt fest, ob Daten im Formular geändert werden dürfen oder nicht. Es ist möglich, einen Datensatz zu löschen, auch wenn keine Bearbeitungen zugelassen sind.
Löschen zulassen	Durch diese Einstellung läßt sich verhindern, daß Datensätze gelöscht werden können.
Anfügen zulassen	Diese Einstellung bestimmt, ob neue Datensätze über das Formular eingegeben werden dürfen.
Daten eingeben	Mit dieser Einstellung läßt sich ein Formular als reines Dateneingabeformular verwenden. Vorhandene Datensätze sind dabei nicht sichtbar. Diese Einstellung darf nicht mit ANFÜGEN ZULASSEN kollidieren, da sonst ein leeres Formular gezeigt wird.
Datensatzgruppentyp	Diese Einstellung legt fest, ob die Datenquelle als Dynaset oder als Snapshot geladen werden soll (siehe Abschnitt 9.3.2).
Datensätze sperren	Diese Einstellung bestimmt das Sperrverhalten des Formulars (siehe Abschnitt 10.1).

6.4.4 Andere Einstellungen des Formulars

Eigenschaft	Funktion
PopUp	Durch diese Einstellung erreichen Sie, daß ein Formular immer vor allen anderen Formularen erscheint. Mehrere PopUp-Formulare überlappen sich dagegen gegenseitig. PopUp-Formulare lassen sich im Gegensatz zu allen anderen Formularen aus dem Access-Fenster herausbewegen.

Eigenschaft	Funktion
Gebunden	Diese Eigenschaft bestimmt, daß ein Formular solange aktiv im Vordergrund bleibt, bis es geschlossen wird. Die Eigenschaft hat nichts mit der Bindung eines Formulars an eine Datenquelle zu tun.
Zyklus	Durch diese Eigenschaft läßt sich verhindern, daß durch Tabs im letzten Steuerelement eines Formulars zum nächsten Datensatz gewechselt wird.
Menüleiste	Diese Einstellung gibt ein Menü-Makro an, das immer dann in die Access-Menüleiste eingeblendet wird, wenn das Formular aktiv ist. Menümakros sind in Abschnitt 8.3 beschrieben.
Kontextmenü	Durch diese Einstellung läßt sich verhindern, daß der Anwender ein Kontextmenü durch Klicken mit der rechten Maustaste auf ein Formular anzeigen kann. In ungebundenen Formularen bietet sich meist die Deaktivierung des Kontextmenüs an, da dessen Funktionen dort nicht benötigt werden.
Kontextmenüleiste	Diese Einstellung legt eine Menümakro fest, daß ein Kontextmenü für das Formular definiert.
Schneller Laserdruck	Diese Einstellung legt fest, daß auf Laserdruckern Linien durch Grafikzeichen simuliert werden, statt einen entsprechenden Grafikbefehl abzusetzen. Somit wird der Ausdruck des Formulars beschleunigt.
Hilfedatei, Hilfekontext	Diese Einstellungen dienen der Verknüpfung mit einer Hilfedatei.
Marke	Diese Eigenschaft wird von Access nicht verwendet und kann somit von Ihnen beliebig gesetzt werden. Die Marke ist in vielen Fällen für die Programmierung nützlich.

6.4.5 Andere Einstellungen des Bereichs

Eigenschaft	Funktion	Property
Name	Durch diese Einstellung können Sie einem Bereich einen Namen geben. Bereichsnamen werden selten verwendet.	Name
Marke	Diese Eigenschaft wird von Access nicht verwendet und kann somit von Ihnen beliebig gesetzt werden. Die Marke ist in vielen Fällen für die Programmierung nützlich.	Tag

7 Berichte und Auswertungen

Auch wenn Datenbanksysteme nicht zuletzt deshalb eingesetzt werden, um Papier zu sparen und somit dem papierlosen Büro ein Stück näher zu kommen, spielt die gedruckte Präsentation von Daten immer noch eine zentrale Rolle.

Access unterstützt dies zum einen durch einen äußerst flexiblen und leistungsfähigen Berichtsgenerator und zum anderen durch den direkten Export von Informationen aus der Datenbank in andere Office-Anwendungen.

In diesem Abschnitt geht es zunächst um die Erstellung und Formatierung von Berichten. Anschließend erfahren Sie, wie Access-Daten nach Excel und Word exportiert werden können, wo sie zur weiteren Verarbeitung zur Verfügung stehen.

7.1 Berichte

Berichte definieren das Layout, mit dem Informationen aus der Datenbank ausgedruckt werden. In Abschnitt 2.5 sind die verschiedenen Berichts-Assistenten beschrieben, Abschnitt 3.5 zeigt die Erstellung eines einfachen Berichts. Dieser Abschnitt beschreibt die Erstellung von Berichten ausführlicher.

7.1.1 Erstellen von Berichten

Mit Berichten lösen Sie eine Vielzahl von Aufgaben bei der Entwicklung von Datenbankanwendungen. Berichte werden dabei für einfache tabellarische Auflistungen des Datenbankinhalts, für Auswertungen und Zusammenfassungen bis hin zu ausgefeilten Präsentationen verwendet.

Die verschiedenen Berichtsformen lassen sich am besten mit einem Assistenten erstellen und dann in der Entwurfsansicht anpassen.

Bevor Sie einen Bericht definieren, sollten Sie sich überlegen, ob Sie nicht ein Formular für die gedruckte Ausgabe verwenden können. Für den Anwender wird ein hohes Maß an Benutzerfreundlichkeit geboten, wenn er die Dateneingabe in einem Formular vornehmen kann, das exakt so aussieht wie das gedruckte Ergebnis. Mit Hilfe der Steuerelement-Eigenschaft ANZEIGEN lassen sich dann bestimmte Steuerelemente wie z.B. Befehlsschaltflächen aus dem gedruckten Bericht ausblenden.

Formulare vs. Berichte

Berichte eigenen sich hingegen für Auswertungen, die nicht bearbeitet werden müssen. Zudem besitzen Berichte im Gegensatz zu Formularen eine Gruppierungsfunktion, mit der Zwischensummen nach bestimmten Kriterien gebildet werden können.

Sie legen einen Bericht mit den in Abschnitt 3.5.2 beschriebenen Methoden an.

Anlegen eines Berichts

Die Entwurfsansicht eines Berichts ist genauso aufgebaut wie die Entwurfsansicht eines Formulars. Sie können dabei dieselben Steuerelemente verwenden (siehe Abschnitt 6.3) und auf dieselben Layouthilfen (siehe Abschnitt 6.2.7) zurückgreifen wie in Formularen. Viele Steuerelemente dienen primär der Eingabe und machen deshalb in einem Bericht wenig Sinn.

Genau wie in Formularen lassen sich auch in Berichten Unterberichte definieren, die dann mit dem Hauptbericht verknüpft werden (siehe Abschnitt

Unterberichte

725

IV Access

6.3.6). Access erlaubt es, Formulare als Unterberichte in einen Bericht einzubinden.

Bild IV.244:
Die Entwurfsansicht des Berichts

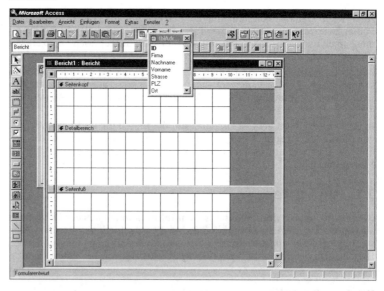

Bereiche Standardmäßig wird bei neuen Berichten der Seitenkopf und -fuß, sowie der Detailbereich angezeigt. Zusätzlich läßt sich noch der Berichtskopf bzw. -fuß durch Auswahl von BERICHTSKOPF/-FUSS im ANSICHT-Menü einblenden. Durch Auswahl der entsprechenden Menüauswahlen im Ansicht-Menü lassen sich der Seitenkopf und -fuß bzw. Berichtskopf und -fuß wieder ausblenden. Befinden sich Steuerelemente auf einem ausgeblendeten Bereich, so werden diese nach einer Warnmeldung gelöscht.

Bild IV.245:
Die Seitenansicht

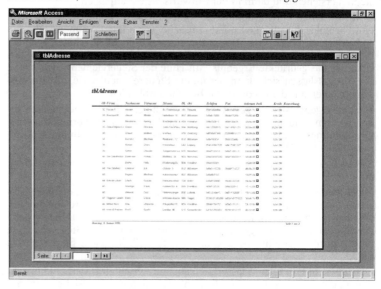

7 Berichte und Auswertungen

Berichte besitzen neben der Entwurfsansicht nur noch die Seitenansicht, in der der Bericht so am Bildschirm dargestellt wird, wie er auf dem Drucker erscheint.

Ansichten von Berichten

Die Funktionen der Seitenansicht sind in Abschnitt 3.5.3 beschrieben.

Das Erscheinungsbild eines Berichts auf dem Papier hängt stark von dem verwendeten Drucker ab.

Druckereinstellungen

Für jeden Bericht und jedes Formular lassen sich eigene Druckereinstellungen und ein eigenes Seitenlayout festlegen. Wechseln Sie dazu auf die Registerkarte BERICHTE bzw. FORMULARE und markieren Sie einen Bericht bzw. ein Formular durch Klicken mit der Maus oder öffnen Sie den Bericht oder das Formular in einer beliebigen Ansicht. Wählen Sie dann SEITE EINRICHTEN aus dem DATEI-Menü.

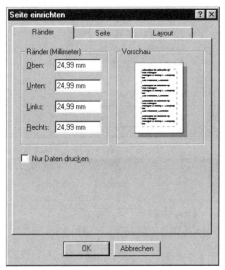

Bild IV.246: Einrichten der Seite

Das Dialogfeld erlaubt dabei folgende Einstellungen:

- Auf der Registerkarte RÄNDER legen Sie fest, wieviel Freiraum am oberen, unteren, linken und rechten Rand bleiben soll. Beachten Sie, daß viele Drucker nicht bis ganz an den Rand des Papiers drucken können, so daß die Einstellung »0 mm« ungültig ist. Mit dem Kontrollkästchen NUR DATEN DRUCKEN unterbinden Sie den Ausdruck von Linien, Grafiken usw. In Formularen in Datenblattansicht geben Sie durch ÜBERSCHRIFTEN DRUCKEN an, ob die Spaltenüberschriften gedruckt werden sollen.
- Auf der Registerkarte SEITE legen Sie fest, ob der Ausdruck im Hoch- oder Querformat erfolgen soll. In vielen Fällen ist das Querformat sinnvoll, da so mehr Spalten einer Tabelle auf das Papier passen. Unter PAPIER legen Sie die Größe des Papiers fest. Beachten Sie, daß manche Drucker recht hartnäckig darauf bestehen, daß das richtige Papier auch wirklich eingelegt ist.

Mit dem Optionsfeld STANDARDDRUCKER bestimmen Sie, daß der unter Windows definierte Standarddrucker für den Bericht verwendet wird. Mit SPEZIELLER DRUCKER und der Schaltfläche DRUCKER legen Sie einen speziellen unter Windows installierten Drucker fest, der für den Bericht verwendet werden soll. Durch die Verwendung eines speziellen Druckers setzen Sie voraus, daß ein bestimmtes Druckermodell installiert ist, wodurch der Bericht nicht mehr auf jedem Rechner druckbar ist.

Bild IV.247: Einrichten des Druckers

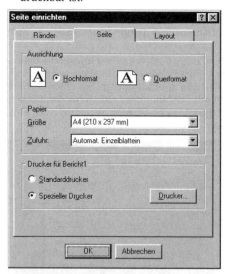

Bild IV.248: Einstellungen für das Seitenlayout

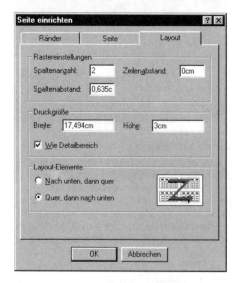

- Auf der Registerkarte LAYOUT legen Sie fest, wie oft und mit welchen Abständen der Bericht nebeneinander auf der Seite wiederholt werden soll. Diese Einstellungen werden für den Etikettendruck benötigt und können bequem mit dem Etiketten-Assistenten festgelegt werden (siehe Abschnitt 2.5.3).

Für Unterberichte und -formulare werden die meisten Einstellungen vom Hauptbericht bzw. -formular übernommen. Sie können allerdings auf der Registerkarte LAYOUT mehrspaltige Unterberichte definieren, wodurch Sie sehr komplexe Layouts erstellen können.

7.1.2 Gruppierte Berichte

Im Gegensatz zu Formularen erlauben Berichte eine Gruppierung der Daten.

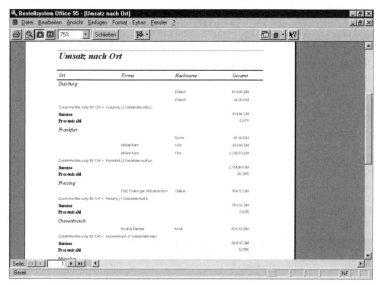

Bild IV.249:
Gruppierter Bericht

Access erlaubt die Angabe von bis zu 10 Gruppierungsfeldern. Datensätze, die denselben Wert in einem Gruppierungsfeld haben, werden im Bericht zusammengefaßt, wobei vor und nach den Datensätzen ein entsprechender Gruppenkopf bzw. -fuß eingefügt wird. In diesen zusätzlichen Bereichen können dann Überschriften bzw. Summen gedruckt werden.

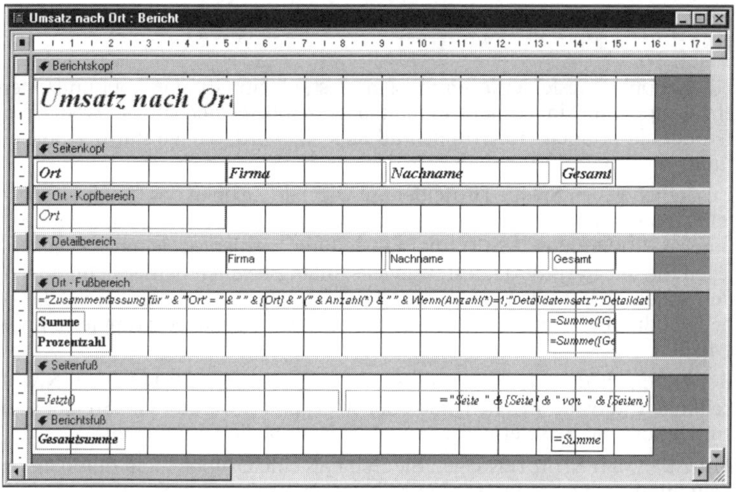

Gruppierungsfelder

Bild IV.250:
Der gruppierte Bericht in der Entwurfsansicht

Bild IV.249 zeigt einen Bericht, in dem die Rechnungsbeträge nach dem Ort gruppiert sind. Dabei werden alle Rechnungsbeträge von Kunden eines Orts zu einer Gruppe zusammengefaßt. Über der Gruppe erscheint dann jeweils der Ortsname als Überschrift. Unterhalb jeder Gruppe, im Gruppenfuß, werden die Summe und der prozentuale Anteil an der Gesamtsumme über alle Gruppen angegeben.

In der Entwurfsansicht in Bild IV.250 sehen Sie, daß zusätzlich zu den fünf Standardbereichen noch zwei spezielle Bereiche für den Gruppenkopf und -fuß hinzugekommen sind. In diesen werden die Steuerelemente eingefügt, die dafür verantwortlich sind, die Überschrift bzw. die Summen, Prozentangaben usw. ausdrucken.

Erstellen von gruppierten Berichten

Um einen gruppierten Bericht zu erstellen, geben Sie die Gruppierungsfelder im Dialogfeld SORTIEREN UND GRUPPIEREN an. Sie öffnen das Dialogfeld, indem Sie auf die Schaltfläche SORTIEREN UND GRUPPIEREN in der Symbolleiste oder SORTIEREN UND GRUPPIEREN im ANSICHT-Menü wählen.

Im Dialogfeld geben Sie in der Tabelle FELD/AUSDRUCK Bis zu 10 Gruppierungsfelder an. Nach Gruppierungsfeldern wird immer sortiert, so daß diese Felder gleichzeitig die Sortierordnung des Berichts festlegen. Eine eventuell in der Datenquelle des Berichts definierte Sortierordnung hat dann keine Auswirkung. In der Spalte SORTIERORDNUNG läßt sich festlegen, ob nach dem entsprechenden Feld aufsteigend oder absteigend sortiert wird. Statt eines Feldes läßt sich auch ein Ausdruck (siehe Abschnitt 5.3.2) angeben, ohne daß Sie dafür eine eigene Abfrage definieren müssen.

Bild IV.251: Sortieren und Gruppieren

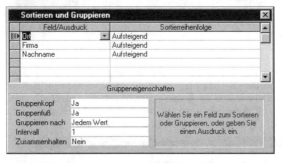

Gruppenkopf und -fuß

Für Gruppierungsfelder legen Sie dann fest, ob ein Gruppenkopf und/oder ein Gruppenfuß im Bericht enthalten sein soll. Felder, für die weder ein Gruppenkopf noch ein Gruppenfuß angelegt wird, dienen nur der Sortierung.

Zusätzlich geben Sie für Textfelder an, wieviele Zeichen des Gruppierungsfelds Access für die Bestimmung einer Gruppe verwenden soll. Wenn Sie unter GRUPPIEREN NACH die Einstellung »Anfangszeichen« angeben, legen Sie mit INTERVALL fest, wieviele Anfangszeichen berücksichtigt werden sollen. Ein Wert von »1« berücksichtigt z.B. nur den Anfangsbuchstaben, wodurch Sie eine nach den Buchstaben des Alphabets gruppierte Liste erhalten.

Bei Datumsfeldern können Sie für die Eigenschaft GRUPPIEREN NACH zeitliche Intervalle angeben, nach denen gruppiert werden soll. So läßt sich ein Datumsfeld beispielsweise monatlich statt täglich gruppieren.

Mit ZUSAMMENHALTEN legen Sie fest, daß eine Gruppe nicht durch einen Seitenumbruch getrennt werden soll, vorausgesetzt sie paßt auf eine Seite.

Zusammenfassungsausdrücke

Um Summen oder andere Berechnungen in einem Gruppenfuß oder -kopf zu drucken, verwenden Sie die Aggregatsfunktionen aus Abschnitt 5.3.5. Die Aggregatsfunktionen wirken dabei immer auf die in einer Gruppe enthaltenen Datensätze. Ebenso geben Sie im Berichtsfuß eine Aggregatsfunktion an, die sich auf den ganzen Bericht auswirkt.

Aggregatsfunktionen dürfen sich dabei nur auf in der Abfrage definierte Felder beziehen. Textfelder, die auf einem Ausdruck beruhen, können nicht in einer Aggregatsfunktion verwendet werden.

Hingegen lassen sich Textfelder, in denen Aggregatsfunktionen definiert sind, in anderen Ausdrücken verwenden. Es ist sogar möglich, ein Textfeld, das beispielsweise die Summe im Berichtsfuß enthält, in einem Ausdruck zu verwenden, der sich im Gruppenfuß befindet. Auf diese Weise ist in Bild IV.249 die Berechnung des prozentualen Anteils realisiert.

Textfelder in Berichten besitzen auf der Registerkarte DATEN die Eigenschaft LAUFENDE SUMME, womit Sie einstellen können, welche Datensätze in die Aggregatsfunktion einbezogen werden. Der Eigenschaft können folgende Einstellungen zugewiesen werden:

Laufende Summen

- Mit der Einstellung NEIN bezieht sich die Aggregatsfunktion nur auf die Datensätze einer Gruppe.
- Mit der Einstellung ÜBER GRUPPE werden alle vorangegangenen Gruppen mit in die Aggregatsfunktion einbezogen. Bei einem Wechsel der übergeordneten Gruppe wird die Aggregatsfunktion wieder zurückgesetzt.
- Mit der Einstellung ÜBER ALLES bezieht sich die Aggregatsfunktion auf alle vorangegangenen Gruppen des Berichts.

Wenn Sie beispielsweise einen Bericht monatlich gruppieren, berechnen Sie die kumulierte Summe pro Monat, indem Sie die Eigenschaft LAUFENDE SUMME auf den Wert ÜBER ALLES setzen.

7.2 Auswertungen mit anderen Office-Anwendungen

Obwohl Access zahlreichen Funktionen für die Aufbereitung und Präsentation von Informationen hat, ist es in vielen Fällen sinnvoll, Daten aus der Datenbank in anderen Office-Anwendungen zu verarbeiten.

Office 95

7.2.1 Arbeiten mit Excel

In Abschnitt 1.2 werden die Unterschiede zwischen Access- und Excel-Tabellen erläutert. Um die Vorteile beider Anwendungen zu nutzen, bieten sowohl Access als auch Excel zahlreiche Funktionen für den Datenaustausch.

Um Daten aus einer Access-Datenbank in Excel weiterzuverarbeiten, können die Datensätze aus Access nach Excel exportiert werden. Diese Daten stehen dann als Excel-Arbeitsblatt zur Verfügung, wobei sich die Änderungen an diesem Arbeitsblatt nicht in der Access-Datenbank auswirken.

Exportieren von Access-Daten nach Excel

Access läßt den Export folgender Access-Objekte zu:

- Tabellen werden direkt als Excel-Arbeitsblatt exportiert. Berücksichtigen Sie dabei, daß Access-Tabellen wesentlich mehr Datensätze enthalten können, als ein Excel-Arbeitsblatt erlaubt.
- Auswahlabfragen lassen sich ebenso direkt als Excel-Tabelle darstellen.
- Beim Export von Formularen werden die Datensätze genauso in Excel dargestellt, wie in der Datenblattansicht des Formulars.

731

*Bild IV.252:
Das Ergebnis einer
Abfrage in Excel*

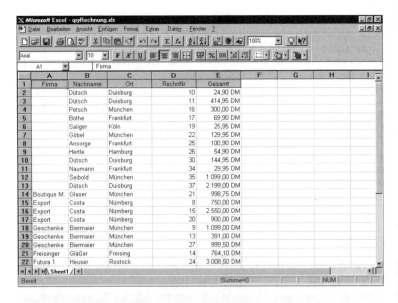

*Bild IV.253:
Ein gruppierter
Bericht in Excel*

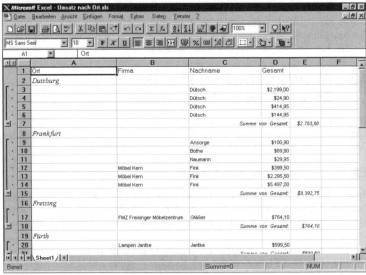

- Berichte werden als gegliederte Excel-Arbeitsblätter exportiert, wobei für jede Gruppierungsebene (siehe Abschnitt 7.1.2) eine Gliederungsebene angelegt wird.

Um ein Access-Objekt nach Excel zu exportieren, markieren Sie es auf der entsprechenden Registerkarte des Datenbankfensters, und klicken Sie in der Symbolleiste auf die Schaltfläche IN MS EXCEL ANALYSIEREN oder wählen Sie IN MS EXCEL ANALYSIEREN im Untermenü OFFICEVERKNÜPFUNGEN im EXTRAS-Menü. Access setzt das Objekt dann in ein Excel-Arbeitsblatt um und öffnet anschließend Excel, um das Arbeitsblatt darzustellen.

7 Berichte und Auswertungen

Die Excel-Arbeitsblätter werden dabei in XLS-Dateien im aktuellen Verzeichnis gespeichert. Das aktuelle Verzeichnis ist dabei meist dasjenige, aus dem Sie zuletzt Dateien geöffnet bzw. in das Sie eine Datei gespeichert haben.

Access verfügt über einen Assistenten, mit dem sich Pivot-Tabellen in Excel erstellen und in einem Access-Formular darstellen lassen. Dieser Assistent ist in Abschnitt 2.4.4 beschrieben.

Weitere Möglichkeiten des Datenaustauschs

Access 7.0 erlaubt auch, die aktuelle Datenbank mit Excel-Tabellen zu verknüpfen. Dieses Verfahren ist in Abschnitt 10.3.3 beschrieben. Weiterhin bietet Excel zahlreiche Funktionen, um Daten nach Access zu exportieren und Access-Formulare bzw. -Berichte in Excel zu verwenden (s. Abschnitt III.10.1.7).

7.2.2 Serienbriefe und Präsentationen in Word

Word gibt Ihnen wesentlich mehr Gestaltungsfreiheit als die Access-Berichte. Sie können dabei zum einen die Serienbrief-Funktion von Word verwenden, um Texte mit variablen Daten zu drucken. Zum anderen lassen sich Access-Tabellen und Abfragen als Word-Tabellen darstellen, wo sie beispielsweise als Teil eines größeren Dokuments benötigt werden.

Serienbriefe sind Texte, bei denen bestimmte Stellen mit Daten aus einer sogenannten Steuerdatei gefüllt werden. Wenn Sie beispielsweise denselben Einladungsbrief an viele Leute verschicken, so läßt sich durch die Serienbrieffunktion eine Adresse und eine persönliche Anrede bei jedem Brief einsetzen. Ausführliche Informationen über die Serienbrieffunktion von Word finden Sie in Abschnitt II.8.

Serienbriefe

Aus Access heraus können Sie den Serienbrief-Assistenten von Word starten, der dann eine Steuerdatei aus einer Access-Tabelle oder -Auswahlabfrage erstellt.

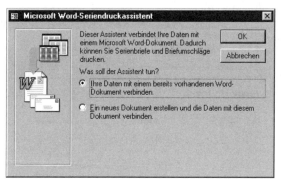

Bild IV.254: Die Serienbrief-Assistent von Word

Um eine Steuerdatei für einen Word-Serienbrief zu erstellen, markieren Sie eine Abfrage oder Tabelle auf der entsprechenden Registerkarte des Datenbankfensters, und klicken Sie auf die Schaltfläche AUSGABE AN SERIENDRUCK in der Symbolleiste. Alternativ wählen Sie AUSGABE AN SERIENDRUCK aus dem Untermenü OFFICEVERKNÜPFUNGEN im EXTRAS-Menü.

Access-Objekte lassen sich in das RTF-Format umsetzen. Das RTF-Format ist ein Dateiformat für formatierte Texte, das in Word importiert werden kann. In Word läßt sich eine RTF-Datei dann in ein Word-Dokument umsetzen.

Export von Access-Objekten nach Word

Folgende Access-Objekte lassen sich nach Word exportieren:

733

- Tabellen werden direkt als Word-Tabelle exportiert.

Bild IV.255: Das Ergebnis einer Abfrage als Word-Tabelle

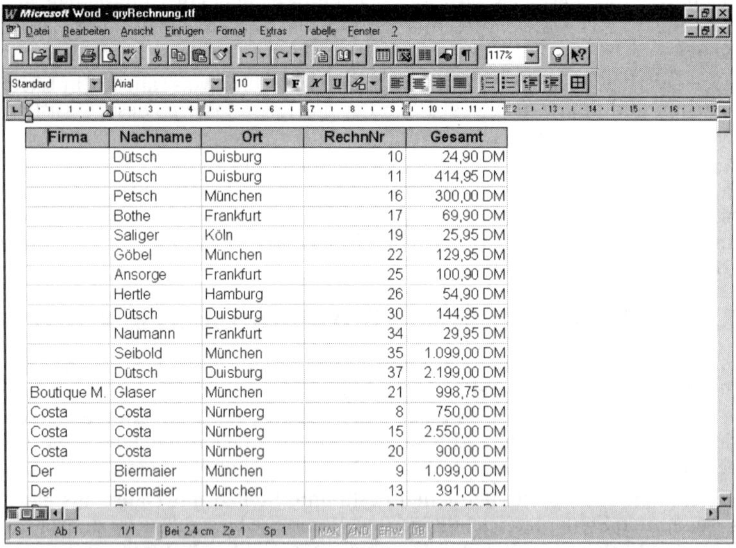

Firma	Nachname	Ort	RechnNr	Gesamt
	Dütsch	Duisburg	10	24,90 DM
	Dütsch	Duisburg	11	414,95 DM
	Petsch	München	16	300,00 DM
	Bothe	Frankfurt	17	69,90 DM
	Saliger	Köln	19	25,95 DM
	Göbel	München	22	129,95 DM
	Ansorge	Frankfurt	25	100,90 DM
	Hertle	Hamburg	26	54,90 DM
	Dütsch	Duisburg	30	144,95 DM
	Naumann	Frankfurt	34	29,95 DM
	Seibold	München	35	1.099,00 DM
	Dütsch	Duisburg	37	2.199,00 DM
Boutique M.	Glaser	München	21	998,75 DM
Costa	Costa	Nürnberg	8	750,00 DM
Costa	Costa	Nürnberg	15	2.550,00 DM
Costa	Costa	Nürnberg	20	900,00 DM
Der	Biermaier	München	9	1.099,00 DM
Der	Biermaier	München	13	391,00 DM

- Auswahlabfragen lassen sich ebenso direkt als Word-Tabelle darstellen.
- Beim Export von Formularen werden die Datensätze genauso in Word dargestellt, wie in der Datenblattansicht des Formulars.
- Berichte erscheinen in Word fast exakt so, wie sie von Access ausgedruckt werden.

Bild IV.256: Ein gruppierter Bericht in Excel

Umsatz nach

Ort	Firma	Nachname	Gesamt
Duisburg			
		Dütsch	2.199,00 DM
		Dütsch	24,90 DM
		Dütsch	414,95 DM
		Dütsch	144,95 DM
Zusammenfassung für 'Ort' = Duisburg (4 Detaildatensätze)			
Summe			2.783,80 DM
Prozentzahl			8,13%
Frankfurt			
		Ansorge	100,90 DM
		Bothe	69,90 DM
		Naumann	29,95 DM

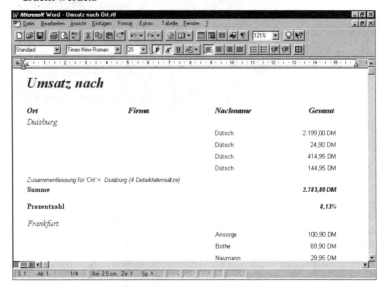

Um ein Access-Objekt nach Word zu exportieren, markieren Sie es auf der entsprechenden Registerkarte des Datenbankfensters und klicken Sie auf die Schaltfläche IN MS WORD WEITERBEARBEITEN in der Symbolleiste oder wählen Sie IN MS WORD WEITERBEARBEITEN im Untermenü OFFICEVERKNÜPFUNGEN im EXTRAS-Menü. Access setzt das Objekt dann in eine RTF-Datei um und öffnet anschließend Word, um das Dokument darzustellen.

Die RTF-Dateien werden dabei im aktuellen Verzeichnis abgelegt. Das aktuelle Verzeichnis ist das Verzeichnis, auf das Sie zuletzt zugegriffen haben.

8 Module und Makros

Für die Erstellung von Abfragen, Formularen und Berichten ist im Prinzip keine Programmierung notwendig. Wenn Sie eine komplette Anwendung erstellen wollen, werden Sie allerdings nicht um Programmierung herumkommen. Vor allem in Formularen werden an vielen Stellen Ereignisfunktionen benötigt, die programmiert werden müssen.

Access verfügt mit Makros und Visual Basic-Modulen über zwei verschiedene Programmierkonzepte. Während sich Makros für einfache Abläufe eignen, bieten Visual Basic-Module die Leistungsfähigkeit einer modernen Programmiersprache.

Abschnitt 8.1 stellt dabei die Erstellung von Modulen mit Funktionen und Prozeduren vor und beschreibt Möglichkeiten, diese zu testen. In Abschnitt 8.2 wird dann die Programmierung mit Makros, in Abschnitt 8.3 deren wichtigste Anwendung, die Erstellung von benutzerdefinierten Menüs, beschrieben.

8.1 Erstellen und Testen von Modulen

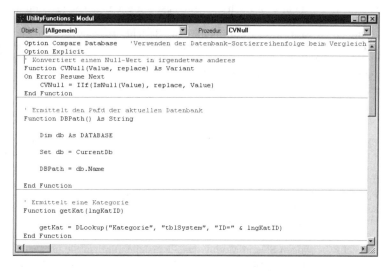

Bild IV.257: Ein Modul

Access faßt den Visual Basic-Code in Modulen zusammen. Das Modulfenster ist dabei im Prinzip ein Texteditor, in den der Visual Basic-Code eingetragen wird. Seit der Version 7.0 kennzeichnet Access die Visual Basic-Syntax farbig.

Die grundlegende Syntax von Visual Basic ist im Anhang beschrieben.

8.1.1 Funktionen und Prozeduren

Funktionen und Prozeduren fassen Visual Basic-Code zusammen, so daß dieser an mehreren Stellen unter dem Funktions- oder Prozedurnamen aufgerufen werden kann.

Struktur von Visual Basic-Programmen in Access

Im Gegensatz zum herkömmlichem Basic befindet sich in Visual Basic der gesamte Code in Funktionen und Prozeduren. Funktionen unterscheiden sich dabei von Prozeduren, indem sie einen Wert zurückgeben und sich somit in Ausdrücken (siehe Abschnitt IV.5.3.2) verwenden lassen.

Unter Access gibt es zudem keine Hauptfunktion, die beim Start der Anwendung aufgerufen wird. Stattdessen wird Visual Basic-Code an folgenden Stellen gestartet:

- Für Ereignisse, die in Formularen, Berichten und deren Steuerelementen auftreten, kann eine Funktion oder eine spezielle Prozedur, eine sogenannte Ereignisprozedur, angegeben werden, die ausgeführt wird, wenn das Ereignis auftritt.
- Ausdrücke, die innerhalb von Abfragen und Steuerelementen in Formularen und Berichten ausgewertet werden, können Funktionen erhalten.
- Eine Funktion oder Prozedur kann von einer anderen Funktion oder Prozedur aufgerufen und damit ausgeführt werden.
- Funktionen und Prozeduren lassen sich manuell in dem sogenannten Testfenster ausführen. Diese Möglichkeit eignet sich besonders zum Testen der Funktionen und Prozeduren.

Module

Module fassen Funktionen und Prozeduren zu einer Einheit zusammen. Access unterscheidet zwischen zwei Typen von Modulen:

- Sowohl Formulare als auch Berichte besitzen ein angehängtes Modul, das sogenannte Formular- und Berichtsmodul. Dieses Modul läuft immer im Kontext des Formulars bzw. Berichts so, daß Sie direkten Zugriff auf alle Eigenschaften und Steuerelemente haben. Zudem nimmt das Formular- bzw. Berichtsmodul die Ereignisprozeduren für das Formular bzw. den Bericht auf.
- Standardmodule erscheinen auf der Registerkarte MODULE im Datenbankfenster und fassen Funktionen und Prozeduren zusammen, die sich nicht auf ein spezielles Formular bzw. einen speziellen Bericht beziehen.

Bis auf die Ereignisprozeduren sind Funktionen und Prozeduren nicht auf ein spezielles Modul festgelegt. Allerdings gibt es Regeln, die die Anwendung übersichtlicher werden lassen und die zu einem effektiverem Code führen.

Funktionen und Standardmodule

Funktionen dienen im Prinzip dazu, einen Ausdruck durch einen einzelnen Aufruf zu ersetzen. Wenn Sie beispielsweise oft die Mehrwertsteuer aus einem Betrag herausrechnen müssen, bietet sich die Programmierung einer Funktion an.

Zunächst benötigen Sie ein Modul, das Sie erstellen, indem Sie im Datenbankfenster auf die Registerkarte MODULE klicken und daraufhin die Schaltfläche NEU anklicken. Access zeigt jetzt ein leeres Modulfenster. Alternativ klicken Sie auf die Schaltfläche NEUES MODUL in der Symbolleiste.

8 Module und Makros

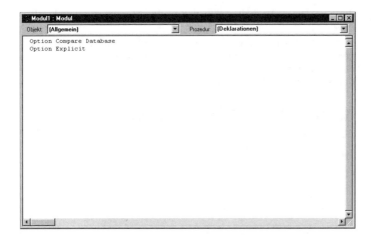

Bild IV.258:
Ein leeres Modul

Im einem leeren Modulfenster sind bereits zwei Befehle eingetragen:
- OPTION COMPARE DATABASE legt die Art des Zeichenfolgenvergleichs fest. Diese Einstellung muß selten geändert werden.
- OPTION EXPLICIT bestimmt, daß alle Variablen vor ihrer ersten Verwendung deklariert werden müssen. Diese Einstellung bewahrt Sie vor »hinterlistigen« Fehlern, so daß Sie den Befehl im Modul belassen sollten.

Um eine Funktion zu definieren, geben Sie einfach den Funktionstext in das Modulfenster ein. Für die oben erwähnte Funktion zur Mehrwertsteuer-Berechnung sieht die Funktion folgendermaßen aus:

```
Function berechneMwSt(Betrag)
        berechneMwSt = Betrag / 115 * 15
End Function
```

Bild IV.259:
Eine Funktion im Modulfenster

Sobald Sie die erste Zeile eingegeben haben, erstellt Access automatisch den Funktionsrumpf mit dem END FUNCTION-Befehl. Wenn Sie einen Fehler bei der Eingabe machen, zeigt Access eine entsprechende Fehlermeldung an. Dieses Verhalten läßt sich in den Moduloptionen abstellen (siehe Abschnitt 8.1.2)

Access trägt den Funktionsnamen im Kombinationsfeld PROZEDUR unter der Titelleiste ein. Wenn sich mehrere Funktionen oder Prozeduren in einem Modul befinden, springen Sie direkt zu einer bestimmten Funktion oder Prozedur, indem Sie deren Namen aus dem Kombinationsfeld auswählen.

Bild IV.260: Erstellen einer Funktion über ein Dialogfenster

Neue Funktionen und Prozeduren lassen sich auch über ein Dialogfeld erstellen, das Sie mit der Schaltfläche NEUE PROZEDUR oder der Auswahl von PROZEDUR aus dem Menü EINFÜGEN öffnen. Geben Sie dann unter NAME den Funktionsnamen mit allen Parametern ein und klicken auf OK.

Testen der Funktion

Bevor Sie eine Funktion einsetzen, sollten Sie sie vorher testen. Dies geschieht auf sehr einfache Weise im Testfenster.

Bild IV.261: Das Testfenster

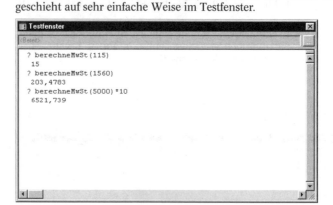

Sie öffnen das Testfenster durch Anklicken der Schaltfläche TESTFENSTER in der Symbolleiste oder Sie wählen TESTFENSTER aus dem Menü ANSICHT. Sie blenden das Testfenster wieder aus, indem Sie es schließen.

Beliebige Visual Basic-Befehle lassen sich in das Testfenster eingeben. Der Befehl ? gibt den Wert des darauffolgenden Ausdrucks im Textfenster aus und eignet sich somit zur Überprüfung des Ergebnisses von Funktionen und Ausdrücken.

In Bild IV.261 sind einige Zeilen mit dem Befehl ? in das Testfenster eingegeben worden, die zeigen, daß die Funktion zur Mehrwertsteuerberechnung korrekt arbeitet.

Vorteile von Funktionen

Der Vorteil einer Funktion wie BERECHNEMWST besteht darin, daß Sie bestimmte Formeln nicht an vielen verschiedenen Stellen erneut eingeben müssen. Auch wenn sich der Mehrwertsteuersatz ändert, müssen Sie nur eine Funktion statt vieler Formeln ändern.

Funktionen sind aber keinesfalls auf simple Formeln beschränkt, sondern ermöglichen beliebig komplexe Berechnungen und Manipulationen der in der Datenbank gespeicherten Informationen.

Prozeduren geben keinen Wert zurück und lassen sich deshalb nicht in einem Ausdruck verwenden, sondern nur aus einer Funktion oder Prozedur heraus aufrufen. Die Prozedur

Prozedur

```
Sub weissesFenster(frm as Form)
        ' Setzt den Hintergrund des Fensters weiß
        frm.Section(0).Backcolor = RGB(255,255,255)
End Sub
```

färbt den Hintergrund des Detailbereichs eines Formulars weiß. Sie kann beispielsweise vor dem Drucken eines Formulars aufgerufen werden, um zu verhindern, daß der Drucker die Hintergrundfarbe mitdruckt.

Prozeduren lassen sich ebenso wie Funktionen im Testfenster testen. Da Sie keinen Wert zurückgeben, wird der Befehl ? dabei nicht benötigt.

Zur Programmierung von Reaktionen auf Ereignisse werden spezielle Prozeduren, sogenannte Ereignisprozeduren, verwendet. Solche Prozeduren tragen einen speziellen Namen und werden von Access bei Bedarf automatisch in einem Formular- oder Berichtsmodul erstellt.

Ereignisprozeduren

Als Beispiel soll eine Ereignisprozedur entwickelt werden, die beim Anklicken einer Befehlsschaltfläche eine Nachricht ausgibt.

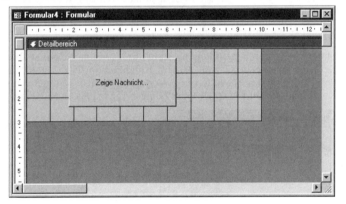

*Bild IV.262:
Ein Formular mit einer Befehlsschaltfläche*

Das Formular in Bild IV.262 enthält eine Befehlsschaltfläche mit dem Steuerelementnamen CMDNACHRICHT.

Bild IV.263:
Die Ereignisse einer
Befehlsschaltfläche

Unter der Registerkarte EREIGNIS im Eigenschaftenfenster finden Sie alle Ereignisse, die für eine Befehlsschaltfläche definiert sind. Das Klicken auf eine Befehlsschaltfläche löst das Ereignis BEIM KLICKEN aus.

Durch Klicken auf die Dialogfeld-Schaltfläche neben den Eigenschaften wird ein Dialogfeld geöffnet, in dem Sie die Reaktion auf das Ereignis festlegen können.

Wenn Sie auf die Schaltfläche neben den Eigenschaften klicken, öffnen Sie ein Dialogfeld, indem Sie auswählen können, auf welche Art Sie die Reaktion auf das Ereignis formulieren wollen. Für eine Ereignis-Prozedur wählen Sie »Code-Editor« und klicken auf OK.

Access öffnet das Fenster des Formularmoduls und trägt automatisch den Funktionskopf und -fuß ein. Ereignisprozeduren tragen dabei immer einen Namen der folgenden Form:

```
Sub Steuerelementname_Ereignis.
```

Statt des Steuerelementnamens steht für Formularereignisse FORM, für Berichte entsprechend REPORT. Im Kombinationsfeld OBJEKT unterhalb der Titelleiste des Modulfensters wird der Name des Steuerelements, im Kombinationsfeld PROZEDUR der Name des Ereignisses eingetragen.

Bild IV.264:
Erstellen der
Ereignisprozedur

Praxistip: Geben Sie einem Steuerelement immer einen Namen, bevor Sie eine Ereignisprozedur definieren. Andernfalls wird die Ereignisprozedur mit dem standardmäßig von Access vergebenen Namen erstellt. Die Änderung des Steuerelementnamens wirkt sich auf den Ereignisprozedurnamen nicht aus. Die Ereignisprozedur rutscht dann in den Deklarationsteil des Formular- oder Berichtsmoduls und kann dort wieder manuell angepaßt werden.

8 Module und Makros

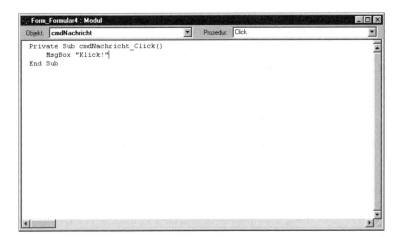

Bild IV.265:
Ereignisprozedur für das Klicken auf eine Befehlsschaltfläche

Neben dem Weg über das Eigenschaftsfenster gibt es noch folgende Möglichkeiten, eine Ereignisprozedur zu erstellen:

- Im Kontextmenü eines Steuerelements (in der Entwurfsansicht) befindet sich der Menüpunkt EREIGNIS, der Sie zum Standard-ereignis eines Steuerelements führt. Im Falle der Befehlsschaltfläche handelt es sich dabei um das Ereignis BEIM KLICKEN, bei den meisten anderen Steuerelementen um das Ereignis VOR AKTUALISIERUNG.

Weitere Möglichkeiten, Ereignisprozeduren zu erstellen

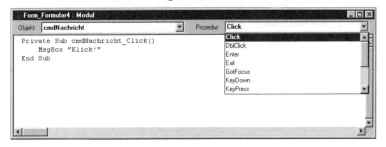

Bild IV.266:
Erstellen eines Ergebnisses in einem Modulfenster

- Im Kombinationsfeld PROZEDUR befinden sich ebenfalls alle Ereignisse, die für das unter OBJEKT angegebene Steuerelement definiert sind. Ereignisse, für die bereits Prozeduren definiert sind, erscheinen dabei fett gedruckt. Wenn Sie hier ein Ereignis auswählen, erstellt Access ebenfalls die entsprechende Ereignisprozedur.
- Natürlich können Sie Ereignisprozeduren auch direkt eingeben, wenn Sie die oben genannte Namenskonvention beachten.

Formular- und Berichtsmodule lassen sich nur in der Entwurfsansicht des entsprechenden Formulars oder Berichts anzeigen.

Anzeigen von Formular- und Berichtsmodulen

Um das Modul in der Entwurfsansicht anzuzeigen, klicken Sie auf die Schaltfläche CODE in der Symbolleiste oder wählen Sie die Menüauswahl CODE aus dem ANSICHT-Menü.

Um das Formular- oder Berichtsmodul direkt aus dem Datenbankfenster anzuzeigen, markieren Sie das entsprechende Formular bzw. den entsprechenden Bericht auf der Registerkarte FORMULARE bzw. BERICHTE und klicken auf die Schaltfläche CODE in der Symbolleiste. Ebenso steht die

IV Access

Menüauswahl CODE im ANSICHT-Menü zur Verfügung. Access öffnet dann das Formular bzw. den Bericht im Entwurfsmodus und zeigt das zugehörige Modul an.

8.1.2 Arbeiten mit Modulen

Eingabetips Die folgenden Tips erleichtern Ihnen die Programmierung in Visual Basic:
- Strukturieren Sie Ihr Programm durch Einrückungen. Verwenden Sie für die Einrückungen Tabulatoren, deren Abstand in den Moduloptionen (siehe unten) eingestellt wird.
- Kommentieren Sie Ihren Code so ausführlich wie möglich. Kommentare werden durch ein Hochkomma eingeleitet und dürfen am Anfang der Zeile oder hinter dem Code stehen.

Moduloptionen Access stellt eine Reihe von Einstellungen zur Verfügung, die die Eingabe und Darstellung von Code in Modulfenster beeinflussen.

In der rechten Hälfte des Optionsfenster finden Sie die Einstellungen für die syntaxbezogenen Codefarben, die Sie beliebig ändern. Etwas versteckt befindet sich hier auch unter TABULATORBREITE der Abstand der Tabulatoren.

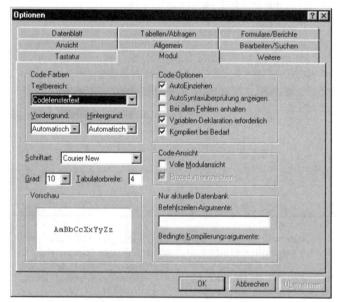

*Bild IV.267:
Die Moduloptionen*

Die Codeoptionen erlauben folgende Einstellungen:
- Unter AUTOEINZIEHEN verbirgt sich die Einrückung einer Zeile unter den Anfang der vorhergehenden Zeile.
- Bei der Eingabe von Code in das Modulfenster führt Access automatisch einen Syntaxcheck und nach dem Abschließen einer Zeile durch ⏎ und zeigt eine Fehlermeldung an, wenn die Syntax nicht korrekt ist. Da dieses Verhalten bei Programmieren öfters eher stört als nutzt, läßt es sich unter AUTOSYNTAXÜBERPRÜFUNG ANZEIGEN abschalten.

8 Module und Makros

- Mit BEI ALLEN FEHLERN ANHALTEN schalten Sie die Funktionen zum Auffangen von Fehlern aus und erreichen somit, daß Access beim Auftreten eines Fehlers eine entsprechende Meldung anzeigt.
- VARIABLEN DEKLARATION ERFORDERLICH bestimmt, daß der OPTION EXPLICIT-Befehl in jedes neue Modul eingefügt wird und dadurch eine explizite Deklaration aller Variablen notwendig ist. Diese Funktion hilft, schwer zu ermittelnde Fehler zu vermeiden.
- KOMPILIERT BEI BEDARF bestimmt, daß Access auch einzelne Module kompilieren (siehe unten) darf, wenn diese geändert wurden. Andernfalls werden immer alle Module der Datenbank kompiliert.
- VOLLE MODULANSICHT bewirkt, daß mehrere Funktionen bzw. Prozeduren untereinander im Modulfenster angezeigt werden. Mit PROZEDURTRENNZEICHEN wird eine Linie zwischen den Funktionen bzw. Prozeduren angezeigt.

Kompilieren

Wenn im Zusammenhang mit Access vom Kompilieren gesprochen wird, hat das rein gar nichts mit der Fähigkeit »echter« Compiler, alleine lauffähige Programme zu erstellen, zu tun. Für Access besteht das Kompilieren lediglich aus einem Syntaxcheck und der Übersetzung des Modultexts in eine interne Speicherform.

Access kompiliert ein Modul automatisch, sobald eine Funktion oder Prozedur aus dem Modul aufgerufen wird. Tritt dabei ein Fehler auf, so wird der Programmlauf mit einer entsprechenden Meldung abgebrochen. Ein Modul muß erst dann erneut kompiliert werden, wenn es sich geändert hat.

In vielen Fällen wollen Sie eine Kompilierung forcieren, um einen Syntaxcheck durchzuführen. Klicken Sie dazu auf die Schaltfläche GELADENE MODULE KOMPILIEREN oder wählen Sie den Menüpunkt GELADENE MODULE KOMPILIEREN aus dem AUSFÜHREN-Menü. Dabei werden alle Standardmodule und alle Formular- und Berichtsmodule gerade geöffneter Formulare und Berichte kompiliert.

Neu in Access 7.0 ist die Möglichkeit, alle Module, also auch die Formular- und Berichtsmodule nicht geöffneter Formulare und Berichte, zu kompilieren. Wählen Sie dazu ALLE MODULE KOMPILIEREN aus dem AUSFÜHREN-Menü. Dieser Vorgang dauert entsprechend länger.

Finden von Funktionen und Prozeduren

Access verfügt über eine ganze Reihe von Möglichkeiten, eine Funktion oder Prozedur in ihrem Modulfenster zu finden.

Wenn Sie wissen, in welchem Modul sich die Funktion oder Prozedur befindet, so wählen Sie diese einfach im Kombinationsfeld PROZEDUR unter der Titelleiste des Moduls aus. Wollen sie eine bestimmte Ereignisprozedur sehen, so wählen Sie zunächst das Steuerelement bzw. »Form« oder »Bericht« im Kombinationsfeld OBJEKT aus und wählen dann das entsprechende Ereignis im Kombinationsfeld PROZEDUR. Dabei wird oft eine leere Ereignisprozedur erstellt, die jedoch keine negativen Auswirkungen hat.

Wenn Sie im Programmtext einen Funktions- oder Proceduraufruf sehen und die zugehörige Funktions- oder Prozedurdefinition anzeigen wollen, setzen Sie die Einfügemarke in den Funktions- bzw. Prozedurnamen und drücken [Shift]+[F2]. Alternativ wählen Sie PROZEDURDEFINITION im ANSICHT-Menü.

Objektkatalog

Im Objektkatalog sind alle Objekte inklusive deren Eigenschaften und Methoden von Access, allen geladenen Bibliotheken sowie der aktuellen Datenbank aufgeführt. Da Funktionen und Prozeduren als Eigenschaften und Methoden ihrer Module betrachtet werden, sind diese ebenfalls im Objektkatalog enthalten.

Bild IV.268:
Der Objektkatalog

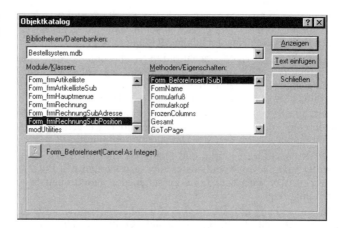

Sie öffnen den Objektkatalog durch Klicken auf die Schaltfläche OBJEKT-KATALOG in der Symbolleiste oder mit der Auswahl von OBJEKTKATALOG im ANSICHT-Menü.

Im Objektkatalog befindet sich ein Kombinationsfeld, in dem die anzuzeigende Bibliothek bzw. Datenbank ausgewählt wird. Welche Bibliotheken aktiv sind hängt von den aktivierten Referenzen (siehe Abschnitt 9.1.4) ab. In der Liste befindet sich auch der Name der aktuellen Datenbank.

In der linken Liste sind dann alle Objekte in der Datenbank aufgeführt und in der rechten Liste die Methoden und Eigenschaften des in der linken Liste markierten Objekts. Mit der Schaltfläche ANZEIGEN können Sie direkt zum Code springen, vorausgesetzt, er ist als lesbarer Text vorhanden. Mit TEXT EINFÜGEN läßt sich ein Methodenaufruf direkt in das aktive Modul einfügen.

In der unteren Hälfte des Objektkatalogs wird die Deklaration der markierten Eigenschaft bzw. Methode gezeigt. Mit der ?-Schaltfläche läßt sich, soweit vorhanden, ein Hilfetext einblenden.

Suchen und Ersetzen von Text

Innerhalb von Modulen kann nach Textstellen gesucht und diese gegebenenfalls durch anderen Text ersetzt werden. Dies läßt sich gleichsam nutzen, um eine Funktion oder Prozedur zu finden. Wertvolle Dienste leistet die Ersetzen-Funktion, wenn Sie den Namen eines Objekts oder einer Variable ändern wollen.

Bild IV.269:
Textsuche

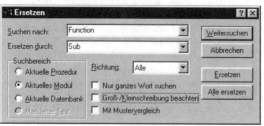

Wenn ein Modulfenster offen und aktiv ist, befinden sich die Menüpunkte SUCHEN und ERSETZEN im BEARBEITEN-Menü, womit das SUCHEN- bzw. ERSETZEN-Dialogfeld geöffnet wird. Aus dem SUCHEN-Dialogfeld kann zudem über die ERSETZEN-Schaltfläche in das ERSETZEN-Dialogfeld gewechselt werden. Beide Dialogfelder enthalten im wesentlichen dieselben Einstellungen.

Das Dialogfeld erlaubt die folgenden Einstellungen:

- Unter SUCHEN NACH geben Sie den Text ein, nach dem gesucht werden soll. In dem Kombinationsfeld stehen jeweils die zuletzt vorgenommenen Eingaben zur Verfügung.
- Unter ERSETZEN DURCH geben Sie im ERSETZEN-Dialogfeld den Text an, durch den der Suchtext ersetzt werden soll.
- Unter SUCHBEREICH legen Sie fest, ob Access nur innerhalb der aktuellen Prozedur, im aktuellen Modul oder in allen Modulen der aktuellen Datenbank suchen soll. Ist TEXT im Modul markiert, so läßt sich die Suche auf diesem Bereich einschränken.
- Mit NUR GANZES WORT SUCHEN wird der Suchtext nur gefunden, wenn er links und rechts von Leerzeichen begrenzt ist. GROß-/KLEINSCHREIBUNG BEACHTEN legt fest, ob der Text exakt so geschrieben sein muß, wie er unter SUCHEN NACH angegeben ist. Mit MUSTERVERGLEICH werden bestimmte Zeichen als Suchmuster interpretiert (siehe Abschnitt 5.3.4).
- Mit RICHTUNG läßt sich festlegen, ob das gesamte Modul oder ausgehend von der Einfügemarke der folgende oder vorhergehende Teil des Moduls durchsucht werden soll.
- WEITERSUCHEN startet die Suche und findet das jeweils nächste Auftreten des Suchbegriffs.
- ERSETZEN ersetzt den gefundenen Suchbegriff durch den unter ERSETZEN DURCH angegebenen Text. Ist noch kein Text gefunden, so wird die Suche gestartet. ALLE ERSETZEN ersetzt alle gefundenen Textstellen im Suchbereich.

8.1.3 Testen von Visual Basic-Code

Der folgende Abschnitt stellt die Testfunktion, den sogenannten Debugger von Access vor.

Bei der Programmierung unterscheidet man zwischen drei Arten von Fehlern:

Fehlerarten

- Kompilierfehler entstehen durch Befehle mit einer unzulässigen Syntax. Solche Fehler werden von Access beim Kompiliervorgang (siehe Abschnitt 8.1.2) angezeigt und sind relativ schnell zu beheben.
- Laufzeitfehler treten auf, während der Code ausgeführt wird. Sie entstehen meist dadurch, daß eine Variable einen Wert annimmt, der in einem bestimmten Zusammenhang ungültig ist. Da in Access vor allem mit in der Datenbank gespeicherten Informationen gearbeitet wird, können auch viele Befehle erst zur Laufzeit überprüft werden, wodurch auch eine Reihe von Fehlern, die strenggenommen Kompilierfehler wären, erst zur Laufzeit auftreten. Access hält beim Auftreten des Laufzeitfehlers das Programm an und versetzt es in einen Zustand wie nach einem Haltepunkt (siehe unten).
  Laufzeitfehler sind manchmal schwerer zu beheben als Kompilierfehler, da ihre Ursache und ihr Auftreten an zwei völlig verschiedenen Stellen im Code liegen können.
- Logische Fehler treten auf, wenn Access zwar keine Fehlermeldung ausgibt, aber die Anwendung nicht das tut, was sie tun soll. Das Tückische an logischen Fehlern ist, daß sie oft nur in einem ganz speziellen Zustand der Anwendung auftreten und somit lange unentdeckt blei-

ben.

Für die völlige Beseitigung von logischen Fehlern gilt, daß sie zumindest bei halbwegs komplexen Anwendungen unmöglich ist. Um die Anwendung jedoch so stabil wie möglich zu halten, ist umfangreiches Testen, wenn möglich von mehreren Anwendern, nötig.

Testen von Anwendungen

Generell ist das Testen einer Anwendung umso einfacher, je kleinere, in sich abgeschlossene, Teile gestestet werden können. Somit sollten Sie jede Abfrage, jedes Formular und jeden Bericht, auch nach Möglichkeit jede Funktion und Prozedur einzeln unter verschiedenen Bedingungen testen.

Access erleichtert Ihnen dieses Vorgehen, da Sie über das Datenbankfenster jedes Objekt einzeln öffnen und ausprobieren können. Funktionen und Prozeduren lassen sich oft, wie in Abschnitt 8.1.1 beschrieben, über das Testfenster starten. Eine weitere Möglichkeit ist auch die Erstellung eines Testformulars, in dem dann z.B. eine Schaltfläche eine Funktion oder Prozedur startet.

Die meisten Funktionen und Prozeduren benötigen jedoch einen bestimmten Zustand, den Sie im Testfenster oder in einem Testformular nicht herstellen oder simulieren können. Insbesondere Ereignisprozeduren funktionieren oft nur dann, wenn das entsprechende Ereignis auch gerade aufgetreten ist. Solche Funktionen und Prozeduren testen Sie dann mit einem Haltepunkt.

Tips zum Programmdesign

Gute Testbarkeit ist auch eine Sache des Programmdesigns. Access verführt sehr zu einer »Quick and Dirty«-Programmierung, die Ihnen schnelle Ergebnisse verspricht, aber eher früher als später zu einer unübersichtlichen Anwendung führt, in der sich zahllose Fehler verstecken können.

Versuchen sie deshab möglichst viele in sich abgeschlossene Funktionen zu erstellen, die Sie einzeln im Testfenster oder über ein Testformular testen können. Greifen Sie nach Möglichkeit auch nur in den entsprechenden Formular- und Berichtsmodulen auf die Steuerelemente und -eigenschaften von Formularen und Berichten zu.

Haltepunkte

Sie testen Programmcode, indem Sie ihn schrittweise ausführen und dabei die Wirkung jedes Befehls nachvollziehen und überprüfen.

Bild IV.270: Ein Haltepunkt

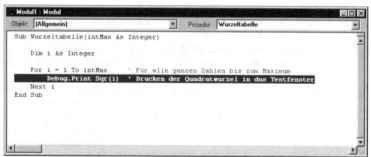

Haltepunkte auf einem Befehl bewirken, daß Access die Ausführung der Anwendung anhält, bevor dieser Befehl ausgeführt wird. Anschließend wird das entsprechende Modul gezeigt.

Sie legen einen Haltepunkt auf einen Befehl, indem sie die Einfügemarke darauf setzen und [F9] drücken. Alternativ klicken Sie auf die Schaltfläche HALTEPUNKT EIN/AUS in der Symbolleiste oder HALTEPUNKT EIN/AUS-SCHALTEN im AUSFÜHREN-Menü. Sie entfernen einen Haltepunkt mit denselben Methoden.

8 Module und Makros

Access erlaubt beliebig viele Haltepunkte. Sie entfernen alle Haltepunkte, indem Sie ALLE HALTEPUNKTE LÖSCHEN aus dem AUSFÜHREN-MENÜ auswählen.

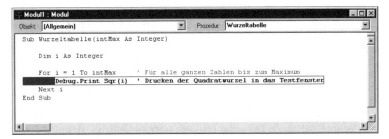

Bild IV.271: Angehaltene Programmausführung

Wenn Access die Programmausführung angehalten hat, stehen Ihnen die folgende Möglichkeiten zur Verfügung:

Schrittweises Ausführen von Code

- Um das Programm weiterlaufen zu lassen, klicken Sie auf die Schaltfläche WEITER in der Symbolleiste, drücken [F5] oder wählen WEITER aus dem AUSFÜHREN-Menü.

- Um die aktuelle Anweisung auszuführen und bei der nächstmöglichen Anweisung zu stoppen, klicken Sie auf die Schaltfläche EINZELSCHRITT, klicken auf [F8] oder wählen EINZELSCHRITT aus dem AUSFÜHREN-Menü.

- Um die aktuelle Anweisung auszuführen und bei der nächsten Anweisung derselben Funktion bzw. Prozedur zu stoppen, klicken Sie auf die Schaltfläche PROZEDURSCHRITT, klicken auf [Shift]+[F8] oder wählen PROZEDURSCHRITT aus dem AUSFÜHREN-Menü.

- Um die Ausführung zu beenden, klicken Sie auf die Schaltfläche BEENDEN oder wählen BEENDEN aus dem AUSFÜHREN-Menü.

- Um die Ausführung zu beenden und zusätzlich alle Variablen zurückzusetzen, klicken Sie auf die Schaltfläche NEU INITIALISIEREN oder wählen NEU INITIALISIEREN aus dem AUSFÜHREN-Menü.

Bild IV.272: Das Testfenster

Während das Programm angehalten ist, können Sie im Testfenster jeden beliebigen Befehl eingeben und somit die Wirkung von Befehlen und die Ergebnisse von Ausdrücken überprüfen.

IV Access

Sie öffnen das Testfenster durch Anklicken der Schaltfläche TESTFENSTER in der Symbolleiste oder wählen TESTFENSTER aus dem Menü ANSICHT. Sie blenden das Testfenster wieder aus, indem Sie es schließen.

Access erlaubt es zudem den Code zu ändern, während er angehalten ist. Dies ist insbesondere nützlich beim Auftreten eines Laufzeitfehlers, der wie ein Haltepunkt wirkt. Ist die Ursache des Fehlers beispielsweise ein einfacher Schreibfehler, so korrigieren Sie ihn einfach und fahren mit der Ausführung des Programms fort. Bei tiefgreifenden Änderungen, bei denen Access das Programm zurücksetzen muß, werden Sie durch eine entsprechende Meldung gewarnt.

Während Access die Ausführung in einem Modul an einem Haltepunkt anhält, stehen Ihnen alle Funktionen von Access zur Verfügung. Sie können beispielsweise ein Formular erstellen oder ein anderes Modul testen.

Werte von Audrücken und Variablen anzeigen

Access 7.0 bietet neben dem Testfenster auch komfortablere Funktionen, um den Wert von Ausdrücken sichtbar zu machen.

Um den Wert eines bestimmten Ausdrucks anzuzeigen, markieren Sie diesen und klicken auf die Schaltfläche AKTUELLEN WERT ANZEIGEN in der Symbolleiste oder wählen AKTUELLEN WERT ANZEIGEN aus dem Menü EXTRAS.

Bild IV.273: Anzeigen des Werts eines Ausdrucks

Wenn Sie den Wert dieses Ausdrucks ständig im Blickfeld benötigen, klicken Sie auf HINZUFÜGEN, um ihn der Liste der überwachten Ausdrücke hinzuzufügen.

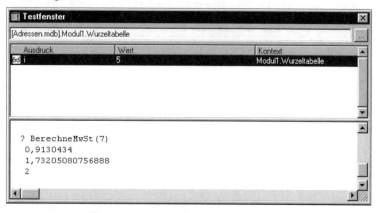

Bild IV.274: Die Liste der überwachten Ausdrücke

Die Liste der überwachten Ausdrücke wird in der oberen Hälfte des Textfensters eingeblendet. Um sie zu entfernen, schieben Sie die Trennlinie soweit nach oben, bis die Liste verschwunden ist.

Um einen neuen Überwachungsausdruck hinzuzufügen, können Sie ÜBERWACHUNG HINZUFÜGEN aus dem Menü EXTRAS oder aus dem Kontextmenü der Überwachungsfensters wählen. Access öffnet daraufhin ein Dialogfenster, in dem Sie die folgenden Angaben machen:

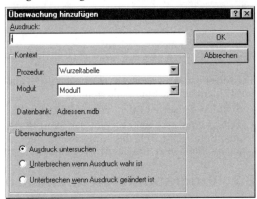

Bild IV.275: Hinzufügen eines Überwachungsausdrucks

- Geben Sie unter AUSDRUCK einen beliebigen gültigen Ausdruck ein, der in der Überwachungsliste aufgeführt wird. Wenn sich die Einfügemarke beim Öffnen des Dialogfelds auf einem gültigen Ausdruck im Modulfenster befindet, so wird dieser in das Dialogfeld übernommen.
- Unter KONTEXT geben Sie das Modul und die Funktion desjenigen Moduls an, innerhalb dessen der Ausdruck überwacht werden soll. Durch die Angabe von »<Alle Module>« muß Access alle Funktionen überwachen, was zu einer langsameren Ausführung des Programms führt.
- Unter ÜBERWACHUNGSARTEN legen Sie fest, ob der Ausdruck als Haltepunkt verwendet werden soll. AUSDRUCK UNTERSUCHEN zeigt lediglich den Wert des Ausdrucks in der Überwachungsliste an. Die beiden anderen Optionsfelder unterbrechen die Programmausführung, wenn der Ausdruck wahr (nicht 0) ist oder sich im Wert geändert hat.

Um die Einstellungen für einen Überwachungsausdruck zu ändern, doppelklicken Sie diesen. Alternativ wählen Sie ÜBERWACHUNG BEARBEITEN aus dem Menü EXTRAS oder aus dem Kontextmenü des Überwachungsausdrucks.

Sie löschen einen Überwachungsausdruck, indem Sie ihn durch Anklicken markieren und [Entf] drücken. Alternativ wählen Sie ÜBERWACHUNG LÖSCHEN aus dem Kontextmenü des Ausdrucks.

Dadurch, daß die meisten Funktionen und Prozeduren letztlich von Ereignissen aufgerufen werden, kommen bei Access relativ selten tief verschachtelte Funktionsaufrufe vor. Dennoch ist in manchen Fällen interessant herauszufinden, wo der Funktions- oder Prozeduraufruf letztlich stattfand.

Liste der Aufrufe

Sie zeigen die Aufrufliste an, indem Sie die Schaltfläche AUFRUFE in der Symbolleiste anklicken oder AUFRUFE im Menü EXTRAS wählen.

Die Aufrufliste zeigt von unten nach oben die Folge der Funktionsaufrufe. Um eine Funktion anzuzeigen, doppelklicken Sie auf den Funktionsnamen.

Bild IV.276:
Die Aufrufliste

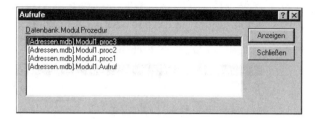

Anweisungen zur Fehlerfindung

Die folgenden Anweisungen lassen sich im Visual Basic-Code verwenden, um Fehlern auf die Spur zu kommen:
- *Stop* hat denselben Effekt wie ein Haltepunkt.
- *Debug.Print <Ausdruck>* gibt den Wert des Ausdrucks im Testfenster aus. Somit läßt sich die Arbeitsweise einer Funktion oder Prozedur auch ohne den zeitraubenden Weg über Haltepunkte verfolgen.

8.2 Programmieren mit Makros

Bild IV.277:
Ein Makro

Der Begriff Makro wird in Access anders verwendet als in Word oder Excel. Während es sich dort um Funktionen in WordBasic bzw. Visual Basic handelt, die durch eine Aufnahmefunktion automatisch erstellt werden können, sind Makros in Access eine einfache Abfolge von speziellen Befehlen.

Makros sollen in Access dazu dienen, auch unerfahrenen Anwendern die Programmierung von Anwendungen zu ermöglichen. Ob Programmierung allerdings wirklich einfacher wird, nur weil man die Befehle mit der Maus auswählen kann, scheint fraglich. Da Makros komplett durch Visual Basic-Funktionen ersetzt und sogar automatisch zu solchen konvertiert werden können, sollten Sie gleich damit beginnen, Ihren Code in Visual Basic zu formulieren.

8.2.1 Makros entwerfen und ausführen

Um ein neues Makro anzulegen, wechseln Sie im Datenbankfenster auf die Registerkarte MAKROS und klicken auf die Schaltfläche NEU. Access zeigt daraufhin ein leeres Makrofenster.

Anlegen eines Makros

Makros setzen sich aus einer Abfolge von Aktionen zusammen. Sie geben die Namen der Aktion in der Spalte AKTION im Makrofenster ein. Das Kombinationsfeld enthält dabei alle in Access zugelassenen Aktionen.

Aktionen

Bild IV.278: Ein leeres Makro

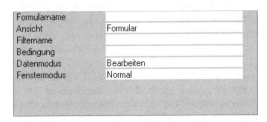

Bild IV.279: Makroparameter für das Öffnen eines Formulars

Für jede Aktion existieren unterschiedliche Parameter, die Sie in dem Feld links unten im Makrofenster eingeben. Dabei bietet Access in den meisten Fällen Kombinationsfelder an, die alle gültigen Auswahlen auflisten.

Das Parameterfeld wird dabei nur für die jeweils markierte Aktion gezeigt. Sie sollten deshalb von der Möglichkeit Gebrauch machen, in der Spalte BEMERKUNG einen erklärenden Text einzugeben, da Sie sonst leicht die Übersicht über das Makro verlieren. Access erlaubt das Einfügen von Leerzeilen zwischen zwei Aktionen, um die Übersichtlichkeit des Makros zu erhöhen.

Um ein Makro direkt auszuführen, doppelklicken Sie auf den entsprechenden Makronamen auf der Registerkarte MAKROS im Datenbankfenster.

Ausführen von Makros

Bild IV.280: Ausführen eines Makros über ein Dialogfeld

IV Access

Der zweite Weg, ein Makro auszuführen, führt über die Auswahl von MAKRO im Menü EXTRAS. Access zeigt daraufhin ein Dialogfeld an, in dem Sie den entsprechenden Makronamen eingeben. Befinden Sie sich in der Entwurfsansicht eines Makros, so wird es durch diese Menüauswahl direkt gestartet.

Ändern von Makros

Makros werden wie alle anderen Access-Objekte in der Entwurfsansicht erstellt. Sie zeigen ein Makro in der Entwurfsansicht an, indem Sie dessen Namen auf der Registerkarte MAKROS durch einen Mausklick markieren und anschließend die Schaltfläche ENTWURF anklicken. Alternativ öffnen Sie das Kontextmenü des Makros, indem Sie mit der rechten Maustaste auf den Namen klicken und daraus ENTWURF wählen.

Die Entwurfsansicht des Makros bietet folgende Funktionen:

- Um eine Zeile zu markieren, klicken Sie auf den Datensatzmarkierer. Um mehrere aufeinanderfolgende Zeilen gleichzeitig zu markieren, ziehen Sie den Mauszeiger über deren Datensatzmarkierer. Um alle Zeilen zu markieren, klicken Sie auf das Feld oben links unter der Titelleiste des Fensters.

- Um eine Zeile einzufügen, klicken Sie in die Zeile, über der die neue Zeile eingefügt werden soll, und klicken auf die Schaltfläche ZEILE EINFÜGEN in der Symbolleiste oder drücken [Einfg]. Um mehrere Zeilen gleichzeitig einzufügen, markieren Sie die entsprechende Anzahl von Zeilen und drücken dann [Einfg].

- Um eine Zeile zu löschen, klicken Sie in diese Zeile und klicken auf die Schaltfläche ZEILE LÖSCHEN in der Symbolleiste oder drücken [Entf]. Um mehrere aufeinanderfolgende Zeilen gleichzeitig zu löschen, markieren Sie diese und drücken dann [Entf].

Testen von Makros

Um ein Makro zu testen, ist es sinnvoll, es Schritt für Schritt auszuführen, um so die Wirkung der einzelnen Aktionen zu sehen.

Für die schrittweise Ausführung eines Makros, öffnen Sie es in der Entwurfsansicht. Klicken Sie anschließend auf die Schaltfläche EINZEL-SCHRITT in der Symbolleiste oder wählen Sie EINZELSCHRITT aus dem AUSFÜHREN-Menü, um den Einzelschrittmodus zu aktivieren. Klicken Sie dann auf die Schaltfläche AUSFÜHREN oder wählen Sie START aus dem AUSFÜHREN-Menü.

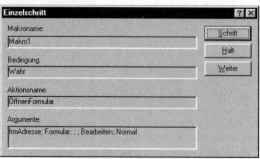

Bild IV.281: Einzelschrittmodus eines Makros

Access zeigt bei jedem Schritt das Dialogfenster aus Bild IV.281 an. Dort finden Sie Informationen über die als nächstes auszuführende Aktion. Klicken Sie

- auf die Schaltfläche SCHRITT, um die Aktion auszuführen,

- auf die Schaltfläche WEITER, um das Makro ohne Unterbrechung bis zum Ende auszuführen,
- auf die Schaltfläche Halt, um das MAKRO abzubrechen.

Der Einzelschrittmodus für ein Makro bleibt so aktiv, bis er explizit durch Klicken auf die Schaltfläche EINZELSCHRITT bzw. die Auswahl von EINZELSCHRITT aus dem AUSFÜHREN-Menü ausgeschaltet wird, auch wenn das Makro zwischenzeitlich geschlossen wurde.

8.2.2 Erweiterte Makrofunktionen

Das Makro-Entwurfsfenster läßt sich um zwei Spalten erweitern, die die Entwicklung komplexerer Makros erlauben.

Makronamen gestatten die Zusammenfassung mehrerer Makros als Makrogruppe unter einem gemeinsamen Makronamen. Um die Spalte für die Makronamen einzublenden, klicken Sie auf die Schaltfläche MAKRONAMEN in der Symbolleiste oder wählen Sie MAKRONAMEN aus dem ANSICHT-Menü.

Makronamen

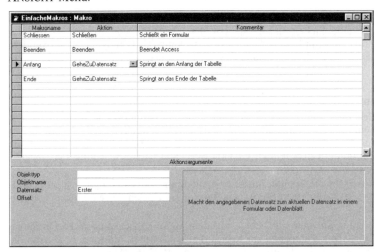

*Bild IV.282:
Zusammenfassung
von Makros zu einer
Makrogruppe*

Der Sinn von Makronamen liegt vor allem darin, nicht für jede einfache Aktion ein eigenes Makro im Datenbankfenster anlegen zu müssen.

Wenn Sie eine Makrogruppe ausführen, wird das erste Makro ausgeführt. Um ein spezielles Makro in einer Makrogruppe auszuführen, verwenden Sie den Ausdruck

```
Makro.Makroname
```

Im Makro-Dialogfeld, das Sie über die Auswahl MAKRO aus dem Menü EXTRAS öffnen, enthält das Kombinationsfeld auch die Namen aller Einzelmakros einer Makrogruppe.

Eine weitere Spalte ermöglicht die Angabe einer Bedingung, die wahr sein muß, damit die Aktion ausgeführt wird. Um die Spalte für die Bedingungen einzublenden, klicken Sie auf die Schaltfläche BEDINGUNGEN in der Symbolleiste oder wählen BEDINGUNGEN aus dem ANSICHT-Menü.

Bedingungen

*Bild IV.283:
Angabe einer
Bedingung für eine
Aktion*

Als Bedingung kann jeder gültige Access-Ausdruck angegeben werden.. Um z.B. eine Sicherheitsabfrage vor dem Beenden von Access, in der der Anwender mit Ja oder Nein antworten kann, als Bedingung zu verwenden, geben Sie in der Bedingungsspalte den Ausdruck

```
Msgbox('Meldungstext', 36) = 6
```

an.

Beachten Sie, daß in Makros die deutsche Notation von Ausdrücken mit Semikola als Trennzeichen für Parameter verwendet werden muß. In den Ausdrücken dürfen Sie auf alle in Formularen erreichbaren Steuerelemente mit den entsprechenden Objektausdrücken (siehe Abschnitt 9.2.1) zugreifen.

Standardmäßiges Einblenden von Makronamen und Bedingung

Wenn Sie die Spalten für Makronamen und/oder Bedingungen oft benötigen, so veranlassen Sie Access durch eine Option diese immer einzublenden.

Wählen Sie dazu OPTIONEN aus dem Menü EXTRAS und wechseln Sie im OPTIONEN-Dialogfeld zur Registerkarte ANSICHT. Markieren Sie dann die entsprechenden Kontrollkästchen unter IM MAKROENTWURF ANZEIGEN.

8.3 Menüs

Access ermöglicht die Erstellung von Menüs, die als Ersatz für die Standardmenüleisten des Access-Fensters oder als Kontextmenüs für Formulare und Steuerelemente dienen.

Leider ist die Definition von Menüs auch in der Version 7.0 von Access noch umständlich über Menü-Makros gelöst. So benötigen Sie für jedes einzelne Menüfenster ein eigenes Makro. Glücklicherweise unterstützt Access diese Arbeit durch einen Menüeditor.

Um ein Menü-Makro zu aktivieren, geben Sie es bei der Eigenschaft MENÜLEISTE bzw. KONTEXTMENÜLEISTE der Formular bzw. -Steuerelementeigenschaften an (siehe Abschnitt 6.4.4).

8.3.1 Erstellen von Menüs mit dem Menüeditor

Der Menüeditor übernimmt die Erstellung der vielen Makros, die für eine Menüleiste oder ein Kontextmenü notwendig sind. Bei Änderung eines Menüs liest der Menüeditor die Makros wieder ein, vorausgesetzt, sie entsprechen exakt den engen Konventionen des Menüeditors. Andernfalls verweigert er die Arbeit und zwingt Sie, das Menü-Makro von Hand zu bearbeiten, wie es in Abschnitt 8.3.2 beschrieben ist.

Sie öffnen den Menüeditor, indem Sie MENÜ-EDITOR aus dem ADD-INS-Untermenü des Menüs EXTRAS wählen. Access zeigt das Auswahlfenster des Menüeditors an.

Öffnen des Menüeditors

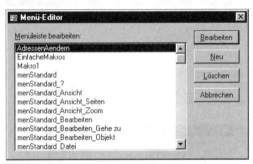

*Bild IV.284:
Das Auswahlfenster des Menüeditors*

Das Auswahlfenster bietet die Liste aller in der Datenbank definierten Makros. Um ein vorhandenes Menü-Makro zu bearbeiten, klicken Sie es an, um es zu markieren und klicken anschließend auf die Schaltfläche BEARBEITEN.

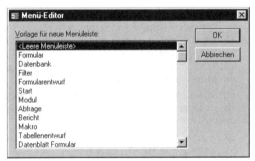

*Bild IV.285:
Menüvorlagen*

Um ein neues Menü zu erstellen, klicken Sie auf die Schaltfläche NEU. Access bietet Ihnen eine Liste von Menüvorlagen an. Diese Menüs entsprechen denen, die Access selber in seinen verschiedenen Modi verwendet. Da Sie Menüs mit Formularen verknüpfen, ist die Menüvorlage *Formular* meist ein guter Ausgangspunkt. Klicken Sie auf die Schaltfläche OK, um den Menüeditor zu öffnen.

Im Menüeditor sehen Sie in der unteren Hälfte eine Darstellung des bearbeiteten Menüs. Untermenüs sind dabei eingerückt dargestellt.

In der oberen Hälfte sehen Sie die Beschriftung des Menüpunkts und die Aktion, die durch den in der Liste markierten Menüpunkt ausgelöst wird. Im Namen sollte ein »&« enthalten sein, um eine Tastaturbedienung zu ermöglichen. Der Menüeditor unterstützt folgende Arten von Aktionen, die im Kombinationsfeld *AKTION* eingestellt werden:

Festlegen der Menüaktion

*Bild IV.286:
Der Menüeditor*

*Bild IV.287:
Bestimmung der
Standardmenü-
auswahl*

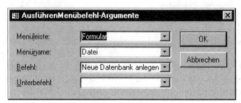

- AUSFÜHRENMENÜBEFEHL startet die Aktion, die durch eine Auswahl in den Access-Standardmenüs festgelegt wird. Somit lassen sich alle Menübefehle von Access in selbstdefinierten Menüs verwenden. Wenn Sie auf die Schaltfläche rechts neben dem Eingabefeld ARGUMENTE klicken, öffnen Sie das in Bild IV.287 gezeigte Dialogfeld, in dem Sie die Menüauswahl spezifizieren.

- Für die Einstellung AUSFÜHRENCODE geben Sie unter ARGUMENTE eine Visual Basic-Funktion an, die bei Auswahl des Menüpunkts ausgeführt werden soll.

- AUSFÜHRENMAKRO startet entsprechend ein Makro, dessen Namen Sie unter ARGUMENTE angeben.

Unter STATUSZEILENTEXT läßt sich ein erklärender Text angeben, der in der Access-Statuszeile gezeigt wird, wenn der Menüpunkt markiert ist.

Strukturieren des Menüs

Um das Menü mit seinen Untermenüs zu strukturieren, bietet der Menüeditor folgende Funktionen:

- Um die nächste Zeile zu markieren, klicken Sie auf die Schaltfläche WEITER.

- Um vor der markierten Zeile eine leere Zeile einzufügen, klicken Sie auf die Schaltfläche EINFÜGEN.

- Um die markierte Zeile zu löschen, klicken Sie auf die Schaltfläche LÖSCHEN.

- Um den markierten Menüpunkt in ein Untermenü zu schieben, klicken Sie auf die Schaltfläche mit dem Rechtspfeil.

- Um den markierten Menüpunkt aus einem Untermenü in das übergeordnete Menü zu verschieben, klicken Sie auf den Linkspfeil.
- Um einen Menüpunkt mit dem vorangehenden zu vertauschen, klicken Sie auf den Pfeil nach oben.
- Um einen Menüpunkt mit dem nachfolgenden zu vertauschen, klicken Sie auf den Pfeil nach unten.

Beachten Sie, daß ein Menüpunkt nicht mehr als eine Ebene weiter rechts stehen darf als der vorangehende Menüpunkt. Andernfalls verweigert Access die Erstellung des Menüs.

Um das Menü zu erstellen bzw. die Änderungen zu speichern, klicken Sie auf OK. Bei neuen Menüs fragt Access nach einem Namen für das Menü-Makro. Um ein vorhandenes Menü unter einem neuen Namen abzuspeichern, klicken Sie auf die Schaltfläche DUPLIZIEREN.

Praxistip: Stellen Sie dem Namen des Menü-Makros das Präfix »men« voran, um es später leichter als Menümakro identifizieren zu können.

8.3.2 Aufbau von Menümakros

Menüs werden durch eine Serie von Makros erstellt. Diese Makros bestehen zum einen aus der Aktion »HinzufügenMenü«, die Untermenüs definiert. Zum anderen werden Aktionen in die Makros aufgenommen, die bestimmen, was durch die Menüauswahl geschehen soll.

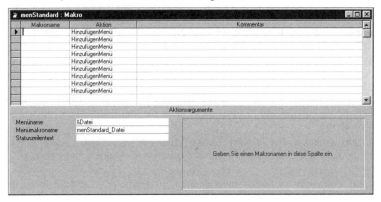

Bild IV.288:
Das Hauptmenü-Makro

Das Hauptmenü-Makro stellt gewissermaßen die oberste Ebene des Menüs dar und ist dasjenige Makro, was Sie im Menü-Editor bzw. in den Formular- und Steuerelementeigenschaften angeben.

Das Hauptmenü-Makro

Für Menüleisten wird hier für jeden Menüpunkt eine Aktion »HinzufügenMenü« definiert. Durch die Argumente dieser Aktion wird wiederum ein Makro angeben, in dem das Menü genauer definiert ist. Für Kontextmenüs reicht eine einzige Aktion »HinzufügenMenü«.

Die Aktion »HinzufügenMenü« hat die folgenden Argumente:

- MENÜNAME gibt den Text an, der in der Menüleiste erscheinen soll. Durch ein »&« Zeichen wird der Buchstabe markiert, der für die Tastaturbedienung verwendet wird.
- MENÜMAKRONAME gibt den Namen eines Makros an, durch das die einzelnen Menüpunkte definiert werden.
- STATUSZEILENTEXT gibt einen Text an, der in der Access-Statuszeile erscheint, wenn der Menüpunkt markiert ist.

Bild IV.289:
Das Untermenü-
Makro für das Datei-
Menü

Untermenü-Makros Untermenü-Makros spezifizieren die Menüpunkte und die Aktionen, die durch die Auswahl der einzelnen Menüpunkte gestartet werden sollen.

Jeder Menüpunkt wird durch einen Makronamen eingeleitet, der den im Menü erscheinenden Text festlegt. Wiederum markiert das Zeichen »&« den Buchstaben, der für die Tastaturbedienung verwendet wird. Der Text, der in der Spalte KOMMENTAR erscheint, wird von Access in der Statuszeile angezeigt, wenn der Menüpunkt markiert ist.

Für jeden Menüpunkt lassen sich jetzt eine oder mehrere Aktionen definieren, die bei Auswahl des Menüpunkts ausgeführt werden. Wenn Sie das Menü mit dem Menüeditor bearbeiten wollen, sollten Sie nur die Aktionen AUSFÜHRENMENÜBEFEHL, AUSFÜHRENCODE und AUSFÜHRENMAKRO verwenden, da das Menü sonst nicht mehr im Menüeditor bearbeitet werden kann.

Untermenüs werden mit der Aktion HINZUFÜGENMENÜ erstellt. Dabei muß dann der Name eines weiteren Untermenü-Makros angegeben werden.

Trennlinien Eine Zeile, die als Makronamen einen Bindestrich »-« enthält, wird im Menü als Trennlinie ausgegeben.

8.3.3 Aktivieren von Menüs

Nachdem Sie ein Menü-Makro erstellt haben, geben Sie an, wann es von Access angezeigt werden soll. Access unterscheidet dabei zwischen globalen und formularbezogenen Menüleisten. Ein formularbezogenes Menü ist nur dann aktiv, wenn das Formular, dem es zugewiesen wurde, aktiv ist. Das globale Menü wird bei allen Formularen angezeigt, für die kein formularbezogenes Menü angegeben wurde.

Kontextmenüs werden normalerweise einem Steuerelement zugewiesen, wo es durch Klicken mit der rechten Maustaste angezeigt wird. Genauso läßt sich ein Kontextmenü für ein ganzes Formular angeben, das immer dann erscheint, wenn mit der rechten Maustaste auf eine leere Fläche im Formular oder auf ein Steuerelement, dem kein eigenes Kontextmenü zugewiesen ist, geklickt wird. Wiederum läßt Access auch ein globales Kontextmenü zu, das immer dann zum Einsatz kommt, wenn keine speziellen Angaben gemacht wurden.

8 Module und Makros

Sie geben ein globales Menü in den Starteinstellungen der Datenbank an. Wählen Sie dazu START aus dem Menü EXTRAS.

Verwendung eines globalen Menüs

Bild IV.290: Die Starteinstellungen

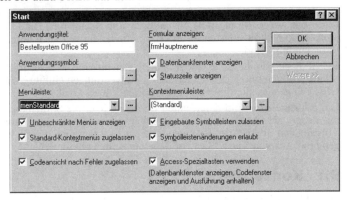

Wählen Sie dann das entsprechende Menümakro im Kombinationsfeld MENÜLEISTE. Um zu verhindern, daß der Anwender die Standardmenüs von Access verwendet, löschen Sie die Markierung im Kontrollkästchen UNBESCHRÄNKTE MENÜS anzeigen. Um ein globales Kontextmenü zu definieren, tragen Sie den Namen des entsprechenden Menümakros unter KONTEXTMENÜLEISTE ein. Dabei können Sie durch Löschen der Markierung des Kontrollkästchens STANDARDKONTEXTMENÜ ZUGELASSEN die Verwendung der Access-Standardkontextmenüs verhindern.

Formularbezogene Menüs werden definiert, indem Sie für die Eigenschaft MENÜLEISTE des gewünschten Formulars ein Menümakro angeben. Ein Kontextmenü läßt sich entsprechend in der Eigenschaft KONTEXTMENÜLEISTE festlegen.

Verwendung von formularbezogenen Menüs

Die Eigenschaft KONTEXTMENÜLEISTE wird auch von den meisten Steuerelementen angeboten, so daß Sie hier auch spezifische Kontextmenüs angeben können.

Wenn Sie eine Anwendung für mehrere Anwender schreiben, sollten Sie auf jeden Fall eine globale benutzerdefinierte Menüleiste definieren, in der Sie Menüauswahlen wie ENTWURFSANSICHT, die nur für die Anwendungsentwicklung von Bedeutung sind, ausblenden.

Tips zur Verwendung von Menüs

Wenn Sie einen Befehl aus einem Standardmenü benötigen, drücken Sie [Strg]+[F11], um das Access-Standardmenü einzublenden. Diese Tastenkombination läßt sich deaktivieren, indem Sie die Markierung im Kontrollkästchen ACCESS-SPEZIALTASTEN VERWENDEN in den Starteinstellungen nach Klicken auf die Schaltfläche WEITERE gelöscht haben.

Die Bedienung über Menüleisten ist zwar für Windows-Anwendungen üblich, eignet sich aber meistens schlecht für Datenbankanwendungen. Verwenden Sie besser Schaltflächen in Formularen, da diese sofort für den Anwender sichtbar sind. Dagegen führen Menüleisten, die sich mit dem gerade angezeigten Formular ändern, doch eher zu Verwirrung.

9 Visual Basic in Access

Die Version 7.0 von Access verwendet als Programmiersprache Visual Basic, das Access Basic ablöst. Visual Basic und Access Basic sind sich sehr ähnlich, so daß die meisten Access Basic-Anwendungen auch unter Visual Basic lauffähig sind.

Visual Basic ist die allen Programmen gemeinsame Makrosprache, die Microsoft nach und nach in allen Office-Anwendungen einführen will. Für Office 95 ist dies allerdings erst bei Excel und Access realisiert.

Der folgende Abschnitt liefert einen Überblick über die Sprachkonstrukte, mit denen Sie Access-Objekte manipulieren können, um auch komplexe Vorgänge in Ihrer Access-Anwendung zu programmieren. Die grundlegende Syntax von Visual Basic ist dabei im Anhang beschrieben.

9.1 Konzepte

Obwohl Objekte existieren, kann Visual Basic nur bedingt als objektorientierte Sprache bezeichnet werden, da der Programmierer nur sehr eingeschränkte Möglichkeiten hat, selbst Objekte zu erstellen. Außerdem sind Visual Basic-Objekte nicht einer Objekthierarchie angeordnet, was ein zentrales Merkmal echter objektorientierter Sprachen wie Smalltalk oder C++ ist.

9.1.1 Objekte und Auflistungen

In der objektorientierten Theorie fassen Objekte Daten und Code zur Verarbeitung dieser Daten in einer Einheit zusammen. In Access sind die Daten über Eigenschaften zugänglich, während der Code über sogenannte Methoden aufgerufen wird.

Eigenschaften Wenn Sie bei Eigenschaften an die verschiedenen Eigenschaftenfenster in Access denken, liegen Sie richtig. Die Eigenschaftenfenster stellen in der Tat die Objekteigenschaften z.B. der Steuerelement-Objekte dar.

Wenn Sie beispielsweise eine Befehlsschaltfläche namens CMDOK auf einem Formular definiert haben, so deaktivieren Sie die Befehlsschaltfläche mit dem Code

```
cmdOK.Enabled = False
```

Damit erreichen Sie fast dasselbe wie das Setzen des Eigenschaftswerts bei AKTIVIERT im Eigenschaftenfenster der Befehlsschaltfläche auf »Nein«. Der einzige Unterschied liegt darin, daß die im Eigenschaftsfenster festgelegten Werte gewissermaßen der Standardwert für die entsprechende Eigenschaft sind, während Zuordnungen über Code nur solange gelten, bis das Formular wieder geschlossen wird.

Standardeigenschaft Viele Objekte besitzen eine Standardeigenschaft, die nicht explizit angegeben werden muß. So ist die Anweisung

```
txtField = "Name"
```

für ein Textfeld TXTFIELD identisch mit der Anweisung

```
txtField.Value = "Name"
```

da VALUE die Standardeigenschaft eines Textfelds ist.

Standardeigenschaften vereinfachen den Programmcode, da Objekten direkt Werte zugewiesen werden können. Wird auf die Standardeigenschaft von Objekten zugegriffen, für die keine Standardeigenschaft definiert ist, so gibt Access eine Fehlermeldung aus.

Methoden sind Prozeduren, die auf ein Objekt wirken. So bewirkt beispielsweise die Anweisung

Methoden

```
rec.Delete
```

das Löschen des aktuellen Datensatzes in einer Datensatzgruppe. Der Unterschied zu einer normalen Prozedur liegt dabei darin, daß Sie keine Parameter angeben müssen, um den zu löschenden Datensatz zu spezifizieren.

Der Unterschied zwischen Eigenschaften und Methoden ist in Visual Basic dabei nicht so eindeutig, wie er erscheinen mag. So gibt es Wertzuweisungen an Eigenschaften, die Aktionen für das Objekt auslösen und Methoden, die nichts anderes tun, als bestimmten Eigenschaften Werte zuzuweisen. Tatsächlich wird beim Setzen und beim Auslesen von Eigenschaften eine spezielle Prozedur ausgeführt, die wiederum beliebige Aktionen auslösen kann.

Access umfaßt zahlreiche Objekte, mit denen auf Formulare und Berichte genauso zugegriffen wird, wie auf die Informationen in den Datentabellen. Dabei sind die Objekte gleichen Typs oft in Auflistungen zusammengefaßt.

Objekttypen

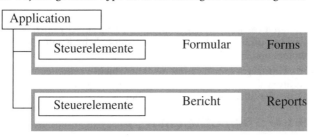

Bild IV.291: Auflistungen und Objekte

Diese Auflistungen sind dabei oft Eigenschaften eines anderen Objekts. Bild IV.291 zeigt beispielsweise das Verhältnis des Application-Objekts zu Formularen, Berichten und deren Steuerelementen. Dabei besitzt das Application-Objekt je eine Auflistung für die geöffneten Formulare und die geöffneten Berichte. Jedes Formular und jeder Bericht in diesen Auflistungen enthält wiederum eine Auflistung für die Steuerelemente des jeweiligen Formulars oder Berichts.

9.1.2 Überblick über die Access-Objekte

Über das Application-Objekt erhalten Sie Zugriff auf alle geöffneten Formulare und Berichte sowie deren Steuerelemente.

Anwendungsobjekt

Das Application-Objekt von Access läßt sich zudem in anderen Anwendungen, die Visual Basic unterstützen, erstellen und bietet diesen dann vollständigen Zugriff auf die Access-Funktionalität.

Alle Objekte, die direkt oder indirekt dem Zugriff auf Datenbanken und ihre Tabellen dienen, sind in Access 7.0 als Data Access Objekts, kurz DAO, zusammengefaßt. DAO ist dabei eine Programmbibliothek, die eine Programmierschnittstelle zum Datenbankmanagementsystem von Access, der sogenannten Jet Engine, bietet. Die DAO ist auch in anderen Umgebungen, z.B. Visual C++, verfügbar.

Data Access Objects (DAO)

Das grundlegende Objekt der DAO ist DBENGINE, das die Jet Engine repräsentiert. Das DBEngine-Objekt besitzt wiederum eine Auflistung mit verschiedenen Arbeitsbereichen (sogenannten *Workspaces*), die einer Access-Umgebung mit einer Benutzeranmeldung entsprechen. Innerhalb eines Workspaces lassen sich wiederum mehrere Database-Objekte öffnen, die je eine Access-Datenbank repräsentieren.

Da Sie bei der Arbeit mit Access immer in einem Arbeitsbereich angemeldet sind und immer eine Datenbank geöffnet halten, kommen Sie bei den meisten Anwendungen mit dem aktuellen Workspace und der aktuellen Datenbank aus. Das Arbeiten mit mehreren Datenbanken und Workspaces ist nur für spezielle Anwendungen nötig.

9.1.3 Kontexte

Bei der Programmierung von Visual Basic-Code befinden Sie sich immer in einem bestimmten Objekt-Kontext. Um beispielsweise auf den Textfeldwert eines Unterformulars aus einer Funktion in einem Standardmodul zuzugreifen, müssen Sie folgenden Code angeben:

```
Forms.frmFormular.frmUnterformular.Form.txtField
```

Aus dem Formularmodul des Unterformulars heraus verweisen Sie auf das Textfeld durch

```
txtField
```

Generell befinden sich Standardmodule im Kontext des Application-Objekts, und Formular- und Berichtsmodule im Kontext des jeweiligen Formulars und Berichts.

Als Faustregel gilt, daß Sie nur auf Objekte zugreifen sollten, die sich im Kontext des jeweiligen Moduls befinden. Somit erzeugen Sie modularen Code, der leichter wiederverwendbar ist.

9.1.4 Bibliotheken

Neu in Access 7.0 ist die Möglichkeit, auf Funktionen und Prozeduren in anderen Datenbanken zuzugreifen. Somit haben Sie die Möglichkeit, häufig benötigte Funktionen als Programmbibliothek in einer Access-Datenbank zusammenzufassen.

Bevor Sie auf eine Funktion oder Prozedur in einer anderen Access-Datenbank zugreifen können, müssen Sie diese zunächst als Referenz angeben. Öffnen Sie dazu ein beliebiges Modul und wählen Sie REFERENZEN im Menü EXTRAS.

Im Dialogfeld aus Bild IV.292 werden alle Bibliotheken aufgeführt, die auf Ihrem System installiert sind. Um auf die Funktionen und Prozeduren in einer Access-Datenbank zuzugreifen, müssen Sie diese in die Liste eintragen, indem Sie auf die Schaltfläche DURCHSUCHEN klicken.

Im Kombinationsfeld DATEITYP stellen Sie ein, welche Art von Bibliothek Sie verwenden wollen. Geben Sie »Datenbanken« an, wenn Sie eine Access-Datenbank als Bibliothek verwenden wollen. Wählen Sie anschließend die Datenbankdatei aus, und klicken Sie auf OK.

Um die Bibliothek zu aktivieren, markieren Sie das entsprechende Kontrollkästchen. Anschließend können Sie Funktionen und Prozeduren aus der Datenbank aufrufen.

9 Visual Basic in Access

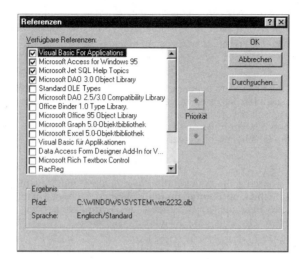

*Bild IV.292:
Festlegen der
Referenzen*

9.2 Formulare und Ereignisse

Access stattet Formulare mit einer ganzen Reihe von Funktionen aus, ohne daß Sie eine Zeile Code programmieren müssen. So stellen Formulare nicht nur Daten dar und erlauben deren Änderung, sondern bieten auch die Möglichkeit, Datensätze zu löschen und neu anzufügen.

Mag diese Funktionalität auch für viele Fälle reichen, für eine größere Anwendung sind Sie gezwungen, durch Programmcode zusätzliche Funktionen zu definieren. Die Schlüsselworte heißen dabei Ereignisse und Ereignisprozeduren.

9.2.1 Programmieren mit Formularen

Sie öffnen ein Formular mit der OpenForm-Methode des DoCmd-Objekts. Das DoCmd-Objekt existiert im Kontext der Anwendung und besitzt als Methoden alle Makrobefehle.

Öffnen eines Formulars

```
DoCmd.OpenForm "frmAdresse"
```

öffnet beispielsweise das Formular *FRMADRESSE*. Ist *FRMADRESSE* bereits geöffnet, so wird es im Access-Fenster aktiviert.

Um eine Objektvariable für ein geöffnetes Formular zu erhalten, verwenden Sie die Forms-Auflistung:

```
Dim frm as Form
Set frm = Forms!frmAdresse
```

Durch diesen Code erhalten Sie eine Objektvariable für das Formular *FRM-ADRESSE*. Wenn das Formular nicht geöffnet ist, wird ein Fehler erzeugt.

Der zweite Weg, ein Formular zu öffnen, besteht in der Deklaration einer entsprechenden Formularvariable.

Form-Variablen

```
Dim frm As New Form_frmAdressen
```

FORM_FRMADRESSE gehört dabei zu den Formulartypen, die automatisch von Access für jedes Formular zur Verfügung gestellt werden.
Um das Formular anzuzeigen, machen Sie es sichtbar:

```
frm.Visible = True
```

Das Besondere bei dieser Methode besteht darin, daß Sie ein und dasselbe Formular mehrfach öffnen können. Beachten Sie aber, daß die Formulare nur solange geöffnet sind, wie die entsprechende Objektvariable existiert. Soll das Formular noch offen sein, wenn die Funktion beendet ist, so muß die Objektvariable folgendermaßen statisch deklariert sein:

```
Static frm As New Form_frmAdressen
```

Zugriff auf Eigenschaften und Steuerelemente eines Formulars

Generell sollten Sie auf die Eigenschaften und Steuerelemente nur im entsprechenden Formularmodul zugreifen. Dennoch haben Sie die Möglichkeit, über die Objektvariable des Formulars auf alle Eigenschaften und Steuerelemente des Formulars zuzugreifen.

```
frm.Nachame.Locked = True
```

verändert z. B. eine Eigenschaft eines Textfelds auf dem Formular FRM.
Wenn Sie ein Formular aus einem Standardmodul oder aus einem Formularmodul eines anderen Formulars verändern müssen, bieten sich öffentliche Formularfunktionen oder -prozeduren an. Diese sind ohne das Schlüsselwort PRIVATE im Formularmodul definiert und können von außen aufgerufen werden.

```
frm.LockForm(True)
```

ruft die Funktion LockForm, die innerhalb des Formularmoduls definiert ist, auf.

Zugriff auf Unterformulare

Auf die Steuerelemente und Eigenschaften eines Unterformulars greifen Sie über die FORM-Eigenschaft des Unterformular-Steuerelements zu:

```
frm.frmRechnungSub.Form.AllowEdits = False
```

9.2.2 Grundlagen von Ereignissen

Ereignistypen

Ereignisse geben Ihrem Programmcode die Möglichkeit, auf bestimmte Vorgänge zu reagieren. Dabei läßt sich grob zwischen zwei Typen von Ereignissen unterscheiden:
- Einige Ereignisse werden direkt durch den Benutzer ausgelöst. Zu diesen Ereignissen gehört das Klicken auf eine Schaltfläche oder das Drücken einer Taste.
- Andere Ereignisse sind nur indirekt eine Folge von Benutzeraktionen. Dazu gehört das Löschen eines Datensatzes oder das Schließen eines Formulars.

Ereignisauslöser

Ereignisse werden im wesentlichen auf Formularen und deren Steuerelementen ausgelöst. Für Berichte sind ebenfalls einige wenige Ereignisse definiert, die allerdings nur für Spezialaufgaben benötigt werden.

Access erlaubt leider keine Ereignisse auf Tabellenebene, sogenannte Trigger. Dies wird teilweise durch die Definition von Beziehungen (siehe Abschnitt 4.2.3) ausgeglichen. Für andere Anwendungen müssen die Funktionen auf Formularebene implementiert werden, was einen wesentlich höheren Aufwand bedeutet.

In vielen Fällen erhalten Sie das Ereignis, bevor Access eine bestimmte **Abbrechen von**
Aktion durchführt. Oft läßt sich innerhalb der Ereignisprozedur der Vor- **Ereignissen**
gang abbrechen. Auf diese Weise verändern oder verhindern Sie einige der
Standardfunktionen, die Access in einem Formular zur Verfügung stellt.

Viele Aktionen lösen mehrere Ereignisse in Folge aus. So feuert Access bei- **Ereignisabfolgen**
spielsweise beim Löschen eines Datensatzes nacheinander die Ereignisse
Löschen, *VorLöschbestätigung* und *NachLöschbestätigung*. Auf welches
Ereignis Sie dabei reagieren wollen, hängt dann von dem Zustand ab,
indem sich der Vorgang beim Auftreten des Ereignisses befindet und welches Standardverhalten von Access beeinflußt werden soll.

Beim Beispiel des Löschvorganges haben die Ereignisse folgende Aufgaben:

- Des Ereignis *BeimLöschen* tritt dann auf, sobald ein Löschvorgang
  vom Benutzer angefordert wurde. Wenn Sie dieses Ereignis abbrechen,
  verhindern Sie, daß der Benutzer Datensätze löschen kann.
- Das Ereignis *VorLöschbestätigung* tritt ein, bevor Access das Meldungsfenster aus Bild IV.293 anzeigt. Dieses Ereignis nutzen Sie dazu,
  ein eigenes Meldungsfenster anzuzeigen.

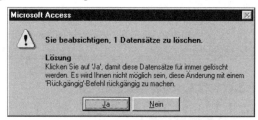

Bild IV.293:
Die Löschbestätigung

- Das Ereignis *NachLöschbestätigung* tritt ein, nachdem der Löschvorgang durchgeführt wurde. Dieses Ereignis eignet sich dazu, durch das
  Löschen nötig gewordene Datenmanipulationen durchzuführen.

9.2.3   Festlegen von Ereignisreaktionen

An dieser Stelle sollen die drei Varianten für das Spezifizieren von Ereignis-
reaktionen zusammengefaßt werden.

Für Ereignisse existieren eine Reihe von Eigenschaften bei Formularen,
Bereichen und Steuerelementen. Access unterstützt die drei folgenden
Möglichkeiten, eine Reaktion auf Ereignisse festzulegen.

Ereignisprozeduren sind Prozeduren mit einem speziellen Namen, der sie **Ereignisprozeduren**
als Reaktion auf ein bestimmtes Ereignis eines bestimmten Steuerelements,
Bereichs oder des Formulars ausweist (siehe Abschnitt 8.1.1). Sie befinden
sich immer im entsprechenden Formularmodul.

Sie legen Ereignisprozeduren an, indem Sie auf die Dialogfeld-Schaltfläche
rechts neben dem Eigenschaftswert klicken.

Wählen Sie Code-Editor als Eigenschaftseditor, und klicken Sie auf OK.
Access zeigt jetzt das Formularmodulfenster mit dem Rumpf der Ereignisprozedur an.

Bild IV.294:
Die Ereignisse im
Eigenschaftenfenster

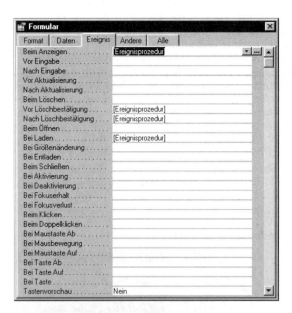

Bild IV.295:
Auswahl des
Eigenschaftseditors

Bild IV.296:
Die Ereignisprozedur
im Modulfenster

Als Eigenschaftswert trägt Access »[Ereignisprozedur]« ein. Weitere Möglichkeiten, eine Ereignisprozedur anzulegen, finden Sie in Abschnitt 8.1.1.

Einem Ereignis läßt sich auch ein Makro zuweisen. Das Kombinationsfeld einer Ereigniseigenschaft enthält alle Makrogruppen mit allen Einzelmakros, aus denen Sie eines auswählen können.

Ereignismakros

Makros lassen sich ebenfalls direkt aus dem Eigenschaftenfenster erstellen, indem Sie MAKRO-EDITOR im entsprechenden Dialogfeld auswählen. Dabei erstellen und speichern Sie ein neues Makro, das im Datenbankfenster aufgeführt wird.

Aufgrund der eingeschränkten Möglichkeiten bei der Programmierung von Makros (siehe Abschnitt 8.2) eignen sich Ereignismakros nur für einfache Funktionen. So empfiehlt sich beispielsweise eine Makrogruppe, die Einzelmakros für bestimmte oft benötigte Befehlsschaltflächen (Schließen, Suchen usw.) enthält.

Für die Kompatibilität mit Access 1.x werden auch in Access 7.0 Ereignisfunktionen unterstützt. Ereignisfunktionen werden mit einem vorangestellten »=« als Eigenschaftswert eingetragen. So bewirkt beispielsweise der Eigenschaftswert

Ereignisfunktionen

```
=schliesseFormular()
```

die Ausführung der Funktion SCHLIESSEFORMULAR() nach dem Auftreten des Ereignisses.

Wenn Sie die Ereignisfunktion in einem Formularmodul unterbringen, so wird diese im Kontext des Formulars ausgeführt und verhält sich im Prinzip so wie eine Ereignisprozedur. Ereignisprozeduren in Standardmodulen sollten das Formular als Parameter erhalten.

Die Funktion

```
Function FormularName(frm as Form)

    MsgBox frm.Name

End Function
```

gibt für ein Formular den Namen in einem Meldungsfenster aus. Die Funktion kann in jedem beliebigen Formular mit

```
=FormularName([Formular])
```

als Ereignisfunktion verwendet werden.

Wenn Sie ein und dieselbe Funktion als Reaktion für verschiedene Ereignisse benötigen, so bietet sich eine Ereignisfunktion an, obwohl Microsoft generell von der Verwendung von Ereignisfunktionen abrät.

9.2.4 Formularereignisse

Im folgenden erhalten Sie eine Übersicht über die wichtigsten Ereignisse, die in einem Formular auftreten.

Die folgenden Ereignisse beziehen sich auf das Formular an sich.

Ereignis	Bemerkung
Beim Öffnen	Dieses Ereignis tritt ein, wenn das Öffnen des Formulars angefordert wurde, bevor die Daten aus der Datenquelle geladen werden. Dieses Ereignis ist meistens zu früh für eine Initialisierung des Formulars, da die Steuerelemente auf dem Formular zu diesem Zeitpunkt nicht initialisiert sind.
Beim Laden	Dieses Ereignis tritt nach *Beim Öffnen* ein, wenn die Daten in das Formular geladen werden. Hier sollte eine Ereignisprozedur zum allgemeinen Initialisieren des Formulars stehen.
Bei Größenänderung	Wenn der Anwender das Formularfenster in der Größe verändert hat, tritt dieses Ereignis auf. Hier sollte eine Ereignisprozedur stehen, die die Größen der Steuerelemente an die Größe des Formulars anpaßt. Dieses Ereignis tritt auch immer nach *Beim Laden* auf.
Bei Aktivierung	Dieses Ereignis tritt auf, wenn das Formular aktiviert, also mit einem Mausklick in den Vordergrund gebracht wird. *Bei Aktivierung* folgt immer auf *Beim Laden*.
Beim Anzeigen	Sobald ein neuer Datensatz im Formular dargestellt wird, tritt dieses Ereignis auf. Es ist dazu geeignet, das Formular in Abhängigkeit des gerade dargestellten Datensatzes zu initialisieren. Wenn ein Formular geöffnet wird, folgt *Beim Anzeigen* auf *Bei Aktivierung*. Anschließend wird dieses Ereignis jedesmal ausgelöst, wenn der Anwender zu einem neuen Datensatz blättert.
Beim Entladen	Dieses Ereignis tritt ein, nachdem das Schließen des Formulars angefordert wurde.
Bei Deaktivierung	Wenn der Anwender ein anderes Formular aktiviert, tritt dieses Ereignis ein.
Beim Schließen	Dieses Ereignis tritt ein, wenn das Formular vom Bildschirm entfernt wird.

Enthält ein Formular ein Unterformular, so treten dessen Ereignisse beim Öffnen immer alle vor allen Ereignissen des Hauptformulars auf. Es ist also nicht möglich, ein Unterformular beim Öffnen in Abhängigkeit vom Hauptformular zu initialisieren.

Datensatzbezogene Ereignisse Die folgenden Ereignisse beziehen sich auf den im Formular dargestellten Datensatz:

Ereignis	Bemerkung
Vor Aktualisierung	Dieses Ereignis tritt ein, bevor ein geänderter Datensatz gespeichert wird (siehe Abschnitt 9.2.6).
Nach Aktualisierung	Wenn der Datensatz gespeichert ist, tritt dieses Ereignis ein (siehe Abschnitt 9.2.6).

Ereignis	Bemerkung
Löschen	Dieses Ereignis tritt ein, sobald das Löschen eines Datensatzes vom Anwender angefordert wurde (Siehe Abschnitt 9.2.2)
Vor Löschbestätigung	Bevor Access die Meldung mit der Löschbestätigung anzeigt, wird dieses Ereignis ausgelöst (siehe Abschnitt 9.2.2)
Nach Löschbestätigung	Nachdem das Löschen bestätigt wurde, wird dieses Ereignis ausgelöscht (siehe Abschnitt 9.2.2)
Vor Eingabe	Dieses Ereignis tritt ein, sobald eine Eingabe in ein Formular vorgenommen wurde, die das Erstellen eines neuen Datensatzes zur Folge haben würde. Dieses Ereignis eignet sich dazu, Felder in neuen Datensätze zu initialisieren.
Nach Eingabe	Dieses Ereignis tritt ein, nachdem der neue Datensatz wirklich erstellt wurde. *Nach Eingabe* tritt dabei immer nach den Ereignissen *Vor Aktualisierung* und *Nach Aktualisierung* ein.

9.2.5 Steuerelementereignisse

Die für Steuerelemente verfügbaren Ereignisse hängen vom konkreten Steuerelement-Typen ab.

Ereignis	Bemerkung
Beim Hingehen	Dieses Ereignis tritt dann auf, wenn der Anwender mit der Maus oder der Tastatur ein Steuerelement aktiviert.
Bei Fokuserhalt	Wenn ein Anwender ein Steuerelement aktiviert oder ein Steuerelement durch Aktivierung des ganzen Formulars aktiviert wird, tritt dieses Ereignis ein. BEI FOKUSERHALT tritt immer nach *Beim Hingehen* auf.
Beim Verlassen	Dieses Ereignis tritt auf, wenn der Anwender ein anderes Steuerelement auf demselben Formular aktiviert.
Bei Fokusverlust	Dieses Ereignis tritt auf, wenn ein Steuerelement durch die Aktivierung eines anderen Steuerelements oder eines anderen Formulars deaktiviert wird.
Vor Aktualisierung	Dieses Ereignis tritt ein, bevor die Änderungen in einem Steuerelement im Datensatz gespeichert werden (siehe Abschnitt 9.2.6).
Nach Aktualisierung	Dieses Ereignis tritt ein, nachdem die Änderungen im Datensatz gespeichert werden (siehe Abschnitt 9.2.6).

Ereignis	Bemerkung
Bei Änderung	Wenn der Anwender eine Taste drückt, die die Änderung in einem Textfeld bewirken würde, wird dieses Ereignis ausgelöst (siehe Abschnitt 9.2.6).
Beim Klicken	Dieses Ereignis wird bei einem einfachen Klick auf das Steuerelement ausgelöst. Abgesehen von Schaltflächen wird dieses Ereignis selten verwendet. Bei vielen Steuerelementen ist *Nach Aktualisieren* besser geeignet, da Sie hier sicher sein können, daß tatsächlich der Wert im Steuerelement verändert wurde.
Beim Doppelklicken	Dieses Ereignis wird durch einen Doppelklick auf das Steuerelement ausgelöst. Es wird üblicherweise verwendet, um eine spezielle Aktion (z.B. die Eingabe des Steuerelementwertes über ein Dialogfenster) auszulösen.
Bei Taste	Dieses Ereignis tritt dann auf, wenn der Anwender eine Taste in einem aktiven Steuerelement gedrückt hat.

9.2.6 Gültigkeitsüberprüfungen und Eingabehilfen

Der folgende Abschnitt zeigt die Anwendung von Formular- und Steuerelement-Ereignissen anhand des Beispiels der Gültigkeitsüberprüfung von Benutzereingaben in einem Formular.

Überprüfen von Feldwerten auf Gültigkeit

Die Überprüfung der Gültigkeit eines Feldwerts kann in Access an mehreren verschiedenen Stellen vorgenommen werden:

- Einfache, grundsätzlich gültige Regeln sollten in den Feldeigenschaften der Tabelle festgelegt werden (siehe Abschnitt 3.2.6). Diese werden dann in jeder Anwendung, die auf diese Tabelle zugreifen, berücksichtigt.
- In den Gültigkeitsregeln, die für Tabellen formuliert werden, dürfen allerdings nur wenige Access-Funktionen und auf keinen Fall selbstdefinierte Funktionen verwendet werden. Im Gegensatz dazu erlaubt die Gültigkeitsüberprüfung über die Steuerelementeigenschaft *Gültigkeitsregel* beliebige Access-Ausdrücke inklusive selbstdefinierter Funktionen. Unter Gültigkeitsmeldung läßt sich zudem noch ein Text angeben, der dem Benutzer eine Erklärung für die Ablehnung seiner Angabe gibt.
- Das Ereignis *VorAktualisierung* eines Steuerelements tritt ein, bevor die Daten im Datensatz abgelegt werden. Dieses Ereignis läßt sich abbrechen, so daß die Eingabe im Steuerelement nicht angenommen wird, wodurch ebenfalls eine Gültigkeitsüberprüfung möglich ist.

Beachten Sie, daß Sie zwei oder drei dieser Methoden parallel nutzen können, und daß alle definierten Gültigkeitsüberprüfungen gleichzeitig gültig sein müssen (UND-Verknüpfung), damit die Eingabe angenommen wird. Wenn sich zwei dieser Regeln ausschließen, ist keine Änderung möglich.

Wenn Access eine Eingabe ablehnt, darf der Anwender so lange das Steuerelement nicht verlassen, bis die Eingabe gültig ist. Bevor das Formular

9 Visual Basic in Access

geschlossen wird, warnt Access mit der in Bild IV.297 gezeigten Meldung vor einem Datenverlust.

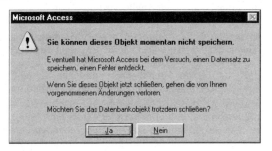

Bild IV.297: Die Warnung, wenn ein Datensatz nicht gespeichert werden kann

Der Anwender kann aber jederzeit durch Drücken von [Esc] oder der Auswahl von RÜCKGÄNGIG im BEARBEITEN-Menü den alten Feldwert wiederherstellen. Auch wenn dieser Wert nicht den Gültigkeitskriterien entspricht, wird er akzeptiert, da Access für bereits gespeicherte Werte keine Gültigkeitsüberprüfung durchführt bzw. das Ereignis *VorAktualisierung* nicht auslöst.

Da in einer Gültigkeitsregel eines Steuerelements beliebige Funktionen verwendet werden dürfen, ist diese Möglichkeit gleichwertig mit der Verwendung einer Ereignisprozedur. Werden die Gültigkeitsüberprüfungen komplexer, sollten Sie eine Ereignisprozedur verwenden, da es zu unübersichtlichen Programmen führt, wenn Aktionen in Ausdrücken mit benutzerdefinierten Funktionen »versteckt« werden.

Das Ereignis *VorAktualisierung* tritt immer auf, bevor ein Wert in einem Steuerelement gespeichert wird. Auf einen neu eingegebenen Wert greifen Sie über die Standardeigenschaft des Steuerelements zu. Ist das Steuerelement an ein Tabellenfeld gebunden, läßt sich der noch in der Tabelle gespeicherte Wert über die Eigenschaft OLDVALUE des Steuerelements abfragen. Während dieses Ereignisses darf dem Steuerelement kein Wert zugewiesen werden.

Ereignis VorAktualisierung eines Steuerelements

Für eine Bestellung soll ein Liefertermin eingegeben werden. Möglich sind dabei die Expresslieferung bis zum nächsten Tag oder eine Lieferung zu einem beliebigen Zeitpunkt, der aber mindestens eine Woche nach dem aktuellen Datum liegt.

Beispiel

Eine solche Regel sollte nicht in der Tabellendefinition spezifiziert werden, weil sie zu speziell ist und sich zudem auch leicht ändern kann. Als Gültigkeitsregel für das Steuerelement wird die Regel folgendermaßen formuliert:

```
= Datum() + 1 Oder >= Datum() + 7
```

Die DATUM()-Funktion liefert dabei das aktuelle Datum.
Als Ereignisprozedur würde man diese Bedingung etwa so formulieren:

```
Sub Lieferdat_BeforeUpdate(Cancel as Integer)
    If Lieferdat = Date + 1 or
            Lieferdat >= Date + 7 Then
            Cancel = False
    Tlse
            Cancel = True
    End If
End Sub
```

771

Die DATE-Konstante enthält wiederum das aktuelle Datum. Wenn das Argument CANCEL nach Beendigung den Wert FALSE besitzt, lehnt Access die Eingabe ab. Andernfalls wird die Eingabe angenommen und im Datensatz gespeichert.

In beiden Fällen sollte noch eine Meldung angezeigt werden, die dem Anwender erklärt, warum seine Angaben zurückgewiesen werden. Bei der Gültigkeitsregel geben Sie einen Text für die Eigenschaft *Gültigkeitsmeldung* an, bei der Ereignisprozedur fügen Sie einen Aufruf der MSGBOX-Anweisung hinzu, um ein entsprechendes Meldungsfenster anzuzeigen.

Gültigkeitsüberpüfungen für mehrere Felder

Manche Gültigkeitsüberprüfungen beziehen sich auf die Werte mehrerer Steuerelemente. Wenn beispielsweise ein Zeitraum in zwei Textfeldern ANFANGSDAT und ENDEDAT eingegeben werden soll, muß überprüft werden, ob das Enddatum tatsächlich nach dem Anfangsdatum liegt.

Die Gültigkeitsregel

```
>=AnfangsDat
```

für das Endedatum ist keine gute Lösung, da der Anwender ja das Endedatum vor dem Anfangsdatum angeben oder das Anfangsdatum nach der Eingabe des Endedatums verändern kann. So etwas läßt sich zwar verhindern, dies führt jedoch zu einem äußerst undurchsichtig zu bedienenden Formular. Darin kann sich der Anwender leicht »verheddern«, so daß er sein Heil im Schließen des Formulars sucht und den Verlust seiner Eingaben dabei in Kauf nimmt.

Ereignis VorAktualisierung eines Formulars

Eine andere Möglichkeit bietet das *VorAktualisierung*-Ereignis des Formulars. Dieses wird ausgelöst, bevor die in einem Formular dargestellten Daten in die entsprechenden Tabellen gespeichert werden. Bei diesem Ereignis können Sie davon ausgehen, daß alle Eingaben in das Formular endgültig sind, so daß Sie auch Gültigkeitsüberprüfungen über mehrere Felder durchführen können. Wenn das Ereignis über das CANCEL-Argument abgebrochen wird, werden keine Daten gespeichert und der aktuelle Datensatz wird weiterhin im Formular gezeigt.

Bei Gültigkeitsüberprüfungen vor dem Aktualisieren des Formulars erfährt der Anwender allerdings erst nach Eingabe aller Daten, ob er Fehleingaben getätigt hat. Soweit möglich, ist es eleganter, den Anwender gleich bei der Eingabe eines Wertes in ein Steuerelement auf eventuelle Fehler aufmerksam zu machen.

An dieser Stelle sei auf die Tabelleneigenschaft GÜLTIGKEITSREGEL verwiesen, über die sich ebenfalls Regeln für mehrere Felder angeben lassen (Siehe Abschnitt 3.2.9).

Feldwerteditoren

Um den Anwender bei der Eingabe eines Feldwertes zu unterstützen, ist es oft sinnvoll, ihm eine Liste der möglichen Werte anzubieten. Am einfachsten realisieren Sie dies über ein Kombinationsfeld (siehe Abschnitt 6.3.4).

Kombinationsfelder haben aber den Nachteil, daß Sie lediglich nach dem Wert in einem Feld suchen können. Zudem lassen sich die gültigen Feldwerte nicht immer in einer Liste darstellen.

Access erlaubt Ihnen, ein beliebiges Formular als Feldwerteditor einzublenden, in dem der Anwender Angaben macht, die dann in ein Feld eingetragen werden. Für das Öffnen des Dialogfensters kommen vor allem die zwei im folgenden beschriebenen Ereignisse in Frage.

Ereignis NachAktualisierung

Das Ereignis *NachAktualisierung* tritt auf, wenn der Wert eines Feldes geändert wurde und der neue Wert gespeichert ist. Da die Daten zu diesem Zeitpunkt bereits gespeichert sind, läßt sich dieses Ereignis nicht abbrechen. Dafür ist es möglich, den Wert des Steuerelements zu ändern, wodurch sich dieses Ereignis für das Öffnen eines Feldwerteditor eignet.

Das Ereignis *BeiÄnderung* tritt auf, sobald der Anwender Anstalten macht, den Wert in einem Feld zu ändern. In der Regel ist das der erste Tastendruck, der ein Zeichen in das Steuerelement einfügt. Auch bei diesem Ereignis läßt sich der Wert des Steuerelements verändern, wobei dadurch ein eventuell eingegebenes Zeichen überschrieben wird.

Ereignis BeiÄnderung

Welches der beiden Ereignisse Sie für einen Feldwerteditor verwenden wollen, hängt von der speziellen Anwendung ab. Beim Ereignis *NachAktualisierung* ermöglichen Sie dem Anwender, einen Wert anzugeben und zeigen den Feldwerteditor nur dann an, wenn der Wert nicht gültig ist. Beim Ereignis *BeiÄnderung* öffnen Sie den Feldwerteditor, sobald der Anwender eine Eingabe machen will.

Die oben angegebenen Gültigkeitsregeln für das Lieferdatum sind recht komplex und für einen unerfahrenen Anwender nicht sofort zu durchschauen.

Beispiel

*Bild IV.298:
Ein Feldwerteditor für das Lieferdatum*

Das Dialogfenster in Bild IV.298 erlaubt dem Anwender, über eine Optionsgruppe zwischen beiden Lieferarten umzuschalten. Das Textfeld mit dem Datum enthält dann als Gültigkeitsüberprüfung

```
>= Date + 7
```

um die Einhaltung der Wochenfrist sicherzustellen. Nach Klicken auf OK wird der gewählte Datumswert in einer globalen Variablen GVARRETURN gespeichert.

Die Ereignisprozedur für das Textfeld mit dem Lieferdatum lautet dann

```
Sub LieferDat_AfterUpdate()
        If Not (LieferDat = Date + 1 Or
            LieferDat >= Date + 7) Then
            Docmd.OpenForm 'dlgLieferDat', , ,
, ,
                    acDialog
            LieferDat = gvarReturn
        End If
End Sub
```

Diese Ereignisprozedur überprüft wiederum die Einhaltung der Gültigkeitsregel. Wird diese verletzt, so wird der Feldwerteditor geöffnet, in dem der Anwender dann das Datum angibt. Nach Schließen des Fensters wird das Datum in das Steuerelement zurückgeschrieben.

9.3 Datenbankzugriff mit DAO

Der folgende Abschnitt liefert Ihnen einen Überblick über den Datenzugriff in Visual Basic, der über die sogenannten DAO (Data Access Objects) realisiert ist.

9.3.1 Abfragen in DAO

Wenn Sie Datensätze in Tabellen der Datenbank manipulieren wollen, so können Sie in vielen Fällen eine entsprechende Aktionsabfrage verwenden. DAO stellt hierzu das Objekt QUERYDEF zur Verfügung.

Das Database-Objekt

Zum Anlegen des QueryDef-Objekts benötigen Sie zunächst ein Database-Objekt, das auf die aktuelle Datenbank verweist. Sie erstellen dies durch die Code-Zeilen

```
Dim db as Database

Set db = CurrentDb
```

Das auf diese Weise definierte DATABASE-Objekt DB ist nur in der Funktion, in der es definiert wurde, gültig und wird wie alle Visual Basic-Objekte nach Verlassen der Funktion automatisch gelöscht.

Ausführen einer Aktionsabfrage

Wenn Sie eine vorhandene Aktionsabfrage ausführen wollen, verwenden Sie die Execute-Methode des DATABASE-Objekts:

```
db.Execute "qnewUebersicht"
```

Die Execute-Methode erlaubt auch die Angabe des SQL-Befehls einer Aktionsabfrage:

```
db.Execute "DELETE * FROM tblAdresse"
```

löscht alle Datensätze aus der Tabelle TBLADRESSE..

Zusammensetzen von SQL-Befehlen

Oftmals sollen SQL-Befehle erst während der Laufzeit zusammengesetzt werden. Sie dürfen dabei in einem SQL-Befehl keine lokale oder globale Variable verwenden. So führt der folgende SQL-Befehl zu einem Fehler:

```
db.Execute "DELETE * FROM tblAdresse
            WHERE ID = lngID"
```

Stattdessen setzen Sie den SQL-Befehl mit Hilfe von Zeichenkettenoperationen folgendermaßen zusammen:

```
db.Execute "DELETE * FROM tblAdresse
            WHERE ID = ' & CStr(lngID)"
```

Ausführen von Aktionsabfragen mit Parametern

Um eine Aktionsabfrage mit Parametern auszuführen, müssen Sie zunächst ein QueryDef-Objekt für die Aktionsabfrage erstellen:

```
Dim qdefKopiereRechnung as QueryDef

set qdefKopiereRechnung =
        db.OpenQueryDef('qappRechnungKopieren')
```

Die Werte für die Parameter setzen Sie folgendermaßen:

```
qdefKopiereRechnung![Alte Rechnung] = 23
```

```
qdefKopiereRechnung("Neue Rechnung")=55
```

Beide Arten der Parameterdefiniton sind dabei gleichwertig.

Sie führen die Aktionsabfrage mit der EXECUTE-Methode des QUERYDEF-Objekts aus:

```
qdefKopiereRechnung.Execute
```

Das QUERYDEF-Objekt gilt nicht nur für Aktionsabfragen, sondern kann auch auf Auswahlabfragen verweisen. In diesem Fall wird die Execute-Methode allerdings nicht unterstützt. Stattdessen erstellen Sie eine Datensatzgruppe mit der OPENRECORDSET-Methode (siehe Abschnitt 9.3.2). Das QueryDef-Objekt benötigen Sie auch bei Auswahlabfragen nur für die Angabe von Parametern.

Auswahlabfragen

9.3.2   Datensatzgruppen

Für komplexere Manipulationen und Auswertungen reichen Aktions- und Auswahlabfragen nicht mehr aus. Sie müssen solche Vorgänge »von Hand« über entsprechende DAO-Objekte in Visual Basic programmieren.

Eine Datensatzgruppe (engl. *Recordset*) ist im Prinzip das Ergebnis einer Auswahlabfrage. Die Datensätze einer Datensatzgruppe werden aber nicht in einem Datenblatt angezeigt, sondern nur im Speicher gehalten. Access unterstützt 3 Typen von Datensatzgruppen:

Grundlagen der Datensatzgruppen

- Die *Tabelle* (engl. *Table*) verweist direkt auf alle Datensätze einer bestimmten Tabelle. Dies ist die schnellste Möglichkeit, auf Datensätze zuzugreifen. Größter Nachteil von Tabellen-Datensatzgruppen ist, daß sie nicht mit eingebundenen Tabellen erstellt werden können.
- Das *Dynaset* ist das Ergebnis einer beliebigen Auswahlabfrage. Die Datensätze eines Dynasets lassen sich verändern, vorausgesetzt, die zugrundeliegende Abfrage ist veränderbar. Zudem spiegelt ein Dynaset Änderungen eines anderen Anwenders wieder, indem es regelmäßig aktualisiert wird.
- Das *Snapshot* lädt alle Daten in den Speicher und erlaubt keine Veränderungen. Es wird auch nicht regelmäßig aktualisiert.

Um eine Datensatzgruppe zu erstellen, benötigen Sie wiederum ein DATABASE-Objekt:

Erstellen von Datensatzgruppen

```
Dim db As Database

Set db = CurrentDb
```

Wenn Sie Table-Objekte erstellen wollen, die sich nicht in der aktuellen Datenbank befinden, öffnen Sie folgendermaßen ein Database-Objekt:

```
Set db = DBEngine(0).
         OpenDatabase("C:\Eigene
                  Dateien\Datendb.mdb")
```

Auf eine Datensatzgruppe wird mit einem Recordset-Objekt verwiesen. Um ein Tabellen-Objekt zu öffnen, geben Sie den folgenden Code an:

```
Dim recTable As Recordset

set recTable =
```

IV Access

```
db.OpenRecordset("tblAdressen",
dbOpenTable)
```

DBOPENTABLE ist dabei eine vordefinierte Konstante, die bewirkt, daß eine Tabellen-Datensatzgruppe erzeugt wird.

Für ein Dynaset oder ein Snapshot benötigen Sie eine Abfrage, mit deren Ergebnis die Datensatzgruppe gebildet wird.

```
Dim recDynaset As Recordset

set recDynaset =
        db.OpenRecordset("qryRechnung")
```

Da die OPENRECORDSET-Methode standardmäßig ein Dynaset erstellt, ist die Angabe eines Parameters DBOPENDYNASET nicht notwendig. Wollen Sie ein Snapshot erstellen, geben Sie als zweiten Parameter für OPENRECORDSET entsprechend DBOPENSNAPSHOT an. Statt des Abfragenamens können Sie auch einen beliebigen SQL-Befehl für eine Auswahlabfrage angeben (SELECT).

Eine weitere Möglichkeit, ein Dynaset oder ein Snapshot zu erstellen, ist wiederum ein QUERYDEF-Objekt (siehe Abschnitt 9.3.1). Dieses verfügt ebenfalls über eine OPENRECORDSET-Methode.

```
Dim qdef As QueryDef
Dim recSnapshot As Recordset

Set qdef = db.OpenQueryDef("qryRechnung")
Set recSnapshot =
        qdef.OpenRecordset(dbOpenSnapshot)
```

Da ein QUERYDEF-Objekt bereits eine Abfrage repräsentiert, benötigt dessen OPENRECORDSET-Methode nur einen Parameter. Natürlich können Sie vor dem Aufruf der OpenRecordset-Methode Parameter für das QueryDef angeben (siehe Abschnitt 9.3.1)

Der aktuelle Datensatz

Datensatzgruppen besitzen normalerweise einen aktuellen Datensatz. Auf die Felder des aktuellen Datensatzes greifen Sie folgendermaßen zu:

```
strNachname = rec!Nachname
```

speichert den Inhalt des Feldes NACHNAME in der Datensatzgruppe REC in der Variable STRNACHNAME. Gleichwertig ist die folgende Zeile:

```
strNachname = rec("Nachname")
```

Wenn die Datensatzgruppe keinen aktuellen Datensatz besitzt, gibt Access beim Versuch des Feldzugriffs einen Fehler aus.

Bewegen in Datensatzgruppen

Sie ändern den aktuellen Datensatz in einer Datensatzgruppe mit folgenden Methoden:

Methode	Funktion
MoveFirst	Springt zum ersten Datensatz der Datensatzgruppe.
MoveNext	Springt zum nächsten Datensatz in der Sortierordnung.

Methode	Funktion
MovePrevious	Springt zum vorherigen Datensatz in der Sortierordnung.
MoveLast	Springt zum letzten Datensatz der Sortierordnung.

Wenn Sie durch die MOVENEXT-Methode hinter den letzten Datensatz springen, wird die Eigenschaft EOF (*End Of File*) auf *True* gesetzt. Entsprechend wird die Eigenschaft BOF (Beginn Of File) auf *True* gesetzt, wenn Sie vor den ersten Datensatz springen. In diesem Fall existiert kein aktueller Datensatz, so daß jeder Versuch, auf ein Feld zuzugreifen, zu einem Fehler führt.

In vielen Fällen wollen Sie alle Datensätze einer Datensatzgruppe durchlaufen. Dies wird durch folgenden Code realisiert:

Durchlaufen aller Datensätze einer Datensatzgruppe

```
Do Until rec.EOF

    ' Hier werden die Verarbeitungsschritte
        eingefügt

            rec.MoveNext
Loop
```

Um die Felder in einem Datensatz zu ändern, verwenden Sie die EDIT- und die UPDATE-Methode der Datensatzgruppe:

Ändern von Datensätzen

```
rec.Edit
rec!Nachname = "Deininger"
rec.Update
```

Nach dem Aufruf der Edit-Methode ist der Datensatz solange gesperrt, bis Sie die Update-Methode aufgerufen haben (siehe Abschnitt 10.1). Um den Datensatz in Mehrbenutzerumgebungen nicht zu lange zu blockieren, sollten Sie die beiden Methoden so schnell wie möglich hintereinander aufrufen.

Ist der Datensatz beim Aufruf der EDIT-Methode bereits gesperrt, so tritt ein Fehler auf.

Neue Datensätze werden mit der ADDNEW-Methode erstellt:

Anfügen von Datensätzen

```
rec.AddNew
rec!Nachname = "Häffner"
rec!Vorname = "Susanne"
rec.Update
```

Der Datensatz wird wiederum erst gespeichert, wenn die UPDATE-Methode aufgerufen wird.

Sie löschen den aktuellen Datensatz durch die DELETE-Methode:

Löschen von Datensätzen

```
rec.Delete
```

Der Datensatz ist anschließend endgültig gelöscht.

9.3.3 Suchen von Datensätzen in Datensatzgruppen

In vielen Fällen wollen Sie einen Datensatz in einer Datensatzgruppe suchen. Access stellt hierzu je nach Typ der Datensatzgruppe zwei verschiedene Verfahren zur Verfügung.

Suchen mit den Find-Methoden

In einem Dynaset oder einem Snapshot verwenden Sie die FIND-Methoden:

Methode	Funktion
Find First	Findet das erste Auftreten eines Datensatzes, der dem angegebenen Kriterium entspricht.
FindLast	Findet das letzte Auftreten eines Datensatzes, der dem angegebenen Kriterium entspricht.
FindNext	Sucht vom aktuellen Datensatz ausgehend das nächste Auftreten eines Datensatzes, der dem angegebenen Kriterium entspricht.
FindPrevious	Sucht vom aktuellen Datensatz ausgehend das vorige Auftreten eines Datensatzes, der dem angegebenen Kriterium entspricht.

Das Suchkriterium besteht dabei aus einem beliebigen logischen Ausdruck, der als Zeichenkette angegeben wird.

```
rec.FindFirst "Nachname = 'Zimmer' AND
               Ort = 'Hamburg'"
```

findet das erste Auftreten eines Datensatzes mit dem Nachnamen »Zimmer« und dem Ort »Hamburg«. Wird der Datensatz gefunden, so wird er zum aktuellen Datensatz. Anderfalls ist der erste Datensatz der aktuelle.

Ob ein Datensatz gefunden wurde, ermitteln Sie mit der NOMATCH-Eigenschaft der Datensatzgruppe. Der Code

```
If rec.NoMatch Then
MsgBox "Es wurde kein Datensatz gefunden"
End If
```

zeigt eine Meldung an, wenn der Datensatz nicht gefunden wurde.

Positionieren von Formularen

Oft soll in einem Formular ein bestimmter Datensatz angezeigt werden, der mit einer der FIND-Methoden ermittelt wird. Dies wird in Access etwas umständlich durch den folgenden Code realisiert:

```
frm.RecordsetClone.FindFirst "ID=" & lngID
frm.Bookmark = frm.RecordsetClone.Bookmark
```

In diesem Beispiel wird davon ausgegangen, daß FRM eine Objektvariable ist, die auf das Formular zeigt. Die Eigenschaft RECORDSETCLONE eines Formulars liefert eine Datensatzgruppe, die die Datensätze der Datenquelle des Formulars enthält. Wenn Sie die FINDFIRST-Methode auf diese Datensatzgruppe anwenden, so ist anschließend der gesuchte Datensatz der aktuelle Datensatz

Um in einer Tabellen-Datensatzgruppe einen Datensatz zu suchen, verwenden Sie die SEEK-Methode. Dabei können Sie nur in solchen Feldern suchen, für die auch ein Index definiert ist (siehe Abschnitt 3.2.7).

Suchen in Tabellen mit der Seek-Methode

Vor dem Aufruf der SEEK-Methode müssen Sie den zu verwendenden Index bei der Eigenschaft INDEX einstellen:

```
rec.Index = "Nachname"
```

Anschließend rufen Sie die SEEK-Methode mit einem Vergleichsoperator und einem Suchbegriff auf:

```
rec.Seek "=", "Zimmer"
```

sucht nach einem Datensatz, der im aktuellen Indexfeld den Wert 'Zimmer' hat.

Wenn kein Datensatz gefunden wurde, können Sie dies wiederum über die Eigenschaft NOMATCH feststellen.

10 Access professionell

10.1 Mehrbenutzerumgebungen

Mit den meisten Datenbank-Anwendungen soll ein gemeinsamer Datenbestand verwaltet werden, auf den viele Anwender Zugriff haben. Dies wird realisiert, indem die Datenbank auf einem für alle Anwender zugänglichen Netzwerk-Server abgelegt wird.

10.1.1 Grundlagen des Mehrbenutzerbetriebs

Der gleichzeitige Zugriff mehrerer Benutzer auf die Datenbank erfordert einen gewissen Verwaltungsaufwand, der in Access weitgehend automatisch und für den Benutzer unsichtbar abläuft.

Da in Access jedes Formular oder Datenblatt seinen eigenen Datenbankzugriff verwaltet, treten Konflikte auch auf einem einzelnen Rechner auf. Sie können dies sehr leicht ausprobieren, wenn Sie einen Datensatz gleichzeitig im Formular und in der hinter dem Formular liegenden Tabelle ändern.

Beim Mehrbenutzerbetrieb besteht das Hauptproblem darin, die Datenbank zu jeder Zeit konsistent zu halten.

Gleichzeitige Änderungen

Konsistenzprobleme ergeben sich dadurch, daß zwei Anwender denselben Datensatz bearbeiten. Der Datensatz befindet sich dann im Speicher der Rechner der beiden Anwender, wo er verändert werden kann. Beim Speichern des Datensatzes in der Datenbank würde automatisch der Anwender seine Änderungen verlieren, der den Datensatz zuerst gespeichert hat, da sie mit den Änderungen des zweiten Anwenders überschrieben werden.

Access bietet die im folgenden beschriebenen Strategien an, wie dieses Problem umgangen werden kann. Dazu wird eine Eigenschaft von Formularen, Abfragen oder Berichten eingestellt.

Standardmäßig können mehrere Anwender einen Datensatz gleichzeitig ändern. Dies entspricht der Einstellung KEINE SPERRUNGEN der Eigenschaft DATENSÄTZE SPERREN von Formularen und Abfragen.

Keine Sperrungen

Bild IV.299: Meldung beim Schreibkonflikt

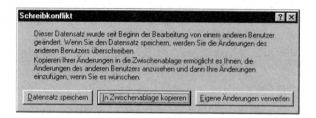

Beim Versuch, einen Datensatz zu speichern, der seit dem letzten Laden aus der Datenbank von einem anderen Anwender verändert wurde, tritt ein Schreibkonflikt auf. Dieser wird von Access durch das Dialogfeld aus Bild IV.299 gemeldet. Der Anwender hat dabei die freie Wahl, ob er seine Änderungen verwerfen oder die Änderungen eines anderen Anwenders überschreiben will. Alternativ läßt sich der Datensatz in die Zwischenablage kopieren und von dort aus z. B. in einen anderen Datensatz kopieren.

Diese Methode zur Behebung von Konflikten eignet sich beispielsweise bei Stammdaten wie Adressen oder Artikeln, weil man davon ausgehen kann, daß ein Anwender weiß, welche Änderungen er an den Daten vornehmen darf.

Sperren von Datensätzen

Der zweite Ansatz ist die Sperrung von Datensätzen. Gesperrte Datensätze dürfen von anderen Anwendern zwar gelesen aber nicht verändert werden. Ein Datensatz wird dann gesperrt, wenn der Wert eines Feldes im Datenblatt oder im Formular verändert wird. Im Programm tritt die Sperrung dann auf, wenn die EDIT-Methode einer Datensatzgruppe aufgerufen wird.

Bild IV.300: Ein gesperrter Datensatz

tblAdresse : Tabelle

ID	AdrTyp	Firma	Nachname	Vorname	Strasse	PLZ	Ort
32	Kunde	Futura 1	Heuser	Bettina	St.-Petersburger-Straße	18107	Rostock
33	Kunde	Boutique M.	Glaser	Miriam	Isabellastr.16	80798	München
34	Kunde		Naumann	Georg	Saalfelder Str. 43	65931	Frankfurt
35	Kunde	Costa Import	Costa	Christos	Jean-Paul-Platz 12	90461	Nürnberg
36	Kunde		Dütsch	Norbert	Bachstr.	47053	Duisburg
37	Kunde		Seibold	Matthias	Neckarstr. 12	81677	München
38	Kunde		Rohrer	Doris	Industriestr.	04229	Leipzig
39	Kunde		Göbel	Claudia	Teegernseer Land 112st	81539	München
40	Kunde	Der Gescher	Biermaier	Robert	Maffeistr. 24	80333	München
41	Kunde		Bothe	Felix	Fliederweg 29	60433	Frankfurt
42	Kunde	The Giftshop	Lommer	Elli	Otilostr. 3	81243	München
43	Kunde		Segers	Manfred	Ackermannstr. 5	80797	München
44	Kunde	Sanitär Lösc	Lösch	Gustav	Falckensteinstr. 78	10997	Berlin
45	Kunde		Ansorge	Peter	Fuldaer Str. 4	60386	Frankfurt
46	Kunde		Dressel	Otto	Helene-Lange-Straße 12	23558	Lübeck
47	Kunde	Hagener Ges	Stich	Elena	Willhelm-Raabe-Straße	58099	Hagen
48	Kunde	Möbel Kern	Fink	Christine	Pflugspfad 16	65931	Frankfurt
49	Kunde	Knoll & Partı	Knoll	Quirin	Landstr. 44	41516	Grevenbroich

Datensatz: 1 von 35

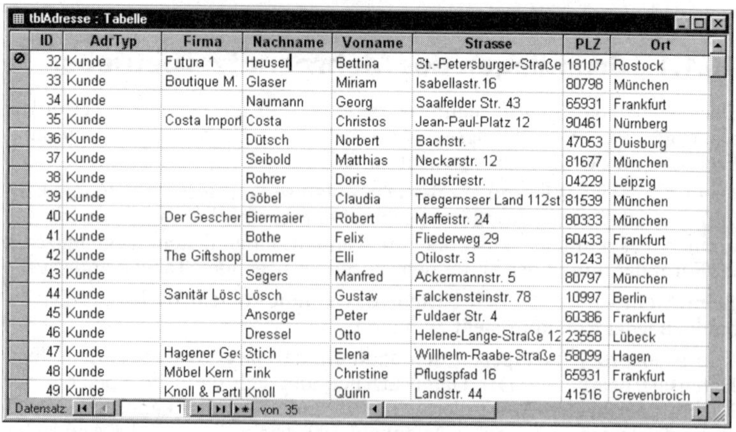

Gesperrte Datensätze werden durch ein Sperrsymbol im Datensatzmarkierer angezeigt.

Leider funktioniert der Sperrmechanismus von Access nicht datensatz-, sondern seitenorientiert. Eine Seite ist dabei ein 2 KByte großer Speicherbereich in der Datenbank, in dem auch mehrere Datensätze abgelegt sein können, wobei immer alle in einer Seite abgelegten Datensätze gleichzeitig gesperrt sind.

Die Einstellung BEARBEITETER DATENSATZ der Eigenschaft DATENSÄTZE SPERREN von Formularen und Abfragen bestimmt, daß immer die Seite mit dem bearbeiteten Datensatz gesperrt wird.

Die Einstellung ALLE DATENSÄTZE der Eigenschaft DATENSÄTZE SPERREN von Formularen, Abfragen und Berichten sorgt dafür, daß alle Datensätze der Datenquelle gesperrt werden.

Alle Datensätze sperren

Diese Einstellung eignet sich für kritische Manipulationen oder Auswertungen von Daten, bei denen Sie sichergehen wollen, daß kein anderer Anwender die Daten während des Vorgangs verändert.

Um die Optionen für den Mehrbenutzerbetrieb einzustellen, wählen Sie OPTIONEN aus dem Menü EXTRAS und wechseln auf die Registerkarte WEITERE.

Optionen für den Mehrbenutzerbetrieb

Bild IV.301: Optionen für den Mehrbenutzerbetrieb

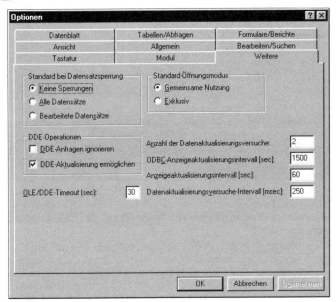

Das Dialogfeld erlaubt die folgenden Einstellungen:

- Unter STANDARD BEI DATENSATZSPERRUNGEN legen Sie die Standardeinstellung der Eigenschaft DATENSÄTZE SPERREN für neue Formulare, Abfragen und Berichte fest.
- Unter STANDARD ÖFFNUNGSMODUS legen Sie fest, ob Datenbanken standardmäßig exklusiv geöffnet werden sollen (siehe Abschnitt 10.1.2).
- ANZAHL DER DATENAKTUALISIERUNGSVERSUCHE legt fest, wie oft Access versuchen soll, einen gesperrten Datensatz zu speichern. Mit DATENAKTUALIERUNGSVERSUCHE-INTERVALL legen Sie fest, wieviele Millisekunden zwischen den Versuchen vergehen sollen.
- ANZEIGEAKTUALISIERUNGSINTERVALL legt fest, in welchen Abständen Access die Datensätze abfragt, um die Darstellung im Formular bzw. im Datenblatt zu aktualisieren. ODBC-ANZEIGEAKTUALISIERUNGSINTERVALL legt fest, wie lange dieses Intervall bei ODBC-Datenbanken (siehe Abschnitt 10.3.5) sein soll.

10.1.2 Sperren von Access-Objekten

Abgesehen vom gemeinsamen Zugriff auf Datensätze in der Datenbank müssen alle Anwender auch gemeinsam auf Access-Objekte wie Formulare,

IV Access

Exklusive Öffnung von Datenbanken

Berichte und Module zugreifen. So lange die Objekte nicht in der Entwurfsansicht bearbeitet werden, gibt es dabei keine Probleme.

Um zu verhindern, daß andere Anwender auf eine Datenbank zugreifen, können Sie diese exklusiv öffnen. Voraussetzung dafür ist, daß zum Zeitpunkt des Öffnens kein anderer Anwender die Datenbank geöffnet hat.

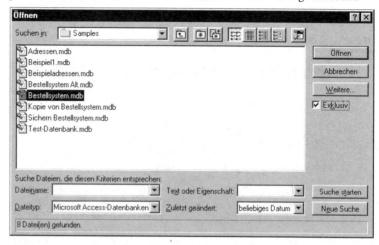

Bild IV.302: Exklusives Öffnen einer Datenbank

Um eine Datenbank exklusiv zu öffnen, wählen Sie ÖFFNEN aus dem Menü DATEI und markieren das Kontrollkästchen EXKLUSIV im Dateiauswahl-Dialogfeld.

Gemeinsames Entwickeln

Prinzipiell ist es in Access möglich, daß mehrere Entwickler gleichzeitig an einer Anwendung arbeiten. Jedoch verfügt Access über keine speziellen Werkzeuge zur Team-Entwicklung, so daß sich eine Access-Entwicklung für ein Team mit mehr als zwei oder drei Entwicklern nicht empfiehlt. Diese sollten idealerweise in einem Raum sitzen, um sich abzusprechen, wer gerade welches Objekt bearbeitet.

Für den Datenbankentwurf, also das Festlegen von Tabellen- und Datenbankstruktur, gilt die einfache Regel, daß Tabellen nicht im Entwurfsmodus verändert werden können, wenn ein anderer Anwender darauf zugreift. Auch das Erstellen und Verändern von Beziehungen erfordert den exklusiven Zugriff auf die beteiligten Tabellen.

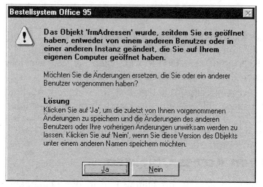

Bild IV.303: Warnung bei einem gleichzeitig bearbeiteten Objekt

Alle anderen Objekte lassen sich gleichzeitig bearbeiten, wobei Access beim Auftreten eines Konflikts das Dialogfeld aus Bild IV.303 anzeigt. In den meisten Fällen hilft dann nichts anderes, als das Objekt unter einem neuen Namen abzuspeichern und die beiden Versionen von Hand zu konsolidieren.

10.2 Zugriffsrechte

Mit Hilfe der Benutzerverwaltung lassen sich die Zugriffsrechte festlegen, die die einzelnen Anwender auf eine Datenbank bzw. eine Datenbankanwendung haben.

10.2.1 Grundlagen von Zugriffsrechten

Die einfachste Möglichkeit, eine Datenbank zu schützen, ist die Definition eines Datenbankkennworts. Dieses Kennwort muß dann eingegeben werden, wenn die Datenbank geöffnet wird. Gehen Sie dazu folgendermaßen vor:

Datenbankkennwörter

1. Öffnen Sie die zu schützende Datenbank exklusiv (siehe Abschnitt 10.1.2).

Bild IV.304: Eingabe eines Datenbank-Kennworts

2. Wählen Sie DATENBANKKENNWORT ZUWEISEN aus dem ZUGRIFFSRECHTE-Untermenü im Menü EXTRAS.
3. Geben Sie das Kennwort unter KENNWORT und BESTÄTIGEN ein. Beide Kennwörter müssen dabei übereinstimmen.

Bild IV.305: Eingabe des Datenbankkennworts

Beim Öffnen der Datenbank fordert Access zur Eingabe des Datenbankkennworts auf. Sie löschen das Datenbankkennwort, indem Sie DATENBANKKENNWORT LÖSCHEN aus dem ZUGRIFFSRECHTE-Untermenü des Menüs EXTRAS wählen.

Datenbankkennwörter sind dazu geeignet, wenn nur ein oder zwei Benutzer auf die Datenbank zugreifen müssen. Diesen Benutzern muß das Kennwort bekannt sein. Arbeiten viele Anwender mit der Datenbank, so ist ein einziges Kennwort für alle Anwender zu unsicher. Sorgen Sie dafür, daß Sie das Datenbankkennwort auf keinen Fall vergessen können, da Sie sonst nicht mehr auf die Datenbank zugreifen können.

Access verfügt über eine Benutzerverwaltung, in der alle Benutzer eingetragen werden, die Zugriff auf Access haben. Diese Benutzerverwaltung wird

Benutzerorientierte Zugriffsrechte

in einer Access-Arbeitsgruppendatei gespeichert, die üblicherweise *SYSTEM.MDW* heißt und im Access-Installationsverzeichnis abgelegt wird.

Administrator Nach der Installation ist nur ein Benutzerkonto mit dem Namen »Administrator« in der Benutzerverwaltung angelegt. Das Benutzerkonto ist dabei nicht kennwortgeschützt, so daß Access sich den Anmeldungsvorgang spart und dem Anwender ohne Aufforderung zur Kennworteingabe Zugriff auf Access gewährt.

Ändern des Kennworts Der erste Schritt zur Vergabe von Zugriffsrechten ist also die Einrichtung eines kennwortgeschützten Administrator-Kontos. Dazu ändern Sie das Kennwort folgendermaßen:

1. Wählen Sie BENUTZER- UND GRUPPENKONTEN aus dem ZUGRIFFS-RECHTE-Untermenü des Menüs EXTRAS.
2. Geben Sie das bisher verwendete Kennwort unter ALTES KENNWORT ein. Wenn Sie bisher kein Kennwort hatten, lassen Sie dieses Feld frei.
3. Geben Sie das neue Kennwort unter NEUES KENNWORT und unter BESTÄTIGEN ein, und klicken Sie auf OK.

Bild IV.306:
Ändern des
Kennworts

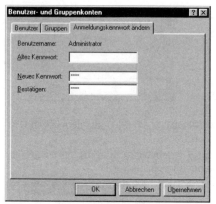

Anmelden an Access Wenn der Administrator ein Kennwort besitzt, dann werden Sie beim Start von Access zur Eingabe eines Kennworts aufgefordert.

Bild IV.307:
Anmelden bei Access

Schützen von Access-Datenbanken Wenn Sie jedoch höhere Sicherheitsanforderungen an Access stellen, reicht die Vergabe von Kennwörtern nicht aus. Das Problem liegt darin, daß jeder Anwender ohne viel Aufwand eine neue Arbeitsgruppendatei erstellen kann, in der er sich selber beliebige Rechte zuweisen kann.

Um Access-Datenbanken effektiv zu schützen, müssen Sie zunächst eine neue geschützte Arbeitsgruppendatei erstellen. Der Schutz einer Arbeitsgruppendatei besteht in einem Benutzernamen, einem Firmennamen und einem frei wählbaren Arbeitsgruppencode.

Bild IV.308:
Der Arbeitsgruppen-Administrator

Neue Arbeitsgruppen erstellen Sie mit dem Arbeitsgruppen-Administrator. Dieser wird durch die Verknüpfung MS ACCESS ARBEITSGRUPPEN-ADMINISTRATOR im Office-Installationsverzeichnis geöffnet. Wenn Sie diese Anwendung starten, sehen Sie das Dialogfeld aus Bild IV.308. Der Arbeitsgruppen-Administrator bietet folgende Funktionen:

Verwalten von Access-Arbeitsgruppendateien

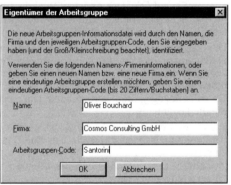

Bild IV.309:
Erstellen von Arbeitsgruppen-Dateien

- Mit ERSTELLEN legen Sie eine neue Arbeitsgruppendatei an. Der Arbeitsgruppen-Administrator fragt in einem Dialogfeld nach dem Benutzernamen, dem Firmennamen und dem Arbeitsgruppencode. Merken Sie sich diese Angaben gut. Anschließend fragt der Arbeitsgruppen-Administrator nach einem Dateinamen für die neue Arbeitsgruppendatei. Nach Abschluß des Vorgangs ist Access automatisch mit der neuen Arbeitsgruppendatei verbunden.
- Mit ANSCHLIEßEN verbinden Sie Access mit einer anderen Arbeitsgruppendatei. Beachten Sie, daß im Netzwerk jede Access-Installation einzeln mit einer neuen Arbeitsgruppendatei verbunden werden muß.

Bevor Sie eine neue gesicherte Datenbank anlegen, sollten Sie folgende Schritte durchführen:

Maßnahmen zur Sicherung der Datenbank

- Legen Sie ein neues Benutzerkonto für die Gruppe *Administratoren* an und löschen Sie anschließend das Benutzerkonto *Administrator*. Eine Beschreibung von Benutzerkonten finden Sie in Abschnitt 10.2.2.
- Widerrufen Sie alle Zugriffsrechte der Gruppe *Benutzer* (siehe Abschnitt 10.2.2). Da jeder Benutzer ein Mitglied dieser Gruppe ist, erhält er automatisch die Rechte dieser Gruppe.

Der Datensicherheits-Assistent

Wen Sie eine bereits vorhandene Datenbank mit einer neuen, geschützten Arbeitsgruppendatei sichern wollen, so verwenden Sie am besten den Datensicherheits-Assistenten.

Sie starten den Datensicherheits-Assistenten, indem Sie BENUTZER-DATENSICHERHEITS-ASSISTENT aus dem ZUGRIFFSRECHTE-Untermenü im Menü EXTRAS auswählen.

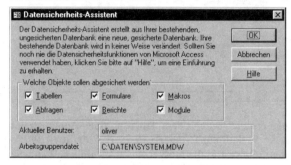

Bild IV.310:
Der Datensicherheits-Assistent

Wählen Sie anschließend die Access-Objekte, die Sie sichern wollen, und klicken Sie auf OK. Der Assistent fragt daraufhin nach einem Dateinamen für die neue Datenbank. Zum Abschluß wird die gesicherte Datenbank erstellt, was einige Zeit in Anspruch nehmen kann.

Verschlüsseln von Datenbanken

Der Zugriffschutz auf eine Datenbank gilt nur solange, wie Sie mit dem Datenbankmanagementsystem von Access (Jet-Engine) auf die Datenbank zugreifen. Da die Datenbank als normale Datei vorliegt, ist es theoretisch möglich, eine Anwendung zu schreiben, mit der auf die Objekte in der Datenbank zugegriffen werden kann. Um dies zu verhindern, verschlüsseln Sie die Datenbank.

Wenn Sie den Datensicherheits-Assistenten verwenden, wird die Datenbank automatisch verschlüsselt. Um eine Datenbank ohne den Assistenten zu verschlüsseln, wählen Sie DATENBANK VER-/ENTSCHLÜSSELN aus dem ZUGRIFFSRECHTE-Untermenü des Menüs EXTRAS. Wählen Sie dann die zu verschlüsselnde Datei.

Um eine Datei wieder zu entschlüsseln, wählen Sie wiederum den Menüpunkt DATENBANK VER-/ENTSCHLÜSSELN aus dem ZUGRIFFSRECHTE-Untermenü des Menüs EXTRAS. Access erkennt eine verschlüsselte Datenbank und führt dann eine Entschlüsselung durch.

10.2.2 Verwaltung der Benutzer

Mit der Benutzerverwaltung legen Sie Benutzer- und Gruppenkonten in der aktuellen Arbeitsgruppen-Datei an.

Benutzer und Gruppen

Zugriffsrechte lassen sich unter Access sowohl einzelnen Benutzern als auch Gruppen von Benutzern zuordnen. Durch die Vergabe von Zugriffsrechten an Gruppen sparen Sie sich viel Arbeit, das Sie die Rechte nicht für jeden Benutzer einzeln bestimmen müssen.

Sie öffnen die Benutzerverwaltung, indem Sie BENUTZER- UND GRUPPENKONTEN aus dem ZUGRIFFSRECHTE-Menü im Menü EXTRAS auswählen.

Die Benutzerverwaltung befindet sich auf der Registerkarte BENUTZER und verfügt über folgende Funktionen:

- Im Kombinationsfeld unter BENUTZER wählen Sie den Benutzer aus, für den die Einstellungen im Dialogfeld gelten.

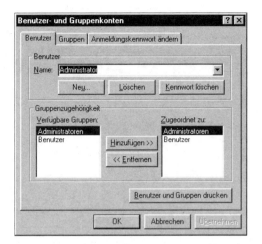

Bild IV.311:
Die Benutzer- und Gruppenverwaltung

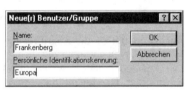

Bild IV.312:
Anlegen eines neuen Benutzers

- Mit NEU legen Sie einen neuen Benutzer an. Access fragt in einem Dialogfeld nach dem Namen und einer persönlichen Identifikationskennung. Letztere dient dazu, um zu verhindern, daß die Rechte eines Benutzers übernommen werden können, wenn man lediglich seinen Anmeldenamen kennt.
- Mit LÖSCHEN löschen Sie das unter BENUTZER angegebene Benutzerkonto. Sie können dabei nicht das aktuelle Konto, das Sie zur Anmeldung an Access verwendet haben, löschen.
- KENNWORT LÖSCHEN setzt das Kennwort des unter Benutzer angegebenen Benutzerkontos zurück. Somit haben Sie die Möglichkeit, Benutzern, die ihr Kennwort vergessen haben, wieder einen Zugang zu Access zu verschaffen.
- Unter GRUPPENZUGEHÖRIGKEIT legen Sie die Gruppen fest, die dem Benutzer zugeordnet sind. Ein Benutzer kann dabei beliebig vielen Gruppen hinzugefügt werden. Jedes Benutzerkonto ist automatisch in der Gruppe BENUTZER enthalten.

Die Gruppenverwaltung befindet sich auf der Registerkarte GRUPPEN. Sie legen eine neue Gruppe an, indem Sie auf die Schaltfläche NEU klicken. Anschließend geben Sie den Namen der Gruppe und eine persönliche Identifikationsnummer für die Gruppe an. Letztere verhindert wiederum, daß Gruppen einfach unter ihrem Namen kopiert werden können.

Verwalten von Gruppen

Um eine Gruppe zu löschen, wählen Sie diese und klicken auf die Schaltfläche LÖSCHEN. Die Gruppen *Administratoren* und *Benutzer* können nicht gelöscht werden.

Mitglieder der Administratoren-Gruppe haben die Berechtigungen eines Systemverwalters und sind somit in der Lage, die Zugriffrechte für andere Benutzer an Datenbankobjekten festzulegen.

Administratoren

*Bild IV.313:
Gruppenverwaltung*

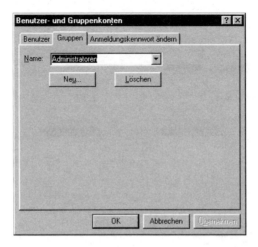

10.2.3 Festlegen der Zugriffsrechte

Access erlaubt es, die Zugriffrechte für jedes Access-Objekt pro Benutzer bzw. pro Gruppe festzulegen.

Eigentümer Der Anwender, der ein Access-Objekt erstellt, ist auch automatisch dessen Eigentümer. Der Eigentümer besitzt alle Rechte auf das Objekt und darf auch die Zugriffsrechte anderer Anwender darauf festlegen.

*Bild IV.314:
Ändern des
Eigentümers*

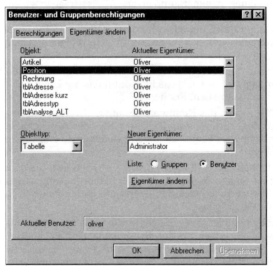

Das Eigentumsrecht läßt sich durch einen Administrator oder durch den Eigentümer selbst auf einen anderen Benutzer übertragen. Öffnen Sie dazu das Dialogfeld für Benutzer- und Gruppenberechtigungen, indem Sie BENUTZER- UND GRUPPENBERECHTIGUNGEN aus dem ZUGRIFFS-RECHTE-Untermenü des Menü EXTRAS wählen.

Auf der Registerkarte EIGENTÜMER ÄNDERN lassen sich die Eigentümer aller Objekte der aktuellen Access-Datenbank ändern. Gehen Sie dazu folgendermaßen vor:
1. Wählen Sie den gewünschten Objekttyp im Kombinationsfeld OBJEKTTYP.
2. Markieren Sie in der Liste diejenigen Objekte, deren Eigentümer Sie ändern wollen. Halten Sie [Strg] gedrückt, um mehrere Objekte zu markieren.
1.
2. Wählen Sie den neuen Eigentümer in der Liste NEUER EIGENTÜMER. Sie können auch eine ganze Gruppe zum Eigentümer des Objekts erklären, indem Sie das Optionsfeld GRUPPEN markieren.

Zugriffsrechte festlegen

Um die Zugriffsrechte auf die einzelnen Objekte festzulegen, wählen Sie BENUTZER- UND GRUPPENBERECHTIGUNGEN aus dem ZUGRIFFSRECHTE-Untermenü des Menü EXTRAS.

Wechseln Sie anschließend auf die Registerkarte BERECHTIGUNGEN. Das Dialogfeld erlaubt folgende Einstellungen:

- Die Liste BENUTZER/GRUPPENNAME zeigt alle Benutzer der aktuellen Arbeitsgruppen. Um die Gruppen anzuzeigen, markieren Sie das Optionsfeld GRUPPEN.
- Im Kombinationsfeld OBJEKTTYP stellen Sie den Typ der in der Liste OBJEKTNAME angezeigten Objekte ein.

Bild IV.315: Festlegen der Zugriffsrechte

- In der Liste OBJEKTNAME wählen Sie die Objekte, deren Berechtigungen Sie ändern wollen. Halten Sie [Strg] gedrückt, um mehrere Objekte zu markieren. Der erste Eintrag der Liste (z.B. <NEUE TABELLEN/ABFRAGEN>) bestimmt die Standardeinstellung für neue angelegte Objekte.
- Unter BERECHTIGUNGEN finden Sie die Rechte, die für einen bestimmten Objekttyp vergeben werden können. Mit der Vergabe mancher Rechte gewähren Sie automatisch andere Rechte.

IV Access

- Klicken Sie auf ÜBERNEHMEN, um die Zugriffsrechte auf die aktuellen Objekte zu speichern.

10.3 Tabellen aus verschiedenen Datenbanken

Access verfügt über die Möglichkeit, mit Datentabellen aus verschiedenen Datenbanken zu arbeiten.

In diesem Abschnitt erfahren Sie, wie Tabellen in eine Datenbank importiert bzw. mit einer Datenbank verknüpft werden. Weiterhin wird beschrieben, wie man die Anwendung von der Datenbank trennt und wie über ODBC auf die Datenbanken verschiedener Datenbanksysteme zugegriffen werden kann.

10.3.1 Importieren und Exportieren von Tabellen und anderen Access-Objekten

Import

Access erlaubt den Import von Objekten aus anderen Datenbanken. Beim Import wird eine Kopie der Objekte in der aktuellen Datenbank erstellt, so daß sich Änderungen nicht auf die Originalversion auswirken.

Der Import von Tabellen kann aus jeder von Access unterstützten Datenbank vorgenommen werden. Access unterstützt dabei xBase- und Paradox-Tabellen direkt, zahlreiche andere Tabellenformate können über ODBC angesprochen werden. Abgesehen von Datenbanktabellen lassen sich auch Arbeitsblätter aus Tabellenkalkulationen wie Excel und Lotus 1-2-3 als Datenbanktabelle importieren. Der Import von Textdateien ist in Abschnitt 10.3.2 beschrieben.

Aus einer anderen Access-Datenbank lassen sich beliebige Objekte importieren. Beachten Sie aber beim Import von Modulen, daß dadurch mehrere Funktionen oder Prozeduren gleichen Namens in einer Datenbank definiert sein könnten. Beim Aufruf einer solchen Funktion tritt dann ein Fehler auf.

Bild IV.316: Importieren von Objekten

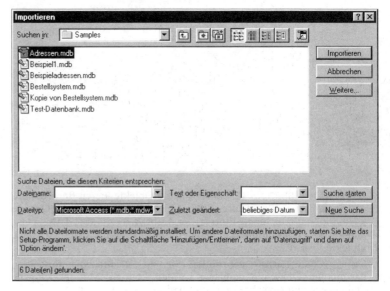

Um ein oder mehrere Objekte zu importieren, wählen Sie IMPORTIEREN aus dem Untermenü EXTERNE DATEN im DATEI-Menü oder aus dem Kontextmenü des Datenbankfensters.

Um ein Objekt zu importieren, wählen Sie den Typ des zu importierenden Objekts im Kombinationsfeld DATEITYP. Wählen Sie anschließend die Datei aus, in der das Objekt gespeichert ist, und klicken Sie auf IMPORTIEREN.

Bild IV.317:
Auswahl des Objekts

Befinden sich mehrere Objekte in der Datei, wie es beispielsweise bei einer Access-Datenbank der Fall ist, so zeigt Access das Dialogfeld aus Bild IV.317, in dem Sie eines oder mehrere Objekte für dem Import auswählen können.

Durch Klicken auf die Schaltfläche OPTIONEN können Sie zusätzliche Einstellungen für den Import vornehmen.

Optionen beim Export von Access-Objekten

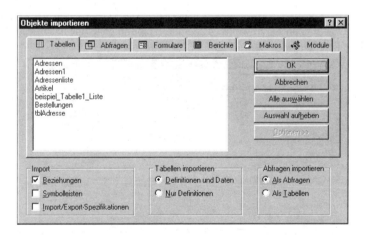

Bild IV.318:
Optionen beim Importieren

Das Dialogfeld erlaubt folgende Einstellungen:
- Unter IMPORT legen Sie fest, ob Sie zusätzliche Komponenten einer Access-Datenbank importieren wollen. Dazu zählen die Beziehungen zwischen den importierten Tabellen (siehe Abschnitt 4.2.3), benutzerdefinierte Symbolleisten und die Import/Export-Spezifikationen von Textdateien (siehe Abschnitt 10.3.2).
- Unter TABELLEN IMPORTIEREN legen Sie fest, ob Sie nur die Struktur oder die komplette Tabelle mit allen Daten importieren wollen.

IV Access

- Unter ABFRAGEN IMPORTIEREN bestimmen Sie, ob Abfragen beim Import in Tabellen umgewandelt werden sollen.

Da Access ein äußerst flexibles Tabellenformat besitzt, können beim Import von Tabellen meist alle Feldnamen, Felddatentypen und Indizes der Originaltabelle unverändert übernommen werden.

Der Nachteil beim Import von Objekten besteht darin, daß Sie anschließend zwei Kopien besitzen und sich eindeutig entscheiden müssen, welche Kopie Sie weiterverwenden wollen. Verknüpfen Sie Tabellen, um mit mehreren Anwendungen auf ein und dieselbe Tabelle zuzugreifen (siehe Abschnitt 10.3.3).

Exportieren von Objekten

Genauso, wie Sie Objekte in die aktuelle Datenbank importieren können, ist auch das Exportieren der Objekte möglich. Dabei lassen sich Tabellen wiederum in jedes von Access unterstützte Datenbankformat exportieren.

Um ein Objekt zu exportieren, wählen Sie SPEICHERN UNTER/EXPORTIEREN aus dem DATEI-Menü oder aus dem Kontextmenü des Datenbankfensters.

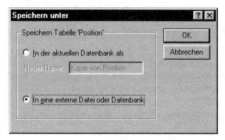

Bild IV.319: Wählen des Speicherorts

Wählen Sie IN EINE EXTERNE DATEI ODER DATENBANK, wenn Sie das Objekt exportieren wollen. Die andere Option erstellt lediglich eine Kopie unter einem neuen Namen in der aktuellen Datenbank.

Bild IV.320: Exportieren von Objekten

Wählen Sie unter DATEITYP das Dateiformat, in dem Sie das neue Objekt speichern wollen. Geben Sie anschließend einen Dateinamen an, und klicken Sie auf EXPORTIEREN.

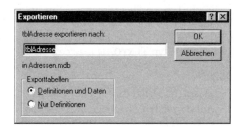

Bild IV.321:
Export in eine
Access-Datenbank

Wenn Sie eine Tabelle in eine Access-Datenbank exportieren, zeigt Access ein Dialogfeld, in dem Sie den Namen der exportierten Tabelle festlegen können. Weiterhin können Sie bestimmen, daß nur die Tabellenstruktur exportiert wird, indem Sie NUR DEFINITIONEN markieren.

10.3.2 Importieren und Exportieren von Textdaten

Textdateien sind in vielen Fällen die einzige Möglichkeit, zwischen Anwendungen Daten auszutauschen. Während Access zahlreiche Datenbankformate direkt unterstützt, besitzen viele Anwendungen, z.B. eine Finanzbuchhaltung, proprietäre Dateiformate, auf die Sie nicht direkt zugreifen können. In solchen Fällen bietet sich der Datenaustausch über eine Textdatei an.

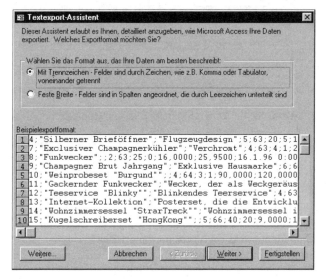

Bild IV.322:
Der Textexport-Assistent

Generell kann zwischen zwei Typen von Textdateien unterschieden werden:

Typen von Textdateien

- *Text mit Trennzeichen* trennt die Felder durch ein definiertes Trennzeichen (z.B. ein Semikolon). Datensätze werden durch einen Zeilenumbruch getrennt.
- Bei einem *Text mit fester Breite* belegt jedes Feld eine bestimmte Anzahl von Zeichen. Ist der Feldinhalt kürzer als der zur Verfügung stehende Platz, so wird er entsprechend mit Leerzeichen aufgefüllt. Für

IV Access

Exportieren von Textdateien

diesen Typ muß eine genaue Spezifikation vorliegen, die bestimmt, welches Feld wieviel Platz belegt.

Um eine Tabelle als Textdatei zu exportieren, wählen Sie im Export-Dialogfeld als Dateityp TEXTDATEI. Access startet anschließend den Textexport-Assistenten, der Sie bei der Bestimmung des benötigten Formats unterstützt.

Der Assistent besitzt die folgenden Seiten:

1. Auf der ersten Seite legen Sie fest, ob Sie den Text mit Trennzeichen oder mit fester Breite exportieren wollen. Access zeigt in der unteren Hälfte, wie sich diese Einstellung auf die Textdatei auswirkt.

Bild IV.323: Einstellen des Trennzeichens

2. Wenn Sie die Daten in einen Text mit Trennzeichen exportieren wollen, geben Sie auf der zweiten Seite das oder die Trennzeichen an. Klicken Sie auf FELDNAMEN IN ERSTE ZEILE EINBEZIEHEN, um die Feldnamen als ersten Datensatz zu exportieren. Wenn Sie die Felder mit fester Breite exportieren, so haben Sie die Möglichkeit, auf dieser Seite die Feldbreiten zu ändern, was aber meistens nicht nötig ist.

3. Auf der letzten Seite bestimmen Sie den Dateinamen der Textdatei. Mit FERTIGSTELLEN exportieren Sie die Daten.

Importieren von Textdateien

Zum Importieren von Textdateien wählen Sie wiederum TEXTDATEIEN im Kombinationsfeld DATEITYP im Import-Dialogfeld.

Beim Import von Textdateien werden Sie von demselben Assistenten wie für das Exportieren unterstützt. Durch die Vorschau in der unteren Hälfte des Assistenten sehen Sie, wie Access die Textdaten interpretiert. Der Assistent besitzt die folgenden Seiten:

1. Auf der ersten Seite wählen Sie wiederum, ob Sie eine Textdatei mit Trennzeichen oder mit Feldern fester Breite erstellen wollen.

2. Auf der zweiten Seite legen Sie bei Feldern mit Trennzeichen das oder die Trennzeichen fest (siehe Bild IV.323). Bei Feldern mit fester Breite bestimmen Sie die Feldgrenzen durch Verschieben der Spaltentrennlinien (siehe Bild IV.324).

Bild IV.324:
Festlegen der
Feldbreite

3. Auf der dritten Seite bestimmen Sie, ob Sie die Textdaten in einer neuen oder in einer bereits vorhandenen Tabelle erstellen wollen.

Bild IV.325:
Bestimmung der
Feldnamen

4. Auf der vierten Seite legen Sie die Feldnamen und die Felddatentypen fest. Wenn Sie angegeben haben, daß die erste Zeile die Feldnamen enthält, sind die Feldnamen entsprechend vorbelegt.
5. Auf der fünften Seite wählen Sie den Primärschlüssel der Tabelle. Auf Wunsch erstellt Access einen Zähler als Primärschlüssel.
6. Auf der letzten Seite geben Sie den Tabellennamen an und starten mit FERTIGSTELLEN den Importvorgang.

IV Access

Sowohl im Import-, als auch im Export-Assistenten finden Sie die Schaltfläche WEITERE, über die Sie die Import- bzw. Exporteinstellungen vornehmen können.

*Bild IV.326:
Import-/
Exportspezifikationen*

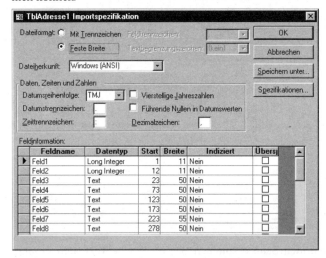

In diesem Dialogfeld können Sie zusätzlich angeben, ob Sie den Import im ANSI- oder im ASCII-Zeichensatz durchführen wollen. Während innerhalb von Windows der ANSI-Zeichensatz verwendet wird, nutzen DOS, OS/2 und andere Betriebssysteme den ASCII-Zeichensatz.

Mit der Schaltfläche SPEICHERN UNTER lassen sich die Einstellungen unter einem Namen in der aktuellen Datenbank speichern. Mit der Schaltfläche SPEZIFIKATIONEN laden Sie eine so gespeicherte Spezifikation.

10.3.3 Verknüpfen von Tabellen

*Bild IV.327:
Verknüpfte Tabellen*

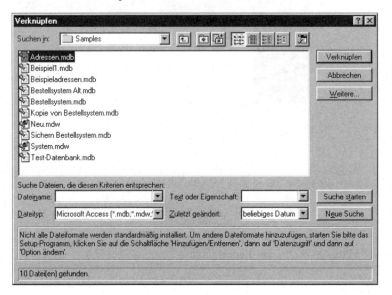

Beim Verknüpfen von Tabellen mit der aktuellen Datenbank können Sie auf die Daten der Tabelle zugreifen, als würde sie sich direkt in der aktuellen Datenbank befinden. Lediglich Änderungen am Tabellenentwurf können bei verknüpften Tabellen nicht durchgeführt werden.

Um eine Tabelle mit der aktuellen Datenbank zu verknüpfen, wählen Sie TABELLEN VERKNÜPFEN im Untermenü EXTERNE DATEN im DATEI-Menü oder im Kontextmenü des Datenbankfensters.

Gehen Sie weiterhin so vor wie beim Importieren der Tabelle (siehe Abschnitt 10.3.1).

Bei der Verknüpfung von Tabellen wird der absolute Pfad der entsprechenden Datei gespeichert. Wird die Datei in ein anderes Verzeichnis verschoben, so müssen Sie die Verknüpfung neu durchführen. Sie können dazu den Tabellenverknüpfungs-Manager verwenden (siehe Abschnitt 10.3.4).

Durch die Verknüpfung einer Datenbank mit Tabellen einer anderen Datenbank verfügen Sie über die Möglichkeit, mit mehreren unterschiedlichen Anwendungen auf einen Datenbestand zuzugreifen. Da Access eine Vielzahl von Fremdformaten bei Datentabellen unterstützt, können diese Anwendungen auch aus anderen Entwicklungsumgebungen wie dBase, Paradox oder FoxPro kommen.

Nutzen verknüpfter Tabellen

Auch der Zugriff auf einen Datenbestand auf einem SQL-Datenbank-Server oder einem Großrechner ist über ODBC realisierbar (siehe Abschnitt 10.3.5).

10.3.4 Trennung von Anwendungsobjekten und Daten

Wenn Sie eine größere Anwendung entwickeln, sollten Sie die Anwendungsobjekte wie Formulare, Berichte, Makros oder Module von den Datentabellen trennen. Dadurch ergeben sich folgende Vorteile:

- In Mehrbenutzerumgebungen können Sie die Anwendungsdatenbank lokal halten, während die gemeinsamen Daten in der Daten-Datenbank auf dem Netzwerk-Server liegen. Dies kann eine Beschleunigung des Antwortverhaltens mit sich bringen.
- Während Sie eine neue Version der Anwendung entwickeln, können die Anwender der alten Version ungehindert weiterarbeiten. Solange Sie die Datenstruktur nicht ändern, genügt es, die neue Version der Anwendungsdatenbank auf die alte zu kopieren. Die Anwender können dann mit ihrem Datenbestand in der Datendatenbank weiterarbeiten.
- Sie können mit mehreren unterschiedlichen Anwendungsdatenbanken auf dieselbe Daten-Datenbank zugreifen.

Sie trennen die Anwendungsobjekte von den Datentabellen, indem Sie die Datentabellen in eine neue Datenbank exportieren und anschließend wieder mit der Anwendungs-Datenbank verknüpfen. Da dies ein langwieriger Vorgang ist, verfügt Access über einen Assistenten, der diesen Vorgang automatisiert.

Der Assistent zur Datenbankaufteilung

Sie starten den Assistenten zur Datenbankaufteilung, indem Sie ASSISTENT ZUR DATENBANKAUFTEILUNG aus dem Untermenü ADD-INS im EXTRAS-Menü wählen. Der Assistent benötigt als einzige Angabe den Dateinamen der neuen Daten-Datenbank.

Wenn die Daten-Datenbank in ein anderes Verzeichnis verschoben wird, müssen Sie die Tabellen-Verknüpfungen neu vornehmen. Es ist auch manchmal erforderlich, die Verknüpfung der Tabellen auf eine andere

Ändern der Verknüpfungen

IV Access

Daten-Datenbank umzulegen, beispielsweise um zwischen Test- und Echtdaten zu unterscheiden. Um das Ändern der Einbindungen zu erleichtern, stellt Access den Tabellenverknüpfungs-Manager zur Verfügung.

Bild IV.328:
Der Assistent zur Datenbank-Aufteilung

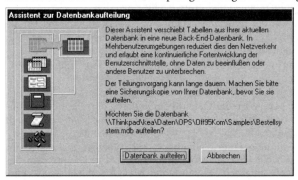

Bild IV.329:
Tabelleneinbindungs-Manager

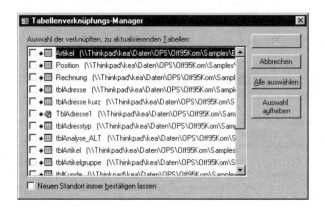

Markieren Sie im Tabellenverknüpfungs-Manager alle Tabellen, die Sie neu verknüpfen wollen, und klicken Sie auf OK. Wenn der Assistent die Verknüpfung nicht herstellen kann, weil die entsprechende Datei nicht vorhanden ist, fragt er nach einem Dateinamen. Um die Frage nach einem Dateinamen bei jeder Tabelle zu forcieren, markieren Sie das Kontrollkästchen NEUEN STANDORT IMMER BESTÄTIGEN LASSEN.

10.3.5 Verknüpfen von Tabellen über ODBC

Mit Access 1.0 hat Microsoft auch ODBC (*Open Database Connectivity*) für Windows eingeführt. ODBC ermöglicht mit einem geeigneten Treiber den Zugriff auf beliebige Datenbanken. Im Lieferumfang von Access sind ODBC-Treiber für den Microsoft SQL-Server und für Access selber enthalten. Letzteren können Sie nicht in Access selbst anwenden.

Verknüpfen einer ODBC-Tabelle

Meist werden Sie die eine Tabelle über ODBC mit Ihrer Datenbank verknüpfen. Wenn Sie das erste Mal auf eine Datenbank über ODBC zugreifen, müssen Sie zunächst eine Datenquelle definieren. Diese steht dann allen Windows-Anwendungen zur Verfügung.

Um eine Tabelle über ODBC zu verknüpfen, gehen Sie folgendermaßen vor:

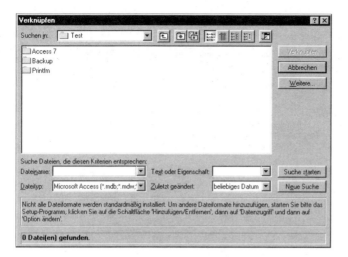

Bild IV.330:
Verknüpfen von
Tabellen

1. Wählen Sie TABELLEN VERKNÜPFEN aus dem Kontext-Menü des Datenbankfensters oder aus dem Untermenü EXTERNE DATEN des Datei-Menüs.

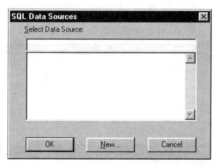

Bild IV.331:
Auswahl der SQL-Datenquelle

2. Wählen Sie im Kombinationsfeld DATEITYP ODBC-Datenbanken aus. Access zeigt das Fenster zur Auswahl einer ODBC-Datenquelle an. Klicken Sie auf die Schaltfläche NEW, um eine neue Datenquelle anzulegen.

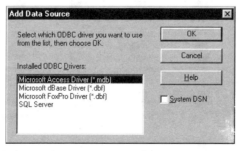

Bild IV.332:
Auswahl des ODBC-Treibers

3. Die Liste zeigt alle ODBC-Treiber an, die auf Ihrem System installiert sind. Wählen Sie den gewünschten ODBC-Treiber.

Bild IV.333:
Einrichten des
Treibers für den
Microsoft SQL Server

Bild IV.334:
Anmelden bei der
Datenbank

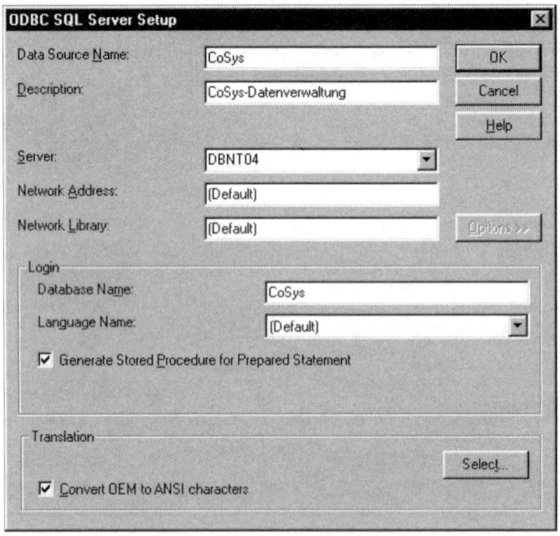

4. Im nächsten Schritt konfigurieren Sie die Datenquelle. Das Dialogfenster hängt dabei vom verwendeten ODBC-Treiber ab. In Bild IV.333 ist die Konfiguration für den Microsoft SQL Server zu sehen. Die Datenquelle läßt sich nach dem Anlegen im Dialogfeld aus Bild IV.331 auswählen.

Bild IV.335:
Die Windows-
Systemsteuerung

5. Je nach ODBC-Treiber müssen Sie sich mit einem Benutzernamen und einem Kennwort bei der Datenbank anmelden.
6. Access zeigt anschließend das Verknüpfungs-Dialogfeld (siehe Abschnitt 10.3.3).

Wenn Sie auf eine ODBC-Tabelle zugreifen, versucht Access Sie mit dem Namen und Kennwort bei der ODBC-Datenbank anzumelden, mit dem Sie sich bei Access angemeldet haben.

Zugriff auf ODBC-Tabellen

Sie ändern eine ODBC-Datenquelle über die Windows-Systemsteuerung.

Ändern der Datenquelle

Öffnen Sie in der Windows-Systemsteuerung das Objekt 32BIT ODBC, um eine Liste mit allen ODBC-Datenquellen zu erhalten.

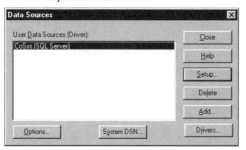

Bild IV.336: ODBC über die Systemsteuerung

Das Datenquellen-Dialogfeld besitzt die folgenden Schaltflächen:
- SETUP ändert eine vorhandene Datenquelle.
- DELETE löscht eine Datenquelle. Die Datenbank selber wird dabei nicht gelöscht.
- ADD fügt neue Datenquellen hinzu, die dann in Access zur Verfügung stehen.

10.4 Weitere Funktionen und Zusatzanwendungen

10.4.1 Der Assistent zur Leistungsanalyse

Access verfügt über einen Assistenten, mit dem Sie die aktuelle Datenbank bezüglich optimaler Leistung analysieren können. Wählen Sie dazu LEISTUNG aus dem ANALYSE-Untermenü im Menü EXTRAS oder klicken Sie auf die Schaltfläche LEISTUNG WIRD ANALYSIERT in der Symbolleiste.

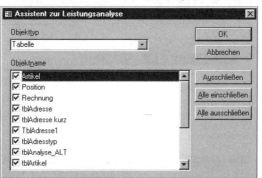

Bild IV.337: Der Assistent zur Leistungsanalyse

IV Access

Markieren Sie die Objekte, die Sie bezüglich ihrer Leistung analysieren wollen. Wenn Sie im Kombinationsfeld OBJEKTTYP den Objekttyp ändern, lassen sich auch unterschiedliche Access-Objekte gleichzeitig analysieren. Klicken Sie auf OK, um mit der Analyse zu starten, wobei dies einige Zeit in Anspruch nehmen kann.

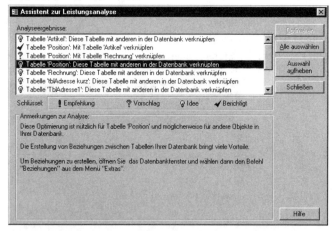

Bild IV.338: Das Ergebnis der Leistungsanalyse

Nach Abschluß der Analyse zeigt der Assistent das Dialogfeld aus Bild IV.338. Wenn Sie eine Zeile in der Liste markieren, erscheint in der unteren Hälfte, woran und warum Sie eine Veränderung vornehmen sollten. Klicken Sie auf OPTIMIEREN, um Access die Veränderung durchführen zu lassen.

10.4.2 Der Datenbankdokumentierer

Mit dem Datenbankdokumentierer lassen sich die Definitionen der einzelnen Access-Objekte ausdrucken. Sie bestimmen dabei, welche Information über ein Objekt in die Dokumentation aufgenommen wird. Beachten Sie, daß bereits bei kleinen Datenbanken viele Seiten zum Ausdruck benötigt werden.

Sie starten den Datenbank-Dokumentierer, indem Sie auf die Schaltfläche DOKUMENTIERER in der Symbolleiste klicken oder DOKUMENTIERER aus dem ANALYSE-Untermenü im Menü EXTRAS auswählen.

Bild IV.339: Der Datenbank-Dokumentierer

Markieren Sie die Objekte, die Sie dokumentieren wollen. Wenn Sie im Kombinationsfeld OBJEKTTYP den Objekttyp ändern, lassen sich auch unterschiedliche Access-Objekte gleichzeitig dokumentieren.

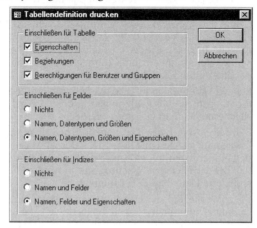

Bild IV.340:
Die Optionen für die Dokumentation bei Tabellen

Mit der Schaltfläche OPTIONEN öffnen Sie ein Dialogfeld, in dem Sie festlegen, welche Informationen pro Objekt gedruckt werden sollen. Das Dialogfeld unterscheidet sich je nach unter OBJEKTTYP ausgewähltem Objekt. Klicken Sie auf OK, um die Dokumentation zusammenzustellen.

Nach einer längeren Wartezeit wird die Dokumentation in der Seitenansicht präsentiert. Sie können Sie dann durch Klicken auf die Schaltfläche DRUCKEN auf dem Drucker ausgeben.

10.5 Replikation

Die Replikation von Datenbanken ist eine neue Funktion von Access 7.0, die es ermöglicht, mehrere Kopien einer Datenbank gleichzeitig zu halten und zu bearbeiten. Der folgende Abschnitt zeigt, wie Sie die Replikationsfunktionen einsetzen.

10.5.1 Grundlagen der Replikation

Die Replikation von Datenbanken wird dann notwendig, wenn mehrere Anwender an einer Datenbank arbeiten, die nicht über ein ausreichend schnelles Netzwerk verbunden ist. Denkbar sind dabei z.B. folgende Szenarien:

Warum Replikation?

- Mehrere Filialen an verschiedenen Orten verwenden eine Anwendung und müssen ihre Daten regelmäßig abgleichen.
- Außendienstmitarbeiter erfassen Daten auf tragbaren Rechnern und müssen diese regelmäßig in eine zentrale Hauptdatenbank integrieren.

Das Prinzip der Replikation beruht auf einer datensatzorientierten Synchronisation von zwei Datenbanken. Dabei wird jeder Datensatz, der sich seit der letzten Synchronisation geändert hat, in beiden Datenbanken angeglichen. Ein Datensatz, der gelöscht wurde, ist anschließend in beiden Datenbanken entsprechend gelöscht.

Synchronisation

Ist ein und derselbe Datensatz in beiden Datenbanken geändert, kommt es zu einem Konflikt. In diesem Fall kann Access keine automatische Synchronisierung durchführen und fordert vom Anwender, manuell zu bestim-

Konflikte

men, welche Änderung gültig ist. Alternativ ist eine programmgesteuerte Lösung von Konflikten möglich.

Grenzen der Replikation
Im Gegensatz zu den teuren Replikationsverfahren (teurer) SQL-Server arbeitet die Access-Replikation nicht Client-/Server-orientiert. Aus diesem Grund tritt während der Synchronisation ein erheblicher Netzwerkverkehr auf, was die Verwendung langsamer Modem-Verbindungen fast ausschließt. In vielen Fällen ist es schneller, die kleinere der beiden Datenbanken zu komprimieren und komplett zu versenden, um anschließend die Replikation im lokalen Netz durchzuführen.

Design-Master
Bei den Datensätzen in Tabellen funktioniert die Synchronisation in beiden Richtungen, so daß Änderungen in beiden synchronisierten Datenbanken gleichermaßen berücksichtigt werden.

Bei der Struktur der Tabellen und bei allen anderen Objekten gilt eine Datenbank als Design-Master. Der Design-Master ist die Datenbank, in der sich Änderungen in den Entwurfsansichten vornehmen und speichern lassen. Bei der nächsten Synchronisation werden die Änderungen dann in die replizierte Datenbank übernommen.

Beachten Sie, daß der Designmaster an Dateinamen und Pfad seiner Datenbankdatei identifiziert wird. Im Netzwerk kann es dabei zu Problemen kommen, da es unterschiedliche Konventionen für Netzwerkpfade gibt (verbundenes Laufwerk und UNC).

Primärschlüssel und AutoWerte
Beim Anfügen neuer Datensätze in replizierten Datenbanken stellt sich das Problem, daß die Eindeutigkeit von Primärschlüsseln nicht überprüft werden kann, da ja kein Zugriff auf die anderen Replikate besteht.

AutoWerte, die als Primärschlüssel dienen, werden beim Vorbereiten der Replikation automatisch auf zufällige Wertegenerierung umgestellt. Dabei wird ein 32Bit-Zufallswert von -2.147.483.648 bis 2.147.483.647 generiert, wobei das Auftreten doppelter Werte über 30mal unwahrscheinlicher ist als ein 6er mit Superzahl im Lotto.

Durch Verwendung einer 16 Byte langen Replikations-ID können Sie völlig sicher gehen, daß keine doppelten Werte auftreten.

Bei beiden Verfahren ist jedoch ausgeschlossen, daß Sie die so entstandenen Werte als Kunden-, Artikel oder Rechnungsnummern verwenden können. In diesem Fall muß eine Programmlogik erstellt werden, die solche Nummern aus einem Nummerkreis generiert.

10.5.2 Erstellen von replizierten Datenbanken

Bevor Sie eine Datenbank replizieren, müssen bestimmte Vorbereitungen getroffen werden, was von Access vollautomatisch durchgeführt wird.

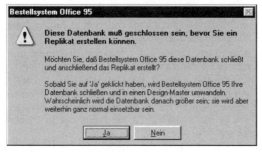

*Bild IV.341:
Erstellen einer replizierten Datenbank*

Um eine replizierte Datenbank zu erstellen, wählen Sie DATENBANK IN REPLIKAT KONVERTIEREN aus dem Untermenü REPLIKATION im EXTRAS-Menü. Nach der Informationsmeldung von Bild IV.341 fragt Access, ob Sie eine Sicherheitskopie anlegen wollen. Sie sollten das auf jeden Fall tun, da der Konvertierungsvorgang nicht rückgängig zu machen ist. Anschließend geben Sie Dateinamen und Pfad der zweiten, replizierten Datenbank an.

Nach Abschluß des Vorgangs ist die aktuelle Datenbank der Design-Master der replizierten Datenbanken. Zudem wurde ein erstes Replikat in dem von Ihnen angegebenen Pfad erstellt.

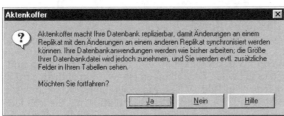

Bild IV.342:
Erstellen einer replizierten Datenbank über den Aktenkoffer

Wenn Sie eine noch nicht replizierte Access-Datenbankdatei in einen Windows 95-Aktenkoffer kopieren, wird ebenfalls der Replikationsvorgang ausgelöst. Access zeigt dies durch das Dialogfenster in Bild IV.342 an. Wenn Sie auf NEIN klicken, dann wird die Datenbankdatei nicht in den Aktenkoffer kopiert. Sie verlieren damit im Prinzip die Möglichkeit, eine komplette Access-Datenbankdatei in den Aktenkoffer zu kopieren, ohne diese in eine replizierte Datenbank zu konvertieren.

Replikation über den Aktenkoffer

Die einfachste Möglichkeit, eine neue replizierte Datenbank zu erstellen, ist das Kopieren einer bereits vorhandenen Datenbank der Replikationsgruppe. Dabei wird aus einem kopierten Design-Master eine normale replizierte Datenbank.

Alternativ wählen Sie wiederum DATENBANK IN REPLIKAT KONVERTIEREN aus dem Untermenü REPLIKATION im EXTRAS-Menü. Access fragt anschließend nach Pfad und Dateinamen des neuen Replikats.

Erstellen eines weiteren Replikats

10.5.3 Synchronisieren von replizierten Datenbanken

Um die Datenbanken anzugleichen, müssen Sie explizit den Synchronisationsvorgang auslösen.

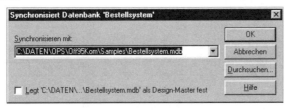

Bild IV.343:
Synchronisieren von Datenbanken

Um zwei Datenbanken zu synchronisieren, öffnen Sie eine der beiden und wählen JETZT SYNCHRONISIEREN aus dem Untermenü REPLIKATION im EXTRAS-Menü. Daraufhin schließt Access nach einer Rückfrage alle geöffneten Access-Objekte und zeigt das Dialogfenster aus Bild IV.343 an. Geben Sie unter SYNCHRONISIEREN MIT den Namen der Datenbank an,

Synchronisieren in Access

IV Access

Synchronisieren über den Aktenkoffer

mit der sie die aktuelle Datenbank synchronisieren wollen. Nach Klicken auf OK wird der Synchronisationsvorgang gestartet.

Um die Daten über den Windows-95-Aktenkoffer zu synchronisieren, wählen Sie ALLES AKTUALISIEREN bzw. AUSWAHL AKTUALISIEREN im AKTENKOFFER-Menü des Aktenkoffers.

Bild IV.344: Warnung beim Konflikt

Konflikte

Wenn bei der Replikation durch eine Änderung ein und desselben Datensatzes in beiden Datenbanken ein Konflikt auftritt, wird dies durch das Dialogfenster in Bild IV.344 angezeigt. Durch Klicken auf die Schaltfläche JA starten Sie den Vorgang zur Konfliktlösung. Sie können das Dialogfenster auch durch NEIN schließen und die Konflikte später lösen, indem Sie KONFLIKTE LÖSEN im Untermenü REPLIKATION des EXTRAS-Menü wählen.

Bild IV.345: Lösen von Konflikten

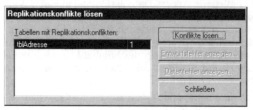

Access zeigt in einem Dialogfeld die Tabellen, in denen Konflikte aufgetreten sind, sowie die Anzahl der Datensätze, die von Konflikten betroffen sind. Markieren Sie die Tabelle, in der Sie die Konflikte lösen wollen, und klicken Sie auf die Schaltfläche KONFLIKTE LÖSEN.

Bild IV.346: Lösen eines Konflikt in einem Datensatz

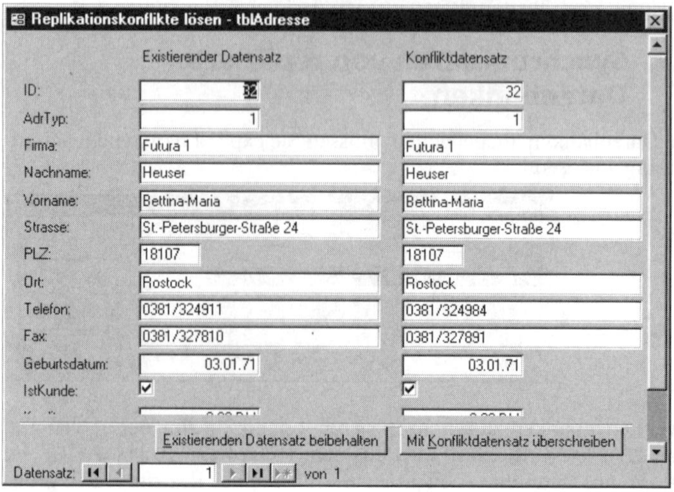

Access erstellt dann ein Formular, in dem je zwei Datensätze aus der Tabelle dargestellt werden. Klicken Sie auf EXISTIERENDEN DATENSATZ BEIBEHALTEN, um den Datensatz aus der aktuellen Datenbank beizubehalten, oder MIT KONFLIKTDATENSATZ ÜBERSCHREIBEN, um den Datensatz aus der zweiten Datenbank zu übernehmen. Beide Datensätze lassen sich im Formular verändern, so daß Sie die Daten individuell anpassen können.

Ändern des Design-Masters

Um den Design-Master einer Replikationsgruppe zu ändern, öffnen Sie das Replikat, das der neue Design-Master werden soll und wählen JETZT SYNCHRONISIEREN aus dem Untermenü REPLIKATION im EXTRAS-Menü. Wählen Sie den aktuellen Design-Master als die Datenbank, mit der Sie die aktuelle Datenbank synchronisieren wollen und markieren Sie das Kontrollkästchen unter dem Eingabefeld. Nach dem Synchronisationsvorgang ist die aktuelle Datenbank der neue Design-Master.

Erstellen eines neuen Design-Masters

Wenn Sie bei diesem Vorgang einen Fehler machen, verlieren Sie den Design-Master. Dasselbe kann passieren, wenn Sie aus Versehen die falsche Datenbank löschen. In diesem Fall haben Sie die Möglichkeit, eine Datenbank zum Design-Master zu erklären. Sie sollten sich aber dabei sicher sein, daß Sie dadurch keine zwei Design-Master erzeugen, wodurch der Replikationsvorgang gestört werden könnte.

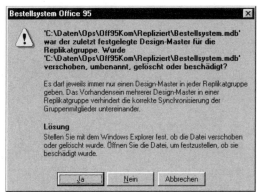

*Bild IV.347:
Erklären der aktuellen Datenbank zum Design-Master*

Um die aktuelle Datenbank zum Design-Master zu erklären, wählen Sie DESIGN-MASTER-REPLIKAT WIEDERHERSTELLEN aus dem Untermenü REPLIKATION im EXTRAS-Menü. Access zeigt anschließend eine Warnmeldung, in der Sie durch Klicken auf die Schaltfläche JA die aktuelle Datenbank zum Design-Master erklären.

V PowerPoint

1 Einleitung

Eigenschaften von PowerPoint

PowerPoint ist Ihr Handwerkszeug bei der Vorbereitung jeder Form der Präsentation von Arbeitsergebnissen. Gleichgültig, ob Sie das Ergebnis auf Folien und einem Overhead-Projektor ausgeben wollen, mittels Dias oder einem PC, stets können Sie PowerPoint benutzen, um das entsprechende Material anzufertigen und aufzubereiten.

Grafik als Handwerkszeug verwenden

Das PowerPoint-Medium »Folien«

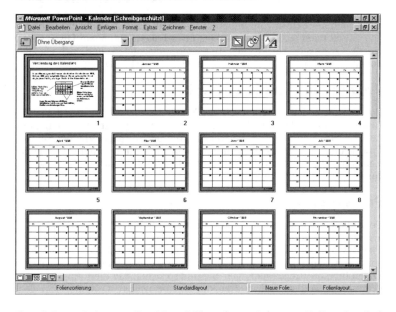

Bild V.1: Präsentation in der Foliensortieransicht

Ihr mit PowerPoint erstelltes Material besteht zunächst aus Folien, das sind Ihre Präsentationsvorlagen. Sie enthalten Texte in den verschiedensten Schriftgrößen und Schriftarten. Bilder und Grafiken erläutern die Texte. Diagramme machen Zahlen anschaulich.

Folien sind Informationsträger

Text und Grafiken können Sie mit den Text- und Zeichen-Hilfsmitteln von PowerPoint selbst anfertigen oder aus anderen Programmen übernehmen.

Mit Hilfsmitteln gestalten

V PowerPoint

Das gleiche gilt für Diagramme, die Sie mit PowerPoint selbst erstellen oder aus Excel kopieren können.

Bild V.2:
Notizblatt zu einer Folie

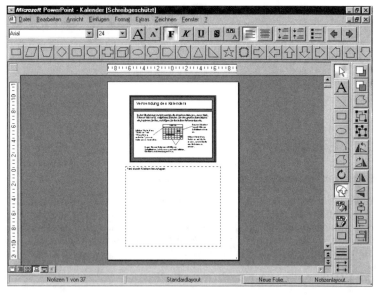

Präsentation für Publikum

Die Folien können sowohl in Schwarzweiß als auch in Farbe erzeugt werden. Sie können sie auf Papier, Overhead-Folien, mit einem Display und einem Overhead-Projektor als Bildschirmpräsentation und auch als Diapositiv zur Präsentation mit einem Projektor ausgeben lassen.

PowerPoint-Medium »Notizblätter«

Notizblätter für die eigene Vorbereitung

PowerPoint erstellt automatisch ein Notizblatt pro Folie. Es enthält eine Abbildung der Folie in verkleinertem Maßstab. Den restlichen Platz können Sie für eigene Notizen verwenden. Bei der Ausgabe erhalten Sie von PowerPoint ein solches Blatt zu jeder Folie. Die Notizblätter sind wie die Folien bereits in der gewünschten Reihenfolge sortiert, so daß Sie direkt mit Ihrem Vortrag beginnen können.

PowerPoint-Medium »Handzettel«

Handzettel für die Nachwirkung

PowerPoint erzeugt automatisch als weiteren Service Handzettel. Auf den Handzetteln finden maximal sechs verkleinerte Abbildungen Ihrer Folien Platz. Wenn Sie die ausgegebenen Handzettel reproduzieren lassen, beispielsweise einfach kopieren, können Sie Ihre Zuhörer mit den wichtigsten Daten Ihres Vortrages versorgen. Sie sind so sicher, daß diese Angaben mitgenommen werden und mußten dazu keine weitere Leistung erbringen. PowerPoint erledigt das selbständig für Sie.

2 Präsentationsfolien erstellen

Eine Präsentation besteht aus verschiedenen Blättern, »Folien« genannt. Repräsentative Fotoalben wurden auf diese Weise aufgebaut. Jedes Bild ist sorgsam auf elegantem Untergrund aufgezogen, und alle Bilder sind in einer

2 Präsentationsfolien erstellen

wertvollen Lederhülle zusammengefaßt. Wie diese wertvollen Alben ordnet eine Präsentation Folien in der gewünschten Weise und hält sie zur Darstellung zusammen. In diesem Kapitel soll gezeigt werden, wie die einzelnen Teile einer Präsentation – die Folien – angefertigt und bearbeitet werden können.

Wollen Sie sich eine bereits fertige Präsentation ansehen, so lesen Sie zuerst Kapitel X in diesem Buch. Dort erhalten Sie die nötigen Informationen für den Umgang mit vorhandenen Präsentationen.

Ob Sie mit einer bestimmten Arbeit oder ersten Versuchen beginnen, eine von zwei Situationen wird vorliegen:

- Sie haben PowerPoint gestartet. Wählen Sie dann das Optionsfeld LEERE PRÄSENTATION, und doppelklicken Sie im Dialogfeld NEUE FOLIE auf das Symbol für eine leere Folie. Eine neue Präsentation mit einer Folie wird angelegt.

AutoLayout für neue Folien nutzen

- Wenn Sie dagegen eine Präsentation geöffnet haben (siehe Kapitel X), steht Ihnen vermutlich bereits eine Folie zur Verfügung. Sie können jederzeit eine weitere Folie hinzufügen: Verwenden Sie die Schaltfläche NEUE FOLIE oder `Strg`+`M`, um das Dialogfeld NEUE FOLIE zu aktivieren. Wählen Sie für Versuche mit grafischen Werkzeugen die letzte Form.

Schaltflächen oder Tastenkombinationen verwenden

Unten links im Fenster erkennen Sie in der Statuszeile nach dem Einfügen einer neuen Folie an der Foliennummer, daß PowerPoint eine Folie weitergeschaltet hat.

Zwischen den Folien einer Präsentation können Sie mit dem Folienschalter hin- und herschalten. In der unteren Hälfte des rechten Ecke des Bildschirmrands sehen Sie zwei Doppelpfeile. Wollen Sie eine Folie weiterschalten, klicken Sie auf den nach unten zeigenden Pfeil. Wollen Sie um eine Folie zurückschalten, zeigen und klicken Sie auf den nach oben zeigenden Doppelpfeil. Sie können den Mauspfeil auch auf den Schieber zwischen den darüber angeordneten Einzelpfeilen richten, die linke Maustaste drücken und die Maus ziehen. Damit blättern Sie sozusagen stufenlos durch die Folien. Mausklicks auf die Einzelpfeile wirken wie die Folienschalter. Das Umschalten funktioniert natürlich nur, wenn Sie mehr als eine Folie definiert haben.

2.1 Mit Objekten umgehen

PowerPoint ist objektorientiert. Sie fertigen Objekte mit PowerPoint an und arbeiten mit ihnen. In den meisten Fällen werden PowerPoint-Objekte auch von diesem Programm erstellt, Sie können aber auch Objekte aus anderen Anwendungen mit PowerPoint handhaben. In den folgenden Abschnitten wird erklärt, was Objekte in PowerPoint sind. Außerdem erfahren Sie, mit welchen Hilfsmitteln Sie Objekte handhaben können.

Objekte enthalten Funktionen

2.1.1 Objekte und ihre Anwendung

Die Objekte im Programm legen Sie mit den Hilfsmitteln von PowerPoint an. Objekte sind Text, sind Linien oder kombinierte Objekte wie grafische Formen. Auch importierte Grafiken werden von PowerPoint als Objekte verstanden. Objekte können Attribute haben, die Sie mit PowerPoint zuordnen. Solche Attribute sind Farbe und Form, Hervorhebungen, Füllbereich oder Schatten. Objekte haben auch einen Rahmen:

Objekte zeichnen oder fertig handhaben

*Bild V.3:
AutoFormen in
PowerPoint*

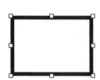

- **Form**. Der Begriff meint ein Attribut. Er bezeichnet Objekte, die mit den Hilfsmitteln TEXT oder AUTOFORMEN angelegt wurden. Linien, Bögen oder freihändig gezeichnete Objekte haben das Attribut Form nicht.
- **Rahmen**. Objekte wie Quadrate, Rechtecke, Kreise usw. rahmen das jeweilige Objekt durch Umfassungslinien ein. Diesen Rahmen können Sie formatieren, indem Sie die Linienart des Objekts beeinflussen.

Von dem zuletzt genannten Rahmen müssen Sie den Markierungsrahmen unterscheiden. Diesen Rahmen sehen Sie, wenn ein Textobjekt markiert ist. Er wird aus schrägen Linien gebildet. Auf diesen Markierungsrahmen richten Sie den Mauspfeil, um ein Textobjekt zu ziehen. Nicht-Textobjekte zeigen statt des Markierungsrahmens ein Markierungsrechteck. Es wird aus kleinen Quadraten gebildet, sogenannten Größen-Ziehpunkten. Die zuletzt erwähnten Ziehpunkte gibt es in drei Variationen. Sie haben unterschiedliche Aufgaben:

Ziehpunkte	Aufgabe
Form-Ziehpunkte	Wenn Sie Freihand-Zeichnungen oder Vielecke durch einen Doppelklick markieren, werden schwarze Quadrate als Form-Ziehpunkte angezeigt. Solche Objekte können Sie bearbeiten, indem Sie Form-Ziehpunkte verschieben, hinzufügen oder löschen.
Größen-Ziehpunkte	Größen-Ziehpunkte werden nach dem Zeichnen automatisch um Objekte gelegt oder per Mausklick angezeigt. Positionieren Sie den Mauspfeil auf einem der Quadrate, wenn Sie die Objektgröße durch Ziehen verändern wollen.
Korrektur-Ziehpunkte	AutoFormen und Bögen zeigen nach der Markierung neben den Größen-Ziehpunkten eine Raute als Zielpunkt für den Mauspfeil beim Ziehen. Markieren Sie diesen Korrektur-Ziehpunkt, wenn Sie Formen anpassen wollen.

Wenn Sie Objekte auf einer Folie bewegen, lassen sich diese leicht an einer Grundlinie oder im Verhältnis zu anderen Objekten ausrichten. Ursache ist ein Raster der Folie. Unsichtbare Linien überziehen eine Folie im Abstand von 2 Millimeter. Sie können die Rasterlinien mit ZEICHNEN/AM RASTER AUSRICHTEN zuschalten, wenn die Option nicht aktiv ist.

2 Präsentationsfolien erstellen

Führungslinien können Sie ähnlich wie das unsichtbare Raster verwenden. Die Linien werden sichtbar, wenn Sie ANSICHT/FÜHRUNGSLINIEN wählen. Objekte lassen sich durch die »Magnetwirkung« leicht an den Führungslinien ausrichten.

Praxistip: Wenn die Option AM RASTER AUSRICHTEN nur für eine Positionierung ausgeschaltet werden soll, halten Sie während des Ziehens [Alt] nieder.

2.1.2 Die Symbolleisten

PowerPoint bietet Ihnen zur Gestaltung grafische Hilfsmittel, aus denen Sie durch Kombination nahezu jede Darstellung erzeugen können. Die Hilfsmittel sind z.B. Linie, Oval, Kreis und Rechteck. Diese Standardformen werden durch weitere Möglichkeiten in den AutoFormen ergänzt. PowerPoint unterscheidet zwei Gruppen von Hilfsmitteln der Grafikerzeugung:

- AutoFormen. Das sind geschlossene Elemente wie Kreis, Kreuz und Rechteck, die Sie weitgehend verformen und an verschiedene Anforderungen anpassen können.
- Linien, Bögen und frei zu zeichnende Objekte.

AutoFormen mit 3D

Sie können mit diesen Hilfsmitteln grafische Objekte auf dem PowerPoint-Bildschirm erzeugen, sie anschließend bewegen, kombinieren und arrangieren und später drucken oder auf andere Weise vorführen. Zum Anfertigen der Zeichenobjekte stellt PowerPoint drei Symbolleisten bereit:

Bild V.4: Auswahl der Symbolleisten

1. Öffnen Sie mit ANSICHT/SYMBOLLEISTEN das Dialogfeld SYMBOLLEISTEN.
2. Markieren Sie die Kontrollkästchen für ZEICHNEN, für ZEICHNEN+ und AUTOFORMEN.

Bestätigen Sie, werden zusätzlich die drei Symbolleisten für das Zeichnen eingeblendet.

Symbolleisten nach Bedarf einblenden

Die Symbolleisten können frei auf der Arbeitsoberfläche angeordnet werden. Ziehen Sie die Symbolleisten an den vorgesehenen Standort. Die schattierte Formveränderung zeigt vor dem Loslassen der Maustaste, wie und in welcher Form die Leiste angeordnet werden kann.

Praxistip: Die freie Anordnung der Leisten findet ihr Gegenstück in der Zusammenstellung einer Symbolleiste. Wenn Sie vom Angebot der Auto-Formen-Symbolleiste regelmäßig nur einige Zeichen benötigen, ziehen Sie diese Symbole von der AutoFormen- auf eine Zeichnen-Symbolleiste. Sie können auf die Anzeige einer Symbolleiste verzichten. Oder Sie rufen die AutoFormen mit dem Schalter der Zeichnen-Symbolleiste aus auf.

813

V PowerPoint

2.1.2.1 Die Zeichnen-Symbolleiste

Mit der Zeichnen-Symbolleiste fertigen Sie Standardzeichnungen an. Sie werden sie für Rechtecke, Kreise, Quadrate usw. benötigen. Auch für Beschriftungen und Änderungen stehen Symbole zur Verfügung.

*Bild V.5:
Zeichnen-
Symbolleiste*

Symbol	Wirkung
	Element ist markiert. Klicken Sie Objekte an, um sie zu markieren. Es werden Größen-Ziehpunkte angezeigt.
	Text: Ein Klick fügt das Beschriftungs-Hilfsmittel ein. Tragen Sie Text ein.
	Die Linie zeichnet Geraden.
	Für Rechtecke. Benötigen Sie Rechtecke mit abgerundeten Kanten und Quadrate mit runden Ecken, nutzen Sie die Symbolleiste AutoFormen.
	Oval: Für Kreise und Ellipsen.
	Bogen zeichnen.
	Freihandfigur zeichnen.
	Freies Drehen von Objekten.
	Symbolleiste AutoFormen ein-/ausblenden.
	Füllbereich für markierte Objekte ein-/ausblenden.
	Linienfarbe ein/aus.
	Schatten für markierte Objekte ein/aus.

2.1.2.2 Die Zeichnen+-Symbolleiste

Die Zeichnen+-Symbolleiste ergänzt die Zeichnen-Symbolleiste um Schaltflächen zum Aufrufen von Symbolen für Änderungen. Nutzen Sie die erste Version zum Anfertigen, die zweite für das Gestalten der Objekte auf Folien. In der nachfolgenden Tabelle finden Sie eine typische Version der Symbolleiste. Um sie zu ändern, gehen Sie so vor:

1. Zeigen Sie auf die Symbolleiste, und öffnen Sie mit der rechten Maustaste das Kontextmenü. Wählen Sie ANPASSEN.
2. Markieren Sie in der Liste KATEGORIEN z.B. die Zeile ZEICHNEN und ziehen Sie weitere Schaltflächen auf die Symbolleiste.

Symbol	Wirkung
	Füllbereichsfarbe
	Linienfarbe
	Schatten
	Linienart
	Gestrichelte Linien
	Pfeilspitzen
	Eine Ebene nach vorne
	Eine Ebene nach hinten
	Gruppieren
	Gruppierung aufheben
	Nach links drehen
	Nach rechts drehen
	Horizontal kippen
	Vertikal kippen

V PowerPoint

Praxistip: Wenn Sie mehr als ein Objekt zu zeichnen haben, doppelklikken Sie auf das jeweilige Symbol. Die Funktion bleibt dann solange eingeschaltet, bis Sie [Esc] drücken.

2.1.2.3 Die AutoFormen-Symbolleiste

Insbesondere die Zeichnen-Symbolleiste wird durch die am Rand abgebildete Symbolleiste ergänzt. Sie kann durch ein Symbol der Zeichnen-Symbolleiste eingeblendet oder mit ANSICHT/SYMBOLLEISTEN ständig auf den Bildschirm geholt werden. Hier finden Sie eine Vielzahl geschlossener Objekte, die sofort für Zeichnungen oder Textanordnungen genutzt werden können.

Hinweis: Hier wird die Symbolleiste für Übergänge nicht aufgeführt. Lesen Sie dazu in Kapitel 8.3.2 nach.

2.2 Grafische Objekte zeichnen

PowerPoint betrachtet grafische Objekte als Einheiten. Das heißt, die geschlossenen Grafikelemente sind nicht weiter zerlegbar, wohl aber insgesamt in ihrer Größe und Form zu verändern oder zu kombinieren.

Neue Folie im Menü einfügen

In den ersten Beispielen sollen geschlossene Grafikelemente benutzt werden. Um beginnen zu können, müssen Sie eine Folie aktivieren:

1. Wählen Sie [Strg]+[M] oder die Schaltfläche NEUE FOLIE.
2. Aktivieren Sie die erste oder letzte Folie.

Haben Sie eine Präsentation geladen, die Sie mit einer der vorhandenen Folien nutzen wollen, und verwenden Sie gerade eine andere Ansicht, wählen Sie ANSICHT/FOLIEN (z.B. mittels des nebenstehenden Symbols).

2.2.1 Rechtecke, Kreise und andere geschlossene Formen zeichnen

Titel kann, muß aber keinen Rahmen haben

Haben Sie eine Folie mit Programmvorgaben vor sich, erscheint auf der Folie das Wort Titel. Es wird später im Abschnitt über die Zuordnung von Text durch den Folientitel ersetzt werden. Zunächst kann das Wort als Anhaltspunkt für einen rechteckigen Rahmen dienen.

Alle Titel in Formatvorlage rahmen

Hinweis: Um ein Rechteck zu zeichnen, benötigen Sie die Symbolleiste ZEICHNEN. Ist sie nicht aktiv, schalten Sie die Symbolleiste mit ANSICHT/SYMBOLLEISTEN zu:

1. Sollte Sie der vorgegebene Schriftzug stören, können Sie ihn anklicken und durch eigenen Text ersetzen, das kann auch ein Leerzeichen sein.
2. Schalten Sie mit einem Mausklick das grafische Hilfsmittel Rechteck ein.

Daß die Zeichenhilfe aktiviert ist, erkennen Sie am Wechsel des Hintergrunds der Schaltfläche und dem Mauscursor. Statt als Pfeil erscheint der Cursor in der Form eines Fadenkreuzes. Die Änderung des Aussehens des Cursors bedeutet immer, daß er seine Funktion gewechselt hat. Solange er als Pfeil dargestellt ist, kann man mit ihm zeigen, jetzt ist er ein Zeichenstift geworden.

1. Positionieren Sie das Fadenkreuz auf einer gedachten Ecke eines Rechtecks, das Sie von der mit der Cursorposition gewählten Anfangsposition aus ziehen können.

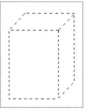

Temporärer Rahmen

2. Halten Sie die linke Maustaste nieder, und bewegen Sie die Maus diagonal über die Arbeitsoberfläche.

3. Während des Ziehens der Maus erscheint ein Rahmen aus unterbrochenen Linien. Dadurch sehen Sie, wieweit Sie die Maus noch diagonal weiterbewegen müssen. Solange Sie die Maustaste nicht loslassen, können Sie Größe und Form des Rechtecks korrigieren. Durch die Richtung, in die Sie die Maus bewegen, bestimmen Sie auch die Wachstumsrichtung des Rechtecks.
4. Wenn Sie mit dem Umfang des gezeichneten Rechtecks zufrieden sind, lassen Sie die linke Maustaste los.

Markierungsrahmen

Richten Sie den Mauscursor auf eine leere Bildschirmfläche und klicken Sie kurz mit der linken Maustaste. Nun verschwindet auch der zweite Rahmen um das gezeichnete Objekt. Mit seiner Entstehung haben Sie nur indirekt etwas zu tun. Er wird von PowerPoint erzeugt. Wie man die Position noch nach dem Zeichnen korrigieren kann, lesen Sie in einem der folgenden Abschnitte.

Praxistip: Benötigen Sie ein Rechteck mit abgerundeten Ecken, müssen Sie die Symbolleiste AUTOFORMEN zuschalten und diese Form dort wählen. Von diesem Detail abgesehen, ist die Funktion der beiden grafischen Hilfsmittel gleich.

2.2.1.1 Gleichmäßige Form zeichnen

Natürlich können Sie mit der Ihnen jetzt bekannten Funktion des grafischen Hilfsmittels Rechteck leicht auch ein Quadrat zeichnen. Die Kantenlänge müssen Sie dabei schätzen. Selbst wenn Sie ein besonders gutes Augenmaß haben, exakt die gleiche Kantenlänge zu erreichen, dürfte schwierig sein. Es ist nicht notwendig, das zu probieren, PowerPoint bietet auch eine spezielle Funktion für Quadrate.

Quadrat und Rechteck sind vergleichbare Formen

Die Arbeitsabläufe, ein Quadrat zu zeichnen, weichen nur geringfügig vom zuvor vorgestellten Beispiel für das Rechteck ab. Ob Sie ein Quadrat mit runden oder kantigen Ecken erhalten, bestimmen Sie durch die Wahl des grafischen Hilfsmittels:

Sie müssen auch hier zunächst ein Rechteck (oder anderes Symbol) aus der Symbolleiste wählen.

Um eine gleichmäßige Form wie ein Quadrat zu zeichnen, drücken Sie auf die Taste [Shift] und halten die Taste fest, während Sie mit der anderen Hand die linke Maustaste niederhalten und das Quadrat durch die Bewegung der Maus erzeugen.

Schaltfläche durch Tastenkombinationen ergänzen

2.2.1.2 Gleichmäßige Form zentriert zeichnen

Wie zuvor beschrieben, können Sie ein Objekt gleichmäßig größer oder kleiner werden lassen. Sie können bei der beschriebenen Methode die Ausrichtung durch eine Mausbewegung beeinflussen. Mit einer weiteren Taste erreichen Sie, daß eine Objekt gleichmäßig um ein zu Beginn durch die Mausposition definiertes Zentrum wächst:

Zentrierung bedeutet gleichmäßiges Wachstum

1. Klicken Sie ein Symbol an, dessen Zeichenform Sie benötigen, und positionieren Sie den Mauscursor.
2. Wenn Sie zuerst auf [Shift], dann, ohne [Shift] loszulassen, auf [Strg] drücken und beide Tasten festhalten, während Sie mit der anderen Hand die linke Maustaste niederhalten, können Sie ein Quadrat zeichnen.

Raster hilft bei der Positionierung

Das Quadrat wird gleichmäßig um den Punkt herum größer, den Sie zuvor durch die Position des Mauscursors markiert haben. Diese Methode funktioniert auch bei anderen Formen als dem Rechteck, das dabei zum Quadrat wird.

V PowerPoint

2.2.1.3 Einen Kreis zeichnen

Zeichenhilfsmittel für Ellipse und Kreise zeichnen

Wollen Sie z.B. auf einer Folie vier Bereiche vorstellen, lassen sich Kreise einsetzen. Gehen Sie so vor:

Um einen Kreis zu zeichnen, schalten Sie zuerst das grafische Hilfsmittel ELLIPSE ein. Statt als Pfeil erscheint der Cursor wieder in der Form eines Fadenkreuzes. Solange er als Pfeil dargestellt ist, kann man mit ihm zeigen, nun ist er ein Zeicheninstrument für Ovale und Kreise geworden.

Markierte Objekte lassen sich ändern

Bewegen Sie das Fadenkreuz zum Ausgangspunkt, von dem aus Sie einen Kreis zeichnen wollen.

[Shift] für neue Formen nutzen

1. Halten Sie [Shift] nieder und drücken Sie zur gleichen Zeit die linke Maustaste, halten Sie sie fest, ohne [Shift] loszulassen, und bewegen Sie die Maus diagonal über Ihre Arbeitsfläche.
2. Wenn Sie mit dem Umfang des so entstehenden Kreises zufrieden sind, lassen Sie die linke Maustaste und [Shift] los.

Hinweis: Wollen Sie den Kreis um einen gedachten Mittelpunkt herum größer werden lassen, müssen Sie zunächst ebenso wie zuvor geschildert vorgehen. Zuerst ist das Symbol ELLIPSE zu markieren, dann [Shift] zu drücken. Nun müssen Sie außerdem noch [Strg] niederdrücken. Haben Sie beide Tasten zugleich gedrückt, und beginnen dann mit Ihrer Zeichnung des Kreises, wächst dieser um einen Mittelpunkt. Das ist der Punkt, an dem Sie den Mauscursor positioniert haben, bevor Sie die linke Maustaste gedrückt haben.

Symbol	Tasten	Wirkung
Ellipse		Ellipse
Ellipse	[Strg]	Zentrisches Oval
Ellipse	[Shift]	Kreis
Ellipse	[Shift]+[Strg]	Zentrischer Kreis
Rechteck		Rechteck
Rechteck	[Strg]	Zentrisches Rechteck
Rechteck	[Shift]	Quadrat
Rechteck	[Shift]+[Strg]	Zentrisches Quadrat

2.2.1.4 Freihändig zeichnen

Zeichnen abhängig von der Mausbewegung

Sie haben bereits gesehen, daß PowerPoint eine große Zahl von vorbereiteten geschlossenen Objekten bietet. Zur Ergänzung dieser Objekte können Sie mit Linien arbeiten. Auf der Symbolleiste stehen dafür Schaltflächen für LINIE, BOGEN und die FREIHANDFIGUR bereit.

2.2.1.5 Linien zeichnen

Die bisher vorgestellten grafischen Objekte wie QUADRAT oder RECHTECK hätten Sie auch mit dem Objekt LINIE anfertigen können, wenn auch durch mehr Aufwand. Die Linie benötigen Sie dennoch ständig für Ergänzungsarbeiten und Kombinationen:

Sie wählen die Linie ebenso wie die anderen Hilfsmittel aus, ein Klick auf das Symbol der Symbolleiste reicht aus.

Zeichnen können Sie, sobald Sie den Mauscursor an die Stelle gesetzt haben, wo die Linie beginnen soll, die linke Maustaste drücken und die Maus in die Richtung ziehen, in der die Linie verlaufen soll. Wenn Sie die

Maustaste loslassen, nimmt PowerPoint an, daß Ihre Linie zu Ende gezeichnet ist.

Sie können die Richtung, in die sich eine Linie während des Ziehens der Maus entwickelt, bestimmen. Dazu müssen Sie Tastenkombinationen mit der Mausbewegung kombinieren. Zwei grundsätzliche Möglichkeiten bietet PowerPoint an. Die Linie wird in einer oder in zwei Richtungen zugleich vergrößert:

Richtungsänderung per Maus und Tastatur

- Wenn Sie [Shift] drücken und die Maus bei gedrückter linker Maustaste ziehen, erweitert sich die Linie horizontal, vertikal oder in einem Winkel von 45° in einer Richtung. Die Richtung ist jeweils durch die Anordnung der Linie vorbestimmt. Die Linie behält den Winkel.
- Sie können mit einer Tastenkombination auch erreichen, daß sich die Linie in zwei Richtungen zugleich entwickelt. Drücken Sie [Strg] und bewegen die Maus nach links oder rechts, so erweitert sich auch die Linie nach links und rechts. Ausgangspunkt ist die Linienmitte. Den Winkel der Linie können Sie während der Bewegung der Maus stufenlos ändern. Die gezeichnete Linie dreht sich auf Grund der Mausbewegung um 360°, solange Sie die linke Maustaste nicht loslassen.
- Halten Sie [Shift] und [Strg] zugleich nieder, während Sie die Maus bei gedrückter linker Taste bewegen, so erzeugen Sie wiederum eine Linie, die sich zugleich nach links und rechts entwickelt. Der Winkel bleibt starr.

Linien im Winkel

2.2.1.6 Linien bearbeiten

Wenn Sie eine Linie um Ihren Mittelpunkt drehen wollen, können Sie nicht einfach einen Ziehpunkt aktivieren, sondern müssen etwas anders vorgehen:

1. Doppelklicken Sie auf die Linie, dann auf das Symbol FREIES DREHEN.
2. Die quadratischen Ziehpunkte werden rund und farbig, der Mauspfeil wird durch das Symbol ergänzt.

Wenn Sie den Mauspfeil auf die Linie richten, zeigt das geänderte Symbol, daß Sie die Linie insgesamt neu anordnen können. Richten Sie den Mauspfeil dagegen auf einen Ziehpunkt, können Sie die linke Maustaste niederhalten und die Linie um ihre Achse drehen.

2.2.1.7 Linien verlängern

Zuerst müssen Sie das Objekt mit einem Mausklick markieren. An den beiden Enden der Linie erscheinen zwei kleine Kästchen. Mit deren Hilfe können Sie die Linie verlängern. Die beiden Kästchen an den Endpunkten der Linie werden Größen-Ziehpunkte genannt, weil sie als »Handgriff« bei der Gestaltung helfen.

Um eine einmal gezogene Linie zu verlängern, zeigen Sie mit dem Mauspfeil genau auf eines der Markierungskästchen. Halten Sie nun die Maustaste nieder, und ziehen Sie die Maus in die Richtung, nach der hin die Linie länger werden soll. Auch den Winkel können Sie bei dieser Gelegenheit verändern, wenn Sie die Richtung der Mausbewegung wechseln. Lassen Sie die Maustaste los, wenn Sie mit der neuen Länge und dem Winkel zufrieden sind. Die Länge einer Linie läßt sich mit der gleichen Technik auch verkürzen. Haben Sie eine Linie nach rechts verlängert, und wollen Sie die Linie nun nach links verändern, kennzeichnen Sie das Markierungskästchen der linken Seite und wiederholen den Arbeitsgang.

Praxistip: Sollte Ihr Mauscursor vor dem Verlängern noch ein Fadenkreuz sein, klicken Sie vorher kurz auf das Pfeilsymbol der Symbolleiste. Der Cursor ändert dann seine Form. Alternativ können Sie das Fadenkreuz auch auf die Arbeitsfläche richten und mit der linken Maustaste klicken.

Tastenkombinationen alternativ einsetzen

Sie können auch die Technik der Tastenkombinationen benutzen, um eine Linie in bestimmter Weise zu verkürzen oder zu verlängern:

- Halten Sie [Shift] und die linke Maustaste zugleich fest, wenn Sie die Linie in der markierten Richtung verlängern oder verkürzen wollen. Der Winkel der Linie bleibt bei der Verkürzung oder Verlängerung unverändert.

Variabel verlängern oder verkürzen

- Wenn Sie [Strg] und die linke Maustaste zugleich festhalten, bevor Sie die Maus bewegen, verlängern oder verkürzen Sie die Linie in beide Richtungen. Sie können mit dieser Methode während der Bewegung den Winkel auch stufenlos ändern.

Winkel konstant halten

- Halten Sie [Shift] und [Strg] sowie die linke Maustaste zugleich fest, dann verlängern oder verkürzen Sie die Linie in beide Richtungen. Der Winkel der Linie bleibt bei der Verkürzung oder Verlängerung diesmal aber konstant.

Tasten	Linie	Winkel
[Shift]+linke Maustaste	Horizontal, vertikal, 45 Grad	Starr
[Strg]+linke Maustaste	Zugleich nach rechts und links	Variabel
[Shift]+[Strg]+linke Maustaste	Horizontal, vertikal, 45 Grad, zugleich nach rechts und links	Starr

2.2.1.8 Linien verschieben

Nicht immer stimmt die Position einer gezeichneten Linie nach dem ersten Versuch mit dem gewünschten Ergebnis überein. Oft wünschen Sie sich vielleicht, daß die Linie etwas länger wäre, oder Sie möchten die Linie verschieben. Die Änderung ist möglich:

Zum Verschieben positionieren Sie den Mauspfeil auf der Linie, halten die linke Maustaste nieder, und ziehen Sie die Maus.

[Shift] für präzises Verschieben

Falls Sie eine Linie nicht diagonal oder frei auf dem Bildschirm verschieben wollen, sondern nur auf einer Gerade nach links oder rechts, halten Sie [Shift] nieder, und bewegen Sie die Linie, indem Sie die Maus ziehen. Die Linie wird sich wie auf Schienen nach links oder rechts verschieben, ganz wie Sie die Maus bewegen.

Maus/Tasten	Linienbewegung
Markierung+Linke Maustaste	Horizontal, Vertikal, Diagonal
[Shift]+Linke Maustaste	Horizontal, Vertikal
[Shift]+[Strg]	Horizontal, Vertikal
[Strg]+Linke Maustaste	Freie Bewegung

2.2.1.9 Linien durch Pfeilspitzen ergänzen

Das Menü FORMAT bietet Ihnen neben der Möglichkeit, mit Farben und Linien zu arbeiten und Linienbreiten auszuwählen, die Liste PFEILE an. Sie finden in dieser Liste Pfeile, die in unterschiedliche Richtungen weisen und

in mehreren Formen angeboten werden. Für eine Zuordnung gehen Sie so vor:
1. Markieren Sie die Linie, die durch einen Pfeil ergänzt werden soll. Ein Mausklick auf die Linie erledigt das.
2. Öffnen Sie das Fenster FARBEN UND LINIEN, und klicken Sie den gewünschten Pfeil in der Liste an. Einfacher ist es, in der Symbolleiste auf die Schaltfläche für Pfeile zu klicken und dort zu wählen.

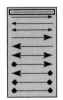

Wollen Sie die Position des Pfeils ändern, markieren Sie die Pfeillinie durch einen Mausklick. Positionieren Sie den Mauszeiger auf dem Markierungskästchen und verschieben Sie die Maus bei gedrückter linker Maustaste. Lassen Sie die linke Maustaste los, wenn die Pfeilspitze in die gewünschte Richtung zeigt. Soll die Pfeilspitze in die entgegengesetzte Richtung weisen, so setzen Sie den Cursor auf das Markierungskästchen, drücken gleichzeitig [Shift]+[Strg] und die linke Maustaste und ziehen die Maus auf die entgegengesetzte Linienseite. Die Seiten sind vertauscht.

Pfeile zur Auswahl

Hinweis: Außer Linien können Sie Pfeile nur Bögen und offenen Freihandobjekten ohne Füllbereichsfabe zuordnen.

2.2.1.10 Bogenzeichnen

Einen Kreis können Sie natürlich aus vier Segmenten eines Bogens zusammensetzen. Das ist wegen des Kreishilfsmittels nicht notwendig. Doch wollen Sie kreisähnliche Elemente zeichnen, wird das Hilfsmittel Bogen nützlich sein:

Kreis oder Teile zeichnen

1. Klicken Sie die Schaltfläche BOGEN in der Symbolleiste an.
2. Zeigen Sie auf die Folie, halten Sie die linke Maustaste nieder, und ziehen Sie die Maus bis dorthin, wo der Bogen enden soll.

Tasten	Bogen
[Shift]+linke Maustaste	Viertelkreis
[Strg]+linke Maustaste	Bogen wird am Ausgangspunkt der Zeichnung zentriert.
[Shift]+[Strg]+linke Maustaste	Viertelkreis, der am Ausgangspunkt der Zeichnung zentriert wird.

2.2.1.11 Einen Bogen bearbeiten

Wenn Sie einen Bogen gezeichnet haben, ist er durch Größen- und Korrektur-Ziehpunkte gekennzeichnet. Größen-Ziehpunkte entsprechen den in Windows-Programmen üblichen Markierungskästchen. Sie sind Zielpunkt für den Mauspfeil. Ziel für letzteren sind auch Korrektur-Ziehpunkte, kenntlich als farbigmarkierte, auf die Spitze gestellte Quadrate. Wollen Sie die Größe, Form bzw. Rundung eines Bogens ändern (oder eine andere Form variieren), gehen Sie so vor:

1. Markieren Sie den Bogen mit einem Doppelklick.
2. Positionieren Sie den Mauspfeil auf einem Korrektur-Ziehpunkt, und halten Sie die linke Maustaste nieder.
3. Ziehen Sie die Maus, um z.B. das Segment zu ändern.

Wollen Sie die Größe beeinflussen, markieren Sie zuvor einen der Größen-Ziehpunkte.

Um einen Bogen zu drehen, müssen Sie nach der Markierung das Symbol FREIES DREHEN anklicken. Positionieren Sie den Mauspfeil auf einem der Punkte und ziehen Sie die Maus.

2.2.1.12 Eine Freihandfigur zeichnen

In der Symbolleiste ZEICHNEN gibt es eine Schaltfläche FREIHANDFIGUR. Sie hat zwei Aufgaben:

- Sie können wie in einem Malprogramm Linien frei zeichnen (s. nebenstehendes Symbol). Sie sind dabei nur durch die Möglichkeiten der Maus und die Anforderung einer ruhigen Hand beschränkt. Der Mauscursor verwandelt sich bei dieser Arbeit in einen Zeichenstift.
- Sie können mit Linien ein Vieleck zeichnen, das nicht in der Symbolleiste AUTOFORMEN fertig angeboten wird. Dabei können Sie sehr genau arbeiten. Der Mauscursor bleibt bei dieser Arbeit ein Fadenkreuz, kann aber durch Mausklicks und einen abschließenden Doppelklick gesteuert werden.

Praxistip: Ehe Sie ein Freihandobjekt zeichnen, sollten Sie in der Symbolleiste eine Vergrößerung einstellen. Leichter arbeitet es sich auch, wenn Sie mit START/EINSTELLUNGEN/SYSTEMSTEUERUNG/MAUS im Register BEWEGUNG eine niedrige Zeigergeschwindigkeit wählen. Der Mauspfeil läßt sich so besser steuern.

1. Zum Zeichnen aktivieren Sie die Schaltfläche FREIHANDFIGUR.
2. Setzen Sie das Fadenkreuz des Mauscursors an den Anfang der Zeichnung, halten Sie die linke Maustaste nieder und ziehen Sie zum Zeichnen die Maus.
3. Solange der Stift zu sehen ist, können Sie weiterzeichnen.
4. Sie können zwischendurch die Maustaste lösen und nur die Maus bewegen. Dann arbeiten Sie im Modus eines Vielecks. Wenn Sie wieder die linke Maustaste niederdrücken, können Sie die Freihandfigur fortsetzen. Beide Techniken lassen sich so kombinieren.
5. Doppelklicken Sie für das Ende der Figur.

Sie können eine Freihandfigur oder eine Kombination aus Vieleck und Freihandfigur auch schließen. Gehen Sie wie beim Vieleck vor. Führen Sie beim Zeichnen Anfang- und Endpunkt zueinander und doppelklicken Sie.

Praxistip: Wollen Sie einen Eckpunkt einer Freihandfigur löschen, drücken Sie während der Arbeit auf [Backspace]. Sie können das Löschen für weitere Punkte der Figur auf gleiche Weise wiederholen. Das ist solange möglich, bis eine Gerade angezeigt wird.

2.2.1.13 Ein Vieleck zeichnen

Zum Zeichnen eines Vielecks gehen Sie so vor:

1. Markieren Sie die Schaltfläche FREIHANDFIGUR in der Symbolleiste ZEICHNEN.
2. Positionieren Sie das Fadenkreuz am Beginn der Figur, und klicken Sie mit der linken Maustaste.
3. Bewegen Sie die Maus, bis der nächste Eckpunkt erreicht ist, ohne die Maustaste niederzudrücken.
4. Drücken Sie die Maustaste und ziehen erneut, so haben Sie eine zweite Linie direkt am Ende der ersten angesetzt und weitergeführt. Auch eine Richtungsänderung können Sie auf diese Weise erreichen. Für PowerPoint gehört jede Linie zwischen dem ersten und weiteren Druck auf die linke Maustaste zu einem einheitlichen Objekt.

Schließen durch Nähe

Setzen Sie die Arbeit auf gleiche Weise fort. Klicken Sie beim Richtungswechsel, und doppelklicken Sie, wenn die Zeichnung beendet ist. Sie können auch auf [Esc] oder [↵] drücken.

Wollen Sie das Vieleck schließen, lassen Sie die letzte Linie in der Nähe des Endpunktes aufhören, und klicken Sie. Durch den geringen Abstand verbindet PowerPoint Anfangs- und Endpunkt und markiert die fertige Zeichnung.

Auch offene Objekte können Füllfarben haben

2.2.1.14 Ein Vieleck bearbeiten

Wenn Sie auf ein Vieleck klicken, werden Ziehpunkte angezeigt. Damit ändern Sie die Größe eines Vielecks proportional, je nachdem, wo Sie vor dem Ziehen den Mauspfeil positionieren. Sie können aber auch die Form eines Vielecks beeinflussen, nachdem es in seiner Grundstruktur gezeichnet ist:

1. Markieren Sie das Vieleck mit einem Doppelklick. Korrektur-Ziehpunkte werden an jedem Eckpunkt eingeblendet.
2. Schieben Sie den Mauspfeil über einen der Punkte und verändern Sie die Form des Vielecks, wenn der Vierfachpfeil erscheint. Sie müssen vor dem Ziehen die linke Maustaste niederdrücken.

Benötigen Sie einen zusätzlichen Eckpunkt, positionieren Sie den Mauspfeil auf der Linie, dort wo der neue Punkt eingefügt werden soll. Wird der Mauspfeil zum Fadenkreuz, ziehen Sie die Maus bei niedergehaltener linker Maustaste.

Praxistip: Halten Sie während des Zeichnens des Vielecks [Shift] nieder, wenn eine Linie des Vielecks horizontal, vertikal oder im 45°-Winkel verlaufen soll.

2.3 Objekte als ClipArt importieren

Bild V.6:
Eigenes Hilfesystem
der ClipArt-Gallery

PowerPoint stellt Ihnen in der ClipArt-Gallery mehr als 1.000 Grafiken zur Verfügung. Die Bilder können Sie einzeln oder kombiniert mit eigenen Zeichnungen auf Folien verwenden. Die Galerie können Sie durch eigene

823

V PowerPoint

Symbol für ClipArt

Platzhalter im AutoLayout

Grafiken erweitern. Finden Sie die ClipArt-Gallery nicht, führen Sie den PowerPoint-Setup erneut durch.

Um aus der ClipArt-Gallery in die aktive Folie einzufügen, können Sie die ClipArt-Gallery auf zweierlei Weise nutzen:

1. Verwenden Sie EINFÜGEN/CLIPART, um eine Grafik aus der Clip-Art-Gallery in die aktuelle Folie einzufügen.
2. Wählen Sie aus der Liste der KATEGORIEN, und doppelklicken Sie auf eine Grafik, um sie zu übernehmen.

Praxistip: Wenn Sie eine bereits eingefügte Grafik durch ein anderes Bild ersetzen wollen, doppelklicken Sie auf die Grafik der Folie. Das Dialogfeld der ClipArt-Gallery wird wieder angezeigt und Sie können neu wählen.

Alternativ können Sie eine neue Folie anlegen und ein AutoLayout verwenden. Starten Sie nach dem Einfügen mit einem Doppelklick auf das Grafiksymbol.

Da zunächst alle Kategorien angezeigt werden, haben Sie eine unbeschränkte Auswahl. Mit markierter Kategorie schränken Sie das Angebot ein. Wählen Sie die Schaltfläche ORGANISIEREN, um Kategorien und Grafiken zu bearbeiten und um die ClipArt-Bestände zu erweitern. Bereiten Sie eine Grafik zur Aufnahme in die Galerie als Datei vor.

Sie können eingefügte Grafiken unter Verwendung von WordArt und den PowerPoint-Hilfsmitteln neu anlegen oder kombinieren. Eine eingefügte Grafik können Sie formatieren (Füllbereich, Linienfarbe).

Praxistip: Wollen Sie ein Logo auf jeder Folie einer Präsentation anzeigen, fügen Sie es auf der Folienvorlage ein (siehe 6.7).

2.4 Mit Objekten arbeiten

Nachdem Sie Objekte aus Linien zusammengesetzt oder den vorhandenen Formen entwickelt haben, wird sich die Notwendigkeit von Änderungen ergeben. Lesen Sie in den folgenden Abschnitten, welche Hilfsmittel Ihnen PowerPoint für diese Arbeiten bietet.

2.4.1 Objekte markieren

Bilder sind Objekte

Sie können Objekte wie Teile eines Puzzlespiels auf dem Bildschirm hin- und herschieben, auch verändern. Außer Grafikobjekten gibt es Textobjekte. Diese können wie Grafikobjekte variiert und verschoben werden, sie können sogar selbst wieder grafische Objekte enthalten. Bei Grafikobjekten ist es umgekehrt, sie können durch erklärenden Text ergänzt sein.

Objekte können

- mit den grafischen Hilfsmitteln gezeichnet werden,
- aus anderen Programmen bzw. der ClipArt-Bibliothek eingefügt werden (siehe 3.3.).

2 Präsentationsfolien erstellen

Immer dann, wenn solche Objekte in irgendeiner Weise beeinflußt werden sollen, müssen sie markiert werden. Dem Programm muß vor einem Bearbeitungsauftrag mitgeteilt werden, welches Objekt gemeint ist. Sie können sich entscheiden, ob Sie ein einzelnes Objekt oder mehrere auf einmal markieren wollen oder den gesamten Bildschirminhalt.

Markierung allgemein per Mausklick, Doppelklicken startet

2.4.1.1 Ein Einzelobjekt markieren

Für die Markierung benötigen Sie den Mauscursor; er muß die Form eines Pfeils haben. Hat er eine andere Form, klicken Sie auf eine leere Stelle der Folie oder die Schaltfläche ELEMENT MARKIEREN der Symbolleiste.

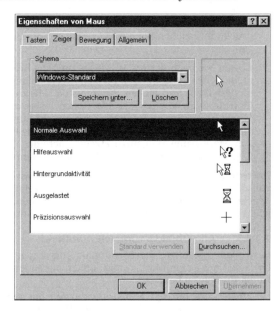

Bild V.7:
Mauspfeil läßt sich in Windows 95 ändern

Zur Markierung eines Objektes müssen Sie
- mit dem Mauspfeil auf das Objekt zeigen und kurz auf die linke Maustaste drücken. Hat das Objekt keinen Füllbereich, klicken Sie auf eine Rahmenlinie.
- den Mauspfeil über dem Objekt positionieren, die linke Maustaste drücken und das nun sichtbare Netz um das Objekt ziehen.

Nach dem Markieren sind Ziehpunkte um das Objekt gelegt. Mit der Hilfe dieser Ziehpunkte können Sie ein markiertes Objekt in seiner Größe und Form verändern (siehe Abschnitt 3.4.1).

Praxistip: Falls Sie einmal ein sehr kleines Objekt markieren wollen, das sich nur schlecht lokalisieren läßt, klicken Sie auf die ungefähre Stelle. Der Rahmen macht es besser sichtbar. Ändern Sie für das Markieren eventuell den Wert der Vergrößerung in der Symbolleiste.

2.4.1.2 Mehrere Objekte markieren

Um diese Technik zu erproben, sollten Sie eine neue Folie benutzen und vier Figuren zeichnen. Betrachten Sie die vier Objekte als zwei Gruppen, die nacheinander markiert werden sollen:

V PowerPoint

- Um eine Gruppe von Objekten zu markieren, setzen Sie den Mauspfeil über der Ecke eines Objektes an. Drücken Sie die linke Maustaste, und bewegen Sie die Maus diagonal über die Objekte. Sobald ein punktiertes Rechteck die Objekte einschließt, lassen Sie die Maustaste los. Sie haben eine Gruppe markiert.

Klicken statt Netz
- Alternativ halten Sie [Shift] nieder und klicken mehrere Objekte nacheinander an. Bei dieser Methode sind Sie nicht darauf angewiesen, daß die Objekte nebeneinander angeordnet sind.

[Shift] beim Markieren niederhalten

Es ist auch möglich, mehrere Gruppen per Markierungsnetz zu kennzeichnen.

1. Setzen Sie dazu den Cursorpfeil an, halten Sie zusätzlich [Shift] gedrückt, und ziehen Sie die Maus, um den Rahmen um Objekte zu legen.

2. Lassen Sie nach der ersten Markierung die linke Maustaste los, aber nicht [Shift]. Positionieren Sie den Mauspfeil neu, während Sie [Shift] niederhalten, und ziehen Sie dann die Markierung um die anderen Objekte. Nun können Sie alle Tasten loslassen. Wollen Sie weitere Gruppen in einem Durchgang markieren, dürfen Sie zwischen den Gruppen [Shift] nie loslassen, sondern nur die linke Maustaste jeweils zur Markierung neu anzusetzen. Nach der Markierung hat jedes Grafikelement seinen eigenen Markierungsrahmen.

Praxistip: Achten Sie darauf, daß Sie die gewünschten Objekte wirklich vollständig durch Ihr gepunktetes Netz eingefangen haben. Sind die Objekte nur teilweise markiert, werden Sie keinen Erfolg haben. Ist vielleicht nur eines umfangen, ist anschließend auch nur dieses markiert.

2.4.1.3 Alle Objekte zugleich markieren

[Strg]+[A] markiert alle Objekte

PowerPoint hat auch einen Menüpunkt, mit dessen Hilfe Sie alles zur gleichen Zeit mit einem Markierungsrahmen ausstatten können, was sich auf Ihrem Bildschirm befindet:

Alles markieren im Menü BEARBEITEN
- Arbeiten Sie mit der Maus, klicken Sie nur auf BEARBEITEN/ALLES MARKIEREN: Jedes Objekt hat seinen Rahmen.
- Gleiches erreichen Sie, indem Sie [Strg]+[A] drücken.

Wenn das einmal praktischer sein sollte, können Sie alle Objekte auch mit einem Markierungsnetz zusammenfassen.

Markierungsziel	Maus/Tasten
Objekt	Anklicken.
Objekt	Mit [↹] Objekte nacheinander markieren, beginnend am unteren Folienrand.
Objekt	[Shift]+[↹], um Objekte nacheinander zu markieren, beginnend am oberen Folienrand.
Mehrere Objekte	[Shift]+anklicken.
Eine Gruppe	Mauspfeil positionieren, linke Maustaste niederdrücken und ziehen.
Mehrere Gruppen	[Shift]+linke Maustaste und Maus ziehen.
Alle Objekte	BEARBEITEN/ALLES MARKIEREN anklicken.
Alle Objekte	[Strg]+[A]

2.4.1.4 Markierung aufheben

Wenn Sie ein Objekt markiert haben und ein weiteres Objekt anklicken, wird das neue Objekt markiert und die alte Kennzeichnung gleichzeitig aufgehoben.

Sie können eine Markierung rückgängig machen:
- indem Sie ein neues Objekt anklicken oder
- indem Sie auf eine Bildschirmfläche klicken, auf der sich kein Objekt befindet.

Das Anklicken der Schaltfläche ELEMENT MARKIEREN hat die gleiche Wirkung.

Ziel	Taste/Klicken
Einzelobjekt	Freie Fläche
Einzelobjekt	Anderes Objekt
Einzelobjekt	Schaltfläche ELEMENT MARKIEREN
Bildschirminhalt	Freie Fläche
Bildschirminhalt	Schaltfläche ELEMENT MARKIEREN
Einzelnes Gruppenobjekt	[Shift]+Objekt

Markierung aufheben

2.4.2 Objekte gruppieren

Wollen Sie zwei und mehr Objekte gleich behandeln, markieren Sie und ordnen z.B. eine Farbe zu. Beim Verschieben müssen Sie zusätzlich [Shift] drücken. Einfacher ist es, wenn Sie die Technik des Gruppierens benutzen:

1. Wählen Sie ZEICHNEN/GRUPPIEREN oder klicken Sie auf nebenstehendes Symbol. Die Ziehpunkte ändern sich. Die Markierung umfaßt nun eine Gruppe von Objekten. Die Einzelmarkierungen sind entfernt.

2. Jetzt können Sie die Gruppe insgesamt ohne zusätzlichen Aufwand verschieben. Attribute werden nunmehr allen Objekten zugewiesen. Sinngemäß gleiches gilt für Aktionen wie Größenänderungen oder z.B. das Drehen.

Praxistip: Text in einer Gruppe können Sie direkt bearbeiten. Klicken Sie auf die Schaltfläche TEXT und dann auf den Text in der Gruppe.

Um Gruppierungen aufzuheben, wählen Sie ZEICHNEN/GRUPPIERUNG AUFHEBEN oder klicken Sie auf nebenstehendes Symbol. Nach dieser Aktion ist die Option ZEICHNEN/GRUPPIERUNG WIEDERHERSTELLEN aktiv. Die gemeinsamen Ziehpunkte werden wiederhergestellt.

Praxistip: Schneller als mit Menüoptionen kann man Gruppierungen mit den Option des Kontextmenüs oder den beiden Schaltflächen der Symbolleiste ZEICHNEN+ zuordnen und wieder abwählen.

2.4.3 Objekte in den Vordergrund oder Hintergrund schieben

Überlappen sich zwei Grafikobjekte, können Sie durch eine Anordnung vorsehen, daß das markierte Objekt in den Hintergrund geschoben oder auch wieder daraus hervorgeholt wird:

Objekte ziehen und beliebig anordnen

V PowerPoint

1. Markieren Sie ein Objekt, das in den Hinter- oder Vordergrund geschoben werden soll.
2. Wählen Sie ZEICHNEN/IN DEN VORDERGRUND bzw. ZEICHNEN/IN DEN HINTERGRUND (s. nebenstehende Symbole).

2.4.4 Objekte mit Schatten

Jedem Grafikobjekt können Sie auf einfache Weise einen Schatten zuordnen. Sie erreichen in PowerPoint den Effekt durch eine Markierung und die Wahl eines Menüpunktes:

1. Nach der Markierung des Objektes müssen Sie nur zum Menü FORMAT schalten und SCHATTEN wählen.
2. Im Feld VERSETZT regeln Sie, wie der Schatten hinter und seitlich zum Objekt angeordnet werden soll. In der Liste FARBE ordnen Sie eine Farbe zu oder wählen sie ab.

Außerdem können Sie im Dialogfeld SCHATTEN Objekten einen hervorgehobenen Effekt zuweisen. Abstandseinstellungen für den Schatten sind dann nicht möglich.

Bild V.8:
Schattierung per
Menü hinterlegen

2.4.5 Objekte verschieben

Klicken & Ziehen =
Bewegung

Wenn Sie mit traditionellem Handwerkszeug schreiben oder zeichnen, haben Sie das Problem, daß einmal niedergeschriebene Texte und angefertigte Zeichnungen relativ unverrückbar auf dem Papier stehen.

PowerPoint macht Rohfassungen überflüssig. Sie entwerfen nun Präsentationsfolien am Bildschirm. Für diese Arbeiten gibt es Hilfsmittel. Besonders wichtig ist die Möglichkeit, Objekte zu verschieben. Das ist eine Gestaltungsmöglichkeit, die kreativitätsfördernd wirkt. Sie haben zwei ähnliche Möglichkeiten zur Verfügung, um ein Objekt zu verschieben.

Bei Textobjekten
Markierungsrahmen
ziehen

- Klicken Sie ein Textobjekt an. Setzen Sie den Mauspfeil auf den Markierungsrahmen, halten die linke Maustaste nieder und ziehen Sie das Objekt bei gedrückter Maustaste an seinen neuen Bestimmungsort.

Bei Objekten
Ziehpunkte benutzen

- Die zweite Technik bezieht sich auf »Nicht-Textobjekte«. Setzen Sie den Mauspfeil auf das durch Ziehpunkte markierte Objekt. Halten Sie die linke oder rechte Maustaste (Kontextmenü) nieder. Der Mauspfeil wird durch ein Objektsymbol ergänzt. Nun können Sie das Objekt ebenfalls beliebig hin- und herschieben.
- Hat das Objekt keine Füllung, müssen Sie für das Ziehen eine Rahmenlinie markieren.

Praxistip: Wenn Objekte in gleicher relativer Position zueinander, jedoch insgesamt, zum Beispiel am unteren oder oberen Rand, mehr Platz freilassen sollen, gruppieren Sie zuerst und verschieben Sie dann:
1. Markieren Sie alle Objekte, und wählen Sie ZEICHNEN/GRUPPIEREN.
2. Es reicht danach aus, wenn Sie den Mauspfeil auf eines der insgesamt markierten Objekte setzen, eine Maustaste drücken und ziehen.

Ein gestricheltes Doppel erscheint, diesmal aber eines aller Objekte, das Sie beliebig neu anordnen können.

2.4.6 Objekte ausrichten

Wenn Sie Objekte auf einer Folie ausrichten wollen, nutzen Sie dazu Optionen von PowerPoint. Beachten Sie aber, daß Maßstab einer Ausrichtung die Markierungskästchen sind, nicht die eigentliche Form eines Objekts:
1. Ordnen Sie die Objekte etwa so an, wie sie später positioniert sein sollen.
2. Markieren Sie die Objekte, die angeordnet werden sollen.
3. Wählen Sie ZEICHNEN/AUSRICHTEN und eine der sechs Optionen.
4. Wählen Sie noch ZEICHNEN/GRUPPIEREN, wenn Sie die Ausrichtung absichern wollen.

Für das Ausrichten wie das Gruppieren bieten die Symbolleisten Schaltflächen. Sind sie nicht zu finden, ordnen Sie sie mit ANSICHT/SYMBOLLEISTE, dem Markieren einer Symbolleiste und ANPASSEN zu. Die Symbole zum Ausrichten zeigt folgende Tabelle:

Symbol	Ausrichtung
	rechts
	zentriert
	links

2.4.7 Führungslinien nutzen

Es mag zwar oft genügen, Objekte frei auf dem Bildschirm zu verschieben, doch häufig werden Sie Wert auf eine sehr präzise Positionierung legen. Grafische Objekte müssen beispielsweise auf einer gemeinsamen Fluchtlinie ausgerichtet werden. Auch das können Sie mit PowerPoint. Das Programm stellt Ihnen Führungslinien zur Verfügung, mit deren Hilfe Sie zwei Objekte auf der gleichen (gedachten) Linie positionieren können. Wählen Sie zwei Grafikobjekte auf Ihrem Bildschirm für diesen Zweck aus:

Führungslinien für die präzise Positionierung

1. Schalten Sie die Führungslinien zu. Hierfür müssen Sie das Menü ANSICHT/FÜHRUNGSLINIEN aufrufen. Zwei gestrichelte Linien, eine senkrechte und eine waagerechte, erscheinen auf dem Bildschirm.
2. Richten Sie den Mauspfeil auf eine der Linien und drücken die linke Maustaste, können Sie die Linie verschieben. Horizontal oder vertikal, je nachdem, welche Linie Sie markieren. Beim Verschieben erscheinen Zahlen auf dem Bildschirm. Sie geben an, wieviel Zentimeter sich die Linie vom Rand entfernt befindet. Pfeile erklären,

V PowerPoint

welchen Rand. Haben Sie die Objekte an der Linie ausgerichtet, so wissen Sie auch die Entfernung der Objekte von der Mitte. Dies kann nützlich sein, wenn Angaben einer Setzerei oder Druckerei vorliegen, die Sie beachten müssen.

3. Ziehen Sie die Maus, so daß sich ein Objekt kurz über der Führungslinie befindet. Sie müssen nicht besonders sorgfältig arbeiten, um das Objekt auf der Linie auszurichten.

Führungslinien haben eine Magnetraste

4. PowerPoint besitzt eine »Raste« Sobald Sie sich mit einem Objekt an eine Führungslinie annähern, wird das Objekt von der Linie wie magnetisch angezogen und richtet sich sozusagen selbst aus.

Praxistip: Wenn Sie einen Abstand von einem bestimmten Punkt aus, z.B. ab einem Objekt, messen wollen, klicken Sie auf eine Linie, drücken Sie [Strg], während Sie die Linie verschieben. Die zweite Linie hilft beim Messen. Mit diesem Prinzip lassen sich immer weitere Führungslinie einrichten.

2.4.8 Objekte stapeln

Ohne eine Funktion wie SCHATTEN müssen Sie für den Effekt Objekte übereinander anordnen. Das versetzte Anordnen von Objekten wird auch aus anderen Gründen gelegentlich eine Aufgabe sein. PowerPoint nennt es Stapeln und stellt Optionen bereit, mit denen Sie Objekte in einem Stapel von Objekten bewegen können. Übereinanderliegende Objekte können Sie so beeinflussen, daß

- das markierte Objekt an die oberste Stelle eines Stapels verschoben wird (ZEICHNEN/IN DEN VORDERGRUND oder das Symbol am Rand).

- das markierte Objekt an die unterste Stelle eines Stapels bewegt wird (ZEICHNEN/IN DEN HINTERGRUND).

- ein markiertes Objekt jeweils eine Ebene tiefer gesetzt wird (ZEICHNEN/EINE EBENE NACH HINTEN oder das Symbol am Rand).

- ein markiertes Objekt jeweils eine Ebene höher angeordnet wird (ZEICHNEN/EINE EBENE NACH VORNE).

Bild V.9: Schaltflächen zum Anordnen der Objekte

Die Methode des Stapelns von Objekten gilt auch für gruppierte Objekte.

Praxistip: Wird ein Objekt vollständig durch andere Objekte verdeckt, markieren Sie es durch wiederholtes Drücken von [↹] bzw. [Shift]+[↹]. Ist das Objekt gekennzeichnet, scheint die Markierung durch.

2.4.9 Objekte drehen und kippen

Jedes PowerPoint-Objekt auf einer Folie können Sie nach links oder rechts (90°, horizontal) drehen oder vertikal um 180° kippen. Auch eine Gruppe oder eine Mehrfachmarkierung läßt sich drehen oder kippen.

Durch die Wahl ZEICHNEN/DREHEN/KIPPEN öffnen Sie ein Untermenü mit den Optionen für das Drehen bzw. Kippen.

2 Präsentationsfolien erstellen

Praxistip: Sollte sich einmal ein Objekt nicht drehen oder kippen lassen, handelt es sich um ein fremdes Objekt. Markieren Sie ein solches Objekt und versuchen Sie, mit ZEICHNEN/GRUPPIERUNG AUFHEBEN das Objekt in seine Einzelteile zu zerlegen. Ist das möglich, gruppieren Sie danach erneut. Sie können das Objekt nun wie ein originäres PowerPoint-Objekt behandeln. Die Methode funktioniert nicht, wenn ein markiertes Objekt eine importierte Grafik enthält.

Eine Sonderform ist das freie Drehen. Sowohl die Option ZEICHNEN/DREHEN/KIPPEN als auch eine Schaltfläche ergänzen den Mauspfeil um das Symbol für Freies Drehen. Gehen Sie so vor:
1. Markieren Sie ein Objekt oder eine Gruppe.
2. Klicken Sie die Schaltfläche FREIES DREHEN an.
3. Positionieren Sie den Mauspfeil auf einem Ziehpunkt, halten Sie die linke Maustaste nieder, und ziehen Sie die Maus.

Tastenkombination	Wirkung
⇧Shift und linke Maustaste drücken, dann ziehen.	Objekt in 45-Grad-Schritten drehen.
Strg und linke Maustaste drücken, dann ziehen.	Objekt um den gegenüberliegenden Größen-Ziehpunkt drehen.
⇧Shift+Strg und linke Maustaste drücken, dann ziehen.	Objekt in 45-Grad-Schritten um den gegenüberliegenden Größen-Ziehpunkt drehen.

Freies Drehen

2.4.10 Größe ändern

Sie können mit PowerPoint von Beginn an sehr präzise Zeichnungen anfertigen. Ebensogut ist es möglich, PowerPoint als elektronischen Skizzenblock zu betrachten und beim ersten Entwurf der Kreativität freie Hand beim Umgang mit der Maus zu lassen. Sie können die Größe von Objekten nachträglich verändern.
1. Um ein Objekt in der Größe zu ändern, markieren Sie es per Mausklick.
2. Positionieren Sie den Mauspfeil exakt auf einem Ziehpunkt, drücken Sie die linke Maustaste nieder, und bewegen Sie die Maus.
3. Ein Rechteck, gebildet aus einer gestrichelten Linie, erscheint. Die Zugrichtung der Maus bestimmt die Wachstumsrichtung des Objekts. Je nachdem, auf welche Ecke Sie den Mauspfeil setzen, in diese Richtung können Sie das Rechteck vergrößern. Bewegen Sie die Maus in die entgegengesetzte Richtung, verkleinern Sie das Rechteck.

Sie sollten diese Funktion auch mit den anderen Grafikobjekten ausprobieren. Sie lassen sich nach dem gleichen Arbeitsablauf verändern. Als weitere Möglichkeiten der Steuerung der Bewegungsrichtung können Sie die Mausbewegung mit Tasten kombinieren und damit die Größe von Objekten noch präziser ändern.

2.4.10.1 Prozentuale Größenänderung

Bei technischen Darstellungen können Sie auf eine Prozentangabe für die Größenänderung zurückgreifen. Die Methode funktioniert auch für importierte Objekte wie Diagramme:
1. Markieren Sie ein Objekt.
2. Wählen Sie ZEICHNEN/GRÖSSE ÄNDERN.

V PowerPoint

3. Stellen Sie einen Prozentsatz ein, und bestätigen Sie.

Die beiden normalerweise ausgeblendeten Kontrollkästchen und die Liste zur Einstellung einer Auflösung werden aktiv dargestellt, wenn Sie ein über die Zwischenablage eingefügtes oder importiertes Objekt markiert haben.

2.4.10.2 Tasten bei der Größenänderung nutzen

Manchmal wollen Sie Objekte verschieben und deren Größe ändern. Wenn Sie sich die folgende Beschreibung ansehen, werden Sie Methoden zur Verbindung beider Aktionen finden:

Größenänderung von einer Ecke aus:

1. Positionieren Sie den Mauspfeil auf einem Ziehpunkt. Drücken Sie [Shift] und die linke Maustaste und halten beide nieder. Wenn Sie die Maus ziehen, verändert das Rechteck seine Größe
2. in vertikaler Richtung,
3. in horizontaler Richtung oder
4. in diagonaler Richtung, je nach Positionierung auf einem der Ziehpunkte. Die Proportionen des Objekts werden bei der diagonalen Größenänderung beibehalten.

Größe vom Mittelpunkt aus ändern:

1. Setzen Sie den Mauszeiger auf einen Ziehpunkt, drücken Sie wieder [Strg] und die linke Maustaste und halten beide fest.
2. Wenn Sie die Maus bewegen, verändert das Rechteck erneut seine Größe. Diesmal bleibt die Mitte des Rechtecks starr und die beiden Seiten erweitern sich von der Mitte aus nach außen bzw. schrumpfen um die Mitte zusammen, ganz wie Sie die Maus bewegen.

Kombination der Größenänderung – vertikal, horizontal, diagonal, jeweils von der Mitte nach außen

Funktionstasten für die Größenänderung

Die dritte Möglichkeit funktioniert, wenn Sie [Strg], [Shift] und die linke Maustaste zusammen niederhalten, dann die Maus bewegen. Das Rechteck verändert seine Größe

- in vertikaler Richtung,
- in horizontaler Richtung oder in diagonaler Richtung..

Maus/Tasten	Richtung
Markierung Ziehkästchen	Beliebig ziehen.
Markierung Ziehkästchen, [Shift]+linke Maustaste + ziehen.	Horizontal, vertikal, diagonal.
Markierung Ziehkästchen, [Strg]+linke Maustaste+ziehen.	Von innen nach außen in jeder Richtung.
Markierung Ziehkästchen [Shift]+ [Strg]+linke Maustaste ziehen.	Horizontal, vertikal, diagonal, von innen nach außen.
BEARBEITEN/RÜCKGÄNGIG anklicken oder [Strg]+[Z] oder [Alt]+[Backspace].	Größenänderung aufheben.

Praxistip: Ob Text bei einer Größenänderung beeinflußt wird, hängt von der Objektart ab, der Text zugeordnet ist. Schreiben Sie zu einem Objekt einen Text, bleibt dieser unverändert, wenn Sie das Objekt größer oder kleiner ziehen. Anders, wenn Sie ein Grafikobjekt mit Text importieren. Dann wirken sich Variationen der Größe auch auf den Text aus.

2.4.11 Objekte löschen

Nicht immer ist ein Änderungswunsch durch das Verschieben von Elementen zu erfüllen. Oft wird sich eine erste Idee im nachhinein als nicht tragfähig erweisen. In einem solchen Fall muß ein Objekt wieder gelöscht werden. Vielleicht ist es auch nur beim Zeichnen mißglückt.

Löschen im Menü BEARBEITEN

Voraussetzung ist auch bei dieser Funktion, daß markiert ist, was gelöscht werden soll.
- Nach der Markierung reicht ein Druck auf [Entf].
- [Backspace] tut die gleichen Dienste.
- Außerdem steht das Menü BEARBEITEN mit LÖSCHEN und AUSSCHNEIDEN (Zwischenablage) bereit.

Alle Windows-Programme haben gemeinsam, daß Sie einen besonderen Löschspeicher benutzen. In PowerPoint können beliebig viele Änderungen zurückgenommen werden. Das und die Funktionen BEARBEITEN/RÜCKGÄNGIG bzw. BEARBEITEN/WIDERRUFEN, haben den Vorteil, daß kein Löschvorgang unwiderruflich ist.

Löschen	Widerrufen
[Entf] drücken	[Alt]+[Backspace]
[Backspace] drücken	[Alt]+[Backspace]
BEARBEITEN/LÖSCHEN	[Alt]+[Backspace]
AUSSCHNEIDEN	[Alt]+[Backspace]

Um die Zahl der Vorgänge festzulegen, die zurückgenommen werden können, sind Einstellungen erforderlich:
1. Wählen Sie EXTRAS/OPTIONEN.
2. Aktivieren Sie das Register WEITERE und ändern Sie den Wert für den Löschspeicher (Maximale Anzahl RÜCKGÄNGIG).

Bild V.10: Löschspeicher einstellen

Praxistip: Damit typische Fehler schon beim Eingeben korrigiert werden, verwenden Sie AUTOKORREKTUR (siehe das Kapitel zu Word). Wählen Sie für Änderungen der Vorgaben EXTRAS/OPTIONEN und das Register AUTOKORREKTUR. Wollen Sie die Übereinstimmung von Schreibweisen auf Folien prüfen, wählen Sie EXTRAS/FORMATPRÜFUNG und eines der Kontrollkästchen.

2.4.12 Grafikobjekte duplizieren

Die Zwischenablage von MS Windows steht zur Verfügung, wenn Sie ein Objekt kopieren wollen. Die Funktionen AUSSCHNEIDEN, KOPIEREN und EINFÜGEN können wie gewohnt genutzt werden. Auch mit BEARBEITEN/ DUPLIZIEREN fertigen Sie eine Kopie des markierten Objekts an. Das Duplizieren wirkt wie BEARBEITEN/KOPIEREN und BEARBEITEN/EINFÜGEN, benutzt aber die Zwischenablage nicht.

Das Duplizieren läßt sich ähnlich wie die Wiederholungstaste einer Textverarbeitung verwenden. Wollen Sie z.B. Objekte mit gleichen Abständen erzeugen, wählen Sie für ein markiertes Objekt BEARBEITEN/DUPLIZIEREN. Verschieben Sie und wählen Sie nochmals BEARBEITEN/DUPLIZIEREN. Mit jeder neuen Optionswahl duplizieren Sie das Objekt mit gleichem Abstand.

Bild V.11: Duplizieren

Praxistip: Markieren Sie ein Objekt, von dem Sie ein Duplikat benötigen. Halten Sie [Strg] nieder und ziehen Sie ein Doppel vom Original.

2.5 Grafikobjekte einfügen

Office 95

PowerPoint als Teil von MS Office kann auf seinen Folien Objekte aus eigenen Beständen, aber auch der Textverarbeitung Word, der Tabellenkalkulation Excel oder einer Tabelle der Datenbank Access verwerten. Sie werden solche Daten in den meisten Fällen einfach über die Zwischenablage einfügen. Sie können bei der Übernahme der Daten dafür sorgen, daß die Daten aus den anderen Anwendungen immer auf dem neuesten Stand sind. Auf grundsätzlich gleiche Weise können Sie meist Objekte anderer Windows-Programme übernehmen.

2.5.1 Objekte anderer Folien übernehmen

Durch Kopieren rationeller und einfacher arbeiten

Mit PowerPoint können Sie Diagramme, Abbildungen jeder Art, Übersichten, Texte und ähnliches Material aus Ihren vorhandenen PowerPoint-Folien ausschneiden und in neuen Folien wiederverwenden. Die alten Folien bleiben dabei unverändert und können als Fundgrube •»im elektronischen Regal« bereitstehen. Wenn sie wieder gebraucht werden, können sie jederzeit an neueste Entwicklungen angepaßt und eingesetzt werden.

2 Präsentationsfolien erstellen

Arbeit, die Sie schon einmal erledigt haben, müssen Sie nicht nochmals machen, sondern können sich der Entwicklung neuer, kreativer Ideen widmen. Obwohl Sie auch ganze Folien von einer Präsentation in eine andere kopieren können, soll es hier zunächst nur darum gehen, wie einzelne oder mehrere Objekte aus einer vorhandenen Folie in eine gerade in Arbeit befindliche Folie kopiert werden können.

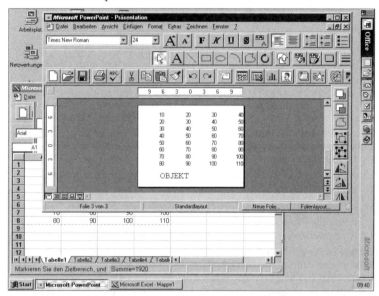

Bild V.12:
Fenstertechnik
einsetzen

Die von PowerPoint zur Verfügung gestellte Technik beruht auf der Zwischenablage. Sie halten zwei Fenster (oder Anwendungen) zugleich auf dem Bildschirm, schneiden aus einer Applikation etwas aus und fügen es in einer zweiten wieder ein. Wie oben erwähnt, kann die Folie, aus welcher ein Teil herausgeschnitten wird, auch erhalten bleiben. Dann wird statt der Funktion AUSSCHNEIDEN die Funktion KOPIEREN benutzt.

Fügen Sie die kopierte Abbildung in die leere Folie ein. Die Option EINFÜGEN finden Sie im Menü BEARBEITEN.

2.5.2 Grafikobjekte aus Anwendungen einfügen

Sie werden im Unternehmen oder in Ihren privaten Beständen im Laufe der Zeit Bibliotheken als Informationsspeicher aufgebaut haben. Ebenso wie Sie Bücher und Zeitschriften werden sich elektronisch gespeicherte Daten angesammelt haben. Das werden Texte, aber auch Grafiken sein. In einer solchen Grafikbibliothek könnte sich Ihr Firmenlogo befinden, Abbildungen, die Zahlen illustrieren, Landkarten oder auch Bilder der Produkte eines Unternehmens, beispielsweise für Kataloge und Angebote.

Softwarebibliotheken verwenden

Erstellen Sie eine neue Präsentation, müssen Sie weder alle Texte, noch bereits einmal verwendete Grafiken neu erstellen. Sie entnehmen sie aus den vorhandenen Datensammlungen und verwenden sie in neuem Zusammenhang.

Die Formate Ihrer Bücher bestimmen es, ob es Ihnen gelingt, sie in den dafür vorgesehenen Regalen unterzubringen. Ähnlich ist es auch mit Grafikdateien. Ob Sie Grafiken in PowerPoint weiterverarbeiten können,

BEARBEITEN/INHALTE EINFÜGEN für Formate

V PowerPoint

ZEICHNEN/GRUPPIERUNG AUFHEBEN beachten

hängt von deren Format ab. Mit welcher Methode Sie Grafikobjekte anderer Programme übernehmen hängt von der Situation ab:

- Um das Format müssen Sie sich nicht kümmern, wenn die Daten aus Windows-Programmen übernommen werden sollen. Man kann Daten aus einem Windowsprogramm in die Zwischenablage befördern. Aus der Zwischenablage lassen sich die Daten problemlos in PowerPoint einfügen. Das ist die prinzipiell gleiche Technik, mit der Daten verschiedener Folien bzw. Präsentationen ausgetauscht werden können.
- Grafik zum PowerPoint-Objekt machen
- Besonders bequem funktioniert die zuletzt angesprochene Methode des Datenaustauschs, wenn der Speicher des Computers groß genug ist, um mehrere Programme gleichzeitig laden zu können. Mit der Tastenkombination 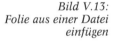 können Sie zwischen den Programmen hin- und herschalten und die Daten über die Zwischenablage austauschen.

Viele Ihrer Grafiken werden Sie in Grafikbibliotheken als separate Dateien aufbewahren. Auch für diese Arbeitsweise bietet Ihnen PowerPoint ein geeignetes Werkzeug:

1. Aktivieren Sie die Folie, in die Sie das Objekt einfügen wollen.
2. Wählen Sie EINFÜGEN/GRAFIK.
3. Um eine vollständige Übersicht der Möglichkeiten zu erhalten, öffnen Sie die Liste DATEITYP und markieren den gewünschten Typ.
4. Ändern Sie eventuell die Ordneranzeige, und fügen Sie die Grafik ein.

Sobald Sie in der Liste NAME eine Grafik markieren, wird PowerPoint das Bild in der Vorschau anzeigen. Da für diese Arbeit viel Speicherplatz gebraucht wird, kann die Anzeige vielleicht einmal Probleme bereiten.

Bild V.13:
Folie aus einer Datei
einfügen

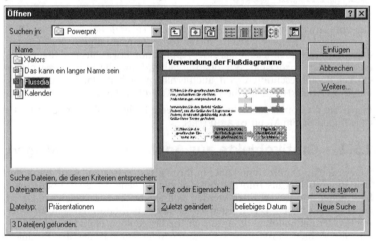

2.5.3 Objekte verknüpfen

Daten aus fremden Anwendungen holen

Die Daten verknüpfer Objekte sind schnell aktualisiert. Fügen Sie eine Tabelle oder ein Diagramm aus Excel in PowerPoint ein, wird es meist sinnvoll sein, eine Verknüpfung einzurichten. Da Sie beides mit Excel angefertigt haben, ist es wahrscheinlich, daß in PowerPoint eine »Zweitverwertung« stattfindet. Die eigentliche Arbeit mit Tabelle oder Diagramm erfolgt

2 Präsentationsfolien erstellen

in Excel, Änderungen aber werden automatisch in PowerPoint übernommen. Zum Aufbau der Verbindung gibt es zwei Möglichkeiten:

- Sie können eine Verknüpfung über die Zwischenablage herstellen. Dazu erstellen Sie in der Quellanwendung ein Objekt, kopieren es in die Zwischenablage und schalten in PowerPoint zur Folie, in die das Objekt eingefügt werden soll. Das Einfügen erledigen Sie mit BEARBEITEN/INHALTE EINFÜGEN und dem Optionsfeld VERKNÜPFUNG EINFÜGEN.

- Sie können eine Verknüpfung auch aus PowerPoint herstellen. Wählen Sie EINFÜGEN/OBJEKT und das Optionsfeld AUS DATEI ERSTELLEN. Suchen Sie einen Dateinamen und aktivieren Sie vor dem Bestätigen das Kontrollkästchen VERKNÜPFUNG.

Excel-Tabelle einfügen

2.5.4 Objekte einbetten

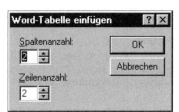

*Bild V.14:
Tabelle einfügen*

Objekte einzubetten ist immer dann sinnvoll, wenn Sie diese Objekte mit einer fremden Anwendung für eine Folie anfertigen müssen, sie in PowerPoint einfügen und dort später bearbeiten wollen. Für die Bearbeitung benötigen Sie die fremde Anwendung. Da Sie das betreffende Objekt aber in PowerPoint eingefügt haben, ist es nur folgerichtig, es dort auch zu bearbeiten. Das können Sie dank OLE. Das Einbetten hat dazu geführt, daß PowerPoint sich wie die fremde Anwendung verhalten kann (die Anwendung muß auf dem gleichen PC installiert sein). Sie erhalten alle notwendigen Optionen, und erst nach dem Bearbeiten erscheint PowerPoint wieder unverändert. Um Objekte einzubetten, können Sie die in den folgenden Abschnitten beschriebenen Methoden benutzen.

OLE organisiert das Einbetten

Praxistip: Wenn Sie mit den Anwendungen der aktuellen Office-Version umgehen, arbeiten Sie in PowerPoint mit den Optionen einer anderen Anwendung. Das Einbetten aus älteren Anwendungen funktioniert vielleicht noch nicht mit diesen OLE-Techniken. Wird beim Einfügen für ein fremdes Programm ein eigenes Fenster geöffnet, kehren Sie mit DATEI/BEENDEN & ZURÜCKKEHREN ZU in das PowerPoint-Fenster zurück.

2.5.4.1 Objekt per Drag & Drop einbetten

MS Office stellt die neuesten OLE-Funktionen zur Verfügung. Wenn Sie z.B. eine Tabelle aus Excel in eine Folie einbetten wollen, nutzen Sie am besten Drag & Drop:

Excel-Tabellen sind auch Objekte (Einfügen)

1. Ordnen Sie außer PowerPoint eine zweites Anwendungsfenster auf dem Bildschirm an, aus dem Sie Daten entnehmen wollen.
2. Markieren Sie die Daten.
3. Positionieren Sie den Mauspfeil auf dem Rahmen der Markierung (z.B. Excel).
4. Halten Sie die linke Maustaste nieder (Pluszeichen neben Mauscursor), und ziehen Sie die markierten Daten über das PowerPoint-Fenster (Daten verschieben).

Office 95

837

V PowerPoint

Excel in PowerPoint

5. Wenn Sie beim Ziehen [Strg] niederhalten, kopieren Sie die Daten.

Durch Ihre Aktion sind die Daten als Objekt auf der Folie eingebettet. Klikken Sie das Objekt an, werden Markierungskästchen angezeigt. Sie können das Objekt größer oder kleiner ziehen und positionieren. Wenn Sie auf das Objekt doppelklicken, wird ein Rahmen angezeigt und die Menüstruktur von PowerPoint ändert sich. Sie müssen nur auf eine freie Stelle der Folie klicken, um wieder die normale Ansicht von PowerPoint zu sehen.

2.5.4.2 Objekt mit der Zwischenablage einbetten

Kopieren Sie z.B. eine Tabelle in Excel in die Zwischenablage:
1. Schalten Sie zu PowerPoint.
2. Wählen Sie BEARBEITEN/INHALTE EINFÜGEN.
3. Markieren Sie in der Liste ALS den Objekttyp. Das Optionsfeld EINFÜGEN ist wahrscheinlich aktiv.
4. Bestätigen Sie mit OK.

2.5.4.3 Objekt aus einer Datei einbetten

Arbeiten Sie mit einer Anwendung wie Excel, Word, Access, einer der Applikationen aus dem Ordner MICROSOFT (\PROGRAMME\GEMEINSAME DATEIEN\MICROSOFT) oder einer vergleichbaren Anwendung und speichern Sie.
1. Laden Sie PowerPoint und schalten Sie zur Folie, in die eingebettet werden soll.
2. Wählen Sie EINFÜGEN/OBJEKT/AUS DATEI ERSTELLEN.

Suchen Sie nach der Datei, und bestätigen Sie mit OK, wenn Sie den richtigen Dateinamen gefunden haben.

2.5.4.4 Objekt in ein PowerPoint-Objekt verwandeln

Bild V.15: Datei als Quelle

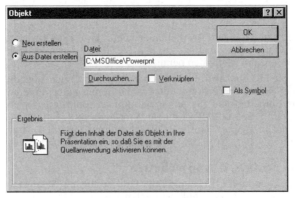

PowerPoint-Objekte lassen sich gruppieren

Eingebettete Objekte sind mit ihrer Quellanwendung verbunden. Das hat den Vorteil, daß Sie ein solches Objekt jederzeit mit der ihm adäquaten Anwendung bearbeiten können, kostet aber Speicherplatz. Ist die Verbindung zur originären Anwendung nicht mehr erforderlich, heben Sie diese auf. Machen Sie aus dem eingebetteten Objekt ein PowerPoint-Objekt, das nur von PowerPoint bearbeitet wird:
1. Markieren Sie ein Objekt.
2. Wählen Sie ZEICHNEN/GRUPPIERUNG AUFHEBEN. Eine Meldung warnt, wenn durch die Umwandlung Daten verloren gehen könnten.

Durch das Aufheben der Gruppierung können Sie mit den Markierungskästchen die einzelnen Elemente ändern. Mit ZEICHNEN/GRUPPIEREN fassen Sie die Teile wieder zusammen.

3 Bilder mit Text erklären

Zwar heißt es »Ein Bild sagt mehr als tausend Worte«, dennoch benötigen Sie Text für Erläuterungen. Wörter, die Sie auf einer Folie eingeben, können Sie in zwei Gruppen einteilen:

- Einerseits Text, den Sie einem Grafikobjekt zuordnen. Solcher Text ist meist kurz und erklärt ein Objekt. Ein Zeilenumbruch ist nicht notwendig. Dieser Text gehört nach dem Schreiben zum Objekt (oder nach der gemeinsamen Markierung und der Gruppierung). Markieren und verschieben Sie das Objekt, verschieben Sie auch den zugeordneten Text. Eine Größenänderung des Objekts betrifft die Textgröße jedoch nicht. Gelingt es Ihnen nicht, einen Text allein zu bewegen, der innerhalb eines Grafikobjektes steht, dann ist das ein diesem Objekt zugeordneter Text. **Neue Zeile bestimmt der Umbruch**

- Andererseits können Sie jeden eingegebenen Text selbst wieder als Objekt betrachten. Wenn Sie einen umfangreicheren Text anklicken, wird er durch einen Rahmen und Markierungskästchen gekennzeichnet. In diesem Rahmen wird der Text umbrochen. Die Text- und Umbruchbreite bestimmen Sie, indem Sie einen Textrahmen breiter oder enger ziehen. **⏎ fügt einen neuen Absatz ein**

3.1 Objekte direkt beschriften

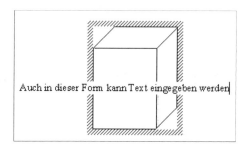

*Bild V.16:
Geschlossene Form
mit Text (ohne
Umbruch)*

Wollen Sie ein Objekt zeichnen und ihm zudem einen erklärenden Text zuordnen, gehen Sie so vor:
1. Zeichnen Sie, indem Sie eines der Hilfsmittel der Symbolleiste ZEICHNEN oder eine AUTOFORM benutzen.
2. Wählen Sie die automatische Markierung nicht ab, sondern schreiben Sie sofort einen Text. Der Text wird nicht selbsttätig umbrochen. Drücken Sie für eine neue Zeile ⏎.

Text erscheint nach dieser Eingabe als dem Grafikobjekt zugeordnete Beschriftung. Verschieben Sie probeweise das markierte Objekt, wandert die Schrift mit, wenn Objekt und Schrift markiert wurden. **Text als Teil eines Grafikobjekts**

Praxistip: Sie können Text auch mit der nachfolgend beschriebenen Methode als eigenes Objekt erzeugen und zu einem Grafikobjekt schieben, um ihn anzuordnen. Wenn Sie dann beides markieren, gruppieren Sie und binden das Text- solcherart an das Grafikobjekt.

V PowerPoint

3.2 Beschriftungen mit dem Hilfsmittel

Bild V.17:
Platzhalter auf einer Folie

Texte werden auf der Oberfläche der Präsentationsfolie zusammen mit grafischen Objekten angeordnet. Aus diesem Grund ist es sinnvoll, wenn man Texte ähnlich wie Grafiken behandeln kann. Zugleich gibt es die Forderung nach einer möglichst handlichen Eingabe, mit der Option, den eingegebenen Text in seinem Aussehen zu beeinflussen.

Neue Folie mit `Strg`+`M` **Dialogfeld NEUE FOLIE mit EXTRAS/OPTIONEN/ ALLGEMEIN anzeigen**

Zur Texteingabe auf einer Folie klicken Sie einfach auf einen Platzhalter, wenn Sie ein AutoLayout benutzen. Nach Wahl der Schaltfläche NEUE FOLIE werden Folien mit unterschiedlichen Platzhaltern angezeigt.

Wollen Sie auf einer leeren Folie Text eingeben, kündigen Sie die Eingabe an. Zwei Situationen sind möglich:

Eingabe vor `↵`

- Wenn Sie keinen Rahmen ziehen, sondern nur die Schaltfläche TEXT und die Folie anklicken und direkt schreiben, wird der Text nicht umbrochen. Sie müssen Zeilenumbrüche mit `↵` einfügen.
- Zweitens können Sie für Text in der Symbolleiste das Beschriftungs-Hilfsmittel wählen:
1. Zeigen Sie auf die linke obere Ecke eines gedachten Rechtecks. Halten Sie die linke Maustaste nieder und ziehen Sie die Maus.
2. Sobald Sie die linke Maustaste loslassen, erscheint eine Rechteck aus Schrägstrichen.

In der linken Ecke blinkt der Cursor. Dieser Rahmen zeigt Ihnen Ihre Eingabefläche an. Sie können sofort mit den Eintragungen beginnen. Drücken Sie am Zeilenende `↵`.

Bild V.18:
PowerPoint nutzt Schriften aus Windows 95

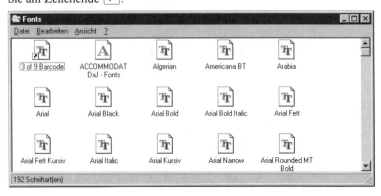

Neuer Absatz mit `↵`

Im Grunde ist der Rahmen für die Texteingabe eine Textverarbeitung mit Zeilenumbrüchen, der Möglichkeit, Einzüge und Zeilenabstand und anderes einzustellen. Ziehen Sie den Rahmen, erweitert oder verkleinert sich der Rahmen in der gewünschten Richtung. Sollten Sie aber einmal das Eingaberechteck zu klein für den zu erwartenden Text gewählt haben, macht das nichts. Das Text-Rechteck wächst mit dem eingegebenen Text.

3 Bilder mit Text erklären

Praxistip: Falls Sie möchten, daß der untere Rand des Rahmens nicht mit dem Text wächst, wählen Sie FORMAT/TEXTVERANKERUNG und deaktivieren Sie das Kontrollkästchen OBJEKTGRÖSSE AN TEXTGRÖSSE ANPASSEN.

Haben Sie eine große Schriftart eingestellt, oder wechseln Sie zu einer größeren Schriftart, dann paßt sich das Grafikobjekt automatisch entsprechend an.

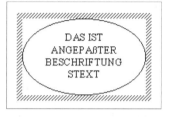

*Bild V.19:
Angepaßte
Objektbeschriftung*

Der einmal als zugeordnete Schrift eingegebene Text ist veränderlich. Sie können ihn ergänzen, ändern oder löschen:

Stellen Sie die Einfügemarke neben einen Buchstaben und klicken Sie. Der Mauscursor blinkt anschließend. Nun können Sie mit `Entf` die Buchstaben rechts vom Cursor, mit `Backspace` die links vom Cursor löschen. Tippen Sie Buchstaben ein, werden diese eingefügt. Reichen die eingegebenen Zeichen über den Rand des Objektes, werden sie umbrochen.

Standardmethoden zum Löschen

Jeden Text, den Sie markieren, können Sie auch bearbeiten, beispielsweise löschen. Ziehen Sie zum Markieren von Text die Maus.

Rücknahme und Wiederherstellung ist möglich

Praxistip: Wollen Sie allen Text, den Sie geschrieben haben, mit dem Textrahmen löschen, drücken Sie zur Markierung des ganzen Textes `F2`. Die Einfügemarke kann dabei an beliebiger Stelle im Text stehen.

3.3 Texte als Titel

*Bild V.20:
AutoLayout mit Titel-Platzhalter*

Die meisten Folien, die Sie mit einem AutoLayout anlegen, sehen die Eingabe eines Titels vor. PowerPoint bietet Ihnen einen Titel-Platzhalter als Überschrift einer Folie an. Jeder Betrachter einer Präsentation kann am Titel unmittelbar erkennen, um welches Thema es geht.

Der Platzhalter scheint übrigens zäh. Sollten Versuche ihn zu löschen scheitern, ein Hinweis: Sie müssen den Rahmen eines Titels oder Untertitels markieren und können dann löschen.

Mit `F2` markieren

*Bild V.21:
Folientitel*

V PowerPoint

Praxistip: Ein Titel in der Vorlage erscheint in der vorgegebenen Formatierung auf jeder Folie, wobei die Titelfolie wegen der Titelvorlage abweichen kann. Sie können Titel in der aktuellen Folie ändern und neu formatieren, ohne daß das die anderen Folien beeinflußt.

3.3.1 Titel eingeben

[Strg]+[M] **für neue Folie**

Wenn Sie eine Präsentation anlegen oder eine neue Folie einfügen, wählen Sie mit dem Dialogfeld NEUE FOLIE ein AutoLayout. Die meisten Layouts besitzen ein Feld für den Titel. Das Wort Titel ist ein Platzhalter. Es ist nach der Wahl des Felds TITEL mit einem Mausklick markiert. Sie können sofort mit der Eingabe des Titels der Folie beginnen. Der Platzhalter hat seinen Dienst getan, er verschwindet. Ihr Titel der Folie wird in der Schriftart und -größe dargestellt, die Sie im Folienformat festgelegt haben (siehe).

Der Titel kann an beliebiger Stelle der Folie stehen. Ob Sie den Titeltext am Beginn der Foliengestaltung eingeben, während der Arbeit, oder an ihrem Ende, bleibt Ihnen überlassen.

3.3.2 Titel ausblenden

Meist wird auf jeder Folie der Titel gebraucht. Deswegen sollte man den Platzhalter nicht ohne weiteres entfernen. Gelegentlich werden Sie vielleicht in eine Situation kommen, in der sie die Vorgabe verbergen, aber nicht löschen möchten. Abgesehen vom Überschreiben können Sie so vorgehen:

1. Geben Sie ein Leerzeichen als Titel ein.
2. Nutzen Sie die Technik des Stapelns von Objekten. So können Sie den Titel einfach durch ein anderes Objekt überlagern.

Überlagern, verdecken oder entfernen

Auch wenn Sie das Titelrechteck nicht mehr sehen: Legen Sie das Markierungsrechteck um die ungefähre Position, zeigt die Markierung die Position des Titelrechtecks und Sie können Text eingeben.

Praxistip: Wenn ein Objekt selbst unsichtbar werden soll, ordnen Sie ihm die Füllfarbe des Hintergrunds und einen Rahmen in der Hintergrundfarbe zu, z.B. wird ein rahmenloses weißes Objekt auf weißem Hintergrund unsichtbar. Erst ein Markierungsrechteck und die Farbzuteilung lassen es sichtbar werden.

3.3.3 Titelformat festlegen

Titelfolie und Titel jeder Folie unterscheiden

Wie der Titel auf den Folien einer Präsentation dargestellt wird, also in welcher Schriftgröße und welcher Schriftart, ob in Farbe und an welcher Stelle des Bildschirms, das können Sie festlegen. Das erreichen Sie durch die Zuordnung eines Standardformates, ähnlich einer Druckformatvorlage:

[Shift]+**Maus-klick auf Symbole für Vorlagen**

1. Wählen Sie ANSICHT/VORLAGE/FOLIENVORLAGE.
2. Markieren Sie in der Vorlage den Titel durch einen Mausklick.

Die Einstellungen, die Sie per Schaltfläche der Symbolleiste oder über Menüs in diesem Modus vornehmen, gelten für alle Titel auf Folien der gesamten Präsentation.

Titelrechteck ziehen

- Legen Sie z.B. fest, an welcher Stelle der Folien der Titel immer erscheinen soll. Den Titel haben Sie bereits markiert. Ziehen Sie den Rahmen an die richtige Position.
- Suchen Sie eine Schriftart aus, die Ihnen für den Titel angebracht erscheint. Es sollte eine möglichst große und einprägsame Schrift sein.

Der Titel muß weiterhin markiert sein. Wählen Sie dazu FORMAT/ SCHRIFTART.

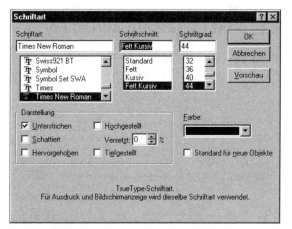

Bild V.22:
Einem Titel Attribute zuweisen

Diese Formate werden auf jeder der folgenden Folien beibehalten, wenn Sie mit ANSICHT und FOLIEN in den normalen Modus zurückschalten. Falls Sie in der normalen Folienansicht dem Titel ein Format zuweisen, so gilt das nur für den Titel der einzelnen Folie. Das kann gelegentlich nützlich sein, muß aber immer manuell eingestellt werden. Zu jeder Zeit können Sie zur Folienvorlage umschalten. Markieren und ändern Sie den Titel dort, wirken sich die Änderungen auf alle Titel aus, mit Ausnahme derer, die Sie in der Folienansicht von Hand verändert haben

Generelle Formate oder Einzelzuweisungen

3.3.4 Die Titelvorlage

Um die Anordung der auf den Folien einer Präsentation eingegebenen Titel zu organisieren, verwenden Sie die Folienvorlage. Hier finden Sie Vorgaben für den Folientitel, den Sie global formatieren können.

Bild V.23:
Neue Titelvorlage einrichten

- Am unteren Rand der Folienvorlage finden Sie die Schaltfläche NEUE TITELVORLAGE. Diese Vorlage steuert das Format und die Anordnung der Titelfolie der Präsentation insgesamt. In Präsentationen gibt es damit sowohl eine Folien- als auch eine Titelvorlage.
- Änderungen der Titelvorlage wirken sich auf eine Folie oder mehrere Titelvorlagen bei Abschnitten in der Präsentation aus.
- Änderungen des Titels der Folienvorlage wirken sich auf jede Folie aus, es sei denn, diese wird individuell geändert.

Neue Titelvorlage

- Um eine Titelvorlage zu aktivieren, wählen Sie ANSICHT/VORLAGE/ TITELVORLAGE.

3.4 Text in geschlossenen Formen

Wenn Sie ein geschlossenes Objekt gezeichnet haben, können Sie ihm direkt oder auch später erklärenden Text zuordnen. Drei Möglichkeiten sind wahrscheinlich:

Bild V.24:
Text und Grafik gruppiert

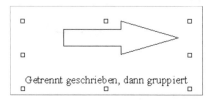

- Sie zeichnen und schreiben in zwei Arbeitsgängen. Für die Zuweisung eines getrennt erstellten Textobjekts positionieren Sie das gezeichnete Objekt sowie den Text und gruppieren beides.

Typischer sind die beiden folgenden Methoden. Wenn Sie den Text zu einem Objekt schreiben, verzichten Sie auf das Text-Hilfsmittel:

- Schreiben Sie gleich nach dem Erstellen der geschlossenen Zeichnung.
- Wenn Sie erst andere Arbeiten erledigen wollen, müssen Sie vor dem Schreiben das Objekt erneut markieren. Der eingegebene Text wird automatisch in der Form zentriert.

Schließen Sie das Schreiben mit einem Mausklick auf eine freie Fläche der Folie ab.

Um die automatische Anordnung bzw. den Textfluß zu ändern, müssen Sie die Verankerung anpassen. Mit FORMAT/TEXTVERANKERUNG finden Sie passende Optionen. Damit Text entsprechend Ihrer Wahl verankert wird, darf das Kontrollkästchen OBJEKTGRÖSSE AN TEXTGRÖSSE ANPASSEN nicht aktiviert sein.

Praxistip: Reicht der Text nach dem Schreiben über die Grenzen des Objekts hinaus, prüfen Sie, ob FORMAT/TEXTVERANKERUNG/OBJEKT-GRÖSSE AN TEXTGRÖSSE ANPASSEN ein aktiviertes Kontrollkästchen zeigt. Nach Wahl des Kontrollkästchens dehnt sich ein Objekt, um Text zu umfassen. Um zu verhindern, daß ein Objekt zu breit wird, sollten Sie auch das Kontrollkästchen AUTOMATISCHER ZEILENUMBRUCH IM OBJEKT einschalten. Wenn Sie die Objektgröße ändern, beeinflussen Sie auch den Zeilenumbruch, allerdings nicht die Textgröße.

3.5 Texte handhaben

Markieren mit `F2`

Der mit dem Text-Hilfsmittel eingegebene Text kann als einheitliches Textobjekt verstanden und gehandhabt werden. Um ein Objekt zu verändern, es also zum Beispiel zu verschieben, muß es zuvor markiert werden. Mit Hilfe der Maus, des Rahmens und der Ziehkästchen kann es danach verschoben, vergrößert und verkleinert werden. Das gilt auch für Textobjekte, allerdings erweitert um eine zusätzliche Arbeitstechnik. Mit Texten kann nicht nur insgesamt hantiert werden, sondern auch Inhalte lassen sich verändern. Das ist nötig, um ein Wort zu löschen, zu ersetzen oder um einen Tippfehler auszubessern.

3.5.1 Texte markieren

Texte müssen auf zwei Arten zugänglich sein, weil sie beides verkörpern, ein Objekt und eben Text. Diese Situation drückt sich in den Markierungstechniken aus.

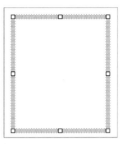

Bild V.25: Markierungsrahmen

- Richten Sie den Mauszeiger auf ein Textobjekt und klicken, so erscheint ein Markierungsrahmen um den Text. So gekennzeichnet kann der Text als Objekt insgesamt behandelt werden. Er kann einen Rahmen erhalten, diesem können Sie eine Schattierung zuordnen, und die Fläche mag vielleicht ein Raster erhalten. Auf dieser Ebene können Sie die Größe durch Bewegen der Ziehkästchen verändern oder auch das gesamte Textobjekt an einen anderen Ort verschieben. Sind die Ziehkästchen nicht sichtbar, klicken Sie den Rahmen an.
- Bei einem insgesamt mit einem Rahmen markierten Objekt können Sie aber nicht den Text korrigieren. Deswegen gibt es für Textobjekte eine zweite Markierungsstufe. Wenn Sie den Mauscursor in den Rahmen bewegen, nimmt er das Aussehen eines Einfügecursors an, er ähnelt einem I. Falls Sie korrigieren wollen, setzen Sie den Cursor an die entsprechende Stelle im Text und klicken Sie mit der linken Maustaste. Wenn Sie die Maus zur Seite ziehen, blinkt der Cursor an der Textstelle und wartet auf Neueingaben oder die Betätigung von [Backspace], um links von seinem Standort Text zu löschen. Sie können auch den Cursor verschieben.

Hinweise zu den Markierungstechniken:

- Statt die Maus von der Einfügestelle wegzunehmen, um den Cursor zu sehen, können Sie auch eine zu löschende Textstelle ansteuern, die linke Maustaste niederhalten und dann die Maus zur Seite ziehen, ohne loszulassen. Sie markieren nun Text, solange Sie die Maus ziehen.

Ziehen zum Markieren

- Tasten zum Markieren einsetzen
- Als weitere Möglichkeit können Sie [Shift] drücken und festhalten. Bestimmen Sie den Anfang einer Markierung durch den Mauspfeil und ein kurzes Klicken. Wenn Sie nun, während Sie [Shift] weiter niederhalten, einen entfernten Punkt anklicken, werden alle Zeichen zwischen den beiden Punkten markiert.
- Jedes Wort, das Sie mit einem Doppelklicken bezeichnen, wird markiert. Wiederholen Sie für die Markierung des gesamten Textes.
- Wählen Sie EXTRAS/OPTIONEN. Kontrollieren Sie die Kontrollkästchen im Register BEARBEITEN. Durch die Option WÖRTER AUTOMATISCH MARKIEREN müssen Sie den Cursor nicht genau auf einem Wortanfang positionieren. Gleich wo der Cursor steht, das erste und letzte Wort werden insgesamt markiert.

V PowerPoint

Bild V.26: Optionen für das Bearbeiten

Maus/Tasten	Wirkung
Auf Textobjekt klicken	Textobjekt auswählen
Doppelklick auf ein Wort	Wort markieren
Mausklick auf Einfügestelle	Einfügecursor erscheint
Mausklick auf den Rand	Cursor wird Mauspfeil
Mausklick auf Textobjekt	Textobjekt erneut insgesamt markieren
[F2]	Umschalten zwischen beiden Markierungs-Modi

Objektrand für die Markierung anklicken

Um zwischen den beiden Markierungsstufen für Grafik und Text hin- und herzuschalten, müssen Sie jeweils auf den Rand eines Objekts klicken, dann wieder auf das Textobjekt. Sie können sich diese Arbeit vereinfachen, wenn Sie nach dem ersten Markieren des Objekts mit [F2] zwischen den beiden Markierungsmodi umschalten. Es erscheint entweder der Rahmen für das Gesamtobjekt oder der gesamte Text wird invers markiert. In letzterem Fall müssen Sie nur auf eine Cursortaste drücken, um die Einfügemarke zu sehen und können sie dann verschieben.

Praxistip: Wenn Sie Text mit BEARBEITEN/EINFÜGEN zwischen vorhandenen Text schieben, bewirkt die Option AUSSCHNEIDEN und EINFÜGEN MIT LEERZEICHENAUSGLEICH den korrekten Zeichenabstand. Wollen Sie das verhindern, weil Sie z.B. oft ohne Leerzeichen einfügen wollen, deaktivieren Sie mit EXTRAS/OPTIONEN/BEARBEITEN das Kontrollkästchen.

3.5.2 Textobjekte frei positionieren

Text im Kasten anpassen

Durch die Veränderung der Größe mit Hilfe der Ziehkästchen wird der auch Text neu umbrochen. Die Textzeilen passen sich der Größe des Rechtecks an, was auch bedeutet, daß Sie es später beliebig anpassen können.

Maus/Tasten	Wirkung
Mauspfeil auf Ziehkästchen	Ziehkästchen markiert
Linke Maustaste niederhalten	Größenänderung starten

| Maus ziehen | Textobjekt verändern |
| Linke Maustaste lösen | Textobjekt erscheint in neuer Größe |

3.5.3 Text in Spalten setzen

Wenn Sie Ihren Text in Textobjekten organisieren, erreichen Sie leicht den Effekt von Spalten. Voraussetzung ist, daß Sie zwei Textobjekte mit Text füllen. Diese beiden Objekte müssen nur noch nebeneinander positioniert werden, um den Eindruck zweier Spalten zu vermitteln.

Bild V.27: Führungslinien zur Positionierung einblenden

Am besten gelingt diese Positionierung, wenn Sie im Menü ANSICHT einstellen, daß Sie Führungslinien eingeblendet haben wollen. Markieren und verschieben Sie die Textobjekte auf die bekannte Weise, rasten diese an den Führungslinien ein.

Führungslinien zum Anordnen nutzen

3.6 Textobjekte bearbeiten

Textobjekte enthalten umfangreichere Texte, die in verschiedener Weise bearbeitet werden können. Je nach Ihrem Bedarf können Sie geschriebenen Text durch Einfügungen verändern, aber auch dadurch, daß Sie löschen. PowerPoint verhält sich in dieser Hinsicht wie eine reine Textverarbeitung.

- Wollen Sie einfügen, markieren Sie das Textobjekt, zeigen Sie mit dem Mauspfeil auf die Einfügestelle und klicken, die Einfügemarke erscheint, und Sie können sofort schreiben. Sind Sie fertig, klicken Sie den gerasterten Rand der Folie an. Der Cursor verwandelt sich wieder in einen Pfeil.
- Wollen Sie Text links von der Einfügestelle löschen, drücken Sie `Backspace`. Soll ein umfangreicherer Text gelöscht werden, markieren Sie den überflüssigen Text. Dann reicht ein Druck auf `Entf` oder `Backspace`.

Viel Arbeit an Texten ist im nachhinein zu leisten. Hauptaufgabe wird die inhaltliche Überarbeitung von Text sein. Oftmals werden Sie wünschen, daß Text an einer anderen Stelle steht. PowerPoint bietet Ihnen eine Technik an, mit der Sie Text verschieben können.

- In den meisten Fällen sollten Sie Drag & Drop nutzen. Markieren Sie den Text, und ziehen Sie die Markierung mit dem Objekt auf den neuen Standort. Der Mauspfeil wird bei dieser Methode durch ein Rechteck aus einer punktierten Linie ergänzt. Die gerade Linie zeigt an, wo eingefügt wird, wenn Sie die Maustaste loslassen.

Ziehen per Drag & Drop

V PowerPoint

Praxistip: Wenn Sie Daten mit Drag & Drop mit anderen Offive-Anwendungen austauschen wollen, ordnen Sie nur zwei Fenster auf dem Bildschirm an. Ist das z.B. ein Word- und ein PowerPoint-Fenster ziehen Sie die Objekte einfach. Wenn Sie markierte Daten aus Word dann noch mit ZEICHNEN/GRUPPIERUNG AUFHEBEN behandeln, können Sie mit dem Text weiterarbeiten.

Mit Drag & Drop können Sie auch ganze Folien in der gleichen oder zwischen Präsentationen bewegen. Schalten Sie dazu in die Foliensortieransicht.

Schaltflächen der Zwischenablage

- Sie können den entsprechenden Textteil auch markieren und BEARBEITEN/AUSSCHNEIDEN wählen. Das Menü können Sie übergehen, wenn Sie nach dem Markieren die Symbolleiste oder eine Tastenkombination verwenden. Der Text wird bis zum nächsten Ausschneidevorgang in der Zwischenablage gespeichert. Positionieren Sie anschließend den Mauspfeil an der Einfügestelle, um den Text wieder einzufügen.

Praxistip: Auch beim Kopieren ist Drag & Drop meist den Optionen von BEARBEITEN überlegen. Markieren Sie, halten Sie [Strg] nieder, und ziehen Sie. Das Pluszeichen neben dem Mauspfeil zeigt, daß Sie kopieren wollen. Lassen Sie die linke Maustaste los, wenn die gepunktete Linie an der Einfügestelle positioniert ist.

3.7 Aufzählungen

Schaltfläche Aufzählung

Es wird häufig vorkommen, daß Sie Ihr Publikum mit einer Aufzählung über einen bestimmten Sachverhalt informieren wollen. Zum besseren Überblick hat es sich eingebürgert, die einzelnen Punkte einer Aufzählung durch einen Spiegelstrich, einen dicken Punkt oder ein Viereck hervorzuheben. Text, der folgt, ist so vom nächsten Text auffällig getrennt.

Problemlos ist dieses Vorgehen, wenn nur wenige Wörter in eine Zeile gehören. Unschön kann es werden, wenn ein Umbruch erfolgt und der Text in einer zweiten Zeile unterhalb des Gedankenstrichs weitergeht, letzterer also dadurch nicht mehr hervorgehoben wird. Das verhindert PowerPoint durch einen negativen Erstzeileneinzug. Gemeint ist damit, daß ein Textblock um ein bestimmtes Maß eingezogen wird, die erste Zeile allerdings um das gleiche Maß nach außen geschoben wird.

AutoLayout für Aufzählungen

- Wenn Sie eine neue Folie wählen, werden zahlreiche AutoLayouts mit Punktlisten vorgegeben. Wenn die passende Liste zu finden ist, wählen Sie diese Folie, klicken in die Liste und schreiben. Mit jedem [↵] (Absatz) wird ein neuer Punkt eingefügt. Wenn Sie eine neue Zeile ohne Punkt beginnen wollen, drücken Sie [Shift]+[↵].
- Wenn Sie eine Aufzählung manuell aufbauen wollen, ziehen Sie ein Textrechteck, ungefähr in der benötigten Breite. Schreiben Sie Text und markieren Sie ihn. Wählen Sie FORMAT/AUFZÄHLUNGSZEICHEN, und ordnen Sie ein Zeichen in der gewünschten Form, Farbe und Größe zu. Sie finden nützliche Zeichen in Schriftarten wie Symbol, Wingdings, ZapfDingbats usw. Für den passenden Einzug ziehen Sie die Einzugszeichen auf dem Lineal (ANSICHT/LINEAL).

Mit jedem [↵] wird ein neuer Absatz mit dem gewählten Zeichen eingefügt. Verwenden Sie das Symbol FORMAT ÜBERTRAGEN, wenn Sie nur einem Absatz Zeichen und Format zugeordnet haben und beides für weitere Absätze benötigen.

3.8 Schrift gestalten

Üblich ist, daß während einer Sitzung mit PowerPoint standardmäßig (siehe die Vorlage) immer die gleiche Schrift verwendet wird. Damit Sie jedoch die vielen Angebote von PowerPoint nach Ihrem Bedarf ausschöpfen können, nachfolgend einige Hinweise, wie sich markierte Texte mit jeweils anderen Formaten auszeichnen lassen. Eine direkte Formatierung überdeckt immer Vorgaben durch die Vorlage.

Vorlage nach Bedarf übergehen

3.8.1 Text eine Schriftart zuweisen

Mit Schriftarten sind Schriftfonts gemeint. Times oder Courier und Roman sind Schriften, wie sie von fast allen Programmen zur Verfügung gestellt werden. Schriftarten (Fonts) sind keine Zeichensätze. In diesen wird festgelegt, welche Zeichen überhaupt dargestellt werden können. Die Schriftarten von PowerPoint legen das Aussehen der Schrift fest.

Wollen Sie einen Text besonders auszeichnen, müssen Sie dem Programm dies mitteilen, also den Text markieren. Nur dem markierten Text wird die eingestellte Schriftart zugewiesen:

Schrift für Markierungen

1. Für die Zuweisung von Schriftarten ist FORMAT/SCHRIFTART bei PowerPoint zu benutzen.
2. Die in der Liste SCHRIFTART aufgeführten Schriften stehen Ihnen zur Auswahl zur Verfügung. Wählen Sie eine Schrift, und bestätigen Sie für eine Zuordnung.

Welche Schriften Ihnen im Menü angeboten werden, liegt an der Einrichtung von MS Windows.

Tip: Klicken Sie in einen Text, und drücken Sie F2, um den ganzen Text zu markieren.

3.8.2 Text Schriftgrößen zuordnen

Schriftgrößen werden in PowerPoint durch den Schriftgrad angegeben. Der Schriftgrad wird als Punktmaß, dem typografischen Point (1/72 Zoll oder 0,0352775 Zentimeter) angegeben.

1. Vor der Zuordnung einer Schriftgröße müssen Sie – wie bei der Zuordnung der Schriftarten – den Text markieren.
2. Wählen Sie FORMAT/SCHRIFTART und den Schriftgrad in der Liste.

Wie schon bei der Schriftart sollten Sie auch bei der Zuordnung verschiedener Schriftgrößen auf einer Folie eher etwas zurückhaltend sein. Zu viele Schriften machen das Bild unruhig und Sie erreichen nicht die Aufmerksamkeit des Publikums. Oder noch schlimmer, das Publikum ist durch eine zu große Vielfalt verwirrt. Wollen Sie mehr als zwei oder drei Schriftarten und Größen verwenden, sollten Sie Ihre Folie sehr kritisch prüfen, bevor Sie diese einsetzen.

3.8.3 Schriftstile zuweisen

Kursiv

Fett

Unterstrichen

Textfarbe

Textschatten

Das Aussehen der Schrift von Textobjekten hängt von der ausgewählten Schriftart ab. Sie können die Schrift noch weiter verändern, indem Sie dem ganzen Text oder Teilen ein Attribut zuordnen. Haben Sie der Schrift kein Schriftattribut zugewiesen, so ist der Standard eingestellt. Außerdem können Sie jedoch Attribute wie FETT, KURSIV, UNTERSTRICHEN usw. wählen. Diese Attribute sind vorher markierten Textobjekten oder markierten Teilen des Gesamttextes zuzuordnen. Die Schriftattribute können Sie dem jeweiligen Text einzeln oder kombiniert zuweisen. Eine fette und zugleich unterstrichene Schrift ist problemlos möglich, sie kann auch noch zusätzlich unterstrichen werden.

Der Arbeitsablauf ist der gleiche, wie in jedem der oben geschilderten Fälle:
1. Zuerst markieren Sie TEXT.
2. Wählen Sie im Menü FORMAT die Option SCHRIFTART.
3. Im Feld DARSTELLUNG können Sie Attribute aussuchen.

Um ein Attribut wieder zu entfernen, müssen Sie den betreffenden Text erneut markieren. Drücken Sie dann [Strg] und halten Sie die Taste nieder, während Sie auf [Leer] tippen. Durch diese Tastenkombination entfernen Sie Schriftattribute und stellen den Standardzustand wieder her.

Praxistip: Ordnen Sie Formate mit dem Symbol FORMAT ÜBERTRAGEN oder einer Tastenkombination zu. Sie sparen viel Zeit, weil die Tastenkombinationen direkt, ohne die Menüs, funktionieren. Das Symbol FORMAT ÜBERTRAGEN bewegt in einem Arbeitsgang auch mehrere Formate.

Die Tastenkombination [Strg]+[T] öffnet das Dialogfeld oder verwenden Sie direkt [Strg]+[B] (Fett), [Strg]+[I] (Kursiv) und [Strg]+[U] (Unterstrichen).

3.8.4 Schriftzeichen ersetzen

Vielleicht stellt sich erst bei einer Vorführung der Präsentation heraus, daß eine Schrift nicht so wirkt wie gewünscht, oder ein Datenaustausch zwingt Sie zur Schriftänderung. Sie können Zeichen in einem Arbeitsgang in der gesamten Präsentation ersetzen:
1. Wählen Sie EXTRAS/ZEICHEN ERSETZEN.
2. In der Liste ERSETZEN wird die Schrift angezeigt, die in der Symbolleiste FORMAT eingestellt ist. Sehen Sie einen anderen Namen, haben Sie Text markiert. PowerPoint nennt dann die Schrift des Textes, der durch den Cursor gekennzeichnet ist.
3. Stellen Sie in der Liste DURCH ein, welche Schrift als Ersatz gewünscht wird.
4. Mit ERSETZEN lösen Sie den Austausch aus.

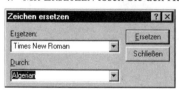

Bild V.28:
Dialogfeld, um
Zeichen zu ersetzen

Wenn Sie nach der Wahl von SCHLIEßEN gleich BEARBEITEN/RÜCKGÄNGIG wählen, können Sie die Änderung ungeschehen machen.

3.9 Texte auf Seiten ausrichten

Eine Folie entspricht etwa einer Seite, auf der ein oder mehr Textobjekte angeordnet werden können. Eine großflächige Wirkung erzielen Sie mit Ausrichtungen und dem Zeilenabstand.

3.9.1 Text ausrichten

Benutzen Sie das Beschriftungs-Hilfsmittel, um längere Texte zu schreiben, sind sie durch einen Textrahmen markiert. Den Standort verschieben Sie nach der Markierung des Rahmens. Wie der Text ausgerichtet ist, liegt am Textrahmen; an ihm orientiert sich der Rand des Textes. Die Ausrichtung ist zumindest dann sinnvoll, wenn Sie mehr als eine Zeile eingegeben haben, wobei die Zentrierung einer einzelnen Zeile als Überschrift natürlich auch in Frage kommen kann.

Ausrichtungs-optionen

Bild V.29: Möglichkeiten, Text auszurichten

In bezug auf den Rahmen eines Textobjektes können Sie seinen Rand auf vier verschiedene Arten ausrichten: links- oder rechtsbündig oder zentriert, dann sind der rechte und linke Rahmenrand vom Text jeweils gleich weit entfernt. Schließlich in Blocksatz. Der Text wird innerhalb des Rahmens sowohl rechts- als auch linksbündig ausgerichtet, so daß Sie auf beiden Seiten gerade Ränder haben.

Linksbündig und Zentriert

Wollen Sie die Ausrichtungsoptionen anwenden, müssen Sie das Textobjekt markieren [F2] und FORMAT/AUSRICHTUNG und eine der vier Optionen anklicken. Der gesamte Text, unabhängig davon, aus wieviel Absätzen er besteht, wird entsprechend Ihrer Wahl ausgerichtet. Wollen Sie nur einen Absatz oder überhaupt einen Textteil ausrichten, markieren Sie nur diesen Teil und ordnen dann die Ausrichtung zu.

3.9.2 Zeilenabstand festlegen

Der Zeilenabstand, den Sie wählen, hängt von der Schriftgröße ab. Wenn Sie einen einzeiligen Abstand einstellen, ist dieser Abstand bei einer 12-Punkt-Schrift viel kleiner, als wenn Sie mit einer 48-Punkt-Schrift arbeiten. Benutzen Sie verschiedene Schriftgrößen, richtet sich der tatsächliche Zeilenabstand immer nach der größten verwendeten Schrift. Dies beschreibt aber nur eine Situation. Sie müssen nichts einstellen, denn PowerPoint paßt seine Darstellung entsprechend an. Wenn Sie eine Einstellung manuell zuordnen wollen, können Sie das:

*Bild V.30:
Absatz- und
Zeilenabstand
festlegen*

**Absatzabstand
vergrößern**

1. Markieren Sie Text. Mit Anklicken und [F2] allen Text eines Rahmens oder durch die Cursorposition einen bestimmten Absatz bzw. durch Markieren mehrere Absätze.
2. Wählen Sie FORMAT/ZEILENABSTAND.

Sie können einerseits den Zeilenabstand festlegen, andererseits auch den Abstand zwischen unterschiedlichen Absätzen. Jeweils läßt sich zwischen Zeilen und Punkten als Maß wählen. Die Zahl, die Sie für Zeilen eingeben, mißt sich an der Zeilenhöhe. Eine 1 bedeutet, der Abstand ist ebenso hoch wie die Zeile selbst, entsprechend bei 1,5 und so fort.

Zwar fordert eine DIN-Norm (5008) für Geschäftsbriefe den einzeiligen Abstand, doch sollten Sie zur besseren Übersichtlichkeit bei der Erstellung von Folien einen größeren Abstand wählen. Sie müssen keine ganzen Zahlen wählen, es dürfen Zwischenwerte sein.

**Absatzabstand
verkleinern**

3.10 Mit Tabellen arbeiten

Office 95

Tabellen benötigen Sie häufig. Die AutoLayouts der Folien sehen das Einfügen der verschiedensten Tabellen aus den Office-Anwendungen vor. Mit 0welchem Programm Sie arbeiten, hängt von den Anforderungen ab. Sie müssen entscheiden, mit welcher Office-Anwendung eine Tabelle erstellt werden soll. Sie können zwischen Word, Excel oder Access wählen.

- Für eine Tabelle mit aufwendigen Formatierungen, wie Aufzählungen, benutzerdefinierten Tabstopps, Numerierung oder hängenden Einzügen, verwenden Sie vorzugsweise Word. Tabellen dieser Textverarbeitung können Sie problemlos in eine PowerPoint-Präsentation einbauen.
- Geht es in der Tabelle um komplexe Berechnungen, statistische Analysen, Abfragen oder Diagramme, verwenden Sie eine Excel-Tabelle. Tabelleneinträge dürfen in der Tabellenkalkulation aber nicht länger als 255 Zeichen werden.
- Benötigen Sie besondere Sortier- und Suchfähigkeiten, nutzen Sie Access- oder Excel-Tabellen.

Wollen Sie mittels OLE auf eine der zuvor angeführten Tabellen zurückgreifen, fordern Sie Sie eine neue Folie an und benutzen Sie ein AutoLayout.

Um eine Tabelle manuell auf einer Folie aufzubauen, müssen Sie mit Einzügen und Tabulatoren arbeiten. Dazu finden Sie in den folgenden Abschnitten Informationen.

3 Bilder mit Text erklären

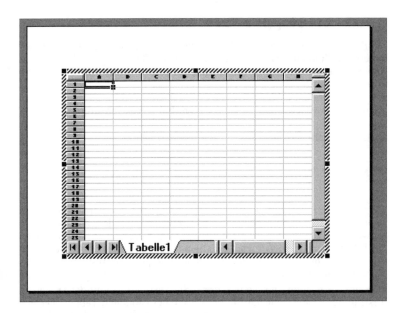

Bild V.31:
Excel-Tabelle in
PowerPoint

3.10.1 Einzugsebenen

PowerPoint besitzt ein Zeilenlineal, das Ihnen hilft, für Textobjekte Einzüge und Tabstopps zu setzen. Mit der Festlegung von Einzugsebenen können Sie eine Übersicht stufenförmig anlegen. Die folgende Zeilen, auch deren mehrere, können Sie mit Einzügen jeweils eine Stufe weiter nach rechts setzen, aber auch wieder nach links.

Bild V.32:
Zeilenlineal

1. Falls Sie keine leere Folie vor sich haben, wählen Sie mit der Schaltfläche NEUE FOLIE ([Strg]+[M]) eine. Verwenden Sie ein AutoLayout mit einer Aufzählung.
2. Sehen Sie sich zuerst das Zeilenlineal an. Sie blenden es mit LINEAL im Kontextmenü der rechten Maustaste oder ANSICHT/LINEAL ein.
3. Klicken Sie in den Textrahmen. Das Zeilenlineal gilt dann jeweils für das markierte Textobjekt und nennt Zentimetermaße, es sei denn, Sie haben bei der Installation Zoll eingestellt.

Links sehen Sie die Einzugsmarken für eine Aufzählung im Zeilenlineal. Die Einzugsmarken bestehen aus zwei Dreiecken. Daß die beiden Dreiecke gegeneinander versetzt sind, bedeutet, daß die erste Zeile an der Position des oberen Dreiecks beginnt, alle weiteren Zeilen mit einem Einzug an der Position des anderen Dreiecks. Diese Vorgaben können Sie verstellen. Dazu müssen Sie nur den Mauspfeil auf eines der Dreiecke richten, die linke Maustaste drücken und die Maus nach rechts oder links ziehen. An der gewünschten Position lassen Sie die linke Maustaste los und der gesamte Text rutscht in die neu festgelegte Position. Mit dieser Technik können Sie jedes der Dreiecke markieren und verschieben. Wollen Sie nur einzelne Absätze auf diese Weise verschieben, markieren Sie diese und ziehen Sie die Einzugsmarken dann in eine neue Position.

Einzugsmarken

3.10.2 Tabstopps setzen

Wollen Sie manuell eine Tabelle erstellen, werden Sie die Abstände zwischen den Spalten nicht mit der Leertaste, sondern mit ⇥ überbrücken. Die Stellen, an denen der Cursor stoppt, heißen Tabstopps. Es gibt vier Arten von Tabstopps:

Symbol	Ausrichtung	Symbol	Ausrichtung
⊥	zentriert	L	links
⌐	rechts	⊥	dezimal

Eingegebener Text wird links-, rechtsbündig oder zentriert ausgerichtet. Wollen Sie Zahlen eingeben, so ist es sinnvoller, den vierten Tabstopp zu verwenden. Er ist für die Ausrichtung von Dezimalzahlen zuständig. Geben Sie DM-Werte ein, so werden die Zahlen zunächst rechtsbündig ausgerichtet, solange, bis Sie ein Dezimalkomma eintippen, die restlichen Zahlen werden dann am Komma ausgerichtet.

Tabstopps sind nur für Textobjekte nutzbar

Um einen Tabstopp zu setzen, müssen Sie Text aktivieren oder erst einen Textrahmen ziehen, ungefähr in der Größe der geplanten Tabelle. Da sich der Rahmen anpaßt, kommt es nicht auf Genauigkeit an. Wenn erforderlich, blenden Sie das Zeilenlineal mit ANSICHT/LINEAL ein.

1. Klicken Sie für einen Tabstopp auf das Lineal. Um zwischen links-, rechtsbündig, zentriert oder dezimal zu wechseln, klicken Sie auf die Schaltfläche für Tabstopps in der linken Bildschirmecke.
2. Wollen Sie einen Tabulator löschen, ziehen Sie ihn aus dem Lineal. Text oder Zahlen rücken danach zusammen, weil der Tabulator gelöscht wurde.

3.11 Text suchen und ersetzen

Suchen wie in der Textverarbeitung

Weiter oben wurde bereits vorgestellt, wie Sie Formate suchen können. Die aus der Textverarbeitung bekannte Funktion, Text zu suchen und auch zu ersetzen, finden Sie auch in PowerPoint.

Text in Grafiken wird nicht gefunden

Die Optionen SUCHEN UND ERSETZEN im Menü BEARBEITEN gelten für Text in Grafiken und importierten Objekten nicht. In eine Suche werden aber sämtliche Komponenten der aktuellen Präsentation einbezogen (Folien, Gliederung, Notizblätter, Handzettel).

Praxistip: Wenn Sie Inhalte einer bestimmten Präsentation auf einer Festplatte suchen, verwenden Sie die ausgefeilten Suchkriterien für Dateien. Wählen Sie dafür DATEI/ÖFFNEN bzw. DATEI/ÖFFNEN/WEITERE.

3.11.1 Text suchen

Suche auch im Titel

PowerPoint bietet eine Möglichkeit, nach einem angegebenen Text zu suchen. Das Programm bezieht in seine Suche alle Teile einer aktuellen Präsentation mit ein, die Präsentation selbst wie auch Handzettel und die Notizvorlage. Alle Objekte, die Text enthalten, werden durchsucht, auch die Titel der Folien. Nur dann, wenn Sie Abbildungen und Diagramme eingebaut haben, interpretiert PowerPoint diese nicht als Texte, sondern als Grafikobjekte. Sie bleiben bei der Suche außen vor.

3 Bilder mit Text erklären

1. Um nach einem Begriff zu suchen, wählen Sie BEARBEITEN/SUCHEN.
2. Für die Suche müssen Sie im Textfeld SUCHEN NACH den Text eingeben, nach dem Sie fahnden.
3. Klicken Sie noch auf das Feld NUR GANZES WORT SUCHEN, ist Power-Point genau. Kommt das Wort als Teil eines anderen Wortes auch vor, wird es dort nicht beachtet. Suchen Sie z.B. nach *und* und verlangen nicht NUR GANZES WORT SUCHEN, wird das gesuchte Wort auch bei *Hund* gefunden. Noch pingeliger können Sie bei der Benutzung von GROß-/KLEINSCHREIBUNG sein. Ist das Kontrollkästchen aktiviert, und Sie suchen nach *und*, gilt *Und* nicht als Suchwort.

Suche eingrenzen

4. Haben Sie diese Eintragungen vorgenommen, klicken Sie WEITERSUCHEN an.

Bild V.33:
Wort suchen

Hat das Programm einen Text gefunden, wird dieser invers dargestellt. Mit WEITERSUCHEN sucht PowerPoint nach dem weiteren Vorkommen Ihres Suchbegriffes. Wenn der Fall eintritt, daß das Programm stehenbleibt, Sie jedoch keinen markierten Suchbegriff sehen, ist die Fundstelle wahrscheinlich durch das Dialogfeld verdeckt.

3.11.2 Text suchen & ersetzen

Wollen Sie Text nicht nur suchen, sondern Fundtexte gegen andere Zeichenfolgen tauschen, gehen Sie vergleichbar zum zuvor beschriebenen Suchen vor:

Suchen mit dem Ersetzen kombinieren

1. Geben Sie im Textfeld ERSETZEN DURCH Text angeben.
2. Hat das Programm einen Text gefunden, wird dieser durch eine inverse Darstellung markiert. Ihnen stehen zwei Möglichkeiten zu reagieren zur Verfügung: Bestätigen mit ERSETZEN, um den Text auszutauschen und weiterzusuchen, WEITERSUCHEN, um den Text unverändert zu lassen und die Suche fortzusetzen.

Die Option ALLE ERSETZEN ersetzt in einem Arbeitsgang alle gefundenen Begriffe. Einerseits ist diese Option bequem, andererseits nicht ungefährlich, da bei einer falschen Einstellung vielleicht auch der eine oder andere Text versehentlich ersetzt werden könnte.

Hinweis: In der Foliensortieransicht hat die Schaltfläche WEITERSUCHEN die Aufschrift ALLE SUCHEN (alle Folien, die Suchworte enthalten, werden markiert).

3.12 Rechtschreibung in PowerPoint

Selbst wenn Sie zu den sehr perfekten Schreibern oder Schreiberinnen gehören, irgendwann wird auch Ihnen ein Tippfehler unterlaufen. Sei es, weil sehr eilig gearbeitet wurde, sei es, weil Ablenkung dafür sorgte, daß der Tippfehlerteufel zuschlug. PowerPoint kann zwar nicht wissen, wann ein Eigenname falsch geschrieben ist, aber das Programm kann eingegebene Texte mit seinem Wörterbuch vergleichen und darauf hinweisen, wenn das

Rechtschreibung aufrufen

gespeicherte Wort vom gefundenen Text abweicht. So lassen sich Dreher, ungewöhnliche Großschreibungen oder Wortwiederholungen auffinden.

3.12.1 Rechtschreibung prüfen

Standardwörterbuch der Textverarbeitung

Ohne besondere Vorgaben geschieht die Prüfung einer Präsentation aufgrund eines Standardwörterbuchs BENUTZER.DIC aus dem Ordner PROOF (C.\WINDOWS\MSAPPS\PROOF). Das Wörterbuch wird auch von anderen Office-Anwendungen benutzt. Um das Prüfen für die aktuelle Präsentation einzuleiten, gehen Sie so vor:

Prüfen mit F7

1. Schalten Sie zur Folie, auf bzw. ab der geprüft werden soll.
2. Wählen Sie EXTRAS/RECHTSCHREIBUNG.

Wörter vergleichen

PowerPoint beginnt von der aktuellen Folie an mit der Prüfung. Das Dialogfeld RECHTSCHREIBUNG wird eingeblendet. PowerPoint vergleicht nun jedes gefundene Wort mit seinem Vorrat. Immer dann, wenn es das Wort in der vorhandenen Schreibweise nicht findet, zeigt es das Wort im Textfeld NICHT IM WÖRTERBUCH an. Nun haben Sie mehrere Möglichkeiten zu reagieren, teilweise wird eine Schaltfläche angeboten.

Mit Vorsicht aufnehmen

Zunächst könnte das Wort wirklich einen Tippfehler aufweisen und Sie stellen den Mauscursor an die entsprechende Stelle im Textfeld ÄNDERN IN, klicken, fügen oder die richtigen Zeichen ein und löschen falsche. Das geänderte Wort wird mit ÄNDERN durch das korrigierte ersetzt. Ist die Korrektur nicht im Wörterbuch enthalten erfolgt eine Rückfrage. Ihre Änderung wird in das Wörterbuch aufgenommen, wenn Sie bestätigen.

Bild V.34: Vorschlagsliste bei der Prüfung

Falls Sie sich über eine mögliche Schreibweise weitere Informationen holen wollen, klicken Sie VORSCHLAGEN an. PowerPoint zeigt Ihnen nun eine Liste alternativer Wörter im Feld VORSCHLÄGE. Sind mehr Wortangebote vorhanden, als das Feld VORSCHLÄGE faßt, müssen Sie die Bildlaufleiste benutzen.

Wollen Sie eines der im Feld VORSCHLÄGE angezeigten Wörter übernehmen, markieren Sie es und tauschen Sie es durch einen Klick auf ÄNDERN. Sollten in der Liste keine Vorschläge erscheinen, weiß auch PowerPoint nicht weiter. Im Lexikon befindet sich kein ähnliches Wort.

Namen ausschließen

Es könnte sich bei dem angezeigten Wort um ein korrekt dargestelltes Wort handeln. Nur PowerPoint kennt es nicht. Das können Sie ändern, wenn Sie HINZUFÜGEN auswählen. Das Wort wird dann dem im Dialogfeld angezeigten Wörterbuch hinzugefügt. (HINZUFÜGEN sollten Sie immer bei richtigen Schreibweisen wählen; das Feld VORSCHLÄGE ist dann meist leer.)

Speicherplatz für Wörter beachten

PowerPoint wird häufig einen Eigennamen oder ein Fremdwort zur Korrektur vorschlagen. Da das Wort richtig ist, entfällt eine Korrektur. HINZUFÜGEN ist aber auch nicht sinnvoll, denn warum sollte man den Speicherplatz mit Wörtern belasten, die nur einmal bei einer Prüfung auftauchen? In einem solchen Fall sollten Sie NICHT ÄNDERN (ein Vorkommen) oder NIE

ÄNDERN (häufiges Vorkommen) anklicken. Starten Sie die Rechtschreibung mit einem Klick auf BEGINNEN neu. Hat PowerPoint alle Folien geprüft, erhalten Sie eine Information und müssen das Ende der Rechtschreibprüfung bestätigen.

Hinweis: Die Prüfung der Rechtschreibung in eingebetteten Objekten ist mit PowerPoint nicht möglich. Verwenden Sie vor dem Einbetten die datenliefernde Anwendung.

3.12.2 Wörterbuch wechseln

Wenn Sie PowerPoint im Unternehmen einsetzen, werden Sie wahrscheinlich oft Folien anfertigen, bei denen eine Fachsprache benutzt wird. Eine Wortprüfung mit dem Standardwörterbuch würde in einem solchen Fall zu einer ziemlich umständlichen Angelegenheit, weil das Standardwörterbuch die Fachsprache aller Wahrscheinlichkeit nach nicht kennt, also ständig Ihre Entscheidung anfordert. In einem solchen Fall ist es sehr praktisch, wenn Sie neben dem Standardwörterbuch ein besonderes Fachwörterbuch ergänzend einsetzen können.

Standardwörterbuch und Spezialbegriffe

PowerPoint benutzt im Regelfall das gemeinsame Wörterbuch *BENUTZER.DIC* in *C:\WINDOWS\MSAPPS\PROOF*. Wollen Sie mit PowerPoint ein zusätzliches Wörterbuch verwenden, erstellen Sie es mit Word (EXTRAS/OPTIONEN/RECHTSCHREIBUNG; siehe II.6.2). PowerPoint wird bei jeder folgenden Prüfung neben dem Standardwörterbuch das neue Wörterbuch in der Liste WÖRTER HINZUFÜGEN aufführen.

Standardwörterbuch im gemeinsamen Verzeichnis

3.13 Mit Gliederungstexten umgehen

Den Inhalt einer Präsentation können Sie in der Folienansicht, in der Foliensortieransicht oder auch in der Gliederungsansicht organisieren. Letzteres bedeutet, daß Sie zur Gliederungsansicht einer bestehenden Präsentation schalten, eine Präsentation aber auch in der Gliederungsansicht übernehmen (Word) oder anfertigen (AutoInhalt-Assistent) können.

Wollen Sie eine gegliederte Präsentation ansehen, sollten Sie eines der Beispiele wählen (DATEI/NEU/PRÄSENTATIONEN):

- Enthält eine Folie Grafiken, zeigt das ein Symbol an.
- Unter dem jeweiligen Folientitel steht der Textkörper, der in bis zu fünf Ebenen eingezogen sein kann.

Jedes Folie ist durch ein Symbol markiert

In der Gliederungsansicht können Sie die Aufzählungspunkte einer Folie neu ordnen, oder markierte Folien verschieben und einfügen, wo der Einfügebalken erscheint.

Rechts daneben steht der Folientitel und links eine Foliennummer.

Außerdem lassen sich Titel und Textkörper markieren und bearbeiten, wie das auch mit anderem Text möglich ist.

3.13.1 Präsentation als Gliederung anlegen

Da Sie alle Folientitel und Textkörper während der Arbeit auf dem Bildschirm sehen können, läßt sich der Inhalt einer Präsentation in der Gliederungsansicht sehr effektiv organisieren. Wollen Sie eine Präsentation in dieser Form anlegen, müssen Sie so vorgehen:

1. Wählen Sie DATEI/NEU oder das Symbol, um eine neue Präsentation zu beginnen. Nutzen Sie den AutoInhalt-Assistent, und wechseln Sie zur Gliederungsansicht. Oder beginnen Sie mit einer leeren Folie.

Höherstufen

Tieferstufen

2. Schalten Sie, wenn erforderlich, zur Gliederungsansicht und geben Sie einen Titel für die erste Folie ein.

V PowerPoint

Absatz nach oben

3. Drücken Sie ⏎.
4. Klicken Sie in der Gliederungs-Symbolleiste auf die Schaltfläche mit dem Pfeil nach rechts, um die erste Aufzählungsebene anzulegen.
5. Tragen Sie für diese Folie Aufzählungspunkte ein und betätigen Sie am Ende jedes der Punkte ⏎. Benutzen Sie die Schaltfläche für die Einzugsebenen nach Bedarf.
6. Ist eine Folie zusammengestellt, drücken Sie Strg+⏎ für die nächste Folie.

Wiederholen Sie den beschriebenen Ablauf für weitere Folien.

3.13.2 Gliederung importieren

Texte werden Sie im allgemeinen mit Ihrer Textverarbeitung schreiben, vielleicht auch eine Gliederung entwickeln. Wenn Sie eine solche Darstellung z.B. mit Word geschrieben haben, können Sie die Word-Gliederung mit PowerPoint übernehmen und die Textpositionen der Gliederungspunkte in Folien verwenden.

1. Schreiben Sie mit Word eine Gliederung, ordnen Sie Formate zu und speichern Sie das Dokument.
2. Wählen Sie in PowerPoint DATEI/ÖFFNEN.
3. Stellen Sie den Dateityp ALLE GLIEDERUNGEN ein.
4. Laden Sie das Dokument aus der Textverarbeitung als GLIEDERUNG.

Die Daten werden automatisch in der Gliederungsansicht angezeigt. Jede Hauptüberschrift der Word-Gliederung wird als Folientitel und jeder Unterpunkt als Textkörper übernommen. Bearbeiten Sie die Gliederung als Präsentation weiter.

Markierung erweitern/reduzieren

4 Diagramme

Fakten oder schöne Darstellung

Lange wurden im Geschäftsleben vorwiegend Texte und Zahlenkolonnen oder Berechnungen geschrieben. Die Arbeit mit Bildern war Werbegrafikern vorbehalten. Der Kaufmann interessierte sich mehr für Fakten als für die schöne Darstellung. In dem Augenblick, in dem Software zur Verfügung stand, Texte und Zahlen optisch einprägsam aufzubereiten, nahm der Wunsch nach einer effektiven Darstellung der Daten zu. Immer mehr Unternehmen stellen Ihren Mitarbeitern heute Programme zur Verfügung, mit deren Hilfe sich Texte und Zahlen aufbereiten lassen.

Zahlen grafisch aufbereiten

Daß PowerPoint im Umgang mit der grafischen Aufbereitung zu großen Leistungen fähig ist, haben Sie im bisherigen Verlauf dieser Schilderungen gesehen. Das Programm vermag es aber auch, in seine Präsentationen Zahlen aufzunehmen und sie wie Ergebnisse von Berechnungen einprägsam und optisch interessant darzustellen. Für diese Arbeit ist in PowerPoint ein Modul von Office 95 zuständig, das den Namen Graph 5.0 trägt. Es dient vor allem zur Erstellung von Diagrammen und der Umsetzung der in den Diagrammen erfaßten Zahlen.

Diagramme

- PowerPoint ermöglicht es Ihnen, innerhalb des Programms Diagramme zu erstellen.

Formatieren

- Sie können das Aussehen von Diagrammen mit dem Modul ändern und Ihren Wünschen anpassen.

Grafik und Text

- Grafikmerkmale, Text- und Farbattribute von PowerPoint können Sie auch auf Diagramme anwenden.

Office 95

Wenn Sie mit Excel arbeiten und einen PC mit ausreichend Speicherplatz benutzen, sollten Sie Zahlen mit Excel verarbeiten, in dieser Office-Anwendung in ein Diagramm umsetzen und letzteres über die Zwischenablage in einer Folie einfügen. Für Anwender, die Excel weniger oft nutzen, vielleicht nur ein Diagramm mit wenigen Daten anfertigen wollen und auch nicht über 16 oder 32 Mbyte Speicherplatz verfügen können, ist meist die Verwendung der Office-Applikation Graph sinnvoll. Ihre Verwendung wird in diesem Abschnitt beschrieben. Wollen Sie Excel-Diagramme anfertigen, lesen Sie in Kapitel III.7.6 nach.

4.1 Hilfsmittel von Graph

Wenn Sie in einem AutoLayout (siehe Kapitel 6.1) auf ein Diagramm-Symbol doppelklicken, schaltet PowerPoint um und erhält das Aussehen und die Menüs von Graph. Im Fenster werden Beispieldatenblatt und Beispieldiagramm angezeigt. Das Arbeitsblatt ist ein Datenblatt aus 3999 Zeilen, das bei Bedarf bis zur Spalte EWU reicht:

1. Sie können sofort mit der Eingabe eigener Daten beginnen. Die Beispieldaten überschreiben Sie.
2. Haben Sie die Vorgabedaten der Tabelle geändert, holen Sie das Grafikfenster durch einen Mausklick in den Vordergrund. Sie übernehmen damit die Grafik in die Präsentation.

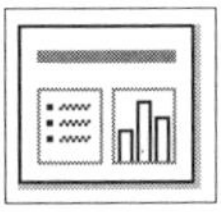

AutoLayout für Diagramm und Aufzählung

Kapitel 8 - Tabelle

		A	B
		1. Qrtl.	2. Qrtl.
1	Ost	20,4	27,4
2	West	30,6	38,6
3	Nord	45,9	46,9

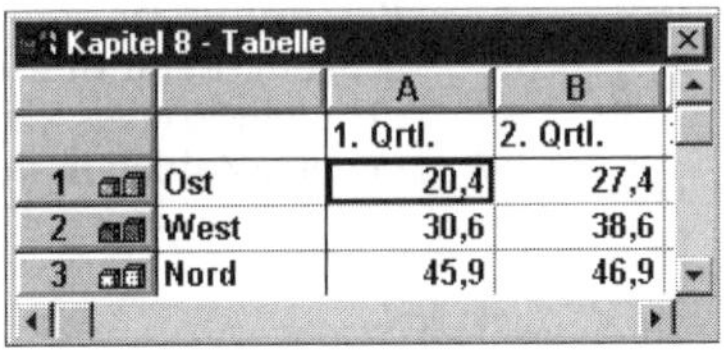

Bild V.35: Beispieltabelle

Das Programm schaltet zum Bildschirm der aktuellen Präsentation um. Das in Graph angefertigte Diagramm erscheint auf Ihrer Folie. Es ist markiert und Sie können die Größe verändern, oder das Diagramm positionieren.

Bild V.36: Diagramm in die Präsentation übernehmen

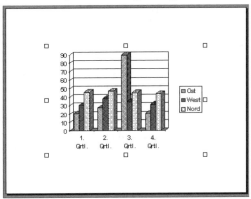

Die eingegebenen Zahlen werden in einem zweiten Fenster automatisch in eine Grafik übersetzt.
- Das Datenblatt und das aus seinen Zahlen abgeleitete Diagramm sind Teil der jeweiligen Präsentation.
- Liegen in Ihrem Unternehmen Tabellen im Format von Excel oder einer anderen Tabellenkalkulation vor, so können Sie diese Tabellen in den meisten Fällen mit wenig Aufwand importieren .

Graph ist ein Hilfsmittel von Office. Das Menü EINFÜGEN besitzt die Option MS Graph. Klicken Sie sie an, öffnet PowerPoint zwei neue Fenster über Ihrer aktuellen Präsentation. Sie können mit gleichem Ergebnis auch auf ein Diagramm-Objekt eines AutoLayouts doppelklicken.

Die beiden Fenster enthalten
- das Datenblatt und
- das Diagramm.

Die Titelleiste des Fensters weist darauf hin, daß PowerPoint weiter aktiv ist. Die Menüleiste wurde jedoch mit Menüpunkten ergänzt, die Sie für die Erstellung und Bearbeitung von Diagrammen benötigen. Auch die Symbolleisten haben sich geändert.

Fenster	Aufgabe
Datenblatt-fenster	Anders als in einem Excel-Fenster kann man keine Berechnungen durchführen. Aufgabe ist es, Zahlen an das Diagramm-Fenster weiterzugeben, wo sie als Grafik dargestellt werden. Deswegen geben Sie Zahlen und Text für die Beschriftungen ein, aber keine Formeln. Für die Beschriftungen sind die erste Spalte und die erste Zeile gedacht. Beim Bildschirmrollen verändert sich ihr Standort nicht, so daß Sie immer im Blick haben, um was es bei den Zahlen in den Zeilen und Spalten geht.

Zeichen	Bedeutung
Feld	Das Datenblatt ist in Felder aufgeteilt, die zur Aufnahme von Daten (Texte oder Zahlen) bereitstehen.
AktivesFeld	Tippen Sie auf der Tastatur Daten ein, erscheinen sie im jeweils aktiven Feld des Datenblattes. Sie können dieses Feld am dickeren schwarzen Rand erkennen.
Datenpunkt	Das ist ein Element, ein Wert einer Reihe von eingegebenen Daten.
Datenreihe	Sie ist entweder der Inhalt einer Zeile im Datenblatt oder der Inhalt einer Spalte.
Datenreihennamen	Bezeichnen Spalten und Reihen (Zeilen). Es ist der Text, der jeweils am Anfang zur Kennzeichnung steht.
Teilstrichbeschriftungen	Das sind die Namen, die an den Achsen der Diagramme stehen (Zahlen meist vertikal, Wörter meist horizontal).

4 Diagramme

Das Datenblattfenster und das Diagramm-Fenster hängen zusammen. Eine Änderung im Datenblatt wandelt die grafische Darstellung. Im Diagrammfenster können Sie das Erscheinungsbild des erstellten Diagramms beeinflussen.

Datenblatt von Graph aufrufen

Zeichen	Bedeutung
Datenreihe	Ein Diagramm kann eine oder mehr Datenreihen aufweisen. Die vier Quartalsumsätze eines Bezirkes des Standarddiagramms bilden beispielsweise eine Datenreihe.
Datenpunkt	Ein Element einer Reihe von eingegebenen Daten. Im Datenblatt durch eine Zahl, im Diagramm durch eine Säule, ein Segment oder eine Marke (Abschnitt) symbolisiert.
Marke	Grafische Darstellung eines einzelnen Feldwertes in einem Linien- oder Punktdiagramm (Raute, Dreieck, Viereck).
Achsen	Horizontal und vertikal. Die Zahlen der vertikalen Achse zeigen, in welcher Aufteilung die Daten dargestellt werden (Schrittweite). Ein Kreisdiagramm (Tortendiagramm) hat keine Achsen.
Teilstriche	Unterteilen die Achsen und werden durch Teilstrichbeschriftungen erklärt.
Datenbeschriftungen	Namen der Datenreihen.
Wertbeschriftungen	Zahlen, die jedem Datenpunkt entsprechen.
Gitternetzlinien	Sie gehen von den Teilstrichen aus und können horizontal und/oder vertikal verlaufen. Ergänzung durch Hilfsgitternetz (EINFÜGEN/GITTERNETZLINIEN).
Legende	Erklärung des Musters, der Farbe oder des Symbols, mit dem Sie die grafisch umgesetzten Datenreihen auseinanderhalten.

4.1.1 Daten eingeben und bearbeiten

Zwei Arten von Daten werden Sie in das Datenblatt eingeben. Einerseits sind es Zahlen (Datenpunkte) in Datenreihen oder Spalten aufgereiht. Über jeder Spalte soll eine Überschrift angeben, was für Daten enthalten sind. Am Beginn jeder Zeile (Reihe) soll eine Information über die enthaltenen Zahlen stehen. Typisch sind Umsatzübersichten. Im Beispiel werden Quartalsumsätze spaltenweise erfaßt und in den Zeilen verschiedenen Bezirken zugeordnet.

Wenn Sie Daten eingeben, müssen Sie entscheiden, wie sie im Diagramm dargestellt werden. In der folgenden Abbildung ist das Aussehen der Grafik wiedergegeben, wenn Sie Daten zeilenweise eingeben. Die Option DATENREIHE IN ZEILEN des Menüs DATEN muß in diesem Fall aktiv sein. Mit den Optionen können Sie die Darstellung jederzeit wechseln.

Daten zeilenweise aktiv

V PowerPoint

4.1.2 Elemente in Tabelle und Diagramm ziehen

In der Tabelle können Sie eine Zelle, eine Zeile, eine Spalte oder einen beliebig großen Datenbereich verschieben:

Bild V.37: Daten verschieben

1. Qrtl.	2. Qrtl.	3. Qrtl.	4
20,4	27,4	90	
30,6	38,6	34,6	
45,9	46,9	45	

1. Markieren Sie den Bereich und positionieren Sie den Mauspfeil auf einer Ecke.
2. Halten Sie die linke Maustaste nieder und ziehen Sie die Markierung an eine neue Position.

Praxistip: Soll ein markierter Bereich kopiert werden, halten Sie beim Ziehen [Strg] niedergedrückt.

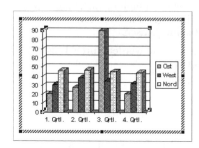

Bild V.38: Diagramm mit Markierungskästchen

Das Ziehen können Sie auch zur Handhabung von Diagrammen anwenden:

1. Pfeile zeigen jeweils die Ziehrichtung an.
2. Wollen Sie z.B. in einem Kreisdiagramm ein Segment absetzen, markieren Sie und ziehen Sie das Element aus dem Kreis.
3. Um ein Maß zu ändern, markieren Sie eine Datenreihe, dann einen Punkt. Ziehen Sie das große Markierungskästchen, z.B. um ein Segment oder eine Linie an eine neue Position zu bringen. Die Tabelle ändert sich entsprechend.

Positionieren Sie den Mauspfeil bei dreidimensionalen Diagrammen auf einem Markierungskästchen, können Sie das Diagramm im Raum neu anordnen. Sie können Betrachtungshöhe und die Drehung ändern. Für die Größenänderung verwenden Sie die Markierungskästchen des äußeren Rahmens als Ziehpunkt.

Markierung eines dreidimensionales Diagrammsegments

4.1.3 Löschen im Datenblatt

Inhalte oder Formatierungen von Feldern, die Sie zuvor markiert haben, können Sie entfernen. Es spielt dabei keine Rolle, ob nur ein Feld oder deren mehrere, gar alle, markiert sind. Nutzen Sie [Entf] oder BEARBEITEN/INHALTE LÖSCHEN. Ein Widerruf mit [Alt]+[Backspace] ist unmittelbar nach dem Löschen möglich. Die Möglichkeiten zum Löschen zeigt nachfolgende Tabelle:

4 Diagramme

Option	Wirkung
Alles	Löscht Daten einschließlich der Formatierung, auch ein Diagramm. Bei einer Markierung im Diagrammrahmen (Fläche) werden alle Elemente gelöscht, ein leeres Fenster kann neu genutzt werden. Geben Sie im Datenblatt neue Werte an. Die Option funktioniert nicht für Datenreihen, Punkte, Trendlinien und Fehlerindikatoren.
Datenreihe/ Trendlinie/Fehlerindikatoren	Der Name der Option hängt von den markierten Elementen ab. Löscht eine markierte Datenreihe oder Datenpunkte, eine markierte Trendlinie oder Fehlerindikator.
Formate	Löscht nur die Formatierung eines markierten Elements. Ist eine Datenreihe oder ein Datenpunkt markiert, wird die Standardformatierung zugeordnet (EXTRAS/OPTIONEN/DIAGRAMM).

4.1.4 Zeilen und Spalten löschen und einfügen

Wenn Sie Daten aus Feldern löschen, verändern Sie die Struktur eines Datenblatts nicht. Es verbleiben auch nach einem Löschvorgang noch Zeilen und Spalten, die in dem aktuellen Datenblatt benutzt werden. Anders wird es, wenn Sie eine oder mehr Spalten oder Zeilen markieren und mit BEARBEITEN/ZELLEN LÖSCHEN entfernen. Das Datenblatt hat anschließend eine Spalte bzw. Zeile weniger.

Sinngemäß gleich ist die Situation, wenn Sie markieren und mit EINFÜGEN/ZELLEN eine oder mehr Spalten oder Zeilen in das Datenblatt einfügen.

Markierte Spalte im Datenblatt

4.1.5 Markieren

Das Einfügen oder auch Löschen setzt voraus, daß Sie dem Programm mitteilen, wo die Zeilen oder Spalten eingefügt bzw. gelöscht werden sollen. Zwei Markierungsmöglichkeiten haben Sie. Erstens können Sie den Cursor auf ein Feld setzen, unter oder rechts von dem eine Zeile bzw. eine Spalte eingefügt werden soll. Soll eine Zeile gelöscht werden, markieren Sie ein Feld der Zeile, ebenso, wenn eine Spalte gelöscht werden soll.

Markierung

Wollen Sie mehr als eine Zeile/Spalte einfügen oder löschen, können Sie den Markierungsvorgang vor dem Einfügen oder Löschen immer wiederholen. Sie können sich die Arbeit vereinfachen, wenn Sie die Schaltfläche der Zeile oder Spalte anklicken. Sofort erscheint die Markierung über der ganzen Zeile oder Spalte, je nachdem, welche Schaltfläche Sie angeklickt haben. Lassen Sie nach dem Klick die linke Maustaste nicht los, sondern ziehen Sie die Markierung über mehrere Zeilen oder Spalten. Die Schaltfläche links oben in einer Tabelle markiert insgesamt.

Schaltfläche für Markierung von Objekten

4.1.6 Standard-Datenblatt löschen

Was zunächst hilfreich sein kann, beim Aufruf von Graph ein Beispiel-Datenblatt und Beispiel-Diagramm vorzufinden, wird vielleicht mit zunehmender Arbeitszeit als unpraktisch empfunden werden. In diesem Fall können Sie leicht dafür sorgen, daß Datenblatt und Diagramm einen anderen Standard aufweisen, nämlich den von Ihnen verlangten. Um eine Vorzugsform zu wählen, gehen Sie so vor:

1. Formatieren Sie das Diagramm, das Sie als neue Vorzugsform ver-

V PowerPoint

wenden möchten.
2. Wählen Sie EXTRAS/OPTIONEN und das Register DIAGRAMM.
3. Wählen Sie in der Liste VORZUGSFORM: AKTUELLES DIAGRAMM.
4. Bestätigen Sie mit OK.

Vorzugsform	Aufgabe
Integriert	Standard-Diagramm
Aktuelles Diagramm	Aktuelles Diagramm wird Vorzugsform (neue Standardeinstellung).

Bild V.39: Vorzugsform bestimmen

Vorgabedaten einfach überschreiben

Wenn Sie das aktuelle Diagramm als Vorzugsform verwenden, werden alle neuen Diagramme aufgrund dieses Beispiels angefertigt. Wie beim Standard-Diagramm werden Vorgabedaten eingeblendet, die Sie überschreiben, Formate aber beibehalten können. Um den Bestand auf vorhandene benutzerdefinierte Diagrammformate zu prüfen, wählen Sie diese Einstellungen:

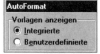

Optionsfeld für Vorgaben

1. Schalten Sie zu einem Diagramm-Fenster (Graph).
2. Wählen Sie FORMAT/AUTOFORMAT und im Feld VORLAGEN ANZEIGEN das Optionsfeld BENUTZERDEFINIERTE.
3. Markieren Sie in der Liste DIAGRAMMTYPEN ein benutzerdefiniertes Format zur Anzeige.

4.2 Formatierungen im Datenblatt

Zahlen haben eine Gestalt

Zahlen in der Tabelle des Datenblatts haben ein Format. Das sind z.B. ein Währungssymbol, das Prozentzeichen usw. Die Formatierung bewirkt die Art, wie Werte und Teilstrichbeschriftungen im Diagramm dargestellt werden.

Falls Sie die Vorgaben ändern möchten, stellen Sie die Ländereinstellungen mit Hilfe von START/EINSTELLUNGEN/SYSTEMSTEUERUNG in Windows 95 ein.

Ländereinstellungen ändern

4.2.1 Felder formatieren

Währungsformat

Bei der Vorstellung des Datenblattes haben Sie in den oben vorgestellten Beispielen Zahlen in das Blatt eingetragen. Sie haben dabei die Form der Darstellung dieser Zahlen nicht weiter beachtet. Falls Sie z.B. wünschen, daß die eingegebenen Zahlen auf zwei Spalten nach dem Dezimalkomma aufgerundet werden, daß sie vielleicht die Währungsbezeichnung vorangestellt erhalten oder mit Tausenderpunkten dargestellt werden, können Sie auch das bewerkstelligen.

Die Zuordnung der gewünschten Zahlenformate bezieht sich immer auf die markierten Felder. Markieren Sie die Felder nach der Eingabe, so ändern die schon vorhandenen Zahlen ihr Aussehen. Markieren Sie Felder und ordnen ihnen ein Zahlenformat vor der Eingabe zu, nehmen die Zahlen das gewünschte Format sofort bei der Eingabe an.

Haben Sie Felder markiert, können Sie dem oder den markierten Feldern ein Format über das Menü FORMAT zuweisen:
1. Klicken Sie den Menüpunkt ZAHLEN an, erscheint ein Dialogfenster.
2. Wählen Sie das gewünschte Format.

Ist das gesuchte Zahlenformat zunächst nicht zu sehen, benutzen Sie die Bildlaufleisten der Liste KATEGORIE für weitere Formate.

Graph bietet dieselben Möglichkeiten der Zahlenformatierung wie Excel. Bitte lesen Sie weitere Informationen in III.6.1 nach.

4.2.2 Beschriftung der Achse ändern

Im Beispiel-Datenblatt werden Quartalsdaten erfaßt. Die Darstellung als Diagramm zeigt bei spaltenweiser Darstellung auf der Abszisse die Bereiche Ost, West und Nord und neben der vertikalen Achse (Ordinate) werden die Werte (Umsätze, Preise) als Teilstriche angezeigt. Die angezeigten Zahlenformate können Sie ändern:

Anordnung im Menü DATEN wählen

1. Markieren Sie zumindest das Feld in der zweiten Spalte in der zweiten Zeile im Datenblatt (erster Wert).
2. Die Zelle muß mit FORMAT/ZAHLEN so formatiert werden, wie die Teilstrichbeschriftung aussehen soll.

Sie könnten allerdings auch die ganze zweite Spalte oder mehr formatieren, müssen es aber nicht.

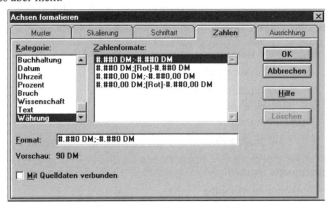

Bild V.40: Der vertikalen Achse das DM-Format zuweisen

4.2.3 Eigene Formate erstellen und löschen

Im Dialogfeld ZAHLEN haben Sie die Wahl zwischen vielen unterschiedlichen Formaten, die Sie Zahlen zuordnen können. Graph kann aber mehr Formate verwalten und zuordnen. Die Differenz liegt in einer Möglichkeit, die PowerPoint Ihnen anbietet. Sie können weitere Formate für Ihre Zwecke selbst festlegen.

Wiederholungen ausschließen

Zahlenformate selbst zu definieren spart Arbeit. Wollen Sie beispielsweise eine Spalte mit Kundennummern erfassen, bei denen die letzten beiden Ziffern ein Jahr angeben und mit einem Binde- oder Schrägstrich von den anderen Zahlen abgetrennt sind, können Sie ein Format erzeugen, das bei der Zahleneingabe automatisch vor den letzten beiden Zahlen einen Schrägstrich einfügt. Vielleicht müssen in Ihrem Unternehmen oft seltene Maße und Gewichtsangaben verarbeitet werden. Erstellen Sie einfach ein Format.

Formate auch für alphanumerische Daten

Format abschnittsweise organisieren

Ein Format besteht aus zwei Abschnitten, die mit einem Semikolon voneinander getrennt sind. Sie können sogar drei Abschnitte festlegen. Haben Sie zwei Abschnitte definiert, gibt der erste Abschnitt das Format für positive Zahlen und Nullen an, der zweite das für negative Zahlen. Sie finden im Dialogfeld z.B. ein Format für Zahlen mit Tausenderpunkten und dem nachgestellten Währungssymbol DM.

1. Wollen Sie ein Format festlegen, wählen Sie FORMAT/ZAHLEN.
2. Wenn Sie eines der in der Liste vorgegebenen Formate markieren, können Sie es im Bearbeitungsfeld FORMAT verändern.
3. Bestätigen Sie mit OK, wird das neue, selbstdefinierte Format zusätzlich gespeichert.

Beispiele für selbstdefinierte Zahlenformate:

Formateingabe	Zahleneingabe	Anzeige
0,00	4,6	4,60
-#.##0,00 DM	-12,34	-12,34 DM
000-000-00	50015020	500-150-20
"Kunde" 0000	4901	Kunde 4901
####,#	0,88	,9
0;-0;	0	Keine Darstellung

Symbole für die Erstellung selbstdefinierter Zahlenformate:

Angestrebte Wirkung	Symbol
Platzhalter für eine Ziffer	0
Platzhalter für eine Ziffer ohne Darstellung zusätzlicher Nullen	#
Dezimalkomma	,
Wert * 100 und %-Zeichen	%
Zahlen größer als 999 durch Tausenderpunkte trennen	.
Gleitkommadarstellung	E-, E+, e-, e+
+ – Leer oder DM	Zeichen werden gezeigt
Ein Zeichen X darstellen	\X
Nächstes Zeichen bis Ende der Spaltenbreite wiederholen	*
Text in das Format aufnehmen	"TEXT"
Farben für die Zahlendarstellung einsetzen	[WEISS] [ROT] [GRÜN] [BLAU] [MAGENTA] [ZYAN] [GELB]

Löschen

Selbstdefinierte Zahlenformate können Sie auch wieder löschen. Sie müssen dazu das jeweilige Format markieren und die Schaltfläche LÖSCHEN anklicken.

4.2.4 Schriftart im Datenblatt ändern

*Bild V.41:
Windows-Schriften
für Diagramme*

Alle Schriftarten und Schriftgrößen, die Sie für den Drucker der Präsentation installiert haben, stehen Ihnen auch für die Veränderung des Datenblattes zur Verfügung. Außerdem können Sie der Schrift noch Attribute zuweisen. Alle diese Einstellungen können Sie nur dem Datenblatt zuweisen:

1. Sie müssen zunächst das Blatt in irgendeinem Feld markieren.
2. Wählen Sie im zweiten Schritt FORMAT/SCHRIFTART.

Sehen Sie die gewünschte Schriftart oder Schriftgröße, reicht es, sie anzuklicken. Ist die passende Schriftgröße nicht angeboten, können Sie die gewünschte Größe in Punkten angeben, falls Ihr Drucker sie ausgeben kann.

Datenblatt aktivieren

Die Schriftattribute wählen Sie durch einen Mausklick aus, einzeln oder in jeder beliebigen Kombination.

4.3 Spaltenbreite verändern

*Bild V.42:
Optimale Breite
wählen*

Die Standardbreite der Spalten des Datenblattes in PowerPoint beträgt neun Zeichen. Schreiben Sie Text, und dieser ist länger, so werden Sie dennoch zunächst kein Problem bei der Darstellung sehen. Sie können nämlich bis zu 255 Zeichen in einer Reihe schreiben. Um sie zu sehen, müßten Sie nur den Bildschirm rollen. Ist das Nachbarfeld frei, müssen Sie dennoch nichts unternehmen, denn Eingaben werden dargestellt, solange sie nicht überschrieben werden. Erst dann, wenn Sie im Nachbarfeld einen Wert eintragen, würden alle Zeichen über neun durch die Eingabe überdeckt werden.

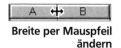

Breite per Mauspfeil ändern

Um die Breite von Spalten zu ändern, positionieren Sie den Mauspfeil auf einer Trennlinie zwischen Spalten im Spaltenkopf und ziehen Sie oder wählen Sie FORMAT/SPALTENBREITE.

Geben Sie im Dialogfeld einen Wert ein – er darf bis 255 Zeichen lang sein – oder nutzen Sie das Kontrollkästchen bzw. die Schaltfläche OPTIMALE BREITE.

Wieviele Spalten Sie zugleich in der Breite verändern, liegt an der Markierung.

Praxistip: Um die Spaltenbreite an die Breite der Daten anzupassen, können Sie einfach auf die Spaltenränder doppelklicken. Die Breite der Tabellenspalten wird sich dadurch automatisch ändern. Wenn Sie stattdessen eine Spalte ausblenden, haben Sie auf den Spaltenkopf, nicht aber auf die Trennlinie gezielt.

4.4 Datenreihen im Datenblatt festlegen

Diagramm nach Bedarf zusammenstellen

Da ein Diagramm umso schwerer zu interpretieren sein wird, je mehr Zahlen es darstellen muß, ist es sinnvoll, Zeilen oder Spalten für das Diagramm auszuwählen. Sie können eine bzw. mehrere Spalten oder Zeilen ausschließen und auch wieder einbeziehen:

1. Zeigen Sie mit dem Mauspfeil auf die Schaltflächen einer Zeile oder Spalte.
2. Klicken Sie zweimal rasch hintereinander mit der linken Maustaste.

Die erhaben dargestellten Schaltflächen verändern sich. Die flache Darstellung zeigt Inaktivität an. Gleichzeitig mit dieser Veränderung wechselt das Diagramm sein Aussehen nach den neuen Vorgaben.

Inaktive zweite Zeile

Alternativ können Sie die Einstellung auch über die Menüs vornehmen. Im Menü DATEN finden Sie die Optionen ZEILE/SPALTE EINSCHLIEßEN und ZEILE/SPALTE AUSSCHLIEßEN.

4.5 Daten importieren

Importieren statt tippen

Die Arbeit, Daten einzutippen kann man verlagern. Einzige Voraussetzung, die Daten müssen im Unternehmen bereits als Datei, z.B. einer Tabellenkalkulation, vorhanden sein. Diese können Sie in PowerPoint importieren.

Einige wenige Voraussetzungen müssen Sie beachten:

- Die Tabelle darf nicht größer als 4.000 Zeilen und 4.000 Spalten sein; in einem Diagramm können bis zu 255 Datenreihen dargestellt werden.
- Vorhandene Daten werden ersetzt.
- Graph spielt Ihnen Dateien an dem Punkt im Datenblatt ein, den Sie markiert haben. Wahrscheinlich wird das in aller Regel das Feld in der oberen linken Ecke sein.
- Wenn Beschriftungen nicht in die erste Zeile und Spalte der Tabelle übernommen werden, können Sie die Daten markieren und per Drag & Drop in die erste Zeile und Spalte ziehen.
- Außerdem muß PowerPoint mit dem Format etwas anfangen können. Von folgenden Programmen können Sie Daten problemlos übernehmen:

4 Diagramme

Erweiterung	Dateityp
PRN, TXT, CSV	ASCII-Dateien (Textdateien)
.WK*	Lotus 1-2-3
.WR1	Lotus Symphony
.XLS	Microsoft Excel-Tabelle
.SLK	Microsoft Multiplan, Microsoft Excel und andere Dateien im SYLK-Format (symbolische Verknüpfung)

Importierbare Dateiformate

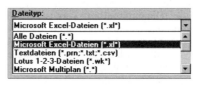

Bild V.43:
Dateityp beim Import aussuchen

Wenn Daten vorhanden sind, importieren Sie im Fenster von Graph auf folgende Weise:

Bild V.44:
Bereich mit Name oder Codes benennen

1. Mit BEARBEITEN/DATEN IMPORTIEREN übernehmen Sie Text- oder Tabellendaten aus Dateien mit den angeführten Erweiterungen der Dateinamen. Die Anzeige der Option wird durch das aktive Datenblatt bzw. ein Diagramm beeinflußt.
2. Am unteren Fensterrand können Sie auswählen, ob Sie alle Daten oder nur einen bestimmten Bereich einlesen lassen wollen. Gerade in Unternehmen, die oftmals sehr umfangreiche Datenblätter führen, wird diese Einstellmöglichkeit von Nutzen sein, da in Präsentation meist nur ganz bestimmte Daten gebraucht werden.
3. Geben Sie im Feld BEREICH an, welcher Tabellenteil übernommen werden soll. Sind das beispielsweise die ersten zehn Zeilen und zehn Spalten, müssen Sie schreiben A1..J10.

Mit den Koordinaten ist ein Rechteck definiert. Genau dessen Inhalte wird PowerPoint ab dem aktiven Feld einspielen.

Praxistip: Die Übernahme von Teilen des Kalkulationsblatts geht noch eleganter. Sollten Sie für bestimmte Bereiche in der Tabellenkalkulation Namen vergeben haben, können Sie die benutzten Namen auch im Feld BEREICH benutzen.

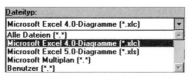

Bild V.45:
Diagramm importieren

Mit der Option BEARBEITEN/DIAGRAMM IMPORTIEREN holen Sie zB. ein Excel-Diagramm mit der Erweiterung .XLC aus einer Microsoft Excel 5.0-

V PowerPoint

Arbeitsmappe. Bei Excel-Arbeitsmappen (.XLS) wird das erste Tabellen- bzw. Diagrammblatt einer Arbeitsmappe übernommen.

Praxistip: Um ein bestimmtes Blatt zu erhalten, müssen Sie zuvor entweder die Blätter einer Arbeitsmappe neu ordnen oder ein Blatt als eigene Arbeitsmappendatei speichern.

4.6 Diagrammart auswählen

Formatieren mit
FORMAT/AUTOFORMAT

Sie haben bei der Arbeit mit dem Datenblatt bereits beobachten können, wie aufgrund der Zahleneingaben ein Säulendiagramm entstand. Diese Darstellung ist vorgegeben und erscheint ohne Ihr Zutun. Wollen Sie ein Diagramm nutzen, um es Ihrem Publikum leichter zu machen, vorgelegte Zahlen zu analysieren, wollen Sie vielleicht von Fall zu Fall unterschiedliche Diagrammarten verwenden: PowerPoint bietet Ihnen 14 Diagrammarten und Untertypen, die in vielen Darstellungsformen (Formaten) ausgegeben werden können. In 2-D-Diagrammen können Sie Diagrammtypen effektiv kombinieren indem Sie einzelnen Datenreihen unterschiedliche Diagrammtypen zuweisen.

Um das Standarddiagramm zu ändern, stehen zwei Methoden zur Verfügung:

Diagrammtyp per
Mausklick zuordnen

1. Wählen Sie die Schaltfläche DIAGRAMMTYP-PALETTE aus der Symbolleiste und ordnen Sie einen Typ mit vorgegebenem AutoFormat zu.
2. Wählen Sie FORMAT/DIAGRAMMTYP und suchen Sie einen 2- oder 3-D-Typ aus.
3. Klicken Sie FORMAT/AUTOFORMAT und in der Liste einen Typ an. Wählen Sie mit einem Doppelklick ein AutoFormat.

In den folgenden Abschnitten finden Sie Beispiele und Hinweise zur Anwendung von oft verwendeten Diagrammtypen.

4.6.1 Punktdiagramm

Diagrammtyp

Aus dem Datenblatt werden im Beispielen Zahlen in Säulen umgesetzt. Ihre Höhe symbolisierte z.B. den Umfang des jeweiligen Umsatzes. Er ist an einer Skala der vertikalen Achse abzulesen. Ein Punktdiagramm dagegen vergleicht zwei numerische Wertereihen miteinander, von denen jeweils eine auf der senkrechten bzw. der waagerechten Achse abgetragen ist.

Sollen beispielsweise der Kapitaleinsatz und der Ertrag miteinander verglichen werden, wäre ein Punktdiagramm eine sinnvolle Darstellungsmethode.

Die X-Achse ist auch bei einem Punktdiagramm immer die Abszisse, also die waagerechte Achse.

Wollen Sie z.B. den Kapitaleinsatz und Ertrag miteinander vergleichen, ist das mit einer Tabelle wie der folgenden möglich:

Kapitaleinsatz	Ertrag
3000	300
4000	510
5000	600

4 Diagramme

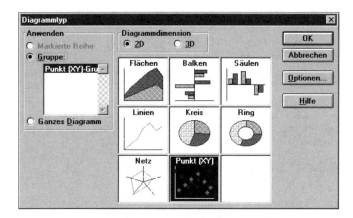

Bild V.46:
Optionen zum
Punktdiagramm

Die Datenreihe soll in Spalten dargestellt werden (Menü FORMAT). Die Spalte Kapitaleinsatz hat die Aufgabe, die X-Achse darzustellen. Dazu muß in der Schaltfläche über der Beschriftung Kapitaleinsatz ein X zu sehen sein. Sie nehmen diese Zuweisung für die markierte Spalte auch im Menü Daten mit X-Achse zuweisen vor. Sie können auch eine Zeile als X-Achse definieren. Dazu müssen Sie zunächst Datenreihe in Zeilen aktivieren und dann die Schaltfläche der betreffenden Zeile anklicken.

Sie können jetzt bereits das Punktdiagramm sehen, PowerPoint hat es bereits in der eingestellten Form gezeichnet. Sie können das Punktdiagramm in verschiedenen Formaten darstellen lassen. Wählen Sie dazu FORMAT/DIAGRAMMTYP.

4.6.2 Flächendiagramm

Wollen Sie mit einem Flächendiagramm arbeiten, können Sie die Entwicklung von Werten über einen Zeitraum gut erfassen. Im zuletzt angeführten Beispiel läßt sich mit dieser Diagrammart leicht die Ertragsentwicklung im Vergleich zum eingesetzten Kapital verfolgen.

Flächendiagramm zuordnen

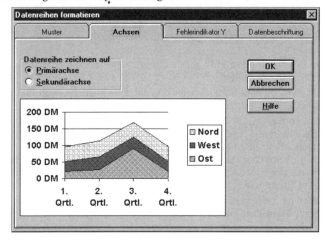

Bild V.47:
Datenreihen in einem Flächendiagramm abbilden

Mit einem Flächendiagramm ließe sich mit den vorhandenen Werten ein Diagramm kreieren, das den Gesamtumsatz wie auch die Umsätze der einzelnen Werke zeigt. Benutzen Sie die Daten der Werksumsätze, um ein solches Diagramm zu erstellen.

4.6.3 Balkendiagramm

Standard-Balkendiagramm aktivieren

Die Entwicklung des Ertrags bei einem bestimmten Kapitaleinsatz können Sie auch mit einem Balkendiagramm darstellen. Es ist dem Säulendiagramm ganz ähnlich. Der unterschiedliche Ertrag ist leicht abzulesen, die zugehörigen Kapitalien finden sich auf der Ordinate.

4.6.4 Säulendiagramm

Das Verhältnis von Kapitaleinsatz und Ertrag läßt sich statt als Balkendiagramm auch als Säulendiagramm ausgeben. Geben Sie bei der Bearbeitung von anderen Werten eine Entwicklung in der Zeit an, läßt sich diese auf der Abszisse erfassen.

4.6.5 Liniendiagramm

Ein Liniendiagramm ist eine Abart des Flächendiagramms. Entwicklungstrends lassen sich gut darstellen, besonders im Vergleich. Die Zahlen im Beispiel oben wurden im nächsten Bild hier um drei Zahlen in einer weiteren Spalte ergänzt, um eine zweite Linie abbilden zu können. Die Linien sind durch grafische Symbole unterschieden, die in der Legende erklärt werden. Ein zugefügtes Gitternetz durch die Auswahl EINFÜGEN/ GITTERNETZLINIEN erlaubt es, die Grafik bequem abzulesen.

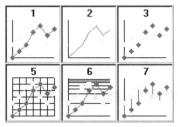

Bild V.48: Formen von Linien

Glätten eines eckigen Kurvenverlaufs

In Linien- und Punkt (XY)-Diagrammen besteht die Möglichkeit, die scharfen Ecken zu glätten.

Weitere Informationen finden Sie unter Formatieren von Datenpunktmarkierungen in Linien-, Netz- und Punkt (XY)-Diagrammen.

Hinzufügen einer Trendlinie

Sie können einer Datenreihe in einem Diagramm eine Trendlinie hinzufügen, um den Trend, d.h. die Entwicklung, der Datenreihe zu veranschaulichen. Sie können eine Regressionstrendlinie oder einen gleitenden Durchschnitt angeben. Bei Regressionstrendlinien besteht die Möglichkeit, Vorwärts- und Rückwärtsprognosen über eine bestimmte Anzahl von Perioden oder Einheiten hinzuzufügen.

Weitere Informationen finden Sie unter Übersicht über das Hinzufügen einer Trendlinie zu einer Datenreihe.

4.6.6 Kreis-/Ringdiagramm

Ein Kreisdiagramm können Sie immer nur zur Abbildung einer Zahlenreihe benutzen. Diese wird als Gesamtheit verstanden und die einzelnen Teile werden vom Diagramm zur Gesamtheit in Beziehung gesetzt. Auch hier bietet Ihnen PowerPoint mehrere Formate an, auch mit der Ausgabe von Prozentwerten. Die folgende Abbildung enthält die Juliumsätze von drei Betrieben und zeigt auf einen Blick, welches Werk am stärksten zum Gesamtumsatz des Monats beigetragen hat. Die Auswahl der Formatierungsoptionen ermöglicht es, die Kreissegmente abgesetzt darzustellen, macht die Angaben also noch besser lesbar.

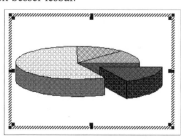

Bild V.49:
Umsatzanteile als Tortenstücke

4.7 Diagramme markieren

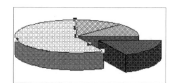

Bild V.50:
Segment-Markierung eines Diagramms

Diagramme, die Sie entstehen lassen, sind nicht einheitlich, sondern bestehen aus Teilen, die Sie einzeln formatieren können. Das Diagramm ist selbst ein Objekt, besteht aber auch aus einzelnen Objekten. Einige dieser Objekte werden nachfolgend vorgestellt und Sie werden sich die Möglichkeiten ansehen können, wie man deren Aussehen beeinflußt. Dafür wird die Markierung gebraucht, denn nur was markiert ist, kann auch eindeutig bezeichnet werden, beispielsweise für eine Formatierung.

Folgende Objekte können Sie z.B. markieren:

- Beide Achsen des Diagramms
- Datenreihen gruppenweise (alle Juliwerte, alle Werte eines Werkes etc.)
- Ein Datenpunkt, wenn nur eine Datenreihe vorhanden ist
- Beschriftungen
- Legende
- Gitternetzlinien
- Rahmen

Praxistip: Nutzen Sie das Kontextmenü. Es ändert sich automatisch entsprechend der Markierung im Diagramm.

Eine ausführliche Übersicht der Markierungsmöglichkeiten finden Sie in der Hilfefunktion unter *Markieren von Diagrammelementen mit der Maus*.

*Bild V.51:
Mehr Hinweise zur
Markierung*

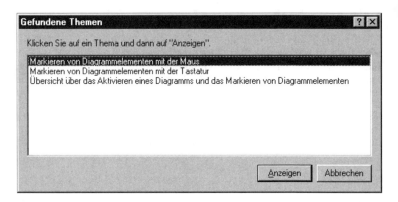

Der Markierungsvorgang geschieht wie gewohnt: Zeigen Sie mit dem Mauscursor auf das gewünschte Objekt und klicken Sie mit der linken Maustaste. An den Endpunkten der Achsen erkennen Sie Editierkästchen, die zeigen, daß die Markierung wirksam war. Alternativ, beispielsweise bei der Legende, liegt ein Markierungsrahmen um das Objekt, gebildet aus einer Linie, unterbrochen durch Kästchen.

Sind die Editierkästchen weiß, wird es Ihnen nicht gelingen, das Objekt zu verschieben. Diese Möglichkeit ist dann für das Objekt nicht vorgesehen. Wollen Sie eine Markierung aufheben, klicken Sie auf ein anderes Objekt oder die weiße Fläche. Sie können auch [Esc] drücken.

4.8 Diagramme kopieren

Doppelarbeiten vermeiden

[Strg]+[C] und
[Strg]+[Einf] **kopieren**

PowerPoint und Graph eignen sich sehr dazu, ein Diagramm zu erzeugen und auch zu gestalten. Jedes dieser Diagramme können Sie mit wenigen Handgriffen in andere Anwendungen, z.B. die Textverarbeitung übernehmen.

Wählen Sie BEARBEITEN/DIAGRAMM KOPIEREN. Die Betätigung dieser Funktion kopiert das Diagramm in die Zwischenablage. Von hier aus können Sie das Diagramm dann mit Ihrem Textverarbeitungsprogramm übernehmen.

Das Diagramm in der Zwischenablage können Sie innerhalb eines grafikorientierten Windows-Programms, mit BEARBEITEN/EINFÜGEN jederzeit beliebig oft einfügen. Natürlich gilt das auch für jede Folie von PowerPoint.

4.9 Diagramm formatieren

Sie können ein Diagramm insgesamt oder jedes Element getrennt formatieren. Dazu aktivieren Sie jeweils das Dialogfeld zum Formatieren:
1. Doppelklicken Sie auf ein Diagrammelement, oder markieren Sie das zu formatierende Element,
2. Wählen Sie die benötigte Option. Sie können in der Menüleiste FORMAT oder das Kontextmenü benutzen.

Welche Option jeweils im Menü FORMAT angezeigt wird, ist unterschiedlich. Je nachdem, welches Diagrammelement Sie markiert haben, wird die Option im Menü FORMAT angezeigt. Ist das Diagrammelement X markiert, finden Sie die Option MARKIERTE X.

Wählen Sie anschließend in einem der Register. Die Register und Registeroptionen wandeln sich je nach markiertem Element ebenfalls.

4.9.1 Autoformate

Bild V.52:
Liste der
Diagrammtypen

Mit Diagramm-Autoformaten können Sie effizienter arbeiten als mit dem Einzelaufbau und Formatzuweisungen. Sie können Zeit sparen, indem Sie ein Autoformat zuweisen, statt die Elemente des Diagramms einzeln zu formatieren. Dabei haben Sie entweder die Möglichkeit, aus den integrierten Autoformaten auszuwählen, oder Sie formatieren ein Diagramm in der gewünschten Weise und speichern diese Formatierung zur Wiederverwendung als benutzerdefiniertes Autoformat. Durch Zuweisen dieses benutzerdefinierten Autoformats können Sie anderen Diagrammen dasselbe Aussehen wie dem Muster-Diagramm verleihen.

Im Dialogfeld AUTOFORMAT wird die Liste der von der Anwendung bereitgestellten Diagrammtypen nur angezeigt, wenn das Optionsfeld INTEGRIERTE markiert wurde:

1. Die jeweils zur Verfügung stehenden Autoformate werden abgebildet.
2. Klicken Sie auf eine Diagramm-Schaltfläche, um ein Autoformat hinzuzufügen oder zu löschen.
   Farben und Muster in Diagrammen ändern

Säulen in einem Diagramm sind in der Sprache von Office Objekte. Sie können solche Objekte auf unterschiedliche Weise gestalten. Sie können z.B. die Außenlinien der Rechtecke von Diagrammobjekten verändern. Die Rahmenlinien können in verschiedenen Stärken und in unterschiedlichen Farben gestaltet werden. Auch können Sie das Innere der Säulen beeinflussen, nämlich den sogenannten Füllbereich. Er kann verschiedene Muster oder Farben zeigen. In den folgenden Abschnitten finden Sie Beispiele und Verfahrenshinweise.

Variationen eines
Autoformats

4.9.1.1 Linienart

Linienarten können Sie unterschiedlichen Objekten Ihres Diagramms auch in unterschiedlicher Weise zuordnen. Beeinflußbare Objekte sind:
- Achsen
- Gitternetzlinien
- Konturen
- Umriß der Legende
- Rahmen um die Achse

Die Einstellungen können Sie im Diagrammfenster vornehmen:
1. Sie müssen zunächst markieren, was formatiert werden soll.

Linienarten

V PowerPoint

2. Aktivieren Sie das Menü FORMAT, und wählen Sie dann MARKIERTE DATENREIHEN, MARKIERTE ACHSE usw.
3. Die Wahl der jeweiligen Option führt Sie immer zu einem Dialogfeld, aus dessen Angebot Sie nach Belieben Linienstärke und -farbe wählen und zuordnen können.
4. Die Schaltfläche OK dient abschließend der Bestätigung Ihrer Wahl

Falls ein Menüpunkt zur Zeit nicht aktiv ist, also in schwacher Schrift dargestellt ist, liegt das daran, daß Sie kein Objekt markiert haben.

4.9.1.2 Füllbereich

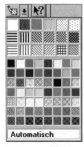

Farbe mit der Schaltfläche zuweisen

Der Hintergrund eines Diagrammes kann innerhalb von Graph seine Farbe nicht wechseln, er bleibt transparent. Sie können ihn erst kolorieren, wenn Sie das Diagramm auf die Folie übernommen haben (Format/Farben und Linien). Typischerweise wählen Sie Farben für Diagrammelemente wie Säulen oder Diagrammwände:

1. Markieren Sie das Diagrammelement, das formatiert werden soll.
2. Wählen Sie Optionen wie FORMAT/MARKIERTE DIAGRAMMWÄNDE, FORMAT/MARKIERTE DATENREIHEN, FORMAT/MARKIERTE BODENFLÄCHE. Was angezeigt wird, hängt von der Markierung ab.
3. Es steht jeweils ein Feld AUSFÜLLEN für die Wahl einer Farbe und eine Liste für MUSTER bereit. Farbe und Muster können Sie kombinieren. Durch eine Wahl im Feld FARBE und in der Liste MUSTER erhalten Sie ein zweifarbiges Muster
4. Die Schaltfläche OK dient schließlich der Bestätigung Ihrer Wahl.

Muster zuweisen

4.9.2 Marken in Diagrammen wechseln und einfärben

Damit Sie in Linien- und Punktdiagrammen die einzelnen Datenpunkte und damit die Linien, auf denen sie liegen, unterscheiden können, erscheinen kleine geometrische Symbole auf den Linien. Sie sehen Rauten, Dreiecke, Quadrate und Kreuze. Die Figuren sind offen, bestehen also aus den Außenlinien, oder sie sind als geschlossene Körper dargestellt. Auch die Farbe der Marken können Sie bestimmen:

Datenreihen formatieren mit
[Strg]+[1]

Markieren Sie mit einem Doppelklick eine Linie. Die Option MARKIERTE DATENREIHEN zum Formatieren der Datenreihen finden Sie auch im Menü FORMAT. Wählen Sie dann FORMAT/MARKIERTE DATENREIHEN.

Bild V.53:
Markierung
organisieren

4 Diagramme

Im Feld MARKIERUNG bestimmen Sie den Vorder- bzw. Hintergrund von Fehlerindikatoren. Außerdem müssen Sie dieses Feld für Abschnittsmarkierungen (Marker) von Linien-, Netz- und XY-Diagrammen verwenden. Dagegen finden Sie im Feld LINIE Listen, um die Darstellung (Art), Farbe und Stärke der Linien einzustellen.

Haben Sie die gewünschte Wahl getroffen, verlassen Sie das Fenster mit OK. Wollen Sie schließlich doch keine Änderung der Einstellungen vornehmen, drücken Sie [Esc].

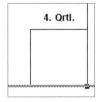

Beschriftete Säule

Praxistip: Verschwinden beim Farbwechsel plötzlich alle Marken, so liegt das möglicherweise daran, daß Sie Weiß als Farbe gewählt haben, und eine weiße Marke auf einem weißen Hintergrund kann man nicht sehen.

4.9.3 Beschriftungen anzeigen

Der Endpunkt einer Säule in einem Säulendiagramm entspricht dem Zahlenwert einer Spalte und Zeile, die beide eine Beschriftung im ersten Feld der Spalte bzw. Zeile aufweisen. Um Beschriftungen zu beeinflussen, stehen mehrere Möglichkeiten zur Verfügung, je nach Art der Beschriftung:

1. Schalten Sie zur Tabelle und ändern Sie Angaben einer Zelle.
2. Wechseln Sie zum Diagramm, markieren Sie eine Beschriftung und ändern. Ob das möglich ist, hängt vom Typ ab.
3. Öffnen Sie mit einem Doppelklick auf einen Datenpunkt bzw. eine -reihe das zugehörige Dialogfeld, und wählen Sie das Register DATENBESCHRIFTUNG, Schriftart usw., um hier zu ändern oder formatieren.

Sie können wählen, ob zusätzlich Werte dargestellt werden: Entweder Sie weisen PowerPoint an, über der Säule beispielsweise den entsprechenden Wert darzustellen, was den Vorteil hätte, daß Sie ihn nicht an der Achse ablesen müssen, oder Sie entscheiden sich für eine Beschriftung. Haben Sie ein Kreisdiagramm auf dem Bildschirm, können Sie ihm auch noch die Angabe der auf die Segmente entfallenden Prozentwerte zuordnen.

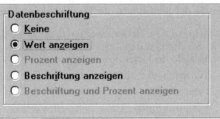

Bild V.54:
Beschriftung von
Säulen aktivieren

Der Ablauf der Zuordnung benutzt die Option MARKIERTE DATENREIHEN:

1. Wählen Sie FORMAT/DATENREIHEN FORMATIEREN und schalten Sie zum Register DATENBESCHRIFTUNG.
2. Mit dem Optionsfeld WERT ANZEIGEN verlangen Sie, daß der Wert eingeblendet wird, z.B. über einer Säule.

Bei Kreisdiagrammen können Sie PROZENT ANZEIGEN wählen Mit der Wahl der bei anderen Diagrammen abgeblendeten Option von BESCHRIFTUNG ANZEIGEN erreichen Sie z.B., daß über Säulen *Quartal* oder ähnliches eingeblendet wird.

Prozentanzeige bei Kreisdiagrammen

877

4.9.4 Legenden hinzufügen und bearbeiten

Legenden beschreiben

Wenn Sie mit Datenbeschriftungen arbeiten, kann eine Legende vielleicht überflüssig sein. Deswegen können Sie ihre Anzeige unterdrücken. Verändern Sie Ihr Diagramm, können Sie die Legende wieder einblenden:

Schaltfläche für eine aktivierte Legende

1. Wählen Sie EINFÜGEN/LEGENDE oder benutzen Sie die Schaltfläche in der Symbolleiste.
2. Sie können durch Verschieben mit der Maus festlegen, wo die Legende eingeblendet wird. Sie können ebenfalls die Größe der Legende verändern, wenn Sie die Editierkästchen markieren und per Maus ziehen.

Bild V.55: Kontextmenü LEGENDE FORMATIEREN

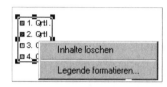

Mit der rechten Maustaste aktivieren Sie die Option LEGENDE FORMATIEREN. Im Register ANORDNUNG können Sie auch eine der Standardeinstellungen markieren.

In den Registern lassen sich der Füllbereich und die Schrift für die Legende auf übliche Weise formatieren.

Markierte Legende anordnen

Wollen Sie die Legende entfernen, wählen Sie die Schaltfläche. Einfacher geht es, wenn Sie auf ⌜Entf⌝ drücken. Die Legende muß markiert sein.

4.9.5 Schriftart der Texte in Diagrammen beeinflussen

Text, den Sie im Datenblatt- oder Diagrammfenster sehen, können Sie in seinem Aussehen beeinflussen. Sie möchten vielleicht die Schriftart und -größe einstellen, kursiv, fett und unterstrichen wählen. Außerdem ist die Farbe der Schrift und der Texthintergrund zu beeinflussen.

Textfeld für unverankerten Text

Schriftgröße zuordnen

Objekte, die Sie ändern wollen, müssen Sie durch einen Mausklick markieren. So auch bei den Textelementen des aktiven Diagramms. Vier Beeinflussungsziele sind wichtig:

- Teilstrichbeschriftungen der vertikalen und horizontalen Achse
- Legende
- Beschriftungen

Um die Schriftart für alle Teile zugleich einzustellen, müssen Sie das Diagrammfenster aktiviert und markiert haben. Sie können auch ein Objekt markieren. Dann wird nur die Schrift des Objekts geändert:

1. Ist der jeweilige Markierungsrahmen sichtbar, rufen Sie FORMAT/SCHRIFTART auf.
2. Stellen Sie ein.

4.9.6 Diagramm mit Gitternetz unterlegen

Ein Diagramm wird durch Teilstriche an seinen Achsen leichter lesbar. Verlängern Sie diese Teilstriche, so können Sie den zugehörigen Wert auf jedem Element des Diagramms leichter ablesen.

PowerPoint unterscheidet zwischen Hauptgitterlinien, die von jedem
Hauptteilstrich bis zum Diagrammende führen und zwischen Hilfsgitterlinien, die von jedem Hilfsteilstrich bis zum Diagrammende führen.

Vertikale Gitternetzlinien zuordnen

Die Option GITTERNETZLINIEN finden Sie im Menü EINFÜGEN.

Das Dialogfenster GITTERNETZLINIEN ist zweigeteilt und bietet Einstellmöglichkeiten für Haupt- und Hilfsgitterlinien, jeweils für die vertikale und
horizontale Achse.

4.9.7 Teilung der vertikalen Achse festlegen

Bei der Einschaltung von Hilfsgitterlinien haben Sie bereits eine Auswirkung von Teilstrichen gesehen. Je enger Sie die Abstände definieren, um so
mehr Linien werden einem Diagramm hinterlegt. Sie brauchen sich um die
Einstellungen nicht zu kümmern, Graph wählt automatisch eine Darstellung, die alle Daten erkennen läßt. Sie können aber einen gröberen oder
noch feineren Wert einstellen.

Bei Flächen-, Säulen- und Liniendiagrammen werden Sie die Teilung der
vertikalen Achse beeinflussen. Die Teilung der horizontalen Achse stellen
Sie bei Balkendiagrammen ein, bei Punktdiagrammen sind Teilungen beider Achsen veränderbar. Kreisdiagramme haben keine Achsen.

Um eine Teilung auf einer Achse zu verändern, gehen Sie zunächst wie
immer bei Formatierungen vor:

Markieren Sie im Diagrammfenster eine Achse, und wählen Sie im Kontextmenü der rechten Maustaste ACHSEN FORMATIEREN. Sie können alternativ auf die Achse doppelklicken.

Geben Sie für Intervalle Werte an, die noch ein sinnvolles Ablesen zulassen
und steuern Sie die Anzeige mit kleinsten und größten Werten. Natürlich
können Sie kleine Werte erzeugen, doch könnte ein Effekt sein, daß die
Beschriftung durch Zahlen unleserlich wird, weil sie ineinander übergeht.

Wollen Sie große Werte darstellen, ist eine logarithmische Darstellung sinnvoll:

1. Aktivieren bzw. deaktivieren Sie in diesem Fall das Kontrollkästchen
   LOGARITHMISCHE SKALIERUNG.
2. Die Daten werden als Zehnerpotenz angezeigt, weil die Skalierungs-
   werte berechnet und in Zehnerpotenzen dargestellt werden.

4.9.8 Teilstrichbeschriftung

*Bild V.56:
Teilung der vertikalen
Achse*

Teilstrichbeschriftungen sind die Zahlen neben der vertikalen und die
Angaben unter der horizontalen Achse. Wenn Ihnen der Inhalt einer
Beschriftung des jeweiligen Diagramms nicht mehr zusagt, so wechseln
Sie einfach durch einen Mausklick zum Tabellenfenster und überschreiben den dort angezeigten Text durch einen neuen. Die Änderung wirkt
sich augenblicklich auf das Diagramm aus. Ebenso ist es mit den eingegebenen Zahlen und deren Angabe in Intervallen neben der vertikalen

V PowerPoint

Achse. Um Teilstrichbeschriftungen anzuordnen und zu formatieren, nutzen Sie das Dialogfeld zur jeweiligen Achse:

*Bild V.57:
Teilstrich-
beschriftung
einstellen*

1. Richten Sie den Mauspfeil auf eine vertikale Achse und doppelklikken Sie.
2. Das Dialogfeld ACHSEN FORMATIEREN bietet im Register MUSTER die passenden Einstellungen, um Teilstrichbeschriftungen anzuordnen.

Praxistip: Wenn Sie versehentlich falsch markieren, wird ein Dialogfeld mit nicht brauchbaren Einstellungen angezeigt. Oft ist es einfacher, wenn Sie die Achse mit der rechten Maustaste markieren und aus dem Kontextmenü die Option ACHSEN FORMATIEREN wählen.

*Bild V.58:
Achsen formatieren*

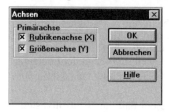

4.9.9 Skalierung von Teilstrichen

Wechseln Sie auch zum Register SKALIERUNG, wenn Sie Platz brauchen. Besonders unter der horizontalen Achse kann es eng werden. Sie können das leicht ändern, indem Sie z.B. nur jede zweite Beschriftung anzeigen lassen. Geben Sie 2 als Anzahl der Rubriken zwischen den Teilstrichbeschriftungen an.

- Wollen Sie Teilstrichbeschriftungen einer Achse anzeigen,
- die Größe der Intervalle festlegen oder
- bestimmen, wo eine Achse die andere schneidet,

ändern Sie die Größenachsenskalierung:

1. Wählen Sie ein Diagramm, und doppelklicken Sie auf eine Größenachse.
2. Aktivieren Sie das Register SKALIERUNG (bzw. Muster).
3. Ändern Sie den kleinsten, größten Wert oder die dazwischenliegenden Intervalle (Haupt- und Hilfsintervalle) und bestätigen Sie.

Hinweis: Wählen Sie die Kontrollkästchen zu AUTOMATISCH, wenn Sie die Standardwerte wiederherzustellen wollen. Schalten Sie für Feineinstellungen zum Register MUSTER.

5 Das Layout in Präsentationen

Zu den häufigsten Aufgaben, zu deren Bewältigung PowerPoint in den Unternehmen eingesetzt wird, zählt die Anfertigung von Grafiken oder Folien einer Abfolge. Diese werden auf einem Drucker, meist einem Laserdrucker, ausgegeben und z.B. als Grundlage für monochrome Overhead-Folien verwendet. In diesem Fall sollten Sie keine Zeit für die Zuordnung von Farben vergeuden, sie sind auf der Overhead-Folie nicht zu sehen.

Farbe oder nicht?

Benutzen Sie ein anderes Ausgabegerät, beispielsweise einen Farbdrucker, oder führen Sie Ihre Präsentation auf einem Farbmonitor vor oder lassen Sie 35mm-Dias von Ihren Folien anfertigen, dann sollten Sie sich mit den vielfältigen Wahlmöglichkeiten für Farben in PowerPoint vertraut machen.

Professionelle Ausgabegeräte

Auch die Kombination einer Farb- und Schwarzweiß-Ausgabe ist möglich. Dadurch, daß Sie als Ausgabegerät einen Farbmonitor angeben und für den Druck der Handzettel und Notizblätter als Ausgabegerät einen Drucker wählen.

Farbe und Schwarzweiß kombinieren

Wie viele Farben PowerPoint anzeigt, hängt von der benutzten Hardware ab. Sehen Sie in der Systemsteuerung von Windows 95 nach.

PowerPoint- Farben können Sie verwenden für

- Objektattribute. Den Füllbereich von grafischen Objekten läßt sich mit Farben ausstatten. Er kann auch Schatten, Muster und Linien enthalten.

Farbe für Füllbereiche

- Standardeinstellungen für jedes Attribut. Sie können jedem Attribut eine Standardfarbe zuweisen. Erstens haben so die Attribute schon beim Zeichnen die richtige Farbe, zweitens können Sie die Einstellung nachträglich ändern, und die Zeichnung paßt sich an.

Linienfarben zuordnen

Bild V.59: Folienfarbskala anpassen

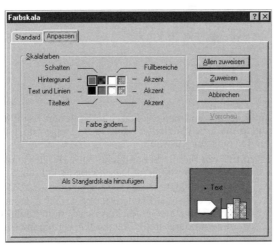

- Farboptionen für Text. Text kann in den Ihnen bekannten Formaten geändert werden: Schriftart, Schriftstil, Schriftgröße, Schriftfarbe. Wenn Sie es wünschen, können Sie die Farbe innerhalb eines Textes mischen.

Textfarbe ändern

- Farbskalen enthalten einen Satz von acht aufeinander abgestimmten Hauptfarben. Sie können einer Farbskala weitere Sonderfarben hinzufügen. Praktisch an Farbskalen ist, daß Sie einer Präsentation durch die

V PowerPoint

Änderung einer oder mehrere Farben mit wenigen Aktionen ein gänzlich anderes Aussehen verleihen können,.
- Farbiger Hintergrund für Folien. Vielleicht halten Sie es wie eine große Firma auf dem Computersektor und benutzen eine Farbe als Erkennungszeichen. Dann statten Sie alle Folien Ihrer Präsentation mit der gleichen Hintergrundfarbe (und einem Firmenlogo usw.) aus.

Bild V.60:
Muster

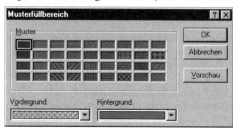

- Zweifarbige Muster sind für ausgefüllte Objekte gedacht.
- Schwarzweiße Abbildungen können nachträglich koloriert werden. Mit dieser Technik können Sie schwarzweiße Grafiken anderer Programme übernehmen und in PowerPoint mit Farbe auszeichnen. Farbbilder neu kolorieren ist eine Programmleistung.

Farbe/Schwarzweiß und Miniatur

5.1 AutoLayouts

Bild V.61:
AutoLayouts

AutoLayouts sind neue Folien. Eine Folie mit AutoLayout ist leer oder es sind formatierte Platzhalter oder Objekte angeordnet. Es stehen 24 Formen von Layouts zur Auswahl:
1. Aktivieren Sie die Schaltfläche NEUE FOLIE, markieren Sie ein AutoLayout, und bestätigen Sie, um eine neue Folie in die aktuelle Präsentation einzufügen.
2. Wenn Sie die Schaltfläche FOLIENLAYOUT anklicken, ein Bild markieren und ZUWEISEN anklicken, wird die aktuelle Folie im gewählten AutoLayout dargestellt. Platzhalter werden übertragen.

Typangabe zum AutoLayout

Doppelklicken oder zweimal wählen

Falls Sie einer Folie ein neues AutoLayout zuordnen, übernimmt PowerPoint Eintragungen. Sie sollten möglichst für eine ähnliche Form sorgen. Befindet sich z.B. eine Aufzählung auf einer Folie, und Sie ändern in einen Objektbereich für ein Diagramm, müssen Sie ein übernommenes Textobjekt neu anordnen.

Bild V.62: AutoLayout-Platzhalter

Um das AutoLayout zu nutzen, klicken Sie Platzhalter oder den Objektbereich an und schreiben oder laden ein Objekt. AutoLayouts bieten dreierlei Platzhalter:

Platzhalter der AutoLayouts

Platzhalter	Aufgabe
Platzhalter für Titel	Anklicken und formatierten Titel der Folie eintragen.
Platzhalter für Text	Geben Sie Text ein. Nach ⏎ wird jeweils eine neue Zeile angefangen und ein Aufzählungszeichen eingefügt.
Platzhalter für Objekte	Eine Folie kann Diagramm, Grafiken (ClipArt), Organisations-Diagramme oder auch Medien-Clips (Bilder, Töne) enthalten. Doppelklicken Sie auf einen Platzhalter, um zur Gallery, MS Graph usw. zu schalten.

5.2 Farben und Muster

Objekte auf Folien können Farben und Muster aufweisen. Eine Zuordnung erfolgt automatisch, Sie können beides jederzeit gezielt zuordnen. Wie das möglich ist, wird zuerst beschrieben. Die Einstellung von Farbskalen und Vorlagen wird im weiteren Verlauf des Kapitels vorgestellt.

Direkte Zuordnung geht vor

Sie müssen bei der Einfärbung die unterschiedlichen Elemente auf einer Folie beachten. Sie können – wie weiter oben vorgestellt – mit FORMAT/ FARBEN UND LINIEN die Rahmenfarbe beeinflussen, oder mit dem Füllbereich den Inhalt gezeichneter Grafikobjekte färben, wobei ein Muster zwei Farben haben kann. Einem hinterlegten Schatten können Sie eine andere Farbe als dem Objekt zuweisen, gleichermaßen Text. Für die Zuweisung von Farbe zu markierten Objekten ist das Menü FORMAT zuständig. Wesentlicher Unterschied bei der Zuordnung ist die Frage, ob es sich bei dem markierten Objekt um Text oder ein grafisches Objekt handelt:

Kontextmenü nach Markierung

V PowerPoint

Text formatieren

- Haben Sie mit dem Hilfsmittel TEXT geschrieben und wollen die Textfarbe beeinflussen, wählen Sie FORMAT/SCHRIFTART/FARBE.
- Wenn Sie ein Textobjekt markiert haben und mit FORMAT/FARBEN UND LINIEN kolorieren, betrifft das Menü den Umriß und die Füllfarbe.
- Erstellen Sie mit WordArt (EINFÜGEN/OBJEKT) innerhalb von PowerPoint einen verformten Text und übernehmen Sie ihn in eine Folie, ist das ein grafisches Objekt. Wählen Sie FORMAT/FARBEN UND LINIEN, um einen Füllbereich zuzuweisen.
- Sinngemäß gilt letztere Aussage auch für andere Objekte. Ordnen Sie z.B. einem Diagramm einen Füllbereich zu, ändern Sie den Hintergrund des Diagramms.

Bild V.63: Umriß und die Füllfarbe formatieren

Bei der Kolorierung müssen Sie zuerst das einzufärbende Objekt mit einem Mausklick markieren. Handelt es sich um ein Grafikobjekt, wird die Option SCHRIFTART im Menü FORMAT inaktiv dargestellt. Ist Text oder eine Textobjekt insgesamt markiert, stehen Ihnen auch die anderen Optionen zur Verfügung.

5.2.1 Muster zuordnen und einfärben

Füllbereichsfarbe = Gemustert

Bei der Arbeit mit Objektformen oder Diagrammen ist es häufig sinnvoll, Muster zuzuweisen. Solche diagonalen und ähnlich angeordneten Muster haben immer zwei Farben. Arbeiten Sie ohne Farben, sind die Muster schwarzweiß, ansonsten können Sie jede Farbe zuweisen. Die Zuweisung eines Musters zu einem Objekt und seine Einfärbung müssen Sie unterscheiden:

1. Wählen Sie FORMAT/FARBEN UND LINIEN und die Liste FÜLLBEREICH.
2. Aktivieren Sie GEMUSTERT.
3. Suchen Sie sich ein Muster aus, und ordnen Sie es durch einen Mausklick auf OK dem markierten Objekt zu.

Nachdem Sie für den Füllbereich des Grafikobjektes ein Muster gewählt haben, wenden Sie sich der Zuordnung von Farbe zu. Öffnen Sie dazu im Dialogfeld MUSTERFÜLLBEREICH die Liste VORDERGRUND bzw. HINTERGRUND. Suchen Sie aus der Farbliste eine Farbe aus, und ordnen Sie sie zu.

Praxistip: Wenn Sie das Aussehen von Muster und Farbe testen wollen, markieren Sie Muster und/oder Farbe und klicken auf die Schaltfläche VORSCHAU. Jede Änderung wird auf der Folie sofort für das markierte Objekt angezeigt. Wenn Sie auf OK klicken, bleibt die letzte Einstellung erhalten.

Um eine Farbe zu entfernen, wählen Sie FORMAT/FARBEN UND LINIEN/ FÜLLBEREICH/KEIN FÜLLBEREICH.

5.2.2 Den Rahmen eines Objektes einfärben

Wenn Sie ein Grafikobjekt zeichnen, werden die Einstellungen mehrerer Menüs aktiv. Zeichnen Sie beispielsweise einen Rahmen, ist es wichtig, welche Linienstärke gewählt wurde und welche Farbe der Rahmen haben soll. Um in die Vorgabe einzugreifen, gehen Sie so vor:

Linienstärken

1. Das betreffende Objekt muß markiert sein.
2. Wählen Sie FORMAT/FARBEN UND LINIEN, und stellen Sie in der Liste ART die Linienstärke ein.
3. Wechseln Sie nun zur Liste FARBE. Suchen Sie die passende Farbe für den Rahmen des gezeichneten Objektes aus und ordnen Sie die Farbe zu.
4. Wählen Sie noch eine Linienform in der Liste GESTRICHELT, wenn letztere nicht durchgehend gezeichnet werden soll.
5. Bestätigen Sie die Zuordnung mit OK.

Um Linien abzuwählen, stellen Sie mit FORMAT/FARBEN UND LINIEN/ LINIE/FARBE die Option KEINE LINIE ein.

5.2.3 Diagramme kolorieren

Bereits während der Anfertigung eines Diagramms mit Graph oder Excel stehen Ihnen Möglichkeiten zur Verfügung, das Aussehen eines Diagramms zu formen.

Haben Sie ein Diagramm in eine Folie übernommen, können Sie weitere Formatierungsmöglichkeiten von PowerPoint nutzen. Ein Diagramm mit einem Rahmen in der passenden Farbe zu versehen, wäre eine Möglichkeit. Das Diagramm mit einem Schatten zu unterlegen, um einen dreidimensionalen Effekt zu erzeugen, eine andere. Oder eine auffällige Hintergrundfarbe zu verwenden, um noch eine weitere Formatierung zu nennen. Wenn Sie ein auf einer Folie angeordnetes Diagramm neu einfärben wollen, gehen Sie so vor:

Schatten zufügen

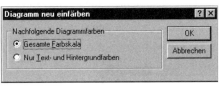

Bild V.64:
Diagramm neu kolorieren

1. Markieren Sie das Diagramm mit einem Mausklick. Um das Diagramm werden Markierungskästchen angezeigt.
2. Wählen Sie EXTRAS/NEU EINFÄRBEN.
3. Klicken Sie auf eines des beiden Optionsfelder.

Durch die eben beschriebene Aktion werden dem aus einer anderen Anwendung eingefügten Diagramm die Farben aus der Farbskala der aktuellen Präsentation zugeordnet. Sie können beim Einfärben eines Diagramms auch andere Farben als die aus der Farbskala verwenden:

1. Um die Neuorganisation zu erreichen, markieren Sie das Diagramm und wählen Sie ZEICHNEN/GRUPPIERUNG AUFHEBEN.
2. Bestätigen Sie, daß das Objekt mit den derzeitigen Daten umgewandelt werden darf.
3. Markieren Sie jeweils die Objekte, die Sie neu färben wollen.

4. Ordnen Sie dann mit FORMAT/FARBEN UND LINIEN die gewünschten Farben zu.

5.2.4 Grafiken aus anderen Programmen einfärben

PowerPoint besitzt für die Übernahme von Grafiken aus anderen Programmen mehrere Möglichkeiten. Die Grafiken, die Sie einfügen, werden meist bereits farbig sein. Während Sie Bitmap-Grafiken in der Regel nur durch einen anderen Hintergrund oder Rahmen neu gestalten können, lassen sich andere Bilder neu gruppieren. Sie können die Farben der letztgenannten Grafiken mit PowerPoint ändern.

Gruppierung aufheben

Was möglich ist, hängt vom Format ab. PowerPoint übernimmt Grafiken möglichst in einem Format, das Sie neu gruppieren und bearbeiten können (PowerPoint-Grafik oder Text). Wird eine Grafik als Objekt übernommen, müssen Sie diese im Ursprungsprogramm bearbeiten. Ist die Grafik eingebettet, reicht ein Doppelklick auf die Grafik, um die passenden Werkzeuge zu erhalten. Wählen Sie alternativ BEARBEITEN und dort die letzte Option (z.B. Bitmap-Objekt) zum Umwandeln oder Bearbeiten.

Praxistip: Läßt sich die Gruppierung einer Bitmap in PowerPoint nicht aufheben, können Sie die Grafik entweder in einem anderen Programm ändern und dann als Objekt übernehmen oder die Grafik im Ursprungsprogramm in einem Format speichern, das PowerPoint verarbeiten kann.

Um eine Abbildung neu zu kolorieren, müssen Sie sie auf den Bildschirm von PowerPoint holen. Sie können hierfür folgende Optionen benutzen:

Kopieren

Einfügen

Bild V.65: Gruppierung aufheben

- Kopieren, um die Grafik in einem anderen Programm (z.B. Paint) in die Zwischenablage einzufügen. Sie können die Grafik mit BEARBEITEN/EINFÜGEN bzw. BEARBEITEN/INHALTE EINFÜGEN aus der Zwischenablage auf die aktuelle Folie holen. Benutzen Sie Inhalte einfügen, haben Sie in der Regel Möglichkeiten, das Übernahmeformat festzulegen. Wählen Sie BEARBEITEN/EINFÜGEN, wird die Grafik in die Folie übernommen. Sie können die Größe ändern, mit FORMAT/FARBEN UND LINIEN einen Rahmen zuordnen, oder einen Schatten, aber nicht die Gruppierung aufheben.

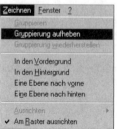

- Schließlich ist es möglich, die Grafik aus einer Grafikdatei einzuspielen, deren Format PowerPoint »verstehen« kann. Wählen Sie dazu EINFÜGEN/GRAFIK (oder EINFÜGEN/CLIPART). Die markierte Grafik läßt sich dann mit ZEICHNEN/GRUPPIERUNG AUFHEBEN in Teile zerlegen. Danach können Sie den Elementen Farbe zuordnen.

5.2.5 Textfarbe wechseln

Für den Titel einer Präsentation oder eine hervorzuhebende Folie mag es eine interessante Gestaltungsmöglichkeit sein, Text in wechselnden Farben darzustellen.

ClipArt einfügen

Versuchen Sie einen mehrfarbigen Text zu erstellen, ist dieser Ablauf notwendig:

1. Wählen Sie mit einem Klick auf das A das Beschriftungs-Hilfsmittel, und klicken Sie mit der linken Maustaste auf eine beliebige Bildschirmposition.
2. Öffnen Sie das Menü FORMAT, und klicken Sie dann auf SCHRIFTART. Wählen Sie aus dem Repertoire der Schriftgrößen eine Schrift aus. Der Einfügecursor nimmt die Höhe der gewählten Schrift an. Schreiben Sie Text. Der Schriftzug reicht bei der großen Schrift über die Breite des Bildschirms.

Beschriftungs-Hilfsmittel

Wiederholen Sie die Einstellung beim fortlaufenden Schreiben und ändern Sie jeweils mit FORMAT/SCHRIFTART/FARBE das Aussehen der Schrift.

Sie können auch geschriebene Zeichen markieren. Buchstaben und andere Zeichen erscheinen dann invers dargestellt, sind also markiert. Wählen Sie für die Markierung FORMAT/SCHRIFTART/FARBE. Stellen Sie eine Farbe aus der geöffneten Farbliste ein. Die markierten Buchstaben werden die ausgesuchte Farbe annehmen. Wiederholen Sie den beschriebenen Vorgang für beliebig viele Buchstaben.

Markierter Schrift Farbe zuweisen

5.2.6 Punktliste auffällig gestalten

Häufig werden Sie in Ihren Präsentationen mit Punktlisten arbeiten, um einen Sachverhalt gegliedert darzustellen. Eine solche Punktliste ist
- einfach anzufertigen,
- entspricht einer Gliederung,
- ist leichter zu merken als ein geschlossener Textblock,
- kann optisch attraktiv dargestellt werden,
- ist leichter mitzuschreiben als fortlaufender Text.

Punktliste für Markierung wählen

Die Platzhalter für Text sind so voreingestellt, daß sie automatisch Absätze, die mit einem Aufzählungszeichen anlegen, wenn Sie eingeben. Nach Drücken von ⏎ wird jeweils ein neues Aufzählungszeichen angezeigt.

Platzhalter für Punktliste

Praxistip: Sie können Text auf einer Folie schreiben und ihm jederzeit Aufzählungszeichen zuordnen oder sie abwählen. Markieren Sie mit der Cursorposition einen Absatz, und formatieren Sie mit der Schaltfläche AUFZÄHLUNGSZEICHEN EIN/AUS. Um allen Absätzen Aufzählungszeichen zuzuordnen, müssen Sie das Textobjekt insgesamt markieren [F2].

Die genannten Vorzüge werden ergänzt, wenn Sie Farbe einsetzen. So können Sie das Aussehen der Aufzählungszeichen (Schriftart, Farbe und Größe) ändern. Um Aufzählungszeichen einzuschalten sind zwei Techniken möglich:

- Legen Sie eine neue Folie an, und nutzen Sie dazu ein AutoLayout mit Aufzählungszeichen.
- Sie können alternativ auch das Text-Hilfsmittel aktivieren und ein Textrechteck ziehen. Damit wie beim AutoLayout Aufzählungszeichen angezeigt werden, müssen Sie auf die Schaltfläche AUFZÄHLUNGSZEI-

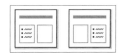

V PowerPoint

CHEN EIN/AUS klicken oder FORMAT/AUFZÄHLUNGSZEICHEN wählen und ein Zeichen per Mausklick aktivieren.

Wenn Sie das Aussehen oder Formatierungsmerkmale von Aufzählungszeichen ändern wollen, gehen Sie so vor:

1. Wählen Sie FORMAT/AUFZÄHLUNGSZEICHEN.
2. Suchen Sie in der Liste SCHRIFTART eine Zeile wie Wingdings, DingBats, Keystroke, Symbol, Symbol Set SWA usw. aus.
3. Ordnen Sie eine Farbe und Größe zu und bestätigen Sie.

Bild V.66:
Auswahl von
Aufzählungszeichen
im Dialogfeld

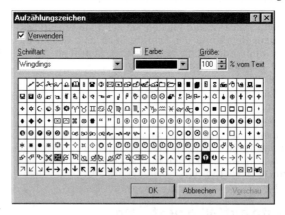

Praxistip: Sie können eine Zuordnung von Zeichen oder die Formatierung von Aufzählungen jederzeit ändern. Markieren Sie solchen Text, und suchen Sie im Dialogfeld AUFZÄHLUNGSZEICHEN die Formate aus. Aktivieren Sie die Kontrollkästchen VERWENDEN und FARBE.

5.3 Mit Farbskalen formatieren

Bild V.67:
Folienfarbskalen zur
Wahl

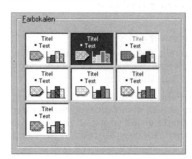

Legen Sie eine neue Präsentation an, arbeiten Sie zunächst mit einer neutralen Farbgestaltung. Wenn Sie jedoch FORMAT/FOLIENFARBSKALA wählen und auf eines der Musterfenster doppelklicken, ändert sich das Erscheinungsbild der aktuellen wie der anderen Folien der Präsentation. Wenn Sie die Wahl und den Doppelklick für ein anderes Bild im Dialogfeld FARBSKALEN wiederholen, passen sich die Folien der Präsentation an das neue Aussehen an.

Hintergrund der Aktion ist die Anwendung von Farbskalen. Die Bilder im Dialogfeld FARBSKALEN wie auch die Anzeige z.B. bei Wahl eines Füllbereichs nutzen und zeigen eine Farbskala. Die Farbskala enthält immer eine

Farbliste mit acht aufeinander abgestimmten Farben, einer Hintergrundfarbe, einer Farbe für Linien und Text sowie sechs weiteren Farben.
Sie sind die Grundfarben für Ihre Arbeit. Die vorgegebene Abstimmung sorgt für Farbharmonie und für die Lesbarkeit der Folien, die mit einer Farbskala ausgezeichnet sind.

Grundfarben

5.3.1 Eine Farbskala einrichten

Statt der Farbskala, die vorgegeben wird, können Sie zu jeder Zeit eine Farbskala neu zusammenstellen. Üblicherweise werden Sie die eingestellte Farbskala für alle Folien, also die gesamte Präsentation gelten lassen. Wenn Sie das wünschen, können Sie aber für jede einzelne Folie eine neue Farbskala erstellen und zuweisen.

1. Um eine neue Farbskala einzurichten, wählen Sie das Menü FORMAT und dort die Option FOLIENFARBSKALA. Das Register STANDARD wird eingeblendet.
2. Die angezeigten Farbskalen sind Angebote. Klicken Sie das Bild einer Farbskala an, die der geplanten Skala am ähnlichsten ist (doppelklicken Sie nicht; so ordnen Sie eine Skala ohne Änderung zu).
3. Wählen Sie die Registerkarte ANPASSEN.

Jedem der bezeichneten Farbkästchen im Feld SKALAFARBEN können Sie mit der Schaltfläche FARBE ÄNDERN einen neuen Wert zuweisen. Legen Sie z.B. zunächst die Hintergrundfarbe fest, dann die anderen Werte.

Ergänzte Farbwahl

Bild V.68: Skalafarben zum Anpassen

Sobald Sie FARBE ÄNDERN aktiviert haben, wird ein Dialogfeld HINTERGRUNDFARBE eingeblendet. Mit der Registerkarte STANDARD ordnen Sie aus der Farbpalette aus, im Beispiel für den Hintergrund.

Wenn Sie die Farbe noch genauer bestimmen wollen, aktivieren Sie die Registerkarte ANPASSEN. Sie können dann jeweils eine eigene Farbe zusammenstellen. Bewegen Sie das Fadenkreuz in der Farbpalette ANPASSEN, wenn Sie eine Farbe auswählen. Ziehen Sie den Pfeil neben der Bildlaufleiste, um die Helligkeit einzustellen.

Das Einstellungsergebnis wird nach OK im Beispielfeld des Dialogfelds FARBSKALA im Register ANPASSEN angezeigt.

Klicken Sie im Register ANPASSEN auf jedes Farbkästchen, dann auf die Schaltfläche FARBE ÄNDERN. Wiederholen Sie den zuvor beschriebenen Vorgang für jede so markierte, zu ändernde Farbe. Die so vorgenommenen Einstellungen nutzen Sie auf folgende Weise:

Gewählte Farbskala

1. Wenn Sie auf die Schaltfläche ALS STANDARDSKALA HINZUFÜGEN klicken, wird die neue Farbskala zusammen mit der Präsentation gespeichert.
2. Wählen Sie die Schaltfläche ZUWEISEN, um die neue Farbe nur der aktuellen Folie zuzuweisen.

Die vorstehende Einstellung wählen Sie, um der aktuellen Folie vom Standard abweichende Formatierungen zuzuweisen. Die Vorlage wird dabei nicht geändert. Sie können Sie mit einem Klick auf ALLEN ZUWEISEN aber auch jeder Folie zuordnen.

5.3.2 Farbskalen anderer Präsentationen benutzen

Farbskalen können Sie für jede Präsentation neu einrichten. Das hat den Vorteil, daß die Farbskala exakt Ihren jeweiligen Bedürfnissen angepaßt ist. Es ist sicher sinnvoll, diese Arbeit für ein angestrebtes Ziel auf sich zu nehmen. Doch es ist wenig sinnvoll, eine Arbeit, die bereits einmal getan wurde, erneut zu machen. Diese Zeit verwenden Sie effektiver für andere Aufgaben.

Farbskala kopieren

Immer dann, wenn Sie eine neue Präsentation mit dem einmal definierten Standardformat öffnen, gilt auch die Farbskala des Standardformats. Wollen Sie eine Farbskala aus einer anderen Präsentation übernehmen, gehen Sie so vor:

Foliensortieransicht aktivieren

1. Öffnen Sie die Präsentation mit der Folie, deren Farbskala Sie übernehmen wollen. Ordnen Sie beide Präsentationen mit FENSTER/ALLE ANORDNEN nebeneinander an.
2. Schalten Sie in die Foliensortieransicht, und markieren Sie die Folie mit der benötigten Farbskala.
3. Für Mehrfachkopien: Doppelklick auf FORMAT ÜBERTRAGEN und mit [Esc] wieder abschalten.
4. Aktivieren Sie die Schaltfläche FORMAT ÜBERTRAGEN. Bei einer Zuweisung zu mehreren Folien: [Shift] beim Klicken gedrückt halten.
5. Nun folgt die Zuweisung der Farbskala: Klicken Sie auf die gewünschte Folie.

Praxistip: Finden Sie in den Vorlagen oder der Clipart-Bibliothek eine Farbskala, die Sie für eine neue Präsentation verwenden können, kopieren Sie mit der beschriebenen Methode deren Einstellung.

5.3.3 Definition von Sonderfarben

Eine Farbwahl für den Füllbereich, eine Linien- oder Textfarbe nutzt meist eine der acht Farben in der Liste einer Farbskala. Diese Liste können Sie um weitere acht Farben ergänzen, wenn Sie ANDERE FARBE... wählen.

Option Andere Farbe

Die Einstellung bringt Ihnen den Zugang zu vielen weiteren Farbnuancen. Um diese Farben zu definieren, gehen Sie so vor:

1. Wählen Sie die Schaltfläche FÜLLBEREICHSFARBE im Menü FORMAT oder per Schaltfläche. Wegen der Auswirkung ist es ohne Bedeutung, von wo Sie das Dialogfeld aufrufen.
2. Klicken Sie die Option ANDERE FARBE... an. Das Dialogfeld FARBEN mit der Registerkarte STANDARD wird eingeblendet.
3. Klicken Sie die Wabe einer Farbe an, und bestätigen Sie. Anschließend finden Sie im Dialogfeld ein weiteres Farbkästchen. Diesen Vorgang können Sie für insgesamt acht Sonderfarben wiederholen. Danach lassen sich sechzehn Farben per Mausklick zuordnen. Statt eine Standardfarbe können Sie auch eine andere Farbe mischen. Dazu klicken Sie nicht unmittelbar in der Registerkarte STANDARD auf eine neue Farbe, sondern schalten weiter.

4. Wählen Sie die Registerkarte ANPASSEN.

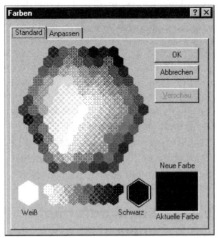

*Bild V.69:
Einstellungen für
Andere Farben*

Sie können jetzt jeweils eine eigene Farbe zusammenstellen. Bewegen Sie das Fadenkreuz in der Farbpalette ANPASSEN, wenn Sie eine Farbe auswählen. Bewegen Sie den Pfeil neben der Bildlaufleiste, um die Helligkeit einzustellen.

Klicken Sie auf OK, wird die zusammengestellte Farbe dem markierten Objekt zugeordnet. Zugleich ist ein Kästchen mit einer neuen Sonderfarbe im Dialogfeld angeordnet. Hier erscheinen nach der Einrichtung alle weitere Farbkästen für die Sonderfarben. Diese können Sie anschließend wie Standardfarben per Mausklick abrufen.

Die Palette im Dialogfeld ist zunächst leer, bis auf die acht Farben der Farbskala. Nach den oben beschriebenen Einstellungen sind im Dialogfeld FARBEN zusätzliche acht Farben verfügbar. Immer wenn Sie in einem Dropdown-Listenfeld eine Farbe aktivieren, die in der Farbskala nicht enthalten ist, wird diese allen anderen Listenfeldern unter ANDERE FARBE automatisch hinzugefügt. Sie können Sie für Text, Schatten, Aufzählungszeichen, Hintergrund und Linien verwenden.

Wenn Sie einer Palette mehr als acht Sonderfarben hinzufügen, wird die jeweils älteste Farbe gelöscht und die neueste als erste Farbe im Dialogfeld angezeigt. Eine der Palette hinzugefügte Farbe können Sie nicht mehr löschen.

Sonderfarben, die einer Palette hinzugefügt wurden, bleiben auch bei einer Änderung der Farbskala erhalten. Auch ändern sich Text- oder Grafikobjekte, denen Sonderfarben zugeordnet wurden, bei einer Änderung der Farbskala nicht. Die Farben der Farbskala wirken als indirekte, die Sonderfarben als direkte Zuordnung. Diese Technik ist praktisch, wenn Sie nach einer Änderung der Farbskala bestimmte Farben beibehalten wollen. Ihre Hausfarbe bleibt so unverändert, auch wenn Sie eine Farbskala ändern.

5.4 Standardeinstellungen

Falls Sie ein Objekt zeichnen, und das Objekt erscheint in sattem Rot auf dem Bildschirm, ohne daß Sie eine besondere Einstellung vorgenommen haben, hat wahrscheinlich ein anderer Benutzer zuvor Rot als Standard für den Füllbereich von Objekten festgelegt.

Was zunächst als unwillkommene Erscheinung geschildert wurde, ist in Wirklichkeit eine nützliche Hilfe bei der Arbeit mit PowerPoint. Sie können Standards einstellen, die für Ihre Arbeit an der Präsentation durchgehend gelten. Grafikobjekten können Sie als Standard zuordnen:

- Textfarbe,
- Füllbereich,
- Linie,
- Schatten.

Um Standards für Objektformate zu definieren, gehen Sie so vor:
1. Formatieren Sie ein Objekt.
2. Öffnen Sie FORMAT/FARBEN UND LINIEN.

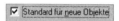

3. Aktivieren Sie das Kontrollkästchen STANDARD FÜR NEUE OBJEKTE

Sind Textformate zu sichern, wählen Sie FORMAT/SCHRIFTART und wieder das Kontrollkästchen STANDARD FÜR NEUE OBJEKTE.

5.4.1 Standardformat einer leeren Präsentation ändern

Für eine Präsentation gilt immer ein Standardformat (Farbskala usw.), gleich ob Sie die Präsentation neu anlegen oder eine vorhandene Präsentation öffnen:

1. Schalten Sie zu einer Präsentation oder legen Sie eine neue an.
2. Für die Präsentation gilt eine Farbskala, die Sie ändern können (siehe Kapitel 6.3).
3. Wechseln Sie zur Folienvorlage (siehe Kapitel 6.7) und ergänzen oder ändern Sie den Folienhintergrund.
4. Sichern Sie die Präsentation mit DATEI/SPEICHERN UNTER.
5. Verwenden Sie dabei als DATEITYP die Option PRÄSENTATIONSVORLAGEN.

Ordner MS Office

6. Schalten Sie zum Ordner *MSOFFICE* und dessen Unterordner *PRÄSENTATIONS-DESIGNS*.
7. Wählen Sie die Option ALLGEM und speichern Sie. Sie müssen, um das alte Standardformat zu ersetzen, in dem angezeigten Meldungsfeld JA anklicken.

Praxistip: Wenn Sie die Standardpräsentation, die mit NEUE PRÄSENTATION/LEERE PRÄSENTATION geöffnet wird, ändern wollen, stellen Sie für die Vorlage LEERE PRÄSENTATION.POT neue Werte ein.

5.4.2 Standardeinstellungen für Füllbereich und Linien

Leere Präsentation

Sie können erreichen, daß Objekte mit Standardvorgaben gezeichnet werden, auch dann, wenn Sie einem markierten Objekt eine andere Linienart und einen abweichenden Füllbereich zuordnen.

1. Markieren Sie ein vorhandenes Objekt, mit der richtigen Einstellung, oder zeichnen Sie ein Objekt.
2. Um Linienart und Füllbereich des markierten bzw. gerade gezeichneten Objekts zum Standard zu machen, wählen Sie FORMAT/FARBEN UND LINIEN.

3. Klicken Sie das Kontrollkästchen STANDARD FÜR NEUE OBJEKTE an.

Gleich, ob Sie eine Freihandfigur, eine Linie oder ein geschlossenes Objekt zeichnen, die Voreinstellungen werden wirksam. Sie können einem markierten Objekt jederzeit aber eine abweichende Formatierung zuordnen. Anschließend werden die Standardeinstellungen wieder wirksam, bis Sie neue Einstellungen wählen. Wenn Sie ein neues Objekt zeichnen, wird diesem also immer das Standardformat zugewiesen, auch wenn Sie gerade zuvor Einstellungen für ein Objekt geändert haben. Wollen Sie eine Änderung auf Dauer, kopieren Sie ein Format mit FORMAT/OBJEKTFORMAT KOPIEREN und wählen Sie dann FORMAT/DEM STANDARDOBJEKTFORMAT ZUWEISEN.

Schaltfläche Füllbereichsfarbe

Praxistip: Sie können einem abweichend formatierten Objekt nach der Markierung und einem Klick auf die Schaltfläche FÜLLBEREICHSFARBE in der Symbolleiste ZEICHNEN mit einem Klick auf die Zeile AUTOMATISCH oder das zugehörige Farbkästchen den Standard zuordnen.

5.4.3 Standardeinstellungen für Schatten

Wird einem Grafikobjekt beim Zeichnen der Standardschatten zugeordnet, gehen Sie so vor:

1. Klicken Sie für markierte Objekte die Schaltfläche SCHATTEN EIN/AUS an, um Schatten abzuwählen (s. Symbol am Rand).
2. In der Symbolleiste ZEICHNEN finden Sie eine Schaltfläche, um einem Objekt einen Schatten zuzuordnen oder diesen wieder abzuschalten.

Um den Schatten zu formatieren, müssen Sie FORMAT/SCHATTEN wählen und dort Einstellungen vornehmen. Diese Zuordnung können Sie für einen Standardschatten automatisieren:

1. Markieren Sie das Objekt, dem Sie den meistbenötigten Schatten zuweisen wollen.
2. Wählen Sie FORMAT/SCHATTEN.
3. Stellen Sie im Dialogfeld SCHATTEN Optionen für den Standardschatten ein (Position, Farbe, Transparenz).
4. Aktivieren Sie zum Abschluß das Kontrollkästchen STANDARD FÜR NEUE OBJEKTE und bestätigen Sie mit OK.

Schatten versetzt anordnen

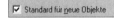

Schattentiefe einstellen

Wenn Sie einen Objektschatten ändern wollen, haben Sie drei Möglichkeiten:

Ausgang	Neu	Einstellungen
Objektschatten	Standardschatten	Format/Schatten/Farbe/Automatisch
Objektschatten	Schatten der Farbskala	Format/Schatten/Farbe
Objektschatten	Schatten in einer Sonderfarbe	Format/Schatten/Farbe/Andere Farbe

5.4.4 Standardeinstellungen für Textobjekte

Wenn Sie die Textfarbe ändern, können Sie entweder eine der acht aufeinander abgestimmten Farben der Farbskala oder eine Farbe verwenden, die in der aktuellen Farbskala nicht enthalten ist. Falls Sie eine Farbe der Farbskala verwenden und später die Farbskala Ihrer Präsentation ändern, ändert sich auch die Textfarbe und paßt sich der neuen Farbskala an. Wählen Sie jedoch eine nicht in der aktuellen Farbskala enthaltene Farbe, bleibt die Textfarbe auch bei einer Änderung der Farbskala unverändert erhalten.

Wollen Sie die Textfarbe einer Folie ändern, können Sie diese auf die Standard-Textfarbe der Farbskala zurücksetzen. Wenn Sie einen markierten Texte in der Farbe einer Farbskala darstellen wollen, sind diese Einstellungen notwendig:
1. Markieren Sie den zu ändernden Text in der Folienansicht.
2. Wählen Sie FORMAT/SCHRIFTART.
3. Stellen Sie in der Liste FARBE per Mausklick eine Farbe aus der Farbpalette ein.

Standard-Textfarbe

Wenn Sie einem Text die Standard-Textfarbe zuweisen wollen, ist dieser Arbeitsgang notwendig:
1. Markieren Sie einen Text.
2. Wählen Sie FORMAT/SCHRIFTART.
3. Klicken Sie auf den Pfeil der Listen FARBE, dann auf AUTOMATISCH.

Die zuvor beschriebenen Änderungen funktionieren auch in der Notizblattansicht.

Ergänzte Farbskala

Wenn Sie einem Text eine andere Farbe als eine der Farbskala zuweisen wollen, markieren Sie im Dialogfeld SCHRIFTART nach einem Klick auf den Pfeil der Liste FARBE die Zeile ANDERE FARBE. Ordnen Sie eine Farbe mit einem Doppelklick zu. Die Registerkarte ANPASSEN müssen Sie zuvor nur aktivieren, wenn Sie eine neue Farbe kreieren wollen.

Praxistip: Wenn Sie einen Text schreiben, wird diesem immer das Standardformat zugewiesen. Wollen Sie, daß sich bestimmte Textattribute auf Dauer ändern, müssen Sie ein Format kopieren (FORMAT/OBJEKTFORMAT KOPIEREN oder Schaltfläche) und FORMAT/DEM STANDARDOBJEKTFORMAT ZUWEISEN wählen.

5.5 Den Hintergrund von Folien gestalten

Da Folien vielfach mit einem Display projiziert, oft sogar farbig gedruckt werden, ist ein aufwendig gestalteter Hintergrund eine nützliche Methode, Inhalte vorzustellen. PowerPoint wird mit aufwendig vorproduzierten Hintergründen geliefert. In diesem Abschnitt erfahren Sie Methoden der Nutzung. Im Vorgriff wird auch vorgestellt, wie Sie auf jeder Folie stets gleiche Objekte im Hintergrund plazieren können.

5.5.1 Folienhintergrund schattieren

Mit Schattierungen lassen sich interessante Effekte auch mit schwarzweißen Darstellungen erzeugen. Nehmen Sie die vielfältigen Farbmöglichkeiten hinzu, steht Ihnen eine ganz neue Darstellungswelt für Ihre Folien zur Verfügung.

Eine Schattierung verändert den Folienhintergrund z.B. so, daß er von einer Ecke, von oben oder unten, nach der gegenüberliegenden Seite hin immer dunkler wird.

Um diese Einstellung in PowerPoint zu benutzen, wählen Sie in der Folienansicht FORMAT/BENUTZERDEFINIERTER HINTERGRUND.

Im Dialogfeld BENUTZERDEFINIERTER HINTERGRUND müssen Sie wählen, auf welchen Folienteil sich Ihre Wünsche erstrecken. öffnen Sie die Liste

unter dem Bild HINTERGRUNDFÜLLBEREICH, und klicken Sie auf die Zeile
SCHATTIERT.

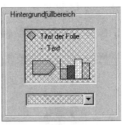

*Bild V.70:
Benutzerdefinierter
Hintergrund*

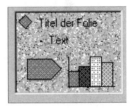

*Bild V.71:
Beispiel einer
marmorierten
Hintergrund-
schattierung*

PowerPoint blendet mit dem Dialogfeld SCHATTIERUNGEN ein Fenster zur
Auswahl der Schattierungsart ein. Sie können einstellen, wie die Schattie-
rung verlaufen soll.
Wie sich Farben einstellen lassen, hängt von der Wahl des Optionsfelds ab:

Option	Wirkung
Einfarbig	Farbe ordnen Sie mit der Liste FARBE zu. Die Schat-tierung ist in ihrer Farbstärke stufenlos zu variieren. Dazu dient ein Schieberegler, der mit der Maus in seiner Position verändert wird.
Zweifarbig	Mischen Sie die beiden Farben durch Einstellung der beiden Listen.
Voreingestellt	In der Liste werden besonders abgestimmte Farben als Voreinstellung angeboten.

**Schattierungen
wählen**

Bestätigen Sie mit OK, müssen Sie noch entscheiden, ob die Hintergrund-
schattierung nur für diese oder für alle Folien gelten soll.
Um dem Hintergrund Farben zuzuordnen schalten Sie zur Folienansicht,
wählen Sie eine der Einstellungen aus der folgenden Tabelle und weisen Sie
die Farbe per Schaltfläche zu:

Ziel	Einstellungen
Hintergrund in Farb-skalafarbe	FORMAT/BENUTZERDEFINIERTER HINTER-GRUND einen Hintergrundfüllbereich und eine Farbe wählen
Hintergrund in Son-derfarbe	FORMAT/BENUTZERDEFINIERTER HINTER-GRUND einen Hintergrundfüllbereich ANDERE FARBE und eine Farbe wählen

**Variante
Hintergrund-
schattierung**

V PowerPoint

Praxistip: Um einen Hintergrund zum Standard-Hintergrund werden zu lassen, wählen Sie FORMAT/BENUTZERDEFINIERTER HINTERGRUND, öffnen die Liste HINTERGRUNDFÜLLBEREICH und stellen AUTOMATISCH ein.

5.5.2 Ein Objekt automatisch auf jeder Folie

*Bild V.72:
Grafik als
benutzerdefinierter
Hintergrund wählen*

Typisch für ein Objekt, das Sie auf jeder Folie einer Präsentation eingeblendet sehen wollen, ist ein Firmenlogo. Das erreichen Sie mit wenigen Einstellungen:

Folienvorlage im Menü oder per Schaltfläche und `Shift`

1. Wählen Sie ANSICHT/VORLAGE, dann die Option FOLIENVORLAGE.
2. Zeichnen oder übernehmen Sie über die Zwischenablage das Objekt in die Folienvorlage.
3. Schalten Sie mit ANSICHT/FOLIEN zur zuvor bearbeiteten Folie zurück.

Sollte ein in die Folienvorlage übernommenes Objekt auf den Folien nicht angezeigt werden, wählen Sie FORMAT/BENUTZERDEFINIERTER HINTERGRUND. Das Kontrollkästchen HINTERGRUNDGRAFIKEN AUS VORLAGE AUSBLENDEN muß deaktiviert sein.

5.6 Präsentationslayouts nutzen

Firmen nutzen Vorgaben

Mit Layout wird gemeinhin die Konzeption einer Gestaltung beschrieben. In PowerPoint bedeutet Präsentationslayout eine Präsentation, deren Format und Farbskala Sie einer anderen Präsentation zuordnen können. Von solchen Präsentationslayouts bietet PowerPoint dem Benutzer standardmäßig eine Auswahl. Diese hat den Vorteil, daß es sich um professionell gestaltete Präsentationslayouts handelt. Wenn Sie jedoch aus dem privaten Fundus oder dem eines Unternehmens eine bestimmte Präsentation als Layout verwenden wollen, können Sie auch dies.

Als Präsentationslayout ist eine Präsentation mit einem speziellen Format und einer besonderen Farbskala zu verstehen. In jedem Präsentationslayout ist eine eigene Folien- und Titelvorlage enthalten. Diese Form können Sie jeder beliebigen Präsentation zuweisen. Wenn Sie eine der mitgelieferten Präsentationsvorlagen verwenden wollen, erhalten Sie:

- Eine vollständige Präsentation mit Inhaltsvorschlägen, die Sie übernehmen oder überschreiben können.

- Eine Präsentation mit benutzerdefiniertem Format und benutzerdefinierter Farbskala.

Sie verwenden eine Präsentationsvorlage als Basis für eine neue Präsentation. Sie legen dazu ein neues Präsentationslayout an und verwenden dazu

5 Das Layout in Präsentationen

das Format und die Farbskala einer bereits vorhanden Präsentation. Wenn Sie ein eigenes Präsentationslayout anlegen wollen, gehen Sie so vor:
1. Fertigen Sie eine neue Präsentation an oder öffnen Sie eine Präsentation. Sie können dabei auch ein Präsentationslayout als Grundlage für ein neues Präsentationslayout verwenden.
2. Stellen Sie in der Farbskala neue Farben ein bzw. ändern Sie die vorgegebenen Einstellungen.

Präsentationslayout

Nutzen Sie die Folienvorlage für einen gemeinsamen Folienhintergrund und immer wieder benötigte Anzeigen wie z.B. das Firmenlogo.

Wählen Sie DATEI/SPEICHERN UNTER und tragen Sie einen Namen für das Präsentationslayout ein. Stellen Sie als Dateityp PRÄSENTATIONSVORLAGEN ein. Die automatisch vergebene Erweiterung ist POT.

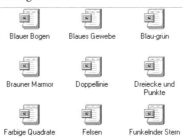

Bild V.73: Präsentationslayouts

Bei der Installation von MS Office wurde im Ordner VORLAGEN ein Unter-Ordner PRÄSENTATIONSLAYOUTS und PRÄSENTATIONS-DESIGNS im Office-95-Ordner VORLAGEN eingerichtet. Sie können diese Ordner benutzen oder ein neues Präsentationslayout in einem Ihrer eigenen Ordner sichern.

Office 95

5.7 Präsentationen mit Folienvorlagen formatieren

Bild V.74: Office-Vorlagen

Außer dem vorgestellten Präsentationslayout können Sie eine eigene Vorlage erstellen, die ein spezielles Format und eine besondere Farbskala sowie Ihren eigenen vorgeschlagenen Inhalt umfaßt.

Von einer Textverarbeitung kennen Sie wahrscheinlich bereits das Prinzip einer Vorlage. Wie in der Textverarbeitung alle Briefe eines bestimmten Typs können in PowerPoint alle Folien den gleichen Grundaufbau und identische Formatierungsmerkmale aufweisen. Wenn Sie eine eigene Vorlage anfertigen wollen, die Inhalte vorschlägt, können Sie die mit PowerPoint gelieferten Folienvorlagen anwenden. Änderungen einer Folienvor-

V PowerPoint

lage finden sich in jeder Folie wieder, es sei denn, daß diese individuell geändert wird.

Über das Menü DATEI und mit der Option NEU erhalten Sie Zugriff auf die Registerkarte PRÄSENTATIONEN.

Bild V.75:
Registerkarte der
Präsentationen

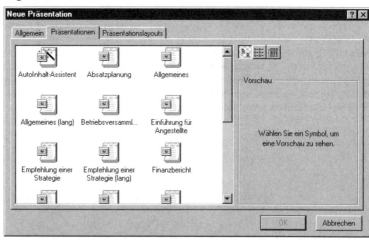

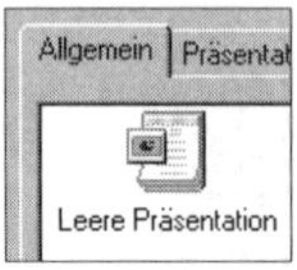

Register ALLGEMEIN
für Leere
Präsentation

In der
Gliederungsansicht
ändern

Bild V.76:
Dateityp
einstellen

Auf der Registerkarte PRÄSENTATIONEN werden Formate für Präsentationen unterschiedlicher Themen vorgegeben. Der Titel ALLGEMEINES z.B. nennt Vorgaben, deren Empfehlungen sich variabel anwenden lassen, andere Vorlagen lassen am Namen die Zielrichtung erkennen.

1. Wählen Sie eine Präsentation, greifen Sie zugleich auf die Vorlage dieser Präsentation zu.
2. Bearbeiten Sie Vorgaben wie den Titel der Präsentationsvorlage (Folie 1) und überschreiben bzw. ändern Sie den vorgeschlagenen Inhalt.

Wenn Ihnen die Farbskala zusagt, müssen Sie nichts weiter tun. Sonst variieren und ergänzen Sie.

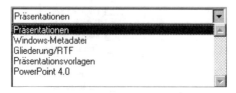

1. Ebenso können Sie die Folienvorlage (Folienhintergrund) und die Titelvorlage (evtl. neuen Abschnitt einfügen) ergänzen oder ändern.
2. Wählen Sie DATEI/SPEICHERN UNTER und schalten Sie zum Ordner *MSOFFICE/VORLAGEN/PRÄSENTATIONEN* (oder anderes Ziel, je nach persönlicher Organisation).
3. Aktivieren Sie den Dateityp PRÄSENTATIONSVORLAGEN.
4. Tragen Sie einen Namen für die geänderte Vorlage ein, und speichern Sie.

Wenn Sie anschließend wieder DATEI/NEU wählen, finden Sie die gespeicherte Präsentationsvorlage mit der Registerkarte PRÄSENTATION oder ALLGEMEIN, je nach Speicherziel.

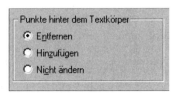

*Bild V.77:
Optionen zur
Formatprüfung*

Praxistip: Ist eine Präsentation formatiert, sollten Sie immer EXTRAS/
FORMATPRÜFUNG aufrufen. Wählen Sie das oder die Kontrollkästchen
bzw. in den Optionen, was geprüft werden soll.

Vorlagen anwenden

Vorlage	Art
Folienvorlage	Durch die Folienvorlage wird das Format und die Anordung der auf Folien eingegebenen Titel und Texte beeinflußt.
Titelvorlage	Mit der Titelvorlage ändern Sie das Format und die Anordnung der Titelfolie einer Präsentation sowie jeder anderen Folie, die Sie als Titelfolie bestimmen.

6 Mit Präsentationen arbeiten

Alle Einzelfolien, die Sie für eine Präsentation erstellen, können im Zusammenhang vorgeführt werden. Erst in diesem Zusammenhang wird der Name Präsentationsprogramm für PowerPoint sinnvoll. Alle Folien werden nicht für irgendwelche Firmenarchive angefertigt, sondern Ziel ist es, einem Publikum ein Thema zusammenhängend zu erläutern. Um Ihnen diese Arbeit zu erleichtern, bietet PowerPoint Möglichkeiten und Techniken, die Ihnen in diesem Kapitel vorgestellt werden sollen.

Einzelfolien oder vollständige Präsentation

6.1 Präsentation öffnen

Eine Präsentation können Sie auf verschiedene Weise öffnen. Wie das geschieht, hängt von der Situation bzw. dem Ziel ab. In den folgenden Abschnitten werden die Möglichkeiten kurz beschrieben.

Verschiedene Öffnungstechniken

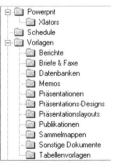

*Bild V.78:
PowerPoint und die
Ordnerorganisation*

V PowerPoint

Konvertierungsprogramm für ältere Präsentationen

Sie können auch eine Präsentation öffnen, die mit einer anderen PowerPoint-Version erstellt wurde. Bei der Installation wird ein Konvertierungsprogramm eingerichtet. Die Konvertierung führt zu einer geschützten Öffnung. Sie müssen unter neuem Namen speichern. Mit PowerPoint 4.0 für Windows oder PowerPoint 4.0 für den Macintosh angelegte Präsentationen können in PowerPoint für Windows 95 geöffnet werden. Sie können andererseits Präsentationen, die in Microsoft PowerPoint für Windows 95 angefertigt wurden, mit PowerPoint 4.0 für Windows oder der Anwendung für den Macintosh öffnen.

6.1.1 Neue Präsentationen mit dem Programm starten

Schaltfläche für PowerPoint

Um PowerPoint starten zu können, muß zuvor die richtige Umgebung geschaffen werden. Das ist Windows 95. Ist PowerPoint korrekt installiert, finden Sie das Programm in einem der Ordner von *MSOFFICE*. Einer der Unterordner heißt *POWERPNT* und enthält PowerPoint. Sie starten das Programm,

- indem Sie das PowerPoint-Symbol auf dem Desktop zweimal anklicken (wenn vorhanden),

Bild V.79: PowerPoint-Symbole im Ordner

- wenn Sie das PowerPoint-Symbol im Ordner *MSOFFICE\POWERPNT* zweimal anklicken,
- wenn Sie START/PROGRAMME/POWERPOINT anklicken.

Durch den Start öffnet das Programm ein Dialogfeld, und Sie können eine neue oder eine vorhandene Präsentation anlegen.

Bild V.80: PowerPoint im Startmenü

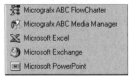

6.1.2 Neue Präsentation vom Programm aus öffnen

Sie müssen nicht jedesmal, wenn Sie eine Präsentation öffnen wollen, PowerPoint starten. Haben Sie alle Präsentationen geschlossen, sehen Sie von PowerPoint nur noch die Menüzeile mit dem aktiven Menü DATEI. Über dieses Menü können Sie jederzeit eine Präsentation starten. Also auch dann, wenn Sie bereits an einer Präsentation arbeiten.

[Strg]+[N] **für eine neue Präsentation**

1. Aktivieren Sie das Menü DATEI, um eine neue Präsentation zu öffnen.
2. Wählen Sie NEU, eines der Register und eine Präsentation oder den AutoInhalt-Assistent.

Es hat Sinn, wenn Sie eine neue Präsentation über die beschriebene Menüposition öffnen, während eine weitere Präsentation noch geöffnet ist – beispielsweise dann, wenn Sie zwischen den Präsentationen Text oder Abbildungen austauschen wollen.

6.1.3 Vorhandene Präsentation öffnen

Sie sind in Ihrer bisherigen Praxis wahrscheinlich meist davon ausgegangen: Wenn Sie eine bestimmte Datei brauchen, starten Sie erst das benötigte Programm, dann laden Sie die betreffende Datei, um an Ihre Daten zu kommen. Windows 95 beherrscht durch seine Verknüpfungen auch das umgekehrte Vorgehen, nämlich eine Datei zu veranlassen, das passende Programm und dann sich selbst zu laden:

Neue Arbeitsweise angewöhnen

1. Schalten Sie zum Explorer von Windows.
2. Wechseln Sie zum Verzeichnis Ihrer PowerPoint-Dateien.
3. Richten Sie den Mauspfeil auf die gesuchte Präsentation, und klicken Sie doppelt.

Ist innerhalb von Windows die Verknüpfung zwischen PowerPoint und Dateien mit der Erweiterung .PPT durchgeführt worden, reicht dieser Doppelklick aus, zuerst PowerPoint zu starten und zugleich die jeweilige Präsentation zu öffnen. Durch die Standard-Installation von Office ist diese Situation bereits eingerichtet.

Office 95

Die zuvor beschriebene Methode ist meist die effektivste. Besonders trifft das zu, wenn Sie Präsentationssymbole jeweils im richtigen Ordner bereithalten. Sie können eine vorhandene Präsentation auch mit DATEI/ÖFFNEN einblenden.

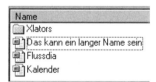

Bild V.81:
Gespeicherte
Präsentation laden

6.2 Kopie einer Präsentation öffnen

Besonders bei Büroarbeiten steht jeder Mitarbeiter von Unternehmen vor immer wiederkehrenden Aufgaben. Die eintönigen Wiederholungen sind seit der Einführung der Computertechnologie weniger geworden. Ob Texte in der Textverarbeitung oder umfangreiche Tabellen, alles, was einmal geschrieben wurde, kann (wird es wieder in einer neuen Variante gebraucht) mit wenigen Tastenanschlägen kopiert werden.

Sicherheitskopie nutzen

V PowerPoint

Präsentationen wiederverwenden

Auch PowerPoint trägt der beschriebenen Situation Rechnung. Eine einmal erstellte Präsentation für die monatliche Umsatzbesprechung muß nicht jeden Monat neu erstellt werden. Auch wenn diese Arbeit durchaus Spaß machen könnte, soviel Zeit wird im allgemeinen nicht bleiben. Deshalb können Sie die einmal angefertigte Präsentation für diesen Zweck leicht wiederverwenden.

Doppeltes Laden mit Schreibschutz

1. Laden Sie eine Präsentation zweimal. Beim zweiten Öffnen der gleichen Präsentation bietet PowerPoint an, die Präsentation schreibgeschützt zu öffnen.

Fenstertechnik anwenden

2. Bestätigen Sie mit OK, wird die Präsentation in einem zweiten Fenster mit dem Hinweis [SCHREIBGESCHÜTZT] angezeigt.

Sicherheit durch häufiges Sichern

Beim Speichern wird ein neuer Name einer geänderten schreibgeschützten Präsentation abgefragt. Sie erreichen gleiches, wenn Sie eine Präsentation laden und sie mit Hilfe von DATEI/SPEICHERN UNTER mit einem neuen Namen sichern. Was dagegen spricht, ist die menschliche Vergeßlichkeit. Gehen Sie so vor, werden abgelenkt und sichern mit SPEICHERN oder [Strg]+[S], dann ist die ursprüngliche Fassung durch eine geänderte überschrieben. Da dies unter Umständen ärgerlich sein kann, gehen Sie besser einen anderen Weg.

Bild V.82: Kopie speichern

Die zuerst angesprochene Methode öffnet nicht die Präsentation, die Sie zwar ändern, aber in der Grundversion erhalten wollen, sondern eine Kopie davon, die ihren Dateinamen erst später erhält. So sind Sie abgesichert, haben aber das gewünschte Ziel erreicht.

6.3 Standardformat für Präsentationen

Leere Präsentation = Standard

Beim Arbeitsbeginn mit einer neuen Präsentation entscheiden Sie, mit welchem Format Sie in der aktuellen Präsentation arbeiten wollen, mit dem Standard oder einem der vorbereiteten Layouts. Wenn Sie den Standard verwenden wollen, beginnen Sie so:

1. Wählen Sie DATEI/NEU.
2. Im Register ALLGEMEIN doppelklicken Sie auf das Objekt LEERE PRÄSENTATION.
3. Aktivieren Sie ein AutoLayout und legen Sie die Folien an.

Bild V.83: POT-Dateien

Name	In Ordner	Größe	Typ
Leere Präsentation	C:\MSOffice\Vorlagen	34 KB	Microsoft PowerPoint-Präsentationsvorlage
Mitteilung negative...	C:\MSOffice\Vorlag...	53 KB	Microsoft PowerPoint-Präsentationsvorlage
Allgemeines	C:\MSOffice\Vorlag...	72 KB	Microsoft PowerPoint-Präsentationsvorlage
Zwischenbericht	C:\MSOffice\Vorlag...	57 KB	Microsoft PowerPoint-Präsentationsvorlage
Vorstellung einer N...	C:\MSOffice\Vorlag...	72 KB	Microsoft PowerPoint-Präsentationsvorlage
Empfehlung einer ...	C:\MSOffice\Vorlag...	50 KB	Microsoft PowerPoint-Präsentationsvorlage
Schulung	C:\MSOffice\Vorlag...	53 KB	Microsoft PowerPoint-Präsentationsvorlage
Mitteilung negative...	C:\MSOffice\Vorlag...	61 KB	Microsoft PowerPoint-Präsentationsvorlage
Allgemeines (lang)	C:\MSOffice\Vorlag...	79 KB	Microsoft PowerPoint-Präsentationsvorlage
Zwischenbericht (l...	C:\MSOffice\Vorlag...	68 KB	Microsoft PowerPoint-Präsentationsvorlage

48 Datei(en) gefunden

6 Mit Präsentationen arbeiten

Wenn Sie PowerPoint mit einer leeren Präsentation starten, enthält LEERE PRÄSENTATION.POT keine besonderen Einstellungen. Das können Sie in diesen Zustand belassen und von Fall zu Fall mit anderen Layouts arbeiten (siehe Kapitel X). Sie können aber auch die Standardpräsentation so verändern, daß Sie Ihren Wünschen entspricht, und als neuen Standard speichern. Diese Einrichtung steht Ihnen dann immer sofort zur Verfügung, wenn Sie das Standardformat verlangen. Bearbeiten Sie in diesem Fall die Vorlage LEERE PRÄSENTATION (*LEERE PRÄSENTATION.POT*). Die Vorlage LEERE PRÄSENTATION ist meist im Ordner *VORLAGEN* von MS Office gespeichert.

Um ein benutzerdefiniertes Standardformat zu erstellen, starten Sie PowerPoint mit einer neuen Präsentation:

1. Wählen Sie die Vorlage LEERE PRÄSENTATION.
2. Arbeiten Sie sich durch alle Optionen des Menüs FORMAT, in denen Sie Standards vorgeben können. Stellen Sie z.B. eine Farbskala mit Standard- und Sonderfarben zusammen, die Sie immer zur Verfügung haben wollen. Legen Sie beispielsweise auch fest, wie der Füllbereich aussehen soll, welche Farbe der Schatten haben soll usw. In gleicher Weise legen Sie Formate der Option SCHRIFTART fest.

Bild V.84:
Menü FORMAT

Konnten Sie eine Standardeinstellung vornehmen, wird sie in jeder Präsentation nach dem Start automatisch zur Verfügung stehen.

Bild V.85:
Standard
übernehmen

Haben Sie alle gewünschten Einstellungen für den zukünftigen Standard vorgenommen, wählen Sie DATEI/SPEICHERN UNTER.

1. Aktivieren Sie als Dateityp PRÄSENTATIONSVORLAGEN und den Vorgabenamen LEERE PRÄSENTATION.
2. Bestätigen Sie auch die Sicherheitsabfrage, wird die vorhandene Datei *LEERE PRÄSENTATION.POT* überschrieben.

6.4 Vorhandenes Format in eine neue Präsentation übernehmen

Immer dann, wenn Sie eine Präsentation mit einem interessanten Format bereits erstellt haben, können Sie diese auch in neuen Präsentation weiter-

Format übernehmen oder kopieren

verwenden. Es ist nicht nötig, eine einmal erledigte Arbeit nochmals zu machen:

1. Laden Sie mit DATEI/NEU in einem der Register PRÄSENTATION oder PRÄSENTATIONSLAYOUTS. Wenn Sie einen weiteren Ordner angelegt haben, wird vielleicht ein weiteres Register für die Wahl in Frage kommen.
2. Ändern und schließen Sie die gewählte Präsentation.

Die aktuelle Präsentation besitzt nun das Format der zunächst geöffneten Präsentation und kann von Ihnen beliebig bearbeitet werden.

6.5 Maßstab ändern

Vergrößern oder verkleinern

Sie haben Wahlmöglichkeiten, wie groß die Darstellung auf dem Bildschirm ist. Wollen Sie beispielsweise mehr Einzelheiten (vielleicht eine sehr kleine Schrift) auf einer Folie erkennen, können Sie den Maßstab der Folie verändern.

Einstellmöglichkeiten finden Sie im Menü ANSICHT mit der Option ZOOM. Wählen Sie eines der Optionsfelder oder stellen Sie die Vorgabe ein.

Bild V.86: Maßstab einstellen

Paßt eine Folie bei einem großen Maßstab nicht mehr auf den Bildschirm, müssen Sie die Bildlaufleisten zum Verschieben einsetzen.

Die Änderung des Maßstabs ist in der normalen Folienansicht wie in den Sortieransichten (unter 200%) zu benutzen. Verwenden Sie in den unterschiedlichen Ansichten verschiedene Einstellungen, werden diese beim Umschalten zwischen den Ansichten nicht beibehalten. Es gelten immer die jeweiligen Einstellungen.

Bild V.87: Miniaturbild einer Folie

Praxistip: Wenn Sie eine Vergrößerung eingeschaltet haben und während der Arbeit eine Gesamtübersicht benötigen, wählen Sie ANSICHT/ MINIATURBILD. Die Abbildung ist bei einer farbigen Präsentation schwarzweiß (und umgekehrt), so daß Sie zugleich die Wirkung der Ausgabe auf einem monochromen Drucker beobachten können.

6.6 Markierung und Folien

Haben Sie die Folien für eine geplante Präsentation fertiggestellt, beginnen Sie, Ihre Präsentation insgesamt zur Vorführung vorzubereiten. In diesem Abschnitt geht es also nicht mehr um Objekte, die auf einer Folie hin und her geschoben werden, sondern um das, was alle Objekte umfaßt – Folien.

Folien umfassen Objekte

Die Folien können ganz ähnlich behandelt werden wie Grafik- oder Textobjekte. Sie können im Zusammenhang auf dem Bildschirm betrachtet werden. Sie können einzeln und in Gruppen markiert werden. Es ist möglich, die markierten Folien zu löschen und zu verschieben.

Folien in der Foliensortier- oder Gliederungsansicht ansehen

6.6.1 Folien markieren

Sollen Folien markiert werden, müssen sie auf dem Bildschirm abgebildet werden. Da Gruppen von Folien markiert werden können, ist es erforderlich, mehrere Folien zugleich zu sehen:

1. Wählen Sie ANSICHT/FOLIENSORTIERUNG. Auf Ihrem Bildschirm breiten sich nach kurzer Wartezeit Folien in Kleinformat aus.
2. Am unteren Rand des Bildschirms (links vom Bildlaufpfeil) sehen Sie kleine Symbole. Eines dient der Umschaltung zur Sortieransicht der Folien, ein anderes bringt die Übersicht der Titel auf den Bildschirm, wenn Sie zeigen und klicken.

Wollen Sie die Folien markieren, benutzen Sie die linke Maustaste. Die Folie hat einen Rahmen, sie ist markiert. Wollen Sie mehr als eine Folie markieren, setzen Sie den Mauspfeil links oberhalb zwischen die Folien im Kleinformat. Halten Sie die linke Maustaste gedrückt und ziehen Sie die Maus nach rechts unten. Das Markierungsrechteck wird sichtbar. Lassen Sie die Maustaste los, wird das Markierungsrechteck durch die Markierung der vorher umrahmten Folien ersetzt.

Gliederungsansicht wählen

Mit der zuletzt geschilderten Methode lassen sich nur gerade Zahlen von Folien markieren. Eine zweite Möglichkeit gibt Ihnen mehr Freiheit bei der Markierung. Halten Sie [Shift] niedergedrückt, zeigen Sie mit dem Mauscursor auf eine Folie und klicken Sie mit der linke Maustaste. Solange Sie [Shift] niederhalten, können Sie weitere Folien im gleichen Arbeitsgang markieren.

Haben Sie zwei Foliengruppen markiert, können diese wiederum zusammen markiert werden. Das erreichen Sie, indem Sie das Markierungsrechteck, während Sie [Shift] niederhalten, über beide Gruppen ziehen. Sie werden dann zur gleichen Zeit markiert. Die Tastenkombination [Strg]+[A], die den Bildschirminhalt insgesamt markiert, funktioniert auch in dieser Ansicht.

Alles markieren durch
[Strg]+[A]

6.6.2 Titel markieren

Im Menü ANSICHT finden Sie die Option GLIEDERUNG. Haben Sie eine Präsentation geladen, führt die Wahl der genannten Option zur Anzeige einer Liste der Titel, je nachdem auch zur Einblendung von Gliederungspunkten:

- Die Titel können Sie einzeln durch einen Mausklick markieren, indem Sie auf den jeweiligen Titel zeigen und klicken.
- Halten Sie [Shift] nieder und wählen dann einen Titel, können Sie die Markierung beliebig oft wiederholen, um mehrere Titel in einem Arbeitsgang zu markieren.

Neue Folie mit
[Strg]+[N]

V PowerPoint

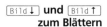 **und** **zum Blättern**

Ganz ähnlich wie eben beschrieben können Sie die Titel markieren, wenn Sie auf die laufenden Nummern am Rand zielen. Halten Sie zusätzlich `Shift` gedrückt, können Sie mit dieser Methode reihenweise markieren.

Wollen Sie alle Titel markieren, können Sie auch hier mit `Strg`+`A` arbeiten.

6.7 Folienreihenfolge ändern

Reihenfolge zunächst beliebig

Die einzelnen Folien einer Präsentation haben Sie nacheinander angefertigt. Beim Erstellen der Folien mußten Sie die Reihenfolge der Folien nicht beachten. Bereiten Sie eine Präsentation zur Vorführung vor, wird die Reihenfolge der Anordnung der Folien allerdings wichtig.

Wollen Sie die Reihenfolge der Folien in der Folienansicht ändern, gehen Sie auf folgende Weise vor:

1. Wählen Sie ANSICHT/FOLIENSORTIERUNG im Menü oder durch Anklicken nebenstehenden Symbols. Sie sehen eine Übersicht der in der aktuellen Präsentation enthaltenen Folien vor sich. Die Reihenfolge der Folien läßt sich nun frei bestimmen.

2. Um eine Folie Nr. X an anderer Position einzuordnen, zeigen Sie mit dem Mauscursor auf die Folie, und markieren die Folie. Halten Sie die linke Maustaste nieder, und ziehen Sie den Mauscursor an den freien Platz für eine Neuanordnung.

Der Cursor hat während der Aktion seine Form verändert. Er sieht aus wie eine kleine Folie mit einem Pfeil. Am neuen Standort lassen Sie nur die Maustaste los, die markierte Folie nimmt sofort ihren neuen Platz ein. Die Reihenfolge der Folien paßt sich automatisch an.

Wollen Sie mehrere Folien zugleich verschieben, markieren Sie zuerst die Folien. Setzen Sie den Mauscursor auf eine der markierten Folien, und ziehen Sie die Maus, so daß der Cursor auf den neuen Folienstandort weist. Ein Strichcursor zeigt die Einfügestelle.

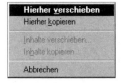

Verschieben mit dem Kontextmenü

Um die Reihenfolge der Folien in der Gliederungsansicht zu ändern, arbeiten Sie in ähnlicher Weise wie zuvor beschrieben:

1. Schalten Sie mit ANSICHT/GLIEDERUNG oder der Schaltfläche unten am Bildschirmrand um.

2. Markieren Sie eine Titelzeile, und ziehen Sie sie an den neuen Platz, so wie das oben für Folien beschrieben wurde. Sie können auch ein Foliensymbol markieren und dieses ziehen. Durch die angezeigte Einfügezeile ist diese Methode meist einfacher zu handhaben. Der Mauspfeil wird dabei zum Vierfachpfeil.

Titel in der Gliederung

Sie sehen am Beispiel auch die Notwendigkeit der Vergabe eines Titels, wenn Sie bei der Anordnung der Folien damit arbeiten wollen. Bei einem vergebenen Titel fällt Ihnen die Neuordnung wesentlich leichter, selbst wenn Sie die Folien auch ohne Titel neu ordnen können.

Mit der Zwischenablage umstellen

Für die Umstellung der Reihenfolge von Folien Ihrer Präsentation können Sie auch die Funktionen KOPIEREN, AUSSCHNEIDEN und EINFÜGEN benutzen. Arbeiten Sie mit den genannten Funktionen, markieren Sie eine oder mehr Folien. Wählen Sie BEARBEITEN/KOPIEREN oder BEARBEITEN/AUSSCHNEIDEN. Ersteres, wenn Sie eine Folie zweimal innerhalb einer Präsentation benutzen wollen, die zweite Möglichkeit, wenn Sie umstellen wollen. Nach der Wahl enthält die Zwischenablage die Folie(n). Markieren Sie eine Folie und rufen dann BEARBEITEN/EINFÜGEN auf, werden die Folien aus der Zwischenablage vor dieser Folie eingefügt. Sie können in der Sortieransicht auch auf den Zwischenraum zweier Folien klicken. Dann erscheint ein Einfügecursor. An seiner Position wird die Folie eingefügt. Haben Sie die Gliederung vor sich, fügen Sie unterhalb des markierten Titels ein. Die Tastenkombinationen funktionieren natürlich auch in dieser Ansicht.

6.8 Folien zwischen Präsentationen wechseln

Wollen Sie eine neue Präsentation ausarbeiten, können Sie diese Präsentation manchmal vollständig aus bereits vorhandenen Präsentationen zusammenstellen. Sie können die Methoden der Menüs BEARBEITEN oder EINFÜGEN verwenden.

Präsentationen modulweise zusammenstellen

Voraussetzung für das Kopieren und anschließende Einfügen ist, daß Sie die betreffenden Präsentationen laden. Wechseln Sie dann in die Foliensortieransicht und kopieren oder schneiden Sie die einzelnen Folien aus, um Sie in eine neue Präsentation einzufügen. Um zwischen den Präsentationen zu wechseln, verwenden Sie das Menü FENSTER oder die Tastenkombination:

Mit [Strg]+[⇆] Fenster wechseln

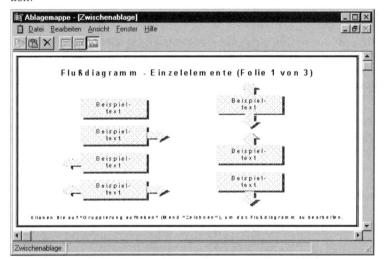

Bild V.88: Folie in der Zwischenablage

1. Kopieren Sie eine oder mehrere Folien, und wählen Sie im Menü FENSTER die Ziel-Präsentation aus.
2. Fügen Sie die in die Zwischenablage kopierte Folie an der gewünschten Position in die aktuelle Präsentation ein.

Schalten Sie zu der Quell-Präsentation

Das Menü EINFÜGEN stellt zwei weitere Optionen zum Einfügen von Folien in die aktuelle Präsentation bereit:

1. Schalten Sie mit EINFÜGEN/FOLIEN aus Datei zum Dialogfeld ÖFFNEN.
2. Suchen Sie eine Präsentation aus. Laden Sie diese und bearbeiten Sie die eingefügten Folien. Ändern Sie oder löschen Sie überflüssige Folien.

Bild V.89: Aus Gliederung einfügen

Wenn Sie mit EINFÜGEN/FOLIEN AUS GLIEDERUNG Folien einfügen wollen, öffnet sich wieder das Dialogfeld ÖFFNEN. Als Dateityp sind GLIEDERUN-

V PowerPoint

GEN voreingestellt. Angezeigt werden Dateien, die zuvor mit diesem Typ gespeichert wurden. Laden Sie die Gliederung und ändern Sie.

6.9 Folien löschen

Im Menü BEARBEITEN finden Sie die Option FOLIE LÖSCHEN. Sie entfernt die aktuelle Folie in der Folien- oder Notizblattansicht.

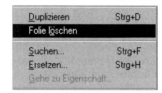

Bild V.90: Option FOLIE LÖSCHEN

Löschen können Sie mit verschiedenen Verfahren

- Standard ist die Option FOLIE LÖSCHEN im Menü BEARBEITEN.
- Einfacher und schneller kommen Sie mit [Backspace] oder [Entf] zum Ziel.
- Oder Sie benutzen die weiter oben erwähnte Funktion AUSSCHNEIDEN, so daß Sie die gelöschte Folie an anderer Stelle einer Präsentation wieder einbauen können.

Praxistip: Immer dann, wenn Folien in ihrer Gesamtheit gehandhabt werden, sollten Sie in die Sortieransicht schalten. So auch, wenn Folien ganz gelöscht werden sollen. Der Löschvorgang läßt sich in gleicher Weise auf Titel der Gliederungsansicht anwenden.

[Strg]+[Z] **für Löschen zurücknehmen**

Markieren Sie die Folie bzw. den Titel der gelöscht werden soll. Sie können auch mehr als eine Folie bzw. einen Titel markieren und diese dann zugleich löschen.

6.10 Notizzettel anfertigen

Zu jeder Folie gehört ein Notizblatt. Es erhält automatisch im oberen Teil eine verkleinerte Abbildung der Folie, zu der es gehört. Der restliche Platz steht Ihnen für Vortragsnotizen zur Verfügung.

Anzeigenwechsel durch Doppelklick auf Miniaturbild

Um ein Notizblatt anfertigen zu können, laden Sie eine Präsentation:

- Sobald die erste Folie sichtbar ist, schalten Sie zur Ansicht für Notizen. Sie finden im Menü ANSICHT die passende Option, sie heißt NOTIZEN.
- Sie erreichen gleiches mit einem Klick auf die nebenstehende Schaltfläche.

Das Notizblatt auf dem Bildschirm verwendet die Größe für die Folie, die Sie in der Vorlage oder im Standardformat festgelegt haben. Im oberen Drittel ist die Folie abgebildet, zu der die Notiz gehört. Auf der verbleibenden freien Fläche können Sie nach Belieben schreiben. Verwenden Sie alle Hilfsmittel, die bisher vorgestellt wurden:

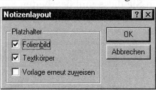

Bild V.91: Notizenlayout wählen

1. Um direkt zu arbeiten, aktivieren Sie durch einen Mausklick das Beschriftungs-Hilfsmittel.
2. Klicken Sie auf einen beliebigen Ort in der Notiz und schreiben Sie.

Sollen alle Notizen gleich formatiert sein, lesen Sie den nächsten Abschnitt. Dort wird erklärt, wie eine Vorlage für Notizen erstellt wird. Sie können auch so vorgehen, daß Sie zunächst mit dem Text-Hilfsmittel ein Textrechteck auf dem Notizblatt ziehen. Formatieren (Schriftart, -größe etc.) und markieren Sie es. Kopieren Sie es in die Zwischenablage. Ziel ist es, dieses leere Textrechteck auf jedes Notizblatt zu kopieren, so daß es nur noch ausgefüllt werden muß, ohne daß jedesmal ein neues Format zugeordnet werden braucht.

6.11 Format für Notizzettel

Wie Sie Formatvorlagen für Folien erstellen können, die dafür sorgen, daß alle Folien gleiche Merkmale aufweisen, können Sie auch bei Notizblättern gleich vorgehen. Dort heißt die Funktion NOTIZENVORLAGE:

Um eine Notizenvorlage anzufertigen, schalten Sie die Option ANSICHT/VORLAGE/NOTIZENVORLAGE ein. In der Statuszeile (links unten) sehen Sie anschließend den Vermerk NOTIZENVORLAGE.

Sie können die Folienabbildung in ihrer Größe und Position verändern: Markieren Sie die Folie und ziehen Sie sie größer, kleiner oder an eine neue Position.

Ist Information vorhanden, die Sie auf dem Notizblatt nicht haben wollen, entfernen Sie überflüssige Teile der Folienabbildung. Umgekehrt können Sie der Vorlage für alle Notizen Objekte oder Text hinzufügen.

Datum, Seitenzahl sowie Kopf- und Fußzeilenbereich gibt es auch in einer Notizenvorlage:

- Wählen Sie ANSICHT/KOPF- UND FUSSZEILE und das Register NOTIZBLÄTTER und HANDZETTEL.
- Je nach Wahl der Kontrollkästchen wird ein Code zugefügt oder aus der Vorlage entfernt.

Nachdem Sie die Schaltfläche ALLEN ZUWEISEN angeklickt haben, läßt sich das Ergebnis in der Notizblattansicht betrachten. Um einen Text zu ändern, wählen Sie nochmals ANSICHT/KOPF- UND FUSSZEILE und das Register NOTIZBLÄTTER und HANDZETTEL. Zum Formatieren der Notizblätter gehen Sie so vor:

1. Halten Sie [Shift] nieder, und klicken Sie auf die Schaltfläche NOTIZBLATTANSICHT. Die Vorlage der Notizen wird sichtbar.
2. Wählen Sie für das Format einen der Bereiche für das Datum, Seitenzahl oder den Kopf- und Fußzeilenbereich.
3. Ordnen Sie über das Menü FORMAT oder eine Schaltfläche z.B. neue Schriftarten oder eine Hintergrundfarbe zu.

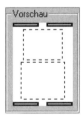

Notizvorschau

Da Sie auf die beschriebene Weise die Vorlage geändert haben, wird die Schrift oder Farbe auch auf allen Notizen angezeigt.

6.12 Notizen zu einem Buch zusammenfassen

1. Wählen Sie EXTRAS/BUCH ERSTELLEN.
2. PowerPoint übergibt kleinformatige Abbilder seiner Folien an Word.

Benutzen Sie Word, um die Daten aus PowerPoint in neuer Form zusammenzufassen und auszugeben.

6.13 Handzettel erstellen

Handzettel wirken nachhaltig

Vor Publikum kommt es zuerst auf die Darstellungskraft des Vortragenden an. Diese wird, benutzt er PowerPoint, verstärkt durch die Fähigkeiten der Präsentation. Schließlich kommt der Augenblick, wenn das Publikum geht. Damit »entkommt« es dem Einfluß des Präsentierenden. Um noch nachhaltiger zu wirken und als Gedächtnisstütze kann PowerPoint alle Folien als Handzettel drucken. Alle Teilnehmer der Veranstaltung können so die wichtigsten Daten und Ergebnisse der Präsentation mit nach Hause nehmen.

Bild V.92: Ausgabe der Handzettel bestimmen

Folien
Handzettel (2 Folien je Seite)
Handzettel (3 Folien je Seite)
Handzettel (6 Folien je Seite)

Mit welchem Größenformat Handzettel ausgedruckt werden, legen Sie mit DATEI/DRUCKEN/DRUCKEN/HANDZETTEL fest. Drei Kombinationen sind möglich. Zwei Handzettel pro Seite, drei oder auch sechs. Der besseren Lesbarkeit wegen sollten Sie möglichst eine niedrige Zahl verwenden.

Das Menü ANSICHT birgt mit VORLAGE/HANDZETTEL eine Option zur Gestaltung der Handzettel. Es wird eine Handzettelschablone angezeigt. Die möglichen Umrisse der Seitenaufteilung sind mit unterbrochenen Linien eingetragen.

Wollen Sie auf den Handzetteln noch Eintragungen vornehmen, etwa den Namen der Veranstaltung, können Sie ebenso vorgehen wie im Fall der Folien beschrieben. Die Codes, z.B. <#> für die Seitenzahl, sind bereits vorgegeben. Wollen Sie die Codes neu einfügen, kopieren Sie oder nutzen Sie die Optionen von EINFÜGEN. Freien Text können Sie eingeben.

Bild V.93: Positionslinien

Die gestrichelten Positionslinien geben Ihnen einen Anhaltspunkt bei den Eintragungen. Verwenden Sie die Ihnen bekannten Hilfsmittel, um Text- oder Grafikobjekte zu erzeugen, die auf allen Handzetteln vorkommen sollen.

6.14 Präsentationen speichern und beenden

Eine Präsentation ist das Ergebnis von viel Planung und Arbeit. Diese Investition erhält ihren Sinn erst, wenn die Präsentation verwendet werden kann. Das setzt voraus, daß sie gespeichert wurde.

Klappen Sie das für das Speichern zuständige Menü DATEI auf und verwenden Sie SPEICHERN oder klicken Sie auf das Symbol. Beim ersten Aufruf schaltet PowerPoint zu SPEICHERN UNTER. Die Option benötigen Sie sonst, um einen neuen Namen einzugeben.

Haben Sie die aktuelle Präsentation bereits einmal (oder auch mehrfach) gesichert, speichert PowerPoint die Präsentation und überschreibt dabei die zuvor gespeicherte Version dieser Datei.

Sie können eine Präsentation auch mit DATEI/BEENDEN schließen und speichern.

Anhänge

Schedule+

Haben Sie es immer eilig, müssen Sie die vorhandene Zeit vielleicht nur besser einteilen. Dabei kann Sie ein Zeitmanagementsystem wie Schedule+ unterstützen:

Zeitmanagementsystem für die Terminplanung

- Sie können Termine, Besprechungen, Aufgaben, Kontakte und Ereignisse organisieren.
- Sie können periodische Termine, Besprechungen und Aufgaben einmal eingeben und dann immer wieder benutzen.

$\boxed{\text{Strg}}$+$\boxed{\text{Shift}}$+$\boxed{\text{R}}$ **für Mahner**

- Sie können Mahner einstellen, damit Sie Termine, eine Aufgabe oder ein Ereignis nicht vergessen.
- Sie können schnell auf Aufzeichnungen aus Besprechungen zugreifen, sich informieren und Daten aktualisieren.

Arbeiten Sie mit Mail, können Sie Arbeiten gruppenweise organisieren, Mails senden und empfangen. Wenn Sie das erlauben, können andere Ihren Zeitplan einsehen, mit Ihnen gemeinsam planen und Daten in Ihrem Zeitplan verwalten.

Mit Mail gruppenweise organisieren

Schedule+ arbeitet mit Ansichten und Zeitplanelementen, die in Registerkarten organisiert sind. In den Registerkarten finden Sie eines oder mehrere der folgenden Elemente:

Element	Aufgabe
Terminkalender	Termine mit zugehörigen Daten für einen Tag, eine Woche, einen Monat oder ein Jahr anzeigen. Die Termine werden erklärt und mit Symbolen ergänzt.
Aufgabenliste	Sie geben an, welche Daten in der Liste aufgeführt werden sollen. Sie können Einträge filtern, gruppieren und sortieren.
Kontakte	Aufzeichnungen von Kontakten. Sie können ändern, gruppieren, sortieren und wählen, welche und wieviel Daten in die Anzeige übernommen werden sollen.
Übersicht	Sie können Teilnehmer auflisten, eine Zeit für die Besprechung wählen und Besprechungsanfragen erstellen. Sie haben Zugriff auf die Daten in der Registerkarte ÜBERSICHT.

A Schedule+

Element	Aufgabe
Ereignisse	Verfolgen von Tagen und Aktivitäten, die mit einem Datum, aber nicht mit speziellen Zeiten verknüpft sind (z.B. Konferenz, Besichtigung, Geburtstag, Jahrestag). Anzeige in der Tages- und Wochenansicht. Sie können für Ereignisse den Mahner einstellen.

1 Anmelden bei Schedule+

Starten Sie mit einem Doppelklick auf das Symbol von Schedule+ (s. nebenstehende Abb.). Um sich im Arbeitsgruppenmodus anzumelden, geben Sie Ihren Profilnamen ein, falls er nicht schon angezeigt wird, und tragen Sie Ihr Kennwort ein. Schedule+ blendet die Registerkarte TÄGLICH für das aktuelle Datum ein.

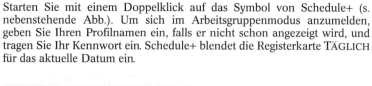

Bild VI.1: Anmelden

Bild VI.2: Lokale Zeitplandatei wählen

Bild VI.3: Ohne Verbindung zur Arbeitsgruppe arbeiten

Nicht immer müssen Sie Zugang zu einem Mail-Server haben. Sie können Ihre Zeitplandatei unabhängig von anderen bearbeiten und die Daten bei der nächsten Verbindung aktualisieren lassen. Um im Einzelplatzmodus zu starten, gehen Sie so vor:

1. Im Dialogfeld ANMELDEN BEI SCHEDULE+ müssen Sie auch im Einzelplatzmodus Ihren Benutzernamen eingeben.

2. Sie können alternativ den vorgeschlagenen Namen übernehmen; danach bestätigen Sie.

Wieder wird die Registerkarte TÄGLICH eingeblendet. Das Datum für den aktuellen Tag wird über und unter dem Feld für Eingaben angezeigt.

1.1 Schedule+-Fenster nutzen

Bild I.4:
Symbolleiste

Wenn Sie Schedule+ starten, wird das Fenster MICROSOFT SCHEDULE+ mit seinen Standardelementen angezeigt. Diese Elemente sind:
- Menüleiste
- Symbolleiste
- Statusleiste
- Aktuelle Ansicht eines Zeitplans (Register)

Bild I.5:
Datumswechsler

Hinweis: Ansichten enthalten eines oder mehrere der Grundelemente Terminkalender, Übersicht, Datumswechsler, Aufgabenliste und Kontakte.

Das Fenster von Schedule+ enthält standardmäßig Registerkarten, zunächst ist TÄGLICH im Vordergrund angeordnet. Diese Registerkarte enthält z.B. Terminkalender (links), Datumswechsler (rechts oben) und Aufgabenliste (rechts unten). Die unterschiedlichen Bereiche dieser Elemente können durch Ziehen der Fensterteiler größer oder kleiner dargestellt werden. Die gewählte Größe beeinflußt allerdings die Menge der angezeigten Informationen.

Bild I.6:
Vorrat der
Registerkartentitel

Registerkarten können Sie mit ANSICHT/REGISTERKARTEN hinzufügen und entfernen. Übernehmen Sie aus der Vorratsliste VERFÜGBARE REGISTERKARTEN nach DIESE REGISTERKARTEN ANZEIGEN.
- Das Textfeld REGISTERKARTENTITEL ist zum Ändern der Standardtitel der Registerkarte vorgesehen.
- Die Reihenfolge der Registerkarten können Sie mit den beiden Schaltflächen zum Verschieben ändern.
- Um eine Registerkarte zu löschen, markieren Sie im Schedule+-Fenster die Registerkarte und wählen ANSICHT/REGISTERKARTE ENTFERNEN.

Bild I.7: Position der Statusleiste

Zum Fenster gehört die Symbolleiste, die Sie mit ANSICHT/SYMBOLLEISTE zuschalten oder ausblenden können. Im Menü ANSICHT finden Sie auch eine Option, um die Statusleiste ein- oder auszuschalten.

Praxistip: Um Schedule+ an Ihre Vorgaben anzupassen, wählen Sie EXTRAS/OPTIONEN und die jeweils erforderliche Registerkarte. Wählen Sie z.B. im Register ALLGEMEIN EINSTELLUNGEN und übergeben Sie die Vorgaben mit OK. Geänderte Farben können eine Folge der Einstellungen sein. Wochenenden und arbeitsfreie Zeiten werden dunkler angezeigt.

Um das Schedule+-Fenster wieder zu verlassen, wählen Sie DATEI/BEENDEN.

1.2 Datum ändern

So ändern Sie das in Terminkalender oder Übersicht angezeigte Datum:
1. Schalten Sie mit dem Datumswechsler monatsweise vor- oder zurück.
2. Klicken Sie im Datumswechsler auf eine Datumszahl. Oder:
1. Aktivieren Sie in der Symbolleiste die Schaltfläche GEHE ZU DATUM (nebenstehende Abb.).
2. Wählen Sie mit einem Mausklick ein Datum.

Für das aktuelle Datum klicken Sie in der Symbolleiste auf die Schaltfläche HEUTE.

Bild I.8: Datum suchen und aktivieren

[Strg]+[G]: **Dialogfeld GEHE ZU aufrufen**

1. Richten Sie den Mauspfeil auf den Datumswechsler, und klicken Sie mit der rechten Maustaste.

2. Wählen Sie im Kontextmenü der rechten Maustaste HEUTE oder
   GEHE ZU.

1.3 Kennwort ändern

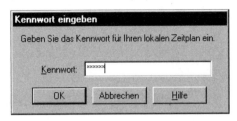

*Bild I.9:
Kennwortabfrage für
das Laden des
lokalen Zeitplans*

Für den Zugang zu Ihrem lokalen Zeitplan wird ein Kennwort verlangt, das Sie ändern können:
1. Aktivieren Sie Menü und Option EXTRAS/KENNWORT ÄNDERN, um das Dialogfeld KENNWORT ÄNDERN einzublenden.
2. Tragen Sie beim ersten Aufruf der Option ein Kennwort ein, und wiederholen Sie die Eingabe im zweiten Textfeld. Beim nächsten Aufruf werden das alte und das neue Kennwort abgefragt, letzteres wird kontrolliert. Eventuell müssen Sie die Eingabe wiederholen.

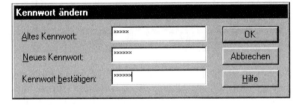

*Bild I.10:
Kennwortabfrage mit
Bestätigung*

Die begonnene Änderung eines Kennworts können Sie mit ABBRECHEN ungültig werden lassen.

2 Termine

Bild I.11: Terminkalender

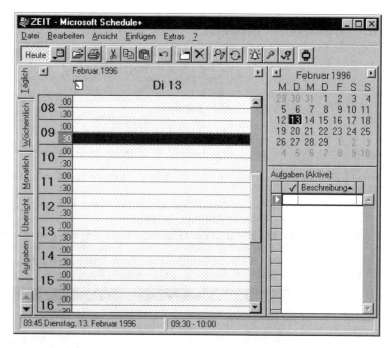

Tagesablauf planen

Vielleicht ist Ihr Tagesablauf so mit Terminen gefüllt, daß Sie diese festhalten müssen, um die Übersicht zu behalten. Angenehm ist für Mitarbeiter, wenn Ihnen eine Sekretärin diese Eintragungen und die Terminüberwachung abnimmt. Doch in den meisten Fällen müssen Sie sich selbst um Termine kümmern. Schedule+ führt für Sie eine Terminliste, ordnet die Termine nach Prioritäten und macht Sie auf Termine aufmerksam. Schedule+ interpretiert Termine als Aktivitäten, die innerhalb eines vorgegebenen Zeitraums erfolgen:

Pro Zeile 30 Minuten

- Schedule+ erfaßt Termine im Terminkalender. Zeitfelder für Termine werden zunächst durch eine Zeile symbolisiert. Sie umfassen einen Zeitraum, den Sie mit EXTRAS/Optionen/ALLGEMEIN einstellen. Ein ausgewählter Termin wird im Terminkalender markiert.

Bild I.12: Zeitraum markieren

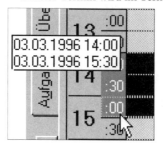

2 Termine

- Terminzeilen markieren Sie durch Anklicken. Wenn Sie auf den Zeitfeldern oder im Terminbereich eine Zeitangabe markieren und die Maus ziehen, wird ein Feld mit Datum und Zeiten angezeigt.

2.1 Termin festlegen

Sie können einen Termin direkt in den Terminkalender eintragen, oder das Dialogfeld TERMIN (über EINFÜGEN/TERMIN oder [Strg]+[N] erreichbar) benutzen. Letzteres sollten Sie verwenden, wenn Sie beim Planen zugleich Standardeinstellungen ändern oder Notizen hinzufügen wollen:

1. Wählen Sie Datum und Zeit für einen Termin im Terminkalender. Für die Wahl klicken Sie, oder ziehen Sie die Markierung über mehrere Zeitfelder.
2. Tragen Sie in das ausgewählte Zeitfeld eine Beschreibung für den Termin ein. Die Größe des Eingabebereichs bestimmen Sie durch die Markierung.

Neuen Termin einfügen

Alternativ können Sie im Dialogfeld TERMIN auf der Registerkarte ALLGEMEIN einen neuen Termin eintragen und Vorgaben ändern (Tages-, Wochenansicht oder Übersicht).

Zwischen Ansichten wechseln

Wenn Sie für den Eintrag eines Termins die Tagesansicht verwenden, wird der Termin auch in der Wochen-, Monats- und Jahresansicht aufgeführt.

Bild I.13: Eingabe zum Termin

Praxistip: Wird der Mahner angezeigt, ist die Vorgabe mit EXTRAS/OPTIONENSTANDARDEINSTELLUNGEN aktiviert. Doppelklicken Sie auf das Mahnersymbol, um Einstellungen zu ändern.

Wenn ein Termin mehrfach geplant werden muß, aber nicht als periodisch wiederkehrend definiert werden kann, kopieren Sie den Termin:

1. Positionieren Sie den Mauspfeil auf dem oberen Rand eines Zeitfelds und klicken Sie, um den Mauspfeil in einen Vierfachpfeil zu verwandeln.
2. Drücken Sie [Strg] und ziehen Sie den Termin zu einem anderen Zeitfeld (Alternative: BEARBEITEN/KOPIEREN und BEARBEITEN/EINFÜGEN).

[Strg]+[C] **zum Kopieren,** [Strg]+[V] **zum Einfügen**

Praxistip: Falls das Datum, zu dem Sie den Termin kopieren wollen, in der Registerkarte nicht angezeigt wird, ziehen Sie den Termin zum Datum im Datumswechsler.

2.2 Periodische Termine

Es wäre wenig sinnvoll, den Termin für die tägliche oder wöchentliche Konferenz stets von neuem manuell in einen Terminplaner einzutragen. Schedule+ erledigt den Übertrag als periodischen nach der Vorgabe sowohl für einen neuen als auch für einen vorhandenen Termin:

1. Für einen neuen periodischen Termin wählen Sie EINFÜGEN/TERMIN.

919

A Schedule+

2. Aktivieren Sie, falls notwendig, den Terminkalender, und klicken Sie die Schaltfläche NEUEN TERMIN EINFÜGEN an.
3. Legen Sie in dem Register z.B. die NÄCHSTE FÄLLIGKEIT fest und bestätigen Sie.

Um einen existierenden Termin zu periodisieren, markieren Sie einen Termin und klicken die Schaltfläche PERIODISCH an. Das Dialogfeld ABFOLGE DER TERMINE wird eingeblendet. Legen Sie auf der Registerkarte WANN Vorgaben fest und bestätigen Sie.

2.3 Terminmahner konfigurieren

Mahner ein-/aus

Beim ersten Benutzen von Schedule+ ist es Vorgabe, daß zum gewählten Termin am Beginn des Eintrags ein Mahner angezeigt wird. Wird kein Mahner eingeblendet, wählen Sie EXTRAS/OPTIONEN/ALLGEMEIN und auf der Registerkarte das Kontrollkästchen MAHNER AKTIVIEREN.

Um einen Mahner für einen bestimmten Termin einzustellen, gehen Sie so vor:

1. Klicken Sie das Zeitfeld eines Termins an.
2. Doppelklicken Sie auf den Rand oder Symbole zum Termin. Das Dialogfeld TERMIN wird eingeblendet.
3. Aktivieren Sie das Kontrollkästchen MAHNER EINSTELLEN AUF und ändern Sie die Vorgabewerte.

Wenn Sie einen Mahner für das Eintreten eines periodischen Termins einstellen wollen, müssen Sie die zuvor geschilderte Methode variieren:

1. Wählen Sie BEARBEITEN/PERIODISCH BEARBEITEN/TERMINE.
2. Doppelklicken Sie auf einen Termin (oder Markieren und Schaltfläche BEARBEITEN).

Bild I.14:
Liste periodischer Mahner

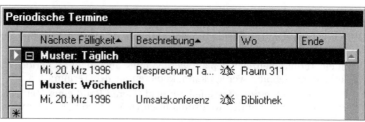

3. Klicken Sie das Kontrollkästchen MAHNER EINSTELLEN AUF an, und stellen Sie ein.
4. Bestätigen Sie mit OK und SCHLIEßEN.

Bild I.15:
Standardeinstellungen für Mahner

Praxistip: Sie können jederzeit einen Standard für Mahner einstellen, der von diesem Zeitpunkt automatisch für jeden neuen Termin gilt. Benutzen Sie EXTRAS/OPTIONEN/STANDARDEINSTELLUNGEN/MAHNER FÜR TERMINE AUTOMATISCH EINSTELLEN AUF.

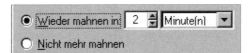

Bild I.16:
Später erneut mahnen

Bild I.17:
Mahnermeldung mit Zeit- und Ortsangabe

Wird der Terminmahner eingesetzt, erfolgt eine Meldung mit Zeit, Terminbeschreibung und Ort. Sie können ein erneutes Mahnen zu einer anderen Zeit festlegen oder NICHT MEHR MAHNEN verlangen.

2.4 Termin ändern oder löschen

Ändern Sie Einträge und Einstellungen effektiv im Dialogfeld TERMIN:
1. Markieren Sie im Terminkalender mit einem Doppelklick einen zu ändernden Termin.
2. Wählen Sie die Schaltfläche BEARBEITEN, oder im Menü BEARBEITEN die Option EINTRAG BEARBEITEN.
3. Ändern (siehe folgende Tabelle) oder fügen Sie im DIALOGFELD TERMIN Daten hinzu, und bestätigen Sie mit OK.

Termin bearbeiten:
Strg+B

Änderungen sollten Sie möglichst statt durch Dialogfelder mit der Maus erledigen. Eine Übersicht der vier häufigsten Methoden finden Sie in der folgenden Tabelle.

Bild I.18:
Cursor für Terminerweiterung positionieren

Änderung	Arbeiten
Beschreibung	Bearbeiten oder ergänzen Sie Text im Zeitfeld.
Termin verschieben	Aktivieren Sie den Termin durch einen Klick und positionieren Sie den Mauspfeil auf den linken Rand. Ziehen Sie den Termin mit dem Vierfachpfeil an einen neuen Termin oder in ein anderes Zeitfeld.
Dauer	Markieren Sie den Termin und positionieren Sie den Mauspfeil auf dem unteren Rand. Verwandelt sich der Mauspfeil in den Doppelpfeil, ziehen Sie den Rand nach unten.
Tag	Markieren Sie einen Termin und positionieren Sie den Mauspfeil auf dem linken Rand des Termins. Erscheint der Vierfachpfeil, können Sie den Termin zu einem anderen Tag im Datumswechsler ziehen.

Markieren Sie einen Termin im Terminkalender und klicken Sie auf die Schaltfläche LÖSCHEN, oder wählen Sie BEARBEITEN/LÖSCHEN oder die Tastenkombination [Strg]+[D].

Eine einzelne Fälligkeit eines periodischen Termins ändern oder löschen Sie wie einen normalen Termin. Um alle Fälligkeiten eines periodischen Termins zu ändern, gehen Sie so vor:

1. Wählen Sie BEARBEITEN/PERIODISCH BEARBEITEN/TERMINE.
2. Öffnen Sie mit einem Doppelklick auf einen Termin das Dialogfeld ABFOLGE DER TERMINE, und ändern Sie.
3. Nutzen Sie die Schaltfläche LÖSCHEN, um alle Termine aus der Liste zu entfernen.

2.5 Termin mit Notiz ergänzen

Bild I.19:
Zugang zum Notizeintrag

Längeren Text als Information zu einem Termin ordnen Sie als Notiz zu. Zur Eingabe gibt es einen Bereich, in dem Sie neuen Text hinzufügen oder vorhandenen Text bearbeiten können:

1. Doppelklicken Sie auf den Termin, den Sie durch eine Notiz ergänzen wollen.
2. Aktivieren Sie im Dialogfeld TERMIN die Registerkarte NOTIZEN.
3. Geben Sie Text ein, und bestätigen Sie mit OK.

Sie können beliebig Text hinzufügen. Bei der Eingabe wird Text automatisch umbrochen.

3 Aufgabenliste

Nicht alle Aufgaben sind mit festen Terminen verbunden. Die Aufgabenliste ergänzt die Arbeit mit Terminen. Im Terminkalender können Sie für eine Aufgabe Zeit vorsehen. Zentrale Aufgabe der Liste ist, alle Aktivitäten aufzulisten, um mehr Übersicht bei der Zeitplanung zu erhalten. Die Aufgabenliste können Sie mit der Registerkarte AUFGABEN als Tabelle einblenden. Nutzen Sie die Tabelle der Aufgaben z.B. folgendermaßen:

Filtern, Sortieren, Gruppieren für Übersicht

- Filtern Sie, wenn Sie nur bestimmte Aufgaben anzeigen wollen.
- Sie können Aufgaben in einer beliebigen Reihenfolge sortieren, z.B. nach Prioritäten.
- Fassen Sie Aufgaben in Gruppen zusammen. Beim Gruppieren lassen sich Aufgaben auf drei Ebenen nach Kategorien organisieren.

3 Aufgabenliste

Bild I.20:
Auswahl möglicher Spalten

Die Darstellung der Aufgabenliste ist in Spalten organisiert. Wie viele und welche Spalten eingeblendet werden, können Sie einstellen:
1. Klicken Sie in die Aufgabenliste, und wählen Sie ANSICHT/Spalten.
2. Geben Sie im Untermenü an, welche Spalten angezeigt werden sollen.

Spalten nach Vorgaben oder benutzerdefiniert

Option	Aufgabe
BENUTZERDEFI-NIERT	Dialogfeld SPALTEN öffnen und wählen, welche Spalten angezeigt werden sollen.
ALLE	Spalten für alle Kategorien anzeigen, die im Dialogfeld AUFGABE aufgeführt werden.
STANDARD	Anzeige der Spalten: ABGESCHLOSSEN, BESCHREIBUNG, PRIORITÄT, ENDE, DAUER, % ABGESCHLOSSEN und PROJEKT.
WENIGE	Anzeige der Spalten: ABGESCHLOSSEN, BESCHREIBUNG, PRIORITÄT und ENDE.
NUR BESCHREIBUNG	Anzeige der Spalten: ABGESCHLOSSEN und BESCHREIBUNG.

3.1 Aufgabe hinzufügen

Der Tabelle einer Aufgabenliste fügen Sie eine Aufgabe hinzu, um die Liste aufzubauen oder zu erweitern:
1. Setzen Sie den Einfügecursor in die erste verfügbare Zeile der Spalte BESCHREIBUNG, und geben Sie Text ein.
2. Wenn Sie in der Tabelle eine Zeile nicht an-, sondern einfügen wollen, markieren Sie eine Zeile mit einem Mausklick, und wählen Sie EINFÜGEN/ZEILE.
3. Doppelklicken Sie auf den Zeilenmarkierer einer Aufgabe, um das Dialogfeld AUFGABE einzublenden.
4. Nehmen Sie Einstellungen vor. Mit der REGISTERKARTE ALLGEMEIN können Sie z.B. die Aufgabe mit einem Datum verknüpfen. Mit ENDDATUM können Sie auch eine Dauer bestimmen und wenn Sie die Aufgabe mit dem Enddatum als abgeschlossen gekennzeichnet haben

Neue Aufgabe einfügen

Mit [Strg]+[T] per Dialogfeld AUFGABE über markierter Zeile einfügen

wollen, aktivieren Sie das Kontrollkästchen NACH ENDDATUM ALS ABGESCHLOSSEN KENNZEICHNEN.

Mit ⬚ Spalte wechseln

Wenn Sie mit einer Ansicht arbeiten, in der Sie zugleich die Aufgabenliste und den Terminkalender sehen können, lassen sich Aufgaben einfach ziehen. In der folgenden Tabelle werden die Methoden, eine Aufgabe in den Terminkalender zu verschieben oder zu kopieren, zusammengefaßt.

Methode	Arbeiten
Ziehen	Kennzeichnen Sie eine Aufgabe, und ziehen Sie die markierte Aufgabenzeile zu einem Zeitfeld im Terminkalender. Lösen Sie die Taste, um einzufügen. Halten Sie zum Kopieren [Strg] nieder.
Menü BEARBEITEN	Markieren Sie eine Aufgabe, und nutzen Sie die Optionen BEARBEITEN/KOPIEREN und nach der neuen Terminwahl BEARBEITEN/EINFÜGEN. Verwenden Sie zum Verschieben BEARBEITEN/AUSSCHNEIDEN.
EINFÜGEN/VERWANDTER EINTRAG	Klicken Sie im Terminkalender auf ein Zeitfeld und dann auf eine Aufgabenzeile. Wählen Sie EINFÜGEN/VERWANDTER EINTRAG/TERMIN AUS AUFGABE. Die Daten der Aufgabe werden in das Zeitfeld des neuen Termins kopiert.

3.2 Periodische Aufgabe definieren

Wiederholungen automatisieren

Die ständigen Wiederholungen von Arbeit können gleichförmig werden. Gleichwohl ist es tägliche Realität, so daß auch Wiederholungen als periodische Aufgaben organisiert werden können:

1. Wählen Sie EINFÜGEN/PERIODISCHE AUFGABE.
2. Tragen Sie im Bereich BESCHREIBUNG der REGISTERKARTE ALLGEMEIN Erklärungen zur periodischen Aufgabe ein. Stellen Sie hier z.B. auch die Priorität der Aufgabe ein.
3. Stellen Sie auf der REGISTERKARTE WANN das Schema für die Wiederholungen (täglich, wöchentlich, monatlich, jährlich) und die anderen möglichen Daten ein.
4. Blenden Sie das Dialogfeld mit OK aus.

Um eine neue Aufgabe als periodisch zu kennzeichnen, markieren Sie die Aufgabenliste und wählen dann die Schaltfläche NEUE AUFGABE EINFÜGEN, oder doppelklicken Sie auf den Zeilenmarkierer einer leeren Zeile und geben Sie im Dialogfeld an, welche Vorgaben für die Aktivität gelten sollen.

3.3 Mahner für Aufgaben einsetzen

Wird der Tagesmahner angezeigt, während Sie arbeiten, können Sie auf zwei Arten ragieren:
- Klicken Sie auf OK, um den Mahner ohne Änderungen auszublenden.
- Wählen Sie im Dialogfeld die Schaltfläche BEARBEITEN, um die Aufgabe zu ändern.

Bild I.21:
Mahner einstellen

Um einer Aufgabe einen Mahner zuzuordnen, müssen Sie nur folgende Einstellungen vornehmen:
1. Markieren Sie in der Aufgabenliste des Terminkalenders mit einem Doppelklick auf den Zeilenmarkierer eine Zeile, und blenden Sie damit zugleich das Dialogfeld AUFGABE ein. Sie können in der Aufgabenliste auch EINTRAG BEARBEITEN im Kontextmenü oder die gleichnamige Schaltfläche BEARBEITEN (siehe Randabb.) wählen. Achten Sie darauf, daß die Aufgabe markiert ist.
2. Aktivieren Sie auf der Registerkarte ALLGEMEIN das Kontrollkästchen MAHNER EINSTELLEN.
3. Tragen oder stellen Sie die gewünschten Daten ein, und bestätigen Sie.

- Um einen Mahner für alle Fälligkeiten einer periodischen Aufgabe einzustellen, wählen Sie BEARBEITEN/PERIODISCH BEARBEITEN/AUFGABEN. Markieren Sie durch einen Klick in die Liste und wählen Sie BEARBEITEN. Im Dialogfeld müssen Sie das Kontrollkästchen MAHNER EINSTELLEN aktivieren und optional Werte ändern. Bestätigen Sie mit OK und SCHLIEßEN.
- Um einen Mahner für eine ausgewählte Aufgabe ein- oder auszuschalten, markieren Sie die Aufgabe in der Tabelle, und wählen Sie BEARBEITEN/MAHNER EINSTELLEN oder benutzen Sie die Schaltfläche MAHNER der Symbolleiste (Randabb.). Alternativ können Sie auch mit einem Doppelklick auf den Zeilenmarkierer der Aufgabe das Dialogfeld AUFGABE öffnen und dort das Kontrollkästchen MAHNER EINSTELLEN zuordnen oder abwählen.
- Um Mahner zugleich für alle Aufgaben zu aktivieren oder deaktivieren, wählen Sie EXTRAS/OPTIONEN/STANDARDEINSTELLUNGEN und aktivieren oder Deaktivieren Sie das Kontrollkästchen MAHNER FÜR ALLE AUFGABEN AUTOMATISCH EINSTELLEN, um allen neuen Aufgaben Mahner zuzuordnen.

3.4 Aufgaben kopieren oder verschieben

Sie kopieren oder verschieben Aufgaben durch Markieren und Ziehen der Maus:
1. Wählen Sie in der Aufgabenliste Aufgaben. Sie müssen markieren: Klicken Sie für das Markieren einer Zeile den Zeilenmarkierer an. Für mehrere Zeilen klicken Sie auf die erste Zeile, halten [Shift] gedrückt und klicken auf eine entfernte Zeile. Folgen die Zeilen nicht unmittelbar aufeinander, halten Sie statt [Shift] die Taste [Strg] gedrückt.
2. Zum Verschieben ziehen Sie die Aufgabe(n) bei gedrückter linker Maustaste an die neue Position in der Aufgabenliste.
3. Zum Kopieren ziehen Sie die markierte Aufgabe bei gedrückter Taste [Strg] zu einer weiteren Position.
4. Der Mauspfeil ändert beim Ziehen seine Form, und eine schwarze Linie gibt an, wo die kopierte oder verschobene Aufgabe angeordnet werden wird. Lassen Sie die Maustaste los, wenn eingefügt werden soll.

Praxistip: Sie können alternativ BEARBEITEN/KOPIEREN oder BEARBEITEN/AUSSCHNEIDEN nutzen, dann die Zeile markieren, über der eingefügt werden soll, und BEARBEITEN/EINFÜGEN wählen.

3.5 Projekt hinzufügen und bearbeiten

Bild I.22:
Projekt definieren

Wenn Sie erstmals mit der Tabelle der Aufgabenliste arbeiten, wird kein Projekt angeführt. Wenn Sie alle Aktivitäten in einem Pool zusammenstellen wollen, können Sie diese Einstellung unverändert lassen. Typischer ist es, Aufgaben durch Projekte zu gliedern. Um ein Projekt anzulegen, sind nur wenige Eingaben erforderlich:

1. Wählen Sie EINFÜGEN/PROJEKT.
2. Tragen Sie Name und Priorität ein und bestätigen Sie mit OK.

Ein eingefügtes Projekt können Sie ändern:

1. Zeigen Sie auf die Zeile des zu ändernden Projekts, und wählen Sie in der Symbolleiste die Schaltfläche BEARBEITEN oder diese Option im Kontextmenü.
2. Ändern Sie im Dialogfeld PROJEKT (NAME, PRIORITÄT) und bestätigen Sie mit OK.

Haben Sie in der Aufgabenliste ein Projekt markiert, können Sie mit BEARBEITEN/EINTRAG LÖSCHEN oder mit der Schaltfläche LÖSCHEN im Dialogfeld PROJEKT letzteres löschen. Bestätigen Sie eine Sicherheitsabfrage.

Praxistip: Soll ein Projekt ohne dessen Aufgaben gelöscht werden, müssen Sie die Aufgaben zunächst zum Projekt KEIN EINTRAG oder zu einem anderen Projekt verschieben.

3.6 Aufgabe oder Projekt ändern und löschen

Wenn Sie in der Aufgabenliste in eine Zeile klicken, können Sie Inhalte direkt bearbeiten. Sie können Daten zu einer Aufgabe aber auch im Dialogfeld AUFGABE ändern:

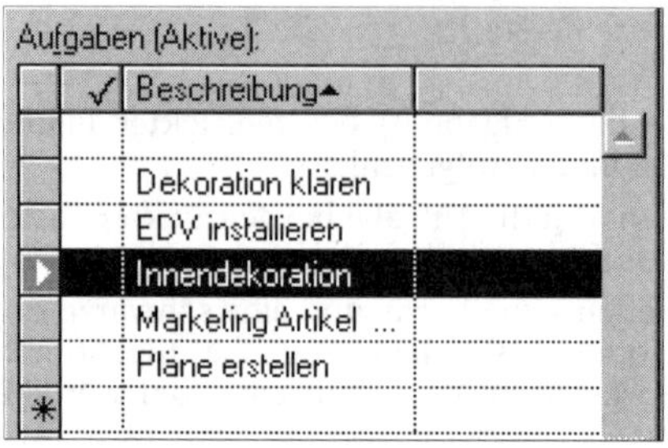

Bild I.23:
Aufgabenanzeige auf
der Registerkarte
TÄGLICH

1. Das Dialogfeld AUFGABE blenden Sie bei aktiver Registerkarte AUFGABE mit dem Kontextmenü der rechten Maustaste und einer Option oder einem Doppelklick auf einen Zeilenmarkierer ein. Haben Sie das Register TÄGLICH markiert, doppelklicken Sie auf einen Zeilenmarkierer im Bereich der aktiven Aufgaben.
2. Nehmen Sie die gewünschten Änderungen vor, und bestätigen Sie mit OK.

Bild I.24:
Dialogfeld AUFGABE

Zum Löschen markierter Zeilen verwenden Sie BEARBEITEN/LÖSCHEN oder die Tastenkombination [Strg]+[D], außerdem finden Sie im Dialogfeld AUFGABE eine Schaltfläche LÖSCHEN.

Auch periodische Aufgaben können Sie ändern oder löschen: Wollen Sie eine oder alle Fälligkeiten einer periodischen Aufgabe löschen, wählen Sie BEARBEITEN/PERIODISCH BEARBEITEN/AUFGABEN. Markieren und löschen Sie mit der Schaltfläche LÖSCHEN.

- Um eine einzelne Fälligkeit einer periodischen Aufgabe zu ändern, müssen Sie in der Aufgabenliste ein Feld markieren und im Kontextmenü EINTRAG BEARBEITEN aktivieren oder die Schaltfläche BEARBEITEN anklicken. Ändern Sie im Dialogfeld, und bestätigen Sie mit OK.
- Um alle Fälligkeiten einer periodischen Aufgabe zu ändern, wählen Sie BEARBEITEN/PERIODISCH BEARBEITEN/AUFGABEN. Markieren Sie die Aufgaben, und aktivieren Sie die Schaltflächen BEARBEITEN oder LÖSCHEN

3.7 Anzeige der Aufgabenliste

Die tabellenartige Darstellung der Aufgabenliste wird nach Vorgaben angezeigt, die Sie ändern können:

- Um Rasterlinien anzuzeigen oder auszublenden, wählen Sie EXTRAS/OPTIONEN/ANZEIGE. Aktivieren, oder deaktivieren Sie das Kontrollkästchen RASTERLINIEN ANZEIGEN.
- Um die Anzeige von Spalten zu wechseln, markieren Sie im Untermenü mit ANSICHT/SPALTEN ALLE, STANDARD, WENIGE oder NUR

BESCHREIBUNG. Mit der Option BENUTZERDEFINIERT verschieben Sie aus der Liste VERFÜGBARE FELDER in die Liste DIESE SPALTEN ANZEIGEN oder ziehen Spalten aus der Anzeige zurück.

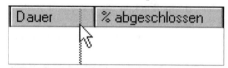

Bild I.25:
Spaltenbreite ziehen

Bild I.26:
Spaltenbreite einstellen

Um die Spaltenbreite in der Aufgabenliste zu ändern, klicken Sie auf den rechten Rand der Spaltenüberschrift, und ziehen Sie die Spaltenüberschrift nach links oder rechts. Um im Dialogfeld zu ändern, wählen Sie ANSICHT/SPALTEN/BENUTZERDEFINIERT. Markieren Sie in der Liste DIESE SPALTEN ANZEIGEN Spalten, und stellen Sie mit BREITE Bildpunkte für die Spaltenbreite ein.

3.8 Aufgabenstatus

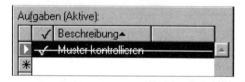

Bild I.27:
Abgeschlossene Aufgabe im Terminkalender

Eine Aufgabe ist abgeschlossen, wenn sie in der Spalte ABGESCHLOSSEN durch ein Häkchen markiert ist. Um den Status einer Aufgabe zu prüfen, doppelklicken Sie in der Aufgabenliste des Terminkalenders auf den Zeilenmarkierer der Aufgabe und wählen die Registerkarte STATUS.

3.9 Aufgaben filtern

Nutzen Sie das Instrument der Aufgabenliste im Unternehmen, werden vermutlich eine Vielzahl von Tätigkeiten erfaßt. Eine große Aufgabenzahl können Sie durch Filtern übersichtlicher darstellen:
1. Öffnen Sie die Aufgabenliste und wählen Sie ANSICHT/FILTERN.
2. Aktivieren Sie eine der Filteroptionen.

3 Aufgabenliste

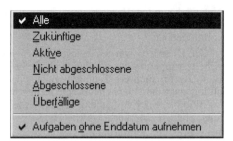

Bild I.28:
Mögliche Filter

Verwenden Sie die Option AUFGABEN OHNE ENDDATUM AUFNEHMEN, um einen Filter zu aktivieren oder abzuschalten.

3.10 Aufgaben gruppieren

Bild I.29:
Kategorien für das Gruppieren

Zusammengehörige Aufgaben sollten Sie gruppieren. Damit gewinnen Sie Übersicht und können Arbeiten einfacher zuteilen. Für die Gruppen stellt Schedule+ Kategorien bereit, die in der Aufgabenliste hervorgehoben angezeigt werden. Mit den Schaltflächen zum Erweitern [+] und Reduzieren [-] können Sie Aufgaben anzeigen oder ausblenden. Zum Gruppieren aktivieren Sie ANSICHT/GRUPPIEREN und ordnen im Dialogfeld GRUPPIEREN jedem Gruppiervorgang eine Kategorie zu.

3.11 Aufgaben sortieren

Sinngemäß gleich wie das Filtern und Gruppieren verhilft Sortieren zu mehr Übersicht vieler Daten einer Aufgabenliste:
- Klicken Sie die Spaltenüberschrift einer Kategorie in der Aufgabenliste an, um Aufgaben in aufsteigender Reihenfolge zu sortieren.
- Sortieren Sie Aufgaben in absteigender Reihenfolge, indem Sie [Strg] gedrückt halten und dann eine Spaltenüberschrift anklicken.

Um nach mehr als einem Kriterium zu sortieren, verwenden Sie wegen der besseren Übersicht mit ANSICHT/SORTIEREN das Dialogfeld.

3.12 Besprechungen

Zu einer Besprechung werden Teilnehmer eingeladen. Das erledigen Sie mit einem Formular für Besprechungsanfragen, das Sie als Mail über das **Assistent die Führung überlassen**

929

A Schedule+

Netzwerk senden. Voraussetzung ist also, daß die Besprechungsteilnehmer *Exchange* benutzen und der eingesetzte Computer mit einem Mail-Server verbunden ist.

In der Übersicht werden belegte Zeiten für mehrere Tage angezeigt. Im Arbeitsgruppenmodus werden auch die belegten und freien Zeiten anderer Benutzer für mehrere Tage angezeigt. Für die Organisation einer Besprechung zeigt die Übersicht belegte Zeiten der Teilnehmer und belegte Orte an. Wie bei einer Aufgabenliste wird eine kleinere Version der Übersicht angezeigt (Registerkarte ÜBERSICHT).

Praxistip: Die Schaltfläche EINLADEN (zu einer Besprechung) fehlt im Einzelplatzmodus. Statt der Schaltfläche BESPRECHUNGSANFRAGE wird die Schaltfläche NEUER TERMIN eingeblendet. Mit einem Klick auf die Schaltfläche NEUER TERMIN wird das Dialogfeld TERMIN angezeigt.

Für die Organisation von Besprechungen nutzen Sie weitgehend ähnliche oder gleiche Methoden wie bei der schon beschriebenen Terminplanung. Um Besprechungen rationell zu organisieren, stellt Schedule+ einen Besprechungs-Assistenten bereit. Wie bei allen Assistenten müssen Sie nur Abfragen beantworten und werden durch den Ablauf geführt. Deswegen zu letzterem hier nur einige Hinweise:

1. Klicken Sie in der Symbolleiste auf die Schaltfläche des Besprechungs-Assistenten.
2. Sie müssen einen Namen wählen. Benutzt wird das Adreßbuch des Postoffice, entsprechend ist die Anzeige der Eigenschaften gestaltet. Ein Postoffice richten Sie mit *Exchange* ein.
3. Einen Ort für Besprechungen können Sie ebenfalls aus Einträgen des Postoffice entnehmen oder auch neu eintragen.

Bild I.30: Zeitangaben

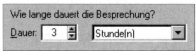

4. In den beiden folgenden Schritten werden Zeitvorgaben und -angaben übernommen oder geändert.
5. Falls die Raumangabe unbekannt ist, können Sie diese eintragen lassen und angeben, ob es eine Mail- oder benutzerdefinierte Adresse sein soll.

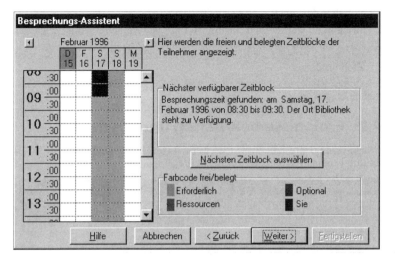

Bild I.31:
Assistent mit
Anzeige freier
Zeitblock

4 Ereignisse

Ob im Unternehmen oder beim privaten Terminkalender – Hinweise auf besondere Ereignisse oder ein jährliches Ereignis wie Jubiläen, Geburtstage usw. werden in beiden Lebensbereichen benötigt. So fügen Sie Ereignisse dem Terminkalender hinzu:

1. Klicken Sie im Terminkalender auf das Symbol EREIGNISSE, oder wählen Sie EINFÜGEN/EREIGNIS oder EINFÜGEN/JÄHRLICHES EREIGNIS.
2. Tragen Sie in einem der beiden Dialogfelder Daten ein: Sie können Datum, BESCHREIBUNG und MAHNER aktivieren.

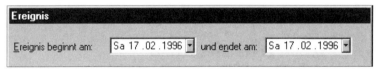

Bild I.32:
Anfangs- und
Endtermin eines
Ereignisses einstellen

Praxistip: Falls Sie einen privaten Termin eintragen wollen: Mit dem Kontrollkästchen PRIVAT verhindern Sie, daß fremde Benutzer ein Ereignis oder das jährliche Ereignis sehen können.

4.1 Ereignisse im Terminkalender anzeigen

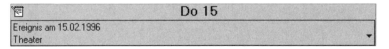

Bild I.33:
Hinweis auf weitere
Ereignisse des Tages

Ereignisse werden nach der Eingabe dem Datum zugeordnet und im Terminkalender bereitgehalten. Wie Terminen kann einem Ereignis ein Mahner zugeordnet sein. Um eine Information über Ereignisse des Tages zu erhalten, lassen Sie die Übersicht ausgeben:

A Schedule+

1. Schalten Sie zur Registerkarte TÄGLICH.
2. Ereignisse werden am oberen Rand des Kalenders angezeigt. Ist rechts im Terminkalender ein nach unten zeigender Pfeil eingeblendet, werden mehr als zwei Ereignisse bereitgehalten, wenn Sie den Pfeil anklicken.

Mit einem Klick auf eine Ereigniszeile wird das zum Ereignis gehörige Dialogfeld angezeigt.

4.2 Ereignisse bearbeiten und löschen

Ereignisse und jährliche Ereignisse werden von Schedule+ in Listen verwaltet und können nach dem Eintrag bearbeitet werden:

Bild I.34: Ereignisliste für Änderungen

Jährliche Ereignisse		
Beschreibung▲	Anfang▲	Erstellt von
Elke Geburtstag	31.01.1996	
50 Jahre Mell AG	15.02.1996	
▶ Eisemann Jubiläum	15.02.1996	

1. Wählen Sie BEARBEITEN/LISTE BEARBEITEN/EREIGNISSE oder BEARBEITEN/LISTE BEARBEITEN/JÄHRLICHE EREIGNISSE.
2. Mit einem Doppelklick oder einem Klick auf die Schaltfläche BEARBEITEN können Sie im Dialogfeld EREIGNIS ändern.
3. Bestätigen Sie mit OK und SCHLIEßEN.

Um Ereignisse und jährliche Ereignisse zu löschen, aktivieren Sie BEARBEITEN/LISTE BEARBEITEN/EREIGNISSE oder BEARBEITEN/LISTE BEARBEITEN/JÄHRLICHE EREIGNISSE. Markieren Sie in der Liste EREIGNISSE, und klicken Sie auf die Schaltfläche LÖSCHEN. Beenden Sie das Löschen mit SCHLIEßEN.

5 Weitere Funktionen nutzen

5.1 Text im Zeitplan suchen

Dialogfeld für Suche mit Strg+S

Je umfangreicher Terminplan, Aufgabenliste und Verzeichnis der Ereignisse werden, umso schwieriger wird die Suche. Schedule+ unterstützt Sie mit einer Option:

Bild I.35: Suchergebnis

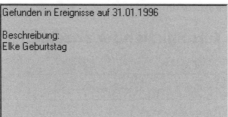

1. Wählen Sie BEARBEITEN/SUCHEN.

5 Weitere Funktionen nutzen

2. Tragen Sie den Suchtext ein, geben Sie das Datum an, ab dem gesucht werden soll, oder klicken Sie den Zeitplan insgesamt an. Wählen Sie auch eines der Optionsfelder im Feld SUCHEN IN.
3. Wählen Sie SUCHE STARTEN.

Lassen Sie das Textfeld SUCHEN NACH leer, wenn der nächste vorhandene Eintrag gesucht werden soll.

5.2 Zugriffsrechte verwalten

Bei der Arbeit im Arbeitsgruppenmodus müssen Sie klären, inwieweit andere Anwender auf die Verwaltung Ihres Zeitplans Einfluß nehmen oder auf die Liste Ihrer Kontakte zugreifen dürfen. Um für Ihren Zeitplan Benutzerzugriffsrechte anzuzeigen:

Bild I.36:
Liste möglicher
Berechtigungen

1. Wählen Sie EXTRAS/ZUGRIFFSRECHTE FESTLEGEN.
2. In der Liste BENUTZER werden die Standardzugriffsrechte und die speziellen Zugriffsrechte aufgelistet, die Sie zugewiesen haben.
3. Wollen Sie Benutzerzugriffsrechte für einen Zeitplan bestimmen und bearbeiten, wählen Sie EXTRAS/ZUGRIFFSRECHTE FESTLEGEN und in der Liste BENUTZER der gleichnamigen Registerkarte eine Zeile.
4. Ordnen Sie unter Berechtigungen eine Funktion zu und bestätigen Sie die Zuweisung mit OK.

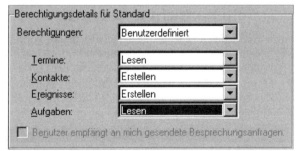

Bild I.37:
Benutzerdefinierte
Details zuordnen

Um die Zugriffsrechte genauer auf bestimmte Personen zuzuschneiden, legen Sie benutzerdefinierte Details fest. Sie müssen wiederum mit EXTRAS/ZUGRIFFSRECHTE zur Liste BENUTZER schalten, dort eine Zeile markieren und im Textfeld BERECHTIGUNGEN die Zeile BENUTZERDEFINIERT einstellen. Stellen Sie für TERMINE, KONTAKTE, EREIGNISSE und AUFGABEN die Berechtigung ein, die Sie zuteilen wollen. Bestätigen Sie mit OK.

Zugriffsrechte für Personen organisieren

Schalten Sie von der Registerkarte BENUTZER zu GLOBAL, wenn Sie einem Zeitplan globale Zugriffsrechte zuordnen wollen.

5.3 Anderen Zeitplan öffnen

Wenn Sie als Stellvertreter einer anderen Person berechtigt sind, können Sie in fremde Zeitpläne eingreifen:
1. Wählen Sie DATEI/ÖFFNEN/ANDERER TERMINKALENDER.
2. Klicken Sie einen Namen der Person an, deren Zeitplan Sie benutzen wollen, und bestätigen Sie mit OK. Bearbeiten Sie den Zeitplan wie einen eigenen Plan.

5.4 Zeitzonen bearbeiten

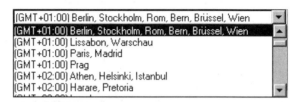

Bild I.38:
Liste von Zeitzonen

Sie können eine primäre Zeitzone ändern oder eine sekundäre Zeitzone festlegen:
1. Wählen Sie EXTRAS/OPTIONEN.
2. Markieren Sie die Registerkarte ZEITZONE, und stellen Sie in der Liste eine andere Zeitzone ein.

Wollen Sie zwei Zeitzonen benutzen, tragen Sie im Textfeld PRIMÄRE ZEITZONE maximal drei Zeichen als Kurzbezeichnung ein. Gehen Sie auf gleiche Weise vor, um eine zweite Zeitzone einzurichten.

Um eine sekundäre Zeitzone zu- oder abzuschalten, verwenden Sie ANSICHT/SEKUNDÄRE ZEITZONE. Ist die Option aktiv, wird in der Tages- und Wochenansicht des Terminkalenders eine zweite Zeitskala angezeigt.

5.5 Seitenansicht und Druck

Auch in Schedule+ bedeutet die Seitenansicht eine Form des Druckens. Für die Anzeige in der Seitenansicht benutzen Sie folgende Einstellungen:
1. Wählen Sie die Schaltfläche DRUCKEN oder DATEI/DRUCKEN.
2. Markieren Sie im Dialogfeld DRUCKEN eine Vorlage und einen Zeitraum, geben Sie an, was gedruckt werden soll.
3. Aktivieren Sie die Seitenansicht.

Bild I.39:
Steuerungselemente
für die Seitenansicht

Um Daten des Terminplans oder der Aufgabenliste mit zu einem anderen Ort zu nehmen, werden Sie auf Papier drucken wollen:

5 Weitere Funktionen nutzen

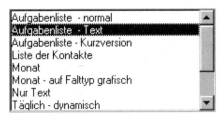

Bild I.40:
Vorlagen

1. Öffnen Sie mit einem Klick auf die Schaltfläche DRUCKEN oder mit DATEI/DRUCKEN das Dialogfeld DRUCKEN.
2. Klicken Sie eine Zeile für eine Druckvorlage an. Stellen Sie ein, wie die Ausgabe erfolgen soll.
3. Mit der Schaltfläche EINRICHTUNG können Sie Ränder, Papierformat oder den Druckertyp noch ändern.
4. Starten Sie den Druck mit OK.

Praxistip: Das Kontrollkästchen LEERE SEITEN MITDRUCKEN sorgt für den Einbezug von Tagen ohne Termine. Wenn Sie AUSGABE IN DATEI UMLEITEN aktivieren, wird das unter Windows 95 übliche zusätzliche Dialogfeld angezeigt.

5.6 Export und Import

Die Informationen des Terminkalenders, der Aufgabenliste oder der Kontakte können Sie in eine Schedule+ 7.0-Datei exportieren, z.B. um sie weiterzugeben:

1. Wählen Sie DATEI/EXPORTIEREN/SCHEDULE+ INTERCHANGE.
2. Geben Sie einen Dateinamen ein; eine Datei mit der Erweiterung .SC2 wird vorgeschlagen.
3. Aktivieren Sie im Bereich EXPORTIEREN mit einem Klick auf ein Optionsfeld, was exportiert werden soll.

Bestätigen Sie nach den Einstellungen mit OK. Eine Meldung zeigt den Fortschritt des Exports. Um die Daten als Text zu exportieren, wählen Sie DATEI/EXPORTIEREN/TEXT und folgen Sie den Meldungen des Textexport-Assistenten.

Sie können auch Informationen von außen übernehmen:

1. Wählen Sie DATEI/IMPORTIEREN/SCHEDULE+ INTERCHANGE oder DATEI/IMPORTIEREN/TEXT. Letztere Option startet einen Assistenten. Mit der Option SCHEDULE+ INTERCHANGE wird automatisch nach Dateien mit der Erweiterung .SC2 gesucht.
2. Markieren Sie den Namen der zu importierenden Datei, und bestätigen Sie die geplante Übernahme mit OK.

Importierte Daten werden dem Zeitplan hinzugefügt, der anschließend sowohl die ursprünglichen Daten, als auch die importierten Informationen enthält.

5.7 Daten archivieren

Sie können Informationen eines Zeitplans in einem Archiv mit der Erweiterung .SCD speichern und aufbewahren:

1. Wählen Sie DATEI/ARCHIV, und geben Sie einen Namen für die Archivdatei an.
2. Sie können durch ein Datum festlegen, daß nur bestimmte Daten archiviert werden. Bestätigen Sie mit OK, wenn archiviert werden soll.

Visual Basic for Applications

Noch lange Zeit nach der Einführung von Windows mußten Anwendungen in der Programmiersprache C entwickelt werden. Obwohl auch die C-Entwicklungssysteme immer leistungsfähiger und komfortabler wurden, erfordert es einige Erfahrung, um damit größere Anwendungen zu schreiben.

Visual Basic war bei der Einführung eine völlig neue Methode, Windows-Anwendungen zu entwickeln. Das Visual-Basic-Paket ermöglichte es auch unerfahrenen Anwendern, leistungsfähige Anwendungen zu schreiben, weil ein großer Teil des Anwendungsdesigns visuell mit der Maus entwickelt werden konnte.

Visual Basic

1993 entschloß sich Microsoft, aus Visual Basic eine Makrosprache zu entwickeln, die in allen Microsoft-Anwendungen eingebaut sein sollte. Mit der Einführung von Office 95 existieren mit Excel, Access und Project nunmehr drei Anwendungen, die das sogenannte Visual Basic for Applications (VBA) unterstützen. Zusätzlich wird weiterhin Visual Basic Version 4.0 als eigenständiges VBA-Entwicklungspaket angeboten.

Einer für alle

Visual Basic ist immer ein Bestandteil einer Entwicklungsumgebung, in der die visuellen Elemente einer Anwendung bequem mit der Maus erstellt werden können. Der Visual-Basic-Code dient dann dazu, die Benutzeroberfläche mit Funktionalität zu füllen.

Die folgenden Abschnitte liefern Ihnen einen Überblick über die grundlegenden Sprachkonstrukte von Visual Basic. Beispiele für die konkrete Anwendung von Visual Basic finden Sie in Abschnitt IV.9.

1 Aufbau von Visual Basic

Visual-Basic-Anwendungen bestehen aus Formularen und Modulen. Formulare werden in der Entwicklungsumgebung mit einem Formulareditor erstellt und stellen die Benutzeroberfläche der Anwendung dar. In Modulen ist dann der Visual-Basic-Code enthalten, durch den die Funktionalität der Anwendung definiert wird.

1.1 Anweisungen

Visual-Basic-Code besteht aus einer Abfolge von Anweisungen. Die folgende Anweisung bewirkt beispielsweise das Anzeigen eines Meldungsfensters:

```
MsgBox "Hallo!"
```

Dabei stellt `MsgBox` den Anweisungsnamen dar und `'Hallo'` das Argument der Anweisung, das bestimmt, welche Meldung im Fenster gezeigt wird. Visual-Basic-Anweisungen besitzen kein, ein oder mehrere Argumente. Welche Funktion die einzelnen Argumente haben und in welcher Reihenfolge sie angegeben werden müssen, können Sie z.B. der Online-Hilfe der entsprechenden Anwendung entnehmen.

Argumente

B Visual Basic for Applications

Benannte Argumente   Anweisungen, die viele Argumente besitzen, unterstützen oft sogenannte benannte Argumente. Solche Anweisungen werden so aufgerufen:

```
FileCopy destination:="1995.XLS",
         source:="1996.XLS"
```

Dabei stellen `destination` und `source` die benannten Argumente dar, die in beliebiger Reihenfolge aufgerufen werden können.

Variable   Variable sind Speicherplätze, in denen Daten verschiedener Typen gespeichert werden. Jede Variable besitzt einen Typ, durch den die Form der gespeicherten Daten bestimmt wird. Visual Basic unterstützt folgende Typen:

Typ	Gespeicherte Daten	Speicherplatz
Integer	Ganze Zahlen von -32.768 bis 32.767	2 Bytes
Long	Ganze Zahlen von -2.147.483.648 bis 2.147.483.647	4 Bytes
Single	Reelle Zahlen (Dezimalzahlen) in niedriger Genauigkeit	4 Bytes
Double	Reelle Zahlen (Dezimalzahlen) in hoher Genauigkeit	8 Bytes
Currency	Reelle Zahlen mit 4 Dezimalstellen und hoher Rechengeschwindigkeit. Dieser Datentyp eignet sich besonders für Geldbeträge.	8 Bytes
String	Zeichenketten mit beliebiger Länge.	1 Byte pro Zeichen
Byte	Ganze Zahl von 0 bis 255	1 Byte
Boolean	`True` oder `False`	2 Byte
Date	Datum & sekundengenaue Zeit	8 Bytes
Object	Verweis auf ein Visual-Basic-Objekt	4 Bytes
Variant	Ein beliebiger Datentyp außer *Object*.	16 Bytes + 1 Byte für jedes Zeichen

Sie sollten Variablen immer vor ihrer ersten Verwendung mit der `Dim`-Anweisung deklarieren:

```
Dim intZaehler As Integer
Dim strName As String
Dim curBetrag As Currency
```

Dabei wird nach der Dim-Anweisung der Name der Variablen angegeben und nach dem `As`-Schlüsselwort der Datentyp.

Zuweisungen   Einer Variablen wird mit dem Zuweisungsoperator = ein Wert zugewiesen, der dann in der Variable gespeichert wird:

```
intZaehler = 31
strName = "Elke"
```

Ist vor der Zuweisung bereits ein Wert in der Variable gespeichert, wird dieser überschrieben. Variable lassen sich in jeder Anweisung folgendermaßen verwenden:

```
MsgBox strName
```

Diese Anweisung zeigt ein Meldungsfenster, indem der Inhalt der Variable `strName` ausgegeben wird.

Meistens speichern Sie nicht Konstanten in Variablen, sondern das Ergebnis einer Berechnung. Berechnungen werden über einen Ausdruck durchgeführt:

Ausdrücke

```
curBetrag = 100 * (1 + 0.15)
```

In einem Ausdruck lassen sich wiederum Variable verwenden:

```
curMwSt = 0.15
curBetrag = curSumme * (1 + curMwSt)
```

In einem Ausdruck lassen sich zudem Funktionen verwenden, die entweder von Visual Basic zur Verfügung gestellt werden, oder in Ihrer Anwendung definiert sind:

```
dblSeite = Sqr(dblFlaeche)
```

Diese Anweisung legt die Quadratwurzel des Wertes in der Variable `dblFlaeche` in der Variable `dblSeite` ab. Die Berechnung der Quadratwurzel wird dabei von der `Sqrt`-Funktion vorgenommen.

Variable speichern Daten nur eine gewisse Zeit. Variable, die wie oben angegeben mit der `Dim`-Anweisung angegeben werden, sind nur innerhalb der Prozedur gültig, in der sie deklariert worden sind.

Gültigkeit von Variablen

Wenn eine Variable nur in der Prozedur gültig sein soll, in der Sie deklariert ist, aber ihren Wert zwischen den Prozedur-Aufrufen behalten soll, verwenden Sie die `Static`-Anweisung zur Deklaration:

```
Static lngZaehler as Long
```

Soll eine Variable in der gesamten Anwendung gültig sein, so deklarieren Sie diese mit der `Public`-Anweisung:

```
Public pubBenutzer As String
```

Die `Public`-Anweisung darf nur außerhalb einer Prozedur im Deklarationsbereich eines Visual-Basic-Moduls verwendet werden.

Variable, die ohne Public-Anweisung in einem Visual-Basic-Modul deklariert sind, sind in allen Prozeduren dieses Moduls gültig.

1.2 Prozeduren

Anweisungen werden in Visual Basic generell zu Prozeduren zusammengefaßt. Eine solche Prozedur erhält einen Namen und wird dann wie eine eingebaute Anweisung verwendet.

Prozeduren werden folgendermaßen gestartet:

Aufruf von Prozeduren

- Prozeduren werden oft als Reaktion auf ein Ereignis ausgeführt, das z.B. durch den Benutzer ausgelöst wurde. Die zur Verfügung stehenden Ereignisse hängen von der Visual-Basic-Entwicklungsumgebung ab. Informationen zu den Ereignissen von Access finden Sie in Abschnitt IV.9.2.
- Innerhalb einer Prozedur wird eine andere Prozedur durch einen expliziten Aufruf gestartet.
- Eine Prozedur wird in einem Ausdruck verwendet. Bei Auswertung des Ausdrucks wird die Prozedur gestartet.
- Manche Entwicklungsumgebungen unterstützen eine Haupt-Prozedur, die beim Start der Anwendung ausgeführt wird.

Eine Prozedur, die keinen Wert zurückliefert, wird Sub-Prozedur genannt und folgendermaßen deklariert:

Deklaration von Prozeduren

```
Sub Ausgabe()

    MsgBox "Hallo!"
```

B Visual Basic for Applications

```
End Sub
```
Eine solche Prozedur stellt eine Anweisung dar und wird so aufgerufen:
```
Ausgabe
```

Parameter und Datentypen In vielen Fällen wollen Sie Argumente für eine Prozedur definieren, die die Funktionsweise der Prozedur beeinflussen. Zu diesem Zweck legen Sie bei der Deklaration eine Parameterliste folgendermaßen fest:
```
Sub Ausgabe (strAnrede as String,

             strName as String)

             MsgBox strAnrede & "" & strName & "!"
End Sub
```
Eine solche Prozedur rufen Sie folgendermaßen auf:
```
Ausgabe 'Hallo', 'Elke'
```

Function-Prozeduren Wenn eine Prozedur eine Berechnung durchführen und ein Ergebnis zurückgeben soll, so deklarieren Sie diese als Function-Prozedur:
```
Function HochDrei(dblValue as Double) As double

        HochDrei = dblValue * dblValue * dblValue

End Function
```
Bei der Deklaration einer Function-Prozedur wird dabei nach dem As-Schlüsselwort der Datentyp des zurückgegebenen Werts angegeben. Die Function-Prozedur gibt dabei den Wert zurück, der ihrem Namen zugewiesen wird.

Eine Function-Prozedur läßt sich in einem Ausdruck beliebig verwenden:
```
dblWert = HochDrei(7 + 3 * HochDrei(15))
```

Gültigkeitsbereich von Prozeduren Prozeduren sind standardmäßig in allen Modulen der Anwendung verfügbar. Soll die Gültigkeit einer Prozedur auf das Modul beschränkt werden, in dem sie deklariert ist, so verwenden Sie das `Private`-Schlüsselwort:
```
Private Sub MeinSub()
        ' Anweisungen
End Sub
```

2 Kontrollstrukturen

Wie jede Programmiersprache besitzt auch Visual Basic Kontrollstrukturen, mit denen Bedingungen abgefragt werden und Anweisungen mehrfach ausgeführt werden können.

2.1 Bedingungen

If-Anweisung Oft sollen bestimmte Anweisungen nur dann ausgeführt werden, wenn eine bestimmte Bedingung erfüllt ist. In Visual Basic verwenden Sie hierzu die `If-Then-Else`-Anweisung:
```
If <logischer Ausdruck> Then

        ' Anweisungen

Else

        ' Anweisungen
```

2 Kontrollstrukturen

```
End If
```
Die `If`-Anweisung wertet einen logischen Ausdruck aus. Ist dieser wahr (ungleich 0), so werden die der `Then`-Anweisung folgenden Anweisungen ausgeführt. Ist der logische Ausdruck falsch (gleich 0), so werden die der `Else`-Anweisung folgenden Anweisungen ausgeführt. Die `Else`-Anweisung ist optional und kann weggelassen werden.

Der folgende Code überprüft, ob ein Fehler aufgetreten ist und gibt eine entsprechende Meldung aus:

```
If Err > 0 then

        MsgBox "Ein Fehler ist aufgetreten!"

        Exit Sub

Else

        MsgBox "Operation erfolgreich beendet!"

Endif
```

Wenn Sie mehrere verschachtelte Bedingungen benötigen, verwenden Sie die `ElseIf`-Anweisung:

```
If <Logischer Ausdruck> Then

        'Anweisungen

ElseIf <Logischer Ausdruck> Then

        'Anweisungen

ElseIf <Logischer Ausdruck> Then

        'Anweisungen

Else

        'Anweisungen

EndIf
```

Die `ElseIf`-Anweisungen werden der Reihe nach abgearbeitet. Dabei wird der Anweisungsblock ausgeführt, bei dem der logische Ausdruck das erste Mal wahr ist. Alle folgenden `ElseIf`-Anweisungen werden dann ignoriert.

2.2 Schleifen

Schleifen-Anweisungen dienen dazu, Anweisungen wiederholt auszuführen.

Die For-Anweisung führt einen Anweisungsblock in Abhängigkeit einer Zählervariable mehrfach durch:

Die For-Anweisung

```
Dim i

For i = 1 To 50 Step 2

        ' Anweisungen
Next
```

B Visual Basic for Applications

Die For-Anweisung bewirkt, daß die Anweisungen zwischen For- und Next-Anweisung solange wiederholt wird, bis die Variable i den Wert 50 besitzt. Beim ersten Schleifendurchlauf erhält die Variable i den Wert 1 und wird anschließend bei jedem Durchlauf um 2 erhöht. Wenn Sie das Step-Schlüsselwort weglassen, so wird eine Erhöhung um 1 vorgenommen.

Die Do-Loop-Anweisung

Die Do-Loop-Anweisung führt einen Anweisungsblock so oft aus, bis eine bestimmte Bedingung erfüllt ist. Die Do-Loop-Anweisung besitzt unterschiedliche Formen, je nachdem wie die Bedingung abgefragt werden soll.

Wenn Sie die Bedingung vor der ersten Anweisung überprüfen wollen, verwenden Sie folgende Form:

```
Do While <Logischer Ausdruck>
         ' Anweisungen
Loop
```

Durch diesen Code werden die Anweisungen vor der Loop-Anweisung solange wiederholt wie der Logische Ausdruck wahr ist. Wenn Sie statt des While-Schlüsselworts das Until-Schlüsselwort verwenden, wird die Schleife so oft durchlaufen, bis der logische Ausdruck wahr ist

Soll die Bedingung erst am Schluß geprüft werden, so verwenden Sie die folgende Form:

```
Do
         'Anweisungen
Loop While <Logischer Ausdruck>
```

Wiederum läßt sich statt des While-Schlüsselworts das Until-Schlüsselwort verwenden.

Die CD-ROM

Neben den im Buch beschriebenen Beispielen finden Sie auf der CD-ROM eine Reihe von Programmen aus den Bereichen Shareware, Freeware und Public Domain. Wir haben dabei primär Software ausgewählt, die eine gute Ergänzung zu Office 95 darstellt. Zum Beispiel ist in Office kein Bildbearbeitungsprogramm integriert, demzufolge wurden einige Programme aus diesem Bereich aufgenommen. Neben umfangreichen Anwendungsprogrammen werden auch einige Beispielanwendungen zu den einzelnen Office-Komponenten mitgeliefert. Einige davon stellen keine professionellen, fertigen Anwendungen dar, sondern sollen in erster Linie demonstrieren, welches Anwendungspotential in den einzelnen Bestandteilen von Office steckt.

Die CD-ROM ist folgendermaßen gegliedert:

- Im Ordner BEISPIEL finden Sie die im Buch beschriebenen Beispiele.
- Im Ordner SHARE sind die einzelnen Programme aus den Bereichen Shareware, Freeware und Public Domain enthalten.

Noch ein Wort zu den komprimierten Dateien: Einige Autoren erlauben es nur, die originale, komprimierte Datei (in aller Regel ZIP- oder EXE-Datei) weiterzugeben. Da jedoch dann die Programme nicht von der CD-ROM installierbar wären (Sie müßten die komprimierte Datei zunächst umständlich auf der Festplatte entpacken), haben wir uns entschlossen, die Dateien zusätzlich unkomprimiert auszuliefern. In den jeweiligen Ordnern finden Sie zunächst die unkomprimierten Dateien. Jeder Ordner enthält jedoch einen Unterordner mit der Bezeichnung KOMPRIM. Dort ist die originale, komprimierte Datei zu finden. Beachten Sie, daß Sie in besonderen Fällen nur diese Datei weitergeben dürfen (nähere Informationen finden Sie in den jeweiligen Textdateien zu den einzelnen Programmen).

Allgemeine Informationen zu Shareware

Beachten Sie bitte, daß die einzelnen Shareware-Programme in der Regel nur für einen gewissen Zeitraum kostenlos genutzt werden dürfen. Haben Sie sich zu einer dauerhaften Verwendung entschieden, müssen Sie die vom entsprechenden Autor geforderte Registrierungsgebühr entrichten. Sie erhalten dann eine Vollversion, gegebenenfalls mit gedrucktem Handbuch.

Entrichten Sie die Registrierungsgebühr bitte nur an die Shareware-Autoren, nicht an den Verlag Markt & Technik!

Detaillierte Informationen zu den Programmen und zur Registrierung entnehmen Sie je nach Programm aus der Hilfefunktion oder den mitgelieferten Textdateien.

Kostenlos genutzt werden dürfen nur Freeware- und Public-Domain-Programme. Doch auch hier gibt es einige Einschränkungen zu beachten. Nähere Informationen sind wiederum aus der Hilfefunktion und den mitgelieferten Textdateien ersichtlich.

Software aus den Bereichen Shareware, Freeware und Public Domain darf im allgemeinen beliebig weitergegeben werden. Zu beachten ist dabei, daß die Weitergabe in vollständiger und unveränderter Form erfolgen muß.

Kurzbeschreibung der Programme

Eine Kurzbeschreibung der einzelnen mitgelieferten Programme entnehmen Sie der Datei CDROM.DOC, die Sie im Hauptordner der CD-ROM finden. Diese Datei ist für die Verwendung im Zusammenhang mit Winword konzipiert. Betrachten Sie die Datei in Winword, oder drucken Sie die Datei von dort aus.

Die Kurzbeschreibung enthält unter anderem eine knappe Leistungsbeschreibung, Hinweise zur Installation und Angaben zur Registrierungsgebühr.

Sachverzeichnis

Arbeiten mit Office 95 professionell

? 43

A
Abbrechen 55
Abschnitt löschen 71
Access 24, 39, 56
Adressen 25
Alle entfernen 74
Allgemein 47, 56
An 74
Anordnen 73
Anpassen 56, 63, 77
Ansicht 65
Anwendung
  starten 45, 47
Arbeitsmappe 21
Audio 78
Aus Datei hinzufügen 70
Ausblenden 60
Ausschneiden 67

B
Bearbeiten
  Ausschneiden 67
  Einfügen 67
  Kopieren 67
Bedingung 55
Berichtsgenerator 21
Beschreibung 65
Betreff 74

C
CorelDraw 23

D
Datei hinzufügen 79
Datei-Info 56
Dateiname 53
Datenauszug hierher verschieben 71
Datenbankeigenschaften 56
Datenreihen 34
Designer 23
Details 52
Diabelichter 23
Diagramm-Assistent 32
Dialogefeld
  Neu 47
Dialogfeld
  Öffnen 53
  Weitere Suche 54
Dokument
  aus Sammelmappe in Dokumentdatei kopieren 71
  drucken 72
  duplizieren 72
  Eigenschaften 48
  in Sammelmappe hinzufügen 70
  in Sammelmappe umbenennen 69
  manipulieren 71
  öffnen 48, 51
Dokumentanzeige
  verändern 71
Dokumentfenster 58
  maximieren 59
Drucken 48
Drucker 23
DTP 21
Duplizieren 72

E
Editor 65
Eigenschaften 56
Einfügen 67
Elegantes Memo 27
E-Mail 73, 74
Excel 21, 29, 29
Exchange 73

F
Farbige Schaltflächen 63
Favoriten 52
Fenster
  vergrößern 60
  verkleinern 60
Fenstermenü 60
Fragezeichen 42
Fußnoten 21

G
Grafiken 21, 23
Groß/Kleinschreibung beachten 55
Große Schaltflächen 78
Größe Schaltflächen 63

H
Hilfe-Assisten 45
Hilfefunktion 41
Hilfethemen 43
Horizontaler Farbverlauf 78

I
Immer im Vordergrund 78
Index 43
Inhalt 43, 56

K
Kontextmenü 65
Kopieren 67

L
Layout 21
Liste
  An 74

M
Mail 25
MDI 57
Memo 26, 27
Memos 27
Micrografx 23
Mit Shortcuts 64
Multiple Document Interface 57

N
Nach Erledigung zurück zum Absender 74
Nach-Oben 73
Nachrichtentext 74
Nach-Unten 73
Name der Symbolleiste 65
Numerierung 72

O
Objekt 36, 48
OLE 19

Sachverzeichnis

Optionsfeld
   Und 55
Ordner
   Eigene Dateien 53

P

Papierkorb 71
Platzhalter 53
PowerPoint 21, 23, 35
   Tabellen 36
Präsentation 23
   vorführen 48
Programmansicht 71
Projektor 23

Q

QuickInfo anzeigen 63, 78

R

Rechtschreibkontrolle 21
Registerkarte
   Anpassen 56
   Hilfe-Assistent 45
   Index 43
   Inhalt 43
   Sammelmappe 68
   Schaltflächen 79
   Suchen 44

S

Sammelmappe
   Abschnitt löschen 71
   Dokument einfügen 69
   erstellen 68
   senden 75
   speichern 70
   Schaltfläche 62, 79
      Details 52
      farbig 63
      Größe 63
      Löschen 80
      Nach-Oben 73
      Nach-Unten 73
      Weitere 54
      Zur Liste hinzufügen 55
      Zurücksetzen 66
Schedule+ 25
Schreibfehler 21
Schriftarten 21
Schriftgrad 30
Seitennummerierung 72
Shortcutleiste 75
   anpassen 77
   Funktionen 77
   schließen 76
Shortcuts 64
Spaltensatz 21

Standardvorlage 47
Starten 45
Startmenü 50, 75
Statistik 56
Status verfolgen 74
Suche
   öffnen 55
   speichern 55
   starten 55
Suchen 44
Symbole
   anordnen 60
   erstellen 65
Symbolleiste 62
   anpassen 64, 65
   Name 65
   positionieren 63

T

Tabellenkalkulation 21
Termin 25
Textverarbeitung 20
Titel in Script-Schriftart 78

U

Überlappend 60
Umbenennen 69
Umstellen 79
Unterordner durchsuchen 55

V

Vergleichsoperator 55
Verteiler bearbeiten 73
Verteiler erstellen 74
Verteilungsart 74
Visual Basic 22
Vorlagen 26

W

Weitere Suche 55
Weiterleiten 74
Word 20, 26

Z

Zurücksetzen 66
Zwischenablage 67
Zwischenraum hinzufügen 80

Word

* (Jokerzeichen) 109
? (Jokerzeichen) 109
^? (Jokerzeichen) 105

A

Abs 303
Absatzanfangs- und Endeabstände 136
Absätze
   Abschließen 89
   Aufteilen 91
   Numerieren 145
   Seitenumbruch in ~ vermeiden 140
   Seitenwechsel oberhalb 141
   Verbinden 91
Absätze zusammenhalten 140
Absatzeinzüge 137
   Erste Zeile 137
Absatzformatierung 132
   Zurücksetzen 145
Absatzformatvorlagen 272
Absatzformatvorlagen, siehe auch unter Formatvorlagen
Absatzkontrolle 140
Absatzmarken 83
   Ein- und ausblenden 83
Abschnitte 159
Abschnittwechsel 160
   Eigenschaft ändern 161
   Kopieren und verschieben 161
   Löschen 161
Access-Tabellen 259
Aktionsfelder 288
   Ausführen 294
AktualDat 296
Aktualisieren, siehe unter Felder
Akzente 316
Anfasser 191, 204
Anführungszeichen
   Gewöhnliche (gerade) 92
   Typographische 92
Animationen
   Einfügen 237
   Wiedergeben 243
Anrede (in Serienbriefen) 253
Anwendungsprogramme
   Aus Dokument ausführen 243
   In Dokumente einfügen 237
Anzahl (Funktion) 303
Arial 124
Assistenten 84

Sachverzeichnis

Audio-Objekte
  Einfügen 237
  Wiedergeben 243
Aufzählungen 155
Auslassungszeichen 316
Ausrichtung
  Bei WordArt 215
  Hochformat und Querformat 158
  Horizontale ~ von Absätzen 132
  In Listen 149
  Vertikale ~ von Absätzen 159
Ausrichtungszeichen 316
Ausschneiden 96
AutoCAD 186
AutoFormat
  Tabellen 179
AutoKorrektur 220
Automatische Formatvorlagen 272
  Übersicht 280
Automatische Formatvorlagen, siehe auch unter Formatvorlagen
Automatisches Speichern 85
AutoText 113
  Ändern 115
  Definieren 113
  Einfügen 114
  Eintrag´Sammlung´ 116
  Einträge in Dokumentvorlage speichern 282
  Liste aller Einträge drucken 115
  Löschen 115
  Sammlungen 116
  Umbenennen 115

B

Benutzerdefinierte Formatvorlagen 272
Benutzerdefinierte Formatvorlagen, siehe auch unter Formatvorlagen
Bildlaufleisten 82, 92, 93
Blocksatz 133
  Auf Seiten 159
BMP 187
Briefkuverts bedrucken 259
Brüche 321
Bruchstrich 321
Bundsteg 158

C

CDR 186
CGM 186
Charisma 186
Compound-Dokumente 237
CorelDraw 186
Cursor 83
  In der Seitenansicht sichtbar machen 88

D

Dateien
  Alle ~ speichern 84
  Automatisch speichern 85
  Einfügen 85
  Große ~ in kleinere aufteilen 328
  Standardordner 85
Datenquelle 248
  Als Tabelle darstellen 250
  Anlegen 249
  Blättern 250
  Datenmaske 249
  Datensatz hinzufügen 251
  Datensatz löschen 250, 251
  Datensatz wiederherstellen 250
  Durchsuchen 251
  Eingeben 249, 250
  Feldnamen hinzufügen 251
  Feldnamen löschen 251
  Feldnamen nachträglich umstellen 251
  Feldnamen umstellen 251
  Sortieren 252
  Spaltenbreite ändern 251
Datum und Uhrzeit 296
Datums- und Zeitbild 297
dBase 259
Definiert (Funktion) 303
Designer 186
Dezimalkomma 305
Diakritische Zeichen 316
Dicktengleiche Schrift 123
Dokumente
  Aktualisieren bei geänderter Dokumentvorlage 284
  Alle ~ speichern 84
  Anlegen 84
  Anlegen über Dokumentvorlage 282

Automatisch speichern 85
Bereiche schnell ansteuern 97
Blättern 92
Compound-~ 237
Darstellungsgröße 87
Dokumentvorlage wechseln 283
Drucken 100
Einfügen 85
Formatvorlagen in andere ~ kopieren 286
Große ~ in kleinere aufteilen 328
Standardordner 85
Dokumentvorlagen 281
  Alle ~ speichern 84
  Automatisch speichern 85
  AutoText-Einträge 282
  Dokumente aktualisieren bei geänderter ~ 284
  Dokumente anlegen 282
  Erzeugen 282
  Formatvorlagen in andere ~ kopieren 286
  Globale ~ 286
  Mit Texten und Grafiken 281
  NORMAL.DOT 285
  Ordner für ~ 282
  Seitenspezifische Formatierungen 281
  Symbolleisten 282
  Wechseln 283
DOT 282
Drag and Drop 96
DruckDat 296
Drucken 100
  Aktuelle Seite 100
  Beidseitig 100
  Bis zum Dokumentende 100
  Einzelne Seiten 100
  Felder automatisch aktualisieren 292
  Felder beim ~ aktualisieren 292
  Konzept-~ 101
  Markierten Bereich 100
  Mehrere Exemplare 100
Druckerschächte 158
DRW 186
Durchstreichen 127

947

Sachverzeichnis

E

Einbetten 240, 241
EINBETTEN Equation.2 311
EINBETTEN MS-WordArt.2 209
EINBETTEN... 240
Einfügemarke 83
Einfügemodus 91
Eingeben
   (Feldname) 293
Einzüge 137
   Erste Zeile 137
Encapsulated PostScript 186
Endemarke 83
Endnoten 166, 169
   Bearbeiten 169
   Druckposition 169
   Einfügen 169
   Formatieren 170
   In einzelnen Abschnitten unterdrücken 170
   In Fußnoten umwandeln 170
   Numerieren 170
   s.a. unter Fußnoten 169
EPS 186
Ergebnisfelder 288
Ersetzen, siehe unter Suchen und Ersetzen 105
ErstellDat 296
ERW (Statusleiste) 95
Erweiterungsmodus 95
Etiketten bedrucken 259
Excel-Tabelle
   Bearbeiten 243
   Bereich einfügen 244
   Für Serienbriefdruck 259

F

Falsch (Funktion) 303
Feldarten 288
Felder 287
   Aktionsfelder 288
   Aktualisieren 291
   Alle aktualisieren 292
   Ansteuern 293
   Arten 288
   Aufbau 288
   Automatisch beim Druck aktualisieren 292
   Datum und Uhrzeit 296
   Durchsuchen 293
   Einfügen 288
   Einige ~ aktualisieren 292
   Ergebnisfelder 288
   formatieren 292
   Funktionen 303
   In gewöhnlichen Text umwandeln 295
   Informationen zum Dokument 298
   Manuell aktualisieren 291
   Manuell eingeben 291
   Markierungsfelder 288
   Numerieren über ~ 299
   Querverweise über ~ erzeugen 300
   Rechnen über ~ 302
   Rechnen über ~ , s.a. unter Rechnen 302
   Schalter 288
   Seitenverweise über ~ erzeugen 302
   Sperren 294
   Suchen in ~ 293
   Verschachteln 293
Feldergebnisse
   Ein- und ausschalten 290
   Überarbeiten 292
Feldfunktionen
   Drucken 295
   Ein- und ausschalten 290
Feldfunktionen überarbeiten 292
Feldklammern 291
Feldnamen 288
   Umbenennen 251
Fenster
   Teilen 85
Fettschrift 126
   Bei WordArt 214
Filialdokumente, 328
Flatterrand 133
Folgen 313
   Horizontal ausrichten in ~ 314
Formate für Bitmap-Grafiken 186
Formatieren 102, 120
   Suchen 110
   Über Dokumentvorlagen 281
   Über Formatvorlagen 272
   Wiederholen 102
FormatVerbinden 293
Formatvorlagen 272
   »Absatz-Standardschriftart« 277
   absatzspezifische 272, 276
   ändern 273, 278, 280
   ändern und in Dokumentvorlage übernehmen 284
   automatische 272
   automatische, Übersicht 280
   basierend auf anderen ~ 272, 276
   beim Formel-Editor 325
   benutzerdefinierte 272
   definieren 274, 279
   einem Text zuweisen 273, 277, 279
   Formatierung eines Textes zurücksetzen 279
   für nachfolgenden Absatz definieren 276
   'Funktion' (Formel-Editor) 325
   'Griechisch' (Formel-Editor) 325, 326
   kopieren in andere Dokumente/Dokumentvorlagen 286
   löschen 278, 287
   'Mathematik' (Formel-Editor) 325, 326
   'Matrix/Vektor' (Formel-Editor) 325
   seitenspezifische Formatierungen 281
   Shortcuts für ~ 277, 278
   »Standard« 277
   'Symbol' (Formel-Editor) 326
   'Text' (Formel-Editor) 325, 326
   »Überschrift 1-9« 281
   umbenennen 287
   'Variable' (Formel-Editor) 325
   'Zahl' (Formel-Editor) 326
   zeichenspezifische 272, 276
   Zusammenspiel mit direkten Formatierungen 274
Formatvorlagen-Katalog 285
Formatvorlagen-Liste 273, 279
Formel-Editor 310

Sachverzeichnis

Abstände ändern 327
Anzeige aktualisieren 315
Anzeige beeinflussen 315
Auslassungszeichen 316
Formatvorlage 'Funktion' 325
Formatvorlage 'Griechisch' 325, 326
Formatvorlage 'Mathematik' 325, 326
Formatvorlage 'Matrix/Vektor' 325
Formatvorlage 'Symbol' 326
Formatvorlage 'Text' 325, 326
Formatvorlage 'Variable' 325
Formatvorlage 'Zahl' 326
Formatvorlagen 325
Leerzeichen 316
Neue Symbole erzeugen 315
Relationszeichen 315
Schriftgrad ändern 326, 327
Übersicht der Elemente 319
Übersicht der Symbole 315
Verlassen 311
Formelelemente 319
   Umwandeln 319
Formeln
   Akzente 316
   Ändern 312
   Anzeige aktualisieren 315
   Ausrichten 313, 316
   Ausrichtungszeichen 316
   Beträge 320
   Bögen 317
   Brüche 321
   Diakritische Zeichen 316
   Einfügen 311
   Elemente bündig setzen 316
   Elemente punktweise positionieren 314
   Folgen 313
   Formatieren 313, 325
   Griechische Buchstaben 319
   Größe ändern 312
   Hoch- und Tiefstellungen 321
   Horizontal ausrichten in

   Folgen 314
   Integrale 322
   Klammern 320
   Logische Symbole 318
   Markieren 314
   Matrix 323
   Mehrzeilige ~ 313
   Mengenlehre-Symbole 318, 323
   Operatoren 317
   Ornamente 316
   Periode 317
   Pfeile 317
   Pfeile mit Beschriftung 323
   Produkte 323
   Stapel 313
   Summenzeichen 322
   Über- und Unterstreichungen 323
   Übersicht der Elemente 319
   Übersicht der Symbole 315
   Überstrich 317
   Wurzeln 321
Formeln, siehe auch unter Formel-Editor 310
Formelsatz 310
Formelsatz, siehe auch unter Formel-Editor 310
Formen (WordArt) 211
   Wirkungsweise beeinflussen 218
FoxPro 259
Funktionen 303
Fußnoten 166
   Einfügen 167
   Formatieren 168
   In Endnoten umwandeln 170
   Numerieren 169
   s.a. unter Fußnotenzeichen, Fußnotentext 166
   Fußnotenausschnitt 167
   Schließen und öffnen 167
Fußnotentexte 166
   Ansteuern 167
   Druckposition 169
   Formatieren 168
Fußnotenzeichen 166
   Ansteuern 167
   Formatieren 168
   Kopieren, löschen und verschieben 167
Fußzeile

Bearbeiten 162
Fußzeilen, siehe unter Kopfzeilen 161

G

Geldbeträge ausrichten 182
GIF 186
Gitternetzlinien 171
Gliederung, siehe unter Gliederungsansicht
Gliederungsansicht
   Aktivieren 260
   Alles anzeigen 261
   Bestimmte Ebenen anzeigen 261
   Drucken 260
   Ebenen ausblenden 261
   Ebenen einblenden 261
   Kapitel kopieren 263
   Kapitel löschen, 263
   Kapitel verschieben 263
   Markieren 262
   Nur Überschriften anzeigen 261
   Prioritäten ändern 262
   Textkörper 261
   Überschrift in Textkörper umwandeln 262
   Überschriften kopieren 263
   Überschriften löschen 263
   Überschriften verschieben 263
Grafiken 186
   Abstände definieren 191
   Aktualisieren 189, 193
   Aktualisierung verhindern 194
   Als leere Rahmen anzeigen 190
   Als Objekte einfügen 195, 237
   Auf dem Seitenrand plazieren 202, 203
   Ausrichten 191
   Bearbeiten 194
   Dokument mit Grafikdatei verknüpfen 188
   Dokumente mit enthaltenen ~ weitergeben 194
   Einfügen 187
   Frei auf der Seite plazieren 199
   Größe festlegen 190
   Im Dokument speichern 188, 194

949

Sachverzeichnis

In Positionsrahmen setzen 200
Kopieren 192
Löschen 193
Positionieren 191
Rand hinzufügen 191
Schattieren 192
Umrahmen 192
Unterstützte Formate 186
Verknüpfungen einsehen 193
Verschieben 193
Zuschneiden 191
Grafiken mit zugehöriger Bildunterschrift zusammenhalten 140
Griechische 319
Groß- und Kleinschreibung ändern 117, 127

H
Hängender Einzug 138
Hauptdokumente 248
   Anlegen 248
   Anlegen bei bestehender Datenquelle 256
   Bearbeiten 252
   Öffnen 256
   Seriendruckfeld einfügen 252
Helvetica 124
Hervorheben 117
Hochformat 158
Hochstellen 127, 130
HPGL 186
Hurenkinder 139, 140

I
Index 265
   Aktualisieren 269
   Anzahl der Spalten 269
   automatisch aktualisieren 269
   dreigliedrige Einträge 270
   Einträge ausblenden 267
   Einträge definieren 265
   Erneut einfügen 269
   Erzeugen 268
   Mehrgliedrige Einträge 270
   Querverweise 270
   Seitenbereiche 269
   Seitenumbruch vor ~ 271
   Seitenzahlen durch Kommas trennen 271
   Seitenzahlen hervorheben 269
   Überarbeiten 271
   Zweigliedrige Einträge 266
Inhaltsverzeichnis
   Aktualisieren 265
   Automatisch aktualisieren 265
   Erneut einfügen 265
   Erzeugen 264
Initialen 207
Int 303
Integrale 322

J
Jokerzeichen 105, 109
JPEG 186
JPG 186

K
Kalkulationstabellen einfügen 237
Kapitälchen 127
Kerning 130
Klänge, siehe unter Audio-Objekte
Konturlinien (WordArt) 218
Konzeptdruck 101
Kopfzeilen 161
   Andere ~ auf der ersten Seite 163
   Auf der ersten Seite unterdrücken 162
   Bearbeiten 162
   Druckposition 163
   Entfernen 166
   Erzeugen 162
   Unterschiedliche auf geraden/ungeraden Seiten 163
   Verknüpfen 164
   Verschiedene ~ in einem Dokument 164
   Zur Fußzeile wechseln 162
Korrekturfunktionen 220
Kursiv 126
   Bei WordArt 214
Kuverts bedrucken 259

L
Laufweite 129
Layout
   Mehrspaltig 195
Layoutansicht 86
Layoutfunktionen 185
Leerzeichen 90
   Geschützte 90
   In Formeln 316
Leerzeichenausgleich 97
Lineal 82
Linksbündig 132
Listen, siehe unter Aufzählungen, Numerierung 145
Logische Symbole 318

M
Markieren 94
   Erweiterungsmodus 95
   In Formeln 314
   In Tabellen 173
   Spaltenweise 95
Markierungsfelder 288
Maßeinheit 82
Mathematische Zeichen, siehe unter Formeln 310
Matrix 323
Mauszeiger 83
Max 304
Mengenlehre-Symbole 318, 323
Menübelegung ändern 338
Metadatei-Format 187, 194
Metafile-Format 187, 194
Min 304
Mittelwert (Funktion) 304
Mustervergleich 108

N
Negativschrift 128
   Bei WortArt 218
Nicht (Funktion) 304
Nichtdruckbare Zeichen 83
   Ein- und ausblenden 83
NORMAL.DOT 285
Normalansicht 86
Null-Leerzeichen 316
Numerieren, s.a. unter Numerierung 145
Numerierung 145
   Abbildungen u.ä. 299
   Anpassen 146
   Entfernen 147
   Erzeugen 146
   In gegliederten Listen 150
   Startnummer 149
   Überschriften 153
   Unterbrochene 147
   Während der Eingabe 149
   Zahlenformat 148

Sachverzeichnis

O
Objekte 237
  Aktualisieren 242
  Als Symbol einfügen 241
  Animationen 237
  Anwendungsprogramme 237
  Audio-Objekte 237
  Aus bestehenden Dateien erzeugen 240, 241
  Aus einem Bereich einer Datei erzeugen 243
  Ausführen 243
  Bearbeiten 243
  Einbetten 240, 241
  Frei auf der Seite plazieren 199
  In Positionsrahmen setzen 200
  Kalkulationstabellen 237
  Manuell aktualisieren 242
  Neue ~ einfügen 238
  Präsentationen 237
  Verknüpfen 240, 241
  Videos 237
  Vom Desktop einfügen 244
  Wiedergeben 243
  Zwischenspeichern 238
Oder (Funktion) 304
OLE 238
OLE 2 238
Operatoren
  In Formeln 317
Ornamente 316
Outline-Schriftstil (WordArt) 218

P
Paginierung 164
Papierformat 158
Papiergröße 158
Papierzufuhr 158
Paradox 259
PCD 186
PCT 186
PCX 186
Periode (in Formeln) 317
Pfeile 317
  Mit Beschriftung 323
Photo-CD 186
PICT 186
PLT 186
Positionsrahmen 199
  Abstand zum Text 201
  Auf Seite verankern 203
  Auf Seitenrand plazieren 202, 203
  Bestehenden Text in ~ setzen 199
  Eigenschaften festlegen 200
  Entfernen 204
  Grafiken in ~ setzen 199
  Größe festlegen 200, 204
  Horizontale Position 201, 203
  Leeren ~ erzeugen 200
  Mit Absatz verknüpfen 203
  Objekte in ~ setzen 199
  Vertikale Position 202, 203
  Vom Text umfließen lassen 201
Präsentationen
  Einfügen 237
  Wiedergeben 243
Produkt (Funktion) 303
Produktzeichen 323
Proportionalschrift 123

Q
Querformat 158
Querverweise 300

R
Rahmen 141
Rechnen 302
  Funktionen 303
  Relative Zellbereiche 303
  Textmarken 302
  Zellbereiche 303
  Zellen 302
Rechnen.Zellen einer anderen Tabelle 304
Rechtsbündig 133
Ref 301
Relationszeichen 315
Rest (Funktion) 304
Rückgängigfunktion 102
Runden (Funktion) 304

S
Sammlungen 116
Schatteneffekt (WordArt) 216
Schlüssel 181
Schmalschrift 128
  Bei WordArt 215
Schmuckbuchstaben 207
Schraffieren (WordArt) 217
Schriftart
  Festlegen 122
  Nicht vorhanden 125
  Technologien 124
Schriftattribute 126
  Bei WordArt 214
Schriftfarbe 128
  Bei WordArt 217
Schriftgrad 125
  Bei WortArt 214
Schusterjungen 139, 140
Script-Schriftarten 125
Seiten
  Ansteuern 98
Seitenansicht 87
  Aufrufen 88
  Darstellungsgröße 89
  Lupenmodus 88
  Mehrere Seiten anzeigen 89
  Verlassen 89
  Zoomen 89
Seiteneinstellungen 157
  Standardeinstellungen 159
Seitennumerierung 164
Seitenränder 157
  Positionsrahmen auf den ~ plazieren 202, 203
SeitenRef 302
Seitenumbrüche 139
  Auf ungeraden Seiten erzwingen 160
  Automatisch 83
  Innerhalb eines Absatzes vermeiden 140
  Vor einem Absatz erzwingen 141
  Zwischen zwei Absätzen vermeiden 140
Seitenverweise 302
Seitenwechsel
  Manuell 91
Seq 299
Sequenzname 299
Serienbriefe 247
  Access-Tabellen 259
  Ausdrucken 255
  Bedingungsfelder 253
  Datenquelle 248
  Datensätze überspringen 258
  Feldnamen hinzufügen 249
  Feldnamen löschen 249
  Feldnamen umstellen 249

Sachverzeichnis

Filtern 256, 257
Hauptdokumente 248
In Dokument ausgeben 255
Nur Bereich drucken 255
Professionelle Anrede 253
Seriendruckfelder 248
  Einfügen 252
Seriendruck-Manager 248
Seriendruckvorschau 253
Serifen 124
Sonderzeichen
  Einfügen 118
  Schützen 119
  Shortcut definieren 119
Sortieren
  Tabellen 181
  Text 182
Sounds, siehe unter Audio-Objekte
SP (Statusleiste) 96
Spalten
  Im Dokument, siehe unter Textspalten 195
  In Tabellen, siehe Spaltenmarkierungsmodus 95
Spaltenwechsel 198
SpeicherDat 296
Sperren
  (drucktechnisch) bei WordArt 215
Stapel 313
  Horizontal ausrichten in ~ 314
Statusleiste 82
Steuersatz 251
Stichwortverzeichnis, siehe unter Index
Suchen 103
  Abbrechen 104
  Formatierungen 110
  In einer Datenquelle 251
  Mit Jokerzeichen 105
  Mit Mustervergleich 108
  Sonderzeichen 107
  Spezielle Textelemente 107
  Verschiedene Schreibweisen berücksichtigen 108
  Wiederholen 104
Suchen und Ersetzen 105
  Automatisch 106
  Mit Abfrage 106

Mit Jokerzeichen 107
Rückgängig machen 106, 112, 114, 116, 262, 265
Wiederholen 107
Suchen und Ersetzen, s.a. unter Suchen 105
Suchrichtung 105
Summe (Funktion) 303
Summenzeichen 322
Symbol (Schriftart) 125
Symbole
  Vordefinierte 221
Symbolleisten 82
  Als Fenster 334
  Am Bildschirmrand 334
  Anordnung der Symbole ändern 335
  Anpassen 334
  Ein-/ausblenden 335
  Größe der Symbole ändern 338
  In Dokumentvorlage speichern 282
  Löschen 337
  Neue ~ erzeugen 337, 338
  Nur in bestimmten Dokumenten anzeigen 337
  Positionieren 334
  Symbole aufnehmen 336
  Symbole entfernen 336
  Umbenennen 337
  Zurücksetzen 337
Symbolschriften 125

T

Tabellen
  Abstand oberhalb und unterhalb 181
  Abstand zwischen den Spalten 178
  Aus bestehendem Text erzeugen 172
  Ausrichten 179
  AutoFormat 179
  Breite ändern 177
  Dezimalwerte ausrichten 182
  Editieren 172
  Einzug von links 178
  Feste Zeilenhöhe 178
  Geldbeträge ausrichten 182
  Gesamte ~ markieren, 173
  Gitternetz 180
  Gitternetzlinien 171
  In Text umwandeln 181

Leere ~ erzeugen 171
Linien einfügen 180
Löschen 175
Markieren, 173
Mit unregelmäßiger Struktur 175
Mit Unterschrift zusammenhalten 180
Mit zugehöriger Tabellenunterschrift zusammenhalten 140
Optimale Breite 177
Rahmen einfügen 180
Rechnen in ~, siehe unter Rechnen
Schattierungen einfügen 180
Seitenumbruch in ~ vermeiden 140
Seitenumbruch in Zeile verhindern 180
Seitenumbruch verhindern 180
Sortieren 181
Spalten einfügen 175
Spalten löschen 175
Spalten markieren 173
Spaltenbreite ändern 176
Teilen 181
Über Tabstopps erzeugen 182
Überschrift auf Folgeseiten wiederholen 181
Überschrift über zwei Spalten 175
Umrahmen 180
Verbinden zu einer 181
Zeilen einfügen 174
Zeilen löschen 175
Zeilen markieren 173
Zeilenendemarken 171
Zeilenhöhe ändern 178
Zellen einfügen 176
Zellen löschen 176
Zellen markieren 173
Zellen teilen 176
Zellen verbinden 175
Zellenendemarken 171
Tabstopps 182
  Ausrichten 183
  Setzen 183
Tabulatoren 90
Targa 187
Tastaturbelegung ändern 338
Tausendpunkt 305

Sachverzeichnis

Textbausteine, s.u. AutoText 113
Texte
 Eingeben 89
 Kopieren 96, 97
 Korrigieren 91
 Löschen 96
 Markieren 94
 Verschieben 96
Textkörper 261
Textmarken 98
 Ansteuern 98
 Einfügen 98
 Löschen 99
 Rechnen mit ~, siehe unter Rechnen
 Sichtbar machen 99
Textmarker 117
Textobjekt
 Einzufügen 209
Textspalten 195
 Abstand zwischen den ~ 196
 Anzahl auf einer Seite variieren 198
 Anzahl definieren 196
 Umbruch korrigieren 198
 Unten bündig abschließen 198
 Verschieden breite 196
 Vertikale Zwischenlinie 196
TGA 187
Tiefstellen 127, 130
TIF 187
TIFF 187
Times New Roman 124
Tip-Assistent 82
Tippfehler korrigieren 220

U

ÜB (Statusleiste) 91
Über- und Unterstreichungen (in Formeln) 323
Überschreibemodus 91
Überschreibung 321
Überschrift 1-9 (Formatvorlagen) 281
Überschriften
 Mit nachfolgendem Text zusammenhalten 140
 Numerieren 153
ÜBERSPRINGEN (Feldfunktion) 258
Umbrüche, siehe unter Seitenumbrüche, Zeilenumbrüche 139

Umschläge bedrucken 259
Und (Funktion) 304
Unterschneidung 130
 Bei WordArt 215
Unterschreibung 321
Unterstreichen 127

V

Vektorpfeile 316, 317
Verborgener Text 127
Verknüpfen 240, 241
Verweise
 Querverweise 300
Videos
 Einfügen 237
 Wiedergeben 243
Vorlagen, siehe unter Formelelemente 310
Vorortaktivierung 238, 241
Vorzeichen 305
Vorzeichen (Funktion) 304

W

Wahr (Funktion) 304
WENN (Feldfunktion) 254, 258
Wenn (Funktion) 304
Wiederherstellenfunktion 102
Windows-Metadatei-Format 187, 194
Windows-Metafile-Format 187, 194
Wingdings 125
Wissenschaftliche Zeichen, siehe unter Formeln 310
WMF 187, 194
WordArt 209
 Ausrichtung 215
 Fettschrift 214
 Formen 211
 Konturlinien 218
 Kursiv 214
 Negativschrift 218
 Outline-Schriftstil 218
 Schatteneffekte 216
 Schmalschrift 215
 Schraffieren 217
 Schriftattribute 214
 Schriftfarbe 217
 Schriftgrad 214
 Sperren (drucktechnisch) 215
 Text auf die Seite kippen 218
 Text strecken 218
 Textobjekt ändern 211

Textobjekt skalieren 211
Textobjekte drehen 219
Transparenter Text 217
Unterschneidung 215
Verlassen 211
Wirkungsweise von Formen beeinflussen 218
WortArt
 Textobjekt aus bestehenden Text erzeugen 211
WPG 187
Wurzeln 321

Z

Zahlenformatbild 305
Zeichenformatierung 122
 Entfernen 131
 Kopieren 131
 Standwerte festlegen 131
Zeichenformatvorlagen 272
Zeichenformatvorlagen, siehe auch unter Formatvorlagen
Zeilenabstand 134
Zeilenendemarken 171
Zeilenmarken 90
Zeilenumbrüche 139
Zeit (Feldname) 296
Zellen 171
 Einfügen 176
 Löschen 176
 Markieren, 173
 Rechnen in ~, siehe unter Rechnen
 Teilen 176
 Verbinden 175
Zellenendemarken 171
Zentraldokument-Ansicht, 329
Zentraldokumente
 Dokumente in ~ umwandeln, 329
Zentraldokumente, 328
Zentriert 133
Ziehen und Ablegen 96
Zierschriften 125
Zoomen 87

Excel

1000er-Trennzeichen 444
3D
 Bezug 363
3D-Diagramm
 Breite 492

Sachverzeichnis

Farbe 492
Muster 492
Perspektive 492
Tiefe 492

A

Abfrage
  Daten anzeigen 437
  Feld bearbeiten 441
  Fenster 437
  Mit Excel verknüpfen 443
  Speichern 442
Abkürzungstasten 358
Access 528
Achse
  Ausblenden 491
  Beschriftungen 494
  Einblenden 491
Add-In 435
  Query 436
Add-In-Manager 461, 524
Adressierung 375
  Absolute 376
  Relative 376
Aktualisieren 406
  Landkarte 498
Ankerzelle 362
Ansicht
  Abrufen 523
  Optionen 523
  Speichern 522
Anwendungsgebiete
  Excel 340
Äquivalenzverbindung 441
Arbeitsbereichdatei 360
Arbeitsblatt
  Aktivieren 345
  Größe 346
  Kopieren 344
  Schutz 514, 518
  Tabelle 343
  Verschieben 344
Arbeitsmappe 345
  Anzahl Tabellen 344
  Blattregister 345
  Neu 346
  Schutz 517
  Struktur schützen 517
  Titelzeile 346
Arbeitsmappenfenster
  Schließen 360
Arithmetischer Trend 370
Assistent
  Tip 359
Attribute
  Zuordnen 448

Aufzeichnen
  Audio-Notiz 369
Ausfüllen 369
  Reihen 369
  Spaltenweise 370
  Zeilenweise 370
Ausfüllkästchen 369
Ausrichten 367, 455
  Gitternetz 476
Auswahlliste 373
Auto
  Berechnungen, 394
AutoAusfüllen 371
  Liste 371
AutoEingabe 373
AutoFilter 426
AutoFormat 456
  Diagramm 493
  Löschen 494

B

Bearbeiten/Rückgängig 406
Beenden
  Programm 361
Berechnungen
  Automatik, 394
Bereich 361
  Angeben 361
  Eingeben 365
Bericht
  Access- 527
  Anlegen 525
  Ausgabe 524
  Bearbeiten 526
  Drucken 527
  Optionen 525, 526
Bericht-Manager 524
Beschriftung 406
  Ändern 496
Bezug
  3D 363
  Anwendungen 364
  Arbeitsblatt 362
  Arbeitsmappe 363
  Doppelpunkt 362
  Schnittmenge 362
  Schnittmengenbereich 364
  Vereinigung 362
Bezugsart 362
  A1 362
  Z1S1 362
Bildformat 479
Bildschirm 343
Blocksatz 455
Bogen 472
Break-Even-Analyse 411

Brüche 368
Buch
  Aufbau 340

C

Cursor bewegen 357

D

Datei
  Arbeitsbereich 360
  Excelsymbol 342
Datei-Info 359
Daten
  Ausblenden 452
  Beschriftungen 495
  Landkarte anlegen 497
Datenabfrage 436
Datenarchivierung 461
Datenbank
  Aufgabe 420
Datenquelle
  Öffnen 436
Datensatz
  Doppelt 427
Datenschutz 514
Datum 397, 448
  Eingeben 399
  Rechnen 400
Datumsformate
  Codes 398
Dezimalstelle
  Mehr 444
  Weniger 444
Diagramm
  Achse formatieren 494
  Als Blatt einfügen 486
  Anlegen 485
  Beschriftung 495
  Drag & Drop 487
  Einbetten 486
  Erweitern 487
  Formatieren 492
  Pivot-Daten 487
  Titel 494
  Typpalette 482
Diagrammtyp 482
  Ändern 489
Dialogblatt
  Anlegen 512
Doppelrahmen
  Cursor 344
Doppelte Daten 427
Drag & Drop 349, 487
Druckbereich
  Abrufen 530
  Einstellen 530
  Markieren 530

Sachverzeichnis

Druckdatei 533
Drucken 533, 534
  Ausschließen 531
  Dateien 532
  Diagramm 534
  Diagrammblatt 535
  Druckdatei 533
  Kopien 532
  Objekte 529
  Seitenanzahl 530
  Verknüpfte Grafiken 529
Drucker
  Einstellungen 529
  Freigeben 529
  Kabelverbindungen 529
  Wählen 528
Druckseite wiederholen 531
Duplikate
  Liste 427
Durchsuchen 403, 405

E

Eckpunkt 477
Eigenschaften 341
Eigenverknüpfung 441
Einfügen 381
  Arbeitsblätter 383
  Ausgeschnittene Zellen 383
  Daten neu anordnen 385
  Landkarte 497
  Spalten 383
  Zeilen 383
  Zwischen vorhandenen Zellen 379
Einfügen/Namen/Festlegen 405
Eingabe
  Automatisch 373
  Bearbeiten 366
  Formel 393
  Gleiche Daten 372
Eingabezeile 365
Einsatzgebiete 339
Eintrag
  Gleicher Anfang 373
Einzelwertformel 400
Ellipse 472
Ergebnisbericht 411
Ersetzen 374
Excel
  Access-Bericht 435
  Access-Formular 435
  AccessLinks 435
  konvertieren (Access) 435
  Schließen 361

Explorer
  Excel 342
Externe Bezüge 363

F

Farbe 454
  Diagramm 478
Favoriten 360
Fenster 361
  Arbeitsmappen 345
  Schutz 517
Filter 427
  Alle Daten wieder anzeigen 428
  Automatisch 426
  NAME 429
  Pfeile entfernen 428
  Spezial 427
  Teilergebnisse 429
Foramtvorlage
  Anlegen 465
Format
  Numerische 444
  Übertragen 455
Format/AutoFormat 456
Format/AutoFormat/Tabellenformat 456
Format/Formatvorlage 464, 465
Formatierungen 404
Formatvorlage 464, 465, 466
  Ändern 466
  Kopieren 466
  Löschen 465
  Zur Mustervorlage 467
Formel
  Aufbauen 392
  Ausblenden 521
  Eingabe 369
  Funktion 393
  Logisch 392
  Numerisch 392
  Schreiben, 393
  Text 392
Fragezeichen 359
Freihandform 473
Freihandobjekt
  Bearbeiten 477
Funktion
  Assistent 396
  Eingabe per Schaltfläche 395
  Manuell eingeben 394
  Schreiben 393
  Typen 397
Funktionstaste 358

Fußzeile 469

G

Gehe zu 349, 375
Geometrischer Trend 370
Gitternetzlinien 469, 476
Grafik
  Anordnen 476
  Beschriften 477
  Einfügen 480
  Größe ändern 477
  Importieren 480
  Verknüpfen 479
Größenachse
  Sekundäre 490
Gruppierung
  Aufheben 348, 476

H

Hilfe 359
  Fragezeichen, 359
  Menü 359

I

Inklusionsverknüpfung 441

K

Kenntnisse 339
Kennwort 515, 519
Konsolidierung 403, 404, 405, 406
  Nach Datenrubriken 405
  Nach Positionen 403
Konsolidierung, 403
Konsolidierungstabelle 406
Kontextmenü 350
Kopfzeile 469
Kopieren
  Arbeitsblatt 380
  Teilwise kopieren 379
  Ziehen 375
  Ziehen & Kopieren 377
Kreuzungspunkt
  Zeile und Spalte 343
Kriterien 431, 439
  Query 439
Kriterienbereich 429

L

Ländereinstellung 447
Landkarte
  Aktualisieren 498
  Anzeige 499
  Einfügen/ 497
  Funktion 496
  Größe ändrn 500
  Karten-Manager 499

Sachverzeichnis

Merkmale 500
Pinnfolie 499
Text ergänzen 499
Vergrößern 499
Verkleinern 500
Verschieben 500
Legende
   Automatisch aktualisieren 488
Linie 472
Liste
   Anlegen 421
   Auswahl 373
   Datenmaske 423
   Duplikate 427
   Durchsuchen 424
   Excel 421
   Filtern 426
   Funktion 424
   Löschen 434
   Regeln 422
   Sortieren 431, 432
Löschen
   Alles 385
   Arbeitsblätter 387
   Formatvorlage 466
   Markierte Zellen 386

M

Macintosh
   Datum und die Zeit 400
Makro
   Aufzeichnen 501
   Aufzeichnen in Prozedur 502
   Aufzeichnung in Mappe 503
   Ausführen 507
   Befehlsschaltflächen 511
   Beschreibung 501
   Code anzeigen 504
   Code beobachten 503
   Code kopieren 504
   Dialogblatt 512
   Kommentaren 505
   Menü Extras 510
   Modul Personl 507
   Modul1 501
   Modulblatt kopieren 504
   Planen 500
   Relativ aufzeichnen 502
   Remark 505
   Schaltfläche 513
   Schaltfläche zuweisen 511
   Sensitive Zone 511
   Speichern 506

Steuerungselemente 512
Symbolleiste 509
Symbolleiste Dialog 511
Tastenkombinationen 509
Visual Basic-Modul 509
Zuweisung ändern 510
Marker 483
Markieren mit Tasten 346
Markierung 346
   Alle Blätter 347
   Aufheben 348
   Beibehalten 348
   Blatt 347
   Einzelne Zelle 346
   NAMEN 348
   Namensbereich 349
   Nichtangrenzende Zellen 346
   Sichtbare Zellen 348
   Tasten, Excel 346
   Zellbereich 346
   Zellbezüge 348
Markierungsrahmen 475
Maske
   Daten hinzufügen 423
Matrix 400
   Bereich 400
   Bereich löschen 402
   Formel 400
   Formel mit einem Ergebnis 401
   Konstanten 402
   Konstanten eintragen, 402
Matrixformel
   ändern 401
Medien 341
Mehrfachmarkierungen
   Diagramm 486
Menü 350
Menüleiste 343
mit Quellbereich 406
MSQRY32.EXE 436
Multiplan 362
Muster 453
   Diagramm 478
Mustervorlage 457
   Amortisation 458
   Ändern 463
   Auto Leasing 458
   Benutzerdefinierte 462
   Bestellung 458
   Blätter 463
   Budgetplaner 458
   Einstellungen 457

Kostenvoranschlag 458
Rechnung 458
Reisekostenabrechnung 458
Stundenabrechnung 458
Mustervorlagen
   Datenarchivierung 461

N

Namen
   Ändern 390
   Bezug 390
   Geben 389
   Kennzeichnung 344
   Liste 391
   Verwenden 390
   Zeilen- oder Spaltentitel 389
Namen festlegen 405
Namensbereich 349
   Aufrufen 349
Namensfeld
   Druckbereich 530
Notiz 368
   Audio 368
   Zuordnen 369
Null
   Ausblenden 445

O

Objekt
   Eigenschaften 474
   Gruppierung 475
   Mit Zellen verbunden 474
   Schatten 478
   Verschieben 474
ODBC 461
Office
   Allgemein 343
   Neues Dokument anlegen 343
OLE 378
Option, 403
Ordner
   Einstellungen wiederherstellen 460
   Excel 342
   Makro 342
   MSOffice 342
   XLSTART 460
   XLStart 342

P

Pfeil 472
Picture
   Bildformat 479

Sachverzeichnis

Pinnadel 499
Pivot-Daten 487
Pivot-Tabelle 414
  Aktualisieren 418
  Bearbeiten 417
  Berechnungen 419
  Daten nutzen 417
  Externe Daten 416
  Feld ändern 418
  Felder ein-/ausblenden 419
  Formatieren 419
  Konsolidieren 415
  Löschen 419
  Quelldaten 418
  Sortieren 420
  Struktur ändern 417
Platzhalter 406, 439
Prozent 444

Q

Query
  Abfrage mit Kriterien 438
  Daten sortieren 438
  Datensätze hinzufügen 442
  Ergebnisse in Excel 442
  Kriterien wählen 439

R

Rahmen 452
  Diagramm 478
Rechteck 472
  Abgerundete Kanten 472
Regeln 404, 406
Reihe
  Arithmetische 371
  AutoAusfüllen 371
  Geometrische 371
  Zeit 371
Rubriken 405

S

Sammelmappe 345
Schaltflächen
  Bearbeiten 355
  Editor 355
  Hinzufügen 354
  Kopieren 355
  Löschen 354
  Makro zuordnen 356
  Organisieren 354
  Verschieben 355
Schätzung, 394
Schließen
  Arbeitsmappenfenster 360

Fenster 361
Schnittmenge
  Bereich 364
  Operator 364
Schreibschutz 519, 520
  öffnen 520
Schutz
  Arbeitsblatt 518
  Arbeitsmappe 517
  Aufheben 515, 516
  Ausblenden 521
  Blatt 515
  Empfehlung 520
  Fenster 517
  Grafikobjekte freigeben 516
  Inhalte 514
  Kennwort 519
  Nur-Lese-Zugriff 519
  Objekte 514
  Struktur 517, 519
  Szenarios 514
  Verknüpfungen 521
  Zellen freigeben 516
Seite
  Einrichten 468
Seitenansicht
  Excel 533
Seitenränder 469
Seitenwechsel 468
Sekundärachse 490
  Skalierung 490
Serielle Zahl 398
Skalierung 490
Solver 412
Sortieren
  Liste 432
  Query 438
  Reihenfolge 432
Spalte
  #### 393
  Einfügen 384
  Gleichzeitig sortieren 433
  Verbergen 450
Spaltenrubriken 405
Speichern 359
  Automatisches 360
Sperre 517
Sperren
  Fernbezug 521
Spezialfilter 426
Standard
  Arbeitsordner 360
Standardarbeitsmappe 345
Standardformate

Arbeitsmappen 461
Start 342
  Excel 342
Statuszeile 343
Struktur
  Schutz 519
Suchen 374
  Favoriten 360
  Register 359
Suchkriterium 428
Sverweis 425
Symbol 343, 351
Symbolleiste 351
  Anzeige 353
  Arbeitsmappe zuordnen 352
  Benutzerdefiniert 352
  Einblenden 351
  Löschen 352
  Positionieren 352
Szenario 407
  Anlegen 407
  Anwenden 408
  Arbeitsmappe 410
  Bericht 527
  Eingabewerte ändern 409
  Eingabewerte editieren 409
  Ergebnisbericht 411
  Manager 407

T

Tabelle
  Arbeitsblatt 343
  Vorlagen 346
Tabellenformat 456
Tastatur 356
Tastenkombination 357
  Makro 509
Tausenderpunkte 368
Teilergebnisse
  Anzahl 430
  Anzahl2 430
  Entfernen 430
  Filtern 430
  Funktionsliste 430
  Gruppieren 430
  Maximum 430
  Minimum 430
  Mittelwert 430
  Produkt 430
  Standardabweichung 430
  Suchen 430
  Summe 430
  Varianz 431
  Zusammenfassungsfunktionen 430

Sachverzeichnis

Teilstrich 490
Text
 Eingeben 365
 Gesperrt 517
 Zeigen 478
Tip
 Assistent 359
Titelzeile
 Arbeitsmappe 346
Trennzeichen
 Leerzeichen 399

U
Übernahmebereich 404
Uhrzeit
 siehe Zeit 399

V
Verbindung
 Objekt und Zelle 474
Verknüpfung 403, 406
 Beschriftungen und Zellen 496
 Sperren 521
Verschieben 381
 Arbeitsblätter 383
 Arbeitsmappen 383
 Blätter 383
 Im Fenster 382
 In neue Arbeitsmappe 383
 Von Blatt zu Blatt 350
 Zellinhalte 350
 Zwischen Arbeitsmappen 350
Verweis 425
Vorgabeformen 472
Vorhandene Bezüge 404
Vorlage
 Ordner 458
 Tabelle 346
 Zuweisen 464
Vorzugsform 493
 Diagramm 493

W
Währung 444
 Symbol für benutzerdefinierte 447
Wert
 Änderungen 488
Windows
 Ländereinstellungen 447
Windows 95 340

X
XLODBC.XLA 461

XLQUERY.XLA 436
XLS 460
XLT 460

Z
Zahlen
 Eingeben 367
 Text 366
 Verarbeitung 339
Zahlenformate
 Benutzerdefinierte 446
 Integrierte 445
 integrierte 444
Zeichnen
 Frei 473
Zeichnungsobjekt
 Markieren 475
 Verschieben 474
Zeile
 16.384 343
 Aus-/einblenden 451
Zeilenrubriken 405
Zeit 397
 Eingeben 399
 Rechnen 400
Zeitformate
 Codes 399
Zelladresse 344
Zellbereich
 Markieren 348
Zelldaten
 Verschieben 350
Zelle
 Ausblenden 452
 Bezugsart 362
 Zeilenumbruch 365
Zellinhalte
 Löschen 385
Zellnotizen 368
Zentrieren
 Seite 471
Zielwertsuche 411
Zoom
 Diagramm 489
Zwischenablage 378
 Format 379

Access

1-zu-n-Verknüpfung 544, 616

A
Abfrage 585, 628
 Ausdruck 641

 Ausführen 634
 Beschreibung 657
 Beziehungen 637
 Datenblatt 590, 633
 Duplikate 658
 Editierbarkeit 630
 Eigenschaften 657
 Entwurfsansicht 589, 633
 Erstellen 588, 632
 Feld 589, 640
 Feld ausblenden 644
 Feldeigenschaften 644
 Gruppierung 651
 Kriterium 590, 647
 Nachschlagen 645
 Parameter 656
 Sortierung 590, 646
 Speichern 590
 Spitzenwert 657
 SQL 634
 Tabellen aufnehmen 589
 Tabellen und Abfragen 636
 Unterabfrage 650
Abfrage-Assistent 550
Abfragen und Tabellen 630
Administrator 567, 784, 787
Aggregatsfunktion 652, 730
 Feldnamen 652
Aktenkoffer-Replikation 805
Aktion 751
Aktionsabfrage 591, 631, 658
 Datenblatt 658
Aktionsabfrage mit Parametern (Visual Basic) 774
Aktivieren von Menüs 758
Aktualisierungsabfrage 591, 659
Aktualisierungsweitergabe 627
Aktueller Datensatz 673
Aktueller Datensatz (Visual Basic) 776
Änderungen zurücknehmen 596
Anfügeabfrage 592, 658
Anmeldung 567
Ansicht
 Berechtigung 670
 Formular 668
Anweisung auszuführen 747
Anweisung zur Fehlerfindung 750
Anwendung 542, 608, 609

Sachverzeichnis

Testen 746
Anwendung von Daten trennen 797
Application 761
Arbeitsbereich 762
Arbeitsgruppen-Administrator 785
Arbeitsgruppen-Datei 567
Arbeitsgruppendatei
  Anschließen 785
  Erstellen 785
Assistent 545
  Abfrage 550
  Befehlsschaltfläche 688
  Bericht 560
  Datenbank 545
  Datensicherheit 786
  Diagramm 555, 565
  Eingabeformat 698
  Etiketten 563
  Formular 553
  Kombinationsfeld 686
  Leistungsanalyse 801
  Nachschlagefeld 623
  Optionsgruppe 684
  Pivot-Tabelle 558
  Tabelle 548
  Tabellenanalyse 620
Assistent zur Duplikatssuche 552
Assistenten
  Kreuztabellenabfrage 662
  Textexport 794
Assistenten zur Datenbankaufteilung 797
Auflistung 761
Ausdruck 641, 681
  Überwachen 748
  Zoom 643
Ausdrucks-Editor 643
Ausführung beenden 747
Ausrichten 694
Auswahlabfrage 588
Auswahlabfrage als Filter laden 636
AutoBericht 561
AutoFormat 692
  Bericht 607
  Formular 598
AutoFormular 553
AutoKorrektur 597
AutoSyntaxüberprüfung 742
AutoVerknüpfung 638
AutoWert (Felddatentyp) 578

B
Bedingung 647
Befehlsschaltfläche 688, 712
Bei Änderung (Ereignis) 773
Benutzer 786
  Erstellen 787
  Gruppen zuordnen 787
  Löschen 787
Bereich
  Andere Einstellungen 724
  Bericht 602, 726
  Formatierung 722
  Formular 674, 677
Bericht 602, 607, 725
  Bereich 602, 726
  Drucken 607
  Drucker 605
  Druckereinstellung 727
  Entwurfsansicht 607, 725
  Erstellen 603
  Gruppierung 608, 729
  Speichern 604
  Spezieller Drucker 727
  Steuerelemente 725
Bericht und Formular 725
Berichte
  Erstellen 725
Berichts-Assistent 560, 561
Berichtskopf,-fuß 602
Berichtsmodul 736
Beschreibung 578
Beschriftung 577
Bezeichnungsfeld 679
  Text ändern 599
Beziehung 626
  Assistent 549
  Bearbeiten 627
  Layout 627
  Löschen 627
Bibliothek 762
Bild 713
  Anpassen 714
  Einbetten oder Verknüpfen 714
Bildlaufleiste 699
Byte (Felddatentyp) 579

C
Code-Editor 740

D
DAO 761, 774
Database (Visual Basic) 774

Datenbank 538
  Erstellen 567
  Exklusiv öffnen 782
  Komprimieren 569
  Objekte 568
  Relational 542
  Reparieren 570
  Replizieren 805
  Verschlüsseln 786
Datenbank-Assistent 545
Datenbankdatei 566
Datenbankdokumentierer 802
Datenbanken schützen 784
Datenbank-Entwicklungssystem 541
Datenbankfenster 568
  aus- und einblenden 569
Datenbankkennwort 783
Datenbank-Managementsystem 541
Datenblatt 554, 571
  Daten eingeben 573
  Formular 669
Datendefinitionsabfragen 667
Dateneingabe 596
Datenherkunft 676
Datenquelle 594, 602, 672
Datensatz 540
  Ändern (Visual Basic) 777
  Anfügen (Visual Basic) 777
  Blättern 575, 596
  Gleichzeitiges Ändern 779
  Kopieren 575
  Löschen 575, 596
  Löschen (Visual Basic) 777
  Markieren 575
  Neu eingeben 574, 596
  Sortieren 588
  Sperren 780
  Suchen 585
  Suchen (Visual Basic) 778
Datensätze
  Alle sperren 781
  Ändern 659
  Anfügen 658
  Löschen 660
Datensatzgruppe 775
  Alle Datensätze durchlaufen (Visual Basic) 777

Sachverzeichnis

Bewegen (Visual Basic) 776
Datensatzherkunft 701, 717
Datensicherheits-Assistent 786
Datum/Zeit (Felddatentyp) 579
DBMS 541
Debugger 745
Design-Master 804
Design-Master ändern 807
Design-Master wiederherstellen 807
Detailbereich 602, 675
Detailtabelle 544
Dezimalstellen 579
Diagramm 556
Diagramm-Assistent 555, 565
Dokumentation 802
Double (Felddatentyp) 579
Drucken 607
Drucker festzulegen 605
Druckvorschau 605
Duplikatsuche
  Assistent 552
Dynaset (Visual Basic) 775

E

Eigenschaften 760
  Abfrage 657
  Feld 577
  Formular 670, 720
  Steuerelement 695
  Tabelle 583
  Zusatzsteuerelement 718
Eigenschaftenfenster 671
Eigentümer 567, 788
Eingabeformat 698
Eingabeformat-Assistent 698
Eingebettet 714
Einzelformular 674
Endlosformular 674
Entwurf
  Tabelle 570
Ereignis 675, 736, 764
  Abfolgen 765
  Formular 767
  Reaktionen 765
  Steuerelement 769
Ereignisfunktion 767
Ereignismakro 767
Ereignisprozedur 739, 765
  Name 740
Ergebnisdatensätze 588
Ersetzen von Code 744

Etiketten-Assistent 563
Excel 731, 790
  Auswahlabfrage 731
  Bericht 732
  Exportieren 731
  Formular 731
  Pivot-Tabelle 558
  Tabelle 731
Excel und Access 541
Exklusionsverknüpfung 638
Export
  Excel 731
  Objekt 792
  Textdatei 794
  Word 733

F

Feld 540
  Anfügen 576
  Beschreibung 578
  Beschriftung 577
  Eigenschaften 577
  Gültigkeitsregel 581
  Kopieren 577
  Löschen 576
  Position verändern 576
  Standardwert 580
Felddatentyp 578
Feldliste 680
Feldliste in Kombination- oder Listenfeld 701
Feldname 540, 577
  Ändern 571
Feldtyp 541, 578
Feldwerteditor 772
Filter 584, 634
  Auswahlbasiert 586
  Entfernen 587
  Formularbasiert 634
  Spezialfilter 635
Formular 593, 668
  Aktueller Datensatz 673
  Änderung von Datensätzen zulassen 723
  Anfügen von Datensätzen zulassen 723
  Ansicht 668
  AutoFormat 598
  Bereich 674, 677
  Bildlaufleisten 720
  Datenblattansicht 669
  Dateneigenschaften 723
  Dateneingabe 596
  Datenquelle 594, 672, 676
  Datensatzmarkierer 721
  Drucken 678

  Eigenschaften 670, 720
  Eigenschaften (Visual Basic) 764
  Endlos 674
  Entwurfsansicht 598, 669
  Ereignis 675, 763, 767
  Erstellen 594
  Filter und Sortierung 676
  Formatieren 691
  Formularansicht 669
  Gebunden und Ungebunden 672
  Größe und Position 676
  Kontextmenü 724
  Löschen von Datensätzen zulassen 723
  Markieren 671
  Navigationsschaltflächen 721
  Öffnen (Visual Basic) 763
  Positionieren (Visual Basic) 778
  Programmieren 763
  Rahmen 721
  Reihenfolge der Steuerelemente 694
  Speichern 594
  SQL 676
  Standardansicht 720
  Steuerelement 594
  Steuerelemente (Visual Basic) 764
  Synchronisieren 609
  Titel 678
  Toolbox 680
  Vorlage 692
  Zentrieren 676
  Zugelassene Ansichten 720
Formular beim Starten öffnen 612
Formular und Bericht 725
Formular-Assistent 553, 554
Formularkopf, -fuß 675
Formularmodul 675, 736
Fremdschlüssel 544, 616, 619
Frontend 541
Funktion 642, 736
  Definition 737
  Suchen 743
Funktionsaufrufe 749

G

Gebundenes Objektfeld 715
Gemeinsames Entwickeln 782

960

Sachverzeichnis

Gleichzeitiges Ändern eines
  Datensatzes 779
Globales Menü 759
Größe anpassen 694, 714
Gruppe 786, 787
Gruppenköpfe,-fuß 602
Gruppierung 608, 651, 729
  Assistent 551, 563
  Ausdruck 654
  Kriterium 655
Gültigkeitsregel 581
Gültigkeitsüberprüfung 581, 770, 772

H
Haltepunkt 746
Hauptformular 610
Haupttabelle 544
Herkunftstyp 701, 717
HinzufügenMenü (Aktion) 757

I
Import 584, 791
  Objekte 790
  Optionen 791
  Textdatei 794
Importieren 794
Index 581
Inklusionsverknüpfung 638
Integer (Felddatentyp) 579

J
Ja/Nein (Felddatentyp) 580
Jet-Engine 542

K
Kennwort ändern 784
Kennwort löschen 787
Kombinationsfeld 686, 700
  Mehrere Spalten 701
  Tabelle oder Abfrage 701
Kompilieren 743
Kompilierfehler 745
Komprimieren 569
Konflikt 803, 806
Konflikt lösen 806
Kontextmenü 697, 724
Kontrollkästchen 699
Kreuztabellenabfrage 662
  Bereiche 666
  Spaltenüberschriften fixieren 666
Kreuztabellenabfrage-Assistenten 662
  Kriterium 590, 647

L
Laufende Summe 731
Laufzeitfehler 745
Leistungsanalyse 801
Linien und Rechtecke 719
Listenfeld 686, 700
  Mehrere Spalten 701
  Tabelle oder Abfrage 701
Logischer Fehler 745
Long Integer (Felddatentyp) 579
Löschabfrage 592, 660
Löschen (Ereignis) 765
Löschweitergabe 627
Lotus 1-2-3 790

M
Makro 750
  Ändern 752
  Aufbau von Menü-Makros 757
  Ausführen 751
  Bedingung 753
  Einstellungen 754
  Erstellen 751
  Makrogruppe 753
  Menü 754
  Menüeditor 755
  Testen 752
Makronamen 753
Markieren
  Formular 671
  Steuerelement 683
MDB 566
Mehrbenutzerumgebung 779
  Optionen 781
Mehrfachauswahl 702
Memo (Felddatentyp) 580
Menü 758
  Strukturieren 756
Menüaktion 755
Menüeditor 755
Methode 761
Microsoft SQL Server 800
Modul 735
  Einstellen 742
  Einstellungen 736
  Entwurfsansicht 741
  Mehrere Funktionen im Fenster 743
Modulfenster
  Eingabe 737

N
Nach Aktualisierung (Ereignis) 772
Nach Löschbestätigung (Ereignis) 765
Nachschlage-Assistent 623
Nachschlagefeld 623
Nachschlagen 645
Navigationsschaltflächen 575
Normalform 613
Normalisierung 613, 617
n-zu-m-Verknüpfung 618

O
Objekt 568, 760
  Eigenschaften 760
  Entwurfsansicht 569
  Exportieren 792
  Kontext 762
  Kopieren 569
  Löschen 569
  Methode 761
  Öffnen 569
  Typ 761
  Umbenennen 569
  Zugriffsrecht 789
Objektfeld 716
  OLE-Eigenschaften 715
Objektkatalog 743
OCX 674, 718
ODBC 798
ODBC-Datenquelle 799
OLE-Objekt 715
OLE-Objekt (Felddatentyp) 580
Option Compare Database 737
Option Explicit 737, 743
Optionsfeld 699
Optionsgruppe 704
  Assistent 684
  Binden an Datenquelle 704

P
Paradox 790
Parameter 656
  Datum 657
Pass-Through-Abfragen 667
Pivot-Tabellen-Assistent 558
Primärschlüssel 544, 574, 582, 616, 619
  Assistent 549
Replikation 804
Programm fortsetzen 747
Programmdesign 746
Prozedur 736, 739

Sachverzeichnis

Suchen 743

Q
QueryDef (Visual Basic) 774

R
Raster 693
Rechtschreibhilfe 597
Redundanz 617
Referentielle Integrität 620, 626
Referenz 762
Reihenfolge 694
Relationale Datenbank 542, 613
Reparieren 570
Replikat erstellen 805
Replikation 803
Replikations-ID (Felddatentyp) 579
RTF-Format 733
Rückgängig 596, 683, 771

S
Schreibkonflikt 780
Seitenansicht 605
Seitenkopf, -fuß 602, 675
Serienbrief 733
Single (Felddatentyp) 579
Snapshot (Visual Basic) 775
Sortieren und Gruppieren 730
Sortierung 588, 590
   Sprache 646
Spalte
   Anordnung verändern 575
   Aus- und Einblenden 575
   Einfügen 572
   Fixieren 575
   Löschen 571
Spaltenbreite ändern 571
Sperrung von Datensätzen 780
Spezialfilter 635
Speziellen Drucker festlegen 727
Spitzenwertabfragen 657
Sprache 646
SQL 631, 667, 676
SQL-Befehle (Visual Basic) 774
Standardeigenschaft 760
Standardeinstellung 691
Standardmodul 736
Standardwert 580

Starteinstellungen 759
Startoptionen 612
Steuerdatei 733
Steuerelement 594, 673, 695
   Änderungen wiederrufen 683
   Anordnen 693
   Ausdruck 681
   Ausrichten 694
   Befehlsschaltfläche 712
   Bericht 725
   Bezeichnungsfeld 679
   Bild 713
   Datenquelle 681
   Eigenschaften 671, 695
   Ereignis 769
   Formatieren 689
   Gebunden und Ungebunden 674
   Gebundenes Objektfeld 715
   Größe anpassen 694
   Größe verändern 599
   Kombinationsfeld 700
   Kontextmenü 697
   Kontrollkästchen 699
   Kopieren 683
   Linien und Rechtecke 720
   Listenfeld 700
   Löschen 601, 683
   Markieren 683
   Name 673, 681, 740
   Objektfeld 716
   Optionsfeld 699
   Optionsgruppe 704
   Plazieren 679
   Reihenfolge 694
   Sichtbar 695
   Standardformat 691
   Textfeld 679, 697
   Typ ändern 694
   Umschaltfläche 699
   Unterformular 706
   Verschieben 599
   Wechseln 596
   Z-Ordnung 694
   Zugeordnetes Bezeichnungsfeld 679, 683
   Zusatzsteuerelement 718
Steuerelement-Assistent 684
Steuerelementinhalt 681
Stored Procedure 668
Synchronisieren 805
Synchronisierung 803

Syntaxcheck 743

T
Tabelle 540, 570, 675
   Datensatz 540
   Eigenschaften 583
   Entwurf im Datenblatt 570
   Entwurfsansicht 576
   Erstellen 661, 667
   Feld 540
   Filter 584
   Gültigkeitsregel 583
   Importieren 584
   Sortierung 584
   Struktur 541
   Verknüpfen 797
Tabelle (Visual Basic) 775
Tabellen und Abfragen 630
Tabellen zusammenführen 666
Tabellenanalyse-Assistent 620
Tabellen-Assistent 548
Tabellenbereich markieren 575
Tabellenerstellungsabfrage 592, 661
Tabellenname 573
Tabellen-Verknüpfungen ändern 797
Tabellenverknüpfungs-Manager 798
Testen einer Anwendung 746
Testen von Code 745
Testen von Makros 752
Testfenster 738, 747
Text (Felddatentyp) 578
Text mit fester Breite 793
Text mit Trennzeichen 793
Textdatei 793
Textexport-Assistent 794
Textfeld 679, 680, 697
   Bildlaufleiste 699
   Einfügen 601
   Format 697
Titelleiste 678
Toolbox 680
Trigger 764

U
Umbenennen 569
Umschaltfläche 699
   Bild 700
Union-Abfragen 666
Unterabfragen 650

Sachverzeichnis

Unterbericht 725
Unterformular 674, 706
  Bedienung 707
  Darstellung 707
  Verbinden mit Hauptformular 707

V

Verknüpfen 714
Verknüpfen nach/von 707
Verknüpfen von Tabellen 797
Verknüpfung 542
  Anlegen 626
Verknüpfungen festlegen 626
Verknüpfungstyp 638
Verschlüsseln der Datenbank 786
Visual Basic 735, 760
Vor Löschbestätigung (Ereignis) 765
VorAktualisierung (Ereignis) 770, 771, 772

W

Währung (Felddatentyp) 580
Werteliste 701
Wie-Operator 649
Word 733
  Auswahlabfrage 734
  Bericht 734
  Formular 734
  Tabelle 734
Workspace 762

X

xBase 790

Z

Zahl (Felddatentyp) 579
Zähler 578
Zeilenhöhe ändern 571
Zoom 643
Zugriffrechte 783, 788
Zusatzsteuerelement 674, 718
  Eigenschaften 718
  Registrieren 719

Powerpoint

A

Achse

Teilung 879
Attribut 850
Aufzählung 848
  AutoLayouts für 848
Ausgabe
  Handzettel 910
Ausgabegerät
  Präsentation 881
Ausrichten 829
  Optionen 851
Austauschen
  Folien 907
AutoForm 812, 813
AutoFormat 875
  Kontextmenü 864
AutoLayout 882
  Diagramm 859

B

Balkendiagramm 872
Bearbeiten
  Optionen 846
Beispieldiagramm 859
Bereich
  Benennen 869
Beschriftung
  Achse 865
Bilder 809
Bildschirmpräsentation 810
Bogen 821
  Bearbeiten 821

C

ClipArt
  AutoLayout 824
  Einfügen 824
  Gallery 823
  Kategorien 824

D

Datenaustausch
  Drag & Drop 848
Datenblatt
  Bearbeiten 861
  Datenreihen festlegen 868
  Eingeben 861
  Formatierungen 864
  Löschen 862, 863
  Schriftart ändern 867
Datenreihen
  Ausschließen 868
Dezimalstelle
  Hinzufügen 865
  Löschen 865
Diagramm 810
  Achsen 861

Beispieldatenblatt 859
Beschriftungen anzeigen 877
Datenbeschriftungen 861
Datenblattfenster 860
Datenpunkt 860, 861
Datenreihe 860, 861, 868
Datenreihennamen 860
Farben und Muster 875
Feld 860
Formatieren 874
Gitternetz 878
Gitternetzlinien 861
Importieren 870
Kolorieren 885
Legende 861
Marke 861, 876
Markieren 863, 873
Markierungskästchen 862
Schriftart 878
Segment, dreidimensional 862
Teilstrichbeschriftungen 860
Teilstriche 861
Typ 870
Wertbeschriftungen 861
Ziehen 862
Diagrammart
  Auswählen 870
Diagramme
  Kopieren 874
Dias 809, 881
Drag & Drop 848
  Einbetten 837
  Duplizieren 834

E

Einbetten 837
  Drag & Drop 837
Einfügen
  Aus Datei 836
Eingabe
  ohne Umbruch 840
Einzelobjekt
  Markieren 825
Einzug
  Ebenen 853
Einzugsmarken 853
Ellipse 818
Ersetzen 854, 855
Erstzeileneinzug 848
Erweiterung
  Präsentation 903
Excel 810

Sachverzeichnis

F

Fachwörterbuch 857
Farbdrucker 881
Farbe 881, 883
    Ändern 889
Farbmonitor 881
Farboptionen 882
Farbskala 882, 888
    Andere Präsentation 890
    Einrichten 889
    Zuweisung 890
Fenster
    Schließen 910
Flächendiagramm 871
Folie 809
    Farbskala 888
    Hintergrund 894
    Hintergrund schattieren 894
    Layout 882
    Löschen 908
    Markieren 905
    Markierung 905
    Miniaturbild 904
    Nummer 811
    Platzhalter 840
    Schalter 811
    Sortieren 905
    Vorlage 896, 899
    Weiter schalten 811
    Zwischen Präsentationen wechseln 907
Folienreihenfolge
    Ändern 906
Foliensortieransicht 905
Folienvorlage 896, 899
    Formatieren 897
Form
    Geschlossene Objekte 844
Format
    Einzelzuweisungen 843
    Erstellen 865
    Festlegen 866
    Generell 843
    Löschen 865, 866
Formatieren
    Felder 864
Form-Ziehpunkte 812
Freies Drehen 819, 831
Freihandfigur 818, 822
    Geschlossen 822
    Schließen 822
Führungslinie 829, 847
    Magnetraste 830
    Mehrere Führungslinien 829
Füllbereich
    Muster 884
    Standardeinstellungen 892
Füllbereichsfarbe 890

G

Gemustert
    Siehe Muster 884
Gitternetz 878
Gliederung
    Anlegen 857
    Ansicht 857
    Importieren 858
    Präsentation 906
    Texte 857
Grafiken 809
    Einfärben 886
Grafische Hilfsmittel
    Rechteck 817
Graph 859
    Aufrufen 860
Größe
    Prozentsatz 832
    Prozentual ändern 831
Größenänderung
    Funktionstasten 832
    Tasten 832
Größen-Ziehpunkte 812
Gruppieren 827, 886
    Aufheben 827
    Kontextmen 827
    Text & Grafik 844

H

Handzettel 810, 910
Hauptfarben 882
Hilfsmittel
    Beschriftungen 840
    Hintergrund 830
    Folie 894
    Objekt 828
    Standard 896

K

Kolorierung 884
Korrektur-Ziehpunkte 812, 823
Kreis 818
    Zentrisch 818
Kreisdiagramm 873

L

Leerzeichenausgleich 846
Legende 878
Linie 818
45 Grad 820
Bearbeiten 819
Bewegung 820
Drehen 819
Form 885
Horizontal 820
Pfeilspitzen 821
Richtungsänderung 819
Standardeinstellungen 892
Stärke 885
Verlängern 819
Verschieben 820
Vertikal 820
Winkel 819
Ziehen 819
Linienart
    Diagramm 875
Liniendiagramm 872
Löschen 833
Löschspeicher 833

M

Marken 877
Markieren 820, 824, 826
    Aufheben 827
    Diagramm 863
    Gesamtmarkierung 845
    Mehrere Objekte 825
    Netz 825
    Schaltfläche 827
    Techniken 845
Markierungsrahmen 817, 845
Maßstab
    Ändern 904
Medium
    Folien 809
    Handzettel 810
    Notizblatt 810
Menü
    Format 883
Miniaturbild 904
Muster 881, 883
    Zuweisen 876, 884

N

Notiz
    Buch 909
    Layout 909
    Schreiben 908
    Vorlage 909
    Vorschau 909
Notizblatt 810
Notizzettel
    Anfertigen 908
    Format 909

Sachverzeichnis

O

Objekt 836, 838
  Auf jeder Folie 896
  Aus Anwendungen einfügen 835
  Aus Datei einbetten 838
  Ausrichten 812, 829
  Direkt beschriften 839
  Drehen 830
  Duplizieren 834
  Ebene nach hinten 830
  Ebene nach vorne 830
  Einbetten 837
  Einfügen 834
  Fremdes 831
  Größe verändern 831
  Kippen 830
  Löschen 833
  Markieren 824
  Oberstes 830
  Rahmen färben 885
  Schatten 828, 893
  Stapeln 830
  Text 839
  Textgröße anpassen 844
  Übernehmen 835
  Unterstes 830
  Verknüpfen 837
  Verschieben 827, 828
  Zeichnen 816
Objektattribute 881
Ordner
  PowerPoint 900
Overhead-Folien 810
Overhead-Projektor 809, 810

P

Pfeilspitze 821
Platzhalter 840
  Aufzählungen 841
  AutoLayout 883
  AutoLayout mit Titel 841
  Folientitel 883
  Objekte 883
  Titel 883
PowerPoint
  Eigenschaften 809
Präsentation 899
  AutoLayout 882
  Farben 883
  Format übernehmen 904
  Formatprüfung 898
  Laden 901, 902
  Markierungsrahmen 812
  Miniaturbild 904
  Muster 883
  Öffnen 900
  Öffnen (Neu) 901
  Öffnen (Vorhandene) 901
  Rahmen 812
  Speichern 910
  Standardformat 902
  Starten 900
  Umfassungslinien 812
Präsentationsfolie
  Erstellen 810
  Neue Folie 811
Präsentationslayout 896
  Verwenden 897
Präsentationsvorlage 809, 897
Programm-Manager 900
Prozentformat 864
Punktdiagramm 870
Punktliste 887
  Gestalten 887

Q

Quadrat 817, 818
  Zentrisch 818

R

Raster 812
  Linien 812
Rechteck 817, 818
  Abgerundete Ecken 817
  Zentrisches 818
Rechtschreibung
  Prüfen 855, 856
Regression
  Trendlinie 872
Rückgängig 833, 850

S

Säulendiagramm 872
Schatten 828, 893
  Standardeinstellungen 893
  Tiefe 828
Schattierung 813, 894
Schrift
  Gestalten 849
  Verkleinern 831
Schriftart 809
  Zuweisen 849
Schriftgröße 809
Schriftstile
  Zuweisen 850
Schriftzeichen
  Ersetzen 850
Segment
  Markierung 862
Sichern
  Präsentation 902
Skalierung 880
Sonderfarben 890
  Definition 890
Spalten
  Einfügen 863
  Löschen 863
Spaltenbreite 868
  Ändern 867
Standard
  Einstellungen 891
  Hintergrund 896
  Schatten 893
Standardeinstellungen 881
Standardformat
  Leere Präsentation 892
Stapeln 830
Startmenü
  PowerPoint 900
Suchen 854
Symbol
  AutoFormen ein-/aus 814
  Bogen 814
  Ebene nach hinten 815
  Ebene nach vorne 815
  Element markieren 814
  Freies Drehen 814
  Freihandfigur 814
  Füllbereich 814
  Füllbereichsfarbe 815
  Gestrichelte Linien 815
  Gruppieren 815
  Gruppierung aufheben 815
  Horizontal kippen 815
  Linie 814
  Linienart 815
  Linienfarbe 814, 815
  Nach links drehen 815
  Nach rechts drehen 815
  Oval 814
  Pfeilspitzen 815
  Rechtecke 814
  Schatten 814
  Schattenfarbe 815
  Text 814
  Vertikal kippen 815
Symbolleiste
  AutoFormen 816
  Zeichnen 813
  Zeichnen+ 814

T

Tabelle 852

Sachverzeichnis

AutoLayout 852
    Excel 852
    Größe 868
Tabstop 854
Tausenderpunkte 864
Teilstrich
    Beschriftung 879
    Skalierung 880
Text
    Ausrichten 851
    Einfügen 847
    Handhaben 845
    Korrigieren 845
    Löschen 847
    Markieren 845
    Spalten 847
Texteingabe
    Formatierung 840
    Rahmen 840
Textfarbe
    Standard- 894
    Wechseln 887
Text-Hilfsmittel 809
Textobjekt
    Auswählen 846
    Bearbeiten 847
    Frei positionieren 847
    Standardeinstellungen 894
Textschatten 850
Titel
    Attribute zuweisen 843
    eingeben 842
    Format 842
    Markieren 905
    Texte 841
Titelfolie
    Vorlage 899
Titelvorlage 843, 899
    Aktivieren 844
    Einrichten 844

U

Umschalten
    Folien 811

V

Verankerungsform 844
Verknüpfung
    Organisieren 837
Vieleck 822
    Bearbeiten 823
Viertelkreis 821
Vordergrund 830
    Objekt 828
Vorlage 896
    Titelvorlage 843

Vorschau
    Muster 884

W

Wiederherstellen 833, 841
Winkel
    Starr 820
    Variabel 820
WordArt 884
Wörterbuch
    Wechseln 857

Z

Zahl
    Format 866
Zeichen-Hilfsmittel 809
Zeichnen 816
    Bogen 821
    Fadenkreuz 816
    Freihändig 818
    Gleichmäßige Form 817
    Konstante Winkel 820
    Kreis 818
    Linien 818
    Markieren 820
    Markierungsrahmen 817
    Mittelpunkt 818
    Quadrat 817
    Rahmen 817
    Rechteck 817
    Vieleck 822
    Zentriert 817
Zeilen
    Einfügen 863
    Löschen 863
Zeilenabstand 852
    Festlegen 851
Zeilenlineal 853
Ziehpunkte 812
Zoom
    Siehe Maßstab 904
Zwischenablage 838, 886
    Einbetten 838

Smart.

Word 97 / Rudi Kost
880 Seiten, 1 CD-ROM
ISBN 3-8272-5214-8
DM 79,95

Access 97 / Said Baloui
1024 Seiten, 1 CD-ROM
ISBN 3-8272-5215-6, DM 79,95

Excel 97 / Said Baloui
1008 Seiten, 1 CD-ROM
ISBN 3-8272-5216-4
DM 79,95

PowerPoint 97
Christian Schmidt
760 Seiten, ISBN 3-8272-5247-4
DM 69,95

Office 97 / O. Bouchard / K. P. Huttel / Th. Irlbeck
1056 Seiten, 1 CD-ROM
ISBN 3-8272-5220-2, DM 89,95

Markt&Technik-Produkte erhalten Sie im Buchhandel, Fachhandel und Warenhaus.

Informationen zu allen Neuerscheinungen finden Sie rund um die Uhr im Internet: http://www.mut.com

Markt&Technik Buch- und Software-Verlag GmbH, Hans-Pinsel-Str. 9b, 85540 Haar,
Telefon (0 89) 4 60 03-222, Fax (0 89) 4 60 03-100

A VIACOM COMPANY

Alles, was Sie über das Internet wissen sollten

Internet – Das Kompendium Thomas Lauer

Was ist das Internet? Welche Internet-Dienste gibt es? Wie komme ich ins Internet? Und viele andere Fragen werden in diesem Kompendium beantwortet. In fünf Teilen erfahren Sie alles zum Thema Internet sowohl als Einsteiger wie auch als fortgeschrittener Anwender, der eine Referenz benötigt. Auf der CD-ROM finden sich zahlreiche Tools zum Thema, die den Umgang mit dem Internet erleichtern und im Buch vorgestellt werden.
ca. 800 Seiten · 1 CD-ROM · ISBN 3-8272-5265-2 · DM 79,95

Internet Taschenbuch Eric Tierling

Schnell, sicher und einfach ins Internet, mit dem Modem oder mit ISDN. In diesem Taschenbuch wird benutzerfreundlich erklärt, was das Internet ist und wie es genutzt wird. Die wichtigsten Inhalte: das Internet-Angebot, die Installation von ISDN und Modems, DFÜ-Netzwerke, WWW und MS Internet Explorer und E-Mail mit Exchange.
368 Seiten · ISBN 3-8272-5231-8 · DM 19,95

So geht's! Internet Starthilfen
R. Kost/J. Steiner/R. Valentin

Der Einstieg in die verschiedenen Online-Dienste CompuServe, Internet, T-Online, AOL und MSN wird im Detail beschrieben. Außerdem erhalten Sie einen Überblick über das Informationsangebot und damit wichtige Entscheidungshilfen für einen der Dienste. Natürlich auch Hilfen zum Auffinden der richtigen Informationen.
184 Seiten · 1 CD ROM · komplett in Farbe
ISBN 3-8272-5041-2 · DM 39,95

Markt&Technik-Produkte erhalten Sie im Buchhandel, Fachhandel und Warenhaus.

Informationen zu allen Neuerscheinungen finden Sie rund um die Uhr im Internet: http://www.mut.com

Markt&Technik Buch- und Software-Verlag GmbH, Hans-Pinsel-Str. 9b, 85540 Haar,
Telefon (0 89) 4 60 03-222, Fax (0 89) 4 60 03-100

A V I A C O M C O M P A N Y